Hamdan/Landscheidt
Sparkassengesetz Nordrhein-Westfalen

Sparkassengesetz Nordrhein-Westfalen

Kommentar

Herausgegeben von

Dr. Marwan Hamdan
Rechtsanwalt und Professor an der Hochschule
für Finanzwirtschaft & Management, Bonn

Dr. Christoph Landscheidt
Bürgermeister und Honorarprofessor an der Hochschule
für Finanzwirtschaft & Management, Bonn

Bearbeitet von

den Herausgebern und Martin Fischer-Appelt, Simone Goletzko,
Dr. Alexander Jochum, Prof. Dr. Binke Hamdan, Prof. Dr. Thomas Köster,
Prof. Dr. Hans-Gert Vogel, Michael Weis, Dr. Gerald Zimmer

2024

Zitiervorschlag:
Hamdan/Landscheidt/Bearbeiter, SpkG NRW, § 5 Rn. 7

beck.de

ISBN 978 3 406 81745 8

© 2024 Verlag C.H.Beck oHG
Wilhelmstraße 9, 80801 München
Druck und Bindung: Beltz Grafische Betriebe GmbH
Am Fliegerhorst 8, 99947 Bad Langensalza

Satz: jürgen ullrich typosatz, Nördlingen
Umschlag: Druckerei C.H.Beck Nördlingen

chbeck.de/nachhaltig

Gedruckt auf säurefreiem, alterungsbeständigem Papier
(hergestellt aus chlorfrei gebleichtem Zellstoff)

Alle urheberrechtlichen Nutzungsrechte bleiben vorbehalten.
Der Verlag behält sich auch das Recht vor, Vervielfältigungen dieses Werkes
zum Zwecke des Text and Data Mining vorzunehmen.

Vorwort

Mit einer Bilanzsumme von 356,4 Milliarden Euro, mit über 2.072 Geschäftsstellen und 9,2 Millionen Girokonten sind die 74 Sparkassen (Stand 1.12.2023) des größten Bundeslandes NRW nicht nur Marktführer auf dem Finanzdienstleistungssektor. In keinem anderen Bundesland gibt es eine vergleichbare Bandbreite, was die Größe der Institute angeht (0,347–30,127 Milliarden Euro Bilanzsumme). Mit 46.302 Mitarbeiterinnen und Mitarbeitern stellen die nordrhein-westfälischen Sparkassen fast ein Viertel aller in Deutschland arbeitenden Sparkassenangestellten.

Gesetzliche Grundlage ihrer Arbeit ist das Sparkassengesetz vom 18.11.2008. Das Gesetz hat seit seinem Inkrafttreten einige Änderungen erfahren, u.a. durch das Transparenzgesetz vom 17.12.2009 und die Änderungen vom 16.7.2013, die u.a. die Möglichkeit der Verbändefusion vorsieht. Deutlich stärker als landesgesetzliche Regelungen verändern allerdings Bundesgesetze (wie etwa das Gesetz zur Stärkung der nichtfinanziellen Berichterstattung der Unternehmen in ihren Lage- und Konzernlageberichten, CSR-Richtlinie-Umsetzungsgesetz vom 11.4.2017, in Kraft getreten am 1.1.2019) und erst recht europarechtlich initiierte Vorgaben der Bankenaufsicht die rechtlichen Rahmenbedingungen der Sparkassen. Von Letzteren wird nicht selten die Rolle der öffentlichen Sparkassen mit ihrem gesetzlichen Auftrag zur Gemeinwohlverpflichtung und die daraus resultierenden Besonderheiten des Geschäftsmodells ignoriert oder bewusst in Frage gestellt. Dies gilt etwa für die Leitlinienvorschläge der EBA und EZB auf dem Gebiet der Corporate Governance Anforderungen an Mitglieder von Aufsichtsorganen in Finanzinstituten, wonach für Politiker und staatliche Vertreter in Aufsichtsorganen von Banken und Sparkassen die Vermutung eines per se bestehenden generellen Interessenkonfliktes gelten soll. Diese – auch in vielen anderen europarechtlichen Vorgaben zum Ausdruck kommende, grundsätzlich kritische – Sichtweise gegenüber der öffentlich-rechtlichen Organisation der Sparkassen ist mit dem Grundverständnis, dass Sparkassen nach Art. 78 Abs. 1 LVerf (Art. 28 Abs. 2 GG) zur verfassungsrechtlich gewährleisteten kommunalen Selbstverwaltung gehören und mithin der Betrieb von Sparkassen eine wichtige durch diese Verfassungsgarantie abgesicherte Betätigung der Gemeinden darstellt (VerfGH Münster, Sparkasse 1980, 270), in keiner Weise vereinbar.

Tatsächlich stellt das besondere Geschäftsmodell der Sparkassen den juristischen Praktiker in vielfältiger Weise vor Herausforderungen. Da ist auf der einen Seite die öffentlich-rechtliche Organisationsform mit dem gesetzlichen Auftrag zur Gemeinwohlverpflichtung, die mit der Marktführerschaft im privatwirtschaftlichen Bankenwettbewerb in Konflikt geraten kann. Da ist auf der anderen Seite die Binnenorganisation der Institute mit einer Governance, die eine in dieser Form einmalige, besondere Kooperation zwischen dem durch das politische Mandat geprägten Aufsichtsorgan und der professionell-kaufmännischen Geschäftsführung verlangt. Zweifellos können sich auch daraus in der Praxis vielfältige Konflikte ergeben. Wer bei der Suche nach der Lösung solcher Konflikte freilich nach gerichtlichen Entscheidungen oder gar nach einer höchstrichterlichen Entscheidung sucht, wird selten fündig. Die öffentliche Austragung solcher Konflikte liegt in der Regel nicht im

Vorwort

Interesse der Beteiligten. Umso wichtiger sind die breit angelegte juristische Begleitung und kompetente Beratung der Akteure durch erfahrene Praktiker.

Dies ist die Idee und Motivation für die Herausgabe der vorliegenden Kommentierung. Insgesamt zehn Autoren, allesamt erfahrene Praktiker und Wissenschaftler, die sich seit vielen Jahren mit dem Sparkassenrecht beschäftigen, haben sich zur Kommentierung der Vorschriften ihres jeweiligen Spezialgebietes zusammengefunden und so einen in dieser Form bisher nicht verfügbaren, praktischen Handkommentar vorgelegt, der alle Fragen der Anwendung des Sparkassengesetzes wissenschaftlich fundiert und praxisgerecht erörtert.

Kurz vor Redaktionsschluss wurde bekannt, dass die Landesregierung eine Reform des Sparkassenrechts beabsichtigt (Entwurf eines Gesetzes zur Modernisierung des Sparkassenrechts und zur Änderung weiterer Gesetze v. 19.3.2024, LT-Drs. NRW 18/2407), welche nach den parlamentarischen Beratungen voraussichtlich im Herbst dieses Jahres verabschiedet werden könnte.

Nach dem derzeit vorliegenden Gesetzesentwurf werden die erforderlichen Regelungen für eine Modernisierung der Vorschriften zum Verwaltungsrat geschaffen. Aufgrund der zunehmenden Bedeutung der bankenaufsichtlichen Themen und der immer komplexer werdenden KWG- und EU-Regulatorik übernehmen auch die Verwaltungsratsmitglieder mehr Verantwortung.

— Durch den frühzeitigen Versand von Beratungsunterlagen als Regelfall, die Zuleitung auch vertraulicher Vorlagen und Niederschriften an die Verwaltungsratsmitglieder (§ 16 Abs. 2 SpkG NRW nF) sowie die Schaffung der Möglichkeit, Verwaltungsratssitzungen ausnahmsweise bei Bedarf auch ohne Anwesenheit des Vorstandes durchzuführen (§ 10 Abs. 3 SpkG NRW nF), werden die Kompetenzen der Verwaltungsratsmitglieder gestärkt, die Aufgabenerfüllung des Verwaltungsrates erleichtert und der Informationsfluss zwischen Vorstand und Verwaltungsrat verbessert.

— Des Weiteren wird die politische Abstimmung bei Fusionsverhandlungen zwischen den Trägern dadurch erleichtert, dass bei Zweckverbandssparkassen mehr als zwei Stellvertretungen im Verwaltungsratsvorsitz zugelassen werden (§ 11 Abs. 2 SpkG NRW nF) sowie der Vorsitz und die Stellvertretungen jeweils einmal in der Amtszeit in zwei Wahlperioden nach der Fusion gewechselt werden können (§ 28 Abs.1 SpkG NRW nF).

— Der Gesetzentwurf enthält die klarstellende Regelung, dass die Verwaltungsratsmitgliedschaft eines Mitglieds entfällt, wenn die Wählbarkeitsvoraussetzungen nicht mehr vorliegen (§ 12 Abs. 1 SpkG NRW nF).

— Die während der Covid19-Pandemie geübte Praxis, Sitzungen in digitaler Form mit Ton-Bild-Übertragung durchzuführen, soll den Gremien in Ausnahmefällen weiterhin zur Verfügung stehen. Dies wird gesetzlich geregelt (§ 16 Abs. 1a und b SpkG NRW nF).

— Der Gesetzentwurf regelt, dass die Zweckverbandssatzung vorsehen kann, dass Vorschriften des Gesetzes über die kommunale Gemeinschaftsarbeit bezüglich der Haushaltswirtschaft und Prüfung keine Anwendung finden (§ 27 Abs.7 SpkG NRW nF).

— Der Gesetzentwurf enthält ferner die ausdrückliche Verpflichtung der Sparkassen zur Orientierung am Prinzip der Nachhaltigkeit (§ 2 Abs. 5 SpkG NRW nF).

— Mit dem Gesetzentwurf zur Änderung des Gesetzes zur Errichtung eines Fonds für die Beteiligung des Landes Nordrhein-Westfalen an den finanziellen Lasten

Vorwort

des Finanzmarktstabilisierungsfonds des Bundes und des Gesetzes zur Errichtung eines Fonds für eine Inanspruchnahme des Landes Nordrhein-Westfalen aus der im Zusammenhang mit der Risikoabschirmung zugunsten der WestLB AG erklärten Garantie wird im Wesentlichen eine wechselseitige Zweckerweiterung dahingehend vorgesehen, dass die in dem jeweiligen Sondervermögen angesammelten Mittel auch für Zwecke des jeweils anderen Sondervermögens genutzt werden dürfen (§ 34 SpkG NRW nF). Hierdurch wird dem Land Nordrhein-Westfalen eine größere Flexibilität ermöglicht, den jeweiligen Verpflichtungen unter Verwendung angesammelter Mittel nachzukommen.
– Überdies werden sonst gebotene, vorrangig redaktionelle Anpassungen vorgenommen.
– Schließlich sieht der Gesetzentwurf die Änderung des Informationsfreiheitsgesetzes Nordrhein-Westfalen (IFG NRW) dahingehend vor, dass zum Schutz der Daten der Kundinnen und Kunden sowie zur Vermeidung von möglichen (Vertrauens-)Schäden für öffentlich-rechtliche Kreditinstitute kundenbezogene Daten bei öffentlich-rechtlichen Kreditinstituten vom Anwendungsbereich des IFG NRW ausgenommen werden sollen (§ 2 Abs. 4 IFG NRW nF).

Die beabsichtigten Änderungen werden, soweit erforderlich, bei den einzelnen Vorschriften erläutert.

Wachtberg/Kamp-Lintfort, Mai 2024   Marwan Hamdan
Christoph Landscheidt

Inhaltsverzeichnis

Bearbeiterverzeichnis XI
Autorenverzeichnis XIII
Abkürzungsverzeichnis XV
Literaturverzeichnis XIX

A. Sparkassen
I. Allgemeine Vorschriften

§ 1 Errichtung von Sparkassen und Zweigstellen, Rechtsform der Sparkassen 1
§ 2 Unternehmenszweck, öffentlicher Auftrag 22
§ 3 Regionalprinzip 44
§ 4 Verbund 74
§ 5 Kontrahierungspflichten 79
§ 6 Satzung 95
§ 7 Trägerschaft und Haftung 98

II. Verwaltung der Sparkassen
1. Träger und Organe der Sparkasse

§ 8 Aufgaben der Vertretung des Trägers 108
§ 9 Organe 128
§ 10 Zusammensetzung des Verwaltungsrates 141
§ 11 Vorsitz im Verwaltungsrat 148
§ 12 Mitglieder des Verwaltungsrates 155
§ 13 Unvereinbarkeit, Abberufung von Verwaltungsmitgliedern 172
§ 14 Tätigkeitsdauer der Verwaltungsratsmitglieder 182
§ 15 Aufgaben des Verwaltungsrates 183
§ 16 Sitzungen und Beschlussfassungen des Verwaltungsrates 257
§ 17 Beanstandungen 287
§ 18 Sitzungsgeld 294
§ 19 Zusammensetzung des Vorstandes, Unvereinbarkeit 302
§ 20 Aufgaben des Vorstandes 336

2. Gemeinsame Vorschriften für die Mitglieder der Sparkassenorgane

§ 21 Gründe der Ausschließung von der Mitwirkung bei Entscheidungen .. 357
§ 22 Amtsverschwiegenheit der Organmitglieder 369

Inhaltsverzeichnis

3. Dienstkräfte der Sparkasse

§ 23 Arbeitnehmer, Amtsverschwiegenheit 379

III. Rechnungslegung, Jahresabschluss und Vermögenseinlagen stiller Gesellschafter

§ 24 Geschäftsjahr und Jahresabschluss 391
§ 25 Verwendung des Jahresüberschusses, Ausschüttung 402
§ 26 Vermögenseinlagen stiller Gesellschafter, Genussrechte und nachrangige Verbindlichkeiten 415

IV. Zusammenlegung und Auflösung von Sparkassen

§ 27 Vereinigung von Sparkassen 422
§ 28 Sonderregelungen aus Anlass der Vereinigung von Sparkassen 460
§ 29 Neuordnung der Sparkassen bei Gebietsänderungen der Träger 463
§ 30 Übertragung von Zweigstellen 474
§ 31 Auflösung von Sparkassen 478

B. Sparkassen- und Giroverbände, Sparkassenzentralbank

§ 32 Rechtsnatur 487
§ 33 Satzung 489
§ 34 Aufgaben 491
§ 35 Organe 495
§ 36 Zusammenschluss der Sparkassen- und Giroverbände 515
§ 37 Sparkassenzentralbank, Girozentrale 522
§ 38 Sparkasse in Trägerschaft des Sparkassen- und Giroverbandes 529

C. Aufsicht, Verwaltungsvorschriften

§ 39 Aufsichtszuständigkeit 535
§ 40 Befugnisse der Sparkassenaufsicht 547
§ 41 Befugnisse der Verbandsaufsicht 572
§ 42 Verwaltungsvorschriften 578

D. Übergangs- und Schlussvorschriften

§ 43 Versorgungslasten 583
§ 44 Übergangsregelung für die Haftung ab dem 19. Juli 2005 bis zum 31. Dezember 2015 583
§ 45 Übergangsregelung für Jahres- und Konzernabschlüsse 583
§ 46 Inkrafttreten 584

Stichwortverzeichnis 585

Bearbeiterverzeichnis

Nach Paragraphen

§ 1	Jochum
§§ 2–4	B. Hamdan
§ 5	B. Hamdan/M. Hamdan
§ 6	Landscheidt
§ 7	B. Hamdan
§§ 8, 9	Landscheidt
§§ 10–14	Weis
§§ 15–18	M. Hamdan
§§ 19, 20	Zimmer
§§ 21–23	M. Hamdan
§§ 24, 25	Köster
§ 26	Jochum
§§ 27, 28, 31	Vogel
§§ 32–38	Goletzko
§§ 39–42	Fischer-Appelt

Alphabetisch

Fischer-Appelt	§§ 39–42
Goletzko	§§ 32–38
Hamdan, B.	§§ 2–5, 7
Hamdan, M.	§§ 5, 15–18, 21–23
Jochum	§§ 1, 26
Köster	§§ 24, 25
Landscheidt	§§ 6, 8, 9
Vogel	§§ 27–31
Weis	§§ 10–14
Zimmer	§§ 19, 20

Autorenverzeichnis

Martin Fischer-Appelt	Leitender Ministerialrat im Ministerium der Finanzen des Landes Nordrhein-Westfalen, Referat III 3 A 5 – Sparkassenaufsicht, Sparkassenwesen, Düsseldorf
Simone Goletzko	Syndikusanwältin; Leiterin Referat Dienstvertrags-, Arbeits- und Sparkassenrecht beim Westfälisch-Lippischen Sparkassen- und Giroverband, Münster
Prof. Dr. Binke Hamdan	Richterin am AG a.D.; Professorin für Öffentliches Dienstrecht und Öffentliches Recht an der Hochschule für Polizei und öffentliche Verwaltung Nordrhein-Westfalen, Köln
Prof. Dr. Marwan Hamdan	Rechtsanwalt; Professor für Bürgerliches Recht, Wirtschafts-, Bank- und Versicherungsrecht an der Hochschule für Finanzwirtschaft & Management, Bonn
Dr. Alexander Jochum	Verbandssyndikus des Rheinischen Sparkassen- und Giroverbandes, Düsseldorf
Prof. Dr. Thomas Köster	Wirtschaftsprüfer und Steuerberater; Professor für Allgemeine Betriebswirtschaftslehre, Rechnungswesen und Betriebswirtschaftliche Steuerlehre an der Hochschule für Finanzwirtschaft & Management, Bonn
Prof. Dr. Christoph Landscheidt	Hauptamtlicher Bürgermeister der Stadt Kamp-Lintfort; Präsident des Städte- und Gemeindebundes Nordrhein-Westfalen eV, Düsseldorf; Vizepräsident des Deutschen Städte- und Gemeindebundes eV, Berlin; Mitglied des Vorstandes des Rheinischen Sparkassen- und Giroverbandes, Düsseldorf; Honorarprofessor an der Hochschule für Finanzwirtschaft & Management, Bonn
Prof. Dr. Hans-Gert Vogel	Professor für Bürgerliches Recht und Wirtschaftsrecht an der Hochschule Emden-Leer, Emden
Michael Weis	Syndikusanwalt, Leiter Recht der Sparkasse Düsseldorf
Dr. Gerald Zimmer	Rechtsanwalt und Fachanwalt für Arbeitsrecht: Vertragsanwalt der Interessengemeinschaft von Sparkassenvorstandsmitgliedern eV, Frankfurt und des Bundesverbandes kommunaler Unternehmensleiter, Frankfurt

Abkürzungsverzeichnis

aA	andere Ansicht/Auffassung
aaO	am angegebenen Ort
ABl.	Arbeitsblatt
Abs.	Absatz
aE	am Ende
aF	alte Fassung
Änd.	Änderung
Anm.	Anmerkung
Art.	Artikel
Aufl.	Auflage
Az.	Aktenzeichen
BaFin	Bundesanstalt für Finanzdienstleistungsaufsicht
Bay.	Bayern
Bbg.	Brandenburg
Bd.	Band
Begr.	Begründung
Beschl.	Beschluss
bez.	bezeichnet
bspw.	beispielsweise
BTag	Bundestag
BT-Drs.	Bundestags-Drucksache
Buchst.	Buchstabe
BW	Baden-Württemberg
bzgl.	bezüglich
bzw.	beziehungsweise
CGKS	Corporate Governance-Kodex für Sparkassen in NRW
CRR(-VO)	Capital Requirements Regulations (Kapitaladäquanzverordnung)
d.	der/des/durch
dh	das heißt
EBA	Europäische Bankaufsichtsbehörde
ebd.	ebenda
einschl.	einschließlich
entspr.	entsprechend
Erl.	Erläuterung
etc.	et cetera (und so weiter)
eV	eingetragener Verein
evtl.	eventuell
EZB	Europäische Zentralbank

Abkürzungsverzeichnis

f./ff.	folgende
FinMin	Finanzministerium
Fn.	Fußnote
GE	Gesetzesentwurf
gem.	gemäß
Ges.	Gesetz
ggf.	gegebenenfalls
ggü.	gegenüber
grds.	grundsätzlich
GV.	Gesetzes- und Verordnungsblatt
Hess.	Hessen
hM	Herrschende Meinung
Hs.	Halbsatz
i.L.	in Liquidation
idF	in der Fassung
idR	in der Regel
idS	in diesem Sinne
iE	im Einzelnen/im Ergebnis
ieS	im engeren Sinne
insbes.	insbesondere
iSd	im Sinne des
iSv	im Sinne von
iÜ	im Übrigen
iVm	in Verbindung mit
KWG	Kreditwesengesetz
Kommunalverf.	Kommunalverfassung
Lfg.	Lieferung
lit.	litera
Lit.	Literatur
LReg	Landesregierung
LT	Landtag
LT-Drs.	Landtags-Drucksache
MaRisk	Mindestanforderungen an das Risikomanagement
maW	mit anderen Worten
MBl.	Ministerialblatt
mE	meines Erachtens
Mrd.	Milliarde(n)
MV	Mecklenburg-Vorpommern
mwN	mit weiteren Nachweisen
Nds.	Niedersachsen
nF	neue Fassung

Abkürzungsverzeichnis

Nr.	Nummer
NRW	Nordrhein-Westfalen
oÄ	oder Ähnliches
og	oben genannt
p.a.	per anno (pro Jahr)
Prot.	Protokoll
RdErl	Runderlass
Reg.-Entw.	Regierungsentwurf
RhPf.	Rheinland-Pfalz
RL	Richtlinie
Rn.	Randnummer
Rspr.	Rechtsprechung
RVO	Rechtsverordnung
S.	Satz/Seite
s.	siehe
s.o.	siehe oben
s.u.	siehe unten
sa	siehe auch
Saarl.	Saarland
sächs.	sächsisch
Sachsanh.	Sachsenanhalt
SachsenLB	Landesbank Sachsen
Schlh.	Schleswig-Holstein
SMBl.	Sammlung des Ministerialblattes
sog	so genannt
SpkG	Sparkassengesetz
stv.	stellvertretend
Thür.	Thüringen
Tz.	Textziffer
u.	und
ua	unter anderem
Urt.	Urteil
usw.	und so weiter
uU	unter Umständen
v.	von/vom
va	vor allem
Var.	Variante
vgl.	vergleiche
vH	von Hundert
VO	Verordnung
vs.	versus

Abkürzungsverzeichnis

wiss. .... wissenschaftlich

zB .... Zum Beispiel
Ziff. .... Ziffer
zit. .... zitiert
zT .... zum Teil
zZ .... zur Zeit

Literaturverzeichnis

Berger, Niedersächsisches Sparkassengesetz (NSpG), Kommentar, 2. Aufl. 2006
Biesok, Kommentar zum Sparkassengesetz, Das Sparkassenrecht in Sachsen, Mecklenburg-Vorpommern, Brandenburg und Sachsen-Anhalt, 1. Aufl. 2015
Biesok, Sparkassenrecht, 1. Aufl. 2021
Engau/Dietlein/Josten, Sparkassengesetz Nordrhein-Westfalen, 3. Aufl. 9. Lieferung Okt. 2023
Fischer, Entlastung des Sparkassenvorstands und Bestätigung der Sparkassenaufsichtsbehörde WM 2007, 1005 ff.
Fischer/Schulte-Mattler, KWG CRR-VO Kommentar, 6. Aufl. 2023
Frick, Die Staatsaufsicht über die kommunalen Sparkassen – Die Sparkassen als Selbstverwaltungsträger und ihr Verhältnis im Staat zur Bundesrepublik Deutschland, 1962
Grüneberg, Bürgerliches Gesetzbuch, 83. Aufl., 2024
Haller, Entwicklung und Wesen der Staatsaufsicht über die kommunalen Sparkassen unter besonderer Berücksichtigung der verfassungsrechtlichen Grenzen der Bundesaufsicht, 1970
Heinevetter, Sparkassengesetz Nordrhein-Westfalen, 9. Lfg. 1987
Heinevetter, Sparkassengesetz Nordrhein-Westfalen, 2. Aufl. 1992
Henneke, Sparkassenfusionen aus kommunaler Sicht – Voraussetzungen, Bedingungen, Grenzen, Sparkassen Management 2017, 7
Hübner, Die Befugnisse der Fachaufsicht im KWG im Verhältnis zu denen der Staatsaufsicht (Anstaltsaufsicht), 1966
Ihrig/Schäfer, Rechte und Pflichten des Vorstands, 1. Aufl. 2014
Josten, Strukturprinzipien der Sparkassenverfassung, 2022
Kiethe, Die zivil- und strafrechtliche Haftung von Vorstandsmitgliedern einer Sparkasse für riskante Kreditgeschäfte, BKR 2005, 177
Klinger/Stille, Anforderungen an Verwaltungsratsmitglieder von Sparkassen, in: Handbuch der Regionalbanken, Schäfer (Hrsg.), 2. Aufl. 2007
Klüpfel/Gaberdiel/Gnamm/Ebinger, Kommentar zum Sparkassengesetz: Das Sparkassenrecht in Baden-Württemberg, 7. Aufl. 2006
Klüpfel/Gaberdiel/Höppel/Ebinger, Kommentar zum Sparkassengesetz, Das Sparkassenrecht in Baden-Württemberg, 9. Aufl. 2017
Knemeyer, Das Sparkassenkontrollsystem, BayVBl. 1986, 33
Krebs/Dülp/Schröer, Bayerisches Sparkassenrecht, Kommentar, Loseblatt, Stand: April 2002
Lohr, Satzungsgewalt und Staatsaufsicht – Eine kommunal- und sparkassenrechtliche Untersuchung, 1963
Lüdde, Sparkassenrecht der Länder – Bestand und Entwicklung seit 1949, 2010
Lutter, Pflichten und Haftung von Sparkassenorganen, 1991
Maunz/Dürig, Grundgesetz, Loseblatt-Kommentar, Stand Januar 2018
Maurer/Waldhoff, Allgemeines Verwaltungsrecht, 19. Aufl. 2017
Niggemeyer, Zulässigkeit und Grenzen von Sparkassenfusionen: Eine Untersuchung am Beispiel nordrhein-westfälischer Sparkassen, 2005

Literaturverzeichnis

Obermann, Die kommunale Bindung der Sparkassen: Verfassungsrechtliche Möglichkeiten und Grenzen ihrer Ausgestaltung, 1. Aufl. 2000

Oebbecke, Sparkassenaufsicht und Bankenaufsicht, ZBB 2016, 336

Rehn/Cronauge/von Lennep/Knirsch, Gemeindeordnung für das Land Nordrhein-Westfalen, Kommentar, Loseblatt, Stand: Dez. 2023

Reischauer/Kleinhans, Kreditwesengesetz, Loseblatt-Kommentar, Stand: März 2024

Rothe, Sparkassengesetz für das Land Nordrhein-Westfalen, 3. Aufl. 1976

Schalast/Sassenberg, Sparkassenreformen: Bildung von Stammkapital, Verkaufsoptionen und Marktkonsolidierung, BKR 2007, 498

Schink/Karpenstein, Kommunale Sparkassen – verfassungsrechtliche Grundlagen und Möglichkeiten der Fortentwicklung, DVBl, 2014, 481

Schlierbach/Püttner, Das Sparkassenrecht in der Bundesrepublik Deutschland, 5. Aufl. 2003

Schwennicke/Auerbach, Kreditwesengesetz, 4. Aufl. 2021

Seyfarth, Vorstandsrecht, 1. Aufl. 2016

Stähler, Landesorganisationsgesetz Nordrhein-Westfalen: Kommentar, 2004

Stelkens/Bonk/Sachs, Verwaltungsverfahrensgesetz Kommentar, Sachs/Schmitz (Hrsg.), 10. Aufl. 2023

Weides, Zur Eigenständigkeit des Sparkassenrechts gegenüber dem Kommunalrecht, DÖV, 1984, 41

Wolff/Bachof/Stober/Kluth, Verwaltungsrecht I, 13. Aufl. 2017

Völling, Rechtsstellung und Aufgaben des Sparkassenrats, 1. Aufl. 1962

Völter, Aufgaben und Pflichten von Verwaltungsräten, 9. Aufl. 2019

Zöllner/Noack, Kölner Kommentar zum Aktiengesetz, 3. Aufl. 2019

Sparkassengesetz Nordrhein-Westfalen (Sparkassengesetz – SpkG)

vom 18. November 2008 (GV. NRW S. 696)
zuletzt geändert durch Gesetz vom 1. Februar 2022 (GV. NRW S. 122)

A. Sparkassen

I. Allgemeine Vorschriften

§ 1 Errichtung von Sparkassen und Zweigstellen, Rechtsform der Sparkassen

(1) Gemeinden oder Gemeindeverbände können mit Genehmigung der Aufsichtsbehörde Sparkassen als ihre Wirtschaftsunternehmen in der Rechtsform einer landesrechtlichen Anstalt öffentlichen Rechts nach Maßgabe dieses Gesetzes errichten. Ein Ansatz der Sparkassen in der Eröffnungsbilanz und dem Jahresabschluss von Gemeinden und Gemeindeverbänden ist ausgeschlossen.

(2) Die Sparkassen können im Gebiet ihres Trägers Haupt- und Zweigstellen errichten. Kreissparkassen dürfen im Gebiet kreisangehöriger Gemeinden und Gemeindeverbände mit eigener Sparkasse keine Zweigstellen errichten. Bei Vorliegen besonderer Umstände kann die Aufsichtsbehörde nach Anhörung der betroffenen Sparkasse, ihres Trägers und des Sparkassen- und Giroverbandes Ausnahmen zulassen.

Literatur: *Dietrich/Palmen*, Sparkassen- und Personalrecht in Rheinland-Pfalz, 68. Aktualisierung 1994; Dürig/Herzog/Scholz, Grundgesetz, 102. Aufl., 2024; *Epping/Hillgruber* (Hrsg.), Beck Online-Kommentar Grundgesetz, 53. Edition, Stand: 15.11.2022; *Grüneberg*, Bürgerliches Gesetzbuch, 83. Aufl., 2024; *Hoppe*, Zur Diskussion um den Haftungszuschlag für die kommunalen Sparkassen, DVBl, 1982, 45; *Krüger*, Sparkassengesetz für das Land Schleswig-Holstein – Kommentar, 2000; *Löwer*, Privatisierung von Sparkassen – Kritische Anmerkung zu den Vorschlägen der Monopolkommission, ZBB 1993, 108; *Mayer*, Deutsches Verwaltungsrecht, Bd. 2, 1924; *Meier*, Ist der Verkauf einer Sparkasse rechtlich zulässig?, VR 2005, 193; *Nierhaus*, Zur kommunalen Bindung und Aufgabenstellung der Sparkassen, DÖV 1984, 662; *Oebbecke*, Sparkassentätigkeit als kommunale Selbstverwaltungsaufgabe, Landes- und Kommunalverwaltung, LKV, 2006; *Perdelwitz/Fabricius/Kleiner*, Das preußische Sparkassenrecht, 1937; *Rehm*, Öffentlich-rechtliche Sparkassen: Privatisierung, weil erfolgreich im Wettbewerb?, WM 1993, 133; *Schlierbach*, Das Sparkassenrecht in der Bundesrepublik Deutschland, 1973; *Stern*, Das sparkassenrechtliche Regionalprinzip, 1. Aufl. 2014; *Stern*, Grundlagen und Status des Zweckverbandes als Gewährträger einer kommunalen Sparkasse, in: Der Zweckverband als Organisationsform kommunaler Sparkassen; *Stern/Niehaus*, Das Regionalprinzip im öffentlich-rechtlichen Sparkassenwesen: seine Geltung und Reichweite im Sparkassenorganisations- und Sparkassengeschäftsrecht, 1991; *von Münch/Kunig* (begr.), *Kämmerer/Kotzur* (Hrsg.), Grundgesetz – Kommentar, 7. Auflage 2021; *Wolff/Bachof/Stober/Kluth* (Hrsg.), Verwaltungsrecht Band 3, 5. Auflage, München 2004.

Übersicht

	Rn.		Rn.
I. Allgemeines	1	ff) Steuerpflicht	38
1. „Sparkassenhoheit" als Teil der kommunalen Selbstverwaltungsgarantie	1	gg) Gesetzliche Pflichtmitgliedschaften	39
2. Bedeutung des § 1 SpkG	2	hh) Auskunftspflichten	41
3. Begriff und Strukturmerkmale der Sparkassen	5	4. Firmierung	45
II. Errichtung von Sparkassen (Abs. 1 S. 1)	15	5. Verfahren der Errichtung	50
1. Gemeinden und Gemeindeverbände als alleinige Träger	15	a) Errichtungsbeschluss des Trägers	50
2. Freiwilligkeit der Errichtung von Sparkassen	22	b) Genehmigung der Sparkassenaufsicht	51
3. Rechtliche Stellung der Sparkassen	23	c) Genehmigung der BaFin	55
a) Rechtsform: Anstalt des öffentlichen Rechts	23	d) Handelsregistereintragung	56
b) Rechte und Pflichten	29	e) Sonderfall: Zweckverbandssparkassen	57
aa) Rechtsfähigkeit und Partei- bzw. Beteiligtenfähigkeit	29	III. Verbot der kommunalen Bilanzierung von Sparkassen (Abs. 1 S. 2)	58
bb) Dienstherrenfähigkeit	30	IV. Errichtung von Haupt- und Zweigstellen	63
cc) Grundrechtsgebundenheit	32	1. Sitz und Mehrfachsitz von Sparkassen	63
dd) Anstaltslast und Gewährträgerhaftung	33	2. Haupt- und Zweigstellen (Abs. 2 S. 1 – Regionalprinzip)	66
ee) Insolvenzfähigkeit	36	3. Einschränkung für Kreissparkassen (Abs. 2 S. 2 – Subsidiaritätsprinzip)	69
		4. Ausnahmen vom Regional- und Subsidiaritätsprinzip (Abs. 2 S. 3)	71

I. Allgemeines

1. „Sparkassenhoheit" als Teil der kommunalen Selbstverwaltungsgarantie

1 Den Gemeinden und Gemeindeverbänden wird durch Art. 28 Abs. 2 S. 1 GG bzw. Art. 78 Abs. 1 LV NRW das Recht der Selbstverwaltung gewährleistet. Dieses beinhaltet für sie die exklusive Befugnis, auf freiwilliger Basis über die Errichtung und den Betrieb von Sparkassen zu entscheiden (BVerfGE 75, 192, 200; VerfGH NRW, NJW 1980, 2699; *Engau* in: Engau/Dietlein/Josten, § 1 Anm. 2.3; *Henneke*, S. 109; *Rothe*, § 1 Erl. I.1; *Schink/Karpenstein*, DVBl 2014, 481). Der kommunalen Ebene wird damit verfassungsrechtlich – neben den klassischen Gemeindehoheiten – auch eine „Sparkassenhoheit" verbürgt (*Hoppe*, DVBl 1982, 45, 51; *Nierhaus*, DÖV 1984, 662, 665; *Schink/Karpenstein*, DVBl 2014, 481, 483; *Stern*, Zweckverband, S. 35), die als Teil der wirtschaftlichen Daseinsvorsorge aus der objektiven Rechtsinstitutionsgarantie des kommunalen Selbstverwaltungsrechts fließt (BVerfGE 75, 192, 197, 199; *Schlierbach/Püttner*, S. 38). Einfachrechtliche Regelungen über die Errichtung oder den Betrieb von Sparkassen sind daher stets im Lichte jener institutionellen Garantie zu sehen, die freilich – jenseits ihres Kernbereichs – unter einfachem Begrenzungsvorbehalt steht (Art. 28 Abs. 2 S. 1 GG, Art. 78 II LV NRW; vgl. BVerfGE 79, 127, 143, 146; VerfGH NRW, DVBl 1986, 1196, 1198).

I. Allgemeine Vorschriften § 1

2. Bedeutung des § 1 SpkG NRW

Das Sparkassenorganisationsrecht fällt nach Art. 30, 70 Abs. 1 GG in die Kompetenz des Landesgesetzgebers (BVerwG, NJW-RR 1987, 1313, 1314; BGH, WM 1998, 2423, 2425; *Uhle* in: Maunz/Dürig, GG, Art. 74 Rn. 146; *Schlierbach/Püttner*, S. 31 ff.; *Broemel* in: Münch/Kunig, GG, Art. 74 Rn. 48a). § 1 SpkG NRW, der es Gemeinden und Gemeindeverbänden erlaubt, Sparkassen nach Maßgabe jenes Gesetzes zu errichten, bildet dabei die Fundamentalnorm des Sparkassenwesens in Nordrhein-Westfalen.

Sie legt zunächst – im Zusammenspiel mit §§ 2 und 3 SpkG NRW – die wesentlichen Strukturmerkmale der Einrichtung „Sparkasse" fest (dazu näher → Rn. 5 ff.). Gleichzeitig stellt sie die nach § 21 iVm § 18 LOG NRW erforderliche organisationsrechtliche Rechtsgrundlage dar, um Sparkassen als (rechtsfähige) juristische Person des öffentlichen Rechts errichten zu können (*Engau* in: Engau/Dietlein/Josten, § 1 Anm. 2).

Indem die Norm darüber hinaus die Errichtung von Sparkassen sofort den näheren Direktiven des Sparkassengesetzes unterwirft, aktualisiert sie allerdings auch – in verfassungsgemäßer Weise – den einfachgesetzlichen Begrenzungsvorbehalt aus Art. 28 Abs. 2 S. 1 GG bzw. Art. 78 Abs. 2 LV NRW und entkoppelt schließlich das Sparkassenrecht – wenn auch nicht endgültig – vom Kommunalrecht (vgl. *Engau* in: Engau/Dietlein/Josten, § 1 Anm. 1.1; *Henneke*, S. 174 f.; *Schlierbach/Püttner*, S. 34 f.; sehr weit *Weides*, DÖV 1984, 41, 44 f.). Ohne Sonderregelung würde die Errichtung einer Sparkasse als kommunalem Wirtschaftsunternehmen dem gemeindewirtschaftsrechtlichen Regime der §§ 107 ff. GO NRW unterfallen; hiervon dispensiert § 107 Abs. 7 GO NRW jedoch für das öffentliche Sparkassenwesen und stellt klar, dass die diesbezüglich erlassenen Bestimmungen dem Kommunalrecht als *leges speciales* vorgehen (Begr. des Reg.-Entw., LT-Drs. 14/6831, S. 29; *Engau* in: Engau/Dietlein/Josten, § 1 SpkG NRW Anm. 1.1).

3. Begriff und Strukturmerkmale der Sparkasse

Die Einrichtung „Sparkasse" ist gesetzlich nicht definiert. Allerdings kristallisieren sich aus einer Gesamtschau einzelner Regelungen die wesentlichen typusbestimmenden Konstitutionselemente einer Sparkasse heraus, durch die sie sich zugleich – nicht nur terminologisch (vgl. § 107 Abs. 6, 7 GO NRW) – von anderen Einrichtungen, wie namentlich Banken, unterscheidet:

§ 1 Abs. 1 S. 1 SpkG NRW verdeutlicht zunächst, dass (nur) Gemeinden und Gemeindeverbände Träger von Sparkassen sein können (näheres hierzu → Rn. 15). Bei Lichte hat die Norm mit diesem Regelungsgehalt indes rein deklaratorische Relevanz, da das Prinzip der alleinigen Trägerschaft der kommunalen Ebene angesichts des ihr garantierten Selbstverwaltungsrechts bereits aus Art. 28 Abs. 2 GG bzw. Art. 78 Abs. 1 LV NRW folgt (→ Rn. 1 ff.; *Rothe*, § 1 Erl. I. 1; *Schlierbach/Püttner*, S. 42).

Konstitutiv legt § 1 Abs. 1 S. 1 SpkG NRW demgegenüber fest, dass Sparkassen nur in Form einer (rechtsfähigen) Anstalt des öffentlichen Rechts errichtet werden dürfen. In dieser Eigenschaft erfüllen sie ihre öffentliche Aufgabe aus § 2 Abs. 1 SpkG NRW (hierzu sogleich näher) und sind insofern Teil der mittelbaren Staatsverwaltung (*Henneke*, S. 110; *Rothe*, § 2 Erl. III. 2 sowie § 3 Erl. I. 2). Hieraus folgt auch, dass die Sparkassen grundrechtsgebunden sind, sich also einerseits gegenüber staatlichen Eingriffen in ihren Geschäftsbetrieb weder mit der Berufsfreiheit (Art. 12 Abs. 1 GG) noch der Eigentumsfreiheit (Art. 14 Abs. 1 GG) zur Wehr setzen können, andererseits aber selbst die Grundrechte der Bürger zu beachten haben (BVerfGE 75, 192, 200; vgl. auch BGH, NJW 2017, 3153, 3155; *Berger*, § 1 Rn. 6; *Engau* in: Engau/Dietlein/Josten, § 1 Anm. 1.2; *Schlierbach/Püttner*, S. 58). Diese Grundrechtsbindung der Sparkassen besteht unabhängig davon, dass sie ihre Aufgaben im bankmäßigen Geschäftsverkehr regelmäßig nur in privatrechtlicher Handlungsform wahrnehmen (BGH, NJW 2003, 1658; *Engau* in: Engau/Dietlein/Josten, § 1 Anm. 4.4.4). Es gibt nur wenige Fälle, in denen eine Sparkasse öffentlich-rechtlich handelt, so etwa bei der Ausstellung öffentlicher Urkunden gem. § 20 Abs. 4 SpkG NRW, der Abnahme eidesstattlicher Versicherungen (vgl. OLG Düsseldorf, NStZ 1982, 290) oder der Kraftloserklärung von Sparurkunden (Abschnitt 6 Ziff. 6.1 AVV SpkG NRW).

8   Als kommunale „Wirtschaftsunternehmen" (§ 1 Abs. 1 S. 1 SpkG NRW) sind die Sparkassen Gewerbetreibende iSd Gewerbeordnung und zugleich Kaufmann iSd § 1 HGB (*Berger*, § 1 Rn. 10; *Engau* in: Engau/Dietlein/Josten, § 1 Anm. 1.2; 2.8). Rechtsgeschäfte im Rahmen ihres Handelsgewerbes sind Handelsgeschäfte iSd §§ 343 ff. HGB, sodass etwa bei Stellung einer Bürgschaft die §§ 349, 350 HGB anwendbar sind (*Klüpfel/Gaberdiel/Gnamm/Höppel*, § 1 Anm. 8; *Krüger*, Erl. zu § 1; *Schlierbach/Püttner*, S. 69).

9   Darüber hinaus sind die Sparkassen – wie sich bereits aus § 2 Abs. 2 S. 1 SpkG NRW ergibt – auch Wettbewerbsunternehmen, die als solche den Vorschriften über den unlauteren Wettbewerb (UWG) sowie des Kartellrechts (GWB) unterliegen (*Engau* in: Engau/Dietlein/Josten, § 1 Anm. 1.2).

10 Die Eigenschaft der Sparkassen als Wirtschaftsunternehmen wird allerdings über § 2 SpkG NRW – als Ausfluss der verfassungsrechtlichen Maßgaben aus Art. 28 Abs. 2 GG bzw. Art. 78 Abs. 1 LV NRW – auf das öffentliche Wohl ausgerichtet, was sie in ein gewisses Spannungsverhältnis zum (gewerblichen) Wirtschaftlichkeitsgrundsatz stellt (vgl. *Klüpfel/Gaberdiel/Gnamm/Höppel*, § 6 Anm. IV.2):

11 So haben die Sparkassen mit der geld- und kreditwirtschaftlichen Versorgung ihres Trägers sowie der Bevölkerung und der Wirtschaft insbesondere in ihrem Geschäftsgebiet einen öffentlichen Auftrag zu erfüllen (§ 2 Abs. 1 SpkG NRW) und sind zur finanziellen Förderung schwächerer Bevölkerungskreise angehalten (§ 2 Abs. 2 SpkG NRW). Die Erzielung von Gewinn darf lediglich Nebenzweck, nicht jedoch Hauptzweck ihrer Tätigkeit sein (§ 2 Abs. 3 S. 2 SpkG NRW). Diese Regularien hindern Sparkassen beispielsweise daran, sich insgesamt von Privatkunden unterer oder mittlerer Einkommensbereiche zu trennen (*Klüpfel/Gaberdiel/Gnamm/Höppel*, § 6 Anm. I.2). Insofern erweist sich die Gemeinwohlverpflichtung als ein den Sparkassen eigenes und ihr Wesen prägendes Charakteristikum, durch das sie sich zugleich von privaten Banken unterscheiden, für die derartige Einschränkungen gerade nicht gelten (hierzu eingehend *Henneke*, S. 87 ff.; *Rothe*, § 3 Erl. I.2, II.2, IV; vgl. auch *Schlierbach/Püttner*, S. 60 f.).

12 Darüber hinaus schränken die §§ 1, 2 Abs. 1, 3 Abs. 1 SpkG NRW die Geschäftstätigkeit von Sparkassen auch in räumlich-gegenständlicher Hinsicht ein, was ihnen ein weiteres Alleinstellungsmerkmal verleiht. Sie sind – entsprechend ihrem öffentlichen Auftrag – in erster Linie zur Befriedigung der existentiellen wirtschaftlichen Belange der Bevölkerung und der Wirtschaft im Gebiet ihres Trägers gehalten. Damit sind gebietsüberschreitende inländische und – erst recht – ausländische Betäti-

I. Allgemeine Vorschriften   § 1

gungen der Sparkassen einerseits sowie wirtschaftlich risikoreiche Geschäfte andererseits nur eingeschränkt zulässig (*Klüpfel/Gaberdiel/Gnamm/Höppel*, § 2 Anm. II.5 und § 6 Anm. I.5 und II.8). Die Begrenzung auf den örtlichen Wirkungskreis findet ihren normativen Ausdruck plakativ in der amtlichen Überschrift des § 3 SpkG NRW – „Regionalprinzip", das seinerseits in § 4 S. 2 SpkG NRW wieder aufgegriffen wird. Allerdings ergeben sich die genannten Restriktionen für die Geschäftstätigkeit der Sparkassen – ungeachtet der einfachrechtlichen Kodifizierung – dem Grunde nach schon aus verfassungsrechtlichen Erwägungen. Da die Befugnis zur Errichtung und zum Betrieb von Sparkassen Ausfluss der kommunalen Selbstverwaltungsgarantie aus Art. 28 Abs. 2 GG, Art. 78 Abs. 1 LV NRW ist (→ Rn. 1 ff.), liegt es in der Natur der Sache, dass die von der kommunalen Ebene errichteten – wenn auch organisatorisch verselbständigten – Unternehmen in ihren Entfaltungsmöglichkeiten durch die Verbandskompetenzen ihrer Muttergemeinwesen limitiert sind. Letztere sind aber kompetenziell auf den örtlichen bzw. regionalen Wirkungskreis beschränkt, so dass für von ihnen getragene Sparkasse nichts anderes gelten kann (vgl. BVerwG, DÖV 1983, 73, 74; OVG Münster, DVBl. 1966, 342, 344; OVG Lüneburg, NVwZ-RR 1989, 12; *Schink/Karpenstein*, DVBl. 2014, 481, 485; *Schlierbach/Püttner*, S. 132; *Stern*, S. 25 f.; *Stern*, Zweckverband, S. 35).

Nicht zuletzt unterstehen die Sparkassen als kommunale Wirtschaftsunternehmen gemäß § 39 SpkG NRW einer Sonderaufsicht des Landes, die sie ebenfalls von anderen Wirtschaftsunternehmen unterscheidet. Da die Sparkassen im Hinblick auf ihren in § 2 Abs. 1 SpkG NRW festgelegten Unternehmenszweck aber auch Kreditinstitute iSd § 1 des Kreditwesengesetzes (KWG) sind, unterliegen sie zugleich der allgemeinen Bankenaufsicht (*Berger*, § 1 Rn. 11; *Engau* in: Engau/Dietlein/Josten, § 1 Anm. 1.2, 2.7; *Henneke*, S. 175, 178).   13

Schließlich sind die in NRW bestehenden Sparkassen mündelsichere Einrichtungen iSd § 1842 BGB, da sie auf Grundlage von Art. 75 § 1 Abs. 1 des nordrhein-westfälischen Ausführungsgesetzes zum Bürgerlichen Gesetzbuch (AG BGB) für zur Anlegung von Mündelgeld geeignet erklärt worden sind (*Engau* in: Engau/Dietlein/Josten, § 1 Anm. 1.2; Entsprechendes gilt etwa auch für baden-württembergische Sparkassen, *Klüpfel/Gaberdiel/Gnamm/Höppel*, § 1 Anm. 10. In Schleswig-Holstein ist die Mündelsicherheit sogar explizit in § 1 Abs. 3 S. 1 des dortigen LSpkG geregelt.).   14

II. Errichtung von Sparkassen

1. Gemeinden und Gemeindeverbände als alleinige Träger

Eher knapp formuliert § 1 Abs. 1 S. 1 SpkG NRW, dass Gemeinden oder Gemeindeverbände Sparkassen errichten können. Im Lichte von Art. 28 Abs. 2 GG und Art. 78 Abs. 1 LV NRW ist dieses Recht im Sinne einer ausschließlichen Errichtungskompetenz der kommunalen Ebene zu verstehen; dem Land steht eine Befugnis zur Errichtung von Sparkassen nicht zu (*Engau* in: Engau/Dietlein/Josten, § 1 Anm. 2.1; *Klüpfel/Gaberdiel/Gnamm/Höppel*, § 2 Anm. I.1; *Rothe*, § 1 Erl. I. 2). § 1 SpkG NRW geht dabei vom Prinzip der singulären Trägerschaft aus, lässt also die gemeinsame Errichtung einer Sparkasse durch zwei oder mehr Kommunen als unmittelbare Träger nicht zu (*Engau* in: Engau/Dietlein/Josten, § 1 Anm. 2.2; s. dort auch zu der – vom Singularitätsprinzip zu unterscheidenden – Frage der Zulässigkeit   15 einer sog Mehrfachträgerschaft einer Kommune; vgl. dazu weiter *Stern/Nierhaus*, 1991, S. 64 f. sowie *Stern*, 2014, S. 28). Sparkassen können daher zB nicht als gemeinsames Kommunalunternehmen mehrerer Gemeinden iSd § 27 Abs. 1 GkG NRW errichtet werden. Dies machen schon die in § 1 Abs. 1 S. 1 SpkG NRW verwendete Konjunktion „oder" sowie der in § 1 Abs. 2 S. 1 SpkG NRW im Singular stehende Begriff des „Trägers" deutlich.

16 Anders als Parallelvorschriften in anderen Bundesländern, die nach den einzelnen Errichtungskörperschaften auffächern (so bspw. in Baden-Württemberg [§§ 1, 2 Abs. 1 SpkG BW], Niedersachsen [§ 1 Abs. 1 Nds. SpkG], Mecklenburg-Vorpommern [§ 1 Abs. 1, 2 SpkG M-V], Sachsen [§ 1 Abs. 1, 2 Sächs. SpkG] oder Brandenburg [§ 1 Bdb. SpkG]), bezeichnet § 1 Abs. 1 S. 1 SpkG NRW als Träger einer Sparkasse neben Gemeinden nur pauschal die Gemeindeverbände, ohne zwischen ihnen näher zu differenzieren. Während zu den Gemeinden mit Blick auf Art. 28 Abs. 2 S. 1 GG, 78 Abs. 1 LV NRW einerseits und § 13 Abs. 2 GO NRW andererseits ohne Weiteres auch die Städte zu rechnen sind (*Hellermann* in: BeckOK GG, Art. 28 Rn. 23; *Engau* in: Engau/Dietlein/Josten, § 1 Anm. 2.1), bedarf die Reichweite des Begriffs der Gemeindeverbände einer differenzierten Betrachtung. Verfassungsrechtlich sind hiermit nur solche kommunalen Zusammenschlüsse gemeint, die entweder zur Wahrnehmung von Selbstverwaltungsaufgaben gebildete Gebietskörperschaften sind oder denen Selbstverwaltungsaufgaben obliegen, die nach Gewicht und Umfang denen der Gemeinden vergleichbar sind (BVerfGE 52, 95, 112; BVerwG NVwZ 2012, 506, 507 f.). Aus dieser Perspektive zählen zu den Gemeindeverbänden iSv Art. 28 Abs. 2 S. 2 GG und Art. 78 Abs. 2 LV NRW in erster Linie die Kreise (dies ergibt sich schon durch systematische Auslegung mit Art. 28 Abs. 1 S. 2 GG, der die Kreise als Untergliederung der Länder explizit nennt; vgl. auch BVerfGE 52, 95, 112; 83, 363, 383; 103, 332, 359), nach überwiegender Ansicht jedoch nicht die Zweckverbände, da sie auf die bloße Erledigung einzelner kommunaler Aufgaben beschränkt sind und zudem keine eigene Gebietshoheit haben (BVerwG NVwZ 2012, 506, 507 f.; LVerfG Schleswig-Holstein, NordÖR 2010, 155, 157; *Hellermann* in: BeckOK GG, Art. 28 Rn. 23.4; *Stern*, Zweckverband, S. 33; *Löwer* in: Münch/Kunig, GG, Art. 28 Rn. 93).

17 Auf einfachrechtlicher Ebene hat der Landesgesetzgeber NRW allerdings nicht nur die Kreise (§ 1 Abs. 2 KrO NRW), sondern auch die Zweckverbände (§ 5 II Hs. 1 GkG NRW) zu Gemeindeverbänden erklärt. Nach § 5 II Hs. 2 GkG NRW finden die für Gemeindeverbände geltenden Vorschriften grundsätzlich auch auf den Zweckverband Anwendung, soweit nichts anderes bestimmt ist. Über diese „Brücke" kann auf den Zweckverband auch § 1 Abs. 1 S. 1 SpkG NRW angewendet werden. Sonstige Bestimmungen des Sparkassengesetzes stehen dem nicht entgegen; vielmehr kennt es etwa in den §§ 10 Abs. 4 S. 1, 11 Abs. 1 S. 2, Abs. 3 S. 2 SpkG NRW selbst die sog Zweckverbandssparkasse und setzt damit voraus, dass auch der Zweckverband zu den Gemeindeverbänden als Trägern der Sparkassen iSd § 1 Abs. 1 S. 1 SpkG NRW gehört („Sparkassenzweckverband").

18 Nicht abschließend geklärt ist indessen, ob ein Zweckverband nur dann Träger einer Sparkasse sein kann, wenn er ausschließlich aus Gemeinden und/oder Gemeindeverbänden besteht (so – allerdings jeweils ohne weitere Begründung – *Engau* in: Engau/Dietlein/Josten, § 1 Anm. 2.1 und *Klüpfel/Gaberdiel/Gnamm/Höppel*, § 2 Anm. I.3). Dies löst die Frage aus, ob sich eine bereits gegründete Sparkasse an einem Zweckverband beteiligen und so letztlich zum „Mitträger" einer

I. Allgemeine Vorschriften § 1

Zweckverbandssparkasse werden kann. Mit Blick auf § 4 Abs. 2 S. 1 GkG NRW erscheint eine solche Beteiligung jedenfalls nicht von vornherein ausgeschlossen, denn danach kann neben Gemeinden und Gemeindeverbänden ua auch eine Anstalt des öffentlichen Rechts – um die es sich bei einer Sparkasse handelt – Mitglied eines Zweckverbandes sein. Etwas anderes würde nur gelten, wenn die für sie einschlägigen Sondervorschriften die Beteiligung ausschlössen oder beschränkten (§ 4 Abs. 2 S. 1 GkG NRW aE). Das SpkG NRW enthält indes keine Bestimmungen, die eine Beteiligung im vorgenannten Sinne ausdrücklich verbieten. Ein derartiges Beteiligungsverbot ergibt sich insbesondere auch nicht kraft Natur der Sache aus dem in § 1 Abs. 1 S. 1 SpkG NRW zum Ausdruck kommenden Prinzip der alleinigen Sparkassenträgerschaft von Gemeinden und Gemeindeverbänden; denn die Beteiligung einer bestehenden Sparkasse an einem Zweckverband gemäß § 4 Abs. 2 GkG NRW vermag nichts an der Tatsache zu ändern, dass formal ausschließlich der Zweckverband Träger der betreffenden Zweckverbandssparkasse wird.

Implizit gegen die hier diskutierte Konfigurationsmöglichkeit eines Sparkassenzweckverbandes spricht freilich die – unmittelbar nur die Mitgliedschaft im Verwaltungsrat behandelnde – Regelung des § 12 Abs. 1 S. 5 SpkG NRW. Sie ermöglicht, dass grundsätzlich auch die Dienstkräfte des Trägers von der Vertretung des Trägers zu Mitgliedern des Verwaltungsrates gewählt werden können und spricht dabei in Bezug auf Zweckverbandssparkassen von den Dienstkräften aller „im Zweckverband zusammengeschlossenen Gemeinden und Gemeindeverbände(n)". Diese Regelung legt zumindest eine prinzipielle Vorstellung des Gesetzgebers dahin nahe, dass nur genuine Träger einer Sparkasse iSv § 1 Abs. 1 S. 1 SpkG NRW auch Mitglieder eines Zweckverbandes als Träger einer Zweckverbandssparkasse sein können.

Ungeachtet der uU rechtstechnisch möglichen Konstruktion stieße die Beteiligung einer Sparkasse an einem Sparkassenzweckverband freilich in der Praxis auf nicht unerhebliche Komplikationen in der Governance, die naturgemäß die Frage aufwerfen, inwiefern eine solche Konstruktion überhaupt sinnvoll sein kann. Beispielsweise würde schon die Besetzung von Organen der Zweckverbandssparkasse in vielfacher Hinsicht durch § 13 SpkG NRW eingeschränkt. 19

Die Errichtung von Sparkassen durch Landschaftsverbände scheidet hingegen aus. Auch wenn man sie – trotz fehlender Legaldefiniton in der LVerbO – ebenfalls als Gemeindeverbände qualifiziert (so etwa *Rothe*, § 1 Erl. I. 3.1), sind sie kraft der speziellen und abschließenden Aufgabenzuweisung in § 5 LVerbO NRW nicht für das Sparkassenwesen berufen (*Engau* in: Engau/Dietlein/Josten, § 1 Anm. 2.1). 20

Schließlich kommt nach § 38 SpkG NRW ausnahmsweise und zeitlich befristet auch die Trägerschaft einer Sparkasse durch den jeweils zuständigen Sparkassen- und Giroverband unter den dort näher bezeichneten Voraussetzungen in Betracht. Eine Errichtung von Sparkassen ist dem Sparkassen- und Giroverband allerdings nicht möglich; eine Ausnahme bildet – soweit ersichtlich – nur das baden-württembergische Landesrecht, das in §§ 1, 2 Abs. 1 S. 1 Nr. 4 SpkG BW auch dem Sparkassenverband die Sparkassenerrichtung erlaubt. 21

2. Freiwilligkeit der Errichtung von Sparkassen

Die Errichtung von Sparkassen ist eine freiwillige Selbstverwaltungsaufgabe der Gemeinden bzw. Gemeindeverbände, vgl. auch § 1 Abs. 1 S. 1 SpkG NRW: „kön- 22 nen errichten" (BVerfGE 75, 192, 200; VerfGH NRW, NJW 1980, 2696, 2699; *Henneke*, S. 109). Der Staat kann damit – auch gegenüber einer von ihm finanziell unterstützten sog Stärkungspaktkommune – stets nur unverbindliche Empfehlungen zur Errichtung einer Sparkasse als kommunalem Wirtschaftsunternehmen geben, diese aber nicht erzwingen. Umgekehrt fällt auch die Entscheidung, ob eine einmal übernommene freiwillige Selbstverwaltungsaufgabe fortgeführt oder wieder aufgegeben werden soll, in die alleinige Dispositionsbefugnis der Kommunen (*Mehde* in: Maunz/Dürig, GG, Art. 28 Rn. 55; implizit auch *Hellermann* in: BeckOK GG, Art. 28 Rn. 42.1). Deshalb ist – schon in Ermangelung einer einschlägigen gesetzlichen Grundlage – auch die staatliche Anweisung einer Kommune zur Auflösung einer von ihr errichteten Sparkasse unzulässig (vgl. *Hellermann* in: BeckOK GG, Art. 28 Rn. 44; *Henneke*, S. 109; *Oebbecke*, LKV 2006, 145, 147; *Schlierbach/Püttner*, S. 92).

3. Rechtliche Stellung der Sparkassen

a) Rechtsform: Anstalt des öffentlichen Rechts

23   Ursprünglich waren die Sparkassen unselbständige Abteilungen bzw. Anstalten der Gemeinden und Kreise. Diese rechtlich und organisatorisch enge Verbindung hielt die Sparkassen in einer ständigen Abhängigkeit zur wirtschaftlichen Verfassung der Kommunen, mit der eine allgegenwärtige Gefahr eines finanziellen Zugriffs auf ihr Vermögen einherging (*Perdelwitz/Fabricius/Kleiner*, 1937, S. 102). Die Bankenkrise von 1931 führte schließlich ihrerseits dazu, dass erhebliche Teile der Spareinlagen der Bevölkerung aus dem Vermögensbestand der Sparkassen abflossen, so dass diese in ihrer wirtschaftlichen Handlungsfähigkeit bedroht und zur Aufnahme beträchtlicher Akzeptkredite gezwungen waren (*Berger*, § 3 Rn. 2; *Engau* in: Engau/Dietlein/Josten § 1 Anm. 4.1 – jeweils mwN). In Reaktion darauf beschloss der Gesetzgeber noch im selben Jahr, die Sparkassen zu Anstalten mit eigener Rechtspersönlichkeit umzugestalten und organisatorisch von den Kommunen zu entflechten (vgl. hierzu Art. 1 §§ 2, 3 im Fünften Teil (Kapitel I) der Dritten Verordnung des Reichspräsidenten zur Sicherung von Wirtschaft und Finanzen und zur Bekämpfung politischer Ausschreitungen vom 6.10.1931 (RGBl. I, 537, 554)).

24   § 1 Abs. 1 S. 1 SpkG NRW lässt demgemäß die Errichtung einer Sparkasse ausschließlich in der Rechtsform einer (rechtsfähigen) Anstalt des öffentlichen Rechts zu, bei der es sich konstruktiv um eine rechtlich und organisatorisch verselbständigte Zusammenfassung von sächlichen und personellen Mitteln handelt (grundlegend zum Begriff der Anstalt öffentlichen Rechts: *Mayer*, 1924, S. 268, 331). Der diese Rechtsformenwahl legitimierende besondere öffentliche Zweck der Einrichtung „Sparkasse" liegt in dem von ihr zu erfüllenden öffentlichen Auftrag, nämlich einer flächendeckenden und verlässlichen finanziellen Versorgung der Bevölkerung und des Mittelstandes. Wie die Bankenkrise ab 2008 und ihre Folgen – Schließung zahlreicher privater Institute, Ausdünnung ihrer Filialnetze oder auch Überlegungen zur völligen Trennung vom Privatkundengeschäft – eindrucksvoll belegt, hat die Zielsetzung des historischen Gesetzgebers bis heute nichts von ihrer ursprünglichen Berechtigung verloren. Zu Recht wird in diesem Kontext angeführt, dass sich die Sparkassen aufgrund ihrer demokratischen Strukturen und in Wahrnehmung ihres besonderen, dezentral angelegten Geschäftsmodells gerade auch in der Finanzkrise als Stabilitätsanker erwiesen haben (*Engau* in: Engau/Dietlein/Josten,

I. Allgemeine Vorschriften § 1

§ 1 Anm. 4.2.4; *Schink/Karpenstein*, DVBl. 2014, 481, 488). Vor diesem Hintergrund ist die Rechtsform der Anstalt des öffentlichen Rechts auch in Zukunft zur Erfüllung ihres öffentlichen Auftrags prädestiniert (vgl. die Begr. des Reg.-Entw., LT-Drs. 14/6831, S. 27; vgl. für Niedersachsen die amtl. Begr. des dortigen Reg.-Entw., LT-Drs. 15/1220, S. 16; ferner *Henneke*, S. 162).

Ein Rechtsformwechsel – und damit auch eine Privatisierung – ist nach geltender Rechtslage nicht zulässig. Dies steht auch im Einklang mit dem Unionsrecht, das nach Art. 345 AEUV die Eigentumsordnungen der Mitgliedsstaaten unberührt lässt und damit die öffentlich-rechtliche Organisationsform der Sparkassen akzeptiert (eingehend zu diesem Thema *Engau* in: Engau/Dietlein/Josten, § 1 Anm. 4.2.2–4 sowie 4.3.4. Gegen die Zulässigkeit einer Privatisierung auch *Löwer*, ZBB 1993, 108; *Rehm*, WM 1993, 133; anders *Meier*, VR 2005, 193. Zur unionsrechtlichen Problematik der früheren Anstaltslast und Gewährträgerhaftung → Rn. 29 ff.). 25

Ungeachtet ihrer Rechtsform unterliegen die Sparkassen in erster Linie dem Rechtsregime des Sparkassengesetzes (vgl. § 1 Abs 1 S. 1 SpkG NRW), nicht aber den Maßgaben des eigentlich für die Anstalt öffentlichen Rechts geschaffenen § 114a GO NRW (vgl. § 107 Abs. 7 GO NRW – hierzu bereits oben → Rn. 2 ff.; *Engau* in: Engau/Dietlein/Josten, § 1 Anm. 4.1). Die staatliche Aufsicht über die Sparkassen richtet sich folgerichtig auch nicht nach §§ 119 ff. GO NRW, sondern nur nach § 39 SpkG NRW und § 6 KWG (*Engau* in: Engau/Dietlein/Josten, § 1 Anm. 4.1); die allgemeinen Vorschriften – so etwa das AGG oder auch das LPVG NRW – bleiben aber anwendbar. 26

Als rechtsfähige Anstalt ist die Sparkasse juristische Person des öffentlichen Rechts, die ihre Rechtsfähigkeit mit Erteilung der Errichtungsgenehmigung erhält (näheres zum Verfahren der Errichtung unten → Rn. 50 ff.). Im Rahmen ihres öffentlichen Auftrags ist ihr ein Teil der den Kommunen zugewiesenen Aufgabe der wirtschaftlichen Daseinsvorsorge zur selbständigen Wahrnehmung übertragen; insoweit sind die Sparkassen von der sonstigen Kommunalverwaltung unabhängig. Dies darf jedoch nicht darüber hinwegtäuschen, dass im Übrigen eine enge Verbindung zwischen der Sparkasse und ihrem Träger besteht: Abgesehen von der Errichtung der Sparkasse entscheidet der Träger ua über Fragen ihrer Vereinigung (§ 27 SpkG NRW), Neuordnung (§ 29 SpkG NRW) oder Auflösung (§ 31 SpkG NRW), erlässt die Sparkassensatzung, wählt den Verwaltungsrat als Kontrollgremium, genehmigt die von diesem getroffene Wahl der Vorstandsmitglieder (§ 8 SpkG NRW) und beschließt über die Verwendung des Jahresüberschusses (§ 25 SpkG NRW). 27

Die öffentlich-rechtliche Organisationsform bedingt es, dass Streitigkeiten zwischen den einzelnen Organen oder Organteilen der Sparkasse, aber auch im Verhältnis zwischen der Sparkasse und ihrem Träger – also solche, die das Organisationsverhältnis betreffen – öffentlich-rechtlicher Natur sind, für die folglich nach § 40 Abs. 1 VwGO der Verwaltungsrechtsweg eröffnet ist. 28

Davon zu unterscheiden ist das zwischen der Sparkasse und ihren Kunden als Nutzern der Anstalt bestehende Benutzungsverhältnis, das in aller Regel zivilrechtlicher Natur ist. Streitigkeiten aus diesem Verhältnis gehören folglich nach § 13 GVG vor die ordentlichen Gerichte (*Engau* in: Engau/Dietlein/Josten, § 1 Anm. 4.1).

b) Rechte und Pflichten

29 **aa) Rechtsfähigkeit und Partei- bzw. Beteiligtenfähigkeit.** Als rechtlich selbständige Anstalten gemäß § 1 Abs. 1 SpkG NRW sind die kommunalen Sparkassen juristische Personen des öffentlichen Rechts (vgl. bereits oben → Rn. 23 ff.)). Als solche sind sie selbst Träger von Rechten und Pflichten – also rechtsfähig – und infolgedessen auch prozessual parteifähig iSd § 50 Abs. 1 ZPO bzw. beteiligtenfähig iSd § 61 Nr. 1 Var. 2 VwGO (*Engau* in: Engau/Dietlein/Josten, § 1 Anm. 1.2, 4.1, 4.4.1.2; *Rothe*, § 2 Erl. II. 2). Gerichtlich und außergerichtlich vertreten wird die Sparkasse – abgesehen vom Sonderfall des § 20 Abs. 2 S. 4 SpkG NRW – gemäß § 20 Abs. 1 S. 2 SpkG NRW durch den Vorstand als ihren gesetzlichen Vertreter, durch den sie (Verfahrens-)Handlungen vornehmen kann. Sachbefugt und damit vor Gericht aktiv- bzw. passivlegitimiert ist die Sparkasse selbst, nicht hingegen der Vorstand (aA *Engau* in: Engau/Dietlein/Josten, § 1 Anm. 4.4.1.2).

30 **bb) Dienstherrenfähigkeit.** Gemäß § 2 BeamtStG, der den insoweit gleichlautenden § 121 BRRG abgelöst hat, kommt eine sog Dienstherrenfähigkeit – also das Recht, Beamte zu haben – neben den Ländern, Gemeinden und Gemeindeverbänden auch Anstalten des öffentlichen Rechts zu, die dieses Recht bei Inkrafttreten jener Gesetze bereits besaßen oder denen es danach durch oder aufgrund eines Landesgesetzes verliehen wurde.

31 Ursprünglich sah das nordrhein-westfälische Landesrecht für Sparkassen explizit die Befugnis vor, Beamte zu haben (vgl. hierzu noch § 22 Abs. 1 SpkG NRW idF der Bekanntmachung vom 2.7.1975 (GV. NRW 1975 S. 498)). Mitte der 1980er Jahre hat indessen der Landesgesetzgeber diese Regelung ersatzlos gestrichen mit der Folge, dass eine Sparkasse heute sowohl ihre Vorstandsmitglieder als auch die sonstigen Dienstkräfte nur noch auf Angestelltenbasis beschäftigen kann (vgl. §§ 19 Abs. 2, 23 Abs. 1 SpkG NRW). Damit besitzen die Sparkassen in Nordrhein-Westfalen – wie auch in den anderen Bundesländern – heute keine Dienstherrenfähigkeit mehr. Allerdings bleibt der Besitzstand der früher verbeamteten Vorstandsmitglieder und sonstigen Dienstkräfte unberührt (*Heinevetter* [9. Lfg.], § 22 aF Anm. 2.1).

32 **cc) Grundrechtsgebundenheit.** Als Anstalten des öffentlichen Rechts haben die Sparkassen selbst keine Grundrechtsberechtigung, sind aber Adressaten der Grundrechte ihrer Nutzer (→ Rn. 5 ff.).

33 **dd) Anstaltslast und Gewährträgerhaftung.** Trotz ihrer Eigenschaft als rechtlich selbständige Anstalten des öffentlichen Rechts galten für die kommunalen Sparkassen bis zum 18.7.2005 die – erstmals durch die Rechtsprechung des Preußischen Oberverwaltungsgerichts etablierten – Institute der Anstaltslast und der Gewährträgerhaftung (PrOVG v. 4.6.1897, PrVerwBl, Bd. 19, S. 280 ff.; *Schlierbach/Püttner*, S. 147 f.).

34 Die Anstaltslast verpflichtete die kommunalen Träger, die von ihnen gegründeten Sparkassen – namentlich durch Ausstattung mit einer hinreichenden Menge Eigenkapital – über die gesamte Dauer ihres Bestehens hinweg funktionsfähig zu halten und zugleich den Eintritt einer Zahlungsunfähigkeit zu verhindern. Diese Anstaltslast betraf indes nur das Innenverhältnis zwischen den Sparkassen und ihren Trägern. Im Außenverhältnis zu den Gläubigern der Sparkassen trat die Gewährträgerhaftung hinzu. Hiernach war es den Gläubigern für den Ernstfall, dass sie aus

I. Allgemeine Vorschriften   § 1

dem Vermögen der jeweiligen Sparkasse keine Befriedigung würden erlangen können, möglich, unmittelbar und unbeschränkt deren Träger in Anspruch zu nehmen (*Dietrich/Palmen*, Sparkassenrecht RP, § 3 Rn. 33 ff.; *Henneke*, S. 135 f.; *Klüpfel/Gaberdiel/Gnamm/Höppel*, § 8 Anm. IV.1; *Schlierbach/Püttner*, S. 147 f.).

Nachdem die EU-Kommission allerdings Ende der 1990er-Jahre sowohl die Anstaltslast als auch die Gewährträgerhaftung als unzulässige Beihilfen zugunsten der öffentlich-rechtlichen Kreditinstitute iSd europäischen Wettbewerbsrechts angesehen hatte, haben sich die EU-Kommission und die Bundesrepublik Deutschland am 17.7.2001 darauf verständigt, beide Institute unter Einhaltung einer Übergangsfrist bis zum 18.7.2005 abzuschaffen. Nunmehr besteht für seit dem 19.7.2005 begründete Verbindlichkeiten keine Einstandspflicht des Trägers mehr (→ § 7 Rn. 22 ff.). **35**

ee) Insolvenzfähigkeit. Die grundsätzliche Insolvenzfähigkeit einer Sparkasse lässt sich normativ aus § 12 Abs. 1 Nr. 2 InsO ableiten, da Nordrhein-Westfalen von der dort vorgesehenen Möglichkeit, das Insolvenzverfahren über eine Sparkasse als juristische Person des öffentlichen Rechts für unzulässig zu erklären, keinen Gebrauch gemacht hat. Der Wegfall von Anstaltslast und Gewährträgerhaftung lässt denn auch – zumindest theoretisch – die Möglichkeit einer Sparkasseninsolvenz denkbar erscheinen (*Dietrich/Palmen*, Sparkassenrecht RP, § 3 Rn. 17; *Engau* in: Engau/Dietlein/Josten, § 1 Anm. 4.4.2). **36**

Die Eingliederung der Sparkassen in das institutsbezogene Sicherungssystem der Sparkassen-Finanzgruppe führt indes dazu, dass das Insolvenzrisiko einer einzelnen Sparkasse praktisch als gering einzustufen ist (*Engau* in: Engau/Dietlein/Josten, § 1 Anm. 4.4.2) – wie auch bislang noch nie eine Sparkasse in mehr als 200 Jahren Sparkassengeschichte Ansprüche ihrer Gläubiger nicht befriedigt hat. Das Sicherungssystem besteht aus insgesamt 13 Sicherungseinrichtungen – elf regionalen Sparkassenstützungsfonds, der Sicherungsreserve der Landesbanken und Girozentralen sowie dem Sicherungsfonds der Landesbausparkassen. Es ist als Einlagensicherungssystem nach § 43 Einlagensicherungsgesetz (EinSiG) staatlich anerkannt. Durch eine enge Begleitung der Mitgliedsinstitute gewährleistet das System eine wirksame Risikoüberwachung, die es ermöglicht, drohende finanzielle Engpässe schon früh zu erkennen und rechtzeitig geeignete Maßnahmen zu treffen. Sollte ein Mitgliedsinstitut dennoch in wirtschaftliche Schwierigkeiten geraten, wird es durch die zuständige Sicherungseinrichtung der Sparkassen-Finanzgruppe unterstützt, die im Rahmen der gesetzlichen Vorgaben dafür sorgt, die Solvenz und Liquidität dieses Institutes zu sichern. Dazu kann sie etwa Eigenkapital zuführen, Garantien und Bürgschaften übernehmen oder auch Ansprüche Dritter erfüllen. Seit der Einführung des Sicherungssystems in den 1970er Jahren ist es noch nie zu einer Insolvenz eines Mitgliedsinstitutes oder dem Verlust der Einlagen eines Kunden gekommen (vgl. hierzu und für weiterführende Informationen den Überblick des Deutschen Sparkassen- und Giroverbandes, abrufbar unter https://www.dsgv.de/de/sparkassen-finanzgruppe/sicherungssystem/funktionsweise_sicherungssystem.html). **37**

ff) Steuerpflicht. Gemäß § 1 Abs. 1 Nr. 6 iVm § 4 Abs. 1 KStG sind die Sparkassen als Betriebe gewerblicher Art von juristischen Personen des öffentlichen Rechts unbeschränkt körperschaftsteuerpflichtig (*Klüpfel/Gaberdiel/Gnamm/Höppel*, § 1 Anm. 6). Daneben sind sie als Gewerbebetrieb iSd § 2 Abs. 1 S. 1, 2 GewStG iVm § 2 Abs. 1 GewStDVO auch gewerbesteuerpflichtig. Mit Blick dar- **38**

auf, dass die Sparkassen eine nachhaltige, auf die Erzielung von Einnahmen gerichtete Tätigkeit betreiben, unterliegen ihre Umsätze zudem grundsätzlich der Umsatzsteuer, §§ 1 Abs. 1 Nr. 1, 2 Abs. 1 UStG; lediglich Umsätze aus der Gewährung von Krediten sind nach § 4 Nr. 8 a) UStG umsatzsteuerbefreit.

39 **gg) Gesetzliche Pflichtmitgliedschaft.** § 32 SpkG NRW geht davon aus, dass von den Sparkassen und ihren Trägern zwei Sparkassen- und Giroverbände gebildet werden (RSGV und SVWL), die die Rechtsform einer Körperschaft des öffentlichen Rechts haben. Demgemäß sind die einzelnen Sparkassen kraft Gesetzes Mitglieder in dem für sie jeweils zuständigen Verband.

40 Aufgrund ihrer Gewerbesteuerpflicht (→ Rn. 38) sind die Sparkassen darüber hinaus gemäß § 2 Abs. 1 des Gesetzes zur vorläufigen Regelung des Rechts der Industrie- und Handelskammern vom 18.12.1956, zuletzt geändert durch Gesetz vom 29.3.2017 (BGBl. I, 626), automatisch Mitglieder in der ihren Bezirk jeweils erfassenden Industrie- und Handelskammer. Höchstrichterlich ist die Vereinbarkeit dieser Pflichtmitgliedschaft mit dem Verfassungsrecht (BVerfG, NVwZ 2002, 335) sowie dem Unionsrecht (EuGH, EuZW 1996, 573) inzwischen geklärt.

41 **hh) Auskunftspflichten.** Auskunftspflichten der Sparkassen gegenüber Dritten ergeben sich namentlich aus dem Landespressegesetz (LPG NRW) und dem Informationsfreiheitsgesetz (IFG NRW).

42 Nach § 4 Abs. 1 LPG NRW sind die Behörden verpflichtet, den Vertretern der Presse die der Erfüllung ihrer öffentlichen Aufgabe dienenden Auskünfte zu erteilen. Wie der Bundesgerichtshof 2017 entschieden hat (BGH, NJW 2017, 3153, 3155), ist der Behördenbegriff im Sinne dieser Vorschrift nicht organisatorisch-verwaltungstechnisch, sondern funktionell-teleologisch zu verstehen. Ihre durch Art. 5 Abs. 1 GG geschützte Mitwirkung an der öffentlichen Meinungsbildung könne die Presse nur erfüllen, wenn sie Informationen über Geschehnisse von öffentlichem Interesse umfassend und wahrheitsgetreu erhalte. Dies gelte nicht nur für die Berichterstattung über Vorgänge im Bereich staatlicher Eingriffsverwaltung, sondern auch für solche im Bereich der Leistungsverwaltung. Deshalb sei sogar eine in privatrechtlicher Organisationsform betriebene Einrichtung, die öffentliche Aufgaben wahrnehme und vom Staat mehrheitlich getragen werde, als Behörde iSd § 4 Abs. 1 LPG NRW zu qualifizieren (BGH, NJW 2017, 3153, 3155).

43 Vor diesem Hintergrund sind auch die – vollständig öffentlich-rechtlich getragenen – Sparkassen mit Blick auf die von ihnen wahrgenommene öffentliche Aufgabe auf dem Gebiet der Daseinsvorsorge als Behörde im presserechtlichen Sinne zu qualifizieren mit der Folge, dass sie der Presse gegenüber grundsätzlich zur Auskunft verpflichtet sind. Freilich werden dieser Auskunftspflicht nach § 4 Abs. 2 LPG NRW Grenzen gesetzt, so namentlich dann, wenn einer Auskunftserteilung Vorschriften über die Geheimhaltung entgegenstehen (§ 4 Abs. 2 Nr. 2 LPG NRW) oder soweit ein überwiegendes öffentliches oder ein schutzwürdiges privates Interesse verletzt würde (§ 4 Abs. 2 Nr. 3 LPG NRW). Insbesondere dort, wo es um den Schutz der durch das Bankgeheimnis geschützten Kundendaten geht, muss ein Auskunftsanspruch der Presse deshalb in aller Regel ausscheiden.

44 Neben den presserechtlichen Auskunftsanspruch nach § 4 Abs. 1 LPG NRW tritt noch der allgemeine Auskunftsanspruch aus § 4 Abs. 1 IFG NRW. Er gewährleistet jeder natürlichen Person gegenüber den in § 2 IFG NRW genannten Stellen einen Anspruch auf Zugang zu den bei ihr vorhandenen amtlichen Informationen. Da zu

I. Allgemeine Vorschriften § 1

den Stellen iSd § 2 IFG NRW auch der Aufsicht des Landes unterstehende juristische Personen des öffentlichen Rechts zählen, werden auch die kommunalen Sparkassen erfasst. Zu beachten ist allerdings, dass sich der allgemeine IFG-rechtliche Auskunftsanspruch nur auf „amtliche" Informationen bezieht und damit weniger weit reicht als der presserechtliche. Insofern sollten – ungeachtet einer möglichen Auskunftsversagung nach den §§ 8, 9 IFG NRW – die von einer Sparkasse im zivilrechtlichen Benutzungsverhältnis zu ihren Kunden erlangten personenbezogenen Daten richtigerweise schon a priori nicht vom Auskunftsanspruch aus § 2 Abs. 1 IFG NRW erfasst sein. Jenem Anspruch unterfallen bei dieser Sichtweise in erster Linie Informationen aus dem Organisationsverhältnis der Sparkasse (wie hier Engau in: Engau/Dietlein/Josten, § 1 Anm. 4.4.5; zur Abgrenzung von Organisations- und Benutzungsverhältnis bereits oben → Rn. 23 ff.). Ihre Offenbarung gegenüber der Öffentlichkeit nach § 2 Abs. 1 unterliegt dann noch den Beschränkungen nach den §§ 6 ff. IFG NRW. Losgelöst von dem Anwendungsvorrang des Sparkassenrechts gegenüber dem IFG NRW (dazu → § 16 Rn. 99) plant nun der Gesetzgeber, zum Schutz des Vertrauensverhältnisses zwischen Sparkasse und Kunden im Rahmen des IFG NRW eine klare Bereichsausnahme dahingehend einzuführen, dass das IFG für öffentlich-rechtliche Kreditinstitute nur insoweit gelten soll, als kein Zugang zu kundenbezogenen Daten gewährt wird, welche dem Kreditinstitut aufgrund, aus Anlass oder im Rahmen der Geschäftsverbindung bekannt geworden sind (vgl. Entwurf eines Gesetzes zur Modernisierung des Sparkassenrechts und zur Änderung weiterer Gesetze v. 19.3.2024, LT-Drs. NRW 18/2407, S. 7, 14). Damit soll nach der Gesetzesbegründung zugleich auch die Gefahr, dass das Vertrauen in die öffentlich-rechtlichen Kreditinstitute nachhaltig beschädigt wird, abgewendet und der Wettbewerbsnachteil von öffentlich-rechtlichen Kreditinstituten gegenüber privaten und genossenschaftlich organisierten Kreditinstituten gemildert werden.

4. Firmierung

Unter welcher Bezeichnung eine Sparkasse am Markt auftreten kann, ist gesetzlich nicht vorgegeben. Sie kann daher seitens der Vertretung des Trägers in der von ihr nach § 8 Abs. 2 d) SpkG NRW zu beschließenden Satzung der Sparkasse grundsätzlich frei festgelegt werden (*Klüpfel/Gaberdiel/Gnamm/Höppel*, § 1 Anm. 3). Die dort gewählte Bezeichnung bildet mit Blick auf die Kaufmannseigenschaft der Sparkasse (→ Rn. 5 ff.) dann auch ihre Firma iSd § 17 HGB. Insoweit muss sie freilich den handelsrechtlichen Anforderungen aus § 18 Abs. 1, 2 HGB, dh der Firmenklarheit und Firmenwahrheit, sowie denjenigen aus § 3 UWG genügen (*Schlierbach/Püttner*, S. 71). **45**

Zumindest früher üblich – wenn auch nicht rechtlich zwingend (*Klüpfel/Gaberdiel/Gnamm/Höppel*, § 1 Anm. 3; *Schlierbach/Püttner*, S. 70) – war es, dass die Firma der Sparkasse den Träger widerspiegelte (vgl. *Berger*, § 1 Rn. 12; *Klüpfel/Gaberdiel/Gnamm/Höppel*, § 1 Anm. 3); exemplarisch genannt seien die Stadt-Sparkasse Solingen, die Kreissparkasse Halle (Westfalen) oder die Verbandssparkasse Goch-Kevelaer-Weeze. Mittlerweile ist dies jedoch keineswegs mehr der Regelfall. Ein prominentes Gegenbeispiel bildet etwa die Kreissparkasse Köln, deren Träger ein Zweckverband ist und nicht mehr der mit der Gebietsreform von 1975 entfallene Landkreis Köln. **46**

§ 1 A. Sparkassen

47 Bei der Namensgebung ist indes Vorsicht geboten. Kreative Namensfindung kann mit dem Irreführungsverbot aus § 18 Abs. 2 HGB und ggf. auch dem Verbot unlauteren Wettbewerbs aus § 3 Abs. 1 UWG konfligieren, namentlich, wenn die Firma ein von der Sparkasse in Wirklichkeit gar nicht umfasstes Geschäftsgebiet suggeriert (*Engau* in: Engau/Dietlein/Josten, § 1 Anm. 5 unter Hinweis auf die derartige Firmierungen verbietende Rechtsprechung, ua BGH, BB 1968, 972; WM 1975, 249; OLG Hamm, WM 1991, 1953). Im Fusionsfall kann allerdings unbedenklich ein Name gewählt werden, der sich am Geschäftsgebiet der fusionierten Sparkassen orientiert (*Engau* in: Engau/Dietlein/Josten, § 1 Anm. 5). Ein Beispiel bildet etwa die Sparkasse Hilden-Ratingen-Velbert, deren Träger ein Zweckverband der Gemeinden Hilden, Ratingen und Velbert ist.

48 Die einer Sparkasse einmal gegebene Firma kann auch nachträglich wieder geändert werden. Hierzu bedarf es zunächst einer Satzungsänderung durch den Träger unter Anhörung des Verwaltungsrates mit Genehmigung der Aufsichtsbehörde (§§ 8 Abs. 2d, 15 Abs. 5, 6 Abs. 2 S. 2 SpkG NRW) und sodann dessen unverzüglicher Anzeige gegenüber der BaFin und der Deutschen Bundesbank (§ 24 Abs. 1 Nr. 3 KWG).

49 Die Firma der Sparkasse muss zum Handelsregister angemeldet werden (dazu sogleich in den Ausführungen zum Errichtungsverfahren → Rn. 56).

5. Verfahren der Errichtung

a) Errichtungsbeschluss des Trägers

50 Die Errichtung einer Sparkasse als Anstalt des öffentlichen Rechts setzt zunächst einen entsprechenden Errichtungsbeschluss seitens der Trägervertretung voraus (*Rothe*, § 1 Erl. II. 2.1). Zuständiges Organ ist also je nachdem, ob eine Gemeinde, ein Kreis oder ein Zweckverband Träger einer Sparkasse werden soll, der Gemeinderat, der Kreistag oder die Zweckverbandsversammlung. Praktische Relevanz erlangt das Erfordernis des Errichtungsbeschlusses angesichts des in Nordrhein-Westfalen bereits flächendeckend vorhandenen Sparkassennetzes grundsätzlich nur noch, wenn im Rahmen der Vereinigung von Sparkassen nach § 27 Abs. 1 S. 1 Var. 1 SpkG NRW eine neue Sparkasse entstehen soll (*Engau* in: Engau/Dietlein/Josten, § 1 Anm. 2.4).

b) Genehmigung der Sparkassenaufsicht

51 Des Weiteren bedarf die Errichtung einer Sparkasse nach § 1 Abs. 1 S. 1 SpkG NRW der Genehmigung der Aufsichtsbehörde; dies ist nach § 39 Abs. 1, 2 SpkG NRW das Landesfinanzministerium. Die Genehmigung ist eine für die Errichtung einer Anstalt des öffentlichen Rechts konstitutive hoheitliche Maßnahme, durch die das Rechtssubjekt Sparkasse erst entstehen kann (*Engau* in: Engau/Dietlein/Josten § 1 Anm. 2.6; *Rothe*, § 1 Erl. IV. 1). Sie tangiert den jeweiligen kommunalen Träger in seiner Selbstverwaltungsgarantie und ist damit ein Verwaltungsakt iSd § 35 S. 1 VwVfG NRW (*Berger,* § 1 Rn. 8; *Klüpfel/Gaberdiel/Gnamm/Höppel*, § 2 Anm. I.5). Wird sie verweigert, so kann der betreffende Träger sich mit der Verpflichtungsklage gerichtlich zur Wehr setzen (*Engau* in: Engau/Dietlein/Josten, § 1 Anm. 2.6; *Rothe*, § 1 Erl. IV. 3).

52 Mangels klarer gesetzlicher Vorgaben ist nicht abschließend geklärt, wie weit das Prüfungsrecht der Sparkassenaufsicht im Rahmen der Genehmigungserteilung

I. Allgemeine Vorschriften § 1

reicht. In jedem Fall ist sie zu einer Rechtskontrolle berechtigt und verpflichtet. Hierzu gehört die Prüfung, ob die Errichtung der geplanten Sparkasse mit den allgemeinen sparkassenrechtlichen Vorgaben, insbesondere dem Regionalprinzip nach § 3 SpkG NRW (→ Rn. 12) und dem Subsidiaritätsprinzip nach § 1 Abs. 2 S. 2 SpkG NRW näheres dazu → Rn. 69 ff.) im Einklang steht; ob die Sparkasse voraussichtlich ihren öffentlichen Auftrag nach § 2 SpkG NRW wird erfüllen können und ob sie in rechtlicher, personeller und wirtschaftlicher Hinsicht den Anforderungen an ein Kreditinstitut genügt (*Berger*, § 1 Rn. 8; *Engau* in: Engau/Dietlein/Josten, § 1 Anm. 2.6; *Schlierbach/Püttner*, S. 78 f.).

Inwieweit der Aufsichtsbehörde darüber hinaus eine Prüfungs- und ggf. Versagungskompetenz in Bezug auf die Genehmigung zusteht, ist umstritten. Teilweise wird ihr ein „umfassendes Prüfungsrecht" zugebilligt, das sich ua auch auf die Frage erstrecken soll, ob eine Sparkasse kommunalwirtschaftlich sinnvoll ist (so *Klüpfel/Gaberdiel/Gnamm/Höppel*, § 2 Anm. I.5). **53**

Gegen ein derart umfassendes Prüfungsrecht spricht indes schon § 40 Abs. 1 SpkG NRW. Die Vorschrift äußert sich unmittelbar zwar nur zur Beaufsichtigung einer gesetzmäßigen Verwaltung bereits bestehender Sparkassen. Aus dieser Vorgabe lässt sich aber schlussfolgern, dass die Sparkassenaufsicht grundsätzlich nur auf eine Kompetenz zur Rechtskontrolle beschränkt sein soll. Darüber hinaus bleibt zu beachten, dass die kommunale Selbstverwaltungsgarantie aus Art. 28 Abs. 2 GG den Gemeinden und Gemeindeverbänden nicht nur die freiwillige Aufgabe der Errichtung einer Sparkasse gewährleistet, sondern ihnen – im Rahmen der Gesetze – auch die eigenverantwortliche Wahrnehmung dieser Aufgabe sichert. In diesem Lichte fällt die Frage der bloßen kommunalwirtschaftlichen Zweckmäßigkeit jedoch (allein) in die Einschätzungskompetenz der Kommunen und ist – erst recht in Ermangelung einschlägiger gesetzlicher Ermächtigungen – auch einer Nachprüfung durch die Aufsichtsbehörde entzogen (vgl. *Hellermann* in: BeckOK GG, Art. 28 Rn. 44; ebenfalls deutlich enger *Berger*, § 1 Rn. 8, der davon spricht, dass der Genehmigungsvorbehalt „nur einer (erweiterten) präventiven Rechtsaufsicht" dient). **54**

c) Genehmigung der BaFin

Zusätzlich bedarf der Betrieb einer Sparkasse als Kreditinstitut iSd § 1 KWG (→ Rn. 5 ff.) im Hinblick auf deren gewerbsmäßige Erbringung von Finanzdienstleistungen der gesonderten Betriebserlaubnis durch die Bundesanstalt für Finanzdienstleistungsaufsicht (BaFin) nach § 32 KWG. Diese Erlaubnis gestattet einer Sparkasse den Geschäftsbetrieb, hat aber anders als die Errichtungsgenehmigung der Sparkassenaufsicht keinen Einfluss auf die Errichtung der Anstalt selbst (*Engau* in: Engau/Dietlein/Josten, § 1 Anm. 2.7; *Rothe*, § 1 Erl. II. 2.2). **55**

d) Handelsregistereintrag

Infolge ihrer Errichtung ist eine Sparkasse in ihrer Eigenschaft als Kaufmann iSd § 1 HGB (→ Rn. 5 ff.) verpflichtet, nach § 29 HGB ihre Eintragung ins Handelsregister zu veranlassen, die inhaltlich § 33 HGB genügen muss. Die frühere Befreiung von der Eintragungspflicht ist mit der Streichung des § 36 HGB im Jahr 1998 entfallen. **56**

e) Sonderfall: Zweckverbandssparkasse

57 Die unter a) bis d) dargestellten verfahrensrechtlichen Anforderungen gelten auch im Zuge der Errichtung einer Zweckverbandssparkasse. Gleichwohl gestaltet sich das Verfahren zu ihrer Errichtung insofern komplizierter, als in einem ersten Schritt der Träger selbst – der Zweckverband – konstituiert werden muss. Dazu bedarf es eines zwischen den Gemeinden und/oder Gemeindeverbänden als Gründungsmitgliedern (§ 4 Abs. 1 GkG NRW) geschlossenen koordinationsrechtlichen öffentlich-rechtlichen Vertrages iSd § 54 S. 1 VwVfG NRW (*Stern*, Zweckverband, S. 38). Dieser muss den Formerfordernissen nach § 57 VwVfG NRW iVm § 64 GO NRW bzw. § 45 KrO NRW entsprechen. Anschließend muss gemäß § 9 Abs. 1 GkG NRW eine Zweckverbandssatzung mit dem Inhalt nach § 9 Abs. 2 GkG NRW vereinbart werden, die anschließend nach § 10 Abs. 1 GkG NRW der Genehmigung durch die Kommunalaufsichtsbehörde bedarf. Deren Genehmigungsfähigkeit hängt gemäß § 10 Abs. 2 GkG NRW wiederum davon ab, dass auch mit Erteilung der nach § 1 Abs. 1 S. 1 SpkG NRW erforderlichen, „besonderen" Genehmigung der Sparkassenaufsicht für die (erst noch zu bildende) Zweckverbandssparkasse gerechnet werden kann. Hierzu erteilt in der Praxis die Sparkassenaufsichtsbehörde einen Vorbescheid. Nach Erteilung der Genehmigung gemäß § 10 Abs. 1 GkG NRW, die dem Zweckverband den Status einer Körperschaft des öffentlichen Rechts verleiht (*Stern*, Zweckverband, S. 38), hat die Aufsichtsbehörde die Verbandssatzung und die Genehmigung in ihrem amtlichen Veröffentlichungsblatt bekanntzumachen, § 11 Abs. 1 GkG NRW. Gleichzeitig haben die Gemeinden und Kreise auf die Veröffentlichung in der für ihre Bekanntmachungen vorgesehenen Form hinzuweisen. Am Folgetag tritt die Verbandssatzung in Kraft und der Zweckverband entsteht, § 11 Abs. 2 GkG NRW. Seine Vertretung, die Zweckverbandsversammlung (§ 15 Abs. 1 GkG NRW), konstituiert sich in ihrer ersten Sitzung, § 15 Abs. 2 bis 4 GkG NRW. Anschließend kann sie gemäß § 8 Abs. 2 d) SpkG NRW die Satzung für die Zweckverbandssparkasse beschließen und das oben unter lit. a) bis d) beschriebene Verfahren zu deren Errichtung einleiten. Nach Genehmigung der Satzung durch die Sparkassenaufsicht können schließlich auch die Organe der Zweckverbandssparkasse gewählt werden (zum Verfahren bei Zweckverbandssparkassen im Einzelnen *Engau* in: Engau/Dietlein/Josten § 1 Anm. 2.5).

III. Verbot der kommunalen Bilanzierung von Sparkassen (Abs. 1 S. 2)

58 Zum 1.1.2005 ist in Nordrhein-Westfalen das Gesetz über ein Neues Kommunales Finanzmanagement v. 16.11.2004 (GVBl. NRW 2204 S. 644 ff.) in Kraft getreten (NKF NRW). Dieses verpflichtet Kommunen, ihre bis dato nach den Grundsätzen der Kameralistik geführten Haushalte fortan auf das System der doppelten Buchführung (sog Doppik) umzustellen. Auf diese Weise sollen die Kommunen Ressourcenaufkommen und -verbrauch im Einzelnen abbilden und ihren Vermögensbestand transparent machen. Das neue Gesetz hat indes die Frage ausgelöst, ob nunmehr – analog zu kommunalen Unternehmen und Beteiligungen – auch kommunale Sparkassen in der Bilanz ihrer Trägerkommunen in Ansatz zu bringen sind (vgl. zum diesbezüglichen Streitstand die Darstellung bei *Engau* in: Engau/Diet-

I. Allgemeine Vorschriften   § 1

lein/Josten, § 1 Anm. 7 mwN). Durch den im Zuge der SpkG-Reform 2008 eingeführten § 1 Abs. 1 S. 2 SpkG NRW stellt der Gesetzgeber klar, dass dies nicht der Fall ist.

Ungeachtet der durch diese Novellierung des § 1 SpkG NRW in der Praxis vorerst beseitigten Ungewissheiten bleibt die Frage, ob die jetzige gesetzliche Regelung nicht lediglich deklaratorischen Charakter hat. Dies ist zu bejahen, wenn die Aktivierung einer kommunalen Sparkasse in den Bilanzen ihres Trägers ohnehin ausscheiden muss, weil sie gar keine Vermögensposition des Trägers darstellt. Dies bedarf freilich einer differenzierten Betrachtung: Die (ausschließliche) Befugnis der Kommunen, Sparkassen zu errichten (→ Rn. 15 ff.), trifft zunächst noch keine hinreichende Aussage darüber, dass ihnen diese auch gehören. Hiergegen spricht, dass § 1 Abs. 1 S. 1 SpkG NRW für die Errichtung von Sparkassen einen Typenzwang auf die Rechtsform der Anstalt des öffentlichen Rechts anordnet, die per definitionem (→ Rn. 23 ff.) in ihrer Zusammenfassung von sächlichen und personellen Mitteln rechtlich und organisatorisch von ihrer Errichtungskörperschaft verselbständigt ist. Gleichzeitig ist eine (anteilige) Beteiligung der Errichtungskörperschaft an einer Sparkasse – anders als an kommunalen Unternehmen – nicht möglich; demgemäß differenziert das Gesetz auch in sprachlicher Hinsicht selbst zwischen Trägerschaft (§ 1 Abs. 1 SpkG NRW) und Beteiligung (§ 3 Abs. 4 SpkG NRW).   59

Trotz der dargestellten Verselbständigung besteht indes in vielfacher Hinsicht eine enge Verbindung zwischen der Sparkasse und ihrem Träger, der ua über Auflösung und Fusion der Sparkasse, ihre Satzung und die Entlastung ihrer Organe zu entscheiden hat (vgl. § 8 Abs. 2 SpkG NRW) und über den von ihm gewählten Verwaltungsrat auch Einfluss auf die Geschäftsführung der Sparkasse nimmt. Der Gesetzgeber spricht in Ansehung der sich in diesen Steuerungsinstrumenten zeigenden engen Verbindung zwischen Träger und Sparkasse mitunter selbst von einer „im öffentlich-rechtlichen Sinne zu verstehenden Eigentümerrolle" des Trägers, die ihm seit jeher zukomme (Begr. des Reg.-Entw., LT-Drs. 14/6831, S. 27). Dies darf aber nicht den Blick dafür verstellen, dass eigentümerähnliche Lenkungsbefugnisse nicht automatisch auch in wirtschaftlicher Hinsicht zu einer vermögenswerten – und damit bilanzierungsfähigen – Rechtsposition führen, wie sie sonst nur einem genuinen Eigentümer zukommt. Hieran vermag auch die sprachliche Neufassung des § 1 Abs. 1 S. 1 SpkG NRW im Zuge der SpkG-Reform 2008 nichts zu ändern, wonach die Sparkassen Wirtschaftsunternehmen der Kommunen sind. Nach der Intention des Landesgesetzgebers sollte so lediglich die nach dem Wegfall von Anstaltslast und Gewährträgerhaftung scheinbar reduzierte Trägerbindung zur Sparkasse als in ihrer öffentlich-rechtlichen Sonderverbindung unverändert fortbestehend verdeutlicht werden. Ein neuer Rechtszustand ist hierdurch aber nicht geschaffen worden. Trotz einer faktischen Eigentumerstellung ist nach der ausdrücklichen Gesetzesbegründung zivilrechtliches Eigentum mit der Folge der freien Verfügbarkeit nach wie vor nicht gegeben (Begr. des Reg.-Entw., LT-Drs. 14/6831, S. 29). Ihre normative Verankerung findet jene Feststellung ua in § 25 SpkG NRW, der den Träger in der Entscheidung über die Verwendung des Jahresüberschusses einer Sparkasse (§ 8 Abs. 2 g) SpkG NRW) – auch nach der SpkG-Reform 2008 – einschneidenden Beschränkungen zugunsten des Gemeinwohls unterwirft. Ein weiteres Regulativ bildet § 31 Abs. 4 S. 1 SpkG NRW, wonach das bei Auflösung einer Sparkasse nach Erfüllung sämtlicher Verbindlichkeiten verbleibende Vermögen dem Träger zur Verwendung   60

§ 1 A. Sparkassen

für die in § 25 Abs. 3 SpkG NRW bestimmten Gemeinwohlzwecke zuzuführen ist. Beide Regelungen ließen sich mit der für einen Eigentümer im rechtlichen und wirtschaftlichen Sinne typischen freien Dispositionsbefugnis kaum vereinbaren (vgl. *Klüpfel/Gaberdiel/Gnamm/Höppel*, § 5 Anm. II.1). Nicht zuletzt wäre die gesonderte Regelung über die „Zuführung" von Restvermögen an den Träger in § 31 Abs. 4 S. 1 SpkG NRW obsolet, wenn er nach Auflösung einer Sparkasse bereits kraft Eigentümerstellung darüber disponieren könnte.

61 Ungeachtet dessen ist zu beachten, dass zwischen – vermögenswerten und insofern bilanzierbaren – kommunalen (Beteiligungen an) Unternehmen einerseits und Sparkassen andererseits grundlegende Unterschiede bestehen. Bereits die über § 107 Abs. 7 GO NRW vollzogene Entkopplung des Sparkassenwesens vom gemeindewirtschaftsrechtlichen Regime der §§ 107 ff. GO NRW verdeutlicht, dass die Errichtung und der Betrieb von Sparkassen eine Sonderform der wirtschaftlichen Betätigung der öffentlichen Hand bildet. Sie grenzt sich namentlich durch den öffentlichen Finanzversorgungsauftrag der Sparkassen gemäß § 3 SpkG NRW (→ Rn. 5 ff.) von der übrigen wirtschaftlichen Betätigung der Kommunen ab und geht insoweit notwendig mit einer Zweckbindung ihres Verwaltungsvermögens einher (so auch *Klüpfel/Gaberdiel/Gnamm/Höppel*, § 5 Anm. II.3). Dies schließt eo ipso eine freie Disposition der Kommunen über das Vermögen der Sparkassen aus. Diese Situation ist mit Blick auf ihre Genese seit der Bankenkrise von 1931 (→ Rn. 23 ff.) auch rechtspolitisch so gewollt. In diesem Kontext ist es auch zu sehen, dass den Kommunen eine Privatisierung und Veräußerung der Sparkassen an Dritte de iure verwehrt ist (so ganz ausdrücklich die Begr. des Reg.-Entw., LT-Drs. 14/6831, S. 27). Die Kommunen können sie nur – mit Erlaubnis der Aufsichtsbehörde – vereinigen oder auflösen, §§ 27, 31 SpkG NRW (vgl. auch *Berger*, § 3 Rn. 3; *Klüpfel/Gaberdiel/Gnamm/Höppel*, § 5 Anm. II.4). Wird auf diese Weise aber die Verkehrsfähigkeit des Vermögens der Sparkassen gezielt ausgeschlossen, steht auch dies einer Aktivierung desselben in den Bilanzen der Träger entgegen. (mit diesem Ergebnis auch *Köster*, DStZ 2007, 619).

62 Steht vor diesem Hintergrund das Vermögen der Sparkassen gerade nicht der allgemeinen Aufgabenerfüllung und Haushaltsplanung der Kommunen zur Verfügung (*Engau* in: Engau/Dietlein/Josten, § 1 Anm. 7), so spricht alles dafür, dass eine Aktivierung ihres Vermögens in den kommunalen Bilanzen bereits von Rechts wegen nicht möglich ist. Demgemäß ist das Bilanzierungsverbot des § 1 Abs. 1 S. 2 SpkG NRW als rein deklaratorische Folgerung daraus zu verstehen. Hiervon geht denn auch der Gesetzgeber selbst aus, wenn er ausführt, dass eine Bilanzierung in den kommunalen Bilanzen wie bisher ausgeschlossen sei, das neu kodifizierte Bilanzierungsverbot nur den besonderen rechtlichen Ausgestaltungen für Sparkassen entspreche und verdeutliche, dass Sparkassen nicht als Vermögensgegenstand des kommunalen Haushalts angesehen würden (so die Begr. des Reg.-Entw. zum Sparkassenreformgesetz v. 26.5.2008, LT-Drs. 14/6831 S. 29).

IV. Errichtung von Haupt- und Zweigstellen (Abs. 2)

1. Sitz und Mehrfachsitz von Sparkassen

63 Der Sitz einer juristischen Person – also der Ort, an dem ihre (Haupt-)Verwaltung geführt wird (vgl. § 24 BGB bzw. § 17 Abs. 1 S. 2 ZPO) – bestimmt ua

I. Allgemeine Vorschriften §1

ihren allgemeinen Gerichtsstand (§§ 12, 17 Abs. 1 S. 1 ZPO) und das auf sie anzuwendende materielle Recht (*Ellenberger* in: Palandt [77. Aufl.], § 24 Rn. 1).

Die Vertretung des Trägers muss ihn in der Satzung der Sparkasse festlegen (*Berger*, § 1 Rn. 13; *Klüpfel/Gaberdiel/Gnamm/Höppel*, § 1 Anm. 4). Bei seiner Wahl hat sie – trotz ihrer Satzungsautonomie (§ 6 SpkG NRW) – die sich aus dem in Art. 28 Abs. 2 GG bzw. §§ 1 Abs. 2, 3 SpkG NRW verankerten Regionalprinzip (→ Rn. 5 ff.) ergebenden Anforderungen zu beachten. Danach muss eine Sparkasse ihren Sitz grundsätzlich im Gebiet ihres Trägers haben, wenn auch nicht unmittelbar an dessen eigenem Verwaltungssitz (*Engau* in: Engau/Dietlein/Josten, § 1 Anm. 6). Sofern dies in der Praxis ausnahmsweise einmal nicht der Fall ist, gibt es hierfür historische Gründe, namentlich Gebietsreformen; ein Beispiel hierfür ist die Kreissparkasse Köln, die ihre Hauptverwaltung mitten in der Stadt Köln hat, obgleich diese Stadt gerade nicht zum Gebiet ihres Trägers zählt. **64**

Zuweilen wird aus Anlass von Sparkassenfusionen das Bedürfnis artikuliert, der fusionierten Sparkasse einen Doppel- oder Mehrfachsitz mit den Standorten der Hauptverwaltungssitze der vormals eigenständigen Sparkassen einzuräumen. Die Aufsichtsbehörden haben die Zulässigkeit eines solchen Doppel- oder Mehrfachsitzes lange unter Hinweis auf die für Handelsgesellschaften und Genossenschaften geltenden Vorschriften abgelehnt, die nur einen einzigen statuarischen Sitz erlauben (vgl. § 5 AktG, § 4a GmbHG, § 6 Nr. 1 GenG). Indes sieht das Sparkassenrecht eine derartige Einschränkung für die öffentlich-rechtlichen Sparkassen nicht vor; vielmehr streitet sogar die in § 6 SpkG NRW normierte Satzungsautonomie für die Zulässigkeit eines Doppelsitzes (*Berger*, § 1 Rn. 13; *Engau* in: Engau/Dietlein/Josten, § 1 Anm. 6; *Klüpfel/Gaberdiel/Gnamm/Höppel*, § 1 Anm. 4). Inzwischen haben die Aufsichtsbehörden ihren Widerstand aber weitgehend aufgegeben (Schreiben des FM NRW vom 25.2.1991, Az. SB 3310 – 3314 – III B 1; ähnlich das Nds. FM in seinem Schreiben vom 21.7.1998, Az.: 46-20 50 02-1100). In handelsrechtlicher Hinsicht hat das BayObLG die Eintragung des Mehrfachsitzes einer Sparkasse ebenfalls für zulässig erklärt (BayObLG, NZG 2000, 1142). **65**

2. Haupt- und Zweigstellen (Abs. 2 S. 1 – Regionalprinzip)

Wie es in § 1 Abs. 2 S. 1 SpkG NRW schlicht heißt, können die Sparkassen im Gebiet ihres Trägers Haupt- und Zweigstellen errichten. Anders als die Befugnis zur Errichtung einer Sparkasse als solcher ist die Befugnis zur Errichtung von Haupt- und Zweigstellen also nicht dem Träger, sondern der – bereits errichteten – Sparkasse zugewiesen. Nach § 15 Abs. 4 d) SpkG NRW beschließt dabei der Verwaltungsrat auf Vorschlag des Vorstandes, wobei sich seine Beschlusskompetenz – ungeachtet der von der Norm erwähnten Zweigstellen – auch auf die Errichtung von Hauptstellen erstreckt (*Engau* in: Engau/Dietlein/Josten § 1 Anm. 8.1). **66**

Die Errichtungsbefugnis ist – wie § 1 Abs. 2 S. 1 SpkG NRW als Ausdruck des Regionalprinzips explizit klarstellt (→ Rn. 5 ff.) – örtlich auf das Trägergebiet begrenzt (VerfGH NRW, NJW 1980, 2699; *Engau* in: Engau/Dietlein/Josten, § 1 Anm. 8.2). **67**

Die gesetzlich nicht definierte „Hauptstelle" beschreibt die Zentrale der Sparkasse, also den organisatorischen und wirtschaftlichen Mittelpunkt des Instituts, an dem die wichtigsten Geschäftsbereiche untergebracht sind (*Engau* in: Engau/Dietlein/Josten, § 1 Anm. 8.1; *Rothe*, § 1 Erl. VI. 3.1). Sie fällt regelmäßig mit dem Sitz **68** der Sparkasse zusammen; zwingend ist die Identität von Sitz und Hauptstelle indes nicht, weil die Sparkasse in ihrem Geschäftsgebiet durchaus mehrere Hauptstellen unterhalten kann, vor allem wenn es dort mehrere wirtschaftliche Zentren gibt – so etwa bei einer Zweckverbandssparkasse (vgl. den Erlass des FM NRW vom 25.2.1991, Az. SB 3310 – 3314 – III B 1; wie hier auch *Engau* in: Engau/Dietlein/Josten, § 1 Anm. 8.1; anders *Rothe*, § 1 Erl. VI. 3.1, der von Identität zwischen Hauptstelle und Sitz ausgeht). Demgegenüber handelt es sich bei einer Zweigstelle im Sinne der Norm um alle anderen – in ihrer organisatorischen und wirtschaftlichen Bedeutung untergeordneten – Nebenstellen eines selbständigen Kreditinstituts, die von Filialen mit rein automatisierten Bank- oder Finanzdienstleistungen (vgl. § 15 Abs. 4 d) Hs. 2 SpkG NRW) bis hin zu Niederlassungen mit eigenem Personalapparat reichen können (*Rothe*, § 1 Erl.VI. 3.2).

3. Einschränkung für Kreissparkassen (Abs. 2 S. 2 – Subsidiaritätsprinzip)

69 Abweichend von § 1 Abs. 1 S. 1 SpkG NRW, der noch von einer Gleichberechtigung der Gemeinden und Kreise bei der Errichtung von Sparkassen ausgeht, verbietet § 1 Abs. 2 S. 2 SpkG NRW es den Kreissparkassen, im Gebiet kreisangehöriger Gemeinden oder Gemeindeverbände mit eigener Sparkasse Zweigstellen zu errichten. Die Vorschrift normiert so einen prinzipiellen Vorrang der Gemeinde- vor den Kreissparkassen und trägt damit dem schon verfassungsrechtlich vorgegebenen Subsidiaritätsprinzip Rechnung, wonach aufgrund der nur der Gemeindeebene verbürgten Allzuständigkeit für ihre Angelegenheiten die Kreisebene erst dann tätig werden darf, wenn die gemeindliche Leistungsfähigkeit hierzu nicht (mehr) ausreicht (vgl. allgemein BVerfGE 21, 128; 79, 127 und für Sparkassen speziell VerfGH NRW, NJW 1980, 2699). Diese Zuständigkeitsordnung erfasst auch das Verhältnis zwischen Kreis- und Stadt-/Gemeindesparkassen im Hinblick auf die Aufgabe der örtlichen geld- und kreditwirtschaftlichen Versorgung. § 1 Abs. 2 S. 1 SpkG NRW sucht insofern zu verhindern, dass sich die Zweigstellennetze der Kreissparkassen mit denjenigen der jeweiligen Gemeinde- bzw. Zweckverbandssparkassen überschneiden (*Engau* in: Engau/Dietlein/Josten § 1 Anm. 8.3; *Rothe*, § 1 Erl.VI. 1.2).

70 Allerdings normiert die Norm zulasten der Kreissparkassen nur das Verbot der Errichtung von (neuen) Zweigstellen in Gebieten einer kreisangehörigen Gemeinde bzw. eines aus mehreren kreisangehörigen Gemeinden gebildeten Zweckverbandes mit eigener Sparkasse. Hingegen lässt § 1 Abs. 2 S. 2 SpkG NRW den Bestand der in diesen Gebieten bereits errichteten Zweigstellen der Kreissparkassen unberührt. Diese können mithin weiter betrieben werden (vgl. 69. Sitzung des Wirtschaftsausschusses des Landtags NRW v. 19.2.1970, Prot. 1613/70 S. 9; VerfGH NRW, NJW 1980, 2699; *Engau* in: Engau/Dietlein/Josten, § 1 Anm. 8.3; *Rothe*, § 1 Erl.VI. 1.2).

4. Ausnahmen vom Regional- und Subsidiaritätsprinzip

71 Sowohl das Regional- als auch das Subsidiaritätsprinzip sind ihrer Natur als Rechtsgrundsätze entsprechend Ausnahmen zugänglich. § 1 Abs. 2 S. 3 SpkG NRW gibt der Sparkassenaufsichtsbehörde, also dem Ministerium der Finanzen

I. Allgemeine Vorschriften   § 1

(§ 39 Abs. 2 SpkG NRW), die Möglichkeit, derartige Ausnahmen zuzulassen. § 1 Abs. 2 Satz 3 SpkG NRW bezieht sich systematisch auf beide vorangehenden Sätze und damit auf beide Prinzipien, also nicht nur auf das Subsidiaritätsprinzip in Satz 2 (so im Ergebnis auch *Engau* in: Engau/Dietlein/Josten § 1 Anm. 8.4). Andernfalls hätte es normtechnisch nahegelegen, den Erlaubnisvorbehalt nicht in einem selbständigen Satz 3 zu regeln, sondern unmittelbar in Satz 2 durch einen per Semikolon abgetrennten zweiten Halbsatz zu integrieren. Im Ergebnis besteht daher die Möglichkeit, im Einzelfall sowohl dem Begehren einer Sparkasse, außerhalb ihres Trägergebiets eine Haupt- oder Zweigstelle zu errichten, als auch dem Begehren einer Kreissparkasse, im Gebiet einer Kommune mit eigener Sparkasse eine Zweigstelle zu errichten, entgegenzukommen. Die Zulassung solcher Ausnahmen ist jeweils an bestimmte formelle und materielle Voraussetzungen gebunden und steht darüber hinaus im pflichtgemäßen Ermessen der Aufsichtsbehörde.

In formeller Hinsicht sind jeweils eine Anhörung der betroffenen Sparkasse, ihres Trägers und des zuständigen Sparkassen- und Giroverbandes erforderlich und für die Wirksamkeit der Ausnahmeerteilung konstitutiv. Das Unterlassen dieser Anhörung stellt – in Ermangelung einer dem § 45 Abs. 1 Nr. 3 VwVfG NRW entsprechenden Bestimmung – einen unheilbaren Verfahrensfehler dar. **72**

In materieller Hinsicht müssen jeweils „besondere Umstände" vorliegen. Welche das sind, präzisiert die Norm nicht. Demzufolge gehen auch im Schrifttum die Meinungen auseinander: Unter Hinweis auf die Rechtsprechung (VerfGH NRW, Sparkasse 1980, 270; OVG Lüneburg, DÖV 1978, 98) ging etwa Heinevetter davon aus, dass die im Sparkassenrecht verankerten Aspekte der Regionalität, Subsidiarität, Priorität und des Bestandsschutzes in die von der Aufsichtsbehörde zu treffende Entscheidung einfließen müssten. Die Aufsichtsbehörde könne deshalb bei einem Dispens vom Regional- oder Subsidiaritätsprinzip den Aspekten der Priorität oder des Bestandsschutzes zB im Hinblick auf die gewachsenen Kundenbeziehungen einer Sparkasse den Vorzug geben (*Heinevetter* [9. Lfg.], § 1 Anm. 9; vgl. auch *Schlierbach*, Sparkasse 1973, 122 f.). Demgegenüber sind *Stern/Nierhaus* der Auffassung, dass es besondere Umstände iSd § 1 Abs. 2 S. 3 SpkG NRW, die eine Ausnahme rechtfertigen könnten, in der Praxis gar nicht erst geben könne und schlagen deshalb eine Streichung der Bestimmung vor (*Stern/Nierhaus*, 1991, S. 81 ff.). In Übereinstimmung mit *Berger*, § 4 Rn. 12 ist dieser Auffassung zuzugestehen, dass jedenfalls die praktische Relevanz der Ausnahmevorschrift begrenzt sein dürfte, da eine Ausdehnung der geschäftlichen Aktivitäten auf ein fremdes Geschäftsgebiet immerhin einen Eingriff in das Selbstverwaltungsrecht der Nachbarkommune darstellt. **73**

Nachdem der Gesetzgeber die Regelung aber im Zuge der Sparkassenreform 2008 beibehalten hat, sehen die aktuellen Allgemeinen Verwaltungsvorschriften zum SpkG vor, dass Ausnahmen nur zugelassen werden können, wenn es hierfür Gründe gibt, die sich aus den besonderen tatsächlichen oder rechtlichen Verhältnissen ergeben. Hierfür könne den Vereinbarungen zwischen Gemeinden oder Gemeindeverbänden erhebliche Bedeutung zukommen (Runderlass des FM NRW vom 27.10.2009, Erster Teil Abschnitt 2). Vor diesem Hintergrund ist eine Betrachtung aller wesentlichen Umstände des Einzelfalls unumgänglich, wobei zwischen Gründen, die vom Regionalprinzip (§ 1 Abs. 2 S. 1 SpkG NRW) und solchen, die vom Subsidiaritätsprinzip (§ 1 Abs. 2 S. 2 SpkG NRW) dispensieren können, differenziert werden muss. **74**

75 Im Schrifttum wird als Beispiel für eine zulässige Ausnahme vom Regionalprinzip gelegentlich angeführt, dass eine im Grenzgebiet zu den Benelux-Staaten liegende Sparkasse eine Zweigstelle jenseits der Landesgrenze errichten will, um Kundenbeziehungen aufrechtzuerhalten und ihre Dienste auch grenzüberschreitend anzubieten (*Engau* in: Engau/Dietlein/Josten, § 1 Anm. 8.4). Insoweit ist indes Vorsicht geboten. Zwar heißt es in der Begründung des Gesetzentwurfs der Landesregierung zum SpkG 2008 (LT-Drs. 14/6831 S. 27): „Das Regionalprinzip bleibt in seinem eigentlichen Kern erhalten. Lediglich in den grenznahen Randregionen, in denen das moderne Europa ohnehin über die Staatsgrenzen hinweg zusammenarbeitet, wird eine maßvolle Erweiterung zugelassen." Gleichwohl lässt § 3 SpkG NRW, der das Regionalprinzip konkretisiert, eine Geschäftstätigkeit von Sparkassen im Ausland nur unter engen Voraussetzungen zu, wobei er allein Beteiligungen behandelt. Eine Etablierung von Zweigstellen im grenzüberschreitenden Raum – selbst wenn sie allseitig konsentiert wären – dürfte deshalb den Vorstellungen des Gesetzgebers nicht entsprechen. Bislang fehlen auch praktische Anwendungsfälle hierzu. Vorstellbar ist allerdings, dass eine grenznahe Sparkasse durch werbliche Tätigkeiten grenzüberschreitend tätig wird, um so Kontakte zu Kunden, die ihre Wohn- oder Arbeitsstätte ins Ausland verlegt haben, aufrechtzuerhalten (so auch *Berger*, § 4 Rn. 12). Eine Ausnahme vom Subsidiaritätsprinzip ist hingegen denkbar, wenn eine gemeindliche Sparkasse nicht mehr in der Lage ist, in ausreichendem Maße Zweigstellen zu unterhalten und so letztlich ihrem öffentlichen Auftrag nachzukommen (*Engau* in: Engau/Dietlein/Josten, § 1 Anm. 8.4). In diesem Fall kann die Gestattung der Zweigstellenerrichtung zugunsten einer Kreissparkasse in jenem Gemeindegebiet über § 1 Abs. 2 S. 3 SpkG NRW eine sinnvolle Alternative zur Vereinigung von Sparkassen nach § 27 SpkG NRW sein (ebenso *Schink/Karpenstein*, DVBl 2014, 481, 487). Es gilt allerdings zu beachten, dass nicht jede Lücke im Zweigstellennetz automatisch zur Annahme eines „besonderen Umstandes" im Sinne von § 1 Abs. 2 S. 3 SpkG NRW ausreichen kann. So fällt die Entscheidung über die Errichtung von Zweigstellen zuvörderst in die Dispositionsfreiheit einer Sparkasse (→ Rn. 66 ff.). Sie kann deshalb nicht ohne Weiteres durch eine eigene, ggf. abweichende Einschätzung der Aufsichtsbehörde ersetzt werden. Die Lücke im Zweigstellennetz einer Sparkasse muss sich somit greifbar nachteilig auf die Erfüllung ihres öffentlichen Auftrags auswirken. Auf Ermessensebene ist schließlich eine sorgfältige Abwägung mit dem durch die Zulassung einer Ausnahme verbundenen Eingriff in die kommunale Selbstverwaltungsgarantie des betroffenen Sparkassenträgers erforderlich, die sich insofern nicht nur in dem verfahrensrechtlich vorgesehenen Anhörungserfordernis erschöpft.

§ 2 Unternehmenszweck, öffentlicher Auftrag

(1) **Die Sparkassen haben die Aufgabe, der geld- und kreditwirtschaftlichen Versorgung der Bevölkerung und der Wirtschaft insbesondere des Geschäftsgebietes und ihres Trägers zu dienen.**

(2) **Die Sparkassen stärken den Wettbewerb im Kreditgewerbe. Sie fördern die finanzielle Eigenvorsorge und Selbstverantwortung vornehmlich bei der Jugend, aber auch in allen sonstigen Altersgruppen und Strukturen der Bevölkerung. Sie versorgen im Kreditgeschäft vorwiegend den**

I. Allgemeine Vorschriften § 2

Mittelstand sowie die wirtschaftlich schwächeren Bevölkerungskreise. Die Sparkassen tragen zur Finanzierung der Schuldnerberatung in Verbraucher- oder Schuldnerberatungsstellen bei.

(3) Die Sparkassen führen ihre Geschäfte nach kaufmännischen Grundsätzen unter Beachtung ihres öffentlichen Auftrags. Gewinnerzielung ist nicht Hauptzweck des Geschäftsbetriebes.

(4) Die Sparkassen dürfen im Rahmen dieses Gesetzes und den nach diesem Gesetz erlassenen Begleitvorschriften alle banküblichen Geschäfte betreiben.

Literatur: *Becker-Birck*, Die Kommunen und ihre Sparkassen, ZfgK 1997, 837; *Binder/Hellstern*, Ist die Weitergabe von Negativzinsen an Sparkasseneinleger rechtlich zulässig?, ZIP 2016, 1309; *Brämer/Gischer/Pfingsten/Richter*, Der öffentliche Auftrag der deutschen Sparkassen aus der Perspektive des Stakeholder-Managements, ZögU 2010, 311; *Dietlein/Heusch* (Hrsg.), Beck Online Kommentar Kommunalrecht Nordrhein-Westfalen, 20. Edition, Stand: 1.6.2022; *Dirnberger/Henneke/Meyer/ua*, Praxis der Kommunalverwaltung Bund, Kommunale Sparkassen, 1. Lfg. 2019; *Drescher/Fleischer/Schmidt* (Hrsg.), Münchener Kommentar zum Handelsgesetzbuch, Band 5 (§§ 343–406, CISG), 5. Auflage 2021; *Ebenroth/Boujong/Joost/Strohn* (Hrsg.), Handelsgesetzbuch: HGB, Band 1: §§ 1–342e, 4. Auflage. 2020; *Engau/Dietlein/Josten*, Sparkassengesetz Nordrhein-Westfalen, 3. Aufl., 8. Lieferung, Stand: 12/2020; *Fischer*, Abgrenzung zwischen Spendenbezug und verdeckter Gewinnausschüttung, jurisPR-SteuerR 43/2014 Anm. 3; *Fischer*, Demokratiegebot und Mitbestimmung bei kommunalen Sparkassen, Sparkasse 1986, 532; *Gerth/Danco*, Das Sparkassenrecht in Nordrhein-Westfalen, 1. Auflage 1958; *Goldhammer*, Zweistufentheorie, Kontrahierungszwang und das Problem der Sparkassen mit imagegefährdenden Kunden, DÖV 2013, 416; *Güde*, Geschäftspolitik der Sparkassen – Grundlagen und aktuelle Probleme, 6. Auflage 1995; *Haasis*, Zeitgemäße Interpretation des öffentlichen Auftrags, Sparkasse 1997, 71; *Häublein/Hoffmann-Theinert* (Hrsg.), Beck online Kommentar HGB, 37. Edition, Stand: 15.7./1.8.2022; *Kleerbaum/Palmen* (Hrsg.), Gemeindeordnung Nordrhein-Westfalen, 3. Auflage 2017; *Maunz/Dürig* (Begr.), Herzog/Scholz/Herdegen/Klein (Hrsg.), Grundgesetz-Kommentar, 102. Aufl., 2024; *Maurer/Waldhoff*, Allgemeines Verwaltungsrecht, 21. Auflage 2023; *Meyer*, Kommunale Selbstverwaltung als objektive Rechtsinstitutionsgarantie – Grundsätzliches zur Sparkassenträgerschaft und gegen kondominale Mischverwaltung, NVwZ 2001, 766; *Nierhaus*, Zur kommunalen Bindung und Aufgabenstellung der Sparkassen, DÖV 1984, 662; *Schmidt*, Der öffentliche Auftrag der Sparkassen, ZfgK 1968, 1024; *Stelkens/Bonk/Leonhardt* (Begr.), Sachs/Schmitz (Hrsg.), Verwaltungsverfahrensgesetz Kommentar, 9. Auflage 2018; *Stern*, Das sparkassenrechtliche Regionalprinzip, 2014; *Stern/Burmeister*, Die kommunalen Sparkassen – Verfassungs- und verwaltungsrechtliche Probleme, 1972; *von Mangoldt* (Begr.), Huber/Voßkuhle (Hrsg.), Grundgesetz – Kommentar, 7. Auflage 2018; *von Usslar*, Die Abwicklung von Problemkrediten im Lichte des öffentlichen Auftrags der Sparkassen, BKR 2008, 177; *Weck/Schick*, Unwirksamkeit spekulativer Swap-Geschäfte im kommunalen Bereich, NVwZ 2012, 18; *Weimann*, Dimensionen und Effekte der Service Excellence im deutschen Bankenmarkt, 1. Auflage 2020

Übersicht

	Rn.		Rn.
I. Grundlagen	1	b) Adressatenkreis	14
1. Normsystematik	1	c) Versorgung im Geschäftsgebiet	17
2. Historische Entwicklung	4		
3. Aktuelle Bedeutung	6	3. Die Wettbewerbsfunktion (Abs. 2 S. 1)	20
4. Grundrechtsbindung	8		
5. Rechtsschutz	9	4. Die Förderfunktion (Abs. 2 S. 2 bis 4)	23
II. Reichweite des öffentlichen Auftrags	10	a) Überblick	23
1. Überblick	10	b) Financial Education (Abs. 2 S. 2)	24
2. Breiter Versorgungsauftrag	13		
a) Inhalt	13		

	Rn.		Rn.
c) Kreditwirtschaftliche Versorgung (Abs. 2 S. 3)	27	1. Wechsel zum Universalprinzip	38
		2. Banktypische Geschäfte	39
d) Mitfinanzierung von Schuldnerberatungsstellen (Abs. 2 S. 4)	29	3. Freigebigkeitsleistungen	45
		4. Einschränkungen	48
		V. Kein subjektivrechtlicher Gehalt	50
III. Aufgabenorientierte Gewinnerzielung (Abs. 3)	32	1. Ansprüche gegen die Sparkasse	50
IV. Eingeschränktes Universalprinzips (Abs. 4)	38	2. Ansprüche der Sparkasse	51

I. Grundlagen

1. Normsystematik

1 § 2 SpkG NRW beschreibt den **Unternehmenszweck** und **-gegenstand** der Sparkassen. Obwohl die Sparkassen gemäß § 1 Abs. 1 S. 1 SpkG NRW Anstalten des öffentlichen Rechts sind, findet § 114a Abs. 2 S. 2 GO NRW auf sie keine Anwendung: Der Träger darf den Unternehmenszweck der Anstalt des öffentlichen Rechts „Sparkasse" gerade nicht in der Satzung frei bestimmen. Denn § 107 Abs. 7 GO NRW bestimmt, dass die Sparkassen einem besonderen Regelungsregime unterliegen. Damit gilt für den Unternehmenszweck der Sparkassen ausschließlich die Regelung des § 2 SpkG NRW.

2 Aus der Gesamtschau des § 2 SpkG NRW ergibt sich, dass Sparkassen **öffentliche Aufgaben auf dem Gebiet der Daseinsvorsorge** zu erfüllen haben. Ausdrücklich wird der öffentliche Auftrag zwar erst in § 2 Abs. 3 S. 1 SpkG NRW genannt. Die dortige Formulierung „im Rahmen ihres öffentlichen Auftrags" zeigt indes, dass die in den vorstehenden Absätzen genannten Aufgaben Aspekte gerade dieses öffentlichen Auftrags sind. Diese gesetzlich zugewiesene öffentliche Aufgabe deckt sich auch mit dem Grundsatz, dass eine wirtschaftliche Tätigkeit von Gemeinden, mit denen sie sich in ein Konkurrenzverhältnis zu privaten Unternehmen begeben, nur zulässig ist, wenn dies von einem öffentlichen Zweck getragen ist (*Kaster* in: BeckOK KommunalR NRW, GO NRW, § 107 Rn. 29).

3 Das Verständnis von § 2 SpkG NRW wird allerdings dadurch erschwert, dass die Norm keine klare Gliederung aufweist. Die **einzelnen Absätze** des § 2 SpkG NRW enthalten verschiedene **Teilaspekte** dieses öffentlichen Auftrags und konkretisieren ihn damit. Sämtliche Teilaspekte stehen jedoch alle unter dem Vorbehalt des § 2 Abs. 4 SpkG NRW, der die Tätigkeit von Sparkassen auf banktypische Geschäfte beschränkt. In Abkehr des früheren Enumerationsprinzips gilt für Sparkassen zwar mittlerweile das sog **Universalprinzip**. Dieses ist allerdings **nicht unbegrenzt** und schränkt daher das Handeln der Sparkassen inhaltlich ein. Örtlich wird das Handeln der Sparkassen zudem durch das in § 3 SpkG NRW normierte **Regionalprinzip** begrenzt.

2. Historische Entwicklung

4 Die öffentlich-rechtlichen Sparkassen gehören nach ihrer geschichtlichen Entwicklung zu den **Einrichtungen der öffentlichen Daseinsvorsorge**. Die eigentliche Gründung von Sparkassen ging auf die Initiative von Gemeinden zurück, die mit der Errichtung kommunaler Sparkassen einem bis weit in das 19. Jahrhun-

I. Allgemeine Vorschriften   § 2

dert verbreiteten Mangel an geeigneten Anlagemöglichkeiten für kleinere Ersparnisse abhelfen wollten (Bericht der Bundesregierung über die Untersuchung der Wettbewerbsverschiebungen im Kreditgewerbe und über eine Einlagensicherung, BT-Drs. V/3500, S. 18). Damit standen schon immer wirtschafts- oder sozialpolitischen Anlässe im Vordergrund, damit solche bankgeschäftlichen Tätigkeiten durchgeführt werden konnten, die von der privaten Bankwirtschaft damals nicht in dem für erforderlich gehaltenen Umfang wahrgenommen wurden (BVerfG, Urt. v. 15.6.1983 – 1 BvR 1025/79 = BVerfGE 64, 229, juris Rn. 40). Zugleich versprachen sich die Kommunen hiervon eine Verringerung ihrer eigenen Ausgaben für die Armenpflege und andere soziale Verpflichtungen (*Stern/Burmeister*, 1972, S. 65). Bereits im 19. Jahrhundert forderte das preußische Sparkassenreglement von 1838, dass eine Sparkasse „hauptsächlich auf das Bedürfniß der ärmeren Klasse, welcher Gelegenheit zur Anlegung kleiner Ersparnisse gegeben werden soll, berechnet" (Nr. 4c) sein müsse. Der Mindestbetrag für Einzahlungen sollte deshalb in der Satzung so niedrig wie möglich bestimmt werden und ebenso der Betrag, ab dem Einlagen verzinst wurden (Nr. 11). Bis zum Anfang des 20. Jahrhunderts beschränkte sich die Tätigkeit im Wesentlichen auf das Spargeschäft und auf langfristige Ausleihungen, später wurde mit der Verleihung der passiven Scheckfähigkeit der Weg zur Geschäftsbank eröffnet. Ein weiterer bedeutender Schritt in der Entwicklung der Sparkassen vollzog sich im Jahre 1931, als die zunächst unselbständigen Anstalten der Errichtungskörperschaften mit dem Rechtscharakter eines Sondervermögens durch die Dritte Notverordnung des Reichspräsidenten zu Anstalten mit eigener Rechtspersönlichkeit umgestaltet wurden.

Das **erste nordrhein-westfälische Sparkassengesetz** vom 7.1.1958 (GV. **5** NRW 1958 S. 5) sah die Haupttätigkeit der Sparkassen nach wie vor darin, die Spartätigkeit zu fördern sowie der örtlichen Kreditversorgung unter besonderer Berücksichtigung des Mittelstandes und der wirtschaftlich schwächeren Bevölkerungskreise zu dienen. Das Gesetz zur Änderung des Sparkassengesetzes vom 16.6.1970 (GV. NRW 1970 S. 482), welches vor allem die Abschaffung des Beamtentums vorsah, begründete dies vor allem damit, dass die hoheitlichen Aufgaben nur noch von untergeordneter Bedeutung seien und sich die Tätigkeit der Sparkassen vor allem auf dem Gebiet des Privatrechts vollziehe (LT-Drs. 6/1466, S. 17). Zugleich wurde in § 4 S. 1 die kreditwirtschaftliche Versorgung des Gewährträgers in den Vordergrund gestellt. Das Gesetz zur Änderung des Sparkassengesetzes vom 8.3.1994 (GV. NRW 1994 S. 92) stellte den Charakter von Sparkassen als Wirtschaftsunternehmen und die Wettbewerbsgarantiefunktion in den Vordergrund. Zugleich wurde die Förderung des eigenverantwortlichen Verhaltens der Jugend in wirtschaftlichen Angelegenheiten erstmals aufgenommen. Die bisher lediglich in der Mustersatzung verankerte Bindung an kaufmännische Grundsätze unter gleichzeitiger Verneinung des Prinzips der Gewinnmaximierung wurde wegen seiner Bedeutung und aus rechtssystematischen Gründen (LT-Drs. 11/6047, S. 55) ebenfalls in das Gesetz aufgenommen. Schließlich wurde das bis dahin geltende Enumerationsprinzip zugunsten eines inhaltlich eingeschränkten Universalprinzips abgelöst. Die jetzige Fassung des § 2 SpkG NRW geht zurück auf das Gesetz zur Änderung aufsichtsrechtlicher, insbesondere sparkassenrechtlicher Vorschriften vom 18.11.2008 (GV. NRW 2008 S. 695). Hier wurde die Rolle der Sparkassen als Dritte Säule der Kreditwirtschaft in Deutschland bei der ortsnahen Versorgung der Bürgerschaft, dh sowohl des Mittelstandes als auch großer Unternehmen, aber auch

3. Aktuelle Bedeutung

6 Als (öffentlich-rechtliche) Wirtschaftsunternehmen sind Sparkassen wie private Unternehmen auch dem Wandel der Zeit unterworfen. So hat das OVG für das Land NRW im Jahr 1979 festgestellt, dass die Sparkassen sich zu modernen Kundenbanken entwickelt haben: Regelmäßige Geschäftszweige sind heute das Realkreditgeschäft, Kommunalkreditgeschäft und Personenkreditgeschäft im Wege des Kontokorrentverkehrs, Depositenverkehrs und Spargiroverkehrs, der Effektengeschäfte und Devisengeschäfte, die Einziehung von Schecks, Einziehung und Diskontierung von Wechseln, Übernahme von Vermögensverwaltungen, Dienstleistungsgeschäfte für öffentlich-rechtliche Bausparkassen und Versicherungsanstalten sowie mancherlei sonstige banktübliche Dienstleistungsgeschäfte (OVG Münster, Urt. v. 20.9.1979 – XV A 1206/78 = DVBl 1980, 70, juris Rn. 29). Auf der anderen Seite werden die Geschäfte auch von privaten Kreditinstituten vermehrt angeboten mit der Folge, dass in dem Bericht der Bundesregierung über die Wettbewerbsverschiebungen im Kreditgewerbe und über eine Einlagensicherung der öffentliche Auftrag der Sparkassen zwar noch bejaht wurde, ihre Tätigkeit jedoch nur subsidiär als zulässig angesehen wurde (→ Rn. 4, 21; Bericht der Bundesregierung über die Untersuchung der Wettbewerbsverschiebungen im Kreditgewerbe und über eine Einlagensicherung, BT-Drs. V/3500, S. 41). Auch von den privaten Kreditinstituten wird dem öffentlichen Auftrag faktisch nicht mehr der Stellenwert wie in der Vergangenheit zugesprochen (vgl. Deutsche Bundesbank, Bericht zur Stabilität des deutschen Finanzsystems, Monatsbericht Dezember 2003, S. 46).

7 Dennoch ist der öffentliche Auftrag aufgrund dieser Marktentwicklung nicht obsolet geworden, die Metamorphose der Sparkassen von Kapitalsammelstellen zu modernen Kreditinstituten hat ihren öffentlichen Auftrag nicht in eine erwerbswirtschaftlich-fiskalische Tätigkeit gewandelt (*Nierhaus*, DÖV 1984, 662, 666). Deutlich hat dies auch das BVerfG zum Ausdruck gebracht: Die Annäherung von Tätigkeiten der privatwirtschaftlichen Banken und der öffentlich-rechtlichen Sparkassen ändert nichts daran, dass die Sparkassen öffentliche Aufgaben aus dem Bereich der kommunalen Daseinsvorsorge erfüllen (BVerfG, Beschl. v. 14.4.1987 – 1 BvR 775/84 = BVerfGE 75, 192, juris Rn. 23; BVerfG, Beschl. v. 23.9.1994 – 2 BvR 1547/85 = NVwZ 1995, 370, juris Rn. 4; NRWVerfGH, Urt. v. 15.9.1986 – 17/85 = NVwZ 1987, 211). Das Sparkassenwesen ist immer noch durch die Erfüllung des gesetzlichen, der Gewinnerzielung übergeordneten Auftrags geprägt, die geld- und kreditwirtschaftliche Versorgung im kommunalen Geschäftsgebiet sicherzustellen, dazu der Bevölkerung und den örtlichen Wirtschaftsunternehmen unter besonderer Berücksichtigung wirtschaftlich schwächerer Kreise sowie mittelständischer und Kleinbetriebe Bankdienstleistungen anzubieten sowie den Kommunen selbst als Hausbank zu dienen und damit die örtliche Struktur- und Wirtschaftsentwicklung zu unterstützen (VerfGH Sachsen, Urt. v. 23.11.2000 – Vf. 62-II-99 = LKV 2001, 216, juris Rn. 117). Auch wird der spezifisch örtliche Bezug der Sparkassentätigkeit noch nicht dadurch aufgehoben, dass die Sparkassen ihren örtlichen Kunden auch überregionale Finanzdienstleistungen

I. Allgemeine Vorschriften **§ 2**

anbieten, da die überörtlichen Geschäftsaktivitäten (derzeit) noch der Erfüllung des öffentlichen Auftrags untergeordnet sind und nicht vorrangig der Gewinnmaximierung, sondern dazu dienen, für das kommunale Geschäftsgebiet ein ausreichendes Spektrum marktfähiger Finanzdienstleistungen zur Gewährleistung flächendeckender und angemessener Geld- und Kreditversorgung sicherzustellen (VerfGH Sachsen, Urt. v. 23.11.2000 – Vf. 62-II-99 = LKV 2001, 216, juris Rn. 119). Diese gesetzlich auferlegte Gemeinwohlverpflichtung der öffentlich-rechtlichen Kreditinstitute legitimiert weiterhin ihre Zuordnung zur Daseinsvorsorge (*Meyer*, NVwZ 2001, 766) und damit auch die Existenz der in Anstaltsform betriebenen Sparkassen (*Obermann*, 2000, S. 21).

4. Grundrechtsbindung

Gemäß Art. 1 Abs. 3 GG binden die Grundrechte die vollziehende Gewalt als unmittelbar geltendes Recht. Sparkassen sind als Anstalten des öffentlichen Rechts im Bereich staatlicher Daseinsvorsorge Teil der vollziehenden Gewalt. Sie sind damit **unmittelbar an die Grundrechte gebunden**, jedoch nach ganz überwiegender Auffassung nicht selbst grundrechtsfähig (→ Rn. 31; *Goldhammer*, DÖV 2013, 416, 418). Hieran ändert sich auch nichts dadurch, dass die Sparkassen ihre Aufgaben der Daseinsvorsorge mit Mitteln des Privatrechts erfüllen, denn die öffentliche Hand ist auch dann unmittelbar an die Grundrechte gebunden, wenn sie öffentliche Aufgaben in privatrechtlichen Rechtsformen wahrnimmt (BGH, Urt. v. 11.3.2003 – XI ZR 403/01 = BGHZ 154, 146, juris Rn. 17). Diese Grundrechtsbindung führt ua dazu, dass die Sparkassen insbesondere das Gleichbehandlungsgebot (Art. 3 Abs. 1 GG) mit dem daraus entnommenen Willkürverbot und das Übermaßverbot als Ausprägung des Grundsatzes der Verhältnismäßigkeit sowie die Gewährung rechtlichen Gehörs (Art. 103 Abs. 1 GG) beachten müssen (*von Usslar*, BKR 2008, 177, 178; BGH, Urt. v. 11.3.2003 – XI ZR 403/01 = BGHZ 154, 146). Relevant wird dies insbesondere im Zusammenhang mit Fragen zu den in § 5 SpkG NRW normierten Kontrahierungspflichten.

8

5. Rechtsschutz

Die Grundrechtsbindung bei der Entscheidung über die Gewährung von Krediten und der Einrichtung von Girokonten hat auch Konsequenzen hinsichtlich des Rechtsschutzes. Zur Entscheidung über subjektiv-öffentliche Rechte sind nach gefestigter Rechtsprechung die Verwaltungsgerichte zuständig (BVerwG, Beschl. v. 21.7.1989 – 7 B 184/88 = NJW 1990, 134; OVG Münster, Beschl. v. 11.5.2004 – 8 E 379/04 = NVwZ-RR 2004, 795, juris Rn. 13; VG Gießen, Urt. v. 31.5.2011 – 8 K 1139/10.GI, juris Rn. 11; VG Düsseldorf, Urt. v. 23.10.2019 – 20 K 6668/18 = WM 2020, 17, juris Rn. 40; aA noch VG Düsseldorf, Beschl. v. 5.11.2004 – 1 L 3081/04, juris Rn. 9). Denn der zivilrechtliche Charakter eines Girokontovertrags lässt keine Rückschlüsse auf die Rechtsnatur der die Sparkasse dazu zwingenden Vorschriften zu (*Goldhammer*, DÖV 2013, 416, 419). Die Sparkasse als Anstalt des öffentlichen Rechts unterliegt bei ihren Zulassungsentscheidungen dessen Bindungen, insbesondere jenen der Grundrechte. Die Gebundenheit realisiert sich ständig und unabhängig von der gewählten Form und wird nicht durch die (auch) gewählte zivilrechtliche Form suspendiert (*Goldhammer*, DÖV 2013, 416, 419). Da den Sparkassen jedoch die Inanspruchnahme hoheitlicher Handlungsformen verwehrt

9

ist, kann nicht die „klassische" Zweistufentheorie herangezogen wird, vielmehr findet ihre sog „moderne" Version Anwendung: Subjektiv-öffentliche Rechte auf eine bestimmte Entscheidung einer Sparkasse sind damit verwaltungsgerichtlich durch allgemeine Leistungsklage, gerichtet auf Abgabe bestimmter privatrechtlicher Willenserklärungen, zu verfolgen (→ § 5 Rn. 38 ff.; *Stelkens* in: Stelkens/Bonk/Sachs, VwVfG, § 35 Rn. 122).

II. Reichweite des öffentlichen Auftrags

1. Überblick

10   Sparkassen sind in ihrer Aufgabenwahrnehmung nicht frei. Ihre Tätigkeit bedarf vielmehr einer Legitimation im Aufgabenfeld der kommunalen Gebietskörperschaften, von denen sie ihre Existenz ableiten (*Schink/Karpenstein*, DVBl 2014, 481, 483). Im Gegensatz zu anderen Kreditinstituten können Sparkassen ihre Aufgaben mithin **nicht selbst nach eigenem Ermessen bestimmen**, sondern müssen innerhalb des gesetzlich festgelegten Rahmens handeln. Das Primat der Aufgabenbestimmung kommt dabei dem Landesgesetzgeber zu (*Henneke* in: PdK Bu L-17, Anm. 2.4.).

11   Bis zum Gesetz zur Änderung des Sparkassengesetzes und über den Zusammenschluss der Sparkassen- und Giroverbände vom 8.3.1994 (GV. NRW 1994 S. 92) waren die Aufgaben der Sparkassen in der Mustersatzung im Einzelnen aufgezählt. Es galt mithin ein sog **Enumerationsprinzip**: Gemäß § 4 S. 1 SpkG NRW vom 7.1.1958 (GV. NRW 1958 S. 5) hatten die Sparkassen die Aufgabe, den Sparsinn der Bevölkerung zu wecken und zu fördern. Zudem sollten sie der Kreditversorgung dienen (§ 4 S. 2 SpkG NRW vom 7.1.1958). Ihr Aufgabenkreis war mithin beschränkt auf eine sog **Förder- sowie eine Versorgungsfunktion**. Aufgaben, die sich nicht einer dieser beiden Funktionen zuordnen ließen, waren nicht zugelassen. Seit dem Jahr 1994 ist dieses Enumerationsprinzip abgelöst worden. Es gilt seitdem ein **inhaltlich beschränktes Universalprinzip**. Sparkassen dürfen nunmehr gemäß § 2 Abs. 4 SpkG NRW **alle banküblichen Geschäfte** betreiben. Durch die Erweiterung des Aufgabengebietes der Sparkassen und der damit einhergehenden steigenden unternehmerischen Beweglichkeit sollte deren Position in der Wettbewerbssituation mit anderen Banken gesichert werden (LT-Drs. 11/6047, S. 56). Eingeschränkt wird dieses Universalprinzip allerdings einerseits durch den öffentlichen Auftrag selbst, andererseits durch das Regionalprinzip (§ 3 SpkG NRW). Hintergrund dieser Änderung waren die damaligen Entwicklungen auf dem Finanzsektor.

12   Zutreffender Weise ist der **öffentliche Auftrag** damit als **Sammelbegriff** zu verstehen, der sich auf verschiedene Funktionen erstreckt. Häufig genannt werden dabei die Versorgungsfunktion bzw. Gewährleistungs- oder Garantiefunktion, die Förderfunktion, die Struktursicherungsfunktion sowie die Wettbewerbssicherungsfunktion (*Brämer/Gischer/Pfingsten/Richter*, ZögU 2010, 311, 321). Diese verschiedenen Funktionen haben zwar unterschiedliche Ausprägungen, ergänzen sich aber zugleich auch. Der Gesetzgeber plant derzeit, § 2 SpkG NRW um einen Abs. 5 zu ergänzen, wonach sich die Sparkassen am Prinzip der Nachhaltigkeit zu orientieren haben. Damit soll zum einen die Pflicht zum nachhaltigen Handeln, die schon bislang in dem öffentlichen Auftrag nach § 2 Abs. 2 SpkG NRW enthalten gewesen

I. Allgemeine Vorschriften § 2

sei, hervorgehoben und damit betont werden. Zum anderen soll damit auch die Verpflichtung der Sparkassen zum Ausdruck kommen, sich maßgeblich an der Transformationsfinanzierung zu beteiligen (vgl. Entwurf eines Gesetzes zur Modernisierung des Sparkassenrechts und zur Änderung weiterer Gesetze v. 19.3.2024, LT-Drs. NRW 18/2407, S. 1, 2, 4, 10).

2. Breiter Versorgungsauftrag

a) Inhalt

Nach § 2 Abs. 1 SpkG NRW haben Sparkassen die Aufgabe, der geld- und kreditwirtschaftlichen Versorgung der Bevölkerung und der Wirtschaft insbesondere des Geschäftsgebietes und ihres Trägers zu dienen. Damit wird hier zunächst die Versorgungsfunktion normiert, die zT auch als **Gewährleistungs- oder Garantiefunktion** bezeichnet wird und den Sparkassen auferlegt, in allen Regionen ein flächendeckendes Angebot an bankwirtschaftlichen Leistungen anzubieten, um damit eine breite und verlässliche Versorgung der Bevölkerung mit Bank- und Finanzdienstleistungen sicherzustellen (*Josten*, 2022, S. 319). Dieser Versorgungsauftrag hat bereits dem Wortlaut der Vorschrift nach drei verschiedene Schutzrichtungen: Zum einen ist die finanz- und kreditwirtschaftliche Versorgung der **Bevölkerung**, zum anderen die der **Wirtschaft** zu gewährleisten. Schließlich richtet sich die Versorgungsfunktion auch auf die des **Trägers**. In allen drei Gewährsrichtungen erstreckt sich die Versorgungsfunktion der Sparkassen auf die **finanz- sowie die kreditwirtschaftliche Versorgung**.

13

b) Adressatenkreis

Der Versorgungsauftrag der Sparkassen ist breit angelegt und erfasst mit der Bevölkerung und der Wirtschaft **alle sozialen Schichten und sämtliche Wirtschaftszweige**. Auf welche Weise die Versorgung der Bevölkerung, der Wirtschaft sowie des Trägers erfolgt, ist in § 2 Abs. 1 SpkG NRW nicht näher konkretisiert. Insoweit steht der Sparkasse grundsätzlich ein **Ermessen** zu, welche Finanzdienstleistungen sie anbieten und erbringen kann. Dieses Ermessen übt sie pflichtgemäß aus, wenn sie ihre Produkte und Dienstleistungen entsprechend den Bedürfnissen ihrer Zielgruppen im Geschäftsgebiet ausrichtet (*Engau* in: Engau/Dietlein/Josten, § 1 Anm. 3.1). Eingeschränkt wird sie hierbei indes durch § 2 Abs. 4 SpkG NRW sowie § 5 SpkG NRW, Letzterer sieht in Vollzug der Gewährleistungsfunktion Kontrahierungspflichten vor. Diesen weiten Versorgungsauftrag, der die Sparkassen nicht auf bestimmte Finanzdienstleistungen beschränkt, hat der Gesetzgeber zutreffend gewählt. Auf diese Weise wird den Sparkassen ermöglicht, sich dem Wandel der Zeit anzupassen und ihren Versorgungsauftrag den sich ebenfalls wandelnden Bedürfnissen der Bevölkerung, der Wirtschaft anpassen. Den Schwerpunkt der Versorgung der Bevölkerung bildet ua die Gewährung von Konsumenten-, Dispositions- und Realkrediten. Die Ergänzung in § 2 Abs. 2 S. 2 SpkG NRW, nach der im Kreditgeschäft auch die wirtschaftlich schwächeren Bevölkerungskreise zu versorgen sind, hat lediglich klarstellende Funktion (LT-Drs. 11/6047, S. 55). Sie verdeutlicht nochmals den öffentlichen Auftrag der Sparkassen. Als Einrichtung der Daseinsvorsorge würde eine Sparkasse ihr pflichtgemäßes Ermessen überschreiten, wenn sie nur noch bereit wäre, die Bedürfnisse des finanzstärkeren Teils ihrer Ziel-

14

gruppe zu erfüllen. Ebenso wenig deckt der Versorgungsauftrag solche Finanzdienstleistungen, mit denen ein außerordentlich hohes Risiko einhergeht oder die spekulativer Natur sind; vielmehr dient die Daseinsvorsorge, zu der die Sparkassen über den öffentlichen Auftrag verpflichtet sind, der **Befriedigung von Grundbedürfnissen** (*Engau* in: Engau/Dietlein/Josten, § 2 Anm. 1.3.1).

15 Die **Kontrolle** dieser Tätigkeiten obliegt dem Verwaltungsrat, der die Richtlinie der Geschäftspolitik bestimmt (§ 15 Abs. 1 SpkG NRW) – und über diesem auch dem Träger (*Becker-Birck*, ZfgK 1997, 837, 839). Die Frage, wie sich eine eventuelle **Überschreitung des festgelegten Aufgabenkreises** rechtlich auswirken würde, wird – soweit ersichtlich – nicht behandelt. Es stellt sich die Frage, ob hier die sog **Ultra-vires-Lehre** greift: Danach sind Rechtsgeschäfte, die eine juristische Person des öffentlichen Rechts durch ihre Organe außerhalb des durch Gesetz oder Satzung bestimmten Wirkungskreises der juristischen Person vornimmt, rechtsunwirksam (BGH, Urt. v. 28.2.1956 – I ZR 84/54 = BGHZ 20, 119; *Weck/Schick*, NVwZ 2012, 18). Allerdings wird der ultra-vires-Einwand bei Geschäften durch die öffentliche Hand durch den BGH neuerdings abgelehnt (BGH, Urt. v. 28.4.2015 – XI ZR 378/13 = BGHZ 205, 117, juris Rn. 62). Zu der umgekehrten Frage, inwieweit ein Anspruch gegen die Sparkasse auf eine bestimmte Leistung besteht, → Rn. 50.

16 Darüber hinaus kommt den Sparkassen die Funktion einer sog **Hausbank des Trägers** zu, da sich die Versorgungsfunktion auch auf diesen und dessen öffentlichen Einrichtungen erstreckt. Hierzu gehört neben der Abwicklung des umfangreichen Zahlungsverkehrs des Trägers insbesondere auch die Bereitstellung kurzfristiger bzw. langfristiger Kredite für die öffentliche Infrastruktur wie etwa den Bau von Straßen, Kindergärten etc. (*Obermann*, 2000, S. 22), gerade auch für privatwirtschaftlich wenig rentable Projekte wie beispielsweise des Umweltschutzes (*Brämer/Gischer/Pfingsten/Richter*, ZögU 2010, 311, 315). Die Hausbankfunktion der Kommunen ist historisch gewachsen, sie wird inzwischen zunehmend durch bzw. in Kooperation mit den Landesbanken wahrgenommen (*Brämer/Gischer/Pfingsten/Richter*, ZögU 2010, 311, 315). Die Unterstützung kommunaler Aufgaben erfolgt aber vermehrt auch im Wege von Kapitalbeteiligungen an Unternehmen zB der Wirtschaftsförderung. In Anbetracht der vielerorts angespannten kommunalen Haushaltslage werden in der wissenschaftlichen Literatur zutreffend auch die spezielle Finanzberatung für Gemeinden und die Bereitstellung neuer Finanzierungsformen für die öffentliche Hand als Bestandteil der Hausbankfunktion angesehen (*Brämer/Gischer/Pfingsten/Richter*, ZögU 2010, 311, 322).

c) Versorgung im Geschäftsgebiet

17 Als Teilaspekt der Versorgungsfunktion soll die Gewährleistungsfunktion die **flächendeckende** bankwirtschaftliche Versorgung der Bevölkerung sicherstellen und impliziert den freien Zugang zu Basis-Bankdienstleistungen, wie beispielsweise einem Girokonto, Anlageprodukten oder Krediten, für jedermann (*Brämer/Gischer/Pfingsten/Richter*, ZögU 2010, 311, 321). Dementsprechend verpflichtet § 2 Abs. 1 SpkG NRW die Sparkassen zur Versorgung der Bevölkerung und der Wirtschaft vor allem **ihres Geschäftsgebietes**. Der Begriff des Geschäftsgebiets ist historisch gewachsen und umfasst regelmäßig das **Gebiet ihres Trägers**, von dem die Sparkasse als öffentliche-rechtliche Anstalt ihre Legitimation ableitet (*Klüpfel/Gaber-*

I. Allgemeine Vorschriften § 2

diel/Höppel/Ebinger, § 6 Anm. I 6, S. 78). Damit kommt an dieser Stelle bereits das Regionalprinzip zum Ausdruck, das in § 3 SpkG NRW in Einzelheiten geregelt ist.

Diese Gebietsbegrenzung hat zwei Aspekte: Zum einen zwingt sie die Sparkassen, ihr angestammtes Gebiet intensiv zu durchdringen und ihre geld- und kreditwirtschaftlichen Produkte und Leistungen an den Bedürfnissen ihres Geschäftsgebietes auszurichten (*Engau* in: Engau/Dietlein/Josten, § 2 Anm. 1.3.3). Mit Erstreckung des Versorgungsauftrags auf das „Geschäftsgebiet" hat der Gesetzgeber zum anderen klargestellt, dass die Sparkassen ihre kreditwirtschaftliche Versorgung umfassend und flächendeckend auch in bevölkerungsarmen und strukturschwachen Gebieten sicherzustellen haben (Obermann, 2000, S. 21). Sie dürfen sich also nicht einfach aus ihrem Geschäftsgebiet zurückziehen, sondern müssen ein gewisse **leichte Erreichbarkeit** gewährleisten. Wie sie diese gewährleisten, ist den einzelnen Instituten überlassen, wobei die Unterhaltung von Geschäftsstellen auch heutzutage noch als ein signifikanter Ausdruck der räumlichen und persönlichen Nähe der Sparkassen zu ihren Kunden gesehen wird (*Engau* in: Engau/Dietlein/Josten, § 2 Anm. 1.3.2). Eine Rechtspflicht zum Betreiben aller banküblichen Geschäfte ist genauso zu verneinen wie eine Verpflichtung zur Aufrechterhaltung aller Zweigstellen. Die Sparkasse kann ihre Leistungen auch durch SB-Einrichtungen, über mobile Filialen oder Beratungsdienste oder über Kooperationen mit Dritten erbringen (*Biesok*, Sparkassenrecht, Rn. 213). Sie erfüllt diese Funktion auch, wenn sie bestimmte Beratungstätigkeiten in der Zentrale bündelt oder wenn sie eine Geschäftsstelle nur an einzelnen Tagen öffnet (*Biesok*, Sparkassenrecht, Rn. 214). Ein Bestandsschutz für bestimmte Filialstandorte lässt sich aus der Versorgungsfunktion daher nicht ableiten. Vielmehr kommt den Sparkassen ein Ermessen zu, das unter Abwägung des ihr auferlegten Versorgungsauftrags einerseits und der Verpflichtung zur kostendeckenden Tätigkeit nach § 2 Abs. 4 SpkG NRW andererseits auszuüben ist. Allein die Bereitstellung des Online-Bankings vermag allerdings die Schließung von Zweigstellen vor Ort nicht zu rechtfertigen, vielmehr sollten verschiedene Kriterien mitberücksichtigt werden, zB die absolute Anzahl der betreuten Girokonten durch die Zweigstelle, die Nähe zur nächsten Zweigstelle, die Anzahl der Barverfügungen an Geldausgabeautomaten, das Neugeschäft pro Woche, die Cost-Income-Ratio, usw. (*Josten*, 2022, S. 348).

§ 2 Abs. 1 S. 1 SpkG NRW ermöglicht es allerdings, über das eigene Geschäftsgebiet hinauszugehen („insbesondere"). Eine finanz- und kreditwirtschaftliche Versorgung von Bürgern und Unternehmen **außerhalb des Geschäftsgebietes** ist somit zulässig, solange die Sparkassen die der eigenen Bevölkerung und Wirtschaft nicht aus den Augen verlieren (*Engau* in: Engau/Dietlein/Josten, § 2 Anm. 1.3.3). Die Zulässigkeit solcher Geschäfte richtet sich im Einzelnen nach den Vorgaben des in § 3 SpkG NRW detailliert geregelten Regionalprinzips (→ § 3).

3. Die Wettbewerbsfunktion (Abs. 2 S. 1)

Zu den einzeln normierten Aufgaben der Sparkassen gehört auch die sog Wettbewerbsfunktion, wobei die ebenfalls gebräuchlichen Begriffe der **Wettbewerbssicherungsfunktion, Wettbewerbsgarantie** oder **Wettbewerbskorrekturfunktion** (*Josten*, 2022, S. 339; *Klüpfel/Gaberdiel/Höppel/Ebinger*, § 6 Anm. I 3, S. 77) diesen Aspekt des öffentlichen Auftrags von Sparkassen noch deutlicher zum Ausdruck bringen. Diese Aufgabe wurde in Nordrhein-Westfalen erst durch das Gesetz von 1994 (GV. NRW 1994 S. 92) eingeführt. Damit sollte die von der Rechtsprechung anerkannte Stellung der Sparkassen als im Markt stehende Wettbewerbsunternehmen zum Ausdruck gebracht werden (LT-Drs. 11/6047, S. 55). Abgestellt wurde damit insbesondere auf die Rechtsprechung des Verfassungsgerichtshofs, der bereits im Jahr 1986 feststellte, dass die öffentlich-rechtlichen Sparkassen und die privaten Kreditinstitute in fast allen Geschäftszweigen im Wettbewerb stehen (NRWVerfGH, Urt. v. 15.9.1986 – 17/85 = DVBl 1986, 1196, juris Rn. 20; *Fischer*, Sparkasse 1986, 532). In der Tat beeinflussen Sparkassen alleine durch ihre Existenz den Markt der Bankinstitute und sind damit ein Faktor der sog **Drei-Säulen-Struktur** der Kreditinstitute in Deutschland. Ebenso wie private Kreditinstitute und mitgliederorientierte Genossenschaftsbanken betreiben sie für einen breiten Kundenkreis nahezu alle bankmäßigen Geschäfte (NRWVerfGH, Urt. v. 15.9.1986 – 17/85 = DVBl 1986, 1196).

21 Dabei war durchaus umstritten, ob für die Sparkassen im Wettbewerb zu den privaten Kreditinstituten und Genossenschaftsbanken nicht ein sog **Subsidiaritätsprinzip** gilt. Die sog Wettbewerbsenquete der Bundesregierung hatte ein solches betont: Danach lag der Entstehung öffentlich-rechtlicher Kreditinstitute die Auffassung zugrunde, dass diese Tätigkeiten das Leistungsangebot der erwerbswirtschaftlich orientierten privaten Kreditwirtschaft nicht etwa teilweise ersetzen, sondern im Sinne des Subsidiaritätsprinzips lediglich in gewissem Umfange ergänzen sollten (Bericht der Bundesregierung über die Untersuchung der Wettbewerbsverschiebungen im Kreditgewerbe und über eine Einlagensicherung, BT-Drs. V/3500, S. 40). Die Wettbewerbsenquete hat die Begrenzung des Geschäftskreises der Sparkassen durch das Subsidiaritätsprinzip zudem als notwendige Kehrseite ihres öffentlichen Auftrags und insoweit mit dem Wesen eines öffentlich-rechtlichen Kreditinstituts zwangsläufig verbunden angesehen (Bericht der Bundesregierung über die Untersuchung der Wettbewerbsverschiebungen im Kreditgewerbe und über eine Einlagensicherung, BT-Drs. V/3500, S. 41). Dem Subsidiaritätsprinzip als rechtlich bindender Grundsatz wurde jedoch mit Blick auf die Kompetenzordnung des GG einerseits und der kommunalen Selbstverwaltungsgarantie andererseits aus verfassungsrechtlichen, aber auch schon aus rechtshistorischen Gründen von der ganz herrschenden Lehre eine Absage erteilt (vgl. statt vieler: *Stern/Burmeister*, 1972, S. 177 ff.; *Josten*, 2022, S. 166 ff.; *Schmidt*, ZfgK 1968, 1024, 1026 jeweils mwN). Der nordrhein-westfälische Gesetzgeber hat sich außerdem durch die positive Normierung der Wettbewerbsfunktion dieser Auffassung angeschlossen. De lege lata ist daher zumindest in NRW ein Subsidiaritätsprinzip im og Sinne abzulehnen.

22 Inhaltlich hat § 2 Abs. 1 S. 1 SpkG NRW den Zweck, den **Gruppenwettbewerb zwischen den verschiedenen Kreditinstituten zu sichern**. Der Beitrag der Sparkassen zu einem funktionierenden Wettbewerb verhindert insbesondere in den ländlichen Regionen eine größere monopolistische und monopsonistische Marktmacht (*Brämer/Gischer/Pfingsten/Richter*, ZögU 2010, 311, 325). Es soll im Sinne der Daseinsvorsorge sichergestellt werden, dass es in sämtlichen, dh auch in strukturschwächeren und/oder ländlichen Regionen einen Bankenwettbewerb gibt, der sich für den Endkunden in der Regel positiv auswirkt. Im Ergebnis soll hiermit gewährleistet werden, dass alle Bevölkerungskreise ein bedürfnisgerechtes Angebot an bankwirtschaftlichen Leistungen zu marktgerechten Bedingungen wahrnehmen können (*Josten*, 2022, S. 340). Zugleich soll hiermit ein zukunftsori-

entierter Strukturwandel der Wirtschaft aktiv begleitet werden (*Haasis*, Sparkasse 1997, 71, 72). Damit wirkt diese Funktion nicht nur sektoral, sondern hat auch einen regionalen Aspekt (*Güde*, 1995, S. 27). Aus dieser Funktion folgt allerdings nicht, dass Sparkassen gemäß § 2 Abs. 1 S. 1 SpkG NRW zwingend verpflichtet sind, unlukrative Geschäfte wie etwa die Aufnahme von Kleinsparanlagen oder die Unterhaltung von Bankstellen an strukturschwachen Gebieten aufrechtzuerhalten; diese Entscheidungen unterliegen vielmehr geschäftspolitischem Ermessen (*Josten*, 2022, S. 341). Im Rahmen dieser Ermessensentscheidung ist aber auch die Versorgungsfunktion der Sparkassen zu berücksichtigen. Ggf. müssen entsprechende Kompensationsmaßnahmen ergriffen werden (*Engau* in: Engau/Dietlein/Josten, § 2 Anm. 2.2.1).

4. Die Förderfunktion (Abs. 2 S. 2 bis 4)

a) Überblick

Die Förderfunktion der Sparkassen zielt auf ihre besondere **sozialpolitische Aufgabe** ab, die Bevölkerung zur **Vermögensbildung anzuleiten** und **eine sichere Anlagemöglichkeit zu bieten** (*Josten*, 2022, S. 327). Die Anleitung zur Vermögensbildung **kann** dabei auch in der Anregung zu einer verantwortlichen Kreditaufnahme bestehen (*Engau* in: Engau/Dietlein/Josten, § 2 Anm. 2.2.2). Folgerichtig erstreckt sich die Förderfunktion daher nicht nur auf § 2 Abs. 2 S. 2 SpkG NRW, sondern kommt auch in § 2 Abs. 2 S. 3 und 4 SpkG NRW zum Ausdruck.

23

b) Financial Education (Abs. 2 S. 2)

Gemäß § 2 Abs. 2 S. 2 SpkG NRW fördern die Sparkassen die **finanzielle Eigenvorsorge** und Selbstverantwortung vornehmlich bei der Jugend, aber auch in allen sonstigen Altersgruppen und Strukturen der Bevölkerung. Hier kommt ein gewisser **Erziehungsgedanke** zum Vorschein, der die besondere Verantwortung der Sparkassen für die Vermögensbildung unterstreicht: Nicht der kreditfinanzierte Konsum soll im Vordergrund der Tätigkeit stehen, sondern vielmehr die Vermögensbildung (*Biesok*, Sparkassenrecht, Rn. 220). Dabei kommt der herausgehobenen Nennung der Jugend innerhalb der verschiedenen Bevölkerungsgruppen keine weitergehende Bedeutung zu. Zum Ausdruck gebracht wird damit, dass die Förderaufgabe der Sparkasse gegenüber allen und nicht etwa nur gegenüber wohlhabenden Bevölkerungsgruppen besteht. Sparkassen haben daher die Pflicht, den Bedürfnissen der ganzen Bevölkerung gerecht werdende Spar- und Vermögensbildungsprodukte bereitzustellen, indem sie der Bevölkerung vielfältige Angebote von den klassischen Sparprodukten über Schuldverschreibungen bis hin zu Investmentfondanteilen und Wertpapieren sowie passgenaue Vorsorgeprodukte für verschiedene Lebenssituationen anbieten (*Engau* in: Engau/Dietlein/Josten, § 2 Anm. 2.2.1). Um ihrem öffentlichen Auftrag – auch in Abgrenzung zu privaten Kreditinstituten – gerecht zu werden, haben sie auch immer Anlageprodukte anzubieten, die auch für kleine Spareinlagen zugänglich sind, ohne dass sie generell auf die klassischen Sparprodukte beschränkt sind (*Biesok,* Sparkassenrecht, Rn. 220). Hierzu können sie nach Maßgabe des § 4 SpkG NRW mit Verbundpartnern zusammenarbeiten.

24

Indem § 2 Abs. 2 S. 2 SpkG NRW auf die **Förderung der Selbstverantwortung** abstellt, macht der Gesetzgeber deutlich, dass die Vorsorge die Angelegenheit

25

des einzelnen Kunden ist, die ihm die Sparkasse nicht abnimmt; sie ist aber dazu gehalten, Bedeutung und Wert der Vermögensbildung in allen geeigneten Formen zu wecken und zu fördern und die Bevölkerung hierbei zu unterstützen (*Engau* in: Engau/Dietlein/Josten, § 2 Anm. 2.2.2). Damit einher geht, dass die Sparkassen durch individuelle oder allgemeine Informationen und Beratung sowie durch Veranstaltungen dieser Aufgabe nachkommen können. Eng mit der Förderung der finanziellen Eigenvorsorge verbunden ist schließlich das Bestreben einer breitflächigen **"Financial Education"** (*Brämer/Gischer/Pfingsten/Richter*, ZögU 2010, 311, 316). Diese Förderaufgabe im Sinne eines Erziehungsauftrags rechtfertigt Angebote wie etwa den "Sparkassen SchulService", "Planspiel Börse" sowie den Beratungsdienst "Geld und Haushalt". Auch wenn von solchen Maßnahmen und Angeboten auch eine gewisse Marketingfunktion ausgeht, sollte das Ziel, künftige Kundschaft zu gewinnen, nicht an erster Stelle stehen. Vielmehr müssen die Sparkassen diese sozialpolitische Aufgabe im öffentlichen Interesse auch dann wahrnehmen, wenn sie keinen wirtschaftlichen Vorteil daraus ziehen (*Engau* in: Engau/Dietlein/Josten, § 2 Anm. 2.2.3).

26 In diesem Zusammenhang stellt sich die Frage, ob die **Berechnung von Negativzinsen**, dh der Weitergabe des durch die Zinspolitik der Europäischen Zentralbank gesetzten Niedrigzinsniveaus in Gestalt von Negativzinsen auf Bankeinlagen an ihre Kunden, unzulässig sein könnte, da damit die Ersparnisbildung im Wege der klassischen Spareinlage quasi konterkariert wird. Nach einer Ansicht muss unterschieden werden zwischen der Berechnung von Negativzinsen bei Spareinlagen sowie auf Kontokorrent- und Giroeinlagen: Letztere hätten lediglich einen kurzfristigeren Charakter und dienten Zahlungsverkehrszwecken, während bei den Spareinlagen der sparförderungsbezogene Auftrag der Sparkassen in besonderem Maße zum Ausdruck komme (*Josten*, 2022, S. 534). Eine negative Verzinsung dürfe bei Spareinlagen daher erst bei Eintritt einer Existenzbedrohung weitergegeben werden (*Josten*, 2022, S. 528). Die Gegenansicht verweist darauf, dass auch aus dem öffentlichen Auftrag der Sparkassen nicht geschlossen werden könne, Spareinlagen zu im Verhältnis zu anderen Kreditinstituten besseren Zinssätzen anbieten zu müssen. Denn selbst im förderungswürdigen Spargeschäft bedürfe es einer Preisbildung unter Wettbewerbsbedingungen, die sich durch das am Markt vorherrschende Zinsniveau bestimmt (*Josten*, 2022, S. 330). In der Tat ist hier nicht nur der Förderzweck der Sparkassen zu berücksichtigen, sondern auch der Grundsatz der aufgabenorientierten Gemeinnützigkeit (→ Rn. 32). Im Wettbewerb zu anderen Kreditinstituten stehend, müssen auch Sparkassen bemüht sein, dauerhaft auskömmlich zu arbeiten; im Umkehrschluss müssen sie zumindest zu kostendeckenden Preisen operieren können (*Binder/Hellstern*, ZIP 2016, 1309, 1312). Denn nur auf diese Weise kann der öffentliche Auftrag dauerhaft erfüllt werden (*Biesok*, Sparkassenrecht, Rn. 222).

c) Kreditwirtschaftliche Versorgung (Abs. 2 S. 3)

27 Zwar wird die kreditwirtschaftliche Versorgung bereits in § 2 Abs. 1 SpkG NRW genannt. Indem § 2 Abs. 2 S. 3 SpkG NRW die Versorgung im Kreditgeschäft nochmal ausdrücklich aufgreift, wird die Bedeutung dieser Versorgungsfunktion unterstrichen. Neben der Förderungsfunktion des § 2 Abs. 2 S. 2 SpkG NRW stellt sie die zweite **Kernaufgabe** der Sparkassen dar (*Engau* in: Engau/Dietlein/Josten, § 2 Anm. 3). Zugleich macht § 2 Abs. 2 S. 3 SpkG NRW deutlich, dass die Sparkas-

I. Allgemeine Vorschriften
§ 2

sen ihre Geschäftstätigkeit bei Kreditvergaben gerade **nicht auf wohlhabende Kunden beschränken** dürfen. In seiner Begründung hat der Gesetzgeber dementsprechend auch deutlich gemacht, dass mit dieser Regelung klargestellt werden sollte, dass auch die Kreditversorgung der wirtschaftlich schwächeren Bevölkerungskreise zu den Aufgaben der Sparkasse gehört (LT-Drs. 11/6047, S. 55). Ein Verbot, großvolumige Kredite zu vergeben, geht damit nicht einher; hier haben die Sparkassen lediglich die Vorgaben zu beachten, die das Bankenaufsichtsrecht vorschreibt. Aber die Sparkassen müssen, um ihrem öffentlichen Auftrag gerecht zu werden, eben auch die wirtschaftlich schwächeren Bevölkerungskreise bedienen, ohne dass die Vorschrift eine Aussage über die Konditionen trifft. Als fundamentaler Bestandteil des öffentlichen Auftrages impliziert die qualitative und quantitative Versorgung im Ergebnis vor allem den rein materiellen Zugang zu Fremdkapital, zum einen räumlich durch die Bereitstellung eines flächendeckenden Netzes an Zweigstellen, zum anderen sektoral für sämtliche Branchen sowie strukturell hinsichtlich des Mittelstandes und der wirtschaftlich Schwächeren (*Brämer/Gischer/Pfingsten/Richter*, ZögU 2010, 311, 313).

Der Gesetzgeber hat – auch in seiner Begründung – weder eine Aussage dazu 28 getroffen, was unter den wirtschaftlich schwächeren Bevölkerungskreisen zu verstehen ist, noch findet sich eine sparkasseneigene bzw. sparkassenrechtliche Definition des Mittelstands. Von den „**wirtschaftlich schwächeren**" Bevölkerungskreisen sind jedenfalls Arbeitnehmer mit durchschnittlichen und unterdurchschnittlichen Bezügen erfasst (*Engau* in: Engau/Dietlein/Josten, § 2 Anm. 3). Der **Mittelstand** umfasst – dem allgemeinen Sprachgebrauch entsprechend – **kleinere und mittlere Unternehmen**. Sofern diese ihren Sitz oder ihre Niederlassung im Geschäftsgebiet der Sparkasse haben (§ 3 Abs. 1 lit. a) SpkG NRW) oder einer der weiteren Tatbestände des § 3 Abs. 1 SpkG NRW erfüllt sind und damit das Regionalprinzip gewahrt wird, sind Kredite insbesondere auch an diese Unternehmen zu vergeben. Weitergehend ist diese Versorgungsfunktion auch als **Garantiefunktion** zu verstehen: Bei laufenden Krediten gehört es zu der Aufgabe der Sparkassen, in wirtschaftlich angespannten Zeiten soliden Unternehmen des Mittelstandes, die ohne eigene Schuld in eine Krise geraten sind, durch ausreichende Kredite ebenso wie durch marktgerechte Konditionen zu helfen, die Krise zu überstehen (*Schlierbach/Püttner*, Ziff. 3.3.3., S. 61 f.). Die Tätigkeit der Sparkasse hat sich ferner nicht auf schon bestehende Unternehmen zu beschränken. Auch **Existenzgründer** sind entsprechend zu unterstützen (*Engau* in: Engau/Dietlein/Josten, § 2 Anm. 3). Denn die aktive Beratung und Betreuung von Existenzgründungen bildet ein weiteres Charakteristikum der regionalen Kreditversorgung (*Brämer/Gischer/Pfingsten/Richter*, ZögU 2010, 311, 315).

d) Mitfinanzierung von Schuldnerberatungsstellen (Abs. 2 S. 4)

§ 2 Abs. 2 S. 4 SpkG NRW, nachdem die Sparkassen zur Finanzierung der 29 Schuldnerberatung in Verbraucher- oder Schuldnerberatungsstellen beitragen, stellt eine Reaktion auf die unter dem Schlagwort „private Schuldenkrise" bekanntgewordene seit Ende der 80er Jahre zunehmende Verschärfung der finanziellen Situation von Privathaushalten dar (*Josten*, 2022, S. 288 ff.). Auch diese Funktion gehört zur sog **Financial Education**, die den Sparkassen obliegt (*Brämer/Gischer/Pfingsten/Richter*, ZögU 2010, 311, 316). Im ursprünglichen Gesetzesentwurf vom 8.3.1994 war diese Finanzierungsfunktion noch nicht enthalten; sie wurde erst auf

Anregung der Verbraucherverbände und nach dem Vorbild der rheinland-pfälzischen Regelung als ein weiterer Aspekt des öffentlichen Auftrags der Sparkassen aufgenommen (LT-Drs. 11/6751, S. 7). Insbesondere der zum damaligen Zeitpunkt im Gesetz enthaltene Zusatz „Die Gewährträger entscheiden über den Umfang und die Verteilung dieser Mittel an die Träger der Beratungsstellen" führte zu erheblicher Rechtsunsicherheit und letztendlich zu Auslegungsregeln in den AVV 1994. In den Folgejahren blieb die Umsetzung dieser Regelung hinter den in sie gesetzten Erwartungen zurück (s. auch LT-Drs. 12/633). Nach längeren Verhandlungen vereinbarten daher der Rheinische Sparkassen- und Giroverband sowie der Westfälisch-Lippische Sparkassen- und Giroverband zusammen mit den kommunalen Spitzenverbänden im Jahr 1998 eine **„freiwillige Fondslösung"** (StGB NRW-Mitteilung 198/1998 vom 20.4.1998): Danach stellten die beiden Sparkassen- und Giroverbände zunächst für eine Erprobungsphase von drei Jahren einen festen Jahresbetrag in Höhe von jährlich 5 Mio. DM zur Verfügung. Der Betrag wurde von den beiden Sparkassenverbänden hälftig aufgebracht und im Wege der Umlagefinanzierung von den Sparkassen refinanziert. Die Mittel aus dem Schuldnerberatungsfonds wurden im Verhältnis der Einwohner der kreisfreien Städte und Kreise im Verhältnis zur Gesamtzahl der Einwohner in Nordrhein-Westfalen verteilt. Da der Gesetzgeber nach Ablauf der dreijährigen Probezeit feststellen konnte, dass sich in der Praxis eine für alle Seiten günstige freiwillige Lösung gefunden hat (LT-Drs. 13/2124, S. 104), wurde der amorphe Zusatz 2008 gestrichen. Die grundsätzliche gesetzliche (Mit-)Finanzierungsverpflichtung aus S. 4 wurde indes beibehalten.

30 In der Literatur begegnet diese Verpflichtung vereinzelt verfassungsrechtlichen Bedenken. *Biesok* (*Biesok*, Sparkassenrecht, Rn. 225) sieht in ihr eine **verfassungswidrige Sonderabgabe**. In Abgrenzung zu Steuern kennzeichnen sich Sonderabgaben dadurch, dass sie nicht der Deckung des allgemeinen Finanzbedarfs dienen. Vielmehr wird eine homogene Gruppe belastet, die in einer spezifischen „Sachnähe" zu der zu finanzierenden Aufgabe steht. Außerdem muss das Abgabenaufkommen im Interesse der Gruppe der Abgabenpflichtigen, also „gruppennützig" verwendet werden (BVerfG, Beschl. v. 9.11.1999 – 2 BvL 5/95 = BVerfGE 101, 141, Rn. 17). Nach Auffassung von *Biesok* liegen die strengen Tatbestandsvoraussetzungen, die das BVerfG aufgestellt hat, bei dieser gesetzlichen Mitfinanzierungspflicht nicht vor. Zum einen liege die Voraussetzung der homogenen Gruppe nicht vor, da nicht nur die Sparkassen, sondern auch andere Konsumentenfinanzierer zur Überschuldung von Privathaushalten beitragen würden. Zum anderen liege auch die notwendige Sachverantwortung nicht vor, da Sparkassen keinen signifikant höheren Beitrag zur Überschuldung von Privathaushalten leisten würden als andere Kreditinstitute. Schließlich fehle es auch an der Voraussetzung, dass das Aufkommen aus der Sonderabgabe im Interesse der Gruppe der Abgabepflichtigen verwendet werde. Denn Sparkassen hätten kein Interesse an einer Beratung der Schuldner, sondern vielmehr an der Rückführung der Verbindlichkeiten (*Biesok*, Sparkassenrecht, Rn. 225).

31 In der Tat wären die Voraussetzungen, die an Sonderabgaben gestellt werden, nicht gegeben. Allerdings setzt die Verfassungswidrigkeit zudem voraus, dass **Verfassungsnormen verletzt** sind. Sie können in Konflikt stehen mit den Regelungen der grundgesetzlichen Finanzverfassung (Art. 104a ff. GG), mit den Grundsätzen der Haushaltsverfassung (Art. 110 ff. GG) sowie die Belastungsgleichheit unter

I. Allgemeine Vorschriften § 2

den Abgabepflichtigen (Art. 3 Abs. 1 GG) berühren (*Jachmann-Michel/Vogel* in: von Mangoldt/Klein/Starck, GG, Art. 105 Rn. 18). In jedem Fall müssten die Sparkassen jedoch **in subjektiven – verfassungsrechtlich garantierten – Rechten verletzt** sein, um eine Verfassungswidrigkeit gelten machen zu können, der bloße Hinweis auf einen Konflikt mit der Finanzverfassung reicht nicht aus. Dies ist jedoch nach ganz herrschender Auffassung zu Recht abzulehnen: Sowohl die materiellen Grundrechte als auch der zu ihrer Verteidigung geschaffene Rechtsbehelf der Verfassungsbeschwerde ist auf juristische Personen des öffentlichen Rechts nach ständiger Rechtsprechung des Bundesverfassungsgerichts grundsätzlich nicht anwendbar; dies gilt jedenfalls, soweit sie öffentliche Aufgaben wahrnehmen (BVerfG, Beschl. v. 14.4.1987 – 1 BvR 775/84 = BVerfGE 75, 192, Rn. 15). Nach Auffassung des BVerfG erfüllen Sparkassen trotz der weitgehenden Angleichung an das private Bankgewerbe immer noch öffentliche Aufgaben aus dem Bereich der kommunalen Daseinsvorsorge, so dass sie nicht grundrechtsfähig sind (BVerfG, Beschl. v. 14.4.1987 – 1 BvR 775/84 = BVerfGE 75, 192, Rn. 23). Dies wird zwar vor dem Hintergrund des Prinzips eines möglichst umfassenden und effektiven Grundrechtsschutzes als überholt angesehen (*Scholz* in: Dürig/Herzog, GG, Art. 12 Rn. 108). Mit Blick auf die gesetzliche Mitfinanzierungsverpflichtung der Schuldnerberatung muss der ablehnenden Auffassung des BVerfG jedoch Recht gegeben werden, da es sich hierbei gerade um eine Teilfunktion des öffentlichen Auftrags von Sparkassen handelt. Hier verwirklicht sich gerade ihre öffentliche Aufgabe, so dass eine Grundrechtsfähigkeit (jedenfalls diesbezüglich) ausscheidet. Damit fehlt es den Sparkassen jedoch an einer subjektiven Betroffenheit in verfassungsrechtlich garantierten Rechten, die sie mit Blick auf die Finanzierungsverpflichtung geltend machen könnten.

III. Aufgabenorientierte Gewinnerzielung (Abs. 3)

Gemäß § 2 Abs. 3 SpkG NRW führen die Sparkassen ihre Geschäfte nach kaufmännischen Grundsätzen unter Beachtung ihres öffentlichen Auftrags, ohne dass die Gewinnerzielung zugleich Hauptzweck des Geschäftsbetriebes ist. Dies stellt nur scheinbar einen Widerspruch dar. Zwar sind Sparkassen zugleich Kaufleute iSv § 1 HGB und als Kaufmann müssen sie die Absicht planmäßiger Gewinnerzielung aufweisen bzw. – nach neuerer Definition – entgeltlich am Markt tätig sein (*Kindler* in: EBJS, HGB § 1 Rn. 27 ff.; *Schwartze* in: BeckOK HGB, § 1 Rn. 18). Im Gegensatz zu dem bei Privatbanken geltenden Shareholder-Value-Gedanken, der die Maximierung des Unternehmenswertes für die Anteilseigner in den Vordergrund stellt, ist die Tätigkeit von Sparkassen als Einrichtungen der kommunalen Daseinsvorsorge damit sowohl von dem Gedanken der **sozialen Gemeinnützigkeit**, als auch von dem **Wirtschaftlichkeitsgrundsatz** getragen. Daher ist die „Gemeinnützigkeit" der Sparkassen als ein unbestimmter Rechtsbegriff (*Schlierbach/Püttner*, Ziff. 3.3.1., S. 60) zeitbezogen und somit auch Wandlungen unterworfen; einig ist man sich, dass die ursprünglichen Motive zur Gründung von Sparkassen – der Fürsorge-Gedanke – mittlerweile in den Hintergrund getreten sind (*Binder/Hellstern*, ZIP 2016, 1309, 1310). Das Sparkassengeschäft beruht notwendigerweise auf einer praktischen Konkordanz zwischen Gemeinwohlbelangen und Rentabilität. Die Sparkasse ist mithin ein **Kaufmann mit begrenztem Gewinnstreben** (*Schlierbach/Püttner*, Ziff. 4.2.1., S. 69).

32

33 Dies bedeutet, dass die Sparkassen – anders als die privaten Kreditinstitute –, die bestimmte Aufgaben freiwillig übernehmen, wenn sie ihnen gewinnbringend erscheinen, ihre dem öffentlichen Auftrag entspringenden Aufgaben auf Dauer unabhängig von den jeweiligen wirtschaftlichen Verhältnissen erfüllen müssen. Sie sind also verpflichtet, den Sparsinn zu wecken und zu fördern, auch wenn sich hieraus keine Kundenbeziehung für die Sparkasse ergibt, und nach Maßgabe des § 5 SpkG NRW Spareinlagen entgegenzunehmen; darüber hinaus sind sie zu einer flächendeckenden Bedienung verpflichtet und dürfen sich nicht aus der Fläche zurückziehen (*Schlierbach/Püttner*, Ziff. 3.3.2., S. 61).

34 Eine **Gewinnmitnahme** bei der Erfüllung eines öffentlichen Auftrages ist aber damit nicht ausgeschlossen, sondern verfassungsrechtlich zulässig (*Schink/Karpenstein*, DVBl 2014, 481, 484). Gerechtfertigt wird die Randnutzung mit dem Wirtschaftlichkeitsprinzip, das die Verwaltung zu ökonomisch vernünftigem, sparsamem Wirtschaften unter Ausnutzung ihres Wirtschaftpotentials verpflichtet (BVerwG, Urt. v. 21.4.1989 – 7 C 48/88 –, BVerwGE 82, 29 ff.). Insbesondere Sparkassen benötigen für die Ausübung von Bankgeschäften kreditwirtschaftliches Eigenkapital, was eine ausreichende Vorsorge voraussetzt (*Schink/Karpenstein*, DVBl 2014, 481, 484). Ohne die Erzielung von Gewinnen ließe sich der öffentliche Auftrag nicht erfüllen, da eine Sparkasse, die dauerhaft Verluste erwirtschaftet, (unabhängig von der Gefahr für die Einlagen und der aufsichtsrechtlichen Problematik) weder für die Träger noch für die Bürger als mittelbare Eigentümer tragbar wäre. Somit fallen die Unterschiede zwischen Sparkassen und privaten Geschäftsbanken in operativer Hinsicht deutlich geringer aus, als die Gemeinwohlorientierung auf den ersten Blick vermuten lässt (*Weimann*, S. 132).

35 Dementsprechend sieht § 2 Abs. 3 S. 1 SpkG NRW ebenfalls vor, dass Sparkassen **nach kaufmännischen Grundsätzen** geführt werden müssen. Allgemein wird anerkannt, dass hiermit auf den Grundsatz des § 354 HGB verwiesen wird, nachdem ein Kaufmann seine Geschäftsleistungen regelmäßig nicht unentgeltlich erbringt (*Maultzsch* in: MüKoHGB, § 354 Rn. 1). Indem Sparkassen ihre Geschäfte ebenfalls nach kaufmännischen Grundsätzen zu führen haben, werden sie zu diesem Wirtschaftlichkeitsgrundsatz verpflichtet. Sie müssen wie jeder Kaufmann darauf bedacht sein, **kostendeckend** tätig zu werden und ausreichende Erträge zu erzielen. Der Rechtsgedanke des § 107 Abs. 2 S. 2 GO NRW, dass die dort genannten Einrichtungen der Daseinsvorsorge von den Gemeinden nach wirtschaftlichen Gesichtspunkten zu verwalten sind, gilt auch hier: Die Sparkassen sollen die ihnen gestellten „Aufgaben" durch eine möglichst rationale und damit kostensparende Betriebsführung erfüllen. Sie haben sich im Verhältnis zum einzelnen Schuldner marktgerecht, also wie private, auf Gewinnmaximierung ausgerichtete Wettbewerber zu verhalten und die Kreditausfallkosten zu minimieren bzw. nach Beendigung des Kreditverhältnisses die höchstmögliche Rückführung (Recovery Rate) anzustreben (*von Usslar*, BKR 2018, 177, 178). Eine solche Betriebsführung schließt die Erhebung von Gebühren, Beiträgen und privatrechtlichen Entgelten zur Kostendeckung ein (*Flüshöh* in: Kleerbaum/Palmen, GO NRW, § 107 VI).

36 Im Ergebnis schließt § 2 Abs. 3 SpkG NRW eine **Gewinnerzielung** nicht gänzlich aus. Es gilt vielmehr der Grundsatz der sog **sozialen Gemeinnützigkeit**: Im Rahmen der Geschäftstätigkeit der Sparkassen ist das Gewinnstreben im Verhältnis zur öffentlichen Zielsetzung der Wirtschaftsbetätigung untergeordnet, dh es ist verboten, die Gewinnerzielung und Gewinnmaximierung als das einzige oder

I. Allgemeine Vorschriften
§ 2

hauptsächliche Ziel der geschäftspolitischen Entscheidungen zu verfolgen (OVG Münster, Urt. v. 20.9.1979 – XV A 1206/78 = DVBl 1981, 224). Die **Grenzen der Zulässigkeit** liegen allerdings dort, wo die Tätigkeit über den Funktionsbereich des Verwaltungsträgers hinausgeht, mit den öffentlichen Zwecken der Verwaltungstätigkeit nicht mehr vereinbar ist oder die sachgerechte Aufgabenerledigung beeinträchtigt (BVerwG, Urt. v. 21.4.1989 – 7 C 48/88 = BVerwGE 82, 29, 34). Demgemäß finden sich auch im SpkG NRW selbst entsprechende Regelungen zur Zulässigkeit und Verwendung von Ausschüttungen (§ 25 Abs. 2 und 3 SpkG NRW). In einer Konfliktsituation kommt allerdings der Sicherung der Leistungsfähigkeit sowie der Aufgabenerfüllung der Vorrang vor einer Ausschüttung zu (*Engau* in: Engau/Dietlein/Josten, § 2 Anm. 3).

Zusammengefasst arbeiten die öffentlich-rechtlichen Sparkassen nach wie vor **37** eher aufgaben- als gewinnorientiert; ein prägendes Merkmal ihrer Geschäftstätigkeit liegt in der Unterordnung des Gewinnstrebens unter ihre öffentliche Zielsetzung, das heißt in dem Verbot, die Gewinnerzielung und -maximierung zum hauptsächlichen Ziel der Geschäftspolitik zu erklären (BVerfG, Beschl. v. 14.4.1987 – 1 BvR 775/84 = BVerfGE 75, 192, Rn. 22). Die Gewinnerzielung durch die Sparkassen erfüllt damit lediglich eine dienende Funktion (*Stern*, 2014, S. 68).

IV. Eingeschränktes Universalprinzips (Abs. 4)

1. Wechsel zum Universalprinzip

Anders als früher werden die Geschäftsarten, die Sparkassen ausüben dürfen, **38** nicht mehr positiv aufgelistet. Gemäß § 2 Abs. 4 SpkG NRW dürfen die Sparkassen vielmehr im Rahmen dieses Gesetzes und den nach diesem Gesetz erlassenen Begleitvorschriften alle banküblichen Geschäfte betreiben. Mit der Reform im Jahr 1995 (Gesetz zur Änderung des Sparkassengesetzes und über den Zusammenschluß von Sparkassen- und Giroverbänden v. 8.3.1994, GV. NRW 1994 S. 92) hatte der Gesetzgeber das bis zum damaligen Zeitpunkt geltende **Enumerationsprinzip**, nachdem es Sparkassen lediglich erlaubt war, die ihnen ausdrücklich zugewiesenen Geschäftstätigkeiten auszuüben, **zugunsten eines eingeschränkten Universalprinzips ersetzt;** seinen jetzigen Wortlaut bekam die Norm im Jahr 2008 (Gesetz vom 18.11.2008, GV. NRW 2008 S. 696): Hiernach dürfen Sparkassen **alle banküblichen Geschäfte** betreiben, dies ist allerdings lediglich im Rahmen dieses Gesetzes sowie der hierzu erlassenen Begleitvorschriften zulässig. Zu den nach diesem Gesetz erlassenen **Begleitvorschriften** gehören einerseits die vom Finanzministerium erlassenen Allgemeinen Verwaltungsvorschriften – AVV – zum Sparkassengesetz (SpkG) (RdErl. d. Finanzministeriums v. 27.10.2009, MBl. NRW 2009 S. 520) sowie die Beleihungsgrundsätze für andere Kreditsicherheiten mit Ausnahme von Grundstücken (RdErl. d. Finanzministeriums v. 16.11.1995 –SK 10-05-2.2.3 – III B 2, MBl. NRW 1995 S. 1693). Schon zum damaligen Zeitpunkt hatte der Gesetzgeber erkannt, dass die Umstellung des Systems zur Anpassung an die modernen Anforderungen im Wettbewerb sachgerecht ist (LT-Drs. 11/6047, S. 50). Daher rückt diese Norm die Gleichstellung der Sparkassen mit sonstigen Geschäftsbanken in den Vordergrund (*Binder/Hellstern*, ZIP 2016, 1309, 1310). Sie bleibt dennoch auch geschäftsbeschränkend (*Klüpfel/Gabendiel/Höppel/Ebinger*, § 6 Anm. II 5, S. 81).

2. Banktübliche Geschäfte

39 Zu den banktüblichen Geschäften zählen vor allem die **Bankgeschäfte**, die in § 1 Abs. 1 S. 2 KWG abschließend (*Schäfer* in: Boos/Fischer/Schulte-Mattler, KWG, § 1 Rn. 30) aufgezählt sind. Zwar verweisen weder Gesetzeswortlaut noch Begründung auf diese Vorschrift. Als Kreditinstitute im Sinne von § 1 Abs. 1 KWG unterliegen die Sparkassen aber den Vorschriften des KWG (BVerwG, Urt. v. 14.2.1984 – 1 C 81/78 = BVerwGE 69, 11, juris Rn. 35), so dass hinsichtlich der Definition auf diese Norm verwiesen werden kann. Bankgeschäfte iSd § 1 Abs. 1 S. 2 KWG sind das Einlagengeschäft (Nr. 1), das Pfandbriefgeschäft (Nr. 1a), das Kreditgeschäft (Nr. 2), das Diskontgeschäft (Nr. 3), das Finanzkommissionsgeschäft (Nr. 4), das Depotgeschäft (Nr. 5), das Revolvinggeschäft (Nr. 7), das Garantiegeschäft (Nr. 8), das Scheck- und Wechseleinzugsgeschäft, Reisescheckgeschäft (Nr. 9), das Emissionsgeschäft (Nr. 10) und die Zentrale Gegenpartei (Nr. 12). Als weitere banktübliche Geschäfte können beispielhaft die in § 1 Abs. 1a und 3 KWG beschriebenen **Finanzdienstleistungen** und **Tätigkeitsfelder der Finanzunternehmen** genannt werden (*Schäfer* in: Boos/Fischer/Schulte-Mattler, KWG, § 1 Rn. 34).

40 Allerdings ist die Tätigkeit von Sparkassen nicht auf § 1 KWG beschränkt. Zu den zwar **bankfremden**, aber **dennoch banktüblichen Geschäften**, die Kreditinstitute betreiben dürfen, gehören weiterhin das Bauträgergeschäft und die Betätigung als Reisebüro (*Schäfer* in: Boos/Fischer/Schulte-Mattler, KWG, § 1 Rn. 33). Ferner gehören ebenfalls zu den banktüblichen Geschäften die **Testamentsvollstreckung** (BGH, Urt. v. 11.11.2004 – I ZR 2013/01 = NJW 2005, 969), die Vermietung von Schließfächern sowie die Annahme von Verwahrstücken (*Engau* in: Engau/Dietlein/Josten, § 2 Anm. 4.2), das **Immobilienvermittlungsgeschäft** (*Berger*, § 4 Rn. 30) sowie der **Handel mit Edelmetallen** und Gold- sowie Silbermünzen für eigene oder fremde Rechnung (*Engau* in: Engau/Dietlein/Josten, § 2 Anm. 4.2). Als banktüblich können weiterhin diejenigen Geschäfte angesehen werden, deren Betreibung den Sparkassen bereits vor der Abschaffung des Enumerationsprinzips zulässig war. Denn mit dem Übergang zu dem beschränkten Universalprinzip sollte der Geschäftskreis der Sparkassen nicht eingeschränkt, sondern vielmehr erweitert werden (LT-Drs. 11/6047, S. 50). War ein Geschäft aufgrund der SpkVO oder aufgrund einer Ausnahmegenehmigung vor 1995 zulässig, ist es dies auch weiterhin.

41 In der Literatur ist die Frage aufgekommen, ob die Banküblichkeit es erfordert, dass eine Vielzahl anderer Kreditinstitute die Tätigkeit bereits ausübt (*Klüpfel/Gabendiel/Höppel/Ebinger*, § 6 Anm. II 6, S. 82). In diesem Maße einschränkend kann diese Norm indes nicht verstanden werden, da andernfalls die Sparkassen selbst nicht innovativ tätig werden, sondern vielmehr nur das nachzeichnen dürften, was andere Kreditinstitute bereits ausführen. Die Einführung des Universalprinzips diente jedoch gerade dazu, den Anforderungen des Wettbewerbs gerecht zu werden und in diesem bestehen zu können (LT-Drs. 11/6047, S. 50). Daher ist es auch den Sparkassen erlaubt, im Rahmen banktüblicher Geschäfte innovativ tätig zu werden. Das Geschäft muss lediglich solide geführt und Spekulationen oder exorbitante Risiken vermieden werden (*Schlierbach/Püttner*, Ziff. 10.4.5, S. 130; *Klüpfel/Gabendiel/Höppel/Ebinger*, § 6 Anm. III 3, S. 84). Die Begrenzung erfolgt vielmehr – auch dies macht die Begründung im Gesetzentwurf deutlich (LT-Drs. 11/6047, S. 50) – über den öffentlichen Auftrag der Sparkassen, dem Regional-

I. Allgemeine Vorschriften § 2

prinzip des § 3 SpkG NRW sowie dem Verbundprinzip des § 4 SpkG NRW, die jeweils **systemimmanente Grenzen** darstellen.

Zulässig sind ferner solche **Nebengeschäfte**, die in einem engen Zusammenhang mit zulässigen Bankgeschäften stehen (*Engau* in: Engau/Dietlein/Josten, § 2 Anm. 4.2). Genannt wurden in der Vergangenheit beispielsweise der Verkauf von Spardosen sowie der Verkauf von Modems sowie spezieller Software für das Homebanking (*Engau* in: Engau/Dietlein/Josten, § 2 Anm. 4.2; *Berger*, § 4 Rn. 31). Es muss damit ein unmittelbarer Zusammenhang zu einer bestehenden banküblichen Leistung notwendig sein. 42

Nicht zu den banküblichen Geschäften gehören die **Geschäfte der laufenden Verwaltung**. Obwohl diese nicht ausdrücklich in § 2 SpkG NRW genannt sind, dürfen Sparkassen diese ebenfalls betreiben. Andernfalls wäre eine Aufgabenerfüllung im Rahmen der ihnen obliegenden Daseinsvorsorge gar nicht denkbar. Der zulässige Umfang solcher Hilfsgeschäfte ist im Einzelfall zu bestimmen. Klassischerweise handelt es sich hierbei um die sog **Bedarfsdeckung** durch Beschaffung der für die Erfüllung der eigentlichen Aufgaben erforderlichen Sach- und Personalmittel (Beschaffung von Büromaterial, Abschluss von Arbeitsverträgen mit Beschäftigten etc.) (*Maurer/Waldhoff*, § 3 Rn. 20). 43

Darüber hinausgehend dürfen aber auch solche Geschäfte betrieben werden, die über die eigentliche Bedarfsdeckung hinausgehen und **sich vielmehr aus dem Sparkassengeschäft ergeben**. Hierzu zählen etwa der Erwerb bzw. die Errichtung, aber auch die Veräußerung eines Geschäftsgebäudes sowie die zur sinnvollen Verwertung von Sicherungsobjekten notwendigen Maßnahmen, dh ggf. auch der vorübergehende Erwerb sowie die zur Erhaltung erforderliche Bewirtschaftung von Grundstücken (*Klüpfel/Gabendiel/Höppel/Ebinger*, § 6 Anm. III 4, S. 84). Ein Anhaltspunkt hierfür bietet § 15 Abs. 4 SpkG NRW, der zu den Aufgaben des Verwaltungsrates ua die Errichtung von Stiftungen, den Erwerb und die Veräußerung von Grundstücken sowie deren Belastung mit Grundpfandrechten sowie die Errichtung von sparkasseneigenen Gebäuden zählt. 44

3. Freigebigkeitsleistungen

Im Zusammenhang mit dem Universalprinzip ist auch die Frage zu verorten, ob **freiwillige Leistungen** der Sparkassen zulässig sind. Hierzu werden zum einen Kulanzregelungen oder ähnliche Zugeständnisse bei der Vertragsabwicklung gezählt, die als zulässig angesehen werden (*Engau* in: Engau/Dietlein/Josten, § 2 Anm. 5). Diskutiert wird diese Frage aber auch für sog Freigebigkeitsleistungen (*Berger*, § 24 Rn. 17) ohne Rechtspflicht und ohne Gegenleistung, die im Interesse des Ansehens der Sparkasse im Hinblick auf ihre örtliche Verbundenheit erfolgen, namentlich für die **Errichtung und Dotierung von rechtlich selbständigen Stiftungen** sowie für die Gewährung von **Spenden** (*Engau* in: Engau/Dietlein/Josten, § 2 Anm. 5.1). Wie sich auch aus § 15 Abs. 4 SpkG NRW ergibt, sind Stiftungen zulässig. 45

Steuerlich gelten als **Spenden** nur solche Aufwendungen, die unentgeltlich, fremdnützig und freiwillig, dh um der Sache willen und ohne Erwartung eines besonderen Vorteils, zur Förderung steuerbegünstigter Zwecke erbracht werden. Letztere sind damit vom sog klassischen Sponsoring abzugrenzen, bei dem Geld oder geldwerte Vorteile durch Unternehmen zur Förderung von Personen, Grup- 46 pen und/oder Organisationen in sportlichen, kulturellen, kirchlichen oder ähnlichen bedeutsamen gesellschaftspolitischen Bereichen vergeben, damit aber zugleich eigene unternehmensbezogene Ziele der Werbung oder Öffentlichkeitsarbeit verfolgt und häufig die gegenseitigen Leistungen von Sponsor und Gesponsortem vertraglich vereinbart werden (BGH, Urt. v. 6.12.2001 – 1 StR 215/01 = BGHSt 47, 187, juris Rn. 21). Die bis zum Jahr 2008 geltenden AVV enthielten diesbezüglich eine eigene Regelung: „Alle Aufwendungen einer Sparkasse zu gemeinnützigen, wissenschaftlichen oder kulturellen Zwecken sind unter Berücksichtigung der gegebenen Ausschüttungsmöglichkeiten nach § 27 Abs. 2 SpkG zu leisten. Hierzu zählen insbesondere entsprechende Spenden und Stiftungen mit örtlichem Charakter." Damit waren auch **Spenden grundsätzlich möglich.**

47 Diese Regelung fand zwar keinen Eingang in das Gesetz (und wurde auch in den AVV später ersatzlos gestrichen); dennoch hat der Gesetzgeber deutlich gemacht, dass die „bewährte Praxis" hiervon unberührt bleiben soll (LT-Drs. 11/6047, S. 51). Es ist höchstrichterlich anerkannt, dass auch Sparkassen, die auf dem Gebiet der Daseinsvorsorge tätig sind, als im Wettbewerb stehende Wirtschaftsunternehmen grundsätzlich zur Förderung sozialer, mildtätiger oder gemeinnütziger Zwecke spenden dürfen, um für sich zu werben oder ihr Ansehen zu verbessern (BGH, Urt. v. 18.5.2021 – 1 StR 144/20 = NZG 2021, 1466, juris Rn. 20). Indes haben sie als mittelbare Staatsverwaltung – zusätzlich zu betriebswirtschaftlichen Grundsätzen und ihrem öffentlichen Auftrag – den Grundsatz der Sparsamkeit und Wirtschaftlichkeit zu beachten, der als allgemeines Prinzip der Haushaltsführung für den gesamten öffentlichen Bereich gilt (BGH, Urt. v. 18.5.2021 – 1 StR 144/20 = NZG 2021, 1466, juris Rn. 20). Das Sparsamkeitsgebot („wonach der Staat ‚nichts verschenken' darf") (BGH, Beschl. v. 17.12.2020 – 3 StR 403/19 = GmbHR 2021, 761, juris Rn. 19) bezweckt zur bestmöglichen Nutzung der öffentlichen Ressourcen, dass das Ziel mit möglichst geringem Mitteleinsatz zu erreichen ist. **Das Gebot verhindert** als äußerer Begrenzungsrahmen des bestehenden Entfaltungs- und Gestaltungsspielraums nur solche **Maßnahmen, die mit den Grundsätzen vernünftigen Wirtschaftens schlicht unvereinbar sind** (BGH, Urt. v. 18.5.2021 – 1 StR 144/20 = NZG 2021, 1466, juris Rn. 21). Dem Vorstand kommt diesbezüglich weiter Handlungsspielraum zu; dies gilt grundsätzlich auch bei Unternehmensspenden zur Förderung von Kunst, Wissenschaft, mildtätigen (sozialen) Zwecken oder Sport, ohne dass der wirtschaftliche Nutzen (Werbung; Verbesserung der sozialen Akzeptanz [„good corporate citizen"]) im Einzelnen genau bestimmt werden könnte (ausführlich hierzu: BGH, Urt. v. 6.12.2001 – 1 StR 215/01, BGHSt 47, 187, 192 ff.). Hingegen ist bei **Spenden an den Träger** stets genau zu prüfen, ob es sich nicht um verdeckte Gewinnausschüttungen handelt (BFH, Urt. v. 8.4.1992 – I R 126/90 = BFHE 168, 118; s. auch: *Fischer*, jurisPR-SteuerR 43/2014 Anm. 3). Denn Gewinnausschüttungen sind nur unter den Voraussetzungen des § 25 SpkG NRW zulässig. **Spenden an politische Parteien** sind schließlich unzulässig, weil ihnen der Charakter der Gemeinnützigkeit fehlt (*Berger*, § 24 Rn. 21).

4. Einschränkungen

48 § 2 Abs. 4 SpkG NRW macht deutlich, dass das Universalprinzip jedoch nur eingeschränkt gilt, die Geschäftstätigkeit von Sparkassen im banküblichen Sektor darf

I. Allgemeine Vorschriften § 2

mithin lediglich im Rahmen dieses Gesetzes sowie der nach diesem Gesetz erlassenen Begleitvorschriften erfolgen. Die wichtigste inhaltliche Einschränkung ergibt sich aus dem in § 2 SpkG NRW niedergelegten **öffentlichen Auftrag** selbst, der bei jeglicher Geschäftstätigkeit zu beachten ist. Auch der in § 2 Abs. 3 SpkG NRW normierte Grundsatz der aufgabenorientierten Gewinnerzielung ist als Einschränkung zu verstehen. Gleiches gilt für das **Verbundprinzip** des § 4 SpkG NRW, der grundsätzlich eine vorrangige verbundinterne Zusammenarbeit anordnet. Auch die den Sparkassen durch § 5 SpkG NRW auferlegten **Kontrahierungspflichten** können in diesem Zusammenhang als Einschränkung gesehen werden. Weitere Einschränkungen ergeben sich darüber hinaus **in örtlicher Hinsicht** aus dem in § 1 Abs. 2 S. 2 SpkG NRW normierten **Subsidiaritätsprinzip** sowie dem in § 1 Abs. 2 S. 1 iVm § 2 Abs. 1 SpkG NRW und insbesondere in § 3 SpkG NRW geregelten **Regionalprinzip**, welches für die einzelnen Geschäftsgebiete jeweils unterschiedlich weitgehende örtliche Einschränkungen in den einzelnen Absätzen von § 3 SpkG NRW vorsieht.

Auch der in § 1 Abs. 1 S. 1 SpkG NRW verankerte **Anstaltscharakter** schließt die Zulässigkeit einiger Geschäftsarten aus: Investmentgeschäfte durch externe Kapitalverwaltungsgesellschaften etwa dürfen nach § 18 Abs. 1 Kapitalanlagegesetzbuch (KAGB) nur in der Rechtsform der Aktiengesellschaft, der Gesellschaft mit beschränkter Haftung oder der GmbH & Co. KG betrieben werden. Den Sparkassen sind sie damit verboten. Auch das **Bauspargeschäft** ist gemäß § 1 Abs. 1 S. 2 BauSpkG nur Bausparkassen erlaubt; eine Vermittlung dieser Produkte können Sparkassen allerdings im Wege des Verbundprinzips (§ 4 SpkG NRW) vornehmen. 49

V. Kein subjektivrechtlicher Gehalt

1. Ansprüche gegen die Sparkasse

§ 2 SpkG NRW vermittelt keinerlei individuellen Ansprüche. Zum einen lassen sich keine solche Ansprüche für den Bürger aus dem öffentlichen Auftrag der Sparkassen herleiten. § 2 SpkG NRW vermittelt nämlich keine subjektiven Rechte, sondern normiert lediglich den öffentlichen Auftrag in seinen Einzelheiten (VG Düsseldorf, Urt. v. 23.10.2019 – 20 K 6668/18 = WM 2020, 17, juris Rn. 56). Ein solches subjektiv-öffentliches Recht ist – auf den Bürger als Adressaten bezogen – die dem Einzelnen kraft öffentlichen Rechts verliehene Rechtsmacht, vom Staat zur Verfolgung eigener Interessen ein bestimmtes Verhalten verlangen zu können. Eine gesetzliche Bestimmung begründet erst dann ein die Verwaltung bindendes subjektives Recht, wenn sie nicht nur dem öffentlichen Interesse, sondern zumindest auch dem Schutz von Individualinteressen zu dienen bestimmt ist. Ob eine Norm nach ihrem Entscheidungsprogramm auch den Interessen derjenigen zu dienen bestimmt ist, die auf dieser Grundlage ein bestimmtes Handeln begehren, hängt davon ab, ob sich aus individualisierenden Tatbestandsmerkmalen einer Norm ein einschlägiger Personenkreis entnehmen lässt, der sich von der Allgemeinheit unterscheidet (OVG Lüneburg, Beschl. v. 15.6.2010 – 10 ME 77/10 = BKR 2010, 347, juris Rn. 21). Dem Wortlaut des § 2 Abs. 1 SpkG NRW sind jedoch keine Hinweise zu entnehmen, dass diese Vorschrift subjektive Rechte begründet. Vielmehr zeigt der Wortlaut sowohl der Überschrift als auch des Normtex- 50 tes selbst, dass es sich um eine an die Sparkassen in Nordrhein-Westfalen gerichtete Norm handelt, die deren Aufgaben bestimmt. Auch der Entstehungsgeschichte und seinem Sinn nach lassen sich aus § 2 SpkG NRW mithin keine individuellen Ansprüche auf bestimmte Leistungen begründen (so für die Parallelvorschrift im HessSparkG: VG Gießen, Urt. v. 31.5.2011 – 8 K 1139/10.GI, juris Rn. 15; für das Niedersächsische Sparkassenrecht: OVG Lüneburg, Beschl. v. 15.6.2010 – 10 ME 77/10 = BKR 2010, 347, juris Rn. 20). Individuelle Ansprüche auf Leistungen der Sparkassen könnten sich lediglich aus § 2 Abs. 1 SpkG NRW iVm Art. 3 Abs. 1 GG ergeben. Die unmittelbare Grundrechtsbindung der Sparkassen führt nämlich dazu, dass sie zur Versagung von Leistungen eines an Art. 3 Abs. 1 GG zu messenden sachlichen Grundes bedarf (VG Darmstadt, Urt. v. 30.8.2011 – 5 K 1554/09.DA, juris Rn. 31). Dies ist jedoch eine Frage des Einzelfalles.

2. Ansprüche der Sparkasse

51 Auf der anderen Seite können auch die Sparkassen selbst aus § 2 SpkG NRW keine Ansprüche herleiten. § 2 SpkG NRW normiert im Zusammenhang mit dem in § 3 SpkG NRW festgelegten Regionalprinzip lediglich eine Aufgabenzuständigkeit. Hieraus ergibt sich jedoch **kein Recht auf ausschließliche Erfüllung dieser Aufgaben**. Gemeinden und Städte können daher auch auf andere Kreditinstitute zurückgreifen. Sie sind nicht auf die örtlichen Sparkassen beschränkt (*Gerth/Danco*, § 4 Anm. 3).

§ 3 Regionalprinzip

(1) Kreditvergaben sind zulässig an Personen mit Sitz oder Niederlassung
a. innerhalb des Trägergebietes und in dem von der Sparkassensatzung festgelegten Gebiet (Satzungsgebiet) ohne Einschränkung,
b. außerhalb des Trägergebietes, aber im Inland, nur ausnahmsweise,
c. innerhalb der Europäischen Union und der Schweiz nur, wenn die Sparkasse das Kreditgeschäft weiterhin überwiegend innerhalb des Träger- und Satzungsgebietes betreibt und insoweit die regionale Aufgabenerfüllung als Schwerpunkt erhalten bleibt,
d. außerhalb der Europäischen Union nur ausnahmsweise, wenn die Kredite in unmittelbarem Zusammenhang mit der kreditwirtschaftlichen Versorgung der Bevölkerung und der Wirtschaft im Satzungsgebiet stehen (Anknüpfungsgrundsatz).

(2) Die Einschränkungen nach Absatz 1 gelten nicht für
a. Anlagen in Finanzinstrumenten im Sinne des § 1 Abs. 11 Satz 1 des Gesetzes über das Kreditwesen (KWG) sowie in Derivaten,
b. Geschäfte in Kreditderivaten innerhalb der deutschen Sparkassen-Finanzgruppe,
c. Beteiligungen,
d. Kredite an ein inländisches öffentlich-rechtliches Kreditinstitut, eine inländische Sparkasse in privater Rechtsform oder ein Institut gemäß § 1 Abs. 1b Gesetz über das Kreditwesen (KWG), das der internationalen Sparkassenorganisation angehört,

I. Allgemeine Vorschriften § 3

e. Kredite an Institute für die Abwicklung von Finanzdienstleistungen im Rahmen des Außenwirtschaftsverkehrs.

(3) Die Sparkassen dürfen sich an Unternehmen und Einrichtungen nur dann beteiligen, wenn deren Sitz im Satzungsgebiet gelegen ist. Bei einem gemeinsamen Beteiligungsprojekt mehrerer Sparkassen muss der Sitz im Satzungsgebiet einer der beteiligten Sparkassen liegen. Darüber hinaus sind außerhalb des Satzungsgebietes Beteiligungen im Inland ausnahmsweise zulässig, wenn das Beteiligungsunternehmen ausschließlich im Satzungsgebiet tätig ist. Über diese Grenzen hinaus sind im Inland Beteiligungen im Verbund mit der Sparkassenzentralbank im Ausnahmefall, Beteiligungen, die dem Allfinanzangebot der Sparkassen dienen, auch im Verbund mit dem zuständigen Sparkassen- und Giroverband zulässig. Beteiligungen im In- und Ausland sind ausnahmsweise auch dann zulässig, wenn das Beteiligungsunternehmen und die Sparkasse ihre Sitze in der gleichen gemeinsamen Wirtschaftsregion (zB Euregio) haben.

(4) Für Beteiligungen gilt im Einzelnen:
a. Die Sparkasse ist am Kapital des zuständigen Sparkassen- und Giroverbandes beteiligt.
b. An Unternehmen und Einrichtungen darf sich die Sparkasse mit Zustimmung des Verwaltungsrates beteiligen. Mittelbare Minderheitsbeteiligungen bedürfen dieser Zustimmung nicht.
c. Bei ausgelagerten Geschäftstätigkeiten ist zudem sicherzustellen, dass dort die sparkassenrechtlichen Regelungen und Grundsätze in gleicher Weise eingehalten werden (Mutter-Tochter-Prinzip). Dies gilt auch für Beteiligungen an Unternehmen und Einrichtungen, die mit solchen der S-Finanzgruppe direkt oder indirekt im Wettbewerb stehen. Der Prüfungsstelle des zuständigen Sparkassen- und Giroverbandes ist in diesen Fällen im Gesellschaftsvertrag ein Prüfungsrecht einzuräumen, das es ihr ermöglicht, bei der Beteiligung die Einhaltung der für die Sparkasse geltenden Vorschriften, auch im Wege jederzeitiger und unvermuteter Prüfungen, zu überwachen.
d. Beteiligungen der Sparkasse zur Vermeidung oder zum Ausgleich sparkasseneigener Verluste sind nicht zulässig. Dies gilt nicht für die vorübergehende Übernahme von als Kreditsicherheiten verpfändeten Geschäftsanteilen.

Die Regelungen dieses Absatzes finden auf Anlagen in Anteilscheinen geschlossener Fonds oder vergleichbare Anlagen keine Anwendung.

(5) Erweiterungen des Satzungsgebietes sind nur bei nachweislicher enger Verflechtung mit benachbarten inländischen Gebieten zulässig. Sie bedürfen für ihre Wirksamkeit der Zustimmung der dadurch räumlich betroffenen anderen Sparkassen und deren Träger sowie der Genehmigung der Aufsichtsbehörde.

(6) Von den Sparkassen emittierte Wertpapiere dürfen, soweit die Börse Düsseldorf zur Verfügung steht, nur an dieser Börse zum Börsenhandel eingeführt werden. Sofern es zur Ausschöpfung des Marktpotentials notwendig ist, dürfen die von den Sparkassen emittierten Wertpapiere außer

§ 3   A. Sparkassen

an der Börse Düsseldorf auch innerhalb der Europäischen Union und in der Schweiz an einer Börse eingeführt werden.

Literatur: *Beck/Samm/Kokemoor* (Hrsg.), Kreditwesengesetz mit CRR, Kommentar, 225. Aktualisierung 2022; *Clausen*, Der Einfluß der Gemeinde auf die kommunale Sparkasse, 1. Auflage 1964; *Ebenroth/Boujong/Joost/Strohn* (Hrsg.), Handelsgesetzbuch: HGB, Band 1: §§ 1–342e, 4. Auflage. 2020; *Ellenberger/Bunte* (Hrsg.) Bankrechts-Handbuch, 6. Auflage 2022; *Engau/Dietlein/Josten*, Sparkassengesetz Nordrhein-Westfalen, 3. Aufl., 8. Lieferung, Stand: 12/2020; *Güde*, Geschäftspolitik der Sparkassen – Grundlagen und aktuelle Probleme, 6. Auflage 1995; *Hau/Posek* (Hrsg), Beck online-Kommentar BGB, 62. Edition, Stand: 1.5.2022; *Hennsler* (Hrsg), Beck online Grosskommentar zum Handelsrecht, Bearbeitungsstand 15.9.2020: *Kolm*, Das sparkassenrechtliche Regionalprinzip – Möglichkeiten und Grenzen des Wettbewerbs kommunaler Sparkassen, 2011; *Krebs/Dülp/Schröer*, Bayerisches Sparkassenrecht, 1–15. EL, Stand; *Säcker/Rixecker/Oetker/Limperg* (Hrsg.), Münchener Kommentar zum Bürgerlichen Gesetzbuch, Band 1 (§§ 1–240), 9. Auflage 2021; *Schmidt/Ebke* (Hrsg.), Münchener Kommentar zum Handelsgesetzbuch, Band 4 (§§ 238–342), 4. Auflage 2020; *Stern*, Das sparkassenrechtliche Regionalprinzip, 2014; *Stern/Nierhaus*, Das Regionalprinzip im öffentlich-rechtlichen Sparkassenwesen, 1991; *Thomas*, Die kartellrechtliche Bewertung des sparkassenrechtlichen Regionalprinzips, 2015

Übersicht

	Rn.		Rn.
I. Zweck und verfassungsrechtliche Verankerung	1	a) Handelsrechtlicher Begriff mit sparkassenrechtlichen Besonderheiten	40
II. Aktuelle rechtliche Problematik	4	b) Grundsatz der zulässigen Beteiligung im Satzungsgebiet (Abs. 3 S. 1)	44
III. Anwendungsbereich	8	c) Gemeinsame Beteiligungsprojekte mehrerer Sparkassen (Abs. 3 S. 2)	46
1. Gesetzessystematik	8		
2. Zulässige Kreditvergaben (Abs. 1)	9		
a) Kredit, Personenkreis, Sitz und Niederlassung	10	d) Ausnahme zulässige Inlands-Beteiligung außerhalb des Satzungsgebietes (Abs. 3 S. 3)	47
b) Einschränkungsfrei innerhalb des Trägergebiets	15		
c) Ausnahme zulässige Inlands-Kreditvergaben	19	e) Ausnahme Beteiligung im Verbund mit Sparkassenzentralbank bzw. Sparkassen-und Giroverband (Abs. 3 S. 4)	48
d) Ausnahme Kreditvergabe in der EU/Schweiz	21		
e) Kreditvergaben außerhalb der EU	25		
3. Stets zulässige Kreditvergaben (Abs. 2)	29	f) Ausnahme Beteiligung in der gleichen gemeinsamen Wirtschaftsregion (Abs. 3 S. 5)	52
a) Anlage in Finanzinstrumenten/Derivate (Abs. 2 lit. a))	30		
b) Geschäfte in Kreditderivaten innerhalb der SFG (Abs. 2 lit. b))	32	g) Weitere Beteiligungsvoraussetzungen (Abs. 4)	59
c) Beteiligungen (Abs. 2 lit. c))	34	aa) Unanwendbarkeit auf geschlossene bzw. vergleichbare Anlagen (Abs. 4 S. 2)	60
d) Kreditvergaben an bestimmte Kreditinstitute (Abs. 2 lit. d))	35	bb) Beteiligung am Kapital des Sparkassen- und Giroverbandes (Abs. 4 S. 1 lit. a))	61
e) Kredite für die Abwicklung von Finanzdienstleistungen Außenwirtschaftsverkehr (Abs. 2 lit. e))	38	cc) Zustimmung des Verwaltungsrates (Abs. 4 S. 1 lit. b))	62
4. Beteiligungen (Abs. 3 und 4)	39		

I. Allgemeine Vorschriften § 3

	Rn.		Rn.
dd) Mutter-Tochter-Prinzip bei ausgelagerten Geschäftstätigkeiten (Abs. 4 S. 1 lit. c))	67	V. Bedeutung des Regionalprinzips für den Vertrieb und Werbemaßnahmen	82
ee) Beteiligungen zur Vermeidung/Ausgleich von Verlusten (Abs. 4 S. 1 lit. d))	71	1. Definitionen/Abgrenzung: Werbung, Akquisition und Sponsoring	83
5. Erweiterungen des Satzungsgebietes (Abs. 5)	72	2. Bindung an das Regionalprinzip	84
a) Materiellrechtliche Voraussetzungen (Abs. 5 S. 1)	73	3. Zuständigkeiten für die Gestaltung der Werbung	88
b) Formale Voraussetzungen (Abs. 5 S. 2)	74	VI. Bedeutung des Regionalprinzips für Internetauftritte der Sparkasse	89
6. Einführung von Wertpapieren (Abs. 6)	75	VII. Rechtsschutz bei Verstößen gegen das Regionalprinzip	93
a) Hintergrund	75	1. Rechtsschutzmöglichkeiten anderer Sparkassenträger bzw. Sparkassen	93
b) Wahl des Börsenplatzes	76	2. Rechtsschutzmöglichkeiten privater Bankunternehmen	94
c) Zuständigkeiten und anwendbares Recht	78		
IV. Passivgeschäft: Keine Geltung des Regionalprinzips	80		

I. Hintergrund, Zweck und verfassungsrechtliche Verankerung

Das in § 3 SpkG NRW normierte und im Einzelnen ausgestaltete **Regional-** 1
prinzip gehört zu den **Wesensmerkmalen** der Sparkassen. Da die Sparkassen der Erfüllung bestimmter öffentlicher Aufgaben der Kommunen dienen, können sie grundsätzlich nicht mehr Rechte besitzen als die Kommune selbst (*Schlierbach/ Püttner*, S. 132). Bis zum Wegfall der Gewährträgerhaftung diente das Regionalprinzip gleichzeitig als dessen Spiegelbild (*Biesok*, SpkG-Kommentar, § 5 Rn. 53). Heute noch wird das sparkassenrechtliche Regionalprinzip zutreffend als Kehrseite des öffentlichen Auftrags der Sparkassen gesehen (*Schink/Karpenstein*, DVBl 2014, 481, 485). Mit der gesetzlichen Verankerung ist das Regionalprinzip nicht nur **Ordnungsprinzip** mit Programmcharakter, sondern vielmehr als echter **Rechtssatz** normiert, dessen Einhaltung der rechtsaufsichtsrechtlichen Überwachung durch die Sparkassenaufsichtsbehörde unterliegt.

Das Regionalprinzip dient (mittelbar) der **Erfüllung des kommunalen Auf-** 2
gabenauftrags der Sparkassen gemäß § 2 SpkG NRW, indem durch die räumliche Konzentration auf das Trägergebiet sichergestellt werden soll, dass die aufkommenden Mittel auch in diesem Gebiet ausgeliehen werden (*Thomas*, 2015, S. 1). Zugleich soll hiermit auch eine **gleichmäßige wirtschaftliche Entwicklung** in der gesamten Bundesrepublik gefördert werden (*Schlierbach/Püttner*, S. 134). Schließlich wird dem Regionalprinzip auch eine **risikominimierende Wirkung** zugeschrieben, da die Sparkassen in ihrer Region eine detaillierte Kenntnis der Marktsituation haben (*Thomas*, 2015, S. 2).

Die **rechtliche Einordnung** des Regionalprinzips ist hingegen nicht unum- 3
stritten. In der Literatur wird die Regionalbindung der Sparkassen zum Teil nicht aus dem **Verfassungsrecht** hergeleitet. Danach handele es sich nicht um ein zwingend rechtlich vorgeschriebenes Prinzip, sondern lediglich um ein auf der freien Entscheidung des einfachen Gesetzgebers beruhendes Ordnungsprinzip, das

nur eine Richtschnur darstelle, die im Einzelnen flexibel zu handhaben sei (*Kolm*, 2011, S. 128f.; *Biesok*, Sparkassenrecht, Rn. 277). Diese Ansicht übersieht jedoch, dass das sparkassenrechtliche Regionalprinzip aus dem aus Art. 28 Abs. 2 GG folgenden Grundsatz der ausschließlichen Zuständigkeit der Gemeinde im jeweiligen Gemeindegebiet folgt und die verfassungsrechtliche Konsequenz der eingeschränkten und auf die Wahrnehmung freiwilliger Selbstverwaltungsaufgaben in ihrem Gebiet beschränkten demokratischen Legitimation der Träger kommunaler Selbstverwaltung ist (OVG Koblenz, Beschl. v. 20.2.1991 – 7 B 10057/91 = NVwZ-RR 1992, 240, 241; *Schink/Karpenstein*, DVBl 2014, 481, 485). Damit wird auf das **Demokratieprinzip** des Art. 20 Abs. 1 und 2 GG abgestellt. Die demokratische Legitimation der Sparkassen leitet sich nach dieser Betrachtungsweise von derjenigen ihrer jeweiligen Träger ab (SächsVerfGH, Urt. v. 23.11.2000, Vf. 62-II-99 = DVBl 2001, 293, 297). Als Träger der Sparkassen können die Kommunen ihnen nicht mehr an Legitimation vermitteln als sie selbst haben (*Schink/Karpenstein*, DVBl 2014, 481, 485). Daraus folgt – verfassungsrechtlich zwingend – die Aufgabenbegrenzung der Sparkassen auf das jeweilige Gebiet ihrer Träger. Insbesondere aber findet das Regionalprinzip seine Grundlage in der **kommunalen Selbstverwaltungsgarantie des Art. 28 Abs. 2 GG** (*Stern*, 2014, S. 46ff. mwN; *Berger*, § 4 Rn. 10 mwN). In Ausgestaltung und Aufgabenstellung weisen die öffentlich-rechtlichen Sparkassen Merkmale auf, die es nach der Rechtsprechung des BVerfG rechtfertigen, an ihrer Einordnung als Einrichtungen der öffentlichen Daseinsvorsorge festzuhalten; es handelt sich weiterhin um (rechtlich selbständige) kommunale Einrichtungen, hinter denen Gebietskörperschaften als Träger stehen (BVerfG, Beschl. v. 14.4.1987 – 1 BvR 775/84 = BVerfGE 75, 192, Rn. 22). Als öffentliche Aufgabe im Rahmen der gemeindlichen Daseinsvorsorge sind sie damit notwendig mit der Gebietsbeschränkung der Gemeinde verbunden (*Josten*, 2022, S. 430).

II. Aktuelle rechtliche Problematik

4   Die **volkswirtschaftliche Sinnhaftigkeit** des Regionalprinzips ist anerkannt. So hat sich der Sachverständigenrat zur Begutachtung der gesamtwirtschaftlichen Entwicklung im Auftrag der Bundesregierung für eine Beibehaltung des Regionalprinzips ausgesprochen, da durch dieses der öffentliche Auftrag einer flächendeckenden Versorgung mit Bankdienstleistungen gewährleistet werden kann (Sachverständigenrat zur Begutachtung der gesamtwirtschaftlichen Entwicklung, Expertise im Auftrag der Bundesregierung – „Das deutsche Finanzsystem Effizienz steigern – Stabilität erhöhen", 2008, Tz. 248).

5   Die **rechtliche Zulässigkeit** wurde insbesondere mit Blick auf das Gemeinschaftsrecht sowie das Kartellrecht diskutiert. Nach Auffassung der Monopolkommission verstoßen die Regelungen zum Regionalprinzip gegen europäisches Recht, weil sie die Geschäftsgebiete der Sparkassen und damit die Freiheit der Sparkassen einschränken, ihre Geschäftspolitik selbstständig zu gestalten und aktiv in den Wettbewerb untereinander und mit anderen gebietsfremden Banken um neue Kunden einzutreten, so dass es sich um ein gesetzlich angeordnetes Gebietskartell handele (Zwanzigstes Hauptgutachten der Monopolkommission gemäß § 44 Abs. 1 Satz 1 GWB, Eine Wettbewerbsordnung für die Finanzmärkte, 2012/2013, Tz. 4.4.).

I. Allgemeine Vorschriften § 3

Hingegen hat die EU-Kommission die Gewährleistung des sparkassenrechtlichen Regionalprinzips als **mit dem Gemeinschaftsrecht vereinbar** angesehen (Pressemitteilung der Europäischen Kommission vom 6.12.2006, IP/06/1692). Auch das Bundeskartellamt erkennt an, dass es im Rahmen der Beschränkungen durch das Regionalprinzip keinen kartellrechtlich relevanten Wettbewerb zwischen den Sparkassen gibt (Bundeskartellamt, Entscheidung vom 10.8.2016, Az.: B4-53/16). Dem ist zuzustimmen. Eine Verletzung von Art. 106 Abs. 1 AEUV ist nicht gegeben, da mit dem Regionalprinzip keine verbotene Besserstellung, sondern eine Schlechterstellung öffentlicher Unternehmen einhergeht, denn nach dem Regionalprinzip ist Sparkassen eine kommunalübergreifende Expansion gerade untersagt (*Thomas*, 2015, S. 16 f.; *Bunte/Poelzig* in: Ellenberger/Bunte, BankR-HdB, § 126 Rn. 87 f.). In Bezug auf Art. 101 Abs. 1 AEUV ist von zentraler Bedeutung, dass das Regionalprinzip per Gesetz angeordnet wird und sich auf verfassungsrechtliche Grundlagen stützen kann (*Berger*, § 4 Rn. 23). Damit fehlt es an einer für Art. 101 Abs. 1 AEUV bzw. § 1 GWB notwendigen Vereinbarung oder aufeinander abgestimmten Verhaltensweise (*Thomas*, 2015, S. 20 ff.; *Bunte/Poelzig* in: Ellenberger/Bunte, BankR-HdB, § 126 Rn. 87 f.). Darüber hinaus ist das Regionalprinzip ein „notwendiger Funktionsbestandteil des Sparkassensystems", da es die flächendeckende Versorgung aller Regionen, gerade auch der strukturschwachen, mit Bankdienstleistungen gewährleisten soll; nach der Immanenztheorie sind Wettbewerbsbeschränkungen aber dann nicht tatbestandsmäßig, wenn eine kartellrechtsneutrale, rechtlich anzuerkennende Institution sie erfordert (*Bunte/Poelzig* in: Ellenberger/Bunte, BankR-HdB, § 126 Rn. 87 f.). Außerdem ist das Sparkassensystem von der Legalausnahme des Art. 101 Abs. 3 AEUV erfasst, da es anerkennungsfähige Effizienzvorteile bewirkt und die Verbraucher in angemessenem Umfang an ihnen beteiligt werden (*Bunte/Poelzig* in: Ellenberger/Bunte, BankR-HdB, § 126 Rn. 87 f.). Nach anderer Auffassung fehlt es am Vorliegen einer spürbaren Beeinträchtigung des Handels zwischen den Mitgliedstaaten (*Stern*, 2014, S. 108, der allerdings auch schon die Anwendbarkeit von Art. 106 Ab. 1 AEUV in Zweifel zieht).

Auch eine **Verletzung der europäischen Grundfreiheiten**, auf die sich die Sparkassen wegen ihrer erwerbswirtschaftlichen Tätigkeit auch als öffentliches Unternehmen berufen können (*Berger*, § 4 Rn. 21; *Biesok*, Sparkassenrecht, Rn. 291 f.; *Josten*, 2022, S. 452), ist nicht gegeben. Sowohl die Niederlassungsfreiheit gemäß Art. 49 AUEV als auch die Kapitalverkehrsfreiheit gemäß Art. 63 Abs. 1 AUEV schützen lediglich vor Beschränkungen im Hoheitsgebiet eines anderen Mitgliedstaates, gewährleisten jedoch keine zusätzlichen Freiheiten gegenüber dem eigenen Mitgliedstaat (*Berger*, § 4 Rn. 21). Beschränkungen ergeben sich zudem aus dem öffentlichen Auftrag der Sparkassen (*Biesok*, Sparkassenrecht, Rn. 291 f.; *Josten*, 2022, S. 452). Diese Erwägungen gelten auch mit Blick aus das Allgemeine Diskriminierungsverbot des Art. 18 AUEV (*Stern*, 2014, S. 95; *Berger*, § 4 Rn. 21). Im Ergebnis gestehen die Grundfreiheiten den Sparkassen gegenüber der Bundesrepublik Deutschland eben kein Marktaustrittsrecht zu (*Stern*, 2014, S. 95).

III. Anwendungsbereich

1. Gesetzessystematik

8 Während § 2 SpkG NRW die Aufgaben der Sparkassen im Sinne eines beschränkten Universalprinzips gegenständlich beschränkt, enthält § 3 SpkG NRW eine **räumliche** Beschränkung. Dabei gilt das Regionalprinzip sowohl für die **Gewährung von Krediten** (§ 3 Abs. 1 SpkG NRW) als auch für die **Eingehung einer Beteiligung** (§ 3 Abs. 3 SpkG NRW) und die **Einführung von durch die Sparkassen emittierten Wertpapieren** (§ 3 Abs. 6 SpkG NRW). Es gilt jedoch nicht ausnahmslos. Sowohl für die Vergabe von Krediten, für das Eingehen von Beteiligungen als auch für die Einführung von Wertpapieren sehen § 3 Abs. 2, Abs. 4 und Abs. 6 SpkG NRW jeweils **Ausnahmen** von der räumlichen Begrenzung vor. Mit dem Regionalprinzip geht auch der ungeschriebene Rechtssatz des **Umgehungsverbotes** einher. Die einer Sparkasse durch das Regionalprinzip auferlegten Beschränkungen darf sie etwa nicht durch Gründung oder Betreiben von Tochterunternehmen umgehen (*Biesok*, SpkG-Kommentar, § 5 Rn. 55).

2. Zulässige Kreditvergaben (Abs. 1)

9 Diese Regelung zählt systematisch die je nach Region unterschiedlich zulässigen Kreditvergabemöglichkeiten auf. Sie entspricht mit Ausnahme der Erweiterung um die Möglichkeit, Kreditvergaben in die Schweiz vorzunehmen (in lit. c)), der früher bereits bestehenden Vorschrift in § 3 Abs. 1 und Abs. 2 Satz 1 SpkVO, die hier lediglich zusammengeführt wurden.

a) Kredit, Personenkreis, Sitz und Niederlassung

10 § 3 Abs. 1 SpkG NRW regelt die **Kreditvergabe**, ohne den Begriff des Kredites selbst zu definieren. Auch an anderer Stelle findet sich im Sparkassengesetz keine Definition hierzu. Anders war dies noch in der SpkVO. Diese definierte früher die Kredite als „alle Geschäfte der in § 19 Abs. 1 des Gesetzes über das Kreditwesen (KWG) genannten Art" (§ 2 SpkVO 1995). Auch jetzt noch kann für die Begriffsbestimmung zutreffenderweise auf die Aufzählung in § 19 Abs. 1 KWG abgestellt werden. Dieser erstreckt sich auf alle Vermögensgegenstände oder außerbilanziellen Geschäfte eines Instituts, die einem Adressaten zuzuordnen sind und ein Adressenausfallrisiko beinhalten (*C. Bock* in: Boos/Fischer/Schulte-Mattler, KWG, § 19 Rn. 11). Dieser weite Kreditbegriff umfasst damit nicht nur Kredite im engen Sinne wie Darlehen, Geldforderungen, Bürgschaften und Garantien (*C. Bock* in: Boos/Fischer/Schulte-Mattler, KWG, § 19 Rn. 11).

11 Die Zulässigkeit der Kreditvergabe hängt von dem **Sitz bzw. der Niederlassung der Person** ab. Der Wortlaut der Norm ist an dieser Stelle, da die Begriffe „Sitz" und „Niederlassung" auf juristische Personen zugeschnitten sind (vgl. zB §§ 24, 80 BGB; § 5 AktG; dies entspricht auch der Regelung im europäischen Zivilprozess- und Kollisionsrecht (vgl. Art. 63 Brüssel Ia-VO, Art. 19 Rom I-VO, Art. 23 Rom II-VO)), missverständlich. Erfasst werden nämlich sowohl **natürliche als auch juristische Personen**, aber auch **(teil-)rechtsfähige Personenverei-**

I. Allgemeine Vorschriften § 3

nigungen. Dies ergibt sich aus dem Zusammenspiel des Regionalprinzips mit dem in § 2 Abs. 1 und Abs. 2 SpkG NRW statuierten öffentlichen Auftrag, der ausdrücklich auch die Versorgung der Bevölkerung umfasst. Sowohl die Jugend als auch der Verweis auf alle Altersgruppen kann zwingenderweise nur natürliche Personen erfassen.

Mit Blick auf **natürliche Personen** meint Sitz damit **Wohnsitz**. Da auf diesen abgestellt wird, kommt es auch nicht auf die Staatsangehörigkeit der Person an; auch die Meldepflicht ist kein hinreichender Anknüpfungspunkt für eine Wohnsitzbestimmung (*Patzina* in: MüKoZPO, § 13 Rn. 6). Entscheidend sind vielmehr die räumlichen Lebensverhältnisse einer Person (*Spickhoff* in: MüKoBGB, § 7 Rn. 14). Nach allgemeiner Ansicht wird ein Wohnsitz dadurch begründet, dass sich jemand an einem Ort ständig niederlässt, in der Absicht, ihn zum räumlichen Mittelpunkt seiner gesamten Lebensverhältnisse – dem räumlichen Schwerpunkt seines Lebens – zu machen (*Patzina* in: MüKoZPO, § 13 Rn. 6). Dass gemäß § 7 Abs. 2 BGB auch die Begründung von mehreren Wohnsitzen möglich ist, ist unproblematisch. Entscheidend ist für die Zulässigkeit der Kreditvergabe lediglich, ob ein Wohnsitz in dem notwendigen Gebiet – zB Trägergebiet – vorhanden ist. 12

Bei **juristischen Personen** und **(teil-)rechtsfähigen Personenvereinigungen** gilt als **Sitz** gemäß § 17 Abs. 1 S. 2 ZPO allgemein der Ort, wo die Verwaltung geführt wird. Er ist zumeist unproblematisch zu bestimmen. Unter dem Ort der Verwaltung ist der Mittelpunkt der Lebensbeziehungen einer juristischen Person zu verstehen, wobei nicht der Schwerpunkt der tatsächlichen Tätigkeit, sondern derjenige der Organtätigkeit entscheidet (*Schöpflin* in: BeckOK BGB, § 24 Rn. 7). Der Ort der Verwaltung gilt jedoch nur dann als Sitz, wenn nicht ein anderes bestimmt ist. Die herrschende Meinung folgert daraus, dass durch die Satzung in den Grenzen des Missbrauchsverbots ein rein fiktiver Sitz bestimmt werden kann und dass die Bestimmung des Sitzes nicht notwendigerweise der wirklichen Sachlage entsprechen muss (*Leuschner* in: MüKoBGB, § 24 Rn. 8 mwN; AG Paderborn, Urt. v. 21.9.2018 – 58 C 181/18, juris Rn. 28). Im Kapitalgesellschafts- und Genossenschaftsrecht finden sich in den § 23 Abs. 3 AktG, § 37 Abs. 3 Nr. 1 AktG, § 3 Abs. 1 Nr. 1 GmbHG, § 6 Nr. 1 GenG, § 11 Abs. 2 Nr. 1 GenG spezielle Regelungen, die ähnlich wie § 17 Abs. 1 ZPO die Bestimmung eines Satzungssitzes verlangen. Für die Kapitalgesellschaften wurde 2008 durch die Streichung entgegenstehender Regelungen klargestellt, dass der in der Satzung zu wählende Sitz nicht mit dem Sitz der tatsächlichen Verwaltung identisch sein muss (*Leuschner* in: MüKoBGB, § 24 Rn. 5). Der durch die Satzung bestimmte Sitz ist jeweils auch für § 3 Abs. 1 SpkG NRW entscheidend. 13

Hinzu kommt, dass § 3 Abs. 1 SpkG NRW alternativ an den Ort der **Niederlassung** anknüpft. Auch dieser Begriff wird in diesem Gesetz nicht definiert. Eine einheitliche Definition dieses Begriffes, der auch in zahlreichen anderen Gesetzen enthalten ist, gibt es auch im Übrigen nicht. Ausreichend muss hier jedoch eine für eine gewisse Dauer errichtete Geschäftsstelle sein, von der aus Geschäfte abgeschlossen werden (*Patzina* in: MüKoZPO, § 17 Rn. 2); eine gewerberechtliche oder handelsregisterliche Anmeldung oder Eintragung zu fordern, dürfte hingegen zu weitgehend sein, da das Tatbestandsmerkmal neben dem Ort des Sitzes noch eine eigenständige Bedeutung haben muss. 14

b) Einschränkungsfrei innerhalb des Trägergebietes

15 Kreditvergaben sind nach § 3 Abs. 1 lit. a) SpkG NRW an natürliche Personen mit Wohnsitz bzw. juristische Personen mit Sitz oder Niederlassung innerhalb des Trägergebietes und in dem von der Sparkassensatzung festgelegten Gebiet (Satzungsgebiet) **ohne Einschränkung zulässig,** da auf diese Weise der Versorgungsauftrag sichergestellt werden soll.

16 **Trägergebiet** ist dabei das originär-eigene Geschäftsgebiet der Sparkasse. Dieses leitet sich aus dem Gebiet ihres Trägers ab; hier befinden sich ihre Haupt- und Zweigstellen (§ 1 Abs. 2 S. 1 SpkG NRW) und in diesem hat sie ihrem Versorgungsauftrag nach § 2 Abs. 1 SpkG NRW nachzukommen (*Engau* in: Engau/Dietlein/Josten, § 3 Anm. 2.2.1). Trägergebiet und **Geschäftsgebiet** sind insofern gleichzusetzen. Zwar verwenden §§ 1 Abs. 2, 3 Abs. 1 SpkG NRW und § 2 Abs. 1 SpkG NRW jeweils unterschiedliche Terminologien. Inhaltlich hat der Gesetzgeber damit aber keine Unterscheidung treffen wollen. Dies zeigt sich mit Blick auf § 1 Abs. 1 S. 1 SpkVO, der Gewährträgergebiet und Geschäftsgebiet ausdrücklich gleichgesetzt hat. Bei Abschaffung der SpkVO und Überleitung der dortigen Regelung zur Zulässigkeit von Kreditvergaben in das SpkG NRW hat der Gesetzgeber ausdrücklich deutlich gemacht, dass hiermit keine materielle Änderung einhergehen sollte (LT-Drs. 14/6831, S. 30).

17 Das **Satzungsgebiet** erweitert das Trägerprinzip und erfasst darüber hinaus solche Gebiete, die in der Sparkassensatzung räumlich genau benannt und konkret festgelegt sind. Der Träger kann dieses Gebiet allerdings nicht beliebig selbst bestimmen. Vielmehr bedarf es nach § 6 Abs. 2 S. 2 SpkG NRW der Genehmigung der Aufsichtsbehörde. Entscheidend für die Erteilung einer solchen Genehmigung war in der Vergangenheit zum einen eine enge Verflechtung der Trägergemeinde mit angrenzenden Gemeinden, Städten oder Kreisen, die vor allem durch starke Pendlerbewegungen vom Wohnsitz zur Arbeitsstätte zum Ausdruck kamen (*Engau* in: Engau/Dietlein/Josten, § 3 Anm. 2.2.1). Zum anderen wurden Ausdehnungen über das eigene Trägergebiet hinaus als zulässig angesehen, wenn in dem benachbarten Gebiet keine eigene Sparkasse ansässig war (*Engau* in: Engau/Dietlein/Josten, § 3 Anm. 2.2.1). Schließlich konnten auch Randbesiedlungen, die dazu führten, dass die politischen und wirtschaftlichen Grenzen nicht mehr übereinstimmten oder ein Festhalten an dem bisherigen Trägergebiet zu Unzuträglichkeiten für die örtliche Bevölkerung oder Wirtschaft führen würden, eine Ausdehnung rechtfertigen (*Engau* in: Engau/Dietlein/Josten, § 3 Anm. 2.2.1). Diese genehmigten Satzungsgebiete genießen **Bestandsschutz**, auch wenn es mittlerweile zu Überschneidungen von Trägergebieten kommen kann (*Engau* in: Engau/Dietlein/Josten, § 3 Anm. 2.2.1). Anders als in ihrem eigenen Geschäftsgebiet wird auswärtigen Sparkassen im Satzungsgebiet – entsprechend den für Werbung allgemein geltenden Ausprägungen des Regionalprinzips (→ Rn. 82ff.) – lediglich die passive Bereitschaft zur Kreditvergabe erlaubt, nicht jedoch ein gezieltes aktives und geschäftsmäßiges Vorgehen durch Werbung und Akquisition (*Engau* in: Engau/Dietlein/Josten, § 3 Anm. 2.2.1).

18 Hat eine natürliche oder juristische Person ihren Wohnsitz, Sitz oder ihre Niederlassung im Träger- oder Satzungsgebiet, ist eine Kreditvergabe ohne weitere Tatbestandsvoraussetzungen zulässig. Keine Relevanz hat dabei der Ort, in dem das Objekt belegen ist, um dessen Finanzierung es geht (*Engau* in: Engau/Dietlein/Josten, § 3 Anm. 2.2.1). Ebenfalls nicht entscheidend ist, ob eine juristische Person, die ihren Sitz im Trägergebiet begründet hat, dort nur noch einen schwachen Ortsbezug aufweist (AG Paderborn, Urt. v. 21.9.2018 – 58 C 181/18, juris Rn. 31).

c) Ausnahme zulässige Inlands-Kreditvergaben

Da § 3 Abs. 1 lit. a) SpkG NRW die Kreditvergabe innerhalb des Träger- sowie des Satzungsgebiets regelt, erfasst § 3 Abs. 1 lit. b) SpkG NRW – ungeachtet des unglücklichen Wortlauts – zwingend nur Kreditvergaben außerhalb des Träger- bzw. Satzungsgebiets, aber innerhalb der Bundesrepublik Deutschland. Diese Bestimmung wird klassischerweise noch zum Regionalprinzip zugeordnet und als **begriffsimmanente Ausnahme** qualifiziert: Da Sparkassen anders als die öffentliche Verwaltung in einem starken Wettbewerb stehen und sich eine wirtschaftliche Betätigung nicht wie ein Verwaltungshandeln an eine starre Grenze binden lässt, wird eine gewisse Flexibilität zwingenderweise für erforderlich gehalten (*Engau* in: Engau/Dietlein/Josten, § 3 Anm. 2.2.2).

Im Unterschied zur Ziffer a) sind Kreditvergaben im Inland außerhalb des Träger- bzw. Satzungsgebiets nur **ausnahmsweise** gestattet. Dieses Regel-Ausnahme-Verhältnis muss sich sowohl in der Anzahl als auch in dem Volumen der vergebenen Kredite widerspiegeln (*Engau* in: Engau/Dietlein/Josten, § 3 Anm. 2.2.2). Eine starre Grenze verbietet sich allerdings; sie ist auch vom Gesetzgeber nicht eingeführt worden. Zur Bestimmung der rechtlich zulässigen Kreditvergaben im Bundesgebiet ist einerseits die interne Systematik dieser Norm heranzuziehen, andererseits ihr Verhältnis zum öffentlichen Auftrag, § 2 Abs. 1 SpkG NRW. Primär haben Sparkassen die kreditwirtschaftliche Versorgung der Bevölkerung und der Wirtschaft insbesondere des Geschäftsgebietes zu decken. Erst wenn die Kreditnachfrage in diesem Bereich hinreichend befriedigt ist, kommen Kreditvergaben auch im Inland in Betracht (*Engau* in: Engau/Dietlein/Josten, § 3 Anm. 2.2.2). Zu beachten sind zudem, dass die Ausfallrisiken außerhalb des Trägergebietes zwar nicht höher, aber möglicherweise schlechter oder schwieriger zu beurteilen sind (*Engau* in: Engau/Dietlein/Josten, § 3 Anm. 2.2.2). Innerhalb des § 3 Abs. 1 SpkG NRW ist auf der anderen Seite erkennbar, dass erst die Ziffern c) und d) bei den Kreditvergaben innerhalb bzw. außerhalb der EU weitere einschränkende Tatbestandsmerkmale vorsehen. Solange eine Kreditvergabe innerhalb der EU ua dann zulässig ist, wenn die regionale Aufgabenerfüllung als Schwerpunkt erhalten bleibt, muss eine Kreditvergabe im Inland weitergehender möglich sein. Erst recht erfordert erst § 3 Abs. 1 lit. d) SpkG NRW für Kreditvergaben außerhalb der EU einen Anknüpfungstatbestand. Ein solcher ist daher bei Kreditvergaben im Inland nicht erforderlich. Unter Beachtung dieser Erwägungen obliegt die konkrete Kreditvergabe mithin der geschäftspolitischen Entscheidung des Vorstands.

d) Ausnahme Kreditvergabe in der EU/Schweiz

Kreditvergaben an natürliche Personen mit Wohnsitz bzw. juristische Personen mit Sitz oder Niederlassung **innerhalb der Europäischen Union und der Schweiz** sind nach § 3 Abs. 1 lit. c) SpkG NRW zulässig, wenn die Sparkasse ihr Gesamtkreditgeschäft weiterhin überwiegend innerhalb des Träger- und Satzungsgebietes betreibt und insoweit die regionale Aufgabenerfüllung als Schwerpunkt erhalten bleibt.

22 Auch diese Regelung war bereits in der SpkVO enthalten und wurde lediglich bei der Überführung in die formelle gesetzliche Regelung um die **Schweiz** erweitert. Hiermit wollte der Landesgesetzgeber die inzwischen bestehenden engen rechtlichen Beziehungen zwischen der EU und der Schweiz gesetzestechnisch konsequent umsetzen (LT-Drs. 14/6831, S. 30). Neben der Schweiz sind damit die aktuellen Mitgliedstaaten der EU von diesem Tatbestand erfasst. Nicht hierunter fallen hingegen die weiteren drei Staaten der Europäischen Freihandelsassoziation – Island, Liechtenstein, Norwegen –; Kreditvergaben in diese Länder sind daher nur nach Maßgabe von § 3 Abs. 1 lit. d) zulässig. Die in der SpkVO aufgenommene Regelung ging auf die Überlegung zurück, Sparkassen in den Grenzregionen zu Belgien und den Niederlanden angesichts des Pendlerverkehrs in diesen Regionen die Möglichkeit zu eröffnen, ihr Satzungsgebiet um benachbarte ausländische Gebiete zu erweitern. Das Finanzministerium als Verordnungsgeber ging aber mit dem Wortlaut der Regelung in § 3 Abs. 1 S. 1 SpkVO 1995 weit über die Grenzgebiete hinaus (*Engau* in: Engau/Dietlein/Josten, § 3 Anm. 2.2.3).

23 Auch nach dem jetzigen Wortlaut ist die Kreditvergabe innerhalb der EU sowie der Schweiz recht weitgehend möglich. Zwar sieht die gesetzliche Regelung vor, dass die Sparkasse das Kreditgeschäft weiterhin überwiegend innerhalb des Träger- und Satzungsgebietes betreibt und insoweit die regionale Aufgabenerfüllung als Schwerpunkt erhalten bleibt. Diese Pflicht obliegt ihr jedoch ohnehin gemäß § 2 Abs. 1 SpkG NRW.

24 Gesetzessystematisch darf die Zulässigkeit einer solchen Kreditvergabe jedoch nicht leichter zu bejahen sein als im Inland. Dies ergibt sich aus den gestaffelten Regelungen in § 3 Abs. 1 SpkG NRW. Ist bereits die Kreditvergabe im Inland nur ausnahmsweise möglich, so muss dies erst recht für eine Kreditvergabe innerhalb der EU und der Schweiz gelten. Auf der anderen Seite dürfen keine solchen Anknüpfungstatsachen gefordert werden, wie sie es im Rahmen des § 3 Abs. 1 lit. d) SpkG NRW bedarf. Denn diese hat der Gesetzgeber in § 3 Abs. 1 lit. c) SpkG NRW gerade nicht gefordert. Mit Blick auf die bereits oben dargestellten Erwägungen – Primärfunktion der kreditwirtschaftlichen Versorgung der Bevölkerung sowie der Wirtschaft im Geschäftsgebiet und schwierigeren Risikoeinschätzungen – sollte der für solche Entscheidungen zuständige Vorstand solche Kreditvergaben nur in Ausnahmefällen entschließen. Deswegen wird in diesem Zusammenhang Zurückhaltung gefordert und dafür plädiert, im konkreten Fall zu prüfen, ob geschäftspolitische Gründe eine Kreditvergabe im Einzelfall geboten erscheinen lassen; auch eine Richtlinie des Verwaltungsrates gemäß § 15 Abs. 1 SpkG NRW, die Aussagen zu den geschäftspolitischen Erwägungen trifft, erscheint sinnvoll (*Engau* in: Engau/Dietlein/Josten, § 3 Anm. 2.2.3).

e) Kreditvergaben außerhalb der EU

25 An Personen mit Wohnsitz, Sitz oder Niederlassung außerhalb der Europäischen Union dürfen Kredite nach § 3 Abs. 1 lit. d) SpkG NRW nur ausnahmsweise dann vergeben werden, wenn die Kredite in unmittelbarem Zusammenhang mit der kreditwirtschaftlichen Versorgung der Bevölkerung und der Wirtschaft im Satzungsgebiet stehen (**Anknüpfungsgrundsatz**); das Kreditverhältnis muss also an eine inländische, im Satzungsgebiet begründete Kundenbeziehung anknüpfen und zur sachgemäßen Behandlung dieser Kundenbeziehung sinnvoll bzw. geboten sein (*Engau* in: Engau/Dietlein/Josten, § 3 Anm. 2.2.4).

I. Allgemeine Vorschriften § 3

§ 3 Abs. 2 S. 2 SpkVO 1995 enthielt einen **Beispielskatalog**, der auch heute noch zur Orientierung herangezogen werden kann. Danach waren im Rahmen des Anknüpfungsgrundsatzes insbesondere zulässig 26

a) Kredite an Arbeitnehmerinnen und Arbeitnehmer, die bei der Sparkasse oder bei einem anderen Unternehmen innerhalb des Satzungsgebietes beschäftigt sind;
b) Bestätigung von Export-Akkreditiven, Einlösung von Bar-Akkreditiven und Kreditbriefen sowie Übernahme von Gewährleistungen im Auftrag ausländischer Kreditinstitute und Finanzdienstleistungsinstitute (Institute gemäß § 1 Abs. 1b KWG);
c) Kredite für Bestellungen bei Unternehmen, die ihren Sitz im Satzungsgebiet haben und die mit der Sparkasse in Geschäftsbeziehungen stehen; hierunter fallen auch Forfaitierungsgeschäfte;
d) Kredite an rechtlich selbständige Auslandstöchter von Unternehmen, die ihren Sitz im Satzungsgebiet haben;
e) Refinanzierungen von Krediten im Rahmen zentraler Kreditaktionen an Personen innerhalb des Satzungsgebietes;
f) Kredite gegen Grundpfandrechte oder Schiffshypotheken auf Objekten innerhalb des Satzungsgebietes, wenn der Kredit aus dem beliehenen Objekt bedient werden kann und eine Person als inländische Zustellungsbevollmächtigte bestellt wird.

Da der Gesetzgeber durch die Überleitung dieser Regelung in das SpkG NRW keine materielle Änderung vornehmen wollte (LT-Drs. 14/6831, S. 30), kann dieser Beispielskatalog auch heute noch zur Bestimmung des Anknüpfungsgrundsatzes herangezogen werden. Im Übrigen findet sich dieselbe Auflistung in lediglich anderer Reihenfolge in Abschnitt 2 Nr. 2.1 der Neufassung der Allgemeinen Verwaltungsvorschriften – AVV – zum Sparkassengesetz (MBl. NRW 2009 S. 520). Dabei ist zu beachten, dass es sich schon nach der damaligen Fassung lediglich um Regelbeispiele handelte („insbesondere"). Es können daher auch **andere Fallgestaltungen** die notwendige Anknüpfung vermitteln, wenn sie mit den aufgeführten Regelbeispielen **rechtlich und tatsächlich vergleichbar** sind (*Biesok*, Sparkassenrecht, Rn. 279). Dies gilt immer noch. So ist der Anknüpfungspunkt nicht nur dann zu bejahen, wenn ein Arbeitnehmer bei einem Unternehmen innerhalb des Satzungsgebietes arbeitet, aber seinen Wohnsitz außerhalb der EU hat. Rechtlich hiermit vergleichbar ist auch die Kreditvergabe an eine natürliche Person, die im außereuropäischen Ausland ihren Wohnsitz hat, im Geschäftsgebiet der Sparkasse allerdings zeitlich begrenzt, z.B. im Rahmen eines Forschungsprojekts, arbeitet. 27

Ebenso wie in den vorgenannten Nummern b) und c) handelt es sich auch hierbei um eine Ausnahmevorschrift, die eine restriktive Handhabung sowohl hinsichtlich der Anzahl der vergebenen Kredite als auch mit Blick auf das Volumen gebietet (*Engau* in: Engau/Dietlein/Josten, § 3 Anm. 2.2.4). Bei der geschäftspolitischen Entscheidung sind neben den bereits genannten Risiken vor allem auch die spezifischen politisch bedingten Länder- und Währungsrisiken (bei der Forderungsdurchsetzung, Wechselkursänderungsrisiken etc.), abwicklungstechnische Risiken (Transferverzögerungen, Verrechnungsprobleme etc.) sowie ggf. Refinanzierungsrisiken zu beachten (*Engau* in: Engau/Dietlein/Josten, § 3 Anm. 2.2.4). 28

3. Stets zulässige Kreditvergaben (Abs. 2)

29 § 3 Abs. 2 SpkG NRW zählt bestimmte Geschäftsarten auf, auf die in § 3 Abs. 1 SpkG NRW genannten Voraussetzungen keine Anwendung finden. Auch hierbei handelt es sich um Kredite iSv § 19 Abs. 1 KWG, dh erfasst werden alle Vermögensgegenstände oder außerbilanziellen Geschäfte eines Instituts, die einem Adressaten zuzuordnen sind und ein Adressenausfallrisiko beinhalten. Eine Kreditvergabe ist in diesen Fällen **ohne weitere Einschränkung** zulässig; lediglich für die in § 3 Abs. 2 c) SpkG NRW genannten Beteiligungen sind spezielle Regelungen in § 3 Abs. 3 und 4 SpkG NRW normiert. Vor diesem Hintergrund muss § 3 Abs. 2 SpkG NRW jedoch auch als **abschließende Aufzählung** qualifiziert werden. Hintergrund dieser Ausnahmen ist, dass eine Gebietsbegrenzung zum gar nicht möglich bzw. nicht zweckmäßig ist (Erläuterungen zum Referentenentwurf der Verordnung des Geschäftsrechts und des Betriebes der Sparkassen in Nordrhein-Westfalen (Sparkassenverordnung – SpkVO –) vom 10.11.1955, S. 2) oder dass es sich um spezielle sparkassenrechtliche Regelungen handelt, denen insoweit eine gewisse Art „Bestandsschutz" zukommt (*Engau* in: Engau/Dietlein/Josten, § 3 Anm. 2.3).

a) Anlage in Finanzinstrumenten/Derivate (Abs. 2 lit. a))

30 Keine Einschränkungen gelten nach § 3 Abs. 2 lit. a) SpkG NRW für die Anlage in Finanzinstrumenten und Derivaten. Die Vorschrift verweist zunächst auf die **Legaldefinition der Finanzinstrumente in § 1 Abs. 11 S. 1 KWG**. Hierunter fallen über diesen Verweis mithin (1.) Aktien und andere Anteile an in- oder ausländischen juristischen Personen, Personengesellschaften und sonstigen Unternehmen, soweit sie Aktien vergleichbar sind, sowie Zertifikate, die Aktien oder Aktien vergleichbare Anteile vertreten, (2.) Vermögensanlagen im Sinne des § 1 Absatz 2 des Vermögensanlagengesetzes mit Ausnahme von Anteilen an einer Genossenschaft im Sinne des § 1 des Genossenschaftsgesetzes, (3.) Schuldtitel, insbesondere Genussscheine, Inhaberschuldverschreibungen, Orderschuldverschreibungen und diesen Schuldtiteln vergleichbare Rechte, die ihrer Art nach auf den Kapitalmärkten handelbar sind, mit Ausnahme von Zahlungsinstrumenten, sowie Zertifikate, die diese Schuldtitel vertreten, (4.) sonstige Rechte, die zum Erwerb oder zur Veräußerung von Rechten nach den Nummern 1 und 3 berechtigen oder zu einer Barzahlung führen, die in Abhängigkeit von solchen Rechten, von Währungen, Zinssätzen oder anderen Erträgen, von Waren, Indices oder Messgrößen bestimmt wird, (5.) Anteile an Investmentvermögen im Sinne des § 1 Absatz 1 des Kapitalanlagegesetzbuchs, (6.) Geldmarktinstrumente, (7.) Devisen oder Rechnungseinheiten sowie (8.) Derivate. Detaillierte Ausführungen zu diesen Finanzinstrumenten können im Einzelnen der Spezialliteratur entnommen werden (*C. Bock* in: Boos/Fischer/Schulte-Mattler, KWG, § 19 Rn. 277 ff. mwN).

31 Es mag verwundern, warum die **Derivate** in § 3 Abs. 2 lit. a) SpkG NRW gesondert aufgeführt sind, obwohl die Legaldefinition des § 1 Abs. 1 S. 1 KWG diese ebenfalls nennt. Hierbei handelt es sich nicht um ein Versehen. Vielmehr wollte der Gesetzgeber mit dieser zusätzlichen gesonderten Betonung der Freistellung der Derivate vom Regionalprinzip deren zunehmende Bedeutung im Wirtschafts- und Rechtsverkehr zum Ausdruck bringen (LT-Drs. 14/6831, S. 30).

I. Allgemeine Vorschriften § 3

b) Geschäfte in Kreditenderivaten innerhalb der SFG (Abs. 2 lit. b))

In § 3 Abs. 2 lit. b) SpkG NRW ist eine begrenzte **Freistellung des Kreditderivategeschäfts (Sparkassen auf Käuferseite) vom Regionalprinzip** normiert. Darunter sind Instrumente zu verstehen, mittels derer die mit Darlehen, Anleihen oder anderen Risikoaktiva bzw. Marktpositionen verbundenen Kreditrisiken auf sog Sicherungsgeber übertragen werden, während die ursprünglichen Kreditbeziehungen dabei unverändert bleiben (*Schäfer* in: Boos/Fischer/Schulte-Mattler, KWG, § 1 Rn. 293). Es werden bei diesen drei verschiedene Finanzprodukte unterschieden: Total Return Swaps, Credit Default Optionen oder Swaps und Credit Linked Notes (*Schäfer* in: Boos/Fischer/Schulte-Mattler, KWG, § 1 Rn. 293).

Zur **Sicherung der Wettbewerbsfähigkeit der Sparkassen** auch in diesem Bereich ergänzt diese Regelung den Verkauf von Kreditrisiken durch Sparkassen über Kreditderivate (LT-Drs. 14/6831, S. 30). Sparkassen sollte es zur Stärkung des Kreditgeschäfts und zur Reduzierung von Klumpenrisiken damit ermöglicht werden, am Kreditrisikohandel innerhalb der deutschen Sparkassen- Finanzgruppe teilzunehmen (LT-Drs. 14/6831, S. 30). Diese Ausnahme gilt allerdings nur für den Erwerb von Kreditderivaten innerhalb der Sparkassen-Finanzgruppe und damit nicht für den Erwerb von Kreditderivaten anderer Vertragspartner.

c) Beteiligungen (Abs. 2 lit. c))

In Absatz 2 Buchstabe c) werden Beteiligungen zur Vorbereitung der Einfügung der Einzelregelung in den Absätzen 3 und 4 bereits erwähnt. Hierbei handelt es sich nach der Legaldefinition des § 271 Abs. 1 HGB um Anteile an anderen Unternehmen, wenn diese dazu bestimmt sind, „dem eigenen Geschäftsbetrieb durch Herstellung einer dauerhaften Verbindung" zu dienen (ausführlich hierzu s. Rn. 40 ff.; c. *Bock* in: Boos/Fischer/Schulte-Mattler, KWG, § 19 Rn. 49). Auf diese Legaldefinition verweist auch § 19 Abs. 1 S. 2 Nr. 7 KWG, nach dem Beteiligungen als Kredite iSd § 14 KWG zu behandeln sind. Sparkassenrechtlich sind sie indes als eigenständige Anlageform zu werten (*Engau* in: Engau/Dietlein/Josten, § 3 Anm. 2.3). Dies ist gerechtfertigt, da das Beteiligungsgeschäft dazu dient, am wirtschaftlichen Erfolg des anderen Unternehmens teilzuhaben und die Rechtsposition des Beteiligten als Gesellschafter ihm – im Gegensatz zu der des bloßen Darlehensgebers – (unterschiedlich starke) gesellschaftsrechtliche Teilhabe- und Mitwirkungsrechte gibt (*Josten*, 2022, S. 564). Aus diesem Grund werden Beteiligungen einerseits in § 3 Abs. 2 lit. c) SpkG NRW von den Einschränkungen des in Abs. 1 ausgeführten Regionalprinzips ausgenommen. Dies bedeutet jedoch keinen vollständigen Ausschluss des Regionalprinzips für Beteiligungen. Vielmehr halten § 3 Abs. 3 und 4 SpkG NRW selbständige Regelungen für sie bereit.

d) Kreditvergaben an bestimmte Kreditinstitute (Abs. 2 lit. d))

Kredite an ein inländisches öffentlich-rechtliches Kreditinstitut, eine inländische Sparkasse in privater Rechtsform oder ein Institut gemäß § 1 Abs. 1b KWG, das der internationalen Sparkassenorganisation angehört, sind ebenfalls von den Einschränkungen des § 3 Abs. 1 SpkG NRW ausgenommen. Der Grund der bereits in § 3 Abs. 3 Buchstabe c) SpkVO verankerten Ausnahme liegt in der in dem geringeren Risiko, das aufgrund der Bonität der Schuldner bei der Vergabe solcher Kredite angenommen wurde (*Engau* in: Engau/Dietlein/Josten, § 3 Anm. 2.3.3.1).

36 Erfasst werden von dieser Ausnahme einerseits Kreditvergaben an inländische öffentlich-rechtliche Kreditinstitute wie die als Anstalten des öffentlichen Rechts verfassten Sparkassen und Landesbanken. Zum anderen werden Kreditvergaben an inländische Sparkassen in privater Rechtsform, die sog „Freien Sparkassen" ausgenommen. Derzeit gibt es in Deutschland fünf derartige Sparkassen, die alle in Norddeutschland (Bremen, Hamburg, Schleswig-Holstein) ansässig (s. www.verband-freier-sparkassen.de/ordentliche-mitglieder) und nicht in der Rechtsform einer Anstalt des öffentlichen Rechts, sondern in der privatrechtlichen Rechtsform einer Aktiengesellschaft organisiert sind (*Winterfeld* in: Ellenberger/Bunte, BankR-HdB, § 107 Rn. 140). Schließlich gelten die Beschränkungen des § 3 Abs. 1 SpkG NRW nicht für Kreditvergaben an Institute gemäß § 1 Abs. 1b KWG, die der internationalen Sparkassenorganisation angehören.

37 Nicht von dieser Vorschrift erfasst sind hingegen sog Körperschaftskredite, also Kredite an inländische Körperschaften und Anstalten des öffentlichen Rechts sowie Kredite gegen Übernahme einer Bürgschaft oder Garantie durch eine inländische öffentlich-rechtliche Körperschaft oder Anstalt (*Engau* in: Engau/Dietlein/Josten, § 3 Anm. 2.3.3.2). Diese unterfallen mangels Ausnahmeregelung damit dem Regionalprinzip des § 3 Abs. 1 SpkG NRW.

e) Kredite für die Abwicklung von Finanzdienstleistungen Außenwirtschaftsverkehr (Abs. 2 lit. e))

38 Schließlich sind Kredite an Institute für die Abwicklung von Finanzdienstleistungen im Rahmen des Außenwirtschaftsverkehrs von den Beschränkungen des § 3 Abs. 1 SpkG NRW ausgenommen. Auch diese Ausnahme entspricht der bisherigen Regelung des § 3 Abs. 3 lit. d) SpkVO.

4. Beteiligungen (Abs. 3 und 4)

39 § 3 Abs. 3 und 4 SpkG NRW regeln die **Zulässigkeit unterschiedlicher Arten der Beteiligung**. Diese unterfallen gemäß § 3 Abs. 2 lit. c) SpkG NRW nicht den Bindungen des § 3 Abs. 1 SpkG NRW. Vielmehr sehen die Absätze 3 und 4 **eigenständige Voraussetzungen** vor. Während § 3 Abs. 3 SpkG NRW das Regionalprinzip für Beteiligungen räumlich modifiziert (→ Rn. 40 ff.), sieht § 3 Abs. 4 SpkG NRW weitere Voraussetzungen vor (→ Rn. 59 ff.): Danach gilt, dass die Sparkasse am Kapital des zuständigen Sparkassen- und Giroverbandes beteiligt ist, eine Unternehmensbeteiligung abgesehen von mittelbaren Minderheitsbeteiligungen die Zustimmung des Verwaltungsrates erfordert und Beteiligungen zur Vermeidung oder zum Ausgleich sparkasseneigener Verluste unzulässig sind. Außerdem ist bei ausgelagerten Geschäftstätigkeiten die Einhaltung der sparkassenrechtlichen Regelungen und Grundsätze sicherzustellen.

a) Handelsrechtlicher Begriff mit sparkassenrechtlichen Besonderheiten

40 Das SpkG NRW definiert den Begriff der **Beteiligungen** nicht; es darf diesbezüglich auf den Beteiligungsbegriff des Handelsrechts abgestellt werden (*Berger*, § 16 Rn. 33). Nach § 271 Abs. 1 S. 1 HGB sind Beteiligungen Anteile an anderen Unternehmen, die dazu bestimmt sind, dem eigenen Geschäftsbetrieb durch Herstellung einer dauerhaften Verbindung zu diesen Unternehmen zu dienen. Damit weist der Begriff objektive und subjektive Definitionsmerkmale auf. In **objektiver**

I. Allgemeine Vorschriften § 3

Hinsicht muss es sich bei Beteiligungen um Anteile an anderen Unternehmen handeln; in **subjektiver Hinsicht** müssen Anteile an anderen Unternehmen dazu bestimmt sein, dem eigenen Geschäftsbetrieb durch Herstellung einer dauernden Verbindung zu dienen. Die Beteiligungsabsicht des Anteilseigners zielt dabei auf mehr ab, als eine reine Kapitalverzinsung (*Böcking/Gros* in: EBJS, HGB, § 271 Rn. 2). In der Regel werden bei einer Sparkasse Kooperationsabsichten oder das Bestreben im Vordergrund stehen, im Interesse der Sparkasse auf das Unternehmen unternehmerischen Einfluss auszuüben (BGH, Urt. v. 9.2.1987 – II ZR 119/86 = BGHZ 101, 1, Rn. 67). **Keine Voraussetzung** für das Bejahen einer Beteiligung sind hingegen die Ausübung eines maßgeblichen Einflusses (BGH, Urt. v. 9.2.1987 – II ZR 119/86 = BGHZ 101, 1, Rn. 67), die Möglichkeit der Mitwirkung in der Geschäftsführung (*Engau* in: Engau/Dietlein/Josten, § 3 Anm. 3.2.1) oder das Erreichen oder Überschreiten bestimmter Schwellenwerte beim Anteilsbesitz oder den Stimmrechtsanteilen (BGH, Urt. v. 9.2.1987 – II ZR 119/86 = BGHZ 101, 1, Rn. 67).

Eine Beteiligung muss sich des Weiteren auf ein **anderes Unternehmen oder** 41 **eine Einrichtung** beziehen. Auch der Unternehmensbegriff wird im deutschen Recht nicht einheitlich verwendet und auch im SpkG NRW nicht weiter definiert. Ganz allgemein ist ein „**anderes Unternehmen**" aber jede Wirtschaftseinheit, die – mit oder ohne eigenständige Willensbildung – in abgrenzbarer Weise nach außen in Erscheinung tritt und **eigenständige erwerbswirtschaftliche Ziele** verfolgt, vorausgesetzt sie ist der Einbeziehung Dritter in Gestalt von Anteilen zugänglich (*Reiner* in: MüKoHGB, § 271 Rn. 5). In Betracht kommen daher neben Kapitalgesellschaften auch Personenhandelsgesellschaften, BGB-Gesellschaften, land- und forstwirtschaftliche Betriebe, freiberufliche Praxen sowie vergleichbare Gesellschaften ausländischer Rechtsform (zB die SE). Auch Körperschaften und Anstalten des öffentlichen Rechts, an denen Anteilsbesitz bestehen kann, fallen unter diesen Begriff (*Pöschke* in: BeckOGK HGB, § 271 Rn. 16).

§ 3 Abs. 3 SpkG NRW erfasst darüber hinaus auch Beteiligungen an **Einrich-** 42 **tungen**. Dieser Begriff ist dem Öffentlichen Recht entnommen. So differenziert § 108 GO NRW zwischen Unternehmen iSv § 107 Abs. 1 GO NRW und Einrichtungen gemäß § 107 Abs. 2 GO NRW. Sie unterscheiden sich in der wirtschaftlichen Betätigung, wie sich aus dem Vergleich beider Absätze ergibt. § 107 Abs. 2 GO NRW listet im Übrigen auf, welche Einrichtungen grundsätzlich in Betracht kommen. Hier werden neben Einrichtungen auf den Gebieten Erziehung, Bildung, Kultur, Sport oder Erholung, Gesundheit und Sozialwesen, Einrichtungen, die der Straßenreinigung, der Wirtschaftsförderung, der Fremdenverkehrsförderung oder der Wohnraumversorgung dienen, Einrichtungen des Umweltschutzes, insbesondere der Abfallentsorgung oder Abwasserbeseitigung sowie des Messe- und Ausstellungswesens sowie Einrichtungen genannt, die ausschließlich der Deckung des Eigenbedarfs von Gemeinden und Gemeindeverbänden dienen. Der Übergang zwischen Unternehmen und Einrichtung ist allerdings fließend. Da beide Begriffe im Rahmen des § 3 Abs. 3 SpkG NRW gleichbehandelt werden – die Norm spricht in den weiteren Sätzen – lediglich von „Beteiligungen", erfasst sie damit sowohl Beteiligungen an Unternehmen als auch an Einrichtungen, ist eine weitere Abgrenzung nicht erforderlich.

Nicht unter diese beiden Begriffe fällt allerdings die **Mitgliedschaft in einem** 43 **Idealverein** (§ 21 BGB) (*Berger*, § 16 Rn. 34). Einem solchen kann eine Sparkasse zwar auch beitreten. Die Zulässigkeit der Mitgliedschaft richtet sich aber nicht nach § 3 Abs. 2 SpkG NRW. Dennoch ist – dem Charakter der Sparkasse als Anstalt des öffentlichen Rechts Rechnung tragend und vor dem Hintergrund ihres öffentlichen Auftrags – hier Zurückhaltung geboten. Solche Mitgliedschaften sind daher nur in begrenztem Maße möglich; entscheidendes Kriterium sind die wohlverstandenen Interessen der Sparkasse (*Berger*, § 16 Rn. 34; *Engau* in: Engau/Dietlein/Josten, § 3 Anm. 3.2.2). Unproblematisch zulässig ist etwa die Mitgliedschaft im Kommunalen Arbeitgeberverband NRW eV. Zulässig sein soll auch die Mitgliedschaft in Vereinen, die zB der Förderung von Kunst und Kultur, der Bildung und Wissenschaft dienen (*Engau* in: Engau/Dietlein/Josten, § 3 Anm. 3.2.2).

b) Grundsatz der zulässigen Beteiligung im Satzungsgebiet (Abs. 3 S. 1)

44   Auch **Beteiligungen** unterliegen dem Regionalprinzip. Dies bringt § 3 Abs. 3 S. 1 SpkG NRW insbesondere durch seinen Wortlaut („nur dann") sowie im Verhältnis zu den weiteren Regelungen dieses Absatzes deutlich zum Ausdruck. Eine Beteiligung an Unternehmen und Einrichtungen, die ihren **Sitz im Satzungsgebiet** der Sparkasse haben, ist nach dieser Vorschrift **uneingeschränkt zulässig**. Nicht ausreichend ist hingegen eine Zweigniederlassung; denn anders als in § 3 Abs. 1 SpkG NRW wird hier ausschließlich auf den Sitz des Unternehmens bzw. der Einrichtung abgestellt.

45   Weitere Vorgaben enthält § 3 Abs. 1 S. 1 SpkG NRW nicht. Dies sah nach § 7 Abs. 2 S. 1 SpkVO 1995 noch anders aus. Damals war die zulässige Beteiligung begrenzt auf die Zwecke der Durchführung von Hilfstätigkeiten, Vermittlungsgeschäften, Grundstückserschließungen sowie zur technischen Abwicklung ihres Rechnungswesens. Beteiligungen an solchen sog **Auslagerungsunternehmen** (*Engau* in: Engau/Dietlein/Josten, § 3 Anm. 3.3.1.1) sind weiterhin zulässig. Darüber hinaus können sich Sparkassen im Rahmen ihres öffentlichen Auftrags aber auch an **anderen Unternehmen** und Einrichtungen beteiligen, zB an Grundstückserschließungsunternehmen, Wohnungsbauunternehmen, Bauträgergesellschaften, Telekommunikations- bzw. Netzgesellschaften, Technologiezentren oder Wirtschaftsförderungsgesellschaften (*Engau* in: Engau/Dietlein/Josten, § 3 Anm. 3.3.1.1). **Ausgeschlossen** ist hingegen eine **Beteiligung an Privat- oder Genossenschaftsbanken** (so auch *Engau* in: Engau/Dietlein/Josten, § 3 Anm. 3.3.1.2). Dies ergibt sich indirekt aus § 107 Abs. 6 GO NRW, die den Gemeinden die Errichtung bzw. das Betreiben von Bankunternehmen verbietet. Dieses kommunalrechtliche Bankvertriebsverbot darf über einen Beteiligungserwerb nicht umgangen werden (*Stern/Nierhaus*, 1991, S. 208). Weitere Voraussetzungen, die Sparkassen bei Beteiligungen einzuhalten haben, ergeben sich aus § 3 Abs. 4 SpkG NRW (→ Rn. 59 ff.).

c) Gemeinsame Beteiligungsprojekte mehrerer Sparkassen (Abs. 3 S. 2)

46   Gemäß § 3 Abs. 3 S. 2 SpkG NRW dürfen sich auch mehrere Sparkassen gemeinsam an einem gemeinsamen Beteiligungsprojekt beteiligen. Erforderlich ist jedoch, dass der Sitz des Unternehmens oder der Einrichtung dann im Satzungsgebiet einer der beteiligten Sparkassen liegt. Damit wurde der Grundgedanke des bisherigen § 3 Abs. 4 Satz 2 SpkVO in diese Regelung übernommen (LT-Drs. 14/6831, S. 30). Diese Regelung ist nötig, da sich die Satzungsgebiete von Sparkassen – anders als die Trägergebiete – überschneiden können und daher Beteiligun-

I. Allgemeine Vorschriften § 3

gen an demselben Unternehmen durch mehrere Sparkassen in Betracht kommen können.

d) Ausnahme zulässige Inlands-Beteiligung außerhalb des Satzungsgebietes (Abs. 3 S. 3)

Darüber hinaus sind für Sparkassen nach § 3 Abs. 3 S. 3 SpkG NRW außerhalb ihres Satzungsgebietes Beteiligungen im Inland ausnahmsweise zulässig, wenn das Beteiligungsunternehmen ausschließlich im Satzungsgebiet tätig ist. Zur Flexibilisierung und Liberalisierung des Sparkassengeschäftsrechts wurde hiermit die bisherige Einschränkung der Beteiligungsmöglichkeit auf das Land Nordrhein-Westfalen aufgehoben (LT-Drs. 14/6831, S. 30). Das andere Unternehmen bzw. die Einrichtungen dürfen damit ihren **Sitz** auch außerhalb des Satzungsgebietes haben, sofern dieser noch **im Inland** liegt. Voraussetzung ist weiterhin, dass das Beteiligungsunternehmen **ausschließlich im Satzungsgebiet tätig** ist. Auf diese Weise soll der örtliche Bezug zum Satzungsgebiet gewahrt und der Aktionsradius der Sparkasse nicht erweitert werden (*Engau* in: Engau/Dietlein/Josten, § 3 Anm. 3.3.3). Der praktische Anwendungsbereich dieser Regelung ist indes hierdurch stark eingeschränkt. Eine solche Beteiligung darf nach dem Wortlaut der Vorschrift darüber hinaus ohnehin nur **ausnahmsweise** erfolgen. Weder das Gesetz noch die Gesetzesbegründung definieren, was hierunter zu verstehen ist. Deutlich wird damit, dass es sich nicht um den Regelfall handeln darf. Beteiligungen an solchen Unternehmen müssen im Verhältnis zu den anderen Beteiligungen der Ausnahmefall bleiben, ohne dass eine starre Grenze vom Gesetzgeber festgelegt wird.

47

e) Ausnahme Beteiligung im Verbund mit Sparkassenzentralbank bzw. Sparkassen- und Giroverband (Abs. 3 S. 4)

Im Inland sind gemäß § 3 Abs. 3 S. 4 SpkG NRW ferner Beteiligungen im Verbund mit der Sparkassenzentralbank im Ausnahmefall, daneben auch Beteiligungen im Verbund mit dem zuständigen Sparkassen- und Giroverband zulässig, wenn sie dem Allfinanzangebot der Sparkassen dienen. Auch hier wurde zur Verbesserung der Kooperationsmöglichkeiten zwischen den Sparkassen im Verbund der gesamten deutschen Sparkassen- Finanzgruppe und zur Flexibilisierung und Liberalisierung des Sparkassengeschäftsrechts die bisherige Einschränkung der Beteiligungsmöglichkeit auf das Land Nordrhein-Westfalen aufgehoben (LT-Drs. 14/6831, S. 30).

48

Nach § 3 Abs. 3 S. 4 Alt. 1 SpkG NRW sind zunächst **inländische Beteiligungen im Verbund mit der Sparkassenzentralbank** (ehemals WestLB, jetzt Helaba) ebenfalls ausnahmsweise zulässig. Die Vorschrift erfasst ihrem Sinn und Zweck nach lediglich Beteiligungen an solchen Unternehmen oder Einrichtungen, die auch in den Satzungsgebieten der Gesellschaftersparkassen tätig sind; Beteiligungen an Unternehmen und Einrichtungen ohne jeglichen Bezug zum Satzungsgebiet sollen darüber hinaus nicht ermöglicht werden (so wohl auch *Engau* in: Engau/Dietlein/Josten, § 3 Anm. 3.3.4). Auch Tochterunternehmen der Helaba sind nicht erfasst (*Engau* in: Engau/Dietlein/Josten, § 3 Anm. 3.3.4).

49

Nicht auf den Ausnahmefall beschränkt sind **Beteiligungen im Verbund mit dem zuständigen Sparkassen- und Giroverband**, wenn sie dem Allfinanzangebot der Sparkassen dienen. Im Rahmen des Allfinanzangebots können die Sparkassen ihr Sortiment um Produkte und Dienstleistungen erweitern, um ihrer

50

Aufgabe, der geld- und kreditwirtschaftlichen Versorgung der Bevölkerung und Wirtschaft in ihrem Geschäftsgebiet im Rahmen des eingeschränkten Universalprinzips (§ 2 Abs. 1 und 4 SpkG NRW) nachzukommen. In diesem Zusammenhang sind auch Beteiligungen im Verbund mit dem regionalen Verband zulässig. § 3 Abs. 3 S. 4 Alt. 2 SpkG NRW komplementiert damit die Regelung des § 4 SpkG NRW.

51 § 3 Abs. 3 S. 4 Alt. 2 SpkG NRW setzt voraus, dass sowohl die **Sparkasse** als auch der für sie zuständige **Sparkassenverband jeweils** eigenständig an dem Unternehmen bzw. der Einrichtung **beteiligt** sind; die bloß mittelbare Beteiligung über den Sparkassenverband reicht hingegen nicht aus (*Engau* in: Engau/Dietlein/Josten, § 3 Anm. 3.3.4). Eine bestimmte Beteiligungsform ist hingegen nicht vorgesehen, so dass die Sparkassen gemeinsam mit dem Verband zB eine GmbH & Co KG oder AG & Co KG mit dem Verband als Gesellschafter der Komplementär-GmbH oder -AG und seinen Mitgliedssparkassen als Kommanditisten gründen und die GmbH & Co KG oder AG & Co KG ihrerseits als Gesellschafterin des operativ tätigen Verbundunternehmens fungiert (*Engau* in: Engau/Dietlein/Josten, § 3 Anm. 3.3.4). Auch eine Treuhand-Beteiligungsgesellschaft mbH allein durch den Sparkassenverband ist möglich; ihre Aufgabe besteht dann darin, nach Maßgabe des Treuhandvertrags mit Mitgliedssparkassen Anteile an einem Verbundunternehmen treuhänderisch für die partizipierenden Sparkassen zu erwerben und zu halten (*Engau* in: Engau/Dietlein/Josten, § 3 Anm. 3.3.4).

f) Ausnahme Beteiligung in der gleichen gemeinsamen Wirtschaftsregion (Abs. 3 S. 5)

52 Schließlich erlaubt § 3 Abs. 3 S. 5 SpkG NRW Beteiligungen im In- und Ausland ausnahmsweise auch dann, wenn das Beteiligungsunternehmen und die Sparkasse ihre Sitze in der gleichen gemeinsamen Wirtschaftsregion (zB Euregio) haben. Die ausnahmsweise Zulässigkeit der Beteiligungen von Sparkassen in Bundes- oder Ländergrenzen überschreitenden Wirtschaftsräumen erfolgte vor dem Hintergrund der allgemeinen Entwicklung hin zu einem gemeinsamen, einheitlichen Wirtschaftsraum vorrangig in Europa und mit dem Ziel einer künftigen Vermeidung von Wettbewerbsnachteilen von Sparkassen im Vergleich zu den Handlungsoptionen anderer Institutsgruppen (LT-Drs. 14/6831, S. 30). Tatbestandsvoraussetzung ist, dass sowohl die Sparkasse als auch das Beteiligungsunternehmen ihren **Sitz in derselben gemeinsamen Wirtschaftsregion** haben. Der Begriff der Wirtschaftsregion wird vom Gesetzgeber zwar nicht definiert; allerdings gibt er mit der Nennung des Wirtschaftsregion **Euregio** ein Beispiel. Es kommen mithin auch andere Wirtschaftsregionen als Anknüpfungspunkt in Betracht.

53 Allerdings stellt sich mangels Definition im Sparkassengesetz die Frage, wie dieser **Begriff** zu verstehen ist. Als Folgefragen ergeben sich hieraus die Anwendbarkeit auf „**Wirtschaftsregionen**" innerhalb Nordrhein-Westfalens bzw. innerhalb der Bundesrepublik in Grenzgebieten zu Rheinland-Pfalz, Niedersachsen oder Hessen. Auch anderen Rechtsgebieten ist der Begriff „Wirtschaftsregion" fremd. Die Auslegung des Begriffes muss daher aus dem **Sinn und Zweck** der Vorschrift im Zusammenhang mit dem vom Gesetzgeber ausdrücklich genannten Beispiel Euregio erfolgen.

54 Dabei ist schon das vom Gesetzgeber genannte Beispiel nicht eindeutig. Auf nordrhein-westfälischem Gebiet gibt es bereits mehrere solcher Wirtschaftsre-

I. Allgemeine Vorschriften § 3

gionen: Die älteste Europaregion ist die 1958 gegründete EUREGIO mit Sitz in Gronau, die als überstaatlicher Kommunalverband entlang der nordrhein-westfälisch-niedersächsischen Grenze rund 130 Gemeinden in den Niederlanden und Deutschland umfasst (https://www.euregio.eu/de). Eine weitere Euregio an der Grenze von Nordrhein-Westfalen ist die Euregio Maas-Rhein (EMR) (https://euregio-mr.info/), die sich aus fünf Teilgebieten in drei Staaten (Niederlande, Belgien und Deutschland) zusammensetzt. Weiter besteht die Euregio Rhein-Maas-Nord aus Kommunen in Deutschland und den Niederlanden (https://euregio-rmn.de/de/). Schließlich existiert die Euregio Rhein-Waal, die ebenfalls Gebiete in der Bundesrepublik Deutschland und den Niederlanden umfasst (https://www.euregio.org/).

All diesen Wirtschaftsregionen ist jedoch gemeinsam, dass es sich um **feste Zusammenschlüsse** in der Rechtsform eines Zweckverbandes oder eines Europäischen Verbunds für territoriale Zusammenarbeit auf Grundlage des Europäischen Rahmenübereinkommens über die grenzüberschreitende Zusammenarbeit zwischen Gebietskörperschaften (sog Madrider Abkommen von 21.5.1980) handelt. Diese Zusammenschlüsse charakterisieren sich durch unterschiedlichste politische und finanzielle Fördermaßnahmen, so dass der Gesetzgeber auch den in der Region ansässigen Sparkassen eine Beteiligung zugestehen wollte (*Josten*, 2022, S. 586). 55

Eine Wirtschaftsregion muss daher konsequenterweise eine **Vergleichbarkeit zur Euregio** aufweisen. Damit ist ausgeschlossen, dass Sparkasse und Beteiligungsunternehmen zum Zwecke der Ermöglichung einer Beteiligung nach § 3 Abs. 3 S. 5 SpkG NRW selbst die Grenzen einer „Wirtschaftsregion" ziehen. Bloße wirtschaftliche Verflechtungen, Pendlerbewegungen etc. (→ Rn. 17) reichen hierfür gerade nicht aus; hier fehlt es an der notwendigen Struktur und Verfestigung. Die Bestimmung kann aber auch nicht mit Blick auf andere Zusammenschlüsse erfolgen, da Gründe und Zielrichtung völlig anders sein können und gerade nicht mit den Motiven der Euregio übereinstimmen (müssen). Daher kann etwa auch nicht auf die 16 Regionen der Industrie- und Handelskammern (IHK) oder die neun Wirtschaftsregionen der NRW.Global Business – Trade & Investment Agency abgestellt werden (diese Überlegung stellt aber an: *Engau* in: Engau/Dietlein/Josten, § 3 Anm. 3.3.5). 56

Entscheidend sind vielmehr der Sinn dieser Regelung und die vom Gesetzgeber verfolgten Ziele für die Auslegung heranzuziehen. Mit der Neuaufnahme dieser Regelung sollten vor dem Hintergrund der allgemeinen Entwicklung hin zu einem gemeinsamen, einheitlichen Wirtschaftsraum vorrangig in Europa und mit dem Ziel einer künftigen Vermeidung von Wettbewerbsnachteilen von Sparkassen im Vergleich zu den Handlungsoptionen anderer Institutsgruppen Beteiligungen von Sparkassen in Bundes- oder Ländergrenzen überschreitenden Wirtschaftsräumen ermöglicht werden (LT-Drs. 14/6831, S. 30). Es handelt sich dennoch um eine Ausnahme zu dem verfassungsrechtlich verankerten Regionalprinzip. Als Ausnahmevorschrift („ausnahmsweise") ist sie eng auszulegen. Hinzu kommt, dass das Regionalprinzip im Bereich der Beteiligungen in § 3 Abs. 3 und 4 SpkG NRW aufgrund des im Vergleich zu Kreditvergaben höheren Risikogehalts (*Engau* in: Engau/Dietlein/Josten, § 3 Anm. 3.3.5) insgesamt enger gefasst ist als in § 3 Abs. 1 SpkG NRW. Mithin sind von § 3 Abs. 3 S. 5 SpkG NRW nur solche Wirtschaftsregionen umfasst, die dem ausdrücklich aufgeführten Beispiel, der Euregio, 57 vergleichbar sind, also auch einen festen Zusammenschluss über den Zusammenschluss einzelner Wirtschaftszweige oÄ hinaus aufweisen können. Diese Tatbestandsvoraussetzung erfüllen derzeit nur die oben aufgeführten verschiedenen Euregios.

58 In diesem Rahmen werden Beteiligung **im Inland und Ausland** zugelassen. Hieraus sowie aus dem Beispiel der Euregio, sich auf niederländisches und belgisches Staatsgebiet erstreckt, ergibt sich, dass in diesem Zusammenhang auch Beteiligungen an Unternehmen und Einrichtungen mit Sitz im benachbarten Ausland zulässig sind, sofern es sich um dieselbe Wirtschaftsregion handelt. Ausreichend ist, dass die Sparkasse und das Beteiligungsunternehmen ihren Sitz in derselben Wirtschaftsregion haben. Ein größerer Bezug zum Satzungsgebiet der Sparkasse wird damit weder mit Blick auf den Sitz noch die Tätigkeit des Beteiligungsunternehmens gefordert. Schließlich sieht der Wortlaut der Vorschrift vor, dass solche Beteiligungen nur **im Ausnahmefall** erfolgen dürfen. Angesichts des erhöhten Risikogehalts dieses Aktivgeschäftsfeldes müssen solche Beteiligungen daher weder mit Blick auf die Anzahl noch auf das Volumen die Ausnahme bleiben.

g) Weitere Beteiligungsvoraussetzungen (Abs. 4)

59 § 3 Abs. 4 SpkG NRW ergänzt die detaillierten Regelungen zum Regionalprinzip bei Beteiligungen an Unternehmen und Einrichtungen um weitere Vorgaben. Den einzelnen Buchstaben in § 3 Abs. 4 S. 1 SpkG NRW ist gemeinsam, dass sie im Falle von Beteiligungen gelten, wobei einige auf alle Beteiligungen zutreffen, andere – wie etwa § 3 Abs. 4 S. 1 lit. c) SpkG NRW – nur für bestimmte Beteiligungsformen. § 3 Abs. 4 S. 2 SpkG NRW schränkt dagegen – systemwidrig verortet – den Anwendungsbereich von § 3 Abs. 3 SpkG NRW wiederum ein.

60 aa) **Unanwendbarkeit auf geschlossene bzw. vergleichbare Anlagen (Abs. 4 S. 2).** § 3 Abs. 4 S. 2 SpkG NRW dient der Klarstellung, dass Kapitalanlagen der Sparkassen, die in gesellschaftsrechtlicher Form ausgestaltet sind, von der Anwendung der Beteiligungsvorschriften ausgenommen sind (LT-Drs. 14/6831, S. 30). Dies war schon in § 9 Abs. 1 SpkVO 1995 so geregelt, der Gesetzgeber hat dies übernommen, ohne allerdings die dort genannten Anlagearten alle aufzuzählen. Genannt werden nunmehr lediglich Anteile an geschlossenen Fonds, die anders als der Erwerb von Aktien oder anderen Wertpapieren wenig liquide und daher Beteiligungen vergleichbar sind, und vergleichbare Anlagen. Missverständlich ist allerdings die gewählte Formulierung, da nach dem Wortlaut lediglich § 3 Abs. 4 S. 1 SpkG NRW nicht anwendbar sein soll. Der Wille des Gesetzgebers zielte aber ausdrücklich darauf ab, Anlagen in Anteilsscheinen geschlossener Fonds oder vergleichbarer Anlagen gänzlich „aus den Beteiligungsvorschriften", dh eben auch des § 3 Abs. 3 SpkG NRW, auszunehmen (LT-Drs. 14/6831, S. 31). Mit der geplanten Überarbeitung des SpkG NRW beabsichtigt der Gesetzgeber, genau dies klarzustellen. Durch Aufhebung von § 3 Abs. 4 S. 2 SpkG NRW und Einführung eines neuen § 3 Abs. 4a SpkG SpkG NRW, nachdem die Regelungen der Abs. 3 und 4 keine Anwendung auf Anlagen in Anteilsscheinen geschlossener Fonds oder vergleichbare Anlagen finden, soll nunmehr deutlich gemacht werden, dass weder die Einschränkungen aus dem Regionalprinzip (§ 3 Abs. 3 SpkG NRW) noch die Einschränkungen für Unternehmensbeteiligungen (§ 3 Abs. 4 SpkG NRW) für diese

I. Allgemeine Vorschriften § 3

Anlageformen gelten (vgl. Entwurf eines Gesetzes zur Modernisierung des Sparkassenrechts und zur Änderung weiterer Gesetze v. 19.3.2024, LT-Drs. NRW 18/2407, S. 4, 10).

bb) Beteiligung am Kapital des Sparkassen- und Giroverbandes (Abs. 4 S. 1 lit. a). Die von den Sparkassen und ihren Trägern gebildeten Sparkassen- und Giroverbände, der Rheinische Sparkassen- und Giroverband in Düsseldorf und der Westfälisch-Lippische Sparkassen- und Giroverband in Münster, sind gemäß § 32 SpkG NRW Körperschaften des öffentlichen Rechts. An ihrem Kapital sind die Sparkassen beteiligt. 61

cc) Zustimmung des Verwaltungsrates (Abs. 4 S. 1 lit. b). Gemäß § 3 Abs. 4 S. 1 lit. b) S. 1 SpkG NRW bedürfen Beteiligungen an Unternehmen und Einrichtungen der Zustimmung des Verwaltungsrates. Diese Zuständigkeiten des Verwaltungsrates nach § 15 SpkG NRW sind gerade nicht enumerativ (*Engau* in: Engau/Dietlein/Josten, § 15 Anm. 1.1). Hintergrund des hier normierten Beteiligungserfordernisses sind die besondere geschäftspolitische Bedeutung des Beteiligungsgeschäfts, aber auch der hohe Risikogehalt solcher Beteiligungen aufgrund der Unabwägbarkeiten der zukünftigen Unternehmensentwicklung; zudem kann sich die Aufbringung des Beteiligungskapitals auf die Feststellung des Jahresabschlusses auswirken, die wiederum dem Verwaltungsrat obliegt (*Engau* in: Engau/Dietlein/Josten, § 3 Anm. 3.5.1). 62

Von dem Zustimmungserfordernis erfasst sind **alle unmittelbaren Beteiligungen, dh jede Eingehung** einer unmittelbaren Beteiligung an einem Unternehmen oder einer Einrichtung. Neben dem Ersterwerb werden damit bei einer Kapitalbeteiligung auch die **Erhöhung des gezeichneten Kapitals** bzw. Kapitalanteils der eingegangenen Beteiligung umfasst, da dies Einfluss auf die Risikolage der Sparkasse hat (*Engau* in: Engau/Dietlein/Josten, § 3 Anm. 3.5.2). Aus diesem Grund sind auch sog Vorratsbeschlüsse, nach denen die Sparkasse an Kapitalerhöhungen von Beteiligungsunternehmen im Rahmen ihrer Beteiligungsquote teilnehmen darf, unzulässig (*Engau* in: Engau/Dietlein/Josten, § 3 Anm. 3.5.2). Ebenfalls vom Sinn und Zweck der Vorschrift ausgehend sind die gänzliche oder teilweise **Veräußerung, die Verringerung oder die sonstige Aufgabe einer Beteiligung** hingegen nicht von der Zustimmung des Verwaltungsrates abhängig, da sich das Beteiligungsrisiko für die Sparkasse verringert (*Engau* in: Engau/Dietlein/Josten, § 3 Anm. 3.5.5). Hier reicht ein Mehrheitsbeschluss des Vorstands aus. 63

Mittelbare Beteiligungen hingegen sind von diesem Zustimmungserfordernis nach § 3 Abs. 4 S. 1 lit. b) S. 2 SpkG NRW ausdrücklich ausgeschlossen. Der Gesetzgeber wollte damit klarstellen, dass Kapitalanlagen der Sparkassen, die in gesellschaftsrechtlicher Form ausgestaltet sind, (weiterhin) von der Anwendung der Beteiligungsvorschriften ausgenommen sind (LT-Drs. 14/6831, S. 31). 64

Die Stellung des Verwaltungsrates geht im Rahmen des § 3 Abs. 4 S. 1 lit. b) S. 1 SpkG NRW über die bloße Richtlinienkompetenz und Überwachungsfunktion des § 15 Abs. 1 SpkG NRW hinaus. Vielmehr handelt es sich um eine Geschäftsführungskompetenz, die zusammen mit dem Vorstand ausgeübt wird (nach aA handelt es sich auch hier um eine die Geschäftsführung des Vorstands zeitnah begleitende Überwachungsaufgabe, vgl. *Engau* in: Engau/Dietlein/Josten, § 3 Anm. 3.5.2). Organisationsrechtlich erfolgt die Zustimmung zu einem zuvor gefassten Beschluss des 65

Vorstands (*Josten*, 2022, S. 588). Die **Zustimmung des Verwaltungsrates** ist aus den obigen Erwägungen zwingend **vor Eingehung der Beteiligung** einzuholen (*Engau* in: Engau/Dietlein/Josten, § 3 Anm. 3.5.2). Im Falle einer fehlenden Zustimmung muss unterschieden werden zwischen dem Außenverhältnis, in dem der Vorstand die Sparkasse als ihr gesetzliches Vertretungsorgan wirksam verpflichten (§ 20 Abs. 1 S. 2 SpkG NRW) und damit die Beteiligung dennoch wirksam eingehen kann, und dem Innenverhältnis, in dem der Vorstand in einem solchen Fall pflichtwidrig handeln würde und der Verwaltungsrat zu prüfen hätte, ob er dieses Verhalten tolerieren oder hiergegen Maßnahmen ergreifen möchte (*Engau* in: Engau/Dietlein/Josten, § 3 Anm. 3.5.2, § 15 Anm. 6.4.2.2.5).

66 Um den Verwaltungsrat in die Lage zu versetzen, dieser Kompetenz gerecht zu werden, ist der Vorstand verpflichtet, den Verwaltungsrat über das beabsichtigte Beteiligungsgeschäft zu unterrichten. Dieser **Informationsanspruch** ergibt sich, ohne dass er in § 3 Abs. 4 S. 1 lit. b) SpkG NRW ausdrücklich normiert ist. Der Vorstand hat daher dem Verwaltungsrat nicht nur seinen Beschluss über den Beteiligungserwerb vorzulegen, sondern darüber hinaus auch einen fachlich fundierten Entscheidungsvorschlag im Wege einer beschlussreifen Vorlage zu unterbreiten; hierzu gehören auch die Beweggründe für die geplante Beteiligung, eine Prognose über die künftige wirtschaftliche Entwicklung des Unternehmens oder der Einrichtung, Informationen über die wirtschaftliche Tragfähigkeit des Konzepts für die Sparkasse, die Einschätzung des Beteiligungsrisikos durch den Vorstand sowie seine Renditeerwartungen (*Engau* in: Engau/Dietlein/Josten, § 3 Anm. 3.5.2). Zutreffend wird auch gefordert, dem Verwaltungsrat ebenso den Entwurf des Gesellschaftsvertrags sowie etwaige Begleitdokumente zukommen zu lassen (*Engau* in: Engau/Dietlein/Josten, § 3 Anm. 3.5.2).

67 **dd) Mutter-Tochter-Prinzip bei ausgelagerten Geschäftstätigkeiten (Abs. 4 S. 1 lit. c).** Mit der Möglichkeit, verschiedene Geschäftstätigkeiten auf ein Beteiligungsunternehmen auszulagern, besteht die Gefahr, dass sparkassenrechtliche, insbesondere geschäftsbeschränkende Vorgaben umgangen werden (*Josten*, 2022, S. 584). Um dies zu verhindern, wurde ein Kongruenzgrundsatz in dem Sinne, dass eine Tochter nicht mehr können darf als eine Mutter, bereits 1994 in § 6 Abs. 4 SpkVO eingeführt. Dieses sog **Mutter-Tochter-Prinzip** ist vom Gesetzgeber in § 3 Abs. 4 S. 1 lit. c) SpkG NRW übernommen worden und daher auch heute noch bei Beteiligungen zu beachten. Danach ist bei ausgelagerten Geschäftstätigkeiten sicherzustellen, dass dort die sparkassenrechtlichen Regelungen und Grundsätze in gleicher Weise eingehalten werden.

68 Ein solches **Outsourcing** kann sich sowohl auf Tätigkeiten beziehen, die die Sparkasse zuvor selbst ausgeübt hat, als auch auf neue Tätigkeiten, die die Sparkasse von vornherein durch einen externen Dienstleister erbringen lassen möchte (*Engau* in: Engau/Dietlein/Josten, § 3 Anm. 3.6.1). Nach § 25b KWG iVm MaRisk 2012 liegt eine Auslagerung vor, wenn ein anderes Unternehmen mit der Wahrnehmung solcher Aktivitäten und Prozesse im Zusammenhang mit der Durchführung von Bankgeschäften, Finanzdienstleistungen oder sonstigen institutstypischen Dienstleistungen beauftragt wird, die ansonsten vom Institut selber erbracht würden (*Wolfgarten* in: Boos/Fischer/Schulte-Mattler, KWG, § 25b Rn. 20). Bezüglich der Einzelheiten, die nach § 25b KWG iVm MaRisk 2012 zu beachten sind, sei auf die dortige Spezialliteratur verwiesen.

I. Allgemeine Vorschriften §3

Über die weiteren Vorgaben der § 3 Abs. 3 und Abs. 4 SpkG NRW hinaus, die auch für andere Arten der Beteiligung gelten, muss daher in jedem Fall der Auslagerung von Geschäftstätigkeiten sichergestellt werden, dass das **Auslagerungsunternehmen die sparkassenrechtlichen Regelungen und Grundsätze** in gleicher Weise **einhält** wie die Sparkasse. Dieser weite Begriff umfasst das gesamte Sparkassenrecht, dh das Sparkassenorganisationsrecht sowie das -geschäftsrecht; bei Unternehmen in privater Rechtsform, auf die das Organisationsrecht nicht uneingeschränkt übertragen werden kann, muss dies ggf. teleologisch reduziert werden (*Engau* in: Engau/Dietlein/Josten, § 3 Anm. 3.6.2.2). Zu beachten sind insbesondere die für die Geschäftsausübung am Markt geltenden sparkassenrechtlichen Besonderheiten; dazu zählen insbesondere das Regional- sowie das Verbundprinzip (*Engau* in: Engau/Dietlein/Josten, § 3 Anm. 3.6.2.2). Die **Sicherstellung** des Mutter-Tochter-Prinzips erfolgt einerseits durch die Aufnahme entsprechender Bestimmungen in den Gesellschaftsvertrag, andererseits aber auch durch die Ausübung der entsprechenden Kontrollmöglichkeiten im Aufsichtsorgan des Unternehmens bzw. durch eine entsprechende Geschäftsführung, wenn diese in den Händen von Dienstkräften der Sparkasse selbst liegt (*Engau* in: Engau/Dietlein/Josten, § 3 Anm. 3.6.2.2). 69

Die Norm erfasst im Übrigen auch **Minderheitsbeteiligungen**. Hierfür spricht, dass § 3 Abs. 4 S. 1 lit. c) S. 2 SpkG NRW, nach der das Mutter-Tochter-Prinzip auch für solche Auslagerungsunternehmen gilt, die mit einem Unternehmen der Sparkassen-Finanzgruppe direkt oder indirekt im Wettbewerb stehen, in der Praxis nur Minderheitsbeteiligungen betrifft (*Engau* in: Engau/Dietlein/Josten, § 3 Anm. 3.6.2.2). Sind im Rahmen einer geplanten Minderheitsbeteiligung die anderen Partner nicht bereit, diesen gesetzlich vorgegebenen Anforderungen nachzukommen, hat die Sparkasse von dem Projekt Abstand zu nehmen. Eine Ausnahmemöglichkeit ist nicht vorgesehen. Zudem muss der Prüfungsstelle des zuständigen Sparkassen- und Giroverbandes im Fall des § 3 Abs. 4 S. 1 lit. d) S. 3 SpkG NRW im Gesellschaftsvertrag ein **Prüfungsrecht** eingeräumt werden, das es ihr ermöglicht, bei der Beteiligung die Einhaltung der für die Sparkasse geltenden Vorschriften, auch im Wege jederzeitiger und unvermuteter Prüfungen, zu überwachen. 70

ee) Beteiligungen zur Vermeidung/Ausgleich von Verlusten (Abs. 4 S. 1 lit. d). § 3 Abs. 4 S. 1 lit. d) S. 1 SpkG NRW stellt ausdrücklich klar, dass – direkte oder indirekte – Beteiligungen der Sparkasse an Unternehmen oder Einrichtungen zur Vermeidung oder zum Ausgleich eigener Verluste unzulässig sind. Bilanzbereinigungen oder Verlustverlagerungen sollen dadurch vermieden werden (*Josten*, 2022, S. 576; *Engau* in: Engau/Dietlein/Josten, § 3 Anm. 3.7). Nur im Ausnahmefall ist die vorübergehende Übernahme von als Kreditsicherheiten verpfändeten Geschäftsanteilen möglich, wie § 3 Abs. 4 S. 1 lit. d) S. 2 SpkG NRW normiert, zulässig. Damit geht § 3 Abs. 4 S. 1 lit. d) SpkG NRW über frühere Regelungen hinaus, der in bestimmten Fällen die Ausnahmegenehmigung der Sparkassenaufsichtsbehörde vorsah (*Josten*, 2022, S. 576). 71

5. Erweiterungen des Satzungsgebietes (Abs. 5)

§ 3 Abs. 5 SpkG NRW ist eine weitere Ausprägung des Regionalprinzips, aus dem sich ein **Expansionsverbot** der Sparkassen in das Geschäftsgebiet anderer 72

Sparkassen ergibt. Nach dieser Norm sind Erweiterungen des Satzungsgebietes materiellrechtlich nur bei nachweislicher enger Verflechtung mit benachbarten inländischen Gebieten zulässig. Formal bedürfen sie für ihre Wirksamkeit der Zustimmung der dadurch räumlich betroffenen anderen Sparkassen und deren Träger sowie der Genehmigung der Aufsichtsbehörde. Diese Regelung, die die Voraussetzungen einer Erweiterung des Satzungsgebietes festlegt, entspricht der bisherigen Regelung des § 3 Abs. 5 SpkVO. Sie dürfte in der Praxis vor dem Hintergrund des dichten Netzes an Sparkassen auf der einen Seite sowie der von Art. 28 Abs. 2 GG erfassten Sparkassenhoheit anderer Träger kaum noch Bedeutung entfalten.

a) Materiellrechtliche Voraussetzungen (Abs. 5 S. 1)

73 Eine Ausdehnung auf ein Gebiet außerhalb der Gebiete, die in der Sparkassensatzung räumlich genau benannt und konkret festgelegt sind (Satzungsgebiet), bedarf nach § 3 Abs. 5 S. 1 SpkG NRW einer **nachweislich engen Verflechtung** der Trägergemeinde mit angrenzenden Gemeinden, Städten oder Kreisen. Diese kann vor allem durch starke Pendlerbewegungen vom Wohnsitz zur Arbeitsstätte zum Ausdruck kommen, aber auch die kreditwirtschaftlichen Bedürfnisse der an einer Erweiterung interessierten Sparkasse können ebenso wie betriebswirtschaftliche Gründe zB zur Steigerung der Kreditvergabemöglichkeiten zur Rentabilitätssicherung in Betracht kommen (*Engau* in: Engau/Dietlein/Josten, § 3 Anm. 4). § 3 Abs. 5 S. 1 SpkG NRW lässt eine Erweiterung nur im Rahmen des **Inlands** zu, wie sich bereits aus dem Wortlaut ergibt ("inländischen Gebieten"). Eine Ausdehnung auf grenznahe Gebiete in Belgien oder den Niederlanden ist daher nicht von dieser Norm gedeckt.

b) Formale Voraussetzungen (Abs. 5 S. 2)

74 Gemäß § 3 Abs. 5 S. 2 SpkG NRW bedürfen solche Erweiterungen – da damit auch in die Sparkassenhoheit des anderen Trägers eingegriffen wird – sowohl der **Zustimmung der räumlich betroffenen Sparkassen als auch deren Träger** als auch der **Genehmigung der Aufsichtsbehörde**. Diese hat jeweils die begehrende Sparkasse zu beantragen. Weder die betroffene Sparkasse noch ihr Träger noch die Aufsichtsbehörde sind zur Zustimmung bzw. Genehmigung verpflichtet. Insbesondere die Aufsichtsbehörde hat über einen solchen Antrag nach pflichtgemäßem **Ermessen** zu entscheiden (*Engau* in: Engau/Dietlein/Josten, § 3 Anm. 4). Als Kriterien hierfür, angesichts des dichten Netzes an Sparkassen einerseits sowie der verfassungsrechtlich über Art. 28 Abs. 2 GG garantierten Sparkassenhoheit andererseits, sahen die AVV-SpkG von 1994 (MBl. NRW 1994 S. 1492) in Abschnitt 1 Nr. 4 noch vor, dass über derartige Anträge unter besonderer Berücksichtigung der örtlichen Verhältnisse zu entscheiden und dabei auch zu prüfen ist, ob die wirtschaftlichen und personellen Verhältnisse der Sparkasse eine solche Maßnahme rechtfertigen. Bereits 1991 hatten *Stern/Nierhaus* darauf hingewiesen, dass bei neuen Geschäftserweiterungen in aller Regel eine **Ermessensreduzierung auf Null** in dem Sinne anzunehmen ist, dass die Genehmigung versagt werden muss (*Stern/Nierhaus*, 1991, S. 198). In die seit dem Jahr 2009 geltenden AVV-SpkG wurde diese Bestimmung schon gar nicht mehr aufgenommen.

I. Allgemeine Vorschriften § 3

6. Die Einführung von Wertpapieren (Abs. 6)

a) Hintergrund

Mit dem Wegfall des Enumerationsprinzips wurde das Wertpapiergeschäft auch 75 für Sparkassen möglich (ausführlich zu den Entwicklungen: *Engau* in: Engau/Dietlein/Josten, § 3 Anm. 5.1). Bereits in § 3 Abs. 6 SpkVO war die Möglichkeit vorgesehen, Wertpapiere zu emittieren. Angesichts der Entwicklung an den deutschen Börsenplätzen und zur Eröffnung der Möglichkeit einer Ausschöpfung des Marktpotentials mit dem Ziel der Stärkung der Wettbewerbsfähigkeit der nordrhein-westfälischen Sparkassen war auch in dieser Vorschrift eine Erweiterung der Börsenzulassungsmöglichkeiten auf Börsen innerhalb der EU sowie der Schweiz vorgesehen. Die jetzige Norm greift die frühere Regelung aus der SpkVO auf (LT-Drs. 14/6831, S. 31). Eine Erweiterung erfolgte aber dergestalt, dass die Nutzung einer anderen Börse innerhalb von Deutschland nunmehr ebenfalls möglich ist.

b) Wahl des Börsenplatzes

Die den Sparkassen eröffnete Möglichkeit, Wertpapiere zu platzieren, beschränkte 76 sich zunächst auf die Rheinisch-Westfälische Börse zu Düsseldorf (RWB) als Heimatbörse, wurde aber dann aber rasch auf Börsen außerhalb von Deutschland innerhalb der EU sowie der Schweiz ausgeweitet. Durch den Verzicht auf das Erfordernis „außerhalb der Bundesrepublik Deutschland" (s. § 3 SpkVO) hat der Gesetzgeber inzident zum Ausdruck gebracht, dass der viel kritisierte Ausschluss der weiteren deutschen Börsenplätze aufgehoben ist. Dennoch besteht nach § 3 Abs. 6 S. 1 SpkG NRW weiterhin ein **Vorrang der RWB**. Sofern diese zur Verfügung steht, dürfen Wertpapiere ausschließlich an dieser Börse zum Börsenhandel eingeführt werden. Sollte dies ausnahmsweise einmal nicht möglich sein, kann die Sparkasse ihr Marktpotential nicht ausschöpfen, so dass § 3 Abs. 6 S. 2 SpkG NRW zur Anwendung kommt (*Engau* in: Engau/Dietlein/Josten, § 3 Anm. 5.1).

Darüber hinaus kann eine **andere Börse** innerhalb der Bundesrepublik 77 Deutschland, der EU oder der Schweiz unter denselben Voraussetzungen genutzt werden. Hierbei ist allerdings ein strenger Prüfungsmaßstab anzusetzen: Die Sparkasse muss den Nachweis der Notwendigkeit erbringen, mithin nachweisen, dass das Marktpotential ohne die Einführung ihres Wertpapiers an der von ihr ins Auge gefassten Börse nicht ausgeschöpft ist und sie daher auf die Nutzung der in Frage kommenden Börse angewiesen ist (*Engau* in: Engau/Dietlein/Josten, § 3 Anm. 5.1). Dies kann etwa dann der Fall sein, wenn der Börsenhandel an der RWB zwar möglich ist, aber wegen zu weniger geeigneter Investoren das Marktpotenzial nicht ausgeschöpft werden kann. Ist die Wertpapiereinführung an einer anderen Börse dergestalt möglich, darf daneben auch die RWB genutzt werden. Das Wort „außer" darf hier nicht im Sinne von „ausgenommen" verstanden werden (*Engau* in: Engau/Dietlein/Josten, § 3 Anm. 5.1).

c) Zuständigkeiten und anwendbares Recht

Die Ausgabe von Wertpapieren gehört zu den Maßnahmen der Geschäftsführung 78 und fällt damit in den Zuständigkeitsbereich des Vorstands (*Engau* in: Engau/Dietlein/Josten, § 3 Anm. 5.1). Dies bedeutet, dass im Rahmen des § 3 Abs. 6

S. 2 SpkG NRW auch sowohl die Frage der Notwendigkeit als auch die Wahl der geeigneten Börse dem Vorstand gemäß § 20 Abs. 1 SpkG NRW obliegen. Weder die Trägervertretung noch der Verwaltungsrat müssen dem zustimmen. Dem Verwaltungsrat kommt lediglich eine Überwachungsfunktion zu (§ 15 Abs. 1 SpkG NRW), demgemäß ist der Vorstand verpflichtet ihn zu unterrichten. Auch die Sparkassenaufsichtsbehörde hat ein Kontrollrecht gemäß § 40 Abs. 1, Abs. 2 S. 1 SpkG NRW).

79 Für die Einführung von Wertpapieren an einer Börse gelten in Deutschland das Börsengesetz, die Verordnung über die Zulassung von Wertpapieren zum regulierten Markt einer Wertpapierbörse (Börsenzulassungs-Verordnung – BörsZulV), die jeweils geltende Börsenordnung sowie die Geschäftsbedingungen der jeweiligen Börse, weiterhin sind das Wertpapierprospektgesetz (WpPG) sowie das Wertpapierhandelsgesetz (WpHG) zu beachten.

IV. Passivgeschäft: Keine Geltung des Regionalprinzips

80 Nicht abschließend geklärt ist, ob sich das Regionalprinzip auch auf das Passivgeschäft der Sparkassen erstreckt. Dies wird zum Teil bejaht (*Stern*, 2014, S. 36 mwN). Allerdings lässt der Wortlaut des § 3 SpkG NRW diesen Schluss nicht zu, da das Passivgeschäft dort ausdrücklich nicht genannt ist. Da es dem Gesetzgeber erlaubt ist, die Reichweite des Regionalprinzips legislativ festzulegen, kommt der Wortlaut des § 3 SpkG NRW daher Vorrang zu. Wegen seines insofern abschließenden Charakters gilt mithin im Umkehrschluss, dass sich das Regionalprinzip **nicht auf das Passivgeschäft** erstreckt. Einschränkungen ergeben sich lediglich aus § 5 SpkG NRW.

81 Doch auch die Vertreter der Anwendung des Regionalprinzips auf das Passivgeschäft weisen weit überwiegend daraufhin, dass Sparkassen dennoch nicht daran gehindert sind, Einlagen von Kunden anzunehmen, die ihren Sitz außerhalb ihres Geschäftsgebiets haben (*Biesok*, SpkG-Kommentar, § 5 Rn. 63). Somit könne die Hereinnahme von Einlagen auch nicht mit der Begründung abgelehnt werden, dass dem Einleger eine örtliche Bindung zum Geschäftsbezirk der Sparkasse fehlt (Krebs/Dülp/Schröer, § 2 SpkO Anm. II 4 b)). Letzterem ist in der Tat zuzustimmen. Ort der Leistung iSv § 269 BGB ist bei einem Einlagengeschäft der Niederlassungssitz der Sparkasse (*Krüger* in: MüKoBGB, § 269 Rn. 25), so dass diese ohnehin Leistungen in ihrem Geschäftsbezirk erbringt. Zudem erhöhen die „von auswärts" hereingenommenen Gelder das Ausleihpotenzial für den örtlichen Markt (*Stern*, 2014, S. 201).

V. Bedeutung des Regionalprinzips für den Vertrieb und Werbemaßnahmen

82 Die Zulässigkeit von Werbemaßnahmen im Hinblick auf das Regionalprinzip ist im SpkG NRW nicht unmittelbar geregelt (s. hierzu bereits: Clausen, 1964, S. 37 ff.). Eine Regelung findet sich lediglich auf Ebene der Neufassung der Allgemeinen Verwaltungsvorschriften – AVV – zum Sparkassengesetz (MBl. NRW 2009 S. 520). Gemäß Abschnitt 2 Nr. 2.2 AVV-SpkG hat die Sparkasse ihre eigene Werbung und Akquisition, soweit möglich, im Inland auf ihr jeweiliges Geschäftsgebiet

I. Allgemeine Vorschriften §3

zu beschränken; Werbung ist im Übrigen außerhalb des Geschäftsgebietes nur als Gemeinschaftswerbung zulässig.

1. Definitionen/Abgrenzung: Werbung, Akquisition und Sponsoring

Werbung umfasst jede Äußerung, die einerseits als Leistungswerbung den Absatz einzelner Produkte oder des gesamten Angebots des Instituts fördern soll, andererseits der Hebung des Ansehens im Allgemeinen (Imagewerbung) dient oder Aufmerksamkeit in Verbindung mit dem Namen des Werbenden wecken soll (*Fischer/Boegl* in: Ellenberger/Bunte, BankR-HdB, § 116 Rn. 18). Werbung im Sinne der bank- und wertpapieraufsichtlichen Bestimmungen umfasst auch die **Öffentlichkeitsarbeit (Public Relation)** (*Fischer/Boegl* in: Ellenberger/Bunte, BankR-HdB, § 116 Rn. 18; *Stern/Nierhaus*, 1991, S. 184). Die in den AVV-SpkG ebenfalls genannte **Akquisition** meint die gezielte persönliche Ansprache individueller Personen zum Zwecke eines Vertragsabschlusses, insbesondere durch Unterbreiten von individuellen Angeboten und Beratungen durch Mitarbeiter (*Engau* in: Engau/Dietlein/Josten, § 3 Anm. 6.2.1). Sämtliche Begriffe unterliegen jedoch denselben Regelungen. Unterschieden werden muss allerdings zwischen der Einzelwerbung einer einzelnen Sparkasse und Gemeinschaftswerbung als ein Leistungsangebot von mehr als einer Sparkasse (*Stern/Nierhaus*, 1991, S. 186). 83

2. Bindung an das Regionalprinzip

Werbung ist kein eigenes Geschäftsfeld – dies rechtfertigt auch, dass das Thema keinen Niederschlag in § 3 SpkG NRW gefunden hat –, sondern vielmehr Teil des absatzpolitischen Instrumentariums der Institute (*Fischer* in: Boos/Fischer/Schulte-Mattler, KWG, § 23 Rn. 5), daher findet das Regionalprinzip auch auf Werbemaßnahmen der Sparkassen Anwendung (*Stern*, 2014, S. 37; *Engau* in: Engau/Dietlein/Josten, § 3 Anm. 6.2.3). 84

Da dies den räumlichen Wirkungsbereich der Sparkasse einschränkt, ist auch die **aktive Einzelwerbung außerhalb des eigenen Wirkungsbereichs**, dh des mit dem Trägergebiet gleichzusetzenden Geschäftsgebiets, **nicht zulässig**. Dies gilt auch für die Fälle, in denen eine Kreditvergabe nach § 3 Abs. 1 lit. a) SpkG NRW in einem Ausleihbezirk zulässig ist. Denn § 3 Abs. 1 lit. a) SpkG NRW stellt diesbezüglich eine gesetzlich vorgesehene Einschränkung des Regionalprinzips dar; jenseits dieser zulässigen Kreditvergabe ist das aktive Werben außerhalb des eigenen Geschäftsgebiets nicht zulässig (*Engau* in: Engau/Dietlein/Josten, § 3 Anm. 6.2.3). Kreissparkassen müssen im Gebiet kreisangehöriger Gemeinden und Gemeindeverbände mit eigener Sparkasse ebenfalls grundsätzlich von Werbung absehen (so *Engau* in: Engau/Dietlein/Josten, § 3 Anm. 6.2.2 unter Berufung auf den Gedanken des § 1 Abs. 2 S. 2 SpkG NRW). 85

Gemäß den AVV-SpkG ist Werbung „soweit möglich" im Inland auf das jeweilige Geschäftsgebiet zu beschränken. Als bloßes Binnenrecht sind die AVV-SpkG nicht geeignet, das verfassungsrechtlich verankerte Regionalprinzip außer Kraft zu setzen. Gemeint sein können mithin nur Fälle, in denen die Gebietsgrenzen „notgedrungen" überschritten werden. Dies kann etwa im Fall einer Bandenwerbung bei einer Sportveranstaltung der Fall sein, die in den überörtlichen Medien über- 86 tragen wird. Die Sparkasse ist in diesen Fällen zwar nicht gezwungen, die Werbung zu unterlassen. Sie darf solche Konstellationen aber nicht aktiv suchen; hier gilt das Umgehungsverbot. Engau empfiehlt in diesem Zusammenhang eine rechtliche Absicherung im Wege des § 1 Abs. 2 S. 3 SpkG NRW analog bzw. eine Gemeinschaftswerbung (*Engau* in: Engau/Dietlein/Josten, § 3 Anm. 6.3).

87 Zulässig ist hingegen **Gemeinschaftswerbung** zusammen mit einer oder mehreren anderen Sparkassen. Werbelinien werden hierbei zentral erarbeitet und dann entweder durch die Nutzung bundesweit erscheinender Medien wie Fernsehen und Printmedien oder durch die Weitergabe an die Regionalverbände und Sparkassen etwa in Form von zentralen Werbeempfehlungen, Rundschreiben oder Tagungen verbreitet (*Güde*, 1995, S. 399). Mit Blick auf das in § 4 SpkG NRW geregelte Verbundprinzip ist sie als Annex zu diesem Prinzip zulässig (so auch im Ergebnis *Stern/Nierhaus*, 1991, S. 187). Allerdings sollte hierbei von der Angabe von Konditionen abgesehen werden, weil andernfalls zum einen in die Kompetenz des jeweiligen Vorstands bezüglich der Geschäftspolitik eingegriffen würde, zum anderen begegnet eine gemeinschaftliche Konditionenwerbung kartellrechtlichen Bedenken (*Engau* in: Engau/Dietlein/Josten, § 3 Anm. 6.6).

3. Zuständigkeiten für die Gestaltung der Werbung

88 Die Gestaltung der Werbung fällt in die **Zuständigkeit des Vorstandes** (§ 20 Abs. 1 S. 1 SpkG NRW), der Verwaltungsrat kann allenfalls im Rahmen einer Richtlinie iSv § 15 Abs. 1 SpkG NRW bestimmen, dass Werbekampagnen in einer der Besonderheit der Sparkasse Rechnung tragenden und ihrer gesetzlichen Aufgabe angemessenen Weise zu gestalten sind (*Engau* in: Engau/Dietlein/Josten, § 3 Anm. 6.2.3). Die konkrete Gestaltung sowie den konkreten Inhalt der Werbeaussage bestimmt dann jedoch der Vorstand.

VI. Bedeutung des Regionalprinzips für Internetauftritte der Sparkasse

89 Das Regionalprinzip wirkt sich auch auf Internetaktivitäten der Sparkasse aus. Hierbei muss unterschieden werden zwischen dem von den Sparkassen angebotenen Internetbanking und ihrem Auftritt im Internet mittels Homepage. Während die Institute sich mit dem Internetbanking an ihre Kunden wenden, präsentieren sich die Sparkassen über ihre **Homepage** wiederum ihren (potentiellen) Kunden und machen auf sich und ihre Produkte aufmerksam. Beiden ist gemeinsam, dass sie auch außerhalb des Geschäftsgebiets einer Sparkasse sichtbar und nutzbar sind.

90 Auch wenn das Regionalprinzip ursprünglich nicht auf diese – im Verhältnis zu dem Prinzip – „neuen" Vertriebs- und Werbewege ausgelegt war, muss es auch in diesem Bereich Geltung haben (aA *Berger*, § 4 Rn. 16, der in dem Regionalprinzip nur eine „Richtschnur" sieht). Denn beim Internet-Banking handelt es sich nicht um eine eigenständige Geschäftsart, sondern lediglich um einen speziellen Vertriebsweg (*Schink/Karpenstein*, DVBl 2014, 481, 486). Der Internetauftritt einer Sparkasse über ihre Homepage wiederum ist eine als passive Darstellungsplattform geschaltete Selbstpräsentation (BVerfG, Beschl. v. 17.7.2003 – 1 BvR 2115/02 = NJW 2003, 2818, Rn. 20). Das Regionalprinzip beansprucht daher auch in diesem Bereich Geltung (*Schink/Karpenstein*, DVBl 2014, 481, 486 f.). Die Konsequenz ist

allerdings nicht, dass die verschiedenen Formen des Internetauftrittes durch Sparkassen insgesamt vom Regionalprinzip und vom öffentlichen Auftrag nicht gedeckt sind. Vielmehr werden die für das Passiv- und Aktivgeschäfte sowie für die Werbung geltenden Grundsätze des Regionalprinzips auf Aktivitäten im Internet übertragen.

Die **Homepage** und die über sie erfolgende (Internet-)werbung wird typischerweise von solchen Interessenten zur Kenntnis genommen, die nicht unaufgefordert durch Werbung beeinflusst werden, sondern sich selbst aktiv informieren (BVerfG, Beschl. v. 17.7.2003 – 1 BvR 2115/02 = NJW 2003, 2818, Rn. 20). Der Interessent muss aktiv auf die Sparkasse zugehen und die Initiative ergreifen. Vor diesem Hintergrund ist die Zulässigkeit einer weltweit abrufbaren Homepage zu bejahen (*Engau* in: Engau/Dietlein/Josten, § 3 Anm. 6.4). Erfolgt eine Kontaktaufnahme über diesen Weg, muss dann gemäß den Grundsätzen des Regionalprinzips unterschieden werden zwischen dem Aktiv- und dem Passivgeschäft. 91

Das **Internet-Banking** erlaubt gemäß den Grundsätzen des Regionalprinzips keine Ausweitung des **Aktivgeschäfts** in das Geschäftsgebiet anderer Sparkassen (*Schink/Karpenstein*, DVBl 2014, 481, 487): Kreditvergaben dürfen nur nach Maßgabe der § 3 Abs. 1 und 2 SpkG NRW erfolgen. Für das **Passivgeschäft** ist eine überörtliche Tätigkeit dagegen unproblematisch, da insoweit das Regionalprinzip nicht gilt (*Engau* in: Engau/Dietlein/Josten, § 3 Anm. 6.4). Mit Blick auf die Praxis und das Sparkassen-Finanzportal wird zudem hervorgehoben, dass der Steuerungsverlust über eine zentrale Portalgesellschaft für die einzelnen Sparkassen gering ist, so dass das Sparkassen-Finanzportal – jedenfalls soweit es in einer zentralen Portalgesellschaft besteht, die den Kunden an »seine« Sparkasse weiterleitet – mit den dargestellten Grundsätzen vereinbar sei, da eine Ausweitung des Geschäftsgebietes wegen der Weiterleitung des Kunden an »seine« Sparkasse gerade nicht stattfinde (*Schink/Karpenstein*, DVBl 2014, 481, 487). 92

VII. Rechtsschutz bei Verstößen gegen das Regionalprinzip

1. Rechtsschutzmöglichkeiten anderer Sparkassenträger bzw. Sparkassen

Bei einem Verstoß gegen das Regionalprinzip ist zwischen den verschiedenen Akteuren zu unterscheiden: Verletzt eine Sparkasse bei ihrer Aufgabenwahrnehmung das Regionalprinzip, können sowohl der Träger der gebietsfremden Kommune als auch die dortige Sparkasse selbst Rechtsschutz entweder über die Sparkassenaufsicht oder auf verwaltungsgerichtlichem Weg suchen. Sowohl der Träger der von der Gebietsüberschreitung betroffenen Sparkasse als auch diese selbst können die **Sparkassenaufsichtsbehörde** anrufen (§ 40 Abs. 1 SpkG NRW). Allerdings ergibt sich hieraus kein Anspruch auf Einschreiten; vielmehr entscheidet diese nach pflichtgemäßem Ermessen, ob sie im Einzelfall einschreitet (→ § 40 Rn. 15 ff.). **Verwaltungsgerichtlich** kann Rechtsschutz im Wege der **Leistungsklage** in Gestalt einer Unterlassungsklage gesucht werden (*Berger*, § 4 Rn. 26 und 28). Denn das Regionalprinzip entfaltet Schutzwirkung gegenüber der beeinträchtigten Sparkasse und ihrem Träger und verleiht ihnen insofern subjektive Rechte (*Stern*, 2014, S. 41; *Berger*, § 4 Rn. 26 und 28). 93

2. Rechtsschutzmöglichkeiten privater Bankunternehmen

94 Hingegen stehen privaten Bankunternehmen gegen Sparkassen, die in Verletzung des Regionalprinzips ihren räumlichen Wirkungskreis überschreiten, keine Rechtsschutzmöglichkeiten zu. Denn das Regionalprinzip dient nicht dem Schutz Privater vor einem Wettbewerb durch Sparkassen (*Berger*, § 4 Rn. 29).

95 Vor diesem Hintergrund scheitert zum einen ein **wettbewerbsrechtlicher Abwehranspruch gemäß § 1 UWG**. Denn nach ständiger höchstrichterlicher Rechtsprechung ist es nicht Sinn des § 1 UWG, den Anspruchsberechtigten zu ermöglichen, Wettbewerber unter Berufung darauf, dass ein Gesetz ihren Marktzutritt verbiete, vom Markt fernzuhalten, wenn das betreffende Gesetz den Marktzutritt nur aus Gründen verhindern will, die den Schutz des lauteren Wettbewerbs nicht berühren (BGH, Urt. v. 25.4.2002 – I ZR 250/00 = BGHZ 150, 343, Rn. 21). Aus denselben Gründen ist auch ein **quasinegatorischer Unterlassungsanspruch** wegen Verletzung eines Schutzgesetzes (§ 1004 BGB analog iVm § 823 Abs. 2 BGB) abzulehnen. Ein Schutzgesetz im Sinne des § 823 Abs. 2 BGB ist immer nur dann anzunehmen, eine Norm in der Weise einem gezielten Individualschutz gegen eine näher bestimmte Art der Schädigung dienen soll, dass an die Verletzung des geschützten Interesses die deliktische Einstandspflicht des Verletzers geknüpft wird (BGH, Urt. v. 25.4.2002 – I ZR 250/00 = BGHZ 150, 343, Rn. 29). Auch dies muss bei § 3 SpkG NRW aus den genannten Gründen abgelehnt werden.

§ 4 Verbund

Die Sparkassen bieten Produkte und Dienstleistungen der für sie zuständigen Einrichtungen und Unternehmen, die Aufgaben für die Sparkassen wahrnehmen (Sparkassen-Finanzgruppe), an. Die Zusammenarbeit mit anderen Geschäftspartnern darf das Verbundprinzip und das Regionalprinzip nicht beeinträchtigen.

Literatur: *Dirnberger/Henneke/Meyer/ua*, Praxis der Kommunalverwaltung, Das Sparkassenrecht in Nordrhein-Westfalen – Kommentar, 2. Fassung 2018; *Engau/Dietlein/Josten*, Sparkassengesetz Nordrhein-Westfalen, 3. Auflage, 8. Lieferung, Stand: 12/2020; *Schmidt*, Wissen für Verwaltungsräte, 8. Auflage 2002: *Weimann*, Dimensionen und Effekte der Service Excellence im deutschen Bankenmarkt, 1. Auflage 2020

Übersicht

	Rn.		Rn.
I. Entwicklung, aktuelle Problematik	1	2. Kooperationsvoraussetzung: Zuständigkeit	6
II. Reichweite des Verbundprinzips (S. 1)	4	3. Kooperationsvarianten	8
1. Verbund der Sparkassen-Finanzgruppe	4	III. Kooperation außerhalb des Verbunds (S. 2)	11

I. Entwicklung, aktuelle Problematik

1 Nachdem die Sparkassen anfänglich isoliert handelten, entstanden die ersten Sparkassenverbände schon am Ende des 19. Jahrhunderts (*Engau* in: Engau/Diet-

I. Allgemeine Vorschriften   § 4

lein/Josten, § 4 Rn. 4). Einzelne Elemente des Verbundprinzips existierten daher bereits in früheren Jahren, besaßen jedoch nicht den allgemeinen Regelungscharakter des heutigen Prinzips (*Engau* in: Engau/Dietlein/Josten, § 4 Rn. 29 ff.; *Josten,* 2022, S. 469). Aufgrund der Umstellung vom Enumerationsprinzip hin zu einem eingeschränkten Universalprinzip und der damit verbundenen Erweiterung ihres Aufgabenkreises mussten die einzelnen Sparkassen in die Lage versetzt werden, ihrem Versorgungsauftrag nach § 2 Abs. 1 SpkG NRW trotz ihres örtlich begrenzten Absatzgebietes oder einer vielleicht zu geringen Betriebsgröße gerecht zu werden. Erstmals auf der Ebene eines formellen Gesetzes wurde daher das Verbundprinzip als Vorgabe für die in § 3a Abs. 2 SpkG NRW vom 25.1.1995 enthaltene Verordnungsermächtigung aufgeführt (GV. NRW 1995 S. 92). Das allgemeine Verbundprinzip des § 4 SpkG NRW wurde schließlich durch das Gesetz zur Änderung aufsichtsrechtlicher, insbesondere sparkassenrechtlicher Vorschriften vom 18.11.2008 (GV. NRW 2008 S. 696) gesetzlich verankert.

§ 4 SpkG NRW normiert das Verbundprinzip als weiteres **Kernelement des** 2 **Sparkassenrechts** (*Engau* in: Engau/Dietlein/Josten, § 4 Rn. 1). Die Bedeutung dieses Grundsatzes hat auch der Gesetzgeber bei der erstmaligen Normierung des Verbundprinzips in einem formellen Gesetz hervorgehoben: In der Gesetzesbegründung wird das Verbundprinzip neben dem öffentlichen Auftrag sowie dem Regionalprinzip als „Grundelement des Sparkassenwesens" bezeichnet (LT-Drs. 11/6047, S. 49). Ob es sich hierbei um ein ähnlich wichtiges Element, wie es zB bei dem Regionalprinzip der Fall ist, handelt, ist auf den ersten Blick zweifelhaft. In vielen anderen Bundesländern findet sich das Verbundprinzip schon nicht dergestalt wieder, wie es in Nordrhein-Westfalen zu finden ist. In Bayern etwa findet sich das Verbundprinzip lediglich in § 3 Bay SpkO; in Baden-Württemberg ist dieses in § 6 Abs. 2 S. 2 SpkG BaWü nur ansatzweise enthalten. Dennoch arbeiten auch die dortigen Sparkassen mit Verbundpartnern zusammen, so dass dieses Element – ob gesetzlich normiert oder nicht – zu den Kernelementen des Sparkassenwesens gezählt werden kann: Während das in § 3 SpkG NRW geregelte Regionalprinzip die Tätigkeit der einzelnen Sparkassen örtlich begrenzt, ermöglicht ihnen das Verbundprinzip des § 4 SpkG NRW über die Einbeziehung von Kooperationspartnern, eine Produktpalette anzubieten, die ggf. über die örtlichen Grenzen hinausgeht. Damit sichert das Verbundprinzip, dass die Sparkassen trotz ihrer Begrenzung durch das Regionalprinzip ihrem in § 2 Abs. 1 SpkG NRW verankerten öffentlichen Auftrag gerecht werden können. Die hinter diesem Prinzip stehende Intention des Gesetzgebers erschließt sich daher auch aus dem Zusammenspiel mit dem Regionalprinzip: Beide zusammen bilden den (räumlichen) Rahmen, innerhalb dessen die Sparkasse tätig werden darf (LT-Drs. 11/6047, S. 56). Im Gesetzesentwurf aus dem Jahre 2008 wird das Prinzip als „ein unverzichtbarer Grundsatz zur Sicherung einer breit fundierten, sozial gerechten und soliden wirtschaftlichen Entwicklung in Deutschland und am Finanzplatz Nordrhein-Westfalen" bezeichnet (LT-Drs. 14/6831, S. 31). Hier kommt erstmalig aber auch ein weiteres wichtiges Ziel des Verbundprinzips zum Ausdruck: Die Verbundzusammenarbeit dient nämlich nicht nur dem volkswirtschaftlichen Interesse des Landes und dem regionalen Interesse der Kommunen und ihrer ansässigen Unternehmen, sondern auch dem betriebswirtschaftlichen Interesse eines jeden Instituts an einer verlässlichen Arbeitsteilung (LT-Drs. 14/6831, S. 31). Damit stellt das Verbundprinzip im Ergebnis eine Ergänzung des Regionalprinzips dergestalt dar, dass es Nachteile einer örtlichen Beschränkung durch regionalübergreifende Kooperationen ausgleicht (*Josten*, 2022, S. 473). Erst durch diese Arbeitsteilung im Verbund kann eine wettbewerblich hinreichende Produktpalette gesichert werden, die in der heutigen Zeit notwendig ist, um langfristig im Wettbewerb Bestand zu haben und damit dem öffentlichen Auftrag gerecht zu werden. Diese „Arbeitsteilung im Verbund" dient somit auch dazu, die Nachteile der dezentralen Organisationsstruktur des deutschen Sparkassenwesens auszugleichen. Auf diese Weise können die einzelnen Sparkassen sowie die Verbundpartner ihre Wettbewerbsfähigkeit nachhaltig stärken, ihre Ertragskraft steigern sowie ihre Kosten optimieren (*Dohmen* in: PdK NW L-17, SpkR, Nr. 7 S. 32). Damit ist § 4 SpkG NRW im Ergebnis zum einen als Komplementärnorm zu § 2 Abs. 4 SpkG NRW (*Engau* in: Engau/Dietlein/Josten, § 4 Rn. 44), zum anderen als Ergänzung zu § 3 SpkG NRW zu verstehen.

3   Diese Verbundstruktur weist jedoch auch eine **(wettbewerbs-)rechtliche Problematik** auf. Mit der wettbewerbsrechtlichen Einschätzung dieser Verbundstruktur beschäftigt sich seit mehreren Jahren die Monopolkommission der Bundesregierung. Bereits in ihrem Zweijahresgutachten zu der Periode 2012–2013 sah sie in der Sparkassen-Finanzgruppe „eine allmähliche Entwicklung hin zu einem als wirtschaftlicher Einheit tätigen Unternehmensverbund" (XX. Hauptgutachten der Monopolkommission 2012/2013, BT-Drs. 18/2150, Tz. 1836). Voraussetzung hierfür ist neben dem Wegfall der wirtschaftlichen Selbständigkeit, bei der die Verbundmitglieder bzw. ihre Träger die strategischen geschäftspolitischen Entscheidungen nicht (mehr) selbst treffen können, eine ausreichende strukturelle Verfestigung, die geeignet ist, eine wirtschaftliche Einheit herbeizuführen. Die erste Voraussetzung sah die Monopolkommission bei der Sparkassen-Finanzgruppe grundsätzlich als gegeben an (XX. Hauptgutachten der Monopolkommission 2012/2013, BT-Drs. 18/2150, Tz. 1841). Jedoch hat sie das zweite Tatbestandsmerkmal abgelehnt, solange sichergestellt ist, dass Back-Office-Leistungen sowie der Zugang zu den Sicherungseinrichtungen allen Verbandsmitgliedern ohne Vorbedingung zur Verfügung stehen und solange die Verbundausschüsse und anderen Verbandsgremien sich hinsichtlich der geschäftspolitischen Steuerung auf Empfehlungen beschränken und keine verbindlichen Vorgaben machen (XX. Hauptgutachten der Monopolkommission 2012/2013, BT-Drs. 18/2150, Tz. 1850). In ihrem XXII. Hauptgutachten hat die Monopolkommission dieses auch nochmals bekräftigt (XXII. Hauptgutachten der Monopolkommission, BT-Drs. 19/3300, Tz. 123). Diese wettbewerbsrechtliche Problematik ist somit noch nicht ausgeräumt und wird sich auch künftig noch stellen.

II. Reichweite des Verbundprinzips (S. 1)

1. Verbund der Sparkassen-Finanzgruppe

4   Durch § 4 S. 1 SpkG NRW wird zunächst die Zusammenarbeit **innerhalb der Sparkassen-Finanzgruppe** favorisiert. Die Verbundzusammenarbeit betrifft lediglich (unter Ausschluss von internen Zuarbeiten und Dienstleistungen) Produkte und Dienstleistungen, die dem Endkunden am Markt angeboten werden sollen, und dient dabei sowohl volkswirtschaftlichen Interessen und liegt damit im regionalen Interesse der Kommunen und ihrer ansässigen Unternehmen als auch den betriebswirtschaftlichen Interessen jedes Instituts, das auf diesem Wege im Rahmen

I. Allgemeine Vorschriften § 4

einer verlässlichen Arbeitsteilung eine größere Produktpalette anbieten und dabei auf Partner zurückgreifen kann (LT-Drs. 14/6831, S. 31). Grundsätzlich beruht eine Verbundorganisation auf den Prinzipien der Subsidiarität, Solidarität und Effizienz mit dem Ziel, alle Möglichkeiten der einzelnen Partner zugleich für den geschäftlichen Erfolg der anderen einzusetzen (*Schmidt*, 2002, S. 56).

Die Reichweite des Verbundprinzips wird vorliegend zunächst durch den **Verbund** selbst bestimmt. Hierbei ist das Gesetz eindeutig: Zu den Verbundpartnern der Sparkassen gehören die für sie zuständigen Einrichtungen und Unternehmen, die Aufgaben für die Sparkassen wahrnehmen. § 4 S. 1 SpkG NRW macht durch die Klammern deutlich, dass der Gesetzgeber dies als Legaldefinition für die Sparkassen-Finanzgruppe ansieht, einen Begriff, den der DSGV zum Zwecke eines einheitlichen Marktauftritts der Verbundpartner eingeführt hat (*Engau* in: Engau/Dietlein/Josten, § 4 Rn. 14). Mitglieder der Sparkassen-Finanzgruppe sind neben den Sparkassen selbst die Landesbanken, die acht Landesbausparkassen, die DeKaBank mit ihren Tochtergesellschaften, die Öffentlichen Versicherer, die Deutsche Leasing Gruppe, die Berlin Hyp, die zwölf regionalen Sparkassen- und Giroverbände sowie mehrere Finanzdienstleister, namentlich u.a. der Sparkassen Broker, die S-Kreditpartner GmbH, die DSV-Gruppe, die Finanz Informatik sowie die SIZ GmbH (https://www.dsgv.de/sparkassen-finanzgruppe/organisation/verbandsstruktur.html). Insgesamt handelt es sich derzeit um über 520 Unternehmen. 5

2. Kooperationsvoraussetzung: Zuständigkeit

Der Wortlaut des § 4 S. 1 SpkG NRW ist darüber hinaus nicht aussagekräftig. Formuliert ist S. 1 wie eine Aussage. In dieser gesetzlichen Norm lediglich eine Zustandsbeschreibung zu sehen, wäre indes zu kurz gegriffen. Aufschluss über den Regelungsgehalt der Norm gibt die Begründung des Gesetzgebers. Schutzzweck der Norm sind sowohl das volkswirtschaftliche Interesse des Landes NRW sowie das regionale Interesse der Kommunen und ihrer ansässigen Unternehmen, aber auch das betriebswirtschaftliche Interesse eines jeden Instituts an einer verlässlichen Arbeitsteilung (LT-Drs. 14/6831, S. 31). Den Sparkassen wird daher im Rahmen ihres öffentlichen Auftrags und in den Grenzen des Regionalprinzips die Befugnis gegeben, mit Verbundpartnern zu kooperieren und deren Produkte und Dienstleistungen anzubieten, um ihre Aufgaben zu erfüllen. 6

Angesichts des dargestellten großen Verbunds der Sparkassen-Finanzgruppe, deren Unternehmen sich über das Gebiet der Bundesrepublik erstrecken, muss der Anwendungsbereich des Verbundprinzips eingeschränkt werden. Andernfalls würde das in § 3 SpkG NRW festgelegte Regionalprinzip ausgehebelt werden. § 4 S. 1 SpkG NRW macht dies, indem es auf die für die Sparkassen zuständigen Einrichtungen und Unternehmen abstellt. Die bloße Zugehörigkeit eines Unternehmens zur Sparkassen-Finanzgruppe reicht daher nicht aus. Vielmehr ist eine darüberhinausgehende **Sonderbeziehung** zu der jeweiligen Sparkasse erforderlich. Diese kann sich daraus ergeben, dass das Verbundunternehmen seinen Geschäftsbezirk ebenfalls in NRW hat; sie kann aber auch historisch gewachsen sein oder auf einer Beteiligung an dem verbundenen Unternehmen beruhen (*Engau* in: Engau/Dietlein/Josten, § 4 Rn. 48). Zu den Verbundunternehmen gehören klassischerweise die Landesbank Hessen-Thüringen Girozentrale (**Helaba**) als Sparkassenzentralbank und Girozentrale gemäß § 37 SpkG NRW. Ebenso gehören die **Landesbau-** 7

sparkassen dazu, die gemäß § 1 Abs. 1 S. 2 BauSparkG das sog Bauspargeschäft ausüben dürfen, dh Einlagen von Bausparern (Bauspareinlagen) entgegenzunehmen und aus den angesammelten Beträgen den Bausparern für wohnungswirtschaftliche Maßnahmen Gelddarlehen (Bauspardarlehen) zu gewähren. Für die nordrhein-westfälischen Bausparkassen ist dies die LBS Westdeutsche Landesbausparkasse. Zu nennen sind darüber hinaus die **Deka-Gruppe** im Wertpapiergeschäft, die **Deutsche Leasing Gruppe**, die **Deutsche Factoring Bank** sowie die **Provinzial Holding AG** auf dem Versicherungssektor.

3. Kooperationsvarianten

8   Den Sparkassen ist es nach § 4 S. 1 SpkG NRW erlaubt, Produkte und Dienstleistungen aller für sie zuständigen Einrichtungen und Unternehmen anzubieten. Das SpkG NRW gibt keine weiteren Vorgaben, welche Angebote der Verbundpartner eine einzelne Sparkasse anzubieten hat. Dies steht vielmehr im **geschäftspolitischen Ermessen** des Vorstands (*Engau* in: Engau/Dietlein/Josten, § 4 Rn. 70) und richtet sich danach, was gemäß § 2 Abs. 1 SpkG NRW der geld- und kreditwirtschaftlichen Versorgung der Bevölkerung und der Wirtschaft insbesondere des Geschäftsgebietes und ihres Trägers dient.

9   Denkbar ist in diesem Zusammenhang auch das Angebot solcher Produkte, bei denen die Finanzdienstleistungen einer Sparkasse mit denen eines Verbundpartners kombiniert werden. Dies betrifft beispielsweise sog **Metakredite oder Konsortialkredite**, bei denen die örtliche Sparkasse bankenaufsichtsrechtlich an bestimmte Höchstgrenzen gebunden ist, aber zusammen mit ihrer Sparkassenzentralbank, die sie intern oder offen als Partner hinzuzieht, Kredit zur Verfügung stellen kann (*Engau* in: Engau/Dietlein/Josten, § 4 Rn. 7).

10   Verbundvereinbarungen zwischen dem zuständigen Sparkassen- und Giroverband und dem jeweiligen Verbundpartner legen die **Rahmenbedingungen** dieser Zusammenarbeit fest; die einzelne Sparkasse tritt diesen Rahmenverträgen bei und schließt mit dem jeweiligen Verbundpartner noch Einzelverträge ab, die die konkreten Aktivitäten enthalten (*Engau* in: Engau/Dietlein/Josten, § 4 Rn. 76). Unproblematisch darf die Sparkasse in ihrem Geschäftsgebiet auch auf die Leistungen ihrer Verbundpartner werbend aufmerksam machen. Sie bleibt ja mit ihrem Angebot innerhalb ihres Geschäftsgebiets, so dass das in § 3 SpkG NRW im Einzelnen normierte Regionalprinzip nicht verletzt wird. Im Übrigen besteht **keine gesetzliche Verpflichtung für die Sparkasse zur Zusammenarbeit mit Verbundpartnern**; sie wird lediglich dazu angehalten (*Weimann*, S. 132). Etwas anderes wäre mit dem öffentlichen Auftrag nicht vereinbar. In allen Fällen hat der verfassungsrechtlich verankerte, auf die Versorgung der Bürger sowie der Wirtschaft in dem Gebiet des Trägers gerichtete öffentliche Auftrag Vorrang; er ist prioritär vor etwaigen Absatzinteressen der Verbundpartner zu erfüllen.

III. Kooperation außerhalb des Verbunds (S. 2)

11   § 4 S. 2 SpkG NRW regelt die Zulässigkeit der Zusammenarbeit mit anderen Geschäftspartnern. Diese ist aufgrund des Verbundprinzips nur **subsidiär** möglich; bei einer solchen Kooperation sind zudem die Grenzen des Regionalprinzips zu beachten. Weder das Gesetz noch die Gesetzesbegründung erläutern, was

I. Allgemeine Vorschriften § 5

unter dem Begriff der anderen Geschäftspartner zu verstehen ist. Die Gesetzessystematik gibt mit Blick auf S. 1 der Norm aber vor, dass es **Unternehmen außerhalb der Sparkassen-Finanzgruppe** sein müssen, mit denen eine Zusammenarbeit auf dem Tätigkeitsgebiet der Sparkasse in Betracht kommt. Eine weitere Einschränkung dieses Begriffes ist nicht notwendig, weil sich die Subsidiarität der geschäftlichen Zusammenarbeit mit diesen Geschäftspartnern aus der in S. 2 angeordneten Geltung des Verbund- sowie des Regionalprinzips ergibt (anders wohl: *Engau* in: Engau/Dietlein/Josten, § 4 Rn. 78, der jedoch zu demselben Ergebnis kommt).

Durch § 4 S. 2 SpkG NRW wird deutlich, dass jegliche geschäftliche Zusammenarbeit mit diesen Geschäftspartnern nur unter Geltung des Verbundprinzips sowie des Regionalprinzips zulässig ist. Damit kommt – wenn auch nicht ausdrücklich – ein **Vorrang der Zusammenarbeit mit Verbundpartnern** im Sinne von § 4 S. 1 SpkG NRW zum Ausdruck. Sofern ein Verbundpartner ein Produkt anbietet, ist die Sparkasse gehalten, im Sinne der Verbundtreue mit diesem zu kooperieren. Eine Kooperation mit einem anderen Geschäftspartner ist in diesem Fall unter Beachtung des Verbundprinzips nicht möglich. Die Verbundtreue stößt jedoch dann an ihre Grenze, wenn ein Verbundpartner entweder kein entsprechendes Produkt bzw. keine entsprechende Dienstleistung anbieten kann oder die Konditionen nicht marktfähig sind. In diesem Fall ist über § 4 S. 2 SpkG NRW auch die fallweise Kooperation mit einem anderen Geschäftspartner zulässig. Die Entscheidung darüber, ob ein solcher Sachverhalt vorliegt, liegt im geschäftspolitischen Ermessen der Sparkasse (*Engau* in: Engau/Dietlein/Josten, § 4 Rn. 80). Die in § 4 S. 2 SpkG NRW ebenfalls normierte Geltung des **Regionalprinzips** bei Kooperation mit anderen Geschäftspartnern außerhalb des Sparkassenverbunds bedeutet, dass die Sparkasse auch dann an dieses Kernprinzips des Sparkassenwesens gebunden ist, wenn sie mit einem außerhalb des Verbundes stehenden Unternehmen kooperiert. Auch wenn für das Unternehmen selbst das Regionalprinzip nicht gilt und es seine Produkte oder Dienstleistungen im Direktvertrieb ohne räumliche Begrenzung anbieten kann, ist die Sparkasse weiterhin dem Regionalprinzip des § 3 SpkG NRW verpflichtet (*Engau* in: Engau/Dietlein/Josten, § 4 Rn. 81). Sie kann also nicht über eine solche Kooperation ihr Geschäftsfeld außerhalb der vom Regionalprinzip gesteckten Grenzen ausdehnen (→ § 3).

12

§ 5 Kontrahierungspflichten

(1) Die Sparkassen sind verpflichtet, Spareinlagen in Höhe von mindestens einem Euro entgegenzunehmen.

(2) Die Sparkassen sind verpflichtet, für natürliche Personen aus dem Trägergebiet auf Antrag Girokonten zur Entgegennahme von Einlagen in Euro zu führen. Eine Verpflichtung zur Führung eines Girokontos besteht nicht, wenn
  a. der Kontoinhaber Dienstleistungen bei Kreditinstituten missbraucht hat,
  b. das Konto ein Jahr lang umsatzlos geführt wurde,
  c. das Konto kein Guthaben aufweist und der Kontoinhaber trotz Aufforderung nicht für Guthaben sorgt,

d. aus anderen wichtigen Gründen die Aufnahme oder Fortführung der Geschäftsbeziehung den Sparkassen im Einzelfall nicht zumutbar ist.
Die Ablehnung eines Antrags nach Satz 1 ist schriftlich oder elektronisch zu begründen.

Literatur: *Arndt*, Abweichender Rechtsweg bei Streitigkeit über die Kündigung eines Sparkassen-Girokontos, jurisPR-BKR 1/2023 Anm. 4; *Arndt*, Eröffnung eines Zahlungskontos bei einer Sparkasse, jurisPR-BKR 10/2022 Anm. 4; *Biesok*, Die Grundrechtsbindung der Sparkassen bei der Begründung, Änderung und Beendigung der Geschäftsbeziehung zu ihren Kunden, WM 2020, 75; *Ellenberger/Bunte* (Hrsg.), Bankrechts-Handbuch, 6. Auflage 2022; *Goldhammer*, Zweistufentheorie, Kontrahierungszwang und das Problem der Sparkassen mit imagegefährdenden Kunden, DÖV 2013, 416; *Günnewig*, Zum Kontrahierungszwang beim Sparkassen-Girokonto, ZIP 1992, 1670; Herberger/Martinek/Rüßmann/Weth/Würdinger, juris PraxisKommentar BGB II, 9. Aufl., 2020; *Herresthal*, Der Anspruch auf ein Basiskonto nach dem Zahlungskontengesetz (ZKG), BKR 2016, 133; *Hufen*, Verwaltungsprozessrecht, 10. Auflage 2016; *Ipsen*, Parteiengesetz, 2. Aufl. 2018; *Jarass/Pieroth*, Grundgesetz für die Bundesrepublik Deutschland: GG, 17. Auflage 2022; *Kümpel/Mülber*; *Säcker/Rixecker/Oetker*, Münchner Kommentar zum BGB, Band 13, 8. Aufl. 2021; *Stelkens/Bonk/Sachs*, Verwaltungsverfahrensgesetz, 10. Aufl. 2022; *Von Staudinger* (Begr.), Kommentar zum Bürgerlichen Gesetzbuch: Staudinger BGB – Buch 1: Allgemeiner Teil: §§ 139–163, Neubearbeitung 2020; *Von Staudinger* (Begr.), Kommentar zum Bürgerlichen Gesetzbuch: Staudinger BGB – Buch 2: Recht der Schuldverhältnisse: §§ 779- 811, Neubearbeitung 2015

Übersicht

	Rn.		Rn.
I. Allgemeines	1	b) Umsatzlosigkeit des Girokontos, Abs. 2 S. 2 lit. b.)	19
II. Verpflichtung zur Annahme von Spareinlagen (Abs. 1)	3	c) Fehlendes Kontoguthaben, Abs. 2 S. 2 lit. c.)	20
1. Begriff der Spareinlage	4	d) Unzumutbarkeit, Abs. 2 S. 2 lit. d.)	21
2. Anspruchsberechtigter Personenkreis	6	4. Formale Anforderungen an Ablehnung/Kündigung	24
3. Rechtsnatur des Sparvertrags	9	IV. Verhältnis zum Basiskonto nach §§ 30 ff. ZKG	26
4. Kündigungsmöglichkeiten des Sparvertrags	10	V. Kontrahierungspflichten gegenüber politischen Parteien/Vereinigungen	31
III. Verpflichtung zur Führung eines Girokontos auf Guthabenbasis (Abs. 2)	12	VI. Rechtsweg bei Auseinandersetzungen über Eröffnung/Kündigung von Giroverträgen	38
1. Anspruchsberechtigung	13		
2. Konto auf Guthabenbasis, Rechtsnatur	16		
3. Ablehnung und Kündigung	17		
a) Missbrauch von Dienstleistungen, Abs. 2 S. 2 lit. a.)	18		

I. Allgemeines

1 Zu den grundlegenden Ordnungsprinzipien einer Privatrechtsordnung gehört die Möglichkeit zu gewährleisten, Rechtsbeziehungen vertraglich zu regeln. Dieses Prinzip der Vertragsfreiheit hat als einen wesentlichen Hauptaspekt die Abschlussfreiheit, die als positive und als negative Abschlussfreiheit zu betrachten ist (*Bork* in: Staudinger [2020], Vorbemerkung zu §§ 145 ff., Rn. 12). Kontrahierungszwänge stehen dieser negativen Abschlussfreiheit entgegen und sind daher grds. abzulehnen. Lediglich im Rahmen der öffentlichen und privatisierten **Daseinsvorsorge** hat der Staat eine Gewährleistungsverantwortung und kann selbst private Anbieter

I. Allgemeine Vorschriften § 5

zur Sicherstellung der Grundversorgung mit bestimmten, gemeinwohlorientierten Dienstleistungen verpflichten (*Ruthig/Storr* in: Ruthig/Storr, Öffentliches Wirtschaftsrecht, Rn. 504). Auch aus dem Charakter der Sparkassen als Anstalt des öffentlichen Rechts können sich mithin Kontrahierungspflichten ergeben. Eine solche ergibt sich indes nicht über § 8 Abs. 2 GemO NRW, da sich dieser Zulassungsanspruch nur gegen die Gemeinde als solche richtet und nicht gegenüber solchen verselbständigten Einrichtungen erhoben werden kann, bei denen die Einwirkungsmöglichkeiten der Gemeinde auf deren Geschäftstätigkeit – wie gerade bei den Sparkassen – ausgeschlossen sind (*Schlierbach/Püttner*, S. 120). Ein Anspruch auf Zulassung zur Nutzung kann allerdings aus der Widmung einer öffentlichen Anstalt für die Benutzung durch die Allgemeinheit, die in dem öffentlichen Auftrag der Sparkassen zum Ausdruck kommt, in Verbindung mit dem Gleichheitssatz des Art. 3 Abs. 1 GG hergeleitet werden (→ Rn. 32 ff.; *Schlierbach/Püttner*, S. 120). Darüber hinaus findet sich in § 31 ZKG ein Anspruch auf Abschluss eines Basiskontenvertrags, der allerdings nicht nur Sparkassen, sondern generell Kreditinstitute verpflichtet, die Zahlungskonten für Verbraucher anbieten (→ Rn. 26 ff.).

Anders als in den meisten anderen Sparkassengesetzen hat der nordrhein-westfälische Gesetzgeber die Sparkassen einem landesrechtlichen spezialgesetzlichen Kontrahierungszwang unterworfen. Sparkassen werden nach § 5 Abs. 1 SpkG NRW dazu verpflichtet, Spareinlagen entgegenzunehmen. Zudem sind sie nach Abs. 2 unter den dort aufgeführten Voraussetzungen verpflichtet, Girokonten für natürliche Personen zu führen. Diese Kontrahierungspflichten sind im Jahr 2008 in das Gesetz aufgenommen worden. Auf untergesetzlicher Ebene bestanden sie indes schon vorher. Die Übernahme in das SpkG NRW erfolgte, um die Bedeutung der Aufgabe hervorzuheben (LT-Drs. 14/6831, S. 32). Damit hat der Gesetzgeber die Bedeutung der Aufgabe öffentlich-rechtlicher Sparkassen unterstrichen, aufgrund ihres öffentlichen Auftrags „Finanzdienstleistungen für jedermann" anzubieten (LT-Drs. 14/6831, S. 32). Inhaltlich handelt es sich hier – anders als bei den aus dem öffentlichen Auftrag fließenden Verpflichtungen des § 2 SpkG NRW – um öffentlich-rechtliche Pflichten, die subjektive Rechte, dh einen einklagbaren Anspruch begründen (*Engau* in: Engau/Dietlein/Josten, § 5 Anm. 2). 2

II. Verpflichtung zur Annahme von Spareinlagen (Abs. 1)

§ 5 Abs. 1 SpkG NRW verpflichtet die Sparkasse zunächst dazu, Spareinlagen in Höhe von mindestens einem Euro entgegenzunehmen. 3

1. Begriff der Spareinlage

Die Vorschrift selbst definiert den Begriff der **Spareinlage** nicht. Auch der Gesetzesentwurf enthält hierzu keine Präzisierungen, sondern weist lediglich darauf hin, dass eine Anpassung an den Sprachgebrauch im Verhältnis zu der bis dahin geltenden Regelung in der SpkVO 1995 erfolgt sei (LT-Drs. 14/6831, S. 32). Auch die Vorgängerregelungen in den Verordnungen enthielten keine Begriffsbestimmung. Der Verordnungsgeber knüpfte hierbei vielmehr an die Definition in § 22 KWG an. Nach der Novellierung im Jahr 1993 sind Spareinlagen nur in § 21 Abs. 4 der Verordnung über die Rechnungslegung der Kreditinstitute und Finanzdienstleistungsinstitute (RechKredV) geregelt; es handelt sich hierbei um eine Minimalrege- 4 lung (*Peterek* in: Kümpel/Mülbert/Früh/Seyfried, Rn. 9.52). Entscheidend ist, dass die Gelder dem Kreditinstitut unbefristet zur Verfügung stehen, durch Ausfertigung einer Urkunde als solche gekennzeichnet sind, der Ansammlung bzw. der Anlage von Vermögen und nicht dem Zahlungsverkehr dienen, einer Kündigungsfrist von mindestens drei Monaten unterliegen und nicht durch in § 21 Abs. 4 S. 1 Nr. 3 RechKredV aufgelistete Anleger erfolgen, sondern lediglich von einem bestimmten Einlegerkreis entgegengenommen werden können (s. hierzu auch: *Langner* in: Ellenberger/Bunte, BankR-HdB, § 45 Rn. 18). Bausparanlagen gelten gem. § 21 Abs. 4 S. 4 RechKredV nicht als Spareinlagen.

5 Neben den Spareinlagen in diesem Sinne bieten die Sparkassen regelmäßig verschiedene **Sonderformen des Kontensparens** wie etwa Prämiensparverträge oder das S-Vermögenssparen an, mit denen jeweils aktuelle Markttrends bedient werden. Diese Sondersparformen unterfallen indes nicht dem Anwendungsbereich des § 5 Abs. 1 SpkG NRW (*Engau* in: Engau/Dietlein/Josten, § 5 Anm. 24). In Erfüllung ihres öffentlichen Auftrags (§ 2 Abs. 2 S. 2, Abs. 4 SpkG NRW) und im Rahmen des geschäftspolitischen Ermessens des Vorstands (§ 20 Abs. 1 S. 1 SpkG NRW) können die Sparkassen vielmehr diese Sondersparformen sowie die Voraussetzungen für die Produktnutzung festlegen, ohne dass hier ein Kontrahierungszwang entsteht.

2. Anspruchsberechtigter Personenkreis

6 § 5 Abs. 1 SpkG NRW trifft ebenfalls keine Aussage dazu, welcher Personenkreis anspruchsberechtigt ist. Die Gesetzesbegründung verweist auf die Aufgabe der öffentlich-rechtlichen Sparkassen, aufgrund ihres öffentlichen Auftrags „Finanzdienstleistungen für jedermann" anzubieten (LT-Drs. 14/6831, S. 32). Erfasst werden damit **alle natürlichen Personen**, ohne dass nach Verbrauchern iSd § 13 BGB oder Unternehmern iSv § 14 BGB unterschieden wird. Beschränkungen ergeben sich folglich nicht aus der Vorschrift selbst. Sie können sich aber aus anderen gesetzlichen Vorschriften ergeben. In diesem Zusammenhang ist § 21 Abs. 4 S. 1 Nr. 3 RechKredV selbst zu beachten, der schon das Produkt Spareinlage auf einen bestimmten Gläubigerkreis beschränkt: Danach dürfen Spareinlagen nicht durch **Kapitalgesellschaften, Genossenschaften, wirtschaftlichen Vereinen, Personenhandelsgesellschaften** oder von **Unternehmen mit Sitz im Ausland** mit vergleichbarer Rechtsform angenommen werden. Da § 5 Abs. 1 nach seiner Entstehungsgeschichte und seinem Regelungszweck auf den Begriff der Spareinlage, wie er in § 21 Abs. 4 RechKredV definiert wird, abstellt, können diese Anleger folgerichtig keinen Anspruch aus § 5 Abs. 1 SpkG NRW herleiten. Etwas anderes gilt nach der § 21 Abs. 4 S. 1 Nr. 3 HS. 2 RechKredV nur, wenn das Unternehmen gemeinnützigen, mildtätigen oder kirchlichen Zwecken dient oder es sich bei den von diesem Unternehmen angenommenen Geldern um Sicherheiten gemäß § 551 BGB, dh um sog Mietkautionskonten, handelt. Der Nachweis ist hier in der Regel durch Vorlage einer Bescheinigung der zuständigen Finanz- oder Aufsichtsbehörde zu führen. Im Umkehrschluss sind **andere Personenmehrheiten** wie Mietergemeinschaften, rechtsfähige oder nichtrechtsfähige Idealvereine, die nicht auf einen wirtschaftlichen Geschäftsbetrieb gerichtet sind, BGB-Gesellschaften, Partnerschaftsgesellschaften sowie Einzelfirmen nicht von der Hereingabe von Spareinlagen ausgeschlossen.

I. Allgemeine Vorschriften § 5

Juristische Personen des Öffentlichen Rechts werden in § 21 Abs. 4 S. 1 **7**
Nr. 3 RechKredV nicht ausgeschlossen. Daher sind Kommunen, Städte, Landkreise, Zweckverbände sowie andere Körperschaften, Anstalten und Stiftungen des Öffentlichen Rechts ebenfalls spareinlagefähig. Ob hieraus ein Kontrahierungsanspruch gem. § 5 Abs. 1 SpkG NRW folgt, ist umstritten (s. hierzu ausführlich: *Engau* in: Engau/Dietlein/Josten, § 5 Anm. 42 ff.). Dem Wortlaut der Vorschrift lässt sich der berechtigte Personenkreis nicht entnehmen. Lediglich im Umkehrschluss aus § 5 Abs. 2 SpkG NRW, der explizit nur auf natürliche Personen abstellt, könnte sich ableiten lassen, dass Abs. 1 darüber hinaus auch juristische Personen und somit auch juristische Personen des Öffentlichen Rechts erfasst. Ob dies dem Willen des Gesetzgebers entspricht, ist indes fraglich, da der Gesetzgeber in seiner einleitenden Begründung zu § 5 SpkG NRW lediglich lapidar von der „Aufgabe der öffentlich-rechtlichen Sparkassen, aufgrund ihres öffentlichen Auftrags ‚Finanzdienstleistungen für jedermann' anzubieten", spricht (LT-Drs. 14/6831, S. 32). Eine Beschränkung auf natürliche Personen auch im Rahmen des Kontrahierungsanspruchs gem. Abs. 1 ließe sich aber ggf. aus § 2 Abs. 2 S. 2 SpkG NRW ziehen, nachdem die finanzielle Eigenvorsorge und Selbstverantwortung vornehmlich bei der Jugend, aber auch in allen sonstigen Altersgruppen und Strukturen der Bevölkerung zu den Aufgaben der Sparkasse gehört. Allerdings ist dieser Aspekt des öffentlichen Auftrags nicht ausschließlich auf die dort genannten Bevölkerungsgruppen begrenzt, so dass mE angesichts des Wortlauts, aber auch vor dem Hintergrund des Regelungsgedankens dieser Norm ein Ausschluss juristischer Personen des Öffentlichen Rechts abzulehnen ist. Juristischen Personen des Öffentlichen Rechts einen solchen Anspruch zu gewähren, dient im weiteren Sinne nämlich auch dazu, diese bei der Erfüllung ihres öffentlichen Auftrags zu unterstützen. Entscheidend sollte daher sein, ob eine natürliche oder juristische Person spareinlagefähig ist.

Der Wortlaut des § 5 Abs. 1 trifft – anders als § 5 Abs. 2 – ebenfalls keine Aussage **8** dazu, ob die Sparkasse auch zur Annahme von Spareinlagen **gebietsfremder Personen** verpflichtet ist. Die Antwort auf diese Frage ergibt sich indes aus der Rechtsnatur dieses Kontrahierungszwangs: Dieser fließt aus dem öffentlichen Auftrag der Sparkassen, bezieht sich aber nach § 2 Abs. 1 SpkG NRW explizit auf die Bevölkerung und das Geschäftsgebiet. Damit kann auch der Kontrahierungszwang der Sparkassen nicht weitergehen. Sie sind mithin nicht zur Annahme von Spareinlagen Gebietsfremder verpflichtet, können aber solche Einlagen ohne Verstoß gegen das Regionalprinzip, das im Bereich des Passivgeschäfts keine Geltung hat, annehmen (→ § 3 Rn. 80 f.).

3. Rechtsnatur des Sparvertrags

Unabhängig von diesem öffentlich-rechtlich normierten Kontrahierungszwang **9** entsteht zwischen der Sparkasse und dem Anlegenden ein zivilrechtlicher Vertrag. Dessen Rechtsnatur war lange Zeit umstritten. Sowohl das Reichsgericht (RG, Urt. v. 8.4.1910 – VII 318/09 = RGZ 73, 220–222) und BGH (BGH, Urt. v. 22.10.1964 – VII ZR 206/62 = BGHZ 42, 302–307) als auch Teile der Literatur (*Marburger* in: Staudinger [2015], § 808, Rn. 42 mwN) hatten den Sparvertrag als Darlehensvertrag qualifiziert. Der BGH hat nunmehr jedoch deutlich gemacht, dass es sich vor dem Hintergrund des vertraglichen Pflichtenprogramms vielmehr um einen **unechten Verwahrungsvertrag** handelt: Dieser setze gem. § 700 Abs. 1

S. 1 BGB nämlich gerade voraus, dass vertretbare Sachen in der Art hinterlegt werden, dass das Eigentum auf den Verwahrer übergehen und dieser verpflichtet sein soll, Sachen von gleicher Art, Güte und Menge zurückzugewähren; der Hinterleger gehe keine Verpflichtung zur Hinterlegung ein; ihm komme es in der Regel in erster Linie auf eine sichere Aufbewahrung der überlassenen Sache und daneben auf die jederzeitige Verfügbarkeit darüber an (BGH, Urt. v. 14.5.2019 – XI ZR 345/18 = BGHZ 222, 74–88, Rn. 26 mwN). Bestandteil dieses Vertrags sind regelmäßig die jeweils geltenden Bedingungen für den Sparverkehr (Sparbed-Spk) sowie die Allgemeinen Geschäftsbedingungen der Sparkasse (AGB-Spk).

4. Kündigungsmöglichkeiten des Sparvertrags

10 Der gesetzlich angeordnete Kontrahierungszwang des § 5 Abs. 1 SpkG NRW verpflichtet Sparkassen nicht nur zur Annahme von Spareinlagen, sondern auch dazu, einen vor diesem Hintergrund geschlossenen Vertrag auch fortzusetzen. Es besteht mithin eine Kündigungssperre im Sinne einer ordentlichen Kündigung (BGH, Urt. v. 5.5.2015 – XI ZR 214/14 = BGHZ 205, 220–228, Rn. 8; deutlicher bereits: LG Stuttgart, Urt. v. 6.9.1996 – 27 O 343/96 –, juris Rn. 65). Hingegen erfasst diese Kündigungssperre nicht die außerordentliche Kündigung aus wichtigem Grund. Der allgemeine Rechtsgrundsatz, dass Dauerschuldverhältnisse von jedem Vertragsteil aus wichtigem Grund gekündigt werden können (§ 314 Abs. 1 BGB), findet auch hier Anwendung, allerdings unter Beachtung der gem. § 21 Abs. 4 S. 1 Nr. 4 RechKredV vorgeschriebenen Kündigungsfrist von drei Monaten (*Engau* in: Engau/Dietlein/Josten, § 5 Anm. 188). Ein solcher wichtiger Grund setzt voraus, dass dem kündigenden Teil unter Berücksichtigung aller Umstände des Einzelfalls und unter Abwägung der beiderseitigen Interessen die Fortsetzung des Vertragsverhältnisses bis zur vereinbarten Beendigung oder bis zum Ablauf der genannten Kündigungsfrist nicht zugemutet werden kann (§ 314 Abs. 1 S. 2 BGB). Ein wichtiger Grund ist im Allgemeinen dann anzunehmen, wenn die Gründe, auf die die Kündigung gestützt wird, im Risikobereich des Kündigungsgegners liegen; wird der Kündigungsgrund hingegen aus Vorgängen hergeleitet, die dem Einfluss des Kündigungsgegners entzogen sind und aus der eigenen Interessensphäre des Kündigenden herrühren, rechtfertigt dies nur in Ausnahmefällen die fristlose Kündigung (*Weth* in: Herberger/Martinek/Rüßmann/Weth/Würdinger, jurisPK-BGB, § 314 BGB Rn. 13). Nr. 26 Abs. 2 der AGB-Spk greift diese Grundsätze auf und nennt wichtige Gründe, die im Einzelfall auf deren Anwendbarkeit hin geprüft werden müssen.

11 Zur Problematik der Zulässigkeit der Berechnung von Negativzinsen → § 2 Rn. 26.

III. Verpflichtung zur Führung eines Girokontos auf Guthabenbasis (Abs. 2)

12 In Ergänzung zu Abs. 1 regelt Abs. 2 den Kontrahierungszwang bezüglich Girokonten auf Guthabenbasis, der ebenfalls zuvor bereits in der SpkVO geregelt war. Anders als die hier verwendete Formulierung des Gesetzgebers auf den ersten Blick vermuten lässt, steht hier nicht der Einlagenaspekt im Vordergrund; die Entgegennahme von Einlagen stellt vielmehr lediglich den Ausgangspunkt dar, um das

I. Allgemeine Vorschriften § 5

Girokonto nutzen zu können (*Engau* in: Engau/Dietlein/Josten, § 5 Anm. 273). Erst dann können die typischen Zahlungsvorgänge wie Überweisungen, Lastschriften, Debit-Kartenzahlungen sowie Bargeldauszahlungen getätigt werden. Genau dieses Interesse des Bürgers an einer Teilnahme am bargeldlosen Zahlungsverkehr soll mit § 5 Abs. 2 SpkG NRW geschützt werden (LT-Drs. 14/6831, S. 32). Der Wortlaut „Girokonten zur Entgegennahme von Einlagen" soll mithin deutlich machen, dass die Sparkassen nicht zur Einräumung von Überziehungsmöglichkeiten verpflichtet werden sollen; es handelt sich vielmehr um einen Anspruch auf Eröffnung und Führung eines Girokontos auf Guthabenbasis.

1. Anspruchsberechtigung

Die Verpflichtung zur Führung von Girokonten auf Guthabenbasis besteht nur gegenüber **natürlichen Personen**, wie sich aus dem ausdrücklichen Wortlaut von § 5 Abs. 2 S. 1 SpkG NRW ergibt. Auf der einen Seite sind damit sowohl juristische Personen als auch Personenvereinigungen wie Personengesellschaften, Vereine und Parteien aus dem Anwendungsbereich ausgeschlossen und können keinen Anspruch aus § 5 Abs. 2 S. 1 SpkG NRW herleiten (so auch: VG Düsseldorf, Urt. v. 23.10.2019 – 20 K 6668/18 –, juris Rn. 54). Denn ein über diese Norm hinausgehender allgemeiner Kontrahierungszwang besteht auch für die öffentlich-rechtlichen Sparkassen nach dem ausdrücklichen Wortlaut der Regelung und dem Willen des Gesetzgebers nicht (OLG Düsseldorf, Beschl. v. 22.7.2020 – I-9 W 42/20 –, juris Rn. 4). Anderen als natürlichen Personen gegenüber können Sparkassen lediglich über den Gleichbehandlungssatz aus Art. 3 Abs. 1 GG verpflichtet sein (→ Rn. 32 ff.). Anders als § 31 ZKG erfasst § 5 Abs. 2 S. 1 SpkG NRW nicht nur Verbraucher iSv § 13 BGB, sondern alle natürlichen Personen, auch wenn sie in Ausübung ihrer gewerblichen oder selbständigen beruflichen Tätigkeit, also als Unternehmer iSv § 14 BGB, handeln. 13

Nicht entscheidend ist, inwiefern die natürliche Person tatsächlich auf dieses Guthabenkonto angewiesen ist. Bereits nach dem Wortlaut der Regelung hat die Sparkasse **keine Bedürfnisprüfung** durchzuführen. Daraus ergibt sich für den Gesetzgeber, dass auch eine mögliche Kontobeziehung zu einem anderen Kreditinstitut unschädlich ist und damit keinen wirksamen Ablehnungsgrund darstellt (LT-Drs. 14/6831, S. 32). 14

Darüber hinaus besteht die Kontrahierungspflicht des § 5 Abs. 2 S. 1 SpkG NRW lediglich gegenüber natürlichen Personen **aus dem Trägergebiet**. Angesichts des knappen Wortlautes und vor dem Hintergrund, dass auch der Gesetzgeber hierzu keine weiteren Erläuterungen gibt, stellt sich die Frage, wie diese Ortsbezogenheit zu verstehen ist. Zutreffenderweise ist nicht erforderlich, dass die Person im Trägergebiet wohnt; ausreichend ist vielmehr auch ein Geschäftslokal im Trägergebiet (*Schlierbach/Püttner*, S. 122). Besteht kein solcher Anknüpfungspunkt, ist die Sparkasse nicht gehindert, eine solche Kontoverbindung zu begründen; sie ist indes nicht dazu verpflichtet. 15

2. Konto auf Guthabenbasis, Rechtsnatur

Ein Anspruch kann – wie einleitend dargestellt – lediglich auf Führung eines Girokontos auf Guthabenbasis bestehen. Keinesfalls kann eine Sparkasse dazu verpflichtet werden, einen Vertrag zu den Konditionen abzuschließen, die der Kunde 16 wünscht (LG Kleve, Urt. v. 3.12.2013 – 4 O 4/13 –, juris Rn. 23). Daher ist sie auch nicht verpflichtet, einer natürlichen Person einen Dispositionskredit einzuräumen (LG Kleve, Urt. v. 3.12.2013 – 4 O 4/13 –, juris Rn. 23). Die Vertragsbeziehungen selbst richten sich auch im Rahmen des § 5 Abs. 2 SpkG NRW nach zivilrechtlichen Regelungen. Es handelt sich um einen Girovertrag, der als Zahlungsdiensterahmenvertrag gem. § 675f Abs. 2 S. 1 BGB dem Grunde nach ein Geschäftsbesorgungsvertrag mit dienstvertraglichem Charakter ist und den speziellen Regelungen der §§ 675 ff. BGB unterliegt.

3. Ablehnung und Kündigung

17 Aufgrund dieses gesetzlich normierten Kontrahierungszwangs steht es den Sparkassen nicht nur nicht frei, den Abschluss eines Girovertrags abzulehnen, sie sind darüber hinaus auch verpflichtet, eine einmal eingegangene Vertragsbeziehung fortzuführen. Ausnahmen hiervon sind nur in engen Grenzen zulässig. Diese sind – anders als im Falle des § 5 Abs. 1 SpkG NRW – in der Vorschrift selbst geregelt. § 5 Abs. 2 S. 2 SpkG NRW zählt diejenigen Gründe auf, aus denen die Sparkasse die Führung eines Kontos auf Guthabenbasis ablehnen kann; gemeint ist mit dem Wort „Führen" sowohl die Kontoerrichtung als auch die Weiterführung des Kontos. Dies steht explizit in § 5 Abs. 2 S. 2 lit. d) SpkG NRW, der sowohl die Aufnahme als auch die Fortführung der Geschäftsbeziehung nennt, gilt aber auch für die anderen aufgeführten Fallgruppen (so bereits zu der Vorgängerregelung in § 8 Abs. 2 SpkVO: *Günnewig*, ZIP 1992, 1670; *Engau* in: Engau/Dietlein/Josten, § 5 Anm. 300). Auch der Gesetzgeber bejaht dies ausdrücklich (LT-Drs. 14/6831, S. 32). § 5 Abs. 2 S. 2 SpkG NRW ist **abschließend** und erfasst neben den konkret gefassten Spezialtatbeständen in den lit. a) bis c) mit Absatz 2 Satz 2 lit. d) eine Generalklausel, die die Ablehnung der Kontoführung bei Unzumutbarkeit gestattet.

a) Missbrauch von Dienstleistungen, Abs. 2 S. 2 lit. a)

18 § 5 Abs. 2 S. 2 lit. a) SpkG NRW erlaubt zunächst die Ablehnung eines Antrags auf Abschluss eines Girovertrags bzw. die Kündigung eines solchen, wenn ein Kontoinhaber Dienstleistungen bei Kreditinstituten missbraucht hat. Der Missbrauchstatbestand im Sinne dieser Fallkonstellation ist gegeben, wenn in bewusst unzulässiger Weise von den Einrichtungen der Sparkasse Gebrauch gemacht wird (*Günnewig*, ZIP 1992, 1670, 1671). Um den Kontrahierungsanspruch nicht ins Leere laufen zu lassen, reicht nicht jeder Fehlgebrauch aus; zu Recht wird daher gefordert, dass die unzulässige Handlung bewusst vorgenommen wird (Engau spricht in diesem Zusammenhang von einem grundsätzlich vorsätzlichen Rechtsverstoß (*Engau* in: Engau/Dietlein/Josten, § 5 Anm. 303)). Dieser Missbrauch muss auch nicht gegenüber der kontoführenden Sparkasse erfolgen oder erfolgt sein. So kommt eine Ablehnung auch dann in Betracht, wenn sich der Missbrauch gegenüber einem anderen Kreditinstitut ereignet hat und die Sparkasse hiervon zB über das Schufa-Verzeichnis Kenntnis erlangt (AG Passau, Urt. v. 31. März 2009 – 15 C 2028/08 –, juris Rn. 10). Missbrauchsfälle im Sinne dieser Vorschrift stellen andererseits die Nutzung von Bankdienstleistungen für gesetzwidrige Transaktionen, zB Geldwäsche, Betrug etc, dar (*Engau* in: Engau/Dietlein/Josten, § 5 Anm. 303). § 5 Abs. 2 S. 2 lit. a) SpkG NRW kann aber auch bejaht werden, wenn in Kenntnis der

I. Allgemeine Vorschriften § 5

Führung der Kontoverbindung auf Guthabenbasis wiederholt versucht wird, das Konto zu überziehen oder ständig deckungslose Aufträge in Zahlung zu geben (*Günnewig*, ZIP 1992, 1670, 1671). Eine Zeitspanne, innerhalb derer nach Missbrauch die Sparkasse zur Ablehnung berechtigt ist, gibt der Gesetzgeber nicht vor; hier verbietet sich zutreffenderweise eine pauschale Lösung. Vielmehr ist auf die Umstände des Einzelfalles abzustellen (*Engau* in: Engau/Dietlein/Josten, § 5 Anm. 306 f. mwN).

b) Umsatzlosigkeit des Girokontos, Abs. 2 S. 2 lit. b)

Wurde ein Konto **ein Jahr lang umsatzlos** geführt, so ist die Sparkasse nach § 5 Abs. 2 S. 2 lit. b) SpkG NRW ebenfalls zur Ablehnung berechtigt. Abgesehen von den Kontoentgelten dürfen in dieser Zeit also weder Zahlungseingänge noch -ausgänge auf dem Konto gebucht worden sein. Ablehnung im Sinne dieser Fallkonstellation bedeutet vor allem die Ablehnung der Weiterführung der Kontobeziehung und damit die Kündigung des Vertrages. Ob die Sparkasse darüber hinaus auch einen (erneuten) Antrag auf Eröffnung eines Girokontos wegen der vorherigen Umsatzlosigkeit ablehnen darf, ist zweifelhaft. Der weite Wortlaut dieser Vorschrift lässt dies zunächst zu. Allerdings verweist der Gesetzgeber ausdrücklich darauf, dass eine Bedürfnisprüfung nicht stattfinden darf (LT-Drs. 14/6831, S. 32). Eine Ablehnung allein aus dem Grund, dass ein früheres Konto über einen längeren, mindestens einjährigen Zeitraum umsatzlos geführt worden ist, dürfte aus diesem Grund nicht in Betracht kommen. **19**

c) Fehlendes Kontoguthaben, Abs. 2 S. 2 lit. c)

§ 5 Abs. 2 S. 2 lit. c) SpkG NRW erlaubt eine Ablehnung – hier vor allem im Sinne einer Weiterführung der Vertragsbeziehung –, wenn **das Konto kein Guthaben aufweist** und der Kontoinhaber trotz Aufforderung nicht für Guthaben sorgt. Mit dieser gesetzlich vorgeschriebenen Aufforderungspflicht soll dem Kunden seine Pflicht, für ein Guthaben zu sorgen, das die Zahlungsabgänge übersteigt, nochmals vor Augen geführt werden. **20**

d) Unzumutbarkeit, Abs. 2 S. 2 lit. d)

Schließlich besteht für die Sparkasse nach § 5 Abs. 2 S. 2 lit. d) SpkG NRW auch dann keine Verpflichtung zur Führung eines Girokontos, wenn ihr aus **anderen wichtigen Gründen** die Aufnahme oder Fortführung der Geschäftsbeziehung im Einzelfall nicht zumutbar ist. Hierbei handelt es sich zwar um eine Generalklausel (LT-Drs. 14/6831, S. 32). Die Auslegung der in dieser Generalklausel enthaltenen unbestimmten Rechtsbegriffe der wichtigen Gründe sowie der Unzumutbarkeit muss jedoch mit Blick auf den Regelungszweck des Kontrahierungszwangs erfolgen: Gerade natürlichen Personen, die von anderen privaten Kreditinstituten abgelehnt werden, soll über § 5 Abs. 2 SpkG NRW der Zugang zum bargeldlosen Zahlungsverkehr, der in vielen Situationen im gesellschaftlichen Alltag unverzichtbar ist, ermöglicht werden. In Anlehnung an die Definition des wichtigen Grundes in § 314 Abs. 1 S. 2 BGB sowie in § 626 Abs. 1 BGB liegt ein solcher wichtiger Grund nur vor, wenn dem kündigenden Teil unter Berücksichtigung aller Umstände des Einzelfalls und unter Abwägung der beiderseitigen Interessen die Eingehung oder die Fortsetzung des Vertragsverhältnisses nicht zugemutet werden kann. Es **21** handelt sich stets um eine Entscheidung des Einzelfalles, die eine sorgfältige Abwägung der jeweiligen Interessen erfordert und unter Berücksichtigung der Tatsache ergehen muss, dass es sich hierbei nicht um ein der Privatautonomie unterliegendes Dauerschuldverhältnis handelt, sondern vielmehr um ein solches, zu dem die Sparkasse gesetzlich verpflichtet ist. Die Hürden für die Annahme eines zur Unzumutbarkeit der Eingehung oder Aufrechterhaltung der Geschäftsbeziehung führenden wichtigen Grundes sind daher besonders hoch.

22 Daher kann die Ablehnung der Kontrahierungsverpflichtung nicht mit der Begründung **schlechter Erfahrungen** der Sparkasse **aus einem bestehenden oder nicht mehr bestehenden Kontoverhältnis** (zB offene Rückzahlungen, Pfändungen Dritter) erfolgen, denn andernfalls würde der Zweck dieser Regelung konterkariert werden, nach dem gerade auch Personen mit einem schwierigen Kredithintergrund der Zugang zu einem Konto ermöglicht werden soll (LT-Drs. 14/6831, S. 32). Auch eine **negative Auskunft der Schufa** begründet vor diesem Hintergrund kein Ablehnungsrecht; im Übrigen besteht für die Interessen der Sparkasse keine Gefahr, da die Person lediglich Anspruch auf ein Guthabenkonto hat (*Engau* in: Engau/Dietlein/Josten, § 5 Anm. 318). Ebenso wenig stellt das **erhöhte Arbeitsaufkommen**, das der kontoführenden Sparkasse durch das Vorliegen mehrerer Pfändungs- und Überweisungsbeschlüsse im Vergleich zum normalen Bearbeitungsaufwand entsteht, einen wichtigen Grund im Sinne dieser Vorschrift dar, wenn die Kontoführungsgebühr bezahlt wird und das Konto nicht stets im Soll geführt wird (AG Düsseldorf, Urt. v. 29.4.1994 – 31 C 50236/94 = NJW-RR 1994, 1329f.). Hingegen hat die Rechtsprechung die Unzumutbarkeit in einem Fall bejaht, in dem die Antragstellerin und ihr Ehemann bereits rechtskräftig wegen einer **Bankrottstraftat** verurteilt worden waren (AG Passau, Urt. v. 31.3.2009 – 15 C 2028/08).

23 Bei **beleidigendem oder rufschädigendem Verhalten** eines Kunden kann der Tatbestand der Generalklausel erfüllt sein. Hier muss aber die Vertrauensgrundlage im Verhältnis der Parteien derart erschüttert sein, dass eine gedeihliche Zusammenarbeit zwischen ihnen künftig unmöglich ist (OLG Köln, Urt. v. 22.7.1992 – 16 U 31/92 –, juris Rn. 51). Punktuelle Konflikte oder eine einzelne Beleidigung dürften hier indes noch keinen wichtigen Grund darstellen. Die Ablehnung der Aufnahme von Geschäftsbeziehung aus dem Grund, dass die Sparkasse eine erhebliche und nachhaltige Rufschädigung (Imageschaden) zu ihren Lasten aufgrund von Veröffentlichungen in verschiedenen Medien befürchtet, kann nur im Einzelfall einen wichtigen Grund darstellen (OVG Lüneburg, Beschl. v. 15.6.2010 – 10 ME 77/10 –, juris Rn. 29). Allein die Tatsache, dass ein Kunde zB Waren (insbesondere) an extremistische Gruppen verkauft und ein Konto bei der Sparkasse unterhält bzw. eröffnen möchte, reicht für die Annahme von § 5 Abs. 2 S. 2 lit. d) SpkG NRW nicht aus. Hinzukommen müsste ein deutlich drohender Imageverlust durch eine entsprechende „schlechte" Presse, bei der nicht der Kunde, sondern die Sparkasse im Mittelpunkt der Kritik steht. Die Darlegungs- und Beweislast liegt hierbei bei der Sparkasse.

4. Formale Anforderungen an Ablehnung/Kündigung

24 § 5 Abs. 2 S. 3 SpkG NRW verpflichtet Sparkassen dazu, ihre Ablehnung schriftlich oder elektronisch zu **begründen**. Damit soll – so schon die Begründung für

I. Allgemeine Vorschriften   § 5

die entsprechende Verpflichtung in der SpkVO – die Entscheidung der Sparkasse für den Bürger nachvollziehbarer werden (LT-Drs. 12/208, S. 24). Neben der Schriftform iSv § 126 BGB kann die Begründung seit 2022 auch in elektronischer Form erfolgen. Gemeint ist hiermit zB eine Mail oder ein anderes geeignetes elektronisches Verfahren (LT-Drs. 17/5455, S. 83). Da Satz 1 sowohl die Ablehnung eines Kontoeröffnungsantrags als auch die Weigerung, die Kontoverbindung fortzuführen, mithin die Kündigung erfasst, gilt dieses Begründungserfordernis ebenfalls für beide Fälle (anders sieht dies Engau, der in Anwendung von § 626 Abs. 2 S. 3 BGB eine Mitteilungspflicht lediglich auf Verlangen des Kunden annimmt (*Engau* in: Engau/Dietlein/Josten, § 5 Anm. 350)).

Weitere formale Anforderungen enthält § 5 Abs. 2 SpkG NRW nicht. Da schon 25 die Begründung schriftlich erfolgen muss, ist die Frage nach der **Form** theoretischer Natur. Schon aus Beweisgründen sollten Ablehnung und Kündigung schriftlich erfolgen; dabei ist es in der Regel sinnvoll, dass Ablehnung und Kündigung sowie die Begründung in demselben Schreiben erfolgen. Insbesondere wird aber auch keine **Frist** gesetzt, innerhalb derer Ablehnung oder Kündigung erfolgen müssen. Auch die §§ 675 ff. BGB sowie die AGB-Spk enthalten hierzu keine Regelung. Für die Ablehnung wird gefordert, dass diese unverzüglich, dh ohne schuldhaftes Zögern (§ 121 BGB) erfolgen muss. Die Kündigung eines bereits bestehenden Girovertrags kann lediglich innerhalb einer angemessenen Bedenkzeit erfolgen, die keiner starren Regelung unterliegt, sondern vom Einzelfall abhängig ist (*Engau* in: Engau/Dietlein/Josten, § 5 Anm. 347). Des Weiteren ist vor Ausspruch der Kündigung eines Girovertrags zu prüfen, ob diese als **ordentliche** oder als **fristlose** Kündigung ausgesprochen werden soll. Eine fristlose Kündigung dürfte indes lediglich bei § 5 Abs. 2 S. 2 lit. d) SpkG NRW in Betracht kommen; selbst in diesem Fall sollte angesichts der Bedeutung des Girokontos für die Teilnahme am bargeldlosen Zahlungsverkehr zusätzlich geprüft werden, ob dem Kunden eine Auslauffrist gewährt wird.

IV. Verhältnis zum Basiskonto nach §§ 30 ff. ZKG

Neben den in § 5 Abs. 1 und 2 SpkG NRW enthaltenen Kontrahierungszwängen 26 kann sich ein Anspruch auch aus § 31 ff. Zahlungskontengesetz (ZKG (Gesetz über die Vergleichbarkeit von Zahlungskontoentgelten, den Wechsel von Zahlungskonten sowie den Zugang zu Zahlungskonten mit grundlegenden Funktionen (Zahlungskontengesetz) vom 11.4.2016 (BGBl. 2016 I S. 720), das zuletzt durch Artikel 9 Absatz 7 des Gesetzes vom 9.12.2020 (BGBl. 2020 I S. 2773) geändert worden ist)) ergeben. Seit 2016 sieht das ZKG in Umsetzung der Zahlungskontenrichtlinie (RL 2014/92/EU des Europäischen Parlaments und des Rates vom 23.7.2014 über die Vergleichbarkeit von Zahlungskontoentgelten, den Wechsel von Zahlungskonten und den Zugang zu Zahlungskonten mit grundlegenden Funktionen, ABl. EU Nr. L 257 v. 28.8.2014, S. 214) nämlich einen Anspruch auf Zugang zu einem Zahlungskonto mit grundlegenden Funktionen (sog **Basiskonto**, § 38 ZKG) vor. Zum Pflichtenkanon der umfassten Zahlungsdienste ohne Kreditgeschäft (Zahlungsgeschäft) zählen nach § 38 Abs. 2 ZKG ua Bareinzahlungen, Lastschriften, Überweisungen und das Zahlungskartengeschäft. Der Leistungsumfang dieses Basiskontos entspricht daher dem Girokonto zur Entgegennahme von

Einlagen gem. § 5 Abs. 2 S. 1 SpkG NRW (*Engau* in: Engau/Dietlein/Josten, § 5 Anm. 219; es wird daher auf die einschlägigen Kommentierungen zum ZKG verwiesen).

27 **Anspruchsberechtigt** sind gem. § 31 Abs. 1 Satz 2 ZKG in Umsetzung der Richtlinie alle Verbraucher mit einem rechtmäßigen Aufenthalt in der EU (*Herresthal*, BKR 2016, 133, 136). Damit geht der Anspruch einerseits über den Kontrahierungsanspruch des § 5 Abs. 2 S. 1 SpkG NRW hinaus, da er auch natürliche Personen außerhalb des Trägergebietes einer Sparkasse umfasst, andererseits ist er enger gefasst, da lediglich Verbraucher im Sinne von § 13 BGB anspruchsberechtigt sind.

28 Das ZKG enthält allerdings anders als § 5 Abs. 2 SpkG NRW einen abschließenden **Katalog von Ablehnungsgründen** mit eng begrenzten Ausnahmefällen. Der Anspruch auf Abschluss eines Basiskontovertrages kann nur abgelehnt werden, wenn der Anspruchsteller bereits über ein Zahlungskonto verfügt (§ 35 ZKG), der Berechtigte innerhalb der letzten drei Jahre vor Antragstellung wegen einer vorsätzlichen Straftat zum Nachteil des Zahlungsinstituts, dessen Mitarbeitern oder Kunden mit Bezug auf deren Stellung als Mitarbeiter oder Kunden verurteilt wurde (§ 36 Abs. 1 Nr. 1 ZKG), der Berechtigte bereits früher Inhaber eines Basiskontos bei demselben Zahlungsinstitut war und dieses den Zahlungsdiensterahmenvertrag innerhalb des letzten Jahres vor Antragstellung nach § 42 Abs. 4 Nr. 1 ZKG (wegen missbräuchlicher Nutzung des Kontos) berechtigt gekündigt hat (§ 36 Abs. 1 Nr. 2 ZKG), dem Verpflichteten ein Verstoß gegen ein gesetzliches Verbot (§ 10 Abs. 1 Nr. 1–3 GwG, § 47 Abs. 1 GWG) drohen würde (§ 36 Abs. 1 Nr. 3 ZKG) oder wenn der Berechtigte Inhaber eines Basiskontos bei demselben Zahlungsinstitut war und dieses den Zahlungsdienstrahmenvertrag über die Führung des Basiskontos innerhalb des letzten Jahres vor Antragstellung nach § 42 Abs. 3 Nr. 2 ZKG wegen Zahlungsverzuges berechtigt gekündigt hat (§ 37 ZKG). Eine Ablehnung aus wichtigen Gründen wegen Unzumutbarkeit, wie die Generalklausel des § 5 Abs. 2 S. 2 lit. d) es vorsieht, hat der Gesetzgeber gerade nicht vorgesehen und unter Verweis auf die sparkassenrechtlichen Spezialvorschriften deutlich unterstrichen, dass eine Ablehnung aus einem nicht in den §§ 35 bis 37 ZKG normierten Gründen unzulässig ist (BT-Drs. 18/7204, S. 77).

29 Aus diesem Grund stellt sich die Frage der **Konkurrenz beider Normen**, also inwieweit § 5 Abs. 2 SpkG NRW überhaupt noch Geltung beanspruchen kann oder ob diese landesrechtliche Norm nicht vielmehr durch das vorrangige Bundesrecht gem. Art. 31 GG gesperrt ist. In diesem Fall dürfte die Generalklausel als Ablehnungsgrund gegenüber Verbrauchern nicht geltend gemacht werden, die Sparkasse wäre auf die Gründe aus dem ZKG beschränkt. § 5 Abs. 2 SpkG NRW fände lediglich noch Anwendung auf natürliche Personen, die keine Verbraucher sind und daher keinen Anspruch nach § 31 ZKG haben, mithin auf natürliche Personen iSv § 14 BGB. Entscheidend ist für die Beantwortung dieser Frage auf die Gesetzgebungskompetenz abzustellen. Nur wenn diese beim Bund liegt, verdrängt die strengere Ablehnungsregelung des ZKG (nur) für Verbraucher das SpkG NRW. Anlässlich des Entwurfs zum ZKG ist der Gesetzgeber selbst von seiner Kompetenz gem. Art. 74 Abs. 1 Nr. 1 Alt. 1 GG ausgegangen, da die in diesem Gesetz enthaltenen Regelungen jedenfalls auch privatrechtliche Fallgestaltungen, insbesondere zu Zahlungsdiensterahmenverträgen über die Führung von Zahlungskonten mit grundlegenden Funktionen betreffen (BT-Drs. 18/7204, S. 48). Demnach

I. Allgemeine Vorschriften § 5

würde die landesrechtliche Vorschrift des § 5 Abs. 2 SpkG NRW grundsätzlich gem. Art. 31 GG gebrochen, dh derogiert (*Kment* in: Jarass/Pieroth, GG, Art. 31 Rn. 5).

Der Bundesgesetzgeber hat das Bürgerliche Recht umfassend kodifiziert und im dritten Teil des EGBGB (Art. 55 EGBGB) bestimmt, dass von widersprechendem, inhaltsgleichem oder -ergänzendem Landesprivatrecht derogiert wird. Ausgenommen davon sind lediglich die ausdrücklich zugelassenen Fälle der Art. 56–152 EGBGB. Art. 99 EGBGB bestimmt insoweit, dass die landesgesetzlichen Vorschriften über die öffentlichen Sparkassen unberührt bleiben. Organisation und Beaufsichtigung der öffentlichen Sparkassen können die Länder danach kraft ihrer Zuständigkeit für das Kommunalrecht regeln. Der Vorbehalt unterstellt aber auch die privatrechtlichen Beziehungen dem Landesrecht: Für die Rechtsverhältnisse der öffentlichen Sparkassen gilt damit grundsätzlich das Bürgerliche Recht; lediglich Modifizierungen können vom Landesgesetzgeber vorgenommen werden (*Säcker* in: MüKoBGB [2021], EGBGB Art. 99 Rn. 1). Um eine solche Modifizierung handelt es sich bei dem Kontrahierungsanspruch aus § 5 Abs. 2 SpkG NRW (*Albrecht* in: Staudinger [2018], EGBGB Art 99, Rn. 13). Die Regelung des nordrheinwestfälischen Landesgesetzgebers in § 5 Abs. 2 SpkG NRW hat damit weiterhin noch Bestand. Dies hat zur Folge, dass auch einem Verbraucher gegenüber die Ablehnungsgründe des § 5 Abs. 2 SpkG NRW Anwendung finden, es sei denn, der Verbraucher hat von seinem Wahlrecht (s. insoweit *Engau* in: Engau/Dietlein/Josten, § 5 Anm. 276) Gebrauch und ausdrücklich einen Anspruch gem. § 31 ZKG geltend gemacht, was indes selten vorkommen dürfte. **30**

V. Kontrahierungspflichten gegenüber politischen Parteien/Vereinigungen

Sonstige Kunden, die wie politische Parteien oder sonstige Vereinigungen anders als natürliche Personen nicht der Daseinsvorsorge unterfallen, haben **keinen Anspruch nach § 5 Abs. 2 SpkG NRW** auf Abschluss eines Girovertrages. **31**

Ein Kontrahierungszwang kann aber dennoch aus der Hoheitlichkeit als solcher folgen: Führt die Sparkasse etwa auch Konten für andere Parteien oder Vereinigungen, ergibt sich aus dieser Überlassungspraxis **über Art. 3 Abs. 1 GG eine rechtliche Selbstbindung** der Sparkasse (*Goldhammer*, DÖV 2013, 416, 418). Die Sparkassen sind aufgrund ihres besonderen Status als öffentlich-rechtliche Anstalten und des ihnen gesetzlich zugeordneten öffentlichen Auftrags Teil der öffentlichen Verwaltung der Gemeinden und Gemeindeverbände (mittelbare Kommunalverwaltung) (VGH für das Land Nordrhein-Westfalen, Urt. v. 15.9.1986 – 17/85 –, juris Rn. 15). Als rechtsfähige Anstalt des öffentlichen Rechts im Bereich staatlicher Daseinsvorsorge sind sie damit Teil der vollziehenden Gewalt im Sinne des Art. 1 Abs. 3 GG und deshalb unmittelbar an die Grundrechte gebunden (*Schink/Karpenstein*, DVBl 2014, 481, 483). Hierfür ist es unerheblich, dass das Vertragsverhältnis mit den Kunden privatrechtlicher Natur ist, denn die vollziehende Gewalt ist auch dann unmittelbar an die Grundrechte gebunden, wenn sie öffentliche Aufgaben in privatrechtlichen Rechtsformen wahrnimmt (OVG Lüneburg, Beschl. v. 15.7.2010 – 10 ME 77/10 –, juris Rn. 25). Der damit anwendbare Gleichheitssatz des Art. 3 Abs. 1 GG wirkt dabei in zweierlei Richtungen: **32**

33 Art. 3 Abs. 1 GG begründet zum einen einen **Anspruch auf Gleichbehandlung**, wenn die Sparkasse einem anderen Kunden Leistungen zur Verfügung stellt, sie aber einer anderen vergleichbaren Vereinigung die Bereitstellung ohne sachlichen Grund verweigert (*Biesok*, WM 2020, 75, 76). Daher kann ein Anspruch auf Eröffnung eines Kontos bestehen, wenn einem anderen vergleichbaren Kunden Leistungen der Sparkasse zur Verfügung gestellt wurden (*Biesok*, WM 2020, 75, 76). Dieser Anspruch auf Gleichbehandlung setzt voraus, dass die begehrte Leistung einem anderen tatsächlich erbracht wird, der derselben Gruppe angehört wie der antragstellende Kunde (Sächsisches OVG, Beschl. v. 26.11.2013 – 4 B 426/13 –, juris Rn. 7). Stellt eine Sparkasse keinem Verlag mit Nähe zu einer politischen Vereinigung ein Girokonto zu Verfügung, braucht sie dies auch im Einzelfall nicht zu tun und kann eine entsprechende Geschäftsverbindung ablehnen (Sächsisches OVG, Beschl. v. 26.11.2013 – 4 B 426/13 –, juris Rn. 7).

34 Die Bindung an Art. 3 Abs. 1 GG erschöpft sich aber nicht in dem Verbot einer ungerechtfertigten Ungleichbehandlung verschiedener Personen oder Personengruppen, sondern bringt als fundamentales Rechtsprinzip ein **Willkürverbot** zum Ausdruck. Dieses Verbot ist verletzt, wenn sich bei verständiger Würdigung der das Grundgesetz beherrschenden Gedanken ein sachgerechter Grund für eine Maßnahme der öffentlichen Gewalt nicht finden lässt (OVG Lüneburg, Beschl. v. 15.6.2010 – 10 ME 77/10 –, juris Rn. 27).

35 Dieses Willkürverbot kommt vor allem bei **politischen Parteien** zum Tragen, da es in seiner Tragweite über den Gleichbehandlungsanspruch hinausgeht. Letzterer kommt einfachgesetzlich auch in § 5 Abs. 1 S. 1 PartG zum Ausdruck. Danach haben Träger öffentlicher Gewalt, die Parteien Einrichtungen zur Verfügung stellen oder andere öffentliche Leistungen gewähren, alle Parteien gleich zu behandeln. Öffentliche Leistungen sind dabei jedwede wettbewerbserheblichen Vorteile, die durch einen Träger der öffentlichen Gewalt gewährt werden (*Morlok*, ParteiG, § 5 Rn. 6). Die Errichtung eines Girokontos bei einer Sparkasse stellt unzweifelhaft eine öffentliche Leistung im Sinne von § 5 Abs. 1 S. 1 PartG dar (*Engau* in: Engau/Dietlein/Josten, § 5 Anm. 354). Denn politische Parteien sind auf eine Bankverbindung angewiesen, um etwa Zahlungen aus der staatlichen Parteienfinanzierung zu erhalten (§ 19 Abs. 1 Satz 2 PartG) und Mitgliedsbeiträge einzuziehen (*Ipsen* in: Ipsen, ParteienG, § 5 Rn. 35), und so am demokratischen Willensbildungsprozess teilzunehmen. Über das aus Art. 3 Abs. 1 GG fließende Willkürverbot hinaus besteht aber zudem ein subjektiv-öffentliches Recht politischer Parteien gegen die Sparkasse auf Einrichtung eines Girokontos (*Biesok*, WM 2020, 75, 76). Anknüpfend daran, dass das Willkürverbot bereits dann verletzt ist, wenn sich bei verständiger Würdigung der das Grundgesetz beherrschenden Gedanken ein sachgerechter sich aus der Natur der Sache ergebender oder sonst wie sachlich einleuchtender Grund für eine Maßnahme der öffentlichen Gewalt nicht finden lässt (BVerfG, Beschl. v. 19.11.2019 – 2 BvL 22/14 = BVerfGE 152, 274–331, Rn. 97; BGH, Urt. v. 11.3.2003 – XI ZR 403/01 = NJW 2003, 1658, 1659; VG Leipzig, Urt. v. 26.8.2020 – 1 K 1116/19 –, juris Rn. 26), verstößt die Ablehnung der Geschäftsbeziehung zu einer politischen Partei wegen ihrer politischen Ausrichtung gegen das Willkürverbot, da diese keinen sachgerechten Grund für die Ablehnung der Geschäftsbeziehung darstellt (BGH, Urt. v. 11.3.2003 – XI ZR 403/01 = NJW 2003, 1658, 1659). Entsprechendes gilt für die Kündigung einer bereits bestehenden Kontoverbindung.

I. Allgemeine Vorschriften § 5

Die Verpflichtung der Sparkasse gilt mithin unabhängig davon, ob die Sparkasse 36 für andere Parteien ein Konto führt; **Sparkassen sind daher verpflichtet, ein Konto für eine Partei zu führen**, die in ihrem Geschäftsgebiet ihren satzungsgemäßen Sitz hat, eine Untergliederung im Geschäftsgebiet unterhält oder ein Mitglied der Organe im Geschäftsgebiet wohnt (*Biesok*, WM 2020, 75, 76). Allerdings verlangt die Rechtsprechung vereinzelt von der Partei, darzulegen, dass sie nicht in der Lage wäre, bei einer anderen Bank ein Girokonto zu eröffnen (OLG Köln, Beschl. v. 17.11.2000 – 13 W 89/00 –, Rn. 12; VG Arnsberg, Beschl. v. 5.4.2013 – 12 L 139/13 –, juris Rn. 17 mwN). Es sei ihr hierbei zumutbar, sich auch außerhalb ihres Sitzes bzw. „Wirkungsbereichs" um eine Bankverbindung zu bemühen (OLG Köln, Beschl. v. 17.11.2000 – 13 W 89/00 –, Rn. 12; VG Arnsberg, Beschl. v. 5.4.2013 – 12 L 139/13 –, juris Rn. 17 mwN). Erforderlich sei allerdings, dass der Betroffene bereits über eine gleichwertige Möglichkeit zur Teilhabe am bargeldlosen Zahlungsverkehr verfügt, respektive anderswo bereits ein Girokonto unterhält. Denn nur in diesem Fall würde sich die Erfüllung des öffentlichen Auftrags im Verhältnis zum Betroffenen als unnötig erweisen und der Sparkasse wäre es nicht verwehrt, sich auf gewisse Recht aus Art. 12 und 14 GG sowie Art. 2 Abs. 1 GG zu berufen, um beim Vorliegen gewichtiger Gründe eine Kontrahierungsfreiheit abzuleiten (VG Leipzig, Urt. v. 26.8.2020 – 1 K 1116/19 –, juris Rn. 33). Die Zugriffsmöglichkeit auf Bargeld und ein PayPal-Konto genüge hierfür nicht (VG Leipzig, Urt. v. 26.8.2020 – 1 K 1116/19 –, juris Rn. 35). Dem ist jedoch das BVerfG entgegengetreten: Aufgrund der verfassungsrechtlich gewährleisteten Chancengleichheit der Parteien (Art. 21 Abs. 1 GG in Verbindung mit Art. 3 Abs. 1 GG), die durch das Gleichbehandlungsgebot in § 5 Abs. 1 Satz 1 PartG konkretisiert werde, ist eine Sparkasse bei Vorliegen der sonstigen Voraussetzungen vielmehr verpflichtet, ein Girokonto für eine Partei zu eröffnen, ohne diese auf die Benutzung eines anderweitig eingerichteten Kontos oder auf die Möglichkeit verweisen zu können, bei einem privaten Kreditinstitut ein Konto zu eröffnen (BVerfG, Nichtannahmebeschl. V. 11.7.2014 – 2 BvR 1006/14 –, juris Rn. 12).

Auch eine etwaige **verfassungsfeindliche Zielsetzung** einer Partei bildet kei- 37 nen hinreichenden sachlichen Grund für die Ablehnung der Eröffnung oder die Kündigung einer Geschäftsbeziehung durch eine Sparkasse. Dem steht die Sperrwirkung des Art. 21 Abs. 2 und 4 GG („Parteienprivileg") entgegen (BGH, Urt. v. 11.3.2003 – XI ZR 403/01 = NJW 2003, 1658, 1659). Denn die öffentliche Hand ist in all ihren Erscheinungsformen zur Neutralität gegenüber den politischen Parteien verpflichtet, so dass auch eine Sparkasse aus einer verfassungsfeindlichen Zielsetzung keine Nachteile für eine politische Partei ableiten darf, solange die Verfassungswidrigkeit der Partei nicht festgestellt wurde (*Ipsen* in: Ipsen, ParteienG, § 5 Rn. 36). So reicht auch die Haltung einer Partei zu Fragen im Zusammenhang mit der Pandemiebekämpfung nicht aus, um die Eröffnung einer Geschäftsverbindung abzulehnen (VG Berlin, Urt. v. 12.10.2022 – 2 K 86/22 –, Rn. 23; VG Berlin, Urt. v. 12.10.2022 – 2 K 289/21 –, juris Rn. 21). Ebenfalls nicht ausreichend ist, dass einer Partei im Rahmen der Covid-19-Pandemie „Drohschreiben" der Basis an niedergelassene Ärzte sowie die Pressemitteilungen zu einem Impfstoff zugerechnet werden, die im Gegensatz zu den allgemeinen Grundsätzen der Geschäftspolitik der Sparkasse stehen (VG Berlin, Urt. v. 12.10.2022 – 2 K 86/22 –, juris Rn. 23; die Aussage des Gerichts, konkrete Drohungen oder geschäftsschädigende Handlungen in Bezug auf Heilberufsträger als Kunden der Berliner Sparkasse seien nicht vorgetragen, darf angesichts der Bedeutung von politischen Parteien für das Demokratieprinzip nicht verallgemeinert werden). Denn die Grenze ist erst bei einer durch das BVerfG festgestellten Verfassungswidrigkeit der Partei erreicht.

VI. Rechtsweg bei Auseinandersetzungen über Eröffnung/Kündigung von Giroverträgen

38 Der Charakter der Sparkassen als rechtsfähige Anstalt des öffentlichen Rechts (§ 2 SpkG NRW) sagt noch nichts darüber aus, auf welchem Rechtsweg Streitigkeiten über die Eröffnung oder die Kündigung von Girokonten auszutragen sind. Denn nicht jede Tätigkeit einer juristischen Person des öffentlichen Rechts ist schon allein wegen dieses Status dem öffentlichen Recht zuzuordnen. Nach der herrschenden sog. **Zweistufenlehre** sind Meinungsverschiedenheiten über den **Zugang zu einer öffentlichen Einrichtung**, auch wenn ihr Benutzungsverhältnis durch einen privatrechtlichen Vertrag ausgestaltet wird, regelmäßig als öffentlich-rechtliche Streitigkeit vor den Verwaltungsgerichten auszutragen, während sich die Zuständigkeit der ordentlichen Gerichte im Wesentlichen auf die Modalitäten der Benutzung beschränkt (BVerwG, Beschl. v. 21.7.1989 – 7 B 184/88 –, juris Rn. 5 mwN). Hiervon ausgehend wird in der Rechtsprechung für Rechtsstreitigkeiten um die Eröffnung eines Girokontos bei einer Sparkasse, das kein Basiskonto im Sinne des Zahlungskontengesetzes ist, für die nach § 51 Abs. 3 ZKG eine ausschließliche Zuständigkeit der Landgerichte besteht, vielfach der Verwaltungsrechtsweg als gegeben erachtet (vgl. OVG Nds, Beschl. v. 12.1.2022 – 10 OB 132/21 –, juris Rn. 1 f.; BayVGH, Beschl. v. 11.9.2017 – 4 CE 17.1622 –, juris Rn. 5; VG Regensburg, Beschl. v. 16.8.2017 – RO 3 E 17.1335 –, juris Rn. 24 f. mwN), während für die Beendigung einer Geschäftsbeziehung durch die Sparkasse die Zivilgerichte zuständig sein sollen. Dieser herrschenden Zweistufentheorie wird bisweilen allerdings die künstliche Aufspaltung des Vertragsschlusses in zwei Stufen und eine damit verbundene Rechtswegspaltung entgegengehalten (*Arndt*, jurisPR-BKR 1/2023 Anm. 4; *Arndt*, jurisPR-BKR 10/2022 Anm. 4; VG Düsseldorf, Beschl. v. 5.5.2004 – 1 L 82/04 –, juris Rn. 22; Oberverwaltungsgericht der Freien Hansestadt Bremen, Beschl. v. 23.2.2011 – 1 S 29/11 –, juris Rn. 3–5).

39 Dennoch ist dieser Theorie zu folgen: Für das Begehren auf Verurteilung einer Sparkasse, für sich ein **Girokonto zu eröffnen**, ist der **Verwaltungsrechtsweg nach § 40 Abs. 1 Satz 1 VwGO** gegeben. Denn es handelt sich hierbei um eine öffentlich-rechtliche Streitigkeit nichtverfassungsrechtlicher Art, die nicht durch Gesetz einem anderen Gericht ausdrücklich zugewiesen ist. Ob eine Streitigkeit öffentlich- oder bürgerlich-rechtlich ist, richtet sich, wenn eine ausdrückliche gesetzliche Rechtswegzuweisung fehlt, nach der Natur des Rechtsverhältnisses, aus dem der geltend gemachte Anspruch hergeleitet wird. Der Charakter des zugrundeliegenden Rechtsverhältnisses bemisst sich nach dem erkennbaren Ziel des Rechtsschutzbegehrens und des zu seiner Begründung vorgetragenen Sachverhalts. Maßgeblich ist allein die tatsächliche Natur des Rechtsverhältnisses, nicht dagegen die rechtliche Einordnung des geltend gemachten Anspruchs durch den Kläger selbst. Für die Annahme einer öffentlich-rechtlichen Streitigkeit genügt es, dass für das Rechtsschutzbegehren eine Anspruchsgrundlage in Betracht kommt, die im Verwaltungsrechtsweg zu verfolgen ist (VGH Baden-Württemberg, Beschl. v.

I. Allgemeine Vorschriften   § 6

7.11.2016 – 1 S 1386/16 –, juris Rn. 2f.). Beruft sich ein Antragsteller auf § 5 SpkG NRW, § 5 Abs. 1 S. 1 PartG oder den Gleichbehandlungsgrundsatz oder das Willkürverbot des Art. 3 Abs. 1 GG ist nach der sog **modifizierte Subjektstheorie** die Streitigkeit öffentlich-rechtlicher Natur, da der Adressat der zugrunde liegenden Norm der Staat oder ein sonstiger Träger hoheitlicher Gewalt ist und ausschließlich dieser durch die Norm berechtigt oder verpflichtet wird (*Hufen*, VwVfG, § 11 Rn. 17; OVG für das Land Nordrhein-Westfalen, Beschl. v. 11.5.2004 – 8 E 379/04 = NVwZ-RR 2004, 795, mwN). Diese **subjektiv-öffentlichen Rechte auf Vertragsschluss** mit einer Sparkasse sind daher durch **allgemeine Leistungsklage**, gerichtet auf Abgabe bestimmter privatrechtlicher Willenserklärungen, zu verfolgen (*U. Stelkens* in: Stelkens/Bonk/Sachs, VwVfG, § 35 Rn. 122).

Etwas anderes gilt jedoch bei Streitigkeiten über die **Beendigung bzw. Fortführung eines gekündigten Girokontovertrags** bei einer Sparkasse (BGH, Urt. v. 11.3.2003 – XI ZR 403/01 = BGHZ 154, 146–154; BayVGH, Beschl. v. 11.9.2017 – 4 CE 17.1622 –, juris Rn. 5; VG Regensburg, Beschl. v. 16. August 2017 – RO 3 E 17.1335 –, juris 24f. mwN). Denn das privatrechtliche Benutzungsverhältnis unterfällt nämlich auch hinsichtlich einer vertraglichen Beendigung grundsätzlich dem Zivilrecht. Die öffentlich-rechtlich zu beurteilende Frage des Zugangs wird nicht nachträglich unmittelbar berührt, wenn sich die angeführten zivilrechtlichen Beendigungsgründe auf Umstände im Zusammenhang mit dem vertraglichen Nutzungsverhältnis beschränken (OVG Rheinland-Pfalz, Beschl. v. 11.10.2022 – 7 E 10740/22.OVG –, juris Rn. 10). 40

§ 6 Satzung

(1) Die Rechtsverhältnisse der Sparkasse werden im Rahmen dieses Gesetzes und den nach diesem Gesetz erlassenen Begleitvorschriften durch Satzung geregelt.

(2) Die Satzung ist von der Vertretung des Trägers zu erlassen. Die Satzung und deren Änderungen bedürfen der Genehmigung der Aufsichtsbehörde.

Literatur: *Roderich*, Rechtsprobleme des Zusammenschlusses von Sparkassen, 1982

I. Regelungskompetenz des Trägers durch die Satzung

1. Allgemeines

Die sprachlich etwas verunglückte Vorschrift ermächtigt den Träger in Abs. 1 formal „die Rechtsverhältnisse der Sparkasse" durch Satzung zu regeln. Materiell ist die originäre Regelungskompetenz des Trägers freilich äußerst begrenzt. Bereits im SpkG vom 25.1.1995 (GV. NRW S. 92) hatte der Gesetzgeber die Zielsetzung verfolgt, das Gesamtregelungswerk des Sparkassengesetzes zu entfrachten und mit der Abschaffung der bis 1995 noch geltenden Mustersatzung die seinerzeit vier staatlichen Regelungsebenen (Gesetz, Verordnungen, Mustersatzung und Verwaltungsvorschriften) auf drei zu reduzieren (LT-Drs.11/6047, S. 56). Mit dem Wegfall der Sparkassenverordnung durch das SpkG NRW vom 18.11.2008 (GV. NRW 1

S. 696) sind es nur noch zwei Ebenen, nachdem deren (wenige) relevante Inhalte ins Gesetz bzw. weniger einschneidende, aber erhaltenswerte Regelungen in die Allgemeinen Verwaltungsvorschriften (MBl. NRW 2009 S. 17) eingearbeitet wurden (LT-Drs. 14/6831, S. 28). Damit ist die **Regelungskompetenz des Trägers** als Satzungsgeber in der Regel auf wenige Inhalte **reduziert** (Name der Sparkasse, Sitz und Trägerschaft, Anzahl der Mitglieder des Verwaltungsrates und des Vorstandes und der stellvertretenden Mitglieder des Vorstandes, wobei sich die Anzahl der Vorstandsmitglieder nach der Größe und Bedeutung der Sparkasse richtet und die Bemessung der Aufsicht durch die BaFin unterliegt). Eine entsprechende Mustersatzung haben die Sparkassenverbände NW auf der Grundlage des SpkG NRW vom 18.11.2008 den kommunalen Trägern als „Orientierungshilfe" (vgl. LT-Drs. 11/6047, S. 58) zur Verfügung gestellt (abgedr. als Anlage). Im Ergebnis obliegen dem Träger außer der Beschlussfassung über die Grundlagen der Sparkasse – ihre Errichtung, ihre Auflösung, die Satzung der Sparkasse sowie eine etwaige Sparkassenvereinigung oder Zweigstellenübertragung mit entsprechendem Genehmigungsvorbehalt der Sparkassenaufsicht – im Wesentlichen nur noch die Wahl der Mitglieder des Verwaltungsrates und die Bestätigung der vom Verwaltungsrat gem. § 15 Abs. 2 a SpkG NRW bestellten Vorstandsmitglieder (*Roderich*, S. 21).

2. Besondere Gestaltungsmöglichkeiten im Falle von Fusionen

2   Die seit jeher geäußerte Kritik, dass das Satzungsrecht des Trägers „materiell bedeutungslos" sei und zur „bloßen Fiktion" werde (zit. nach *Roderich*, S. 21 Fn. 1), ist zumindest für den Fall der Vereinigung von Sparkassen (Fusionen) zu relativieren. Denn im Falle einer beabsichtigten Fusion liegt es in der Hand der beteiligten Trägerkommunen, die zukünftigen **Rechtsverhältnisse** der zu vereinigenden Sparkassen **zu gestalten**. Zumindest in diesem Falle gewinnt der eher statische staatliche Rechtsrahmen durch die Satzungshoheit der Gemeinden eine gewisse Dynamik. Nach § 27 Abs. 1 SpkG NRW können benachbarte Sparkassen und Sparkassen innerhalb eines Kreisgebietes „durch Beschluss der Vertretungen ihrer Träger" vereinigt werden. Die Trägerschaft ist gem. Abs. 3 in einem öffentlich-rechtlichen Vertrag zu regeln, der wiederum den Anforderungen des Gesetzes über kommunale Gemeinschaftsarbeit vom 1.10.1979 (GkG, GV. NRW 1979 S. 621) genügen muss und gem. Abs. 4 der Genehmigung durch die Aufsichtsbehörde unterliegt. Die Trägerschaft zweier oder mehrerer Kommunen über eine so vereinigte Sparkasse erfolgt durch den Zweckverband nach §§ 1 Abs. 2, 4 Abs. 1 GkG. Die Rechtsverhältnisse des Zweckverbandes werden gem. § 7 GkG durch eine Verbandssatzung geregelt, deren Inhalt durch § 9 GkG festgelegt wird und ebenfalls der Genehmigung durch die Aufsichtsbehörde unterliegt (§ 10 GkG). Auch wenn der (Mindest-)Inhalt der Verbandssatzung durch § 9 GkG reglementiert ist, bietet das Ineinandergreifen von öffentlich-rechtlichem Vertrag und Zweckverbandssatzung im Falle der Vereinigung von Sparkassen den beteiligten Gemeinden zumindest doch einige **Gestaltungsspielräume** (§ 28 Abs. 1 SpkG NRW). Dies gilt insbesondere für die Festlegung der Anteile am Zweckband und für die daraus uU resultierenden oder auch davon abweichenden Anteile am Jahresüberschuss, an der Gewerbesteuer (im Falle ihrer Zerlegung), an Stiftungen etc. Strategisch von zunehmender Bedeutung dürfte darüber hinaus auch die Frage sein, unter welchen Voraussetzungen die neu entstandene Zweckverbandssparkasse mit weiteren Spar-

I. Allgemeine Vorschriften   § 6

kassen fusionieren darf. Hier ist die Festlegung von Quoren in der Verbandssatzung ebenso sinnvoll wie notwendig. Insbesondere dem Interesse der kleineren kommunalen Partner kann durch entsprechende Minderheitsquoren bzw. Vetorechte angemessen Rechnung getragen werden (denn die theoretisch mögliche und zudem anfechtbare „Zwangsfusion" nach § 27 Abs. 5 SpkG NRW dürfte die Ausnahme bleiben). Denkbar wäre darüber hinaus, in der Zweckverbandssatzung bereits Rahmenbedingungen für den Fall der Aufnahme weitere Träger oder auch für den Fall des ebenfalls möglichen Ausscheidens eines oder mehrerer Träger zu setzen.

II. Genehmigungsvorbehalt durch die Aufsichtsbehörde (Abs. 2)

Der Genehmigungsvorbehalt für den Erlass oder die Änderung von Satzungen 3 dient der präventiven Rechtskontrolle. Die Sparkassensatzung sowie Änderungen sind öffentlich bekannt zu machen (§§ 5 Abs. 4 KreisO, 7 Abs. 4 GO, 8 GkG). Hinsichtlich der Verfahrens- und Formvorschriften gelten die allgemeinen Vorschriften für kommunale Satzungen (§§ 5 Abs. 5 KreisO, 7 Abs. 5 GO, 8 GkG). Einzelheiten der Bekanntmachung regelt die Verordnung über die öffentliche Bekanntmachung von kommunalem Ortsrecht (Bekanntmachungsverordnung – BekanntmVO) vom 26.8.1999 (GV. NRW 1999 S. 516). Maßnahmen der Aufsichtsbehörde, hier insbesondere die Verweigerung der Genehmigung oder die mit Einschränkungen oder Auflagen versehene Genehmigung, können als Verwaltungsakte unmittelbar mit der Klage im Verwaltungsstreitverfahren angefochten werden (§ 126 GO, → § 39 ff. SpkG NRW).

III. Anhang

Muster einer Satzung für die Sparkassen in Nordrhein-Westfalen auf 4 **der Grundlage des Sparkassengesetzes in der ab 29.11.2008 geltenden Fassung**

§ 1 Name und Sitz

Die
.... [Sparkasse] ....
mit dem Sitz in .... [Ort] ....
ist eine mündelsichere, dem gemeinen Nutzen dienende rechtsfähige Anstalt des öffentlichen Rechts. Sie führt ihre Geschäfte nach kaufmännischen Grundsätzen. Die Erzielung von Gewinn ist nicht Hauptzweck des Geschäftsbetriebes.
(2) Im Geschäftsverkehr kann die Sparkasse die Kurzbezeichnung .... führen.
(3) Die Sparkasse ist Mitglied des .... Sparkassen- und Giroverbandes.
(4) Die Sparkasse führt das dieser Satzung beigedruckte Dienstsiegel.

§ 2 Träger

Träger der Sparkasse ist .... [genaue Bezeichnung].

§ 3 Organe

Organe der Sparkasse sind der Verwaltungsrat und der Vorstand.

§ 4 Verwaltungsrat

Der Verwaltungsrat besteht aus dem Vorsitzenden Mitglied und .... [Anzahl] weiteren Mitgliedern.

Die Ausgabe von Genussrechten, die Eingehung nachrangiger Verbindlichkeiten sowie die Aufnahme von Vermögenseinlangen stiller Gesellschafter und sonstiger haftender Eigenmittel bedürfen der Zustimmung des Verwaltungsrates.

Zusätzliche Regelung nur bei Zweckverbandssparkassen:
An den Sitzungen des Verwaltungsrates nimmt/nehmen der/die .... [Anzahl] Hauptverwaltungsbeamte(r) der............ [Anzahl] Zweckverbandsmitglieder beratend teil, der/die werden vorsitzendes Mitglied noch ordentliches Mitglied des Verwaltungsrates ist/sind und auch nicht nach § 11 Absatz 3 des Sparkassengesetzes an den Sitzungen des Verwaltungsrates teilnimmt/teilnehmen.

§ 5 Vorstand

Der Vorstand besteht aus .... [Anzahl] Mitgliedern.
Der Verwaltungsrat kann .... [Anzahl] stellvertretende Mitglieder des Vorstandes bestellen.

§ 6 Vertretung der Sparkasse

Die Sparkasse wird durch zwei Vorstandsmitglieder vertreten.
Der Vorstand ist berechtigt, einzelnen Vorstandsmitgliedern oder anderen Beschäftigten der Sparkasse Vertretungsmacht für einzelne oder bestimmte Arten von Geschäften zu erteilen. Das gilt insbesondere für den Erwerb und die Veräußerung oder Belastung von Grundstücken oder grundstücksgleichen Rechten der Sparkasse sowie für Vollmachten an Dritte zur Wahrnehmung der Interessen der Sparkasse (zB in Rechtsstreitigkeiten, Zwangsversteigerungen).
Vorstandsmitglieder im Sinne dieser Regelung sind ordentliche und stellvertretende Vorstandsmitglieder.

§ 7 Kredite und Beteiligungen

Gebiet nach § 3 Abs. 1 a) SpkG ist das Gebiet des Trägers und ....[genaue Bezeichnung entsprechend der bisherigen genehmigten Satzung].

§ 8 Inkrafttreten der Satzung

Diese Satzung tritt am .... [Datum]/ [am Tage nach der Bekanntmachung] in Kraft. Gleichzeitig tritt die Satzung vom .... [Datum] außer Kraft.

§ 7 Trägerschaft und Haftung

(1) Die Satzung kann die Bildung von Trägerkapital vorsehen. Trägerkapital ist der Teil des Eigenkapitals der Sparkasse, der gebildet wird durch
a. Einlagen und/ oder
b. Umwandlung von Teilen der Sicherheitsrücklage.

I. Allgemeine Vorschriften § 7

Über die Einführung des in den Sätzen 1 und 2 genannten Kapitals entscheidet der Verwaltungsrat nach vorheriger Zustimmung des Trägers. Dieses Kapital ist weder übertragbar noch sonst frei nutzbar.

(2) Der Träger unterstützt die Sparkasse bei der Erfüllung ihrer Aufgaben mit der Maßgabe, dass ein Anspruch der Sparkasse gegen den Träger oder eine sonstige Verpflichtung des Trägers, der Sparkasse Mittel zur Verfügung zu stellen, nicht besteht. Die Sparkasse haftet für ihre Verbindlichkeiten mit ihrem gesamten Vermögen. Soweit Trägerkapital durch Einlagen gebildet werden soll und diese noch nicht eingebracht worden sind, ist die Haftung des Trägers hierauf beschränkt. Im Übrigen haftet der Träger der Sparkasse nicht für deren Verbindlichkeiten.

Literatur: *Clausen*, Der Einfluß der Gemeinde auf die kommunale Sparkasse, 1. Auflage 1964; *Gerick*, Nochmals: Anstaltslast und Gewährträgerhaftung bei kommunalen Sparkassen und Landesbanken – Erwiderung auf den Aufsatz von Thode/Peres, BB 1997, 1749, BB 1998, 494; *Koch*, Kommunale Finanzkrise und Verkauf kommunaler Sparkassen, NVwZ 2004, 578 ff.; *Kolm*, Das sparkassenrechtliche Regionalprinzip – Möglichkeiten und Grenzen des Wettbewerbs kommunaler Sparkassen, 2011; *Müller*, Fortentwicklung des Sparkassensektors, ZögU 2005, 327; *Staats*, Fusionen bei Sparkassen und Landesbanken, Auflage 2006; *Thode/Peres*, Anstaltslast und Gewährträgerhaftung bei kommunalen Sparkassen und Landesbanken, BB 1997, 1749

Übersicht

	Rn.		Rn.
I. Allgemeines, geschichtliche Entwicklung	1	III. Unterstützungslast des Trägers (Abs. 2 S. 1)	20
II. Optionale Bildung von Trägerkapital (Abs. 1)	8	IV. Haftung der Sparkasse (Abs. 2 S. 2 bis 4)	22
1. Trägerkapital als Teil der Eigenmittel	8	1. Beschränkung auf das Sparkassenvermögen (Abs. 2 S. 2)	22
2. Bildung von Trägerkapital (Abs. 1)	9	2. Wegfall der Gewährträgerhaftung (Abs. 2 S. 3 und 4)	23
a) Begriff und Arten	10	3. Durchgriffshaftung	25
b) Gebundene Nutzbarkeit (Abs. 1 S. 4)	14	V. Sicherungssystem der Sparkassenorganisation	26
c) Zuständigkeitsverteilungen	16		
d) Kritik an der Trägerkapitaloption	19		

I. Allgemeines, geschichtliche Entwicklung

Anstaltslast und Gewährträgerhaftung waren neben dem Regionalprinzip zwei 1 weitere herkömmliche Strukturmerkmale von Banken in der Rechtsform von Anstalten des öffentlichen Rechts. Die **Gewährträgerhaftung** statuierte die unbeschränkte Haftung der Träger für die Verbindlichkeiten ihrer Sparkasse (*Staats*, 2006, S. 73). Als die Sparkassen noch unselbständiger Teil der Gemeindeverwaltung waren, ergab sich aus der Annahme von Geldern als Spareinlagen, dass die Gemeinden mit ihrem Vermögen für die Rückzahlung aufzukommen hatten; die rechtliche Verselbständigung der Sparkassen machte jedoch eine gesetzliche Festlegung der Gewährträgerhaftung erforderlich (*Clausen*, 1964, S. 33). Sie stellte zum einen einen Ausgleich dafür dar, dass die Institute bei ihrer Gründung nicht mit einem Grundkapital ausgestattet wurden und sicherte zum anderen die ordnungsgemäße Erfüllung der Sparkassenaufgaben (*Clausen*, 1964, S. 33). Ähnlich einer Ausfallbürgschaft sollte auf diesem Weg die Haftung der Errichtungskörperschaft der Anstalt für deren Verbindlichkeit gegenüber den Gläubigern gewährleistet werden, sofern diese nicht durch die Anstalt selbst befriedigt werden können (*Biesok*, Sparkassenrecht, Rn. 99 mwN). Über die **Anstaltslast** waren die Träger wiederum verpflichtet, die Sparkassen mit den zur Erfüllung ihrer Aufgaben notwendigen finanziellen Mitteln auszustatten und sie für die Dauer ihres Bestehens funktionsfähig zu halten (*Müller*, ZögU 2005, 327, 332). Die Anstaltslast wirkte unmittelbar im Innenverhältnis gegenüber der Sparkasse, da sie den Träger dazu zwang, etwaige finanzielle Lücken durch Zuschüsse oder auf andere geeignete Weise auszugleichen; sie wirkte darüber hinaus unmittelbar gegenüber den Gläubigern (*Biesok*, Sparkassenrecht, Rn. 99; kritisch zur damaligen Anstaltslast: *Gerick*, BB 1998, 494). Damit ergänzte sie die Gewährträgerhaftung (*Thode/Peres*, BB 1997, 1749, 1750).

2 Beide Institute dienten dem Schutz der Einlagen – vor allem kleinerer Spareinlagen – vor einer Insolvenz der Sparkasse. Allerdings lag ihre Bedeutung weniger in der praktischen Anwendung – eine Zwangsvollstreckung gegen eine Sparkasse in Preußen oder NRW ist nicht bekannt geworden –, vielmehr wurde früher in der Sparkassenwerbung die Haftung der Gemeinde gerne zur Betonung der Sicherheit von Spareinlagen herausgestellt (*Clausen*, 1964, S. 32 f.). Dies hat schon früh zu Kritik seitens der privatrechtlich organisierten Kreditinstitute geführt. Insbesondere aber wurde in dieser Staatshaftung eine unzulässige Privilegierung der im Wettbewerb stehenden öffentlich-rechtlichen Kreditinstitute gesehen, da mit der Haftung günstigere Refinanzierungskonditionen verbunden seien (*Thode/Peres*, BB 1997, 1749). Mit Einführung des EG-Vertrags und dem dort enthaltenen Wettbewerbs- und Beihilferecht verschärfte sich dieser Konflikt.

3 Bereits im Jahr 1995 hatte die Europäische Kommission in einem sog Non Paper ohne offizielle Festlegung sowohl Anstaltslast als auch Gewährträgerhaftung vor dem Hintergrund der praktisch ausgeschlossenen Insolvenz von Sparkassen und den damit verbundenen günstigen Refinanzierungsmöglichkeiten als unzulässige Beihilfe angesehen (*Berger*, § 5 Rn. 1). Nachdem die Europäische Bankenvereinigung 1999 Beschwerde bei der Europäischen Kommission eingelegt hatte, wurde im Jahr 2001 ein offizielles Vorprüfungsverfahren eingeleitet. Im Juli 2001 verständigten sich Bund, Länder, kommunale Spitzenverbände und der Deutsche Sparkassen- und Giroverband mit der Kommission im Rahmen eines politischen Kompromisses auf eine Änderung des Systems, der auch eine Änderung der gesetzlichen Regelungen notwendig machte. Hierdurch sollten langjährige, für die Sparkassenorganisation schädliche Rechtsstreitigkeiten hinsichtlich der europarechtlichen Zulässigkeit dieser Haftungsinstrumente vermieden werden („Brüsseler Verständigung", Schreiben der Kommission vom 27.3.2002, C [2002] 1286; über die genaue Terminierung besteht kein Einvernehmen, so wird zB auch der 19.6.2001 als Zeitpunkt des Übereinkommens genannt, vgl. Koch, NVwZ 2004, 578).

4 Dieser als sog Brüsseler Verständigung bekannt gewordene Kompromiss sah – vorbehaltlich einer Übergangsregelung – die Abschaffung der Gewährträgerhaftung mit Wirkung vom 19.7.2005 sowie die Ersetzung der Anstaltslast durch folgende Grundsätze vor:

I. Allgemeine Vorschriften § 7

2.1. Gewährträgerhaftung wird abgeschafft.
2.2. Anstaltslast, so wie sie derzeit besteht, wird ersetzt gemäß den folgenden Grundsätzen:
  a) Die finanzielle Beziehung zwischen dem öffentlichen Eigner und dem öffentlichen Kreditinstitut darf sich nicht von einer normalen wirtschaftlichen Eigentümerbeziehung gemäß marktwirtschaftlichen Grundsätzen unterscheiden, so wie der zwischen einem privaten Anteilseigner und einem Unternehmen in einer Gesellschaftsform mit beschränkter Haftung.
  b) Jegliche Verpflichtung des öffentlichen Eigners zu wirtschaftlicher Unterstützung des öffentlichen Kreditinstituts und jeglicher Automatismus wirtschaftlicher Unterstützung durch den Eigner zugunsten des öffentlichen Kreditinstituts ist ausgeschlossen. Es besteht keine unbeschränkte Haftung des Eigners für Verbindlichkeiten des öffentlichen Kreditinstituts. Es gibt keine Absichtserklärung oder Garantie, den Bestand des öffentlichen Kreditinstituts sicher zu stellen.
  c) Die öffentlichen Kreditinstitute werden den gleichen Regeln für den Insolvenzfall wie private Kreditinstitute unterworfen, ihre Gläubiger werden somit in ihrer Position denen privater Kreditinstitute gleichgestellt.
  d) Diese Grundsätze gelten unbeschadet der Möglichkeit des Eigners, wirtschaftliche Unterstützung in Einklang mit den Beihilferegelungen des EG Vertrags zu gewähren.

Zudem wurden für die Landesgesetzgeber folgende Vorgaben festgelegt, die diese bei der Umsetzung im jeweiligen Sparkassenrecht zu beachten hatten: 5

Für die Ersetzung der Anstaltslast und die Abschaffung der Gewährträgerhaftung müssen mindestens die folgenden Elemente enthalten sein:
1) Anstaltslast wird ersetzt durch die folgenden Bestimmungen:
2) Der Träger unterstützt die Sparkasse/Landesbank bei der Erfüllung ihrer Aufgaben nach Maßgabe der folgenden Grundsätze/Bestimmungen.
3) Eine Verpflichtung des Trägers zur oder ein Anspruch der Sparkasse/Landesbank gegen den Träger auf Zurverfügungstellung von Mitteln besteht nicht.
4) Die Sparkasse/Landesbank haftet für ihre Verbindlichkeiten mit ihrem gesamten Vermögen.
5) Die Haftung des Trägers der Landesbank ist auf das satzungsmäßige Kapital beschränkt./ Der Träger der Sparkasse haftet nicht für deren Verbindlichkeiten.

Den Vorgaben der Europäischen Kommission ist der nordrhein-westfälische Gesetzgeber nachgekommen und hat diese in § 7 SpkG NRW umgesetzt. Die Anstaltslast ist zu einem allgemeinen Unterstützungsauftrag der Träger für ihre Sparkassen mutiert, wobei eine Finanzierungspflicht ausdrücklich ausgeschlossen ist (§ 7 Abs. 2 S. 1 SpkG NRW, → Rn. 20 f.). Die Gewährträgerhaftung reduziert sich hingegen in unterschiedlichem zeitlichen Rahmen auf bereits bestehende Haftungsverhältnisse, im Übrigen ist eine Haftung grds. ausgeschlossen (§ 7 Abs. 2 S. 2–4 SpkG NRW, → Rn. 22 ff.). 6

Zugleich wollte der Gesetzgeber mit dem Wegfall von Anstaltslast und Gewährträgerhaftung ein modernes Geschäftsmodell schaffen, um Bürgernähe der Sparkassen und Mittelstandsförderung durch die Sparkassen zu erhalten; dies beinhaltete auch die Möglichkeit von Ausschüttungen (*Engau* in: Engau/Dietlein/Josten, § 7 Rn. 1). Nach intensiven Diskussionen wurde mit der Möglichkeit, **Trägerkapital** zu bestimmen, welches für Aufgaben und Zwecke des Trägers genutzt werden kann, ein zusätzliches Steuerungselement eingeführt (LT-Drs. 14/6831, S. 28). Damit erhalte der Träger ein weiteres Steuerungselement zur Konkretisierung seiner rechtlichen Beziehungen zur Geschäftstätigkeit der Sparkasse (LT-Drs. 14/6831, S. 33), an dem künftige Ertrags- und Ausschüttungsziele bemessen werden könnten (*Engau* in: Engau/Dietlein/Josten, § 7 Rn. 10). Die Option, Trägerkapital zu bilden, wurde schließlich in § 7 Abs. 1 SpkG NRW verankert, während die Unterstützungslast sowie die Regelungen zur Haftung des Trägers erst in § 7 Abs. 2 SpkG NRW zum Ausdruck kommen. Ohne dass dies in der Gesetzesbegründung aus- 7

B. Hamdan

drücklich formuliert wird, wollte der Gesetzgeber mit der Systematik dieser Norm wohl unterstreichen, dass er trotz Abänderung der Rahmenbedingungen an den Sparkassen festhalte und diese zukunftsorientiert modernisieren wolle.

II. Optionale Bildung von Trägerkapital (Abs. 1)

1. Trägerkapital als Teil der Eigenmittel

8   Die besondere Aufgabenstellung kommunaler Sparkassen lässt die für jede Wirtschaftsführung bestehende Rentabilitätspflicht unberührt. Damit muss auch jede Sparkasse darauf bedacht sein, hinreichende Eigenmittel, also ein angemessenes haftendes Eigenkapital, aufzuweisen (OVG Münster, Urt. v. 20.9.1979 – XV A 1206/78, juris Rn. 43). In aller Regel wurden Sparkassen bei ihrer Verselbständigung nicht mit Eigenmitteln in Form von Stammkapital ausgestattet, sondern sie müssen vielmehr ihr Eigenkapital aus ihren Erträgen selbst bilden (*Biesok*, Sparkassenrecht, Rn. 1082). § 7 Abs. 1 SpkG NRW enthält diesbezüglich eine weitere Option. Von dieser ist allerdings – soweit bekannt – nicht Gebrauch gemacht worden (*Engau* in: Engau/Dietlein/Josten, § 7 Rn. 29).

2. Bildung von Trägerkapital (Abs. 1)

9   § 7 Abs. 1 SpkG NRW eröffnet die Möglichkeit, Trägerkapital durch Satzungsbeschluss einzuführen. Hierdurch kann nach Auffassung des Gesetzgebers zum einen die Zugehörigkeit der Sparkasse zum Träger auch nach Wegfall von Anstaltslast und Gewährträgerhaftung verdeutlicht werden (Transparenz). Denn die Einlage von Trägerkapital trage zu einer besseren Bindung von Träger und Sparkasse bei, was gerade in dem zunehmend dynamisch werdenden Wettbewerbsumfeld des Finanzdienstleistungssektors auch für die wirtschaftliche Zukunft der Sparkassen von erheblicher Bedeutung sei (2. Lesung vom 12.11.2008, Plenarprotokoll 14/105, S. 12345). Zum anderen werde dem Träger ein Instrument gegeben, an dem künftige Ertrags- und Ausschüttungsziele bemessen werden können (LT-Drs. 14/6831, S. 33). Damit erhalte der Träger ein weiteres Steuerungselement zur Konkretisierung seiner rechtlichen Beziehungen zur Geschäftstätigkeit der Sparkasse (LT-Drs. 14/6831, S. 33).

a) Begriff und Arten

10   Schwierigkeiten bereiten die Begrifflichkeiten des § 7 Abs. 1 SpkG NRW. Dies hängt damit zusammen, dass der Begriff des Trägerkapitals im deutschen Banken- und Wirtschaftsrecht ansonsten unbekannt ist. Der Landesgesetzgeber verweist lediglich darauf, dass der Begriff des Kapitals untechnisch zu verstehen sei (LT-Drs. 14/6831, S. 33).

11   „Trägerkapital" in diesem Sinne meint „Stammkapital" im weiteren Sinne (wiss. Dienst des BTags, Die Auswirkungen der Bildung von Stammkapital im Sparkassenrecht insbes. im Hinblick auf Organstrukturveränderungen, Az.: WD 4 – 196/07, S. 7; *Biesok*, Sparkassenrecht, Rn. 1089). Da der Begriff des Stammkapitals gesellschaftsrechtlich besetzt ist, hat der nordrhein-westfälische Gesetzgeber wohl den Begriff des Trägerkapitals gewählt. Damit wollte er nochmals klarstellen, dass zivilrechtliches Eigentum an der Sparkasse über die Trägerkapitalkonstruktion nicht

I. Allgemeine Vorschriften § 7

erworben werden kann, da die Rechtsform der Anstalt keine Eigentümerstellung kennt (LT-Drs. 14/6831, S. 33).

Beim dem Trägerkapital handelt es sich lediglich um eine auf der Passivseite der Bilanz auszuweisende Rechengröße. Mit ihr wird im Kapitalgesellschaftsrecht angegeben, in welcher Gesamthöhe die Gesellschafter Einlagen zu leisten oder zu erhalten haben (*Schwandtner* in: MüKoGmbHG, § 5 Rn. 29). Dieses Trägerkapital, das Grund- oder Stammkapital, das bei Kapitalgesellschaften nach geltendem Handels- und Gesellschaftsrecht zwingend einen Teil des Eigenkapitals ausmacht, ist bei Sparkassen nicht notwendig vorgesehen; hier besteht vielmehr eine Option (→ Rn. 19). 12

Als Trägerkapital können **Einlagen** des Trägers oder **Teile der Sicherheitsrücklage** berücksichtigt werden. Als Teil des Eigenkapitals müssen die **Einlagen** die Qualität von bankenaufsichtsrechtlich anerkanntem Eigenkapital haben. Bankenaufsichtsrechtlich ergibt sich die Anerkennung von eingezahltem Dotationskapital, dh dem Kapital, das einem öffentlich-rechtlichen Unternehmen von seinem Träger zur Durchführung der ihm übertragenen Aufgaben zur Verfügung gestellt wird, als Kernkapital aus Art. 27 Abs. 1a, 28 Abs. 1 CRR (*Engau* in: Engau/Dietlein/Josten, § 7 Rn. 10). Die **Sicherheitsrücklage** ist als sog gesetzliche Rücklage anzusehen (vgl. auch § 150 AktG), die eine Kapitalansammlung für den Notfall zur Abdeckung etwaiger im Geschäftsjahr eintretender Verluste darstellt und somit einer festen Zweckbindung unterliegt (*Josten* in: Engau/Dietlein/Josten, § 25 Rn. 17). Der Gesetzgeber hat in der Gesetzesbegründung deutlich gemacht, dass sich mit der Einbeziehung von Teilen der Sicherheitsrücklage in das Trägerkapital keine materiellen Veränderungen der Sicherheitsrücklage ergeben (LT-Drs. 14/6831, S. 33). Als Gewinnrücklage bleibt sie aufsichtsrechtliches Kernkapital; mit der Zuordnung zum Trägerkapital legt der Träger lediglich fest, dass dieser Teil der Sicherheitsrücklage als Bemessungsgrundlage für seine Aufgaben und Zwecke zur Verfügung steht (LT-Drs. 14/6831, S. 33). 13

b) Gebundene Nutzbarkeit (Abs. 1 S. 4)

§ 7 Abs. 1 S. 4 SpkG NRW stellt zum einen klar, dass das Trägerkapital seiner Art nach nicht fungibel, also nicht übertragbar ist. Damit soll sichergestellt werden, dass die Sparkasse nicht zu einem reinen Handelsobjekt und zu einer bloßen Finanzbeteiligung des Trägers gemacht werden kann, von der sich dieser aus rein fiskalischen Gründen trennen könnte oder ggf. sogar müsste (*Engau* in: Engau/Dietlein/Josten, § 7 Rn. 9). Auch die Gesetzesbegründung der Landesregierung stellt darauf ab, dass so den Kommunen etwa eine Umwandlung in Liquidität durch Nutzung zu anderen als reinen Steuerungszwecken, durch Veräußerung oder Belastung unmöglich gemacht ist (LT-Drs. 14/6831, S. 33). 14

Ferner ist das Trägerkapital auch **nicht frei nutzbar**. Es kann damit nicht für kommunalaufsichtsrechtliche Maßnahmen zur Erfüllung oder im Zusammenhang mit der Verpflichtung des Trägers zur sparsamen und wirtschaftlichen Haushaltsführung, insbesondere nicht zum Zwecke einer Haushaltskonsolidierung, verwendet werden (LT-Drs. 14/6831, S. 33). Der Gesetzgeber begründet dies mit der besonderen wirtschaftspolitischen Aufgabe der Sparkassen für die Gemeinden (LT-Drs. 14/6831, S. 33). Es erfolgt daher auch kein Bilanzierungsansatz der Sparkassen im Rahmen der kommunalen Rechnungslegung (LT-Drs. 14/6831, S. 33). 15

c) Zuständigkeitsverteilungen

16 Bei der Bildung von Trägerkapital sind gemäß § 7 Abs. 1 SpkG NRW zwei verschiedene Konstellationen zu unterscheiden: S. 1 spricht insoweit von einer Bildung durch Satzung, während S. 3 die Einführung dem Verwaltungsrat zuweist. Diese auf den ersten Blick missverständliche Regelung sei jedoch logisch.

17 Die **grundsätzliche Entscheidung über die Zulässigkeit der Bildung von Trägerkapital** obliegt der **Vertretung des Sparkassenträgers**. Diese entscheidet hierüber nach §§ 7 Abs. 1 S. 1, 8 Abs. 2 lit. d) SpkG NRW durch Satzung. Sofern die entsprechende Sparkassensatzung keine Regelung vorsieht oder sogar die Bildung von Trägerkapital verbietet, ist eine Satzungsänderung notwendig. Hierbei ist zuvor der Verwaltungsrat nach § 15 Abs. 5 lit. c) SpkG NRW anzuhören. Sie bedarf zudem der Genehmigung des Finanzministeriums (§§ 6 Abs. 2 S. 2, 39 Abs. 2 SpkG NRW). Damit wird erst die Möglichkeit der Einführung von Trägerkapital eröffnet.

18 Hingegen ist der **Verwaltungsrat** für die eigentliche **Einführung, dh Schaffung des Trägerkapitals** zuständig (§§ 7 Abs. 1 S. 3 iVm § 15 Abs. 2 lit. f) SpkG NRW). Hierfür bedarf der Verwaltungsrat allerdings dem Wortlaut des § 7 Abs. 1 S. 3 SpkG NRW nach der (erneuten, von der Satzungsänderungsfrage abgekoppelten) **vorherigen Zustimmung der Vertretung des Trägers**. Der Gesetzgeber wollte damit sicherstellen, dass die Willensbildung des Trägers abgeschlossen und dokumentiert ist, um so den ohnehin ebenfalls notwendigen Satzungsänderungsbeschluss nicht mit Streitfragen zu belasten (LT-Drs. 14/6831, S. 33). Dass § 7 Abs. 1 S. 3 SpkG NRW an dieser Stelle nur von dem Träger spricht, ist ein sprachliches Versehen. Gemeint ist dabei die Vertretung des Trägers (*Engau* in: Engau/Dietlein/Josten, § 7 Rn. 13). Diese kann daher zu verschiedenen Zeitpunkten – sowohl bei der grundsätzlichen Entscheidung als auch vor der konkreten Kapitalaufbringungsmaßnahme – befasst sein.

d) Kritik an der Trägerkapitaloption

19 Die Bildung von Trägerkapital stellt jedoch eine **reine Option** dar, wie der Wortlaut des § 7 Abs. 1 S. 1 SpkG NRW zum Ausdruck bringt („kann"). Zum Teil sehen die Sparkassensatzungen ausdrücklich vor, dass kein Trägerkapital gebildet wird. Die **Gründe für diese Ablehnung** sind vielfältig und kamen vor allem in dem Gesetzgebungsverfahren über das Gesetz zur Änderung aufsichtsrechtlicher, insbesondere sparkassenrechtlicher Vorschriften, mit dem § 7 SpkG NRW seine aktuelle Fassung erhielt (LT-Drs. 14/6831), zum Ausdruck. Zum Teil wurde befürchtet, dass mit der optionalen Bildung von Trägerkapital ein Einfallstor für spätere Diskussionen über die Handelbarkeit von Trägerkapital und damit letztendlich auch über die Privatisierung von Sparkassen eröffnet werde (Änderungsantrag SPD vom 11.11.2008, LT-Drs. Drucksache 14/7884, S. 3; Entschließungsantrag GRÜNE vom 12.11.2008, LT-Drs. 14/7902, S. 3). Weiterhin wird die Ausweisung von Trägerkapital zur Verdeutlichung und Präzisierung der kommunalen Träger- bzw. Eigentümerschaft nicht für erforderlich gehalten, da die Klarstellung in § 1 Abs. 1 SpkG NRW, dass „Gemeinden und Gemeindeverbände Sparkassen als ihre Wirtschaftsunternehmen in der Rechtsform einer Anstalt öffentlichen Rechts nach Maßgabe dieses Gesetzes errichten können", völlig ausreichend sei (Entschließungsantrag GRÜNE vom 12.11.2008, LT-Drs. 14/7902, S. 4). Zudem

I. Allgemeine Vorschriften **§ 7**

könne durch das Trägerkapital die wirtschaftliche Leistungsfähigkeit einer Sparkasse nicht zum Ausdruck gebracht werden; hierauf aufbauende Renditeziele seien nicht aussagekräftig, da es sich um eine willkürlich gewählte Größe handele (*Engau* in: Engau/Dietlein/Josten, § 7 Rn. 18 ff.). Mit der nunmehr weitreichenden Ausschüttungsregelung des § 25 SpkG NRW sei das Trägerkapital zudem überflüssig.

III. Unterstützungslast des Trägers (Abs. 2 S. 1)

§ 7 Abs. 2 S. 1 SpkG NRW legt die Aufgaben des Trägers, vor allem aber auch **20** die Grenzen hierfür fest. In Abkehr von der früheren Anstaltslast trifft den Träger nach dieser Regelung nur noch eine **Unterstützungslast** (*Berger*, § 5 Rn. 10). Was hierunter zu verstehen ist, wird weder im Gesetz noch in der Gesetzesbegründung definiert. Zur Auslegung herangezogen werden kann allerdings die og Brüsseler Verständigung. Die Unterstützung kann zunächst **immaterieller Art** sein. Der Träger darf auch in der Öffentlichkeit seine enge Verbundenheit mit der Sparkasse betonen, ihr im Rahmen des rechtlichen Zulässigen mit Rat und Tat zur Seite stehen und muss etwa auch für die bestmögliche Besetzung der Sparkassenorgane sorgen, wie sich schon aus § 12 Abs. 1 S. 2 SpkG NRW ergibt (*Engau* in: Engau/Dietlein/Josten, § 7 Rn. 49). Sie kann aber auch **materieller, dh finanzieller Natur** sein. Der Träger ist berechtigt, die Sparkasse finanziell zu unterstützen, solange er sich in dem von der Brüsseler Verständigung vorgegeben Rahmen hält. Entscheidend ist in diesem Zusammenhang der zweite Teil des Satzes: Die Unterstützung darf nur mit der Maßgabe erfolgen, dass ein Anspruch der Sparkasse gegen den Träger oder eine sonstige Verpflichtung des Trägers, der Sparkasse Mittel zur Verfügung zu stellen, nicht besteht. Der Träger darf auch **keine Absichtserklärung oder Garantie** abgeben. Damit ist der Gesetzgeber der Forderung der Europäischen Kommission nachgekommen, nach der jegliche Verpflichtung des öffentlichen Eigners zu wirtschaftlicher Unterstützung einer Sparkasse und jeglicher Automatismus wirtschaftlicher Unterstützung durch den Eigner zugunsten der Sparkasse ausgeschlossen sein muss (2.2 b.)). Es besteht somit **keine Verpflichtung zu Kapitalzuführung**. Aus denselben Gründen muss ein Anspruch des Kunden gegen die Trägerkommune, der Sparkasse frisches Kapital zuzuführen, verneint werden (*Biesok*, Sparkassenrecht, Rn. 100).

Umstritten ist, wie diese Unterstützungslast rechtlich genau einzuordnen ist. Ei- **21** nigkeit besteht darüber, dass sie nicht nur eine unverbindliche Leitlinienfunktion hat. Vielmehr bedeutet sie für den Träger eine – allerdings nicht justiziable – **Fürsorge- und Treueverantwortung**, der jedoch ein starkes politisches Gewicht zukommt und die ihn rechtlich verpflichtet zu prüfen, ob bei einer in Schwierigkeiten geratenen Sparkasse Stützungsmaßnahmen im Interesse einer Fortführung des Unternehmens sinnvoll sind (*Berger*, § 5 Rn. 10). Wirtschaftlich kommt die Unterstützungslast der bisherigen Anstaltslast damit recht nahe. Allerdings ist die Zulässigkeit einer (freiwilligen) wirtschaftlichen Hilfe des Trägers stets nach den **beihilferechtlichen Regeln** des EU-Rechts zu messen.

IV. Haftung der Sparkasse (Abs. 2 S. 2 bis 4)

1. Beschränkung auf das Sparkassenvermögen (Abs. 2 S. 2)

22 Auch haftungsrechtlich weisen die kommunalen Sparkassen als Einrichtungen des Staates keinen Unterschied mehr zu privaten Konkurrenten auf (*Kolm*, 2011, S. 142). Für Verbindlichkeiten der Sparkassen haftet nach § 7 Abs. 2 S. 2 SpkG NRW **nur das Sparkassenvermögen**. Die Gläubiger haben mithin keine Möglichkeit mehr, sich an den Träger einer Sparkasse zu halten. Angesichts dessen, dass es sich bei Sparkassen um eine selbständige juristische Person des Öffentlichen Rechts handelt, bringt § 7 Abs. 2 S. 2 SpkG NRW lediglich einen bestehenden Grundsatz zum Ausdruck und ist rein **deklaratorischer Natur** (*Biesok*, Sparkassenrecht, Rn. 102).

2. Wegfall der Gewährträgerhaftung (Abs. 2 S. 3 und 4)

23 Der (fast) vollständige **Wegfall der Gewährträgerhaftung** kommt schließlich in § 7 Abs. 2 S. 4 SpkG NRW zum Ausdruck. Damit haben die Gläubiger keine Möglichkeit mehr, sich im Falle der Insolvenz einer Sparkasse beim Träger schadlos zu halten. Der Übergang von der bestehenden Gewährträgerhaftung zu ihrem vollständigen Wegfall ist durch das sog „**Grandfathering**" durch eine zeitliche Staffelung geregelt: Für Verbindlichkeiten, die vor dem 18.7.2011 begründet wurden, bestand die Gewährträgerhaftung zeitlich unbegrenzt fort; für solche Verbindlichkeiten, die zwischen dem 18.7.2011 und dem 18.7.2005 entstanden waren, galt auch nach den Vorgaben der Brüsseler Verständigung die Gewährträgerhaftung fort, allerdings bis zum 31.12.2015 (*Josten*, 2022, S. 215).

24 Eine Haftung des Trägers kommt nunmehr lediglich in den Fällen des § 7 Abs. 2 S. 3 SpkG NRW in Betracht. Soweit Trägerkapital durch Einlagen gebildet werden soll und diese noch nicht eingebracht worden sind, ist die Haftung des Trägers hierauf beschränkt. Dieser Satz ist erst im Laufe des Gesetzgebungsverfahrens zur Änderung aufsichtsrechtlicher, insbesondere sparkassenrechtlicher Vorschriften in § 7 SpkG NRW eingefügt worden, ohne dass sich den Materialien eine Begründung hiervon entnehmen lässt (Beschlussempfehlung und Bericht des Haushalts- und Finanzausschusses zu dem Gesetzesentwurf der Landesregierung (LT-Drs. 14/6831) vom 7.11.2008, LT-Drs. 14/7844, S. 12). Durch geleistete Einlagen des Trägers gebildetes Trägerkapital wird Teil des Eigenkapitals der Sparkasse und erhöht somit deren Haftungsmasse. Dies rechtfertigt es, das Haftungsvolumen bereits ab dem Zeitpunkt der rechtsverbindlichen Zusage des Trägers zu erhöhen (*Engau* in: Engau/Dietlein/Josten, § 7 Rn. 61).

3. Durchgriffshaftung

25 In der Literatur wird bisweilen diskutiert, ob in Einzelfällen unter dem Gesichtspunkt des Rechtsmissbrauchs eine verschuldensunabhängige Durchgriffshaftung des Trägers gemäß Art. 34 GG iVm § 839 BGB entsprechend den für die GmbH und die Aktiengesellschaft entwickelten Grundsätzen in Betracht kommt (*Berger*, § 5 Rn. 12). Die in diesem Zusammenhang entwickelten Fallkonstellationen – ua Unterkapitalisierung der Gesellschaft, Vermögensverschiebungen oder Missbrauch des Instituts der juristischen Person – sind indes auf die Beziehung zwischen dem kommunalen Träger und seiner Sparkasse nicht übertragbar; zudem ist die Sparkasse als Kreditinstitut gemäß § 10 KWG mit einem angemessenen Eigenkapital auszustatten, so dass Entwicklungen, die im Gesellschaftsrecht eine Durchgriffshaftung rechtfertigen, hier kaum denkbar sind (*Berger*, § 5 Rn. 12). Im Ergebnis dürfte eine Durchgriffshaftung daher abzulehnen sein, zumal ein Bedürfnis nach einer solchen Haftung aufgrund des Sicherungssystems der Sparkassenorganisation ebenfalls nicht besteht.

V. Sicherungssystem der Sparkassenorganisation

Die Absicherung der Einleger erfolgt allgemein im bankenrechtlichen Sektor durch die **Einlagensicherung**, die im Sicherungsfall den Einlegern einen beitragsmäßig beschränkten Anspruch gegen die Sicherungseinrichtung gibt, sowie durch das **Institutssicherungssystem**, das wiederum auf den Erhalt des Instituts selbst abzielt (*Biesok*, Sparkassenrecht, Rn. 1247). Traditionell bauten die Sparkassen Institutssicherungssysteme auf, während die privatrechtlichen Banken das Modell der Einlagensicherung nutzten. Dementsprechend sah die erste Einlagerungssicherungsrichtlinie (RL 94/19/EG) auf Drängen der Bundesrepublik Deutschland eine Ausnahmeregelung vor, die es der Sparkassenorganisation erlaubte, ihr institutssicherndes System beizubehalten, ohne zusätzlich dem Einlagensicherungssystem angehören zu müssen (*Biesok*, Sparkassenrecht, Rn. 1248). Dies änderte sich jedoch, nachdem die Einlagensicherungsrichtlinie im Zuge der Finanzmarktkrise überarbeitet wurde: Eine Befreiung von der Einlagensicherung ist nunmehr nicht mehr möglich (Art. 4 Abs. 1 RL 2014/49/EU, sog Zweite Einlagensicherungsrichtlinie). 26

Die Sparkassen-Finanzgruppe enthält daher nunmehr ein nach § 2 Abs. 1 Nr. 2 iVm § 43 EinSiG anerkanntes – weiterhin institutsbezogenes – Sicherungssystem. Dieses besteht dabei im Einzelnen aus insgesamt 13 Sicherungseinrichtungen, den elf regionalen Sparkassenstützungsfonds, die von den regionalen Sparkassenverbänden unterhalten werden, der Sicherungsreserve der Landesbanken und Girozentralen, die beim Deutschen Sparkassen- und Giroverband eV errichtet ist, sowie dem Sicherungsfonds der Landesbausparkassen, gleichfalls beim Deutschen Sparkassen- und Giroverband eV errichtet. Dieses erfüllt allerdings zusätzlich alle Anforderungen an ein gesetzlich anerkanntes Einlagensicherungssystem. Entsprechend der gesetzlichen Einlagensicherung gemäß EinSiG hat der Kunde gegen das Sicherungssystem einen Anspruch auf Erstattung seiner Einlagen bis zu 100.000 EUR (§§ 7 Abs. 1, 8 Abs. 1 EinSiG) (*Fischer* in: Boos/Fischer/Schulte-Mattler, KWG, § 23a Rn. 54). 27

II. Verwaltung der Sparkassen

1. Träger und Organe der Sparkasse

§ 8 Aufgaben der Vertretung des Trägers

(1) Die Vertretung des Trägers wählt das aus dem Verwaltungsrat vorsitzende Mitglied und die übrigen Mitglieder des Verwaltungsrates.

(2) Sie beschließt über:
a) die Errichtung der Sparkasse,
b) die Auflösung der Sparkasse,
c) die Vereinbarungen nach §§ 27, 29, 30, 38,
d) den Erlass und die Änderung der Sparkassensatzung,
e) die Genehmigung der Bestellung und der Wiederbestellung von Mitgliedern des Vorstandes durch den Verwaltungsrat,
f) die Entlastung der Organe der Sparkasse. Durch die Entlastung billigt sie die Verwaltung der Sparkasse durch die Mitglieder der Sparkassenorgane. Die Entlastung enthält keinen Verzicht auf etwaige Ersatzansprüche.
g) die Verwendung des Jahresüberschusses nach § 25,
h) die Abberufung von Mitgliedern des Verwaltungsrates aus wichtigem Grund. Der Beschluss über die Abberufung bedarf einer Mehrheit von zwei Dritteln der gesetzlichen oder satzungsmäßigen Zahl der Mitglieder der Vertretung des Trägers.

Literatur: *Bracht*, Der Anspruch von Rats- und Kreistagsmitgliedern auf Auskunft über die kommunale GmbH, AG und Sparkasse, NVwZ 2016, 108; *Claußen*, Der Einfluß der Gemeinde auf die kommunale Sparkasse, Berlin 1964; *Fischer*, Selbstverwaltung durch und in kommunalen Sparkassen, in: Selbstverwaltung im Staat der Industriegesellschaft, FS von Unruh (1983), S. 835–853; *Leitfaden zur Beurteilung der fachlichen Qualifikation und persönlichen Zuverlässigkeit* – Leitlinienvorschläge der EBA und EZB auf dem Gebiet der Corporate Governance- Anforderungen an Mitglieder von Aufsichtsorganen in Finanzinstituten, Mai 2017, (https:// www. bankingsupervision. europa. eu/ecb/pub/pdf/ssm.fap_guide_201705.de.pdf); *Städtetag aktuell 4/2017*, http:// www.staedtetag.de/imperia/md/content/dst/ veroeffentlichungen/dst_ aktuell/staedtetag_aktuell_4_2017.pdf; https://kommunal.de/wp-content/uploads/2017/02/170123_b_ Kommunale-Spitzenverb%C3%A4nde-und-DSGV-an-BMF-BaFin-und-Bundesbank_FINAL.PDF.pdf); *Teich/Plazek/Schuster*, Schlüsselposition Aufsichtsratsvorsitz: Was die Rolle ausmacht und wie man sie praktisch gestaltet, https://publicgovernance.de/media/PG_Fruehjahr_2016_Fokus_ Aufsichtsratsvorsitz.pdf; *Werner*, Koppelungsklauseln in Geschäftsführerdienstverträgen und ihre rechtlichen Rahmenbedingungen, NZA 2015, 1234

Übersicht

	Rn.		Rn.
I. Die Vertretung des Trägers	1	b) Sparkassenbedienstete als Mitglieder der Trägervertretung	4
1. Bedeutung der Trägerschaft	1		
2. Vertretung des Trägers im Einzelnen	2	c) Der Hauptverwaltungsbeamte als Mitglied der Trägervertretung	5
a) Weisungsgebundenheit der Mitglieder der Zweckverbandsversammlung	3		

II. Verwaltung der Sparkassen   § 8

	Rn.		Rn.
3. Rolle und Kompetenz der Trägervertretung und ihr Verhältnis zum Verwaltungsrat	6	b) Genehmigungsvorbehalt der Trägervertretung	16
4. Rolle der Trägervertretung und ihrer Repräsentanten im Verwaltungsrat vor dem Hintergrund der Anforderungen der EBA und EZB an die Corporate Governance von Sparkassen	7	5. Entlastung der Sparkassenorgane (Abs. 2f)	17
		a) Begriff und Rechtsnatur der Entlastung	17
		b) Entlastung de lege ferenda verzichtbar?	18
		c) Umfang der Entlastung	19
5. Informationsrechte der Trägervertretung und Auskunftsanspruch der Mitglieder	8	d) Teilnahme an der Beschlussfassung	20
		6. Verwendung des Jahresüberschusses nach § 24	21
a) Informationsrecht über die Sparkassenangelegenheiten als Angelegenheit der Gemeinde-/Kreisverwaltung	8	a) Verfahren	21
		b) Zuständigkeiten Vorstand, Verwaltungsrat, Trägervertretung	22
b) Grenze: Verschwiegenheitspflicht	9	aa) Umfassende Informtionspflichten des Vorstandes gegenüber dem Verwaltungsrat mit Folgen für den Träger	22
c) Weitere immanente Grenzen: Rechtsmissbrauch und Zumutbarkeit	10		
d) Adressat des Informationsanbruchs	11	bb) Notwendigkeit einer transparenten Diskussion zwischen den Organen der Sparkasse und dem Träger am Beispiel des „Falles der Sparkasse Düsseldorf"	23
II. Zuständigkeiten der Vertretung des Trägers	12		
1. Wahl des Vorsitzenden und der übrigen Mitglieder des Verwaltungsrates (Abs. 1)	12		
2. Errichtung und Auflösung, Vereinigung (Fusion), Neuordnung bei Gebietsänderungen, Übertragung von Zweigstellen und Übertragung der Trägerschaft auf den Verband (Abs. 2a–c)	13	cc) Weitere Entscheidungskriterien für die Verwendung des Jahresüberschusses?	24
		7. Abberufung von Mitgliedern des Verwaltungsrates aus wichtigem Grund	25
3. Erlass und Änderung der Sparkassensatzung (Abs. 2d)	14	a) Grundsätzlicher Bestandsschutz und Unabhängigkeit des Mandats (Abs. 2h)	25
4. Genehmigung der Bestellung und der Wiederbestellung von Mitgliedern des Vorstandes durch den Verwaltungsrat (Abs. 2e)	15	b) Wichtiger Grund	26
		III. Zuständigkeiten der Vertretung des Trägers nach anderen Vorschriften	27
a) Bestellung und Anstellung; öffentlich-rechtlicher Organisationsakt und zivilrechtlicher Vertrag	15		

I. Vertretung des Trägers

1. Bedeutung der Trägerschaft

Mit der durch die SpkG-Novelle 2008 in § 1 Abs. 1 SpkG NRW aufgenommenen Definition, dass die Gemeinden oder Gemeindeverbände Sparkassen als „ihre" Wirtschaftsunternehmen in der Rechtsform einer landesrechtlichen Anstalt öffentlichen Rechts nach Maßgabe dieses Gesetzes errichten können, hat der Gesetzgeber aus Anlass des seinerzeitigen Wegfalls von Anstaltslast und Gewährträgerhaftung

1

die einerseits enge, eigentümerähnliche, öffentlich-rechtliche **Sonderrechtsbeziehung** zwischen den Trägern und ihren Sparkassen klarstellen wollen. Aus der Formulierung („ihre" Wirtschaftsunternehmen) ergibt sich ferner, dass das Vermögen der Sparkasse wirtschaftlich dem Träger gehört. Andererseits aber hat er ausgeführt, dass es bei der seit jeher geltenden materiellen Rechtslage verbleiben solle, dass die Sparkassen als rechtlich selbständige Anstalten des öffentlichen Rechts kein Eigentum im Sinne des BGB seien, über die der Träger wie ein Eigentümer nach Belieben verfügen könne (§ 903 BGB). Alle Verfügungs- und Gestaltungsmöglichkeiten unterliegen insoweit den **Vorgaben des Sparkassengesetzes** (vgl. LT-Drs. 11/6047 S. 55, 14/6831 S. 29). Dies bedeutet insbesondere, dass es sich bei dem Sparkassenvermögen um ein „Zweckvermögen" handelt, das allein dem öffentlichen Auftrag dienen soll. Aus dieser öffentlich-rechtlichen Bindung wiederum wird die Schlussfolgerung gezogen, dass das Sparkassenvermögen unveräußerlich sei und dass die Träger es insbesondere nicht durch Verkauf an Dritte verwerten dürften.

2. Vertretung des Trägers im Einzelnen

2   Die dem Träger in Angelegenheiten seiner Sparkasse zustehenden Rechte werden von dessen Vertretung wahrgenommen. Das ist für die Stadt oder Gemeinde gem. § 41 Abs. 1 GO der Stadt- oder Gemeinderat, für den Kreis gem. § 26 Abs. 1 KrO der Kreistag und für den Zweckverband gem. § 14 GkG die Verbandsversammlung. Die jeweiligen Vertretungen üben diese Rechte im Rahmen der einschlägigen kommunalrechtlichen Vorschriften (GO, KrO, GkG) und ggf. Geschäftsordnungen aus, soweit sich aus dem Sparkassengesetz nichts anderes ergibt. Folgende Besonderheiten sind zu beachten:

a) Weisungsgebundenheit der Mitglieder der Zweckverbandsversammlung

3   Anders als Rats- und Kreistagsmitglieder (§§ 43 Abs. 1 GO, 28 Abs. 1 KrO) handeln die Mitglieder des Zweckverbandes **nicht weisungsfrei**, sondern sie sind an die Beschlüsse der sie entsendenden Vertretungen und Ausschüsse ihrer Kommunen gebunden. Auf Beschluss der entsendenden Vertretung haben sie ihr Amt jederzeit niederzulegen (§§ 113 Abs. 1 GO, 26 Abs. 5 KrO). Anstelle einer Weisung im Einzelfall können bestimmte Verhaltensweisen der Mitglieder der Zweckverbandsversammlung – insbesondere ihr Abstimmungsverhalten – auch allgemein bereits in der Verbandssatzung festgelegt werden (zu den Gestaltungsmöglichkeiten der Satzung bei Fusionen → § 6 Rn. 2).

b) Sparkassenbedienstete als Mitglieder der Trägervertretung

4   Ob bzw. welche Sparkassenbedienstete gleichzeitig der Trägervertretung bzw. bei Zweckverbänden der Vertretung einer Mitgliedskommune sowie der Bezirksvertretung gem. § 46a KWahlG angehören können, richtet sich nach § 13 Abs. 6 KWahlG. Danach können Arbeitnehmer einer rechtsfähigen Anstalt, an der eine Gemeinde, ein Kreis oder ein Zweckverband maßgeblich beteiligt ist, soweit sie allein oder mit anderen ständig, auch vertretungsweise, berechtigt sind, das Unternehmen in seiner Gesamtheit zu vertreten, wie Vorstandsmitglieder und stellvertretende Vorstandsmitglieder, nicht zugleich der Vertretung dieser Gemeinde, dieses Kreises oder der Vertretung, einer Mitgliedskörperschaft dieses Zweckverbandes

II. Verwaltung der Sparkassen §8

angehören. Von der Vorschrift werden auch die sog Verhinderungsvertreter nach § 15 Abs. 2 b SpkG NRW erfasst, da sie kraft ihrer Bestellung „ständig vertretungsweise berechtigt" sind, die Sparkasse in ihrer Gesamtheit zu vertreten (vgl. die Begründung des Gesetzesentwurfes zur Änderung des KWahlG, LT-Drs. 8/3371, zu Art. 1 Nr. 5 b unter Hinweis auf die Entscheidung des BVerfG v. 4.4.1978 – BVR 1108/78 zu § 137 Abs. 1 GG). **Alle anderen Dienstkräfte** der Sparkasse können der Trägervertretung angehören. Sie dürfen bei der Wahl des Vorsitzenden des Verwaltungsrates (§ 10 SpkG NRW) und der weiteren Mitglieder und deren Stellvertreter (§ 11 SpkG NRW) ebenso mitwirken wie bei ihrer eigenen Wahl in den Verwaltungsrat, dem sie freilich nur als Personalvertreter gem. §§ 12 Abs. 2, 10 Abs. 1c, Abs. 2c SpkG NRW, nicht als Vertreter der Bürgerschaft angehören können. Zum Vorsitzenden des Verwaltungsrates bzw. dessen Stellvertreter können sie wegen der damit verbundenen Vorgesetzteneigenschaft gegenüber dem Vorstand nicht gewählt werden, § 12 SpkG NRW. Zur möglichen Befangenheit der Dienstkräfte der Sparkasse § 21 SpkG NRW.

c) Der Hauptverwaltungsbeamte als Mitglied der Trägervertretung

Der Hauptverwaltungsbeamte (Bürgermeister, Oberbürgermeister, Landrat) kann gem. § 13 Abs. 1a KWahlG als (Wahl)Beamter des Trägers nicht der Trägervertretung der Anstellungskörperschaft angehören. Er ist also nicht deren Mitglied (*Rehn/Cronauge/v. Lennep/Knirsch*, § 50 Anm. IV 1). Er hat vielmehr den Vorsitz in der Trägervertretung (Rat, Kreistag) und gem. §§ 40 Abs. 2 GO, 25 Ab. 2 KrO dort volles Stimmrecht. Insofern kann er bei allen Entscheidungen mitwirken, die nach dem SpkG in die Kompetenz der „Vertretung des Trägers" gestellt werden: Das gilt für die Wahl des Verwaltungsratsvorsitzenden und seiner Stellvertreter gem. §§ 8 Abs. 1, 11 Abs. 1 und 2 SpkG NRW ebenso wie für alle Angelegenheiten des Kataloges des § 8 Abs. 2 SpkG NRW. Auch die weiteren Mitglieder des Verwaltungsrates und deren Stellvertreter darf der Hauptgemeindebeamte gem. § 12 SpkG mitwählen. Die Frage ist problematisiert worden (vgl. *Engau* in: Engau/Dietlein/Josten, § 8 Anm. 2.2), weil § 12 Abs. 1 S. 1 SpkG NRW auf § 50 Abs. 3 GO verweist. Diese Vorschrift ist durch Artikelgesetz vom 20.3.1996 (GV. NRW 1996 S.124) insoweit geändert worden, als bei der Besetzung der Ausschüsse nicht mehr der Rat in seiner Gesamtheit tätig wird, sondern nur noch die „Ratsmitglieder". Würde § 12 Abs. 1 S. 1 SpkG NRW den gesamten § 50 Abs. 3 GO in Bezug nehmen, wären die Hauptgemeindebeamten als Nicht-Ratsmitglieder von der Mitwirkung ausgeschlossen. Das ist aber nicht der Fall. § 12 Abs. 1 S. 1 SpkG NRW verweist lediglich auf den Wahlmodus der Verhältniswahl bei der Ausschussbesetzung im Rat. Auch in der Zweckverbandsversammlung stehen dem Hauptverwaltungsbeamten **sämtliche Mitwirkungsrechte** zu. Er ist **vollberechtigtes Mitglied** der Zweckverbandsversammlung (§ 15 Abs. 2 GkG) und muss gem. §§ 113 Abs. 2 S. 2 GO, 53 Abs. 1 KrO entsandt werden, wenn die Mitgliedskommune mindestens zwei Vertreter zu benennen hat.

3. Rolle und Kompetenz der Trägervertretung und ihr Verhältnis zum Verwaltungsrat

Die Trägerrolle und damit die Rolle der Trägervertretung sind in erster Linie dadurch gekennzeichnet, dass Errichtung, Übernahme und Betrieb einer Sparkasse

§ 8   A. Sparkassen

einzig und allein in die Kompetenz der Gemeinden fallen. Sparkassen gehören zur verfassungsrechtlich gewährleisteten kommunalen Selbstverwaltung. Indem der VerfGH Münster (Sparkasse 1980, 270) ausführt, Art. 78 Abs. 1 LVerf (Art. 28 Abs. 2 GG) gewährleiste den Gemeinden das Recht der Selbstverwaltung, und der Betrieb von Sparkassen stelle eine wichtige durch diese **Verfassungsgarantie** abgesicherte **Betätigung der Gemeinden** dar, nimmt er zugleich Bezug auf die kommunalrechtliche Grundlage der wirtschaftlichen Betätigung in § 107 Abs. 1 GO, der in Satz 3 die Legaldefinition für „wirtschaftliche Betätigungen" der Gemeinden enthält (*Rehn/Cronauge/v. Lennep/Knirsch*, § 107 Anm. II.2), worunter zweifellos auch die Sparkassen als Anbieter von (Finanz-)Dienstleistungen fallen. Insofern nehmen die Sparkassen durch den ihnen durch das SpkG NRW zugewiesenen öffentlichen **Auftrag Belange der Gemeinde** wahr. Die Rolle der Trägervertretung als Organ der jeweiligen Körperschaft (Gemeinde, Kreis, Zweckverband) ist dabei von der Organschaft des Verwaltungsrates zu unterscheiden. Auch wenn die Sparkasse dem Träger eigentümerähnlich zugeordnet ist („ihr" Unternehmen) und die Trägervertretung nach § 8 SpkG NRW an der Verwaltung der Sparkasse mitwirkt, wird sie allein als **Organ des Trägers** und nicht zugleich als Organ der Sparkasse tätig. Organe der Sparkasse sind, wie schon die Überschriften zu II.1. und zu § 9 SpkG NRW zum Ausdruck bringen, allein der Verwaltungsrat und der Vorstand. Die Errichtung und der Betrieb einer Sparkasse stellen insofern keine „eigene" wirtschaftliche Betätigung des Trägers im Sinne des § 107 Abs. 1 GO dar. § 107 Abs. 7 GO stellt vielmehr klar, dass das **Sparkassengesetz als lex specialis** den kommunalrechtlichen Vorschriften vorgeht. Diese formalrechtliche Selbstständigkeit bedeutet aber andererseits nicht, dass die Sparkassen ihrerseits inhaltlich stets gänzlich eigenständige öffentliche Belange wahrnähmen, die „ungeachtet der Trägerschaft der Kommune von den diesen selbst zugewiesenen Aufgaben zu unterscheiden" wären (so *Engau* in: Engau/Dietlein/Josten, § 8 Anm. 2.1). Richtig ist vielmehr, dass Sparkassen auch in ihrer heutigen Ausgestaltung als **Einrichtungen der öffentlichen Daseinsvorsorge ihres Trägers** anzusehen sind (*Schink/Karpenstein*, DVBl, 481, 482). Das ergibt sich bereits aus der zentralen Formulierung des öffentlichen Auftrages der Sparkassen in § 2 SpkG NRW (→ § 2 Rn. 10 ff.). So ist der gesetzliche Auftrag der Sparkassen „der geld- und kreditwirtschaftlichen Versorgung der Bevölkerung und der Wirtschaft insbesondere des Geschäftsgebietes und ihres Trägers zu dienen" (§ 2 Abs. 1 SpkG NRW), damit ein spezieller Ausschnitt der vom kommunalen Träger selbst allgemein wahrgenommenen Aufgabe, die wirtschaftlichen Rahmenbedingungen aktiv zu gestalten und zu verbessern, ua etwa Wirtschaftsförderung zu betreiben. Ähnlich stellt der gesetzliche Auftrag zur Förderung „der finanziellen Eigenvorsorge und Selbstverantwortung vornehmlich bei der Jugend, aber auch in allen sonstigen Altersgruppen und Strukturen der Bevölkerung und die Kreditversorgung und Beratung von wirtschaftlich schwächeren Bevölkerungskreisen" (§ 2 Abs. 2 SpkG NRW), einen speziellen Ausschnitt aus der allgemeinen gesetzlichen Verpflichtung des Trägers zur Daseinsvorsorge auf dem Gebiet der Jugend-, Senioren- und Sozialarbeit dar (zum Inhalt des öffentlichen Auftrages → § 2 Rn. 10 ff.). Allerdings kann die Trägervertretung selbst **keinen unmittelbaren Einfluss** darauf nehmen, in welcher Weise die Sparkasse den öffentlichen Auftrag wahrnimmt. Denn die von der Trägervertretung gem. § 11 Abs. 1 SpkG NRW gewählten Mitglieder des Verwaltungsrates sind an Weisungen nicht gebunden (§ 15 Abs. 6 S. 2 SpkG NRW). Als solche können diese aber im

II. Verwaltung der Sparkassen § 8

Verwaltungsrat sehr wohl die Art und Weise der Wahrnehmung des öffentlichen Auftrages mitbestimmen und gestalten, indem sie dessen Inhalte zum **Gegenstand der Richtlinien der Geschäftspolitik** machen (§ 15 Abs. 1 1.Hs SpkG NRW).

4. Rolle der Trägervertretung und ihrer Repräsentanten im Verwaltungsrat vor dem Hintergrund der Anforderungen der EBA und der EZB an die Corporate Governance von Sparkassen

Das Grundverständnis, dass Sparkassen nach Art. 78 Abs. 1 LVerf (Art. 28 Abs. 2 GG) zur verfassungsrechtlich gewährleisteten kommunalen Selbstverwaltung gehören, und mithin der Betrieb von Sparkassen eine wichtige durch diese Verfassungsgarantie abgesicherte Betätigung der Gemeinden darstellt (VerfGH Münster, Sparkasse 1980, 270), scheint allerdings einmal mehr durch die **aktuellen Leitlinienvorschläge der EBA und EZB** auf dem Gebiet der Corporate Governance Anforderungen an Mitglieder von Aufsichtsorganen in Finanzinstituten (Leitfaden) grundsätzlich in Frage gestellt zu werden. Nach Auffassung von EBA und EZB besteht nämlich für Politiker und staatliche Vertreter in Aufsichtsorganen von Banken und Sparkassen die Vermutung eines per se bestehenden generellen **Interessenkonfliktes.** Konkret wird ein wesentlicher Interessenkonflikt vermutet, wenn ein Mitglied im Verwaltungs- oder Aufsichtsorgan bzw. eine ihm nahestehende Person aktuell (oder in den letzten zwei Jahren) eine Position mit hohem politischem Einfluss bekleidet (habe), sofern das politische Amt mit spezifischen Befugnissen ausgestattet sei. Maßgeblich sei „hoher Einfluss". Ein solcher Einfluss sei auf jeder Ebene möglich: in der Lokalpolitik (zB Bürgermeister); in der Regional- oder Bundespolitik (zB Regierungsmitglied), Beschäftigte im öffentlichen Dienst (zB Anstellung in einem Ministerium) oder Repräsentant des Staates. Die Wesentlichkeit des Interessenkonflikts hänge davon ab, ob das politische Amt mit spezifischen Machtbefugnissen oder Verpflichtungen ausgestattet sei, die das betreffende Mitglied daran hindern würden, im Interesse des beaufsichtigten Unternehmens zu handeln (Leitfaden, S. 19). Nach deutschem Rechtsverständnis kommt diese Formulierung einer gesetzlichen Vermutung gleich (§ 292 ZPO), die in ihrer Allgemeinheit praktisch nur schwer widerlegbar erscheint und damit generell Bürgermeister, Oberbürgermeister und Landräte, aber auch andere kommunalpolitische Funktionsträger wie zB Fraktionsvorsitzende (und ihre Angehörigen) von der Mitgliedschaft im Verwaltungsrat einer Sparkasse auszuschließen droht. Die Auffassung der EZB verkennt, dass der „Interessenkonflikt" im öffentlich-rechtlichen Sparkassenwesen durch das **Doppelmandat** im Rat/Kreistag einerseits und der Mitgliedschaft im Verwaltungsrat andererseits geradezu angelegt ist. Die Anforderungen des Gesetzgebers in § 2 Abs. 3 SpkG NRW, dass die Sparkassen ihre Geschäfte nach kaufmännischen Grundsätzen unter Beachtung ihres öffentlichen Auftrags zu führen haben, wobei Gewinnerzielung nicht Hauptzweck des Geschäftsbetriebes sein darf, beschreibt den möglichen Zielkonflikt konkret und verpflichtet die Trägervertreter dazu, bei jeder Entscheidung, die sich **möglicherweise widersprechenden Interessen** sorgfältig gegeneinander abzuwägen. Nach zutreffender Auffassung der kommunalen Spitzenverbände und des DSGV berücksichtigt die mögliche Sanktionierung des pauschal unterstellten Interessenkonfliktes durch die EZB diese **gesetzliche Besonderheit** nicht und stellt so im Ergebnis die Existenz öffentlich-

7

rechtlicher Kreditinstitute in Frage. Dagegen bestehen europarechtliche Bedenken. Nach Art. 345 AEUV obliegt die Entscheidung, in welcher Rechtsform und mit welchen Mitteln wirtschaftliche Betätigung in den Mitgliedsstaaten erfolgt, nämlich allein den Mitgliedstaaten selbst. Dies schließt die Freiheit ein, kommunal getragene Sparkassen in der bisherigen Struktur mit kommunalen Vertretern und Amtsträgern in ihrem Aufsichtsorgan zu führen (Städtetag aktuell 4/2017 S. 6). Im Ergebnis ist derzeit noch ungewiss, wie in der Praxis die tiefergehende aufsichtsrechtliche „Beurteilung von Interessenkonflikten auf Einzelfallbasis" (Leitfaden, S. 18) erfolgen soll und welche Sanktionen (Auflagen wie zB Rücktritt oder Teilnahmeverbot an Sitzungen) ggf. verhängt werden, etwa in dem Fall, dass der Bürgermeister im Verwaltungsrat gegen den Vorschlag des Vorstandes zur Bildung eines Fonds für allgemeine Bankrisiken nach § 340g HGB zugunsten einer höheren Ausschüttung an seine Kommune votiert. Klar ist nur, dass durch die generell negative Beurteilung des politischen Mandats im EZB-Leitfaden die gesetzliche Verpflichtung des Verwaltungsrates, ua mittels der Bestimmung der Geschäftspolitik (§ 15 Abs. 1 SpkG NRW) über die Erfüllung des öffentlichen Auftrages der Sparkasse zu wachen, als wesentlicher Grund für einen sanktionswürdigen Interessenkonflikt gleichsam missbilligt wird. Die **Deutsche Bundesbank und die BaFin** teilen diese grundsätzlichen Bedenken gegen den Leitfaden nicht. Nach ihrer Auffassung schließt die EZB-Leitlinie Personen mit hohem politischem Einfluss nicht generell von der Wahrnehmung von Mandaten in Aufsichtsorganen aus. Sie verpflichte vielmehr nur zu einer **besonders sorgfältigen Überprüfung des Einzelfalles** und, soweit erforderlich, erkannten Konflikten entgegenzuwirken. Daher erscheine es aus aufsichtlicher Sicht notwendig, dass sich auch öffentliche Institute mit dem Umgang potentieller Interessenkonflikte auseinandersetzen (Schreiben der Deutschen Bundesbank und der BaFin v. 1.3.2017 an die kommunalen Spitzenverbände). Vielleicht weist dieser Hinweis der BaFin trotz seiner Allgemeinheit dennoch in die richtige Richtung, nämlich durch den Einsatz konkreter, auf die jeweilige Sparkasse zugeschnittener **Public-Corporate-Governance-Richtlinien** mit idealerweise qualitativ und quantitativ messbaren, transparenten Aussagen zu möglichen oder typischen Konfliktlagen speziell des Doppelmandates, die Kontrolltätigkeit des Verwaltungsrates nachhaltig zu verbessern und so möglichen Sanktionen durch die Aufsicht den Boden zu entziehen (Einzelheiten bei *Klinger/Stille*, S. 660 f., 667 ff.).

5. Informationsrecht der Trägervertretung und Auskunftsanspruch der Mitglieder

a) Informationsrecht über Sparkassenangelegenheiten als Angelegenheiten der Gemeinde-/Kreisverwaltung

8   Ob und inwieweit die Trägervertretung ihre Zuständigkeiten nach dem Kompetenzkatalog des § 8 SpkG NRW und insbesondere ihre Rolle als „Eigentümervertretung" überhaupt angemessen wahrnehmen kann, hängt entscheidend davon ab, wie sie über die Angelegenheiten der Sparkasse informiert wird bzw. welche Möglichkeiten sie hat, sich eigene Informationen zu verschaffen. Das **Informationsrecht der Trägervertretung** bzw. das seiner Mitglieder richtet sich nach **Kommunalrecht**, wobei die Besonderheiten der spezialgesetzlichen Regelungen des SpkG NRW zu berücksichtigen sind. Informationsrechte gegenüber Dritten

II. Verwaltung der Sparkassen § 8

kann danach die Trägervertretung allein **durch ihren gesetzlichen Vertreter**, den Bürgermeister, Landrat oder Zweckverbandsvorsitzenden wahrnehmen (§§ 63 Abs. 1 GO, 42 lit. e KreisO, 17 Abs. 2 GkG). Danach ist es ausgeschlossen, dass sich das einzelne Rats-, Kreistags- oder Zweckverbandsmitglied in dieser Funktion unmittelbar zwecks Auskunftserteilung an ein Organ der Sparkasse wendet. Ein direkter Auskunftsanspruch gegen die Sparkasse wäre allenfalls auf der Grundlage des Informationsfreiheitsgesetzes denkbar. Auskunftsberechtigt wäre ein Rats- oder Kreistagsmitglied insoweit nicht als Mitglied des kommunalen Kollektivorgans, sondern als natürliche Person iSv § 4 NRWIFG (vgl. dazu *Bracht*, NVwZ 2016, 108). Der Bürgermeister hat gem. § 55 Abs. 1 GO den Rat über alle wichtigen Angelegenheiten der Gemeindeverwaltung zu unterrichten und ist verpflichtet, einem Ratsmitglied **auf Verlangen Auskunft** zu erteilen oder zu einem Tagesordnungspunkt Stellung zu nehmen (entspr. §§ 26 Abs. 4 KreisO, 8 GkG). Zu den Angelegenheiten der Gemeindeverwaltung gehören neben den originären kommunalen Zuständigkeiten (vgl. 41 Abs. 1 GO, *Rehn/Cronauge/v. Lennep/Knirsch*, § 55 Anm. II) auch solche, die der Trägervertretung kraft Gesetzes zugewiesen werden. Um eine solche handelt es sich bei § 8 SpkG NRW. Im Rahmen der hier genannten Zuständigkeiten besteht **grundsätzlich das Informationsrecht der Trägervertretung** und die diesem korrespondierende Auskunftspflicht des Bürgermeisters. Darüber hinaus sind Bürgermeister und Landräte regelmäßig in ihrer Eigenschaft als Amtsträger Verwaltungsratsmitglieder von Sparkassen, sei es als Vorsitzende des Verwaltungsrates gem. § 11 Abs. 1 oder gem. Abs. 3 SpkG NRW als Beanstandungsbeamte (§ 17 SpkG NRW) bzw. beratende Mitglieder. Die in dieser Funktion als Mitglied des Verwaltungsrates einer Sparkasse erlangten Kenntnisse sind **Informationen, die die Gemeinde- oder Kreisverwaltung** betreffen (so zu Recht *Bracht*, NVwZ 2016, 108, 110, abw. VGH Mannheim, Urt. v. 12.3.2001 – 1 S 785/00). Sie können grundsätzlich Gegenstand des Informationsrechtes der Trägervertretung und der Auskunftspflicht gegenüber einem einzelnen Mitglied sein (VG Gelsenkirchen, Beschl. vom 9.11.2015 – 15 L 2234/15 mit Hinweis auf die gefestigte Rechtsprechung). Die Auffassung, dass es zur Geltendmachung des Auskunftsrechts in sparkassenrechtlichen Angelegenheiten entgegen § 55 Abs. 1 GO stets eines Beschlusses der Trägervertretung bedarf (so *Engau* in: Engau/Dietlein/Josten, § 8 Anm. 4), findet im Gesetz keine Grundlage.

b) Grenze: Verschwiegenheitspflicht

Das Informationsrecht der Trägervertretung bzw. die Auskunftspflicht des Bürgermeisters, Landrates oder Zweckverbandsvorsitzenden finden allerdings ihre Grenze an der **Verschwiegenheitspflicht der Mitglieder der Sparkassenorgane**. In ihrer Funktion als Verwaltungsratsmitglieder unterliegen sie der sparkassenrechtlichen Verschwiegenheitspflicht aus § 22 SpkG NRW. Diese Verschwiegenheitspflicht gilt grundsätzlich auch gegenüber der Trägervertretung und damit gegenüber einzelnen Rats- bzw. Kreistagsmitgliedern (vgl. *Berger*, § 15 Rn. 1). Einen allgemeinen Informationsanspruch der Trägervertretung oder ihrer Mitglieder in Angelegenheiten der Sparkasse gibt es nicht. Insbesondere gibt es trotz vielfacher Parallelen der Governance der Sparkassen mit dem Aktienrecht keine dem § 394 AktG vergleichbare Vorschrift, die die Verschwiegenheitspflicht von Vertretern von Gebietskörperschaften in Aufsichtsräten einschränkt (vgl. *Bracht*, NVwZ 2016, 108, 112, der zu Recht auch eine analoge Anwendung ausschließt). Das Informationsrecht der Trägervertretung und der Auskunftsanspruch seiner Mitglieder können nur soweit gehen, wie es zur **Wahrnehmung ihrer Funktionen und Zuständigkeiten** erforderlich ist. Diese sind punktuell und abschließend im Sparkassengesetz geregelt und folgen aus der gesetzlichen Rollenverteilung zwischen Trägervertretung und Verwaltungsrat (→ Rn. 6). Welche Informationen und ggf. Unterlagen zur sachgerechten Wahrnehmung der Trägerfunktionen erforderlich sind, kann nicht allgemein, sondern **nur für den Einzelfall** entschieden werden. Für die Entscheidung über die Verwendung des Jahresüberschusses gem. § 8 Abs. 2 g SpkG NRW) regelt § 24 Abs. 4 SpkG NRW zum Beispiel, dass der Trägervertretung der Jahresabschluss mit dem Bestätigungsvermerk des Sparkassen- und Giroverbandes sowie der Lagebericht vorzulegen sind. Diese Unterlagen sind regelmäßig zugleich Grundlage für die Entscheidung über die Entlastung der Organe der Sparkasse durch die Trägervertretung gem. § 8 Abs. 2 f SpkG NRW). Der Prüfungsbericht bleibt, wie sich aus der Sonderregelung des § 24 Abs. 3 S. 3 SpkG NRW ergibt, den Sparkassenorganen vorbehalten. Diese Regelungen schließen es aber nicht grundsätzlich aus, dass die Trägervertretung über die zwingend vorzulegenden Unterlagen hinaus **weitere Informationen** verlangen kann, wenn diese für eine sachgerechte eigenverantwortliche Entscheidung erforderlich sind. Dies kann bei der Entscheidung über die Verwendung des Jahresgewinns durchaus der Fall sein (→ Rn. 22 ff.), erst Recht im Falle einer grundlegenden und weitreichenden Entscheidung nach § 27 SpkG NRW (Vereinigung von Sparkassen), die die Trägervertretung nicht ohne umfassende Informationen treffen kann.

c) Weitere immanente Grenzen: Rechtsmissbrauch und Zumutbarkeit

10 Hier gelten in Sparkassenangelegenheiten keine anderen als die auch sonst im Rahmen des § 55 Abs. 1 GO anzuwendenden Grundsätze. Beschränkungen der Antwortpflicht als solcher ergeben sich aus der **Funktion des Fragerechts**. Es hat sich im Rahmen des (hier sparkassenspezifischen) Aufgabenbereichs des Rates zu halten. Demgemäß kann sich die Antwortpflicht des Bürgermeisters auch nur auf diese Bereiche erstrecken. Die Antwort muss zur sachgerechten Erfüllung dieser Aufgaben erforderlich sein. Es müssen keine Fragen beantwortet werden, die nicht von der Mandatsarbeit, sondern allein von **privaten oder sonstigen, beispielsweise parteipolitischen Interessen** getrieben sind. Dabei ist allerdings zu berücksichtigen, dass die gesetzliche Wertung der §§ 55 Abs. 1 GO, 26 KrO grundsätzlich für die Erteilung der Auskunft spricht. Berührt die Frage eine sparkassenspezifische Zuständigkeit der Trägervertretung, genügt es zur Verweigerung der Auskunft nicht, dass der Bürgermeister, Landrat oder Zweckverbandsvorsitzende lediglich im Hintergrund auch private, parteipolitische oder sonstige nicht sachgerechte Interessen vermutet. Es besteht keine Pflicht des Rats- oder Kreistagsmitglieds zu begründen, warum die angefragte Auskunft benötigt wird. Hier ist eine **sorgfältige Abwägung** des Bürgermeisters, Landrats bzw. Zweckverbandsvorsitzenden erforderlich. Die Grenze des Auskunftsanspruchs ist allerdings erreicht, wenn das Rats- oder Kreistagsmitglied mit dem Auskunftsverlangen eine Schädigung der Sparkasse bewirken würde, beispielsweise indem es den Auskunftsanspruch zur Ausforschung von Betriebs- oder Geschäftsgeheimnissen instrumentalisierte (vgl. *Bracht*, NVwZ 2016, 108, 112). Eine weitere Grenze des Auskunftsanspruchs ergibt sich aus der allen Kommunalorganen und ihren Gliederungen obliegenden Verpflichtung zu gegenseitiger **Rücksichtnahme**, das die Antwortpflicht des

II. Verwaltung der Sparkassen § 8

Bürgermeisters namentlich auf solche Informationen begrenzt, die ihm vorliegen oder die mit **zumutbarem Aufwand** beschafft werden können (OVG Münster, NVwZ-RR 2010, 650).

d) Adressat des Informationsanspruchs

Besteht ein Informationsanspruch der Trägervertretung bzw. eines ihrer Mitglieder, so richtet sich dieser gem. § 55 Abs. 1 GO unmittelbar **gegen den Bürgermeister** (bzw. Oberbürgermeister, Landrat oder Zweckverbandsvorsitzenden §§ 26 Abs. 4 KreisO, 8 GkG). Als Vorsitzender oder als Mitglied des Verwaltungsrates bzw. als Beanstandungsbeamter gem. §§ 11 Abs. 3, 17 SpkG NRW hat er die erforderlichen Informationen zu erteilen und kann sie sich jedenfalls in zumutbarer Weise verschaffen. Eine Pflicht des Vorstandes oder einzelner seiner Mitglieder zur unmittelbaren Information gegenüber der Trägervertretung besteht dagegen nicht (*Engau* in: Engau/Dietlein/Josten, § 8 Anm. 4), wenngleich der Vorstand in der Regel ein Interesse daran haben wird, die Position der Sparkasse selbst gegenüber der Trägervertretung darzustellen, wobei er selbstverständlich ebenfalls der Verschwiegenheitspflicht aus § 22 SpkG NRW unterliegt.

II. Zuständigkeit der Vertretung des Trägers

Die in § 8 SpkG NRW genannten Zuständigkeiten der Trägervertretungen sind nicht abschließend. Weitere finden sich in anderen Vorschriften (→ Rn. 27)

1. Wahl des Vorsitzenden und der übrigen Mitglieder des Verwaltungsrates (Abs. 1)

Eine zentrale Funktion der Trägervertretung, auf die Sparkasse Einfluss zu nehmen und im Rahmen der Richtlinienkompetenz durch Bestimmung der Geschäftspolitik dem Interessenausgleich zwischen öffentlichem Auftrag und kaufmännischen Belangen Geltung zu verschaffen, ist die Wahl des Vorsitzenden und der Mitglieder des Verwaltungsrates. Gerade wegen der vom Gesetz vorgegebenen Rollenverteilung zwischen betriebswirtschaftlicher, operativer Verantwortung des Vorstandes einerseits und strategischer Verantwortung für die Geschäftspolitik des Verwaltungsrates als höchstem Organ der Sparkasse andererseits, gewinnt die **Personalpolitik besondere Bedeutung** (*Claußen*, 1964, S. 47 ff.). Die Qualität der Arbeit des Verwaltungsrates hängt maßgeblich von der persönlichen und fachlichen Qualifikation der Personen ab, die die Trägervertretung in den Verwaltungsrat wählt (*Klinger/Stille*, S. 657), § 12 SpkG NRW. Dabei kommt dem **Vorsitzenden des Verwaltungsrates** als unmittelbarem Ansprechpartner und Dienstvorgesetztem des Vorstandes eine **Schlüsselposition** zu (vgl. *Teich/Plazek/Schuster*, S.15 SpkG NRW, Der Corporate Governance-Kodex für Sparkassen in NRW Ziff. 4.4, § 11).

2. Errichtung und Auflösung, Vereinigung (Fusion), Neuordnung bei Gebietsänderungen, Übertragung von Zweigstellen und Übertragung der Trägerschaft auf den Verband (Abs. 2a–c)

Aus dem Grundverständnis, dass Sparkassen nach Art. 78 Abs. 1 LVerf (Art. 28 Abs. 2 GG) zur verfassungsrechtlich gewährleisteten kommunalen Selbstverwaltung gehören und mithin der Betrieb von Sparkassen eine wichtige durch diese Verfassungsgarantie abgesicherte Betätigung der Gemeinden darstellt (VerfGH Münster, Sparkasse 1980, 270), ergeben sich die vorgenannten Trägerkompetenzen geradezu zwangsläufig. Vor den jeweiligen **Entscheidungen der Trägervertretung** in den Fällen b) und c) ist dem **Verwaltungsrat** gem. § 15 Abs. 5 a) b) SpkG NRW **rechtliches Gehör** durch vorherige Anhörung zu gewähren. Wegen ihrer Tragweite im Hinblick auf den gesetzlichen Auftrag der Sparkassen unterliegen sämtliche Beschlüsse der Trägervertretung der präventiven Staatsaufsicht in Gestalt eines Genehmigungsvorbehaltes durch das zuständige Finanzministerium (§ 39 Abs. 2 SpkG NRW): Fusionen (§§ 27 Abs. 2, 29 Abs. 1 SpkG NRW), Übertragung der Trägerschaft auf den Sparkassen- und Giroverband auf Zeit (§ 38 Abs. 1 SpkG NRW), die Auflösung (§ 31 Abs. 1 SpkG NRW) und Zweigstellenübertragungen (§ 30 Abs. 2 SpkG NRW).

3. Erlass und Änderung der Sparkassensatzung (Abs. 2d)

14   Die Satzungskompetenz der Trägervertretung ergibt sich bereits aus § 6 Abs. 2 SpkG NRW, dh, zuständig für den Erlass der Satzung sind die Kommunalparlamente, Stadtrat, Gemeinderat bzw. Kreistag, oder bei einer durch Fusion zu einer Zweckverbandssparkasse vereinigten Sparkasse gem. § 27 Abs. 1 SpkG NRW die jeweilige Verbandsversammlung des Zweckverbandes, der die neue Sparkasse trägt. Das Satzungsrecht des Trägers ist gem. § 6 Abs. 1 SpkG NRW durch das Sparkassengesetz und dessen Begleitvorschriften beschränkt (→ § 6 Rn. 1 und die dort abgedruckte Mustersatzung → § 6 Rn. 4). Abweichungsmöglichkeiten und Gestaltungsspielräume ergeben sich aber im Falle einer Fusion (→ § 6 Rn. 2, § 28 Abs. 1 SpkG NRW). Änderungen der Satzung bedürfen nach § 15 Abs. 5c SpkG NRW der vorherigen Anhörung durch den Verwaltungsrat. Im Übrigen gilt für den Erlass und die Änderung der Satzung der Genehmigungsvorbehalt der Aufsichtsbehörde nach § 6 Abs. 2 SpkG NRW.

4. Genehmigung der Bestellung und der Wiederbestellung von Mitgliedern des Vorstandes durch den Verwaltungsrat (Abs. 2e)

a) Bestellung und Anstellung; öffentlich-rechtlicher Organisationsakt und zivilrechtlicher Dienstvertrag

15   Wie sich aus § 19 Abs. 2 SpkG NRW ergibt, unterscheidet das Gesetz wie auch § 84 Abs. 1 AktG zwischen der „Bestellung" und der „Anstellung" der Vorstandsmitglieder („Trennungsprinzip", BGH, NJW 2003, 351; *Spindler* in: MüKoAktG, § 84 Rn.10). Die Zuständigkeit der Trägervertretung gem. § 8 Abs. 2e SpkG NRW betrifft ausschließlich die Genehmigung der Bestellung und der Wiederbestellung, nicht die Anstellung. Ihrer Rechtsnatur nach ist die Bestellung ein **Organisationsakt**, dessen Zuordnung zum öffentlichen Recht oder zum Privatrecht teilweise umstritten ist. So hat der BGH (Urt. v. 24.11.1980 – II ZR 182/79 = NJW 1981, 757) im Falle des Widerrufs der Bestellung zum Mitglied und Vorsitzenden des Vorstands der WestLB (Fall „Poullain") ausgeführt, dass diese keine hoheitliche Maßnahme, sondern ein nach zivilrechtlichen Grundsätzen zu beurteilender körperschaftlicher Akt ähnlich einer Abberufung nach § 84 Abs. 3 AktG gewesen sei, mit dem die auf dem Dienstvertrag beruhende Organstellung ein Ende gefunden habe (allerdings nach der alten Vorschrift des § 17 SpkG NRW, der von einer Bestellung „aufgrund

II. Verwaltung der Sparkassen   § 8

eines Dienstvertrages" sprach). Die Rechtsnatur des Bestellungsverhältnisses als einer privatrechtlichen Beziehung werde nicht dadurch in Frage gestellt, dass die Anstellungskörperschaft auch mit öffentlichen Aufgaben betraut sei und das Vorstandsmitglied für die ordnungsmäßige Erfüllung dieser Aufgaben mit zu sorgen habe. Denn öffentliche Aufgaben könnten auch einem im Privatdienst angestellten Organmitglied in rechtsgeschäftlicher Form übertragen und in gleicher Weise wieder entzogen werden (zustimmend *Kiethe*, BKR 2005, 177). Gegen diese Auffassung spricht, dass nur die Anstellung allein nach zivilrechtlichen Regelungen erfolgt, während bei der Bestellung des Vorstandsmitglieds die Sparkasse diesem nicht als Teilnehmer des bürgerlichen Rechtsverkehrs gegenübertritt. Die Bestellung des Vorstandsmitglieds durch die öffentlich-rechtliche Körperschaft Sparkasse erfolgt vielmehr **als einseitiger Organisationsakt nach dem öffentlichen Sonderrecht der Sparkassen** und bedarf lediglich dessen Zustimmung. Erst mit dem **rechtswirksamen Abschluss des privatrechtlichen Dienstvertrages**, der zugleich die konkludente Zustimmung des bestellten Vorstandsmitgliedes beinhaltet, werden dessen Rechte und Pflichten begründet (*Berger*, § 9 Rn. 3; OLG Nürnberg, Beschl. v. 5.3.2008 – 4 W 72/08 = WM 2009, 68; *Lutter*, Pflichten/Haftung von Spk-Organen, S. 13, *Dietlein* in: Engau/Dietlein/Josten, § 19 Anm. 3.2.1).

b) Genehmigungsvorbehalt der Trägervertretung

Der Genehmigungsvorbehalt verschafft der Trägervertretung ein **Mitwirkungs-** 16
recht, das sich einerseits aus der Trägerverantwortung (§ 7 Abs. 2 SpkG NRW) und aus den sonstigen (Eigentümer-) Interessen des Trägers rechtfertigt, andererseits aus dem Grundverständnis, dass Sparkassen nach Art. 78 Abs. 1 LVerf (Art. 28 Abs. 2 GG) zur verfassungsrechtlich gewährleisteten kommunalen Selbstverwaltung gehören (VerfGH Münster, Sparkasse 1980, 270). Nach der Übertragung der Personalhoheit auf die Sparkassen mit der Änderung des Sparkassengesetzes im Jahre 1970 ist der Genehmigungsvorbehalt der Trägervertretung als **besondere Kompetenz** verblieben. Die Regelung ist Ausdruck der besonderen Verflechtung zwischen dem Träger und seiner Sparkasse (*Berger*, § 9 Rn. 2) und sichert ihm den notwendigen Einfluss auf die Entscheidung über deren Leitung. Da das Gesetz (§ 15 Abs. 2a, 19 SpkG NRW) zwischen „Mitgliedern" und „stellvertretenden Mitgliedern" unterscheidet und § 8 Abs. 2e SpkG NRW ausdrücklich nur die „Mitglieder" erwähnt, steht nur deren Bestellung und Wiederbestellung unter dem Genehmigungsvorbehalt. Die Genehmigung der Trägervertretung ist **Voraussetzung für die wirksame Bestellung** des Vorstandsmitglieds. Kriterien für die Erteilung oder Versagung der Genehmigung sind gesetzlich nicht definiert. Auch konkrete Voraussetzungen für eine (gerichtlich überprüfbare) Ermessensentscheidung (vgl. § 114 VwVfG) liegen mangels einer gesetzlichen Ermächtigung nicht vor. Es handelt sich nicht um ein förmliches Verwaltungsverfahren (§ 71 VwVfG). Daher bedarf die Entscheidung auch keiner Begründung. Insoweit ist die Trägervertretung bei ihrer Beschlussfassung weitgehend frei und hat sich insbesondere an verfassungsrechtlichen Grenzen zu orientieren (zB am allgemeinen Diskriminierungsverbot des Art. 3 GG, an der Sicherstellung des gleichen Zugangs zu öffentlichen Ämtern gem. Art. 33 Abs. 2 GG). Auch wenn die Genehmigung des Trägers nach dem Wortlaut des § 8 Abs. 2e SpkG NRW lediglich Voraussetzung für die „Bestellung" und nicht für die Anstellung ist, hat sie dennoch unmittelbare Auswirkung auch auf die Anstellung des Vorstandsmitglieds. Zum Teil wird davon ausgegangen, dass der Abschluss des Anstel-

Landscheidt   119 lungsvertrages mit einem Vorstandsmitglied ohne vorherige Genehmigung der Trägervertretung unzulässig sei (*Schlierbach/Püttner*, S. 201; *Berger*, § 9 Rn. 3), weil erst mit dem Anstellungsvertrag dem Angestellten mit Außenwirkung die Funktion eines Vorstandsmitglieds, die die vorherige Bestellung voraussetzt, zugewiesen werde. Nach anderer Auffassung ist die Anstellung „folge- bzw. sinnwidrig", solange die Bestellung nicht genehmigt ist (*Engau*, in: Engau/Dietlein/Josten, § 8 Anm. 3.5.3; *Dietlein*, in: Engau/Dietlein/Josten, § 19 Anm. 3.2.3.). Um jegliche Unklarheiten zu vermeiden – die freilich in dem Stadium des Beginns der Rechtsbeziehung zwischen Vorstand und Sparkasse in der Praxis kaum eine Rolle spielen (anders als bei Beendigung durch Widerruf der Bestellung) – empfiehlt sich grds. die Vereinbarung einer **Gleichlauf- bzw. Koppelungsklausel im Anstellungsvertrag** dergestalt, dass die wirksame Bestellung durch die Trägervertretung zur Bedingung des Anstellungsvertrages gemacht wird (zum zulässigen Inhalt vgl. *Werner*, NZA 2015, 1234). Denn beide Rechtsbeziehungen stehen in einem engen und gegenseitigen Abhängigkeitsverhältnis. Da die aktuellen Empfehlungen der Sparkassenverbände (abgedruckt unter www.svwl.eu) eine solche Klausel allerdings zZ nicht vorsehen, ist davon auszugehen, dass eine ausdrückliche Regelung dieses Inhalts regelmäßig nicht praktiziert wird. Allerdings erscheint es durchaus nicht abwegig, von einer stillschweigenden Vereinbarung einer solchen Bedingung auszugehen. Die Anstellungsverträge der Vorstände sehen entsprechend den Verbandsempfehlungen (Ziff. 1.4.) regelmäßig vor, dass das Vorstandsmitglied anerkennt, auf die Rechte und Pflichten hingewiesen worden zu sein, die sich aus Gesetz, Rechtsverordnung, Satzung, Geschäftsanweisung, den jeweils für das Vorstandsmitglied geltenden internen Regelungen der Sparkasse und dem Anstellungsvertrag ergeben. Dazu gehört in der Praxis regelmäßig der Umstand, dass zunächst die Bestellung durch die Trägervertretung erfolgen muss. Zur Vermeidung jeglicher Unklarheiten, kann mit der Ausfertigung des Anstellungsvertrages auch einfach bis zur Bestellung abgewartet werden (*Engau* in: Engau/Dietlein/Josten, § 15 Anm. 5.1.).

5. Entlastung der Sparkassenorgane (Abs. 2f)

a) Begriff, Gegenstand und Rechtsnatur der Entlastung

17 Anders als nach altem Recht definiert jetzt § 8 Abs. 2f SpkG NRW in den Sätzen 2 und 3 den Begriff der Entlastung und stellt klar, dass die Entlastung **nicht als Verzicht auf etwaige Ersatzansprüche** verstanden werden kann. Damit sind die früheren Streitfragen zur Präklusionswirkung der Entlastung obsolet. Mit der Entlastung billigt die Trägervertretung die Verwaltung der Sparkasse durch die Mitglieder der Sparkassenorgane (Verwaltungsrat, Vorstand) für die Vergangenheit (BGH WM 1976, 204, 205; BGHZ 94, 324, 326 = NJW 1986, 129 bezogen auf Gesellschaftsrecht). Über die rückwirkende **Billigung** hinaus liegt in der Entlastung regelmäßig und typischerweise aber auch eine **Vertrauenskundgabe** für die künftige Arbeit. (BGH WM 1977, 361, 361 f.; BGHZ 94, 324, 326). Gegenstand der Entlastung ist der vom Verwaltungsrat festgestellte und mit dem Bestätigungsvermerk der zuständigen Prüfungsstelle versehene Jahresabschluss sowie der geprüfte und vom Verwaltungsrat gebilligte Lagebericht (§ 24 Abs. 4 Satz 1, § 5 Abs. 2d SpkG NRW). Bei der Entlastung geht es für die Organe der Sparkasse insoweit vor allen Dingen um Prestige und Außenwirkung, werten diese doch in der Regel die pauschale Entlastung durch die Trägervertretung als allgemeine Bestätigung der Geschäftspolitik des Hau-

II. Verwaltung der Sparkassen § 8

ses. Die Entlastung hat **keine Rechtsqualität**. Sie stellt insbesondere **keinen Verwaltungsakt** dar, weil sie nicht unmittelbar auf die Herbeiführung einer Rechtswirkung nach außen zielt (vgl. § 35 VwVfG). Allerdings stellt die Entlastung durch den Träger auch **keine bloße „Farce"** dar (so zu Recht *Lutter*, Pflichten/Haftung von Spk-Organen, S. 158), denn neben der Billigung der Geschäftspolitik und der allgemeinen Aufgabenwahrnehmung durch die Organe, kann der in der Entlastung enthaltene Vertrauenserweis unter Umständen eine **spätere Abberufung aus wichtigem Grund ausschließen**, soweit dieser Grund zum Zeitpunkt der Entlastung bei sorgfältiger Prüfung aller Vorlagen und Berichte erkennbar war (für das Gesellschaftsrecht vgl. BGH, NJW 1986, 129). Als **allgemeine Vertrauenserklärung** ist die Entlastung wie im privaten Gesellschaftsrecht weder anfechtbar noch erzwingbar. Lediglich im Falle der willkürlichen Verweigerung der Entlastung durch die Trägervertretung (etwa aus sachfremden persönlichen oder rein parteipolitischen Gründen, dagegen nicht: aus geschäftspolitischen Gründen) dürfte eine Grenze überschritten sein. In einem solchen Falle käme die Beanstandung durch den Hauptverwaltungsbeamten oder ggf. durch die Aufsichtsbehörde in Betracht (*Schlierbach/Püttner*, S. 262).

b) Entlastung de lege ferenda verzichtbar?

Zum Teil wird die Auffassung vertreten, die Entlastung durch den Träger sei wegen dessen geringeren Erkenntnismöglichkeiten (*Lutter*, Pflichten/Haftung von Spk-Organen, S. 156) de lege ferenda sogar gänzlich verzichtbar, und es sei angebracht, diese vielmehr vom Verwaltungsrat gegenüber dem Vorstand aussprechen zu lassen (*Engau* in: Engau/Dietlein/Josten, § 8 Anm. 3.6; *Lutter*, Pflichten/Haftung von Spk-Organen, S. 158, sa § 23 Abs. 3 S. 4 und 5 SpkG Nds.). Dagegen spricht allerdings, dass dem Gesetzgeber gerade die **Stärkung des Trägers** in seiner besonderen öffentlich-rechtlichen Eigentümerrolle ein besonderes Anliegen ist (vgl. LT-Drs. 14/6831 S. 27). Die Auffassung verkennt die besondere Rolle insbesondere der Verwaltungsratsmitglieder im Verhältnis zur Sparkasse einerseits und zum Träger andererseits. Anders als bei allen anderen Vertreterinnen und Vertretern in Unternehmen der Gemeinde sind die Verwaltungsratsmitglieder nicht an Beschlüsse des Rates und seiner Ausschüsse gebunden (§ 113 Abs. 1 S. 2 GO), sondern handeln weisungsfrei und nach ihrer freien, nur durch Rücksicht auf das öffentliche Wohl und die Aufgaben der Sparkasse bestimmten Überzeugung (§ 15 Abs. 6 SpkG NRW). Ihr hohes Maß an persönlicher Unabhängigkeit schlägt sich darüber hinaus in dem Umstand nieder, dass ihr Mandat anders als bei § 113 Abs. 1 S. 3 GO für die gesamte Wahlzeit der Trägervertretung gilt und ihre Abberufung nur aus wichtigem Grund möglich ist (§ 8 Abs. 2 h SpkG NRW). Gleichzeitig sind sie für die Geschäftspolitik der Sparkasse verantwortlich und überwachen die Geschäftsführung (§ 15 Abs. 1 SpkG NRW). Auf beides soll und kann der Träger in seiner öffentlich-rechtlichen Eigentümerrolle keinerlei direkten Einfluss nehmen. Gerade deshalb erscheint es geboten – wenn man die Trägerrolle ernst nimmt – dass er zumindest nach Abschluss eines Geschäftsjahres alljährlich diese **einzige Gelegenheit** hat, die Aufgabenwahrnehmung durch die Sparkassenorgane zu billigen und ihnen das Vertrauen für die Zukunft auszusprechen, oder eben, die Entlastung ganz oder teilweise zu versagen, wenn es einen konkreten und begründeten Anlass zur Missbilligung oder zum Vertrauensentzug gibt. Eine solche Missbilligung ist sicherlich die Ausnahme, hat aber gerade deswegen eine besondere Wirkung und einen hohen Aufmerksamkeitswert.

c) Umfang der Entlastung

19 Hinsichtlich des Umfangs der Entlastung gelten ähnliche Grundsätze wie im Gesellschaftsrecht. Hier wie dort stellt die **Gesamtentlastung** der Organe den Regelfall dar (OLG München WM 1995, 842 zu § 120 Abs. 1 AktG). Die **Einzelentlastung** ist aber möglich und insbesondere dann, wenn Organmitglieder spezielle, abgrenzbare Bereiche zu verantworten haben und sich eine mögliche persönliche Pflichtverletzung darauf bezieht, auch sinnvoll. Inwieweit die Entlastung darüber hinaus sachlich auf bestimmte Teilbereiche beschränkt werden und im Übrigen verweigert werden kann (so *Lutter*, Pflichten/Haftung von Spk-Organen, S. 159), ist umstritten. Im Hinblick auf das Ermessen der Trägervertretung zur Erteilung oder zur Verweigerung der Entlastung scheint die Möglichkeit zur Ausklammerung bestimmter Vorgänge hierin als ein Minus enthalten zu sein. Dagegen spricht allerdings, dass eine nur eingeschränkte Entlastung einem unzulässigen Vorbehalt oder einer Bedingung gleichkommen könnte und demgegenüber die gesetzliche Definition die Entlastungsentscheidung als eine bedingungsfeindliche Billigung der (gesamten) Geschäftsführung in der entscheidungserheblichen Entlastungsperiode versteht (vgl. *Kubis* in: MüKoAktG; § 120 Rn. 24; OLG Düsseldorf NJW-RR 1996, 1252, 1253 f). Im Ergebnis erscheint eine **sachliche Teilentlastung** danach nur dann vertretbar, wenn inhaltlich klar **abgrenzbare Einzelvorgänge** ausgeklammert werden und diese nicht den Kern der Verwaltung betreffen.

d) Teilnahme an der Beschlussfassung

20 Hinsichtlich der Mitwirkungsverbote gelten die allgemeinen Regeln über die Befangenheit in den jeweiligen kommunalen Gremien (§§ 43 Abs. 2 GO, 28 Abs. 2 KreisO iVm § 31 Abs. 1 GO, § 8 Abs. 1 GkG). Danach sind der Hauptverwaltungsbeamte (Bürgermeister, Oberbürgermeister oder Landrat) und die Mitglieder der Trägervertretung, die dem Verwaltungsrat der Sparkasse angehören, von der Beratung und Beschlussfassung über ihre eigene Entlastung wegen Befangenheit ausgeschlossen. Der Wortlaut differenziert nicht nach stimmberechtigten und beratenden Mitgliedern, sondern erfasst sämtliche Mitglieder der jeweiligen Organe. Die Mitwirkung eines wegen **Befangenheit Betroffenen** kann nach Beendigung der Abstimmung allerdings nur geltend gemacht werden, wenn sie für das Abstimmungsergebnis entscheidend war (§ 31 Abs. 6 GO). Im Gesetz nicht ausdrücklich geregelt ist die (beratende) Teilnahme von Mitgliedern des Vorstandes bei der Entscheidung der Trägervertretung über die Entlastung der Sparkassenorgane. Die persönliche Teilnahme wird in der Praxis im Stadt- bzw. Gemeinderat oder im Kreistag eher die Ausnahme sein, dagegen ist sie bei der Zweckverbandsversammlung fusionierter Sparkassen (die meist in deren Räumlichkeiten stattfinden) praktisch der Regelfall. Adressaten der kommunalen Befangenheitsregeln sind allein die Mitglieder der jeweiligen kommunalen Gremien (Wortlaut des § 31 Abs. 1 GO, § 8 Abs. 2, 3 GvK, 25 Abs. 6 KreisO). Die Ausschlussregel des § 21 SpkG NRW ihrerseits spricht zwar von „keiner Entscheidung", bei der ein befangenes Organmitglied mitwirken dürfe. Wie sich aus Abs. 3 ergibt, richtet sich die Vorschrift aber allein an die Gremien der Sparkasse, gilt also nicht für die Trägervertretung. Im Ergebnis dürfte allerdings unstreitig sein, dass auch ein Vorstandsmitglied von der Mitwirkung an der Entscheidung der Trägervertretung über die Entlastung der

II. Verwaltung der Sparkassen § 8

Sparkassenorgane – und damit über seine eigene Entlastung – ausgeschlossen ist, sei es durch analoge Anwendung des § 21 SpkG NRW, sei es durch eine sachgerechte Sitzungsvorbereitung und -leitung des Vorsitzenden der Trägervertretung, der kraft seiner Sitzungsgewalt auch die Vorstandsmitglieder von der Mitwirkung ausschließen muss.

6. Verwendung des Jahresüberschusses gem. § 25 (Abs. 2g)

a) Verfahren

Die Entscheidung über die Verwendung des Jahresüberschusses nach § 25 SpkG NRW obliegt der **Vertretung des Trägers**. Das Verfahren ist in § 24 SpkG NRW im Einzelnen geregelt. Nachdem der Vorstand dem Verwaltungsrat nach Ablauf des Geschäftsjahres den Jahresabschluss und Lagebericht vorgelegt hat, werden diese vom zuständigen Sparkassen- und Giroverband geprüft. (§ 24 Abs. 2 und Abs. 3 SpkG NRW). Nach Feststellung des Jahresabschlusses und Billigung des Lageberichts legt der Verwaltungsrat den Jahresabschluss mit Bestätigungsvermerk des Sparkassen- und Giroverbandes sowie den Lagebericht der Vertretung des Trägers vor. Diese beschließt sodann auf Vorschlag des Verwaltungsrates über die Verwendung des Jahresabschlusses nach § 25 SpkG NRW (§ 24 Abs. 4 SpkG NRW). Maßstab für die Entscheidung der Vertretung des Trägers ist allein § 25 Abs. 2 SpkG NRW. Danach hat die Vertretung des Trägers bei ihrer Entscheidung die **Angemessenheit der Ausschüttung** im Hinblick auf die künftige wirtschaftliche Leistungsfähigkeit der Sparkasse sowie im Hinblick auf die Erfüllung des öffentlichen Auftrags der Sparkasse zu berücksichtigen. Den potentiellen Konflikt zwischen dem Träger an einer Überschuss- beziehungsweise Gewinnbeteiligung an dem Jahresergebnis der Sparkasse (Ausschüttung) und dem Institut an einer auskömmlichen Eigenkapitalquote hatte der Gesetzgeber bis zum 28.11.2008 in § 28 Abs. 2 aF SpkG NRW in der Weise geregelt, dass er die Entscheidung des Trägers über eine mögliche Ausschüttung von der Frage abhängig gemacht hat, zu welchen konkret festgesetzten Prozentsätzen die Risikoaktiva durch die jeweilige Sicherheitsrücklage gedeckt waren. Eine entsprechende Regelung findet sich heute noch in den Sparkassengesetzen andere Länder (vgl. zB § 31 Abs. 2 Sparkassengesetz Baden-Württemberg, § 24 Abs. 2 Sparkassengesetz Niedersachsen, § 27 Abs. 3 Sparkassengesetz Sachsen). Mit dem Wegfall der früheren Bemessungsgrundlage und Staffelregelung ist eine starke **Vereinfachung der Ausschüttungsregelung** verbunden, die nach dem Willen des Gesetzgebers dazu beitragen soll, die **Dispositionsmöglichkeiten des Trägers über Ausschüttungen zu erweitern** (LT-Drs. 14/6831, S. 42). Allgemeines Ziel der Novellierung war es, deutlicher als bisher die **enge Beziehung der Sparkassen zu den Kommunen** als ihren Trägern, die seit jeher die Geschicke der Sparkasse in einer „im öffentlich-rechtlichen Sinne zu verstehenden **Eigentümerrolle**" bestimmen, im Gesetz zu verankern. Insofern sei es auch konsequent, den Trägern eine weniger einschränkende Verfügung über den ausschüttungsfähigen Betrag des Jahresüberschusses in ihrer Verantwortung zuzugestehen. (LT-Drs. 14/6831, S. 27). Zweifelhaft ist allerdings, ob die Trägervertretung diese ihr vom Gesetzgeber zugewiesene verantwortliche Eigentümerrolle in der Praxis stets wahrnimmt und wahrnehmen kann bzw. welche Voraussetzungen erfüllt sein müssten, damit die Vertretung des Trägers eine entsprechend kompetente, eigenverantwortliche Entscheidung darüber

21

treffen kann, ob und in welcher Höhe der Jahresüberschuss dem Träger, der Sicherheitsrücklage oder einer freien Rücklage zugeführt werden soll.

b) Zuständigkeiten Vorstand, Verwaltungsrat und Trägervertretung

aa) Umfassende Informationspflichten des Vorstandes gegenüber dem Verwaltungsrat mit Folgen für den Träger. Bei der Entscheidung über die Verwendung des Jahresüberschusses kommt dem **Verwaltungsrat eine besondere Rolle** zu. Während er nach altem Recht nur ein Anhörungsrecht hatte (§ 28 Abs. 2 aF SpkG NRW), beschließt gemäß § 24 Abs. 4 S. 2 SpkG NRW die Trägervertretung nunmehr „auf **Vorschlag des Verwaltungsrates**" über die Verwendung des Jahresüberschusses. An diesen Vorschlag ist die **Trägervertretung nicht gebunden**. Sie kann vielmehr – wie bisher – eine abweichende Entscheidung treffen (LT-Drs. 14/6831, S. 42). Voraussetzung dafür, dass der Verwaltungsrat seine ihm zugewiesene Kompetenz als „umfassend und eingehend informiertes Überwachungsorgan" (*Engau* in: Engau/Dietlein/Josten, § 8 Anm. 3.7) auch wahrnehmen kann, ist freilich, dass der Vorstand den Verwaltungsrat in den Entscheidungsfindungsprozess über die Notwendigkeit der Rücklagenbildung einerseits und über realistische Möglichkeiten der Ausschüttung andererseits angemessen einbezieht.

bb) Notwendigkeit einer transparenten Diskussion zwischen den Organen der Sparkasse und dem Träger am Beispiel des „Falles der Sparkasse Düsseldorf". Dieses nach dem Sparkassengesetz und nach dem Corporate Governance Kodex der Sparkassen (→ § 9 Rn. 5) dem sich alle nordrhein-westfälischen Institute unterworfen haben, eigentlich zwingende Procedere scheint jedoch keineswegs selbstverständlich zu sein, wie der Fall der Stadtsparkasse Düsseldorf aus dem Jahre 2014 zeigt. Nach dem Willen des Vorstandes sollte von dem außerplanmäßigen Jahresergebnis in Höhe von 104,2 Mio. € lediglich ein Jahresüberschuss in Höhe von 3,3 Mio. € ausgewiesen und der übrige Betrag dem Sonderposten für allgemeine Bankrisiken nach § 340g HGB zugeführt werden. Der Auffassung des Vorstandes, es liege allein in seiner Sphäre und Verantwortung darüber zu entscheiden, ob und in welchem Umfang das erwirtschaftete Jahresergebnis den Rücklagen zugeführt werden könne, hat die Sparkassenaufsicht auf Beanstandung des Verwaltungsratsvorsitzenden zu Recht widersprochen und die Feststellung des Jahresabschlusses durch den Verwaltungsrat für rechtswidrig erklärt. In der Begründung des Finanzministeriums heißt es: Bei der **Risikovorsorge nach § 340g Abs. 1 HGB** handele sich in der Sache um eine **Gewinnverwendungsvorschrift**. Der Vorstand müsse bei seiner Entscheidungsfindung berücksichtigen, dass diese Form der Rücklagenbildung, die vorab durch den Vorstand vorgenommen werde, die gesetzlich eingeräumte Möglichkeit und **Zuständigkeit des Verwaltungsrates und des Trägers** berühre, über die Verwendung des erwirtschafteten Gewinnes zu entscheiden. Denn soweit der Jahresüberschuss vorab der Rücklage zugeführt werde, entstehe kein Gewinn, über dessen Ausschüttung der Träger auf Empfehlung des Verwaltungsrates befinden könne (Vorlage des Finanzministeriums NRW an den Haushalts und Finanzausschusses vom 27.6.2016, Vorlage 16/4046 S. 4 https://www.landtag.nrw.de/Dokumentenservice/portal/WWW/dokumentenarchiv/Dokument/MMV16-4561.pdf;jsessionid=8D3162DD93A2A13C72D7D01DA6D22CD1.xworker). Das Beispiel zeigt, dass die vom Gesetz zwingend vorgegebene **Rollenverteilung zwischen Vorstand, Verwaltungsrat und Trägerver-**

II. Verwaltung der Sparkassen　　　　　　　　　　　　　　　　　　§ 8

tretung nur dann gewährleistet ist, wenn die notwendige jährliche Diskussion über die Verwendung des Jahresüberschusses von allen Beteiligten, verantwortungsvoll, auf **Augenhöhe** und mit **größtmöglicher Transparenz** geführt wird. Dies gilt in gleicher Weise und erst recht in Zeiten von Niedrig- und Negativzinses, wenn es im Interesse der Sparkasse im Einzelfall um die **Akzeptanz der teilweisen oder vollständigen Thesaurierung** von Überschüssen zwecks Eigenkapitalstärkung geht. Ob dies in der Praxis durchgängig geschieht, insbesondere, ob die Trägervertretungen überhaupt stets in der Lage sind, eine eigenverantwortliche Entscheidung über die Möglichkeiten, Chancen und Risiken einer Ausschüttung zu treffen, erscheint zumindest zweifelhaft. Auch wenn es für Nordrhein-Westfalen soweit ersichtlich keine – wie etwa in Hessen – vergleichbare Prüfung des Landesrechnungshofes gibt, der sich kritisch mit der Ausschüttungspraxis der Sparkassen auseinandersetzt (Überörtliche Prüfung kommunaler Körperschaften, Betätigung bei Sparkassen, 215. Vergleichende Prüfung, Nachschau Betätigung bei Sparkassen vom 8. April 2019, insbes. S. 42 f., https://rechnungshof.hessen.de/sites/rechnungshof.hessen.de/files/Nachschau_Betaetigung_bei_Sparkassen.pdf), dürften die dort angemerkten Kritikpunkte, insbesondere der mangelnden Transparenz, für nordrhein-westfälische Sparkassen trotz der formal eigenen Entscheidungsbefugnis der Trägervertretung in ähnlicher Weise zutreffen. Denn auch hier gilt, dass die Trägervertretung regelmäßig nur den Jahresabschluss und den Lagebericht als Informationsquelle über die Thesaurierung von Gewinnen der Sparkassen heranziehen kann. Weitergehende Informationen etwa hinsichtlich der Mindesteigenmittelanforderungen werden seitens der Sparkassen nicht zur Verfügung gestellt. Daher werden den meisten Trägervertretungen die Gründe für die vorgeschlagene Entscheidung über die Höhe des thesaurierten Gewinns nicht immer ausreichend transparent sein. Informationen über die Höhe sowie über die Zuführung oder Auflösung der Rücklagen nach §§ 340f und 340g HGB kann die Trägervertretung schwerlich und nur teilweise aus dem Jahresabschluss und dem Offenlegungsbericht ermitteln, da regelmäßig keine zusätzlichen Angaben seitens der Sparkassen gemacht werden. Die **Trägervertretung** hat im Stadium ihrer eigenen Entscheidung praktisch **kaum noch Einfluss** auf die Höhe der Zuführung zu den Rücklagen. Umso mehr sind die **Mitglieder des Verwaltungsrats** gehalten, die Vorschläge des Vorstands zur Verwendung des Jahresüberschusses ihrerseits stets **kritisch zu prüfen** und zu hinterfragen, insbesondere, ob und in welcher Höhe die Zuführung zu den Rücklagen geboten oder zwingend ist. Der Verwaltungsrat seinerseits sollte nach eigenständiger kritischer Prüfung des Vorschlags des Vorstandes seinen **eigenen Vorschlag** zur Verwendung des Jahresüberschusses **an die Trägervertretung ausreichend** begründen. Nur so ist die gebotene Diskussion und insbesondere die Akzeptanz des Agierens der Sparkassenorgane in den Gremien des Trägers und dessen vom Gesetz gewollte **eigenverantwortliche Entscheidung** möglich.

cc) **Weitere Entscheidungskriterien für die Verwendung des Jahresüberschusses?** Zweifelhaft erscheint, ob und inwieweit die Trägervertretung darüber hinaus bei ihrer Entscheidung über die Ausschüttung zu berücksichtigen hat, inwieweit die Sparkasse bereits aus der laufenden Rechnung **Spenden** gewährt oder andere gemeinnützige Leistungen, zum Beispiel **Zuführungen zu einer Stiftung**, erbracht habe (so *Engau* in: Engau/Dietlein/Josten, § 8 Anm. 3.7). Eine sol-

24

che Abwägung würde jedoch voraussetzen, dass der Trägervertretung bei ihrer Entscheidung das **Gesamtvolumen** etwa von Spenden aus der laufenden Rechnung oder andere gemeinnützige Leistungen sowie das Volumen der Ausschüttungen aus dem Jahresüberschuss und die jeweiligen Anteile der Förderleistungen der Sparkasse für gemeinnützige Zwecke und Einrichtungen, für Spenden und sonstige Förderbeiträge überhaupt im Einzelnen bekannt sind. Das ist in der Praxis kaum der Fall. Während Spenden und Sponsoring allein in der **Zuständigkeit des Vorstandes** liegen, entscheidet über Stiftungsmaßnahmen das dafür zuständige **Stiftungsorgan**, dh dessen Vorstand ggf. unter Beteiligung eines Kuratoriums. Dies bedeutet im Ergebnis, dass die demokratisch gewählte Vertretung des Trägers an der Entscheidung über die Verteilung eines wesentlichen Teils der Erträge ihrer Sparkasse nicht unmittelbar beteiligt ist. So betrug beispielsweise das Gesamtvolumen der Jahresüberschüsse für die rheinischen Sparkassen im Jahre 2017 ca. 213,47 Mio. €. Von den Überschüssen wurden im Rahmen der Zuständigkeit der Vorstände 70,64 Mio. € als Förderleistungen für gemeinnützige Zwecke, Spenden und Sponsoring etc. vorab bei der Gewinnermittlung abgezogen. 78,77 Mio. € flossen als direkte Ausschüttungen an die Träger, der wesentliche Teil, 134,7 Mio. € in die Rücklagen (Quelle RSGV). Dies bedeutet im Ergebnis, dass ca. 37 % der ausgeschütteten Jahresüberschüsse der rheinischen Sparkassen **praktisch ohne unmittelbare Beteiligung der Trägervertretungen** „verteilt" wurden. Auch wenn zu Recht darauf hingewiesen wird, dass im Falle der direkten Ausschüttung an die Träger die Erträge durch Kapitalertragssteuer und Solidarbeitrag geschmälert würden, wird mitunter hinterfragt, ob diese Praxis dem gesetzgeberischen Ziel, die Dispositionsmöglichkeiten des Trägers zu erweitern und seine Eigentümerrechte zu stärken, wirklich gerecht wird. Beschließt die Trägervertretung die Ausschüttung an den Träger, so ist der Betrag gem. § 25 Abs. 3 SpkG NRW zur Erfüllung der gemeinwohlorientierten örtlichen Aufgaben des Trägers oder für gemeinnützige Zwecke zu verwenden. Auch besteht, wie nach bisherigem Recht gem. § 28 Abs. 4 aF SpkG NRW die Möglichkeit, dass der Träger auf eine Ausschüttung verzichtet mit der Maßgabe, dass der Betrag unmittelbar an eine gemeinnützige Institution gezahlt wird.

7. Abberufung von Verwaltungsratsmitgliedern aus wichtigem Grund (Abs. 2h)

a) Grundsätzlicher „Bestandsschutz" und Unabhängigkeit des Mandats

25
Die Trägervertretung wählt gem. § 12 Abs. 1 S. 1 SpkG NRW die Mitglieder des Verwaltungsrates nach § 10 Abs. 1b und Abs. 2b SpkG NRW. Ihre Tätigkeit endet spätestens mit dem Zusammentritt des neu gewählten Verwaltungsrates (§ 14 SpkG NRW). In dieser Zeit können sie allerdings nur aus wichtigem Grund abberufen werden. Gerade um ihre **Unabhängigkeit** zu sichern, können sie während der Dauer der Amtszeit nicht nach Belieben der Trägervertretung abberufen werden, selbst dann nicht, wenn sie aus ihrer Partei oder Fraktion ausscheiden (*Engau* in: Engau/Dietlein/Josten, § 8 Anm. 3.8 § 8). Laut dem OVG Münster (Urt. v. 22.8.1978 – XV A 788/76 = NJW 1979, 1726, 1727 [dort letzter Absatz]) „schirmt" diese gesetzliche Regelung den Verwaltungsrat von „außengeleiteten Einwirkungen ab", so dass eine „Aufgabenerledigung für die Dauer der Ratsperio-

II. Verwaltung der Sparkassen § 8

de ohne den Druck einer einzelne Verwaltungsratsmitglieder betreffenden Abwahlmöglichkeit" erfolgen kann. Fraglich ist, ob diese **„Abschirmung von außengeleiteten Einwirkungen"** so weit geht, dass das Verwaltungsmitglied auch dann nicht abberufen werden kann, wenn es **gänzlich aus der Trägervertretung ausscheidet** oder umgekehrt, ob das Ausscheiden des Mitgliedes des Verwaltungsrates aus der Vertretung des Trägers automatisch den Verlust der Mitgliedschaft im Verwaltungsrat nach sich zieht, maW ob die Mitgliedschaft in der Trägervertretung nur zum Zeitpunkt der Wahl zum Mitglied des Verwaltungsrates bestehen oder während der gesamten Wahlperiode fortbestehen muss. Letztere Auffassung wird nur für das Vorsitzende Mitglied wegen der notwendigen „Nähe zum Träger" von *Engau* (in: Engau/Dietlein/Josten, § 8 Anm. 2.3 § 11) vertreten, während die Mitgliedschaft des „einfachen" Verwaltungsratsmitglied auch im Falle des Ausscheidens aus der Trägervertretung „Bestandschutz" genieße. Diese Differenzierung ist jedoch sachlich nicht begründet und daher abzulehnen. Das **vorsitzende Mitglied ist primus inter pares**, das ebenfalls allein unter denselben **engen Voraussetzungen des § 8 Abs. 2h SpkG NRW abberufen** werden kann wie alle anderen Verwaltungsratsmitglieder, nämlich nur aus wichtigem Grund mit einer qualifizierten Mehrheit. Die „Nähe zum Träger" und die erforderliche Sachkompetenz sind Voraussetzungen für die Wahl, welche sich dadurch konkretisieren, dass die Verwaltungsratsmitglieder jedenfalls zu diesem Zeitpunkt Mitglieder der Trägervertretung sein müssen. Ab diesem Zeitpunkt legt das Gesetz aber Wert darauf, dass alle Mitglieder von der Trägervertretung unabhängig und – untechnisch gesprochen – nicht einmal durch eine Abwahl erpressbar sind. Belegt wird dieses Ergebnis zudem durch § 15 Abs. 6 SpkG NRW, wonach die Mitglieder des Verwaltungsrates nach ihrer freien, nur durch die Rücksicht auf das öffentliche Wohl und die Aufgaben der Sparkasse bestimmten Überzeugung handeln und nicht an Weisungen gebunden sind. Sie sind gerade nicht mehr für den Träger tätig, sondern stehen in einem öffentlich-rechtlichen Pflichten- und Treueverhältnis zur Sparkasse; sie sind gerade gegenüber der Sparkasse berechtigt und verpflichtet und nicht mehr gegenüber denjenigen Organen, die sie entsandt haben (allg. Auffassung in der sparkassenrechtlichen Literatur, vgl. statt vieler *Schlierbach/Püttner*, S. 176 f.). An dieser Stelle sieht nun der aktuelle Gesetzesentwurf (vgl. Entwurf eines Gesetzes zur Modernisierung des Sparkassenrechts und zur Änderung weiterer Gesetze v. 19.3.2024, LT-Drs. NRW 18/2407, S. 4, 10 f.) eine grundsätzliche Abkehr vom bisherigen Verständnis vom hier erläuterten Bestandsschutz des Mandats vor – und nicht nur, wie im Gesetzesentwurf lapidar formuliert, eine „*Klarstellung*" – wenn in Zukunft in § 12 Abs. 1 SpkG NRW nF die Regelung vorgesehen ist, dass das Verwaltungsratsmitglied ebenso wie der Vorsitzende und die Stellvertretenden mit dem nachträglichen Wegfall der Wählbarkeitsvoraussetzung aus dem Verwaltungsrat ausscheiden.

b) Wichtiger Grund

Für die Abberufung von Mitgliedern des Verwaltungsrates bedarf es nach § 8 **26** Abs. 2h SpkG NRW eines wichtigen Grundes. Die Vorschrift wurde mit der Änderung des Sparkassengesetzes 1995 in das Gesetz aufgenommen. Es hatte sich in der Vergangenheit der Bedarf für die Trägervertretung gezeigt, den Vorsitzenden und die übrigen Mitglieder des Verwaltungsrates aus wichtigem Grunde – zum Beispiel bei **schwerwiegenden Verletzungen der Verschwiegenheitspflicht** – abberufen zu können. Auch wenn ein Abberufungsrecht der Vertretung schon vorher mit der Begründung bejaht wurde, dass ein Mandat in einem Sparkassenorgan wie jedes Dauerschuldverhältnis aus wichtigem Grunde auflösbar sein müsse, erschien zweifelhaft, ob eine derartige Abberufung mangels einer ausdrücklichen Bestimmung durchsetzbar sei. Um jeden Zweifel auszuschließen und um eine eindeutige Sanktion für die grobe Verletzung der dem Vorsitzenden und den übrigen Mitgliedern des Verwaltungsrates obliegenden Pflichten zu begründen, wurde die Vorschrift eingeführt. Die **qualifizierte Mehrheit**, so die damalige Begründung, trage der Bedeutung der Abberufung als schwerwiegendem Vorgang angemessen Rechnung (LT-Drs. 11/ 6047, S. 59). Ein wichtiger Grund liegt nach § 13 Abs. 4 SpkG NRW insbesondere dann vor, wenn das Verwaltungsratsmitglied die **ihm obliegenden Pflichten gröblich verletzt**. Hinsichtlich der materiellen Voraussetzungen dürften ähnliche Anforderungen gelten wie für die gerichtliche Abberufung eines Aufsichtsratsmitgliedes gem. § 103 Abs. 3 AktG. Entscheidend ist danach, dass das weitere Verbleiben im Amt die Funktionsfähigkeit des Aufsichtsrats nicht unerheblich beeinträchtigt oder eine sonstige Schädigung der Gesellschaft erwarten lässt, mithin für die Gesellschaft **unzumutbar** ist (*Habersack* in: MüKoAktG, § 103 Rn. 39; weitere Erläuterungen → § 13 Abs. 4 SpkG NRW).

III. Zuständigkeiten der Vertretung des Trägers nach anderen Vorschriften

27 Neben den in § 8 SpkG NRW ausdrücklich aufgezählten Zuständigkeiten sind auch in anderen Vorschriften noch **weitere Kompetenzen** der Trägervertretung geregelt: So kann die Trägervertretung im Rahmen ihrer Satzung gem. § 7 Abs. 1 SpkG NRW die Bildung von Trägerkapital vorsehen, nach § 26 SpkG NRW zur Verbesserung ihrer haftenden Eigenmittel Vermögenseinlagen stiller Gesellschafter aufnehmen, Genussrechte ausgeben und nachrangige Verbindlichkeiten eingehen. In dem Ausnahmefall des § 19 Abs. 4 SpkG NRW (der Verwaltungsrat fasst keinen Beschluss über die wiederholte Bestellung eines Vorstandsmitgliedes) ersetzt der Beschluss der Trägervertretung über die Widerbestellung den Beschluss des Verwaltungsrates. Schließlich liegt es gem. § 11 Abs. 3 SpkG NRW bei Zweckverbandssparkassen allein in der Zuständigkeit der Vertretung des Zweckverbandes, den Beanstandungsbeamten (nach § 17 SpkG NRW) und seinen Stellvertreter aus dem Kreise der Hauptverwaltungsbeamten der Zweckverbandsmitglieder zu wählen.

§ 9 Organe

Organe der Sparkasse sind
 a) Der Verwaltungsrat
 b) Der Vorstand

Literatur: *Böhm-Dries/Eggers/Hortmann*, Zukunft der Corporate Governance von Sparkassen, Betriebswirtschaftliche Blätter 2011, S.27; *Brandt-Schwabedissen*, Der Public Corporate Governance Kodex NRW, Städte- und Gemeinderat NRW 11/2010, 12; *DSGV*, Im Auftrag der Gesellschaft, https://im-auftrag-der-gesellschaft.de/haltung/nachhaltigkeitsstrategie/ *Landscheidt*, Ethik der Nachhaltigkeit als Geschäftsmodel der Sparkassen? –Eine Gratwanderung, in: Valeva/ Ashfaq/

II. Verwaltung der Sparkassen § 9

Hegemann (Hrsg.), In welcher Gesellschaft wollen wir leben? – Befunde zur Wirtschaftsethik in der globalisierten Gesellschaft, 2016; *Lüttmann*, Aufgabe und Zusammensetzung der Verwaltungsräte der kommunalen Sparkassen, 2002; *Raiser*, Kommunale Corporate Governance Kodizes – Zum Verhältnis von Aktienrecht und Kommunalrecht, Rechtsgutachten, 2010; *Röttgen/Hund*, Anforderungen an nichtfinanzielle Erklärungen und Berichte nach dem CSR-Richtlinie-Umsetzungsgesetz (CSR-RUG) insb. für „große" Sparkassen, Der Konzern 2019, 201; *Schwintowski*, Corporate Governance im öffentlichen Unternehmen, NVwZ 2001, 607

Übersicht

	Rn.		Rn.
I. Die Unternehmensführung der Sparkasse	1	III. „Gute Unternehmensführung durch Nachhaltigkeit – Anforderungen des CSR-Richtline-Umsetzungsgesetz (CSR-RUG) insb. an „große" Sparkassen"	7
1. Nur im Ansatz dualistisch, ähnlich dem AG-Aufsichtsrat normiert	1	1. Allgemeine Anforderungen	7
2. Weiterreichende Rechte und Gestaltungsmöglichkeiten des Verwaltungsrates	2	2. Rechtliche Bedeutung	8
		a) Haftung und Sanktionen	8
3. Insbesondere die „Richtlinienkompetenz" des Verwaltungsrates	3	b) Nachhaltigkeit als Teil der Geschäftspolitik	9
a) Rechtliche Ausgestaltung	3	3. Allgemeine Bedeutung der Organeigenschaft und sonstiger Gremien	10
b) Praktische Bedeutung	4		
II. Der Corporate Governance Kodex für Sparkassen (CGKS)	5	a) Organfunktionen, Organkredite	10
1. Entstehungsgeschichte	5	b) Sonstige Gremien: Ausschüsse, Beiräte	11
2. Rechtliche Bedeutung und Bindungswirkung	6		

I. Die Unternehmensführung (Corporate Governance) der Sparkasse

1. Nur im Ansatz dualistisch, ähnlich dem AG-Aufsichtsrat normiert

Mit der Entscheidung für die beiden Organe „Verwaltungsrat" und „Vorstand" hat sich der Gesetzgeber auf den ersten Blick **primär für das dualistische System** der Unternehmensführung entschieden, das dem deutschen **Aktiengesetz** entlehnt ist (auch „two tier", Zweiklassensystem genannt). Kennzeichnend im Aktienrecht ist die klare Trennung zwischen der alleinigen operativen Verantwortung des Vorstandes für die Geschäftsführung einerseits und die Beschränkung des Aufsichtsrates auf Überwachungs- und Kontrollfunktionen andererseits. Demgegenüber gibt es bei dem vor allem durch den angelsächsischen Rechtsraum geprägten monistischen System nicht zwei, sondern lediglich ein Organ, den Verwaltungsrat (directory board). Dieser leitet die Gesellschaft, bestimmt die Grundlinien ihrer Tätigkeit und ist außerdem für die Überwachung der Umsetzung zuständig. Ferner ist der Verwaltungsrat nach diesem monistischen Verständnis für die Unternehmenspolitik und für die strategischen Entscheidungen verantwortlich. Somit legt er nicht nur die Strukturen des Unternehmens, sondern auch die Unternehmensziele fest.

1

2. Weiterreichende Rechte und Gestaltungsmöglichkeiten des Verwaltungsrates

2   Für den Verwaltungsrat der Sparkasse gelten demgegenüber **differenzierende Regelungen.** Analog zum Aufsichtsrat einer Aktiengesellschaft übt der Verwaltungsrat der Sparkasse Überwachungsaufgaben aus und ist unter anderem für die Bestellung und Abberufung des Vorstandes sowie für die Feststellung des Jahresabschlusses zuständig. **Weitergehende Gestaltungsmöglichkeiten** gegenüber dem Aufsichtsrat – und insoweit zumindest ähnlich dem monistischen System – ergeben sich jedoch durch einige im Gesetz **zusätzlich vorgesehene Rechte** und **weiterreichende Verantwortlichkeiten.** So sieht das Gesetz in § 15 Abs. 4 SpkG NRW den Beschluss des Verwaltungsrats bei wichtigen Geschäftsvorgängen vor, wie etwa bei der Errichtung von Stiftungen, dem Erwerb und der Veräußerung von Grundstücken, der Errichtung sparkasseneigener Gebäude, der Eröffnung und Schließung von Zweigstellen und der Aufnahme haftender Eigenmittel. Gem. § 3 Abs. 4 SpkG NRW darf sich die Sparkasse an Unternehmen und Einrichtungen nur mit Zustimmung des Verwaltungsrates beteiligen. Schon in der Bezeichnung des Gremiums im zweiten Wortbestandteil und in der in § 15 Abs. 3 SpkG NRW konkret benannte Aufgabe seines Risikoausschusses manifestiert sich darüber hinaus die zentrale Funktion des Verwaltungsrates **zur Beratung des Vorstandes.** Mit der Verpflichtung des Risikoausschusses, die Grundsätze der Risikopolitik und -steuerung der Sparkasse mit dem Vorstand zu **beraten** trägt der Gesetzgeber ua den erweiterten Verfügungsrechten über den Jahresüberschuss der Vertretung des Trägers durch einen erweiterten Verantwortungsrahmen des Kontrollorgans Rechnung (*Böhm-Dries/Eggers/Hortmann*, S. 29).

3. Insbesondere die „Richtlinienkompetenz" des Verwaltungsrates

a) Rechtliche Ausgestaltung

3   Eine besondere Bedeutung kommt rechtlich der **Richtlinienkompetenz** des Verwaltungsrates zu (*Böhm-Dries/Eggers/Hortmann*, S. 29). Gem. § 15 Abs. 1 SpkG NRW bestimmt der Verwaltungsrat die Richtlinien der Geschäftspolitik. Auch wenn wegen der Alleinverantwortlichkeit des Vorstandes für die Leitung der Sparkasse diese Richtlinienkompetenz des Verwaltungsrates zutreffend in erster Linie als das Recht zur Bestimmung allgemeiner Orientierungsmaßstäbe, Leitlinien und Zielvorgaben im Sinne einer Richtschnur für den Vorstand verstanden wird, die **nicht die Wirkung von Einzelanweisungen** an den Vorstand entfalten dürfen (vgl. *Engau* in: *Engau/Dietlein/Josten*, § 15 Anm. 2.1, → § 15 Rn. 5 ff.), beinhaltet diese besondere Zuständigkeit gleichwohl eine maßgebliche **Teilhabe an der Leitungsaufgabe des Vorstandes**, die eine zukunftsorientierte Einwirkung auf die geschäftliche Entwicklung der Sparkasse ermöglicht (vgl. *Lüttmann*, S. 112 f.; für das Niedersächsische SpkG: *Berger*, § 16 Rn. 26). Der Gesetzgeber hat sich bei der Novellierung des Sparkassengesetzes 1970 sehr bewusst dafür entschieden, die seit jeher umstrittene Richtlinienkompetenz in Abweichung zu den Regelungen des Aktiengesetzes der Verantwortung des Verwaltungsrates zu übertragen (*Lüttmann*, S. 111). Praktisch bedeutet dies die Teilhabe des Verwaltungsrates an der **Unternehmensplanung** nach betriebswirtschaftlichen Grundsätzen, dh, die Verwal-

II. Verwaltung der Sparkassen §9

tungsratsmitglieder sind verpflichtet, sich selbst aktiv Gedanken über die Geschäftspolitik zu machen, sie haben sich anhand der ihnen vorgelegten Unterlagen selber zu überlegen, ob die Richtlinien verbesserungswürdig sind und auf der Grundlage entsprechender Vorlagen des Vorstandes seine Planungen und die Schwerpunkte seiner Geschäftspolitik zu erörtern und durch Beschluss festzulegen (*Lutter*, Pflichten/Haftung von Spk-Organen, S. 80). Dabei sind sie **nicht verpflichtet**, aber durchaus berechtigt, auch initiativ eigene geschäftspolitische Vorstellungen einzubringen. Angesichts der Unbestimmtheit des Begriffs der „Geschäftspolitik" ist es praktisch unmöglich und auch nicht notwendig, allgemeine Maßstäbe formulieren zu wollen. Es ist gerade das originäre Recht des Verwaltungsrates, diese Inhalte selbst zu bestimmen. Damit sind rechtlich weitgehende Einflussmöglichkeiten auf die Unternehmensplanung der Sparkasse gegeben.

b) Praktische Bedeutung

Die rechtliche Ausgestaltung und theoretische Tragweite der Richtlinienkompetenz des Verwaltungsrates steht freilich in einem zumindest problematischen Verhältnis zu ihrer praktischen Bedeutung. Das Fazit von *Lüttmann* (aaO S. 119) auf der Grundlage einer Untersuchung aus dem Jahre 2002, es könne nicht davon ausgegangen werden, dass der Verwaltungsrat mit dem Instrument der Richtlinienkompetenz tatsächlich die „grobe Marschrichtung" der Sparkasse vorgebe, dürfte heute noch zutreffen. Die Gründe dafür sind sicherlich unterschiedlich. So mag es zutreffen, dass Richtlinien schon deswegen oft unnötig sind, weil ein **verantwortungsvoller Vorstand** schon von sich aus im Sinne des Verwaltungsrates tätig werden wird, die Zwänge des Marktes ohnehin kaum Spielräume zulassen und die Organe über die oft begrenzten geschäftspolitischen Zielsetzungen meist einer Meinung sind (idS *Engau* in: Engau/Dietlein/Josten, § 15 Anm. 2.2). Unbestreitbar dürfte aber auch sein, dass die **bestehende Kompetenz- und Informations-Asymmetrie** zwischen Vorstand und Verwaltungsrat eine nicht unwesentliche Rolle spielen, wenn Verwaltungsräte die ihnen gegebenen Rechte und Möglichkeiten des Gesetzes kaum oder gar nicht wahrnehmen (auch dafür gibt die bei *Lüttmann*, S. 118 zitierte Umfrage Hinweise). 4

II. Der Corporate Governance Kodex für Sparkassen (CGKS)

1. Entstehungsgeschichte

Die Diskussion um Grundsätze einer **guten und verantwortungsvollen Unternehmensführung und -kontrolle,** nichts anderes bedeutet Corporate Governance im Kern, hat historisch ihren Ursprung im anglo-amerikanischen Rechtskreis. Der deutsche Gesetzgeber hat im Jahre 1998 mit dem Gesetz für mehr Kontrolle und Transparenz im Unternehmen (KonTrag) erstmals wichtige Corporate Governance-Grundsätze für deutsche private Unternehmen aufgenommen. Im Jahr 2000 hat die „Grundsatzkommission Corporate Governance" die Corporate Governance Regeln („Code of Best Practice") für börsennotierte Gesellschaften vorgelegt. Im selben Jahr hat der Berliner Initiativkreis am 6.6.2000 den German Code of Corporate Governance (GCCG) erarbeitet (vgl. *Schwintkowski*, NVwZ 2001, 607). Die Erkenntnis der Notwendigkeit entsprechender Regelungen auch für öffentliche Unternehmen setzte erst später ein. In NRW wurde 2009 im Rah- 5 men einer Arbeitsgruppe der kommunalen Spitzenverbände, kommunaler Praktiker und Vertreter des NRW-Innen- sowie des Finanzministeriums Regelungen ein Public Corporate Governance Kodex (PCGK) erarbeitet: „Standards zur Steigerung der Effizienz, Transparenz und Kontrolle bei den kommunalen Beteiligungsgesellschaften in NRW". Dieser wurde auf freiwilliger Basis in den weitaus meisten Kommunen umgesetzt und in Teilen aktualisiert. Eine Besonderheit ergibt sich aus dem Umstand, dass der Landesgesetzgeber parallel zu den auf Freiwilligkeit setzenden Empfehlungen des PCGK mit dem umstrittenen Transparenzgesetz vom 16.12.2009 (GV. NRW 2009 S. 949), nicht zuletzt aus Anlass von Vorfällen im Sparkassenbereich, darüber hinaus die gesetzliche Verpflichtung zur Veröffentlichung von Vergütungen der Führungskräfte öffentlicher Unternehmen vorsehen wollte (§ 19 Abs. 5 aF SpkG NRW), die schließlich wegen verfassungsrechtlicher Bedenken zu einem an den Träger gerichtetes Gebot abgeschwächt wurde, auf die Veröffentlichung der Bezüge hinzuwirken (→ § 19 Rn. 90). Inzwischen veröffentlichen alle Sparkassen die Gehälter ihrer Vorstände und haben sich durch Beschlüsse ihrer Verwaltungsräte verpflichtet, den „Corporate Governance-Kodex für Sparkassen in NRW" (Anlage) einzuhalten.

2. Bedeutung und Bindungswirkung

6 Der „Corporate Governance-Kodex für Sparkassen in NRW" hat in seiner konkreten Ausgestaltung **weder eine gesetzliche noch eine vertragliche Grundlage** und Bindungswirkung (vgl. ähnlich *Raiser*, S. 39 für den PCGK für privatrechtliche kommunale Gesellschaften und Beteiligungen). Für das Verlangen einer Entsprechenserklärung von Vorstand und Verwaltungsrat fehlt es an einer § 161 AktG vergleichbaren Rechtsgrundlage, weil diese Vorschrift nur für den zivilrechtlichen Bereich und dort auch ausdrücklich nur für börsennotierte Gesellschaften gilt. Für den speziellen Governance-Bereich der jährlichen Effizienzprüfung der Aufsichtsgremien und der Bewertung der Geschäftsleitung hat § 25d KWG für alle Kreditinstitute eine gesetzlich verpflichtende Sonderregelung getroffen. Rechtliche Verbindlichkeit erlangt der CGKS darüber hinaus allein dadurch, dass er **durch Beschluss des Verwaltungsrates** zu einem allgemeinen Handlungsleitfaden für die Sparkasse und ihre Organe gemacht wird (vgl. *Raiser*, S. 39). Eine Regelungsschranke bildet dabei das **Sparkassengesetz** und die dort geregelte **abschließende Zuständigkeit des Verwaltungsrates**. Daraus erklärt sich, dass der Kodex in wesentlichen Teilen den Inhalt des Sparkassengesetzes wiedergibt bzw. erläutert. Ob ihm insoweit überhaupt eine eigenständige rechtliche Bedeutung zukommt, kann man bezweifeln. Zumindest aber erlangt der Gesichtspunkt der notwendigen offenen, regelmäßigen Kommunikation und des transparenten Informationsaustausches zwischen Vorstand und Verwaltungsrat bzw. dessen Vorsitzenden durch die wiederholte, ausdrückliche Betonung und Ausgestaltung an verschiedenen Stellen des CGKS (2.1, 2.7, 4.4) ein besonderes Gewicht. Insbesondere ist allein im CGKS (4.4), nicht aber im Gesetz, geregelt, dass das vorsitzende Mitglied des Verwaltungsrats mit dem Vorstand, insbesondere mit dem vorsitzenden Mitglied des Vorstands, regelmäßig (red. also auch außerhalb der Sitzungen) Kontakt halten solle. „Das vorsitzende Mitglied des Verwaltungsrats wird über wichtige Ereignisse, die für die Beurteilung der Lage und Entwicklung sowie für die Leitung der Sparkasse von wesentlicher Bedeutung sind, unverzüglich durch das vorsitzende Mitglied des Vorstands infor-

II. Verwaltung der Sparkassen § 9

miert. Das vorsitzende Mitglied des Verwaltungsrats soll sodann den Verwaltungsrat unterrichten und erforderlichenfalls eine außerordentliche Verwaltungsratssitzung einberufen." (CGKS 4.4). Dies impliziert die grundsätzlich **gemeinsame Verantwortung** des Vorstandsvorsitzenden und des Vorsitzenden des Verwaltungsrates für die zeit- und sachgerechte Behandlung operativer **Geschäftsvorfälle von besonderer Bedeutung**. Unter dem Haftungsgesichtspunkt analog § 92 Abs. 1 S. 2 AktG (Business Judgement Rule) formuliert der 4.4. CGKS insofern einen eigenständigen Maßstab zur „unverzüglichen" Beschaffung angemessener Informationen als Entscheidungsgrundlage für den erforderlichenfalls außerordentlich einzuberufenden Verwaltungsrat, damit dessen Mitglieder ihrer Verpflichtung zur Sorgfalt ordentlicher Überwacher und Prüfer gerecht werden können (zur Haftung der Mitglieder des Verwaltungsrates → § 15 Rn. 143 ff.).

III. „Gute Unternehmensführung durch Nachhaltigkeit – Anforderungen des CSR-Richtlinie-Umsetzungsgesetz (CSR-RUG) insb. an „große" Sparkassen"

1. Allgemeine Anforderungen

Als öffentliche Unternehmen der Kommunen und aufgrund ihres explizit gesetzlichen Gründungsauftrages sind die Sparkassen per se den wesentlichen Grundsätzen **nachhaltigen und ethischen Wirtschaftens** verpflichtet (vgl. *Landscheidt*, S. 84 ff.). Durch das CSR-Richtlinie-Umsetzungsgesetz (CSR-RUG vom 11.4. 2017, BGBl. I 2017 S. 802, CSR=Corporate Social Responsibility = gesellschaftliche Verantwortung im Sinne von Unternehmensethik) wurde das Handelsgesetzbuch um die §§ 289b–289e HGB ergänzt, die ua große Kreditinstitute mit mehr als 500 Mitarbeiter verpflichten, ihren Lagebericht um eine nichtfinanzielle Erklärung zu erweitern oder als gesonderten nichtfinanziellen Bericht („Nachhaltigkeitsbericht") außerhalb des Lageberichts zu erstellen und zu veröffentlichen. Danach sollen Unternehmen konkret „ihre wesentlichen Risiken" darstellen, die im Hinblick auf Arbeitnehmer-, Sozial- und Umweltbelange, zur Achtung der Menschenrechte und zur Korruptionsbekämpfung bestehen. Zudem sind insbesondere auch Angaben zu den Konzepten erforderlich, welche die Unternehmen in Bezug auf diese Belange verfolgen. Für die über 150 berichtspflichtigen „großen" Sparkassen in Deutschland hat der DSGV eine Mustervorlage für die nichtfinanzielle Erklärung erarbeitet, die in der Praxis Verwendung findet und die die wesentlichen Aspekte der gesetzlichen Vorgaben enthalten (vgl. *Röttgen/Hund*, Der Konzern 2019, 201, 211). Diese Anforderungen sind unter zwei rechtlichen Gesichtspunkten von Bedeutung.

7

2. Rechtliche Bedeutung

a) Haftung und Sanktionen

Fehler und Unvollständigkeit in der Nachhaltigkeitsberichterstattung können für beide Organe, Vorstand und Verwaltungsrat gleichermaßen, **haftungs- und sanktionsrechtliche Folgen** haben (*Röttgen/Hund*, Der Konzern 2019, 201, 210 ff.). Die Nachhaltigkeitsberichterstattung nach dem CSR-RUG und deren auch inhaltliche Verantwortung ist zunächst Sache des Vorstands. Für Fehler und Pflicht-

8

verletzungen haftet er nach den allgemeinen Vorschriften (→ § 20 Rn. 19 ff.). Gem. § 15 Abs. 2d SpkG NRW muss der Verwaltungsrat den Lagebericht des Vorstandes darüber hinaus „billigen". Dies bedeutet, dass eine eigene inhaltliche **Prüfung der Nachhaltigkeitsberichterstattung durch den Verwaltungsrat** bzw. den Bilanzprüfungsausschuss zwingend ist, weil er „Teil" des Lageberichtes ist, auch wenn er dem Gremium in der Praxis oft in einem gesonderten Bericht mit der wenig aufschlussreichen Bezeichnung „Entsprechenserklärung" nur vorgelegt wird. Die gesetzlich vorgeschriebene Billigung durch den Verwaltungsrat erfordert weit mehr als etwa nur eine Durchsicht und auch mehr als eine nur formale Prüfung. Sie gebietet im Rechtssinne eine **umfassende, auch inhaltliche Prüfung**, zumal sich die Prüfungsstelle selbst – anders als bei den übrigen Teilen des Lageberichtes – mit den Inhalten (analog § 317 Abs. 2 HGB) nicht befasst und auch nicht befassen muss (*Röttgen/Hund*, Der Konzern 2019, 201, 213, die deswegen, insbesondere wegen der Haftungsrisiken im Falle der Veröffentlichung, sogar eine externe Prüfung entsprechend § 111 Abs. 2 S. 4 AktG der nichtfinanziellen Berichterstattung erwägen). Vor diesem Hintergrund sind die Organe der betroffenen Sparkassen gut beraten, der Nachhaltigkeitsberichterstattung eine angemessene Bedeutung zuzumessen.

b) Nachhaltigkeit als Teil der Geschäftspolitik

9   Zur Geschäftspolitik einer modernen Sparkasse, deren Richtlinien gem. § 15 Abs. 1 SpkG NRW der Verwaltungsrat bestimmt, gehören zweifellos konkrete Anforderungen und Maßnahmen zur Erfüllung des Nachhaltigkeitsgebotes (vgl. *Landscheidt*, S. 84 ff.). Das CSR-RUG verstärkt und erweitert den ohnehin gesetzlich manifestierten Kern des öffentlichen Auftrags der Sparkassen, Finanzdienstleistungen zum Wohle der Allgemeinheit zu erbringen. Die Verantwortung für die Entwicklung und Umsetzung von Nachhaltigkeitszielen und Nachhaltigkeitsstrategien obliegt jedem einzelnen Institut (DSGV, https://im-auftrag-der-gesellschaft.de/haltung/nachhaltigkeitsstrategie/). Insofern gibt schon der gesetzliche Auftrag den Organen der Sparkasse vor, das Nachhaltigkeitsgebot als einen zentralen Aspekt ihrer Geschäftspolitik zu realisieren, konkrete Ziele und Maßnahmen zu formulieren und deren Erfüllung zu überwachen. Richtigerweise sollte CRS nicht nur als haftungsrelevante Rechtspflicht, sondern vielmehr als **Chance** gesehen und zu einem **strategischen Steuerungsinstrument des Unternehmens** gemacht werden. Inhalt der Geschäftspolitik muss danach in erster Linie eine **Stakeholder-orientierte Betrachtung** sein, in deren Focus die Bürger im Geschäftsgebiet, Kunden, Mitarbeiter, politische Vertreter, Gläubiger, Lieferanten, der Finanzverbund, Prüfer und die staatliche Aufsicht stehen (*Böhm-Dries/Eggers/Hortmann*, S. 27, zu den möglichen Inhalten → Rn. 7). Angesichts der Unbestimmtheit des Begriffs der Geschäftspolitik verbietet sich eine einschränkende beispielhafte Aufzählung möglicher Handlungsfelder. Speziell für den Verwaltungsrat gilt, dass es sein originäres Recht ist, im Rahmen seiner **weitgehenden Einflussmöglichkeiten auf die Unternehmensplanung** der Sparkasse, diese Inhalte mit dem Ziel einer nachhaltigen und ethischen Unternehmensführung selbst zu bestimmen, zu formulieren und deren Erreichung zu kontrollieren. Vor dem Hintergrund der Tatsache, dass die Sparkassen als Marktführer mit ihrem hohen gesetzlichen Anspruch in einem immer härteren Wettbewerb stehen, wird die Formulierung und Umsetzung nachhaltiger und ethischer Unternehmensziele stets eine **Gratwanderung** bleiben (vgl. *Landscheidt*, S. 89 ff.). Indem der Ge-

II. Verwaltung der Sparkassen § 9

setzentwurf im neuen § 2 Abs. 5 SpkG NRW nF die ausdrückliche Verpflichtung der Sparkassen zur Orientierung am Prinzip der Nachhaltigkeit begründet, erhebt er klarstellend und verstärkend die ohnehin schon gebotenen Vorgaben in den Rang eines Gesetzes (vgl. Entwurf eines Gesetzes zur Modernisierung des Sparkassenrechts und zur Änderung weiterer Gesetze v. 19.3.2024, LT-Drs. NRW 18/2407, S. 4, 10 f.).

3. Allgemeine Bedeutung der Organeigenschaft und sonstiger Gremien
a) Organfunktionen, Organkredite

§ 9 SpkG NRW benennt die **beiden zentralen Organe** der Sparkasse, zuerst als oberstes Organ den **Verwaltungsrat**, der die Richtlinien der Geschäftspolitik bestimmt und die Geschäftsführung überwacht, und als zweites den **Vorstand** als Geschäftsführungs- und Vertretungsorgan. Als Anstalt des öffentlichen Rechts ist die Sparkasse nur durch ihre Organe handlungsfähig. Dies bedeutet, dass das Handeln ihrer Organe, in denen sich die innere Willensbildung vollzieht und durch die die Sparkasse nach außen am Rechtsverkehr teilnimmt, der Sparkassen als eigenes Handeln zugerechnet wird (§§ 89, 31 BGB). Hinsichtlich der Zusammensetzung und der Zuständigkeiten wird hier auf die Kommentierung zu den speziellen Vorschriften der §§ 10 ff. SpkG NRW (für den Verwaltungsrat) und der §§ 19 ff. SpkG NRW (für den Vorstand) verwiesen. Neben den in § 9 SpkG NRW genannten Organen können darüber hinaus einzelne Personen nach anderen Vorschriften Organfunktionen wahrnehmen: So ist gem. § 20 Abs. 2 S. 4 SpkG NRW das vorsitzende Mitglied des Verwaltungsrates für die Vertretung der Sparkasse gegenüber Mitgliedern und stellvertretenden Mitgliedern des Vorstandes sowie gegenüber ihren Vorgängern zuständig. Ferner ist das **vorsitzende Mitglied des Verwaltungsrates** gem. 23 Abs. 2 S. 1 SpkG NRW Dienstvorgesetzter der Mitglieder und der stellvertretenden Mitglieder des Vorstandes. Gem. § 19 Abs. 6 SpkG NRW nimmt der Vorsitzende des Vorstandes bei der Vornahme der Geschäftsverteilung eine Organfunktion wahr. Auch der nach § 40 Abs. 4 SpkG NRW von der Sparkassenaufsichtsbehörde eingesetzte Beauftragte hat die Funktion eines Organs der Sparkasse. Da das Vertretungsrecht des Vorstandes keinen Einschränkungen unterworfen ist (→ § 20 Rn. 5), sind Rechtsgeschäfte, die er abschließt, ohne zuvor die dafür im Einzelfall erforderliche Beschlussfassung des Verwaltungsrates oder die Zustimmung des Kredit- bzw. Risikoausschusses herbeizuführen, grundsätzlich wirksam (vgl. *Berger*, § 8 Rn. 5). Eine Ausnahmeregelung gilt allerdings gem. § 15 Abs. 1 KWG für so genannte **Organkredite an Vorstands- und Verwaltungsratsmitglieder**, die nur durch einen einstimmigen Beschluss sämtlicher Geschäftsleiter und nur mit ausdrücklicher Zustimmung des Aufsichtsorgans gewährt werden dürfen. Diese müsse ohne Rücksicht auf entgegenstehende Vereinbarungen sofort zurückgezahlt werden, wenn die formellen Voraussetzungen für die Kreditgewährung fehlen und nicht sämtliche Geschäftsleiter sowie das Aufsichtsorgan (Kredit- bzw. Risikoausschuss) nachträglich zustimmen (§ 15 Abs. 5 KWG).

b) Sonstige Gremien: Ausschüsse, Beiräte

Gem. § 15 Abs. 3 SpkG NRW hat der Verwaltungsrat **zwei Pflichtausschüsse** zu bilden, den Risikoausschuss und den Bilanzprüfungsausschuss. Darüber hinaus kann

10

11

er einen Hauptausschuss bilden und diesem die Aufgaben des Bilanzprüfungsausschusses übertragen. Diese und auch jederzeit mögliche **weitere freiwillige Ausschüsse** (zB ein Bauausschuss) haben jedoch keine Organfunktion, anders als der früher bis zur SparkassenG-Novelle 2002 vorgesehene Kreditausschuss (zur Historie vgl. *Engau* in: Engau/Dietlein/Josten, § 15 Anm. 6.1; zu Funktionen und Kompetenzen vgl. → § 15 Rn. 80 ff. SpkG NRW). Ebenso haben **Beiräte,** die im Gesetz nicht vorgesehen, aber zulässig sind und in der Praxis **häufig im Zusammenhang mit Fusionen** gebildet werden, keine organschaftlichen Funktionen. Sie können in der Satzung (§ 6 SpkG NRW) vorgesehen oder vom Vorstand in Abstimmung mit dem Verwaltungsrat eingerichtet werden. Sie dienen in erster Linie als „**Kontaktgremium",** das Beratungsaufgaben wahrnimmt und die Verbindung zwischen der Sparkasse und der Kunden ihres Geschäftsgebietes festigen oder erhalten soll (vgl. *Berger,* § 8 Rn. 15).

IV. Anhang

Corporate Governance – Kodex für Sparkassen in NRW

1. Präambel
2. Zusammenwirken von Vorstand und Verwaltungsrat – Gemeinsame Bestimmungen
3. Vorstand
4. Verwaltungsrat
5. Rechnungslegung und Abschlussprüfung

1. Präambel

Der vorliegende Corporate Governance Kodex für Sparkassen in Nordrhein-Westfalen („Kodex") enthält auf der Grundlage der gesetzlichen Regelungen, insbesondere des Sparkassengesetzes Nordrhein-Westfalen, einen Standard guter und verantwortungsvoller Unternehmensführung.

Die Grundsätze des Kodex sind geleitet von den Zielen der Verantwortung der Organe der Sparkassen für die Sparkasse und der Sicherstellung von Transparenz und Kontrolle. Der Kodex beschreibt die Verpflichtung von Vorstand und Verwaltungsrat, im Einklang mit den gesetzlichen Bestimmungen für den Bestand und die weitere Entwicklung der Sparkasse und eine nachhaltige Erfüllung des öffentlichen Auftrags zu sorgen (Unternehmensinteresse).

Das Sparkassengesetz Nordrhein-Westfalen sieht zwei Organe vor:

Der Vorstand leitet die Sparkasse in eigener Verantwortung. Die Mitglieder des Vorstands tragen gemeinsam die Verantwortung für die Geschäftsführung. Der Vorsitzende des Vorstands regelt die Geschäftsverteilung innerhalb des Vorstands gemäß der Geschäftsanweisung für den Vorstand.

Der Verwaltungsrat bestimmt die Richtlinien der Geschäftspolitik und überwacht die Geschäftsführung.

Das vorsitzende Mitglied des Verwaltungsrats koordiniert die Arbeit im Verwaltungsrat. Die Mitglieder des Verwaltungsrats werden gemäß den Bestimmungen des Sparkassengesetzes Nordrhein-Westfalen gewählt.

II. Verwaltung der Sparkassen **§ 9**

Die Rechnungslegung erfolgt nach Maßgabe der für alle Kreditinstitute in Deutschland geltenden gesetzlichen Regelungen und vermittelt auf dieser Basis ein den tatsächlichen Verhältnissen entsprechendes Bild der Vermögens-, Finanz- und Ertragslage der Sparkasse.

Empfehlungen des Kodex sind im Text durch die Verwendung des Wortes „soll" gekennzeichnet.

Der Kodex wird in der Regel einmal jährlich vor dem Hintergrund gesetzlicher Entwicklungen überprüft und bei Bedarf angepasst.

Vorstand und Verwaltungsrat sollen gemeinsam jährlich über die Einhaltung der Empfehlungen dieses Kodex berichten und ggf. Abweichungen erläutern.

2. Zusammenwirken von Vorstand und Verwaltungsrat – Gemeinsame Bestimmungen

2.1 Vorstand und Verwaltungsrat arbeiten zum Wohle der Sparkasse eng zusammen.

2.2 Der Verwaltungsrat bestimmt die Richtlinien der Geschäftspolitik und überwacht die Geschäftsführung. Der Vorstand bestimmt die Geschäfts- und Risikostrategie der Sparkasse und erörtert sie in regelmäßigen Abständen mit dem Verwaltungsrat.

2.3 Auf Verlangen des Verwaltungsrats sowie aus sonstigem wichtigem Anlass berichtet der Vorstand diesem über bestimmte Angelegenheiten der Sparkasse.

2.4 Für Geschäfte mit Zustimmungsvorbehalt gemäß den Bestimmungen des Sparkassengesetzes Nordrhein-Westfalen hat der Vorstand die Zustimmung des Verwaltungsrats einzuholen. Bei sonstigen Geschäften von grundlegender Bedeutung soll der Vorstand diese dem Verwaltungsrat zur Kenntnis geben. Hierzu gehören Entscheidungen oder Maßnahmen, die zu einer grundlegenden Veränderung der Vermögens-, Finanz- oder Ertragslage der Sparkasse führen können. Der Kreis der zustimmungspflichtigen Geschäfte lässt die Eigenverantwortlichkeit des Vorstands unberührt.

2.5 Die ausreichende Informationsversorgung des Verwaltungsrats ist gemeinsame Aufgabe von Vorstand und Verwaltungsrat.

2.6 Der Vorstand informiert den Verwaltungsrat regelmäßig zeitnah und umfassend über alle für die Sparkasse relevanten Fragen der Planung (auch Budgetplanung), der Geschäftsentwicklung, der Risikolage und des Risikomanagements. Er unterrichtet über Abweichungen des Geschäftsverlaufs von den aufgestellten Plänen und Zielen. Der Versand von Unterlagen an die Mitglieder des Verwaltungsrates richtet sich nach den Bestimmungen des Sparkassengesetzes Nordrhein-Westfalen.

2.7 Gute Unternehmensführung setzt eine offene Diskussion zwischen Vorstand und Verwaltungsrat sowie in Vorstand und Verwaltungsrat voraus. Die umfassende Wahrung der Vertraulichkeit ist dafür von entscheidender Bedeutung. Alle Organmitglieder sind kraft Gesetzes zur Amtsverschwiegenheit verpflichtet.

2.8 Vorstand und Verwaltungsrat beachten die Grundsätze ordnungsgemäßer Unternehmensführung.

Verletzt ein Vorstandsmitglied die Sorgfalt eines ordentlichen und gewissenhaften Geschäftsleiters bzw. ein Verwaltungsratsmitglied die Sorgfalt eines ordentlichen und gewissenhaften Überwachers, gelten für deren Haftung die gesetzlichen Bestimmungen und die von der Rechtsprechung dazu aufgestellten Grundsätze.

Bei unternehmerischen Entscheidungen liegt keine Pflichtverletzung vor, wenn das Mitglied von Vorstand oder Verwaltungsrat vernünftigerweise annehmen durfte, auf der Grundlage angemessener Information zum Wohle der Sparkasse zu handeln.

2.9 Wer als Mitglied des Vorstands oder des Verwaltungsrats annehmen muss, von der Mitwirkung an einer Entscheidung ausgeschlossen zu sein, hat den Ausschließungsgrund unaufgefordert anzuzeigen. Ist zweifelhaft, ob ein Mitwirkungsverbot besteht, entscheidet in Angelegenheiten seiner Mitglieder der Verwaltungsrat, im Übrigen das vorsitzende Mitglied des Verwaltungsrats.

2.10 Verpflichtet sich ein Verwaltungsratsmitglied außerhalb seiner Tätigkeit im Verwaltungsrat durch einen Dienstvertrag, durch den weder ein Arbeitsverhältnis zur Sparkasse noch zum Träger der Sparkasse begründet wird, oder durch einen Werkvertrag gegenüber der Sparkasse zu einer Tätigkeit höherer Art, so hängt die Wirksamkeit des Vertrages von der Zustimmung des Verwaltungsrats ab. Berater- und sonstige Dienstleistungs- und Werkverträge eines ehemaligen Vorstands- oder Verwaltungsratsmitglieds mit der Sparkasse sind vor Ablauf von zwei Jahren nach Beendigung der Tätigkeit zu unterlassen.

2.11 Gemäß dem Sparkassengesetz wirkt der Träger der Sparkasse darauf hin, dass die für die Tätigkeit im Geschäftsjahr gewährten Bezüge jedes einzelnen Mitglieds des Vorstands, des Verwaltungsrates und ähnlicher Gremien unter Namensnennung, aufgeteilt nach erfolgsunabhängigen und erfolgsbezogenen Komponenten sowie Komponenten mit langfristiger Anreizwirkung, im Anhang zum Jahresabschluss gesondert veröffentlicht werden.

3. Vorstand

3.1 Der Vorstand leitet die Sparkasse in eigener Verantwortung. Er vertritt die Sparkasse gerichtlich und außergerichtlich. Der Vorstand entwickelt die strategische Ausrichtung der Sparkasse, erörtert sie mit dem Verwaltungsrat und sorgt für ihre Umsetzung.

3.2 Innere Angelegenheiten des Vorstands werden in einer Geschäftsanweisung geregelt, die der Verwaltungsrat erlässt.

3.3 Unternehmerische Entscheidungen sind langfristig an der Sicherstellung der Erfüllung des öffentlichen Auftrags der Sparkasse auszurichten.

3.4 Der Vorstand hat für die Einhaltung der geltenden Rechtsvorschriften und der sparkasseninternen Richtlinien zu sorgen und wirkt auf deren Beachtung hin (Compliance).

3.5 Der Vorstand sorgt für ein angemessenes und wirksames Risikomanagement und Risikocontrolling in der Sparkasse.

3.6 Vergütung

3.6.1 Der Verwaltungsrat bzw. ein von ihm gebildeter Hauptausschuss entscheidet über die Anstellung (einschließlich Vergütung) der Mitglieder und stellvertretenden Mitglieder des Vorstands auf der Grundlage von Empfehlungen der Sparkassen- und Giroverbände.

3.6.2 Kriterien für die Angemessenheit der Vergütung bilden die Aufgaben und die persönliche Leistung der Mitglieder und stellvertretenden Mitglieder des Vorstands sowie die Üblichkeit der Vergütung unter Berücksichtigung des Vergleichsumfeldes und der Vergütungsstruktur im Kreditgewerbe.

3.6.3 Die Vergütung der Mitglieder und stellvertretenden Mitglieder des Vorstands umfasst monetäre Vergütungsbestandteile sowie Nebenleistungen, die von der Sparkasse erbracht werden.

3.7 Interessenkonflikte

3.7.1 Vorstandsmitglieder unterliegen während ihrer Tätigkeit für das Unternehmen einem umfassenden Wettbewerbsverbot. Dies gilt nicht für Tätigkeiten in Einrichtungen der Sparkassen-Finanzgruppe.

3.7.2 Vorstandsmitglieder dürfen im Zusammenhang mit ihrer Tätigkeit weder für sich noch für andere Personen von Dritten ungerechtfertigte Zuwendungen oder sonstige Vorteile fordern oder annehmen oder Dritten ungerechtfertigte Vorteile gewähren.

3.7.3 Die Vorstandsmitglieder sind den Interessen der Sparkasse verpflichtet. Kein Mitglied des Vorstands darf bei seinen Entscheidungen persönliche Interessen verfolgen und Geschäftschancen, die der Sparkasse zustehen, für sich nutzen.

3.7.4 Jedes Vorstandsmitglied soll Interessenkonflikte dem Verwaltungsrat gegenüber frühzeitig offen legen und die anderen Vorstandsmitglieder hierüber informieren.

Alle Geschäfte zwischen der Sparkasse einerseits und den Vorstandsmitgliedern sowie ihnen nahe stehenden Personen oder ihnen persönlich nahe stehenden Unternehmungen andererseits haben branchenüblichen Standards zu entsprechen.

3.7.5 Die Aufnahme von Nebentätigkeiten bedarf der vorherigen, widerruflichen Zustimmung des Verwaltungsrats. Dies gilt nicht für die Wahrnehmung von Mandaten in Einrichtungen der Sparkassen-Finanzgruppe.

4. Verwaltungsrat

4.1 Der Verwaltungsrat bestimmt die Richtlinien der Geschäftspolitik und überwacht die Geschäftsführung. Er wirkt nach Maßgabe des Sparkassengesetzes Nordrhein-Westfalen an Entscheidungen von grundlegender Bedeutung für die Sparkasse mit.

4.2 Der Verwaltungsrat bildet aus seiner Mitte einen Risikoausschuss sowie einen Bilanzprüfungsausschuss und erlässt für sie eine Geschäftsordnung. Der Verwaltungsrat kann aus seiner Mitte einen Hauptausschuss bilden und diesem insbesondere die Anstellung der Mitglieder und stellvertretenden Mitglieder des Vorstands zur Entscheidung sowie auch die gesamten Aufgaben des Bilanzprüfungsausschusses übertragen.

Das vorsitzende Mitglied des jeweiligen Ausschusses berichtet dem Verwaltungsrat regelmäßig. Der Verwaltungsrat hat darüber hinaus zu prüfen, ob die nach dem Kreditwesengesetz bzw. der Institutsvergütungsverordnung vorgesehenen Ausschüsse zu bilden sind. Unabhängig davon, ob diese Ausschüsse gebildet werden müssen, nimmt der Verwaltungsrat oder ein gebildeter Ausschuss die Aufgaben im erforderlichen Umfang wahr.

4.3 Das vorsitzende Mitglied beruft den Verwaltungsrat ein, leitet die Sitzungen und nimmt die ihm kraft Gesetzes übertragenen sonstigen Aufgaben wahr.

4.4 Das vorsitzende Mitglied des Verwaltungsrats soll mit dem Vorstand, insbesondere mit dem vorsitzenden Mitglied des Vorstands, regelmäßig Kontakt halten. Das vorsitzende Mitglied des Verwaltungsrats wird über wichtige Ereignisse, die für die Beurteilung der Lage und Entwicklung sowie für die Leitung der Sparkasse von wesentlicher Bedeutung sind, unverzüglich durch das vorsitzende Mitglied des Vorstands informiert. Das vorsitzende Mitglied des Verwaltungsrats soll sodann den Verwaltungsrat unterrichten und erforderlichenfalls eine außerordentliche Verwaltungsratssitzung einberufen.

4.5 Die Mitglieder und die stellvertretenden Mitglieder des Vorstands werden vom Verwaltungsrat gemäß den Vorschriften des Sparkassengesetzes Nordrhein-Westfalen und des Kreditwesengesetzes bestellt und angestellt sowie ggf. abberufen. Der Verwaltungsrat soll gemeinsam mit dem Vorstand für eine langfristige Nachfolgeplanung sorgen. Der Verwaltungsrat kann die Anstellung einem Hauptausschuss übertragen, der die Bedingungen des Anstellungsvertrages einschließlich der Vergütung abschließend behandelt. Die Entscheidung über die Bestellung und Anstellung darf frühestens ein Jahr vor dem Zeitpunkt des Wirksamwerdens getroffen werden. Spätestens neun Monate vor Ablauf der bisherigen Bestellung hat der Verwaltungsrat darüber zu beschließen, ob eine wiederholte Bestellung erfolgen soll. Die Altersgrenze für Vorstandsmitglieder ist in § 19 Absatz 2 Sparkassengesetz Nordrhein-Westfalen festgelegt. Bei der Bestellung und Anstellung wird der Verwaltungsrat die grundlegenden Bestimmungen des Landesgleichstellungsgesetzes beachten.

4.6 Für die Vertretung der Sparkasse gegenüber Mitgliedern und stellvertretenden Mitgliedern des Vorstandes sowie gegenüber ihren Vorgängern ist das vorsitzende Mitglied des Verwaltungsrates zuständig.

4.7 Vorstandsmitglieder dürfen vor Ablauf von zwei Jahren nach dem Ende ihrer Bestellung nicht Mitglied des Verwaltungsrats der Sparkasse werden.

4.8 Jedes Verwaltungsratsmitglied achtet darauf, dass ihm für die Wahrnehmung seiner Mandate ausreichend Zeit zur Verfügung steht. Dabei beachtet es auch die einschlägigen Bestimmungen des Kreditwesengesetzes und anderer Gesetze zu Mandatsbeschränkungen.

Falls ein Mitglied des Verwaltungsrats in einem Geschäftsjahr an weniger als der Hälfte der Sitzungen teilgenommen hat, soll dies in einem Bericht des Verwaltungsrats vermerkt werden.

4.9 Interessenkonflikte

4.9.1 Jedes Mitglied des Verwaltungsrats ist dem Interesse der Sparkasse verpflichtet. Es darf bei seinen Entscheidungen weder persönliche Interessen verfolgen noch Geschäftschancen, die der Sparkasse zustehen, für sich nutzen.

4.9.2 Jedes Verwaltungsratsmitglied soll Interessenkonflikte, insbesondere solche, die auf Grund einer Beratung oder Organfunktion bei Kunden, Lieferanten, Kreditgebern oder sonstigen Geschäftspartnern entstehen können, dem Verwaltungsrat gegenüber frühzeitig offen legen.

4.9.3 Wesentliche und nicht nur vorübergehende Interessenkonflikte in der Person eines Verwaltungsratsmitglieds stehen der Ausübung des Mandats entgegen.

4.9.4 Berater- und sonstige Dienstleistungs- und Werkverträge eines Verwaltungsratsmitglieds mit der Sparkasse bedürfen der Zustimmung des Verwaltungsrats.

4.9.5 Eine Unvereinbarkeit mit der Mitgliedschaft im Verwaltungsrat ist in § 13 Sparkassengesetz Nordrhein-Westfalen bestimmt. Ein Mitwirkungsverbot wegen Befangenheit ergibt sich unter den in § 21 Sparkassengesetz Nordrhein-Westfalen bestimmten Voraussetzungen.

II. Verwaltung der Sparkassen § 10

4.10 Jedes Verwaltungsratsmitglied sollte durch seine eigene persönliche und fachliche Qualifikation dafür sorgen, dass es seine Aufgabe und Verantwortlichkeit im Sinne der Corporate Governance erfüllen kann. Die Sparkasse ermöglicht die Fort- und Weiterbildung durch geeignete Maßnahmen.

5. Rechnungslegung und Abschlussprüfung

5.1 Der Vorstand legt dem Verwaltungsrat unverzüglich nach Aufstellung den Jahresabschluss und den Lagebericht vor.
5.2 Hinsichtlich der Erfassung der Beziehungen und Geschäftsvorfälle zwischen Sparkasse und nahe stehenden Personen beachtet der Vorstand die diesbezüglichen Regelungen des Prüfungsstandards "Beziehungen zu nahestehenden Personen im Rahmen der Abschlussprüfung" (IDW PS 255) und berichtet nach Maßgabe der gesetzlichen Regelungen über diese Geschäfte im Jahresabschluss.
5.3 Der Jahresabschluss und der Lagebericht werden von dem zuständigen Sparkassen- und Giroverband geprüft, wobei die gesetzlichen und berufsrechtlichen Grundsätze für die Durchführung von Abschlussprüfungen durch Wirtschaftsprüfer in Deutschland zur Anwendung gelangen.
5.4 Die Sparkasse veröffentlicht nach Maßgabe der gesetzlichen Vorschriften eine Aufstellung der Unternehmen, von denen sie oder eine für Rechnung der Sparkasse handelnde Person mindestens den fünften Teil der Anteile besitzt.
Es werden dabei angegeben: Name und Sitz der Gesellschaft, Höhe des Anteils, das Eigenkapital und das Ergebnis des letzten Geschäftsjahres. Darüber hinaus gibt die Sparkasse im Jahresabschluss alle Mandate in gesetzlich zu bildenden Aufsichtsgremien von großen Kapitalgesellschaften (§ 267 Abs. 3 HGB) an, die vom Vorstand oder anderen Mitarbeitern wahrgenommen werden und Beteiligungen an großen Kapitalgesellschaften, die fünf vom Hundert der Stimmrechte überschreiten.
5.5 Der Abschlussprüfer nimmt an den Beratungen des Verwaltungsrats über den Jahresabschluss und ggf. Konzernabschluss teil und berichtet über die wesentlichen Ergebnisse seiner Prüfung.

§ 10 Zusammensetzung des Verwaltungsrates

(1) Der Verwaltungsrat besteht aus
a) Dem vorsitzenden Mitglied
b) Mindestens vier, höchstens zehn weiteren sachkundigen Mitgliedern und
c) Zwei Dienstkräften der Sparkasse.
(2) Bei Sparkassen mit 250 und mehr ständig Beschäftigten besteht der Verwaltungsrat aus
a) Dem vorsitzenden Mitglied
b) Neun weiteren sachkundigen Mitgliedern und
c) Fünf Dienstkräften der Sparkasse.
In Fällen der Vereinigung von Sparkassen nach § 27 kann die Zahl der weiteren sachkundigen Mitglieder auf elf und die der Dienstkräfte auf sechs erhöht werden.

(3) An den Sitzungen des Verwaltungsrates nehmen die Mitglieder und die stellvertretenden Mitglieder des Vorstandes mit beratender Stimme teil.

(4) An den Sitzungen des Verwaltungsrates nehmen bei Zweckverbandssparkassen in ihrer Funktion die Hauptverwaltungsbeamten der Zweck Verbandsmitglieder mit beratender Stimme teil, die weder vorsitzendes Mitglied des Verwaltungsrates noch Mitglied des Verwaltungsrates sind und auch nicht nach § 11 Abs. 3 an den Sitzungen des Verwaltungsrates teilnehmen. Die Satzung bestimmt die Anzahl der beratenden Teilnehmer und kann dabei auch eine Höchstzahl festlegen.

Literatur: *Goette/Habersack* (Hrsg.), Münchener Kommentar zum Aktiengesetz, 5. Aufl., 2019; *Selter*, Die Beratung des Aufsichtsrats und seiner Mitglieder, 2014

Übersicht

	Rn.		Rn.
I. Einführung	1	b) Vereinigung zwischen dem 1.1.1995 und 31.7.2002	8
II. Zahl der Verwaltungsratsmitglieder	2		
III. Erhöhung der Mitglieder der Vereinigung von Sparkassen	5	IV. Teilnahme an den Sitzungen des Verwaltungsrats	9
1. Erhöhung und Grenzen der Mitgliederzahl	5	1. Durch den Vorstand	9
2. Bestandsschutz für Fusionen nach altem Recht	7	2. Durch Hauptverwaltungsbeamte	10
a) Vereinigung vor dem 31.12.1994	7	3. Teilnahme weiterer Personen	13

I. Einführung

1   Auf den ersten Blick ähnelt die Zusammensetzung des Verwaltungsrates dem Aufsichtsrat einer Bank, so wie eine Sparkasse als Kreditinstitut in ihrem täglichen Geschäft wie eine Bank handelt. Die Regeln im Aktienrecht und Sparkassenrecht ähneln sich und viele Begriffe können synonym verwendet werden, mit der Folge, dass gerade im Hinblick auf Verwaltungsrat und Vorstand oft Entscheidungen und Literatur aus dem Aktienrecht herangezogen werden können. Dennoch gibt es auch signifikante Unterschiede, die der besonderen Stellung der Sparkasse als Anstalt öffentlichen Rechts, die zur Erfüllung eines Öffentlichen Auftrags gegründet wurde, geschuldet sind. Diese schlagen sich bereits im Wahlverfahren nieder. Dienstkräftevertreter werden nicht unmittelbar von den Dienstkräften gewählt, sondern ebenfalls von der Vertretung des Trägers, allerdings aus einem Vorschlag der Personalversammlung, der zumindest die doppelte Anzahl der zu wählenden ordentlichen und stellvertretenden Mitglieder enthalten muss (§ 12 Abs. 2 SpkG NRW). Als der Gesetzgeber 1984 versuchte, eine direkte Urwahl einzuführen, scheiterte er am VerfGH NRW (Urt. v. 15.9.1986, OVGE 39, S. 292). Der Verwaltungsrat habe als oberstes Organ der Sparkasse die Aufgabe, gemeinsam mit Vorstand und Kreditausschuss den öffentlichen Auftrag der Sparkasse umzusetzen, indem er die Richtlinien der Geschäftspolitik bestimmt, die Geschäftsführung des

II. Verwaltung der Sparkassen § 10

Vorstands überwacht und die Mitglieder des Vorstands bestellt. Dies sei als Staatsgewalt einzuordnen. Das in den Art. 20, 28 GG, 78 LV NW verankerte Demokratieprinzip verlange eine Legitimation durch das Volk oder seine Vertretung. Hieran fehle es, wenn Mitglieder allein von den Dienstkräften und nicht auch von der Vertretung des Trägers gewählt seien. Folgt man dieser Argumentation, würde sich in der Tat auch die Frage nach der Verfassungsmäßigkeit der geltenden Regelung stellen, da sie immerhin die demokratisch legitimierte Vertretung des Trägers auf eine Vorschlagsliste des Personalrats beschränkt (so auch früher von Heinevetter [2. Aufl.], Erl. Nr. 1.3 zu § 10 vertreten). Allerdings wird man das Ziel des Gesetzgebers, auch im obersten Organ der Sparkasse eine Stimme der Dienstkräfte zu schaffen, nicht als Verstoß gegen das Demokratieprinzip werten können. Würde auch diese Beschränkung fallen und hätten die Trägervertreter freie Auswahl unter allen Dienstkräften der Sparkasse, könnte von einer Vertretung dieser nicht mehr die Rede sein. Von der Verfassungsmäßigkeit geht inzwischen *Engau* (in: Engau/Dietlein/Josten, Erl. § 10 Nr. 2.2) aus, auch mit Berufung auf die 25 Jahre bewährte Praxis. Scheidet eine Dienstkraft aus dem Dienstverhältnis aus, so endet auch ihre Mitgliedschaft im Verwaltungsrat. Dies ergibt sich unmittelbar aus Abs. 1 lit c), der ein Dienstverhältnis vorraussetzt → § 8 Rn. 25. Oft geben Trägervertretungen den Stimmen der Dienstkräfte mehr Gewicht, indem sie tatsächlich die Personen wählen, die von diesen die meisten Stimmen erhalten haben. Die Verwaltungsratsmitglieder sind Amtsträger im Sinne des § 11 Abs. 1 Nr. 2 Buchst. c StGB, da sie dazu bestellt sind, bei der Sparkasse (die auch Behörde ist), Aufgaben der öffentlichen Verwaltung unbeschadet der zur Aufgabenerfüllung gewählten Organisationsform wahrzunehmen (BGH, NJW 1981, 695). Dies hat zur Folge, dass sie für Amtsdelikte deliktsfähig sind und diverse allgemeine Straftatbestände für sie verschärft werden, zB Vorteilsnahmen, § 331 StGB, Bestechlichkeit § 332 StGB, Verletzung von Dienstgeheimnissen § 353b StGB. Einer besonderen Verpflichtung der Mitglieder bedarf es anders als bei kommunalen Vertretern (vgl. § 67 Abs. 3 GO) hierzu nicht, die Eigenschaft wird bereits durch ihre Dienstaufnahme bzw. Annahme der Wahl erfüllt. Die Vornahme einer solchen Einführung ist jedoch teilweise in Sparkassen bei der konstituierenden Sitzung üblich und als Hinweis auf erhebliche persönliche Risiken der Mitglieder auch empfehlenswert.

II. Zahl der Verwaltungsmitglieder

Die Zahl der Verwaltungsratsmitglieder richtet sich nach der **Personalstärke**. 2 Während sie bei Sparkassen mit 250 und mehr ständig Beschäftigten feststeht (Abs. 2), nämlich dem vorsitzenden Mitglied, neun weiteren sachkundigen Mitgliedern und fünf Dienstkräften der Sparkasse, ist bei Sparkassen unter 250 Beschäftigten ausschließlich das Amt des Vorsitzenden und die Zahl der Dienstkräfte (2) festgelegt. Die Zahl der weiteren sachkundigen Mitglieder ist mit vier bis zehn variabel. Hierdurch schwankt das Gewicht der Dienstkräfte im Verwaltungsrat. Ein Verhältnis von 2:1 gilt nur für Sparkassen über 250 Beschäftigte, ansonsten kann das Verhältnis zwischen 5:2 und 11:2 liegen – eine Besonderheit Nordrhein-Westfalens unter den Flächenbundesländern, ansonsten sind in den Sparkassengesetzen durchgängige Paritäten üblich (Schleswig-Holstein, SpkG SH § 7 Abs. 2; Niedersachsen Spk NS § 11 Abs. 3 iVm. § 110 Abs. 2 PersVG NS; Rheinland-Pfalz § 5 Abs. 1 Nr. 3

SpkG; Hessen § 5a SpkG; Saarland § 8 Abs. 2 SpkG; Baden-Württemberg § 13 Abs. 1 SpkG; Mecklenburg-Vorpommern, Sachsen-Anhalt, Brandenburg, Sachsen jeweils § 9 Abs. 2 Nr. 3 SpkG; Thüringen 2:1 ohne Berücksichtigung des vorsitzenden Mitglieds § 9 Abs. 1 Nr. 3 SpkG; Ausnahme Bayern Art. 8 Abs. 2 S. 1 SpkG [hier werden 2/3 der weiteren Mitglieder vom Träger, 1/3 der Mitglieder von der Aufsichtsbehörde zum Amt berufen]).

3 Zu den ständig Beschäftigten zählen neben den nicht nur vorübergehend beschäftigten Dienstkräften der Sparkasse (→ § 23) auch die Vorstandsmitglieder und ihre Stellvertreter, da es hier auf die Ausübung einer Tätigkeit für die Sparkasse ankommt (*Engau* in: Engau/Dietlein/Josten, Erl. zu § 10 Nr. 3.2). Auch Kantinen- und Reinigungskräfte, sowie (regelmäßig eingesetzte) Ultimo-Kräfte zählen zu den ständig Beschäftigten.

4 Entscheidend ist im Ergebnis der Sollstellenplan, durch vorübergehende Vakanzen tritt keine Reduzierung der Zahl der ständig Beschäftigten ein (LAG Berlin, Beschl. v. 25.4.1988, LAGE § 106 BetrVG 1972 Nr. 1; Der Begriff „Ständig Beschäftigte" stammt aus dem Betriebsverfassungsgesetz (§ 106 BetrVG) und ist im Zweifel ebenso zu beurteilen wie dort). Zu den ständig Beschäftigten gehören auch die Auszubildenden (LAG NS Beschl. v. 27.11.1984 8 TaBV 6/84 zit. nach Juris Rspr.; ebenso *Engau* in: Engau/Dietlein/Josten, Erl. zu § 10 Nr. 3.2). Anders kann ein Einstellungsmoratorium zu betrachten sein, das nicht zeitlich begrenzt, sondern zB an eine Verbesserung des Betriebsergebnisses gebunden ist. Da hier nicht absehbar ist, ob die Sollstelle in einem überschaubaren Zeitraum wieder besetzt wird, dürfte die Zahl der ständig Beschäftigten durch das Moratorium reduziert werden. Maßgeblich ist die Zahl der ständig Beschäftigten zum Zeitpunkt der Wahl des Verwaltungsrats, Änderungen während der laufenden Wahlperiode bleiben außer Betracht (*Engau* in: Engau/Dietlein/Josten, Erl. § 10 Nr. 3.2).

III. Erhöhung der Zahl der Mitglieder bei Vereinigung von Sparkassen

1. Sparkassenfusionen

5 Bei einer **Fusion** von Sparkassen kann sich die Notwendigkeit ergeben, die Zahl der Verwaltungsratsmitglieder zu erhöhen, um eine angemessene Vertretung aller ursprünglichen Träger sicher zu stellen. Das Sparkassengesetz stellt hierfür zwei Instrumente zur Verfügung, die grundsätzlich nebeneinander angewandt werden können. Neben der dauerhaften Erhöhung der Mitgliederzahl nach § 10 Abs. 2 S. 2 SpkG NRW ist mit Genehmigung des Finanzministeriums NRW (Aufsichtsbehörde nach § 39 Abs. 2 SpkG NRW) nach § 28 Abs. 1 SpkG NRW (→ § 28 Rn. 5 ff.) eine Abweichung von den Vorschriften des SpkG NRW für die Dauer der laufenden und der nächsten Wahlperiode möglich. Die Abweichungen bedürfen der Satzungsänderung (§ 28 Abs. 1 S. 2 SpkG NRW). Die Erhöhung nach § 10 Abs. 2 S. 2 SpkG NRW ist nur bei Sparkassen mit 250 und mehr ständig Beschäftigten möglich, was sich bereits aus der Stellung der Regelung in Abs. 2 ergibt. Sie kann dauerhaft erfolgen, aber natürlich ist auch eine zeitliche Begrenzung möglich. Die Erhöhung bedarf einer Satzungsänderung iSd → § 6, die nach § 6 Abs. 2 S. 2 SpkG NRW der Genehmigung der Aufsichtsbehörde bedarf. Bei Vorliegen der satzungsmäßigen Voraussetzungen ist die Genehmigung zu erteilen (*Engau* in: Engau/

II. Verwaltung der Sparkassen   § 10

Dietlein/Josten, Erl. zu § 10 Nr. 3.3) Die Zahl der sachkundigen Bürger kann um 2, die Zahl der Dienstkräfte um 1 erhöht werden, so dass die 2:1 Parität gewahrt bleibt.

Bemerkenswert ist, dass die Erhöhung nach § 28 Abs. 1 S. 2 SpkG NRW keine gesetzliche Obergrenze kennt, so dass der Verwaltungsrat für mehr als eine Wahlperiode auch aus mehr als 18 Mitgliedern bestehen kann. In der Übergangsphase nach einer Fusion, in der ggf. mehrere bisherige Träger der Ursprungssparkassen eingebunden werden müssen, kann dies durchaus wünschenswert sein. Allerdings ist hierbei nicht zu vernachlässigen, dass die zahlenmäßige Begrenzung der Organmitglieder auch wesentliche Ziele verfolgt, die auf den gleichen Überlegungen basieren, die auch für die Begrenzung der Aufsichtsratsmandate in Aktiengesellschaften nach § 95 AktG maßgeblich waren. Eine Verantwortungsdiffusion durch zu viele Mitglieder soll vermieden, die Handlungsfähigkeit des Organs und die Vertraulichkeit sichergestellt werden (*Habersack* in: MüKoAktG, § 95 Rn. 1). Letztere Frage kann bei Sparkassen durchaus Brisanz gewinnen, da sich die sachkundigen Bürger in der Praxis zumeist aus Kommunalpolitikern unterschiedlicher Parteien mit unterschiedlichen politischen Interessen und öffentlichem Geltungsbedarf zusammensetzen. Die Erhöhung über die gesetzliche Höchstgrenze hinaus rechtfertigt sich im Ergebnis aus der zeitlichen Begrenzung (andere Sparkassengesetze sind hier ähnlich großzügig (zB Hess. SpkG § 5a Abs. 3: Bei Fusionen ist eine Erhöhung ohne Obergrenze für bis zu 10 Jahre möglich). 6

2. Bestandsschutz für Fusionen nach altem Recht
a) Vereinigungen vor dem 31.12.1994

Im Falle einer Vereinigung **vor dem 31.12.1994** war nach § 51 SpkG aF eine Überschreitung der Höchstzahl der Verwaltungsratsmitglieder mit Genehmigung der Aufsichtsbehörde ohne zeitliche oder zahlenmäßige Begrenzung zulässig. Hierbei wurde das 2:1 Verhältnis gewahrt (*Engau* in: Engau/Dietlein/Josten, Erl. § 10 Nr. 3.3). Soweit seinerzeit Besetzungen durch ein Entsenderecht erfolgten, ist allerdings das Gebot der demokratischen Legitimation zu beachten (Wahl durch die Vertretung des Trägers; VerfGH NW aaO). 7

b) Vereinigungen zwischen 1.1.1995 und 31.7.2002

Zwischen dem 1.1.1995 und 31.7.2002 sah § 53 SpkG v. 1995 eine Erhöhung weiterhin ohne zahlenmäßige Begrenzung aber mit zeitlicher Begrenzung auf die laufende und nächste Wahlperiode und anschließendem Abschmelzen auf die gesetzliche Höchstzahl (seinerzeit 15). Die Regelung hat sich inzwischen durch Zeitablauf erledigt, auch für die in diesem Zeitraum vereinigten Sparkassen gelten inzwischen die heutigen Höchstgrenzen. 8

IV. Teilnahme an den Sitzungen des Verwaltungsrats (Abs. 3)

1. Teilnahme der Vorstandsmitglieder und stellvertretenden Vorstandsmitglieder

Die Teilnehmer sollen den Verwaltungsrat durch ihre Sachkenntnis bei der Willensbildung unterstützen und für Fragen zur Verfügung stehen. Nach ihrem 9

Wortlaut begründet die Vorschrift sowohl ein Recht auf – als auch eine Pflicht zur Teilnahme (so auch *Engau* in: Engau/Dietlein/Josten, Erl. zu § 10 Anm. 5). Ausgenommen sind die Verhinderung des Teilnehmers sowie seine Befangenheit (→ § 21). Durch die ausdrückliche Ergänzung des Absatzes 3 im Gesetzentwurf von § 10 Abs. 3 SpkG NRW nF, dass *„der Verwaltungsrat bei Bedarf ohne den Vorstand tagen sollte"*, wird in Anlehnung an Ziffer 5.1.7 des Public Corporate Governance Kodex des Landes Nordrhein-Westfalen (PCGK NRW) künftig sichergestellt, dass Sitzungen im Bedarfsfalle künftig auch ohne den Vorstand abgehalten werden können (vgl. Entwurf eines Gesetzes zur Modernisierung des Sparkassenrechts und zur Änderung weiterer Gesetze v. 19.3.2024, LT-Drs. NRW 18/2407, S. 4, 10 f.). Die beratende Teilnahme umfasst das Recht, Auskünfte einzuholen und sich zu den Themen der Sitzung zu äußern, beinhaltet aber kein Antrags- oder Stimmrecht. Unter Stellvertretern sind die stellvertretenden Vorstandsmitglieder zu verstehen, die Teilnahme von Verhinderungsvertretern nach § 19 Abs. 5 SpkG NRW ist nicht vorgesehen. Auch eine regelmäßige Vertretung verhinderter Vorstandsmitglieder in Verwaltungsratssitzungen erfolgt durch sie nicht.

2. Teilnahme der Hauptverwaltungsbeamten bei Zweckverbandssparkassen (Abs. 4)

10 Die Hauptverwaltungsbeamten der Zweckverbandsmitglieder nehmen beratend an den Sitzungen des Verwaltungsrates teil, wenn keine andere Funktion im Verwaltungsrat haben, also weder als Verwaltungsratsvorsitzender, noch als Mitglied und auch nicht als Beanstandungsbeamter (→ § 17) fungieren (Unter dem Hauptverwaltungsbeamten wurde ursprünglich der Gemeinde-/Stadt-/Oberstadt- bzw. Kreisdirektor verstanden, der nach der Kommunalverfassungsreform von 1994 durch den hauptamtlichen Bürgermeister oder Landrat ersetzt wurde – Art. 7 Abs. 3, 5, 8 des Ges. zur Änd. der Kommunalverf. vom 17.5.1994. Die frühere Trennung zwischen politischer Führung [Bürgermeister bzw. Oberbürgermeister] und Leitung der Verwaltung [Gemeinde-/Stadtdirektoren] wurde aufgehoben.). Die Regelung soll Kenntnisse und Erfahrungen der Zweckverbandsmitglieder einbringen, die ansonsten im Verwaltungsrat kein Gehör finden würden. Ebenso wie im Fall der Vorstandsmitglieder und deren Stellvertreter handelt es sich sowohl um ein Recht als auch um eine Pflicht zur Teilnahme, wie im Falle der Vorstandsmitglieder ohne Antrags- und Stimmrecht.

11 Eine Vertretung ist, anders als bei der Teilnahme eines Hauptverwaltungsbeamten nach § 11 Abs. 3 SpkG NRW (→ § 11 Rn. 9 ff.) nicht vorgesehen. Dies ergibt sich bereits aus der unterschiedlichen Zielrichtung der Normen; § 11 Abs. 3 SpkG NRW stellt sicher, dass ein Hauptverwaltungsbeamter an der Sitzung teilnimmt und als Beanstandungsbeamter zur Verfügung steht (→ § 17), wenn das vorsitzende Mitglied kein Hauptverwaltungsbeamter ist. Da ansonsten die Beanstandungsfunktion eines Hauptverwaltungsbeamten nicht wahrgenommen ist, muss eine Vertretung erfolgen. Wenn es zu einer Teilnahme von Hauptverwaltungsbeamten nach § 10 Abs. 4 SpkG NRW kommt, ist diese Funktion bereits wahrgenommen, entweder durch das vorsitzende Mitglied oder durch den Teilnehmer nach § 11 Abs. 3 SpkG NRW und eine Vertretung somit entbehrlich.

12 Die Anzahl der beratenden Teilnehmer wird nach § 10 Abs. 4 S. 2 durch die Satzung festgelegt, der auch die Festlegung einer Höchstzahl erlaubt, um die Hand-

II. Verwaltung der Sparkassen **§ 10**

lungsfähigkeit des Organs sicherzustellen, was insbesondere bei Zweckverbänden mit einer hohen Zahl von Mitgliedern von Bedeutung ist. Die Satzungsregelung bedarf der Zustimmung der Aufsichtsbehörde (Finanzministerium NRW).

3. Teilnahme weiterer Personen

Die Aufgaben des Verwaltungsrates sind durch seine Mitglieder und nicht durch dritte Personen wahrzunehmen. Dauerhafte Berater, die an den Sitzungen des Verwaltungsrats teilnehmen verbieten sich daher. Die grundsätzlichen Maßgaben hat der BGH (NJW 1983, 991) im Hinblick auf § 111 AktG aufgestellt (Gebot der persönlichen und eigenverantwortlichen Amtsausübung). Ein Verwaltungsratsmitglied muss diejenigen Kenntnisse und Fähigkeiten besitzen oder sich unverzüglich aneignen, die erforderlich sind, um alle normalerweise anfallenden Geschäftsvorgänge auch ohne fremde Hilfe verstehen und sachgerecht beurteilen zu können (s. auch *Mertens* in: Kölner Kommentar zum AktG, § 111 Anm. 25). Hiermit sei nicht vereinbar, dass ständig Berater eingeschaltet und die Verantwortung des Organs stark nach außen verlagert würde. Diese Überlegungen gelten in gleicher Weise für den Verwaltungsrat einer Sparkasse (so auch *Engau* in: Engau/Dietlein/Josten, Erl. § 10 Nr. 7). Zwar ist zu beachten, dass der BGH über den Anspruch eines Organmitglieds zu entscheiden hatte, der die Beteiligung eines externen Beraters gegen den Beschluss des Gesamtorgans durchsetzen wollte, doch die Grundüberlegungen lassen sich auch auf die Teilnahme Dritter im Auftrag des Gesamtorgans übertragen. Die Ansprüche an die Kenntnisse der Verwaltungsratsmitglieder haben sich seit dem Urteil eher noch erhöht (→ § 15 Rn. 123 ff., 136 ff., § 25d Abs. 1 KWG). **13**

Dennoch kann auch der Verwaltungsrat als Ganzes nicht auf jedem Gebiet, auf dem Fragen zur Entscheidung anstehen, über Spezialkenntnisse verfügen. Regelmäßig und unproblematisch können zB herangezogen werden: Rechtsanwälte zu einzelnen Rechtsfragen oder den Aussichten von Rechtsstreiten, Architekten oder Bauingenieure zu Bauprojekten, Sachverständige für Versicherungen, inzwischen auch Sachverständige für die Vergütung von Leitungsorganen, Wirtschaftsprüfer zu Einzelfragen des Jahresabschlusses (aber nicht zur ständigen Beratung bei der Behandlung jedes Jahresabschlusses, da es sich um eine originäre Aufgabe des Organs handelt). Dienstkräfte der Sparkasse mit Spezialkenntnissen können zu den deren Zuständigkeit betreffenden Fragen befragt werden, Revisionsdirektor/innen zu Vorgängen im Hause. Der Verwaltungsrat hat sich zu vergewissern, dass die zu Spezialthemen befragten Auskunftspersonen über die nötige Sachkunde verfügen. Hierzu kann die Berufsträgereigenschaft ein Indiz sein, das aber ggf. auch nicht ausreicht. Beispielsweise kann der Verwaltungsrat nicht ohne weiteres davon ausgehen, dass ein als Generalist tätiger Rechtsanwalt über die erforderlichen Kenntnisse für die Beurteilung komplexer Fragen aus dem KWG verfügt. Hier wird es auch nicht ausreichen, sich auf seine Aussage zu verlassen. Zwar ist er ebenfalls verpflichtet, nur bei Vorhandensein der erforderlichen Kenntnisse zu beraten und macht sich andernfalls schadensersatzpflichtig – dies entbindet jedoch nicht den Verwaltungsrat von seiner Auswahlverantwortung. Zumindest eine Internetrecherche über Tätigkeitsschwerpunkte, einschlägige Fachanwaltschaften oder sonstige Gründe für seine/ihre Eignung dürfte erforderlich sein (*Selter*, Die Beratung des Aufsichtsrats und seiner Mitglieder, Rn. 353). **14**

15 Verfügt der Verwaltungsrat nicht über die erforderlichen Sachkenntnisse in einer Spezialfrage, ist die Hinzuziehung des Sachverstands Dritter ein Gebot der sorgfältigen Amtsausübung und die Unterlassung kann dementsprechend einen Pflichtverstoß darstellen, auch wenn dem Organ ein Beurteilungsspielraum seiner eigenen Sachkenntnis naturgemäß obliegt. Tendenziell nimmt die Zahl der Spezialmaterien zu, die dem Verwaltungsrat zur Kenntnis gebracht werden und faktisch erscheint die Forderung des Gesetzgebers, das Organ sollte alle regelmäßig vorkommenden Geschäftsvorfälle hinreichend selbst beurteilen können, immer schwerer zu erfüllen, auch bei gewissenhaftester Weiterbildung der Organmitglieder. Regelmäßig fallen zB an: Berichte der Pflichtbeauftragten der Sparkasse, die tief in spezielle Rechtsmaterien gehen (zB Geldwäsche einschl. Terrorismusfinanzierung, Sanktionen und Embargen; Wertpapiercompliance, Datenschutz, Datensicherheit, Bericht der Compliancefunktion nach MaRisk, Berichte des Risikocontrollings, deren vertieftes Verständnis erhebliche betriebswirtschaftliche oder finanzmathematische Kenntnisse voraussetzt usw). Bei allen gegebenen Sachkundeanforderungen bleibt zu berücksichtigen, dass die sachkundigen Bürger durch die Vertretung des Trägers gewählt werden, der Pool der hierfür zur Verfügung stehenden in dem jeweiligen Trägergebiete begrenzt ist und auch die Vergütung (→ § 18) es nicht erleichtert, hochqualifizierte Spezialisten für die Mitwirkung zu gewinnen. Diese üben naturgemäß ihre Ämter nicht hauptberuflich aus, was die zur Weiterbildung zur Verfügung stehende Zeit begrenzt, die für eine sinnvolle Weiterbildung erforderlichen Grundkenntnisse sind erheblich. All diese Gründe sprechen dafür, dass die Zahl externer beratender Teilnehmer zu Recht zunehmen wird. Im Zweifelsfall dürfte für den Verwaltungsrat das Risiko einer zu weitgehenden Beteiligung von Beratern geringer sein als das, mangels hinreichender Spezialkenntnisse wesentliche Erwägungen bei einer Entscheidung außer Acht zu lassen. Ein Inkrafttreten des Gesetzentwurfes zur Modernisierung gremienrechtlicher Vorschriften für die Sparkassen vom 23.6.2020 (→ 4) würde diesen Trend weiter verschärfen. Die Öffnung des Vorsitzes für sachkundige Bürger, die der Vertretung des Träger angehören können – aber nicht müssen – (Änderung von § 11) und die Konzentration der Aufgaben des Beanstandungsbeamten auf das vorsitzende Mitglied (Änderung von § 17) zielen deutlich auf Erhöhung der fachlichen Anforderungen. Dies wird in der Gesetzesbegründung (Begründung B. Besonderer Teil I zu Nr. 2 (§ 11)) ausdrücklich hervorgehoben. „An seine (des vorsitzenden Mitglieds) sind daher mindestens gleiche, wenn nicht höhere Anforderungen als an die Sachkunde der anderen Mitglieder des Verwaltungsrats zu stellen. Es liegt im Interesse der Sparkasse und der Aufsicht, eine möglichst erfahrene und sachkundige Kraft als vorsitzendes Mitglied des Verwaltungsrats zu wählen".

16 Einbezogen werden externe Dritte durch den Verwaltungsratsvorsitzenden, der hierbei Einvernehmen mit dem Gremium herstellen wird. Mit hinreichendem Grund kann auch ein einzelnes Mitglied die Hinzuziehung eines Dritten zu einem konkreten Punkt verlangen (entschieden für den Aufsichtsrat einer AG: BGH NJW 1983, 991).

§ 11 Vorsitz im Verwaltungsrat

(1) Die Vertretung des Trägers wählt eines ihrer Mitglieder oder den Hauptverwaltungsbeamten zum vorsitzenden Mitglied des Verwaltungs-

II. Verwaltung der Sparkassen § 11

rates. Bei Zweckverbandssparkassen wählt die Vertretung des Zweckverbandes eines ihrer Mitglieder oder den Hauptverwaltungsbeamten eines Zweckverbandsmitgliedes zum vorsitzenden Mitglied des Verwaltungsrates.

(2) Die Vertretung des Trägers wählt aus den Mitgliedern des Verwaltungsrates einen ersten und einen zweiten Stellvertreter des vorsitzenden Mitgliedes.

(3) An der Sitzung des Verwaltungsrates muss ein Hauptverwaltungsbeamter, im Verhinderungsfall sein Vertreter im Amt, teilnehmen, auch wenn er nicht zum vorsitzenden Mitglied gewählt wurde. Bei Zweckverbandssparkassen werden der Hauptverwaltungsbeamte und sein Stellvertreter von der Vertretung des Zweckverbandes aus dem Kreise der Hauptverwaltungsbeamten der Zweckverbandsmitglieder gewählt. Die teilnehmende Person ist berechtigt und auf Verlangen verpflichtet, ihre Ansicht zu einem Tagesordnungspunkt vor dem Verwaltungsrat darzulegen.

(4) Das vorsitzende Mitglied, die Stellvertreter sowie die teilnehmende Person nach Absatz 3 Satz 2 werden für die Dauer der Wahlzeit der Vertretung des Trägers gewählt.

Literatur: *Ehlers*, Die Anstalt des öffentlichen Rechts als neue Unternehmensform der kommunalen Wirtschaft, ZHR 2003, 167, 546; *Vetter*, Die Vertretung der Sparkasse gegenüber ihren Vorstandsmitgliedern, NJW 2019, 2434

Übersicht

	Rn.		Rn.
I. Einführung	1	5. Stellvertretung des vorsitzenden Mitglieds	9
II. Vorsitz im Verwaltungsrat	2	6. Teilnahmepflicht eines Hauptverwaltungsbeamten an den Verwaltungsratssitzungen	10
1. Passives Wahlrecht	2		
a) Mitglieder der Vertretung des Trägers	3	a) Aufgaben	11
b) Hauptverwaltungsbeamte	4	b) Vertretung	13
2. Wahl des Vorsitzenden	5	7. Wahlzeit	15
3. Stellung des vorsitzenden Mitglieds	6		
4. Vorsitzendes Mitglied des Verwaltungsrates	7		

I. Einführung

Die Norm bestimmt, welcher Personenkreis für das Amt des Verwaltungsratsvorsitzenden wählbar ist (Abs. 1), Anzahl und Wählbarkeit der Stellvertreter (Abs. 2), die Verpflichtung zur Teilnahme eines Hauptverwaltungsbeamten oder seines Vertreters im Amt (Abs. 3), sowie die Amtszeit der Gewählten (Abs. 4). Unter Hauptverwaltungsbeamten im Sinne der Norm ist der (Ober)bürgermeister/Landrat zu verstehen (→ § 10 Rn. 1 f.). Durch § 11 SpkG NRW wird die unmittelbare Bindung der Sparkasse an ihren Träger gestärkt, da die Norm zwingend die Mitgliedschaft des Vorsitzenden in der Vertretung des Trägers vorschreibt (Wählbarkeit für 1 die Vertretung genügt nicht) und die Teilnahme eines Hauptverwaltungsbeamten oder Vertreters in jeder Sitzung des Verwaltungsrats erzwingt. Ggf. fungiert er als Beanstandungsbeamter (§ 17 SpkG NRW) und wacht über die Rechtmäßigkeit des Handelns des Organs.

II. Vorsitz im Verwaltungsrat

1. Passives Wahlrecht

2   Der Kreis der wählbaren Personen wird durch Abs. 1 definiert.

a) Mitglieder der Vertretung des Trägers

3   Wählbar sind zum einen **Mitglieder der Trägervertretung.** Dienstkräfte der Sparkasse, die nach § 10 Abs. 1c oder 2c SpkG NRW Mitglieder des Verwaltungsrates sind, können nicht zum vorsitzenden Mitglied gewählt werden, auch nicht, wenn sie Mitglied der Vertretung des Trägers sind (§ 13 Abs. 1a SpkG NRW). Bei Zweckverbandssparkassen sind Mitglieder der Zweckverbandsversammlung wählbar (Abs. 1 S. 2 SpkG NRW), wieder mit Ausnahme der Dienstkräfte der Sparkasse. Dienstkräfte der verbandsangehörigen Städte und Gemeinden sind allerdings wählbar, wenn sie der Zweckverbandsversammlung angehören.

b) Hauptverwaltungsbeamte

4   Die zweite und in der Praxis verbreitete Möglichkeit ist die Wahl des Hauptverwaltungsbeamten des Trägers, bei Zweckverbandssparkassen die Wahl eines Hauptverwaltungsbeamten eines Zweckverbandsmitglieds zum Vorsitzenden. Die Hauptverwaltungsbeamten der Zweckverbandsmitglieder, die weder zum Vorsitzende noch zum Mitglied des Verwaltungsrates gewählt wurden, nehmen mit beratender Stimme an den Sitzungen des Verwaltungsrats teil (§ 10 Abs. 4 SpkG NRW). Während Mitgliedern der Trägervertretung die Übernahme des Amtes freisteht, ist ein Hauptverwaltungsbeamter kraft seines Hauptamtes dieser verpflichtet (Nebenamt im öffentlichen Dienst nach § 3 Abs. 1 NtV NRW). Problematisch wird dies, wenn der Hauptverwaltungsbeamte ein Amt innehat, das im Konflikt zur Übernahme eines Verwaltungsratsmandats nach § 13 Abs. 1 b) SpkG NRW stehen. Da die kollidierenden Ämter nicht Teil seiner Amtspflichten sind, wird er in diesem Fall verpflichtet sein, sie aufzugeben (so auch *Engau* in: Engau/Dietlein/Josten, Erl. zu § 11 Nr. 2.2).

2. Wahl des vorsitzenden Mitglieds

5   Gewählt werden das vorsitzende Mitglied und seine Stellvertreter nicht durch das Organ selbst, sondern durch die **Vertretung des Trägers,** eine weitere deutliche Abweichung zum Aktienrecht, die eine enge Bindung an den Träger betont. Den Dienstkräften im Verwaltungsrat wird dadurch nicht nur das passive Wahlrecht zum Vorsitzenden entzogen, sondern auch jede Einflussnahme auf dessen Wahl, durchaus im Sinne der vom VerfGH NRW geforderten direkten demokratischen Legitimation durch die Vertretung des Trägers (Urt. v. 15.9.1986, OVGE 39, 292). Die Wahl wird, wenn kein Mitglied der Trägervertretung widerspricht, durch offene Abstimmung, sonst durch Abgabe von Stimmzetteln, vollzogen. Gewählt ist die

II. Verwaltung der Sparkassen   § 11

vorgeschlagene Person, die mehr als die Hälfte der gültigen Stimmen erhalten hat. Nein-Stimmen gelten als gültige Stimmen. Erreicht niemand mehr als die Hälfte der Stimmen, so findet zwischen den Personen, welche die beiden höchsten Stimmenzahlen erreicht haben, eine engere Wahl statt. Gewählt ist, wer in dieser engeren Wahl die meisten Stimmen auf sich vereinigt. Bei Stimmengleichheit entscheidet das Los (gleichlautend nach §§ 50 Abs. 2 GO; 35 Abs. 2 KrO). Die Wahl bedarf der Annahme durch die gewählten Personen, auch soweit eine Pflicht zur Annahme besteht (→ Rn. 4).

3. Stellung des vorsitzenden Mitglieds

Das **vorsitzende Mitglied** spielt im Verwaltungsrat eine zentrale organisatorische Rolle. Es legt die Tagesordnung der Verwaltungsratssitzungen fest (in der Praxis auf Vorschlag oder nach Rücksprache mit dem Vorstand) und lädt zu den Sitzungen ein (zumeist mit Unterstützung des Vorstandssekretariates der Sparkasse) und leitet diese (→ § 16 Rn. 14 ff.). Dies macht ihn zum ersten Ansprechpartner des Vorstands zwischen den Sitzungen. Ohne das vorsitzende Mitglied oder einen Stellvertreter ist der Verwaltungsrat nicht beschlussfähig (→ § 16 Rn. 43 ff.). Zudem hat es als einziges Mitglied des Verwaltungsrats Vertretungsmacht nach außen. Es vertritt die Sparkasse gegenüber den Mitgliedern und stellvertretenden Mitgliedern des Vorstands (→ § 20 Rn. 8 f.), was die Vertretung gegenüber Personen, die künftig als Vorstandsmitglieder in Betracht kommen, einschließt (*Vetter*, NJW 2019, 2434, 2436). Das vorsitzende Mitglied ist Dienstvorgesetzter der Vorstandsmitglieder und Unterzeichner von deren Dienstverträgen (→ § 23 Rn. 14 ff.; vgl. *Ehlers*, ZHR 167, 546, 561). Daher werden Bewerbungen für Stellen im Vorstand auch regelmäßig an das vorsitzende Mitglied des Verwaltungsrats gerichtet. Aufgrund dieser vielfältigen herausgehobenen Verantwortung kann an das vorsitzende Mitglied das Doppelte des Sitzungsgeldes gezahlt werden, das die ordentlichen Mitglieder erhalten (§ 18 S. 2 SpkG NRW mit Verweis auf die Empfehlungen der Sparkassenverbände, → § 18 Rn. 26 f.). Ein stärkeres Stimmrecht als die übrigen Mitglieder des Verwaltungsrates hat der Vorsitzende dagegen nicht, ebenso wenig wie einen Stichentscheid. Eine ausdrückliche gesetzliche Regelung der Sachkundeanforderungen an das vorsitzende Mitglied im Vergleich zu den ordentlichen Mitgliedern existiert nicht (→ § 12 Rn. 1 ff.). Die ordnungsgemäße Ausübung der vielfältigen Aufgaben erfordert aber naturgemäß ein breiteres Spektrum an Kenntnissen (man denke zB nur an die vielfältigen Rechtsfragen der Vorstandsverträge, an die herausgehobene Rolle bei der Rekrutierung geeigneter Vorstandsmitglieder, an die Fragen der hinreichenden Versicherung der Sparkasse gegen doloses oder fahrlässiges Handeln des Vorstands (D&O Versicherung). Angesichts der immer weiter ausdifferenzierten regulatorischen Anforderungen an Sparkasse und Vorstand, die auch ihrem Dienstvorgesetzten in Grundzügen bewusst sein müssen, damit er diese Rolle ausfüllen kann, haben die Anforderungen erhebliche Brisanz (diese wird durch die Auswirkungen der Kommunalrechtsreform von 1994 weiter verschärft (→ § 10 Rn. 11); der gewählte Bürgermeister, der seitdem die Aufgaben des bisherigen Hauptverwaltungsbeamten übernommen hat, muss nicht über die Verwaltungserfahrung eines ehemaligen Stadtdirektors verfügen, wird aber in seinem Amt als vorsitzendes Mitglied mit komplexen verwaltungs(rechtlichen) Aufgaben konfrontiert). Dem vorsitzenden Mitglied wird zumindest in einer frühen

4. Vorsitzendes Mitglied des Verwaltungsrates

7 Der **erste und zweite Stellvertreter** des vorsitzenden Mitglieds werden ebenfalls nach den Grundsätzen des Mehrheitswahlrechts aus der Mitte des Verwaltungsrats gewählt. Das Sparkassengesetz trifft hier eine andere Entscheidung als das Kommunalrecht, nach dem die Vertreter des Bürgermeisters nach Verhältniswahlrecht gewählt werden (§ 67 Abs. 2 S.1 GO NRW), um bei Besetzungen die Stärke der Gruppen im Rat zu berücksichtigen. Diese Berücksichtigung findet im Sparkassengesetz nicht statt, viele Trägervertretungen achten jedoch bei der Wahl auf die Vertretung der relevanten Gruppen. Eine Klage, die mit Verweis auf § 50 Abs. 4 S. 1 NW GO eine Wahl nach den Grundsätzen des Verhältnismäßigkeitswahlrechts erzwingen sollte, scheiterte vor dem OVG Münster (OVG Münster Beschl. v. 22.5.2017 – 15 A 170/16 = BeckRS 2017, 137741). Die Regelung gilt gleichermaßen für Zweckverbandssparkassen. Hauptverwaltungsbeamte von Zweckverbandskommunen, die persönlich nicht dem Verwaltungsrat angehören, sind somit nicht als Stellvertreter des vorsitzenden Mitglieds wählbar. Das Gesetz stellt so sicher, dass nur Personen, die als Mitglieder des Gremiums regelmäßig über dessen Informationen verfügen, die Aufgabe der Stellvertretung des vorsitzenden Mitglieds wahrnehmen, keine von der Verwaltungsratsarbeit eher entfernte Vertreter im Hauptamt. Diese Wertentscheidung des NRW-Gesetzgebers wird nicht von allen Sparkassengesetzen geteilt. Das Hessische Sparkassengesetz sieht beispielsweise in § 5b bei Zweckverbandssparkassen ausdrücklich eine Vertretung durch Hauptverwaltungsbeamte von Trägern vor, die nicht den Vorsitz innehaben. Im aktuellen Gesetzesentwurf (vgl. Entwurf eines Gesetzes zur Modernisierung des Sparkassenrechts und zur Änderung weiterer Gesetze v. 19.3.2024, LT-Drs. NRW 18/2407, S. 4, 10 f.) werden in § 11 Absatz 2 SpkG NRW nF die Wörter *„einen ersten und einen zweiten Stellvertreter"* durch die Wörter *„mindestens eine stellvertretende Person"* ersetzt. Mit dieser Anpassung wird auf den erhöhten Bedarf von Stellvertretungen des vorsitzenden Mitgliedes bei größeren Zweckverbandssparkassen mit im Einzelfall einer Vielzahl von beteiligten Trägerkommunen reagiert. So kann auf die dortigen Gegebenheiten flexibler reagiert und können politische Abstimmungsgespräche bei Sparkassenfusionen mit mehreren Trägerkommunen erleichtert werden.

8 Nicht wählbar sind auch Dienstkräfte der Sparkasse. Dies ergibt sich zwar in NRW nicht unmittelbar aus dem Gesetz, anders als zB in Hessen (§ 5b HessSpkG) oder Baden-Württemberg (§ 14 Abs. 3 S. 2 SpG BW). Die Aufgaben des Vorsitzenden als Vertreter der Sparkasse gegenüber dem Vorstand und als Dienstvorgesetzter der Vorstandsmitglieder verbieten dies jedoch (ein Mitarbeiter, dessen Dienstvorgesetzter in seiner Arbeit für die Sparkasse der Vorstand ist (→ § 23 Abs. 2 S. 2 SpkG NRW) würde bei Wahrnehmung der Aufgaben des vorsitzenden Mitglieds zum Dienstvorgesetzten des Vorstands (→ § 23 Abs. 2 S. 1 SpkG NRW). Dies wäre aufgrund der unterschiedlichen wahrgenommenen Aufgaben zwar theoretisch möglich, verbietet sich jedoch bereits aufgrund der hierdurch zwangsläufig entstehenden Interessenkonflikte (vgl. OVG Münster, OVGE 31, 218)).

II. Verwaltung der Sparkassen   § 11

5. Stellvertretung des vorsitzenden Mitglieds

Die Stellvertretung wird bei **Verhinderung** des vorsitzenden Mitglieds durch 9
den 1. Stellvertreter, bei dessen Verhinderung durch den 2. Stellvertreter ausgeübt.
Die Verhinderung kann aus tatsächlichen Gründen (Krankheit, Urlaub, dringende
berufliche oder persönliche Terminkonflikte) vorliegen, oder aber, weil der Vertretene rechtlich an einer Mitwirkung gehindert ist (insbesondere wegen Befangenheit oder persönlicher Betroffenheit → § 21). Auch bei einer dauerhaften Verhinderung (zB aufgrund des Todes des Vertretenen bis zur Nachwahl) ist die Vertretung zulässig und erforderlich (*Engau* in: Engau/Dietlein/Josten, § 12 Nr. 6). Strittig ist, ob das in Vertretung des vorsitzenden Mitglieds tätige Verwaltungsratsmitglied seinerseits durch die Vertretung des Vorsitzenden in der Wahrnehmung seines Amtes als ordentliches Mitglied verhindert und somit zu vertreten ist. Sachlogisch wird man ein an der Sitzung teilnehmendes Mitglied (wenn auch in anderer Funktion) schwerlich als verhindert bezeichnen können, die entgegengesetzte Auffassung hat aber zur Folge, dass der Verwaltungsrat nicht mit der vollen Zahl seiner Mitglieder tagen kann, obwohl Stellvertreter zur Verfügung stehen. Die Beschlussfähigkeit wäre hiervon nicht berührt (§ 16 Abs. 3 S.1 SpkG NRW). Bis zur zweiten Auflage folgt *Heinevetter* ([2. Aufl.], Erl. 4 zu § 9 aF) der Ansicht, dass eine Vertretung des ordentlichen Mitglieds nicht stattfindet, ebenso wie die Sparkassenaufsicht (*Engau* in: Engau/Dietlein/Josten, § 11 Erl. 3.3). *Engau* selbst beschreibt in der 3. Auflage die Gegenauffassung unter Bezugnahme auf den Kommentar zum Sparkassengesetz BW (*Klüpfel/Gaberdiel/Gnamm/Höppel*, § 14 Anm. II 3), ohne sich selbst eindeutig zu positionieren. Letztlich erscheint die erste Auffassung jedoch aus zwei Gründen überzeugend. Zum einen haben alle anerkannten Verhinderungsgründe, seien sie tatsächlich oder rechtlich, gemeinsam, dass das verhinderte Mitglied nicht an der Sitzung teilnehmen kann. Ein Mitglied, welches das vorsitzende Mitglied vertritt, nimmt an der Sitzung maßgeblich teil. Zum andern zeigt der relativ geringe Anteil anwesender Mitglieder, der zur Herstellung der Beschlussfähigkeit erforderlich ist, dass das Gesetz der Abstimmung mit voller Stimmenzahl keinen entscheidenden Wert zuweist; in einem Gremium, in das für jedes Mitglied ein Stellvertreter gewählt wird (§ 12 Abs. 4 SpkG NRW) sind zur Herstellung der Beschlussfähigkeit lediglich das vorsitzende Mitglied oder ein Vertreter sowie die Hälfte (!) der weiteren Mitglieder erforderlich; die Stimmenmehrheit der anwesenden Mitglieder entscheidet, (§ 16 Abs. 3 S. 1, 2 SpkG NRW). Allerdings wird das Stimmengewicht geringfügig zu Gunsten der Dienstkräfte verschoben, da stets ein Mitglied der Trägerseite das vorsitzende Mitglied vertritt.

6. Teilnahmepflicht eines Hauptverwaltungsbeamten an den Verwaltungsratssitzungen

An den Sitzungen des Verwaltungsrates muss zwingend ein **Hauptverwal-** 10
tungsbeamter (Bürgermeister, Oberbürgermeister bzw. Landrat, → § 10 Rn. 7),
im Verhinderungsfall sein Vertreter im Amt (anders bei Zweckverbandssparkassen, s.u.) teilnehmen, wenn kein Hauptverwaltungsbeamter das Amt des Vorsitzenden innehat oder der vorsitzende Hauptverwaltungsbeamte verhindert ist und der amtierende Stellvertreter selbst kein Hauptverwaltungsbeamter ist (§ 11 Abs. 3).

a) Aufgaben

11 Die Regelung stellt sicher, dass der Sachverstand der kommunalen Verwaltung in den Sitzungen des Verwaltungsrats präsent ist, der nicht rechtskonforme Entscheidungen des Gremiums ggf. beanstanden kann (→ § 17). Diese Aufgabe des Hauptverwaltungsbeamten entspricht derjenigen, die er auch in der Vertretung seiner Kommune ausübt (§ 54 Abs. 2 S. GO NRW, 39 Abs. 2 KrO NRW). Die Vorschrift ist nach der Reform des Kommunalrechts (→ § 10 Rn. 7) erhalten geblieben, obwohl die gewählten Bürgermeister und Landräte zusätzlich die Aufgaben der Hauptverwaltungsbeamten nach früherem Recht übernehmen mussten. Sie ist auf Personen mit erheblichen Verwaltungskenntnissen und Erfahrungen zugeschnitten, die bei Amtsantritt real nicht gegeben sein müssen. Zudem muss der teilnehmende Hauptverwaltungsbeamte entweder über umfassende einschlägige Rechtskenntnisse verfügen oder die Rechtsfragen antizipieren und vorbereiten, die in der Sitzung auftreten können. In der Praxis werden die Fachbereiche der Sparkasse erheblich dazu beitragen können, die Wahrnehmung dieser Aufgabe zu erleichtern, sie können aber nur den Verantwortlichen unterstützen. In Zweifelsfällen kann externer Sachverstand hinzugezogen werden (→ Rn. 6).

12 Die Teilnahme ist nicht Voraussetzung für die Beschlussfähigkeit des Verwaltungsrates, § 16 Abs. 3 S. 1 SpkG NRW ist in soweit eindeutig, auch wenn der Wortlaut von § 11 Abs. 3 SpkG NRW „muss teilnehmen" in eine andere Richtung zu deuten scheint (so auch *Engau* in: Engau/Dietlein/Josten, Erl. § 11 Nr. 4.3). Der Hauptverwaltungsbeamte nach § 11 Abs. 3 SpkG NRW bzw. sein Vertreter muss zur Sitzung eingeladen werden und ihm sind auf Anforderung die Niederschrift und die Vorlagen zur Verfügung zu stellen. Der teilnehmende Hauptverwaltungsbeamte hat weder Antrags- noch Stimmrecht. Er hat allerdings das Recht, sich zu allen Tagesordnungspunkten zu äußern, auch unabhängig von seiner Kernaufgabe, der Prüfung der Rechtmäßigkeit von Beschlüssen und ggf. ihrer Beanstandung.

b) Vertretung

13 Im Verhinderungsfall wird der Hauptverwaltungsbeamte durch einen Vertreter im Amt (nicht notwendigerweise seinen Vertreter Hauptamt) vertreten. Der Gesetzgeber erleichterte hier bewusst die geeignete Vertretung durch eine geeignete Person durch diese Regelung. Anstelle eines allgemeinen Vertreters, der sich möglicherweise nur am Rande mit Finanz- oder Wirtschaftsfragen befasst, sollte auch die Vertretung durch einen anderen fachlich geeigneten Beigeordneten ermöglicht werden (LT-Drs. 11/6047 zu § 9 aF).

14 Bei Zweckverbandssparkassen werden der Hauptverwaltungsbeamte und sein Stellvertreter aus dem Kreise der Hauptverwaltungsbeamten der Zweckverbandsmitglieder gewählt. Eine Teilnahme von Vertretern im Amt ist hier nicht vorgesehen.

7. Wahlzeit

15 **Amtszeit** des vorsitzenden Mitgliedes des Verwaltungsrates und seiner Vertreter ist die Wahlperiode der Vertretung des Trägers (Abs. 4). Eine vorzeitige Abberufung ist nur bei Vorliegen eines wichtigen Grundes möglich und bedarf einer Mehrheit von zwei Dritteln der gesetzlichen oder satzungsmäßigen Zahl der Mitglieder der

II. Verwaltung der Sparkassen **§ 12**

Vertretung des Trägers (§ 8 Abs. 2 Buchst. h SpkG NRW) → § 8 Rn. 25 f.). Der eindeutige Wortlaut lässt keinen Raum für eine kürzere Amtszeit, zB um bei Zweckverbandssparkassen einen Wechsel zwischen den Trägerkommunen während der Amtszeit zu ermöglichen.

§ 12 Mitglieder des Verwaltungsrates

(1) Die Mitglieder des Verwaltungsrates nach § 10 Abs. 1 Buchstabe b und Absatz 2 Buchstabe b werden von der Vertretung des Trägers für die Dauer der Wahlzeit der Vertretung des Trägers nach den Grundsätzen der Verhältniswahl gemäß § 50 Abs. 3 Sätze 1 bis 4 der Gemeindeordnung gewählt; wählbar sind sachkundige Bürger, die der Vertretung des Trägers, bei Zweckverbandssparkassen den Vertretungen der Zweckverbandsmitglieder, angehören können. Die Voraussetzungen für die erforderliche Sachkunde hat der Träger vor der Wahl zu prüfen und sicherzustellen. Sachkunde bedeutet dabei den Nachweis einer fachlichen Eignung zum Verständnis der wirtschaftlichen und rechtlichen Abläufe im Tagesgeschehen einer Sparkasse. Unabhängig von der Regelung in Satz 1 können auch der Hauptverwaltungsbeamte, bei Zweckverbandssparkassen alle Hauptverwaltungsbeamten von der Vertretung des Trägers zu Mitgliedern des Verwaltungsrates gewählt werden. Unabhängig von der Regelung in Satz 1 können auch die Dienstkräfte des Trägers, bei Zweckverbandssparkassen die Dienstkräfte aller im Zweckverband zusammengeschlossenen Gemeinden und Gemeindeverbände, von der Vertretung des Trägers zu Mitgliedern des Verwaltungsrates gewählt werden, sofern die Dienstkräfte ihre Hauptwohnung im Trägergebiet haben.

(2) Die Mitglieder des Verwaltungsrates nach § 10 Abs. 1 Buchstabe c und Absatz 2 Buchstabe c werden nach Maßgabe des Absatzes 1 aus einem Vorschlag der Personalversammlung der Sparkasse gewählt. Der Vorschlag muss mindestens die doppelte Anzahl der zu wählenden ordentlichen und stellvertretenden Mitglieder enthalten.

(3) Bei der Wahl der Mitglieder des Verwaltungsrates sind die grundlegenden Bestimmungen des Landesgleichstellungsgesetzes zu beachten.

(4) Über die Wahl aller Mitglieder des Verwaltungsrates wird in einem Wahlgang abgestimmt. Nach demselben Verfahren ist für jedes Mitglied ein Stellvertreter zu wählen, welcher bei Verhinderung des Mitgliedes dessen Aufgaben wahrnimmt.

(5) Scheidet ein Mitglied vor Ablauf der Wahlzeit aus, so wählt die Vertretung des Trägers auf Vorschlag derjenigen Gruppe, von der die ausgeschiedene Person vorgeschlagen worden ist, einen Nachfolger. Schlägt diese Gruppe den bisherigen Stellvertreter vor, so ist in gleicher Weise ein neuer Stellvertreter zu wählen. Ersatzmitglieder der nach Absatz 2 zu bestimmenden Mitglieder sind aus dem Vorschlag der Personalversammlung zu wählen.

(6) Das Wahlverfahren zur Aufstellung des Vorschlages der Personalversammlung regelt eine Rechtsverordnung der Aufsichtsbehörde, die im

§ 12

Benehmen mit dem Haushalts- und Finanzausschuss sowie dem Ausschuss für Kommunalpolitik zu erlassen ist.

Literatur: *Held/Winkel/Wansleben*, Kommunalverfassungsrecht Nordrhein-Westfalen, 41. Aktualisierung, 2018; *Lang/Balzer*, Handeln auf angemessener Informationsgrundlage – zum Haftungsregime von Vorstand und Aufsichtsrat, WM 2012, 1167; *Rehn/Cronauge/von Lennep/Knirsch*, Gemeindeordnung Nordrhein-Westfalen-Kommentar, 48. Aufl., 2019; *Thiemann*, Rechtsprobleme der Marke Sparkasse, 2008

Übersicht

	Rn.		Rn.
I. Einführung	1	ee) Prüfung der Sachkunde durch den Träger	13
II. Wahl der weiteren sachkundigen Mitglieder des Verwaltungsrats	2	c) Zuverlässigkeit	14
1. Wählbare Personen	2	d) Anzeigepflicht	15
a) Persönliche Voraussetzungen	3	2. Wahlverfahren	16
aa) Hauptverwaltungsbeamte	4	a) Einheitlicher Wahlvorschlag	17
bb) Dienstkräfte des öffentlichen Dienstes	5	b) Wahlverfahren ohne einheitlichen Wahlvorschlag	18
cc) Dienstkräfte eines Trägers	6	III. Wahl der Dienstkräftevertreter	24
b) Fachliche Voraussetzungen (Sachkunde)	8	1. Wahlordnung	24
aa) Anforderungen an die Sachkunde	9	2. Wählbarkeit	25
bb) Gesamtschau der Kenntnisse des Organs	10	3. Fachliche Voraussetzungen (Sachkunde)	26
cc) Kenntnisse einzelner Mitglieder	11	4. Wahlverfahren	28
dd) Mitglieder ohne ausdrückliche Sachkundeanforderung	12	IV. Beachtung des Gleichstellungsgesetzes	32
		V. Stellvertretung	33
		VI. Nachbesetzung des Sitzes bei vorzeitigem Ausscheiden	34

I. Einführung

1 Die Vorschrift regelt in Abs. 1 die Wahl der weiteren sachkundigen Mitglieder des Verwaltungsrates nach § 10 Abs. 1 Buchst. b und Abs. 2 Buchst. b SpkG NRW, den Kreis der wählbaren Personen, ihre Wahlperiode und stellt fachliche Anforderungen für sie auf. Abs. 2 bestimmt die Wahl der Dienstkräfte nach § 10 Abs. 1 Buchst. c und Abs. 2 Buchst. c, Abs. 3 SpkG NRW unterwirft die Wahl aller weiteren Mitglieder des Verwaltungsrates den grundlegenden Bestimmungen des Landesgleichstellungsgesetzes. Abs. 4 legt die Wahl aller Mitglieder in einem Wahlgang und die Wahl eines Stellvertreters für jedes Mitglied fest. Scheidet ein Mitglied vor dem Ende der Wahlzeit aus, so sorgt Abs. 5 dafür, dass der Proporz zwischen der Gruppe, die das ausgeschiedene Mitglied vorgeschlagen hatte und den weiteren Gruppen erhalten bleibt, während Abs. 6 die eine Regelung des Wahlverfahrens zur Aufstellung eines Vorschlages Wahlvorschlages der Personalversammlung enthält für die Wahl zum Verwaltungsrat der Regelung durch eine Rechtsverordnung der Aufsichtsbehörde unterwirft.

II. Verwaltung der Sparkassen **§ 12**

II. Wahl der weiteren sachkundigen Mitglieder des Verwaltungsrates

1. Wählbare Personen

Die weiteren Mitglieder nach § 10 Abs. 1 Buchst. b und § 10 Abs. 2 Buchst. b SpkG NRW müssen das **passive Wahlrecht** zur Vertretung des Trägers besitzen.

2

a) Persönliche Voraussetzungen

Die **Wählbarkeit** richtet sich zunächst nach §§ 7, 12 Kommunalwahlgesetz NRW (KWahlG). Danach ist wählbar, wer am Wahltag Deutscher iSd Art. 116 Abs. 1 GG ist oder die Staatsangehörigkeit eines Mitgliedstaates der Europäischen Gemeinschaft besitzt, das achtzehnte Lebensjahr vollendet hat und mindestens seit drei Monaten vor der Wahl seinen (Haupt)wohnsitz im Wahlgebiet hat, bzw. seinen gewöhnlichen Aufenthaltsort, wenn er keine Wohnung außerhalb des Wahlgebiets hat. Bei Zweckverbandssparkassen genügt das passive Wahlrecht zur Vertretung eines der Träger des Zweckverbandes, auf dessen Kontingent das Verwaltungsratsmitglied angerechnet wird. Daneben darf die Wählbarkeit nicht durch Gerichtsurteil ausgeschlossen sein und kein anderweitiger rechtlicher Grund bestehen, der die Wählbarkeit ausschließt. Dies sind insbesondere die Ausschlussgründe nach § 13 SpkG NRW (→ § 13) sowie § 25d Abs. 1–3 KWG. Bei Instituten, die nicht CRR Institut von erheblicher Bedeutung iSd § 25d KWG sind (die Bilanzsumme von 15 Milliarden Euro wurde im Durchschnitt der letzten drei abgeschlossenen Geschäftsjahre zu den jeweiligen Stichtagen nicht erreicht oder überschritten) sind Personen ausgeschlossen, die im selben Unternehmen Geschäftsleiter sind, Geschäftsleiter waren, wenn bereits zwei ehemalige Geschäftsleiter der Sparkasse dem Verwaltungsrat angehören oder in mehr als fünf Unternehmen, die unter der Aufsicht der BaFin (Bundesanstalt für Finanzdienstleistungsaufsicht) stehen, Mitglied des Verwaltungs- oder Aufsichtsorgans sind, es sei denn diese Unternehmen gehören dem selben institutsbezogenen Unternehmenssicherungssystem an. Soweit es sich um Beamte und Angestellte des öffentlichen Dienstes handelt, muss die eventuell erforderliche Genehmigung des Dienstherrn erteilt sein. Hauptverwaltungsbeamte und Dienstkräfte des Trägers, bei Zweckverbandssparkassen aller im Zweckverband zusammengeschlossenen Träger sind nicht nach § 12 Abs. 1 S. 1 SpkG NRW wählbar und waren dies auch für lange Zeit überhaupt nicht. Inzwischen ist ihre Wählbarkeit allerdings ausdrücklich nach Abs. 1 S. 4 (Hauptverwaltungsbeamte, seit 2008) und S. 5 (Dienstkräfte, seit 2013) hinzugefügt worden. Die Regelung in § 12 Abs. 1 S. 4 und S. 5 SpkG NRW geht der Ausschlussregelung nach § 13 Abs. 1 S. 1 Buchst. a KWahlG NRW vor, die in soweit auf die genannten Personen keine Wirkung entfaltet. Ansonsten gelten aber die dort genannten Ausschlüsse.

3

aa) Hauptverwaltungsbeamte sind somit nicht nur als vorsitzendes, sondern auch als stellvertretendes vorsitzendes oder ordentliches Mitglied des Verwaltungsrates wählbar. Ihre Wahl ist aber nicht nach § 113 Abs. 2 GO NRW bzw. nach § 53 Abs. 1 KrO rechtlich erforderlich. Zwar ist grundsätzlich der Hauptverwaltungsbeamte als Mitglied in Organe und Gremien zu wählen, an denen die Kommune bzw. der Kreis beteiligt ist, wenn mehr als ein Vertreter der Kommune oder des Kreises dem Gremium angehört. Nach § 107 Abs. 7 GO richtet sich das Sparkas-

4

senwesen nach den dafür erlassenen besonderen Vorschriften und § 12 SpkG NRW sieht keine zwingende Wahl eines Hauptverwaltungsbeamten vor (allerdings die Teilnahme an den Sitzungen des Verwaltungsrats, (s. § 11 Abs. 3 SpkG NRW). Wenn ein Hauptverwaltungsbeamter als ordentliches Mitglied nach § 10 Abs. 1 Buchst. b, bzw. Abs. 2 Buchst. b SpkG NRW (Sparkasse mit 250 und mehr ständig Beschäftigten) gewählt wurde, ist er dem Kontingent zuzurechnen, aus dem der Wahlvorschlag eingebracht wurde. Eine gesonderte Wahl ist nur bei der Wahl zum Vorsitzenden nach § 11 Abs. 1 SpkG NRW möglich.

5   **bb) Dienstkräfte des öffentlichen Dienstes.** Nach § 13 KWahlG NRW sind **Dienstkräfte** im öffentlichen Dienst wegen möglicher Interessenkollisionen von der Wahl ausgeschlossen, soweit sie nicht überwiegend körperliche Arbeit verrichten oder sonst die Verwaltungsführung ihres Dienstherrn oder Arbeitgebers inhaltlich nicht beeinflussen können, wenn sie im Dienst des Landes stehen und in einer staatlichen Behörde unmittelbar mit der Ausübung der allgemeinen Aufsicht oder der Sonderaufsicht über Gemeinden und Gemeindeverbände befasst sind (§ 13 Abs. 1 Buchst. b) KWahlG. Stehen sie im Dienste des Landes und werden sie in einer Kreispolizeibehörde beschäftigt, so können sie nicht der Vertretung des Kreises angehören, bei dem die Kreispolizeibehörde gebildet ist (§ 13 Abs. 1 Buchst. c) KWahlG. Stehen sie im Dienst eines Kreises und sind sie bei dem Landrat als untere staatliche Verwaltungsbehörde unmittelbar mit der Ausübung der allgemeinen Aufsicht oder der Sonderaufsicht über kreisangehörige Gemeinden befasst, können sie nicht der Vertretung einer kreisangehörigen Gemeinde angehören (§ 13 Abs. 1 Buchst. d) KWahlG. Stehen sie im Dienste einer Gemeinde, so können sie nicht Mitglied der Vertretung des Kreises sein, dem die Gemeinde angehört, es sei denn, dass sie bei einer öffentlichen Einrichtung (§ 107 Abs. 2 der Gemeindeordnung) oder einem Eigenbetrieb der Gemeinde beschäftigt sind (§ 13 Abs. 1 Buchst. e KWahlG).

6   **cc) Dienstkräfte eines Trägers.** Dienstkräfte des Trägers bzw. der Träger eines Zweckverbandes im Falle von Zweckverbandssparkassen sind nach § 12 Abs. 1 S. 5 SpkG NRW wählbar, wenn sie ihren Hauptwohnsitz im Trägergebiet haben. Satz 5 wurde bei der Novelle des Sparkassengesetzes 2013 ausdrücklich hinzugefügt, um den Kreis geeigneter Mitglieder des Verwaltungsrates angesichts stetig steigender Anforderungen um diese besonders qualifizierten Dienstkräfte des Trägers zu erweitern. Beispielhaft genannt wurden in der Beschlussempfehlung der Landesregierung Stadtdirektor, Kämmerer, Leiter Beteiligungsmanagement oder Steuern (LT-Drs. 16/3462, 17). Durch die Verknüpfung werde ein enger Bezug hergestellt und diese Personen seien bislang ohne zwingenden Grund ausgeschlossen worden. Diese Schlussfolgerung erscheint überzeugend, nimmt aber keinen Bezug auf den durch diese Option möglicherweise entstehenden Interessenkonflikt. Alle beispielhaft genannten Personen haben in ihrem Hauptamt die Aufgabe, die wirtschaftlichen oder fiskalischen Interessen der Kommune zu fördern, in Bezug auf die Sparkasse, deren Verwaltungsrat sie angehören, zB die Höhe der Ausschüttungen an den Träger, Spenden an kommunalnahe soziale- oder kulturelle Organisationen oder ihre sonstigen wirtschaftsfördernden Leistungen zu maximieren. Dies kann in Konflikt mit der Aufgabe der Mitglieder des Verwaltungsrates nach § 15 Abs. 6 SpkG NRW (→ § 15 Rn. 119 ff.) geraten, sich nur von der Rücksicht auf das öffentliche Wohl und die

II. Verwaltung der Sparkassen   § 12

Aufgaben der Sparkasse leiten zu lassen (*Schlierbach/Püttner*, S. 78 f.; vgl. auch *Thiemann*, Rechtsprobleme Marke Sparkasse, S. 16 f.). Sowie demnach § 15 Abs. 6 SpkG NRW (→ § 15 Rn. 119 ff.) bestehenden öffentlich-rechtliche Pflicht- und Treueverhältnis, in dem die Verwaltungsratsmitglieder zur Sparkasse stehen. Fördermaßnahmen und Spenden und gehören durchaus zur Erfüllung des öffentlichen Auftrags der Sparkassen (§ 2 Abs. 3 S. 1 SpkG NRW), Kollisionen mit der dort ebenfalls geforderten Geschäftsführung nach kaufmännischen Grundsätzen sind jedoch nicht auszuschließen. Zudem sind die kommunalen Dienstkräfte in ihrem Hauptamt dem Hauptverwaltungsbeamten gegenüber weisungsgebunden. Da die Zahl der Dienstkräfte des Trägers im Verwaltungsrat nach § 12 Abs. 1 SpkG NRW nicht beschränkt ist, könnte theoretisch sogar die Mehrheit des Verwaltungsrates aus dem Hauptverwaltungsbeamten und (im Hauptamt) ihm gegenüber weisungsgebundenen Dienstkräften des Trägers bestehen. In der Praxis mag die Wahl durch die Vertretung des Trägers dies verhindern. Der Gesetzgeber hat dieses Risikopotential akzeptiert und sich auf den Schutz der Weisungsfreiheit der Verwaltungsratsmitglieder nach § 15 Abs. 6 S. 2 SpkG NRW verlassen. Dies ist insofern nicht systemwidrig, als auch die Dienstkräfte im Verwaltungsrat in ihrer beruflichen Tätigkeit dem Vorstand der Sparkasse unterstellt sind und dennoch im Verwaltungsrat die Aufgabe haben, diesen zu beraten und zu überwachen. § 12 Abs. 1 S. 5 SpkG NRW erlaubt die Wahl von Dienstkräften des Trägers „unabhängig von der Regelung in Satz 1", in der auch die Sachkunde gefordert wird. Dies sollte aber erkennbar die Dienstkräfte des Trägers nicht von der Sachkundeanforderung ausnehmen. Die oben beschriebene Begründung der Einbeziehung der Dienstkräfte des Trägers (LT-Drs. 16/3462 S. 17), nämlich gerade die Sachkunde der beispielhaft genannten Dienstkräfte, spricht eindeutig gegen eine solche Absicht des Gesetzgebers (*Engau* in: Engau/Dietlein/Josten, Erl. § 12 3.4). Sie würde auch völlig der Intention des § 25d Abs. 1 KWG entgegenstehen. Ausgenommen werden sollten sie ersichtlich nur von der Voraussetzung des passiven Wahlrechts für die Vertretung des Trägers.

Die Wahl einer Dienstkraft des Trägers zum Vorsitzenden des Verwaltungsrates ist nur bei Zweckverbandssparkassen möglich, da ansonsten die Voraussetzungen nach § 11 Abs. 1 S. 1 SpkG NRW (Mitgliedschaft in der Vertretung des Trägers oder Stellung als HVB) nicht vorliegen können (→ § 11 Rn. 3). **7**

b) Fachliche Voraussetzungen (Sachkunde)

Die nach § 12 Abs. 1 S. 1 SpkG NRW geforderte **Sachkunde** wird durch Satz 3 dahingehend definiert, dass nachweislich fachliche Eignung zum Verständnis der wirtschaftlichen und rechtlichen Abläufe im Tagesgeschäft einer Sparkasse besteht. Da die stellvertretenden Mitglieder des Verwaltungsrats im Verhinderungsfall die Aufgaben des vertretenen Mitglieds wahrzunehmen haben (§ 12 Abs. 4 S. 2 SpkG NRW), müssen diese Anforderungen in gleichem Maße für sie gelten. Mit der Novelle des Sparkassengesetzes 2008 wurden die Sätze 2 und 3 in das Sparkassengesetz aufgenommen, nach denen der Träger die Voraussetzungen der Sachkunde vor der Wahl zu prüfen und sicherzustellen hat, begründet mit der hohen Verantwortung für die Belange der Sparkasse und der Erforderlichkeit einer Sachkunde, die es ermöglicht, dieser Verantwortung gerecht zu werden (LT-Drs. 14/7844). **8**

9 aa) **Anforderungen an die Sachkunde.** Zum Zeitpunkt der Reform stellten die Finanzkrise von 2008 und die fortschreitende Regulierung bereits deutlich gewachsene Anforderungen an das Verständnis der wirtschaftlichen und rechtlichen Abläufe des Tagesgeschäfts. Heute kommen mehrere sehr komplexe Themenfelder hinzu: Zu der immer stärker ausdifferenzierten Risikosteuerung, Regelungen zur Vermeidung von Geldwäsche und Terrorismusfinanzierung, Wertpapiercompliance, der neuen (Verbraucher)rechtscompliance nach MaRisk AT 4.4.2 und eines stark angewachsenen Systems von Embargen und Sanktionen, die wesentlichen Einfluss auf das Auslandsgeschäft der Sparkassen und seine rechtliche Bewältigung haben, ist dies besonders die langanhaltende Nullzinsphase- (oder Minus- (!))zinsphase, die bei Redaktionsschluss dieses Kommentars (12/23) zunächst durch schnell steigende Zinsen und dann durch eine Phase großer Unsicherheit abgelöst worden war. Erstmalig wurde durch sie das gesamte bisherige Geschäftsmodell der Sparkassen – das Zinsergebnis war fast durchweg wichtigste Ertragsquelle – in Frage gestellt. Hierauf müssen die Geschäftsleiter neue Antworten mit tiefen Eingriffen, auch in das bisherige Tagesgeschäft, finden und somit die Verwaltungsräte in der Lage sein, diese zumindest grundsätzlich zu verstehen und zu kontrollieren um auch in diesem Umfeld die Aufgaben eines sorgfältigen Überwachers und Beraters des Vorstands zu erfüllen. Insofern erscheint es fraglich, ob der bisherige Kenntniskatalog, bestehend aus Verständnis für bankwirtschaftliche Zusammenhänge, Überblick über Sparkassengeschäfte und die ihnen innewohnenden Risiken, Grundkenntnisse des Sparkassen- und Bankaufsichtsrechts, allgemeine Vorstellung von Organisationsaufbau und -ablauf, Personalstruktur der Sparkasse, Grundwissen der Rechnungslegung und Bilanzkunde (*Schlierbach/Püttner*, S. 180 ff.; *Lang/Balzer,* WM 2012, 1167, 1172; *Engau* in: Engau/Dietlein/Josten, Erl. § 12 Nr. 3.5), der bereits anspruchsvoll ist, überhaupt noch ausreicht, bzw. die einzelnen Punkte erheblich komplexer und brisanter geworden sind.

9a Ein wirtschaftliches und ein rechtliches Beispiel aus dem Kerngeschäft der Sparkassen mögen dies verdeutlichen: Bereits in einem normalen Zinsumfeld besteht ein für eine Sparkasse nicht vermeidbares Risiko daraus, dass ihr Mittel kurzfristig zur Verfügung stehen (zB Spareinlagen mit gesetzlicher Kündigungsfrist) und sie in erheblichem Umfang Kredite mit langfristiger Zinsbindung (zB Baufinanzierungen mit Festzins für 15 Jahre) herauslegt. Neben allen Maßnahmen der Risikosteuerung waren hier aber stets der hohe Zinsabstand und die erfahrungsgemäße starke Sparneigung in Deutschland wichtige Risikodämpfer. Der Zinsabstand ist mit dem allgemeinen (bzw. politisch gesteuerten) Verfall der Zinsen immer kleiner geworden, die Sparbücher wurden für die Anleger aus dem gleichen Grund immer uninteressanter, ebenso wie alle anderen verzinslichen Geldanlagen. Ein massives Abschmelzen dieser Anlagen wird immer wahrscheinlicher. Gleichzeitig steigt das Zinsschockrisiko im Baufinanzierungsgeschäft. Die auch auf Grund der extrem niedrigen Zinsen stark gestiegenen Immobilienpreise führen zu einer hohen Kreditbelastung von Immobilienkäufern, die in sehr vielen Fällen nicht mehr in der Lage sein würden, nach Auslauf der Festzinsphase stark gestiegene Zinsen zu tragen. Die Sparkassen könnten sich einer Welle von Kreditausfällen und Zwangsversteigerungen aufgrund gestiegener Zinsen gegenübersehen, deren Einfluss auf die Immobilienpreise zusätzlich ihre Grundschulden an diesen entwertet. Sicherungsgeschäfte auf dem Kapitalmarkt dürften daher eine wachsende Bedeutung gewinnen. Rechtlich laufen beispielsweise die Sanktionsregime der Europäischen Union und den

USA inzwischen teilweise konträr, insbesondere was den Iran und die Nachfolgestaaten der ehemaligen Sowjetunion betrifft. Während das OFAC (office of foreign asset control, dem Finanzministerium der USA unterstellt) für massive Sanktionen weltweite Geltung beansprucht und US-Unternehmen zunehmend an Geschäften auch mit Sparkassen hindert, die diese nicht erfüllen, bleiben die Geschäfte nach Deutschem und EU-Recht in erheblichem Maße zulässig und für viele Sparkassen relevant. Durch den weitgehenden Rückzug großer Geschäftsbanken aus diesen Geschäften auf Grund derer US-Geschäftstätigkeit drängen besonders seit 2019 immer mehr Kunden mit Irangeschäft zu den Sparkassen, für die dieses Geschäft auch im Hinblick auf die hierbei erzielbaren Entgelte reizvoll ist. Hier den richtigen Kurs zu finden verlangt komplexe Risikoabwägungen.

§ 25d Abs. 1 KWG bestimmt in ähnlicher Weise für die Mitglieder des Aufsichtsorgans eines Kreditinstitutes, dass diese die zur Wahrnehmung der Kontrollfunktion sowie zur Beurteilung und Überwachung der Geschäfte, die das Kreditinstitut betreibt, erforderliche Sachkunde besitzen müssen. Kenntnisse, die die Beurteilung jeder hier betroffenen Maßnahme der Geschäftsleitung durch jedes Verwaltungsratsmitglied ermöglichen, können hier schon rein tatsächlich nicht gefordert sein (soweit sie überhaupt bei einer einzelnen Person existieren, bedenkt man die Vielfalt der Themen). **9b**

bb) Gesamtschau der Kenntnisse des Organs. § 25d Abs. 2 KWG stellt **10** ausdrücklich auf die **Befähigung des Organs** in seiner Gesamtheit zur Erfüllung der Aufgaben ab, erlaubt also auch eine gewisse Kenntnis- und Arbeitsteilung. Die bei verschiedenen Verwaltungsratsmitgliedern vorhandenen Kenntnisse sollen sich hierbei sinnvoll ergänzen (*Völter*, 2014, S. 47 f.). Auch die Begründung des Bundesrates zu § 25d AktG (BT-Drs. 110/12, S. 142) stellt mit ausdrücklicher Bezugnahme auf die Verwaltungsräte von Sparkassen auf eine Zusammenschau der Kenntnisse aller Mitglieder des Organs ab.

cc) Kenntnisse einzelner Mitglieder. Bei der Begründung zu § 25d KWG **11** hat der Gesetzgeber ausdrücklich auf § 12 SpkG NRW Bezug genommen (BT-Drs. 16/13684, S. 40 f.). Hier werden beispielhaft auch **Personen** genannt, die aus Sicht des Gesetzgebers die Sachkundeanforderungen erfüllen können: Personen, die über Erfahrungen der Rechnungslegung oder Abschlussprüfung verfügen, die ein Kreditinstitut oder ein Unternehmen der Finanzdienstleistungsbranche geleitet haben, an herausgehobener Stelle in einem solchen Institut oder Unternehmen tätig waren, über berufliche Erfahrungen aus einer Tätigkeit in einer anderen Branche verfügen, über berufliche Erfahrungen im Bereich der öffentlichen Verwaltung verfügen, sich durch berufsbezogene Weiterbildung die erforderlichen Kenntnisse angeeignet haben oder bereit sind sich die erforderlichen Kenntnisse anzueignen. Liegt nur Letzteres vor, wird allerdings die Prüfung der erforderlichen Sachkunde durch den Träger vor der Wahl erheblich erschwert. Dennoch lässt das Sparkassenrecht die Wahl von Personen, bei denen die Sachkundeanforderungen zum Zeitpunkt der Wahl (noch) nicht erfüllt sind, zu, wenn das Mitglied bereit und in der Lage ist, sich die noch erforderlichen Kenntnisse durch Weiterbildung unverzüglich anzueignen (BT-Drs. 16/13684, S. 29 zu § 36 Abs. 3 KWG aF; *Engau* in: Engau/Dietlein/Josten, Erl. § 12 Nr. 3.5). Dass das Gesetz ohnehin von der Erforderlichkeit einer Weiterentwicklung und Aktualisierung der Kenntnisse ausgeht, ist auch an der Weiterbildungspflicht nach § 15 Abs. 7 SpkG NRW erkennbar. Die Weiterbildung selbst kann durch die bei den Sparkassen- und Giroverbänden gebildeten Akademien geleistet werden. Auch viele Sparkassen bieten Weiterbildungsveranstaltungen für ihre Verwaltungsräte an, die allerdings oft auf die Aktualisierung und Vertiefung der Kenntnisse des Gesamtgremiums zielen und weniger auf den Aufbau der grundlegenden Sachkenntnisse für Neumitglieder. Die Höhe der Anforderungen schwankt nach der Komplexität des von der jeweiligen Sparkasse betriebenen Geschäfts. Sie sind bei Instituten, die nahezu ausschließlich mit Privatkunden und mittelständischen Unternehmen Kreditgeschäft betreiben, geringer als bei einer internationalen Geschäftsbank (*Engau* in: Engau/Dietlein/Josten, Erl. § 12 Nr. 3.5). Vergegenwärtigt man sich aber das erste der oben unter Fußnote 1 genannten Beispiele (Verfall der Zinserträge, Bestehen des Institutes im Nullzinsumfeld), dürften Institute mit sehr geringer Komplexität des Geschäfts seltener werden. Es wird allerdings (im Gegensatz zu den Anforderungen an Geschäftsleiter) kein Expertenwissen verlangt, sondern entsprechend der Rechtsprechung des BGH zu Aufsichtsratsmitgliedern diejenigen Mindestkenntnisse und Fähigkeiten, die ein Verständnis und eine sachgerechte Beurteilung der normalerweise anfallenden Geschäftsvorgänge auch ohne fremde Hilfe ermöglichen (BGH II ZR 27/82 v. 15.11.1982; *Mertens* in: Kölner Kommentar zum AktG, § 111 Anm. 25).

12 **dd) Mitglieder ohne ausdrückliche Sachkundeanforderung.** Neben den oben unter 1 Buchst. a cc beschriebenen Dienstkräften des Trägers ist die Erforderlichkeit der Sachkunde auch für Hauptverwaltungsbeamte nicht ausdrücklich erwähnt, aber selbstverständlich zur Wahrnehmung ihrer Aufgaben im Verwaltungsrat erforderlich. Dies wird durch das Merkblatt der BaFin zur Kontrolle der Mitglieder von Verwaltungs- und Aufsichtsorganen gem. KWG und VAG (BA 53-FR 1903-2012/0003) noch einmal klargestellt. Die erforderliche Sachkunde ergibt sich hier aus den Aufgaben im Hauptamt (vgl. § 11 Abs. 2 Nr. 3 SpkG NRW).

13 **ee) Prüfung der Sachkunde durch den Träger.** Die **Prüfung der** Sachkunde vor der Wahl ist Aufgabe des Trägers (§ 12 Abs. 1 S. 2 SpkG NRW) unter der Rechtsaufsicht des Hauptverwaltungsbeamten (§ 54 Abs. 2 GO, § 39 Abs. 2 KrO, § 8 Abs. 1 GKG), den Nachweis haben die potentiellen Kandidaten zu erbringen (Gesetzesbegründung zu § 12 Abs. 1 S. 2,3 LT-Drs. 14/7844). Angesichts der Breite der erforderlichen (Mindest-)kenntnisse und der unbestimmten Rechtsbegriffe ist ein einheitlicher Standard nicht möglich und die Prüfung stößt an natürliche Grenzen. Dies gilt insbesondere für Kandidaten, die über die erforderliche Sachkunde noch nicht verfügen, sondern sich diese unverzüglich nach der Wahl aneignen müssen (→ Rn. 11). Die Prüfung vor der Wahl wird sich dann auf die zu erwartenden Befähigung (zB aufgrund des grundsätzlichen Bildungsstandes), der für das Amt zur Verfügung stehenden Zeit des potentiellen Mitglieds und der Bereitschaft zur Weiterbildung richten. Aufgrund der eingeschränkten Prüfungsmöglichkeiten müssen sich alle Beteiligten (entsendende Gruppen in der Trägervertretung, HVB und die Kandidaten selbst) bewusst sein und ihr Verhalten daran ausrichten, dass mangelnde Sachkenntnis im Verwaltungsrat wegen der damit verbundenen Einschränkung der Kontrolle ein Risiko für die Sparkasse darstellen würde. Ein persönliches Haftungsrisiko für Vorgänge, die außerhalb ihres fachlichen Horizontes liegen, kann auch nicht im Interesse der Mitglieder des Verwaltungsrates liegen.

c) Zuverlässigkeit

Im Sparkassengesetz ungeschriebene Voraussetzung für Mitgliedschaft im Verwaltungsrat ist die **Zuverlässigkeit** des Mitglieds. § 13 Abs. 2 SpkG NRW schließt allerdings ausdrücklich Personen aus, gegen die wegen eines Verbrechens oder Vergehens ein Strafverfahren anhängig oder eine Strafe verhängt worden ist oder die als Schuldner in den letzten 10 Jahren in ein Insolvenzverfahren oder ein Verfahren zur Abgabe einer eidesstattlichen Versicherung verwickelt waren oder sind, was deutlich in die Richtung weist, dass auch das Sparkassengesetz selbst Zuverlässigkeitsanforderungen an die Mitglieder des Verwaltungsrates stellt. Ausdrücklich genannt wird die Zuverlässigkeitsanforderung an Mitglieder von Aufsichtsgremien von Kreditinstituten in § 25d Abs. 1 S. 1 KWG an erster Stelle. An ihr fehlt es, wenn persönliche Umstände nach der allgemeinen Lebenserfahrung die Annahme rechtfertigen, dass die sorgfältige und ordnungsgemäße Wahrnehmung der Kontrollmandate beeinträchtigt sein können (Merkblatt der BaFin zur Kontrolle von Mitgliedern von Verwaltungs- und Aufsichtsorganen (BA 53-FR 1903-2012/0003). Neben persönlichen Umständen, die zu einer negativen Prognose der ordnungsgemäßen Wahrnehmung des Mandats führen, spielt auch die Verfügbarkeit der für die Amtsführung erforderlichen Zeit eine wesentliche Rolle. Ausführlich werden in § 25d KWG Abs. 3 und Abs. 3a Höchstgrenzen für Mandate aufgestellt, wobei der Umfang der Ausnahmen und der teilweise gewährte Bestandsschutz verwundern, bedenkt man, dass es ein wesentliches Ziel der Norm ist, hinreichende Zeit für die Ausübung der Ämter zu gewährleisten. Auf eine ausführliche Darstellung der sehr ausdifferenzierten Norm sei im Rahmen eines Kommentars zum Sparkassengesetz verzichtet und auf die Kommentarliteratur zum KWG verwiesen, die wesentlichen Ausschlüsse und Grenzen sollen jedoch genannt werden. Ausgeschlossen sind auch bei Instituten, deren Bilanzsumme im Durchschnitt der letzten 3 abgeschlossenen Geschäftsjahre 15 Milliarden € nicht erreicht hat, (nicht CRR Institute) Personen, die im selben Unternehmen Geschäftsleiter sind, im Institut Geschäftsleiter waren, wenn bereits 2 ehemalige Geschäftsleiter Mitglied des Verwaltungsorgans sind und Personen, die in mehr als 5 Unternehmen, die unter der Aufsicht der BaFin stehen, Mitglied des Aufsichts- oder Verwaltungsrates sind, es sei denn, diese Personen gehörten demselben Institutssicherungssystem an. Nicht berücksichtigt werden ferner Mandate bei Organisationen und Unternehmen, die nicht überwiegend gewerbliche Ziele verfolgen, insbesondere Unternehmen die der kommunalen Daseinsvorsorge dienen (§ 25 d Abs. 3 Nr. 3 S. 2 KWG), Mandate als Vertreter des Bundes oder der Länder werden so wenig berücksichtigt wie Mandate von Hauptverwaltungsbeamten, die Kraft kommunaler Satzung zur Wahrnehmung des Mandats in einem kommunalen Unternehmen oder Zweckverband verpflichtet sind. Weitere Ausnahmen kann die BaFin genehmigen (S. 3). Im Fall von CRR-Instituten (Durchschnittliche Bilanzsumme der letzten 3 Jahre liegt über 15 Milliarden €, sowie die in § 25d Abs. 3 S. 4 Nr. 1–3 KWG genannten) tritt die Unvereinbarkeit schon bei mehr als 4 Mandaten ein. Mitgliedschaft in Ausschüssen des Verwaltungsrates zählt ebenfalls nicht als weiteres Mandat (*Engau* in: Engau/Dietlein/Josten, Erl. § 12 Nr. 3.6).

14

d) Anzeigepflicht

Erstmalig bestellte Verwaltungsratsmitglieder sind nach § 24 Abs. 1 Nr. 15 KWG der BaFin unter Angabe der Tatsachen, die zur Beurteilung ihrer Zuverläs-

15

sigkeit, Sachkunde und ihrer ausreichenden zeitlichen Verfügbarkeit für die Wahrnehmung ihrer Aufgaben anzuzeigen. Insbesondere sind also auch Mandate mitzuteilen, die auf die Höchstgrenze der Aufsichtsmandate angerechnet werden. Ergibt sich aus der Prüfung der Anzeige, dass eine der Voraussetzungen für die Übernahme des Amtes nicht vorliegt, so kann die BaFin nach § 36 Abs. 3 S. 1 KWG die Abberufung der Person verlangen. Da die Sparkasse aufgrund ihrer Rechtsform der Rechtsaufsicht des Finanzministeriums NRW unterliegt, kann das Verlangen erst nach Anhörung dessen erfolgen (§ 36 Abs. 3 S. 2 KWG). Da es sich bei dem Abberufungsverlangen um einen Verwaltungsakt handelt, ist hiergegen der Verwaltungsrechtsweg eröffnet (*Völter*, 2014, S. 52 f.) und das Verlangen wird erst nach Ausschöpfung der Rechtsmittel bestandskräftig.

2. Wahlverfahren

16   Das **Wahlverfahren** richtet sich gem. § 12 Abs. 1 S. 1 SpkG NRW nach § 50 Abs. 3 Sätze 1–4 GO NRW. Zu einer Abstimmung nach Verhältniswahlrecht kommt es nur, wenn kein einheitlicher Wahlvorschlag zustande kommt.

a) Einheitlicher Wahlvorschlag

17   Auf Grund der Zusammensetzung der Vertretung des Trägers lassen sich regelmäßig Stimmenverhältnisse rechnerisch ermitteln. Daher ist es üblich, dass die Fraktionen die Personen für die von ihnen zu besetzenden Stellen benennen und diese Vorschläge zu einem einheitlichen Wahlvorschlag zusammengefasst werden (*Engau* in: Engau/Dietlein/Josten, Erl. § 12 Nr. 2.2). Wird der einheitliche Wahlvorschlag einstimmig beschlossen, entfällt die Verhältniswahl, wobei die Einstimmigkeit bei den abgegebenen gültigen Stimmen ausreicht. Da ungültige Stimmen und Enthaltungen Nach § 50 Abs. 5 GO NRW zwar zur Ermittlung der Beschlussfähigkeit nicht aber zur Berechnung der Mehrheit mitzählen, hindern sie die Einstimmigkeit nicht. Einheitliche Beschlussvorschläge sind auch bei der Bildung von Zweckverbandssparkassen durchaus üblich. Die künftigen Zweckverbandsmitglieder können bereits im öffentlich-rechtlichen Vertrag nach § 27 Abs. 3 S. 1 SpkG NRW vereinbaren, dass die Vertreter in der Zweckverbandsversammlung verpflichtet werden, die von der Vertretung des jeweiligen Zweckverbandsmitglieds benannten künftigen Verwaltungsratsmitglieder in einem einheitlichen Wahlvorschlag zu benennen und für sie zu stimmen. Die gesetzliche Unabhängigkeit von Weisungen für Verwaltungsratsmitglieder (§ 15 Abs. 6 SpkG NRW) gilt für die Mitglieder der Zweckverbandsversammlung nicht – diese sind nach § 113 Abs. 1 S. 2 GO an Weisungen des entsendenden Trägers gebunden. Die Bindung gilt allerdings nur im Verhältnis zwischen Zweckverbandsvertreter und Träger, eine Stimme entgegen der Weisung ist wirksam (*Engau* in: Engau/Dietlein/Josten, Erl. § 12 Nr. 2.3). Anderes gilt allerdings, wenn zB die regionale Verteilung der Verwaltungsratssitze bereits in der Satzung des Zweckverbands festgelegt ist. Eine Wahl unter Verstoß gegen die Satzung ist rechtswidrig und dementsprechend nach § 54 Abs. 2 GO NRW zu beanstanden, der nach § 8 Abs. 1 des Gesetzes über die kommunale Gemeinschaftsarbeit (GkG) NRW auf den Zweckverband Anwendung findet.

b) Wahlverfahren ohne einheitlichen Wahlvorschlag

18   Kommt **kein einheitlicher Wahlvorschlag** zustande, werden die weiteren Mitglieder des Verwaltungsrates nach § 10 Abs. 1 Buchst. b und Abs. 2 Buchst. b SpkG

II. Verwaltung der Sparkassen § 12

NRW, deren Stellvertreter (Abs. 4) und nach § 12 Abs. 2 die Dienstkräfte nach § 10 Abs. 1 Buchst. c und § 10 Abs. 2 Buchst. c SpkG NRW von der Vertretung des Trägers nach dem Verhältniswahlverfahren gewählt. Das mit Wirkung vom 21.10.2009 geänderte Wahlverfahren in § 50 Abs. 3 GO ist im Wortlaut des § 12 Abs. 1 SpkG NRW noch nicht nachvollzogen. Er verweist auf die Sätze 1–4 der Vorschrift, die nunmehr aus 6 Sätzen besteht. Da der Verweis ursprünglich auf ein anderes Wahlverfahren (d´Hondt) zielte und die Sätze 1–4 des geänderten Verfahrens ohne die beiden weiteren nicht sinnvoll anzuwenden sind (es gäbe keine Lösung für Ergebnisse mit gleichen Zahlenbruchteilen) ist der Verweis in § 12 Abs. 1 SpkG NRW als Verweis auf das gesamte Wahlverfahren nach Hare/Niemeyer in § 50 Abs. 3 GO NRW zu lesen. (so auch *Engau* in: Engau/Dietlein/Josten, Erl. § 12 Nr. 2.1). Nach § 12 Abs. 4 SpkG NRW ist über alle Mitglieder des Verwaltungsrates in einem Wahlgang abzustimmen, in nach sachkundigen Bürgern und Dienstkräften getrennten Listen.

Die Berechnung erfolgt nach § 50 Abs. 3 GO NRW wie folgt und jeweils am Beispiel einer Stadt mit 500.000 Einwohnern (74 Vertreter, 1 Hauptverwaltungsbeamter), die den Verwaltungsrat einer Sparkasse mit mehr als 250 regelmäßig Beschäftigten (9 sachkundige Bürger und 5 Dienstkräfte) besetzt. Auf die Wahlvorschläge entfielen **19**

A: 35 Stimmen
B: 25 Stimmen
C: 15 Stimmen

Die Wahlstellen sind auf die Wahlvorschläge der Fraktionen und Gruppen des Rates entsprechend dem Verhältnis der Stimmenzahlen, die auf die einzelnen Wahlvorschläge entfallen, zur Gesamtzahl der abgegebenen gültigen Stimmen zu verteilen. Jedem Wahlvorschlag werden zunächst so viele Sitze zugeteilt, wie sich für ihn ganze Zahlen ergeben. Sind danach noch Sitze zu vergeben, so sind sie in der Reihenfolge der höchsten Zahlenbruchteile zuzuteilen. Bei gleichen Zahlenbruchteilen entscheidet das Los. Die Formel lautet demnach: **20**

$$\frac{\text{Zahl der Stimmen} \times \text{Zahl der Sitze}}{\text{Gesamtzahl der abgegebenen Stimmen}}$$

Für die 9 Sitze der sachkundigen Bürger ergibt sich folgende Verteilung:

Wahlvorschlag A: 9 x 35 : 75 = 4,2 → 4 Sitze durch ganze Zahlen   0   durch Bruchteil
Wahlvorschlag B: 9 x 25 : 75 = 3,0 → 3 Sitze durch ganze Zahlen   +   durch Bruchteil
Wahlvorschlag C: 9 x 15 : 75 = 1,8 → 1 Sitz durch ganze Zahlen   + 1   durch Bruchteil

Die 5 Sitze der Dienstkräfte verteilten sich wie folgt (in diesem Beispiel genügt Rundung auf eine Stelle hinter dem Komma zum Feststellen des Ergebnisses, wenn notwendig werden alle Stellen hinter dem Komma berücksichtigt): **21**

Wahlvorschlag A: 5 x 35 : 75 = 2,3 → 2 Sitze durch ganze Zahlen + 0 durch Bruchteil
Wahlvorschlag B: 5 x 25 : 75 = 1,7 → 1 Sitz durch ganze Zahlen + 1 durch Bruchteil
Wahlvorschlag C: 5 x 15 : 75 = 1,0 → 1 Sitz durch ganze Zahlen + 0 durch Bruchteil

Verteilung der Gesamtsitze:
Sachkundige Bürger: Dienstkräfte:

Wahlvorschlag A: 4   Wahlvorschlag A: 2
Wahlvorschlag B: 3   Wahlvorschlag B: 2
Wahlvorschlag C: 2   Wahlvorschlag C: 1

22 Die Listen werden oft die im Rat vertretenen Fraktionen widerspiegeln, die Mitglieder der Trägervertretung sind aber bei ihrer Wahlentscheidung frei, wenn es sich nicht um einen Zweckverband handelt (dessen Mitglieder können gebunden werden, → Rn. 17) daher kommen überparteiliche Listen ebenso vor wie regionale, auch einzelne Mitglieder können einen Wahlvorschlag einreichen. Da es sich beim Verwaltungsrat nicht um einen kommunalen Ausschuss handelt, hat auch der hauptamtliche Bürgermeister, der zwar stimmberechtigt aber nicht Mitglied des Rates ist, eine Stimme (*Rehn/Cronauge/v. Lennep/Knirsch*, Erl. IV 1 zu § 50).

23 Die Wahl eines Mitglieds wird durch Annahme des Mandats wirksam, sei es durch ausdrückliche Annahmeerklärung oder konkludent, durch Einverständnis mit der Aufnahme in die Wahlliste und tatsächlicher Mandatsaufnahme. Eine Verpflichtung zur Annahme besteht nicht. Eine solche könnte sich nur aus § 28 GO NRW ergeben, es handelt sich bei der Wahrnehmung eines Verwaltungsrats jedoch nicht um ein kommunales Ehrenamt (*Engau* in: Engau/Dietlein/Josten, § 12 Erl. Nr. 7).

III. Wahl der Dienstkräftevertreter

1. Wahlordnung

24 Für die Wahl der Dienstkräftevertreter gilt grundsätzlich die **Wahlordnung für Sparkassen** von 1975 geändert durch VO v. 6.10.1989 (GV. NRW S. 570); in Kraft getreten am 25.11.1989. Sie vollzieht die Bestimmungen des Landespersonalvertretungsgesetzes nach, wurde allerdings weder im Hinblick auf dieses Gesetz noch auf die Änderungen des SpkG NRW vollständig an den heutigen Stand angepasst. In Bezug auf das SpkG NRW sind die Regelungen inhaltsgleich, lediglich ihre Platzierung im Gesetz hat sich verschoben: § 8 Abs. 1 Buchst. c, Abs. 2 Buchst. c SpkG NRW a.F. wurden zu § 10 Abs. 1 Buchst. c und Abs. 2 Buchst. c SpkG NRW n.F., § 10 Abs. 2 SpkG NRW a.F. wurde zu § 12 Abs. 2 SpkG NRW n.F. Der Verweis in § 4 Abs. 2 Buchst. b der Wahlordnung richtet sich jetzt auf § 15 Abs. 2 Buchst. b SpkG NRW. Zwei inhaltlich bedeutsame Änderungen des Landespersonalvertretungsgesetzes sind ebenfalls nicht nachvollzogen worden. Nach § 4 Abs. 1 Nr. 2 der Wahlordnung ist das Wahlrecht zum Deutschen Bundestag (also die deutsche Staatsbürgerschaft) Voraussetzung für die Wählbarkeit. Nach § 4 Abs. 2 Buchst. a der Wahlordnung sind Dienstkräfte nicht wählbar, die wöchentlich weniger als 2/5 der regelmäßigen Arbeitszeit beschäftigt sind. Diese Benachteiligung von Teilzeitkräften mit geringerer Stundenzahl wurde im Landespersonalvertretungsgesetz bereits mit Wirkung vom 1.1.2004 beseitigt (GV. NRW 2003 S. 814). Auf Anfrage der Sparkassenverbände hat die Sparkassenaufsicht erklärt, dass sie beide Einschränkungen als obsolet ansieht (*Engau* in: Engau/Dietlein/Josten, Erl. § 12 Nr. 4.1) Sie finden keine Anwendung mehr. Sowohl Teilzeitkräfte mit geringerem Zeitanteil als 2/5 als auch Dienstkräfte ohne deutsche Staatsbürgerschaft sind entgegen dem Wortlaut der Wahlordnung wählbar.

2. Wählbarkeit

25 **Wählbar** sind nach § 4 der Wahlordnung alle wahlberechtigten Dienstkräfte, die seit einem Jahr bei der Sparkasse beschäftigt sind, mit Ausnahme der Verhinde-

II. Verwaltung der Sparkassen § 12

rungsvertreter des Vorstands iSv § 15 Abs. 2 Buchst. b) SpkG NW (im Wortlaut § 13 Abs. 2 Buchst. c, s.o.). Besteht die Sparkasse weniger als ein Jahr, so sind diejenigen Dienstkräfte wählbar, die seit Bestehen der Sparkasse bei ihr beschäftigt sind (Abs. 3). Wahlberechtigt sind nach § 3 Abs. 1 der Wahlordnung alle Dienstkräfte, die das 18. Lebensjahr vollendet haben und in das Wählerverzeichnis eingetragen sind. Nach Abs. 2 werden vom aktiven Wahlrecht und somit auch von der Wählbarkeit ausgenommen, Dienstkräfte, die voraussichtlich nur für einen Zeitraum von höchstens sechs Monaten beschäftigt werden (Buchst. a), Mitglieder des Vorstandes und Stellvertreter (Buchst. b), Dienstkräfte, die infolge Richterspruch das Recht, in öffentlichen Angelegenheiten zu wählen oder zu stimmen, nicht besitzen (Buchst. c), sowie Dienstkräfte, die am Wahltage seit mehr als sechs Monaten unter Wegfall der Bezüge beurlaubt sind (Buchst. d). Betrachtet man mit der Sparkassenaufsicht § 4 in der Freizeitphase der Altersteilzeit nach § 4 Abs. 1 iVm § 3 Abs. 2 Buchst. a als obsolet und nicht mehr anzuwenden, stellt sich die Frage nach der Wählbarkeit von Dienstkräften im Freizeitblock der Altersteilzeit, die ebenso wie solche mit geringem Teilzeitanteil durch diese Regelung von der Wählbarkeit ausgeschlossen sind. Dennoch ist der Unterschied zwischen mit weniger Wochenstunden Beschäftigten Dienstkräften und Personen, die überhaupt nicht mehr bei der Arbeitgeberin tätig werden (denn nach dem Freizeitblock beginnt der Rentenbezug) unverkennbar. Engau (*Engau* in: Engau/Dietlein/Josten, Erl. § 12 4.1) verneint die Wählbarkeit unter Bezugnahme auf einen Beschluss des Bundesarbeitsgerichts zu § 76 Abs. 2 BetrVG (7 ABR 18/00). Das Gericht stellt für den Begriff des Beschäftigten eines Unternehmens darauf ab, dass das zusätzliche Merkmal der Beschäftigung erkennbar nicht nur der formellen Zuordnung zu einem Betrieb dient, sondern darauf hindeutet, dass neben einem Arbeitsverhältnis mit dem Unternehmen die Wählbarkeit darüber hinaus eine Eingliederung in betriebliche Abläufe zur Erbringung der vertraglich geschuldeten Arbeitsleistung voraussetzt. Da zudem der Ausschluss der Dienstkräfte in der Freizeitphase dem Wortlaut der aufgrund eines anderen Sachverhalts obsoleten aber nicht aufgehobenen Vorschrift der Wahlordnung beruht, wird man im Ergebnis vom Weitergelten dieses Ausschlusses ausgehen können. Aus anderen Gründen nicht im Betrieb präsente Dienstkräfte (zB Elternzeit oder dem derzeit ausgesetzten Wehr- oder Zivildienst) sind nur ausgenommen, wenn sie seit mehr als 6 Wochen unter Wegfall der Bezüge beurlaubt sind (§ 3 Abs. 2 Buchst. d) iVm § 4 Abs. 1 SpkWO NRW.

3. Fachliche Voraussetzungen (Sachkunde)

Eine **Sachkunde** der in den Verwaltungsrat gewählten Dienstkräfte verlangt das **26** Sparkassengesetz nicht ausdrücklich. Die Anforderungen befinden sich in § 12 Abs. 1 SpkG NRW (→ Rn. 8 ff.), der die Anforderungen an die Mitglieder nach § 10 Abs. 1 Buchstabe b) und Absatz 2 Buchstabe b) SpkG NRW regelt (sachkundige Bürger), § 12 Abs. 2 SpkG NRW, der die Wahl der Mitglieder nach § 10 Abs. 1 Buchst. c und Abs. 2 Buchst. c SpkG NRW bestimmt, nimmt auf die Sachkundeanforderungen keinen Bezug. Allerdings haben Dienstkräfte im Verwaltungsrat den gleichen Wirkungskreis und das gleiche Stimmrecht wie alle anderen Vertreter, Beteiligungen an Wahlen und Beschlüssen ohne jede Kenntnis von deren Tragweite könnten nicht nur die Sparkasse gefährden, sondern würden auch entscheidend von dem gesetzlichen Leitbild eines kundigen Aufsichtsorgans nach dem Sparkassenrecht und dem KWG, wie es oben (→ Rn. 8 ff.) erörtert wurde, abweichen. Kenntnisse über die üblichen geschäftlichen und rechtlichen Abläufe einer Sparkasse, Rechnungslegung und Bilanzkunde sind in ganz ähnlicher Weise wesentlich, wie für das vorsitzende Mitglied (→ § 11), wenn sie für dieses aufgrund seiner herausgehobenen Funktion noch entscheidender sind. Man wird allerdings nicht davon ausgehen können, dass der Gesetzgeber keine Sachkundeanforderungen stellte, weil er diese bei Dienstkräften der Sparkasse für selbstverständlich hielt. Wählbar sind wie oben beschrieben grundsätzlich alle Dienstkräfte nach Vollendung des 18. Lebensjahrs. Bei weitem die meisten Beschäftigten der Sparkasse kommen beruflich nur mit einem kleinen Ausschnitt der Themen in Berührung, die für die Sachkenntnis relevant sind, selbst gut qualifizierte sind oft auf Themen spezialisiert, die nur am Rande mit den von Sparkassengesetz und § 25d KWG geforderten zu tun haben (zB Spezialisten der IT, des Zahlungsverkehrs, des Wertpapierhandels, für Kreditsicherheiten usw). Andere Spezialisten mögen den erforderlichen Kenntnisstand in einem Bereich weit überschreiten, aber keinerlei Berührung mit den anderen gehabt haben (zB Controller mit vielen Rechtsfragen, Juristen mit Buchführung und Bilanz). Im Hinblick auf die Kompetenz des Gesamtgremiums, deren Bedeutung sich in § 25d KWG an mehreren Stellen widerspiegelt (zB nicht bei jedem einzelnen Gesamtgremiumsmitglied vorhandene Kenntnisse für den Risikoausschuss (§ 25d Abs. 8 KWG) oder den Nominierungsausschuss (§ 25d Abs. 11 KWG)), können diese Spezialisten aber eine große Bereicherung darstellen. Der nachträgliche Erwerb der allgemeinen Sachkunde wird ihnen regelmäßig zuzutrauen sein, auch im Hinblick auf die Weiterbildungsmöglichkeiten für Verwaltungsratsmitglieder bei den Akademien der Sparkassenverbände. Hier kann die Vertretung des Trägers bei der Auswahl der Dienstkräfte ihre Verantwortung wahrnehmen und eine fachlich möglichst starke und ausgewogene Besetzung ermöglichen – idealerweise schon die Belegschaft bei Aufstellung des Wahlvorschlags.

27 Allerdings ist nicht zu verkennen, dass die Anwendung dieser sinnvollen ungeschriebenen Kriterien faktisch einen großen Teil der nach § 4 der Wahlordnung wählbaren Personen ausschließen wird und die Gewählten nicht im Sinne einer Arbeitnehmervertretung die Belegschaft der Sparkasse widerspiegeln werden. Selbst das KWG modifiziert seine Anforderungen in § 25d Abs. 2 S. 2 KWG, nach dem die Vorschriften der Mitbestimmungsgesetze über die Wahl und Abberufung der Arbeitnehmervertreter im Verwaltungs- oder Aufsichtsorgan unberührt bleiben. Dennoch ist die Sachkunde zentral für die Leistungsfähigkeit des Verwaltungsrats als Kontrollorgan und diese wiederum kann existentielle Bedeutung für das Institut erlangen. Für das Aktienrecht ist anerkannt, dass auch die Arbeitnehmervertreter im Aufsichtsrat in der Lage sein müssen, die für die Gesellschaft maßgebenden wirtschaftlichen Zusammenhänge und die normalerweise anfallenden Geschäftsvorgänge auch ohne fremde Hilfe zu erfassen (zB BGH, Urt. v. 15.11.1982; NJW 1983, S. 991). Gerade für ein Kreditinstitut mit erheblichen branchentypischen Komplexitäten und Risiken können die Anforderungen nicht geringer sein (im Ergebnis so auch *Engau* in: Engau/Dietlein/Josten, § 12 Erl. 4.4).

4. Wahlverfahren

28 Das **Wahlverfahren** der Dienstkräfte in den Verwaltungsrat ist zweistufig. Zunächst teilt der Hauptverwaltungsbeamte des Gewährträgers der Sparkasse dem

II. Verwaltung der Sparkassen § 12

Personalrat oder, soweit ein solcher nicht vorhanden ist, den Dienstkräften der Sparkasse mindestens 12 Wochen vor der Wahl des Verwaltungsrates (maßgeblicher Zeitpunkt) mit, dass gemäß § 12 Abs. 2 SpkG NRW Vorschläge der Personalversammlung für die nach § 10 Abs. 1 Buchst. c und Abs. 2 Buchst. c SpkG NRW in den Verwaltungsrat zu wählenden Dienstkräfte zu machen sind (die veralteten Verweise im Wortlaut sind zur Erleichterung der Nachvollziehbarkeit korrigiert, s.o.) Nachdem die Sparkasse einen Wahlvorstand nach § 2 SpkWO gebildet und dieser das Wahlausschreiben bekannt gegeben hat, sind alle Wahlberechtigten berechtigt, einen Wahlvorschlag einzureichen (§ 6 Abs. 1 SpkWO), der mindestens doppelt so viele Bewerber enthalten soll, wie nach § 12 Abs. 2 (im Wortlaut des SpkWO veralteter Verweis auf § 10 Abs. 2 s.o.) ordentliche und stellvertretende Mitglieder zu wählen sind (§ 7 Abs. 1 SpkWO). Die Namen der einzelnen Bewerber sind auf dem Wahlvorschlag untereinander aufzuführen und mit fortlaufenden Nummern zu versehen. Jeder Wahlvorschlag muss mindestens von einem Zehntel, jedoch wenigstens von drei Wahlberechtigten unterzeichnet sein; in jedem Fall genügen die Unterschriften von 50 Wahlberechtigten (§ 7 Abs. 2 SpkWO). Die Wahlordnung enthält keine zahlenmäßige Begrenzung der Bewerber, diese ergibt sich aber praktisch aus § 9 SpkWO. Gewählt als Mitglieder nach § 10 Abs. 1 Buchst. c SpkG NRW – Sparkassen unter 250 ständig Beschäftigten – entsprechend den höchsten Stimmzahlen nur die ersten 8 im Falle des § 10 Abs. 2 Buchst. c) SpkG NRW – Sparkassen ab 250 ständig Beschäftigte – die ersten 20 Bewerber (in beiden Fällen im Wortlaut veraltete Verweise auf § 8). Bei Stimmengleichheit entscheidet das Los. § 19 WO-LPVG gilt sinngemäß.

Gewählt wird durch die Personalversammlung, nach § 1 Abs. 2 SpkWO im Sinne dieser Vorschrift die Gesamtheit aller wahlberechtigten Dienstkräfte. Die Wahl der vorzuschlagenden Dienstkräfte ist so durchzuführen, dass die Vorschläge der Personalversammlung mindestens 3 Wochen vor der Wahl des Verwaltungsrates feststehen (§ 1 Abs. 1 S. 2 SpkWO). 29

Die eigentliche Wahl der Verwaltungsratsmitglieder erfolgt nach § 12 Abs. 2 SpkG NRW durch die Vertretung des Trägers aus dem Vorschlag der Personalversammlung, die nach § 9 SpkWO gewählten Kandidaten stehen in der doppelten Anzahl der zu besetzenden Sitze zur Verfügung. Unter diesen kann die Vertretung des Trägers frei wählen, die Problematik des Demokratieprinzips bei Bindung an die Stimmzahlen der Personalversammlung wurde in der Einführung zu § 10 erörtert. Die Trägervertretung kann aber der Personalversammlung höheres Gewicht verschaffen, in dem sie einen einheitlichen Wahlvorschlag einstimmig beschließt, der die Besetzung der Sitze durch die Mitglieder und Vertreter in der Reihenfolge ihrer Stimmzahl in der Personalversammlung umsetzt. In welchen Fällen sie abweichen kann oder sollte, ist umstritten. Heinevetter (*Heinevetter* [2. Aufl.], Erl. zu § 10 aF sowie in den Vorbemerkungen zur SpkWO) vertrat die Ansicht, dass nur eine wichtige sachliche Erwägung zum Abweichen vom Wahlergebnis der Personalversammlung sein könnte. Hier wäre insbesondere an Zweifel an der erforderlichen Sachkunde zu denken, evtl. aber auch an ein von der Zielsetzung des Landesgleichstellungsgesetzes stark abweichendes Wahlergebnis (→ Rn. 32). In der 3. Aufl. des Kommentars von Engau/Dietlein/Josten wies Engau (Erl. § 12 Nr. 4.3) diese Ansicht zurück, mit der Begründung, dass eine starre Bindung der Vertretung an das Wahlergebnis der Personalversammlung an ein alleiniges Bestimmungsrecht der Belegschaft und damit auf eine Urwahl hinauslaufen 30 würde, die der Verfassungsgerichtshof NRW ausdrücklich für verfassungswidrig erklärt hat. Soweit der wichtige sachliche Grund objektivierbar – und letztendlich justitiabel wäre, ist diese Überlegung überzeugend. Faktisch würde der Vertretung des Trägers auch bei Verwirklichung der Ansicht von Heinevetter ein eigener Ermessensspielraum zustehen, da wohl kein Gericht seine Sachentscheidung an die Stelle der Abwägung der Trägervertretung setzen würde (die problematische Klagbarkeit angesichts der Gesetzeslage einmal vorausgesetzt). Man könnte eine weitere Abstufung vornehmen und keinen wichtigen, aber einen sachlichen Grund voraussetzen. Jedenfalls dürfte dies keinen verfassungsrechtlichen Bedenken begegnen, zumal die Trägervertretung stets primär aus sachlichen Gründen handeln sollte. Jedenfalls wäre ein einheitlicher Wahlvorschlag nach den Wahlergebnissen der Personalversammlung dann unbedenklich, wenn ihn die Vertretung des Trägers in Kenntnis der vorgeschlagenen Personen, aber auf Grund der Wahlergebnisse in der Personalversammlung beschließt. Dann hat sie sich in freier Willensbildung entschlossen, dem Wahlergebnis der Personalversammlung einen hohen Stellenwert einzuräumen.

31 Ebenso wie im Fall der sachkundigen Bürger ist die Annahme des Mandats erforderlich. (→ Rn. 18 ff.).

IV. Beachtung des Landesgleichstellungsgesetzes

32 Nach § 2 Abs. 1 Nr. 9 LGG NRW gilt das Landesgleichstellungsgesetz auch für Sparkassen. Im Hinblick darauf hat die Regelung in § 12 Abs. 3 SpkG NRW teilweise nur Hinweischarakter (so auch die Gesetzesbegründung, LT-Drs. 16/2652, S. 19). Sie geht jedoch insofern über den Wirkungsbereich des § 2 LGG hinaus, dass sie nicht nur die ohnehin gebundenen Gemeinde- und Kreisorgane umfasst, sondern sich an alle richtet, die Einfluss auf die Besetzung des Verwaltungsrates ausüben können, von den Fraktionen bis zur Personalversammlung, die über die Vorschlagsliste der Dienstkräfte beschließt. Beim Verwaltungsrat handelt es sich um ein wesentliches Gremium iSv § 12 Abs. 2 S. LGG, die grundsätzlich mit einer Mindestquote von 40% Frauen zu besetzen wären (§ 12 Abs. 1 LGG). Allerdings werden Sitze aufgrund einer Wahl vergeben, so dass die Ausnahme des § 12 Abs. 5 S. 1 LGG greift, die ein Abweichen von dieser Quote aus zwingenden Gründen erlaubt und unter Nr. 1 die Besetzung durch eine Wahl als zwingenden Ausnahmegrund nennt. Tatsächlich würde eine zwingende Quote auch in die freie Entscheidung der Wähler eingreifen. Allerdings bleibt die Zielsetzung des Gesetzes, eine paritätische Besetzung der wesentlichen Gremien anzustreben, unverändert wirksam, so dass ein Gebot für die Trägerorgane anzunehmen ist, hiervon nur aus wesentlichen sachlichen Gründen abzuweichen. Im Hinblick auf die Personalversammlung hat die Regelung Appellcharakter, da Wahlvorschläge nicht dadurch unwirksam werden, dass sie beispielsweise ausschließlich aus Männern bestehen würden. Ein Wahlergebnis, das bei Besetzung nach Stimmenzahl ausschließlich Männer auf die zu besetzenden Sitze bringen würde, wäre aber jedenfalls ein sachlicher Grund für die Vertretung des Trägers, auch Frauen aus der „unteren Hälfte" der Vorschlagsliste in den Verwaltungsrat zu wählen.

V. Stellvertretung

Nach § 12 Abs. 4 S. 2 SpkG NRW richtet sich die Wahl der Stellvertreter der Mitglieder des Verwaltungsrats nach demselben oben für die Mitglieder beschriebenen Verfahren. Die Wahl eines Stellvertreters für jedes Mitglied ist eine Besonderheit des Sparkassenrechts, das hier wesentlich von den Vorschriften des Aktienrechtes für Aufsichtsräte abweicht. Dort können nach § 101 Abs. 3 AktG nur Ersatzmitglieder bestellt werden, die aber nur für den endgültigen Wegfall eines Aufsichtsratsmitglieds gewählt werden. Die stellvertretenden Verwaltungsratsmitglieder vertreten dagegen das Mitglied bei jeder Verhinderung, ob sie auf persönliche Gründe oder auf Befangenheit iSd § 21 SpkG NRW zurückzuführen ist. Das Mitglied kann sich selbst aus persönlichen Gründen für verhindert oder befangen erklären, ohne dass zu prüfen ist, ob eine Verhinderung oder Befangenheit tatsächlich vorliegt (*Engau* in: Engau/Dietlein/Josten, Erl. § 12 Nr. 6). Selbstverständlich trägt das Mitglied die Verantwortung, sein Amt selbst auszuüben und sich nur aus wichtigem sachlichem oder persönlichem Grund für verhindert zu erklären. Ist das Mitglied verhindert, so ist das stellvertretende Mitglied zur Sitzung einzuladen. Nicht ausdrücklich genannt ist die Vertretung eines dauerhaft verhinderten ordentlichen Mitglieds, etwa durch Tod oder vorzeitiges Ausscheiden aus dem Gremium, doch diese ist zum einen vom Wortsinn „Verhinderung" noch erfasst, zum andern auch nach dem Zweck der Vorschrift, für eine möglichst vollständige Anwesenheit und Handlungsfähigkeit des Gremiums zu sorgen, naheliegend (so auch *Engau* in: Engau/Dietlein/Josten, § 12 Erl. Nr. 6; für kommunale Gremien *Rehn/Cronauge/ v. Lennep/Knirsch*, Erl. II 1 zu § 58).

33

VI. Nachbesetzung des Sitzes bei vorzeitigem Ausscheiden

Nach § 12 Abs. 5 S. 1 SpkG NRW wählt die Vertretung des Trägers bei Ausscheiden des Mitglieds während der Wahlzeit einen Nachfolger. Zum vorzeitigen Ausscheiden eines Verwaltungsratsmitglieds kommt es abgesehen von rein persönlichen Ursachen wie Rücktritt oder Tod, insbesondere bei Wegfall der Voraussetzungen der Wählbarkeit. Für eine Dienstkraft wäre dies zB das Ausscheiden aus der Sparkasse durch Wechsel der Arbeitgeberin oder Rentenbezug, trotz des Wortlauts von § 4 SpkWO aber nicht mehr bei Reduzierung der wöchentlichen Arbeitszeit auf unter 2/5 der regulären Arbeitszeit (→ Rn. 25). Das Ausscheiden eines sachkundigen Bürgers kann dementsprechend aufgrund der Aufnahme einer Beschäftigung bei einer Sparkasse als Dienstkraft oder der Wegzug aus dem Trägergebiet sein, im Fall einer Zweckverbandssparkasse die Wohnsitznahme außerhalb des Gebiets eines der Träger des Zweckverbandes. Weitere Gründe sind nach § 13 Abs. 3 SpkG NRW der Eintritt eines Ausschließungsgrundes der Mitgliedschaft nach § 13 Abs. 1 und 2 SpkG NRW (→ § 13 Rn. 2f.) oder dessen Bekanntwerden oder eine vorzeitige Abberufung nach § 8 Abs. 2 Buchst. h iVm § 13 Abs. 4 SpkG NRW wegen gröblicher Verletzung der einem Verwaltungsratsmitglied obliegenden Pflichten. Da das Mandat während der Wahlzeit der Vertretung des Trägers grundsätzlich Bestandsschutz genießt, geht es dagegen nicht verloren, wenn das Mitglied aus seiner Fraktion oder der Vertretung des Trägers ausscheidet. Durch Fraktions- oder Partei-

34

wechsel während der Wahlzeit kann es tatsächlich zu einer nachträglichen Verschiebung des Gewichts der Gruppen im Verwaltungsrat kommen, die vom Sparkassengesetz in Kauf genommen wird. Der aktuelle Gesetzentwurf (vgl. Entwurf eines Gesetzes zur Modernisierung des Sparkassenrechts und zur Änderung weiterer Gesetze v. 19.3.2024, LT-Drs. NRW 18/2407, S. 4, 10 f.) enthält eine grundsätzliche Abkehr von dem bislang allgemein anerkannten Bestandsschutz des Mandates im Verwaltungsrat, wenn nunmehr in § 12 Abs. 1 SpkG NRW nF geregelt wird: *„Fällt eine der Wählbarkeitsvoraussetzungen nachträglich weg, so scheidet das Mitglied aus dem Verwaltungsrat aus. Dies gilt auch für das vorsitzende Mitglied und die stellvertretenden Personen, sowie die Dienstkräfte nach § 10 Absatz 1 Buchstabe c und § 10 Absatz 2 Satz 1 Buchstabe c."* Zum bisherigen Verständnis des Bestandsschutzes → Erl. zu § 8 Rn. 25.

35 Im Falle des Ausscheidens wählt die Vertretung des Trägers auf Vorschlag der Gruppe, von der das ausgeschiedene Mitglied vorgeschlagen worden ist, einen Nachfolger. Dies kann, muss aber nicht, dessen bisheriger Stellvertreter sein. Wird der bisherige Stellvertreter gewählt, ist ein neuer Stellvertreter zu wählen. Scheidet eine Dienstkraft vorzeitig aus dem Verwaltungsrat aus, so ist der Nachfolger aus dem Vorschlag der Personalversammlung (§ 9 SpkWO) zu wählen (Abs. 5 S. 3). Die Wahl erfolgt nach dem Mehrheitswahlrecht der §§ 50 Abs. 2 GO NRW bzw. 35 Abs. 2 KrO NRW. Dies verwundert zunächst, da die Wahl der weiteren Mitglieder grundsätzlich nach Verhältniswahlrecht erfolgt (§ 12 Abs. 1 SpkG NRW) und das Mehrheitswahlrecht den hierdurch bezweckten Schutz der Minderheiten nicht widerspiegelt. Tatsächlich kann durch die Anwendung des Mehrheitswahlrechts eine anderweitige Mehrheit in der Vertretung des Trägers der Minderheitsgruppe, die durch vorzeitiges Ausscheiden ein Mitglied des Verwaltungsrats verloren hat, eine Nachbesetzung nach Wunsch verwehren, was ihr bei der ursprünglichen Wahl nicht möglich war. Dies nimmt das Gesetz jedoch in Kauf, um die unmittelbare demokratische Legitimationskette zur Vertretung des Trägers abzusichern (*Engau* in: Engau/Dietlein/Josten, § 12 Rn. 9). Die vorschlagsberechtigte Gruppe ist daher auf ihr Vorschlagsrecht verwiesen, das allerdings auch nicht ausgehöhlt werden darf. Es wird nur über die vorgeschlagene Person abgestimmt. Die Vertretung des Trägers ist zwar berechtigt, einen oder auch mehrere von der berechtigten Gruppe vorgeschlagene Personen abzulehnen, nicht jedoch deren personelle Ressourcen durch ständige Ablehnungen zu erschöpfen. Dies wäre ein rechtsmissbräuchliches Handeln der Mehrheit (*Held/Winkel/Wansleben* in: PdK NW B-1, GO NRW, Erl. 3.1 zu § 51 KrO NRW; *Engau* in: Engau/Dietlein/Josten, § 12 Erl. Nr. 9).

§ 13 Unvereinbarkeit, Abberufung von Verwaltungsmitgliedern

(1) Dem Verwaltungsrat dürfen nicht angehören:
a) **Dienstkräfte der Sparkassen; diese Beschränkung gilt nicht für Dienstkräfte nach § 10 Abs. 1 Buchstabe c und Absatz 2 Buchstabe c,**
b) **Personen, die Inhaber, persönlich haftende Gesellschafter, Kommanditisten, Mitglieder des Vorstandes, Aufsichtsrates, Verwaltungsrates, Beirates oder der Vertretungsversammlung, Treuhänder, Leiter, Beamte, Angestellte, Arbeiter oder Repräsentanten von Unternehmen sind, die gewerbsmäßig Bankgeschäfte betreiben oder vermitteln oder andere**

II. Verwaltung der Sparkassen § 13

Finanzdienstleistungen erbringen, oder die für Verbände dieser Unternehmen tätig sind oder vergleichbare Tätigkeiten ausüben. Dies gilt nicht für die Mitgliedschaft in Verwaltungs- oder Aufsichtsräten der öffentlich-rechtlichen Kreditinstitute, bei denen das Land, ein Landschaftsverband oder ein Sparkassen- und Giroverband an der Trägerschaft beteiligt ist, sowie deren Tochterunternehmen und den mit den öffentlich-rechtlichen Kreditinstituten im Verbund stehenden Unternehmen,
c) Beschäftigte der Steuerbehörden, der Deutschen Postbank AG und der Deutschen Post AG,
d) Inhaber und Dienstkräfte von Auskunfteien.

(2) Dem Verwaltungsrat dürfen ferner solche Personen nicht angehören, gegen die wegen eines Verbrechens oder eines Vermögensvergehens ein Strafverfahren rechtshängig oder eine Strafe verhängt worden ist, soweit und solange nach dem Gesetz über das Bundeszentralregister einer Behörde Auskunft erteilt werden darf, oder die als Schuldner in den letzten zehn Jahren in ein Insolvenzverfahren oder ein Verfahren zur Abgabe einer eidesstattlichen Versicherung verwickelt waren oder noch sind.

(3) Tritt ein Tatbestand nach Absatz 1 oder 2 während der Amtsdauer ein, oder wird ein bereits zum Zeitpunkt der Wahl vorliegender Ausschließungsgrund erst während der Amtszeit bekannt, so scheidet das Mitglied aus dem Verwaltungsrat aus.

(4) Ein wichtiger Grund, der die Vertretung des Trägers nach § 8 Abs. 2 Buchstabe h zur Abberufung berechtigt, liegt insbesondere dann vor, wenn das Verwaltungsratsmitglied die ihm obliegenden Pflichten gröblich verletzt.

Literatur: *Dietlein*, Interessenkonflikte bei der Besetzung von Sparkassengremien, Jahrbuch der Heinrich-Heine-Universität Düsseldorf 2006/2007; *Fischer*, Strafgesetzbuch und Nebengesetze, 66. Aufl., 2019; Hombrecher. Der Tatbestand der Geldwäsche, JA 2005, 67–71; *Joecks/Miebach*, Münchener Kommentar zum Strafgesetzbuch, 3. Aufl., 2017; *Säcker/Rixecker/Oetker*, Münchener Kommentar zum Bürgerlichen Gesetzbuch, 8. Aufl., 2019

Übersicht

	Rn.		Rn.
I. Einführung	1	VI. Dauer des Ausschlusses	9
II. Ausgeschlossene Personengruppen	2	VII. Unvereinbarkeit bei strafrechtlichen Verwicklungen	10
1. Dienstkräfte von Sparkassen	2	1. Einschlägige Delikte	11
2. Personen mit engen Verbindungen zu Konkurrenzunternehmen	3	2. Stadium des Verfahren	12
		3. Dauer der Unvereinbarkeit	13
a) Wegen von Vermögensinteressen	4	VIII. Unvereinbarkeit im Zusammenhang mit Insolvenzverfahren	14
b) Wegen Ausübung von Funktionen für das Konkurrenzunternehmen	5	IX. Auftreten oder Bekanntwerden eines Ausschlussgrundes während der Amtszeit	15
III. Betroffene Unternehmen	6	X. Grobe Pflichtverletzung als Abberufungsgrund	16
IV. Beschäftigte der Steuerbehörden	7	XI. Prüfung der Unvereinbarkeitsgründe	17
V. Inhaber und Dienstkräfte von Auskunfteien	8	XII. Rechtsfolge der Unvereinbarkeit	18

§ 13 A. Sparkassen

I. Einführung

1   Auch wenn die Voraussetzung der Wählbarkeit nach § 12 SpkG NRW vorliegen, kann es weitere Gründe geben, aus denen die Mitgliedschaft einer Person im Verwaltungsrat einer Sparkasse nicht im Interesse einer Sparkasse, deren Kunden oder deren Träger ist. § 13 SpkG NRW definiert neben § 25d KWG diese Gründe. Die Hinderungsgründe aus § 25d KWG sind bezüglich der Wählbarkeit der sachkundigen Mitglieder unter § 12 Abs. 2 Nr. 1 a), bezüglich der Sachkunde unter b), bezügliche der Zuverlässigkeit unter c) und bezüglich der Dienstkräfte im Verwaltungsrat unter § 12 Abs. 3 Nr. 3 SpkG NRW erläutert. Die von § 13 SpkG NRW ausgeschlossenen Personengruppen umfassen Dienstkräfte der Sparkassen mit Ausnahme von deren Vertretern (Abs. 1 a)), Personen mit enger Bindung zu Unternehmen, die in Konkurrenz zu Sparkassen stehen können (Abs. 1 Buchst. b), Abs. 1 Buchst. c) bezüglich der Deutschen Postbank AG und der deutschen Post AG) sowie Personen, die bezüglich der Vertraulichkeit von im Gremium erhaltenen Informationen Interessenkonflikten unterliegen können (Abs. 1 Buchst. c) bezüglich Beschäftigten der Steuerbehörden, Abs. 1 Buchst. d)). Nach Abs. 2 werden Personen, gegen die wegen einer einschlägigen oder schweren Straftat eine Strafe verhängt worden ist oder gegen die ein solches Verfahren rechtshängig ist, sowie Personen mit zerrütteten Vermögensverhältnissen ausgeschlossen. Abs. 3 regelt das vorzeitige Ausscheiden von Mitgliedern, bei denen diese Umstände während der Amtszeit eintreten oder bekannt werden, während Abs. 4 gröbliche Verstöße gegen die den Mitgliedern obliegenden Pflichten als wichtigen Grund für deren Abberufung nach § 8 Abs. 2 SpkG NRW definiert. Bereits nach ihrem Wortlaut gilt die Vorschrift für alle Mitglieder des Verwaltungsrates, also das vorsitzende und stellvertretende vorsitzende Mitglied, die weiteren sachkundigen Mitglieder und Hauptverwaltungsbeamten als weitere Mitglieder des Verwaltungsrats sowie die Dienstkräfte, (für die Bindung an Wettbewerber schon auf Grund ihres Dienstverhältnisses ausgeschlossen ist). Vom Wortlaut nicht erfasst ist der nach § 11 Abs. 3 SpkG NRW teilnehmende Hauptverwaltungsbeamte. Dennoch kann für diesen nach dem Sinn und Zweck der Vorschrift nichts anderes gelten. Selbst bei einer Person, die nur die Rechtsaufsicht führt, sollten massive Interessenkonflikte oder Tatsachen, die bezüglich der Zuverlässigkeit zu Zweifeln führen, vermieden werden. Die Rolle des teilnehmenden Hauptverwaltungsbeamten geht jedoch erheblich darüber hinaus. Wie unter § 11 Abs. 3 SpkG NRW beschrieben, geht seine Rolle jedoch wesentlich darüber hinaus. Er hat auch beratende Funktion und die Möglichkeit, sich über Rechtsfragen hinaus zu allen Tagesordnungspunkten zu äußern; auch wenn er nicht dem Gremium angehört, wird seine Meinung schon aufgrund seiner Stellung als Hauptverwaltungsbeamter des Trägers (bzw. eines Mitglieds des Zweckverbandes) Gewicht haben. Diese Umstände gebieten es, die Anwendbarkeit der Vorschrift auf nach § 11 Abs. 3 SpkG NRW teilnehmende Hauptverwaltungsbeamte analog anzuwenden. Alternativ wäre es denkbar, auf einen Hauptverwaltungsbeamten, auf den Ausschließungsgründe zutreffen, als verhindert iSd § 21 SpkG NRW anzusehen, was zB von Heinevetter (*Heinevetter* [2. Aufl.], § 11 Erl. 1.3 auch unter Berufung auf *Völling*, 1962, S. 19) vertreten wurde. Dies würde eine Vertretung durch einen Vertreter im Amt eröffnen (→ § 11 Rn. 12). Diese Auffassung begegnet allerdings einigen Bedenken. Zum einen zielt § 21

II. Verwaltung der Sparkassen **§ 13**

SpkG NRW auf eine vorrübergehende Verhinderung bzw. Verhinderung in einer Angelegenheit. Bereits die Existenz von § 13 SpkG NRW spricht dafür, dass der Gesetzgeber zwischen einer derartigen Verhinderung und einem auf Dauer angelegten Verhinderungsgrund unterscheiden wollte. Zum andern enthält § 13 SpkG NRW Ausschließungsgründe wie die Verwicklung in Insolvenzverfahren, zu denen es in § 21 SpkG NRW kein Gegenstück gibt. Eine analoge Anwendung von § 13 SpkG NRW auch auf den nach § 11 Abs. 3 SpkG NRW teilnehmenden Hauptverwaltungsbeamten erscheint daher vorzugswürdig (so auch mit anderer Begründung im Ergebnis *Engau* in: Engau/Dietlein/Josten, § 13 Erl. Nr. 1). Neben den nach dem SpkG NRW ausgeschlossenen Personengruppen kann auch die berufsspezifische Regulierung des Berufs einer für den Verwaltungsrat in Frage kommenden Person die Mitgliedschaft ausschließen. Dies gilt insbesondere für Richter wegen des Verbotes der gleichzeitigen Wahrnehmung von Aufgaben der rechtsprechenden und vollziehenden Gewalt nach § 4 Abs. 1 des Deutsches Richtergesetzes (DRigG).

II. Ausgeschlossene Personengruppen

1. Dienstkräfte von Sparkassen

§ 13 Abs. 1 Buchst. a) SpkG NRW schließt **Dienstkräfte** der Sparkasse selbst 2 und aller anderen Sparkassen von der Mitgliedschaft im Verwaltungsrat aus, mit Ausnahme der Personalvertreter im Verwaltungsrat nach § 10 Abs. 1 Buchst. c) bzw. Abs. 2 Buchst. c) SpkG NRW. Selbst ohne ausdrückliche Nennung wären die Dienstkräfte anderer Sparkassen auch nach Abs. 1 Buchst. b) als Angestellte eines anderen Kreditinstituts ausgeschlossen.

2. Personen mit engen Verbindungen zu Konkurrenzunternehmen

Abs. 2 dient dem Ausschluss von Personen, die in enger Verbindung zu Konkur- 3 renzunternehmen stehen, etwa durch Vermögensinteressen als Inhaber, Funktionsträger oder Angestellter.

a) Wegen von Vermögensinteressen

Ausgeschlossen sind zunächst **Personen mit Vermögensinteressen** an Kon- 4 kurrenzunternehmen, nämlich Inhaber, persönlich haftenden Gesellschafter und Kommanditisten. Andere Beteiligungsrechte an Konkurrenzunternehmen bleiben außer Betracht, zB Genossenschaftsanteile an Volksbanken, Aktien, GmbH-Anteile. Während Aktien und Genossenschaftsanteile in der Regel als Geldanlagen betrachtet werden können, die dem Inhaber keinen direkten Einfluss auf die Gesellschaft und wohl auch keine so maßgeblichen Interessen an ihr gewähren, dass der Gesetzgeber den Ausschluss als Mitglieder des Verwaltungsrats nötig hielt (im Hinblick auf den Durchschnittsaktionär und Genossen sicher zu Recht), ist die unterschiedliche Behandlung von Kommanditisten und Inhabern von GmbH-Anteilen nicht offensichtlich einsichtig, zumal die Norm keinen Unterschied nach der Höhe des Anteils macht. Ein Alleingesellschafter einer von § 13 SpkG NRW betroffenen GmbH dürfte allerdings als Inhaber zählen.

§ 13   A. Sparkassen

b) Wegen Ausübung von Funktionen für das Konkurrenzunternehmen

5   Darüber hinaus werden **Funktionsträger** der betroffenen Unternehmen ausgeschlossen, neben Mitgliedern des Vorstandes, Aufsichts- oder Verwaltungsrates, Leiter, Beamte, Angestellte und Arbeiter, auch der zugehörigen Verbände. Bei Mitgliedern der „Vertretungsversammlung" handelt es sich um Mitglieder der Vertreterversammlung einer Genossenschaft von mehr als 3.000 Mitgliedern (LT-Drs. 11/6047, S. 61; dort auch als „Vertretungsversammlung" bez.). Beiräte bestehen insbesondere bei Banken in der Rechtsform der AG, die Mitglieder haben vertragliche Pflichten gegenüber der AG (*Mertens/Kahn* in: Kölner Kommentar zum AktG, Vorbemerkung § 76 Rn 18; *Engau* in: Engau/Dietlein/Josten, § 13 Erl. 3.1), Treuhänder werden insbesondere nach § 7 Abs. 1 PfandbriefG bestellt. Der Begriff des „Repräsentanten" umfasst eine Vielzahl möglicher Berufsbilder, deren Gemeinsamkeit das Vertreten der Interessen von Unternehmen ist, die in Konkurrenz zu Sparkassen stehen (eine direkte Konkurrenz zu der Sparkasse, deren Verwaltungsratsmitglied betroffen ist, ist nicht erforderlich, → Rn. 6). Hierzu zählen Handels-, Versicherungs- und Bausparkassenvertreter (§§ 84 ff., 92 HGB) ebenso wie nicht selbstständige Personen, die Geschäfte für derartige Unternehmen vermitteln. Vermögensberater und -verwalter sind oft als Strukturvertrieb aufgestellt, der neben hauptberuflichen Mitarbeitern, die bereits als Angestellte nach § 13 Abs. 1 Buchst. b) SpkG NRW ausgeschlossen wären, über auf unterschiedliche Art an das Unternehmen gebundene Mitwirkende verfügen, denen hierfür ebenfalls auf unterschiedliche Weise Gegenleistungen gewährt werden. Vertragliche Gestaltungen, die zur Annahme eines Handelsvertreterverhältnisses führen, werden hierbei teilweise bewusst vermieden, auch weil diese Personen bei anderen Arbeitgebern tätig sind. Diese können unter den Begriff des „Repräsentanten" fallen, jedenfalls wenn ihre Beschäftigung (nicht im arbeitsrechtlichen Sinne) auf Dauer angelegt und mit einer Gegenleistung verbunden ist. Der gelegentliche Tippgeber, der nur für eine Kontaktvermittlung eine Gegenleistung erhält, ist allerdings kein Repräsentant im Sinne des § 13 SpkG NRW. Auch um vertragliche Umgehungen der Ausschlüsse und neue Berufsbilder zu erfassen ist auch die Ausübung einer vergleichbaren Tätigkeit ein Ausschlussgrund, „um künftig jeglicher Gefahr einer Interessenkollision vorzubeugen" (LT-Drs. 14/7844, Anh. Begründung zu § 13).

III. Betroffene Unternehmen

6   Als **Konkurrenzunternehmen** iSd § 13 SpkG NRW werden alle Unternehmungen betrachtet, die gewerbsmäßig Bankgeschäfte, betreiben, vermitteln oder andere Finanzdienstleistungen erbringen, also neben Kreditinstituten iSd § 1 Abs. 1 KWG einschließlich der Bausparkassen, gewerbliche Kreditvermittler sowie Unternehmen die Geschäfte iSd § 1 Abs. 1 Buchst. a) KWG betreiben oder Finanzunternehmen iSd § 1 Abs. 3 KWG. Letzteres bezieht auch das Beteiligungsgeschäft, Forderungskäufer, Leasing-Gesellschaften, Geschäft mit Finanzinstrumenten, Geldmaklergeschäfte und Investment-Banking Berater ein. Obwohl Versicherungen nach § 2 Abs. 1 Nr. 4 KWG keine Kreditinstitute sind, betreiben sie doch zumindest im Rahmen der Anlage ihrer Mittel Bankgeschäfte nach § 1 Abs. 1 Nr. 2 KWG (insbesondere Anbieter von Kapital-Lebensversicherungen) und stehen in

soweit in Konkurrenz zu den Sparkassen, was Ihre Organmitglieder und Beschäftigten von einer Mitgliedschaft im Verwaltungsrat ausschließt (*Engau* in: Engau/Dietlein/Josten, § 13 Erl. 3.2). Eine unmittelbare Konkurrenzsituation zum Institut, in deren Verwaltungsrat das betroffene Mitglied seinen Sitz hat, ist nach dem eindeutigen Gesetzeswortlaut nicht erforderlich. Daher sind auch Mitarbeiter von Verbundunternehmen, die eng mit der Sparkasse zusammenarbeiten (zB Dekabank Deutsche Girozentrale, Provinzial Rheinland Versicherung AG) nicht von der Unvereinbarkeit ausgenommen, zumal auch eng kooperierende Unternehmen immer auch gegensätzliche Interessen haben, und sei es nur bei der Konditionengestaltung. **Ausgenommen** von der Unvereinbarkeit mit einem Sitz im Verwaltungsrat der Sparkasse sind aber Mitglieder von Verwaltungs- oder Aufsichtsräten öffentlich-rechtlicher Kreditinstitute, an deren Trägerschaft das Land, der Landschaftsverband oder ein Sparkassen- und Giroverband beteiligt ist, deren Tochterunternehmen und den Verbundunternehmen der Sparkasse (anders als deren Geschäftsleiter und Mitarbeiter, s.o.). Dies sollte auch für bei diesen gebildeten Beiräten gelten (so zB *Engau* in: Engau/Dietlein/Josten, § 13 Erl. 3.2), die nur beratende Funktion und somit ein geringes Interesskonfliktpotential haben. Durch die Ausnahmen hat der Gesetzgeber die Möglichkeit geschaffen, mittels Mitgliedschaft in verschiedenen Aufsichts- oder Verwaltungsräten die Kooperation innerhalb des Verbundes zu stärken. Die operativ Verantwortlichen, deren Interesse sich aufgrund ihres Arbeits- bzw. Dienstvertrages zwangsläufig verstärkt auf die Interessen ihres eigenen Unternehmens richten, bleiben ausgeschlossen.

IV. Beschäftigte der Steuerbehörden

Diese sind auf Grund der Gefahr für die Vertraulichkeit im Rahmen der Amtsausübung im Verwaltungsrat der Sparkasse erhaltenen Informationen ausgeschlossen – oder des umgekehrten Falles, eine Gefährdung des Steuergeheimnisses ist ebenfalls denkbar, zB im Fall von negativen Erkenntnissen der Steuerbehörde zu den finanziellen Verhältnissen eines wichtigen Kunden der Sparkasse. Auch die betroffene Person selbst soll vor Zielkonflikten geschützt werden. Auch hier ist weder ein konkreter Interessenkonflikt noch dessen Möglichkeit aufgrund der Tätigkeit des Beschäftigten erforderlich, nach dem eindeutigen Wortlaut genügt die Stellung als Beschäftigter der Steuerbehörden. Die betroffenen Dienstkräfte ergeben sich aus §§ 1 ff. des Finanzverwaltungsgesetzes (FVG). Erfasst sind auf Bundesebene insbesondere Beschäftigte des Bundesministeriums der Finanzen, des Bundeszentralamts für Steuern und der Generalzolldirektion, der Hauptzollämter einschließlich ihrer Dienststellen (Zollämter) und der Zollfahndungsämter; auf Landesebene kommen die für die Finanzverwaltung zuständige oberste Landesbehörde, die Oberbehörden sowie die Oberfinanzdirektionen; anstelle der Oberfinanzdirektionen und örtlich die Finanzämter hinzu. Auch die zugehörigen Rechenzentren sind erfasst, nicht aber zB Lehrkräfte der Fachhochschulen für Finanzen, da diese keine nach § 6 AO vorausgesetzte verwaltende Tätigkeit ausüben (*Engau* in: Engau/Dietlein/Josten, § 13 Erl. 4.1). Einen Sonderfall stellen die Beschäftigten der Deutschen Postbank AG und der Deutschen Post AG dar. Ursprünglich sollten alle Beschäftigten der Nachfolgeunternehmen der Deutschen Bundespost mit Ausnahme der Telekom AG erfasst werden, was auf Grund der engen Verflechtung zwischen der Deutschen

§ 13   A. Sparkassen

Post AG und der Deutschen Postbank AG sachlich geboten war. Die Deutsche Postbank AG existiert allerdings nicht mehr (nur noch als Marke der Deutschen Bank, „ihre" Beschäftigten sind also schon nach Abs. 2 Buchst. b) ausgeschlossen) und ein sachlicher Grund für den Ausschluss der Beschäftigten der Deutschen Post AG ist seit dem Verkauf der Postbank AG an die Deutsche Bank AG nur noch schwer zu erkennen. Zieht man den Schutz der Vertraulichkeit heran, müsste der Kreis der ausgeschlossenen Beschäftigten schließlich noch weit größer gefasst werden. Aufgrund des eindeutigen Wortlauts bleiben die Beschäftigten der Deutschen Post AG jedoch ausgeschlossen.

V. Inhaber und Dienstkräfte von Auskunfteien

8   Kerngeschäft von Auskunfteien, zu denen zB auch die SCHUFA Holding AG und ihre Beteiligungsgesellschaften gehören, ist das Sammeln von Informationen, auch sensiblen finanziellen, zu denen ein Mitglied des Verwaltungsrates einer Sparkasse Zugang erlangen kann. Zudem könnte es theoretisch auf die Auskunftsbereitschaft der Sparkasse gegenüber einem derartigen Unternehmen Einfluss nehmen. Daher sind nach Abs. 1 Buchst. d) Inhaber und Dienstkräfte von Auskunfteien ungeachtet deren Tätigkeitsbereiches von der Mitgliedschaft im Verwaltungsrat ausgeschlossen.

VI. Dauer des Ausschlusses

9   Die betroffenen Personen sind so lange ausgeschlossen, solange sie die kollidierenden Funktionen aktiv ausüben bzw. ihre Gesellschafterstellung in der unvereinbaren Form andauert. M.W. noch nicht praktisch schlagend geworden aber denkbar ist der Fall, dass beispielsweise ein Kommanditist seinen Gesellschaftsanteil treuhänderisch oder mit Option auf Rückerwerb zu festen Bedingungen auf einen Dritten überträgt, wobei seine finanziellen Interessen erhalten bleiben. Insbesondere, wenn erkennbarer Zweck die Umgehung der Unvereinbarkeitsregelung ist, wäre § 13 Abs. 1 Buchst. b) SpkG NRW wohl analog anzuwenden. Ansonsten stünde die Entscheidung über die Wahl eines Mitglieds in der Verantwortung der wählenden Trägervertretung.

VII. Unvereinbarkeit bei strafrechtlichen Verwicklungen (Abs. 2.1 HS)

10 Personen, gegen die wegen eines **Verbrechens oder Vermögensvergehens** ein Strafverfahren rechtshängig oder eine Strafe verhängt worden ist, dürfen dem Verwaltungsrat nicht angehören.

1. Einschlägige Delikte

11 Unvereinbarkeitsgrund sind zunächst **Verbrechen,** also nach § 12 Abs. 1 StGB Straftaten, die mit einer Freiheitsstrafe von mindestens einem Jahr oder darüber

bedroht sind, Vergehen solche, die im Mindestmaß mit einer geringeren Freiheitsstrafe oder die mit Geldstrafe bedroht sind. Schärfungen oder Milderungen, die nach den Vorschriften des Allgemeinen Teils des StGB oder für besonders schwere oder minder schwere Fälle vorgesehen sind, bleiben für die Einteilung außer Betracht (Abs. 3). Während die Rechtshängigkeit eines Strafverfahrens oder Verurteilung wegen eines Verbrechens unabhängig von dessen konkreter Erscheinungsform von der Mitgliedschaft im Verwaltungsrat ausschließt, ist dies bei den mit geringerer Strafe bedrohten **Vergehen** nur der Fall, wenn es sich um Vermögensdelikte handelt. Einschlägig sind Diebstahl und seine Varianten (§§ 242 ff. StGB), Unterschlagung (§§ 246 ff. StGB), Raub (§§ 249 ff. StGB), Geldwäschedelikte nach §§ 261 ff. StGB (obwohl kein Vermögensdelikt im engeren Sinne, da wichtigstes Schutzobjekt die Rechtsordnung ist (*Hombrecher*, JA 2005, 67) ist er hier einzubeziehen (*Engau* in: Engau/Dietlein/Josten, § 13 Erl. 8.1; *Fischer,* StGB, § 261 Rn. 2 f.), §§ 263 ff. StGB, Untreue (§ 266 StGB), Kreditkartenmissbrauch (§ 266b StGB), Pfandkehr (§ 289 StGB), Jagd und Fischwilderei (§§ 292 ff. StGB), Kartellabsprachen iSd § 298 StGB, Bestechung und Bestechlichkeit im Geschäftsverkehr (§§ 299 ff. StGB), Wucher (§ 302a StGB), Sachbeschädigung (§§ 303 ff. StGB). Nichtvermögensvergehen stellen keinen Ausschließungsgrund iSd § 13 Abs. 2 SpkG NRW dar. Sie können in schwerwiegenden Fällen aber ein Abberufungsgrund iSd § 8 Abs. 2 Buchst. h SpkG NRW sein (→ § 8 Rn. 25 f.).

2. Stadium des Verfahrens

Seit der Novelle des Sparkassenrechts 2008 greift die Unvereinbarkeit nach § 12 Abs. 2 SpkG NRW bei **Rechtshängigkeit** eines Strafverfahrens, dh nachdem der Eröffnungsbeschluss des Strafgerichts erfolgt ist (zB BGH St 29, 224, 229). Die Vorstufen des Verfahrens, nämlich das Ermittlungsverfahren (hierzu reichen die geringfügigen Anforderungen eines Anfangsverdachts) und die Anhängigkeit des Verfahrens (Anklageerhebung durch die Staatsanwaltschaft) reichen nicht mehr aus, die Unvereinbarkeit zu begründen. Für diese gravierende Konsequenz hat der Gesetzgeber die Befassung des Gerichts mit der Anklage und den darauf erfolgenden Eröffnungsbeschluss zur Voraussetzung gemacht. Auf die strafrechtliche Unschuldsvermutung (Art. 6 Abs. 2 EMRK, Art. 20 Abs. 3 GG) wird allerdings nicht abgestellt. Dann wäre die rechtskräftige Verurteilung abzuwarten, was mit der Bedeutung eines Verwaltungsratsmandats nicht zu vereinbaren ist. Allerdings fällt die Unvereinbarkeit im Falle eines Freispruches oder einer Einstellung weg, was jedoch keine Widereinsetzung in den Verwaltungsrat zur Folge hat (*Engau* in: Engau/Dietlein/Josten, § 13 Erl. 8.1).

3. Dauer der Unvereinbarkeit

Die Unvereinbarkeit besteht nur so lange, wie einer Behörde noch Auskunft über die Strafe erteilt werden darf. Diese Zeit wird durch das Bundeszentralregistergesetz beschränkt, um eine vorurteilsfreie Wiedereingliederung von Verurteilten ohne „ewige" Erkennbarkeit von Vorwürfen zu ermöglichen. §§ 45 f. BZRG legen Tilgungsfristen für Eintragungen über Verurteilungen fest, die je nach Höhe der Strafe zwischen 5 und 15 Jahren betragen (§ 46 BZRG).

§ 13   A. Sparkassen

VIII. Unvereinbarkeit im Zusammenhang mit Insolvenzverfahren

14   Wer in ein Insolvenzverfahren verwickelt ist oder **innerhalb der letzten 10 Jahre** war, kann nicht Mitglied des Verwaltungsrates sein. Für die Verwicklung genügt entweder ein Eigenantrag des Schuldners (§ 305 InsO, auch wegen drohender Zahlungsunfähigkeit (§ 18 Abs. 1 InsO) oder ein zulässiger Antrag des Gläubigers (§§ 13, 21 InsO). Im Falle eines Verfahrens zur Abgabe der eidesstattlichen Versicherung tritt die Verwicklung mit der Abgabe der Versicherung nach §§ 802f., 807 ZPO ein. Ein Haftbefehl zur Abgabe der eidesstattlichen Versicherung nach § 802g ZPO verwickelt den Schuldner ebenfalls in das Verfahren. Nach dem Wortlaut der Norm muss sich das Verfahren gegen das Verwaltungsratsmitglied selbst richten, nicht zB eine Gesellschaft, an der dieser beteiligt ist. *Engau* (in: Engau/Dietlein/Josten, § 13 Nr. 8.2) sieht die Unvereinbarkeit auch bei einem Geschäftsführer und Allein- oder Mehrheitsgesellschafter einer GmbH als gegeben an, die in ein Insolvenzverfahren verwickelt ist, da ihm in diesem Fall das wirtschaftliche Scheitern in ähnlicher Weise zuzurechnen sei, wie wenn die Maßnahme gegen ihn selbst gerichtet wäre. Dies dürfte in vielen Fällen zutreffen, es erscheint dennoch fraglich, ob man die Anwendung von § 13 Abs. 2 SpkG NRW so weit fassen kann, da dieser Fall vom Wortlaut nicht erfasst ist, also eine analoge Anwendung erfordern würde und zusätzlich eine wesentliche Folge der persönlichen Insolvenz fehlt (jedenfalls in vielen Fällen): die ungeordneten persönlichen wirtschaftlichen Verhältnisse, die Anreiz zu Fehlverhalten bieten können. Zudem kann der Gesellschafter-Geschäftsführer die Insolvenz der GmbH in vorwerfbarer Weise verschuldet haben, muss es aber nicht zwingend. Die Verwirklichung eines erlaubten unternehmerischen Risikos sollte zumindest mit in Betracht gezogen werden und muss auch nicht zur Unvereinbarkeit führen, wenn die Vermögensverhältnisse des Mitglieds geordnet bleiben und keine Bankrott- oder Insolvenzdelikte zu verantworten sind.

IX. Auftreten oder Bekanntwerden eines Ausschlussgrundes während der Amtszeit

15   Nach Abs. 3 scheidet ein Mitglied aus dem Verwaltungsrat aus, wenn ein Ausschlussgrund nach den Absätzen 1 oder 2 während der Amtszeit auftritt. Das gleiche gilt, wenn er während der Amtszeit bekannt wird, unabhängig davon, ob er bei Amtsübernahme schon vorlag und verborgen geblieben war oder erst später entstanden ist (*Engau* in: Engau/Dietlein/Josten, § 13 Erl. Nr. 9).

X. Grobe Pflichtverletzung als Abberufungsgrund

16   Abs. 4 definiert eine gröbliche Pflichtverletzung eines Verwaltungsratsmitglieds als Grund für eine Abberufung nach § 8 Abs. 2 Buchst. h) SpkG NRW. Er macht deutlich, dass ein wichtiger Grund für eine Abberufung „insbesondere" im Verhalten des Mitglieds liegen kann und dann ein gewisses Gewicht haben muss. § 8 Abs. 2 Buchst. h) SpkG NRW selbst trifft keine Aussagen über den wichtigen Grund, der Begriff „insbesondere" deutet an, dass es noch andere Gründe für

II. Verwaltung der Sparkassen § 13

eine Abberufung geben kann als eine Pflichtverletzung (zu denken wäre zB an personenbedingte Gründe analog zu den Tatbeständen im Arbeitsrecht, das Gesetz bietet hier jedoch wenig Anhalt). Der Begriff „gröblich" deutet darauf hin, dass hierunter eine vorsätzliche oder grob fahrlässige Pflichtverletzung zu verstehen ist, also die erforderliche Sorgfalt im besonderen Maße verletzt und selbst einfachste naheliegende Überlegungen nicht angestellt wurden, die einem Verwaltungsratsmitglied hätten offenkundig sein sollen (vgl. *Grundmann* in: MüKoBGB, § 276 Rn. 83 ff.).

XI. Prüfung der Unvereinbarkeitsgründe

Von der Einreichung der Wahlvorschläge an ist es Aufgabe aller Beteiligten, an der Sicherstellung einer rechtskonformen Besetzung des Verwaltungsrates mitzuwirken. Dies beginnt mit den Gruppen in der Trägervertretung, die nur Vorschläge einreichen sollten, die keine Personen enthalten, bei denen Unvereinbarkeitsgründe nach § 13 SpkG NRW oder nach § 275d KWG vorliegen, gleichermaßen bei der Wahl des vorsitzenden Mitgliedes und seines Stellvertreters und der weiteren sachkundigen Mitglieder. Die Vertretung des Trägers hat eine ausdrückliche Prüfungspflicht hinsichtlich der Sachkunde (§ 12 Abs. 1 S. 2 SpkG NRW), aber aufgrund ihrer Verantwortung für die Vorbereitung und Durchführung der Wahl auch eine darüber hinausgehende Pflicht zur Prüfung des Nichtvorliegens von Unvereinbarkeitsgründen (*Engau* in: Engau/Dietlein/Josten, § 13 Erl. Nr. 11; *Dietlein*, Interessenkonflikte bei der Besetzung von Sparkassengremien, S. 443, 447). Die Trägervertretung ist primärer Adressat des § 12 Abs. 1 SpkG NRW einschließlich der Ausschließungsgründe des § 12 Abs. 1 und 2 SpkG NRW und es ist ihr daher unmittelbar untersagt, Personen in den Verwaltungsrat zu wählen, gegen die ein persönlicher Ausschließungsgrund im Sinne des § 12 Ab. 1 oder 2 SpkG NRW besteht. Ebenso wenig dürfen die Vorschlagsgremien Kandidaten für die Wahl zum Verwaltungsrat vorschlagen, die einen persönlichen Ausschließungsgrund im Sinne des § 12 Abs. 1 oder 2 SpkG NRW erfüllen (*Dietlein*, aaO). Die Personalversammlung kann in Bezug auf die Mitglieder nach § 10 Abs. 1 S. 2 bzw. Abs. 2 S. 2 SpkG NRW mangels eigener organisatorischer Struktur nicht prüfen oder handeln, dem Wahlvorstand nach § 2 SpkWO NRW ist diese Aufgabe nicht ausdrücklich übertragen. Er dürfte bei Kenntnis verpflichtet sein, auf den Verzicht auf die Einreichung von Wahlvorschlägen hinzuwirken, in denen Kandidaten aufgeführt sind, bei denen Unvereinbarkeitsgründe vorliegen, die endgültige Verantwortung liegt jedoch auch hier bei der wählenden Trägervertretung. Kommt es trotzdem zu einer Wahl von Personen, bei denen Unvereinbarkeitsgründe vorliegen, ist sie rechtswidrig und es ist Aufgabe des Hauptverwaltungsbeamten nach §§ 54 Abs. 2 GO bzw. 39 Abs. 2 KrO, 8 Abs. 2 GkG die Wahl zu beanstanden und auf eine Nachwahl der betroffenen Sitze hinzuwirken. Die Wahl der übrigen Mitglieder bleibt wirksam (*Engau* in: Engau/Dietlein/Josten, § 13 Erl. 11) Die Prüfung wird abseits behördlich zugänglicher Register der Mitwirkung des Betroffenen bedürfen. Einen Anspruch gegen den Betroffenen auf Auskunft zu Unvereinbarkeiten anzunehmen, begegnet rechtlichen Bedenken, schon weil es sich bei den Informationen um persönliche Daten handelt, die dem Schutz der informationellen Selbstbestimmung nach Art. 2 Abs. 1, 1 Abs. 1 GG unterfallen. Eine Rechtsgrundlage für einen Eingriff ist insbesondere für Personen, die keine Offenlegungspflichten aus der Mitgliedschaft in kommunalen Gremien haben, nicht gegeben (ausführlich hierzu *Dietlein*, aaO, S. 457). Allerdings bedarf es keines Auskunftsanspruchs, das Vorliegen dieser Umstände abzufragen und die künftigen Mitglieder um eine schriftliche Erklärung zu deren Nichtvorliegen zu bitten. Bei Nichterteilung dieser Auskunft kann auf die Aufnahme in den Wahlvorschlag verzichtet werden. Das Verlangen wird man auch nicht als Beeinträchtigung des Rechts des Kandidaten auf demokratische Teilhabe betrachten können, da seine Weigerung dagegenspricht, dass er bereit ist, sein Handeln an den Interessen der Sparkasse auszurichten, eine Voraussetzung für die Tätigkeit im Sinne der Aufgaben des Verwaltungsrates (vgl. *Dietlein*, aaO). Während der laufenden Mitgliedschaft einer Person im Verwaltungsrat kann man allerdings im Hinblick auf § 15 Abs. 6 SpkG NRW durchaus eine Mitwirkungspflicht bei der Offenlegung von Unvereinbarkeitsgründen annehmen (so auch *Engau* in: Engau/Dietlein/Josten, § 13 Erl. Nr. 11).

XII. Rechtsfolge der Unvereinbarkeit

18 Wird ein Unvereinbarkeitsgrund während der Wahlzeit bekannt, so scheidet das Mitglied kraft Gesetzes nach § 13 Abs. 3 SpkG NRW aus dem Verwaltungsrat aus. Ein Beschluss des Gremiums oder eine Feststellung durch das vorsitzende Mitglied hat nur noch deklaratorische Bedeutung.

§ 14 Tätigkeitsdauer der Verwaltungsratsmitglieder

Nach Ablauf ihrer Wahlzeit üben die bisherigen Mitglieder des Verwaltungsrates ihre Tätigkeit bis zum Zusammentritt des neu gewählten Verwaltungsrates weiter aus.

I. Bedeutung der Vorschrift

1 Die laufende Geschäftstätigkeit der Sparkasse bedarf einer ununterbrochenen Handlungsfähigkeit ihres Verwaltungsrates. Die Amtszeit des Gremiums endet nach § 12 Abs. 1 S. 1 SpkG NRW mit dem Ende der Wahlzeit der Vertretung des Trägers, ein neuer Verwaltungsrat kann erst gewählt werden, wenn sich die neue Vertretung des Trägers konstituiert hat. Auch die Wahl der Dienstkräfte nach § 10 Abs. 1 Buchst. c) bzw. Abs. 2 Buchst. c) SpkG NRW nimmt 12 Wochen nach der Mitteilung des Hauptverwaltungsbeamten des Trägers an den Personalrat über die anstehende Wahl in Anspruch (§ 1 SpkWO NRW), mindestens 8 Wochen bei einvernehmlicher Kürzung der Frist nach §§ 1 Abs. 1, 5 Abs. 1 SpkWO NRW. Um die Handlungsfähigkeit sicher zu stellen, üben die bisherigen Verwaltungsratsmitglieder bis zum Zusammentritt des neuen Verwaltungsrates ihre Tätigkeit weiter aus. Da die Wahlzeit eigentlich beendet ist und die Angelegenheiten der Sparkasse Aufgabe des künftigen Verwaltungsrates sind, sollte sich der übergangsweise weiter amtierende bei Beschlüssen zurückhalten, die die Sparkasse langfristig festlegen (*Engau* in: Engau/Dietlein/Josten, § 14 Erl. Nr. 1). Hierdurch wird seine Rechtsmacht aber nicht eingeschränkt. Er kann alle Beschlüsse fassen, die in die Zuständigkeit des

II. Verwaltung der Sparkassen § 15

Verwaltungsrates fallen. Die Vorschrift hindert allerdings nicht am Ausscheiden einzelner Mitglieder nach den Regeln, die auch während der Wahlzeit gelten (insbesondere Wegfall der Wählbarkeitsvoraussetzungen nach § 12 Abs. 1 SpkG NRW (für Dienstkräfte § 4 SpkWO NRW, Unvereinbarkeit nach § 13 SpkG NRW, Abberufung nach § 8 Abs. 2 Buchst. h) SpkG NRW). Ein auf diese Weise ausgeschiedenes Mitglied wird durch den gewählten Stellvertreter vertreten, ist auch kein Stellvertreter vorhanden, entfällt die Vertretung, auch wenn die satzungsmäßige Zahl der Verwaltungsratsmitglieder unterschritten wird. Eine Nachwahl findet nach Ablauf der Wahlzeit nicht statt (*Engau* in: Engau/Dietlein/Josten, § 14 Erl. Nr. 2). Die Beschlussfähigkeit würde nur beeinträchtigt, wenn neben dem vorsitzenden Mitglied und seinem Stellvertreter weniger als die Hälfte der weiteren Mitglieder anwesend wären (§ 16 Abs. 3 SpkG NRW).

II. Anwendbarkeit bei Vereinigung von Sparkassen

Eine Anwendung von § 14 SpkG NRW kommt bei Vereinigungen von Sparkassen nur in Betracht, wenn diese durch Aufnahme erfolgt. In diesem Falle endet nach § 27 Abs. 2 S. 3 SpkG NRW die Amtszeit des Verwaltungsrates der aufnehmenden Sparkasse, dessen Mitglieder ihre Ämter aber nach § 14 SpkG NRW bis zur Konstituierung des neuen Verwaltungsrates weiter ausüben. Der Verwaltungsrat der übertragenden Sparkasse geht ebenso wie diese selbst unter. Erfolgt dagegen eine Vereinigung durch Neugründung gehen alle beteiligten (übertragenden) Sparkassen unter, deren Verwaltungsräte haben keine Funktion mehr und enden mit dem Verschmelzungsstichtag nach § 27 Abs. 3 S. 2 SpkG NRW. Eine neue Anstalt öffentlichen Rechts entsteht, deren Organe neu gebildet werden müssen.

2

§ 15 Aufgaben des Verwaltungsrates

(1) Der Verwaltungsrat bestimmt die Richtlinien der Geschäftspolitik und überwacht die Geschäftsführung.
(2) Der Verwaltungsrat ist ferner zuständig für
a. die Bestellung, die Wiederbestellung, die Ablehnung der Wiederbestellung und die Abberufung der Mitglieder und stellvertretenden Mitglieder des Vorstandes sowie die Berufung und Abberufung der dem Vorstand vorsitzenden Person und deren Stellvertreterin. Die Abberufung ist nur aus wichtigem Grund möglich; der Beschluss über die Abberufung bedarf einer Mehrheit von zwei Dritteln der satzungsmäßigen Zahl der Mitglieder des Verwaltungsrates,
b. die Bestellung von Dienstkräften, die im Falle der Verhinderung von Mitgliedern und stellvertretenden Mitgliedern des Vorstandes deren Aufgaben wahrnehmen (Verhinderungsvertreter), und den Widerruf der Bestellung,
c. den Erlass der Geschäftsanweisungen für den Vorstand und die Innenrevision,
d. die Feststellung des Jahresabschlusses und die Billigung des Lageberichtes,

e. den Vorschlag über die Verwendung des Jahresüberschusses an die Vertretung des Trägers,

f. die Einführung von Trägerkapital nach § 7 Abs. 1 Satz 3.

(3) Der Verwaltungsrat bildet einen Risikoausschuss sowie einen Bilanzprüfungsausschuss und erlässt jeweils eine Geschäftsordnung, in der insbesondere Regelungen über die Zusammensetzung, die Zuständigkeiten, die Sitzungen und die Beschlussfassungen getroffen werden. Der Risikoausschuss soll dabei insbesondere die Grundsätze der Risikopolitik und Risikosteuerung der Sparkasse mit dem Vorstand beraten sowie ab einer in der Geschäftsordnung festzulegenden Bewilligungsgrenze über die Zustimmung zur Beschlussfassung des Vorstands über die Gewährung von Krediten beschließen. Der Bilanzprüfungsausschuss ist auch für die Überwachung des Rechnungslegungsprozesses, der Jahresabschlussprüfung, der Wirksamkeit des internen Kontrollsystems und des Risikomanagementsystems zuständig. Der Verwaltungsrat kann einen Hauptausschuss bilden und diesem insbesondere die Anstellung der Mitglieder und stellvertretenden Mitglieder des Vorstandes zur Entscheidung sowie auch die gesamten Aufgaben des Bilanzprüfungsausschusses übertragen. Die Ausschüsse berichten dem Verwaltungsrat regelmäßig.

(4) Der Verwaltungsrat beschließt auf Vorschlag des Vorstandes über

a. die Errichtung von Stiftungen,

b. den Erwerb und die Veräußerung von Grundstücken sowie deren Belastung mit Grundpfandrechten; dies gilt nicht für den Erwerb und die Veräußerung von Grundstücken, die zur Vermeidung von Verlusten freihändig oder im Wege der Zwangsversteigerung erworben werden oder erworben worden sind,

c. die Errichtung von sparkasseneigenen Gebäuden; dies gilt nicht für Errichtungsmaßnahmen bis zu dem vom Verwaltungsrat in der Geschäftsanweisung für den Vorstand bestimmten prozentualen Anteil des gesamten Investitionsvolumens für das Geschäftsjahr,

d. die Eröffnung und Schließung von Zweigstellen; dies gilt nicht für Zweigstellen, die ausschließlich automatisierte Bank- oder Finanzdienstleistungen erbringen,

e. die Aufnahme von haftenden Eigenmitteln.

(5) Der Verwaltungsrat wird angehört vor Beschlussfassung der Vertretung des Trägers über

a. die Auflösung der Sparkasse,

b. die Vereinbarungen nach §§ 27, 29, 30, 38,

c. die Änderung der Satzung.

(6) Die Mitglieder des Verwaltungsrates handeln nach ihrer freien, nur durch die Rücksicht auf das öffentliche Wohl und die Aufgaben der Sparkasse bestimmten Überzeugung. Sie sind an Weisungen nicht gebunden.

(7) Die Mitglieder des Verwaltungsrates sollen sich regelmäßig zur Wahrnehmung ihrer Aufgaben im Verwaltungsrat fortbilden.

(8) Verletzt ein Mitglied des Verwaltungsrates vorsätzlich oder grob fahrlässig die ihm obliegenden Pflichten, so hat es der Sparkasse den dar-

II. Verwaltung der Sparkassen § 15

aus entstehenden Schaden zu ersetzen. Die Vorschrift des § 84 Abs. 1 des Landesbeamtengesetzes gilt entsprechend.

(9) Verpflichtet sich ein Verwaltungsratsmitglied außerhalb seiner Tätigkeit im Verwaltungsrat durch einen Dienstvertrag, durch den weder ein Arbeitsverhältnis zur Sparkasse noch zum Träger der Sparkasse begründet wird, oder durch einen Werkvertrag gegenüber der Sparkasse zu einer Tätigkeit höherer Art, so hängt die Wirksamkeit des Vertrages von der Zustimmung des Verwaltungsrats ab. Gewährt die Sparkasse auf Grund eines solchen Vertrages dem Verwaltungsratsmitglied eine Vergütung, ohne dass der Verwaltungsrat dem Vertrag zugestimmt hat, so hat das Verwaltungsratsmitglied die Vergütung zurückzugewähren, es sei denn, dass der Verwaltungsrat den Vertrag genehmigt. Ein Anspruch des Verwaltungsratsmitglieds gegen die Sparkasse auf Herausgabe der durch die geleistete Tätigkeit erlangten Bereicherung bleibt unberührt; der Anspruch kann jedoch nicht gegen den Rückgewähranspruch aufgerechnet werden.

(10) Verpflichtet sich ein Verwaltungsratsmitglied außerhalb seiner Tätigkeit im Verwaltungsrat gegenüber einem durch die Sparkasse beherrschten Unternehmen zu einer Tätigkeit im Sinne des Absatz 9 Satz 1, ist der Abschluss des Vertrages dem Verwaltungsrat und der Sparkassenaufsichtsbehörde unverzüglich anzuzeigen. Wurde ein solches Vertragsverhältnis bereits vor der Wahl in den Verwaltungsrat begründet, hat das Verwaltungsratsmitglied dies unverzüglich nach dessen Wahl in den Verwaltungsrat diesem und der Sparkassenaufsichtsbehörde anzuzeigen.

Literatur: *Aus der Fünten*, der Verwaltungsrat der Sparkasse, 1. Aufl. 1969; *Bieder*, Grund und Grenzen der Verfolgungspflicht des Aufsichtsrats bei pflichtwidrigem Vorstandshandeln, NZG 2015, 1178; *Biesok*, Die verfassungsrechtliche Zulässigkeit von Regelungen für den Vorstand und den Verwaltungsrat in den Sparkassengesetzen der Länder nach dem CRD IV-Umsetzungsgesetz, DVBl 2017, 677; *Biesok*, Die verfassungsrechtliche Zulässigkeit von Regelungen für den Vorstand und den Verwaltungsrat in den Sparkassengesetzen der Länder nach dem CRD IV-Umsetzungsgesetz, DVBl 2017, 677; *Binz/Sorg*, Verschärfte Überwachungsaufgaben des Aufsichtsrats – eine Bestandsaufnahme, BB 2019, 387: *Bosse/Malchow*, Unterstützung und Kostentragung für die Aus- und Fortbildung von Aufsichtsratsmitgliedern – Der Kodex bezieht Stellung, NZG 2010, 972; *Böttcher/Liekefett*, Mitbestimmung bei Gemeinschaftsunternehmen mit mehr als zwei Muttergesellschaften, NZG 2003, 701; *Burgard*, Wem gehören die Sparkassen?, WM 2008, 1997; *Dreier* (Hrsg.), Grundgesetz-Kommentar, Band 2 (Art. 20–82), 3. Aufl. 2015; *Dürig/Herzog/Scholz*, Grundgesetz, 99. Aufl. 2022; *Emmerich/Habersack*, Aktien- und GmbH-Konzernrecht, 10. Aufl. 2022; *Emmerich/Habersack*, Konzernrecht, 11. Aufl. 2020; *Epping/Hillgruber* (Hrsg.), Beck Online-Kommentar Grundgesetz, 51. Edition, Stand: 15.5.2022; *Fischer/Schulte-Mattler*, KWG CRR-VO Kommentar, 6. Aufl. 2023; *Graewe/Dethleff*, Beratungsverträge mit Aufsichtsräten – Bedenken gegen die extensive Auslegung von § 114 AktG, ZJS 2014, 135; *Grigoleit*, Aktiengesetz – Kommentar, 2. Aufl. 2020; *Grüneberg (zuvor Palandt)*, Kommentar zum Bürgerlichen Gesetzbuch, 81. Aufl. 2022; *Hau/Posek* (Hrsg), Beck online-Kommentar BGB, 62. Edition, Stand: 1.5.2022; *Heinevetter*, Sparkassengesetz Nordrhein-Westfalen, 2. Aufl., 13. Lieferung, Stand: 8/1992; *Hennsler* (Gesamt-Hrsg), *Spindler/Stilz* (Hrsg.), Beck online Grosskommentar zum Aktienrecht, Berarbeitungsstand 1.2.2022; *Henssler/Strohn* (Hrsg.), Gesellschaftsrecht, 5. Aufl. 2021; *Herberger/Martinek/Rüßmann/Weth/Würdinger* (Hrsg.), jurisPraxiskommentar BGB, 9. HaGesR 8/2021 Anm. 1; *Hirt/Hopt/Mattheus*, Dialog zwischen Aufsichtsrat und Investoren, AG 2016, 725; *Hölters/Weber* (Hrsg.), Aktiengesetz – Kommentar, 4. Aufl. 2022; *Horbach* Aufl., Stand: 1.2.2020; *Hippeli*, Final geklärt: Weite Auslegung des § 114 AktG, jurisPR, Recht und Praxis der Bestellung und Abberufung von Vorstandsmitgliedern bei Sparkassen, Sparkasse 1980, 45; *Huck/Müller*, Verwaltungsverfahrensgesetz, 3. Aufl. 2020; *Jarass/Kment*, Grundgesetz für die Bundesrepublik Deutschland – Kommentar, 17. Aufl. 2022; *Kiethe*, Die zivil- und strafrechtliche Haftung von Aufsichtsräten für Geschäftsrisiken, WM 2005, 2122; *Kiethe*, Die zivil- und strafrechtliche Haftung von Vorstandsmitgliedern einer Sparkasse für riskante Kreditgeschäfte, BKR 2005, 177; *Koch*, Aktiengesetz, 16. Aufl. 2022: *Krüger*, Sparkasse und Stiftung – sind enge Verwandte, Sparkasse 2001, 362; *Koch*, Aktiengesetz, 17. Aufl. 2023; *Lanfermann/Röhricht*, Pflichten des Prüfungsausschusses nach dem BilMoG, BB 2009, 887; *Lutter*, Pflichten und Haftung von Sparkassenorganen, 1991; *Lutter/Krieger/Verse*, Rechte und Pflichten des Aufsichtsrats, 7. Aufl. 2020; *Lüttmann*, Aufgaben und Zusammensetzung der Verwaltungsräte der kommunalen Sparkassen, 1. Aufl. 2002; *Martin*, Das Stiftungspotenzial der Sparkassen als Initiatoren, Sparkasse 2002, 171; *Oebbecke*, Der öffentlich-rechtliche Status von Sparkassen und seine Auswirkungen, DVBl 2017, 397; *Opitz*, Zur Fortbildungsverantwortung von Vorstand und Aufsichtsrat – Zugleich ein Beitrag zu § 25c und § 25d KWG idF von Art. 1 Nr. 48 CRD IV-UmsetzungsGE, BKR 2013, 177; *Orth*, Stiftungsrechtsreform 2021 – Teile 1 und 2, MDR 2021, 1225, 1304; *Pommer*: Das Gesetz zur Schaffung von mehr Transparenz in öffentlichen Unternehmen im Lande Nordrhein-Westfalen (Transparenzgesetz) vom 17.12.2009, NWVBl 2010, 459; *Pruns*, Ein Überblick über das neue Stiftungsrecht, ZErb 2021, 301; *Rahlmeyer/Gömöry*, Der unternehmerische Ermessensspielraum (§ 93 I 2 AktG) bei Beratungsverträgen mit Aufsichtsratsmitgliedern, NZG 2014, 616; *Ringleb/Kremer/Lutter/v. Werder*, Die Kodex-Änderungen vom Mai 2010, NZG 2010, 1161; *Säcker/Rixecker/Oetker/Limperg* (Hrsg.), Münchener Kommentar zum Bürgerlichen Gesetzbuch, Band 13 (IPR), 8. Aufl. 2021; *Semler*, Die Unternehmensplanung in der Aktiengesellschaft – eine Betrachtung unter rechtlichen Aspekten, ZGR 1983, 1; *Schauhoff/Mehren*, Die Reform des Stiftungsrechts, NJW 2021, 2993; *Schiffer*, Stiftung für jedermann, ErbR 2008, 94; *Schmidt*, Wissen für Verwaltungsräte, 8. Aufl. 2002; *Schmidt/Lutter*, AktG Kommentar, 4. Aufl. 2020; *Schneider/Schneider*, Der Aufsichtsrat der Kreditinstitute zwischen gesellschaftsrechtlichen Vorgaben und aufsichtsrechtlichen Anforderungen – Ein Beitrag zur aufsichtsrechtlichen Corporate Governance der Kreditinstitute, NZG 2016, 41; *Stern/Burmeister*, Die kommunalen Sparkassen – Verfassungs- und verwaltungsrechtliche Probleme, 1972; *Thole*, Managerhaftung für Gesetzesverstöße, ZHR 173 (2009), 504; *Tophoven*, Sind Rahmen-Beratungsvereinbarungen mit Aufsichtsratsmitgliedern (doch) noch zu retten?, BB 2007, 2413; *Vogel*, Formvorschriften oder Einschränkungen der Vertretungsmacht?, JuS 1996, 964; *Schwennicke/Auerbach*, Kreditwesengesetz (KWG) mit Zahlungsdiensteaufsichtsgesetz (ZAG), 4. Aufl. 2021; *Spannowsky/Saurenhaus* (Hrsg), Beck online Kommentar Bauordnungsrecht NRW, 11. Edition, Stand: 1.5.2022; *Völter*, Aufgaben und Pflichten von Verwaltungsräten, 8. Aufl. 2014; *von Mangoldt* (Begr.), Huber/Voßkuhle (Hrsg.), Grundgesetz – Kommentar, 7. Aufl. 2018; *von Münch/Kunig* (Begr.), Kämmerer/Kotzur (Hrsg.), Grundgesetz – Kommentar, 7. Aufl. 2021; *von Schenck/Wilsing* (Hrsg), Arbeitshandbuch für Aufsichtsratsmitglieder, 5. Aufl. 2021; *von Staudinger* (Begr.), Kommentar zum Bürgerlichen Gesetzbuch (erscheint laufend), hier Staudinger BGB – EGBGB: Art 1, 2, 50–218 EGBGB (Inkrafttreten, Verhältnis zu anderen Vorschriften, Übergangsvorschriften), Neubearbeitung 2018; *Ziemons*, Beraterverträge mit Mitgliedern des Aufsichtsrats, GWR 2012, 451

Übersicht

	Rn.		Rn.
I. Einleitung	1	a) Information als Voraussetzung der Überwachung	21
II. Richtlinien der Geschäftspolitik (Abs. 1 Alt. 1)	5	b) Informationspflicht des Vorstandes	22
1. Gegenstand, Rechtsnatur und regulatorischer Kontext	5	c) Informationsanspruch und Informationsanforderungspflicht des Verwaltungsrates	24
2. Anwendungsvoraussetzungen und -bereiche	8	aa) Inhalt	24
3. Kein spezifisches Richtlinien-Informationsrecht	12	bb) Organrecht	25
4. Wirkung von Richtlinien	14	cc) Rechtsposition und Handlungsalternativen des Organmitglieds	28
III. Überwachungsaufgabe (Abs. 1 Alt. 2)	16	4. Urteilsbildung und Beurteilungsmaßstäbe	30
1. Überblick	16	a) Rechtmäßigkeitskontrolle	31
2. Gegenstand und Umfang der Überwachung	18	b) Zweckmäßigkeitskontrolle	32
3. Informationsgrundlage für die Überwachung	21		

II. Verwaltung der Sparkassen

	Rn.
c) Überprüfung der Ordnungsmäßigkeit	35
5. Durchsetzung von Überwachungsmaßnahmen / Ergreifen von Maßnahmen	36
IV. Gestaltungskompetenzen (Abs. 2)	39
1. Übersicht	39
2. Personalkompetenz für Geschäftsleitungsorgane (Abs. 2 lit. a))	40
a) Bedeutung, Inhalt und Umfang der Kompetenz	40
b) Verfahren	45
c) Aufsichtsrechtliche Mitwirkung	47
d) Bestellung von Vorstandsmitgliedern	52
e) Bestellung von stellvertretenden Vorstandsmitgliedern	56
f) Berufung von (stellvertretenden) Vorstandsvorsitzenden	58
g) Wiederbestellung und Ablehnung der Wiederbestellung	59
h) Abberufung	62
aa) Abberufung von (stellvertretenden) Vorstandsmitgliedern	62
bb) Isolierte Abberufung des (stellvertretenden) Vorstandsvorsitzenden	66
cc) Verfahren	67
dd) Anstellungsverhältnis	68
3. Verhinderungsvertreter (Abs. 2 lit. b))	69
4. Geschäftsanweisungen (Abs. 2 lit. c))	72
5. Feststellung Jahresabschluss (Abs. 2 lit. d))	75
6. Verwendung Jahresüberschuss (Abs. 2 lit. e))	78
7. Einführung Trägerkapital (Abs. 2 lit. f))	79
V. Ausschüsse (Abs. 3)	80
1. Gegenstand, Rechtsnatur und regulatorischer Kontext	80
2. Geschäftsordnung	84
3. Risikoausschuss	86
4. Bilanzprüfungsausschuss	90
5. Hauptausschuss	93
6. Berichtspflicht	95
VI. Mitentscheidungskompetenz nach Vorstandsvorschlag (Abs. 4)	97

§ 15

	Rn.
1. Allgemeines	97
2. Stiftungserrichtung	100
3. Erwerb, Veräußerung und Belastung von Grundstücken (Abs. 4 lit. b))	105
4. Errichtung sparkasseneigener Gebäude (Abs. 4 lit. c))	107
5. Eröffnung und Schließung von Zweigstellen (Abs. 4 lit. d))	112
6. Aufnahme von haftenden Eigenmitteln (Abs. 4 lit. e))	114
VII. Beratungskompetenz von Trägerentscheidungen (Abs. 5)	115
1. Kontext, Gegenstand und Zweck	115
2. Anwendungsvoraussetzungen und Rechtsfolgen	117
VIII. Pflichten und Weisungsfreiheit von Verwaltungsratsmitgliedern (Abs. 6)	119
1. Gegenstand, Rechtsnatur, Hintergrund und Ratio legis	119
2. Die Pflichten des Verwaltungsratsmitglieds	122
a) Pflichtensystematik	122
b) Sorgfaltspflichten	123
c) Treuepflichten	127
3. Vorrang des Sparkassenrechts bei Interessen-/Pflichtenkollisionen	131
IX. Fortbildungspflicht von Verwaltungsratsmitgliedern (Abs. 7)	136
1. Gegenstand, Hintergrund und Kontext	136
2. Anwendungsvoraussetzungen und Rechtsfolgen	138
X. Haftung der Verwaltungsratsmitglieder (Abs. 8)	143
1. Haftungsvoraussetzungen	145
2. Haftungsprivilegierung	147
3. Gesamtschuld	148
4. Entlastung durch abweichendes Stimmverhalten	150
5. Verjährung	153
6. Prozessuale Aspekte	155
XI. Verträge der Sparkasse mit Verwaltungsratsmitgliedern (Abs. 9)	156
1. Überblick, Hintergrund, Zweck und Gegenstand	156
2. Landesgesetzgebungskompetenz	159
a) Zuständigkeit für den Wirksamkeitsvorbehalt	159
b) Zuständigkeit für die Folgen der Unwirksamkeit	163

	Rn.		Rn.
3. Anwendungsvoraussetzungen	166	cc) Compliance-Folgen	174
a) Sachlich: Zustimmungspflichtige Verträge	166	4. Zustimmung des Verwaltungsrats	175
aa) Dienst- oder Werkvertrag	166	5. Rechtsfolgen	177
bb) Außerhalb des Überwachungsbereichs	168	XII. Verträge zwischen Verwaltungsratsmitgliedern und Sparkassen-Tochterunternehmen Abs. 10)	183
cc) Altverträge	170	1. Hintergrund, Kontext und Regelungsgegenstand	183
b) Persönlicher Anwendungsbereich	171	2. Anwendungsvoraussetzungen, insbes. Beherrschung	184
aa) Verwaltungsratsmitglied und horizontale Erstreckung	171	3. Rechtsfolgen	187
bb) Sparkasse/konzernverbundene Unternehmen	172		

I. Einleitung

1 Als juristische Person handelt die Sparkasse durch ihre **beiden Organe**. Gemäß § 20 Abs. 1 Satz 1 SpkG NRW leitet der Vorstand die Sparkasse in eigener Verantwortung. Der Vorstand ist somit kraft Gesetzes Geschäftsführungsorgan (→ *Zimmer*, § 20 Rn 1 ff. sowie *Schlierbach/Püttner*, S. 196). Seine Rechte sind folglich originärer Natur, beruhen unmittelbar auf Gesetz und sind nicht vom Verwaltungsrat abgeleitet (*Klüpfel/Gaberdiel/Gnamm/Höppel*, 8. Aufl. 2011, § 23 Rn. 1). Von beiden Organen ist der **Verwaltungsrat** das im Gesetz zuerst genannte Organ, § 9 lit. a SpkG NRW und wird regelmäßig daher als „**oberstes Organ**" angesehen (*Berger*, § 16 Rn. 1; *Biesok*, Sparkassenrecht, Rn. 300), weil er die Grundlagen der Geschäftsführung bestimmt (*Völter*, 2014, S. 56). Er ist zwar wie der Aufsichtsrat im Aktienrecht Aufsichts- und Kontrollorgan; ihm sind allerdings weitergehende wichtige geschäftspolitische, organisatorische und personelle Aufgaben zugewiesen. Besonders hervorzuheben ist dabei die Richtlinienkompetenz. Dies ändert indes nichts daran, dass der Vorstand für die wirtschaftliche Entwicklung und für die Möglichkeit der Sparkasse, ihren Willen zu bilden und ihm Ausdruck zu verleihen, in der Praxis das bedeutsamste Organ sein dürfte.

2 Die Kernaufgabe des Verwaltungsrates besteht in der **Überwachung des Vorstandes**, welche mit der des Aufsichtsrates der Aktiengesellschaft vergleichbar ist, so dass ergänzend die Grundsätze des Aktienrechts entsprechend zur Anwendung gelangen können, sofern keine spezifischen sparkassenrechtliche Vorschriften dem entgegenstehen (*Völter*, 2014, S. 55). Neben diesen Aufsichtsbefugnissen weist das Gesetz dem Verwaltungsrat weitere umfangreiche Aufgaben zu, so dass er **auch als Entscheidungs- und Mitwirkungsorgan** anzusehen ist (*Schlierbach/Püttner*, S. 184; Darstellung nach ihrer Zielsetzung entsprechend *Klüpfel/Gaberdiel/Gnamm/Höppel*, § 12 Rn. 1): So werden dem Verwaltungsrat umfangreiche **geschäftspolitische Aufgaben** zugewiesen: Er bestimmt die Richtlinien der Geschäftspolitik, stellt den Jahresabschluss fest und billigt den Lagebericht, beschließt auf Vorschlag des Vorstandes zB über die Errichtung von Stiftungen, den Erwerb bzw. die Veräußerung von Grundstücken, die Errichtung von Gebäuden, die Eröffnung bzw. Schließung von Zweigstellen. Hinzu kommen **organisatorische Aufgaben**

II. Verwaltung der Sparkassen   § 15

wie der Erlass der Geschäftsanweisungen für den Vorstand und die Innenrevision sowie **personelle Aufgaben**, zu denen vorrangig die Bestellung und Abberufung der Vorstandsmitglieder zählt. Aufgrund dieser umfassenden Mitwirkungsbefugnisse wird er auch als Organ der internen Willensbildung tätig (*Engau* in: Engau/Dietlein/Josten, § 9 Anm. 2). Sofern das KWG die Geschäftsführungsbefugnisse ausschließlich den Geschäftsleitern zuweist, ist dies im Rahmen der Auslegung von sparkassenspezifischen Normen zu berücksichtigen (so auch *Schlierbach/Püttner*, S. 184 u. 217 f.).

Die Aufgaben und Befugnisse des Verwaltungsrates sind im SpkG NRW (und ggf. 3 auch in der Satzung) abschließend geregelt (*Klüpfel/Gaberdiel/Gnamm/Höppel*, § 12, Anm. I 2, S. 121). Insbesondere steht dem Verwaltungsrat **keine sog Kompetenz-Kompetenz** zu, die es ihm ermöglichen würde, seine sachliche Zuständigkeit unter Einschränkung fremder Zuständigkeiten zu erweitern (*Völter*, 2014, S. 58; *Klüpfel/Gaberdiel/Gnamm/Höppel*, § 12, Anm. I 2, S. 121). Auch lässt sich seine Kompetenz nicht durch Geschäftsordnungen oder -anweisungen zu Lasten des Vorstands erweitern (*Berger*, § 16 Rn. 2). Dies würde nämlich zur Umgehung der gesetzlich vorgegebenen Aufgabenteilung zwischen Vorstand und Verwaltungsrat führen (*Völter*, 2014, S. 58). Kommt es in solchen Fällen zu sparkasseninternen Kompetenzkonflikten, so sind die Beschlüsse des Verwaltungsrates wegen fehlender sachlicher Zuständigkeit gemäß § 17 SpkG NRW zu beanstanden und ggf. die die Entscheidung der Aufsichtsbehörde einzuholen (so auch *Berger*, § 16 Rn. 2; *Völter*, 2014, S. 58; *Klüpfel/Gaberdiel/Gnamm/Höppel*, § 12, Anm. I 2, S. 121).

Der Verwaltungsrat ist ein **Kollegialorgan**. Auch wenn die Verwaltungsratsmit- 4 glieder in einem besonderen Rechtsverhältnis zur Sparkasse stehen und aus diesem besonderen Rechtsverhältnis eigene Rechte und Pflichten resultieren (§ 15 Abs. 6 SpkG NRW), ist zu beachten, dass die im § 15 SpkG NRW dem Verwaltungsrat zugewiesene Kompetenzen dem Verwaltungsrat als Kollegialorgan und nicht dem einzelnen Verwaltungsratsmitglied als Individualrecht zustehen (*Völter*, 2014, S. 96). In der Literatur wurde dies bereits vor längerer Zeit vertreten (*Lutter*, Pflichten/Haftung von SpkOrganen, S. 93) und zum Teil wie folgt abgekürzt: „*In keinem Fall steht dem einzelnen Verwaltungsratsmitglied gegenüber dem Vorstand eine Überwachungsfunktion oder gar eine Entscheidungs- oder Mitwirkungsbefugnis zu.*" (Schlierbach/Püttner, S. 185). Zumindest für NRW ist die Rechtslage durch das OVG Münster entschieden worden (OVG Münster, Urt. v. 18.8.1989, 15 A 2422/86 = NVwZ-RR 1990, 101): So mag der Verwaltungsrat als Kollegialorgan gegenüber seinem Vorstand einen Anspruch darauf haben, dass ihm die zur Wahrnehmung seiner Aufgaben erforderlichen Akten vorgelegt und Auskünfte erteilt werden. Dem einzelnen Verwaltungsratsmitglied steht indes ein solcher Anspruch nicht zu – vielmehr muss dieser die Entscheidung des eigenen Gremiums, ob und in welchem Umfang der Anspruch gegen den Vorstand im Einzelfall geltend gemacht wird, grundsätzlich hinnehmen. Damit entspricht dies der Rechtslage im Aktienrecht (OLG Stuttgart, Urt. v. 30.5.2007, 20 U 14/06 = NZG 2007, 549; *Krieger/Sailer-Coceani* in: Schmidt/Lutter, AktG Kommentar, 3. Aufl. 2015, § 90 Rn. 4).

II. Richtlinien der Geschäftspolitik (Abs. 1 Alt. 1)

1. Gegenstand, Rechtsnatur und regulatorischer Kontext

5   Gemäß § 15 Abs. 1 SpkG NRW bestimmt der Verwaltungsrat die **Richtlinien der Geschäftspolitik**. Im Einzelnen sind Rechtsnatur, Herkunft und Reichweite dieser Kompetenz umstritten (*Lutter*, Pflichten/Haftung von Spk-Organen, S. 79 f.; *Lüttmann*, 2002, S. 105 ff.), sie bedeutet aber im Kern die **Festlegung der allgemeinen Ziele der Sparkassenpolitik und der leitenden Grundsätze der Geschäftsführung** durch Rahmenregelungen. Diese Kompetenz ist historisch gewachsen und eine vom Gesetzgeber beabsichtigte signifikante sparkassenrechtliche **Abweichung von der klassischen Kompetenzverteilung** zwischen Aufsichts- und Geschäftsführungsorgan im Gesellschaftsrecht. Aus den Gesetzesmaterialien wird ersichtlich, dass diese Kompetenz, ungeachtet der Frage, ob Verwaltungsratsmitglieder tatsächlich in der Lage sind, Richtlinien tatsächlich aufzustellen, gerade nicht dem Vorstand zugewiesen werden sollte (LT NRW, Protokoll Nr. 1455/69 vom 13.11.1969 über die 62. Sitzung des Wirtschaftsausschusses, S. 5 ff., 6; *Rothe*, § 13 Anm. 2; *Lüttmann*, 2002, S. 105 ff., 111). Ihre **Rechtsnatur** ist nicht abschließend geklärt und wird zum Teil als Ausfluss einer (Vorab-)Überwachungskompetenz, von der hM (zum Streitstand vgl. *Lüttmann*, 2002, S. 110 ff.) aber als Teilhabe an der Exekutivfunktion des Vorstandes angesehen, um den Einfluss auf die Unternehmenspolitik sicherzustellen (*Lutter*, Pflichten/Haftung von Spk-Organen, S. 79 mwN). In Anbetracht der hervorgehobenen Verortung in § 15 Abs. 1 Alt. 1 SpkG NRW, der primären Nennung des Verwaltungsrates in § 9 lit. a) SpkG NRW, mithin seiner Stellung als „oberstes Organ" der Sparkasse, der historischen Entwicklung aus dem Kommunalrecht, und – nicht zuletzt – der bewussten Entscheidung, diese Richtlinien nicht vom Vorstand aufstellen zu lassen, verdient die hM den Vorzug. Dem Verwaltungsrat kommt insoweit eine **echte Leitungsaufgabe** zu, welche über die (zweifelsohne auch beim Verwaltungsrat existierende) präventiven Überwachungsaufgabe hinausgeht (*Engau* in: Engau/Dietlein/Josten, § 15 Anm. 2.1). Insoweit übernimmt der Verwaltungsrat zum Teil die potentiellen Befugnisse der im Sparkassenrecht nichtexistierenden Gesellschafterversammlung.

6   Es handelt sich dabei um eine **Befugnis und Aufgabe des Verwaltungsrates**. Damit geht einher, dass sich der Verwaltungsrat diesen Fragen nicht entziehen kann und Ziele und geschäftspolitische Vorstellungen im Rahmen der Sparkassenaufgabe beraten und festlegen muss (*Schmidt*, 2002, S. 133 ff., S. 134); zu seinen Pflichten gehört es also, sich „aktiv Gedanken [zu] machen über die Geschäftspolitik" und anhand der ihm vorgelegten Unterlagen zu entscheiden, ob Richtlinien der Geschäftspolitik verbesserungswürdig sind (*Lutter*, Pflichten/Haftung von Spk-Organen, S. 80). Auf der anderen Seite bedeutet dies keine Pflicht zur abschließenden Kodifizierung, da ein ausdrückliches umfängliches Regelwerk nicht zwingend erforderlich ist, der Verwaltungsrat seine Richtlinien vielmehr auch im Rahmen von Grundsatzdiskussionen, Beratungen äußern kann (*Engau* in: Engau/Dietlein/Josten, § 15 Anm. 2.2; *Schmidt*, 2002, S. 133 ff., S. 134; *Biesok*, Sparkassenrecht, Rn. 564 f.).

7   Die Problematik dieser Kompetenz beruht darin, dass sie mit der dem **vorrangigen** Bundesrecht entstammenden **aufsichtsrechtlichen Vorgaben an den Vorstand** in Einklang zu bringen ist. Nach § 1 Abs. 2 KWG sind Geschäftsleiter

II. Verwaltung der Sparkassen § 15

als diejenigen Personen definiert, die zur Führung der Geschäfte des Instituts und zu dessen Vertretung berufen sind. Dies ist nach § 20 Abs. 1 SpkG NRW der Vorstand, der die Sparkasse in eigener Verantwortung leitet und auch nach außen vertritt. Von diesen wird aufsichtsrechtlich eine besondere fachliche Eignung zur Leitung von Kreditinstituten verlangt, die Verwaltungsratsmitglieder ihrerseits nicht nachweisen müssen. Aufsichtsrechtlich knüpft an die Geschäftsleiterposition eine Verantwortlichkeit für das Institut an; die Geschäftsleiter sind einerseits verantwortlich, haben im Institut aber zusätzliche besondere Rechte und Pflichten, die in zahlreichen KWG-Vorschriften niedergelegt sind. Insoweit bedarf es daher eines Gleichlaufs von Handlungsfähigkeit und Verantwortlichkeit: Die Geschäftsleiter müssen uneingeschränkte Geschäfts- und Vertretungsbefugnis haben – Entscheidungsvorbehalte zugunsten Dritter, auch des Verwaltungsrates, sind damit nicht vereinbar (*Schäfer* in: Boos/Fischer/Schulte-Mattler, KWG, § 1 Rn. 210). Dies ist auch bei der Auslegung von § 15 Abs. 1 SpkG NRW und seinem Verhältnis zu § 20 SpkG NRW zu berücksichtigen. Soweit dies dem Willen des Landesgesetzgebers nicht widerspricht, sind die **Befugnisse des Verwaltungsrats dahingehend einschränkend auszulegen**, dass nicht in die grundsätzliche Kompetenzzuweisung des KWG an die Geschäftsleiter eingegriffen wird (ähnlich VG Neustadt, Urt. v. 11.3.1981 – 1 K 70/80 = *Weides/Bosse*, Rspr. zum SpkR, Bd. 2, S. 356 ff.).

2. Anwendungsvoraussetzungen und -bereiche

Dies hat Auswirkungen auf die Definition der unbestimmten Rechtsbegriffe der Richtlinie sowie der Geschäftspolitik. Aus dem Vorgesagten ergibt sich, dass die Richtlinie des Verwaltungsrates bezogen auf den Vorgang der Sachentscheidung dem Vorstand abstrakt noch so viel Entscheidungsspielraum lassen muss, dass es noch gerechtfertigt erscheint, die **Geschäftsleiterverantwortung** anzunehmen (*Engau* in: Engau/Dietlein/Josten, § 15 Anm. 2.2). Ferner müssen unter Beachtung der Richtlinie in wirtschaftlicher Hinsicht noch Rahmenbedingungen vorliegen, die bei objektiver Bewertung und Einhaltung des Rechtsrahmens einen **geschäftspolitischen Erfolg ermöglichen** (*Schmidt*, 2002, S. 133 ff., S. 134); verbleiben dem Vorstand nämlich nur Alternativen, die wirtschaftlich die Sparkasse gefährden, hat der Vorstand keinen, eine Verantwortung rechtfertigenden Handlungsspielraum mehr. Schließlich sind Richtlinien nur im **Legalitätsfenster** zulässig. Bei der Richtlinienbestimmung hat der Verwaltungsrat einerseits die klassischen Leitplanken des höherrangigen Rechts zu beachten, darf also bei der Fassung seiner Richtlinie nicht gegen die Satzung, Landesrecht, Bundesrecht, etc verstoßen. Dies ergibt sich aus der Sorgfaltspflicht jedes einzelnen Verwaltungsratsmitglieds, aber auch – bezogen auf eine Richtlinie – aus dem Umstand, dass die Rechtsordnung dem Vorstand keine Spielräume lässt, sich rechtswidrig zu verhalten.

Nach alledem kann eine **Richtlinie** nur eine unbestimmte Anzahl von Einzelfällen betreffen und diese nicht endgültig entscheiden, sondern nur die Entscheidung beeinflussen und in eine bestimmte Richtung lenken (*Lüttmann*, 2002, S. 108). Diese Richtlinien sind dann vom Vorstand auszufüllen, dh der Verwaltungsrat kann nur „Rahmenregelungs"-Beschlüsse fassen, die noch durch selbständige, eigenverantwortliche Maßnahmen des Vorstands ausfüllbar sind (*Aus der Fünten*, 1969, S. 112; *Lüttmann*, 2002, S. 108). Eine weitere Beschränkung der dem Vorstand zugewiesenen Kompetenz geht damit nicht einher, so dass dem Verwaltungsrat

keine Kompetenz zukommt, **Einzelmaßnahmen** zur Beschlussfassung an sich zu ziehen oder in Einzelfällen bindende Weisungen zu erteilen (*Völter*, 2014, S. 57; *Klüpfel/Gaberdiel/Gnamm/Höppel*, § 12, Anm. II 3, S. 121; *Lüttmann*, 2002, S. 108; *Lutter*, Pflichten/Haftung von Spk-Organen, S. 79). Richtlinien sind demnach allgemeine Orientierungsmaßstäbe und geschäftspolitische Zielvorstellungen (*Schlierbach/Püttner*, S. 189; *Völter*, 2014, S. 58; *Lutter*, Pflichten/Haftung von Spk-Organen, S. 79) Damit geht einher, dass die Richtlinie **keine absolute Bindungswirkung** entfalten kann, der Vorstand sich bei seinen konkreten Einzelentscheidungen zwar hieran zu orientieren hat, im Einzelfall aber hiervon abweichen kann (*Lüttmann*, 2002, S. 108; *Klüpfel/Gaberdiel/Gnamm/Höppel*, § 12, Anm. II 1, S. 123; *Völter*, 2014, S. 58; Aus der Fünten sieht lediglich bei einer Ermessensreduzierung auf null einer ansonsten allgemein gehaltenen Regelung die Möglichkeit eines bindenden Beschlusses als möglich an, *Aus der Fünten*, 1969, S. 113). Der Verwaltungsrat darf aber Einzelmaßnahmen zum Anlass nehmen, über sie hinausgehende abstrahierende Richtlinien zu erlassen; er darf ferner über die Auslegung der eigenen Richtlinien verbindlich entscheiden und im Zusammenhang mit Einzelmaßnahmen entscheiden, ob bestimmte Maßnahmen noch seinen Richtlinien entsprechen (*Aus der Fünten*, 1969, S. 112 f.). Der Begriff der **Geschäftspolitik** ist weit auszulegen und erfasst das gesamte unternehmerische Wirken der Sparkasse, dh Aktiv-, Passiv- und Dienstleistungsgeschäfte, Investitionen, Geschäftsstellenpolitik, Personalpolitik und Spendenpolitik (*Völter*, 2014, S. 59), aber auch die Öffentlichkeitsarbeit, also das Auftreten gegenüber dem Träger, gegenüber dem Kunden und gegenüber den zu ihr im Wettbewerb stehenden Kreditinstituten (*Lüttmann*, 2002, S. 109).

10 Soweit ersichtlich, gibt es zu **Inhalten und Reichweite der Richtlinien** bislang lediglich ein Urteil des VG Neustadt an der Weinstraße, nach dem die Festlegung der Regelzinssätze, der Entgelte, Provisionen und individuellen Konditionen nicht dem Aufgabenkreis des Verwaltungsrats unterfällt – auch dann nicht, wenn der Vorstand im Einzelfall die Möglichkeit habe, davon abzuweichen (VG Neustadt, Urt. v. 11.3.1981 – 1 K 70/80 = *Weides/Bosse*, Rpr. zum SpkR, Bd. 2, S. 356 ff., 360 f.; zustimmend *Klüpfel/Gaberdiel/Gnamm/Höppel*, § 12, Anm. II 2; *Schlierbach/Püttner*, S. 189; *Engau* in: Engau/Dietlein/Josten, § 15 Anm. 2.1; differenzierend *Schmidt*, 2002, S. 135). Im Übrigen werden als Beispiele ua genannt: (1.) der Ausbau bzw. die Reduzierung einzelner Geschäftsfelder, (2.) die Politik der Kreditvergabe innerhalb der EU bzw. Schweiz, (3) die Werbung, (4.) Prioritätenkatalog bei Liquiditätsenge, (5) uU die Zweigstellenpolitik (*Engau* in: Egau/Dietlein/Josten, § 15 Anm. 2.1.; *Schmidt*, 2002, S. 135 f.; *Klüpfel/Gaberdiel/Gnamm/Höppel*, § 12, Anm. II 1, S. 123). Letztlich wird man dies anhand der og Kriterien (Ausfüllungsbedürftigkeit aufgrund der Geschäftsleiterverantwortung, Handlungsfreiraum, der einen geschäftspolitischen Erfolg noch ermöglicht; kein Verstoß gegen höherrangiges Recht) im Einzelfall überprüfen müssen.

11 Bei aller **geforderten Zurückhaltung** (so ausdrücklich *Schmidt*, 2002, S. 136. und *Engau* in: Engau/Dietlein/Josten, § 15 Anm. 2.2 aE) ist indes zu beachten, dass der Gesetzgeber die Bestimmung der Richtlinien der Geschäftspolitik bewusst dem Verwaltungsrat überlassen hat und dies sachlich auch dem **Demokratiegebot** entstammt. Der besondere Status der Sparkassen als öffentlich-rechtliche Anstalten, ihr gesetzlich übertragener öffentliche Auftrag und ihre Einbindung als Teil der öffentlichen Verwaltung der Gemeinden und Gemeindeverbände macht eine ununterbrochene Legitimationskette erforderlich (vgl. dazu NRWVerfGH, Urt. v.

15.9.1986 – 17/85 = NVwZ 1987, 211). Daher wird nicht gleich jede Auswirkung bzw. Spürbarkeit auf den geschäftspolitischen Erfolg ausreichen, um dem Verwaltungsrat die Kompetenz abzusprechen. Dieses Demokratiegebot wird daher unweigerlich auch **politisch motivierte Schwerpunktsetzungen** mit sich bringen. Sie sind letztlich die Konsequenz der öffentlich-rechtlichen Sonderstellung der Sparkassen. Daher können zB Schwerpunktsetzungen im Kreditgeschäft (Finanzierung von Infrastrukturmaßnahmen, Wohnungsbau, Mittelstand, Industrieansiedlung) oder der Grundsätze im Beteiligungserwerb einen politischen Hintergrund haben. Sie sind zulässig, solange die vorgenannten Kriterien eingehalten werden.

3. Kein spezifisches Richtlinien-Informationsrecht

In der Literatur wird zT aus der Richtlinienkompetenz des Verwaltungsrates ein Informationsrecht abgeleitet, das weitergehend ist als das „normale" aus der Aufsichtsfunktion abzuleitende Informationsrecht (*Völter*, 2014f., S. 60f.; *Aus der Fünten*, 1969, S. 122f.). Sofern dies vertreten wird, hat dies nur Auswirkungen auf die Frage, ob ein Recht des Verwaltungsrates besteht, über den Umstand aufmerksam gemacht zu werden, dass es einen Bedarf zum Erlass bzw. zur Änderung einer Richtlinie gibt. Schon aus der allgemeinen Überwachungsaufgabe des Verwaltungsrates ergibt sich nämlich, dass dieser über den allgemeinen Gang der Geschäfte und die aktuelle Situation der Sparkasse informiert sein muss. Gemäß § 20 Abs. 5 SpkG NRW hat der Vorstand – losgelöst von jeglichem Informationsverlangen – „aus wichtigem Anlass" dem Verwaltungsrat ohnehin über bestimmte Angelegenheiten der Sparkasse zu berichten.

Völter begründet dieses weitergehende Informationsrecht mit dem Umstand, dass sich aus den gesetzlichen Regelungen ergebe, dass grundsätzlich Richtlinien für die Geschäfte vorliegen sollen; jedenfalls wenn eine „besonders gewichtige Einzelfallmaßnahme" bzw. eine „Reihe gleichartiger Einzelfälle, die von geschäftspolitischer Bedeutung" seien, vorliege, so müsse der Verwaltungsrat auf die fehlende bzw. zu ändernde Richtlinie hingewiesen werden (*Völter*, 2014, S. 61). Aus der Fünten begründet dies weitergehend damit, dass dem Verwaltungsrat gerade kein Ermessen zustehe, ob er von seiner Richtlinienkompetenz Gebrauch mache (*Aus der Fünten*, 1969, S. 122f.). Dies ist indes nicht überzeugend. Lüttmann ist insoweit beizupflichten, dass dies zu einer faktischen Einflussnahme des Verwaltungsrates auf einzelne Entscheidungen des Vorstandes führen würde, wenn dem Verwaltungsrat vor der Entscheidung des Vorstandes die Möglichkeit gegeben würde, mit einer Richtlinie einzugreifen (*Lüttmann*, 2002, S. 117). Auch ist die Annahme von Aus der Fünten, es bestehe kein Ermessensspielraum bei der Frage des „Ob" einer Richtlinie, nicht zwingend. Gerade die Verwendung zweier unbestimmter Rechtsbegriffe (Richtlinie und Geschäftspolitik) spricht für einen weiten Beurteilungsspielraum des Verwaltungsrates bei der Frage, ob eine Richtlinie überhaupt angebracht ist. Richtigerweise besteht, wie Schmidt dies zutreffend ausgeführt hat, lediglich kein Ermessensspielraum über die Befassung mit den Richtlinien der Geschäftspolitik und dem Führen der dazugehörigen Diskussionen (*Schmidt*, 2002, S. 133f., 134).

4. Wirkung von Richtlinien

14 Bei der Wirkung von Richtlinien ist zu differenzieren. **Rechtmäßige Richtlinien** haben, ungeachtet dessen, ob sie im Beschlusswege ergangen sind, in Bezug auf den Vorstand ermessenslenkende Wirkung, indes keine absolute Bindungswirkung (s.o.). Sie vereinfachen zudem die anschließende Überwachungsaufgabe des Verwaltungsrates, der den Vorstand auch daran messen kann. Daher wird ein Vorstand, der von einer Richtlinie abweichen möchte, dies sinnvollerweise sowohl kompetenztechnisch anhand der og Kriterien (Zulässigkeit der Abweichung) als auch inhaltlich begründen (Grund der Abweichung) und entsprechend dokumentieren. Eine grundlose Abweichung stellt insoweit eine Pflichtverletzung dar.

15 **Rechtswidrige Richtlinien**, können selbstverständlich ebenfalls keine absolut bindende Wirkung entfalten. Sofern sie nicht formal im Wege eines Beschlusses ergangen sind, sind sie als unformalisierter rechtswidriger Innenrechtsakt nichtig. Eine Beanstandung ist mangels Beschlusses nicht möglich, daher gibt es auch keine Rechtmäßigkeitsvermutung, die es rechtfertigen würde, dem Akt eine – wenn auch nur vorläufige – Wirkung zu gewähren (→ § 16 Rn. 66 ff.). Sofern die rechtswidrige Richtlinie durch förmlichen Beschluss ergangen ist, ist dieser beanstandungsfähig (→ § 17 Rn. 6), und grundsätzlich, sofern er nicht an einem besonders schwerwiegenden Fehler leidet und dies bei verständiger Würdigung aller in Betracht kommenden Umstände offensichtlich ist, – zumindest vorläufig – wirksam (→ § 16 Rn. 73 f.). Diese Wirksamkeit wird indes in der Praxis durch die Beanstandungspflicht und den daran anknüpfenden Suspensiveffekt (→ § 17 Rn. 21) weiter entschärft. Schließlich bleibt dem Vorstand auch die Möglichkeit, gegen die Richtlinie im Wege des Interorganstreits vorzugehen (→ § 16 Rn. 77 f.).

III. Überwachungsaufgabe (Abs. 1 Alt. 2)

1. Überblick

16 Der Verwaltungsrat nimmt die Aufgaben und **Funktionen eines echten Aufsichtsorgans** wahr. Während der Vorstand nach § 20 Abs. 1 S. 1 SpkG NRW die Sparkasse in eigener Verantwortung leitet, obliegt dem Verwaltungsrat – als gesetzliche Kernaufgabe – die laufende **Überwachung der Geschäftsführung** (Leitung) der Sparkasse durch den Vorstand, § 15 Abs. 1 Alt. 2 SpkG NRW. Diese Aufgabe ist der des Aufsichtsrates der Aktiengesellschaft vergleichbar, so dass die Grundsätze des Aktienrechts entsprechend zur Anwendung gelangen können, sofern keine spezifischen sparkassenrechtliche Vorschriften dem entgegenstehen (*Völter*, 2014, S. 55). Eine nähere Definition der Überwachungskompetenzen lässt sich anhand des § 15 SpkG NRW selbst nicht ableiten. Dennoch herrscht Einvernehmen darüber, was diese Aufgabe beinhaltet: Der Verwaltungsrat hat darüber zu wachen, dass die Aufgaben der Sparkasse erfüllt werden und dass sich diese Erfüllung im Rahmen von Gesetz, Verordnung, Satzung, aufsichtsbehördlicher Anordnung und von ihm erlassener interner Geschäftsanweisungen hält (*Schlierbach/Püttner*, S. 184; *Lutter*, Pflichten/Haftung von Spk-Organen, S. 86 f.; *Berger*, § 16 Rn. 5). Technisch gesehen besteht dabei die Überwachungstätigkeit des Verwaltungsrates aus drei abgrenzbaren Elementen, der Feststellung der zu beurteilenden Vorgänge/Tatsachen, der Beurteilung dieser Vorgänge/Tatsachen, und ggf. dem Ergreifen von Maßnahmen.

II. Verwaltung der Sparkassen § 15

Die Überwachungsaufgabe bezieht sich dabei auf die **nachträgliche Kontrolle** 17
abgeschlossener Sachverhalte (ex-post-Ansatz) sowie auf die Beratung und **beratende, präventive Kontrolle** des Vorstandes in künftigen Angelegenheiten (ex-ante-Ansatz); damit sollen sowohl Fehler verhindert als auch im Nachhinein aufgedeckt werden (*Kiethe*, WM 2005, 2122, 2124; *Biesok*, Sparkassenrecht, Rn. 571; *Engau* in: Engau/Dietlein/Josten, § 15 Anm. 3.1). Dies ergibt sich nicht nur aus der Übertragung aktienrechtlicher Grundsätze (zum Aktienrecht vgl. etwa *Drygala* in: Schmidt/Lutter, AktG, § 111 Rn. 1, 14 ff. und 18 ff. mwN), sondern auch aus den Grundsätzen des Deutschen Corporate Governance Kodex (DCGK, in der Fassung vom 28.4.2022): Nach Grundsatz 6 ist der Aufsichtsrat bei Entscheidungen von grundlegender Bedeutung für das Unternehmen einzubinden, Grundsatz 13 stellt zudem auf eine offene Diskussion zwischen Vorstand und Aufsichtsrat ab. Diese Grundsätze finden ihre Pendants in Ziffer 2.7 Satz 1, Ziffer 3.1 Satz 2 und Ziffer 4.1 des Corporate Governance Kodex für Sparkassen in Nordrhein-Westfalen. Danach setzt eine „*gute Unternehmensführung*" insbesondere eine „*offene Diskussion zwischen Vorstand und Verwaltungsrat*" voraus; zudem ist die strategische Ausrichtung mit dem Verwaltungsrat „*zu erörtern*", der als Organ an „*Entscheidungen von grundlegender Bedeutung*" nach Maßgabe des Sparkassengesetzes „*mitwirkt*".

2. Gegenstand und Umfang der Überwachungsaufgabe

Nach dem Wortlaut der Norm ist die **Geschäftsführung** zu überwachen, wobei der Vorstand dennoch die Sparkasse „in eigener Verantwortung" „leitet", § 20 18
Abs. 1 S. 1 SpkG NRW. Damit übernimmt das SpkG NRW die Begrifflichkeiten der §§ 111, 76, 77 AktG (*Lüttmann*, S. 64) – und damit auch die dort enthaltene Rollenverteilung nebst immanenter Grenzen. Der Begriff Geschäftsführung erfasst dabei jedwede tatsächliche oder rechtsgeschäftliche Tätigkeit (§ 77 AktG) und geht folglich wesentlich weiter als die Leitung (§ 76 AktG), welche nur die Führungsfunktion des Vorstands meint, mithin den herausgehobenen Teilbereich der Geschäftsführung (*Koch*, AktG § 111 Rn. 2; *Spindler* in: BeckOGK, 1.4.2023, AktG § 111 Rn. 8). Soweit § 111 AktG dem Aufsichtsrat die Aufgabe überträgt, den Vorstand zu überwachen, besteht aktienrechtlich Einvernehmen darüber, dass der damit gemeinte Begriff der Geschäftsführung gerade nicht mit dem des § 77 AktG identisch ist, weil der Aufsichtsrat gerade nicht jedwede Maßnahme des Vorstands kontrollieren kann oder soll; dazu ist der ehrenamtlich tätige Verwaltungsrat zeitlich schon nicht in der Lage (*Lutter*, Pflichten/Haftung von Spk-Organen, S. 87).

Gemeint ist aktienrechtlich also nicht eine Überwachung der Geschäftsführung 19
„in allen Zweigen der Verwaltung"; Gegenstand der Überwachung sind vielmehr **die Leitungsmaßnahmen des Vorstands** (*Koch*, AktG § 111 Rn. 2; *Drygala* in: Schmidt/Lutter AktG, § 111 Rn. 11; *Habersack* in: MüKoAktG, § 111 Rn 19 f. stellt auf die „*bedeutsamen Geschäftsführungsmaßnahmen*" ab). Damit sind die nicht delegierbaren und originären Führungsaufgaben bzw. Geschäftsführungsmaßnahmen mit besonderer Bedeutung für die Leitung Überwachungsgegenstand (*Habersack* in: MüKoAktG, § 111 Rn. 20; aA offenbar *Lüttmann*, S. 66 f., der das gesamte Vorstandshandeln der Kontrolle unterzieht). Diese Wertungen sind nach hM (*Lutter*, Pflichten/Haftung von Spk-Organen, S. 87; *Völter*, 2014, S. 72; *Berger*, § 16 Rn. 5). auf das Sparkassenrecht zu übertragen; die Überwachung des Verwaltungsrates er-

streckt sich auf die korrekte Erfüllung der Leitungsaufgabe durch den Vorstand der Sparkasse, nicht jedoch eine Überwachung in allen Einzelheiten (aA *Lüttmann*, S. 70: Nach seiner Auffassung haben die Begriffe Geschäftsleitung und Führung im Sparkassenrecht eine sachlich übereinstimmende Bedeutung, so dass alle Vorstandshandlungen der Kontrolle des Verwaltungsrates unterliegen). Als besonders wichtig sind die folgenden Kategorien von Leitungsentscheidungen für die Tätigkeit des Verwaltungsrates zu nennen (statt vieler *Völter*, 2014, S. 72 ff.): die Errichtung einer funktionstüchtigen Organisations- und Risikomanagementstruktur (Unternehmensorganisation, Planung/Controlling, Einrichtung eines Risikomanagementsystems), die Entwicklung einer nachhaltigen Strategie zur Sicherung der langfristigen wirtschaftlichen Leistungsfähigkeit der Sparkasse sowie die Entwicklung einer angemessenen Risikostrategie.

20   Die Überwachung beschränkt sich demnach auf das Organ Vorstand. Soweit Leitungsaufgaben in zulässiger Weise auf **nachgeordnete Führungsebene** unterhalb des Vorstandes delegiert worden sind, ist deren Überwachung grundsätzlich nicht mehr Aufgabe des Verwaltungsrates. Seine Aufgabe beschränkt sich auf die Kontrolle, ob die Aufgabe tatsächlich delegierbar war, ob die Delegation zweckmäßig organisiert ist, die Delegationsempfänger entsprechend geeignet sind und durch den Vorstand ordnungsgemäße überwacht werden (*Lutter/Krieger/Verse* in: Lutter/Krieger/Verse, Rn. 70; *Engau* in: Engau/Dietlein/Josten, § 15 Anm. 3.1; *Biesok*, Sparkassenrecht, Rn. 571; aA *Aus der Fünten*, 1969, S. 180, *Berger*, § 16 Rn. 6).

3. Informationsgrundlage für die Überwachung
a) Information als Voraussetzung der Überwachung

21   Der erste Schritt der Überwachung besteht in der Feststellung der zu beurteilenden Vorgänge/Tatsachen. Seiner Überwachungsaufgabe kann der Verwaltungsrat als Organ folglich nur dann gerecht werden, wenn er entsprechend umfassend und zuverlässig informiert ist (OVG Münster, Urt. v. 18.8.1989, 15 A 2422/86 = NVwZ-RR 1990, 101), laufende Überwachung setzt laufende Information voraus (*Lutter*, Pflichten/Haftung von Spk-Organen, S. 92). Im Aktienrecht ist anerkannt, dass den **Berichtspflichten** des Vorstands nach § 90 AktG besondere Bedeutung zur **Konkretisierung der Überwachungsaufgabe** zukommt, da diese gerade die Funktion haben, dem Aufsichtsrat die Überwachung der Geschäftsführung zu ermöglichen (*Habersack* in: MüKoAktG, § 111 Rn. 22; *Drygala* in: Schmidt/Lutter, AktG, § 111 Rn. 12). Demzufolge ist alles, was dem Aufsichtsrat nach dieser Vorschrift zu berichten ist, Gegenstand seiner Prüfung. Auch diese Wertungen sind auf das Sparkassenrecht zu übertragen, da der Verwaltungsrat, der gerade nicht ständig an der Geschäftsführung teilnimmt (und dies auch nicht soll), nur das überprüfen kann, wovon er Kenntnis hat (*Lutter*, Pflichten/Haftung von Spk-Organen, S. 87).

b) Informationspflicht des Vorstandes

22   Anknüpfungspunkt sind somit die **Berichtspflichten aus dem Sparkassenrecht**. Nach § 20 Abs. 5 SpkG NRW hat der Vorstand dem Verwaltungsrat auf entsprechende Bitte („auf Verlangen des Verwaltungsrates") sowie „aus sonstigem wichtigem Anlass" zu berichten. Hinzu kommen die Informationspflichten in Be-

II. Verwaltung der Sparkassen   § 15

zug auf das Budget aus § 20 Abs. 6 SpkG NRW. Danach hat der Vorstand dem Verwaltungsrat vor Beginn eines jeden Geschäftsjahres ein Budget vorzulegen und den Verwaltungsrat zumindest in den ordentlichen Sitzungen über die Einhaltung des Budgets zu unterrichten (Soll-Ist-Vergleich). Dies entspricht im Wesentlichen der Rechtslage im Aktienrecht (§§ 90, 111 Abs. 2 AktG).

Der Vorstand ist danach schon aus dem SpkG NRW heraus verpflichtet, sowohl **periodische Berichte (Regelberichte), Sonderberichte und Anforderungsberichte** als Informationsgrundlage zu liefern. Auch ohne Anforderung folgt aus den og Vorschriften eine Pflicht des Vorstandes, den Verwaltungsrat regelmäßig und unaufgefordert über alle bedeutsamen Angelegenheiten der Sparkasse zu unterrichten, sei es periodisch, sei es aus einem bestimmten Anlass. Materiell erfasst die Informationspflicht damit inhaltlich **„alles, was wichtig ist"** (*Engau* in: Engau/Dietlein/Josten, § 16 Anm. 7: „alle Umstände, die für die Durchführung der Verwaltungsratsaufgaben von Bedeutung sein können"; OVG Münster, Urt. v. 18.8.1989, 15 A 2422/86, NVwZ-RR 1990, 101: „alle bedeutsamen Angelegenheiten der Sparkasse"); darüber ist rechtzeitig, offen und gewissenhaft in den Verwaltungsratssitzungen zu unterrichten (*Schlierbach/Püttner*, S. 187). Die erforderliche Informationstiefe ist dabei abhängig von der Überwachungsfunktion; damit erfolgt ein Wechselspiel, da der Überwachungsgegenstand einerseits von der erteilten Information, die Informationspflicht wiederum von der Ratio der Überwachung abhängt. So formuliert das OVG Münster, dass das Überwachungsrecht des Verwaltungsrates verbunden mit der Befugnis zum Erlass einer Geschäftsanweisung Grundlage der Informationspflicht sei. Zu den Fragen betreffend die Aufbereitungsform der Informationen (schriftlich/mündlich), dem Zeitpunkt der Erteilung, und die Art und Weise der Zurverfügungstellung → § 16 Rn. 28 ff. 23

c) Informationsanspruch und Informationsanforderungspflicht des Verwaltungsrates

aa) Inhalt. Die Informationspflichten des Vorstandes korrespondieren mit einem **Informationsanspruch** des Verwaltungsrates. Die im Falle von Missmanagement auftretenden Interessengegensätze erfordern es nämlich, dass der Verwaltungsrat nicht blind auf die übermittelten Informationen vertraut; zu seinen Aufgaben gehört daher die kritische **Überprüfung der Vollständigkeit und Richtigkeit** der ihm übermittelten Informationen (*Völter*, 2014, S. 95). Die übermittelten Informationen sind einer kritischen Plausibilitätskontrolle zu unterziehen (*Drygala* in: Schmidt/Lutter AktG, § 111 Rn. 7), in Stichproben zu prüfen, ggf. ist Einsicht in Bücher und Schriften der Sparkasse zu nehmen, sind erkannte Lücken durch Rückfragen oder die Anforderung von Ergänzungsberichten zu schließen (*Lutter*, Pflichten/Haftung von Spk-Organen, S. 90.; *Völter*, 2014, S. 95). 24

bb) Organrecht. Das Recht zur Information (dazu eingehend *Aus der Fünten*, S. 180 ff.) **steht ausschließlich dem Verwaltungsrat als Organ zu** (*Lutter*, Pflichten/Haftung von Spk-Organen, S. 93; *Lüttmann*, S. 92 f.; *Völter*, 2014, S. 96). Ein Individualanspruch des Verwaltungsratsmitgliedes auf Informationserteilung ist demnach zu verneinen. Dies ergibt sich bereits aus dem Wortlaut des § 20 Abs. 6 SpkG NRW, der den Verwaltungsrat als Kollegialorgan als Empfänger der Berichte nennt, nicht jedoch seine Mitglieder. Dies wurde auch von dem für NRW zuständigen OVG Münster (Urt. v. 18.8.1989, 15 A 2422/86 = NVwZ-RR 1990, 101) 25 bestätigt, welcher ausdrücklich festgehalten hat, dass die „anstaltsinternen Kompetenzen, aus denen die dargelegten Auskunfts- und Akteneinsichtsrechte folgen, [...] dem Verwaltungsrat als solchem zugewiesen" sind und „dessen Mitglieder [...] nicht selbst Inhaber dieser Rechte [sind]". Dem ist zuzustimmen. Die Informationserteilung im weitesten Sinne dient nämlich der innerorganschaftlichen Willensbildung im Verwaltungsrat. Diesem steht die Beschlussbefugnis zu, nicht dem einzelnen Mitglied – letzterer ist „lediglich" zur Mitwirkung an der Willensbildung berufen.

26 Auch führt § 15 Abs. 6 SpkG NRW, nach dem das Organmitglied nur nach seiner freien, nur durch die Rücksicht auf das öffentliche Wohl und die Aufgaben der Sparkassen bestimmten Überzeugung, zu handeln hat, zu keinem anderen Ergebnis. Denn zum einen lässt sich vor dem Hintergrund der spezielleren Regelung des § 20 Abs. 6 SpkG NRW daraus keine eigenständige Kompetenz des Verwaltungsratsmitglieds ableiten. Zum anderen begründet § 15 Abs. 6 SpkG NRW selbst keine Informationsansprüche, sondern setzt innerorganisatorische Befugnisse voraus und regelt ihre Ausübung; alles andere würde letztlich Inhalt und Umfang der Befugnisse des Verwaltungsratsmitglieds in dessen Belieben stellen (OVG Münster, Urt. v. 18.8.1989, 15 A 2422/86 = NVwZ-RR 1990, 101). Auch können weder aus **§ 25a KWG noch aus der MaRisk** weitergehende Befugnisse des einzelnen Verwaltungsratsmitglieds abgeleitet werden. Denn auch hier ist mit „Einbindung des Aufsichtsorgans" bzw. „Erörterung mit dem Aufsichtsorgan" das Gesamtorgan gemeint. Zwar wird man wohl im Rahmen der Besprechung und Erörterung im Verwaltungsrat ein Recht des einzelnen Mitglieds annehmen können, Rückfragen zu stellen. Daraus kann indes kein eigenständiges Informationsrecht in dem Sinne abgeleitet werden, dass ein einzelnes Mitglied außerhalb von Verwaltungsratssitzungen oder entgegen der Auffassung des Gesamtorgans Verwaltungsrat mit Fragen und Auskunftsverlangen an den Vorstand herantreten könnte.

27 Führen daher Verwaltungsratsmitglieder auf eigene Faust Erkundigungen durch, so braucht der Vorstand grundsätzlich keine Auskunft zu geben und keine Einsicht in die Unterlagen zu gestatten (*Aus der Fünten*, 1969, S. 184).

28 **cc) Rechtsposition und Handlungsalternativen des Organmitglieds.** Da der Informationsanspruch ein Organ- und kein Individualrecht darstellt, entscheidet der Verwaltungsrat darüber, ob und inwieweit er (ggf. weitergehend) informiert werden soll (*Lutter*, Pflichten/Haftung von Spk-Organen, S. 93; *Biesok*, Sparkassenrecht, Rn. 572). Die Willensbildung erfolgt in einem Kollegialakt, einem **Beschluss**, bei Uneinigkeit im Verwaltungsrat gemäß § 16 Abs. 3 S. 2 SpkG NRW mit Stimmenmehrheit (→ § 16). Für das einzelne Verwaltungsratsmitglied besteht die Möglichkeit, einen **Antrag über ein bestimmtes Begehren zur Beschlussfassung zu stellen** (*Lüttmann*, S. 92 f.; *Schlierbach/Püttner*, S. 191; *Aus der Fünten*, 1969, S. 184). Wenn es damit aber nicht durchkommt, muss es das demokratische Mehrheitsprinzip grundsätzlich respektieren: *„Die Entscheidung des Verwaltungsrats über einen solchen Antrag muss das überstimmte Mitglied im Allgemeinen hinnehmen. Denn wenn der Verwaltungsrat selbst Inhaber des Akteneinsichtsrechtes ist, liegt es in seiner Entschließungsfreiheit, ob er dieses Recht ausübt. Das einzelne Mitglied ist lediglich berufen, an dieser Entscheidung mitzuwirken; ein Anspruch auf ein bestimmtes Ergebnis der Entscheidung steht ihm grundsätzlich nicht zu."* (OVG Münster, Urt. v. 18.8.1989, 15 A 2422/86 = NVwZ-RR 1990, 101; so auch *Völter*, 2014, Anm. 4.6.7, S. 96).

II. Verwaltung der Sparkassen § 15

29 Innerorganschaftlich kann ausnahmsweise das Kollegialorgan Verwaltungsrat dem Einzelmitglied gegenüber verpflichtet sein, dem Antrag eines einzelnen Mitglieds auf Beiziehung weiterer Akten bzw. Einholung zusätzlicher Auskünfte zu entsprechen, wenn anderenfalls dessen **Recht zu gleichberechtigter Teilhabe** (*Lutter*, Pflichten/Haftung von Spk-Organen, S. 93) an der Beratung, Willensbildung und Entscheidung innerhalb des Verwaltungsrates durch Vorenthaltung von Informationen, die den anderen Mitgliedern erteilt wurden, unzulässig verkürzt würde; auch in diesem Fall steht indes dem Verwaltungsratsmitglied kein direkter Informationsanspruch gegen den Vorstand zu, sondern lediglich ein Anspruch auf Beschlussfassung gegenüber dem Verwaltungsrat (OVG Münster, Urt. v. 18.8.1989, 15 A 2422/86 = NVwZ-RR 1990, 101).

4. Urteilsbildung und Beurteilungsmaßstäbe

30 Der Verwaltungsrat muss die ihm zur Kenntnis gebrachten Sachverhalte anhand des ihm zur Hand gegebenen Maßstabes beurteilen. Er prüft, ob allgemein die öffentlichen Aufgaben der Sparkasse erfüllt werden und ob die einzelnen Maßnahmen sich im Rahmen von Gesetz, Ordnung, aufsichtsbehördlicher Anordnung und interner Geschäftsanweisung halten. Er beurteilt dabei, ob das Handeln des Vorstandes rechtmäßig, ordnungsmäßig und zweckmäßig (insbes. im Sinne von wirtschaftlich) war bzw. ist (BGH, Urt. v. 25.3.1991 – II ZR 188/89 = BGHZ 114, 127; *Koch*, AktG § 111 Rn. 29; *Spindler* in: BeckOGK, 1.4.2023, AktG § 111 Rn. 16; *Habersack* in: MüKoAktG, 6. Aufl. 2023, AktG § 111 Rn. 53; *Lutter/Krieger/Verse* in: Lutter/Krieger/Verse, Rn. 73).

a) Rechtmäßigkeitskontrolle

31 Im Vordergrund steht dabei zuallererst eine **Rechtskontrolle** (*Berger*, § 16 Rn. 5; *Völter*, 2014, S. 77 f.; *Schlierbach/Püttner*, S. 185). Maßnahmen des Vorstandes sind demnach im Hinblick auf ihre Vereinbarkeit mit dem allgemeinen Recht für Kreditinstitute (insbes. KWG), dem SpkG NRW, der Satzung sowie der vom Verwaltungsrat rechtmäßig erlassenen Geschäftsanweisungen zu prüfen; sind sie damit nicht vereinbar, so ist die Maßnahme im Innenverhältnis zur Sparkasse wegen Verstoßes gegen die Legalitätspflicht unzulässig (*Völter*, 2014, S. 78). Dies gilt gleichermaßen für gebundene Entscheidungen wie auch für unternehmerische Entscheidungen und sonstiges an Zweckmäßigkeitserwägungen orientiertes Vorstandshandeln, sofern diese ihrem Inhalt oder aufgrund von Ermessensfehler rechtswidrig sind (*Habersack* in: MüKoAktG, § 111 Rn. 53). Soweit die Satzung bzw. ihre Auslegung riskante spekulative Geschäfte nicht erlaubt, ist eine entsprechende Maßnahme nicht nur unzweckmäßig, sondern zudem rechtswidrig (*Aus der Fünten*, 1969, S. 187 f.; *Lutter*, Pflichten/Haftung von Spk-Organen, S. 96). Auch bei Überschreitung der Richtlinien der Geschäftspolitik kann eine Überschreitung von unternehmerischem Ermessen vorliegen und die Maßnahme rechtswidrig sein.

b) Zweckmäßigkeitskontrolle

32 Umstritten scheint auf den ersten Blick die Frage zu sein, ob dem Verwaltungsrat auch eine „**Zweckmäßigkeitsaufsicht**" zukommt (zum Streitstand vgl. *Völter*, 2014, S. 79, *Lüttmann*, S. 102 ff. und *Engau* in: Engau/Dietlein/Josten, § 15 Anm. 3.2). Indes besteht weitestgehend Einvernehmen darüber, dass zwar die Zweckmäßigkeit

zu überprüfen ist, allerdings kein Recht des Verwaltungsrates besteht, die Entscheidung an sich zu ziehen und eine „richtigere" Entscheidung auf eigene, (vermeintlich) bessere Zweckmäßigkeitserwägungen zu stützen bzw. im Weisungswege durchzusetzen (*Lüttmann*, S. 102 ff.). Die Gegenauffassung (*Schlierbach/Püttner*, S. 186), die eine grundsätzliche Unüberprüfbarkeit von Zweckmäßigkeitsentscheidungen vertritt, erscheint aber vor dem Hintergrund der Aufgabe des Verwaltungsrates „mitzudenken" nicht mehr zeitgemäß (*Völter*, 2014, Anm. 4.5.1.3, S. 80), und im Übrigen weder mit den modernen Corporate Governance Codici noch mit der Rechtsprechung des BGH zum Aktienrecht vereinbar.

33 Der **Aufsichtsrat der Aktiengesellschaft** soll im Rahmen seiner beratenden Tätigkeit nämlich darauf achten, dass der Vorstand dem Gebot der Zweckmäßigkeit und Wirtschaftlichkeit der Geschäftsführung nachkommt (*Habersack* in: MüKoAktG, § 111 Rn. 53 mwN). Da seine Kontrolle nicht auf abgeschlossene Sachverhalte beschränkt ist und sich auch auf grundsätzliche Fragen der künftigen Geschäftspolitik bezieht, muss diese zwingend die Zweckmäßigkeit und Wirtschaftlichkeit der Geschäftsführung einbeziehen. Eine so verstandene Kontrolle kann wirksam nur durch eine ständige Diskussion mit dem Vorstand und insofern durch dessen laufende Beratung ausgeübt werden (BGH, Urt. v. 25.3.1991, II ZR 188/89 = NJW 1830, 1831 mwN). Aufgabe des Aufsichtsrates ist es demnach auch, sich Gedanken zur Zweckmäßigkeit und Wirtschaftlichkeit zu machen. Dem Aufsichtsrat wird man das Recht zugestehen müssen, Gegenvorstellungen zu Maßnahmen und Planungen des Vorstands zu verlautbaren; allerdings darf er nicht seinen eigenen Zweckmäßigkeitsvorstellungen zum Durchbruch verhelfen; schon gar nicht hat er ein Weisungsrecht gegenüber dem Vorstand (*Habersack* in: MüKoAktG, § 111 Rn. 54).

34 Für den **Verwaltungsrat von Sparkassen** kann nichts anderes gelten. Zum einen deshalb, weil dem Verwaltungsrat innerhalb der Sparkasse aufgrund seiner besonderen Gestaltungskompetenzen grundsätzlich eine stärkere Position zukommt als dem Aufsichtsrat einer Aktiengesellschaft; folgerichtig sollte er mindestens im selben Umfang zu Zweckmäßigkeitsprüfungen berechtigt sein wie dieser. Aber auch inhaltlich wird man hier eine Verpflichtung des Verwaltungsrates annehmen müssen, die vom Vorstand aufgestellten Zweckmäßigkeitserwägungen nachzuvollziehen (*Aus der Fünten*, 1969, S. 188) – und dies ggf. mit dem Vorstand zu erläutern (*Lutter*, Pflichten/Haftung von Spk-Organen, S. 98, der dies allerdings auf die Zweckmäßigkeit „größerer Vorgänge" beschränkt). Dies gilt umso mehr, da der Vorstand sein unternehmerisches Ermessen innerhalb der vom Verwaltungsrat aufgestellten Richtlinien auszuüben hat. Der Verwaltungsrat ist aber genauso wie der Aufsichtsrat der Aktiengesellschaft in Bezug auf seine Eingriffsmöglichkeiten beschränkt: Er kann lediglich Ermessensfehler des Vorstandes feststellen, aber nicht eine fehlerhafte Entscheidung aufheben oder durch eine eigene Entscheidung substituieren (*Schlierbach/Püttner*, S. 186). Ermessensfehler liegen wiederum nur vor, wenn ein bestehendes Ermessen nicht ausgeübt wurde (Ermessensunterschreitung) oder wenn der offenstehende Ermessensspielraum überschritten wird (Ermessensüberschreitung). Bewegt sich aber die Maßnahme des Vorstandes innerhalb der rechtlichen Grenzen und des dem Vorstand zuzubilligenden Ermessensspielraums, darf kein „korrigierender Eingriff" im Sinne einer Aufhebung erfolgen (*Berger*, § 16 Rn. 5; *Schlierbach/Püttner*, S. 186; *Engau* in: Engau/Dietlein/Josten, § 15 Anm. 3.2).

II. Verwaltung der Sparkassen   § 15

c) Überprüfung der Ordnungsmäßigkeit

Zur Ordnungsmäßigkeit gehört insbesondere die **sinnvolle Organisation un-** 35
ter Betonung des Planungs- und Rechnungswesens (*Semler*, ZGR 1983, 1,
16; *Koch*, AktG, § 111 Rn. 29; *Drygala* in: Schmidt/Lutter, AktG, § 111 Rn. 79). Der
Vorstand muss dafür Sorge tragen, dass die internen Entscheidungsstrukturen in
Ansehung von Größe und Struktur des Unternehmens betriebswirtschaftlichen
Standards genügen, dass ferner kurz- und mittelfristige Planungen entwickelt werden, und ein effektives Rechnungs- und Berichtswesen gewährleistet ist (*Drygala*
in: Schmidt/Lutter, AktG, § 111 Rn. 84). Übertragen auf das Sparkassenrecht muss
sich der Verwaltungsrat zB davon überzeugen, dass (nach *Lutter*, Pflichten/Haftung
von Spk-Organen, S. 97):
- der Vorstand die Sparkasse tatsächlich leiten und steuern kann,
- die Arbeitsweise zweckmäßig eingerichtet ist,
- die Organisation übersichtlich gestaltet und die Delegation klar und widerspruchsfrei geordnet ist,
- das Rechnungs- und Berichtswesen effektiv arbeitet,

ferner bezogen auf die Unternehmensplanung, dass
- eine solche vorliegt
- ob/wie sie eingehalten wird (Kontrolle auf Grundlage eines Soll-Ist-Vergleichs)
- ob die Analysen der Abweichung überzeugend bzw. zumindest plausibel sind.

5. Durchsetzung von Überwachungsmaßnahmen / Ergreifen von Maßnahmen

Das SpkG NRW enthält keine Aussagen über die Befugnisse des Verwaltungsrates 36
bei zu beanstandender Geschäftsführung des Vorstandes (*Aus der Fünten*, 1969,
S. 188; *Schlierbach/Püttner*, S. 187). Stellt der Verwaltungsrat Verstöße fest, hat er dafür
zu sorgen, dass diese unterbunden werden. Die Befugnisse des Verwaltungsrates sind
wiederum aus seinen Aufgaben und seiner Stellung abzuleiten – zudem muss auch
ein sparkasseninternes „Inordnungbringen" ohne Einschaltung der Staatsaufsicht
möglich sein (*Schlierbach/Püttner*, S. 187).

Aus der Überwachungsaufgabe folgt primär eine Beanstandungspflicht (*Berger*, 37
§ 16 Rn. 11). Zunächst ist es also grundsätzlich ausreichend, wenn dem Vorstand
die Bedenken gegen die Maßnahme mitgeteilt werden und zugleich überwacht
wird, ob und welche Konsequenzen der Vorstand daraus zieht.

Erst wenn der Vorstand ungeachtet der Bedenken bei seiner Auffassung bleibt 38
bzw. unverändert bestimmte Geschäfte weiterführt oder die geplante Maßnahme
durchführen will, muss der Verwaltungsrat als Kollegialorgan prüfen, ob und in welcher Weise er eingreift (*Völter*, 2014, S. 82). Dabei kommt ihm grundsätzlich ein
weites Ermessen zu, wobei auch hier ein eigenständiger Eingriff in die Geschäftsführung ausscheidet (*Engau* in Engau/Dietlein/Josten, § 15 Anm. 3.2); denn dazu
fehlt es an einer entsprechenden Rechtsgrundlage bzw. Aufgabenzuweisung sowie
an der Qualifikation des Verwaltungsrates im Sinne des KWG (*Berger*, § 16 Rn. 11).
Die Möglichkeiten gehen – je nach Schwere der Bedenken gegen die Geschäftsführung – von einer förmlichen Gegenvorstellung, über die Abberufung der Vorstandsmitglieder und der Meldung an die Aufsichtsbehörde(n) bis hin zur Erhebung von Schadensersatz- und/oder Unterlassungsklagen gegen den Vorstand

(vgl. dazu *Völter*, 2014, S. 82; sowie *Lutter*, Pflichten/Haftung von Spk-Organen, S. 104 bis 109; *Engau* in: Engau/Dietlein/Josten, § 15 Anm. 3.2; *Aus der Fünten*, 1969, S. 189–196).

IV. Gestaltungskompetenzen (Abs. 2)

1. Übersicht

39 § 15 Abs. 2 SpkG NRW enthält Gestaltungskompetenzen des Verwaltungsrats. Bei in Abs. 2 lit. a) bis c) genannten Aufgaben besteht eine originäre Alleinentscheidungskompetenz des Verwaltungsrates. Unabhängig vom Umstand, dass dem Verwaltungsrat in Sparkassen eine echte Leitungsaufgabe zukommt (→ Rn. 5), ist selbst bei der Aktiengesellschaft unstreitig, dass dem Überwachungsorgan ausnahmsweise **Aufgaben im Bereich der Geschäftsführung** gesetzlich zugewiesen werden (*Rodewig* in: Semler/v. Schenk/Wilsing, § 8 Rn. 4). Zu den wichtigsten Aufgaben gehören die Personalentscheidungen des Verwaltungsrates (Abs. 2 lit. a) und lit. b)), bei diesen trifft er die Entscheidungen (mit Ausnahme des Genehmigungsvorbehalts des Trägers) allein. Auch als **Alleinentscheidungskompetenzen** kann der Erlass von Geschäftsanweisungen für den Vorstand und die Innenrevision (Abs. 2 lit. c)) bezeichnet werden. Daneben hat der Verwaltungsrat **besondere Mitwirkungsrechte** beim Jahresabschluss, zu denen die alleinige Kompetenz gehört, diesen festzustellen und den Lagebericht zu billigen, §§ 15 Abs. 2 lit. d), 24 Abs. 2–4 SpkG NRW, wobei diese Kompetenzen der Überwachungsaufgabe zuzuordnen sind. Schließlich hat der Verwaltungsrat auch Gestaltungskompetenzen im Zusammenhang mit der Verwendung des Jahresüberschusses und der Einführung von Trägerkapital, die indes nur bei vorliegendem übereinstimmenden Willen der Trägervertretung Auswirkungen entfalten.

2. Personalkompetenz für Geschäftsleitungsorgane (Abs. 2 lit. a))

a) Bedeutung, Inhalt und Umfang der Kompetenz

40 **Grundpfeiler der Kompetenzen** und Stellung des Verwaltungsrats als oberstes Organ der Sparkasse ist die ihm übertragene Personalkompetenz für Geschäftsleitungsorgane. Die Auswahl der richtigen Bewerber für den Vorstand gehört zu den wichtigsten und verantwortungsvollsten Aufgaben des Verwaltungsrats (*Rodewig* in: Semler/v. Schenk/Wilsing, § 10 Rn. 1). Da leitende Personen von Wirtschaftsunternehmen zugleich Programme verkörpern, führt die Auswahl der Person zu einem signifikanten inhaltlichen Eingriff in die Geschäftsführung, ferner verleiht die Personalkompetenz zwei Instrumente vorbeugender und repressiver Überwachung: präventiv wird der mit dem Kandidaten verbundene Kurs ausgesucht, repressiv ist die Möglichkeit der Ablehnung der Wiederberufung, – als ultima ratio – sogar die Abberufung ein Mittel, um Fehlentwicklungen zu unterbinden (*Lüttmann*, 2002, S. 124). Schließlich ist diese Kompetenz auch notwendig, da der Vorstand in Entscheidungen, die ihn selbst oder eines seiner Mitglieder betreffen, ohnehin befangen wäre und einem Mitwirkungsverbot unterliegen würde (*Horbach*, Sparkasse 1980, 45, 46). Der Verwaltungsrat hat dabei einen **unternehmerischen Gestaltungsspielraum** (*Weber* in: Hölters/Weber, AktG, § 84 Rn. 7); dies ändert jedoch

II. Verwaltung der Sparkassen   § 15

nichts an der **Sorgfaltspflicht** jedes einzelnen Verwaltungsratsmitglieds, sich ein eigenes Urteil zu bilden, wobei das Wohl der Sparkasse dabei die einzige Leitlinie sein darf. Diese fremdnützige Bindung des Verwaltungsrats ergibt sich aus dessen Organstellung und dessen Überwachungsaufgabe (*Bieder*, NZG 2015, 1178, 1179) aber auch unmittelbar aus § 16 Abs. 6 SpkG NRW. Die Amtsführung jedes Einzelnen verlangt daher die Ausübung pflichtgemäßen Ermessens.

Nach dem kompakten Wortlaut des Abs. 2 lit. a) ist der Verwaltungsrat allein **zuständig für die folgenden zwölf Entscheidungen:** 41
- die Bestellung
  - der Mitglieder des Vorstandes
  - der stellvertretenden Mitglieder des Vorstandes
- die Berufung
  - der dem Vorstand vorsitzenden Person
  - der Stellvertreterin der dem Vorstand vorsitzenden Person
- die Wiederbestellung
  - der Mitglieder des Vorstandes
  - der stellvertretenden Mitglieder des Vorstandes
- die Ablehnung der Wiederbestellung
  - der Mitglieder des Vorstandes
  - der stellvertretenden Mitglieder des Vorstandes
- die Abberufung
  - der Mitglieder des Vorstandes
  - der stellvertretenden Mitglieder des Vorstandes
  - der dem Vorstand vorsitzenden Person
  - der Stellvertreterin der dem Vorstand vorsitzenden Person

Der Verwaltungsrat ist aber nur auf den ersten Blick bzw. **nur sparkassenintern** 42 **allein zuständig**; aus § 8 Abs. 2 lit. e) SpkG NRW folgt nämlich ein Genehmigungsvorbehalt der Trägervertretung (allerdings nur für die Bestellung und Wiederbestellung von Vorstandsmitgliedern → § 8 Rn. 15 f. sowie → § 19 Rn. 83 ff.), ferner kann diese unter den besonderen Umständen des § 19 Abs. 4 S. 3–4 SpkG NRW die Wiederbestellung selbst vornehmen (→ § 19 Rn. 83 f.). Ein aufsichtsrechtlicher Genehmigungsvorbehalt existiert nicht, sondern lediglich Anzeigepflichten (→ Rn. 47).

Bei allen vorgenannten Entscheidungen handelt es sich ausschließlich um **körperschaftliche Organisationsakte**; es handelt sich um Rechtsakte, mit dem die Mitgliedschaft Sparkassenvorstand verliehen und damit organschaftliche Vertretungsmacht übertragen bzw. wieder entzogen wird (*Kiethe*, BKR 2005, 177, 178). Dies ergibt sich aus dem Wortlaut der Norm sowie aus § 19 Abs. 2 S. 1 SpkG NRW. Streitig ist ihre Zuordnung zum öffentlichen bzw. Privatrecht (zum Streitstand vgl. *Berger*, § 9 Rn. 3; *Kiethe*, BKR 2000, 178; *Biesok*, Sparkassenrecht, Rn. 824; *Dietlein*: in Engau/Dietlein/Josten, § 19 Anm. 3.2.1); die Rechtsprechung ordnet diese Rechtsakte dem Zivilrecht zu und sieht in ihnen keine hoheitlichen Maßnahmen (BGH, Urt. v. 24.11.1980 – II ZR 182/79 = NJW 1981, 757, juris Rn. 32). 43

In Anlehnung an die entsprechende Terminologie des allgemeinen Kapitalgesellschaftsrechts wird unter „**Bestellung**" der Rechtsakt bezeichnet, mit dem die Mitgliedschaft im kollegial verfassten Sparkassenvorstand verliehen und damit organschaftliche Vertretungsmacht übertragen wird (OLG Rostock, Beschl. v. 30.5. 44

2008 – 1 U 36/08, juris Rn. 61), die **Abberufung** ist der actus contrarius dazu. Durch die Bestellung wird die Person Mitglied des Vorstands, durch ihre Abberufung scheidet sie aus diesem aus. Im Unterschied hierzu bezeichnet „**Anstellung**" (§§ 19 Abs. 2, 15 Abs. 3 S. 4 SpkG NRW) die Regelung der persönlichen Rechtsstellung der bestellten Vorstandsmitglieder durch Anstellungsvertrag für die Dauer ihrer Bestellung. Dabei ist das Anstellungsverhältnis der Geltung des Privatrechts unterstellt; dies folgt, vor allem aus der gesetzlichen Bezeichnung entsprechender Dienstverträge als „Anstellungsverträge" und deren Regelungsgegenstand, nämlich der privatautonomen Vereinbarung eines freien Dienstverhältnisses (OLG Rostock, Beschl. v. 30.5.2008 – 1 U 36/08, juris Rn. 61). Nach dieser **Trennungslehre** werden mithin der schuldrechtliche Dienstvertrag, der regelmäßig unmittelbar im Anschluss an die Bestellung geschlossen wird und für die ebenfalls der Verwaltungsrat nach § 19 Abs. 2 SpkG NRW alleine zuständig ist, vom Organisationsakt gelöst. Dementsprechend führt die Abberufung aufgrund dieser Trennung nicht automatisch zur Beendigung des Dienstvertrags; dieser bedarf einer separaten Beendigung des Vertragsverhältnisses, idR einer Kündigung. Die näheren Einzelheiten zu dieser Kompetenz sind in § 19 SpkG NRW geregelt (→ § 19).

b) Verfahren

45 Spezifika zur Ausschreibung enthält das SpkG NRW nicht. Der Verwaltungsrat entscheidet **als Kollegialorgan durch Beschluss** (→ § 16), eine **Delegierung** der vorgenannten Aufgaben auf Ausschüsse ist **nicht zulässig**. Dies ergibt sich aus dem Umkehrschluss zu § 15 Abs. 3 S. 4 SpkG NRW, der insoweit nur die Übertragung der Entscheidung von „Anstellung der Mitglieder und stellvertretenden Mitglieder des Vorstandes" vorsieht, nicht aber die og Organisationsakte. Alles, was die Organstellung betrifft, insbesondere die Bestellung und Abberufung der Vorstandsmitglieder oder die Ernennung des Vorsitzenden, ist wegen seiner wesentlichen Bedeutung zwingend dem Bestellungsorgan in seiner Gesamtheit – hier also dem Verwaltungsrat – vorbehalten (BGH, Urt. v. 24.11.1980 – II ZR 182/79 = NJW 1981, 757, juris Rn. 19).

46 Bei den og Beschlüssen sind grundsätzlich keine besonderen **Mehrheitserfordernisse** erforderlich; eine Ausnahme bilden Abberufungsbeschlüsse, die mit einer 2/3-Mehrheit zu fassen sind (→ § 16 Rn. 49). Auch erfolgt die Abstimmung grundsätzlich offen, wobei auf Antrag eines Verwaltungsratsmitglieds eine **geheime Abstimmung** vorzunehmen ist (→ § 16 Rn. 55 ff.). Weitere Verfahrensvorgaben bzgl. des Zeitpunkts der Beschlussfassung ergeben sich aus § 19 Abs. 2 und 4 SpkG NRW (→ § 19).

c) Aufsichtsrechtliche Mitwirkung

47 **Bundesaufsichtsrechtlich** hat die Sparkasse nach § 24 Abs. 1 Nr. 1 KWG insbesondere die Absicht der Bestellung eines Geschäftsleiters, den Vollzug der Bestellung, sowie die Aufgabe oder die Änderung einer solchen Absicht **unverzüglich** (§ 121 BGB) **anzuzeigen**, nach § 24 Abs. 1 Nr. 2 KWG ferner das Ausscheiden eines Geschäftsleiters. Anzeigeempfänger sind die BaFin und die Deutsche Bundesbank, § 1 AnzV. Anzeigepflichtig sind keine vagen Absichten, sondern nur ausreichend konkretisierte Vorhaben. Solche liegen erst vor, wenn die für die Bestellung der Geschäftsleiter zuständigen Gremien intern die betreffenden Entscheidungen hierüber gefällt haben, unabhängig davon, ob noch Genehmigungsvorbe-

II. Verwaltung der Sparkassen § 15

halte anderer Gremien oder der BaFin erforderlich sind. Die aufsichtsrechtliche Anzeigepflicht dient der laufenden Aufsicht und ist Grundlage für die Prüfung, ob die zu bestellende Person die notwendige fachliche Eignung und Zuverlässigkeit besitzt, um als Geschäftsleiter tätig zu sein. Die Vollzugsanzeige ist in dem Zeitpunkt abzugeben, in dem die Bestellung rechtswirksam wird (*Braun* in: Boos/Fischer/Schulte-Mattler, KWG § 24 Rn. 62). Beim Ausscheiden eines Geschäftsleiters ist nach § 24 Abs. 1 Nr. 2 KWG nicht bereits die Absicht anzuzeigen, sondern erst der Vollzug. Das Verfahren ist in § 5 AnzV (unter Vorbehalt des § 1 Abs. 2 AnzV) geregelt.

48 Veränderungen im Vorstandsbereich sind **aufgrund paralleler landesrechtlicher Vorschriften** ebenfalls unverzüglich (§ 121 BGB) der Sparkassenaufsichtsbehörde, also gemäß § 39 Abs. 2 SpkG NRW dem Finanzministerium, über den zuständigen Sparkassen- und Giroverband anzuzeigen (Dritter Teil Abschnitt 1 des RdErl. d. FinMin NRW v. 27.10.2009 über die Neufassung der Allgemeinen Verwaltungsvorschriften – AVV – zum Sparkassengesetz (SpkG), MBl. NRW. 2009, S. 520 ff., SMBl. NRW 764). Danach sind entsprechende Beschlussausfertigungen sowie die nach dem KWG iVm der AnzV beizufügenden Unterlagen auch der Sparkassenaufsicht vorzulegen. Diese Regelungen fußen landesrechtlich auf der Ermächtigungsvorschrift des § 42 SpkG NRW (→ § 42; zur aufgrund von Doppelzuständigkeiten fraglichen Verfassungsmäßigkeit von Landesvorschriften nach dem CRD IV-Umsetzungsgesetz, *Biesok*, DVBl. 2017, 677, insbes. 684).

49 Aus den vorgenannten Anzeigepflichten und den aufsichtsrechtlichen materiellen Vorgaben an die Qualifikation von Geschäftsleitern folgt *Biesok* aufgrund der Bedingungsfeindlichkeit der Bestellung als Gestaltungsakt die **Erforderlichkeit eines zweistufigen Vorgehens** im Sinne eines vorgelagerten förmlichen „**Absichtsbeschlusses**", welcher in einem zweiten Schritt durch den eigentlichen Bestellungsbeschluss bzw. „**Vollzugsbeschluss**" gefolgt wird (*Biesok*, Sparkassenrecht, Rn. 828–834). Damit verwandelt sich die Anzeigepflicht indes in ein vorgelagertes Einwilligungserfordernis. *Engau* weist dagegen zu Recht darauf hin, dass Bestellung und Anstellung weder der Genehmigung der Bankaufsicht noch der der Sparkassenaufsicht unterliegen (*Engau* in: Engau/Dietlein/Josten, § 15 Anm. 5.1.4), *Schlierbach/Püttner*, dass eine Mitwirkung der Sparkassenaufsicht nicht vorgesehen ist (*Schlierbach/Püttner*, Erl. 15.2.3, S. 203).

50 Selbstverständlich ist das von *Biesok* vorgeschlagene Vorgehen nicht unzulässig. Indes ist es nicht erforderlich. Denn zum einen steht in NRW ohnehin ein etwaiger „unbedingt" gefasster Beschluss des Verwaltungsrats gemäß § 8 Abs. 2 lit. e) SpkG NRW unter dem gesetzlichen Genehmigungsvorbehalt der Trägervertretung, die Genehmigung ist dabei technisch gesprochen aufschiebende Bedingung für die wirksame Bestellung. Damit zeigt schon das SpkG NRW, dass eine „Bedingungsfeindlichkeit" im og Sinne nicht anzunehmen ist. § 158 BGB sieht ausdrücklich die Möglichkeit vor, die Wirksamkeit eines Rechtsgeschäfts von einer aufschiebenden oder auflösenden Bedingung abhängig zu machen. Der Bundesgerichtshof lässt selbst die Bestellung eines GmbH-Geschäftsführers unter einer auflösenden Bedingung zu (BGH, Urt. v. 24.10.2005 – II ZR 55/04 = NJW-RR 2006, 182, juris Rn. 15), auch bei der Aktiengesellschaft ist eine aufschiebend bedingte Bestellung des Vorstands nach hM zulässig (*Fleischer* in: BeckOGK AktG, § 84 Rn. 5). Es handelt sich insoweit nicht um die Ausübung eines Gestaltungsrechts, welches der Gesetzgeber der Verknüpfung mit einer Bedingung entzogen hat. Solche Verbote exis-

tieren bei einseitigen Rechtsgeschäften wie zB der Aufrechnung (§ 388 S. 2 BGB), der Bestellungsbeschluss bedarf dagegen der Annahme des Amtes. Die Idee, dass der Organakt einer Bestellung (hier zum Vorstand einer Sparkasse) bedingungsfeindlich ist, beruht auf einer wertenden Einschränkung der §§ 154, 158 BGB, die jedenfalls für NRW aufgrund der Existenz des § 8 Abs. 2 lit. e) SpkG NRW abzulehnen ist. *Engau* sieht es im Ergebnis ähnlich, wenn er bei der Heraufstufung zum Vorstandsvorsitzenden eine Aufhebung des bestehenden Organverhältnisses verbunden mit der Begründung eines neuen als zulässig ansieht (*Engau* in Engau/Dietlein/Josten, § 15 Anm. 5.1.8).

51 Daher **bedarf es keines gestuften Vorgehens**. Auch ist nichts gegen einen **förmlich bedingten Beschluss** einzuwenden, ein solcher wäre wie bei der Bestellung des Geschäftsführerorgans bei der GmbH und AG zulässig. Letztendlich kann aber auch ein **unbedingter Beschluss** gefasst werden, da – einerseits – dieser ohnehin durch § 8 Abs. 2 lit. e) SpkG NRW bedingt ist und – andererseits – gegenüber den Aufsichtsbehörden „nur" Anzeigepflichten bestehen.

d) Bestellung von Vorstandsmitgliedern

52 Aus § 19 Abs. 1 S. 1 und 2 SpkG NRW folgt, dass es einen Vorstand geben muss, der mindestens aus zwei Mitgliedern bestehen soll, die Höchstzahl der Vorstandsmitglieder indes der Satzung zu entnehmen ist. Insoweit besteht eine Pflicht des Verwaltungsrates, die Bestellungen vorzunehmen. Mit „**Bestellung**" (der Vorstandsmitglieder) und „**Berufung**" (des Vorstandsvorsitzenden) verwendet das Gesetz zwar unterschiedliche Vokabeln, meint aber dasselbe, nämlich das **Auswahl- und Eignungsprüfungsverfahren** durch den Verwaltungsrat mit der **anschließenden Entscheidung durch Beschluss** (*Schlierbach/Püttner*, 15.2.2, S. 204). Für die Wirksamkeit der Bestellung reicht dieser aber nicht aus. Zwar ist nicht der Abschluss des Anstellungsvertrages Wirksamkeitsvoraussetzung (aA anscheinend *Schlierbach/Püttner*, 15.2.2, S. 204), allerdings die Übermittlung des Beschlusses an den zu Bestellenden und dessen zumindest konkludente Zustimmung. Aufgrund dieser Bestellung entsteht kraft Gesetzes das organschaftliche Pflichten- und Treueverhältnis (*Biesok*, Sparkassenrecht, Rn. 828), allerdings erst nach Genehmigung durch die Trägervertretung. In der Unterzeichnung des Anstellungsvertrags ist auch die Zustimmung zur Bestellung zu erkennen (*Berger*, § 9 Rn. 3). Der **Bestellungszeitraum** beträgt nach § 19 Abs. 2 S. 1 SpkG NRW bis zu 5 Jahre. Vor der Frage der Eignung hat der Verwaltungsrat die landesrechtliche Frage der **Auswählbarkeit** zu prüfen, da nach § 19 Abs. 7 SpkG NRW bestimmte Bewerber aufgrund von Interessenkollisionen ausgeschossen sind (→ § 19 Rn. 87 ff.).

53 **Kriterien** für die anschließende Auswahlentscheidung sind die **fachlichen Kompetenzen** und die **persönliche Eignung** als Führungskraft. Dabei sind Lebensläufe und Zeugnisse zu sichten und auf Plausibilität zu überprüfen, ferner – soweit möglich – sich auch ein Bild über die sozialen Kompetenzen der Bewerber zu machen (*Völter*, 2014, Anm. 4.4.3.4, S. 70). **Mindestmaßstab für die Qualifikation** sind dabei die aufsichtsrechtlichen Anforderungen an Geschäftsleiter. Die Geschäftsleiter eines Instituts müssen für die Leitung eines Instituts fachlich geeignet und zuverlässig sein und der Wahrnehmung ihrer Aufgaben ausreichend Zeit widmen, § 25c Abs. 1 KWG.

54 Die gewerberechtliche **persönliche Zuverlässigkeit** (§§ 25c Abs. 1 Alt. 2, 33 Abs. 1 S. 1 Nr. 2 KWG) ist für Geschäftsleiter von Sparkassen eine Prognoseent-

scheidung; eine Unzuverlässigkeit ist dabei anzunehmen, wenn der Betreffende nach seiner gesamten Persönlichkeit nicht die Gewähr dafür bietet, dass er seine Tätigkeit ordnungsgemäß betreiben wird; dabei ist auf die Besonderheiten der Geschäfte eines Kredit- oder Finanzdienstleistungsinstituts und die besondere Vertrauensempfindlichkeit dieser Branche abzustellen (VG Frankfurt, Urt. v. 17.3.2005 – 1 E 686/04, juris Rn. 21). Die Zuverlässigkeit wird unterstellt, wenn keine Tatsachen erkennbar sind, die die Unzuverlässigkeit begründen. Daneben müssen die Bewerber die für die Leitung der Sparkasse erforderliche **fachliche Eignung** (§§ 25c Abs. 1 S. 1 Alt. 1, 33 Abs. 1 S. 1 Nr. 4 KWG) haben. Diese muss den konkreten Erfordernissen der zu besetzenden Position in der konkreten Sparkasse entsprechen und sich aus dem Lebenslauf, insbesondere der Ausbildung, den Vorerfahrungen, der bisherigen Tätigkeit und den ausgeübten Verantwortungsbereichen positiv ableiten lassen (*Müller* in: Boos/Fischer/Schulte-Mattler, KWG, § 33 Rn. 49 f.). Die fachliche Eignung setzt voraus, dass die Geschäftsleiter in ausreichendem Maß theoretische und praktische Kenntnisse in den betreffenden Geschäften sowie Leitungserfahrung haben, § 25c Abs. 1 S. 2 KWG. Bei einer vorhergehenden dreijährigen leitenden Tätigkeit bei einem Institut von vergleichbarer Größe und Geschäftsart wird die fachliche Eignung vermutet, ohne die theoretischen und praktischen Kenntnisse sowie die Leitungserfahrung erneut beurteilen zu müssen, § 25c Abs. 1 S. 2 KWG. Die BaFin hat die Anforderungen durch das „Merkblatt zu den Geschäftsleitern gemäß KWG, ZAG und KAGB" vom 29.12.2020 konkretisiert.

Der **Personalrat** hat bei der Auswahlentscheidung **kein Mitwirkungsrecht**. 55 Gemäß § 72 Abs. 1 S. 2 HS. 2 Nr. 5 LPVG NRW besteht dieses nämlich für „Leiterinnen und Leiter von […] der Aufsicht des Landes unterstehenden Körperschaften, Anstalten und Stiftungen des öffentlichen Rechts" nicht. Das **Landesgleichstellungsgesetz** findet auf Sparkassen zwar grundsätzlich Anwendung, § 2 Abs. 1 Nr. 9 LGG NRW, ist aber nicht unmittelbar anwendbar bei der Auswahl von Vorständen, da das Gesetz an die Beschäftigtendefinition anknüpft, die wiederum an das Arbeitsverhältnis anknüpft, vgl. § 3 Abs. 2 LGG NRW, welche bei Vorständen abzulehnen ist (→ § 19 Rn. 5). Über die Verweisung des § 19 Abs. 3 SpkG NRW ist das LGG dennoch dahingehend modifiziert anzuwenden, dass seine grundlegenden Bestimmungen anzuwenden sind (→ § 19 Rn. 81 ff.). *Engau* leitet daraus ab, dass § 7 LGG NRW anzuwenden ist und der Verwaltungsrat bei gleicher Eignung, Befähigung und fachlicher Leistung nach Möglichkeit eine Frau bestellen und anstellen soll (*Engau* in: Engau/Dietlein/Josten, § 15 Anm. 5.1.3. aE).

e) Bestellung von stellvertretenden Vorstandsmitgliedern

Während ordentliche Vorstandsmitglieder bestellt werden müssen, besteht **keine** 56 **gesetzliche obligatorische Bestellungspflicht** in Bezug auf die stellvertretenden Vorstandsmitglieder. Diese Entscheidung wird dem freien Ermessen des Verwaltungsrats überlassen (*Lüttmann*, 2002, S. 129), da die Satzung insoweit nur eine Höchstzahl vorgibt, § 19 Abs. 1 S. 2 SpkG NRW. Sie sollen eine echte **Führungsreserve** darstellen, die nicht nur im Verhinderungsfall des ordentlichen Vorstandsmitgliedes tätig werden; ferner kann auf diesem Weg zugleich die Anzahl der ordentlichen Vorstandsmitglieder klein gehalten werden und dennoch eine dauerhafte Funktionsfähigkeit gesichert werden (*Engau* in: Engau/Dietlein/Josten, § 15 Anm. 5.1.2). Diese stellvertretenden Mitglieder haben ein Teilnahmerecht an Sitzungen, sind aber nur im Falle der Verhinderung des ordentlichen Mitglieds stimmberechtigt. Es handelt sich insoweit systematisch um Verhinderungsvertreter mit eigenem Anstellungsvertrag (*Biesok*, Sparkassenrecht, Rn. 848).

57 Die **Kriterien für die Auswahlentscheidung** in Bezug auf die Person und ihre fachliche Eignung sind identisch wie beim ordentlichen Vorstandsmitglied (→ § 19 Rn. 10). Hintergrund ist, dass bankaufsichtsrechtlich alle Geschäftsleiter nach § 1 Abs. 2 KWG im Sinne von §§ 25c Abs. 1 S. 1 Alt. 1, 33 Abs. 1 S. 1 Nr. 4 KWG fachlich geeignet sein müssen. Daher gelten auch Stellvertreter einschließlich Verhinderungsvertreter im Vertretungsfall als Geschäftsleiter und müssen nach Auffassung der Bankenaufsicht daher bereits ab ihrer Bestellung persönlich und fachlich geeignet sein (*Müller* in: Boos/Fischer/Schulte-Mattler/Fischer, KWG, § 33 Rn. 48). Der og **Genehmigungsvorbehalt der Trägervertretung** gemäß § 8 Abs. 2 lit. e) SpkG NRW bezieht sich dagegen nur auf die ordentlichen Mitglieder des Vorstands und nicht auf die stellvertretenden Mitglieder (→ § 8 Rn. 16). Die im Zusammenhang mit der Bestellung des ordentlichen Vorstands erfolgten Ausführungen zur **Mitwirkung des Personalrats** und zur Anwendbarkeit der Vorschriften des **Landesgleichstellungsgesetzes** sind auf die Bestellung der stellvertretenden Vorstandsmitglieder übertragbar (→ Rn. 55).

f) Berufung von (stellvertretenden) Vorstandsvorsitzenden

58 Der Verwaltungsrat ist gemäß Abs. 2 lit. a) auch für die Berufung eines Vorstandsvorsitzenden bzw. seines Stellvertreters kompetent; der Vorstandsvorsitzende ist dabei zwingend zu bestellen, die Bestellung eines Stellvertreters liegt dagegen wiederum im Ermessen des Verwaltungsrats, § 19 Abs. 1 S. 1 SpkG NRW. Eine Genehmigung der Trägervertretung ist für die Bestimmung des Vorsitzenden bzw. seines Vertreters nicht erforderlich, sofern diese bereits Vorstandsmitglieder sind, zu ihrer vorherigen oder gleichzeitigen Berufung als ordentliche Vorstandsmitglieder indes schon, § 8 Abs. 2 lit. e) SpkG NRW. Die Position des (stellvertretenden) Vorsitzenden ist daher strukturell herausgehoben, da er **zweifach vom Verwaltungsrat bestellt** wird (*Biesok*, Sparkassenrecht, Rn. 807). Die gesetzliche Bezeichnung „Berufung" meint insoweit nichts anderes als Bestellung. Dem Vorstandsvorsitzenden obliegen besondere Repräsentations-, Organisations- und Kommunikationsaufgaben (zu seiner Rechtsstellung und seinen Aufgaben → § 19 Rn. 7f.; zu denen des stellvertretenden Vorsitzenden → § 19 Rn. 9).

g) Wiederbestellung und Ablehnung der Wiederbestellung

59 Der Verwaltungsrat ist nach § 15 Abs. 2 lit. a) SpkG NRW auch für die Wiederbestellung und Ablehnung der **Wiederbestellung** der ordentlichen Vorstandsmitglieder sowie der stellvertretenden Vorstandsmitglieder kompetent. Daraus ist zunächst abzuleiten, dass unabhängig von der fünfjährigen Höchstdauer für die Bestellung (§ 19 Abs. 2 S. 1 SpkG NRW) eine wiederholte Bestellung zum Vorstandsmitglied zulässig ist, wobei diese **Wiederbestellung demselben rechtlichen Rahmen unterliegt** – mithin einen ausdrücklichen Verwaltungsratsbeschluss erfordert und auch auf maximal 5 Jahre beschränkt ist. Dies bezieht sich folgerichtig auch auf den Anstellungsvertrag, § 19 Abs. 4 S. 1 SpkG NRW (→ § 19 Rn. 27 ff., 31 ff.). Sofern Vorstandsmitglieder betroffen sind, ist auch die **Genehmigung der Trägervertretung** erneut einzuholen.

60 Im Hinblick auf das **Verfahren** sind zudem das „Dreimonatsfenster" aus § 19 Abs. 2 S. 3 und Abs. 4 S. 2 SpkG NRW zu beachten. Eine vorzeitige **Wiederbe-**

stellung ist vor Ablauf der Amtszeit zwar zulässig, allerdings erfordert der Zweck der Begrenzung der Amtsdauer, dass die Entscheidung des Verwaltungsrats über die Wiederbestellung eines Vorstandsmitglieds die nötige Zeitnähe besitzt – dementsprechend verbietet § 19 Abs. 2 S. 3 SpkG NRW allgemein zu vorzeitigen Bindungen von mehr als einem Jahr (*Spindler* in: MüKoAktG, § 84 Rn. 42). Auf der anderen Seite braucht sowohl die Sparkasse als auch das Vorstandsmitglied Planungssicherheit, daher hat der Verwaltungsrat sich spätestens neun Monate vor Ablauf der bisherigen Bestellung im Hinblick auf die Frage der Wiederbestellung zu positionieren, anderenfalls kann ihm die Trägervertretung die Entscheidung abnehmen, § 19 Abs. 4. S. 3 und 4 SpkG NRW (→ § 19 Rn. 83 ff.). Wie im Aktienrecht liegt in einer **einvernehmlichen Aufhebung** der Bestellung vor Ablauf der Ein-Jahres-Frist **unter gleichzeitiger Wiederbestellung** und Neufestsetzung der Amtszeit keine Umgehung des § 19 Abs. 2 S. 3 SpkG NRW vor. Die grundsätzliche Zulässigkeit eines solchen Vorgehens ergibt sich aus dem Sinn und Zweck der Regelung: Eine zu lange vertragliche Bindung soll verhindert werden und sicherstellen, dass das Aufsichtsorgan sich regelmäßig mit der Weiterbeschäftigung des Vorstandsmitglieds befasst (BGH, Urt. v. 17.7.2012 – II ZR 55/11 = NZG 2012, 1027; hM zum Aktienrecht vgl. *Spindler* in: MüKoAktG, § 84 Rn. 52; aA und ausdrücklich gegen eine Übertragung auf das Sparkassenrecht *Biesok*, Sparkassenrecht, Rn. 839).

Wird kein Beschluss über die Wiederbestellung gefasst, und ersetzt die Trägervertretung auch keinen solchen, **läuft die Amtszeit aus**. Dasselbe gilt, wenn der Verwaltungsrat statt des bisherigen Amtsträgers einen anderen Kandidaten bestellt; in diesem Fall hat er sich durch die Besetzung des Postens mit einem anderen Kandidaten dann auch im Sinne von § 19 Abs. 4 S. 1 SpkG NRW (negativ) positioniert zu der Frage, ob eine wiederholte Bestellung erfolgen soll, so dass der Trägervertretung zwar weiterhin eine Genehmigungsvorbehalt nach § 8 Abs. 2 lit. e) SpkG NRW zusteht, sie aber nicht selbständig über den Verbleib des bisherigen Amtsträgers im Amt gemäß § 19 Abs. 4 S. 3 und 4 SpkG NRW entscheiden kann (*Engau* in Engau/Dietlein/Josten, § 15 Anm. 5.1.5). Der Verwaltungsrat kann aber auch einen förmlichen Beschluss über die Ablehnung der Wiederbestellung fassen. In allen Fällen unterliegt materiell die Ablehnung der Wiederbestellung als solche nicht dem Genehmigungsvorbehalt des Trägers (*Lüttmann*, 2002, S. 129). 61

h) Abberufung

aa) Abberufung von (stellvertretenden) Vorstandsmitgliedern. Die Abberufung von Vorstandsmitgliedern und stellvertretenden Vorstandsmitgliedern ist ebenfalls ein körperschaftlicher Organisationsakt und das **Gegenstück der Bestellung**. Die Abberufung betrifft das einzelne Vorstandsmitglied bzw. stellvertretende Vorstandsmitglied. Mit dieser endet die Organwalterstellung der betroffenen Person, aufgrund des Trennungsprinzips grundsätzlich nicht aber des Anstellungsvertrages. Zu dieser bedarf es, mangels Nennung in § 8 Abs. 2 lit. e) SpkG NRW keiner Mitwirkung des Trägers, auch ist – jenseits der Anzeigepflichten (→ Rn. 47 ff.) – keine aufsichtsrechtliche Mitwirkung erforderlich. Wie bei der Bestellung (→ Rn. 52) ist dazu ein Beschluss des Kollegialorgans Verwaltungsrat notwendig, aber nicht ausreichend; erforderlich ist wie im Aktienrecht zudem der Zugang der Abberufung bei dem betreffenden Vorstandsmitglied (OLG Stuttgart, Urt. v. 13.3.2002 – 20 U 59/01 = AG 2003, 211, juris Rn. 59). Bei der Entscheidung handelt es sich grund- 62 sätzlich um eine unternehmerische Entscheidung, bei der der Verwaltungsrat nach pflichtgemessen Ermessen zu entscheiden hat; dies schließt allerdings nicht die Möglichkeit einer Ermessensreduzierung auf Null aus (so auch *Biesok*, Sparkassenrecht, Rn. 886). Abberufungsbeschluss und Mitteilung desselben an den betroffenen Organwalter sind als körperschaftliche Organisationsakte nicht an die kurze Frist des § 626 Abs. 2 BGB gebunden, eine Kündigung des Anstellungsvertrags aus wichtigem Grund hingegen schon.

63 Auch wenn das Gesetz in Abs. 2 lit. a) HS. 1 nur die Abberufung gegen den Willen der betroffenen Person geregelt hat, bezweckt es nicht die Verhinderung eines **einverständlichen Ausscheidens**. Daher kann die vorzeitige Beendigung der Organwalterposition – wie im Aktienrecht – selbstverständlich auch einvernehmlich auf Antrag des Vorstandsmitglieds erfolgen (*Biesok*, Sparkassenrecht, Rn. 894). Diese ist jederzeit möglich und bedarf keines wichtigen Grundes (*Engau* in: Engau/Dietlein/Josten, § 15 Anm. 5.1.7). Erforderlich ist dennoch ein Beschluss des Kollegialorgans Verwaltungsrat (→ Rn. 45 f.); eine 2/3-Mehrheit, welche dem Schutz des Abzuberufenden dient, ist hierbei nicht erforderlich, die Stimmmehrheit der anwesenden Mitlieder ist ausreichend.

64 Im Übrigen geht das Gesetz von einer **Abberufung gegen den Willen des betroffenen Organwalters** aus und fordert für die Abberufung in materieller Hinsicht einen wichtigen Grund und in formeller Hinsicht eine Mehrheit von 2/3 „der satzungsmäßigen Zahl der Mitglieder des Verwaltungsrates". Die Vorschrift dient damit der Unabhängigkeit des Vorstands. Wären die Mitglieder des Vorstands jederzeit frei abberufbar, würden sie zu sehr vom Verwaltungsrat abhängig sein. Der Verwaltungsrat hat nach der gesetzlichen Konzeption wiederkehrend das Auswahlrecht in Bezug auf die Besetzung des Vorstands, der dann eigenständig die Sparkasse leitet. Während der Amtszeit darf es die Leitung nicht durch die Möglichkeit der freien Abberufung in ein ausführendes Organ verwandeln. Daher darf der Verwaltungsrat ausschließlich aus wichtigem Grund, quasi „im Notfall", Vorstandsmitglieder abberufen – auf diese Weise wird die Leitungsautonomie des Vorstandes abgesichert. Dementsprechend sind die Anforderungen an einen wichtigen Grund, auch wenn Vorgaben aus dem Gesetzeswortlaut nicht abzuleiten sind, hoch. Ein solcher liegt (nur) vor, wenn eine Fortsetzung des Organverhältnisses mit dem Vorstandsmitglied bis zum Ende seiner Amtszeit unzumutbar ist (BGH, Beschl. v. 23.10.2006 – II ZR 298/05 = NJW-RR 2007, 389, juris Rn. 2). Dabei ist ein Verschulden des Betroffenen für den wichtigen Grund nicht erforderlich, der wichtige Grund muss nicht zwingend in der Person des Vorstandsmitglieds im Rahmen seiner Amtstätigkeit liegen (*Seibt* in: Schmidt/Lutter, AktG, § 84 Rn. 49).

65 Auch wenn alle Umstände des Einzelfalls gegeneinander abzuwägen sind, wird man einen solchen **wichtigen Grund** annehmen können, wenn entweder die persönliche oder fachliche Eignung zur Führung der Sparkasse entfallen ist, ferner bei besonders groben Pflichtverletzungen (*Berger*, § 16 Rn. 18; *Biesok*, Sparkassenrecht, Rn. 881 f.; *Engau* in: Engau/Dietlein/Josten, § 15 Anm. 5.1.6). Letztere „verhaltensbedingte" Abberufungsgründe bedürfen eines betrieblichen Bezugs (Verletzung von Berichtspflichten, Täuschung von Vorstandskollegen über erhebliche Tatsachen, Übergriffen in den Kompetenzbereich anderer Vorstandskollegen, Vornahme privater Anschaffungen auf Kosten der Sparkasse, Manipulation von Unterlagen, Herausgabe von vertraulichen Informationen bzw. Geschäftsgeheimnissen). Der – auch unverschuldete – Wegfall der Eignung kann auf tatsächlichen oder

II. Verwaltung der Sparkassen § 15

rechtlichen Gründen beruhen. Wenn beispielsweise die gewerberechtliche persönliche Zuverlässigkeit (→ Rn. 54) entfällt oder die fachliche Eignung aufsichtsrechtlich nicht bzw. nicht mehr angenommen wird, liegt ebenfalls ein wichtiger Grund vor; Entsprechendes ist im Falle einer lang andauernden Krankheit anzunehmen.

bb) Isolierte Abberufung des (stellvertretenden) Vorstandsvorsitzenden. 66
Bei dem Vorstandsvorsitzenden und seinem Vertreter sind jeweils aufgrund der zweifachen Bestellung verschiedene Abberufungskonstellationen denkbar. Zum einen können diese als Mitglieder des Vorstandes abberufen werden. Mit dem Ausscheiden als Organwalter endet zugleich auch die Sonderstellung des (stellvertretenden) Vorstandsvorsitzenden, letztere ist isoliert ohne Vorstandsmitgliedschaft nicht möglich. Zum anderen ist aber als rechtliches „minus" bzw. milderes Mittel auch eine isolierte Abberufung aus dieser Sonderposition denkbar, also Abberufung, als (stellvertretender) Vorstandsvorsitzender unter Beibehaltung der Organwalterstellung – also Vorstandsmitgliedschaft. Die Abberufung ist dann limitiert und enthält nicht gleichzeitig die Abberufung als Vorstandsmitglied. In diesem Fall muss sich der vom Gesetz geforderte wichtige Grund auf das Amt des (stellvertretenden) Vorstandsvorsitzenden beziehen (*Fleischer* in: BeckOGK AktG, § 84 Rn. 126). Wie Berger zu Recht hinweist, ist nur in dem Ausnahmefall denkbar, dass die Gründe für die Abberufung so gravierend sind, dass sie die Abberufung als (stellvertretender) Vorstandsvorsitzender rechtfertigen, zugleich aber noch nicht so gravierend sind, dass eine Abberufung aus dem Vorstand gerechtfertigt wäre (*Berger*, § 16 Rn. 20; *Engau* in: Engau/Dietlein/Josten, § 15 Anm. 5.1.8).

cc) Verfahren. Verfahrenstechnisch bedarf es zur Abberufung aus wichtigem 67
Grund eines förmlichen Verwaltungsratsbeschluss, der mit einer **2/3-Mehrheit** der satzungsmäßigen Zahl der Verwaltungsratsmitglieder gefasst wird. Dies ist in zweierlei Hinsicht bemerkenswert. Zum einen erhöht der Gesetzgeber die Stimmquote von dem normalen Mehrheitserfordernis auf eine 2/3-Mehrheit. Zum anderen ist die Bezugszahl (→ § 16 Rn. 51) anders als üblich im Sparkassenrecht dabei nicht die Anzahl der Anwesenden (Anwesenheitsmehrheit), sondern die Zahl der satzungsmäßigen Mitglieder (Mitgliedermehrheit), also die größtmögliche Bezugszahl. Laut der Gesetzesbegründung liegt der Festlegung einer 2/3-Mehrheit die Wertung zugrunde, dass ein Geschäftsleiter, dem für eine begrenzte Zeit die (Mit-)Verantwortung für eine Sparkasse übertragen worden ist, angesichts der Folgen dieser Entscheidung für ihn selbst wie auch für die jeweilige Sparkasse vorzeitig nur dann entlassen werden darf, wenn im Verwaltungsrat ein hohes Maß an Übereinstimmung besteht, dass der Betreffende abzuberufen ist (LT-Drs. 11/6047 v. 27.9.1993, S. 62).

dd) Anstellungsverhältnis. Neben der Abberufung, die die Organwalterstellung betrifft, bedarf es grundsätzlich der **Kündigung** bzw. im Falle der og isolierten Abberufung des (stellvertretenden) Vorstandsvorsitzenden der Änderungskündigung des **Anstellungsverhältnisses**, für die ebenfalls der Verwaltungsrat zuständig ist und welche binnen der Zweiwochenfrist von § 626 BGB zu erfolgen hat (*Engau* in: Engau/Dietlein/Josten, § 15 Anm. 5.1.6). Dabei ist zu beachten, dass nicht jeder Grund, der eine Abberufung des Vorstands aus der Organstellung rechtfertigt, zugleich einen wichtigen Grund nach § 626 BGB darstellt, welcher die fristlose Kündigung des Dienstvertrags zulassen würde (→ § 19 Rn. 17).

3. Verhinderungsvertreter (Abs. 2 lit. b))

69 Stellvertretende Vorstandsmitglieder nehmen an den Sitzungen des Vorstands mit beratender Stimme teil, § 19 Abs. 1 S. 3 SpkG NRW, und nehmen im Verhinderungsfall des ordentlichen Vorstandsmitglieds dessen Vorstandsposition ein (→ § 19 Rn. 11). Ihnen können aber auch jenseits des Verhinderungsfalls Aufgaben – auch dauerhaft – übertragen werden. Zusätzlich dazu lässt Abs. 2 lit. b) die Bestellung von **Verhinderunsgvertretern** zu (→ § 19 Rn. 13 ff.) und überträgt diese Kompetenz dem Verwaltungsrat. Es handelt sich um eine **zweite Kategorie von Vorstandsvertretern**, die nach dem Wortlaut von Abs. 2 lit. b) nur subsidiär zum Einsatz kommt, dh erst dann Vorstandsaufgaben übernimmt, wenn keine stellvertretenden Vorstandsmitglieder zur Verfügung stehen. Dabei ist zu beachten, dass die Bestellung von stellvertretenden Vorstandsmitgliedern fakultativer Natur ist (→ Rn. 56 f.), die Notwendigkeit der Funktion des Verhinderungsvertreters entsprechend schnell vorliegen kann. Formal sind sie (genauso wenig wie die stellvertretenden Vorstandsmitglieder) keine Mitglieder des Vorstands (OLG Düsseldorf, Beschl. v. 5.4.2000 – 3 Wx 91/00 = FGPrax 2000, 157, juris Rn. 11), da dieser definitionsgemäß nur aus ordentlichen Mitgliedern besteht, § 19 Abs. 1 S. 1 bis 3 SpkG NRW. Ihnen steht mangels Nennung in § 19 Abs. 1 S. 3 SpkG NRW auch kein Anwesenheitsrecht bei Vorstandssitzungen zu. Da sie im Einsatzfall Geschäftsleiterfunktionen übernehmen, werden sie aufsichtsrechtlich als geborene Geschäftsleiter angesehen, daher sind auch die Qualifikationsanforderungen mit denen des Vorstandsmitglieds identisch (*Schäfer* in: Boos/Fischer/Schulte-Mattler, KWG, § 1 Rn. 212; *Berger*, § 9 Rn. 14), sie müssen persönlich und fachlich geeignet sein (→ Rn. 54). Die Besonderheit diese Kategorie von Vorstandsvertretern liegt darin, dass sie dem Wortlaut der Norm nach „Dienstkräfte" der Sparkasse sind, idR unbefristet angestellte leitende Mitarbeiter (*Engau* in: Engau/Dietlein/Josten, § 15 Anm. 5.1.9).

70 Die Bestellung und der Widerruf sind **körperschaftliche Organisationsakte**, für die der Verwaltungsrat als Kollegialorgan allein zuständig ist. Das Verfahren entspricht dem der Bestellung von Vorstandsmitgliedern (→ Rn. 45 ff.). Den og aufsichtsrechtlichen Anzeigepflichten (→ Rn. 47 ff.) unterliegt auch die Bestellung eines Geschäftsleiter-Vertreters, der nur im Falle der Verhinderung eines Geschäftsleiters dessen Funktion ausüben soll (*Braun* in: Boos/Fischer/Schulte-Mattler, KWG, § 24 Rn. 58); dementsprechend sind sie bei der Bestellung und dem Widerruf der Bestellung des Verhinderungsvertreters einzuhalten (so auch *Berger*, § 9 Rn. 19; *Engau* in: Engau/Dietlein/Josten, § 15 Anm. 5.1.9).

71 Eine Höchstdauer der Amtszeit ist mangels Erwähnung in § 19 Abs. 2 SpkG NRW nicht vorgesehen, was auch unbefristete Bestellungen ermöglicht. Die Anforderungen an den **Widerruf der Bestellung** sind folgerichtig nicht so hoch wie in Abs. 2 lit. a): der Widerruf ist gemäß § 16 Abs. 3 S. 2 SpkG NRW mit einfacher Stimmmehrheit der anwesenden Mitglieder möglich und bedarf nach dem ausdrücklich geäußerten Willen des Gesetzgebers keines wichtigen Grundes. Der Gesetzesbegründung kann entnommen werden, dass bei manchen Sparkassen Verhinderungsvertreter mit Rücksicht auf vorübergehende betriebliche Erfordernisse bestellt worden sind und mit Wegfall derselben ein Interesse an einer jederzeitigen Beendigung des Vertretungsverhältnisses bestehen kann (LT-Drs. 11/6047, S. 62). Daraus wird gefolgert, dass die Bestellung zum Verhinderungsvertreter ein Organisationsakt ohne Amtsgarantie ist, und die Bestimmung zum Ver-

II. Verwaltung der Sparkassen   § 15

hinderungsvertreter aus rein betrieblichen Gründen (Versetzung, Fusionen, etc) zurückgenommen werden kann (*Berger*, § 9 Rn. 19; *Engau* in: Engau/Dietlein/Josten, § 15 Anm. 5.1.9). *Biesok* nimmt sogar eine **Akzessorietät der Verhinderungsvertretung zum Beschäftigtenverhältnisses** an, und folgert aus der Beendigung des Beschäftigtenverhältnisses auch die der Verhinderungsvertretung (*Biesok*, Sparkassenrecht, Rn. 853). Dem ist im Ergebnis zuzustimmen, da die Bestellung zum Verhinderungsvertreter gerade als Tatbestandsvoraussetzung die Dienstkrafteigenschaft hat; dogmatisch lässt sich dies begründen mit einer im Gesetz angelegten zwingenden Voraussetzung, so dass der Bestellungsbeschluss zum Verhinderungsvertreter ohnehin nur unter dieser auflösenden Bedingung gefasst sein kann.

4. Geschäftsanweisungen (Abs. 2 lit. c))

Nach Abs. 2 lit. c) ist der Verwaltungsrat zuständig für den Erlass von Geschäftsanweisungen für den Vorstand und die Innenrevision. Es handelt sich dabei um eine **Ausprägung der Überwachungsfunktion** des Verwaltungsrates, im Rahmen derer er für eine sachgerechte Organisation der Vorstandsarbeit zu sorgen hat (*Lutter*, Pflichten/Haftung von Spk-Organen, S. 80 f.). Geschäftsanweisungen bezwecken nämlich den **geordneten Ablauf der Organe, Gremien und Organisationsbereiche**, so dass diese Aufgabe als unverzichtbar und der Verzicht als haftungsrelevant angesehen werden kann (*Schmidt*, 2002, S. 136 f.). Geschäftsanweisungen sind im Gegensatz zu den Richtlinien sparkasseninterne **verbindliche Bestimmungen**, nach denen der Vorstand bzw. die Interne Revision ihre Aufgaben zu erledigen haben (*Schlierbach/Püttner*, S. 188; *Völter*, 2014, S. 62). 72

So können beispielsweise in einer solchen Geschäftsanweisung eine Geschäftsordnung für den Vorstand vorgesehen werden, in der auch Geschäftsbereiche festgelegt werden – die Geschäftsverteilung innerhalb des Vorstandes erfolgt dann durch den Vorstandsvorsitzenden (§ 19 Abs. 7 SpkG NRW) in diesem Rahmen (*Klüpfel/Gaberdiel/Höppel/Ebinger*, § 24 Anm. III 1, S. 235). In dieser können auch verbindliche Vorgaben für das Kreditgeschäft, Vorgaben zur Zulässigkeit sowie zum Verfahren der Delegation von Aufgaben und Entscheidungsbefugnisse, etc gemacht werden. Von der Rechtsprechung positiv entschieden ist, dass Geschäftsanweisungen eine ausdrückliche Verpflichtung des Vorstands zur regelmäßigen Unterrichtung des Verwaltungsrats enthalten können (OVG Münster, Urt. v. 18.8.1989 – 15 A 2422/86 = NVwZ-RR 1990, 101, 102). Die Geschäftsanweisung für die Interne Revision legt Funktion, Ziele und Aufgaben der Internen Revision fest, macht insbesondere Vorgaben zu ihrer unabhängigen Organisation, zu ihrer Arbeitsweise und ihrer Qualitätssicherung unter Berücksichtigung der in BT 2 niedergelegten besonderen Anforderungen an die Ausgestaltung der Internen Revision. 73

Geschäftsanweisungen haben **höherrangiges Recht zu beachten** und dürfen nicht zu einer Verschiebung der gesetzlich abschließend festgelegten Aufgaben (oder ihres Umfangs) der einzelnen Organe führen (*Aus der Fünten*, 1969, S. 172 f.; *Völter*, 2014, S. 62), dürfen aber normauslegenden bzw. normkonkretisierenden Charakter haben. Die Sparkassen- und Giroverbände haben **Mustergeschäftsanweisungen** erlassen, sowohl für den Vorstand als auch für die Interne Revision. Diese haben für den allein zuständigen Verwaltungsrat ausschließlich empfehlenden Charakter und entfalten keine Bindungswirkung (*Lüttmann*, 2002, 74

5. Feststellung Jahresabschluss (Abs. 2 lit. d))

75 Nach Abs. 2 lit. d) ist der Verwaltungsrat für die **Feststellung des Jahresabschlusses und die Billigung des Lageberichts** zuständig. Diese Norm ist im Zusammenhang mit den §§ 24, 25 SpkG NRW zu lesen. Der Jahresabschluss besteht aus der Bilanz, Gewinn- und Verlustrechnung sowie dem Anhang, § 242 HGB, der um einen Anhang zu erweitern ist, §§ 264, 340a HGB; der Lagebericht enthält eine Analyse des Geschäftsverlaufs und der Lage der Gesellschaft, § 289 HGB. Deren **Aufstellung** ist Geschäftsführungsaufgabe und liegt damit in der Kompetenz des Vorstandes, der damit auch etwaige Bewertungs- und Bilanzwahlrechte ausübt. Indes handelt es sich bei dem vom Vorstand vorgelegten Jahresabschluss um einen vorläufigen Entwurf (im Sinne eines Vorschlags, vgl. *Lüttmann*, 2002, S. 142), der dem Verwaltungsrat nach § 24 Abs. 2 SpkG NRW vorzulegen ist. An dieser Stelle knüpft die Kompetenz des Abs. 2 lit. d) als spezifisch geregelter Teil der Überwachungsaufgabe an. Erst nach Prüfung und förmlicher Feststellung durch den Verwaltungsrat wird der – bis dahin vorläufige – Jahresabschluss sowohl für die Sparkasse als auch für den Träger verbindlich (*Schlierbach/Püttner*, S. 251; *Engau* in: Engau/Dietlein/Josten, § 15 Anm. 5.3), entsprechendes gilt für den Lagebericht. Die Feststellung erfolgt durch **förmlichen Feststellungsbeschluss** mit Stimmmehrheit der anwesenden Mitglieder, § 16 Abs. 3 S. 2 SpkG NRW.

76 Der Verwaltungsrat hat vor Feststellung des **Jahresabschlusses** die **Aufgabe, diesen zu prüfen** (*Lüttmann*, 2002, S. 152), da eine Überwachung der Geschäftsführung ohne Prüfung der Rechnungslegung nicht denkbar und denklogisch der in der Feststellung enthaltenen Zustimmung vorgelagert ist (*Koch*, AktG, § 171 Rn. 1). Insoweit dient die Vorlage an den Verwaltungsrat der Vorbereitung der Jahresabschlussprüfung durch diesen, wobei er auf die Hilfe der Prüfstellen der Sparkassen- und Giroverbände als gesetzliche Abschlussprüfer zurückgreifen muss. Letztere prüfen den Jahresabschluss und den Lagebericht und erstellen einen Prüfungsbericht sowie einen Bestätigungsvermerk (Testat). Die dem Verwaltungsrat übertragene Aufgabe führt zur **Pflicht jedes einzelnen Verwaltungsratsmitglieds**, den Jahresabschluss, den Lagebericht aber auch und va den Prüfungsbericht kritisch durchzusehen. Sofern, wie im Normalfall, keine Vorwürfe gegen die geprüften Vorstandsvorlagen erhoben werden und ein uneingeschränkter Bestätigungsvermerk erteilt wurde, reicht es aus, sich – ohne eine zweite Abschlussprüfung vorzunehmen – ein Urteil über die innere Plausibilität des Prüfungsberichts zu bilden, Unverständlichkeiten nachzugehen und das Urteil des Abschlussprüfers an der eigenen Lebens- und Geschäftserfahrung zu messen (*Koch*, AktG, § 171 Rn. 9). Bei dieser Prüfung erhält der Verwaltungsrat als Kollegialorgan in zweierlei Hinsicht umfassende **Unterstützung**: Zum einen ist die vorgenannte obligatorische Prüfung durch die **Prüfstelle der Sparkassen- und Giroverbände** vorgeschaltet, auf deren Arbeitsergebnisse er zurückgreifen kann. Zum anderen ist innerhalb des Verwaltungsrates gemäß Abs. 3 S. 1 und 3 ein **Bilanzprüfungsausschuss** zu bilden, welcher insbesondere die Jahresabschlussentscheidungen vorzubereiten hat (zu Abs. 3 → Rn. 80 ff.; zu den Einzelheiten des Jahresabschlusses → § 24).

II. Verwaltung der Sparkassen **§ 15**

Während die Prüfung der Abschlussprüfer nur eine Rechtmäßigkeitskontrolle 77
beinhaltet, übt der Verwaltungsrat bei der Feststellung des Jahresabschlusses **sowohl eine Rechtmäßigkeits- als auch Zweckmäßigkeitskontrolle** aus. Ob dies als Spezifikum des Sparkassenrechts aufgrund der besonderen Stellung des Verwaltungsrates oder als Teil der präventiven Überwachung angesehen werden soll, mag dahinstehen, da in allen Fällen gesetzlich die Einflussnahme des Verwaltungsrates auf die künftige Geschäftspolitik gerade erwünscht ist; daher sind die getroffenen bilanzpolitischen Ermessensentscheidungen ebenfalls Prüfgegenstand des Verwaltungsrats. Fraglich ist indes, wie weit die Feststellungskompetenz reicht, insbesondere, ob der Verwaltungsrat von dem Vorschlag abweichen und den aufgestellten Jahresabschluss ändern kann (*Klüpfel/Gaberdiel/Höppel/Ebinger*, § 30 Anm. III 5; *Köster* → § 24 Rn. 27), oder ob ihm schon verwehrt sein soll, die Feststellung eines fehlerfreien Jahresanschlusses zu verweigern, um den Vorstand zu einer anderen Ausübung von Wahlrechten zu veranlassen (*Biesok*, Sparkassenrecht, Rn. 1028). Dabei ist zu beachten, dass der Gesetzgeber dem Verwaltungsrat die alleinige Kompetenz zur Feststellung gegeben hat und gerade die Drohung einen – selbst „fehlerfreien" im Sinne von „vertretbaren" – Jahresabschluss nicht festzustellen, genau das Mittel ist, das der Gesetzgeber, dem Verwaltungsrat (ähnlich wie bei Abs. 4) an die Hand gegeben hat. Nur auf diesem Weg kann er Änderungen des Abschlusses durchsetzen und namentlich über die Bilanzpolitik mitentscheiden, nur so kann er den vom Gesetz intendierten offenen Dialog zwischen Vorstand und Verwaltungsrat erzwingen. Zutreffend ist allerdings, dass im Einzelfall erhebliche eigenständige Änderungen des Jahresabschlusses durch den Verwaltungsrat – je nach ihrem Umfang und Bedeutung – im Hinblick auf die gebotene einschränkende Auslegung der Befugnisse des Verwaltungsrats, soweit sie in die grundsätzliche Kompetenzzuweisung des KWG an die Geschäftsleiter eingreifen, bedenklich sein könnten (→ Rn. 7). Unbedenklich erscheint es aber, auf eine Änderung zu dringen und im äußersten Fall auch die Feststellung zu versagen.

6. Verwendung Jahresüberschuss (Abs. 2 lit. e))

Für die eigentliche Entscheidung über die Verwendung des Jahresüberschusses ist 78
nach §§ 8 Abs. 2 lit. g), 24 Abs. 4 S. 1 SpkG NRW die Trägervertretung zuständig (→ § 24). Sie entscheidet gemäß § 24 Abs. 4 S. 2 SpkG NRW „auf Vorschlag des Verwaltungsrates" nach § 25 SpkG NRW. Insoweit wiederholt § 15 Abs. 2 lit. e) SpkG NRW die Kompetenz des Verwaltungsrates, dem ein Vorschlagsrecht zukommt, welche nach dem Willen des Gesetzgebers nicht bindend sein soll. Das Vorschlagsrecht fußt auf dem Gedanken, dass der Verwaltungsrat aufgrund seiner Sachnähe wertvollen Rat in Bezug auf die „weitergehenden Ausschüttungsmöglichkeiten" geben kann, die Letztentscheidung aber weiterhin dem Träger obliegen soll, so dass dieser nicht daran gehindert ist, abweichend von der Empfehlung des Verwaltungsrates zu entscheiden (LT-Drs. 14/6831, S. 42).

7. Einführung Trägerkapital (Abs. 2 lit. f))

Die Vorschrift wiederholt lediglich die bereits in § 7 Abs. 1 S. 3 SpkG NRW 79
enthaltene Kompetenz, Trägerkapital einzuführen (→ § 7).

V. Ausschüsse (Abs. 3)

1. Gegenstand, Rechtsnatur und regulatorischer Kontext

80 Gemäß § 15 Abs. 3 SpkG NRW obliegt dem Verwaltungsrat die Bildung eines Risikoausschusses sowie eines Bilanzprüfungsausschusses; zudem kann er einen Hauptausschuss bilden. Die Zuständigkeiten dieser Ausschüsse werden ebenfalls in dieser Norm geregelt. Über die bloße Bildung hinaus hat der Verwaltungsrat zudem die Kompetenz, jeweils eine Geschäftsordnung zu erlassen. Die einzelnen Ausschüsse sind dem Verwaltungsrat berichtspflichtig.

81 Dieser Regelung liegt die Überlegung zugrunde, dass ein kleineres Gremium seine Aufgaben in der Regel **schneller, konzentrierter und damit effizienter** erledigen kann als ein größeres Kollegialorgan (*Engau* in: Engau/Dietlein/Josten, § 15 Anm. 6.1). Die Möglichkeit, Ausschüsse zu bilden, existierte daher bereits vor Einführung dieser Norm im Jahr 2002 und stellte die gängige Praxis dar. Anders als heute durfte den vom Verwaltungsrat gebildeten Ausschüssen allerdings lediglich eine vorbereitende und beratende Funktion zukommen. In diesem Rahmen können neben den in § 15 Abs. 3 SpkG NRW genannten Ausschüssen auch weiterhin Ausschüsse gebildet werden, die Entscheidungen lediglich vorbereiten (*Engau* in: Engau/Dietlein/Josten, § 15 Anm. 6.2).

82 Die erste **gesetzliche Normierung** geht auf die Reform des nordrhein-westfälischen Sparkassenrechts im Jahr 2002 zurück; der Landesgesetzgeber nahm den Sanierungsfall der Hamburger Sparkasse zum Anlass, die Verpflichtung zur Einrichtung eines Bilanzprüfungsausschusses gesetzlich einzuführen (LT-Drs. 13/2124, S. 121). Im Jahr 2008 wurden dessen Aufgaben in Umsetzung der EU-Abschlussprüferrichtlinie (RL 2006/43/EG des Europäischen Parlaments und des Rates vom 17. Mai 2006 über Abschlussprüfungen von Jahresabschlüssen und konsolidierten Abschlüssen, zur Änderung der RL 78/660/EWG und 83/349/EWG des Rates und zur Aufhebung der Richtlinie 84/253/EWG des Rates – Amtsblatt der Europäischen Union L 157/87 ff. vom 9.6.2006) konkretisiert und zugleich der Risikoausschuss implementiert (LT-Drs. 14/6831, S. 36). Mit Einführung des § 25d Abs. 7 KWG, der als Reaktion auf die Finanzmarktkrise (BT-Drs. 17/10974, S. 1) nunmehr nach Maßgabe des Proportionalitätsgrundsatzes abhängig von der Größe, der Organisation und Art und Umfang der Geschäfte die Einrichtung von Ausschüssen des Kontrollorgans vorsieht, ist inzwischen auch bundesgesetzlich die Bildung eines Risikoausschusses (§ 25d Abs. 8 KWG) sowie eines Prüfungsausschusses (§ 25d Abs. 9 KWG) verankert. Gem. § 25d Abs. 3 S. 2 KWG besteht bei bedeutenden Instituten iSv § 1 Abs. 3c KWG sowie bei den in § 25d Abs. 3 S. 2 KWG genannten Unternehmen die Verpflichtung, aus der Mitte des Verwaltungsorgans zwingend einen Risiko-, einen Prüfungs-, einen Nominierungs- und einen Vergütungskontrollausschuss zu bestellen. Die Bildung von Ausschüssen ist nach dieser Norm lediglich dann entbehrlich, wenn das Kontrollorgan über weniger als zehn Mitglieder verfügt (Regierungsbegründung CRD IV-UG, BT-Drs. 17/10974, S. 88) oder unabhängig von der Mitgliederzahl, wenn das Geschäftsmodell risikoarm ist (*Schwennicke* in: Schwennicke/Auerbach, KWG § 25d Rn. 48).

83 Vor dem Hintergrund, dass mit § 35d Abs. 3 S. 2 KWG einerseits und § 15 Abs. 3 SpkG NRW andererseits zwei Normen bestehen, stellt sich die **verfas-**

II. Verwaltung der Sparkassen § 15

sungsrechtliche Frage, ob der landesgesetzlichen Regelung überhaupt noch ein Anwendungsbereich verbleibt. Bisweilen wird dies mit Blick darauf, dass die Sparkassen in der Regel keine Institute von erheblicher Bedeutung iSv § 25d Abs. 3 S. 7 KWG sind, ohne weitere Begründung bejaht (*Engau* in: Engau/Dietlein/Josten, § 15 Anm. 6.7.2). Nach anderer Ansicht hat der Bundesgesetzgeber für die Umsetzung der CRD IV von seiner konkurrierenden Gesetzgebungskompetenz aus Art. 74 Abs. 1 Nr. 11 GG – Recht der Wirtschaft – Gebrauch gemacht und die CRD IV vollständig bundesgesetzlich geregelt. Damit tritt nach der Konkurrenzklausel des Art. 72 Abs. 1 GG eine Sperrwirkung ein. Diese gilt in zeitlicher Hinsicht seit Inkrafttreten der bundesgesetzlichen Regelung. Auf der sachlichen Ebene ist entscheidend, ob die Regelung des Bundesgesetzgebers erschöpfend ist oder nicht. Dies kann nicht allgemein, sondern nur anhand der einschlägigen Bestimmungen und des jeweiligen Sachbereichs festgestellt werden (*Uhle* in: Dürig/Herzog/Scholz, GG Art. 72 Rn. 84). Ist dies der Fall, haben auch Sparkassen, die nicht die Erheblichkeitsschwelle erreichen, keine Pflichtausschüsse zu bilden, da die Regelungen im (Landes-)Sparkassenrecht nichtig sind (*Biesok*, Rn. 793 ff.; *Biesok*, DVBl 2017, 677, 685 f.). Allerdings ist zu beachten, dass § 15 Abs. 3 SpkG NRW zwar von der bundesgesetzlichen Regelung verdrängt wird und daher nichtig, aber noch formell geltendes Recht ist; bis zu einer höchstrichterlichen Klärung dieser Frage sollten Sparkassen daher beide gesetzlichen Anforderungen beachten (*Biesok*, Rn. 752). Es empfiehlt sich für die Fälle, in denen ein Ausschuss sowohl nach dem KWG als auch nach dem SpkG NRW vorgesehen ist, beide Rechtsgrundlagen für die Einsetzung anzuführen. Die Sparkasse sollte zudem eine Selbsteinschätzung vornehmen, ob sie es nach den Kriterien des § 25d Abs. 7 S. 1 KWG als angezeigt ansieht, den Ausschuss zu bilden oder ob die Einsetzung freiwillig erfolgt; dabei ist auch zu prüfen, welche Vorgaben für die Struktur des Ausschusses zu beachten sind (*Biesok*, Rn. 802). Beratende Ausschüsse sind von dieser Sperrwirkung nicht erfasst (*Biesok*, Rn. 804). Sie können also unproblematisch eingesetzt werden.

2. Geschäftsordnung

Unter Berücksichtigung der Grundsätze für eine gute Unternehmensführung ist für die beiden Pflichtausschüsse, den Risikoausschuss und den Bilanzprüfungsausschuss, der Erlass einer Geschäftsordnung vorgesehen. In dieser sind insbesondere Regelungen über die Zusammensetzung, die Zuständigkeiten, die Sitzungen und die Beschlussfassungen zu treffen (§ 15 Abs. 3 S. 1 SpkG NRW). Gleiches gilt für den Hauptausschuss, wenn er zugleich als Bilanzprüfungsausschuss fungiert. Die Geschäftsordnungen werden durch den Verwaltungsrat durch Beschluss mit einfacher Stimmenmehrheit (§ 16 Abs. 3 S. 2 SpkG NRW) erlassen; sie gelten auch über das Ende seiner Wahlperiode fort, ohne dass es eines erneuten Beschlusses oder einer Bestätigung bedarf (*Engau* in: Engau/Dietlein/Josten, § 15 Anm. 6.2). 84

Die **Ausgestaltung der Geschäftsordnungen** an sich ist dem Verwaltungsrat in den Grenzen der den Ausschüssen vorgegebenen Aufgaben überlassen. Muster für die Geschäftsordnung für den Risikoausschuss (Muster-GO RA), den Bilanzprüfungsausschuss (Muster-GO BPA) und für einen Hauptausschuss (Muster-GO HA/BPA) haben die nordrhein-westfälischen Sparkassen- und Giroverbände für die Mitgliedssparkassen erstellt. 85

Mit Blick auf die **Zusammensetzung der Ausschüsse** sind indes, auch wenn das SpkG NRW dem Verwaltungsrat in § 15 Abs. 3 SpkG NRW keine Vorgaben macht, ggf. Vorgaben aus anderen Normen zu beachten: Nach § 25d Abs. 7 KWG sind die Ausschüsse aus der Mitte des Aufsichtsorgans zu bestellen; zudem soll jeder Ausschuss eines seiner Mitglieder zum Vorsitzenden ernennen. Die Mitglieder der Ausschüsse müssen die zur Erfüllung der jeweiligen Ausschussaufgaben erforderlichen Kenntnisse, Fähigkeiten und Erfahrungen haben. Um die Zusammenarbeit und den fachlichen Austausch zwischen den einzelnen Ausschüssen sicherzustellen, soll mindestens ein Mitglied eines jeden Ausschusses einem weiteren Ausschuss angehören (§ 25d Abs. 7 S. 3–5 KWG). Selbst wenn eine Sparkasse nach ihrer Selbsteinschätzung nicht zu den bedeutenden Instituten gehört, empfiehlt es sich, in der Praxis den sichersten Weg zu gehen und diese Vorgaben einzuhalten (so auch: *Engau* in: Engau/Dietlein/Josten, § 15 Anm. 6.3). Wählbar sind zu (ordentlichen) Ausschussmitgliedern der Vorsitzende des Verwaltungsrates, sowie die weiteren (ordentlichen) Mitglieder, der Hauptverwaltungsbeamte des Trägers bzw. bei Zweckverbandssparkassen die Hauptverwaltungsbeamten der Zweckverbandsträger; das SpkG NRW enthält keine Regelung hierzu, so dass auch Dienstkräftevertreter nach pflichtgemäßem Ermessen gewählt werden können (*Engau* in: Engau/Dietlein/Josten, § 15 Anm. 6.3.3.2). Was die Zahl der Ausschussmitglieder anbelangt, empfiehlt es sich, sich am Aktienrecht zu orientieren, nach dem sich die Mindestgröße eines vorbereitenden Ausschusses auf zwei, diejenige eines Ausschusses mit Beschlusskompetenz auf drei Personen beläuft (*Koch*, AktG, § 107 Rn. 26). In jedem Fall sollte der zu besetzende Ausschuss nur aus einer Teilmenge der Mitglieder des Verwaltungsrates bestehen, da sonst die angestrebte Effizienzsteigerung verloren geht (*Engau* in: Engau/Dietlein/Josten, § 15 Anm. 6.3.2). Schließlich sollten auch stellvertretende Ausschussmitglieder gewählt werden; in der Praxis ist dies auch üblich.

Ebenfalls üblich und ratsam ist es, einen **Ausschussvorsitzenden** zu wählen, der primus inter pares ist: Er hat das gleiche Stimmrecht wie alle anderen Ausschussmitglieder ohne Recht zum Stichentscheid, ist aber für die ordnungsgemäße Einladung zu den Sitzungen verantwortlich, legt die Tagesordnung fest, leitet die Sitzungen und fungiert in der Regel als Sprecher des Ausschusses gegenüber dem Verwaltungsrat im Rahmen der Berichtspflicht des Ausschusses. § 10 Abs. 3 SpkG NRW, der es den Mitgliedern und den stellvertretenden Mitgliedern des Vorstandes ermöglicht, an Sitzungen des Verwaltungsrates mit beratender Stimme teilzunehmen, ist entsprechend anzuwenden; auch sonstige Dritte, zB Verbandsvertreter oder Abschlussprüfer, können im Einzelfall zu speziellen Themen als Sachverständige oder Auskunftspersonen hinzugezogen werden (*Engau* in: Engau/Dietlein/Josten, § 15 Anm. 6.3.7, der dies auf § 109 Abs. 1 S. 2 AktG stützt).

3. Risikoausschuss

86 Zu den Pflichtausschüssen gehört der Risikoausschuss. Dieser soll nach § 15 Abs. 3 S. 2 SpkG NRW dabei insbesondere die Grundsätze der Risikopolitik und Risikosteuerung der Sparkasse mit dem Vorstand beraten sowie ab einer in der Geschäftsordnung festzulegenden Bewilligungsgrenze über die Zustimmung zur Beschlussfassung des Vorstands über die Gewährung von Krediten beschließen. Damit nimmt der Risikoausschuss die Aufgaben des bisherigen Kreditausschusses

II. Verwaltung der Sparkassen   § 15

wahr, ist allerdings nicht auf die Adressausfallrisiken beschränkt (*Biesok*, Sparkassenrecht, Rn. 748). Die **Aufgaben des Risikoausschusses** sind im Gesetz allerdings nur grob beschrieben. Zum einen ist § 15 Abs. 3 S. 2 SpkG NRW als Soll-Vorschrift ausgestaltet, zum anderen macht der Gesetzgeber deutlich, dass ihm auch weitere Aufgaben übertragen werden können („insbesondere"). Damit wird es dem Verwaltungsrat ermöglicht, den Risikoausschuss mit weiteren Aufgaben und Fragestellungen zu betrauen, die sich aus der jeweils aktuellen Fassung des KWG – hier insbesondere § 25a Abs. 1 KWG sowie § 25d Abs. 8 KWG – ergeben. Dementsprechend offen sind auch die Aufgaben in § 4 Abs. 2 des Muster-GO RA der nordrhein-westfälischen Sparkassen- und Giroverbände (Muster-GO RA) formuliert.

Zu den im Gesetz vorgesehenen Aufgaben gehört zum einen die **Beratung des Vorstands mit Blick auf die Grundsätze der Risikopolitik und Risikosteuerung** der Sparkasse. Sowohl die Risikopolitik als auch die Risikosteuerung sind zentrale Elemente des Risikomanagements, das bereits in § 25a Abs. 1 KWG angesprochen wird. Der nordrhein-westfälische Gesetzgeber erläutert sie jedoch nicht näher; und auch in der Literatur finden sich zum Themenkomplex Risikomanagement keine einheitlichen Begrifflichkeiten (*Braun* in: Fischer/Schulte-Mattler, KWG, § 25a Rn. 93). Die **Risikopolitik** lässt sich als Rahmen des Risikomanagements bezeichnen, die die Gesamtheit aller Überlegungen, aber auch Maßnahmen umfasst, die darauf abzielen, etwaige Gefahren einer Erfolgsminderung zu identifizieren, den Eintritt von Risiken als Folge der Unsicherheit der Erwartungen zu verhindern oder abzuwälzen, Auswirkungen evidenter Risiken abzuschwächen oder in die institutseigene Finanzpolitik einzubeziehen (*Engau* in: Engau/Dietlein/Josten, § 15 Anm. 6.4.1.1). Die **Risikosteuerung** wiederum dient dazu, Möglichkeiten zur Reaktion auf identifizierte und bewertete Risikospektren zu finden (*Engau* in: Engau/Dietlein/Josten, § 15 Anm. 6.4.1.2). Der Risikoausschuss nimmt dabei Beratungsaufgaben wahr. Dies erfordert eine Sachbehandlung unter Erörterung der relevanten Gesichtspunkte sowie eine abschließende Wertung, die auch Empfehlungen enthalten kann (*Engau* in: Engau/Dietlein/Josten, § 15 Anm. 6.4.1.3). Da der Gesetzgeber dem Risikoausschuss aber **lediglich eine Beratungsaufgabe** zugewiesen hat, ist der Ausschuss nicht dazu berechtigt, dem Vorstand Weisungen zu geben oder an seiner Stelle Entscheidungen zu treffen. Denn nach § 25a Abs. 1 S. 2 KWG sind die Geschäftsleiter für die ordnungsgemäße Geschäftsorganisation des Instituts verantwortlich. Die Überwachung der Wirksamkeit des Risikomanagements fällt nach der gesetzgeberischen Formulierung in die Kompetenz des Bilanzprüfungsausschusses. Aufgrund der größeren Sachnähe und vor dem Hintergrund, dass dem Risikoausschuss weitere Aufgaben zugewiesen werden können, wird in der Literatur empfohlen, die Überwachung der Wirksamkeit des Risikomanagements ebenfalls dem Risikoausschuss zuzuweisen (*Engau* in: Engau/Dietlein/Josten, § 15 Anm. 6.4.1.2).

Um seiner Beratungsaufgabe nachkommen zu können, muss der Risikoausschuss hinreichend **informiert** werden. In diesem Zusammenhang sind die Risikoberichte von besonderer Bedeutung, zu deren Erstellung die Geschäftsleitung vierteljährlich nach AT 4.3.2. Tz. 3 MaRisk idF vom 29.6.2023 verpflichtet ist. Gem. den Erläuterungen zum Rundschreiben 5/2023 der BaFin sollte zwar Adressat der Risikoberichterstattung grundsätzlich jedes Mitglied des Aufsichtsorgans sein. Soweit das Aufsichtsorgan Ausschüsse gebildet hat, kann die Weiterleitung der Infor-

87

88

mationen auch auf einen Ausschuss beschränkt werden. Voraussetzung dafür ist, dass ein entsprechender Beschluss über die Einrichtung des Ausschusses besteht und der Vorsitzende des Ausschusses regelmäßig das gesamte Aufsichtsorgan informiert. Diese Voraussetzungen sind im Fall des Risikoausschusses nach § 15 Abs. 3 S. 2 und 5 SpkG NRW gegeben. Unabhängig von diesen Risikoberichten hat der Vorstand den Ausschuss jedoch über Angelegenheiten, die unter Risikogesichtspunkten wesentlich sind, unverzüglich zu informieren (BT 3.1. Tz. 5 MaRisk).

89 Ab einer in der Geschäftsordnung festzulegenden Bewilligungsgrenze soll der Risikoausschuss ferner über die **Zustimmung zur Beschlussfassung des Vorstands über die Gewährung von Krediten beschließen** (§ 15 Abs. 3 S. 2 SpkG NRW). Bereits die Formulierung macht deutlich, dass ihm keine eigene Kreditbewilligungskompetenz zukommt; er kann also weder selbst Kreditfälle einbringen, noch nach Ansicht des Vorstands abzulehnende Kreditanträge positiv bescheiden. Seine Aufgabe beschränkt sich vielmehr darauf, eine Vorstandsentscheidung zu billigen oder abzulehnen, denn alles andere wäre mit der Verantwortlichkeit des Vorstands nicht zu vereinbaren (so bereits zu dem Vorgänger des Risikoausschusses, dem Kreditausschuss: LT-Drs. 11/6047, S. 64). Nicht festgelegt ist durch den Landesgesetzgeber, welche Kredite zustimmungsbedürftig sind. Nr. 4.1 S. 1, Abschnitt 4 der AVV verweist dementsprechend darauf, dass der Vorstand über Kreditanträge entscheidet, sofern nicht in der vom Verwaltungsrat entlassenen Geschäftsordnung für den Risikoausschuss dessen Zustimmung vorgesehen ist. Weitergehend nennt § 4 Abs. 1 Muster-GO RA Organkredite iSv § 15 KWG, Kredite iSv § 19 Abs. 1 KWG, soweit sie im Einzelfall 5 % der anrechenbaren Eigenmittel der Sparkasse übersteigen, sowie sonstige Kredite, die dem Risikoausschuss vom Vorstand zur Zustimmung vorgelegt werden. Für Organkredite ergibt sich die Verpflichtung, die Zustimmung des Aufsichtsorgans bzw. des Risikoausschusses einzuholen, bereits aus § 15 Abs. 1 S. 1 KWG. Auf die diesbezügliche Spezialliteratur sei daher verwiesen. Welche Kreditanträge der Vorstand über die Organkredite iSv § 15 Abs. 1 S. 1 KWG – und ggf. über die in § 4 Abs. 1 Nr. 2 Muster-GO RA genannten Kredite hinaus dem Risikoausschuss vorlegen will, steht im Auswahlermessen des Gesamtvorstands (*Engau* in: Engau/Dietlein/Josten, § 15 Anm. 6.4.2.2.4). Um der Kompetenzabgrenzung zwischen Geschäftsleitung und Aufsichtsorgan gerecht zu werden, kann der Vorstand hiervon nur in besonderen Ausnahmefällen Gebrauch machen. Keinesfalls darf er sich auf diesem Weg seiner Verantwortung entledigen.

4. Bilanzprüfungsausschuss

90 § 15 Abs. 3 S. 3 SpkG NRW weist dem Bilanzprüfungsausschuss die **Überwachung des Rechnungslegungsprozesses, der Jahresabschlussprüfung, der Wirksamkeit des internen Kontrollsystems und des Risikomanagementsystems zu**. Dies entspricht den Vorgaben der EU-Abschlussprüferrichtlinie (Richtlinie 2006/43/EG des Europäischen Parlaments und des Rates vom 17.5.2006 über Abschlussprüfungen von Jahresabschlüssen und konsolidierten Abschlüssen, zur Änderung der Richtlinien 78/660/EWG und 83/349/EWG des Rates und zur Aufhebung der Richtlinie 84/253/EWG) (LT-Drs. 14/6831, S. 36). Entsprechende Regelungen finden sich in § 107 Abs. 3 S. 2 AktG sowie in § 25d Abs. 9 KWG (hier kann wegen der Einzelheiten auf die entsprechende Spezialliteratur verwiesen werden).

II. Verwaltung der Sparkassen § 15

Die **Überwachungspflicht** des Ausschusses erstreckt sich nicht auf die jeweiligen Einzelheiten, sondern **beschränkt sich auf die Wirksamkeit dieser Einrichtungen** (*Engau* in: Engau/Dietlein/Josten, § 15 Anm. 6.5.2). Bezogen auf die Überwachung der Rechnungslegung handelt es sich in der Sache um eine Systemprüfung; Gegenstand der Überwachung ist damit der (gesamte) Ableitungsprozess der Rechnungslegung (*Lanfermann/Röhricht*, BB 2009, 887, 889). Für das Gremium geht es hierbei darum, das Risiko einzuschätzen, dass der Vorstand in unangemessener Weise auf den Rechnungslegungsprozess Einfluss nimmt (*Binz/Sorg*, BB 2019, 387, 389). Auch bei der Überwachung der Wirksamkeit des Risikomanagementsystems handelt es sich um eine Systemprüfung, denn das Risikomanagement umfasst die Gesamtheit aller organisatorischen Regelungen und Maßnahmen zur Risikoerkennung und zum Umgang mit den Risiken unternehmerischer Betätigung (*Binz/Sorg*, BB 2019, 387, 389). Bei der Überwachung der Jahresabschlussprüfung besteht – anders als im Aktienrecht – für Sparkassen keine freie Prüferwahl, so dass die Aufgaben des Ausschusses hier hinter denen des Aufsichtsgremiums einer AG zurückbleiben. Die Abschlussprüfung der Sparkassen obliegt kraft Gesetzes der Prüfungsstelle des zuständigen Sparkassen- und Giroverband bzw. auf Antrag des zuständigen Sparkassen- und Giroverbandes mit Zustimmung der Aufsichtsbehörde oder auf direkte Anordnung der Aufsichtsbehörde dem jeweils anderen Sparkassen- und Giroverband (§ 24 Abs. 3 S. 1 und 2 SpkG NRW). Primär ist die Überwachung vergangenheitsbezogen, sie hat aber auch präventiven Charakter: Denn mit der Überwachung der Wirksamkeit eines bestehenden internen Risikomanagementsystems ist immer auch die Aufgabe verbunden zu eruieren, ob Ergänzungen, Erweiterungen oder Verbesserungen erforderlich sind (BT-Drs. 16/10067, S. 102). Wie schon beim Risikoausschuss ist die gesetzliche Aufgabenzuweisung nicht abschließend („auch"); demnach können dem Risikoausschuss auch andere Aufgaben durch Geschäftsordnung des Verwaltungsrates zugewiesen werden.

In der Praxis bestehen mit Blick auf das Risikomanagement durchaus Überlappungen zwischen den beiden Pflichtausschüssen, dem Risikoausschuss sowie dem Bilanzprüfungsausschuss. Daher wird empfohlen, aufgrund der größeren Sachnähe des Risikoausschusses zum Risikomanagement diesem nicht nur die Beratung, sondern auch die Überwachung der Wirksamkeit des Risikomanagementsystems zuzuweisen (*Engau* in: Engau/Dietlein/Josten, § 15 Anm. 6.5.2.3.4). Der Wortlaut der Vorschrift lässt dies zu. Auch von der Sparkassenaufsichtsbehörde wird dies – soweit bekannt – nicht beanstandet (*Engau* in: Engau/Dietlein/Josten, § 15 Anm. 6.5.2.3.4).

5. Hauptausschuss

§ 15 Abs. 3 S. 4 SpkG NRW ermöglicht es dem Verwaltungsrat darüber hinaus, einen Hauptausschuss zu bilden. Hierbei handelt es sich nicht um einen Pflichtausschuss, dh der Verwaltungsrat kann frei entscheiden, ob er einen solchen Ausschuss einrichtet und falls ja, ob er für diesen eine Geschäftsordnung erlässt. Entscheidet sich der Verwaltungsrat für die Einrichtung eines solchen Hauptausschusses, steht es in seinem Ermessen, welche Zuständigkeiten er diesem übertragen möchte. Das Gesetz spricht ausdrücklich von der Übertragung der Zuständigkeit zur Entscheidung über die Anstellung der Mitglieder und stellvertretenden Mitglieder des Vorstandes sowie der gesamten Aufgaben des Bilanzprüfungsausschusses.

Diese Auflistung ist indes nicht abschließend („insbesondere"). Hier kommt zB die Entscheidung über die Gewährung von Leistungszulagen an die Vorstandsmitglieder nach Ablauf eines Geschäftsjahres in Betracht (*Engau* in: Engau/Dietlein/Josten, § 15 Anm. 6.6).

94 Allerdings darf die Delegation von Beschlusszuständigkeiten auf den Hauptausschuss nicht dazu führen, dass der Verwaltungsrat seine Funktion als Aufsichtsorgan nicht mehr wahrnehmen kann. Dies ergibt sich bereits aus § 15 Abs. 3 S. 4 SpkG NRW selbst, der zwar die Möglichkeit zulässt, die (dienstvertragliche) Anstellung dem Hauptausschuss zu übertragen – die dieser im Übrigen gem. § 19 Abs. 2 S. 2 SpkG NRW im Rahmen der Empfehlungen der Sparkassen- und Giroverbände vorzunehmen hat –, die (organschaftliche) Bestellung der Vorstandsmitglieder jedoch nach § 15 Abs. 2 Buchst. a) SpkG NRW eindeutig dem Verwaltungsrat zuweist. Mangels weiterer Vorgaben des Gesetzgebers können die Grenzen sowohl nach quantitativen als auch nach qualitativen Kriterien gezogen werden (*Engau* in: Engau/Dietlein/Josten, § 15 Anm. 6.6); entscheidend ist im Einzelfall, dass der Verwaltungsrat seinen gesetzlich verankerten Aufsichtsfunktionen noch nachkommen kann. Da die Übertragung von Kompetenzen an den Hauptausschuss im Ermessen des Verwaltungsrates steht, kann der Verwaltungsrat dies in einer Geschäftsordnung oder auch ad hoc festlegen (*Engau* in: Engau/Dietlein/Josten, § 15 Anm. 6.6). Ebenso wie im Aktienrecht muss dem Aufsichtsorgan zudem zugestanden werden, dass er die Entscheidung jederzeit wieder an sich ziehen darf (BGH, Urt. v. 14.11.1983 – II ZR 33/83 = BGHZ 89, 48, Rn. 14). Denn die Beschlüsse des Ausschusses bleiben solche des Verwaltungsrates, dessen Plenum sie zu überwachen hat und die Entscheidung jederzeit an sich ziehen kann (BGH, Urt. v. 14.11.1983 – II ZR 33/83 = BGHZ 89, 48, Rn. 14).

6. Berichtspflicht

95 Gem. § 15 Abs. 3 S. 5 SpkG NRW unterliegen die Ausschüsse einer regelmäßigen Berichtspflicht. Hierdurch soll gewährleistet werden, dass der Verwaltungsrat seiner Pflicht zur allgemeinen Überwachung der Geschäftsleitung nachkommen kann; zugleich sollen dadurch die aus der Aufgabendelegation resultierenden Informationsdefizite des Plenums ausgeglichen werden (*Drygala* in: K. Schmidt/Lutter AktG, § 107 Rn. 56 zu der gleichlautenden Vorschrift im AktG). Der Berichtspflicht unterliegen sämtliche Ausschüsse (LT-Drs. 14/6831, S. 36 f.). Erfasst werden damit nicht nur die in § 15 Abs. 3 SpkG NRW ausdrücklich genannten Ausschüsse. Sofern der Verwaltungsrat von seiner Kompetenz Gebrauch macht, weitere Ausschüsse mit lediglich beratender Funktion einzurichten, sind auch diese zwingend der Berichtspflicht unterworfen. Denn nur auf diese Weise kann der Zweck eines solchen beratenden Gremiums, Informationen zu sammeln, zu bewerten und Lösungsvorschläge zu entwickeln, überhaupt realisiert werden.

96 Das Gesetz selbst enthält keine weiteren Vorgaben zu Form, Inhalt und Zeitpunkt der Ausschussberichte. Die Ausgestaltung der Berichterstattung unterliegt also dem pflichtgemäßen Ermessen des Verwaltungsrates. Bzgl. der Einzelheiten kann sich jedoch an der Parallelvorschrift im Aktienrecht orientiert werden, da § 107 Abs. 4 AktG für die dort geregelten Ausschüsse ebenfalls eine regelmäßige Berichtspflicht vorsieht. Um dem Aspekt der Regelmäßigkeit zu genügen, ist es zunächst sinnvoll, bei jeder Sitzung des Verwaltungsrates einen entsprechenden Ta-

II. Verwaltung der Sparkassen   § 15

gesordnungspunkt aufzunehmen (*Spindler* in: BeckOGK, 1.4.2023, AktG § 107 Rn. 127; Regierungsbegründung BT-Drs. 14/8769, S. 16). Die Form des Berichts – mündlich oder schriftlich – ist dem Einzelfall entsprechend zu wählen. Allerdings steht es dem Verwaltungsrat frei, im Rahmen der von ihm zu erlassenen Geschäftsordnung eine bestimmte Form vorzusehen. Der Inhalt der Berichte muss die wesentliche Arbeit des Ausschusses erfassen, wofür auch ein knapper Ergebnisbericht genügt (*Spindler* in: BeckOGK, 1.4.2023, AktG § 107 Rn. 127). Zu unterscheiden ist hier allerdings, ob es sich um einen Ausschuss handelt, der lediglich vorbereitend tätig wird, oder um einen Ausschuss, dem – wie etwa dem Hauptausschuss – bestimmte Angelegenheiten zur abschließenden Beschlussfassung übertragen worden sind. In letzterem Fall ist die Unterrichtung des Verwaltungsrates über die Erledigung ausreichend (*Engau* in: Engau/Dietlein/Josten, § 15 Anm. 6.9). Weitergehender ist die Berichtpflicht naturgemäß bei vorbereitenden Ausschüssen: In diesem Fall muss der Bericht alle für die weitere Beschlussfassung des Verwaltungsrats wesentlichen Informationen enthalten, da anderenfalls die Möglichkeit des Plenums zu einer abweichenden Entscheidung erheblich eingeschränkt wäre (*Spindler* in: BeckOGK, 1.4.2023, AktG § 107 Rn. 128). Der Bericht wird in der Regel vom Ausschussvorsitzenden vorgetragen, kann jedoch auch einem anderen Ausschussmitglied oder dem Verwaltungsratsvorsitzenden übertragen werden (*Spindler* in: BeckOGK, 1.4.2023, AktG § 107 Rn. 128).

VI. Mitentscheidungskompetenz nach Vorstandsvorschlag (Abs. 4)

1. Allgemeines

§ 15 Abs. 4 SpkG NRW enthält **Zuständigkeiten für Einzelfallentscheidungen**, die sich Vorstand und Verwaltungsrat aufgrund ihrer – meist geschäftspolitischen – Bedeutung teilen. Der Verwaltungsrat entscheidet insoweit auf **Vorschlag des Vorstandes**, der das Initiativrecht hat. Im Umkehrschluss kann der Verwaltungsrat nicht allein, dh ohne vorhergehenden Vorschlag des Vorstands, entscheiden. Es handelt sich materiell „nur" um eine **Zustimmungskompetenz**. Formal beschließt zwar das Kollegialorgan Verwaltungsrat, allerdings über eine vom Vorstand erstellte Vorlage, bei der der Verwaltungsrat autonom keine Änderungen vornehmen kann. Selbstverständlich wird im Vorfeld des Beschlusses eine Beratung erfolgen (→ § 16 Rn. 40), welche ggf. den Vorstand dazu bewegen kann, seinen Vorschlag zu modifizieren; auch spricht nichts dagegen, dass der Verwaltungsrat seinerseits einen Vorschlag anregt. Gegen den Willen des Vorstands ist eine Entscheidung zu diesen Themen indes nicht möglich. Das Gesetz überträgt diese Geschäftsführungsentscheidungen beiden Organen gemeinsam, so dass jedem von beiden bei fehlender Einigung faktisch ein **Vetorecht** zukommt.

97

Diese **Einschränkung der Geschäftsführungsbefugnis** wirkt nur nach innen und hat keine Auswirkungen auf die Vertretungsbefugnis des Vorstands. Ein solches Vetorecht ist auch bei der Aktiengesellschaft bekannt, vgl. § 111 Abs. 4 AktG, und **mit den aufsichtsrechtlichen Vorgaben** an den Vorstand (zur Problematik, die bereits bei der Richtlinienkompetenz besteht, → Rn. 7 ff.) **vereinbar** (eingehend *Lüttmann*, S. 173 ff.; *Völter*, 2014, Ziff. 4.4.2.1, S. 64), da diesem hierdurch weiterhin die uneingeschränkte Geschäfts- und Vertretungsbefugnis zukommt. Dies zwingt bei

98

den vom Gesetz als wichtig angesehenen Entscheidungen zur Kooperation beider Organe – und zur Kompromissbereitschaft (nötig ist ein „vom Geist der Kooperation" getragenes Verhältnis beider Organe, *Völter*, 2014, Ziff. 4.4.2.6, S. 66). Durch das Vorschlagsrecht bzw. die Reichweite des Vorschlags und die entsprechende Beschlussvorbereitung kann der Vorstand bestimmen, ob und – zT zumindest – in welchem Umfang beschlossen werden soll, so dass das „Hauptgewicht" der Entscheidungstätigkeit bei diesem liegt (*Engau* in: Engau/Dietlein/Josten, § 15 Anm. 7).

99 Der **Verwaltungsrat ist** im Rahmen seiner Entscheidungsmöglichkeiten **(Zustimmung oder Ablehnung) frei**, dh er entscheidet im Rahmen einer pflichtgemäßen Ermessensausübung (*Lüttmann*, S. 174 f.; so anscheinend auch *Völter*, 2014, Ziff. 4.4.2.6, S. 66) und darf auch eine nicht rechtswidrige Beschlussvorlage ablehnen (*Lüttmann*, S. 175 f.; *Engau* in: Engau/Dietlein/Josten, § 15 Anm. 7; aA *Heinevetter* [2. Aufl.], § 13 Anm. 12). Eine Beanstandung gemäß § 17 SpkG NRW kommt nur bei Rechtswidrigkeit des Beschlusses, sei er zustimmend oder ablehnend, in Frage. Entsprechendes gilt für das Einschreiten der Sparkassenaufsicht nach § 40 SpkG NRW. Der Vorstand ist an den Beschluss gebunden. Ein zustimmender Beschluss ist umzusetzen, während eine Ablehnung des Vorstandsvorschlags zum Umsetzungsverbot führt. Beachtet der Vorstand die Kompetenz (materiell den Zustimmungsvorbehalt) des Verwaltungsrates nicht, indem er ohne Einbindung des Verwaltungsrates entscheidet, oder handelt er trotz verweigerter Zustimmung nicht, liegt eine Pflichtverletzung vor.

2. Stiftungserrichtung (Abs. 4 lit. a))

100 Stiftungen spielen in der Sparkassenlandschaft eine immer beträchtlichere Rolle, ua weil sie aufgrund des unbefristeten Verwaltungsmandats über größere Werte für Sparkassen besonders interessant sind (vgl. *Martin*, Sparkasse 2002, 171). Gemäß § 15 Abs. 4 lit. a) SpkG NRW beschließt der Verwaltungsrat auf Vorschlag des Vorstands über die Errichtung von Stiftungen. Der **Hintergrund der Norm** erschließt sich aus der Gesetzesbegründung: Der Gesetzesbegründung nach hatten zahlreiche Sparkassen zuvor Stiftungen errichtet und dabei regelmäßig die Zustimmung des Verwaltungsrats eingeholt, weil sich die Aufbringung des Stiftungskapitals erheblich auf die Feststellung des Jahresabschlusses auswirken kann, die dem Verwaltungsrat obliegt. Die Einführung der Verwaltungsratskompetenz sollte dem Rechnung tragen (so die Begründung des Gesetzesentwurf, LT-Drs. 11/6047, 63). Nach dem ausdrücklichen Willen des Gesetzgebers sollte damit nicht die bewährte Praxis verändert werden, dass sowohl Spenden als auch das Stiftungskapital zu Lasten der laufenden Rechnung erbracht werden (LT-Drs. 11/6047, 51), dies mithin massive Auswirkungen auf die Feststellung des Jahresabschlusses und folglich auch auf etwaige Gewinnausschüttungen haben kann (*Lüttmann*, S. 160 f.). Mit der Regelung ist zugleich für NRW geklärt, dass die Gründung einer Stiftung **vom öffentlichen Auftrag gedeckt** ist (*Biesok*, Sparkassenrecht, Rn. 636), bzw. sein kann. Dies ist jedenfalls unproblematisch der Fall, sofern die Sparkassenstiftungen – wie üblich – sich durch ihre besondere Nähe zum lokalen bzw. regionalen Gemeinwesen auszeichnen und das Sozialwesen, das kulturelle Leben, die Jugendarbeit, den Breitensport oder Umweltprojekte fördern (*Lüttmann*, S. 161 f.).

101 Dem Wortlaut und Normzweck folgend betrifft der Zustimmungsvorbehalt nur die Errichtung von Stiftungen durch die Sparkasse selbst (**sparkasseneigene Stiftungen**), nicht die Errichtung von Stiftungen durch die Kunden der Sparkasse,

II. Verwaltung der Sparkassen § 15

selbst wenn diese dabei den Kunden unterstützt und diesbezügliche Dienstleistungen anbietet; die Grenze ist aber erreicht, wenn die Sparkasse als Gründerin eine eigene Bürgerstiftung als „Auffangbecken" für Zustiftungen errichtet (*Engau* in: Engau/Dietlein/Josten, § 15 Anm. 7.1.1.; zu den Bürgerstiftungen der Sparkasse, vgl. *Martin*, Sparkasse 2002, 171 und *Krüger*, Sparkasse 2001, 362). Bürgerstiftungen lassen sich definieren als Stiftungen von Bürgern für Bürger zur Förderung sozialer, kultureller oder ökologischer Zwecke vor Ort; sie betreiben einen langfristigen Vermögensaufbau und dienen als Sammelbecken für Spenden und Zustiftungen und von ehrenamtlichen Aktivitäten (*Schiffer*, ErbR 2008, 94, 96).

Die **Zustimmung** muss sich dem Wortlaut der Norm nach **auf die Errichtung beziehen.** An dieser Stelle ist auf die am 24.6.2021 beschlossene umfassendste **Reform des Stiftungsrechts** seit Bestehen des BGB hinzuweisen, die größtenteils am 1.7.2023 in Kraft getreten ist und im Vergleich zur bisherigen sehr rudimentären Regelung im BGB viele Neuerungen enthält (vgl. dazu *Pruns*, ZErb 2021, 301; *Orth*, MDR 2021, 1225 und 1304; *Schauhoff/Mehren*, NJW 2021, 2993). Der Bundesgesetzgeber hat damit das Stiftungsrecht weitgehend vereinheitlicht, damit das Nebeneinander von Bundes- und Landesstiftungsrecht weitgehend aufgehoben, das aber zum Preis einer kleinteiligen Regelung, die nunmehr 4-mal so viele Paragraphen enthält, wie die alte Rechtslage (36!). Nach § 80 Abs. 1 S. 1 BGB nF ist die Stiftung nunmehr legal definiert als eine mit einem Vermögen zur dauernden und nachhaltigen Erfüllung eines vom Stifter vorgegebenen Zwecks ausgestattete, mitgliederlose juristische Person. Geregelt werden nunmehr beispielsweise Themen wie die Vermögensverwaltung, Satzungsänderungsmöglichkeiten, die Zulegung und Zusammenlegung von Stiftungen, die Einführung eines bundesweiten Stiftungsverzeichnisses mit Publizitätswirkung, usw. Ausdrücklich vom Gesetz erlaubt ist nunmehr eine sog Verbrauchsstiftung, die nur für einen bestimmten Zeitraum errichtet wird, innerhalb dessen ihr gesamtes Vermögen zur Erfüllung ihrer Zwecke zu verbrauchen ist. Die **Systematik der Errichtung** hat sich aber nicht grundlegend verändert: Dazu bedarf es weiterhin eines schriftlichen sog **Stiftungsgeschäfts** und der Anerkennung der Stiftung durch die zuständige Landesbehörde, § 80 Abs. 2 BGB nF. Das Stiftungsgeschäft ist ein einseitiges Rechtsgeschäft, welches die Vermögenswidmung enthält, und aus zwei Teilen besteht, der (Errichtungs-)Satzung der Stiftung und das Ausstattungsversprechen des Stifters (gewidmetes Vermögen, § 81 Abs. 1 Nr. 2 BGB nF). Die Satzung muss dabei Bestimmungen enthalten über den Zweck, den Namen, den Sitz und die Modalitäten der Vorstandsbildung der Stiftung, § 81 Abs. 1 Nr. 1 BGB nF. Mit der **staatlichen Anerkennung**, einem Verwaltungsakt, der vom Stifter beantragt wird, wird die Stiftung erst zur juristischen Person (Konzessionssystem); erst dann entsteht der selbständige Rechtsträger Stiftung und erwirbt einen einklagbaren schuldrechtlichen Anspruch auf die vom Stifter versprochene Kapitalausstattung. Es besteht seitens des Stifters gemäß § 82 BGB nF ein Anspruch auf Anerkennung, wenn das Stiftungsgeschäft den gesetzlichen Anforderungen entspricht und die dauernde und nachhaltige Erfüllung des Stiftungszwecks gesichert erscheint, was vom verfolgten Zweck und überlassenem Grundstockvermögen, § 83b BGB nF abhängt – aber auch von den erwartbaren das Grundstockvermögen vergrößernden Zustiftungen.

102

Dementsprechend **müssen dem Verwaltungsrat alle** für die Errichtung der Stiftung zu erstellenden und der Stiftungsaufsicht vorzulegenden **Anträge und**

103

§ 15 A. Sparkassen

Dokumente vorgelegt werden. Insbesondere sind die Stiftungsmotive und die – später von der Stiftungsaufsicht ohnehin geprüfte – Tragfähigkeit im Sinne einer dauerhaft (oder für den bestimmten Zeitraum) möglichen Verfolgung des Stiftungszwecks Gegenstand der Prüfung und Zustimmung. Entsprechendes gilt für die Satzung, das Ausstattungsversprechen und den Anerkennungsantrag.

104 Fast immer wird die Stiftung **gemeinnützige Zwecke im Sinne von § 52 AO** verfolgen, ihre Tätigkeit darauf gerichtet sein, die Allgemeinheit auf materiellem, geistigem oder sittlichem Gebiet selbstlos zu fördern. Dies ist der Fall, wenn eine Alternative des umfangreichen Katalogs aus § 52 Abs. 2 AO vorliegt, zu denen beispielsweise gehören: die Förderung von Wissenschaft und Forschung, die Förderung der Jugend- und Altenhilfe, die Förderung von Kunst und Kultur, die Förderung des Denkmalschutzes und der Denkmalpflege, die Förderung der Erziehung, Volks- und Berufsbildung einschließlich der Studentenhilfe, die Förderung des Naturschutzes und der Landschaftspflege, des Umweltschutzes. In diesem Fall wird sie ein Verfahren zur Anerkennung der Gemeinnützigkeit durch das Finanzamt nach § 60a AO anstreben; dies muss regelmäßig zeitgleich mit der Abfassung der Errichtungssatzung erfolgen, um gemeinnützigkeitsschädliche Regelungen in der Satzung zu vermeiden und eine Abstimmung der zivilrechtlichen und steuerlichen Belange zu erreichen. Letzteres ist wichtig sowohl in Bezug auf die steuerliche Behandlung der Einbringung des Stiftungskapitals als auch im Hinblick auf die Befreiung von Körperschaft- und Gewerbesteuer. Da die **steuerliche Behandlung** der Stiftung maßgeblich für ihren Erfolg ist, sind **auch entsprechende Unterlagen, Überlegungen, Gutachten ebenfalls dem Verwaltungsrat vorzulegen**, so dass der Verwaltungsrat eine vollinformierte Zustimmung erteilen kann.

3. Erwerb, Veräußerung und Belastung von Grundstücken (Abs. 4 lit. b))

105 Der **Erwerb und die Veräußerung von Grundstücken** gehört zur Beschlusskompetenz des Verwaltungsrats, weil diese Anlageart besonders sorgfältiger, eingehender und vorsichtiger Überlegung bedarf (*Völling*, 1962, S. 114 f.). Dies gilt gleichermaßen unabhängig davon, ob die Sparkasse das Grundstück allein oder mit Dritten gemeinsam in **Bruchteilsgemeinschaft** erwirbt. Entsprechendes gilt für **mittelbare Grundstücksgeschäfte im Rahmen einer Verwaltungsgesellschaft**. Der Erwerb bzw. die Veräußerung eines GbR-Anteils (Mitgliedschaft) an einer Grundstücks-GbR bzw. der Erwerb bzw. die Veräußerung eines Grundstücks durch diese (oder entsprechende OHG/KG) sind ebenfalls vom Zustimmungsbedürfnis erfasst (*Engau* in: Engau/Dietlein/Josten, § 15 Anm. 7.2), wobei kumulativ die Vorgaben für Beteiligungen aus § 3 Abs. 4 SpkG NRW zu beachten sind. Ob das Zustimmungsbedürfnis neben Grundstücken auch sog **grundstücksgleiche Rechte** erfasst, wie zB Wohnungseigentum oder Erbbaurechte, ist nicht geklärt (auf die Ratio abstellend bejahend *Völling*, 1962, S. 115; bejahend *Klüpfel/Gaberdiel/Höppel/Ebinger*, § 12 Anm. III Nr. 10b; aus systematischen Gründen eher ablehnend *Engau* in: Engau/Dietlein/Josten, § 15 Anm. 7.2). Bezogen auf die **Belastung von Grundstücken** sind ausdrücklich nur Grundpfandrechte vom Zustimmungsbedürfnis erfasst, weil in den anderen Fällen das Bedürfnis für eine Beschlussfassung des Verwaltungsrats nicht besteht (LT-Drs. 11/6047, 63).

II. Verwaltung der Sparkassen   § 15

Nicht zustimmungsbedürftig sind nach HS. 2 der Erwerb und die **Veräußerung,** 106
die zur Vermeidung von Verlusten freihändig oder im Wege der Zwangsversteigerung erfolgen. Dem liegt der Gedanke zugrunde, dass Grundstücksgeschäfte grundsätzlich zwar häufig große wirtschaftliche Bedeutung für die Sparkasse haben – und daher der Verwaltungsrat einzubinden ist – zugleich aber regelmäßig ein schnelles Handeln erforderlich ist. Bei dem Erwerb von Grundstücken in der **Zwangsversteigerung** handelt es sich nicht um wohlüberlegte freiwillige Anlagen, vielmehr steht die Verlustvermeidung im Vordergrund, welche nur reflexartig zu einer Anlage führen. Dafür soll der Vorstand alleine zuständig sein, weil es sich materiell um die Abwicklung des Kreditgeschäfts handelt (*Völling*, 1962, S. 115). Zudem seien anderen regelmäßige schnelle Entschlüsse notwendig, die sich mit einem Beschlusserfordernis des Verwaltungsrats, der nur viermal im Jahr tagt, kaum vereinbaren lässt (*Lüttmann*, S. 162). Entsprechendes gilt seit der Sparkassenreform von 1995 auch für den **freihändigen Erwerb und die freihändige Veräußerung** von Grundstücken, die aus Gründen der Zeitersparnis und der Erzielung eines günstigeren Erlöses der Zwangsversteigerung vorgezogen werden (LT-Drs. 11/6047, 63).

4. Errichtung sparkasseneigener Gebäude (Abs. 4 lit. c))

Der Beschluss zur **Errichtung von sparkasseneigenen Gebäuden** ist wegen 107
seiner Wichtigkeit in die Zuständigkeit des Verwaltungsrats gelegt worden; damit sollte vermieden werden, dass unter Vernachlässigung des Aktivgeschäfts in zu starkem Maße eigene Verwaltungsgebäude errichtet werden, andererseits aber die Vorzüge der Unabhängigkeit von Vermieterinteressen genutzt würden (*Völling*, 1962, S. 100). **Gebäude** sind selbständig benutzbare, überdeckte bauliche Anlagen, die von Menschen betreten werden können und geeignet oder bestimmt sind, dem Schutz von Menschen, Tieren oder Sachen zu dienen, § 2 Abs. 2 BauO NRW 2018. Erfasst werden mithin alle Gebäudearten, die eine Sparkasse errichten kann, nicht nur Verwaltungsgebäude, sondern auch Wohngebäude (*Völling*, 1962, S. 100; *Lüttmann*, S. 163). Entscheidend ist lediglich, dass **sparkasseneigene** Gebäude errichtet werden sollen. Der Ratio folgend wird man dies nicht nur beim Alleineigentum der Sparkasse annehmen, sondern auch im Falle des Wohnungseigentums, Teileigentums, oder einer Erbbauberechtigung (*Lüttmann*, S. 163; bezogen auf das Erbbaurecht: *Klüpfel/Gaberdiel/Höppel/Ebinger*, § 12 Anm. III Nr. 11).

Mit der **Errichtung** meint das Gesetz die Herstellung, zu der die Neuerrichtung (Neubau) aber auch die Wiedererrichtung eines zerstörten Gebäudes zählen 108
(*Keller* in: BeckOK BauordnungsR NRW, BauO NRW 2018 § 64 Rn. 2), wobei auch Anbauten und Erweiterungsbauten erfasst werden (*Biesok*, Sparkassenrecht, Rn. 623 f; *Engau* in: Engau/Dietlein/Josten, § 15 Anm. 7.3.2). Nicht erfasst werden nach dem Wortlaut nach Änderungen im Sinne von Reparaturen, Renovierungen oder Umbauten, laut *Biesok* selbst, wenn diese umfangreich sind (*Biesok*, Sparkassenrecht, Rn. 624). Allerdings sind, wie *Engau* zu Recht bemerkt, die Grenzen fließend. Die bauordnungsrechtlichen Definitionen, nach denen eine Änderung das Bestehende verändert, während eine Errichtung etwas Neues entstehen lässt und ein Indiz für letzteres die Notwendigkeit einer Neuberechnung der Statik sein soll (*Keller* in: BeckOK BauordnungsR NRW, BauO NRW 2018 § 64 Rn. 2), helfen nur bedingt weiter (*Engau* in: Engau/Dietlein/Josten, § 15 Anm. 7.3.2; so auch in

der VorAufl. Heinevetter [2. Aufl.], § 13 Anm. 12.3.2, der auf die BauO NRW und die handels- und steuerlichen Vorschriften abstellt). Die Ratio der Norm knüpft, da bei einer Änderung die strategischen Grundsatzentscheidungen des „Ob" und des Ortes bereits getroffen sind, an die wirtschaftliche Bedeutsamkeit und wirtschaftlichen Auswirkungen der Maßnahme an. Der Vorschlag von *Engau*, auf die für die Bilanzierung maßgebliche Abgrenzung zwischen sofort abzugsfähigem Erhaltungsaufwand und abschreibungspflichtigen Herstellungskosten bei Instandsetzungs- und Modernisierungsmaßnahmen an Gebäuden abzustellen (zu den Abgrenzungsfragen zwischen Erhaltungsaufwand und Herstellungskosten bei der Instandsetzung und Modernisierung von Gebäuden vgl. von *Sanden*, DStR 2020, 958), ist aus zwei Gründen zielführender (*Engau* in: Engau/Dietlein/Josten, § 15 Anm. 7.3.2; wohl zustimmend *Berger*, § 16 Rn. 42). Zum einen führt dies zu wesentlich mehr Rechtssicherheit, da insoweit umfassende Vorgaben der Finanzverwaltung, Rechtsprechung und Literatur vorzufinden sind, so dass die Abgrenzung der Kompetenzzuständigkeiten objektiviert wird. Zum anderen werden Herstellungskosten iSv § 255 HGB im Zusammenhang mit Umbauten nicht nur bei der Ersterrichtung (sog Erst-Herstellung), sondern auch bei der Wiederherstellung nach Voll-Verschleiß (sog Zweit-Herstellung), aber auch bei einer Erweiterung iSv § 255 Abs. 2 S. 1 Var. 2 HGB und einer wesentlichen Verbesserung iSv § 255 Abs. 2 S. 1 Var. 3 HGB (sog Standardhebung bzw. Standardsprung) angenommen. Damit werden die kostenintensiven Umbauten erfasst, was wiederum die wirtschaftlich bedeutsamen Umbauten erfasst, welche von der Ratio der Norm gerade erfasst sein sollen. Dem hat sich der Gesetzgeber im Jahre 2002 indirekt angeschlossen, soweit er kursorisch im Zusammenhang mit der Änderung des damaligen § 14 Abs. 3 lit. c) SpkG NRW aF, jetzt § 15 Abs. 4 lit. c) SpkG NRW darauf abstellt, dass unter steuerlichen Gesichtspunkten die korrekte steuerliche Zuordnung von Herstellungs- bzw. Erhaltungsaufwand häufig erst nachträglich möglich ist, dies regelmäßig eine Umwidmung in Herstellungskosten erforderlich macht und letztere der Zustimmung des Verwaltungsrates bedürfen, das sie „sprachlich gesehen nur bei der Errichtung von Gebäuden anfallen können" (LT-Drs. 13/2124, S. 120). Im Ergebnis führt dies zu einer Zustimmungsbedürftigkeit für alle Maßnahmen, die Herstellungskosten im bilanziellen Sinne sind. Nicht vom Zustimmungsbedürfnis erfasst ist der **Abbruch von Gebäuden oder Gebäudeteilen**, diese Entscheidung steht dem Vorstand zu (*Berger*, § 16 Rn. 42; *Klüpfel/Gaberdiel/Höppel/Ebinger*, § 12 Anm. III Nr. 11).

109 Die Zustimmungsbedürftigkeit und **Beschlusskompetenz des Verwaltungsrates beziehen sich auf die gesamte Maßnahme**, also auf die Grundfrage, ob die Maßnahme erfolgt, in welchem Umfang und zu welchem Zeitpunkt sie erfolgt. Sie erfasst aber vor allem auch wie hoch die Baukosten sein dürfen (*Berger*, § 16 Rn. 42; *Engau* in: Engau/Dietlein/Josten, § 15 Anm. 7.3.2). Sobald im Nachhinein eine Überschreitung der veranschlagten Baukosten ersichtlich wird, bedarf es einer erneuten Beschlussfassung im Verwaltungsrat (*Berger*, § 16 Rn. 43). Da laut dem Gesetz dem Verwaltungsrat eine echte Mitentscheidungskompetenz zusteht, unterfallen selbst Aspekte der Auswahl der Materialien, des Energiestandards der Gebäude und der architektonischen Ästhetik und des Designs der Zustimmungspflicht. Diese können, müssen aber nicht Inhalt eines entsprechenden Verwaltungsratsbeschlusses sein. Die von *Engau* vertretene Gegenauffassung unterscheidet zwischen Inhalt und Folgen des Verwaltungsratsbeschlusses und weist letztere aufgrund der in

II. Verwaltung der Sparkassen § 15

§ 20 SpkG NRW geregelten Kompetenz zur Geschäftsführung und Vertretung allein dem Vorstand zu (*Engau* in: Engau/Dietlein/Josten, § 15 Anm. 7.3.5). Diese übersieht indes, dass dem Verwaltungsrat insoweit eine echte, der Geschäftsführung zuzuordnende Mitentscheidungsbefugnis hat, § 15 Abs. 4 lit. c) SpkG NRW gerade von der Regelgeschäftsführungsbefugnis des § 20 Abs. 1 SpkG NRW bewusst abweicht, und bewusst aus dieser Vorschrift selbst gerade keine Beschränkung des Beschlussinhalts ersichtlich ist. Etwas anderes gilt selbstverständlich für das Außenverhältnis; insoweit ist allein der Vorstand zu Vertretung kompetent, § 20 Abs. 2 SpkG NRW. Im Übrigen sind excessive im Sinne von zu feingliedrigen Beschlussinhalte nicht zu befürchten, weil sie schon durch das Vorschlagsrecht des Vorstands vermeidbar sind. Allerdings spricht nichts dagegen, sich im Rahmen eines Kompromisses auf einzelne Punkte zu einigen und diese in einem – dann vom Vorstand vorzuschlagenden – Beschlusses festzuhalten.

Dementsprechend sind dem Verwaltungsrat **alle Entscheidungsgrundlagen für eine informierte Entscheidung vorzulegen**, insbes. Umbaupläne, Zeitplan, sowie eine detaillierte Auskunft über den Kostenrahmen und die wirtschaftliche Tragfähigkeit der geplanten Investition (*Berger*, § 16 Rn. 42). Die **operative Umsetzung im Außenverhältnis**, also die Verhandlung, Beauftragung, Betreuung von Architekten, Bauunternehmer und Dienstleister gehört ebenso wenig wie Abrechnungsfragen in die Kompetenz des Verwaltungsrates – insoweit verbleibt es bei der Überwachungsaufgabe, die es ermöglicht, Berichte anzufordern. 110

Die Zustimmungsbedürftigkeit für Herstellungskosten im bilanziellen Sinne hat laut Gesetzgeber bei notwendig gewordenen Umwidmungen zu „Missverständnissen zwischen Vorstand und Verwaltungsrat" geführt; um dieses „aus rein steuerlichen Zuordnungen resultierende Problem bei kleineren Renovierungsmaßnahmen zu beseitigen" (LT-Drs. 13/2124, S. 120), wurde eine **Bagatellgrenze** eingeführt, bei der es keiner Zustimmung des Verwaltungsrats bedarf. Gemäß § 15 Abs. 4 lit. c) 2. HS SpkG NRW wird in der Geschäftsanweisung für den Vorstand für das Geschäftsjahr ein prozentualer Anteil des gesamten Investitionsvolumens für Errichtungsmaßnahmen bestimmt, der **von der Zustimmung des Verwaltungsrats freigestellt** ist. 111

5. Eröffnung und Schließung von Zweigstellen (Abs. 4 lit. d))

Der Verwaltungsrat beschließt nach Abs. 4 lit. d) auf Vorschlag des Vorstandes über die **Eröffnung und Schließung von Zweigstellen**. Damit wird der Umfang des Geschäftsbetriebs und der Geschäftsbereich der Sparkasse mitbestimmt; damit kommt dem Verwaltungsrat eine wichtige und bedeutende Geschäftsführungsaufgabe zu (*Aus der Fünten*, 1969, S. 146). Es handelt sich dabei um eine Angelegenheit von grundsätzlicher geschäftspolitischer Bedeutung, die regelmäßig sehr im Fokus der Öffentlichkeit steht – und bei der kommunalpolitische Interessen eine große Rolle spielen, was einer sachlichen Diskussion zwischen Verwaltungsrat und Vorstand bisweilen Schwierigkeiten bereiten kann (*Lüttmann*, S. 164 f.). Von *Völling* wird diese Kompetenz als Ergänzung gesehen. Neben der Möglichkeit über Richtlinien der Geschäftspolitik, abstrakte Grundsätze über die Filialnetzpolitik aufzustellen, gewähre Abs. 4 lit. d) eine ergänzende Kompetenz, im Einzelfall über jede Zweigstelleneröffnung bzw. -schließung zu entscheiden (*Völling*, 1962, S. 96). Die Errichtung von Zweigstellen ist dabei nicht nur ein Teil der geschäftlichen Tätig- 112 keit, sondern zugleich eine typische Form öffentlich-rechtlicher Aufgabenerfüllung der Sparkassen (OVG Koblenz, Beschl. v. 20.2.1991, – 7 B 10057/91 = NVwZ-RR 1992, 240). Dementsprechend sind bei der Entscheidung neben betriebswirtschaftlichen Aspekten (insbes. Rentabilitätsgesichtspunkte) auch der öffentliche Auftrag und das Regionalprinzip zu beachten (*Berger*, § 16 Rn. 40).

113 Der **Zweigstellenbegriff** ist dem SpkG NRW nicht zu entnehmen. Die Rechtsprechung hat diesen als Sammelbegriff für alle von der Hauptstelle räumlich getrennten Betriebsstätten der Sparkasse ohne Rücksicht auf sachliche Zuständigkeiten und Größe verstanden; dafür reiche es aus, dass räumlich getrennt von der Hauptstelle eine örtlich gebundene, dauerhafte sparkassengeschäftliche Tätigkeit ausgeübt wird, die eine gewisse sachliche Einrichtung erfordert (OVG Koblenz, Beschl. v. 20.2.1991, – 7 B 10057/91 = NVwZ-RR 1992, 240). In der Literatur besteht Einigkeit darüber, dass der Begriff aufsichtsrechtlich geprägt ist und dem des früheren § 24 Abs. 1 Nr. 7 KWG (seit dem 1.1.2014 in Art. 4 Abs. 1 Nr. 17 CRR) entspricht (*Schlierbach/Püttner*, S. 94; *Rothe*, § 1 Anm. VI 3.2; *Lüttmann*, S. 165 f.; *Engau* in: Engau/Dietlein/Josten, § 15 Anm. 7.4.1; *Berger*, § 16 Rn. 38). Danach ist eine „Zweigstelle" eine Betriebsstelle, die einen rechtlich unselbständigen Teil eines Instituts bildet und sämtliche Geschäfte oder einen Teil der Geschäfte, die mit der Tätigkeit eines Instituts verbunden sind, unmittelbar betreibt. Ungeachtet der aufsichtsrechtlichen Auslegung des Begriffs ist von dem og Zweck des Abs. 4 lit. d) ausgehend tatsächlich ein unmittelbarer Marktauftritt zu fordern (so zu Recht *Engau* in: Engau/Dietlein/Josten, § 15 Anm. 7.4.1), so dass reine interne Abteilungen ohne Kundenverkehr keine Zweigstellen sind. **Ausgenommen von dem Zustimmungsbedürfnis** und damit in der alleinigen Entscheidung des Vorstands liegen nach Abs. 4 lit. d) 2. HS Zweigstellen, die ausschließlich **automatisierte Bank- oder Finanzdienstleistungen** erbringen, also personalunabhängige, reine Selbstbedienungsgeräte, wie zB Geldausgabeautomaten und Ladegeräte für die Geldkarte (LT-Drs. 13/2124, S. 120). Die **Umwandlung** von Zweigstellen in Selbstbedienungseinheiten entspricht der Schließung einer Zweigstelle, genauso wie ihre **Verlegung**, wenn diese nicht in unmittelbarer Nähe erfolgt (ähnlich *Biesok*, Sparkassenrecht, Rn. 628; eingehend dazu *Engau* in: Engau/Dietlein/Josten, § 15 Anm. 7.4.3 und 7.4.4).

6. Aufnahme von haftenden Eigenmitteln (Abs. 4 lit. e))

114 Der Verwaltungsrat beschließt schließlich nach Abs. 4 lit. e) auf Vorschlag des Vorstandes über die **Aufnahme von haftenden Eigenmitteln**. Insoweit knüpft die Vorschrift an § 26 SpkG NRW an, nach der die Sparkasse zur Verbesserung ihrer haftenden Eigenmittel unter bestimmten Voraussetzungen Vermögenseinlagen stiller Gesellschafter aufnehmen, Genussrechte ausgeben und nachrangige Verbindlichkeiten eingehen kann (→ § 26 Rn. 1 ff.). Sofern eine Aufnahme in der Satzung vorgesehen und möglich ist, gebührt dem Vorstand im Vorfeld die Entscheidung, ob überhaupt Bedarf für eine Eigenmittelaufnahme besteht (*Engau* in: Engau/Dietlein/Josten, § 15 Anm. 7.4.3 und 7.5.2). Dem Verwaltungsrat ist, da die Grundsatzentscheidung bereits durch den Träger erfolgt ist, sodann unter Darlegung der Gründe ein konkreter Beschlussentwurf vorzulegen, der auch das Gesamtvolumen der beabsichtigten Eigenmittelaufnahme enthält (LT-Drs. 11/6047, S. 63).

VII. Beratungskompetenz vor Trägerentscheidungen (Abs. 5)

1. Kontext, Gegenstand und Zweck

Die Organisation der Sparkassen als Anstalten des öffentlichen Rechts, also als rechtlich selbständige Einheiten der mittelbaren Staatsverwaltung, bringt es mit sich, dass diese möglicherweise keinen Eigentümer im eigentlichen Sinne haben (*Burgard*, WM 2008 1997; vgl. auch § 31 Rn. 1), dennoch eine Gesamtheit von personellen und sachlichen Mitteln ist, welche einem Anstaltsträger zugeordnet ist. Aus dieser öffentlich-rechtlichen Trägerschaft folgt, dass jedes staatliche Handeln demokratisch legitimiert sein muss, Art. 20 Abs. 1 und Abs. 2, Art. 28 Abs. 1 GG (*Oebbecke*, DVBl 2017, 397). Daher ist es sehr naheliegend, dass die **grundlegenden Entscheidungen dem Träger zugewiesen** sind. Dies ist auch notwendig: Auch wenn die Mitglieder der Trägervertretung aufgrund des Wahlverfahrens und der personellen Verflechtungen der Trägervertretung und des Sparkassenorgans Verwaltungsrat ohnehin einen beherrschenden Einfluss in letzterem behalten, sind Verwaltungsratsmitglieder nach § 15 Abs. 6 S. 1 SpkG NRW dem Wohl ihrer Sparkasse verpflichtet; bei Konflikten zwischen kommunalpolitischen und sparkassenpolitischen Interessen müssen sie in ihrer Funktion als Organwalter den Interessen der Sparkasse den Vorrang geben (*Lüttmann*, S. 177). Die Zuweisung der Entscheidung auf den Träger „befreit" die handelnden Personen im Rahmen der Trägervertretung.

Zugleich ermöglicht die Vorschrift die **Mitwirkung der betroffenen Sparkasse** bei diesen grundlegenden Entscheidungen **in Form der Anhörung**. Dies entspricht dem Grundsatz des rechtlichen Gehörs im Verwaltungsverfahren (*Lüttmann*, S. 178; *Engau* in: Engau/Dietlein/Josten, § 15 Anm. 8), welcher als im gesamten Recht als eine Fundamentalnorm angesehen wird (*Huck* in: Huck/Müller, VwVfG, § 28 Rn. 1); der von der Entscheidung Betroffene soll die Gelegenheit erhalten, sich zu den für die Entscheidung erheblichen Tatsachen zu äußern. Die führt zum einen zu einer Vorabinformation der Sparkasse über das Organ Verwaltungsrat über die beabsichtigte Entscheidung und vermeidet Überraschungsentscheidungen. Zum anderen führt die Anhörung zur Aufklärung des Sachverhalts, so dass Entscheidungsfehler in Bezug auf die Sachverhaltsermittlung verringert werden. Schließlich bietet die Anhörung auch die Möglichkeit, den Träger auf Aspekte aufmerksam zu machen, die dieser ggf. zuvor „nicht auf den Schirm" hatte. Im Rahmen der – der Entscheidung des Trägers vorgelagerten – Anhörung sind die Verwaltungsratsmitglieder wiederum nach § 15 Abs. 6 SpkG NRW gebunden, was sie bei dieser verpflichtet, ggf. unter Vernachlässigung von kommunalpolitischen Interessen die Interessen der Sparkasse zu vertreten.

2. Anwendungsvoraussetzungen und Rechtsfolgen

§ 15 Abs. 5 SpkG NRW enthält einen **abschließenden Katalog** und bezieht sich auf grundlegende Entscheidungen. Die Errichtung nach § 1 SpkG NRW sowie der Erlass der Satzung sind davon nicht erfasst, weil es zu diesem Zeitpunkt noch keinen Verwaltungsrat gibt (*Lüttmann*, S. 183). Bei **Auflösung** der Sparkasse (§§ 15 Abs. 5 lit. a), 31 SpkG NRW) ist der Verwaltungsrat anzuhören, ferner bei Vereinbarungen über die **Fusion von Sparkassen** und die **Übertragung von Zweigstellen** (§§ 15 Abs. 5 lit. b), 27, 29, 30 SpkG NRW) sowie die **Übertra-**

§ 15

gung der Trägerschaft auf den zuständigen Sparkassen- und Giroverband (§§ 15 Abs. 5 lit. b), 38 SpkG NRW). Schließlich ist auch bei **Änderung der Satzung** (§§ 15 Abs. 5 lit. c), § 6 SpkG NRW) der Verwaltungsrat anzuhören.

118   Anhörung bedeutet, dass dem Verwaltungsrat vor der Entscheidung **Gelegenheit zur Stellungnahme** in Bezug auf die beabsichtigte Entscheidung zu geben ist und diese bei der Beratung und Beschlussfassung zu berücksichtigen ist (zu den Spezifika der Anhörung des Verwaltungsrats im Rahmen von Fusionen, → § 27 Rn. 41 f., im Rahmen der Übertragung der Trägerschaft, → § 38 Rn. 3). In allen Fällen beinhaltet dies die vollständige Information über den geplanten Beschluss des Trägers (*Biesok*, Sparkassenrecht, Rn. 531). Die Anhörung bedeutet aber kein Zustimmungserfordernis (*Klüpfel/Gaberdiel/Höppel/Ebinger*, § 3 Anm. I 4, S. 59); die Stellungnahme des Verwaltungsrats hat **keine Bindungswirkung**, die Trägervertretung ist nicht gehalten, der Auffassung des Verwaltungsrates zu folgen (*Lüttmann*, S. 178; *Engau* in: Engau/Dietlein/Josten, § 15 Anm. 8). **Verfahrensfehler** (Nichtanhörung, verspätete Anhörung, usw) führen zur formellen Rechtswidrigkeit des Beschlusses des Trägers. Aus dem Zweck der Norm, vor einer besonders wichtigen – für die Sparkasse existentiellen – Entscheidung, die Stellungnahme des Verwaltungsrates zur Sicherung einer „richtigen" Entscheidung einzuholen, folgt zugleich, dass diese nicht nachgeholt werden kann, da die Stellungnahme nicht mehr auf die Entscheidungsfindung einwirken kann.

VIII. Pflichten und Weisungsfreiheit von Verwaltungsratsmitgliedern (Abs. 6)

1. Gegenstand, Rechtsnatur, Hintergrund und Ratio legis

119   Nach § 15 Abs. 6 S. 1 SpkG NRW handeln die Mitglieder des Verwaltungsrates „nach ihrer freien, nur durch die Rücksicht auf das öffentliche Wohl und die Aufgaben der Sparkasse bestimmten Überzeugung"; § 15 Abs. 6 S. 2 SpkG NRW ergänzt dies durch den Ausschluss von Weisungen. Die Norm ist im Sparkassenrecht grundlegend und verbietet seit jeher bindende Aufträge des Trägers an von ihm ausgesuchte Verwaltungsratsmitglieder (*Aus der Fünten*, 1969, S. 262).

120   Hintergrund dieser Regelungen ist die – nicht vertragliche, sondern korporationsrechtliche (→ § 18 Rn. 3) – Rechtsbeziehung zwischen dem Verwaltungsratsmitglied und der Sparkasse, welche aus der Mitgliedschaft in dem Organ der Sparkasse resultiert und mit Annahme des Amtes begründet wird. Das Verwaltungsratsmitglied steht somit in einem besonderen **öffentlich-rechtlichen Pflichten- und Treueverhältnis** zur Sparkasse (*Schlierbach/Püttner*, S. 177; *Klüpfel/Gaberdiel/Höppel/Ebinger*, § 19 Anm. I.3. a)); Quelle dieser Pflichten- und Treuebeziehung ist die Verpflichtung als Organmitglied. Folgerichtig werden Rechte und Treuepflichten unmittelbar gegenüber der Sparkasse (und gerade nicht gegenüber dem Träger) begründet (*Berger*, § 11 Rn. 14).

121   § 15 Abs. 6 SpkG NRW wird durch die Pflicht zur Amtsverschwiegenheit flankiert, § 22 SpkG NRW. Das **Sparkassenrecht (§§ 15 Abs. 6, 22 SpkG NRW) hat Vorrang** vor § 113 Abs. 1 GO NRW; dies ergibt sich sowohl aus dem Umstand, dass § 15 Abs. 6 SpkG NRW insoweit spezieller ist aber auch aus § 107 Abs. 7 GO NRW (so auch dazu *Engau* in: Engau/Dietlein/Josten, § 15 Anm. 9.1.).

2. Die Pflichten des Verwaltungsratsmitglieds

a) Pflichtensystematik

Aus dem in § 15 Abs. 6 SpkG NRW angelegten öffentlich-rechtlichen Pflichten- und Treueverhältnis zur Sparkasse resultieren Rechte und Pflichten gegenüber der Sparkasse; der Verwaltungsrat und seine einzelnen Mitglieder sind gehalten, zum Wohle und Nutzen der Sparkasse zu handeln (*Lutter*, Pflichten/Haftung von Spk-Organen, S. 74 ff.). Die Pflichten des Verwaltungsratsmitglieds sind dabei vielfältig; die **grundlegenden Pflichten des Organmitglieds** sind wie für den Vorstand die (allgemeine) Sorgfaltspflicht und die (allgemeine) Treuepflicht; daneben bestehen einige besonders geregelte Einzelpflichten, wie zB die Pflicht zur Amtsverschwiegenheit (§ 22 SpkG NRW) oder die Fortbildungspflicht (§ 15 Abs. 7 SpkG NRW).

122

b) Sorgfaltspflichten

Die **Konkretisierung einzelner Sorgfaltspflichten** des Verwaltungsratsmitglieds erfolgt dabei funktional und objektiv anhand der Aufgaben des Verwaltungsrates. Träger der organschaftlichen Aufgaben und Funktionen ist das Kollegialorgan Verwaltungsrat. Das Organmitglied hat aber so mitzuwirken, dass die Pflichten des Organs erfüllt werden – entscheidend ist die Funktion, die das Verwaltungsratsmitglied freiwillig übernommen hat und selbst (als Organteil) bzw. der Verwaltungsrat (als Gesamtorgan) zu erfüllen hat (*Drygalla* in: Schmidt/Lutter, § 116 Rn. 7; *Spindler* in: BeckOGK, AktG § 116 Rn. 10). Insoweit ist auf die Sorgfalt eines ordentlichen und gewissenhaften Überwachers und Beraters abzustellen, §§ 116 S. 1, 93 Abs. 1 S. 1 AktG analog (so auch *Engau* in: Engau/Dietlein/Josten, § 15 Anm. 12.2.1 mwN), welcher darauf hinwirkt, dass das Kollegialorgan seinen Aufgaben gerecht wird.

123

Unabhängig von der individuellen Fähigkeit eines einzelnen Verwaltungsratsmitglieds ist **verobjektivierend** darauf abzustellen, welche Sorgfalt ein **idealtypisches Verwaltungsratsmitglied** aufgewendet hätte (*Völter*, 2014, Ziff. 5.6.2., S. 128; *Biesok*, Sparkassenrecht, Rn. 476). Von diesem wird erwartet, dass es alles Mögliche und Zumutbare vornimmt, um die Aufgabenerfüllung des Verwaltungsrates sicherzustellen, wobei die Intensität seiner Anstrengung von den konkreten Anforderungen der jeweiligen Sparkasse (Größe, Organisationsstruktur, aktuelle spezifische Probleme, spezifische Risikosituation) abhängen (*Völter*, 2014, Ziff. 5.6.2., S. 128; *Biesok*, Sparkassenrecht, Rn. 476). Dementsprechend kann eine individuelle Pflichtverletzung ggf. auch in einem Unterlassen liegen, wenn das Verwaltungsratsmitglied nicht hinreichend darauf hingewirkt hat, dass das Kollegialorgan seine Organpflichten erfüllt. Für einzelne Verwaltungsratsmitglieder können sich aufgrund einer besonderen Funktion (zB Mitglieder von Ausschüssen) allerdings darüber hinaus gehende Anforderungen (jenseits des og idealtypischen Verwaltungsratsmitglied) ergeben (*Berger*, § 16 Rn. 53; *Engau* in: Engau/Dietlein/Josten, § 15 Anm. 12.2.1).

124

Daraus lassen sich folgende wesentliche Sorgfaltspflichten ableiten:

125

- **Sachkundepflicht**: Die Übernahme des Amts verpflichtet gem. §§ 12 Abs. 1, 15 Abs. 7 SpkG NRW zur Aufbringung und Aufrechterhaltung der entsprechenden

Qualifikation (→ § 12 Rn. 8 ff. und → § 15 Rn. 136 ff.). Dies gilt für alle Verwaltungsratsmitglieder unabhängig von ihrer Vorbildung und ihrer beruflichen Tätigkeit (*Engau* in: Engau/Dietlein/Josten, § 15 Anm. 12.2). Daher ist – unabhängig von aufsichtsrechtlichen Vorgaben – eine Verletzung einer Sorgfaltspflicht im Sinne eines „Übernahmeverschuldens" anzunehmen, wenn eine Person sich, ohne die gesetzlich geforderten Anforderungen zu erfüllen, in den Verwaltungsrat oder einen Ausschuss oder dessen Vorsitz wählen lässt (*Lutter/Krieger/Verse* in: Lutter/Krieger/Verse, Rn. 1499).

- **Legalitätspflicht**: Zur allgemeinen Sorgfaltspflicht des Verwaltungsratsmitglieds gehört – wie beim Vorstand – auch die Legalitätspflicht; es ist verpflichtet, rechtmäßig zu handeln insbesondere aus Gesetzen bzw. höherrangigem Recht folgende externe Pflichten sowie aus dem Innenrecht (zB Satzung) folgende interne Pflichten einzuhalten (für den Vorstand: *Thole*, ZHR 173 (2009), 504); zu dieser Pflicht gehört es auch, das Kompetenzgefüge des SpkG NRW einzuhalten und nicht in die Befugnisse anderer Organe einzugreifen.
- **Organisationspflicht**: Korrespondierend zum Recht des Kollegialorgans, seine Tätigkeit selbst zu organisieren, besteht eine Pflicht des einzelnen Organmitglieds, auf eine dem Gesetz entsprechende funktionsgerechte und effiziente Organisation und Arbeitsweise des Verwaltungsrates hinzuwirken (*Habersack* in: MüKoAktG, § 116 Rn. 30). Bei erkannten Missständen hat das Verwaltungsratsmitglied folglich den Verwaltungsratsvorsitzenden darauf hinzuweisen und Verbesserungsvorschläge einzubringen, ggf. sogar die Einberufung des Kollegialorgans zu fordern (*Lutter/Krieger/Verse* in: Lutter/Krieger/Verse, Rn. 889).
- **Pflicht zur Mitarbeit und zur persönlichen Urteilsbildung**: Eine passive Mitgliedschaft im Verwaltungsrat ist ausgeschlossen. Wesentliche Sorgfaltspflicht des einzelnen Verwaltungsratsmitglieds ist die persönlich wahrzunehmende und nicht auf Dritte übertragbare Pflicht zur Mitarbeit („Grundpflicht" nach *Lutter/Krieger/Verse* in: Lutter/Krieger/Verse, Rn. 886) und zur persönlichen Urteilsbildung sowohl bei der Überwachung des Vorstandes als auch im Zusammenhang mit Beschlüssen des Verwaltungsrates. Dies beinhaltet sowohl die persönliche Teilnahme an Verwaltungsratssitzungen als auch ihre Vorbereitung und die aktive Einbringung im Rahmen von Beratungen (*Biesok*, Sparkassenrecht, Rn. 479; *Habersack* in: MüKoAktG, § 116 Rn. 31; *Groß-Bölting/Rabe* in: Hölters/Weber, AktG § 116 Rn. 17). Dies beinhaltet aber auch die Pflicht, sich ein Urteil über Verhandlungsgegenstände des Verwaltungsrates zu machen (BGH, Beschl. v. 6.11.2012 – II ZR 111/12 = NZG 2013, 339; OLG Stuttgart, Urt. v. 29.2.2012 – 20 U 3/11 = AG 2012, 298, juris Rn. 165), insbesondere bei Maßnahmen der Überwachung und Beratung. Dies gilt aber genauso bei der Frage der Eignung von Vorstandsmitgliedern, sowohl bei der Erst- als auch bei der Wiederbestellung (*Biesok*, Sparkassenrecht, Rn. 480).
- **Informationspflicht**: Die Urteilsbildung des Verwaltungsratsmitglieds erfordert die entsprechenden notwendigen Informationen, womit eine Informationspflicht des Verwaltungsratsmitglieds über alle für die Tätigkeit des Verwaltungsrats erforderlichen Angelegenheiten einhergeht (→ Rn. 21 ff.)
- **Prüfungspflicht**: Der dem Verwaltungsrat als Kollegialorgan obliegenden Aufgabe, den Jahresabschluss zu prüfen (§ 15 Abs. 2 lit. d SpkG NRW) entspricht die Pflicht jedes einzelnen Verwaltungsratsmitglieds, Jahresabschluss, Lagebericht und Prüfungsbericht kritisch durchzuarbeiten (→ Rn. 75 ff.).

II. Verwaltung der Sparkassen § 15

- **Pflicht zum Einschreiten:** Aus der dem Verwaltungsrat als Kollegialorgan obliegenden Überwachungspflicht folgt die Pflicht des einzelnen Organmitglieds ein ihm bekannt gewordenes Fehlverhalten des Vorstands oder eine Verletzung seiner Geschäftsführungspflichten dem Kollegialorgan zu melden (OLG Braunschweig, Beschl. v. 14.6.2012 – Ws 44/12 = NZG 2012, 2447, juris Rn. 39), wobei – zunächst – eine Mitteilung an den Vorsitzenden idR ausreichen wird (*Lutter/Krieger/Verse* in: Lutter/Krieger/Verse, Rn. 892; *Habersack* in: MüKoAktG, AktG § 116 Rn. 33).
- **Pflicht zur Geltendmachung/Durchsetzung von Schadenersatzansprüchen:** Seit der sog ARAG/Garmenbeck-Rechtsprechung des BGH (BGH, Urt. v. 21.4.1997 – II ZR 175/95 = BGHZ 135, 244) obliegt es dem Verwaltungsrat, das Bestehen von Schadenersatzansprüchen der Sparkasse gegenüber Vorstandsmitgliedern eigenverantwortlich zu prüfen. Dabei muss er aufgrund einer sorgfältigen und sachgerecht durchzuführenden Risikoanalyse abschätzen, ob und in welchem Umfang die gerichtliche Geltendmachung zu einem Ausgleich des entstandenen Schadens führen kann; ist dies der Fall, so sind diese Ansprüche grundsätzlich zu verfolgen. Ausnahmsweise kann der Verwaltungsrat davon absehen (und den Schaden ersatzlos hinnehmen), wenn gewichtige Interessen der Sparkasse dagegen sprechen und diese Umstände die Gründe, die für eine Rechtsverfolgung sprechen, überwiegen oder ihnen zumindest gleichwertig sind (vgl. dazu auch *Lutter*, Pflichten/Haftung von Spk-Organen, S. 107 f.; *Doralt/Doralt* in: Semler/v. Schenck/Wilsing, Arbeitshandbuch für Aufsichtsratsmitglieder, § 16 Rn. 157 ff.).

126 Sofern eine Teilhabe an unternehmerischen Entscheidungen des Vorstands erfolgt und dem Verwaltungsrat insoweit unternehmerisches Ermessen (*Habersack* in: MüKoAktG, § 116 Rn. 16, 39 ff.) zukommt (zB § 15 Abs. 2, § 15 Abs. 4 SpkG NRW) bzw. Beurteilungsspielräume bestehen (*Drygalla* in: Schmidt/Lutter, § 116 Rn. 10), finden die (inzwischen in § 93 Abs. 1 S. 2 AktG kodifizierten) Grundsätze der sog **Business Judgement Rule** aus der „ARAG/Garmenbeck"-Entscheidung des BGH (BGH, Urt. v. 21.4.1997 – II ZR 175/95 = BGHZ 135, 244) auch für den Verwaltungsrat entsprechende Anwendung. Aus diesen lassen sich – unabhängig von der „Ex-post-Richtigkeit" der Entscheidung wiederum Pflichten des Verwaltungsratsmitglieds in Bezug auf die „Ex-ante-Voraussetzungen" der Entscheidungsfindung ableiten.

c) Treuepflichten

127 Aus der Organmitgliedschaft des Verwaltungsratsmitglieds folgen **Treuepflichten**. Bei seinen Handlungen, die die Interessen der Sparkasse berühren, hat das Verwaltungsratsmitglied eine besondere Loyalität an den Tag zu bringen und deren Wohl und Wehe zu beachten. Besondere gesetzliche Ausprägungen dieser Treuepflichten finden sich in § 21 SpkG NRW (zu Interessenkonflikten) sowie in § 22 SpkG NRW (zur Verschwiegenheit).

128 Die **allgemeine Treuepflicht des Verwaltungsratsmitglieds** wird durch § 15 Abs. 6 SpkG NRW besonders ausgeprägt. Daraus folgt, dass jedes Mitglied im Verwaltungsrat sein Mandat uneigennützig und verantwortungsbewusst, treu, loyal und verschwiegen auszuüben hat (*Engau* in: Engau/Dietlein/Josten, § 15 Anm. 9.2). Damit geht einher, dass bei Ausübung der Organtätigkeit den Sparkasseninteressen Vorrang vor Eigen- und Fremdinteressen zu geben ist, etwaige Vorteile der Sparkasse zu wahren sind und Schaden von ihr abzuwenden ist (*Völter*, 2014, Anm. 5.2, S. 104). Mangels unternehmerischer Entscheidungen bzw. Beurteilungsspielräumen ist die **Business Judgement Rule** für die Treuepflichten ohne Bedeutung (*Habersack* in: MüKoAktG, § 116 Rn. 46).

129 Umstritten ist, ob daraus auch ein **Verbot von abfälligen Äußerungen** über die Sparkasse, ihren Vorstand oder ihre Mitarbeiter in der Öffentlichkeit abzuleiten ist (so *Lutter*, Pflichten/Haftung von Spk-Organen, S. 124; *Engau* in: Engau/Dietlein/Josten, § 15 Anm. 9.2.; ablehnend *Biesok*, Sparkassenrecht, Rn. 493). Richtig dürfte sein, dass Meinungsverschiedenheiten grundsätzlich intern auszutragen sind (*Hirt/Hopt/Mattheus*, AG 2016, 725, 735; *Lutter/Krieger/Verse* in: Lutter/Krieger/Verse, Rn. 892a), ebenso dass nach der Kompetenzordnung die Unternehmenskommunikation dem Vorstand und nicht dem Verwaltungsrat zugewiesen ist. Allerdings ist zu beachten, dass die Verwaltungsratsmitglieder außerhalb der Sparkasse nicht nur **Privatpersonen, sondern regelmäßig auch Mandatsträger und Mitglieder politischer Parteien** sind. Ein Verbot von Äußerungen ist daher grundrechtlich an der Meinungsfreiheit (Art. 5 Abs. 1 GG) des Einzelnen, ggf. aber auch unter Beachtung der konstitutiven Bedeutung der Meinungsfreiheit für den demokratischen Prozess, insbesondere im Zusammenhang mit Beiträgen zur öffentlichen Meinungsbildung (insbes. durch Mandatsträger im Wahlkampf), zu messen. Denn selbst wenn § 15 Abs. 6 SpkG NRW als allgemeines Gesetz iSv Art 5 Abs. 2 S. 1 GG formal eine Grundrechtsschranke sein mag, ist die sog Wechselwirkungslehre (statt vieler: *Schemmer* in: BeckOK GG, 54. Ed. 15.2.2023, Art. 5 Rn. 100 mwN) zu beachten. Eine Grenze wird indes erreicht sein, wenn die geäußerte Kritik die Stabilität der Sparkasse gefährdet (zur Kreditwürdigkeit gefährdenden Kritik eines Aktionärs: BGH, Beschl. v. 6.11.2012 – II ZR 111/12 = ZIP 2012, 2438; *Biesok*, Sparkassenrecht, Rn. 493). Sofern sich das Verwaltungsratsmitglied allerdings außerhalb der Sparkasse nicht etwa als Privatperson, sondern **in seiner Organfunktion** äußert, ist eine Berufung auf Art. 5 Abs. 1 GG dagegen ausgeschlossen, da juristische Personen des öffentlichen Rechts sich nicht auf die Meinungsfreiheit berufen können – und dies genauso zu gelten hat, wenn das Verwaltungsratsmitglied sich als Funktionsträger der Sparkasse in amtlicher Eigenschaft äußert. Weitere Grenze ist die **Verschwiegenheitspflicht**; selbstredend dürfen der Amtsverschwiegenheit unterfallende Angelegenheiten nicht außerhalb der Sparkasse kommuniziert werden (→ § 22).

130 Ein **Vertretungsverbot** analog § 32 Abs. 1 GO NRW im Sinne eines Verbots, Ansprüche anderer gegen die Sparkasse geltend zu machen, ist dem § 15 Abs. 6 SpkG NRW nicht abzuleiten (*Engau* in: Engau/Dietlein/Josten, § 15 Anm. 9.2).

3. Vorrang des Sparkassenrechts bei Interessen-/ Pflichtenkollisionen

131 Die eigentliche Bedeutung der Vorschrift erschließt sich bei **Interessen- und Pflichtenkollisionen**. Interessenkollisionen können auch unterhalb der Schwelle des Mitwirkungsverbot des § 21 SpkG NRW liegen bzw. ausnahmsweise ausdrücklich toleriert sein (→ § 21 Rn. 24). Bei Pflichtenkollisionen kollidiert die Pflicht zur Wahrnehmung des Unternehmensinteresses mit der Pflicht zu einem abweichenden Verhalten aus einem anderen Rechtsverhältnis (*Lutter/Krieger/Verse*

II. Verwaltung der Sparkassen
§ 15

in: Lutter/Krieger/Verse Rn. 896). Insoweit begegnet das Gesetz diesen anderweitigen Einbindungen des Verwaltungsratsmitglieds gleichermaßen damit, dass es diesen von anderweitigen Bindungen schützt und freistellt und die Treuepflicht gegenüber der Sparkasse betont. Die Vorschrift ist dahingehend auszulegen, dass sie gerade diese Interessen- und Pflichtenkollisionen zugunsten der Sparkasse entscheidet.

Entscheidungsmaßstab sind für das Verwaltungsratsmitglied ausschließlich „das öffentliche Wohl und die Aufgaben der Sparkasse". Diesen Zielen ist das Verwaltungsratsmitglied nicht „vorrangig" sondern ausschließlich („nur") und zwingend verpflichtet, lediglich in Bezug auf die Modalitäten der Zielerreichung hat das Verwaltungsratsmitglied nach seiner „freien Überzeugung" zu handeln (ähnlich *Klüpfel/Gaberdiel/Höppel/Ebinger*, § 19 Anm. I. 3. b)). Im Umkehrschluss bedeutet dies, dass eine Einflussnahme durch Dritte bzw. die Berücksichtigung anderer Interessen als die der Sparkasse auch bei der Frage der Modalitäten der Zielerreichung ausgeschlossen sein muss. 132

In der Praxis sind die Verwaltungsratsmitglieder, seien sie Kommunalvertreter (idR Stadträte) oder Arbeitnehmervertreter, faktisch allein schon aufgrund ihrer Herkunft und des Wahlmodus ihren Wählern, Fraktionen, Kollegen und ggf. sogar anderen Aufgaben sowohl in moralischer als auch uU in rechtlicher Hinsicht (vgl. zB §§ 43 Abs. 1, 113 Abs. 1 GO NRW) besonders verbunden und verpflichtet. Dies ändert nichts daran, dass sie in dogmatischer Hinsicht rechtstechnisch als Verwaltungsratsmitglied **„funktionell abgespalten"** werden. In ihrer Funktion als Organwalter der Sparkasse sind sie per Gesetz „nur" Organwalter und gerade nicht zugleich Interessenvertreter der Institution, der sie angehören. Sparkassenrechtlich wird (im Rahmen der Aufgaben und Verpflichtungen des Verwaltungsratsmitglieds) die Existenz etwaiger anderer bestehender Verpflichtungen per gesetzlicher Fiktion negiert; diese **sparkassenrechtliche Abkopplung** der möglicherweise bestehenden Verpflichtungen gegenüber sonstigen Institutionen (Träger, Parteien, Fraktionen, Personalrat, Mitarbeitern) löst damit das Spannungsverhältnis der unterschiedlichen Interessenlagen zugunsten der Sparkassenbelange (*Engau* in: Engau/Dietlein/Josten, § 15 Anm. 9.2). Die Berücksichtigung anderweitiger Ziele und Aufgaben – seien sie auch per se alleine legitim (zB Ziele kommunaler Politik etwa im Zusammenhang mit Kreditvergaben oder Ausschüttungsfragen) – stellt mithin eine Nichtberücksichtigung dieser gesetzlichen Wertentscheidung und eine **Pflichtverletzung** dar (*Völter*, 2014, Anm. 5.4.6, S. 116; *Biesok*, SpkG-Kommentar, § 14 Rn. 312). 133

Die **Rechtsprechung** hat dies im Zusammenhang mit geltend gemachten Auskunftsansprüchen der Träger zu Personalmaßnahmen im Ergebnis bestätigt; die Verselbständigung der Sparkassen führe dazu, dass die handelnden Verwaltungsratsmitglieder ihre Rechtsstellung nicht aus der Gemeindeordnung, sondern aus dem Sparkassengesetz ableiteten mit der Folge, dass es sich hierbei nicht um eine Angelegenheit der Gemeinde und ihrer Verwaltung, sondern um eine eigene Angelegenheit der Sparkasse handele – dies schließe Weisungen und Auskünfte in Bezug auf sparkasseninterne Vorgänge aus (VGH Mannheim, Urt. v. 25.9.1989 – 1 S 3239/88 = NVwZ-RR 1990, 320, 321; VGH Mannheim, Urt. v. 12.3.2001 – 1 S 785/00 = VBlBW 2001, 361). Von der Rechtsprechung wurde auch ausdrücklich herausgearbeitet, dass die Verwaltungsratsmitglieder gerade nicht die Aufgabe haben, die Interessen des Gewährträgers wahrzunehmen; da eine Sparkasse als Anstalt des 134 öffentlichen Rechts sich selbst verwalte, schütze die Freiheit von Weisungen gerade vor solchen des Trägers – dies sei im Übrigen auch dem Regelungssystem zu entnehmen: bei der Zusammensetzung des Verwaltungsrats werde auf Geeignetheit, wirtschaftliches Verständnis und Sachkunde abgestellt und nicht „Linientreue" (OVG Weimar, Beschl. v. 28.11.1997 – 2 ZEO 208/97 = LKV 1998, 281). Diese Verselbständigung des Sparkassenrechts und die Befugnis, frei von Weisungen des Trägers zu handeln – mithin der Ausschluss einer unmittelbaren und laufenden Kontrolle durch den Träger – verstoßen zudem nicht gegen die Selbstverwaltungsgarantie der Gemeinde aus Art. 28 Abs. 2 GG (BVerwG, Beschl. v. 20.12.1989 – 7 B 181/89 = WM 1990, 1018; auch OVG Weimar, Beschl. v. 28.11.1997 – 2 ZEO 208/97 = LKV 1998, 281 und VGH Mannheim, Urt. v. 25.9.1989 – 1 S 3239/88 = NVwZ-RR 1990, 320, 321). Schon die Bitte an den Verwaltungsrat, Stellenpläne nicht zu genehmigen, stellt eine gezielte, wenigstens mittelbare Einwirkung einer Trägervertretung auf die in den Verwaltungsrat entsandten Mitglieder dar – und ist mithin eine mit ihrer Weisungsunabhängigkeit unvereinbare und rechtswidrige Beeinträchtigung ihrer Rechtsstellung (OVG Lüneburg, Beschl. v. 15.4.1987 – 2 OVG A 7/86 = *Weides/Bosse*, Bd. 3, S. 453 f. und S. 606 ff.). Im Hinblick auf die Einordnung scheint die Rechtsprechung die weiter oben vorgeschlagene Dogmatik der funktionellen Abspaltung möglicherweise zu bestätigen, wenn darauf abgestellt wird, dass es bei Doppelfunktion als Bürgermeister und Organmitglied darauf ankomme, ob ein Auskunftsverlagen sich auf Wissen aus der Funktion als Leiter der Verwaltung bzw. Gemeindevertreter oder aus der Funktion Verwaltungsrat erstrecke – im letzteren Fall bestehe kein Anspruch (VGH Mannheim, Urt. v. 12.3.2001 – 1 S 785/00 = VBlBW 2001, 361).

135 Die Kehrseite der Weisungsfreiheit ist die **eigene Verantwortlichkeit** eines jeden Verwaltungsratsmitglieds für seine Entscheidungen; ein denkbarer Haftungsausschluss bzw. eine potentielle Haftungsabmilderung durch Verweis auf einen Wunsch oder gar eine Anweisung des Trägers (analog zur Weisung der GmbH-Gesellschafterversammlung) ist im Sparkassenrecht damit ausgeschlossen (*Engau* in: Engau/Dietlein/Josten, § 15 Anm. 9.2).

IX. Fortbildung von Verwaltungsratsmitgliedern (Abs. 7)

1. Gegenstand, Hintergrund und Kontext

136 Die Vorschrift ist im Kontext mit dem Sachkundeerfordernis aus § 12 Abs. 1 S. 2 und 3 SpkG NRW sowie den bundesgesetzlichen Vorgaben aus § 25d Abs. 1 und 4 KWG zu lesen. Als Folge der Finanzmarktkrise ist die Ausgestaltung der Corporate Governance bei Kreditinstituten europarechtlich und bundesgesetzlich modifiziert und neue **konkrete Rahmenbedingungen für die Tätigkeit von Verwaltungs- bzw. Aufsichtsorganen** in § 25d KWG festgelegt worden (*Braun/Siering* in: Boos/Fischer/Schulte-Mattler, KWG § 25d Rn. 1 ff.), welche weiter in dem Merkblatt zu den Mitgliedern von Verwaltungs- und Aufsichtsorganen gemäß KWG und KAGB [Stand v. 29.12.2020] konkretisiert sind.

137 Auf Landesebene gilt nichts anderes; zur **Ermöglichung einer effektiven Überwachung** müssen auch hier Verwaltungsratsmitglieder in der Lage sein, die getätigten Geschäfte zu verstehen, deren Risiken zu beurteilen und – sofern erforderlich – Änderungen in der Geschäftsführung durchzusetzen (→ § 12). Eine

II. Verwaltung der Sparkassen   § 15

punktuell **bei Amtsantritt bestehende Sachkunde** ist indes nicht ausreichend. Diese **Kontrollfähigkeit ist durchgehend vorzuhalten**, was letztlich nur durch dauernde Fortbildung möglich ist (*Opitz*, BKR 2013, 177, 178). Die Anforderungen sind durch die allgemeinen Entwicklungen des Finanzmarktes gestiegen. Um ihrer Verantwortung für die Belange der Sparkasse auch dauerhaft gerecht werden zu können, regelt § 15 Abs. 7 SpkG NRW, dass sich die Mitglieder des Verwaltungsrates regelmäßig zur Wahrnehmung ihrer Aufgaben fortbilden sollen (LT-Drs. 14/7844, S. 20. und S. 9 des Anhangs [gemeinsamer Änderungsantrag der CDU und FDP-Fraktionen]). Dies ist vor dem Hintergrund der Änderungen (Änderung der rechtlichen Rahmenbedingungen, Erhöhung der Regelungsdichte, Multiplikation der Aufsichtsorgane, Weiterentwicklungen im Markt, technische Weiterentwicklungen, neue Gefahren, usw) mehr als nur nachvollziehbar.

2. Anwendungsvoraussetzungen und Rechtsfolgen

Verpflichteter ist nicht die Sparkasse, sondern das Verwaltungsratsmitglied persönlich als Organwalter; dies ergibt sich aus dem Wortlaut und Zweck der Vorschrift (*Engau* in: Engau/Dietlein/Josten, § 15 Anm. 11.3), aber auch daraus, dass eine etwaige Haftung diesen persönlich trifft; die Sparkasse trifft insoweit nur eine Unterstützungspflicht (dazu gleich). Die **Häufigkeit, Intensität und Tiefe der geschuldeten Fortbildungsaktivität** hängt vom Bedarf ab, der individuell zu bestimmen ist. Dies erfolgt anhand der Vorkenntnisse und des Wissensstandes des Organwalters, an seiner Position und seinen ggf. spezifischen Aufgaben innerhalb des Verwaltungsrates, der Größe des Instituts, nicht zuletzt aber auch anhand der notwendigen individuell und kollektiv im Organ vorzuhaltenden Kenntnisse. Sowohl aufsichts- als auch haftungsrechtlich sind die Anforderungen an Ausschussmitglieder weitergehend (*Schneider/Schneider*, NZG 2016, 41). Maßgebliches Kriterium sind nicht die bereits erfolgten Schulungen, sondern die zukunftsbezogene stets vorzuhaltende Sachkunde, um seine Entscheidungen „stets auf der Basis eines aktuellen Informationsstands zu treffen", welche durch Fortbildung „im jeweils erforderlichen Umfang durch geeignete Maßnahmen" (BaFin-Merkblatt, Rn. 54, Rn. 115) erreicht werden soll. Dabei ist zu beachten, dass das Gesetz eine **regelmäßige Fortbildung** erwartet. Auch **thematisch** folgt der Inhalt der Fortbildungsverpflichtung dem Bedarf. Erfasst werden primär neben den Grundlagenseminaren betriebswirtschaftliche, geschäftspolitische (Geschäfts- und Risikostrategie), bankaufsichtsrechtliche Fortbildungen aber auch Spezialseminare (vgl. dazu *Engau* in: Engau/Dietlein/Josten, § 15 Anm. 11.3). Dem Wortlaut der Norm folgend „sollen" sich die Mitglieder des Verwaltungsrates regelmäßig fortbilden. Der Zweck der Norm gebietet es allerdings, dieses „Soll" nicht als freies Ermessen, sondern als **„Muss" mit Ausnahmen in atypischen Fällen** zu verstehen. Die Richtung der Ermessensausübung ist durch das Gesetz vorgezeichnet und ein bestimmtes Ergebnis im Grundsatz gesetzlich gewollt; daher darf nur ausnahmsweise davon abgesehen werden. Denkbar ist dies in Fällen, in denen eine Fortbildung nicht möglich ist oder keinen Sinn mehr ergibt (ähnlich *Engau* in: Engau/Dietlein/Josten, § 15 Anm. 11.3).

Die Sparkassen sind ihrerseits zur **Fortbildungsunterstützung** verpflichtet, sie haben die personellen und finanziellen Mittel für eine entsprechende Fortbildung bereit zu stellen, § 25d Abs. 4 KWG, wobei diese durch Überlassung von Informa-

138

139

tionsmaterial (Rundschreiben, Zeitschriftenartikel, Fachliteratur), interne Schulungen/Workshops wie auch externe Fortbildungsveranstaltungen erfolgen kann. Zu den **Aus- und Fortbildungskosten**, → § 18 Rn. 13 ff.

140 Ob die Fortbildung **institutsintern** (Inhouse-Schulung des Verwaltungsrats durch Vorstand oder Mitarbeiter mit oder ohne Unterstützung externer Dozenten) **oder extern** (Informationsveranstaltungen, Seminare, Tagungen, Workshops, Schulungen) von Sparkassen-Akademien, Sparkassen- und Giroverbänden, sonstigen Verbänden, Hochschulen oder kommerziellen Drittanbieter erfolgen soll, gibt das Gesetz nicht vor. Sparkasseninterne Maßnahmen mögen den Vorteil haben, dass offen gesprochen werden kann und die sparkassenindividuellen Spezifika besprochen werden können. Indes ist nicht zu leugnen, dass regelmäßig bei externen Schulungen das erforderliche Wissen durch ausgewiesene und neutralere Spezialisten vermittelt werden kann und eine rein interne, vom Vorstand oder von diesem ausgewählten Mitarbeiter gehaltene Inhouse-Schulung durch die Auswahl der Themen, der handelnden Akteure und der Schwerpunktsetzung bedenklich sein kann, weil letztlich der Kontrollierte es damit in der Hand hat, welches Fachwissen dem Kontrolleur vermittelt wird. Auch wenn damit nicht grundsätzlich den Inhouse-Veranstaltungen die Legitimation abgesprochen werden soll, führen die vorgenannten Bedenken dazu, dass diese auf die institutsspezifischen Themen beschränkt werden – und möglichst neutrale Dritte dabei eingebunden werden sollten.

141 Jedes Verwaltungsratsmitglied hat die **verbindliche Pflicht**, sich selbst fortzubilden. Dies erfolgt primär durch **Eigeninformation** durch Lektüre der Wirtschaftsnachrichten, einschlägigen Gesetzestexten und Fachliteratur. Dies erfolgt aber auch durch **Inanspruchnahme von Informationen und Fortbildungsveranstaltung Dritter** (*Engau* in: Engau/Dietlein/Josten, § 15 Anm. 11.3). Mit der aufsichtsrechtlichen Verpflichtung der Sparkasse zur Ressourcengewährung ist aber auch inzident die **Pflicht der Verwaltungsratsmitglieder** begründet, diese Ressourcen auch zu benutzen (*Opitz*, BKR 2013, 177, 181). Die eigenverantwortliche Fortbildung jedes Verwaltungsratsmitglieds gehört zu den Sorgfaltspflichten, die Organisation derselben zur ordnungsgemäßen Organisation der Sparkasse, welche wiederum vom Verwaltungsrat zu überwachen ist. Denn der Verwaltungsrat als Kollegialorgan ist insoweit auch im Wege der Selbstkontrolle dafür zuständig, darauf zu achten, dass das Gremium in seiner Gesamtheit über alle notwendigen Kenntnisse und Fähigkeiten verfügt („Kollektivkompetenz") als auch darauf, dass jedes einzelne Mitglied seine Fortbildungsverpflichtung erfüllt. Zielgerichtet erscheint die Institutionalisierung von zentral organisierten und qualitätsgeprüften Fortbildungsangeboten (*Ringleb/Kremer/Lutter/v. Werder*, NZG 2010, 1161, 1066). **Verstöße gegen die Fortbildungspflicht** können sowohl aufsichtsrechtliche als auch haftungsrechtliche Folgen für das Verwaltungsratsmitglied haben.

142 Die vorgenannten Überlegungen führen zur Frage, wer im Streitfall letztlich **über die Notwendigkeit, Inhalte und Gestaltung der Fortbildungsmaßnahmen entscheidet**. *Engau* verweist technisch korrekt mangels entsprechender Spezialzuständigkeit des Verwaltungsrates auf die Geschäftsführungskompetenz des Vorstands nach § 20 Abs. 1 SpkG NRW (*Engau* in: Engau/Dietlein/Josten, § 15 Anm. 11.4 aE; so auch *Bosse/Malchow*, NZG 2010, 972, 974). Im **Aktienrecht** wird ein ähnlich gelagerter Streit zur Entscheidungskompetenz bzgl. der Erforderlichkeit der Erstattung von Auslagen geführt, wobei dort die Besonderheit des § 93

Abs. 3 Nr. 7 AktG besteht, der eine Haftung des Vorstands für nicht erstattungsfähige Auslagen anordnet. Vor dem Hintergrund dieser Haftung und der allgemeinen Kompetenzverteilung im Aktienrecht, die – genauso wie im Sparkassenrecht – dafür keine Aufsichtsratszuständigkeit vorsieht, und schließlich dem Hinweis, dass „die Möglichkeit der Einflussnahme des Vorstands ohnehin gering [ist], da es sich bei Erstattung nicht um [einen] Gnadenakt handelt, sondern [ein] durchsetzbarer Anspruch zugrunde liegt", kommt ein Teil der Literatur zum Ergebnis, dass der Vorstand für die Entscheidung zuständig ist (*Koch*, AktG, § 113 Rn. 8). Um jegliche Einflussnahme des Vorstands auf den Aufsichtsrat auszuschließen, befürwortet dennoch wohl eine hM im Aktienrecht die Zuständigkeit des Aufsichtsrates, da es der Kontrollfunktion des Aufsichtsrats zuwiderliefe, wenn der Vorstand durch solche einer Vergütung vergleichbare Entscheidungen auf den Aufsichtsrat einwirken könnte (*Habersack* in: MüKoAktG, § 113 Rn. 30; *Drygala* in: Schmidt/Lutter, AktG, § 113 Rn. 14 jeweils mwN). Im **Sparkassenrecht** ist zu beachten, dass die haftungssanktionierte Fortbildungspflicht des § 15 Abs. 7 SpkG NRW den Organwalter nicht nur persönlich trifft, sondern dass die Kostentragungspflicht ohnehin den Sparkassen aufgebürdet ist (s.o. sowie → § 18 Rn. 13ff.); es geht also nicht um Zahlungsflüsse an das Verwaltungsratsmitglied (sondern „nur" um die Entscheidung über das „Ob und Wie" einer Fortbildungsmaßnahme), so dass sich – und abhängig der Frage der Anwendbarkeit der Norm – für den Vorstand nicht die Haftungsfrage des § 93 Abs. 3 Nr. 7 AktG stellt. Durch seine Entscheidungskompetenz kann eine Fortbildung durch den Vorstand verhindert bzw. thematisch vereitelt werden. Letztlich bleibt daher nur das formale Argument der Kompetenzzuweisung des § 20 Abs. 1 SpkG NRW. Daher ist die Norm teleologisch zu reduzieren und dem Kollegialorgan Verwaltungsrat, welcher selbst für die Aufrechterhaltung der Sachkunde verpflichtet ist, die Entscheidung durch Beschluss zu überlassen, welche Fortbildungen es für richtig hält.

X. Haftung der Verwaltungsratsmitglieder (Abs. 8)

§ 15 Abs. 8 S. 1 SpkG NRW regelt die **Innenhaftung eines Verwaltungsratsmitglieds**, die Haftungszurechnung der Sparkasse aufgrund Pflichtverletzungen seiner Organe gegenüber Dritten (Außenhaftung) erfolgt über §§ 89, 31 BGB. Nach § 15 Abs. 8 S. 1 SpkG NRW hat ein Mitglied des Verwaltungsrates, welches vorsätzlich oder grob fahrlässig die ihm obliegenden Pflichten verletzt, der Sparkasse den daraus entstehenden Schaden zu ersetzen. Damit sollte zwar aus Sicht des Gesetzgebers keine neue Rechtslage geschaffen werden, sondern aus Gründen der Rechtsklarheit eine ausdrückliche Normierung der Haftung erfolgen. Damit ist in NRW die dogmatische Frage nach der Rechtsnatur und einschlägigen Haftungsnorm als **öffentlich-rechtliche organschaftliche Anspruchsgrundlage** geklärt. Es handelt sich um eine organschaftliche (und nicht vertragliche) Haftung und ein Rückgriff auf Analogien oder allgemeine Erwägungen (*Lutter*, Pflichten/Haftung von Spk-Organen, S. 74 ff.) ist in NRW überflüssig. Die für die Organe der Aktiengesellschaft entwickelten Grundsätze können weitestgehend auf die Haftung von Verwaltungsratsmitgliedern übertragen werden (*Lutter*, Pflichten/Haftung von Spk-Organen, S. 11 ff.; *Biesok*, Sparkassenrecht, Rn. 958).

143

144 Die Vorschrift des § 15 Abs. 8 S. 2 SpkG NRW bezweckt eine **Haftungsbeschränkung** durch Verschiebung des Haftungsmaßstabs des § 276 BGB über den Verweis auf § 84 Abs. 1 LBG NRW aF, welcher beim Beamten zur Haftung nur vorsätzliche oder grob fahrlässige Pflichtverletzungen ausreichen ließ. Dieser Verweis ist inzwischen obsolet, da die Haftungsbeschränkung des Landesbeamten inzwischen aus dem § 80 LBG NRW und § 48 BeamtStG folgt, iÜ aber inhaltlich unverändert ist. Der Gesetzgeber beabsichtigt allerdings, diese Fehlverweisung zu korrigieren (vgl. Entwurf eines Gesetzes zur Modernisierung des Sparkassenrechts und zur Änderung weiterer Gesetze v. 19.3.2024, LT-Drs. NRW 18/2407, S. 5, 11).

1. Haftungsvoraussetzungen

145 Das Verwaltungsratsmitglied haftet für jede vorsätzlich oder grob fahrlässige Verletzung der ihm gegenüber der Sparkasse obliegenden Pflichten, soweit daraus adäquat kausal der Gesellschaft ein Schaden entsteht.

146 Eine **Pflichtverletzung** setzt denknotwendig das Bestehen von Pflichten und ihre Verletzung voraus. In Bezug auf die **Pflichten** des Verwaltungsratsmitglieds, dem **typisierten Sorgfaltsmaßstab** sowie zur sog. **Business Judgement Rule** wird auf die Kommentierung des § 15 Abs. 6 SpkG NRW verwiesen (→ Rn. 119 ff.). Pflichtenadressat und damit auch Haftungsadressat ist das einzelne Verwaltungsratsmitglied, Haftungsgrundlage ist dessen individuelles pflichtwidriges Verhalten.

2. Haftungsprivilegierung

147 Die Verpflichtung zum Schadensersatz setzt **Verschulden** voraus. Die og **Haftungsbeschränkung** bewirkt, dass eine Haftung nur bei Vorsatz oder grober Fahrlässigkeit in Betracht kommt. **Vorsatz** setzt das Wissen (sog intellektuelles Element) und das Wollen (sog voluntatives Element) der Tatbestandsverwirklichung sowie das Bewusstsein der Rechtswidrigkeit voraus (BGH, Urt. v. 16.5.2017 – VI ZR 266/16 = NJW 2017, 2463, Rn. 16). Vorsätzlich handelt danach, wer einen rechtswidrigen Erfolg mit Wissen und Willen verwirklicht, obwohl ihm ein rechtmäßiges Handeln zugemutet werden kann (*Lorenz* in: BeckOK BGB, 66. Ed. 1.5.2023, BGB § 276 Rn. 10). Die **grobe Fahrlässigkeit** ist eine Steigerung der leichten Fahrlässigkeit; sie liegt vor, wenn die verkehrserforderliche Sorgfalt in besonders schwerem Maße verletzt wird (*Lorenz* in: BeckOK BGB, 66. Ed. 1.5.2023, BGB § 277 Rn. 2) und in subjektiver Hinsicht eine schlechthin unentschuldbare Pflichtverletzung vorliegt (BGH, Urt. v. 8.10.1991 – XI ZR 238/90 = NJW 1992, 316). Eine solche besonders schwere Sorgfaltspflichtverletzung liegt vor, wenn ganz naheliegende Überlegungen nicht angestellt oder beiseitegeschoben wurden und dasjenige unbeachtet geblieben ist, was im gegebenen Fall sich jedem aufgedrängt hätte (BGH, Urt. v. 29.9.1992 – XI ZR 265/91 = NJW 1992, 3235). Eine solche grobe Fahrlässigkeit wird man bei Nichtbefassung oder nicht ernsthafter Befassung mit Beschlussvorschlägen annehmen können (ähnlich – „Fehlen eines ernsthaften Bemühens um sachverständige Prüfung" – auch *Engau* in: Engau/Dientlein/Josten, § 15 Anm. 12.3 aE).

3. Gesamtschuld

148 Haben mehrere Mitglieder des Verwaltungsrates gemeinsam den Schaden verursacht, haften sie **im Außenverhältnis der Sparkasse gegenüber** als **Gesamtschuldner** (*Völter*, 2014, S. 159 f.): Für die organschaftliche Haftung folgt dies unmittelbar aus der Verweisung des § 15 Abs. 8 S. 2 SpkG NRW auf § 84 Abs. 1 S. 2 LBG NRW aF bzw. § 48 S. 2 BeamtStG, für die unerlaubte Handlung folgt dies aus § 830 Abs. 1 S. 1 BGB. Im Falle der Missachtung der formellen Voraussetzungen für die Vergabe von Organkrediten haften die Mitglieder des Verwaltungsrates, die trotz positiver Kenntnis von der Verletzung des § 15 KWG nicht gegen die Kreditvergabe einschreiten, nach § 17 Abs. 1 KWG ebenfalls gesamtschuldnerisch. Dies hat zur Folge, dass die Sparkasse als Gläubiger die Leistung nach ihrem Belieben von jedem der Schuldner ganz oder zu einem Teil fordern kann und jeder der Schuldner verpflichtet ist, den vollständigen Schaden zu begleichen, wobei insgesamt die Sparkasse die Leistung nur einmal zu fordern berechtigt ist, § 421 S. 1 BGB.

149 **Innenverhältnis und Gesamtschuldnerausgleich** richten sich nach § 426 BGB. Danach sind die Gesamtschuldner grundsätzlich zueinander zu gleichen Anteilen verpflichtet, sofern nicht ein anderweitiger auf Vereinbarung, Gesetz oder sonstigen Umständen basierender Haftungsschlüssel eingreift, § 426 Abs. 1 S. 1 BGB. Dies kann beispielsweise der Fall sein, wenn die Verschuldensanteile am Schaden erheblich voneinander abweichen (*Biesok*, Sparkassenrecht, Rn. 985).

4. Entlastung durch abweichendes Stimmverhalten

150 Das einzelne **Verwaltungsratsmitglied** haftet allerdings nicht zwingend für haftungs- und schadensbegründende Entscheidungen des Kollegialorgans; erforderlich ist eine individuelle, persönliche Pflichtverletzung des Pflichtenadressats sowie ein persönliches Verschulden. Allerdings trägt jedes Organmitglied eine Mitverantwortung, dass das Kollegialorgan, welches durch Beschluss entscheidet, nicht falsch und schadensstiftend entscheidet (*Kiethe*, WM 2005, 2122, 2127).

151 Die **Zustimmung zu einem** sich im Nachhinein als schadensstiftend herausstellenden **Beschluss** ist somit selbst schon eine Pflichtwidrigkeit, da die einzelnen Organwalterpflichten nebeneinander bestehen und parallel erfüllt werden müssen (*Kiethe*, WM 2005, 2122, 2127). Dies hat der BGH für die GmbH bereits ausdrücklich entschieden und festgehalten, dass „in der juristischen Person, die als solche nicht handeln kann, [...] die Pflichten der für sie tätigen Organe so ausgestaltet [sind], dass sie nebeneinander bestehen, jedes Organ für die Erfüllung seiner Pflichten im Rahmen seines gesetzlichen oder satzungsmäßigen Geschäftsbereichs selbständig verantwortlich ist und deshalb im Falle einer Pflichtwidrigkeit für den verursachten Schaden der juristischen Person auch voll einzustehen hat." (BGH, Urt. v. 14.3.1983 – II ZR 103/82 = NJW 1983, 1856). Kein Organ und folgerichtig auch kein Organmitglied kann daher der Sparkasse gegenüber einwenden, seine Ersatzpflicht sei gemindert, weil ein anderes Organmitglied für den Schaden mitverantwortlich sei.

152 Aber auch die schlichte **Ablehnung oder Enthaltung der Stimmabgabe** in Bezug auf einen als schadensstiftend erkannten bzw. sich abzeichnenden **Be-**

schluss reicht nach der hM in der Literatur **zur Entlastung** nicht aus; vielmehr wird eine Pflicht angenommen, dem Beschluss in der Beratung entgegenzutreten (*Schlierbach/Püttner*, S. 182 f.), auf die sich abzeichnende Pflichtverletzung aufmerksam zu machen und auf ihre Verhinderung hinzuwirken (*Lutter*, Pflichten/Haftung von Spk-Organen, S. 33 spricht von „Beschlussverantwortlichkeit"; *Biesok*, Sparkassenrecht, Rn. 987; *Kiethe*, WM 2005, 2122, 2127), zumindest also mit „Nein" stimmen. In der Literatur wird sehr verbreitet die Auffassung vertreten, das Verwaltungsratsmitglied habe auch im Falle seiner Überstimmung nicht nur mit „Nein" abzustimmen, sondern müsse zudem seine Ablehnung zu Protokoll geben und versuchen, die Durchführung des Beschlusses mit allen ihm zur Verfügung stehenden Möglichkeiten zu verhindern (*Berger*, § 16 Rn. 55; *Kiethe*, WM 2005, 2122, 2127 mwN). Das **LG Berlin** hat dagegen zugunsten des Aufsichtsratsmitglieds einer GmbH entschieden, dass keine Verpflichtung bestünde **gegen** die Beschlussvorlage zu stimmen, wenn das Organmitglied zuvor seine Bedenken deutlich geäußert habe – damit sei er den ihm obliegenden Kontrollpflichten hinreichend nachgekommen; eine Verpflichtung zur Abgabe einer Gegenstimme bestehe nicht (LG Berlin, Urt. v. 8.10.2003 – 101 O 80/02 = ZIP 2004, 73, juris Rn. 130).

5. Verjährung

153 Ansprüche von Kreditinstituten gegen Geschäftsleiter und Mitglieder des Aufsichts- oder Verwaltungsorgans aus dem Organ- und Anstellungsverhältnis wegen der Verletzung von Sorgfaltspflichten verjähren nach § 52a KWG in zehn Jahren. Die mit dem Gesetz zur Restrukturierung und geordneten Abwicklung von Kreditinstituten 2011 in Kraft getretene Regelung weicht soweit bewusst von der Regelverjährung ab. Die damit einhergehende Verlängerung war nach Auffassung des Gesetzgebers erforderlich, weil die Aufklärung von Sorgfaltspflichtverletzungen bei Kreditinstituten besonders zeitaufwändig ist und ausreichend bemessene Verjährungsfristen als geeignet angesehen wurden, um die Verantwortlichkeit der Organmitglieder von Kreditinstituten generell zu stärken (Bericht des Finanzausschuss, BT-Drs. 17/3547, S. 9).

154 Erfasst sind alle Ansprüche aus dem Organ- und Anstellungsverhältnis wegen der Verletzung von Sorgfaltspflichten. Insoweit hat der Bund von der Kompetenz zur konkurrierenden Gesetzgebung Gebrauch gemacht (*Klüpfel/Gaberdiel/Höppel/Ebinger*, § 19 Anm. 4, S. 199; eingehend zur Frage der Gesetzgebungskompetenz *Fischer* in: Fischer/Schulte-Mattler, KWG, CRR-VO, § 52a Rn. 6 ff.) und dies gilt auch für nach dem Sparkassengesetz entstehende Schadenersatzansprüche. Damit sind auch die kürzeren (landesrechtlichen) Verjährungsregelungen nach dem Landesbeamtenrecht nicht anzuwenden (so wohl auch *Engau*: in Engau/Dietlein/Josten, § 15 Anm. 12.5). Die Verjährung beginnt kenntnisunabhängig mit der Entstehung des Anspruchs (*Schwennicke* in: Schwennicke/Auerbach, KWG § 52a Rn. 4). Ausreichend ist dabei, dass der Schaden dem Grunde nach entstanden ist (BGH, Urt. v. 28.10.1993 – IX ZR 21/93 = NJW 1994, 323), also eine Sorgfaltspflichtverletzung eine Verschlechterung der Vermögenslage bewirkt, ohne dass zu diesem Zeitpunkt bereits feststeht, ob der Schaden bestehen bleibt und in welcher Höhe er entsteht (*Fischer* in: Fischer/Schulte-Mattler, KWG, CRR-VO, § 52a Rn. 6 ff.).

II. Verwaltung der Sparkassen § 15

6. Prozessuale Aspekte

Die **Geltendmachung** von Schadensersatzansprüchen der Sparkasse gegenüber 155
Verwaltungsratsmitgliedern obliegt dem Vorstand, der die Sparkasse nach Außen
vertritt, vgl. § 20 Abs. 1 S. 2 SpkG NRW. Der **Rechtsweg** zu den ordentlichen Gerichten ist gegeben, da der Schadensersatzanspruch nach § 15 Abs. 8 SpkG NRW
als Anspruch gegen ein Organmitglied dem bürgerlichen und nicht dem öffentlichen Recht unterfällt (so das OLG Rostock, Beschl. v. 15.3.2010 – 1 W 3/10 =
NJW-RR 2011, 55, juris Rn. 18 für den Fall eines auf § 17 KWG gestützten Schadensersatzanspruchs; aA OLG Nürnberg, Beschl. v. 5.3.2008 – 4 W 72/08 = BKR
2008, 470, juris Rn. 10 ff. welcher für die Haftung von Vorstandsmitgliedern bayerischer Sparkassen wegen Verletzung ihrer organschaftlichen Pflichten den Verwaltungsrechtsweg als eröffnet ansieht).

XI. Verträge der Sparkasse mit Verwaltungsratsmitgliedern (Abs. 9)

1. Überblick, Hintergrund, Zweck und Gegenstand

§ 15 Abs. 9 SpkG NRW bezweckt eine Absicherung der ordnungsgemäßen 156
Überwachung durch den Verwaltungsrat und sichert eine transparente Corporate
Governance, indem bestimmte Verträge zwischen der Sparkasse und dem Verwaltungsratsmitglied unter Vorbehalt der Zustimmung des Kollegialorgans gestellt
werden. Die Vorschrift ist dabei nahezu wortgleich mit dem § 114 AktG und im
Kontext des § 18 SpkG NRW zu lesen, der die Vergütung des Verwaltungsrates regelt. Hintergrund ist die Befürchtung einer unsachlichen Beeinflussung einzelner
Verwaltungsratsmitglieder durch den Vorstand, wenn es letzterem möglich sein sollte, über schuldrechtliche Gestaltungen eine „Sondervergütung" am Gesamtverwaltungsrat als Kollegialorgan vorbei zu gewähren. Allerdings sind entsprechende Verträge nicht absolut verboten, sondern bedürfen nach § 15 Abs. 9 S. 1 SpkG NRW
der Zustimmung des Kollegialorgans, welches damit die Aufgabe erhält, zu kontrollieren, dass tatsächlich (1) nur eine über die Organwalterpflichten hinausgehende
Leistung und (2) diese zudem angemessen und nicht überhöht vergütet wird.
Etwaige ohne Zustimmung des Verwaltungsrats erfolgte Zahlungen sind nach § 15
Abs. 9 S. 2 SpkG NRW grundsätzlich rückabzuwickeln; nach § 15 Abs. 9 S. 3 SpkG
NRW kann in diesem Fall das Verwaltungsratsmitglied seinerseits Ersatz seiner Leistungen über zivilrechtliche Bereicherungsansprüche erlangen, wobei die Aufrechnung ausgeschlossen ist.

Der Landesgesetzgeber hat bei der Regelung bewusst eine Formulierung ge- 157
wählt, die sich eng an § 114 AktG anlehnt (LT-Drs. NRW 14/10027, S. 33). Vor
diesem Hintergrund erscheint die Annahme, dass der Landesgesetzgeber die im
Aktienrecht vorgefundene Rechtslage auf Sparkassenverwaltungsräte übertragen
wollte, gerechtfertigt, so dass die dazu ergangene Rechtsprechung und Literatur bei
der Auslegung des § 15 Abs. 9 SpkG NRW herangezogen werden kann. Soweit in
dieser Kommentierung solche zitiert wird, ist diese zum Aktienrecht ergangen, da –
soweit ersichtlich – zur sparkassenrechtlichen Parallelnorm nur *Engau* (*Engau* in:
Engau/Dietlein/Josten, § 15 Anm. 13 ff.) und *Pommer* (*Pommer*, NWVBl. 2010, 459,

464) Stellung bezogen haben. Das Sparkassenrecht erfasst allerdings in § 15 Abs. 9 SpkG NRW nicht alle von der durch die BGH-Rechtsprechung vorgenommenen weiten Auslegung des § 114 AktG inzwischen erfassten Fälle, da für Verträge mit Tochterunternehmen der Sparkasse eine Sonderregelung in § 15 Abs. 10 SpkG NRW vorgesehen ist.

158 Zur Auslegung der Vorschrift bedarf es des Verständnisses der Systematik der Vergütungsregelungen für Verwaltungsräte. Wie bereits beschrieben besteht die Überwachungsaufgabe nicht nur in einer vergangenheitsbezogenen Kontrolle, sondern auch in einer präventiven, vorbeugenden Kontrolle, zu der die aktive Beratung des Vorstandes zu grundsätzlichen Fragen der künftigen Geschäftspolitik gehört (→ Rn. 13). Diese Aufgabe trifft zwar zunächst das Kollegialorgan, ausgeführt wird diese aber durch die Organwalter, bei denen sich diese Überwachungsaufgabe in eine persönliche Pflicht verwandelt (*v. Schenk* in: Semler/v. Schenk/Wilsing, § 7 Rn. 210; *Drygala* in: Schmidt/Lutter, AktG, § 114 Rn. 9 mwN). In Bezug auf die „Gegenleistung" für diese dem Verwaltungsratsmitglied übertragenen Pflichten sieht § 18 SpkG NRW als „Vergütungssystem" in Abweichung vom Aktienrecht das Sitzungsgeld vor (→ § 18 Rn. 1 ff.), und weist die diesbezügliche Kompetenz nicht dem Vorstand, sondern dem Verwaltungsrat als Kollegialorgan zu, welcher ein besonderes Verfahren einzuhalten hat (→ § 18 Rn. 26 f.). Diese Systematik gewährleistet die Unabhängigkeit der Mitglieder des Verwaltungsrates vom Vorstand. An dieser Stelle knüpft § 15 Abs. 9 SpkG NRW an, der – wie im Aktienrecht – eine verdeckte Vergütung des Verwaltungsrats („neben" § 18 SpkG NRW) verhindert und auf diesem Weg zugleich vor einer Gefährdung der Unabhängigkeit durch unangemessene Vergütung schützt. Schließlich schützen die Offenlegung der Verträge und der Zustimmungsvorbehalt vor zu engen Beziehungen zwischen den beteiligten Personen und stärken damit die Unabhängigkeit des Verwaltungsrats (BGH, Urt. v. 4.7.1994 – II ZR 197/93 = NJW 1994, 2484 ff.).

2. Landesgesetzgebungskompetenz

a) Zuständigkeit für den Wirksamkeitsvorbehalt

159 Herz der Vorschrift ist § 15 Abs. 9 S. 1 SpkG NRW. Dieser enthält einen **Wirksamkeitsvorbehalt in Bezug auf einen** zuvor mit dem Verwaltungsratsmitglied **geschlossenen zivilrechtlichen Vertrag**. Auf den ersten Blick erscheint es eine **Formvorschrift** zu sein, da zur Wirksamkeit der vom Vorstand abgegebenen Willenserklärung Förmlichkeiten einzuhalten sind. Eine solche gehört zum Bürgerlichen Recht. In diesem Bereich kommt dem Bundesgesetzgeber nach **Art. 74 Abs. 1 Nr. 1 Alt. 1 GG** die konkurrierende Gesetzgebung zu, die zu einer Sperrwirkung der Landeszuständigkeiten führt, wenn der Bund abschließend von dieser Gebrauch gemacht hat. Der Bundesgesetzgeber hat das Bürgerliche Recht umfassend kodifiziert und im dritten Teil des EGBGB (Art. 55 EGBGB) bestimmt, dass von widersprechendem, inhaltsgleichem oder -ergänzendem Landesprivatrecht derogiert wird. Mit anderen Worten sind Landesgesetze auf dem kodifizierten Gebiet des Privatrechts gem. Art. 72 GG verfassungswidrig und nichtig, außer in den ausdrücklich zugelassenen Fällen der Art. 56–152 EGBGB.

160 Eine ähnliche Problematik stellt sich bei **Verpflichtungserklärungen kommunaler Vertretungsorgane**, welche nach den Gemeindeordnungen besonderen

II. Verwaltung der Sparkassen **§ 15**

Formalia unterliegen (vgl. § 64 Abs. 1 S. 1 und 2 GO NRW). Auch hier könnten – aus rein zivilrechtlicher Sicht – Formvorschriften angenommen werden, die an sich der Sperrwirkung des Kodifikationsprinzips unterfallen würden; Rechtsprechung und Schrifttum stufen diese demgegenüber als landesrechtliche Regelungen der Vertretungsmacht (Zuständigkeitsregelungen) der jeweiligen kommunalen Gebietskörperschaft ein – und vermeiden damit den Konflikt mit Art. 55 EGBGB (BGH, Urt. v. 20.1.1994 – VII ZR 174/92 = NJW 1994, 1528; BGH, Urt. v. 13.10.1983 – III ZR 158/82 = NJW 1984, 606; BGH, Urt. v. 15.6.1960 – V ZR 191/58 = NJW 1960, 1805; *Wendtland* in: BeckOK BGB, § 125 Rn. 5; *Merten* in: Staudinger, EGBGB, Vor. Art. 55, Rn. 22; *Ellenberger* in: Grüneberg, § 125 Rn. 14f.; *Vogel*, JuS 1996, 964). Es erscheint daher vertretbar, auch den og **sparkassenrechtlichen Wirksamkeitsvorbehalt** als eine die Vertretungsregelung des § 20 Abs. 2 SpkG NRW BGB modifizierende Norm einzustufen. Die Vertretungsregelungen der Sparkassen als Anstalten des öffentlichen Rechts sind öffentlich-rechtliches, dem Sparkassenorganisationsrecht zuzuordnendes Recht (*Schlierbach/Püttner*, 2003, S. 212), welche durch das Gebot, bestimmte Formalia einzuhalten, inhaltlich begrenzt werden. Bei dem Wirksamkeitsvorbehalt handelt es sich danach um formelles Sparkassenverfassungsrecht, welches in die **Gesetzgebungskompetenz des Landes** fällt (*Pommer*, NWVBl 2010, 459, 464). Die eigentliche materielle Begründung ist in der Eigenkompetenz des Landes zu sehen, seine Verwaltung zu regeln, und die Zugehörigkeit der Sparkassen in die dazugehörige mittelbare Staatsverwaltung (*Stern/Burmeister*, 1972, S. 181; *Josten*, 2022, S. 88). Mit dieser Argumentation ist Art. 74 Abs. 1 Nr. 1 Alt. 1 GG nicht mehr einschlägig.

161 Auch liegt insoweit keine **Kompetenz des Bundes aus § 74 Abs. 1 Nr. 11 GG** im Sinne auf das „Recht der Wirtschaft ([…] Bank- und Börsenwesen […]" vor (zum Verhältnis der Kompetenzen vgl. BVerwG, Urt. v. 14.2.1984 – 1 C 81/78 = NVwZ 1987, 221, 223). Das Bankwesen umfasst zwar die typische Geschäftstätigkeit und das Verfassungs- und Organisationsrecht privater Kreditinstitute. Es meint aber vor allem aufsichtsrechtliche Regelungen, die sich auf die Institute und ihre Aktivitäten beziehen. Nicht erfasst werden dagegen das Verfassungs- und Organisationsrecht der öffentlich-rechtlichen Sparkassen (BVerwG, Urt. v. 14.2.1984 – 1 C 81/78 = NVwZ 1987, 221, 223; *Jarass/Pieroth/Kment*, GG, Art. 74 Rn. 27; *Seiler* in: BeckOK GG, Art. 74 Rn. 40; *Broemel* in: v. Münch/Kunig, GG, Art. 74 Rn. 41; *Dreier/Wittreck*, GG, Art. 74 Rn. 53; *Oeter* in: v. Mangoldt/Klein/Starck, GG, Art. 74 Rn. 93; *Albrecht* in: Staudinger, EGBGB, Art. 99 Rn. 12). Auch liegt eine solche Kompetenz nicht unter dem Aspekt einer notwendigen bundesgesetzlichen Regelung der **Governance von Kreditinstituten** vor, da der Gesetzgeber insoweit von dieser Befugnis mit Erlass des KWG Gebrauch gemacht und auch in § 25d KWG Vorgaben für Aufsichtsorgane gemacht, indes die Fragen der mit Verwaltungsräten geschlossenen Verträge dort nicht geregelt hat. Diese sind (nur) für Aktiengesellschaften weiterhin im AktG geregelt.

162 Der **Landesgesetzgeber** hatte daher **die Kompetenz** (Regelkompetenz aus Art. 70 Abs. 1, 30 GG), einen Wirksamkeitsvorbehalt in § 15 Abs. 9 S. 1 SpkG NRW vorzusehen. Entsprechendes gilt für die in § 15 Abs. 9 S. 2 SpkG NRW enthaltene Möglichkeit der nachträglichen Zustimmung, die letztlich nur eine Modifikation des og Wirksamkeitsvorbehalt ist.

b) Zuständigkeit für die Folgen der Unwirksamkeit

163 Wenn man der og Zuständigkeitsargumentation nicht folgte, würde der Wirksamkeitsvorbehalt dem Bürgerlichen Recht zuzuordnen sein. Entsprechendes gilt ohnehin für die weiteren Regelungen, die die **Rückabwicklung unwirksamer Verträge** betreffen und das **Aufrechnungsverbot**; es handelt sich insoweit um **klassisches Zivilrecht, welches Teil der BGB-Kodifikation** ist (§§ 812 ff., 387 ff. BGB), so dass nur ein Ausweg über die Rechtssetzungskompetenz des Art. 99 EGBGB gefunden werden kann.

164 Nach **Art. 99 EGBGB** bleiben die landesgesetzlichen Vorschriften über die öffentlichen Sparkassen („unbeschadet […] § 808 BGB und […] Anlegung von Mündelgeldern") unberührt. Dieser Vorbehalt ist bewusst vom Gesetzgeber so allgemein gefasst worden, dass er die Regelung des Sparkassenwesens, sofern es sich um privatrechtliche Normen handelt, mit Ausnahme der vorgenannten zwei Ausnahmen dem Landesgesetzgeber überlassen hat (*Albrecht* in: Staudinger, EGBGB, Art. 99 Rn. 1 mwN). Damit werden **landesgesetzliche privatrechtliche Vorschriften über die öffentlichen Sparkassen** erlaubt. Der Bundesgesetzgeber mag von der grundsätzlichen Geltung des BGB auch für diese Rechtsverhältnisse ausgehen, deren Modifizierung bleibt dem Landesgesetzgeber in bestimmten Grenzen unbenommen (VG Düsseldorf, Beschl. v. 5.3.2004 – 1 L 82/04, juris Rn. 9; *Säcker* in: MüKoBGB, EGBGB, Art. 99 Rn. 1). Der Vorbehalt aus Art. 99 EGBGB eröffnet die Möglichkeit, sowohl ergänzende als auch vom BGB abweichende Vorschriften zu erlassen (*Albrecht* in: Staudinger, EGBGB, Art. 99 Rn. 7). Überspitzt formuliert darf der Landesgesetzgeber mit dieser Ergänzung aus Art. 99 EGBGB „fast alles": Die Kompetenz zur Organisation und Beaufsichtigung der öffentlichen Sparkassen folgt aus der og Regelkompetenz (Art. 70 Abs. 1, 30 GG), das Kommunalrecht zu regeln – der Vorbehalt aus Art. 99 EGBGB unterstellt auch die privatrechtlichen Beziehungen dem Landesrecht (*Säcker* in: MüKoBGB, EGBGB, Art. 99 Rn. 1).

165 Damit stellt sich wiederum die Frage, ob in Bezug auf den Wirksamkeitsvorbehalt die og Vertretungs- bzw. Zuständigkeitskonstruktion der Rechtsprechung und hM, die letztlich in der Vermeidung des Konflikts mit Art. 55 EGBGB fußt, notwendig ist. Zum Teil wird dies verneint und pragmatisch auch in Bezug auf Formfragen gleich Art. 99 EGBGB herangezogen (*Ellenberger* in: Grüneberg, § 125 Rn. 15; *Merten* in: Staudinger, EGBGB, Vor Art. 55, Rn. 23). In Anbetracht dessen, dass sich etwaige Unterschiede nur in den Rechtsfolgen auswirken (Nichtigkeit bei § 125 BGB; schwebende Unwirksamkeit bei Vertretungsregelungen, §§ 177 ff. BGB), im vorliegenden Fall der § 15 Abs. 9 SpkG NRW seinerseits die Rechtsfolgen selbst bestimmt und letztere ohnehin eine präzisere Ausgestaltung durch die Rechtsprechung zu § 114 AktG erfahren haben, hat die präzisere Zuordnung und eine Entscheidung des Streits für die vorliegenden Ausführungen keinen Mehrwert.

3. Anwendungsvoraussetzungen

a) Sachlich: Zustimmungspflichtige Verträge

166 **aa) Dienst- oder Werkvertrag.** Gefährdungspotential geht abstrakt von **denjenigen Verträgen** aus, bei denen zum einen thematisch Schnittmengen mit den

Organpflichten bestehen können und zum anderen nicht unerhebliche Honorare bezahlt werden können und die Äquivalenz der Gegenleitung ggf. zT schwer messbar ist bzw. diskussionswürdig erscheinen kann (*Henssler* in: Henssler/Strohn GesR, AktG, § 114 Rn. 2). Diese bezeichnet die Gesetzesbegründung lapidar als „Dienstleistungen ‚höherer Art' (beispielsweise zu Beratungsleistungen)" (LT-Drs. NRW 14/10027, S. 33).

Die Zustimmungspflicht erstreckt sich dem Wortlaut folgend daher nur auf **167 Dienst- und Werkverträge über Tätigkeiten höherer Art.** Diese zeichnen sich dadurch aus, dass sie ein überdurchschnittliches Maß an Fachkenntnis erfordern (vgl. insoweit die Rspr. und Lit. zu § 627 BGB, statt vieler etwa *Weidenkaff* in: Grüneberg, § 627 Rn. 2), üblicherweise aus besonderem Vertrauen übertragen werden und dem Dienstverpflichteten eine herausgehobene Stellung verleihen (*Weth* in: Herberger/Martinek/Rüßmann/Weth/Würdinger, jurisPK-BGB, § 627 Rn. 6). Im Sparkassenkontext wird typischerweise an Leistungen von Rechtsanwälten, Steuerberatern, Wirtschaftsprüfern, Unternehmens-/Wirtschaftsberatern, Werbeberatern, Personalvermittlern, Liquidatoren, IT-Beratern, Projektverwaltern, etc zu denken sein. Im Interesse der Dienstkräfte der Sparkasse im Verwaltungsrat gemäß § 10 Abs. 1 lit. c) und Abs. 2 lit. c) SpkG NRW sind ausdrücklich **Arbeitsverträge** mit der Sparkasse ausgenommen; ihre Arbeitsverträge sind daher auch ohne Zustimmung des Verwaltungsrats weiterhin gültig. Dennoch ist § 15 Abs. 9 SpkG NRW einschlägig, wenn mit diesen zusätzliche Verträge geschlossen werden (*Koch*, AktG, § 114 Rn. 5; *Habersack* in: MüKoAktG, § 114 Rn. 19). Entsprechendes gilt zugunsten etwaiger Arbeitsverträge mit dem Träger für die sachkundigen Mitglieder gemäß § 10 Abs. 1 lit. b) und Abs. 2 lit. b) SpkG NRW, so dass sich die aktienrechtlich umstrittene Frage, ob Verträge zwischen Aufsichtsratsmitglieder eines abhängigen Unternehmens und der Muttergesellschaft ebenfalls unter § 114 AktG zu subsumieren sind (vgl. *Drygala* in: Schmidt/Lutter, AktG, § 114 Rn. 16 mwN), in Bezug auf die Arbeitsverträge der Verwaltungsratsmitgliedern mit dem Träger nicht stellt. **Andere Verträge** bedürfen keiner Zustimmung des Verwaltungsrats; insoweit ist der Vorstand grundsätzlich frei, diese mit dem Verwaltungsratsmitglied abzuschließen (*Spindler* in: BeckOGK, AktG, § 114 Rn. 17; *Habersack* in: MüKoAktG, § 114 Rn. 20; *Grigoleit/Tomasic* in: Grigoleit, § 114 Rn. 5).

bb) Außerhalb des Überwachungsbereichs. Da die im Rahmen der Organ- **168** walterpflichten erbrachten Leistungen bereits über § 18 SpkG NRW abgegolten sind, erfasst die Vorschrift nur Verträge, die das Verwaltungsratsmitglied zu einer **Tätigkeit** verpflichten, **die nicht schon zu seiner Verwaltungsratstätigkeit zählt.** Damit dürfen solche Verträge prinzipiell geschlossen werden, wenn die Voraussetzungen von § 15 Abs. 9 SpkG NRW eingehalten werden, während **Verträge, die Organwalteraufgaben betreffen**, nicht zustimmungsfähig, sondern nach dem Sinn und Zweck der Vorschrift verboten sind. Damit liegt ein gesetzliches Verbot vor (denn ein per se grundsätzlich zugelassenes Rechtsgeschäft, zB ein Beratungsvertrag, wird wegen seines konkreten Inhalts bzw. wegen der Modalitäten seines Zustandekommens untersagt), welches nach § 134 BGB zur – unheilbaren – Nichtigkeit des Rechtsgeschäfts führt (BGH, Urt. v. 25.3.1991 – II ZR 188/89 = BGHZ 114, 127, Rn. 10; *Koch*, AktG, § 114 Rn. 6). Denn die Regelungssystematik und der Sinn und Zweck dieses beiderseitigen Verbots verlangen es, den unzulässigen wirtschaftlichen Erfolg zu verhindern.

169 Die Rechtsprechung zieht den Kreis der qua Amt geschuldeten Beratungsleistungen sehr weit (*Ziemons*, GWR 2012, 451, 453 mwN). Maßgebend für die damit erforderliche **Abgrenzung** ist nicht der Umfang der Beratung, sondern ihr **Gegenstand** (BGH, Urt. v. 4.7.1994 – II ZR 197/93 = NJW 1994, 2484, juris Rn. 8). Hintergrund ist nämlich, dass sowohl ein erhöhter Arbeitsaufwand als auch besondere Fachkenntnisse des Mitglieds im Rahmen der Überwachungsaufgabe ohnehin geschuldet werden (*Ziemons*, GWR 2012, 451, 453 mwN) – und regelmäßig auch der Grund für die Wahl in den Verwaltungsrat sind. Abzustellen ist daher auf die Art der Tätigkeit in ihrer durch den konkreten Vertrag individualisierten Gestalt (*Koch*, AktG, § 114 Rn. 7). Zulässig sind damit allein Verträge über Dienste, die Fragen eines besonderen Fachgebietes (spezielle Einzelfragen) betreffen, die eine in Ausmaß und Intensität besondere Beratungstiefe erfordern und sich nicht auf übergeordnete, allgemeine Fragen der Unternehmenspolitik beziehen (BGH, Urt. v. 4.7.1994 – II ZR 197/93 = NJW 1994, 2484, juris Rn. 8). Denn insoweit handelt es sich nicht mehr um Überwachungstätigkeit; wo aber die Kompetenzgrenzen des Verwaltungsrats erreicht sind, endet auch die individuelle Beratungspflicht des Organwalters (*Drygala* in: Schmidt/Lutter, AktG, § 114 Rn. 9). Daneben werden auch Leistungen erfasst, die ihrer Art (Gutachten oder detaillierte Stellungnahmen) oder ihrem Umfang nach eindeutig als überobligationsmäßig zu bewerten sind (eingehend und übersichtlich zur Abgrenzung: *Ziemons*, GWR 2012, 451).

170 cc) **Altverträge.** Die Norm zielt auf Verträge mit aktuell amtierenden Verwaltungsratsmitgliedern. Problematisch ist die Behandlung von **Altverträgen**, die **vor der Wahl des Verwaltungsratsmitglied geschlossen** worden sind. Soweit der Vertrag bei den Leistungen auch geschuldete Organpflichten erfasst, versagt die Rechtsprechung und hM den bereits zuvor laufenden Verträgen die Wirksamkeit (BGH, Urt. v. 25.3.1991 – II ZR 188/89 = BGHZ 114, 127). Folgerichtig ist es, im Hinblick auf den Normzweck bereits laufende grundsätzlich zustimmungsfähige Verträge dem Zustimmungserfordernis zu unterwerfen (*Drygala* in: Schmidt/Lutter, AktG, § 114 Rn. 13). Verweigert der Verwaltungsrat seine Zustimmung, so verliert der Beratungsvertrag für die Dauer des Mandats seine Wirkung und lebt erst nach dessen Beendigung wieder auf; dasselbe gilt, wenn der Vertrag dem Kollegialorgan nicht zur Zustimmung vorgelegt wird. In diesem Zeitraum ist der Vertrag suspendiert bzw. „ohne Wirkung" (BGH, Urt. v. 4.7.1994 – II ZR 197/93 = NJW 1994, 2484; zustimmend *Spindler* in: BeckOGK, AktG, § 114 Rn. 7; *Henssler* in: Henssler/Strohn GesR, AktG, § 114 Rn. 10; mwN. auf Rspr. und Lit.; aA anscheinend *Engau* in: Engau/Dietlein/Josten, § 15 Anm. 13.3, der solche Verträge nicht dem § 15 Abs. 9 SpkG NRW unterwirft, wenn zum Zeitpunkt des Vertragsschlusses die Wahl in den Verwaltungsrat noch nicht abzusehen war). Dies entspricht der Rechtsfolge der schwebenden Unwirksamkeit (→ Rn. 177 f.), wobei allerdings die Besonderheit besteht, dass § 15 Abs. 9 S. 1 SpkG NRW aufgrund des Schutzzwecks der Norm dahingehend eine unechte Rückwirkung entfaltet, dass zuvor bereits geschlossene Verträge für die Zukunft erfasst werden.

b) Persönlicher Anwendungsbereich

171 aa) **Verwaltungsratsmitglied und horizontale Erstreckung.** Die Norm erfasst als Partner eines möglichen Vertrags auf Dienstleisterseite **das Verwaltungsratsmitglied in Person**. Daneben erfasst die Norm auch **mittelbare Berater-**

II. Verwaltung der Sparkassen § 15

verträge, also Verträge mit Dritten (**nahestehende Personen bzw. Gesellschaften**), sofern diese dem Verwaltungsratsmitglied zurechenbar sind. Ansonsten wäre die Vorschrift einfach zu umgehen. Eine solche Zurechnung wird von der Rechtsprechung angenommen, wenn zB das Verwaltungsratsmitglied Gesellschafter oder Organ einer Gesellschaft ist, mit der der Vertrag geschlossen wird (Alleingesellschafter und Geschäftsführer: BGH, Urt. v. 3.7.2006 – II ZR 151/04 = NJW-RR 2006, 1410; Mittelbare Beteiligung: BGH, Urt. v. 20.11.2006 – II ZR 279/05 = NJW 2007, 298; BGH, Urt. v. 2.4.2007 – II ZR 325/05 = NZG 2007, 516; BGH, Urt. v. 10.7.2012 – II ZR 48/11 = NJW 2012, 3235; nur gesetzlicher Vertreter: BGH, Urt. v. 29.6.2021 – II ZR 75/20 = NJW 2022, 238); auf die Beteiligungsquote kommt es dabei ebenso wenig wie auf einen beherrschenden Einfluss an, solange dem Organmitglied mittelbar Leistungen zufließen, wobei für ganz geringfügige mittelbare Zuwendungen Ausnahmen gemacht werden können (zu den Einzelheiten *Ziemons*, GWR 2012, 451, 452). Eine Zurechnung erfolgt auch, wenn das Verwaltungsratsmitglied persönlich Subunternehmer eines Unternehmens ist, mit dem der Beratungsvertrag zustande kommt (BGH, Urt. v. 22.6.2021 – II ZR 225/20 = NZG 2021, 1311). Schließlich kann die extensive Auslegung des BGH bei konsequenter Fortführung auch die Situation erfassen, dass eine Zurechnung erfolgt, wenn das Verwaltungrastmitglied nur Gesellschafter oder Organ einer solchen Subunternehmergesellschaft ist (zu den Einzelheiten der extensiven Auslegung vgl. eingehend *Spindler* in: BeckOGK, AktG, § 114 Rn. 8 ff.; *Habersack* in: MüKoAktG, § 114 Rn. 12; *Graewe/Dethleff*, ZJS 2014, 135; aber auch *Engau* in: Engau/Dietlein/Josten, § 15 Anm. 13.3).

172 bb) **Sparkasse/konzernverbundene Unternehmen.** Der Vertrag muss andererseits von der Sparkasse geschlossen worden sein, welche durch den Vorstand vertreten wird, § 20 Abs. 2 SpkG NRW. Nicht erfasst sind Verträge mit konzernverbundenen Unternehmen. Dazu sieht § 15 Abs. 10 SpkG NRW abweichend vom Aktienrecht eine Sondervorschrift für Verpflichtungen vor, die einem durch die Sparkasse beherrschten Unternehmen geschuldet werden (*Engau* in: Engau/Dietlein/Josten, § 15 Anm. 13.3 aE).

173 Die Norm findet aber auch **analoge Anwendung**, wenn der Auftrag ausnahmsweise nicht vom Vorstand, sondern vom Verwaltungsrat innerhalb seiner Kompetenz selbst erteilt wird, weil dieser selbst die spezifische Expertise benötigt, zB im Falle der Prüfung von Regressansprüchen einer Sparkasse gegenüber dem Vorstand (*Drygala* in: Schmidt/Lutter, AktG, § 114 Rn. 7).

174 cc) **Compliance-Folgen.** Diese von der Rechtsprechung vorgenommene sehr weite Auslegung führt dazu, dass die Sparkasse nicht nur vor Abschluss eines Vertrags mit einem Verwaltungsratsmitglied, sondern vor Abschluss jeden Beratungsvertrag überprüfen muss, ob ein Mitglied ihres Verwaltungsrates dort ggf. beteiligt oder gar Organmitglied ist. Ferner kann erwartet werden, dass entweder die Weitergabe an Subunternehmer ausgeschlossen wird oder diese zuvor bekannt gegeben werden, so dass die Sparkasse dies überprüfen kann. Zur Sorgfaltspflicht gehört es insoweit, soweit Registerauszüge des Vertragspartners existieren (bei GmbHs, PartGmbB, etc), diese in Augenschein zu nehmen (*Hippeli*, jurisPR-HaGesR 8/2021 Anm. 1 D). Jeder Vertrag mit einer Sozietät ist demnach dem Verwaltungsrat vorzulegen, wenn eines seiner Mitglieder mehr als nur dort abhängig angestellt ist (*Engau* in: Engau/Dietlein/Josten, § 15 Anm. 13.3).

4. Zustimmung des Verwaltungsrats

175 Mit Zustimmung sind sowohl die **Einwilligung** (vorherige Zustimmung, § 183 BGB) als auch die **Genehmigung** (nachträgliche Zustimmung, § 184 BGB) gemeint – wobei die Idealvorstellung des Gesetzgebers eine vollinformiere Zustimmung des Verwaltungsrats im Zeitpunkt der Vertragsanbahnung ist (LT-Drs. NRW 14/10027, S. 33; *Graewe/Detleff*, ZJS 2014, 135, 138). Der Verwaltungsrat entscheidet dann **durch ausdrücklichen Beschluss** und **nach pflichtgemäßem Ermessen**, insbesondere besteht nicht das Bedürfnis eines wichtigen Grundes, um die Entscheidung zu versagen, auch besteht seitens des Verwaltungsratsmitglieds kein Anspruch auf Zustimmung (*Spindler* in: BeckOGK, AktG, § 114 Rn. 28; *Habersack* in: MüKoAktG, § 114 Rn. 30). Die Entscheidung über die Zustimmung ist eine unternehmerische Entscheidung (*Rahlmeyer/Gömöry*, NZG 2014, 616). Das betroffene Verwaltungsratsmitglied ist **befangen** und von der Mitwirkung an dem Beschluss gemäß § 21 Abs. 1 S. 1 bzw. Abs. 2 lit. a) SpkG NRW umfassend ausgeschlossen und hat gemäß § 16 Abs. 3 S. 5 SpkG NRW das Beratungszimmer zu verlassen (→ § 21 Rn. 2, § 16 Rn. 59).

176 Dem Kollegialorgan obliegt die Kontrolle, ob der Gegenstand des Vertrages nur Leistungen außerhalb der Überwachungstätigkeit erfasst sowie eine Angemessenheitskontrolle in Bezug auf die Vergütung. Dementsprechend müssen diesem alle **Informationen vorgelegt** werden, damit er diese Prüfung vornehmen kann, was zumindest die Offenlegung des relevanten Vertragsinhalts voraussetzt (*Habersack* in: MüKoAktG, § 114 Rn. 30; *Graewe/Detleff*, ZJS 2014, 135, 138; zu den Einzelheiten vgl. *Tophoven*, BB 2007, 2413). Insbesondere bei Beraterverträgen sind die speziellen Einzelfragen, in denen beraten werden soll, sowie das für diese Leistungen von der Sparkasse zu entrichtende Entgelt so konkret zu bezeichnen, dass sich das Plenum ein eigenständiges Urteil über die Art der Leistung, ihren Umfang sowie die Höhe und Angemessenheit der Vergütung bilden kann; Verträge, die diese Anforderungen nicht erfüllen, insbesondere weil sie als Beratungsgegenstand nur generell bezeichnete Einzelfragen auf Gebieten angeben, die grundsätzlich auch zur Organtätigkeit gehören oder gehören können, sind von vorne herein nicht zustimmungsfähig (BGH, Urt. v. 4.7.1994 – II ZR 197/93 = NJW 1994, 2484).

5. Rechtsfolgen

177 Die Rechtsfolge von § 15 Abs. 9 S. 1 SpkG NRW entspricht in ihrer Formulierung dem § 114 Abs. 1 letzter Halbsatz AktG und hat dieselbe Struktur wie § 108 Abs. 1 BGB. Die Wirksamkeit des Vertrages hängt von der Zustimmung des Verwaltungsrates ab. Bis zu dieser Zustimmung ist der Vertrag **schwebend unwirksam**. Bei Einwilligung des Verwaltungsrates kommt der Vertrag bereits mit Abschluss (voll-)wirksam zustande, bei Genehmigung wird der Vertrag durch diese erst wirksam, bei Verweigerung der Genehmigung wird der Vertrag endgültig unwirksam.

178 Die **Unwirksamkeit**, sei sie schwebend oder endgültig, hat aber die gleichen Folgen. Dies gilt gleichermaßen für Verträge, die grundsätzlich zustimmungsfähig sind, bei denen aber keine Zustimmung erfolgt ist, wie auch für nicht zustimmungsfähige Verträge, weil sie den Überwachungsbereich miterfassen. Zum einen kann das Verwaltungsratsmitglied (oder dessen Gesellschaft) aus diesem unwirksa-

II. Verwaltung der Sparkassen   § 15

men Vertrag **keine Ansprüche**, insbesondere keine Vergütungsansprüche geltend machen; der Vorstand darf solche auch nicht erfüllen. Zum anderen führt die Unwirksamkeit bereits über die Leistungskondiktion des § 812 Abs. 1 Alt. 1 BGB (condictio indebiti) aufgrund des fehlenden Rechtsgrundes zur **bereicherungsrechtlichen Rückabwicklung** der fehlgeschlagenen Leistungsbeziehung. Insoweit können grundsätzlich beide Parteien solche Ansprüche geltend machen. Dieser Verweis war auch so vom Landesgesetzgeber für beide Kondiktionsansprüche beabsichtigt. Indes modifiziert § 15 Abs. 9 SpkG NRW zugunsten der Sparkasse diese bereicherungsrechtliche Rückabwicklung sowohl im Hinblick auf die Kondiktionssperren (§§ 814 ff. BGB) als auch in Bezug auf den Umfang der Herausgabepflicht (§§ 818 ff. BGB), vor allem aber das Institut der Saldotheorie.

Der **Rückgewähranspruch der Sparkasse** ist in § 15 Abs. 9 S. 2 SpkG NRW **179** nicht näher ausgestaltet und verweist im Gegensatz zu § 15 Abs. 9 S. 3 SpkG NRW nicht wörtlich auf das Bereicherungsrecht, sondern stellt den Anspruch zur Rückgewähr selbst fest. Aus seiner Verortung im Sparkassengesetz und aus dem Zusammenspiel mit § 15 Abs. 9 S. 3 SpkG NRW ist zu entnehmen, dass diese Norm zumindest wie eine **gesonderte Anspruchsgrundlage** behandelt werden soll. Denn einerseits verweist die Gesetzesbegründung für beide Ansprüche auf das Bereicherungsrecht, andererseits statuiert S. 3 ein Aufrechnungsverbot, welches nur bei Rückkehr zur strengen Zweikondiktionenlehre bzw. zwei in ihrem Rechtsgrund getrennten Ansprüchen Sinn ergibt. Ob daneben also noch ein weiterer „reiner" Bereicherungsanspruch konkurriert, ist (aufgrund seiner Nachteile im Vergleich zu § 15 Abs. 9 S. 1 SpkG NRW) unbedeutend.

Daraus ist abzuleiten, dass § 15 Abs. 9 S. 3 SpkG NRW gerade **keine Rechts- 180 folgenverweisung** auf die Vorschriften über die ungerechtfertigte Bereicherung für die anspruchstellende Sparkasse enthält (OLG Köln, Urt. v. 27.5.1994 – 19 U 289/93 = NJW-RR 1995, 230, 232). § 814 BGB findet folglich keine Anwendung, so dass die Kenntnis des Vorstandes von der Nichtschuld unschädlich ist. Auch kann der Entreicherungseinwand (§ 818 Abs. 3 BGB) der Sparkasse nicht entgegengehalten werden (OLG Köln, Urt. v. 27.5.1994 – 19 U 289/93 = NJW-RR 1995, 230, 232). Die dem Verwaltungsratsmitglied bezahlte Vergütung ist sofort zurückzuzahlen, auch wenn es unter Umständen später noch zu einer Genehmigung kommen könnte (OLG Hamm, Urt. v. 3.6.2020 – IV ZR 16/19 = NZG 2020, 949, 951; OLG Frankfurt, Urt. v. 15. 2.2011 – 5 U 30/10 = NJW 2011, 1231, 1232). Sofern der Beratungsvertrag mit einer dem Verwaltungsratsmitglied nahestehende Person (Beratungsunternehmen) zustande gekommen ist und diese zu Unrecht geleisteten Zahlungen erhalten hat, ist diese Anspruchsgegner.

Die **Gegenleistung des Verwaltungsratsmitglieds** ist ebenfalls zurückzu- **181** gewähren. Allerdings handelt es sich bei § 15 Abs. 9 S. 3 SpkG NRW um eine Rechtsgrundverweisung, so dass dem Verwaltungsratsmitglied ein Anspruch nach § 812 Abs. 1 S. 1 Alt. 1. BGB zusteht, welcher auf Wertersatz gerichtet ist, da die Leistung als solche nicht herausgegeben werden kann, § 818 Abs. 2 BGB. Dies beinhaltet die Prüfung der Bereicherung der Sparkasse, wobei der für eine echte Vermögensvermehrung erforderliche Bereicherungsgegenstand vom BGH bei Dienstleistungen danach bemessen wird, ob Aufwendungen erspart worden sind (BGH, Urt. v. 7.1.1971 – VII ZR 9/70 = NJW 1971, 609). Letzteres ist abzulehnen, wenn die Dienstleistungen „regulär" nicht in Anspruch genommen worden wären. Daher scheidet ein Bereicherungsanspruch des Verwaltungsratsmitglieds im

Bereich der Organwalterpflichten aus (BGH, Beschl. v. 27.4.2009 – II ZR 160/08 = NZG 2009, 1027). Umgekehrt ist die empfangene Dienstleistung nicht wertlos, wenn die Sparkasse einen Dritten entgeltlich beauftragt hätte. Der Bereicherungsanspruch des Verwaltungsratsmitglieds scheitert auch nicht an § 817 S. 2 BGB, weil das gesetzliche Verbot sich nicht gegen die Beratungstätigkeit als solche wendet, sondern nur ungenehmigte Sonderzuwendungen verhindern soll (BGH, Urt. v. 2.4.2007 – II ZR 325/05 = NZG 2007, 516). Der Anspruch steht aber unter dem Vorbehalt des § 814 BGB, wobei die Einzelheiten umstritten sind (*Habersack* in: MüKoAktG, § 114 Rn. 36; *Koch*, AktG, § 114 Rn. 11; *Tophoven*, BB 2007, 2413). Abschließend unterliegt der Anspruch des Organwalters einem **Aufrechnungsverbot**, § 15 Abs. 9 S. 3 letzter HS SpkG NRW. Damit wird die sofortige Rückzahlung des Rückgewähranspruchs der Sparkasse erreicht und verhindert, dass seine Geltendmachung durch Streitigkeiten über Bestand und Höhe des Bereicherungsanspruchs des Organwalters tangiert wird. Außerhalb der Insolvenz führt dies nur dazu, dass zur Durchsetzung ggf. eine separate Klage erhoben werden muss, wobei dies prozessual auch im Wege der Widerklage möglich ist.

182 **Verstöße gegen § 15 Abs. 9 SpkG NRW** dahingehend, dass der Vorstand die Zustimmung des Verwaltungsrates für einen nicht zustimmungsfähigen Vertrag beantragt, Auszahlungen aufgrund unwirksamer Verträge tätigt, Rückgewähransprüche nicht geltend macht, oder der Verwaltungsrat seine Zustimmung zu einem nicht zustimmungsfähigen (oder „überteuerten") Vertrag erteilt, sind für das jeweils handelnde Organmitglied **potentiell zum Schadenersatz führende Pflichtverletzungen**. Allerdings führt nicht jede Fehleinschätzung zur Schadenersatzpflicht, da bei einigen dieser Entscheidungen ein unternehmerischer Ermessensspielraum besteht, bei der die Business Judgment Rule grundsätzlich zur Anwendung kommt (*Rahlmeyer/Gömöry*, NZG 2014, 616).

XII. Verträge zwischen Verwaltungsratsmitgliedern und Sparkassen-Tochterunternehmen (Abs. 10)

1. Hintergrund, Kontext und Regelungsgegenstand

183 § 15 Abs. 10 SpkG NRW erfasst weitere Zahlungen für Leistungen neben der Verwaltungsratstätigkeit, indem **Verträge von Verwaltungsratsmitgliedern mit Töchterunternehmen der Sparkasse** geregelt werden. Die Vorschrift ist im Kontext mit § 15 Abs. 9 SpkG NRW und der Diskussion im Aktienrecht um die Anwendbarkeit des § 114 AktG auf verbundene Unternehmen zu verstehen. Im **Aktienrecht** war lange umstritten, ob § 114 AktG auch für Beratungsverträge eines Aufsichtsratsmitglieds mit einem verbundenen Unternehmen der Gesellschaft (Obergesellschaft oder Tochtergesellschaft) analog angewandt wird, sich also die Zustimmungspflicht auch auf **Verträge mit anderen Konzernunternehmen** erstreckt (zum Streitstand vgl. *Habersack* in: MüKoAktG, § 114 Rn. 16; *Spindler* in: BeckOGK, AktG, § 114 Rn. 8), was letztlich vom BGH (BGH, Urt. v. 10.7.2012 – II ZR 48/11 = NJW 2012, 3235) und der hM vorgenommen wird, wenn und soweit mit dem Abschluss des Vertrags eine Gefährdung der Unabhängigkeit des Aufsichtsratsmitglieds einhergeht. Beratungsverträge von Aufsichtsratsmitgliedern oder deren Sozietäten mit von der Gesellschaft abhängigen Unternehmen bedürfen der Zustimmung des Aufsichtsrats, wenn der Vorstand in der Lage ist, den Vertrags-

schluss mit dem Unternehmen zu beeinflussen. Davon ist nach §§ 17f. AktG im Regelfall auszugehen. Die parallel gelagerte Frage, ob § 15 Abs. 9 SpkG NRW auf Konzernunternehmen der Sparkasse hätte Anwendung finden müssen, stellte sich zudem aus dem Grund, dass umstritten war, **ob die Öffentliche Hand**, zu der die Sparkassen als öffentliche Einrichtungen und Teil der mittelbaren Staatsverwaltung zählen, **dem privaten Konzernrecht unterworfen ist** oder aufgrund ihrer Gemeinwohlbindung ihre Beziehungen zu den Beteiligungsunternehmen davon ausgenommen sind, so dass sie keine Unternehmensqualität im Sinne der §§ 15 AktG besitzt (*Emmerich* in: Emmerich/Habersack, KonzernR, § 2 Rn. 20 ff.; *Schall* in: BeckOGK, AktG, § 15 Rn. 88; *Emmerich* in: Emmerich/Habersack, AktG § 15 Rn. 26). Diese Fragen sind durch den Landesgesetzgeber in § 15 Abs. 10 SpkG NRW geklärt worden, der kein Zustimmungserfordernis des Verwaltungsrates vorsieht, sondern eine doppelte Anzeigepflicht und nur Verträge mit durch die Sparkasse beherrschte Unternehmen erfasst.

2. Anwendungsvoraussetzungen, insbes. Beherrschung

Weitestgehend kann hier auf die Kommentierung zu § 15 Abs. 9 SpkG NRW **184** verwiesen werden, insbesondere in Bezug auf die zustimmungspflichtigen Verträge. Hier verweist schon der Wortlaut des Gesetzes auf die Vertragsinhalte von § 15 Abs. 9 S. 1 SpkG NRW. Auch hier ist erforderlich, dass sich der Vertrag auf Gegenstände bezieht, die außerhalb seiner Überwachungstätigkeit im Verwaltungsrat der Sparkasse liegen. Dabei ist zu beachten, dass auch die Konzernleitung durch den Vorstand der Sparkasse Gegenstand der Überwachungsaufgabe des Verwaltungsrats ist, die Überwachung der Geschäftsführung im Verhältnis zu den verbundenen Unternehmen also von den eigenen Organpflichten erfasst ist (*Habersack* in: MüKo-AktG, § 111 Rn. 63). Die Ausführungen zu bereits vor der Wahl zum Verwaltungsrat geschlossenen Verträge können ebenfalls übertragen werden, genauso wie die zur horizontalen Erstreckung auf dem Verwaltungsratsmitglied nahestehende Personen bzw. Gesellschaften.

Die Besonderheit der Vorschrift ist darin zu sehen, dass nicht Verträge mit der **185** Sparkasse erfasst werden, sondern mit rechtlich eigenständigen Tochterunternehmen der Sparkasse, sofern diese „**beherrscht**" sind. Insoweit verweist die Vorschrift auf das allgemeine Konzernrecht der §§ 15 ff. AktG. Erfasst sind Konzerne im engeren Sinne (§ 18 AktG), aber auch weitere Situationen von verbundenen Unternehmen. Nach dem Gesetzeswortlaut ist der Tatbestand der Beherrschung aus § 17 Abs. 1 AktG maßgeblich; danach sind abhängige Unternehmen rechtlich selbständige Unternehmen, auf die ein anderes Unternehmen unmittelbar oder mittelbar einen beherrschenden Einfluss ausüben kann. Beherrschung ist Willensverwirklichung durch Ausübung der Entscheidungs- bzw. Befehlsgewalt (*Grigoleit* in: Grigoleit, AktG, § 17 Rn. 7). Diese erfolgt vorwiegend durch echte Weisungsmacht (zB bei der GmbH), oder wo dies nicht möglich ist (zB bei der AG), durch Personalentscheidungsgewalt, wobei eine gewisse Dauer und Verlässlichkeit erforderlich ist.

Eine solche – ausreichende – **Möglichkeit beherrschender Einflussnahme 186** wird in § 17 Abs. 2 AktG widerleglich vermutet, wenn die Voraussetzungen einer **Mehrheitsbeteiligung** gegeben sind. Eine solche liegt wiederum vor, wenn der Sparkasse als Mutterunternehmen entweder die Anteils- bzw. Kapitalmehrheit eines rechtlich selbständigen Unternehmens gehört oder ihr zumindest die Mehrheit der Stimmrechte zusteht, § 16 Abs. 1 AktG, wobei die eine oder andere Art der Mehrheit ausreichend ist. Die Vermutung aus § 17 Abs. 2 AktG kann widerlegt werden, allerdings ist dazu erforderlich, dass der übliche mit einer Mehrheitsbeteiligung verbundene Einfluss aufgrund einer gesicherten rechtlichen Grundlage nicht vorliegt (zB Verschiebungen der Stimmmacht durch qualifizierte Mehrheiten, Stimmverbote, Stimmbindungs- und Entherrschungsverträge, usw). Auch bei **Minderheitsbeteiligungen** ist eine beherrschende Stellung der Sparkasse denkbar. Dies ist beispielsweise der Fall, wenn eine signifikante Minderheitsbeteiligung aufgrund der typischerweise niedrigen HV-Präsenz bei einer AG im Streubesitz faktisch zu Stimmrechtsmehrheit führt, oder wenn eine gesicherte Bindung von Stimmrechten Dritter zu einer mehrheitsgleichen Kontrolle von HV-Beschlüssen führt. Entsprechendes gilt, wenn ein tatsächliches Zusammenwirken mit Dritten auf ausreichend sicherer Grundlage von vornherein und beständig gesichert ist. Insoweit sei auf die spezifische Rechtsprechung und Literatur zu den §§ 15 ff. AktG verwiesen. Ein Abhängigkeitsverhältnis bei Minderheitsbeteiligung kann sich aber ebenfalls ergeben, wenn mehrere Unternehmen zwar jedes für sich alleine keinen beherrschenden Einfluss ausüben können, durch eine koordinierte Wahrnehmung ihrer Beteiligungsrechte aber das gemeinsame Tochterunternehmen kontrollieren („**Mehrmütterherrschaft**") (*Böttcher/Liekefett*, NZG 2003, 701; *Grigoleit* in: Grigoleit, AktG, § 17 Rn. 16). Denn trotz einer rechtlichen Trennung der Beteiligungen auf verschiedene Gesellschaften treten diese dem beherrschtem Unternehmen gegenüber als Einheit gegenüber. Erforderlich ist insoweit eine hinreichende Koordination, die regelmäßig bei Gemeinschaftsunternehmen vertraglich gesichert sein wird (spezifisch zu den Gemeinschaftsunternehmen vgl. *Schall* in: BeckOGK, AktG, § 17 Rn. 17 ff.; *Bayer* in: MüKoAktG, § 17 Rn. 77 ff.; *Grigoleit* in: Grigoleit, AktG, § 17 Rn. 16; jeweils mwN).

3. Rechtsfolgen

187 Als Rechtsfolge sieht § 15 Abs. 10 SpkG NRW eine **Anzeigepflicht** vor, die gegenüber zwei **Adressaten** besteht. Diese hat sowohl dem Kollegialorgan Verwaltungsrat als auch der Sparkassenaufsichtsbehörde, also nach § 39 Abs. 2 SpkG NRW dem Finanzministerium, gegenüber unverzüglich zu erfolgen. Mit dem Erfordernis der **Unverzüglichkeit** verweist die Vorschrift auf § 121 Abs. 1 BGB, welcher für alle Rechtsbereiche Geltung hat. Danach ist die Handlung dann rechtzeitig und „unverzüglich" vorgenommen, wenn sie ohne schuldhaftes (vorsätzliches oder fahrlässiges) Zögern erfolgt. Die Unverzüglichkeit ist alternativ an zwei Ereignisse geknüpft, nach S. 1 an den Vertragsschluss, nach S. 2 der sich auf Altverträge bezieht, an die Wahl. Die Länge der Frist ist grundsätzlich unter Würdigung der Umstände des Einzelfalls zu bemessen, wobei zu beachten ist, dass dem Verwaltungsratsmitglied **kein Ermessen** in Bezug auf die Anzeige zusteht. Steht einmal fest, dass er einen anzeigepflichtigen Vertrag geschlossen hat, wird man ihm nur wenige Tage zur Anzeige gewähren können, damit diese unverzüglich erfolgt.

188 Zutreffend ist aber der Hinweis von *Engau*, dem Verwaltungsratsmitglied sei nicht immer gleich bewusst, dass das (Tochter-)Unternehmen, mit dem er selbst (oder das Beratungsunternehmen, an dem er beteiligt ist oder Organ ist), einen Vertrag geschlossen hat, von der Sparkasse beherrscht werde (*Engau* in: Engau/Diet-

II. Verwaltung der Sparkassen § 16

lein/Josten, § 15 Anm. 14). Insoweit wird tatsächlich aus **Compliancegründen** der Vorstand dem Verwaltungsrat eröffnen müssen, an welchen Unternehmen die Sparkasse beherrschend beteiligt ist. Ferner wird den Verwaltungsräten sinnvollerweise auch die Grundzüge der horizontalen Erstreckung des Anwendungsbereichs auf nahestehende Personen und Gesellschaften erläutert werden müssen, damit sie die notwendige Prüfung vornehmen. Dann dürfte aber kein Raum mehr für die unverschuldete Nichteinhaltung der Anzeigepflicht bestehen.

§ 16 Sitzungen und Beschlussfassungen des Verwaltungsrates

(1) Der Verwaltungsrat ist bei Bedarf, mindestens jedoch viermal im Jahr, unter Mitteilung der Tagesordnung einzuberufen. Das vorsitzende Mitglied muss den Verwaltungsrat binnen einer Das vorsitzende Mitglied beruft den Verwaltungsrat ein und leitet die Sitzungen. Diese sind nicht öffentlich.

(2) Der Verwaltungsrat ist bei Bedarf, mindestens jedoch viermal im Jahr, unter Mitteilung der Tagesordnung einzuberufen. Das vorsitzende Mitglied muss den Verwaltungsrat binnen einer Woche einberufen, wenn die Hälfte der Mitglieder des Verwaltungsrates, der Vorstand oder die Aufsichtsbehörde dies unter Angabe des Gegenstandes der Beratung beantragen. Beim Versand von Beratungsunterlagen ist dafür zu sorgen, dass geschäftliche, steuerliche oder andere betriebliche Schutzvorschriften nicht verletzt werden. Im Zweifel entscheidet das vorsitzende Mitglied des Verwaltungsrates über die Versendbarkeit nach Anhörung des vorsitzenden Mitgliedes des Vorstandes.

(3) Der Verwaltungsrat ist beschlussfähig, wenn das vorsitzende Mitglied und die Hälfte der weiteren Mitglieder anwesend sind. Beschlüsse werden mit Stimmenmehrheit der anwesenden Mitglieder gefasst. Bei der Beschlussfassung wird offen abgestimmt. Auf Antrag eines Verwaltungsratsmitgliedes ist über Angelegenheiten von Mitgliedern und stellvertretenden Mitgliedern des Vorstandes oder des Verwaltungsrates geheim abzustimmen. Soweit ein Mitglied des Verwaltungsrates nach § 21 bei der Beratung und Beschlussfassung über bestimmte Angelegenheiten nicht mitwirken darf, hat es das Beratungszimmer während der Behandlung dieser Angelegenheit zu verlassen.

(4) Über das Ergebnis der Sitzung des Verwaltungsrates ist eine Niederschrift zu fertigen, die vom vorsitzenden Mitglied und einem weiteren vom Verwaltungsrat zu bestimmenden Mitglied zu unterzeichnen ist. Jedes Verwaltungsratsmitglied hat das Recht, die Niederschriften oder Anlagen zu Niederschriften, die wegen ihres vertraulichen Charakters oder aus Gründen von geschäftlichen, steuerlichen oder anderen betrieblichen Schutzvorschriften nicht übersandt werden können, in den Räumen der Sparkasse einzusehen. In der Niederschrift ist auf die nicht beigefügten Anlagen hinzuweisen. Sofern sichergestellt werden kann, dass die vorgenannten Schutzrechte auch beim Versand der Unterlagen an die Verwaltungsratsmitglieder gewahrt bleiben, ist der Versand zulässig. Absatz 2 Satz 4 gilt entsprechend.

(5) In dringenden Fällen kann im Umlaufverfahren beschlossen werden, wenn kein Mitglied dem Verfahren widerspricht.

Literatur: *Bacher/von Blumenthal*, Die Stimmenthaltung bei Beschlüssen in Personen- und Kapitalgesellschaften, GmbHR 2019, 261; *Bader/ Ronellenfitsch* (Hrsg.), BeckOK VwVfG, 55. Edition, Stand: 1.4.2022; *Bösche*, Abstimmungen (Beschlüsse und Wahlen) nach der GO NRW, DVP 2020, 359; *Drescher/Fleischer/Schmidt* (Hrsg.), Münchener Kommentar zum Handelsgesetzbuch, Band 2 (§§ 105–177a), 5. Aufl. 2022; *Drinhausen/Eckstein* (Hrsg.), Handbuch der AG, 3. Aufl. 2018; *Ehlers*, Die Klagearten und besonderen Sachentscheidungsvoraussetzungen im Kommunalverfassungsstreitverfahren, NVwZ 1990, 105; *Engau/Dietlein/Josten*, Sparkassengesetz Nordrhein-Westfalen, 3. Aufl., 8. Lieferung, Stand: 12/2020; *Fischer*, Informationsrechte des Verwaltungsrats und Vertraulichkeitsgebot bei Sparkassen, ZIP 2004, 2169; *Fleischer*, Fehlerhafte Aufsichtsratsbeschlüsse: Rechtsdogmatik–Rechtsvergleichung–Rechtspolitik (Teil 1), DB 2013, 160; *Fleischer*, Fehlerhafte Aufsichtsratsbeschlüsse: Rechtsdogmatik–Rechtsvergleichung–Rechtspolitik (Teil 2), DB 2013, 217; *Freund*, Brennpunkte der Organhaftung, NZG 2015, 1419; *Goette/Habersack/*Kalss (Hrsg.), Münchener Kommentar zum Aktiengesetz, 5. Aufl. 2019; *Grigoleit*, Aktiengesetz – Kommentar, 2. Aufl. 2020; *Hau/Posek* (Hrsg), Beck online-Kommentar BGB, 62. Edition, Stand: 1.5.2022; *Hennsler* (Gesamt-Hrsg), *Spindler/Stilz* (Hrsg.), Beck online Grosskommentar zum Aktienrecht, Berarbeitungsstand 1.2.2022; *Hoffmann-Becking* (Band-Hrsg.), Münchener Handbuch des Gesellschaftsrechts, Band 4 – Aktiengesellschaft, 5. Aufl. 2020; *Hölters/Weber* (Hrsg.), Aktiengesetz-Kommentar, 4. Aufl. 2022; *Horbach*, Auswirkungen einer Stimmenthaltung im Verwaltungsrat (Kreditausschuß) einer Sparkasse, Sparkasse 2/1984 (101. Jahrgang), 72; *Kaiser*, Mehrheitserfordernisse im Staatsrecht, JuS 2017, 221; *Kallerhoff*, Das kommunalaufsichtliche Beanstandungs- und Aufhebungsrecht in der Rechtsprechung des OVG Münster, NWVBl. 1996, 53; *Koch*, Aktiengesetz, 16. Aufl. 2022; *Laumen*, Die sekundäre Behauptungslast, MDR 2019, 193; *Lutter*, Information und Vertraulichkeit im Aufsichtsrat, 3. Aufl. 2006; *Lüttmann*, Aufgaben und Zusammensetzung der Verwaltungsräte der kommunalen Sparkassen, 1. Aufl. 2002; *Meckbach*, Organhaftung und Beweisrisiken, NZG 2015, 580; *Meier*, Zulässigkeit geheimer Abstimmungen in GmbH–Aufsichtsräten, DStR 1996, 385; *Ochmann*, Nochmals: Auswirkung einer Stimmenthaltung in Sparkassengremien, Sparkasse 4/1984 (101. Jahrgang), 157; *Ogorek*, Der Kommunalverfassungsstreit im Verwaltungsprozess, JuS 2009, 511; *Patzina/Bank/Schimmer/Simon-Widmann*, Haftung von Unternehmensorganen, 1. Aufl. 2010; *Säcker/Rixecker/Oetker/Limperg* (Hrsg.), Münchener Kommentar zum Bürgerlichen Gesetzbuch, Band 1 (§§ 1–240), 9. Aufl. 2021; *Schoch*, Der Kommunalverfassungsstreit im System des verwaltungsgerichtlichen Rechtsschutzes, JuS 1987, 783; *Schoch/Schneider* (Hrsg.), Verwaltungsrecht, Werkstand: 41. Ergänzungslieferung Juli 2021; *Spindler/Stilz*, Kommentar zum Aktiengesetz, 4. Aufl. 2019; *Stadler/Berner*, Die gerichtliche Abberufung von Aufsichtsmitgliedern im dreiköpfigen Aufsichtsrat – ein bisher ungelöstes Problem, NZG 2003, 49; *von Schenck/Wilsing* (Hrsg.), Arbeitshandbuch für Aufsichtsratsmitglieder, 5. Aufl. 2021; *von Staudinger* (Begr.), Kommentar zum Bürgerlichen Gesetzbuch (erscheind laufend), hier Buch 2: Recht der Schuldverhältnisse: §§ 779–811 (Vergleich, Schuldversprechen, Anweisung, Schuldverschreibung), Neubearbeitung. 2015; *Westermann/Grunewald/Maier-Reime*r (Hrsg.), Erman Bürgerliches Gesetzbuch Handkommentar, 16. Aufl. 2020

Übersicht

	Rn.		Rn.
I. Allgemeines	1	a) Grundsatz der Nichtöffentlichkeit	14
1. Bildung des Organwillens durch ausdrückliche Beschlüsse	1	b) Einzuladende Personen	15
		2. Formalia	21
2. Sitzungszwang	4	a) Zuständigkeit	21
3. Sitzungsturnus	8	b) Form	23
4. Ergänzende interne Geschäftsordnung	10	c) Frist	27
II. Einberufung	14	3. Information des Verwaltungsrates	28
1. Nichtöffentlichkeit der Sitzungen und Adressatenkreis	14	a) Information vs. Geheimhaltungsbedürfnis	28

II. Verwaltung der Sparkassen § 16

	Rn.		Rn.
b) Aufbereitungsform der Informationen, Erstellung von Beratungsunterlagen	30	V. Auslegung und Vollzug der Beschlüsse	64
c) Zeitpunkt der Information	31	VI. Beschlussmängel	66
d) Übermittlung der Information: Aushändigung/Versand vs. Einsicht vor Ort	33	1. Fragmentarische Regelung	66
		2. Mängel der Stimmabgabe	67
		3. Unmittelbare Beschlussmängel im engeren Sinne	71
e) Entscheidung durch den Verwaltungsratsvorsitzenden	39	4. Prozessuale Geltendmachung	76
		a) Beanstandung gemäß § 17 SpkG NRW	76
III. Durchführung der Sitzung	40	b) Verwaltungsgerichtlicher Inter- oder Intraorganstreit	77
IV. Beschlussfassung	43		
1. Beschlussfähigkeit	43	VII. Sitzungsniederschriften des Verwaltungsrats	79
2. Beratungspflicht	48	1. Grundsatz, Inhalt und Verfahren	79
3. Mehrheitserfordernisse bei Abstimmungen und Wahlen	49	2. Einsichtsrechte	88
a) Grundsatz: Stimmenmehrheit der anwesenden Mitglieder	49	a) Einsichtsrechte des Verwaltungsrats und des Beanstandungsbeamten	88
b) Umgang mit Enthaltungen, ungültigen Stimmen und Nichtbeteiligung an der Abstimmung	51	b) Einsichtsrechte des Verwaltungsratsmitglieds	92
4. Abstimmungsmodalitäten	55	c) Einsichtsrechte Dritter	96
5. Befangenheit	59		

I. Allgemeines

1. Bildung des Organwillens durch ausdrückliche Beschlüsse

Das Kollegialorgan Verwaltungsrat hat die ihm nach dem Gesetz zugewiesenen Entscheidungen zu treffen; wahrgenommen werden diese Aufgaben durch die Verwaltungsratsmitglieder, die gemeinsam **durch Beschlüsse den Organwillen bilden**. Das einzelne Mitglied hat, abgesehen vom Verwaltungsratsvorsitzenden (vgl. § 11 SpkG NRW), grundsätzlich keine eigenständigen Befugnisse. Keine Beschlüsse sind daher bloße Meinungsäußerungen oder Meinungsbildungen einzelner Organmitglieder, aber auch solche der Gesamtheit der Mitglieder, wenn das Ergebnis nicht in der Form des Beschlusses gefasst wird (vgl. *Schlierbach/Püttner*, S. 192). 1

Diese müssen – wie bei der Aktiengesellschaft – **ausdrücklich gefasst** werden, da es bei einer stillschweigenden Beschlussfassung unmöglich wäre, die für eine Abstimmung unerlässlichen Feststellungen darüber zu treffen, inwieweit Beschlussfähigkeit, Zustimmung, Ablehnung und gegebenenfalls eine Stimmenthaltung gegeben ist (BGH, Urt. v. 11.7.1953 – II ZR 126/52 = BGHZ 10, 187, Rn. 19; so auch *Lüttmann*, S. 213). Beschluss im Sinne des § 16 ist daher die **Bildung des Organwillens durch Abstimmung über Antrag** (*Koch*, AktG, § 108 Rn. 4). 2

Auch wenn die Vorschrift sich wörtlich nur auf Beschlüsse bezieht, erfasst sie alle Entscheidungen des Verwaltungsrats durch **Abstimmungen**; die Abstimmung ist der Vorgang, der zum **Beschluss** oder zur **Wahl** führt. 3

2. Sitzungszwang

4 Die Beschlüsse sind de lege lata **in Verwaltungsratssitzungen**, also Präsenzsitzungen des gesamten Verwaltungsrats zu fassen. Dem liegt die Erfahrung zugrunde, dass ausgewogene Entscheidungen des Kollegialorgans regelmäßig eine Diskussion und Beratung erfordern (*Krebs/Dülp/Schröer*, § 22 SpkO Anm. III 1). Hintergrund ist der erwünschte inhaltliche argumentative Austausch (ggf. die Auseinandersetzung) der verschiedenen Verwaltungsratsmitglieder untereinander; durch die Auseinandersetzung mit einer anderen Auffassung wird ein Abwägungsprozess in Gang gesetzt, der zu einer informierteren iSv besser vorbereiteten Entscheidung (Stimmabgabe) führt. De lege ferenda (vgl. Entwurf eines Gesetzes zur Modernisierung des Sparkassenrechts und zur Änderung weiterer Gesetze v. 19.3.2024, LT-Drs. NRW 18/2407, S. 5, 11) soll künftig die während der Covid19-Pandemie geübte Praxis, Sitzungen in digitaler Form, also bei physischer Abwesenheit der Beteiligten mit Ton-Bild-Übertragung durchzuführen, *„in begründeten Ausnahmefällen"* zur Verfügung stehen. Über die Form der Durchführung der Sitzung, ob ein begründeter Ausnahmefall vorliegt, soll nach dem Wortlaut des Entwurfs der Verwaltungsratsvorsitzende entscheiden. Damit soll einerseits ermöglicht werden, rein digital Beschlüsse rechtssicher zu fassen, zugleich die Präsenzsitzung, also die Sitzung unter physischer Anwesenheit aller Beteiligten, als Regelfall festgelegt werden.

5 Eine Ausnahme vom Sitzungszwang enthält § 16 Abs. 5 SpkG NRW, der „in dringenden Fällen" ein **Umlaufverfahren** vorsieht, sofern „kein Mitglied dem Verfahren widerspricht". Voraussetzung ist daher die – ggf. stillschweigende – **einstimmige Zustimmung zu dieser Art der Beschlussfassung** im Umlaufverfahren; ausreichend ist der Widerspruch eines einzigen Verwaltungsratsmitglieds zum Verfahren, um ein Umlaufbeschluss zu verhindern, so dass von einem Vetorecht gesprochen werden kann. Kann ein Verwaltungsratsmitglied zB wegen Abwesenheit oder Krankheit nicht befragt werden, darf kein Umlaufbeschluss erfolgen, da gerade nicht erreichbare Verwaltungsratsmitglieder sich darauf verlassen können müssen, dass während ihrer Verhinderung Beschlüsse ausschließlich in Sitzungen nach vorangegangener Beratung erfolgen (*Krebs/Dülp/Schröer*, § 22 SpkO Anm. III 2. a.; *Lüttmann*, S. 218). Grund dafür ist, dass jedes Verwaltungsratsmitglied Gelegenheit zum Widerspruch haben muss, was voraussetzt, dass ihm die Aufforderung zur Beschlussfassung zugegangen ist (*Habersack* in: MüKoAktG, § 108 Rn. 61). Wer dazu schweigt, hat zwar nicht abgestimmt, aber dem Umlaufverfahren auch nicht widersprochen (*Habersack* in: MüKoAktG, § 108 Rn. 61).

6 Weitere – im Vergleich zu § 108 Abs. 4 AktG einschränkende – Voraussetzung für die Statthaftigkeit eines Umlaufbeschlusses ist, dass ein **„dringender Fall"** vorliegt. Einvernehmen besteht darüber, dass dies vom Verwaltungsratsvorsitzenden nicht willkürlich, sondern nur bei Vorliegen wichtiger Gründe angenommen werden darf (*Krebs/Dülp/Schröer*, § 22 SpkO Anm. III 2. a.; *Lüttmann*, S. 218). Zum Teil wird dies erst in „Krisensituationen der Sparkasse" angenommen, wenn „Gefahr im Verzug ist" (*Berger*, § 17 Rn. 7). Nach anderer Auffassung reicht es aus, dass es sich um Beratungsgegenstände handelt, die keinen Aufschub bis zur nächsten regulär angesetzten Sitzung dulden, andererseits aber nicht unbedingt die Anberaumung einer außerordentlichen Sondersitzung notwendig erscheinen lassen (*Engau* in: Engau/Dietlein/Josten, § 16 Anm. 10).

II. Verwaltung der Sparkassen   § 16

Für die erste Auffassung spricht dem ersten Anschein nach die Systematik des § 16 SpkG NRW, der in Abs. 2 den Regelfall der Präsenzsitzung und die Ausnahme der „beantragten" Sitzung und in § 19 Abs. 5 SpkG NRW die „dringenden Fälle" vorsieht; dadurch können die dringenden Fälle so verstanden werden, als würden sie nicht in einer beispielsweise vom Vorstand beantragten Sondersitzung behandelt werden können. Dem ist indes in Anbetracht der sehr kurzen Frist des § 16 Abs. 2 S. 2 SpkG NRW, der eine Einberufung innerhalb einer Woche vorsieht, eine Absage zu erteilen. Denn danach sind sehr schnelle Sondersitzungen möglich, so dass § 16 Abs. 5 SpkG NRW kaum ein Anwendungsbereich verbliebe. Daher verdient die Auffassung von *Engau* den Vorzug. Bezugspunkt für die Frage, ob ein dringender Fall vorliegt, sind die Regelsitzungen. Kann eine solche nicht abgewartet werden, liegt ein dringender Fall vor. Danach steht es im pflichtgemäßen Ermessen des Verwaltungsratsvorsitzenden, ob zur Behandlung der dringenden Angelegenheit eine Sondersitzung erforderlich ist, oder ein Umlaufbeschluss ausreicht. Dies wird von der Komplexität der Angelegenheit, der Wichtigkeit der Folgen einer (Nicht-)Entscheidung und der etwaigen Vorbefassung in früheren Sitzungen durch den Verwaltungsrat abhängig gemacht werden können. Eine weitere Einschränkung bedarf es nicht, zumal jedes Verwaltungsratsmitglied durch sein auf das Verfahren bezogene Vetorecht den Umlaufbeschluss verhindern, mithin eine Sondersitzung erzwingen kann. 7

3. Sitzungsturnus

Zu den unabdingbaren Voraussetzungen einer effektiven Überwachung gehört eine regelmäßige Zusammenkunft (*Spindler* in: BeckOGK AktG, § 110 Rn. 3). Der Verwaltungsrat ist daher gemäß § 16 Abs. 2 S. 1 SpkG NRW **bei Bedarf, mindestens jedoch viermal im Jahr**, unter Mitteilung der Tagesordnung zu **Regelsitzungen** einzuberufen. Dies ist sachgerecht, da die individuellen Verhältnisse in Sparkassen zu uneinheitlich für einen einheitlichen starren Maßstab sind (*Lüttmann*, S. 195) und entspricht im Wesentlichen der aktienrechtlichen Regelung aus § 110 Abs. 3 AktG. Dies trägt auch hinreichend dem Umstand Rechnung, dass der Vorstand dem Verwaltungsrat nach MARisk AT 4.3.2 Tz. 3 „mindestens vierteljährlich über die Risikosituation einschließlich vorhandener Risikokonzentrationen in angemessener Weise schriftlich zu informieren" hat. Diese vierteljährlichen Sitzungen sind auch mit den Anforderungen aus § 15 Abs. 3 S. 5 SpkG NRW (regelmäßige Berichte der Ausschüsse an den Verwaltungsrat) und § 20 Abs. 5 und 6 SpkG NRW (Berichtspflichten des Vorstandes an den Verwaltungsrat, → § 20 Rn. 14 ff., 18) vereinbar. Die vierteljährlichen Sitzungen sind eine Mindestanforderung; wenn der Gang der Geschäfte oder eine Risikosituation es erfordern, sind entsprechend häufigere Sitzungen anzuberaumen und diese gleichmäßig auf das Jahr zu verteilen (*Biesok*, SpkG-Kommentar, § 9 Rn. 174). 8

Neben den Regelsitzungen sieht das Gesetz auch **Sitzungen** vor, die aufgrund eines **Einberufungsverlangens** eines dazu Berechtigten zwingend einberufen werden müssen. § 16 Abs. 2 S. 2 SpkG NRW ordnet die Einberufung binnen einer Woche an, wenn alternativ die Hälfte der Mitglieder des Verwaltungsrates, der Vorstand oder die Aufsichtsbehörde dies unter Angabe des Gegenstandes der Beratung beantragen. Ein Ermessensspielraum besteht dann für den Verwaltungsratsvorsitzenden nicht: bei Vorliegen der formellen Voraussetzungen ist er zur unverzüglichen 9

(*Berger*, § 17 Rn. 1) Einberufung verpflichtet, selbst wenn er von der Notwendigkeit der Sitzung nicht überzeugt ist (*Völling*, 1962, S. 32; *Engau* in: Engau/Dietlein/Josten, § 16 Anm. 5). Mit diesem verwaltungsratsinternen Initiativrecht wird die Effektivität der Überwachungstätigkeit des Verwaltungsrats und seiner einzelnen Mitglieder sichergestellt und dieser zu einer ordnungsgemäßen und gewissenhaften Wahrnehmung seiner Aufgaben angehalten (*Groß-Bölting/Rabe* in: Hölters/Weber, AktG, § 110 Rn. 2); gleichzeitig bedeutet dies aber auch, dass weder Aufsichtsratsmitglieder noch der Vorstand sich im Nachhinein darauf berufen können, dass keine Sitzung einberufen worden sei (*Spindler* in: BeckOGK AktG, § 110 Rn. 2). Ein „Selbsteinberufungsrecht" der Antragsteller wie bei § 110 Abs. 2 AktG kennt das SpkG NRW indes nicht. Die Befugnis der Aufsichtsbehörden, die Einberufung des Verwaltungsrates zu verlangen, ergibt sich aus § 40 Abs. 3 S. 1 SpkG NRW (→ § 40 Rn. 45 ff.) bzw. § 44 Abs. 5 KWG. Die sehr kurze Wochenfrist soll eine Verschleppung des Antrags und eine Vereitelung seines Zweckes durch Zeitablauf verhindern (*Völling*, 1962, S. 32; *Berger*, § 17 Rn. 1).

4. Ergänzende interne Geschäftsordnung

10 Unter Berücksichtigung der in § 16 SpkG NRW zwingend vorgegebenen Verfahrensregeln kann sich der Verwaltungsrat im Rahmen seiner **Organisationsautonomie eine Geschäftsordnung** geben, die zusätzliche Verfahrensregeln aufführt, und sich damit selbst binden. Es kann sinnvoll sein, den systematischen Arbeitsablauf sowie sämtliche Gepflogenheiten und Verfahrensusancen zusammenzutragen, um damit insbesondere für neue Mitglieder im Gremium weitere Transparenz und Rechtssicherheit zu schaffen. Eine Verpflichtung dazu besteht indes – genauso wie beim Aktienrecht und im Gegensatz zum Kommunalrecht (§ 47 Abs. 2 GO NRW) – nicht.

11 **Inhaltlich** können Regelungen enthalten sein zur Form und Frist der Einberufung, zu den Modalitäten der Informationsverschaffung, zur Tagesordnungsanträgen, Gang der Beratung, usw (*Engau* in: Engau/Dietlein/Josten, § 16 Anm. 1).

12 Über eine Geschäftsordnung ist im **Beschlusswege** zu entscheiden, es gelten dabei weder im Hinblick auf die Modalitäten der Abstimmung noch in Bezug auf die Mehrheitserfordernisse besonderer Regelungen; genauso kann er über die Änderung oder Aufhebung beschließen – oder im Einzelfall bei sonstiger Fortgeltung seiner Geschäftsordnung im Übrigen davon abweichen (*v. Schenk* in: Semler/v. Schenck/Wilsing, § 3 Rn. 54).

13 Die **Geltungsdauer der Geschäftsordnung** ist im Übrigen nicht beschränkt, der Grundsatz der Diskontinuität findet also keine Anwendung. Ihr Sinn und Zweck ist nämlich – wie bei der Aktiengesellschaft – nicht die Selbstbindung der konkret an dem Beschluss über die Geschäftsordnung beteiligten Verwaltungsratsmitglieder. Die Vorschriften aus der Geschäftsordnung sind objektives Recht, das vom Organ Verwaltungsrat beschlossen worden ist und deshalb die Amtszeit der an dem Beschluss beteiligten Aufsichtsratsmitglieder überdauert (OLG Hamburg, Urt. v. 23.7.1982 – 11 U 179/80 = DB 1982, 1765, 1765). Diese für den Aufsichtsrat aufgestellte überzeugende Begründung muss auch unabhängig von den Unterschieden zwischen Aufsichtsrat und Verwaltungsrat bei der Wahl und Amtsperiode für letzteren gelten.

II. Einberufung

1. Nichtöffentlichkeit der Sitzungen und Adressatenkreis
a) Grundsatz der Nichtöffentlichkeit

Nach der zwingenden Norm des § 16 Abs. 1 S. 2 SpkG NRW sind die **Sitzungen des Verwaltungsrates nicht öffentlich**. Der Wortlaut der Norm sieht dazu keine Ausnahme vor. Zum Zwecke einer offenen und vertrauensvolle Zusammenarbeit zwischen den Organen Vorstand und Verwaltungsrat und auch innerhalb des Organs Verwaltungsrat, mithin zum Zwecke einer effektiven Erfüllung der Aufsichtstätigkeit ist die Vermeidung eines Auditoriums notwendig; dies vermindert etwaige an die Öffentlichkeit gerichtete Profilierungsversuche und trägt zu einer Versachlichung der Diskussion bei. Umgekehrt wird damit die Möglichkeit der Einflussnahme durch vom Gesetz nicht ausdrücklich zugelassene Dritte verhindert. Schließlich sind die in der Verwaltungsratssitzung behandelten Beratungsgegenstände regelmäßig vom Bankgeheimnis erfasst oder betreffen vertrauliche Angelegenheiten im Sinne des § 22 SpkG NRW. Dabei stellen § 16 Abs. 1 S. 2 und § 22 SpkG NRW einen aufeinander abgestimmten Regelungskomplex dar, welche den Personenkreis, der an den Sitzungen teilnehmen darf und an den sensiblen Informationen gelangen, zugleich zur Verschwiegenheit verpflichtet. Daher dürfen Dritte grundsätzlich (zu den Ausnahmen → Rn. 18 ff.) nicht an den Sitzungen des Verwaltungsrates teilnehmen (*Engau* in: Engau/Dietlein/Josten, § 16 Anm. 3), folglich auch nicht geladen werden.

b) Einzuladende Personen

Nach dem Wortlaut der Norm ist „der Verwaltungsrat" einzuberufen. Der Adressatenkreis knüpft daher zunächst an die Besetzung des Verwaltungsrates nach § 10 SpkG NRW an. Mithin sind zunächst die **ordentlichen Mitglieder** des Verwaltungsrates (§ 10 Abs. 1 und 2 SpkG NRW) einzuberufen. Die gemäß § 12 Abs. 4 S. 2 SpkG NRW gewählten Stellvertreter sind nur bei tatsächlicher – vorrübergehender oder dauerhafter – Verhinderung des ordentlichen Mitglieds teilnahmebefugt und dementsprechend nur in diesem Fall einzuladen; die Einladung ist indes in diesem Fall keine Voraussetzung für die Teilnahme (vgl. § 12 Rn. 33; *Engau* in: Engau/Dietlein/Josten, § 16 Anm. 2.2). Auch bei potentieller Befangenheit zu einzelnen Tagesordnungspunkten (→ § 21) ist – solange noch keine Anzeige nach § 21 Abs. 3 S. 1 SpkG NRW erfolgt ist – das ordentliche Mitglied zunächst einzuladen. Bei Zweifelsfragen ist nämlich das Kollegialorgan Verwaltungsrat gemäß § 21 Abs. 3 S. 2 SpkG NRW zuständig; diese Kompetenz darf sich der Vorsitzende des Verwaltungsrates nicht „durch Nichteinladung" aneignen.

Ferner nehmen nach § 10 Abs. 3 SpkG NRW die Mitglieder und die stellvertretenden **Mitglieder des Vorstandes** genauso wie nach § 10 Abs. 4 auch die SpkG NRW die **Hauptverwaltungsbeamten** der Zweckverbandsmitglieder, sofern sie keine andere Funktion im Verwaltungsrat haben, jeweils beratend an den Sitzungen teil. Sie sind demnach ebenfalls einzuladen.

Schließlich muss zur Ermöglichung der Rechtskontrolle der Beschlüsse des Verwaltungsrates nach § 11 Abs. 3 SpkG NRW an allen Sitzungen des Verwaltungsrates zwingend auch der Hauptverwaltungsbeamter oder – im Verhinderungsfall – sein

Vertreter im Amt als **Beanstandungsbeamter** teilnehmen und daher eingeladen werden (→ § 18 Rn. 5, § 11 Rn. 10 ff.).

18 Die **BaFin** ist nach § 44 Abs. 4 KWG berechtigt, zur Teilnahme an Sitzungen des Verwaltungsrats von Sparkassen Vertreter zu entsenden, die dort auch das Wort ergreifen dürfen; das Teilnahme- und Rederecht bezieht sich sowohl auf Sitzungen des Verwaltungsrates als auch auf Ausschüsse, die durch diesen gebildet werden, soweit ihnen eine interne Aufsichtsfunktion zukommt. Die Sparkasse hat insoweit eine Duldungspflicht in Bezug auf diese Maßnahmen, § 44 Abs. 4 S. 3 KWG (*Braun* in: Boos/Fischer/Schulte-Mattler, KWG, § 44 Rn. 99 ff.). Daran anknüpfend wird zum Teil abgeleitet, dass eine Verpflichtung bestünde entsprechende Termine mitzuteilen (so wohl *Engau* in: Engau/Dietlein/Josten, § 16 Anm. 2.1). Die hM verneint dagegen eine Verpflichtung, die BaFin über geplante Versammlungen oder Sitzungen vorher zu informieren; sie habe lediglich über § 44 Abs. 1 S. 1 KWG das Recht, von den Instituten Auskunft über Termine und geplante Themen der nächsten Versammlungen oder Sitzungen zu verlangen (*Braun* in: Boos/Fischer/Schulte-Mattler, KWG, § 44 Rn. 104 mwN).

19 Etwas anders gelagert ist dies in Bezug auf die **Landesaufsicht** nach § 40 Abs. 2 SpkG NRW (→ § 40 Rn. 41 f.); danach können die Aufsichtsbehörde und die Prüfungsstelle des zuständigen Sparkassen- und Giroverbandes auch an den Sitzungen des Verwaltungsrates und seiner Ausschüsse teilnehmen. Der dies konkretisierende Runderlass des Ministeriums der Finanzen vom 29.11.2018 zur Prüfung der öffentlich-rechtlichen Sparkassen (MBl. NRW 2018 S. 686) sieht nämlich insbes. bezogen auf den Bilanzprüfungsausschuss oder Hauptausschuss tatsächlich in Ziff. 1.3 S. 2 sowie Ziff. 4.2 eine Pflicht der Sparkassen vor, der Aufsichtsbehörde die Termine mitzuteilen, um eine eventuelle Teilnahme zu ermöglichen.

20 Dritte sind aufgrund der Nichtöffentlichkeit von Verwaltungsratssitzungen nicht zur Teilnahme berechtigt; dementsprechend sieht das SpkG NRW die Einladung **anderer Personen** nicht vor, insbesondere enthält es keine § 109 Abs. 1 S. 2 AktG entsprechende Vorschrift, nach der **Sachverständige und Auskunftspersonen** zur Beratung über einzelne Gegenstände zugezogen werden können. Dennoch wird dies im Ausnahmefall und zu einzelnen Beschlussgegenständen möglich sein, zB wenn aufgeworfene Fragen nicht aus der Mitte des Gremiums beantwortet werden können (ausführlich → § 10 Rn. 14 ff.; *Engau* in: Engau/Dietlein/Josten, § 16 Anm. 2.2).

2. Formalia

a) Zuständigkeit

21 Zuständig für die Einberufung ist ausschließlich **der Verwaltungsratsvorsitzende** (→ § 11), § 16 Abs. 1 S. 1 SpkG NRW, mangels eines Selbsteinberufungsrechts auch im Falle einer nach § 16 Abs. 2 S. 2 SpkG NRW auf einem Einberufungsverlangen zurückzuführenden Sitzung (→ Rn. 7). Nur im Falle seiner Verhinderung kommt eine Vertretung gemäß § 11 Abs. 2 SpkG NRW in Betracht (→ § 11 Rn. 8).

22 Der Verwaltungsratsvorsitzende wird üblicherweise bzgl. der Abfassung, Vervielfältigung und Versendung die Sparkasseninfrastruktur nutzen, und „**durch den Vorstand**" einladen (*Klüpfel/Gaberdiel/Höppel/Ebinger*, § 20 Anm. I. 1. und 5.). Ob dies nur im Hinblick auf logistische Unterstützung beschränkt ist oder soweit

II. Verwaltung der Sparkassen § 16

geht, dass die Einladungen vom Vorstand im Namen und Auftrag des Verwaltungsratsvorsitzende erfolgen (vgl. dazu *Völling*, 1962, S. 32, der dies als „technische Durchführung der Einladungen" bezeichnet; *Engau* in: Engau/Dietlein/Josten, § 16 Anm. 2.1), liegt in dessen Ermessen. Eine rechtsgeschäftliche Vertretung iSd § 164 ff. BGB ist jedenfalls insoweit zulässig, die Dokumentation mittels – jederzeit widerruflicher – Vollmacht (§ 167 BGB) sinnvoll, um Nachweisproblemen vorzubeugen (*Biesok*, SpkG-Kommentar, § 9 Rn. 175).

Die **Einberufungskompetenz** beinhaltet die Festlegung der vorläufigen Tagesordnung, die Bestimmung von Sitzungstermin (Tag und Uhrzeit) und Sitzungsort, sowie die Berücksichtigung etwaiger Form und Fristanforderungen. Die Kompetenz zur Festlegung der Tagesordnung beinhaltet auch bis zum Beginn der Sitzung die Absetzung von Tagesordnungspunkten, es sei denn, dass der Verwaltungsratsvorsitzende zur Einberufung nach § 16 Abs. 2 S. 2 SpkG NRW verpflichtet ist. Ungeachtet dieser dem Verwaltungsratsvorsitzenden zugewiesenen Kompetenz wird regelmäßig eine Abstimmung mit dem Vorstandsvorsitzenden sinnvoll sein. Dies entspricht auch den Anforderungen des Corporate Governance Kodex für Sparkassen in Nordrhein-Westfalen, welche eine enge und vertrauensvolle Zusammenarbeit von Vorstand und Veraltungsrat zum Wohle der Sparkasse sowie eine offene Diskussion zwischen diesen Organen voraussetzt (Ziffer 2.1 und 2.7 CGK SpkG NRW). 23

b) Form

Die **Form** der Einladung ist gesetzlich nicht vorgegeben; § 16 Abs. 2 S. 1 SpkG NRW sieht lediglich vor, dass die Einberufung unter „Mitteilung der Tagesordnung" zu erfolgen hat. Da die Mitteilung der Tagesordnung auch mündlich erfolgen kann, ist eine schriftliche Einladung nicht zwingend erforderlich, allerdings üblich (*Völling*, 1962, S. 32; *Lüttmann*, S. 195). 23

Die **Mitteilung der Tagesordnung** hat den Zweck, die Verwaltungsratsmitglieder darüber zu informieren, über welche Gegenstände beraten und abgestimmt werden soll, so dass es sich auf die Sitzung vorbereiten und einstellen kann. Damit ist also nicht eine „förmlichen Tagesordnung" gemeint, von deren Tagesordnungspunkten und der mitgeteilten Reihenfolge auch in der Sitzung nicht mehr abgewichen werden darf, sondern im Wesentlichen die Angabe von Beschlussgegenständen (*Spindler* in: BeckOGK AktG, § 110 Rn. 20), so dass eine Überraschung oder Überrumpelung vermieden wird. Vor diesem Hintergrund entspricht es den og Anforderungen an eine enge und vertrauensvolle Zusammenarbeit neben der Nennung der Beratungsgegenstände auch bereits existierende Beschlussvorlagen zur Vorbereitung zur Verfügung zu stellen. Jedenfalls müssen alle Beratungsgegenstände, zu denen ein Beschluss gefasst werden soll, aus der Tagesordnung ersichtlich sein (so auch *Biesok*, SpkG-Kommentar, § 9 Rn. 179), so dass der pauschale Hinweis auf „Personalangelegenheiten" für die Beschlussfassung bzgl. der Berufung/Abberufung eines Vorstandsmitglieds bzw. die fristlose Kündigung des entsprechenden Dienstvertrags nicht ausreicht (BGH, Urt. v. 29.5.2000 – II ZR 47/99 = NZG 2000, 945). Entsprechendes gilt für „Personelle Veränderungen des Vorstandes" oder „Personelle Veränderungen des Vorstandes" (*Groß-Bölting/Rabe* in: Hölters/Weber, AktG, § 110 Rn. 17). Notwendig ist zumindest ein schlagwortartiger prägnanter Hinweis (*Berger*, § 17 Rn. 1; *Engau* in: Engau/Dietlein/Josten, § 16 Anm. 5). 24

25 Ein vom Verwaltungsrat ohne vorherige hinreichende Mitteilung der Tagesordnung in einer „derart fehlerhaft einberufenen Sitzung" gefasster **Beschluss ist nichtig** (BGH, Urt. v. 29.5.2000 – II ZR 47/99 = NZG 2000, 945), wobei der **Einberufungsmangel** durch Beratung und Beschlussfassung im Verwaltungsrat **geheilt werden kann**. Einberufungs- und Ankündigungsmängel führen dann nicht zur Nichtigkeit, wenn alle Verwaltungsratsmitglieder erscheinen und – ohne dass ein Aufsichtsratsmitglied der Beschlussfassung widerspricht – abstimmen (OLG München, Urt. v. 12.1.2017 – 23 U 3582/16 = ZIP 2017, 372, Rn. 32; OLG Naumburg, Urt. v. 11.1.2001 – 2 U 27/00 = NZG 2001, 901; *Spindler* in: Beck OGK AktG, § 110 Rn. 20). Dies impliziert, dass auch den abwesenden Verwaltungsratsmitgliedern die Möglichkeit gegeben wird, der Beschlussfassung zu widersprechen oder nachträglich ihre Stimme abzugeben (*Habersack* in: MüKoAktG, § 110 Rn. 21; *Engau* in: Engau/Dietlein/Josten, § 16 Anm. 6). Als problematisch wird Letzteres zB angesehen, wenn ein ordentliches Verwaltungsratsmitglied durch ein stellvertretendes Mitglied vertreten wird, da bei einer ordnungsgemäßen Einladung das ordentliche Verwaltungsratsmitglied ggf. anders über seine Teilnahme entschieden hätte (*Biesok*, SpkG-Kommentar, § 9 Rn. 181).

26 Mit Beginn der Sitzung wird die **Tagesordnungshoheit vom Kollegialorgan Verwaltungsrat übernommen**, insoweit endet die entsprechende Befugnis des Verwaltungsratsvorsitzenden. Das Organ kann durch Beschluss Tagesordnungspunkte vertagen oder absetzen (*Berger*, § 17 Rn. 1; *Klüpfel/Gaberdiel/Höppel/Ebinger*, § 20 I 5, S. 204), grundsätzlich aber die Tagesordnung nicht ergänzen im Sinne einer Erweiterung; insoweit fehlt es an einer vorherigen Mitteilung der Tagesordnung gemäß § 16 Abs. 2 S. 1 SpkG NRW (aber auch hier besteht unter den og Voraussetzungen der Heilung die Möglichkeit der Beschlussfassung). Anders verhält es sich mit ergänzenden Anträgen zu bereits angekündigten Tagesordnungspunkten, die auch noch in der Sitzung selbst zulässig sind, da zu dem Beratungsgegenstand eine Vorbereitung ohnehin erfolgte.

c) Frist

27 Eine **Einberufungsfrist** sieht das Gesetz nicht vor und kann in einer Geschäftsordnung geregelt werden. Auch ohne ausdrückliche Regelung muss die Einladung in angemessener Zeit vor der Sitzung erfolgen, damit sich die Verwaltungsratsmitglieder zeitlich und sachlich auf die Sitzung vorbereiten können (*Lüttmann*, S. 195; *Berger*, § 17 Rn. 1). Die Frist muss dem Umstand Rechnung tragen, dass die Verwaltungsratsmitglieder nicht hauptamtlich oder hauptberuflich als solche tätig sind, was letztlich nichts anderes bedeutet, als dass sie einem Beruf nachgehen – und dies Zeit in Anspruch nimmt. Ferner werden Umständen des Einzelfalls, insbes. den Umfang und Komplexität der durchzuarbeitenden Unterlagen und der Schwere der Auswirkungen der Entscheidung Berücksichtigung finden müssen. Schließlich ist auch der Umstand zu berücksichtigen, dass regelmäßig Vorbereitungsunterlagen nicht versandt und erst in der Sparkasse eingesehen werden können. Vor diesem Hintergrund wird im Normalfall eine Ladungsfrist von 10–14 Tagen regelmäßig als notwendig sein. Die Angemessenheit der Ladungsfrist hängt aber auch von der Dringlichkeit der zu treffenden Entscheidungen ab, so dass bei unvorhergesehenen Ereignissen, die eine Verwaltungsratssitzung notwendig machen, die Ladungsfrist auf ein Minimum reduziert werden kann (*Engau* in: Engau/Dietlein/Josten, § 16 Anm. 3).

3. Information des Verwaltungsrates

a) Information vs. Geheimhaltungsbedürfnis

Der Verwaltungsrat hat einen **Informationsanspruch** zur Erfüllung seiner Aufgaben (→ § 15 Rn. 24 ff.), mit dem auch eine Verantwortlichkeit und Haftung jedes einzelnen Verwaltungsratsmitglieds für die Erledigung dieser Aufgaben korreliert (→ § 15 Rn. 143 ff.). Im Ergebnis ist der Verwaltungsrat daher so zu informieren, dass eine hinreichende Entscheidungsgrundlage für die behandelten Themen geschaffen wird. Zugleich unterliegen die meisten im Verwaltungsrat zu beratenden Angelegenheiten **besonderen Geheimhaltungsbedürfnissen** va aus den Gesichtspunkten Bankgeheimnis (bezogen auf die Kundenbeziehungen), Datenschutz (zB bezogen auf Personalfragen) und Geschäftsgeheimnis (zB bezogen auf die geschäftliche Entwicklung und Planung). Auf der anderen Seite hat das Gesetz auch dahingehend **Schutzvorkehrungen** getroffen, dass die Verwaltungsratsmitglieder einerseits keinen externen Bindungen unterliegen und ausschließlich mit Blick auf das öffentliche Wohl und die Aufgaben der Sparkasse handeln dürfen (§ 15 Abs. 6 S. 1 SpkG NRW, → § 15 Rn. 119 ff.) und als Ausfluss der Treuepflicht, die ein Organmitglied zu beachten hat, nach § 22 SpkG NRW zur Verschwiegenheit verpflichtet sind, wobei die Verletzung letzterer nicht nur zivilrechtliche Schadenersatzansprüche auslösen kann, sondern auch strafrechtlich sanktioniert ist (→ § 22).

28

Der Verschwiegenheitspflicht der Verwaltungsratsmitglieder korrespondiert die Pflicht zur umfassenden „Informationsoffenheit". Folgerichtig gibt es **gegenüber dem Kollegialorgan Verwaltungsrat keinen Geheimnisschutz**, insbes. auch kein Bankgeheimnis (*Fischer*, ZIP 2004, 2169): Alles, was der Vorstand über das Unternehmen weiß, darf grundsätzlich auch der Verwaltungsrat erfahren (*Lutter*, Information und Vertraulichkeit, § 3 Rn. 108, § 17 Rn. 463). In Anbetracht dessen, dass der Verwaltungsrat nur anhand der ihm übermittelten Informationen seinen Aufgaben, insbes. seinen Überwachungsaufgaben nachkommen kann, würde eine Informationssperre zugleich auch einen vom Gesetz nicht intendierten kontrollfreien Raum bedeuten. Das Bankgeheimnis kann schon deswegen nicht herangezogen werden, weil diese das Kreditinstitut zur Verschwiegenheit gegenüber Dritten verpflichtet, der Verwaltungsrat jedoch ein Sparkassenorgan und damit kein Dritter ist (OLG Köln, Urt. v. 23.11.1984 – 6 U 217/84 = ZIP 1985, 209; *Schlierbach/Püttner*, S. 187). Es verbleiben aber die Fragen, in welcher Form (mündlich oder schriftlich) Informationen zu erteilen sind, wann diese zu erteilen (Zeitpunkt) sind und schließlich, wie die Übermittlung der Informationen zu erfolgen hat (Aushändigung, Versand, Einsicht vor Ort).

29

b) Aufbereitungsform der Informationen, Erstellung von Beratungsunterlagen

In welcher Form die Informationen an den Verwaltungsrat zu übermitteln sind, sieht das Gesetz nicht vor, insbesondere kennt das nordrhein-westfälische Sparkassenrecht keine dem § 90 Abs. 4 AktG entsprechende Vorschrift, die Textform als Regel anordnen würde – aber auch Ausnahmen zulässt (*Fleischer* in: BeckOGK AktG, § 90 Rn. 52). Eine sinnvolle Vorbereitung ist aber im Hinblick auf eine effiziente Überwachung notwendig. Und diese ist bei umfangreichen mit Zahlenma-

30

terial unterlegten Berichten, die zudem ohnehin geraume Zeit vor der Sitzung vorbereitet wurden, schlicht nicht in der Verwaltungsratssitzung selbst ohne schriftliche Dokumentation möglich (so auch die Gesetzesbegründung zum § 90 Abs. 4 AktG, vgl. BT-Drs. 14/8769, S. 14 f.). Bei umfangreichen Vorgängen müssen daher **schriftliche** Vorlagen/Berichte erstellt werden (*Fischer*, ZIP 2004, 2169, 2176); sofern ein mündlicher Bericht für die sachgemäße Unterrichtung nicht ausreicht, besteht ein Anspruch des Kollegialorgans auf Erstellung und Vorlage entsprechender Beratungsunterlagen (*Engau* in: Engau/Dietlein/Josten, § 16 Anm. 7). Dies schließt indes nicht aus, dass einfachere Informationen und Vorgänge **mündlich** gegeben werden.

c) Zeitpunkt der Information

31 Die Information muss so lange im Vorfeld der Sitzung erteilt werden, dass sie vor dem Hintergrund der Aufgaben des Verwaltungsrates sinnvoll verarbeitet werden kann. Schriftliche Unterlagen, sind so rechtzeitig zu erstellen und zur Verfügung zu stellen, dass noch hinreichend Zeit besteht diese einzusehen und durchzuarbeiten. Dabei sind primär der Umfang und die Komplexität der Unterlagen entscheidend. Für den Parallelfall des Aufsichtsrats, bei dem die Unterlagen in Textform zur Verfügung gestellt werden (§ 90 Abs. 4 AktG), hält *Lutter* die Vorlage der Berichte für „wertlos", wenn sie nicht mindestens 3–5 Tage vor der Sitzung den Mitgliedern des Aufsichtsrates vorliegen (*Lutter*, Information und Vertraulichkeit, Rn. 271). Die Möglichkeit der Einsichtnahme unmittelbar vor der Sitzung in den Räumlichkeiten der Sparkasse dürfte regelmäßig nicht ausreichen (*Engau* in: Engau/Dietlein/Josten, § 16 Rn. 7). Der Gesetzgeber beabsichtigt insoweit eine Klarstellung dahingehend, dass künftig die entscheidungsnotwendigen Unterlagen und Berichte der Geschäftsleitung den Mitgliedern des Verwaltungsrates „*möglichst rechtzeitig vor der Sitzung zuzuleiten*" sind, wobei in der Gesetzesbegründung eine Mindestfrist von in der Regel einer Woche erwähnt wird (vgl. Entwurf eines Gesetzes zur Modernisierung des Sparkassenrechts und zur Änderung weiterer Gesetze v. 19.3.2024, LT-Drs. NRW 18/2407, S. 5, 11).

32 Sofern nur eine Einsichtnahme in den Räumlichkeiten der Sparkasse ermöglicht wird, ist ebenfalls zu berücksichtigen, dass vor dem Hintergrund etwaiger Terminüberschneidungen ein zeitlich freies Durcharbeiten am Abend zuhause einfacher in den Terminplan einzurichten ist als die Einsichtnahme vor Ort zu einem bestimmten Termin innerhalb eines kurzen Zeitrahmens. Soweit Sitzungsvorlagen frühzeitig erstellt werden können, gibt es keinen vernünftigen Grund die zeitlichen Vorbereitungsmöglichkeiten zu verkürzen (*Fischer*, ZIP 2004, 2169, 2176; *Engau* in: Engau/Dietlein/Josten, § 16 Rn. 7). Bei wichtigen Angelegenheiten kann eine frühzeitige Vorinformation durch eine spätere schriftliche oder mündliche Aktualisierung kurz vor oder ggf. sogar im Sitzungstermin ergänzt werden.

d) Übermittlung der Information: Aushändigung/Versand vs. Einsicht vor Ort

33 Dieses Spannungsfeld zwischen Aushändigung der verschriftlichen Informationen und der Einsicht vor Ort in den Räumlichkeiten der Sparkassen ist dem **verbleibenden Restrisiko der Offenbarung geheimhaltungsbedürftiger Informationen** geschuldet. Dazu werden regelmäßig zwei Gefahrenquellen vorgetragen (vgl. dazu *Fischer*, ZIP 2004, 2169, 2176; *Engau* in: Engau/Dietlein/Josten, § 16 Rn. 7):

II. Verwaltung der Sparkassen § 16

Zum einen verbleibt ein gewisses **Transportrisiko**: So können bei Versendung 34
per Post, Boten oder E-Mail ggf. Dritte die Transportmittel kompromittieren.
E-Mails könnten gehakt werden, die Post umgeleitet werden, usw. Diese Argumentation überzeugt nicht. Zum einen führt beispielsweise die Übermittlung der Papierunterlagen durch Mitarbeiter des Vorstandssekretariat, die die Vorlagen bearbeitet/kopiert haben, zu keiner Erhöhung des Transportrisikos. Ferner schließt auch die Übergabe gegen Empfangsbescheinigung in den Räumlichkeiten der Sparkasse im Sinne einer persönlichen Aushändigung an die Verwaltungsratsmitglieder zur Mitnahme außerhalb des Hauses das Transportrisiko aus (dazu *Engau* in: Engau/Dietlein/Josten, § 16 Anm. 7). In heutigen Zeiten gibt es aber auch effiziente technische Lösungen, dies das Resttransportrisiko so verringern, dass es nicht mehr ernsthaft ins Gewicht fällt. So sind etwa die im Rahmen von M&A-Transaktionen für die Due Diligence genutzten digitalen Datenräume – also speziell für die sichere Speicherung und Weitergabe vertraulicher Geschäftsinformationen entwickelte Cloud-Lösungen – zu nennen, bei denen die Informationen verschlüsselt sind und der Zugriff nur durch den Berechtigten nach einer entsprechenden Authentifizierung erfolgen kann. Es liegt in der Organisationsmacht der Sparkasse, das Transportrisiko weitestgehend auszuschließen, so dass dieses argumentativ nicht die Notwendigkeit einer Einsichtnahme vor Ort rechtfertigen kann.

Die zweite **Gefahrenquelle** ist das **Organmitglied** selbst: So wird hervorge- 35
bracht, das häusliche Umfeld des Informationsadressaten berge ebenfalls Risiken des Zugriffs Unbefugter, zudem sei es in seinem privaten Umfeld einfacher, von Dritten (zB Fraktion) unter Druck gesetzt zu werden, schließlich sei eine Verletzung der Geheimhaltungsverpflichtung durch dieses einfacher zu bewerkstelligen, wenn die Unterlagen außerhalb der Geschäftsräume der Sparkasse vorliegen und kopiert werden könnten (vgl. dazu *Fischer*, ZIP 2004, 2169, 2176). All diese Argumente sind – wenn auch von einem Misstrauen gegenüber dem Organmitglied geprägt – nachvollziehbar.

Aber auch hier lassen sich gewisse Risiken eingrenzen. So kann beispielsweise 36
bei der Lösung mittels digitalen Datenraums und durch Verwendung von Wasserzeichen das Risiko eines Missbrauchs verringert werden. Es ist auch denkbar, den Ausdruck von Dokumenten vollständig zu unterbinden. Schließlich ist es auch möglich, dem Verwaltungsratsmitglied den Zugriff nicht von der eigenen Hardware aus zu ermöglichen, sondern ein Tablet zur Verfügung zu stellen, mit dem ausschließlich der Zugriff auf die Cloud möglich ist und auf die Daten zugegriffen werden kann, ansonsten aber weder Unterlagen ausgedruckt noch transferiert werden können. In allen Fällen wird der Schutz nicht absolut sein: selbst im letzteren Fall kann theoretisch ein „höchsttreuwidriges Verwaltungsratsmitglied" Fotos schießen, alles abschreiben, oder einen Dritten mitlesen lassen. Nur letzterer Fall ist (zusätzlich) durch die Einsichtnahme vor Ort unterbunden.

Vor diesem Hintergrund ist die Regelung des § 16 Abs. 2 S. 3 SpkG NRW zu 37
lesen. Sie ordnet an, dass beim Versand von Beratungsunterlagen dafür zu sorgen ist, dass „geschäftliche, steuerliche oder andere betriebliche Schutzvorschriften nicht verletzt werden." Die Gesetzesbegründung führt dazu lediglich aus, dass zur Erleichterung der Arbeit der Verwaltungsratsmitglieder und zur Ermöglichung einer den heutigen Anforderungen gerechter werdenden Sitzungsvorbereitung der Versand von Beratungsunterlagen unter Beachtung von Schutzrechten zugelassen wird, wobei die in der Praxis insbesondere vorkommenden Hauptfälle geschäftlicher und

38 Damit wird nicht ersichtlich, welches der og Risiken nun genau erfasst werden soll. Zwar stellt der Wortlaut („Versand") augenscheinlich auf das Transportrisiko ab, indes beinhaltet die ratio legis, dass gerade betriebliche Schutzvorschriften nicht verletzt werden. Allerdings ist fraglich, ob diese gerade dieses „höchsttreuwidrige Verwaltungsratsmitglied" berücksichtigt und vor diesem – auf Kosten der Informationserschwerung aller anderen Verwaltungsratsmitglieder schützen soll. Dies wird man im Rahmen einer Gesamtabwägung nur bei „hochsensiblen" Informationen annehmen können, so dass (bei entsprechender Beherrschung des Transportrisikos, s.o.) nur seltene Ausnahmefälle die Anordnung einer ausschließlichen Einsichtnahme vor Ort werden rechtfertigen können: Man kann dabei an Fälle denken, bei denen aufgrund gewisser konkreter Anhaltspunkte die pflichtwidrige Durchbrechung der Verschwiegenheitspflicht mit einer gewissen Wahrscheinlichkeit zu erwarten ist, oder bei denen diese ausgleitende Folgen für die Sparkasse hätte (aA *Fischer*, ZIP 2004, 2169 ff., 2177, der davon ausgeht, dass aufgrund der og Restrisiken und des ortsnahen Zugangs zu den Geschäftsräumen der Sparkasse eine Versendung bei den meisten Sitzungsvorlagen ausscheidet).

steuerlicher Schutzrechte exemplarisch – also gerade nicht abschließend – gemeint seien (LT-Drs. 14/6831, S. 37 f.).

38a Der Gesetzgeber beabsichtigt, dies nun zu ändern (vgl. Entwurf eines Gesetzes zur Modernisierung des Sparkassenrechts und zur Änderung weiterer Gesetze v. 19.3.2024, LT-Drs. NRW 18/2407, S. 5, 11), und die „*Zuleitung*" – also Versendung – der Unterlagen als Regelfall vorzusehen. Damit lehnt sich der Entwurf insoweit explizit an Ziffer 5.1.5 des Public Corporate Governance Kodex des Landes Nordrhein-Westfalen an. Der Gesetzgeber begründet dies damit, dass die bisher im Gesetz vorgesehene Möglichkeit, vertrauliche Beratungsunterlagen nicht zu übersenden, nicht mehr den Anforderungen an eine effiziente Aufsichtstätigkeit entspricht. Die Gesetzesbegründung stellt dabei auch klar, dass eine bloße Einsichtnahmemöglichkeit in den Räumen der Sparkasse nicht mehr ausreicht.

e) Entscheidung durch den Verwaltungsratsvorsitzenden

39 Bei Zweifeln über die Versendbarkeit der Beratungsunterlagen steht die Letztentscheidungskompetenz gemäß § 16 Abs. 2 S. 4 SpkG NRW eindeutig dem Verwaltungsratsvorsitzenden zu. Es handelt sich um eine Ermessensentscheidung, die zu ihrer Rechtmäßigkeit der vorherigen Anhörung des Vorstandes bedarf. Diese Vorschrift soll infolge des Umstandes, dass künftig die Unterlagen versandt werden sollen (s.o. Rn. 38a), ersatzlos gestrichen werden (vgl. Entwurf eines Gesetzes zur Modernisierung des Sparkassenrechts und zur Änderung weiterer Gesetze v. 19.3.2024, LT-Drs. NRW 18/2407, S. 5, 11).

III. Durchführung der Sitzung

40 Die **Vorbereitung der Sitzung** erfolgt regelmäßig **durch den Vorstand** (*Klüpfel/Gaberdiel/Höppel/Ebinger*, § 20 Anm. I. 6), der – zT umfassende – Sitzungsunterlagen inklusive Beschlussvorlagen erstellt. Die sorgfältige und umfassende Vorbereitung verschafft dem Verwaltungsrat eine angemessene Informationsbasis, die wiederum erst die Überwachung des Vorstandes ermöglicht (→ § 15 Rn. 21) und

II. Verwaltung der Sparkassen   § 16

auch im Hinblick auf die Anwendung der sog Business Judgement Rule bei der Haftung des Verwaltungsrates von Relevanz ist (*Biesok*, Sparkassenrecht, Rn. 680), weil diese nur dann ausscheidet, wenn die Entscheidungsgrundlagen sorgfältig ermittelt worden sind, dh alle verfügbaren Informationsquellen tatsächlicher und rechtlicher Art ausgeschöpft und auf dieser Grundlage die Vor- und Nachteile der bestehenden Handlungsoptionen sorgfältig abgeschätzt worden sind (BGH, Beschl. v. 14.7.2008 – II ZR 202/07 = NJW 2008, 3361). Daher statuiert das Gesetz umfassende Informationspflichten des Vorstandes (→ § 15 Rn. 22f., § 20 Rn. 14ff.). Indes entsteht aus dieser Vorbereitungspflicht **kein Vorbereitungsrecht des Vorstandes**: Der Verwaltungsrat darf als Aufsichtsorgan auch ohne Vorschlag und/oder Vorbereitung des Vorstandes beraten und beschließen (*Klüpfel/Gaberdiel/Höppel/Ebinger*, § 20 Anm. I. 6).

Die **Leitung der Verwaltungsratssitzungen** obliegt dem Verwaltungsratsvorsitzenden. Da diese bereits im Vorfeld der Sitzung besteht, erwachsen ihm daraus **Entscheidungskompetenzen in Verfahrensfragen**, wobei er wiederum an abweichende Beschlüsse des Kollegialorgans gebunden ist (*Hoffmann-Becking* in: MHdB GesR IV, 6. Kap. Rn. 49; *Kolb* in: BeckHdB AG, § 7 Rn. 144), nicht aber an den Widerspruch eines einzelnen Verwaltungsratsmitglieds. Dazu gehört zB die Entscheidung über die Zulassung und Einladung von Sachverständigen und Auskunftspersonen (→ Rn. 20) sowie die Bestimmung eines Protokollführers zur Erstellung der Sitzungsniederschrift gemäß § 16 Abs. 4 SpkG NRW oder die Reihenfolge der Beratungsgegenstände. **Inhaltlich** fallen folgende Aufgaben darunter (*Spindler* in: BeckOGK AktG, § 110 Rn. 34; *Engau* in: Engau/Dietlein/Josten, § 16 Annm. 2.3): Er achtet auf den ordnungsgemäßen Ablauf der Sitzungen, eröffnet und schließt die Sitzungen, fragt, ob Ergänzungs- oder Änderungsanträge zur Tagesordnung bestehen, stellt die Beschlussfähigkeit fest, ruft die einzelnen Tagesordnungspunkte auf, erteilt das Wort, lässt über Anträge abstimmen und stellt das Ergebnis der jeweiligen Abstimmung fest. Schließlich hat er auf die Erstellung der Sitzungsniederschrift nach § 16 Abs. 4 SpkG NRW zu achten.   41

Auch wenn dem Vorsitzenden des Verwaltungsrates **keine Disziplinarbefugnisse** zustehen, gehört zu seiner Kompetenz für einen ordnungsgemäßen Sitzungsablauf („Sitzungspolizei") zu sorgen, dies umfasst auch die Befugnis zur Begrenzung der Redezeit oder zur Entziehung des Wortes sowie im Extremfall auch der Verweis aus dem Sitzungssaal (*Spindler* in: BeckOGK AktG, § 110 Rn. 35; *Habersack* in: MüKoAktG, § 107 Rn. 57). Auch dann bleibt es allerdings dabei, dass der Verwaltungsrat durch einfachen Beschluss die Maßnahme des Vorsitzenden revidieren kann.   42

IV. Beschlussfassung

1. Beschlussfähigkeit

Die **Beschlussfähigkeit** des Gremiums ist **Voraussetzung für das Zustandekommen eines Beschlusses**. Dies gewährleistet die Handlungsfähigkeit auch, wenn nicht sämtliche Mitglieder an der Beschlussfassung teilnehmen; das Gesetz schließt damit einen Boykott und damit eine Verhinderung einer Beschlussfassung durch eine Minderheit aus. Die Beschlussfähigkeit des Verwaltungsrates ist nach § 16 Abs. 3 S. 1 SpkG NRW gegeben, wenn der Verwaltungsratsvorsitzende sowie die Hälfte der weiteren Mitglieder anwesend sind.   43

44 Mit Beschlussfähigkeit meint das Gesetz aber nicht die bloße Teilnahme an der Sitzung, sondern die **„aktive" Teilnahme** an der konkreten Beschlussfassung selbst, also die **verbindliche Stellungnahme zum Gegenstand der Beschlussfassung**; diese erfolgt durch Stimmabgabe, sei es in der Form einer Ja- oder Neinstimme – aber auch in der Form der Stimmenthaltung (*Habersack* in: MüKoAktG, § 108 Rn. 36; *Spindler* in: BeckOGK, AktG, § 108 Rn. 41). Deswegen liegt keine Teilnahme an der Beschlussfassung vor, wenn sich das Verwaltungsratsmitglied weigert und **ausdrücklich erklärt, es wolle an der Abstimmung nicht teilnehmen** (*Habersack* in: MüKoAktG, § 108 Rn. 37; *Spindler* in: Spindler/Stilz, AktG § 108 Rn. 37; *Hoffmann-Becking* in: MHdB GesR IV, 6. Kap. Rn. 61). Dies gilt bei einem Verwaltungsratsmitglied, das trotz körperlicher Anwesenheit nicht an dem Beschluss mitwirken will, auch ohne, dass dieser den Raum verlässt; denn zum einen stellt die Beschlussfähigkeit (im Gegensatz zur Stimmenmehrheit, s.u.) nicht auf die anwesenden Mitglieder ab. Zum anderen hat es das Verwaltungsratsmitglied ohnehin in der Hand, seine Mitwirkung an der Beschlussfähigkeit zu verhindern. Daher wäre es schlichte Förmelei, dafür ein Verlassen des Raumes zu fordern (aA *Engau* in: Engau/Dietlein/Josten, § 16 Anm. 8.2 und wohl auch *Biesok*, Sparkassenrecht, Rn. 685, die ein Verlassen des Raums fordern). Entsprechendes gilt bei einem Verwaltungsratsmitglied, das einem **Mitwirkungsverbot** gemäß § 21 SpkG NRW unterliegt und – entgegen § 16 Abs. 3 S. 5 SpkG NRW das Beratungszimmer nicht verlassen hat (so auch *Stadler/Berner*, NZG 2003, 49, 51 für den Parallelfall in einer AG; zum Streitstand bei der AG vgl. *Koch*, AktG, § 108 Rn. 16). Mitglieder, die nach § 21 Abs. 3 S. 1 SpkG NRW ihre Befangenheit erklären bzw. bei denen nach § 21 Abs. 3 S. 2 SpkG NRW ein Ausschließungsgrund festgestellt worden ist und den Raum daraufhin verlassen, wirken selbstverständlich auch nicht an der Beschlussfassung mit. Folglich ist – jedenfalls bei „turbulenten" Sitzungen mit ähnlich gelagerten Vorkommnissen – die Beschlussfähigkeit für jeden Beschluss gesondert festzustellen.

45 Aus dem Vorgesagten folgt auch, dass das Gesetz in § 16 Abs. 3 S. 1 SpkG NRW mit „weiteren Mitglieder[n]" **nur die stimmberechtigten Mitglieder des Verwaltungsrates** nach § 10 Abs. 1 und 2 SpkG NRW meint. Die in § 10 Abs. 3 und 4 SpkG NRW genannten Personen gehören dem Verwaltungsrat nicht an – diese wirken nur beratend mit und haben kein Stimmrecht; dementsprechend kommt es für die Beschlussfähigkeit des Verwaltungsrates nicht auf diese an. Bei dem Begriff „weitere Mitglieder" unterscheidet die Vorschrift nicht zwischen den kommunalen Vertretern und den Beschäftigtenvertretern; insbesondere erfolgt aufgrund der Verwendung des Wortes „weitere" in § 10 Abs. 1 lit. b) bzw. Abs. 2 lit. b) SpkG NRW keine Einschränkung für die Berechnung der Beschlussfähigkeit auf kommunale Vertreter, so dass eine Mehrheit durch Beschäftigtenvertreter denkbar ist.

46 Schließlich ist – anders als im Aktienrecht (*Spindler* in: BeckOGK AktG, § 108 Rn. 42) – zur Beschlussfähigkeit die Teilnahme des **Verwaltungsratsvorsitzenden** an dem Beschluss notwendig. Ist er verhindert, wird er nach § 11 Abs. 2 SpkG NRW vertreten. Bei der **Berechnung der Beschlussfähigkeit** ist der Verwaltungsratsvorsitzende nicht doppelt zu zählen. Aus dem Wortlaut der Norm folgt, dass kumulativ neben seiner Teilnahme, die weitere Teilnahme von mindestens der Hälfte der weiteren Mitglieder des Verwaltungsrates erforderlich ist.

47 Die **Rechtsfolgen der Beschlussunfähigkeit** sind im SpkG NRW nicht geregelt, weder in Bezug auf die Auswirkungen auf einen ohne Beschlussfähigkeit

II. Verwaltung der Sparkassen   § 16

gefassten Beschluss noch in Bezug auf die weiteren Folgen (Modalitäten der Einberufung einer weiteren Sitzung zur Erledigung der Tagesordnung). Da die Beschlussfähigkeit nach allgemeiner Auffassung Voraussetzung für das Zustandekommen eines Beschlusses ist, ist ein solcher unwirksam (nichtig) (*Berger*, § 17 Rn. 4). In Bezug auf die Erforderlichkeit einer neuen Sitzung bleibt es bei den allgemeinen Regeln (→ Rn. 8 f.).

2. Beratungspflicht

Im Vorfeld der Beschlussfassung erfolgt im Verwaltungsrat eine **Beratung über** 48
die zur Abstimmung stehenden Angelegenheit. Die Diskussion soll dabei den Informationsaustausch fördern und eine breitere Entscheidungsgrundlage für die Willensbildung des Kollegialorgans schaffen. Daher gehört eine aktive und engagierte Mitarbeit im Interesse und zum Wohl der Sparkasse zur ordentlichen und gewissenhaften Aufgabenwahrnehmung des Verwaltungsratsmitglieds. Eigene (von der Amtsverschwiegenheit aller Beteiligten nach § 22 SpkG NRW umfasste, mithin geschützte) Sachbeiträge im Rahmen einer offenen Diskussion gehören insoweit zum Pflichtenkreis eines jeden Verwaltungsratsmitglieds (→ § 15 Rn. 123 ff., 125; *Engau* in: Engau/Dietlein/Josten, § 16 Anm. 8 und § 15 Anm. 12.2.1).

3. Mehrheitserfordernisse bei Abstimmungen und Wahlen

a) Grundsatz: Stimmenmehrheit der anwesenden Mitglieder

Bezogen auf die Beschlüsse des Kollegialorgans Verwaltungsrat kennt das SpkG 49
NRW nur zwei Mehrheitserfordernisse: Nach § 15 Abs. 2 lit. a) SpkG NRW ist zur Abberufung eines Vorstandsmitgliedes aus wichtigem Grund die „Mehrheit von zwei Dritteln der satzungsmäßigen Zahl der Mitglieder des Verwaltungsrates" erforderlich, im Übrigen für sonstige Beschlüsse des Verwaltungsrates nach § 16 Abs. 3 S. 2 SpkG NRW die „Stimmenmehrheit der anwesenden Mitglieder".

Gemeint ist damit eine **absolute Mehrheit**, dh 50 % plus mindestens eine 50
Stimme, relative Mehrheiten reichen dabei – auch bei Wahlen (*Engau* in: Engau/Dietlein/Josten, § 16 Anm. 8.2) – nicht aus. Daher gilt bei **Stimmengleichheit** der Antrag somit als abgelehnt, das Gesetz gewährt **keine Sonderbefugnisse** (wie zB einen Stichentscheid des Verwaltungsratsvorsitzenden).

b) Umgang mit Enthaltungen, ungültigen Stimmen und Nichtbeteiligung an der Abstimmung

Bei **Mehrheitserfordernissen** wird im Staatsrecht in dogmatischer Hinsicht 51
zwischen der **Bezugszahl und der Stimmenquote** unterschieden, die gemeinsam ein Mehrheitserfordernis ergeben; die Stimmenquote stellt dabei den Anteil der Stimmen an der Bezugszahl dar, der für eine Entscheidung erforderlich ist (zB die Mehrheit, also 50 % plus eine Stimme), während die Bezugszahl die Personen- oder Stimmengruppe, deren Mehrheit für eine Entscheidung erforderlich ist, bestimmt. „Mitgliedermehrheit" ist dabei die als größtmögliche Bezugszahl, die unabhängig von ihrer Teilnahme am Beschluss oder von ihrer Anwesenheit in der Sitzung die Gesamtheit der Mitglieder des abstimmenden Gremiums erfasst. Die „Abstimmungsmehrheit" oder „**Stimmenmehrheit**" ist der Regelfall des Mehrheitsprinzips und legt als Bezugsgröße ausschließlich die tatsächliche Zahl der ab-

M. Hamdan

gegebenen Stimmen zugrunde, während die **„Anwesenheitsmehrheit"** auf die anwesenden Stimmberechtigten abstellt. Die Berücksichtigung von **Stimmenthaltungen** und **ungültigen Stimmen** stellt bei der Ermittlung der Bezugszahl eine besondere Herausforderung dar; bei der „Anwesenheitsmehrheit" sind diese definitionsgemäß zu berücksichtigen, während bei der schlichten „Stimmmehrheit" ungültige Stimmen und Enthaltungen unberücksichtigt bleiben (eingehend dazu *Kaiser*, JuS 2017, 221, 222 mwN; zur Berechnung der Mehrheit und den Auswirkungen von Stimmenthaltungen im Gemeinderat sowie bei Personen- und Kapitalgesellschaften vgl. *Bösche*, DVP 2020, 359, 361 und *Bacher/von Blumenthal*, GmbHR 2019, 261). Inwieweit diese Überlegungen für öffentlich-rechtliche Abstimmungen uneingeschränkt auf Abstimmungen und Wahlen zu Verwaltungsratsbeschlüssen zu übertragen sind, ist weder vom Gesetzgeber ausdrücklich noch von der Rechtsprechung bislang entschieden worden.

52 Zunächst ist festzuhalten, dass Verwaltungsratsmitglieder in Sparkassen – trotz ihrer Pflichtenbindung – bei einer aktiven Teilnahme am Beschluss sich auch **für eine Stimmenthaltung entscheiden dürfen**, insbesondere wenn sie sich trotz sorgfältiger und gewissenhafter Prüfung weder für die ein noch die andere Meinung festlegen können (so wohl die allgemeine Auffassung in der sparkassenrechtlichen Lit., vgl. *Schlierbach/Püttner*, S. 193; *Biesok*, Sparkassenrecht, Rn. 689; *Berger*, § 17 Rn. 5; *Engau* in: Engau/Dietlein/Josten, § 16 Anm. 8.2, jeweils mwN).

53 In Anbetracht des öffentlich-rechtlichen Ursprungs der Sparkassen und des Wortlautes der Norm – Kenntnis der möglichen Alternativen (vgl. § 20 Abs. 3 S. 2 SpkG NRW für Beschlüsse des Vorstandes „mit Stimmenmehrheit") –, ist von einer bewussten Entscheidung des Gesetzgebers auszugehen. Ferner ist die vom BGH zum Vereinsrecht ergangene Rechtsprechung (BGH, Urt. v. 25.1.1982 – II ZR 164/81 = BGHZ 83, 35), welche in Bezug auf das Erfordernis der „Mehrheit der erschienenen Mitglieder" entschieden hatte, dass es nur auf das Verhältnis der Ja- zu den Nein-Stimmen ankomme und daher Enthaltungen bei der Berechnung der Mehrheit nicht mitzuzählen seien, durch die Neufassung des § 32 Abs. 1 S. 3 BGB zum einen überholt. Zum anderen hatte der BGH in seiner Entscheidung gerade festgehalten, dass es in „anderen Bereichen Fälle gibt, in denen ein solches Ergebnis erwünscht ist, weil von jedem Beteiligten erwartet werden muss, dass er aus seiner Verantwortung heraus Farbe bekennt; dann ist es sinnvoll, die Enthaltung wie eine Ablehnung zu behandeln." Genau eine solche Verantwortung folgt aus dem öffentlich-rechtlichen Treue- und Pflichtenverhältnis, das sich aus § 15 Abs. 6 SpkG NRW ergibt (*Engau* in: Engau/Dietlein/Josten, § 16 Anm. 8.2; aA *Horbach*, Sparkasse 1984, 72 ff.; *Ochmann*, Sparkasse 1984, 157). Daher sind **Enthaltungen bei der Stimmabgabe nicht zu berücksichtigen**, so dass sie wie Nein-Stimmen wirken.

54 Vor dem Hintergrund der funktionellen Parallelität des Verwaltungsrates von Sparkassen mit anderen Aufsichtsorganen von Körperschaften des Privatrechts und der vorgenommenen Auslegung des Begriffes der Beschlussfähigkeit (s.o. Rn. 36) ist hier unter einem **anwesenden Mitglied** nicht die tatsächliche körperliche Präsenz bei der Verwaltungsratssitzung entscheidend, sondern die „aktive Mitwirkung" an dem zur Beratung/Entscheidung stehenden Beschluss im Sinne der Beschlussfähigkeit. Daher kann ein Verwaltungsratsmitglied, das sich unbedingt neutral verhalten möchte, die Nichtberücksichtigung seiner Stimmenthaltung auch vermeiden, in dem es, auch ohne ein Verlassen des Raumes, anstatt sich zu enthalten

(aktive Teilnahme am Beschluss), deutlich zum Ausdruck bringt, es wolle an der Abstimmung nicht teilnehmen (keine aktive Teilnahme am Beschluss).

4. Abstimmungsmodalitäten

Anders als bei der Aktiengesellschaft, bei der nach hM der Aufsichtsratsvorsitzende über die Art der Abstimmung entscheidet, aber durch die Mehrheit des Kollegialorgans geändert werden kann, sieht das Sparkassenrecht in § 16 Abs. 3 S. 3 SpkG NRW **grundsätzlich eine offene Abstimmung als Regelfall** vor. Dies fördert eine offene und sachbezogene Diskussion, stellt Transparenz her und betont die Pflicht und Verantwortlichkeit des einzelnen Organmitglieds (*Engau* in: Engau/Dietlein/Josten, § 16 Anm. 8.3). Durch die offene Abstimmung soll dabei dem Verwaltungsratsmitglied die Verantwortlichkeit für sein Handeln gerade bewusst werden (*Völter*, 2014, Ziff. 5.4.7, S. 117; *Biesok*, Sparkassenrecht, Rn. 686). 55

Bei Konflikten im Aufsichtsrat, verhärteten Positionen sowie allgemein bei Personalentscheidungen kann umgekehrt aber eine **geheime Abstimmung** dazu beitragen, dass die Beschlussfassung nicht durch „Solidaritätserwägungen" und Druckausübung zur Durchsetzung einer von der jeweiligen Gruppenmehrheit vertretenen Ansicht beeinflusst wird (*Habersack* in: MüKoAktG, § 108 Rn. 18; *Spindler* in: BeckOGK AktG, § 108 Rn. 20; *Meier*, DStR 1996, 385, 385), mithin die vom Gesetz beabsichtigte freie Stimmrechtsausübung erst ermöglichen. Dementsprechend lässt § 16 Abs. 3 S. 4 SpkG NRW **Ausnahmen** zu, allerdings sind diese in doppelter Hinsicht begrenzt. 56

Zum einen sind geheime Abstimmungen gegenständlich auf „**Angelegenheiten von Mitgliedern und stellvertretenden Mitgliedern des Vorstandes oder des Verwaltungsrates**" begrenzt. Diese recht weiche Formulierung erfasst nicht nur reine Personalentscheidungen (Bestellung und Abberufung von Vorständen, Entscheidungen über Vorstandsverträge und deren Beendigung, insbes. Anstellungsbedingungen) aber auch Sachentscheidungen (zB Sitzungsgeld) sowie Entscheidungen mit gemischtem Charakter (zB Ausschließung der Mitwirkung nach § 19 Abs. 3 S. 2 Alt. 1 SpkG NRW). Die Grenzziehung kann im Einzelfall problematisch sein, wenn die Beschlüsse die Ausfüllung der konkreten Pflichten und Rechte bei der Wahrnehmung des Amtes betreffen, da jede den Vorstand bzw. Verwaltungsrat betreffende Pflicht auch Auswirkungen auf die Pflichten der handelnden Personen hat. Indes ist zu beachten, dass es sich um eine Ausnahmevorschrift handelt, die vor dem Hintergrund ihres Zwecks, eine der Sachentscheidung unträgliche Gruppenbildung bei typischen Innenkonfliktsituationen aufzulösen, restriktiv auszulegen ist. 57

Ferner bedarf es eines **Antrags eines Verwaltungsratsmitglieds**, der dann (ohne vorherige Beratung oder Abstimmung über diese Verfahrensfrage) zwingend zur geheimen Abstimmung führt; das Gesetz gewährt somit dem einzelnen Verwaltungsratsmitglied die Möglichkeit, eine geheime Abstimmung zu erzwingen. 58

5. Befangenheit

Sofern bei einem Verwaltungsratsmitglied ein Grund vorliegt, der nach § 21 SpkG NRW die Ausschließung seiner Mitwirkung bei dem Beschluss rechtfertigt, ist er **von der Mitwirkung an dem Beschluss ausgeschlossen**. Daher trifft das 59 betroffene Mitglied eine Offenlegungspflicht, § 21 Abs. 3 S. 1 SpkG NRW. Bestehen insoweit Zweifel über das Vorliegen eines Ausschlussgrundes, entscheidet der Verwaltungsrat durch Beschluss. In beiden Fällen hat das betroffene Mitglied nach § 16 Abs. 4 S. 5 SpkG NRW das **Beratungszimmer** während der Behandlung dieser Angelegenheit **zu verlassen**. De lege ferenda (vgl. Entwurf eines Gesetzes zur Modernisierung des Sparkassenrechts und zur Änderung weiterer Gesetze v. 19.3.2024, LT-Drs. NRW 18/2407, S. 5, 11) soll präzisiert werden, dass das Mitwirkungsverbot sowohl für die Sitzung in Präsenz als auch bei digitaler Durchführung die physische bzw. audiovisuelle Abwesenheit des jeweiligen Mitgliedes angeordnet.

60 Damit statuiert das Gesetz ein umfassendes Mitwirkungsverbot des befangenen Mitglieds, welches nicht nur nicht abstimmen darf, sondern **auch nicht an dem** eigentlichen Beschlussverfahren vorausgehenden **Beratungsverfahren** mitwirken darf. Damit soll jegliche Einflussnahme durch das befangene Mitglied vermieden werden und nicht nur objektiv eine sachliche, ausschließlich auf das öffentliche Wohl und die Aufgaben der Sparkasse bezogene und nicht von individuellen Sonderinteressen beeinflusste Entscheidung erreicht werden, sondern auch schon der böse Schein einer unsachlich beeinflussten „korrumpierten" Entscheidung vermieden werden. Aus dem folgt auch, dass dies nicht disponibel ist und der Verwaltungsrat sich nicht durch Beschluss darüber hinwegsetzen kann (*Engau* in: Engau/Dietlein/Josten, § 16 Anm. 8.4).

61 Diesem Zweck folgend sind auch alle **Vorbereitungshandlungen** erfasst (OVG Münster, Urt. v. 20.9.1983 – 7a NE 4/80 = NVwZ 1984, 667), so dass eine Befassung des befangenen Verwaltungsratsmitglieds mit der Angelegenheit beispielsweise in **Ausschüssen** genauso zu unterbleiben hat. Allgemein betrifft der Mitwirkungsausschluss alle Mitwirkungshandlungen, die in irgendeiner Weise Einfluss auf das Verfahren haben können (*Engau* in: Engau/Dietlein/Josten, § 16 Anm. 8.4).

62 Unter **Verwaltungsratsmitglied** im Sinne von § 16 Abs. 4 S. 4 SpkG NRW sind nicht nur die **stimmberechtigten Mitglieder nach § 10 Abs. 1 und 2 SpkG NRW**, sondern auch die nach § 10 Abs. 3 SpkG NRW beratend an den Sitzungen **teilnehmenden Vorstandsmitglieder** erfasst. Dies folgt zwar nicht zwingend aus dem Wortlaut der Norm, ist durch diesen aber aufgrund des Verweises noch hinreichend getragen und ist zur Erreichung des gesetzgeberischen Zwecks erforderlich, da die Mitwirkung eines befangenen Vorstandsmitglieds erst recht sowohl objektiv die Entscheidung beeinflussen als auch einen bösen Schein erzeugen kann.

63 Die **Rechtsfolgen** eines dennoch unter Mitwirkung eines befangenen Verwaltungsratsmitglieds erfolgten Beschlusses sind in § 21 Abs. 4 SpkG NRW geregelt; danach folgt nur dann die Unwirksamkeit des Beschlusses bzw. der Wahl, wenn die unzulässige Mitwirkung ergebnisrelevant war (→ § 21).

V. Auslegung und Vollzug der Beschlüsse

64 Auch wenn Verwaltungsratsbeschlüsse aus Gründen der Rechtssicherheit ausdrücklich gefasst werden müssen, sind sie gleichwohl **der Auslegung zugänglich**. Dabei ist gemäß §§ 133, 157 BGB auf den objektiven Erklärungswert abzustellen. Es ist allein der erklärte Wille maßgebend, und zwar so, wie der Empfänger die für ihn bestimmte Erklärung nach Treu und Glauben hat auffassen dürfen. Da-

II. Verwaltung der Sparkassen § 16

bei ist am Wortlaut anzusetzen, jedoch nicht am buchstäblichen Sinne des Ausdrucks zu haften, sondern eine Auslegung unter Berücksichtigung aller für den Betroffenen erkennbaren Umstände vorzunehmen (zu den Aufsichtsratsbeschlüssen einer AG, vgl. BGH, Urt. v. 27.10.2015 – II ZR 296/14 = NJW 2016, 1236; zum Gemeinderatsbeschluss, vgl. VGH Mannheim, Urt. v. 18.6.1990 – 1 S 657/90, juris Rn. 33 f.) – auch wenn letztere aufgrund der Nichtöffentlichkeit der Verwaltungsratssitzung begrenzt sein dürften. Nicht vollkommen ausgeschlossen ist daher, dass ein ausdrücklich gefasster Beschluss eine den Wortlaut übersteigende Erklärungsbedeutung hat (*Koch*, AktG, § 108 Rn. 4). Allerdings sind dabei bloß subjektive Vorstellungen der Verwaltungsratsmitglieder bei der Beschlussfassung für deren Auslegung ohne Bedeutung (BGH, Urt. v. 27.10.2015 – II ZR 296/14 = NJW 2016, 1236, Rn. 28), genauso wie Willensmängel (insbes. Irrtümer) einzelner Mitglieder (*Berger*, § 17 Rn. 8).

Der **Vollzug der Beschlüsse** des Verwaltungsrates obliegt **grundsätzlich dem** 65 **Vorstand** aus seinem Geschäftsführungs- und Vertretungsrecht. Indes bleibt der Verwaltungsrat insoweit verantwortlich, als dass er auch den Vollzug seiner Beschlüsse als Teil der Geschäftsführung überwacht. Einzelne **Beschlüsse, die den Vorstand betreffen**, werden aufgrund von Interessenkollisionen vom Verwaltungsrat vollzogen, wie zB der Abschluss und die Beendigung von Vorstandsverträgen, §§ 15 Abs. 4 S. 4, 20 Abs. 2 S. 4 SpkG NRW. Dies gilt auch in Zusammenhang mit Ansprüchen, die gegen aktuelle oder ehemalige Vorstandsmitglieder geltend gemacht werden – oder umgekehrt von diesen gegen die Sparkasse geltend gemacht werden (*Biesok*, Sparkassenrecht, Rn. 554 und Rn. 1000 mwN.; *Engau* in: Engau/Dietlein/Josten, § 15 Anm. 12.6). Entsprechendes dürfte im Falle von **Interorganstreitigkeiten** gelten, sofern es um die Kompetenzabgrenzung zwischen Verwaltungsrat und Vorstand geht – in diesem Fall wird der Verwaltungsrat in seiner organschaftlichen Stellung selbst dahingehend vollziehen dürfen, als er selbst beteiligten- und prozessfähig ist (§§ 61 Nr. 2, 62 Abs. 3 VwGO) (*Dietlein* in: Engau/Dietlein/Josten, § 20 Rn. 82 ff.).

VI. Beschlussmängel

1. Fragmentarische Regelung

Beschlüsse können gegen materiellrechtliche oder verfahrensrechtliche Bestim- 66 mungen verstoßen. Das Gesetz enthält nur fragmentarische Hinweise darüber, welche Rechtsfolgen bei solchen Mängeln eingreifen (§ 21 Abs. 4, § 17 SpkG NRW). Fehler können sowohl die Stimmabgabe des einzelnen Verwaltungsratsmitglieds als auch den Beschluss des Kollegialorgans als solchen betreffen (*Leuschner* in: MüKoBGB, § 32 Rn. 51).

2. Mängel der Stimmabgabe

Die **Stimmabgabe** ist eine empfangsbedürftige, bedingungsfeindliche Willens- 67 erklärung, welche auf die Rechtsfolge gerichtet ist, durch Beschlussfassung eine Gesamtwillensbildung im Verwaltungsrat herbeizuführen. Auf diese finden die allgemeinen Vorschriften Anwendung, insbesondere die §§ 116 ff. BGB, so dass diese auch **nichtig sein kann**.

68 Das allein führt indes nicht zur Nichtigkeit des Beschlusses. Dies ist für zivilrechtliche Körperschaften anerkannt (*Schöpflin* in: BeckOK BGB, § 32 Rn. 40), für Sparkassen gibt es keinen ersichtlichen Grund, von diesem Grundsatz abzuweichen. Mängel der Stimmabgabe haben demnach **Auswirkungen auf das Ergebnis, nicht aber auf die Wirksamkeit des Beschlusses** selbst, soweit nicht alle Stimmabgaben nichtig sind (*Leuschner* in: MüKoBGB, § 32 Rn. 51). Sofern die nichtige oder erfolgreich angefochtene Stimme für das Abstimmungsergebnis ausschlaggebend ist, wird nach hM das Beschlussergebnis geändert; es ist daher zu prüfen, ob der Beschluss auch ohne die Stimme zustande gekommen wäre (*Enzinger* in: MüKoHGB, § 119 Rn. 16).

69 Im weiteren Sinne können Mängel der Stimmabgabe darin begründet sein, dass der **Verwaltungsrat fehlerhaft** besetzt ist und eine nicht zuständige Person als Verwaltungsratsmitglied an dem Beschluss mitwirkt. Dies kann neben den Fällen der Befangenheit, die gesondert geregelt sind, auch in den Fällen gelten, in denen Mitglieder entgegen § 12, § 13 Abs. 1 oder 2 SpkG NRW in den Verwaltungsrat gewählt werden bzw. nach § 13 Abs. 3 SpkG NRW nicht aus diesem ausscheiden (zu dieser Konstellation eingehend *Berger*, § 17 Rn. 11 sowie *Engau* in: Engau/Dietlein/Josten, § 16 Anm. 8.5). Daher stellt sich die Frage, welche Auswirkung dies auf die Stimmabgabe und auf die Beschlüsse des Verwaltungsrates hat. Den Argumenten von *Berger* folgend teilen die Handlungen des Kollegialorgans nicht das fehlerhafte Schicksal seiner Bildung, so dass auch im Hinblick auf die erforderliche Rechtskontinuität, Rechtsklarheit und Rechtssicherheit **Beschlüsse des fehlerhaft besetzten Organs wirksam bleiben**. Den fehlerhaften Bestellungsakt für die Vergangenheit als wirksam zu behandeln, entspricht inzwischen auch im Aktienrecht der hM und vermeidet es, das „falsche" Verwaltungsratsmitglied im Hinblick auf die Beschlussfassung anders zu behandeln als im Hinblick auf seine Haftung oder Vergütung (*Tomasic* in: Grigoleit, § 101 Rn. 35).

70 Im Falle der **Befangenheit** sieht das Gesetz eine Sonderregelung vor. Bei prinzipiell richtiger Besetzung des Kollegialorgans und punktuell unzulässiger Mitwirkung eines nach § 21 auszuschließenden Verwaltungsratsmitglieds greift § 21 Abs. 4 SpkG NRW als Sonderregelung ein und **versagt dem Beschluss die Wirksamkeit**, wenn die **unzulässige Mitwirkung ergebnisrelevant** war (→ § 21 Rn. 41 ff.).

3. Unmittelbare Beschlussmängel im engeren Sinne

71 Die **Beschlussmängel** als solche können formaler Natur sein (**Verfahrensfehler**), können aber auch an den **Inhalt und Zweck des Beschlusses** anknüpfen, wenn dieser höherrangigem Recht entgegensteht (→ § 17 Rn. 8 ff.). In diesen Fällen ist der Beschluss zumindest **rechtswidrig**. Die daran anknüpfende **Rechtsfolge** ist indes nicht gesetzlich geregelt.

72 Im **Aktienrecht**, bei dem es wie im Sparkassenrecht an einer Regelungssystematik für fehlerhafte Aufsichtsratsbeschlüsse fehlt, hat die Rechtsprechung abgelehnt, auf Beschlussfehler die fein ziselierten Regelungen der §§ 241 ff. AktG analog anzuwenden (ungeachtet von entsprechenden immer wieder kehrenden Bestrebungen vgl. BGH, Urt. v. 17.5.1993 – II ZR 89/92 = NJW 1993, 2307; eingehend dazu *Fleischer*, DB 2013, 160 und DB 2013, 217). Dem folgt die hM und folgert daraus **grundsätzlich die Nichtigkeit** des Beschlusses, versagt mithin dem Be-

II. Verwaltung der Sparkassen § 16

schluss die Wirksamkeit, so dass die von den Abstimmenden intendierte Rechtswirkung wegen des Beschlussmangels nicht eintritt (*Koch*, AktG, § 108 Rn. 26; *Habersack* in: MüKoAktG, § 108 Rn. 73; *Spindler* in: BeckOGK AktG, § 108 Rn. 75; *Tomasic* in: Grigoleit, § 108 Rn. 37). **Einschränkungen** erfolgen materiellrechtlich dahingehend, dass der Verstoß gegen unwesentliche Verfahrens- und Ordnungsvorschriften und inhaltliche Vorschriften, die spezifisch den Schutz einzelner Mitglieder bezwecken, nicht die Nichtigkeit nach sich ziehen sollen. Prozessual werden diese zudem ergänzt durch Anforderungen an das Rechtsschutzinteresse, Rügefristen und eine Beschränkung des zur Geltendmachung bestimmter Beschlussmängel berechtigten Personenkreises.

Offenbar daran anknüpfend wird im **Sparkassenrecht** bislang vorwiegend vertreten, dass der Verstoß gegen wesentliche Verfahrensfehler (ungeachtet seiner Kausalität für das Beschlussergebnis) sowie gegen gesetzlich zwingende Vorschriften oder die Sparkassensatzung zur Unwirksamkeit des Beschlusses führen, unwesentliche Verfahrensverstöße durch erneute Abstimmung geheilt werden können, während inhaltliche Fehler zur Unwirksamkeit führen; den Beschlüssen sei keine vorläufige Rechtswirksamkeit wie bei Verwaltungsakten anzuerkennen, da sie nur intern wirkten und der Rechtsrichtigkeit Vorrang vor der Verwaltungseffizienz zu gewähren sei (*Engau* in: Engau/Dietlein/Josten, § 16 Anm. 8.5 sowie *Berger*, § 17 Rn. 13ff.). Im Umkehrschluss bedeutet dies, dass rechtswidrige Verwaltungsratsbeschlüsse immer dann unwirksam – also nichtig – sind, wenn ihre Rechtswidrigkeit nicht ausnahmsweise nur auf einer Verletzung von unwesentlichen Verfahrensvorschriften beruht oder wenn in Bezug auf einen (selbst auch schwerwiegenden) Verfahrensfehler keine Heilung (durch erneute Abstimmung und Verzicht) erfolgt ist. Eine andere Auffassung folgert gerade aus dem sparkassenrechtlichen Beanstandungsrecht (§ 17 SpkG NRW), dass rechtswidrige Verwaltungsratsbeschlüsse nicht automatisch nichtig sein müssen, und gewährt diesen (vorläufige) Wirksamkeit, bis diese vom Verwaltungsrat selbst, von der Sparkassenaufsicht oder verwaltungsgerichtlich wieder aufgehoben werden; nach dieser Auffassung kommt eine Unwirksamkeit nur bei schwerwiegenden Rechtsfehlern in Betracht (*Biesok*, Sparkassenrecht, Rn. 707; *Biesok*, SpkG-Kommentar, § 15 Rn. 344). **73**

Letzterer Auffassung ist der Vorzug zu gewähren. Zum einen sprechen **Wortlaut und die schlichte Logik** dafür, dass die zu beanstandende Maßnahme – zumindest im Regelfall – irgendeine Wirkung entfalten können muss, ansonsten bedürfte es keiner Beanstandung bzw. es würde eine Feststellung der Unwirksamkeit durch den Beanstandungsbeamten ausreichen. Ferner spricht die **Entwicklung des Sparkassenrecht aus dem Kommunalrecht** dafür: eine Kontrolle von Beschlüssen mittels Beanstandungsrecht, welches durch eine mit Verwaltungs- und Rechtsvorgängen vertraute kommunale Amtsperson vollzogen wird, kennt ansonsten keine privatrechtlich organisierte Gesellschaftsform. Dies führt dazu, dass bereits im Vorfeld bei der Beratung der Beschlüsse und auch danach durch das Beanstandungsverfahren als solches eine **enge staatliche Rechtmäßigkeitskontrolle** erfolgt. Das Beanstandungsverfahren als solches führt wiederum dazu, dass dem **potenziell rechtswidrigen Beschluss** vorerst die Wirkung mittels der **aufschiebenden Wirkung** entzogen wird. All dies muss zu der Vermutung führen, dass die Wahrscheinlichkeit eines rechtswidrigen Beschlusses gering ist. Auch das Innenrechtsargument überzeugt nicht. Denn auch im Kommunalrecht handelt es sich bei der Beanstandung nicht um ein Verwaltungsakt, sondern um einen unselbständigen **74**

Teilakt des Aufhebungsverfahrens, der schon mangels einer abschließenden Regelung nicht als Verwaltungsakt zu qualifizieren ist (*Kallerhoff,* NWVBl. 1996, 53, 55). Aus den vorgenannten Gründen sprechen die besseren Argumente dafür, den nicht beanstandeten Beschlüssen ungeachtet ihrer Rechtswidrigkeit vorerst Wirksamkeit zu gewähren. Die – staatlichen – Schutzvorkehrungen zur Sicherstellung der Rechtmäßigkeit begründen hinreichend eine **Rechtmäßigkeitsvermutung**, die – ähnlich wie bei Verwaltungsakten – dennoch erschüttert sein wird, wenn die Beschlüsse an besonders schwerwiegenden Fehler leiden und dies bei verständiger Würdigung aller in Betracht kommenden Umstände offensichtlich ist.

75 Alle Auffassungen müssen – genauso wie im Aktienrecht – mit der Problematik umgehen, dass wesentliche bzw. schwerwiegende Fehler von unwesentlichen bzw. weniger schwerwiegenden Fehlern abgegrenzt werden müssen, was notwendigerweise zu einer **gewissen Kasuistik** führt. Diese Problematik wird in der Praxis aber kaum eine Rolle spielen, da der die Beanstandungspflicht jede Rechtswidrigkeit erfasst (→ § 17).

4. Prozessuale Geltendmachung

a) Beanstandung gemäß § 17 SpkG NRW

76 Siehe dazu die Kommentierung zu § 17 SpkG NRW (→ § 17).

b) Verwaltungsgerichtlicher Inter- oder Intraorganstreit

77 Neben der Beanstandung ist es auch denkbar, dass **ein Verwaltungsratsmitglied, der Vorstand als Kollegialorgan oder ein Vorstandsmitglied** den Beschluss des Verwaltungsrates für rechtswidrig hält und **selbst gerichtlich** dagegen **vorgehen möchte**. Solche Streitigkeiten können zum Beispiel entstehen, wenn der Verwaltungsrat eine Richtlinie so weit fasst, dass sie nicht mehr abstrakter Natur ist, sondern sich zu einer Weisung verdichtet und damit das Kollegialorgan Verwaltungsrat in die Kompetenzen des Kollegialorgans Vorstand eingreift, gegen letzteres dann vorgehen möchte (**Interorganstreit**). Denkbar ist ein solcher Streit auch innerhalb desselben Organs (**Intraorganstreit**), beispielsweise, wenn ein Verwaltungsratsmitglied der Auffassung ist, dass zur sachgerechten Entscheidung mehr Information vom Kollegialorgan Vorstand notwendig ist und das Kollegialorgan Verwaltungsrat indes seine Auffassung nicht teilt – und beschließt, keine weiteren Informationen anzufordern. Naheliegend sind solche Konflikte auch in Bezug auf Fragen der Versendung von Unterlagen bzw. Sitzungsniederschriften (OVG Lüneburg, Urt. v. 18.1.1994, 10 L 5471/91 = WM 1994, 2198) oder der Entscheidung über die Befangenheit eines Verwaltungsratsmitglieds (OVG Koblenz, Urt. v. 29.8.1984 – 7 A 19/84 = DVBl. 1985, 177).

78 Solche **internen Kompetenzkonflikte** und die Zulässigkeit ihrer gerichtlichen Klärung sind sowohl im Verwaltungsrecht unter dem Begriff Kommunalverfassungsstreit (vgl. *Ogorek,* JuS 2009, 511; *Schoch,* JuS 1987, 783; *Ehlers,* NVwZ 1990, 105), als auch nach hM im Gesellschaftsrecht anerkannt (*Spindler* in: BeckOGK, AktG, § 108 Rn. 94; *Spindler* in: MüKoAktG, vor § 76 Rn. 59 ff.; *Koch,* AktG, § 108 Rn. 26). Diese Grundsätze sind allgemein auch im Bereich der anderen Körperschaften und sonstigen juristischen Personen des öffentlichen Rechts übertragen worden (*Ehlers/Schneider* in: Schoch/Schneider, VwGO § 40 Rn. 124 mwN). Innerhalb einer Sparkasse können entsprechende Kompetenzkonflikte eben-

II. Verwaltung der Sparkassen § 16

falls gerichtlich ausgetragen werden (OVG Münster, Urt. v. 18.8.1989 – 15 A 2422/86 = NVwZ-RR 1990, 101; VG Gera, Beschl. v. 15.4.2015 – 2 E 156/15 Ge, juris; VG Düsseldorf, Beschl. v. 10.3.2015 – 22 L 116/15, juris; allgemein vgl. *Berger*, § 17 Rn. 16 f.; zum Intraorganstreit im Verwaltungsrat vgl. *Engau* in: Engau/Dietlein/Josten, § 16 Anm. 8.5; zu den Innenrechtsstreitigkeiten zwischen Vorstand und Verwaltungsrat vgl. eingehend *Dietlein* in: Engau/Dietlein/Josten, § 20 Rn. 82 ff. mwN).

VII. Sitzungsniederschriften des Verwaltungsrats

1. Grundsatz, Inhalt und Verfahren

Die **Grundsätze der Protokollierung** sind in § 16 Abs. 4 SpkG NRW geregelt, der im Wesentlichen den Regelungen des § 107 Abs. 2 S. 1 und 4 AktG entspricht. § 16 Abs. 4 S. 1 SpkG NRW gibt zunächst vor, dass über das Ergebnis der Sitzung des Verwaltungsrates eine Niederschrift zu fertigen ist, die vom Verwaltungsratsvorsitzenden und einem weiteren vom Verwaltungsrat zu bestimmenden Mitglied unterzeichnet werden muss. 79

Damit hat das Sparkassengesetz im Hinblick auf die **Kompetenzverteilung** einen praktikablen Mittelweg gefunden, welches mit der Bestimmung des **weiteren Verwaltungsratsmitglieds** sowohl die Einflussmöglichkeiten des Verwaltungsrates als Kollegialorgan sichert, aber auch bei zumeist unstreitigen Vorgängen eine effektive und schlanke Abwicklung ermöglicht, bei der die Erfahrung des **Verwaltungsratsvorsitzenden** zwingend mit einfließt und – nicht zuletzt – die Verantwortung eindeutig zuweist. Bei der Bestimmung des weiteren Verwaltungsratsmitgliedes wird man aus Praktikabilitätsgründen, sofern die Geschäftsordnung dazu nichts Näheres regelt, wie bei sonstigen Verfahrensfragen eine vorläufige Entscheidungskompetenz des Verwaltungsratsvorsitzenden annehmen können, wobei sich allerdings das Plenum per Mehrheitsbeschluss hinwegsetzen kann. Das Protokoll selbst kann dabei von einem **Protokollführer** angefertigt werden, welcher von den Vorgenannten zu bestimmen ist; nur wenn diesbezüglich keine Einigung erreicht werden kann, entscheidet, um den Konflikt eine Lösung zuzuführen, subsidiär das Kollegialorgan. 80

Diese zunächst formale Vorgabe einer Niederschrift kann in der Praxis erhebliche Auswirkungen haben. Zum einen, um **Sicherheit über die Beschlusslage** zu haben, ferner für das Kollegialorgan selbst, da seine Beschlüsse – mangels Diskontinuität (→ Rn. 13) – grundsätzlich dauerhaft gelten, seine Besetzung aber Modifikationen erfahren kann, und die Verwaltungsratsmitglieder eine verlässliche **Informationsquelle über Vorgänge aus dem Verwaltungsrat** benötigen können. Davon abgesehen hat es schließlich **haftungsrechtlich** sowohl für die Mitglieder des Vorstandes als auch des Verwaltungsrates **erhebliche Bedeutung**, da es eine hohe – sowohl belastende als auch entlastende – Beweisfunktion über die Inhalte der Verwaltungsratssitzung hat. 81

Allgemein entfaltet die Niederschrift **Beweisfunktion**, indem das ordnungsgemäße Protokoll die Vermutung dafür begründet, dass die protokollierten Beschlüsse tatsächlich so gefasst und in der beschriebenen Weise beraten wurden; umgekehrt kann das Protokoll aber auch Hinweise darauf geben, dass etwa der Verwaltungsrat sich nicht zu oberflächlich befasst hat oder seine Entscheidungen auf einer unzu- 82 reichenden Informationslage getroffen hat (*Spindler* in: BeckOGK AktG, § 107 Rn. 80 mwN).

83 Inhaltlich bedarf es dazu keines durchgehenden stenografischen Berichts oder Wortprotokolls. Ein **Ergebnisprotokoll** ist insoweit **ausreichend**. Auch wenn dies nicht ausdrücklich im Gesetz steht, dürfte selbstverständlich sein, dass es den Tag und Ort der Sitzung sowie die Namen aller an der Sitzung (auch nur teilweise für einzelne Tagesordnungspunkten) teilnehmenden Personen enthalten muss sowie die Beschlussanträge und gefassten Beschlüsse genau in ihrem Wortlaut einschließlich des Abstimmungsergebnisses. Sind dem Verwaltungsrat Unterlagen vorgelegt worden, so sind diese dem Protokoll zumindest dann als Anlage beizufügen, wenn die Beschlüsse sich unmittelbar auf diese Unterlagen beziehen und ansonsten nicht verständlich sind (*Spindler* in: BeckOGK AktG, § 107 Rn. 76 mwN). § 16 Abs. 4 S. 3 SpkG NRW stellt insoweit nur klar, dass in der Niederschrift auf die nicht beigefügten Anlagen hinzuweisen ist, entbindet aber nicht von der Notwendigkeit der Verständlichkeit des Protokolls.

84 Ferner sollte es **zur „optimalen Nutzbarkeit"** alle Beratungsgegenstände den wesentlichen Verlauf der Beratung und zusätzlich das Abstimmungsverhalten (inklusive der Aufführung der Zustimmungen, Ablehnungen und Enthaltungen) enthalten. Bei streitigen und besonders haftungssensiblen Themen empfiehlt es sich zudem, punktuell in eine ausführlichere Protokollierung einzutreten, die den Verlauf der Beratung präzise wiedergibt (so auch *Biesok*, Sparkassenrecht, Rn. 709), wobei auch von der Mehrheitsmeinung abweichende Voten zu protokollieren sind, da dies haftungsbefreiende Wirkung haben kann (*Engau* in: Engau/Dietlein/Josten, § 16 Anm. 9). Zwar mag auch ein **schlichteres Ergebnisprotokoll**, das die Beschlüsse sowie „nur" die wesentlichen Punkte der Diskussion zusammenfasst, den Anforderungen des § 16 Abs. 1 S. 1 SpkG NRW entsprechen; bei lediglich „knappen Zusammenfassungen von Äußerungen zu einzelnen Tagesordnungspunkten" entfällt allerdings die negative Beweiswirkung des Protokolls dahingehend, dass „aus dem, was nicht dasteht," kein Schluss gezogen werden kann, „dass dazu überhaupt nichts gesagt worden wäre" (OLG Düsseldorf, Urt. v. 29.1.2015 – I-10 U 5/14, juris Rn. 29) – mit anderen Worten verliert es erheblich an Beweiskraft.

85 Das Protokoll muss vom Verwaltungsratsvorsitzenden und einem weiteren Mitglied des Verwaltungsrats **unterschrieben** werden. Wer dieses zweite Mitglied ist, entscheidet das Kollegialorgan üblicherweise zu Sitzungsbeginn. Diesen Personen wird auf diesem Weg die Protokollverantwortlichkeit übertragen. Mit den Unterschriften ist das Protokoll **noch nicht endgültig verabschiedet**. § 16 Abs. 4 S. 2 SpkG NRW sieht ein Einsichtsrecht eines jeden Verwaltungsratsmitglieds vor, welches gerade der Kontrolle der Protokollierung dient und damit im Interesse aller Beteiligten und der Sparkasse liegt (*Engau* in: Engau/Dietlein/Josten, § 16 Anm. 9).

86 Eine **förmliche Genehmigung der Niederschrift** durch den Verwaltungsrat in seiner nächsten Sitzung ist vom Gesetz nicht vorgesehen und nicht zwingend erforderlich. Jedoch kann jedes Mitglied gegenüber dem Vorsitzenden **Einwendungen gegen die Niederschrift erheben** und eine Berichtigung des Protokolls beantragen. Über diesen entscheidet dann nicht der Verwaltungsrat als Kollegialorgan (aA *Engau* in: Engau/Dietlein/Josten, § 16 Anm. 9; *Klüpfel/Gaberdiel/Höppel/Ebinger*, § 20 Anm. II. 3, S. 209), sondern alleine der Verwaltungsratsvorsitzende und das weitere unterschreibende Verwaltungsratsmitglied, da das

II. Verwaltung der Sparkassen §16

Gesetz gerade diesen beiden Personen diese Aufgabe zuweist und nicht dem Kollegialorgan; dies folgt aus ihrer dem Unterschriftserfordernis folgenden Verantwortlichkeit für die inhaltliche Richtigkeit des Protokolls (unstr. bei gleichem Normwortlaut bei der AG, vgl. *Habersack* in: MüKoAktG, § 107 Rn. 83; *Spindler* in: BeckOGK AktG, § 107 Rn. 78; *Koch*, AktG, § 107 Rn. 19; *Hoffmann-Becking* in: MHdB GesR IV, 6. Kap. Rn. 110). Mit der Entscheidung der nach § 16 Abs. 4 S. 1 SpkG NRW zuständigen Personen (Verwaltungsratsvorsitzender und weiteres Verwaltungsratsmitglied) ist die Niederschrift **endgültig verabschiedet**.

Die gesetzliche Regelung ist insoweit nicht abschließend, als dass dies über eine **87** **Geschäftsordnung** (→ Rn. 10) modifiziert werden kann. Eine solche kann zB eine Genehmigung dahingehend vorsehen, dass eine Sitzungsniederschrift als genehmigt gilt, wenn keines der bei der Sitzung anwesenden Verwaltungsratsmitglieder nach Erhalt der Abschrift innerhalb einer bestimmten Frist schriftlich widerspricht (*Habersack* in: MüKoAktG, § 107 Rn. 84). Hier ist aber zu beachten, dass es sich um eine das einzelne Verwaltungsratsmitglied treffende Genehmigungsfiktion handelt und keine Genehmigung des Kollegialorgans. Auch wird man wohl – den Gepflogenheiten bei anderen politischen Gremien folgend – in der Geschäftsordnung eine Befassung mit dem Protokoll in der Folgesitzung des Kollegialorgan Verwaltungsrat in der Weise vorsehen können, dass Einwendungen vorgebracht und besprochen werden können, da man damit den Protokollverantwortlichen „Zugriff" auf die Kollektiverinnerung des gesamten Organs und Hinweise in Bezug auf die etwaige Berichtigung des Protokolls gibt. Indes ist darauf zu achten, dass im Wege einer Geschäftsordnung nicht die per Gesetz zugewiesene Kompetenz ausgehebelt werden kann – ein bindender Beschluss mithin nicht erfolgen kann.

2. Einsichtsrechte

a) Einsichtsrechte des Verwaltungsrats und des Beanstandungsbeamten

Ein Recht auf Einsicht in die (auch älteren) Niederschriften steht dem **Verwal-** **88** **tungsrat** als Ausfluss seines Informationsrechts – mit entsprechendem Beschluss – gemäß § 15 Abs. 1 SpkG NRW uneingeschränkt zu (*Klüpfel/Gaberdiel/Höppel/ Ebinger*, § 20 Anm. II. 3, S. 209). Diese steht allerdings dem Verwaltungsrat als Kollegialorgan in seiner Gesamtheit und grundsätzlich nicht dem einzelnen Verwaltungsratsmitglied zu (OVG Münster, Urt. v. 18.8.1989, 15 A 2422/86 = NVwZ-RR 1990, 101), es ist insoweit ein durch Beschluss zu erwirkendes Organrecht, kein Individualrecht des Verwaltungsratsmitglieds (*Engau* in: Engau/Dietlein/Josten, § 15 Anm. 4.3; *Lutter*, Pflichten/Haftung von Spk-Organen, S. 93; *Völter*, 2014, Kap. 4.6.7, S. 93).

Dem Verwaltungsratsmitglied steht diesbezüglich nur ein **individuelles Recht** **89** **auf Teilhabe** an der dem ganzen Organ zustehenden Information zu. Allerdings kann sich dieses dahingehend „verdichten", dass der Verwaltungsrat ausnahmsweise verpflichtet ist, dem Antrag eines einzelnen Mitglieds auf Beiziehung weiterer Akten oder Einholung zusätzlicher Auskünfte zu entsprechen, wenn anders dessen Befugnis zu gleichberechtigter Teilnahme an der Beratung und Entscheidung des Verwaltungsrats durch Vorenthaltung anderen Mitgliedern erteilter Informationen unzulässig verkürzt würde (OVG Münster, Urt. v. 18.8.1989, 15 A 2422/86 = NVwZ-RR 1990, 101).

90 Dogmatisch lassen sich diese Überlegungen auch auf § 17 SpkG NRW für den **Beanstandungsbeamten** übertragen – insbesondere in der Situation des „nur" Beanstandungsbeamten nach § 11 Abs. 3 SpkG NRW. Denn auch dieser kann nur seiner Pflicht nachkommen, rechtswidrige Beschlüsse zu beanstanden, wenn ihm die entsprechenden Informationen zur Verfügung gestellt werden (vgl. dazu *Rothe* zur Vorläufervorschrift, § 14 Anm. I 1.1, S. 148 und § 9 Anm. II. 1, S. 115; so auch *Engau* in: Engau/Dietlein/Josten, § 11 Anm. 4.3).

91 Voraussetzung ist aber ein Bezug zur Aufgabe, sei es die aktuelle Überwachungsaufgabe des Verwaltungsrates oder die aktuelle Beanstandungsaufgabe des Hauptverwaltungsbeamten. Im letzteren Fall muss eine Beanstandung zumindest denkbar sein. Ein allgemeines oder gar politisches Interesse ist dazu nicht ausreichend.

b) Einsichtsrechte des Verwaltungsratsmitglieds

92 § 16 Abs. 4 S. 2 SpkG NRW sieht ein **individuelles Recht des Verwaltungsratsmitglied** vor, die Niederschriften oder Anlagen zu Niederschriften, die wegen ihres vertraulichen Charakters oder aus Gründen von geschäftlichen, steuerlichen oder anderen betrieblichen Schutzvorschriften nicht übersandt werden können, in den Räumen der Sparkasse einzusehen. Eine Unterscheidung erfolgt lediglich in Bezug auf die Modalitäten der Einsicht (Versendung oder Einsicht vor Ort) in Abhängigkeit des Vertraulichkeitsgehalts.

93 Dies bezieht sich nur auf **amtierende Verwaltungsratsmitglieder**, grundsätzlich nicht auf ehemalige. Dies ergibt sich bereits aus dem Wortlaut der Norm, aber auch aus ihrem Zweck. Da dieses Einsichtsrecht nur der korrekten Protokollführung dient (*Engau* in: Engau/Dietlein/Josten, § 20 Anm. II.3, S. 210; *Klüpfel/Gaberdiel/Höppel/Ebinger*, § 20 Anm. II. 3., S. 209), kann es unproblematisch von den an der Sitzung beteiligten und noch **amtierenden Verwaltungsratsmitgliedern** geltend gemacht werden. Aufgrund des Zwecks der Vorschrift, ein wahrheitsgetreues Protokoll zu erzeugen, wird man wohl auch die Vorschrift in einem engen Bereich auf **ehemalige Verwaltungsratsmitglieder** ergänzend auslegen müssen. Denn in der Situation, in der ein Verwaltungsratsmitglied nach der Sitzung, aber vor Verabschiedung des Protokolls (→ Rn. 85 ff.) aus dem Gremium ausscheidet, kann keine andere Person an dessen Stelle Auskunft über die Vorgänge in der Sitzung erteilen; nur diese können in tatsächlicher Hinsicht die Vorgänge in der Sitzung beurteilen (so indirekt wohl auch *Klüpfel/Gaberdiel/Höppel/Ebinger*, § 20 Anm. II.3, S. 210). Diese dürfen folglich Einsicht nehmen und Einwendungen vortragen.

94 Allerdings wird – weiterhin dem Zweck der Vorschrift folgend – eine Einsicht in allen Fällen nur **binnen angemessener Zeit nach Ausfertigung des Protokolls** ausgeübt werden können (*Klüpfel/Gaberdiel/Höppel/Ebinger*, § 20 Anm. II.3, S. 210; *Engau* in: Engau/Dietlein/Josten, § 16 Anm. 9). Denn eine Kontrolle lange zurückliegender Vorgänge ist aus dem Gedächtnis schwer möglich – eine „Protokollrichtigkeitskontrolle" ergibt nur zeitnah Sinn. Welcher Zeitraum konkret angemessen ist, wird vom Umfang des Protokolls abhängen und liegt im pflichtgemäßen Ermessen der dafür zuständigen Personen (Verwaltungsratsvorsitzender und weiteres Verwaltungsratsmitglied), kann aber mangels gesetzlicher Regelung, in einer Geschäftsordnung geregelt werden. Spätestens aber mit Verabschiedung des Protokolls, sei es durch Entscheidung oder im Wege einer Genehmigungsfiktion, entfällt das Einsichtsrecht.

§ 16 Abs. 4 S. 3 und 4 SpkG NRW berücksichtigen, dass Protokolle und Anlagen – genauso wie die in § 16 Abs. 2 SpkG NRW genannten Beratungsunterlagen – zT sehr sensible und **geheimhaltungsbedürftige Informationen** enthalten und unterscheidet anhand des Geheimhaltungsbedarfs, ob diese in den Räumlichkeiten der Sparkasse einzusehen sind oder versandt werden dürfen; dies entscheidet letztlich über die Verweisung des § 16 Abs. 4 S. 5 SpkG NRW der Verwaltungsratsvorsitzende. Dies Regelung entspricht der Regelung des Absatzes 2, so dass auf die dazu erfolgten Erläuterungen verwiesen wird. Da der Gesetzgeber die Zusendung der sitzungsvorbereitenden Beratungsunterlagen beabsichtigt (s.o. Rn. 38a), ist im Gesetzesentwurf (vgl. Entwurf eines Gesetzes zur Modernisierung des Sparkassenrechts und zur Änderung weiterer Gesetze v. 19.3.2024, LT-Drs. NRW 18/2407, S. 5, 11) eine entsprechende Folgeänderung auch für die Sitzungsniederschriften über die Verwaltungsratssitzungen vorgesehen, die den Mitgliedern künftig ebenfalls zuzuleiten sein werden. Auch hier wird die bloße Einsichtnahmemöglichkeit in den Räumen der Sparkasse nicht mehr ausreichen.

c) Einsichtsrechte Dritter

Zur Einsicht in bzw. Herausgabe von Niederschriften des Verwaltungsrates an einzelne Personen bedarf es eines entsprechenden Rechtsanspruchs auf Einsicht bzw. Aushändigung der Protokollabschriften. Dass kein Überlassungsverbot besteht, reicht insoweit nicht aus – zur Annahme eines Anspruchs auf ermessensfehlerfreie Entscheidung über das Einsichtsverlangen bzw. Herausgabeverlangen **bedarf es einer ermessenseröffnenden Norm** (OVG Lüneburg, Urt. v. 18.1.1994, 10 L 5471/91 = WM 1994, 2198 mwN).

Die Einsichtsrechte nach § 51 **GmbHG analog** bzw. § 131 **AktG analog** scheiden gegenüber Sparkassen aus; sie dienen der Überwindung des Informationsgefälles in einer Prinzipal-Agenten-Situation, bei der der Beauftragte (Agent) einen Wissensvorsprung (Informationsasymmetrie) hat, den er potentiell auch zu Ungunsten des Prinzipals einsetzen kann, so dass letzterer seine Investition nur dann sinnvoll steuern kann, wenn ihm Kontrollrechte eingeräumt werden, um etwaige abweichende Interessen des Agenten zu begegnen. Bei Sparkassen fehlt es aber bereits an der „Beteiligung" des Dritten und „Agentensituation" der Sparkassen.

Auch kommt ein Anspruch nach § 29 **VwVfG NRW** regelmäßig nicht in Betracht. Danach haben Behörden den Beteiligten Einsicht in die das Verfahren betreffenden Akten zu gestatten, soweit deren Kenntnis zur Geltendmachung oder Verteidigung ihrer rechtlichen Interessen erforderlich ist. Sparkassen sind indes keine Behörden im verwaltungsverfahrensrechtlichen Sinne dieser Vorschrift. Behörden sind nämlich nach § 1 Abs. 2 VwVfG NRW Stellen, die Aufgaben der öffentlichen Verwaltung wahrnehmen. Nach dieser funktionellen Ausrichtung ist die Rechtsnatur der Verwaltungstätigkeit maßgeblich (*Ronellenfitsch* in: BeckOK VwVfG, § 1 Rn. 65). Eine solche ist bei Sparkassen abzulehnen, da die Aufgabenerfüllung des öffentlichen Auftrags als solche nicht der „Wahrnehmung öffentlicher administrativer Aufgaben" im Sinne des § 1 VwVfG NRW entspricht (im Ergebnis so auch *Biesok*, Sparkassenrecht, Rn. 176).

Auch scheidet ein Anspruch nach § 4 **IFG NRW** aus. Nach dieser Vorschrift hat jede natürliche Person „gegenüber den in § 2 IFG NRW genannten Stellen Anspruch auf Zugang zu den bei der Stelle vorhandenen amtlichen Informationen".

§ 16   A. Sparkassen

Allerdings besteht nach § 4 Abs. 2 IFG NRW ein Anwendungsvorrang des Sparkassenrechts. Soweit nämlich besondere Rechtsvorschriften über den Zugang zu amtlichen Informationen, die Auskunftserteilung oder die Gewährung von Akteneinsicht bestehen, sind diese vorrangig anzuwenden. Dies ist gerade der Fall, da die §§ 16, 22, 23 SpkG NRW spezielle Vorschriften für die Einsicht in Niederschriften der nicht öffentlichen Sitzungen der Gremien der Sparkassen vorsehen, die der Funktion der Sparkasse als ein im Wettbewerb stehendes Wirtschaftsunternehmen und seiner innerbetrieblichen Entscheidungsprozesse in besonderer Weise Rechnung tragen. Diese dürfen durch die Anwendung des IFG, das sich primär an nicht im Wettbewerb stehende Behörden richtet, nicht ausgehebelt werden. Zudem schützt § 7 Abs. 1 IFG NRW den innerbehördlichen Entscheidungsprozess umfassend. Danach ist der Antrag auf Informationszugang abzulehnen für Entwürfe zu Entscheidungen, für Arbeiten und Beschlüsse zu ihrer unmittelbaren Vorbereitung sowie für Protokolle vertraulicher Beratungen.

100 Allerdings können Dritte Einsicht verlangen, wenn sie sich in einer besonderen „**prozessualen Verteidigungssituation**" befinden, wobei dies regelmäßig nur **ehemalige Organmitglieder** betreffen wird, welche die Einsichtnahme Aufsichtsratsprotokolle aus ihrer eigenen Amtszeit begehren werden. Im Innenhaftungsprozess von Unternehmensorganen wegen behaupteten pflichtwidrigen Verhaltens, seien es Vorstände oder Verwaltungsräte, ist die normale zivilprozessuale Beweislastverteilung dahingehend von der Rechtsprechung geändert, als dass der Anspruchsteller nicht mehr alle Tatbestandsmerkmale der haftungsbegründenden Anspruchsnorm darlegen und im Bestreitensfalle beweisen muss. Vielmehr obliegt dem Organmitglied der Entlastungsbeweis; es ist darlegungs- und beweispflichtig dafür, dass es anlässlich des unternehmerischen Handelns die Sorgfalt eines ordentlichen und gewissenhaften Geschäftsleiters angewandt hat. Hintergrund dieser Überlegungen ist der Umstand, dass das jeweilige Organmitglied die Umstände seines Verhaltens überschauen kann, wohingegen die gegnerische Partei stets in einer Beweisnot wäre (ständige Rspr. bei AktG und GmbH, vgl. nur *Koch*, AktG, § 93 Rn. 103 ff., *Fleischer* in: BeckOGK AktG, § 93 Rn. 274; *Spindler* in: BeckOGK AktG, § 116 Rn. 147; *Patzina* in: Patzina/Bank/Schimmer/Simon-Widmann, Kap. 5., Rn. 1 ff. jeweils mwN; *Freund*, NZG 2015, 1419; *Meckbach*, NZG 2015, 580; *Laumen*, MDR 2019, 193). Dies gilt auch für die Haftung von Vorständen und Verwaltungsräten in Sparkassen (für den Verwaltungsrat vgl. *Engau* in: Engau/Dietlein/Josten, § 15 Anm. 12.4; für den Vorstand → § 20 Rn. 30 ff.). Das in Regress genommene Organ ist aber regelmäßig nicht mehr im Amt und hat keinen Zugriff auf die entlastenden Informationen und Unterlagen. Daher ist anerkannt, dass in diesem Falle diesen in die maßgeblichen Unterlagen Einsicht zu gewähren ist (vgl. *Wilsing/Doralt/Doralt* in: Semler/v. Schenk, § 14 Rn. 242 f.; BGH, Urt. v. 4.11.2002, II ZR 224/00 = NJW 2003, 358). Dies folgt aus der Treuepflicht der Sparkasse gegenüber ihrem ehemaligen Organmitglied (*Fleischer* in: BeckOGK AktG, § 93 Rn. 279; *Spindler* in: BeckOGK AktG, § 116 Rn. 151). Diese Situation ist gedanklich auf die Verteidigungssituation des **ehemaligen Hauptverwaltungsbeamten** im Rahmen einer Inanspruchnahme nach § 48 BStG iVm § 81 LBG NRW übertragbar (→ § 17 Rn. 26).

101 Davon abgesehen kommt nur ein **Anspruch nach § 810 BGB** in Betracht. Dieser gewährt einen Einsichtsanspruch in Urkunden, die sich im Besitz eines anderen befinden; die Vorschrift knüpft den Anspruch lediglich an den Inhalt der Urkunde und an das Vorliegen eines rechtlichen Interesses an der Einsicht an. Dieser ist – unabhängig der og Sonderregelungen – anwendbar. Die §§ 809–811 BGB lösen unabhängig von Sonderrechtsbeziehungen den Interessenkonflikt, indem sie allgemeine Regelungen darüber aufstellen, unter welchen Voraussetzungen jemand die Besichtigung von Sachen sowie die Einsichtnahme in Urkunden verlangen kann, die sich nicht in seinem Besitz befinden (*Marburger* in: Staudinger, Vorbemerkungen zu §§ 809–811, Rn. 1), sie greifen also unabhängig von sonstige Rechtsbeziehungen, aus denen heraus die Pflicht zur Vorlegung von Sachen oder Urkunden begründet werden kann oder gar spezialgesetzliche Normen bestehen (*Wilhelmi* in: Erman, Vorbemerkung vor § 809, Rn. 1; *Marburger* in: Staudinger, Vorbemerkungen zu §§ 809–811, Rn. 3 mwN). Die Problematik bei diesem Anspruch wird regelmäßig darin bestehen, ob die Niederschriften „im Interesse" des Anspruchstellers errichtet worden sind. Das ist nur der Fall, wenn die Urkunde dazu bestimmt ist, dem Anspruchsteller als Beweismittel zu dienen, oder wenigstens seine rechtlichen Beziehungen fördern soll, wobei der Zweck und nicht der objektive Inhalt der Urkunde entscheidend ist (BGH, Urt. v. 31.3.1971, VIII ZR 198/69 = WM 1971, 565). Genügend ist dabei, dass die Urkunde jedenfalls „auch" dem Interesse des Anspruchstellers dient (*Habersack* in: MüKoBGB, § 810 Rn. 5; *Gehrlein* in: BeckOK BGB, § 810 Rn. 2; BGH, Urt. v. 10.7.1961, VIII ZR 42/60 = MDR 1961, 931). Schließlich fordert § 810 BGB nicht bloß ein ernstliches, sondern ein besonderes qualifiziertes rechtliches Interesse des Einsichtsgläubigers an der Einsichtnahme, ein anderweitiges (zB „politisches") Interesse ist nicht ausreichend (*Habersack* in: MüKoBGB, § 810 Rn. 10).

§ 17 Beanstandungen

Der Hauptverwaltungsbeamte ist verpflichtet, Beschlüsse des Verwaltungsrates, die das Recht verletzen, zu beanstanden. Die Beanstandung hat aufschiebende Wirkung. Sie ist schriftlich zu begründen und dem Verwaltungsrat mitzuteilen. Verbleibt der Verwaltungsrat bei seinem Beschluss, so hat der Hauptverwaltungsbeamte unverzüglich die Entscheidung der Aufsichtsbehörde einzuholen. Die aufschiebende Wirkung bleibt bestehen.

Literatur: *Beckmann*, Zur Beanstandung rechtswidriger Entscheidungen über die Entlastung des Bürgermeisters in Nordrhein-Westfalen, DVBl 2018, 1521; *Brinktrine/Schollendorf* (Hrsg.), Beck Online-Kommentar Beamtenrecht Bund, 26. Edition, Stand: 1.5.2022; *Dietlein/Heusch* (Hrsg.), Beck Online Kommentar Kommunalrecht Nordrhein-Westfalen, 20. Edition, Stand: 1.6.2022; *Held/Becker/Decker/ua*, Praxis der Kommunalverwaltung, Gemeindeordnung für das Land Nordrhein-Westfalen (GO NRW) – Kommentar, 18. Fassung 2021; *Hirte/Mülbert/Roth* (Hrsg.), Aktiengesetz Großkommentar, Band 5 (§§ 95–116), 5. Aufl.. 2019; *Kallerhoff*, Das kommunalaufsichtliche Beanstandungs- und Aufhebungsrecht in der Rechtsprechung des OVG Münster, NWVBl. 1996, 53; *Mutius*, Unbestimmter Rechtsbegriff und Ermessen im Verwaltungsrecht, Jura 1987, 92; *Perdelwitz/Fabricius/Kleiner*, Das preußische Sparkassenrecht, 2. Aufl. 1937; *Reimer*, Grundfragen der Verwaltungsvorschriften, Jura 2014, 678; *Schmidt/Lutter*, AktG Kommentar, 4. Aufl. 2020

§ 17 A. Sparkassen

Übersicht

	Rn.		Rn.
I. Zweck, Rechtsnatur, Konkurrenzen und Implikationen	1	IV. Rechtsfolgen	14
		1. Beanstandungspflicht	14
II. Beanstandungsbeamter	4	2. Formale Vorgaben	17
III. Rechtswidriger Beschluss – materielle Voraussetzungen	6	3. Anschließendes Verfahren	21
		V. Haftungsfragen	25

I. Zweck, Rechtsnatur, Konkurrenzen und Implikationen

1   Die Vorschrift ist auf § 8 der preußischen SpVO und dem nahezu wortgleichen § 14 SpkG NRW idF v. 2.7.1975 zurückzuführen (vgl. *Perdelwitz/Fabricius/ Kleiner*, S. 112; *Rothe*, § 14, S. 147). Sie ist den kommunalrechtlichen Regelungen der § 54 GO NRW, § 39 KrO NRW dahingehend „verwandt", dass sie denselben Zweck verfolgt, nämlich eine (sparkassen-) **interne effektiven Selbstkontrolle** zu ermöglichen, **um die Rechtmäßigkeit der Beschlüsse des (Verwaltungs-) Rates zu gewährleisten**.

2   Die Beanstandung nach § 17 SpkG NRW ist mithin ein **objektives Instrument zur Rechtmäßigkeitskontrolle der Beschlüsse des Verwaltungsrates** als oberstes Organ der Sparkasse. Die Beanstandung führt zu einem zweistufigen Verfahren: Fehlerhafte Beschlüsse können zunächst sparkassenintern rückgängig gemacht werden durch die Beanstandung des Hauptverwaltungsbeamten und der Abhilfe durch den Verwaltungsrat. Erfolgt dies nicht, kommt es in einer zweiten Stufe zu einer Überprüfung durch die Sparkassenaufsicht. Diese wird dann nach §§ 17 S. 4, 40 Abs. 3 S. 2 SpkG NRW aufgrund der Anrufung durch den Hauptverwaltungsbeamten tätig, wobei dies eine eigenständige – von einer Mitteilung unabhängigen – Initiative zur Prüfung der Rechtmäßigkeit und Aufhebung nach § 40 Abs. 3 S. 2 SpkG NRW durch die Sparkassenaufsicht grundsätzlich nicht versperrt (→ § 40 Rn. 50, vgl. dazu *Engau* in: Engau/Dietlein/Josten, § 17 Anm. 1).

3   Der Umstand, dass **rechtswidrige Beschlüsse** beanstandet und aufgehoben werden, impliziert zugleich ihre **grundsätzliche Wirksamkeit** (→ § 16 Rn. 66 ff.).

II. Beanstandungsbeamter

4   Zur Beanstandung ist nach § 17 S. 1 SpkG NRW der **Hauptverwaltungsbeamte** berufen. Dieser findet Erwähnung in den §§ 11 Abs. 1 und 3, 18, 21 Abs. 1 SpkG NRW; gemeint ist der Leiter der Verwaltung einer Gemeinde, eines Kreises oder einer kreisfreien Stadt, also der hauptamtliche (Ober-) Bürgermeister bzw. Landrat (→ § 11 Rn. 1), welcher entweder nach § 11 Abs. 1 S. 1 SpkG NRW als gewählter Vorsitzender des Verwaltungsrates, nach § 12 Abs. 1 S. 4 SpkG NRW als gewähltes Mitglied des Verwaltungsrates (in diesem Fall ggf. sogar als stellvertretender Vorsitzender nach § 11 Abs. 2 SpkG NRW) oder nach § 11 Abs. 3 SpkG NRW „nur" Beanstandungsbeamter ist.

5   In allen Fällen nimmt nach § 11 Abs. 3 SpkG NRW an allen Sitzungen des Verwaltungsrates ein Hauptverwaltungsbeamter oder – im Verhinderungsfall – sein

II. Verwaltung der Sparkassen **§ 17**

Vertreter im Amt zwingend teil; damit ist eine hinreichende Kommunikation zwischen dem Verwaltungsrat und dem Hauptverwaltungsbeamten in seiner Funktion als Beanstandungsbeamten und die Weiterleitung der Informationen an diesen und die Erkennung von rechtswidrigen Beschlüssen möglich (→ § 11 Rn. 10). Zur Beanstandung befugt ist aber nach dem Wortlaut der Norm nur der Hauptverwaltungsbeamter selbst, nicht auch sein Vertreter (*Völling*, S. 36); letzterer kann in der Sitzung lediglich seine Bedenken äußern und den Hauptverwaltungsbeamten unterrichten, der dann über die Beanstandung zu entscheiden hat. Dies ist insoweit unkritisch, da die nicht einer festen Frist unterliegende Beanstandung ohnehin schriftlich erfolgen und mit einer Begründung versehen sein muss (→ Rn. 17 ff.).

III. Rechtswidriger Beschluss – materielle Voraussetzungen

Gegenstand der Beanstandung sind „Beschlüsse des Verwaltungsrates, die das Recht verletzen". Das SpkG NRW setzt den **Begriff des Beschlusses** voraus, definiert diesen allerdings nicht selbst. § 16 SpkG NRW sieht insoweit lediglich vor, dass diese mit Stimmenmehrheit der anwesenden Mitglieder gefasst werden. Ausgehend vom gewöhnlichen Sprachgebrauch ist ein Beschluss eine Entscheidung, die in der Regel am Ende eines Beratungsvorganges über einen Antrag ergeht, wobei üblicherweise zwischen Beschlüsse über Sachthemen und personenbezogene Beschlüsse (Wahlen) unterschieden wird (*Rohde* in: BeckOK KommunalR NRW, GO NRW § 50 Rn. 5). Damit sind Beschlüsse alle Willensentscheidungen, die für die Sparkasse eine Rechtswirkung auslösen (*Rothe*, § 14, Anm. 3, S. 150; *Heinevetter* [2. Aufl.], § 29, Anm. 3.3). Ferner steht damit auch fest, dass es sich um Beschlüsse **des Kollektivorgans Verwaltungsrat** handeln muss, mithin sind Meinungsäußerungen oder sonstige Maßnahmen einzelner Verwaltungsratsmitglieder nicht von der Norm erfasst. 6

Die Beanstandung dient lediglich der objektiven Rechtmäßigkeitskontrolle, daher muss der Beschluss gegen geltendes Recht verstoßen. Eine – wie auch immer geartete – **Überprüfung der Zweckmäßigkeit** ist von § 17 SpkG NRW nicht gedeckt (so auch *Biesok*, SpkG-Kommentar, § 15 Rn. 335). Ein paralleles Instrument zum § 54 Abs. 1 GO NRW bzw. § 39 Abs. 1 KrO, der unabhängig von der objektiven Rechtswidrigkeit ein Widerspruchsrecht an die persönliche Auffassung des Hauptverwaltungsbeamten knüpft, dass der Beschluss „das Wohl" der Sparkasse „gefährdet", sieht § 17 SpkG NRW gerade nicht vor. Der Gesetzgeber hat vielmehr in § 17 SpkG NRW bewusst nur die dem § 54 Abs. 2 GO NRW an die Rechtswidrigkeit des Beschlusses knüpfende Beanstandung vorgesehen. 7

Die **Rechtswidrigkeit** des Beschlusses kann unterschiedliche Ursachen haben. Die Rechtswidrigkeit kann bereits – unabhängig vom Inhalt des Beschlusses – aufgrund **formeller Beschlussmängel** vorliegen, so etwa, wenn zB bei der Einberufung nicht alle Verwaltungsratsmitglieder geladen wurden, die Sitzung entgegen § 16 Abs. 1 SpkG NRW öffentlich erfolgte, der Verwaltungsrat trotz fehlender Beschlussfähigkeit einen Beschluss gefasst hat (vgl. dazu *Rothe*, § 14 Anm. 4.1, S. 150), Verwaltungsratsmitglieder an dem Beschluss trotz ihres Ausscheidens nach § 13 Abs. 3 SpkG NRW mitwirken (vgl. dazu *Rothe*, § 14 Anm. 4.1, S. 150) bzw. nach §§ 21 Abs. 1 und 2, 16 Abs. 3 S. 4 SpkG NRW wegen Befangenheit von an der Entscheidung nicht mitwirken durften (vgl. *Rothe*, § 14 Anm. 4.2, S. 151; → § 21 8

Rn. 31 ff.), auch Abstimmungsfehler führen zur Rechtswidrigkeit (vgl. *Rohde*, aaO, § 54 Rn. 8).

9 Der Beschluss kann aber auch in materieller Hinsicht rechtswidrig sein, wenn sein Inhalt **gegen höherrangiges Recht verstößt**, dh gegen Bundes- (zB KWG, HGB) oder Landesgesetze (zB SpkG) im formellen Sinne, Rechtsverordnungen (zB SolvV, GroMiKV, LiqV) oder gegen Ortsrecht verstößt (*Faber* in: PdK NW B-1, GO NRW § 54 2.2, beck-online), wobei die die Sparkassensatzung zu letzterem gehört (*Rothe*, § 14 Anm. 4., S. 150; *Engau* in: Engau/Dietlein/Josten, § 17 Anm. 1). Dazu gehören auch ungeschriebenes Gewohnheitsrecht, die allgemeinen Grundsätze des Verfassungsrechts sowie die aus den demokratischen und rechtsstaatlichen Grundsätzen unmittelbar abzuleitenden Rechtsnormen (*Faber*, aaO).

10 Besonderer Unterfall ist der **Verstoß gegen die** aus dem Sparkassengesetz resultierende **sparkasseninterne Kompetenzordnung**. Beschlüsse, die rechtswidrig in die Organkompetenzen anderer Sparkassenorgane (oder Organteile) eingreifen, sind rechtswidrig und zu beanstanden. Ein solcher Fall ist beispielsweise denkbar, wenn die Richtlinienkompetenz des Verwaltungsrates nach § 15 Abs. 1 SpkG NRW überschritten wird und dem Vorstand keinen Handlungsspielraum lässt und/oder absolute Bindungswirkung zukommen soll oder wenn der Verwaltungsrat (jenseits seiner Befugnis aus § 15 Abs. 2 lit. c Alt. 1 SpkG NRW, eine Geschäftsanweisung für den Vorstand zu erlassen,) entgegen § 19 Abs. 7 SpkG NRW die Geschäftsverteilung des Vorstands regeln wollte.

11 Ein inhaltlich gegen das Gesetz verstoßender Beschluss liegt auch vor, wenn der Verwaltungsrat die ihm eingeräumten Ermessensgrenzen überschreitet, so dass dieser auf einem **Ermessensfehler** beruht. Ob dies unmittelbar auf § 114 VwGO zurückzuführen ist (so anscheinend *Engau* in: Engau/Dietlein/Josten, § 17 Anm. 2) oder wohl richtigerweise inzwischen allgemein auch zivilrechtlich zur Rechtmäßigkeit von Beschlüssen eines Kontrollorgans gehört (BGH, Urt. v. 21.4.1997 – II ZR 175/95 = BGHZ 135, 244 – ARAG/Garmenbeck; vgl. *Drygala* in: Schmidt/Lutter, AktG, § 108 Rn. 39), mag dahinstehen. Der Verwaltungsrat hat jedenfalls das ihm eingeräumte Ermessen nach dem Zweck der Ermächtigung auszuüben und dessen Grenzen einzuhalten. Ermessensfehler sind denkbar, wenn der Verwaltungsrat von seinem Ermessen keinen oder unzureichenden Gebrauch macht (Ermessensnichtgebrauch bzw. Ermessensunterschreitung), wenn dessen äußere Grenzen überschritten werden, in dem eine Maßnahme gewählt wird, die von der ihm übertragenen Handlungsermächtigung nicht mehr erfasst ist (Ermessensüberschreitung) oder wenn ein die Ausübung des Ermessens von unsachlichen oder sachwidrigen Gründen geleitet worden ist (Ermessensfehlgebrauch bzw. Ermessensmissbrauch). Liegen solche Fehler nicht vor, sondern „nur" eine aus Sicht des Beanstandungsbeamten inhaltliche „falsche" Entscheidung vor, liegt in Bezug auf die Ermessensausübung keine beanstandungsfähige Maßnahme vor.

12 Fraglich ist, ob Beschlüsse zu beanstanden sind, wenn sie lediglich die Interessen einzelner Personen verletzen, zB sie **„nur" die Verletzung einer Pflicht aus privatrechtlichen Verträgen** zur Folge haben. Dies wird regelmäßig damit abgelehnt, dass die Beanstandung nicht der Verfolgung subjektiver Rechte diene und daher diese nur im Interesse des öffentlichen Wohls eingreifen dürfe, nicht aber mit dem Ziele, einem einzelnen zu seinem Recht zu verhelfen, wenn dieser seine Rechte in einem Zivilprozess oder in einem Verwaltungsstreitverfahren geltend machen kann (so das OVG Münster, Urt. v. 23.1.1963 – III A 355/57 = JuS 1964,

II. Verwaltung der Sparkassen § 17

76; dem folgend *Rohde* in: BeckOK KommunalR NRW, GO NRW § 54 Rn. 9 sowie *Engau* in: Engau/Dietlein/Josten, § 17 Anm. 2). Diese Argumentation ist indes mit dem Wortlaut der Norm und ihrem Zweck nur schwer vereinbar. Der Grundsatz „pacta sunt servanda" ist geltendes Recht und kann nicht deswegen unbeachtet bleiben, weil für diese Rechtsverletzung zusätzlich andere Rechtsfolgeregelungen bestehen (so auch selbst für das kommunale Beanstandungsrecht *Faber* in: PdK NW B-1, GO NRW § 54 2.2, beck-online). Verwaltungsratsbeschlüsse, die zur Verletzung einer Pflicht aus privatrechtlichen Verträgen führen, sind daher grundsätzlich zu beanstanden. Umgekehrt begründet dies allerdings kein subjektives Recht (Anspruch) eines Dritten auf Einschreiten des Beanstandungsbeamten.

Nicht zum geltenden Recht gehören die **von den Aufsichtsbehörden herausgegebenen Erlasse** (so auch *Engau* in: Engau/Dietlein/Josten, § 17 Anm. 2), dabei handelt es sich um Verwaltungsvorschriften, die auf der Leitungs- und Weisungskompetenz der übergeordneten Verwaltungsinstanz beruhen (BVerfG, Beschl. v. 15.7.1969 – 2 BvF 1/64 = BVerfGE 26, 338) und norminterpretierenden und/oder ermessenslenkenden Charakter haben; es handelt sich um die Auffassung der Aufsichtsbehörde, die indes die Gerichte nicht binden. Ein Verstoß gegen diese selbst macht die Entscheidung nicht zwingend rechtswidrig (vgl. dazu *Reimer*, Jura 2014, 678). Entsprechendes gilt für die **von Sparkassen- und Giroverbänden herausgegebene Empfehlungen**, deren Nichteinhaltung für sich allein keine Rechtsverletzung darstellt und daher auch nicht beanstandet werden kann (dazu vgl. *Engau* in: Engau/Dietlein/Josten, § 17 Anm. 2 unter Hinweis auf OVG Münster, Urt. v. 20.9.1979 – XV A 1206/78 –, juris). 13

IV. Rechtsfolgen

1. Beanstandungspflicht

Liegt ein rechtswidriger Verwaltungsratsbeschluss vor, ist der Beanstandungsbeamte zur **Beanstandung** verpflichtet. Darunter versteht man die **förmliche Rüge der Rechtswidrigkeit** durch den Hauptverwaltungsbeamten. Ungeachtet der fraglichen Behördeneigenschaft des Hauptverwaltungsbeamten als Beanstandungsbeamten hat die Beanstandung jedenfalls **keine Außenwirkung**, so dass es sich dabei nicht um einen mit der Anfechtungsklage angreifbaren Verwaltungsakt handelt (ähnlich *Biesok*, Kommentar zum SpkG, § 15 Rn. 333). 14

Der Beanstandungsbeamte hat dabei **kein Ermessen**; ist er nach pflichtgemäßer Prüfung zu dem Ergebnis gelangt, dass ein Beschluss das geltende Recht verletzt, muss er einschreiten. Dies gilt auch, wenn der Beschluss an einem solch schwerwiegenden Mangel leidet, dass er nichtig ist. Denn auch hier droht die Vollziehung eines rechtswidrigen Beschlusses. 15

In Extremfällen, in denen der **Zweck der Beanstandung** (Gelegenheit zur Selbstkorrektur) **in sonstiger Weise erfüllt** ist, wenn zB ein bereits beanstandeter Beschluss zwar beseitigt worden ist, der gerügte Rechtsverstoß indes unverändert wieder aufgenommen wird, würde eine erneute vorherige Beanstandung reine Förmelei sein. In diesem Fall kann der Hauptverwaltungsbeamte unverzüglich die Entscheidung der Aufsichtsbehörde einholen (in Anlehnung an OVG Münster, Urt. v. 17.2.1984 – 15 A 2626/81 = DVBl 1985, 172; *Kallerhoff*, NWVBl. 1996, 53, 55), 16 wobei dennoch zeitgleich die Aussprache der Beanstandung aufgrund des damit einhergehenden Suspensiveffekts (→ Rn. 21) erfolgen sollte.

2. Formale Vorgaben

17 Die **Beanstandung** ist nach § 17 S. 3 SpkG NRW „schriftlich zu begründen und dem Verwaltungsrat mitzuteilen". Die Beanstandung und ihre inhaltliche Begründung sind daher **schriftlich zu fassen**. Die Behauptung der Rechtswidrigkeit reicht nicht aus; fehlt eine Begründung, liegt keine wirksame Beanstandung vor (*Biesok*, a.a.O., § 15 Rn. 338). Dies soll verhindern, dass Beanstandungen vorschnell ausgesprochen werden. Die schriftliche Begründungspflicht zwingt zu einer vorherigen sorgsamen Überlegung und rechtlichen Prüfung. Zugleich gibt sie jedem Verwaltungsratsmitglied die Möglichkeit, sich vor seiner erneuten Stimmabgabe inhaltlich mit allen Gründen vertraut zu machen, aus denen der Beanstandungsbeamte die Rechtswidrigkeit des Beschlusses herleitet (*Faber* in: PdK NW B-1, GO NRW § 54 2.7, beck-online); dies ermöglicht dem Verwaltungsrat erst in die vom Gesetzgeber intendierte Selbstkontrolle seiner Beschlüsse einzutreten (*Rohde* in: BeckOK KommunalR NRW, GO NRW § 54 Rn. 10).

18 Die **Mitteilungsmodalitäten der Beanstandung** an den Verwaltungsrat differieren, je nachdem, welche Funktion der Beanstandungsbeamte hat (→ Rn. 4). Ist er nach § 11 Abs. 1 S. 1 SpkG NRW gewählter Vorsitzender des Verwaltungsrates, wird er selbst über die Beanstandung informieren und eine neue Sitzung nebst Beschlussfassung über die beanstandete Angelegenheit gem. § 16 Abs. 1 S. 1 SpkG NRW einberufen; in den übrigen Fällen wird er seine Beanstandung dem Vorsitzenden zuleiten, der entsprechend vorgeht (*Engau* in: Engau/Dietlein/Josten, § 17 Anm. 3).

19 Die Beanstandung ist **nicht an eine Frist gebunden**. Solange nicht vollendete Tatsachen im Sinne des Vollzugs des Beschlusses geschaffen sind und der Beschluss Bestand hat, ist die Beanstandung grundsätzlich möglich (*Beckmann*, DVBl. 2018, 1521). Allerdings resultieren durch den Vollzug von rechtswidrigen Beschlüssen Haftungsrisiken für die Sparkasse, welche wiederum zu einem Regressanspruch der Sparkasse gegen den Hauptverwaltungsbeamten führen können (*Engau* in: Engau/Dietlein/Josten, § 17 Anm. 4). Zudem muss ein etwaiger Schwebezustand im Sinne einer Unsicherheit über die Rechtmäßigkeit und Umsetzungszulässigkeit von Beschlüssen möglichst kurz gehalten werden. Daher hat die Beanstandung unverzüglich im Sinne des § 121 BGB, dh ohne schuldhaftes Zögern zu erfolgen (so auch *Biesok*, a.a.O. § 15 Rn. 339). Zwar mag bei komplexen Sachverhalten oder Bedarf nach einer externen Beratung eine nach den Umständen des Einzelfalls bemessene Prüfungs- und Überlegungsfrist gewährt werden; allerdings wird auch hier eine Frist von 2 Wochen nach ständiger Rechtsprechung die Obergrenze für ein unverzügliches Handeln darstellen (*Ellenberger* in: Grüneberg, § 121, Rn. 3; aA *Biesok*, a.a.O., der sich für eine kürzere Frist von maximal einer Woche ausspricht).

20 Eine rein **mündliche Rüge der Rechtswidrigkeit eines gefassten Beschlusses in der Sitzung**, ist, ungeachtet der Wortwahl und ihrer Bezeichnung als „Beanstandung" daher noch keine wirksame Beanstandung im Sinne des § 17 SpkG NRW (aA *Biesok*, a.a.O., § 15 Rn. 343).

II. Verwaltung der Sparkassen § 17

3. Anschließendes Verfahren

Mit formgerechter Mitteilung der Beanstandung wird das Verfahren zur internen Selbstkontrolle eingeleitet. Nach § 17 S. 2 SpkG NRW hat die Beanstandung **aufschiebende Wirkung**, dh der beanstandete Beschluss des Verwaltungsrates darf nicht vollzogen werden, bis das weitere Beanstandungsverfahren abgeschlossen ist (Suspensiveffekt). Handelt der Vorstand dem zuwider, so liegt darin eine die Schadenersatzpflicht begründende Pflichtverletzung. 21

Der Verwaltungsrat erhält nach § 17 S. 3 SpkG NRW die Gelegenheit ein **zweites Mal über den eigenen Beschluss zu beraten und zu entscheiden**. Dazu ist vom Vorsitzenden nach § 16 Abs. 1 SpkG NRW eine Sitzung einzuberufen und nach § 16 Abs. 2 S. 1 SpkG NRW die Neubefassung des beanstandeten Beschlusses auf die Tagesordnung zu setzen. Bis zur erneuten Entscheidung des Verwaltungsrates ist die Rücknahme der Beanstandung durch den Beanstandungsbeamten möglich, wenn er zB nach eingehender Prüfung und oder Beratung nunmehr von der Rechtmäßigkeit des Beschlusses überzeugt ist (*Biesok*, a.a.O., § 15 Rn. 340). 22

Dem Verwaltungsrat ist nach Abschluss der Aussprache gehalten, einen Beschluss zu fassen; er kann entweder den beanstandeten **Beschluss bestätigen oder aufheben**. Im letzteren Fall ist der Beanstandung abgeholfen und das Verfahren beendet. Beschließt die Mehrheit des Verwaltungsrats bei dem beanstandeten Beschluss zu verbleiben, so hat der Beanstandungsbeamte gem. § 17 S. 4 SpkG NRW unverzüglich die Entscheidung der Sparkassenaufsicht einzuholen, die nach § 40 Abs. 3 S. 2 SpkG NRW den Beschluss aufheben und – soweit möglich – die Rückgängigmachung der darauf beruhenden bereits erfolgten Vollziehungsmaßnahmen verlangen kann (→ § 40 Rn. 49 ff.). Die aufschiebende Wirkung bleibt bis zur Entscheidung der Sparkassenaufsicht bestehen, § 17 Abs. 5 SpkG NRW. Damit ist im Falle der Aufhebung durch die Aufsichtsbehörde bis zur Aufhebung eine Vollziehung untersagt – und nach der Aufhebung besteht kein Beschluss mehr, der vollzogen werden könnte. Kommt die Aufsichtsbehörde zum Ergebnis, dass der beanstandete Beschluss rechtmäßig war, endet der Suspensiveffekt ebenfalls mit der Entscheidung. 23

Da die aufsichtsrechtliche **Aufhebungsverfügung ein Verwaltungsakt** ist (→ § 40 Rn. 54), kann diese vor dem Verwaltungsgericht angefochten werden (*Rothe*, § 14 V, S. 152; *Engau* in: Engau/Dietlein/Josten, § 17 Anm. 3). 24

V. Haftungsfragen

Haftungsfragen können sich in Bezug folgende Konstellationen stellen: (a.) der **Beanstandungsbeamte**, der (pflichtwidrig) einen rechtswidrigen Beschluss des Verwaltungsrates nicht beanstandet, oder (pflichtwidrig) einen rechtmäßigen Beschluss beanstandet sowie (b.) auf den **Verwaltungsrat**, der (pflichtwidrig) an einem rechtswidrigen Beschluss festhält und diesen bestätigt und schließlich (c.) auf den **Vorstand**, der (pflichtwidrig) einen beanstandeten Beschluss vollzieht. Letzterer Fall (c. – **Vorstand**) ist gem. § 93 AktG analog eine zum Schadensersatz führende Pflichtverletzung (→ Vorstandshaftung § 20 Rn. 20, 23 ff.). Die Haftung des Verwaltungsrates (b. – **Verwaltungsrat**) bestimmt sich nach § 15 Abs. 8 SpkG NRW und ist damit auf eine vorsätzliche oder zumindest grob fahrlässige Pflicht- 25 verletzung beschränkt (Haftung von Verwaltungsräten → § 15 Rn. 143 ff.), ist aber bei einer Bestätigung eines offensichtlich rechtswidrigen Beschlusses dennoch vorstellbar.

26 Die Haftung des **Beanstandungsbeamten** (a.) richtet sich mangels Dritteigenschaft der Sparkasse nicht nach § 839 BGB iVm Art. 34 GG, sondern nach dem § 48 BStG iVm § 81 LBG NRW (*Engau* in: Engau/Dietlein/Josten, § 17 Anm. 4). Danach haben Beamte dem Dienstherrn, dessen Aufgaben sie wahrgenommen haben, den aus einer vorsätzlich oder grob fahrlässigen Pflichtverletzung entstehenden Schaden zu ersetzen. Anspruchsberechtigt ist der Dienstherr, dessen Aufgaben der Beamte wahrgenommen hat (*Bund/Burth* in: BeckOK BeamtenR, BeamtStG § 48 Rn. 1). Im Zusammenhang mit der Beanstandung nimmt dieser Aufgaben der Sparkasse (und nicht des Trägers) im Rahmen eines internen Selbstkontrollverfahrens wahr, so dass diese in diesem Zusammenhang als „Dienstherr" anzusehen ist und eine Regresskonstellation vorliegt.

27 Eine Haftung kommt aber nur bei Vorsatz oder grober Fahrlässigkeit in Frage. **Vorsatz** verlangt dabei ein Wissen und Wollen in Bezug auf die Pflichtverletzung dahingehend, dass der Beamte zumindest neben der Kenntnis der Pflichtwidrigkeit auch das Bewusstsein der Möglichkeit einer Pflichtverletzung hat. Auf die Beanstandung bezogen würde es bedeuten, dass dieser bewusst einen als rechtswidrig erkannten Verwaltungsratsbeschluss nicht beanstandet bzw. bewusst einen also rechtmäßig erkannten Verwaltungsratsbeschluss beanstandet. **Grobe Fahrlässigkeit** liegt vor, wenn die im Verkehr erforderliche Sorgfalt in besonders schwerem Maß verletzt wird; wenn der Beamte das nicht beachtet, was im gegebenen Fall jedem einleuchten muss oder er stellt nicht die einfachsten, ganz nahe liegenden Überlegungen an (BVerwG, Beschl. v. 22.11.2006 – 2 B 47/06, juris Rn. 4). Eine Haftung wegen grober Fahrlässigkeit kann angenommen werden, wenn (bei unterlassener Beanstandung) die Rechtswidrigkeit des Verwaltungsratsbeschlusses so offensichtlich ist, dass sie jedem hätte einleuchten müssen bzw. (bei Beanstandung) die für die Rechtswidrigkeit hervorgebrachten Gründe, so fernliegend sind, dass auch hier jeder mit ganz nahen liegenden Überlegungen die fehlende Rechtswidrigkeit hätte erkennen können.

§ 18 Sitzungsgeld

Für die Teilnahme an den Sitzungen erhalten die Mitglieder des Verwaltungsrates und der Hauptverwaltungsbeamte in beratender Funktion gemäß § 10 Absatz 4 ein Sitzungsgeld; sie haben daneben Anspruch auf Ersatz ihrer Fahrtauslagen. Über die Höhe des Sitzungsgeldes beschließt der Verwaltungsrat auf der Grundlage von Empfehlungen der Sparkassen- und Giroverbände. Die Mitgliedschaft von Hauptverwaltungsbeamten im Verwaltungsrat und in dessen Ausschüssen gilt als Nebentätigkeit im öffentlichen Dienst. Gleiches gilt für die Tätigkeit von Hauptverwaltungsbeamten in beratender Funktion gemäß § 10 Absatz 4.

Literatur: *Aus der Fünten*, der Verwaltungsrat der Sparkasse, 1. Aufl. 1969; *Dietlein/Heusch* (Hrsg.), Beck Online Kommentar Kommunalrecht Nordrhein-Westfalen, 20. Edition, Stand: 1.6.2022; *Goette/Habersack/Kalss* (Hrsg.), Münchener Kommentar zum Aktiengesetz, 5. Aufl. 2019; *Held/Becker/Decker/ua*, Praxis der Kommunalverwaltung, Gemeindeordnung für das Land Nordrhein-Westfalen (GO NRW) – Kommentar, 18. Fassung 2021; *Hopt/Binder/Böcking*,

II. Verwaltung der Sparkassen § 18

Handbuch Corporate Governance von Banken und Versicherungen, 2. Aufl. 2020; *Koch*, Aktiengesetz, 16. Aufl. 2022; *Kugele*, Tätigkeit eines Beamten im Beirat eines privaten Unternehmens, jurisPR-BVerwG 12/2011 Anm. 6; *Schrapper/Günther*, Landesbeamtengesetz Nordrhein-Westfalen, 3. Aufl. 2021

Übersicht

	Rn.		Rn.
I. Regelungsgegenstand und -zweck	1	b) Aus- und Fortbildungskosten	13
II. Allgemeines	3	c) Ermessensunabhängiger Rechtsanspruch	16
1. Korporationsrechtliches Amtsverhältnis und ehrenamtliche Beschränkungen	3	III. Betroffener Personenkreis	17
2. Zivil- und sparkassenrechtliche Rahmenbedingungen	7	1. Begünstigte	17
3. Art der Vergütung und Vergütungsanspruch	9	2. Beamtenrechtliche Nebentätigkeits- und Abführungsproblematik	20
a) Sitzungsgeld und Fahrtauslagen	9	IV. Bestimmung der Höhe des Sitzungsgeldes	26

I. Regelungsgegenstand und -zweck

§ 18 SpkG NRW regelt die **Vergütung für die Mitglieder des Verwaltungsrates**, wobei der Begriff Vergütung hier neutral als die Zuwendung von einer Geldsumme verstanden wird, ohne Rücksicht darauf, ob dies als Gegenleistung oder Entschädigung erfolgt. Dabei wird die Art der Vergütung und das Verfahren zur Bestimmung der Vergütungshöhe festgelegt. § 18 S. 1 SpkG NRW statuiert dabei einen Anspruch des Verwaltungsratsmitglieds auf Zahlung eines Sitzungsgeldes und einen Anspruch auf Ersatz der Fahrtauslagen. Damit **schützt die Regelung** die Sparkasse vor überhöhten Bezügen und dient auch der inneren Ordnung der Sparkasse, indem sie sowohl eine – der Kontrollfunktion schädliche – Kompetenz des Vorstandes vermeidet als auch in der Sache eine „Selbstbedienung" der Verwaltungsräte verhindert. 1

Die Regelung wird von § 15 Abs. 9 und 10 SpkG NRW flankiert; während der § 18 SpkG NRW die direkten Zahlungsflüsse von der Sparkasse **für die Verwaltungsratstätigkeit** an Verwaltungsratsmitglieder regelt, erfasst § 15 Abs. 9 SpkG NRW Zahlungsflüsse aufgrund von schuldrechtlichen Verpflichtungen mit der Sparkasse an Verwaltungsratsmitglieder für Leistungen, die **neben der Tätigkeit im Verwaltungsrat** gewährt werden (insbes. Beratungsverträge). § 15 Abs. 10 SpkG NRW erfasst weitere Zahlungen für Leistungen neben der Verwaltungsratstätigkeit, indem Verträge von Verwaltungsratsmitgliedern mit Töchterunternehmen der Sparkasse geregelt werden. 2

II. Allgemeines

1. Korporationsrechtliches Amtsverhältnis und ehrenamtliche Beschränkungen

Die Beziehung zwischen dem Verwaltungsratsmitglied und der Sparkasse ist nicht vertraglicher, sondern **korporationsrechtlicher Natur**, welches durch An- 3

M. Hamdan

§ 18   A. Sparkassen

nahme des Mandats begründet wird, die Rechte und Pflichten des Verwaltungsratsmitglieds ergeben sich danach aus dem SpkG NRW aufgrund der Stellung als Organmitglied.

4   Das SpkG NRW bestimmt dabei, anders als andere Sparkassengesetze (zB § 19 Spk BaWü, § 14 SpkG S, § 14 SpkG SA) nicht ausdrücklich, **ob es sich um ein Ehrenamt handelt**. Während dies zum Teil angenommen wird (*Völter*, 2014, Anm. 6.2.1.1, S. 138 sowie 6.3.1, S. 141; *Aus der Fünten*, 1969, S. 48 f.; *Völling*, 1962, S. 22), wird dies im Zusammenhang mit der Frage der Verpflichtung zur Annahme des Mandats gemäß § 28 GO NRW (kommunales Ehrenamt) **abgelehnt** (*Engau* in: Engau/Dietlein/Josten, § 12 Anm. 7), was zumindest inzwischen vor dem Hintergrund der Komplexität, des Aufwandes und der potentiellen Haftungsfolgen einerseits und dem limitierten Anwendungsbereich des Ehrenamts im Sinne von § 28 Abs. 2 GO NRW anderseite (vgl. dazu BeckOK KommunalR NRW/*Thiel*, GO NRW § 28 Rn. 14 f.; *Wansleben* in: PdK NW B-1, GO NRW § 28 Anm. 3) Zustimmung verdient.

5   Auch hätte die **Qualifikation** der Verwaltungsratstätigkeit als **„öffentliches Ehrenamt" für sich allein keinen Mehrwert**. Für Beamte im Verwaltungsrat könnte sie wirtschaftlich nur von Bedeutung sein, wenn die Wahrnehmung der Verwaltungsratstätigkeit kraft gesetzlicher Fiktion nach § 49 Abs. 1 S. 2 LBG NRW nicht als Nebentätigkeit gilt und zudem von der in § 2 Abs. 4 NtV enthaltenen Aufzählung öffentlicher Ehrenämter erfasst wird, welche durch Fortfall von Anzeige- und Genehmigungs-, aber auch Abführungspflichten privilegiert sind. Letzteres ist in Nordrhein-Westfalen trotz entsprechender gesetzgeberischer Versuche nicht erfolgt (*Schrapper/Günther*, LBG NRW § 49 Rn. 13).

6   Vom Ehrenamt ausgehend, bei dem grundsätzlich kein Entgelt gezahlt werden darf, wird in der Literatur (vgl. etwa *Rothe*, § 20 Anm. II 1., S. 184; *Biesok*, Sparkassenrecht, Rn. 439) und Praxis bei finanziellen Zuwendungen an Verwaltungsräte von einer regelmäßig von Aufwandsentschädigung gesprochen, welche als pauschale Vergütung zur Abgeltung von Aufwendungen gezahlt wird, die mit einem Ehrenamt verbunden sind und regelmäßig (im Gegensatz zum schuldrechtlichen Aufwendungsersatz) weder präzisiert noch konkret nachgewiesen werden. Da das Verwaltungsratsmitglied in NRW nicht hauptberuflich tätig ist, aber auch kein kommunales Ehrenamt bekleidet, ist das **ehrenamtliche Entlohnungsverbot** für die weiteren Überlegungen **irrelevant**. Dies ist auch zeitgemäß – inzwischen dürfte in der Sache auch selbstverständlich sein, dass für ausgeübte Verantwortung auch eine angemessene Vergütung zu bezahlen ist (*Völter*, 2014, Anm. 3.6, S. 49).

2. Zivil- und sparkassenrechtliche Rahmenbedingungen

7   **Zivilrechtlich** ist die Vergütung des Aufsichtsorgan unter verschiedenen Aspekten möglich. So ist es denkbar, ausschließlich die Aufwendungen, also freiwillige Vermögensopfer, wie zum Beispiel die Reisekosten (für Zug- oder PKW-Fahrten), Telefonkosten, usw. zu erstatten. Solche Zuwendungen werden regelmäßig als „Auslagen" bezeichnet (vgl. *Engau* in: Engau/Dietlein/Josten, § 18 Anm. 1). Denkbar ist es dabei auch, den individuellen Verdienstausfall zu erfassen oder diesen gar zu pauschalieren. Davon ausgehend sind in der privaten Wirtschaft weitere Konstellationen vorzufinden, wie eine Festvergütung, die sich an der tatsächlichen Arbeits-

belastung und dem Haftungsrisiko orientiert, eine Beteiligung am Gewinn, eine variable Vergütung oder eine Mischvergütung aus Fixgehalt mit erfolgsabhängigen Komponenten.

Sparkassenrechtlich ist indes eine **Beteiligung am Gewinn** – auch ohne ausdrückliche Regelung im SpkG NRW unzulässig (*Biesok*, Sparkassenrecht, Rn. 438), genauso wie die Zuwendung von **variablen Vergütungsbestandteilen**, § 25 d Abs. 5 S. 2 KWG. Denn eine solche Vergütungsstruktur kann zu Interessenkonflikten führen, wenn die Mitglieder des Verwaltungs- oder Aufsichtsorgans eine variable Vergütung erhalten, die auf den gleichen Vergütungsparametern beruht, wie sie für die Geschäftsleitung zur Anwendung kommen; dieser Interessenkonflikt ist nach Auffassung der Aufsicht vor allem dadurch zu vermeiden, dass anstatt einer variablen ausschließlich eine fixe Vergütung gewährt wird (*Wolfgarten* in: Boos/Fischer/Schulte-Mattler, KWG § 25d Rn. 72; *Hopt/Binder/Böcking*, § 13 Rn. 81, jeweils mwN). Auch dürften solche Vergütungsstrukturen mit dem gemeinnützigen Charakter von Sparkassen schwer in Einklang zu bringen sein (*Klüpfel/Gaberdiel/Höppel/Ebinger*, § 19 Anm. VII zu Absatz 7 und 8, Ziffer 2., S. 200). Die **landesgesetzgeberische Ausgestaltungsmöglichkeiten** des § 18 SpkG NRW sind folglich insoweit zwischen Aufwendungsersatz und Fixvergütung eingeengt. Historisch hat sich der Gesetzgeber dabei vom Aufwendungsersatz mehr in Richtung Festvergütung bewegt (zur historischen Entwicklung *Engau* in: Engau/Dietlein/Josten, § 18 Anm. 1).

8

3. Art der Vergütung und Vergütungsanspruch

a) Sitzungsgeld und Fahrtauslagen

Das Gesetz hat sich seit 1970 für ein **Sitzungsgeld** entschieden (Gesetz v. 16.6.1970, GV. NRW 1970 S. 482), mithin für eine **Vergütung, die** – dem Wortlaut folgend – nicht als „monatlicher Pauschbetrag" (*Rothe*, § 20 Anm. II 1., S. 184; aA *Engau* in: Engau/Dietlein/Josten, § 18 Anm. 1, der auch eine Jahrespauschale für möglich hält) gewährt wird, sondern **an die Teilnahme an einer Sitzung anknüpft**. Zahlungen ohne Bezug zur Sitzungstätigkeit sind somit unzulässig. Das ergibt sich bereits aus dem Wesen des Sitzungsgeldes (*Krebs/Dülp/Schröer*, § 20 SpkO Anm. III 3 d). Soweit dieses Sitzungsgeld über die Abgeltung der tatsächlichen Auslagen hinausgeht, ist es nicht als Auslagenersatz sondern als **zusätzliche feste Vergütung** anzusehen; entscheidend ist insoweit, ob sich die Höhe des Sitzungsgeldes allein an den typischen Auslagen orientiert oder ob sie auch den zeitlichen Aufwand abgelten soll (*Habersack* in: MüKoAktG, § 113 Rn. 14). Die Gesetzesbegründung zu dieser Norm knüpft nämlich daran an, dass die Erstattung der Auslagen und des entgangenen Arbeitsverdienstes aufgrund der Ausweitung der Geschäfte der Sparkassen nicht mehr ausreiche und daher eine angemessene Aufwandsentschädigung in Form eines Sitzungsgeldes gewährt werde müsse, die gerade die starke Inanspruchnahme berücksichtige (Regierungsvorlage Entwurf eines Gesetzes zur Änderung des Sparkassengesetzes v. 2.9.1969, LT-Drs. 1466, S. 24). Bei dem Sitzungsgeld handelt es sich mithin um eine an die Teilnahme an einer Sitzung geknüpfte feste Vergütung (aA *Rothe*, § 20 Anm. II 1., S. 184, der von einer „bestimmten Unterart der Aufwandsentschädigung" ausgeht), **mit welcher** nicht nur die reine Sitzungstätigkeit, sondern **die gesamte mit dem Verwaltungs-**

9

§ 18 A. Sparkassen

ratsmandat verbundene Tätigkeit inklusive Vor- und Nachbereitung **abgegolten wird.**

10 Unter den Begriff Sitzungen des § 18 S. 1 SpkG NRW fallen sowohl die Sitzungen des Gesamtorgans Verwaltungsrats als auch die **Sitzungen seiner Ausschüsse.** Es handelt sich um Untergliederungen des Gesamtorgans, die entweder gesetzlich vorausgesetzt oder zumindest zur partiellen Entlastung im Sinne einer vorbereitenden Aufgabenwahrnehmung gebildet werden. Sie führen zur Arbeitsentlastung des Gesamtorgans und zur Arbeitserhöhung für die Mitglieder dieser Ausschüsse. Der Gesetzgeber hat dies im Wortlaut von § 18 S. 3 und S. 4 SpkG NRW („im Verwaltungsrat und in dessen Ausschüssen") für die Hauptverwaltungsbeamten ausdrücklich geregelt. Es gibt keinen sachlichen Grund, dies bei den anderen Mitgliedern des Verwaltungsrates anders zu bewerten. Daher kann das Sitzungsgeld die Tätigkeit in Ausschüssen gesondert erfassen.

11 § 18 S. 1 HS. 2 SpkG NRW statuiert daneben einen Anspruch auf **Erstattung der Fahrtauslagen** des Verwaltungsratsmitglieds. Aus der Gesetzesbegründung lässt sich entnehmen, dass den Organmitgliedern unterschiedlich hohe Aufwendungen entstehen können, „weil sie zum Beispiel in einem größeren Kreisgebiet ungleiche Anfahrwege haben" und diese Sonderverhältnisse neben dem Sitzungsgeld Berücksichtigung finden sollten (Gesetzesentwurf v. 27.9.1993, LT-Drs. 11/6047, S. 68). Dies erscheint auf den ersten Blick insoweit überflüssig, als dass es für den Ersatz angemessener Auslagen keiner besonderen Anspruchsgrundlage bedurft hätte. Der Ersatzanspruch entspringt nämlich ohnehin dem Amtsverhältnis bzw. dem damit verknüpftem gesetzlichen Schuldverhältnis unter analoger Anwendung der §§ 675, 670 BGB (*Koch*, AktG, § 113 Rn. 7). Indes hat der Gesetzgeber damit zugleich in § 18 SpkG NRW geregelt, welche Auslagen erstattet werden sollen – und im Umkehrschluss auch die weitere separate Erstattung anderweitiger Auslagen ausgeschlossen. Denn aufgrund der Spezialregelung des § 18 S. 1 HS. 2 SpkG NRW verbleibt – ungeachtet der Fragen der Gesetzgebungskompetenzen – mangels Regelungslücke kein Raum mehr für eine analoge Anwendung der §§ 675, 670 BGB.

12 Damit erfasst das Sitzungsgeld systematisch alles andere, also sowohl eine Aufwandschädigung im Sinne einer Vergütung (s.o.), den Ersatz des entgangenen Arbeitsverdienstes bzw. Gewinns sowie den Ersatz aller denkbaren weiteren Auslagen (außer den speziell geregelten Fahrtauslagen). **§ 18 SpkG NRW** regelt damit die Vergütung des Verwaltungsratsmitglieds umfänglich und **ist insoweit abschließend** (so auch *Rothe*, § 20 Anm. II 1., S. 184). Weitere Zuwendungen sind, außer im Rahmen der bereits erwähnten § 15 Abs. 9 und Abs. 10 SpkG NRW, ausgeschlossen.

b) Aus- und Fortbildungskosten

13 Auch ein zusätzlicher Anspruch auf **Aufwendungsersatz für Aus- und Fortbildungskosten** des Verwaltungsratsmitglieds ist damit ausgeschlossen. § 25d Abs. 4 KWG führt dabei zu keinem anderen Ergebnis. Zwar verpflichtet dieser Sparkassen, die notwendigen Ressourcen für eine laufende Fortbildung zur Aufrechterhaltung der erforderlichen Sachkunde der Verwaltungsratsmitglieder sicherzustellen (vgl. dazu *Wolfgarten* in: Boos/Fischer/Schulte-Mattlern, KWG, § 25d Rn. 68; BaFin, Merkblatt zu den Mitgliedern von Verwaltungs- oder Aufsichtsorganen gemäß KWG und KAGB idF v. 29.12.20, S. 31), was auch sachlich dem D.11 DCGK ent-

II. Verwaltung der Sparkassen § 18

spricht, nach dem diese die Verwaltungsratsmitglieder „angemessen unterstützen" sollen. Damit ist durch § 25d Abs. 4 KWG materiell die Frage der Kostentragungslast – entgegen der hM im aktienrechtlichen Schrifttum, welche einen Anspruch nur beim Erwerb von speziellen im Unternehmensinteresse liegenden Qualifikationen befürwortet (statt vieler *Koch*, AktG, § 113 Rn. 10), – zu Lasten der Sparkasse entschieden.

Daraus kann indes ein einzelnes Verwaltungsratsmitglied **keinen** individuellen **unmittelbaren Anspruch** auf Bewilligung einer einzelnen Fortbildung (oder den entsprechenden Aufwendungsersatz) ableiten (BaFin, Merkblatt zu den Mitgliedern von Verwaltungs- oder Aufsichtsorganen gemäß KWG und KAGB idF v. 29.12.20, S. 31). Als aufsichtsrechtliche Norm begründet § 25d Abs. 4 KWG lediglich eine öffentlich-rechtliche Pflicht zur Kostenübernahme, jedoch keinen Anspruch des Verwaltungsratsmitglieds (*Engau* in: Engau/Dietlein/Josten, § 15 Anm. 11.4). Mithin kann dies auch nicht entgegen dem Wortlaut und historischem Willen des Gesetzgebers dem § 18 S. 1 SpkG NRW entnommen werden. 14

Allerdings spricht nichts dagegen, das Sitzungsgeld so zu bemessen, dass aus diesem auch die Kosten von Fortbildungen gedeckt werden können (*Engau* in: Engau/Dietlein/Josten, § 18 Anm. 1). Davon abgesehen regelt § 18 S. 1 SpkG NRW nur die Zuwendungen an das einzelne Verwaltungsratsmitglied; es ist der Sparkasse unbenommen, selbst Fortbildungen und oder Schulungen anzubieten, für die sie die Kosten direkt übernimmt (so wohl auch *Biesok*, SpkG-Kommentar, § 14 Rn. 324). 15

c) **Ermessensunabhängiger Rechtsanspruch**

§ 18 S. 1 SpkG NRW gewährt dabei einen **ermessensunabhängigen Rechtsanspruch** (*Engau* in: Engau/Dietlein/Josten, § 18 Anm. 1; *Klüpfel/Gaberdiel/Höppel/Ebinger*, § 19 Erl. VII zu Absatz 7 und 8, Ziffer 1., S. 199). Sofern es das Sitzungsgeld betrifft, wird er nur dem Grunde nach gewährt, da über dessen Höhe nach § 18 S. 2 SpkG NRW bestimmt werden muss. In Bezug auf den Anspruch auf Fahrtkostenerstattung bezieht sich dieser mangels näherer Regelung auf die erforderlichen tatsächlich entstandenen Kosten; insoweit bedarf es aber keines Verwaltungsratsbeschlusses. 16

III. Betroffener Personenkreis

1. Begünstigte

Seinem Wortlaut nach nennt der § 18 S. 1 SpkG NRW zunächst die **Mitglieder des Verwaltungsrates** und verweist insoweit auf § 10 Abs. 1 und 2 SpkG NRW. Erfasst sind demnach der Vorsitzende, die weiteren Mitglieder sowie die Dienstkräftevertreter. Die **Vertreter der vorgenannten Personen** sind ihrerseits nur dann vergütungsberechtigt, wenn die Personen, die sie zu vertreten haben, abwesend sind und sie in ihrer Eigenschaft als Vertreter für diese an der Sitzung teilnehmen (*Rothe*, § 20 Anm. I 4., S. 184). 17

Daneben stehen den – ggf. mehreren (eingehend dazu *Engau* in: Engau/Dietlein/Josten, § 11 Anm. 1) – **teilnehmenden Hauptverwaltungsbeamten** gemäß § 10 Abs. 4 SpkG NRW dieselben Ansprüche zu. Hauptverwaltungsbeamte können folgende Funktionen wahrnehmen: Beanstandungsbeamte gemäß § 11 Abs. 3 iVm § 17 SpkG NRW, Vorsitzender des Verwaltungsrates gemäß § 11 Abs. 1 SpkG 18

NRW, Mitglied des Verwaltungsrates gemäß § 12 Abs. 1 S. 4 SpkG NRW, bei Zweckverbandssparkassen als Hauptverwaltungsbeamten der Zweckverbandsmitglieder mit beratender gemäß § 10 Abs. 4 SpkG NRW. Ein Vergütungsanspruch besteht nach § 18 S. 1 SpkG NRW nur für Hauptverwaltungsbeamte, die die Funktionen als vorsitzendes Mitglied oder als einfaches Mitglied („Mitglieder des Verwaltungsrates") oder als beratender Teilnehmer („Hauptverwaltungsbeamter in beratender Funktion gemäß § 10 Abs. 4") ausüben. Im Umkehrschluss ist der Hauptverwaltungsbeamte, der ausschließlich in der Funktion als Beanstandungsbeamter (§ 11 Abs. 3 iVm § 17 SpkG NRW) fungiert, nicht Mitglied des Verwaltungsrates und hat kein Stimmrecht – und hat keinen Vergütungsanspruch (Gesetzesentwurf v. 1.7.2016, LT-Drs. 16/12363, S. 70).

19 **Weitere Personen** sind nicht vergütungsberechtigt, insbesondere erhalten weder (stellvertretende) Mitglieder des Vorstands noch Sachverständige, Gäste etc. eine Vergütung nach § 18 SpkG NRW.

2. Beamtenrechtliche Nebentätigkeits- und Abführungsproblematik

20 Die § 18 S. 3 und S. 4 SpkG NRW und ihre Verortung im Gesetz sind aus sich heraus ohne einige **Grundkenntnisse des beamtenrechtlichen Nebentätigkeitsrechts** kaum zu verstehen. Der Hauptverwaltungsbeamte, also regelmäßig der hauptamtliche Bürgermeister oder Landrat, unterliegt als kommunaler Wahlbeamter auf Zeit gemäß § 4 Abs. 2 lit. a) BeamtStG dem Beamtenrecht, § 118 Abs. 1 LBG NRW. Damit schuldet er die Erfüllung seines Hauptamts und wird hierfür gemäß dem in Art. 33 Abs. 5 GG verankerten Alimentationsgrundsatz angemessen besoldet. Wie jeder Beamte hat er sich mit vollem persönlichen Einsatz seinem Beruf zu widmen; § 34 Abs. 1 S. 1 BeamtStG zählt diese Pflicht zu den Grundpflichten eines jeden Beamten. Diese Grundpflicht des Beamten einerseits sowie der bereits genannte Alimentationsgrundsatz andererseits haben mit Blick auf hiesige Problematik zwei Konsequenzen.

21 Zum einen folgert das BVerfG aus der Einheit des öffentlichen Dienstes und dem Grundsatz der sparsamen Haushaltsführung ein **Verbot der Doppelalimentation** (BVerfG, Beschl. v. 25.11.1980 – 2 BvL 7/76 = BVerfGE 55, 207, Rn. 107), welches in § 58 LBG NRW seinen einfachgesetzlichen Niederschlag findet (BVerwG, Urt. v. 23.4.1998 – 2 C 19/97 = BVerwGE 106, 324). Für Tätigkeiten, die zu seinem Hauptamt gehören, wird der Beamte gemäß dem LBesG NRW besoldet; hierfür darf er keine weitere Vergütung erhalten (siehe auch § 12 Abs. 3 NtV) (*Kugele*, jurisPR-BVerwG 12/2011 Anm. 6). Zum anderen unterliegen Nebentätigkeiten gemäß § 44 S. 2 BeamtStG, § 49 Abs. 1 LBG NRW grundsätzlich der **vorherigen Genehmigungspflicht**. Lediglich bestimmte Ehrenämter iSv § 2 Abs. 4 NtV sowie die in § 51 Abs. 1 LBG NRW aufgezählten Tätigkeiten sind von der Genehmigungspflicht ausgenommen. Außerhalb dieser Privilegierungstatbestände unterliegt daher jede **Tätigkeit neben dem Hauptamt** einem Genehmigungsvorbehalt.

22 Das beamtenrechtliche Nebentätigkeitsrecht unterscheidet jedoch noch weitergehend: Gemäß der Legaldefinition in § 48 S. 1 LBG NRW lassen sich Nebentätigkeiten unterscheiden in das **Nebenamt** als ein nicht zum Hauptamt gehörender Kreis von Aufgaben, der aufgrund eines öffentlich-rechtlichen Dienst- oder Amtsverhältnisses wahrgenommen wird (§ 2 Abs. 2 NtV), und die **Nebenbeschäfti-**

II. Verwaltung der Sparkassen § 18

gung als jede nicht zu einem Hauptamt oder einem Nebenamt gehörende Nebentätigkeit **innerhalb oder außerhalb des öffentlichen Dienstes** (§ 2 Abs. 3 NtV). Zu den Nebentätigkeiten im öffentlichen Dienst zählen alle Tätigkeiten, die in den Diensten zB einer Anstalt des öffentlichen Rechts ausgeübt werden (§ 3 Abs. 1 NtV).

Die Frage der **Abführungspflicht in Bezug auf die erhaltene Vergütung** 23 knüpft daran an: Übt nun ein Beamter eine Tätigkeit, die zu seinen dienstlichen Aufgaben (**Hauptamt oder Nebenamt**) gehört wie eine Nebenbeschäftigung gegen Vergütung aus, so hat er die Vergütung an den Dienstherrn vollständig abzuführen, § 58 LBG NRW. Für die **Nebentätigkeiten im öffentlichen Dienst** sieht § 57 LBG NRW iVm § 13 Abs. 1 NtV Höchstverdienstgrenzen vor. Werden diese überschritten, hat der Beamte die diese dort geregelten Grenzen übersteigenden Beträge gemäß § 13 Abs. 2 NtV wieder an seinen Dienstherrn abzuführen. Auch hier greift wiederum der Grundsatz der Einheit des öffentlichen Dienstes. Lediglich bei der **Nebenbeschäftigung außerhalb des öffentlichen Dienstes** besteht keinerlei Abführungspflicht.

Vor diesem beamtenrechtlichen Hintergrund stellte sich die Frage, **ob die nach** 24 **§ 18 S. 1 SpkG NRW gezahlte Vergütung** sich auf eine Tätigkeit des Hauptverwaltungsbeamten bezieht, die **zum Hauptamt gehört** (vollständige Abführungspflicht) oder als Nebentätigkeit im öffentlichen Dienst einzustufen ist (Höchstgrenzen, darüber hinaus Abführungspflicht). Besondere Unsicherheit (Gesetzesentwurf v. 1.7.2016, LT-Drs. 16/12363, S. 57) bestand aufgrund einer Entscheidung des Bundesverwaltungsgerichts, nach der die Übernahme eines Beiratsmandats eines privaten Unternehmens mit kommunaler Beteiligung zum Hauptamt des Bürgermeisters zugeordnet worden war (BVerwG, Urt. v. 31.3.2011 – 2 C 12/09 = NVwZ-RR 2011, 739).

Dies hat der Landesgesetzgeber mit Einführung von § 18 S. 3 und S. 4 SpkG 25 NRW dahingehend klargestellt, dass die **Mitgliedschaft von Hauptverwaltungsbeamten im Verwaltungsrat** einer Sparkasse **als Nebentätigkeit einzustufen** ist – und gleiches für die Tätigkeit von Hauptverwaltungsbeamten in beratender Funktion bei einer Zweckverbandssparkasse gilt. Somit steht fest, dass die Abführungspflichten nach § 57 LBG NRW iVm § 13 Abs. 1 und 2 NtV Anwendung finden. Diese sehen für die Tätigkeit in dem Verwaltungsrat von Sparkassen spezielle, im Vergleich zu sonstigen Tätigkeiten wesentlich höhere, Freigrenzen vor (Verwaltungsratsvorsitz: 26.684,48 €; Stellvertretender Vorsitz des Verwaltungsrates: 21.347,58 €; einfaches Mitglied/beratender Teilnehmer: 16.010,69 €).

IV. Bestimmung der Höhe des Sitzungsgeldes

Nach § 18 S. 2 SpkG NRW beschließt der Verwaltungsrat auf der Grundlage von 26 Empfehlungen der Sparkassen- und Giroverbände über die Höhe des Sitzungsgeldes. Damit weist die Vorschrift die alleinige **Kompetenz zur Festlegung der Vergütung** der Verwaltungsratsmitglieder dem **Gesamtorgan Verwaltungsrat** zu – und beugt einem Interessenkonflikt mit dem Vorstand vor. Bei einer Festlegung durch den Vorstand wären die potentiellen Interessenkonflikte zwischen Überwachungsorgan und zu überwachendem Organ offensichtlich; daher darf der Vorstand auf die Vergütung auch keinen mittelbaren Einfluss nehmen. Auch der Träger hat in

§ 19   A. Sparkassen

Anbetracht des eindeutigen Wortlauts der Norm und der gesetzgeberischen Absicht, die Vergütungshöhe nicht mehr in der Satzung vom Träger, sondern durch den Verwaltungsrat entscheiden zu lassen (Gesetzesentwurf v. 27.9.1993, LT-Drs. 11/6047, S. 68), keinerlei Mitwirkungsrechte mehr.

27 Das Organ Verwaltungsrat **entscheidet dabei durch Beschluss** mit der Stimmenmehrheit § 16 Abs. 3 S. 2 SpkG NRW, insoweit gelten keine Besonderheiten. Verfahrenstechnisch entscheidet der Verwaltungsrat „**auf der Grundlage von Empfehlungen der Sparkassen- und Giroverbände**". Der Gesetzgeber ging dabei davon aus, dass der Verwaltungsrat sich „an Verbandsempfehlungen zu orientieren [habe], die mit den kommunalen Spitzenverbänden abgestimmt werden." (Gesetzesentwurf v. 27.9.1993, LT-Drs. 11/6047, S. 68). Dies ist jedoch **nicht als Bindung** zu verstehen (zustimmend *Engau* in: Engau/Dietlein/Josten, § 18 Anm. 3, der von „Richtschnur" spricht). Denn zum einen sprechen der Wortlaut der Norm, aber auch der Wortlaut der Gesetzesbegründung „orientieren" dagegen; ferner würde damit die Festlegung der Vergütung des Aufsichtsorgans einem externen Dritten übertragen. Dementsprechend kann er davon abweichend sowohl unter den empfohlenen Beträgen bleiben als auch diese überschreiten. Zur Rechtmäßigkeit des Beschlusses muss er sich aber mit der Empfehlung des Verbandes im Sinne einer **vorherigen Anhörung** auseinandersetzen. Die möglichen Abweichungen von den Empfehlungen sollten sinnvollerweise begründet werden, um die Ermessenserwägungen zu dokumentieren und eine Rechtswidrigkeit des Beschlusses aufgrund von Ermessensfehlern (→ § 17 Rn. 11) zu vermeiden.

§ 19 Zusammensetzung des Vorstandes, Unvereinbarkeit

(1) Der Vorstand besteht aus mehreren Mitgliedern, von denen eines zum vorsitzenden Mitglied zu berufen ist und ein weiteres Mitglied zum stellvertretenden vorsitzenden Mitglied des Vorstandes berufen werden kann. Die Höchstzahl der Mitglieder und ihrer Stellvertreter wird durch Satzung der Sparkasse geregelt. Die stellvertretenden Mitglieder nehmen an den Sitzungen des Vorstandes mit beratender Stimme teil.

(2) Die Mitglieder und die stellvertretenden Mitglieder des Vorstandes werden auf die Dauer von bis zu fünf Jahren bestellt und angestellt. Die Anstellungsbedingungen werden auf der Grundlage von Empfehlungen der Sparkassen- und Giroverbände geregelt. Die Entscheidung über die Bestellung und Anstellung darf frühestens ein Jahr vor dem Zeitpunkt des Wirksamwerdens getroffen werden. Die Laufzeit nach Satz 1 reicht höchstens bis zum Ablauf des Monats, in dem die betreffende Person das 67. Lebensjahr vollendet. Die Vertragszeit kann auf Antrag des Mitgliedes oder des stellvertretenden Mitgliedes des Vorstandes unterschritten werden, wenn vorher das 63. Lebensjahr vollendet wird.

(3) Bei der Bestellung und Anstellung der Mitglieder und der stellvertretenden Mitglieder des Vorstandes sind die grundlegenden Bestimmungen des Landesgleichstellungsgesetzes zu beachten. Die Sparkassen und die Sparkassen- und Giroverbände wirken auf eine verstärkte Qualifikation von Frauen für Leitungsfunktionen einschließlich der Geschäftslei-

II. Verwaltung der Sparkassen § 19

tungseignung hin. Über die zur Einhaltung der Grundsätze des Landesgleichstellungsgesetzes und die nach Satz 2 ergriffenen Maßnahmen ist von den Sparkassen- und Giroverbänden regelmäßig Bericht zu erstatten.

(4) Für die wiederholte Bestellung und Anstellung gilt Absatz 2 entsprechend. Spätestens neun Monate vor Ablauf der bisherigen Bestellung hat der Verwaltungsrat darüber zu beschließen, ob eine wiederholte Bestellung erfolgen soll. Wurde ein solcher Beschluss nicht gefasst, kann die Vertretung des Trägers die Wiederbestellung des Mitgliedes oder stellvertretenden Mitgliedes des Vorstandes verlangen. Das Verlangen ersetzt den Beschluss des Verwaltungsrates.

(5) Personen, die Inhaber, persönlich haftender Gesellschafter, Kommanditist, Vorstands-, Verwaltungsrats-, Aufsichtsratsmitglied, Leiter oder Angestellter anderer Kreditinstitute oder für solche beratend tätig sind, dürfen kein Mitglied oder stellvertretendes Mitglied des Vorstandes sein. Dies gilt nicht für die Mitgliedschaft in Verwaltungs- oder Aufsichtsräten der öffentlich-rechtlichen Institute oder solcher privatrechtlicher Institute, an denen Mitglieder der Sparkassenorganisation unmittelbar oder mittelbar beteiligt sind. Abschlussprüfer, die innerhalb der letzten 2 Jahre den Bestätigungsvermerk über die Prüfung des Jahresabschlusses erteilt haben, dürfen nicht bei dem betreffenden Institut zum Mitglied, stellvertretenden Mitglied oder Vertreter des Vorstandes bestellt werden.

(6) Der Träger wirkt darauf hin, dass die für die Tätigkeit im Geschäftsjahr gewährten Bezüge jedes einzelnen Mitglieds des Vorstands, des Verwaltungsrates und ähnlicher Gremien unter Namensnennung, aufgeteilt nach erfolgsunabhängigen und erfolgsbezogenen Komponenten sowie Komponenten mit langfristiger Anreizwirkung, im Anhang zum Jahresabschluss gesondert veröffentlicht werden. Satz 1 gilt auch für
1. Leistungen, die den genannten Mitgliedern für den Fall einer vorzeitigen Beendigung ihrer Tätigkeit zugesagt worden sind,
2. Leistungen, die den genannten Mitgliedern für den Fall der regulären Beendigung ihrer Tätigkeit zugesagt worden sind, mit ihrem Barwert sowie den von der Sparkasse während des Geschäftsjahres hierfür aufgewandten oder zurückgestellten Betrag,
3. während des Geschäftsjahres vereinbarte Änderungen dieser Zusagen und
4. Leistungen, die einem früheren Mitglied, das seine Tätigkeit im Laufe des Geschäftsjahres beendet hat, in diesem Zusammenhang zugesagt und im Laufe des Geschäftsjahres gewährt worden sind.

Im Übrigen bleibt § 15 Absatz 6 unberührt.

(7) Das vorsitzende Mitglied des Vorstandes regelt die Geschäftsverteilung innerhalb des Vorstandes.

Literatur: *Fleischer*, Handbuch des Vorstandsrechts, 1. Aufl., 2006; *Kaup*, Die Unterrepräsentanz von Frauen in Führungspositionen, 2015; *Plog/Wiedow*, Bundesbeamtengesetz Kommentar, 2012

Übersicht

	Rn.		Rn.
I. Der Vorstand als Kollegialorgan	1	cc) Dienstwagen	46
II. Rechtliche Stellung der Vorstandsmitglieder und ihrer Vertreter	5	dd) Nebenleistungen	49
		f) Nebentätigkeiten und Mandate	51
1. Vorsitzendes Mitglied des Vorstandes	7	g) Beendigungstatbestände	55
2. Stellvertretendes vorsitzendes Mitglied des Vorstandes	9	h) Rechtsfolgen beim Zusammenschluss von Sparkassen	65
3. Ordentliche Vorstandsmitglieder	10	i) Altersversorgung des Vorstandsmitglieds	67
4. Stellvertretende Mitglieder des Vorstandes	11	j) Wettbewerbsverbot	77
5. Verhinderungsvertreter	13	k) Verschwiegenheitsverpflichtung	79
III. Bestellungsverhältnis und Anstellungsverhältnis der Mitglieder des Vorstandes	16	V. Ziel der Förderung von Frauen bei der Bestellung und Anstellung von Vorstandsmitgliedern (Abs. 3)	81
IV. Typische Anstellungsbedingungen des Vorstandsdienstvertrags	20	VI. Wiederbestellung und Wiederanstellung des Vorstandsmitglieds (Abs. 4)	83
1. Zur Bedeutung der Verbandsempfehlungen	20	VII. Ausschlussgründe der Mitgliedschaft im Vorstandsgremium (Abs. 5)	87
2. Wesentliche Regelungsinhalte des Vorstandsdienstvertrags	26	VIII. Die Offenlegung von Bezügen und Leistungen (Abs. 6)	90
a) Laufzeit	27	1. Betroffener Personenkreis	92
b) Dienstvertragliche Systematik der Wiederanstellung	31	2. Sachlicher Umfang der Offenlegung	94
c) Einverständnis zur Veröffentlichung der Angaben gemäß § 19 Abs. 6	37	3. Hinwirkungspflicht des Trägers	95
d) Gesetzliche Sozialversicherung	38	4. Verfassungsmäßigkeit der Vorschrift	96
e) Vergütung	39		
aa) Vergütungskomponenten	40		
bb) Lineare Änderungen der Vergütung	45		

I. Der Vorstand als Kollegialorgan

1 Die Sparkasse verfügt gemäß § 8 SpkG NRW über zwei Organe: den Verwaltungsrat und den Vorstand. Beide Organe wirken im Unternehmensinteresse zusammen. Während der Verwaltungsrat die Funktion des Aufsichts- und Kontrollorgans innehat und den Vorstand überwacht, liegt die operative Leitungs- und Führungsverantwortung beim Vorstand. Nach dem Sparkassengesetz hat der Verwaltungsrat aber Einfluss auf die Grundsätze der Unternehmensführung: So legt er gemäß § 15 Abs. 1 SpkG NRW die „Richtlinien der Geschäftspolitik" fest, an welche der Vorstand gebunden ist.

2 Nach § 19 Abs. 1 S. 1 SpkG NRW besteht der Vorstand aus **mehreren Mitgliedern**. Das Erfordernis eines zwei- oder mehrköpfigen Vorstandes folgt aus § 33 Abs. 1 S. 1 Nr. 5 KWG, wonach ein Kreditinstitut über mindestens zwei Geschäftsleiter verfügen muss. Die aufsichtsrechtliche Vorgabe setzt die bis zur Geschäftsleiterebene zu beachtende Trennung von Marktbereich und Marktfolge um. Zudem

II. Verwaltung der Sparkassen § 19

wird die Arbeit des Vorstandes in Anbetracht von gestiegener Komplexität und Umfang der Leitungsaufgaben nur durch mehrere Personen zu leisten sein (*Dietlein* in: Engau/Dietlein/Josten, Erl. § 19 Nr. 1.1). Noch bis zur Änderung des Sparkassengesetzes im Jahre 1994 sah § 17 Abs. 1 aF SpkG NRW hingegen vor, dass der Vorstand aus „einem oder mehreren" Mitgliedern besteht (vgl. LT-Drs. 11/6047, S. 19).

Die Tätigkeit des geschäftsführenden Organs der Sparkasse, des Vorstandsgremiums, basiert auf dem **Kollegialprinzip**. Die Aufgaben des Vorstands, welche sich im Einzelnen aus § 20 SpkG NRW ableiten, obliegen den Vorstandsmitgliedern danach grundsätzlich gemeinsam (*Biesok*, Sparkassenrecht, Rn. 374; *Ihrig/Schäfer*, § 4 Rn. 60; *Lutter*, Pflichten/Haftung von Spk-Organen, S. 29). Sie haben im Interesse des Instituts kollegial zusammenzuarbeiten und sich gegenseitig über alle relevanten Vorgänge zu unterrichten, um ihrer gemeinsamen Führungsverantwortung gerecht zu werden. Der Grundsatz gemeinsamer Aufgabenwahrnehmung gilt, soweit nicht die Geschäftsführungsbefugnis auf einzelne Vorstandsmitglieder, Stellvertreter oder sonstige Bedienstete übertragen worden ist. Bestimmte wichtige Aufgaben bleiben stets dem Gesamtvorstand zur Entscheidung überlassen, etwa Kreditvergaben oberhalb der eingeräumten Einzelkompetenz des Dezernenten. Aus dem Kollegialprinzip folgt, dass Vorstandsentscheidungen grundsätzlich mit Stimmenmehrheit gefasst werden, soweit nicht einstimmige Beschlussfassung vorgeschrieben ist (zB bei Organkrediten, § 15 Abs. 1 KWG). Für den Zwei-Personen-Vorstand bedeutet dies, dass die Vorstandsmitglieder sich bei den zu treffenden Entscheidungen in der Sache einigen müssen, anderenfalls kommt der Vorstandsbeschluss nicht zustande. 3

Gemäß § 19 Abs. 1 S. 2 SpkG NRW wird die **Höchstzahl** der Vorstandsmitglieder und ihrer Stellvertreter durch die Satzung der Sparkasse geregelt. Die konkrete Anzahl der für eine ordnungsgemäße Führung des Instituts erforderlichen Geschäftsleiter wird in erster Linie von der Größe des Instituts abhängen. Im Sonderfall einer Fusion von Sparkassen kann es bei der Bestellung eines oder mehrerer Vorstandsmitglieder des aufgenommenen Instituts zu einer (ggf. nur vorübergehenden) höheren Anzahl von Organmitgliedern kommen (*Berger*, § 9 Rn. 1; *Klüpfel/Gaberdiel/Höppel/Ebinger*, § 25 III. 6.). Soweit erforderlich, kann das Vorstandsgremium zB durch vorgezogene Altersregelungen iSd § 19 Abs. 2 S. 5 SpkG NRW zu einem späteren Zeitpunkt wieder verkleinert werden. 4

II. Rechtliche Stellung der Vorstandsmitglieder und ihrer Vertreter

Die Vorstandsmitglieder handeln im Rahmen ihrer Leitungs- und Führungsaufgaben als vertretungsberechtigtes Organ der Sparkasse. Sie sind deshalb **nicht als Arbeitnehmer** einzustufen (*Dietlein* in: Engau/Dietlein/Josten, Erl. § 19 Nr. 2.1; *Seyfarth*, § 4 Rn. 6). Für sie gilt das KSchG daher nicht, § 14 Abs. 1 Nr. 1 KSchG. Anderseits kann der Sparkassenvorstand sich aber auf die Regelungen des BetrAVG berufen, soweit ihm unverfallbare betriebsrentenrechtliche Anwartschaften zugesagt worden sind, § 17 Abs. 1 S. 2 BetrAVG (BGH NJW-RR 2000, 1275; *Ihrig/Schäfer*, § 11 Rn. 165). Das zum Schutze des Arbeitnehmers geschaffene BetrAVG greift demnach auch zugunsten des Sparkassenvorstandes ein. Es wäre daher verfehlt, Sparkassenvorstandsmitglieder von der Schutzwirkung arbeitsrechtlicher Gesetze generell auszunehmen. Vielmehr ist danach zu differenzieren, ob das Organ mit dem Arbeitnehmer im Einzelfall vergleichbar schutzbedürftig ist (*Sey-* 5 *farth*, § 4 Rn. 8). Dies ist zB im Betriebsrentenrecht anzunehmen, da die im BetrAVG verankerten Grundsätze der Altersversorgung für den Versorgungsempfänger existentielle Bedeutung haben, unabhängig von seiner Rechtsstellung als Organ oder Arbeitnehmer.

6 Zivilrechtlich besteht ein befristetes Dienstverhältnis zwischen dem Vorstandsmitglied und der Sparkasse im Sinne des § 611 BGB, welches durch einen Dienst- bzw. Anstellungsvertrag begründet wird (Schlierbach/Püttner, S. 200). Kommt es zu einem Rechtsstreit zwischen der Sparkasse und ihrem Vorstandsmitglied, ist dieser aufgrund der Organstellung des Vorstandes nicht vor den Arbeitsgerichten, sondern vor den **ordentlichen Gerichten** auszutragen (*Dietlein* in: Engau/Dietlein/Josten, Erl. § 19 Nr. 2.1). Dies gilt sowohl für die ordentlichen Vorstandsmitglieder als auch für die stellvertretenden Vorstandsmitglieder, die ebenfalls durch Dienstvertrag auf Zeit angestellt werden. Die Verhinderungsvertreter unterfallen hingegen als leitende Angestellte der Sparkasse den arbeitsrechtlichen Regelungen (*Klüpfel/Gaberdiel/Höppel/Ebinger*, § 24 Abs. 1. S. 12.). Sie haben Arbeitnehmerstatus, auch wenn sie im Verhinderungsfall die Aufgaben eines Vorstandsmitglieds vorübergehend übernehmen. Rechtsstreitigkeiten zwischen der Sparkasse und ihrem Verhinderungsvertreter sind deshalb grundsätzlich vor dem **Arbeitsgericht** zu führen.

1. Vorsitzendes Mitglied des Vorstandes

7 Der Verwaltungsrat hat ein Vorstandsmitglied zum vorsitzenden Mitglied des Vorstandes zu berufen, § 19 Abs. 1 S. 1 SpkG NRW. Die Berufung zum Vorstandsvorsitzenden wird durch eine entsprechende Vereinbarung im Dienstvertrag geregelt (*Klüpfel/Gaberdiel/Höppel/Ebinger*, § 24 Abs. 2 S. 3). Aufgrund der herausgehobenen Position ist mit der Berufung zum Vorsitzenden des Vorstandes nach den Verbandsempfehlungen regelmäßig eine **höhere Vergütung** (in Form einer prozentual an die Festvergütung geknüpften Erhöhung von bis zu 10 vH) verbunden (*Seyfarth*, § 5 Rn. 55). Dem Vorsitzenden des Vorstandes obliegt regelmäßig die **übergreifende Koordination der Vorstandsarbeit.** Er hat darauf hinzuwirken, dass die Leitung der einzelnen Vorstandsdezernate die in den Vorstandsbeschlüssen zum Ausdruck kommenden Ziele berücksichtigt. Aufgrund der übergeordneten Koordinationsarbeit besteht ein Auskunftsrecht des Vorstandsvorsitzenden hinsichtlich aller wichtigen Vorgänge in den einzelnen Dezernaten der Vorstandsmitglieder, umgekehrt haben diese eine entsprechende Auskunftsverpflichtung.

8 Der Vorstandsvorsitzende hat keine besonderen Stimmrechte gegenüber seinen Vorstandskollegen, insbesondere gibt seine Stimme bei Stimmengleichheit nicht den Ausschlag, da dies dem Kollegialprinzip zuwiderlaufen würde. Er ist **primus inter pares**, seine hervorgehobene Stellung kommt insbesondere in dem Recht auf Vornahme der Geschäftsverteilung (§ 19 Abs. 7 SpkG NRW) zum Ausdruck (*Berger*, § 9 Rn. 12). Hierbei hat der Vorstandsvorsitzende (wie natürlich auch seine Vorstandskollegen) die Geschäftsanweisung für den Vorstand zu beachten, welche vom Verwaltungsrat erlassen wird. Bei der Geschäftsverteilung sollten die beruflichen Erfahrungen der einzelnen Vorstandsmitglieder berücksichtigt werden, ferner ist die Funktionstrennung gemäß den MaRisk zu beachten (*Biesok*, Sparkassenrecht, Rn. 424). Darüber hinaus ist er für die Einberufung und Leitung der Vorstandssitzungen verantwortlich (*Klüpfel/Gaberdiel/Höppel/Ebinger*, § 24 Abs. 2 S. 1).

II. Verwaltung der Sparkassen §19

Häufig tritt der Vorsitzende des Vorstandes als Sprecher für das Vorstandsgremium nach außen auf und repräsentiert die Sparkasse nach innen und außen, etwa gegenüber dem Verwaltungsrat wie auch gegenüber der Öffentlichkeit (*Ihrig/Schäfer*, § 8 Rn. 118; *Klüpfel/Gaberdiel/Höppel/Ebinger*, § 24 Abs. 2 S. 6.). Zwingend ist dies aber nicht. Gegenüber seinen Vorstandskollegen hat das vorsitzende Mitglied des Vorstandes keine Weisungsbefugnisse, er ist nicht der Dienstvorgesetzte seiner Kollegen.

2. Stellvertretendes vorsitzendes Mitglied des Vorstandes

§ 19 Abs. 1 S. 1 SpkG NRW räumt dem Verwaltungsrat die Möglichkeit ein, ein weiteres Vorstandsmitglied zum stellvertretenden vorsitzenden Mitglied des Vorstandes zu berufen. Das stellvertretende vorsitzende Mitglied des Vorstandes übernimmt bei einer Verhinderung des Vorstandsvorsitzenden dessen Rechte und Pflichten. Es handelt sich um eine **Kann-Regelung**, von welcher die meisten Sparkassen Gebrauch machen. Es erscheint zweckmäßig, für den Fall der Verhinderung des Vorstandsvorsitzenden eine eindeutige Vertreterregelung zu schaffen. Wird kein stellvertretendes vorsitzendes Mitglied des Vorstandes berufen, würde bei einer Verhinderung des Vorstandsvorsitzenden entweder ein stellvertretendes Vorstandsmitglied oder gar ein Verhinderungsvertreter vorübergehend die führende Funktion im Vorstandsgremium übernehmen müssen, was in Anbetracht der übergeordneten Koordinierungsaufgaben, der Befugnis zur Einberufung und Leitung der Vorstandssitzungen und des Geschäftsverteilungsrechts aus § 19 Abs. 7 SpkG NRW problematisch sein kann. Das stellvertretende vorsitzende Mitglied erhält regelmäßig eine **um bis zu 5 vH erhöhte Vergütung** für die übernommene zusätzliche Funktion und die daraus resultierende größere Verantwortung.

9

3. Ordentliche Vorstandsmitglieder

Neben dem vorsitzenden Mitglied des Vorstandes wird das Vorstandsgremium aus einem oder mehreren weiteren ordentlichen Vorstandsmitgliedern gebildet. Sie sind – wie der Vorstandsvorsitzende – durch Dienstvertrag auf Zeit angestellt und werden zugleich als Organ bestellt. Jedes ordentliche Vorstandsmitglied einschließlich des vorsitzenden Mitglieds verantwortet je nach Größe und Struktur des Hauses zumeist mehrere Dezernate. Organisatorisch ist bis zur Geschäftsleiterebene die strikte Trennung zwischen Marktbereich und Marktfolge nach den MaRisk zu beachten. Die Aufteilung der Dezernate ergibt sich im Einzelnen aus dem Geschäftsverteilungsplan, welchen der Vorstandsvorsitzende nach § 19 Abs. 7 SpkG NRW festlegt. Innerhalb seiner **Dezernate** ist jedes Vorstandsmitglied für die Einhaltung und Erfüllung aller gesetzlichen und satzungsrechtlichen Vorgaben und Regeln primär **eigenständig verantwortlich**. Werden einem Vorstandsmitglied Mängel im Dezernat eines Vorstandskollegen bekannt, so ist es verpflichtet, auf das unverzügliche Abstellen dieser Mängel in geeigneter Form hinzuwirken (→ § 20 Rn. 4). Die Vorstandsmitglieder haben ihre Vorstandskollegen über sämtliche relevanten Angelegenheiten aus ihrem Dezernat angemessen und zeitnah zu unterrichten (→ Kollegialprinzip, Rn. 3).

10

Zimmer 307

4. Stellvertretende Mitglieder des Vorstandes

11 Neben den ordentlichen Vorstandsmitgliedern sieht das nordrhein-westfälische Sparkassengesetz stellvertretende Mitglieder des Vorstandes vor, welche an den Vorstandssitzungen mit **beratender Stimme** teilnehmen, § 19 Abs. 1 S. 3 SpkG NRW. Die stellvertretenden Vorstandsmitglieder werden wie die ordentlichen Vorstandsmitglieder mittels Dienstvertrag auf Zeit angestellt. In der Regel sind die Dienstverträge der ordentlichen Vorstandsmitglieder und der stellvertretenden Vorstandsmitglieder strukturell vergleichbar, allerdings ist die Vergütung des stellvertretenden Vorstandsmitglieds regelmäßig deutlich niedriger bemessen. Dies findet seine Rechtfertigung darin, dass die stellvertretenden Vorstandsmitglieder keine ständige Organfunktion ausüben. Zwar nehmen sie an den Vorstandssitzungen nach dem Gesetzeswortlaut „mit beratender Stimme" teil, woraus zu folgern ist, dass sie im Grundsatz **kein eigenes Stimmrecht** haben. Sollte allerdings ein ordentliches Vorstandsmitglied verhindert sein, rückt das hierfür vorgesehene stellvertretende Vorstandsmitglied nach und übernimmt die Vorstandsposition zur Aufrechterhaltung der Leitungsfunktion des Vorstands. In diesem Falle übt der Stellvertreter die Organfunktion mit den gleichen Rechten und Pflichten wie das vorübergehend verhinderte Vorstandsmitglied aus, insbesondere hat er bei Vorstandsentscheidungen das gleiche Stimmrecht wie die ordentlichen Vorstandsmitglieder (*Klüpfel/Gaberdiel/Höppel/Ebinger*, § 24 Abs. 1. S. 3.). Die stellvertretenden Vorstandsmitglieder sind daher in ihrer Rechtsposition den ordentlichen Vorstandsmitgliedern weitgehend angenähert (*Dietlein* in: Engau/Dietlein/Josten, Erl. § 19 Nr. 2.3). Stellvertretende Vorstandsmitglieder benötigen die Geschäftsleiterqualifikation des § 1 Abs. 2 KWG. Dies gilt auch dann, wenn sie lediglich beratend tätig werden und der Verhinderungsfall nicht eintritt.

12 Wann ein **Verhinderungsfall** vorliegt, welcher zur Übernahme der Organverantwortung führt, kann im Einzelfall schwierig zu entscheiden sein. Es empfiehlt sich daher, den Eintritt des Verhinderungsfalls zu definieren, zB in der Geschäftsanweisung für den Vorstand. Im Allgemeinen gilt, dass der Verhinderungsfall dann gegeben ist, wenn ein ordentliches Vorstandsmitglied seinen Pflichten aus rechtlichen oder tatsächlichen Gründen zeitweise nicht nachkommen kann (*Dietlein* in: Engau/Dietlein/Josten, Erl. § 19 Nr. 2.3; *Seyfarth*, § 3 Rn. 52). Auch eine nur kurzfristige Abwesenheit des Vorstandsmitglieds kann für den Verhinderungsfall ausreichen. Die Zeitdauer der Verhinderung ist nicht ausschlaggebend, so etwa, wenn bei vorübergehender Abwesenheit eines ordentlichen Vorstandsmitglieds eine dringende Vorstandsentscheidung getroffen werden muss (*Schlierbach/Püttner*, S. 199). Um Zuständigkeitsprobleme zu vermeiden, erscheint es ratsam, konkret festzulegen, welches stellvertretende Vorstandsmitglied für welches ordentliche Vorstandsmitglied im Falle einer Verhinderung in die Organfunktion aufrückt. Sollte die Verhinderung länger andauern, zB aufgrund einer Erkrankung des Vorstandsmitglieds, hat der Vertreter die Vorstandsfunktion über einen entsprechend längeren Zeitraum zu übernehmen. Dies ist zur Aufrechterhaltung der Funktionsfähigkeit des Vorstandsgremiums unabdingbar. Allerdings wird der Verwaltungsrat zur Neubesetzung der Vorstandsposition verpflichtet sein, wenn absehbar ist, dass das verhinderte ordentliche Vorstandsmitglied nicht in seine Funktion zurückkehren wird. Das Nachrücken des stellvertretenden Vorstandsmitglieds ist nicht als „Dauerlösung" intendiert, um die Position eines ordentlichen Vorstandsmitglieds einzusparen und dauerhaft unbe-

II. Verwaltung der Sparkassen **§ 19**

setzt zu lassen. Es handelt sich beim Verhinderungsfall nach Sinn und Zweck stets um eine vorübergehende, nur aushilfsweise Übernahme der Vorstandstätigkeit, um die Handlungsfähigkeit des Leitungsorgans der Sparkasse sicherzustellen.

5. Verhinderungsvertreter

Neben den stellvertretenden Vorstandsmitgliedern gibt es mit den Verhinderungsvertretern eine **weitere Kategorie der Vorstandsvertreter** in Nordrhein-Westfalen. Der Verhinderungsvertreter wird in § 19 Abs. 1 SpkG NRW nicht aufgeführt. Allerdings regelt § 15 Abs. 2 lit. d) SpkG NRW, dass der Verwaltungsrat für die Bestellung von Dienstkräften zuständig ist, die im Falle der Verhinderung von Mitgliedern und stellvertretenden Mitgliedern des Vorstandes deren Aufgaben wahrnehmen. Es handelt sich bei den Verhinderungsvertretern also um eine zweite Gruppe von Stellvertretern, die immer dann in das Vorstandsgremium aufrücken und Vorstandsfunktionen wahrnehmen, wenn ein ordentliches Vorstandsmitglied verhindert ist und ein stellvertretendes Vorstandsmitglied nicht zur Verfügung steht (weil es zB selbst verhindert ist, vgl. *Berger*, § 9 Rn. 14; *Biesok*, Sparkassenrecht, Rn. 387). Die Dienstkräfte der Sparkasse, welche im Verhinderungsfall die Funktionsfähigkeit des Vorstandsgremiums aufrechterhalten sollen, sind in der Regel **leitende Mitarbeiter** der Sparkasse, die zumeist in einem unbefristeten Beschäftigungsverhältnis stehen (*Biesok*, Sparkassenrecht, Rn. 388; *Dietlein* in: Engau/Dietlein/Josten, Erl. § 19 Nr. 2.5). Dies unterscheidet sie von den stellvertretenden Vorstandsmitgliedern, die regelmäßig über einen befristeten Dienstvertrag verfügen und den ordentlichen Vorstandsmitgliedern insoweit strukturell gleichgestellt sind. 13

Soweit ein Verhinderungsvertreter im Verhinderungsfalle die Organfunktion übernimmt, handelt er „auf Augenhöhe" gemeinsam mit den weiteren Vorstandsmitgliedern. Er ist und bleibt zwar (leitender) Angestellter der Sparkasse, unterliegt aber im Rahmen der Verhinderungsvertretung keiner Weisungsbefugnis durch den Vorstand. Mit der Übernahme der Vorstandsaufgabe haftet der Verhinderungsvertreter zivilrechtlich für jegliche ihm zurechenbare schuldhafte Pflichtverletzung, die kausal zu einem Schaden des Instituts führt. Die aus dem Arbeitsrecht bekannten Haftungsprivilegierungen greifen hier nicht, vielmehr gilt für den Verhinderungsvertreter der gleiche Haftungsmaßstab, der im Falle eines pflichtwidrig handelnden ordentlichen Vorstandsmitgliedes heranzuziehen ist (→ § 20 Rn. 19 ff.; aA *Klüpfel/Gaberdiel/Höppel/Ebinger*, § 24 IV. 3.). Dies erscheint mit Blick auf die fehlende ständige Präsenz des Verhinderungsvertreters im Vorstandsgremium und der damit einhergehenden ggf. nur sporadischen Befassung mit den fraglichen Beschlussgegenständen als nicht unproblematisch. 14

Verhinderungsvertreter sind als **Geschäftsleiter im Sinne des § 1 Abs. 2 KWG** zu qualifizieren und müssen die formalen Voraussetzungen der persönlichen und fachlichen Eignung vollumfänglich erfüllen, wie auch die ordentlichen und stellvertretenden Vorstandsmitglieder (*Berger*, § 9 Rn. 4; *Klüpfel/Gaberdiel/Höppel/Ebinger*, § 24 I. 11.; *Groß* in: Boos/Fischer/Schulte-Mattler, KWG, § 15 Rn. 9). 15

III. Bestellungsverhältnis und Anstellungsverhältnis der Mitglieder des Vorstandes

16 § 19 Abs. 2 S. 1 SpkG NRW regelt die Bestellung und Anstellung der Mitglieder des Vorstandes. Hierbei ist die **Bestellung als Organisationsakt** von der **dienstvertraglichen Anstellung** rechtlich strikt zu **trennen** (*Berger*, § 9 Rn. 3; *Ihrig/Schäfer*, § 6 Rn. 82; *Seyfarth*, § 3 Rn. 2). Die Bestellung beinhaltet die organschaftliche Berufung des Vorstandsmitglieds in das Vorstandsamt. Sie wird seitens der Sparkasse gegenüber dem Vorstandsmitglied erklärt und verleiht diesem die organschaftlichen Rechte. Eine konstitutive Voraussetzung ist die Genehmigung der Bestellung durch die Trägervertretung. Nach § 8 Abs. 2 lit. e) SpkG NRW beschließt die Vertretung des Trägers über die Genehmigung der Bestellung und der Wiederbestellung von Vorstandsmitgliedern durch den Verwaltungsrat. Von der Bestellung zu unterscheiden ist die privatrechtliche Anstellung, welche über den Abschluss eines Anstellungsvertrags im Sinne des § 611 BGB erfolgt (*Biesok*, Sparkassenrecht, Rn. 397; *Klüpfel/Gaberdiel/Höppel/Ebinger*, § 24 Abs. 1 S. 7.).

17 Das Bestellungsverhältnis und das Anstellungsverhältnis können ein **unterschiedliches rechtliches Schicksal** erfahren (*Biesok*, Sparkassenrecht, Rn. 444). Das Erfordernis einer sauberen Trennung von Bestellungs- und Anstellungsverhältnis zeigt sich insbesondere in Fällen, in denen in einem der beiden Rechtsverhältnisse ein Mangel auftritt: So hat ein Sachverhalt, der zu einer Abberufung aus der Organstellung im Bestellungsverhältnis berechtigt, zunächst keine unmittelbaren Auswirkungen auf die dienstvertraglichen Rechte und Pflichten der Parteien. Denn die materiellen Ansprüche des Vorstandes sind mit seinem Dienstvertrag verknüpft, nicht aber mit der Organstellung. Nicht jeder Grund, der eine Abberufung des Vorstandes aus der Organstellung rechtfertigt, stellt zugleich einen wichtigen Grund nach § 626 BGB dar, welcher die fristlose Kündigung des Dienstvertrags zulassen würde (*Klüpfel/Gaberdiel/Höppel/Ebinger*, § 25 Abs. 3 S. 7.). Zwar bedarf auch die Abberufung des Vorstandsmitglieds aus der Organstellung eines sog. „wichtigen Grundes", § 15 Abs. 2 lit. a) S. 2 SpkG NRW. Allerdings sind – trotz identischen Wortlauts – die Voraussetzungen für die Wirksamkeit einer fristlosen Kündigung des Anstellungsvertrags gemäß § 626 BGB nach der Rechtsprechung aufgrund der erheblichen wirtschaftlichen Konsequenzen deutlich höher. Der fristlos kündigenden Sparkasse muss infolge der Pflichtverletzung des Vorstandes ein Festhalten am Dienstvertrag bis zu seinem regulären Ende nach Abwägung der beidseitigen Interessen gänzlich unzumutbar sein. Damit ist eine besonders gravierende Pflichtverletzung des Vorstandes erforderlich, welche das objektiv zu ermittelnde Interesse der Sparkasse an der sofortigen Beendigung des Dienstvertrags schwerer wiegen lässt als das Interesse des gekündigten Vorstandes an der Fortführung des Dienstverhältnisses (*Seyfarth*, § 20 Rn. 20 f.). Eine Abberufung aus der Organfunktion hat demgegenüber keine Auswirkung auf die Verpflichtung der Sparkasse zur Weiterzahlung der vereinbarten Vergütung; dies gilt auch im Falle einer Freistellung des abberufenen Vorstandsmitglieds.

18 Die Sparkasse kann die Begründung des Anstellungsverhältnisses der ordentlichen und stellvertretenden Vorstandsmitglieder nach § 15 Abs. 3 S. 4 SpkG NRW dem **Hauptausschuss** zur Entscheidung übertragen, sofern ein solcher gebildet wurde. Die Kompetenz des Hauptausschusses schließt im Fall der Delegation

II. Verwaltung der Sparkassen § 19

die Aushandlung der Anstellungsbedingungen auf der Basis der Verbandsempfehlungen ein. Die Übertragung der Anstellungsbefugnis auf ein kleineres Gremium wie den Hauptausschuss kann sachdienlich sein, da hierdurch die Vertragsverhandlungen und der Vertragsabschluss meist erleichtert und beschleunigt werden.

Auch wenn Bestellungs- und Anstellungsverhältnis rechtlich zu trennen sind (→ Rn. 17), besteht doch eine zumindest **faktische Verknüpfung** der beiden Rechtsverhältnisse (*Dietlein* in: Engau/Dietlein/Josten, Erl. § 19 Nr. 3.2.3). Nach § 19 Abs. 2 S. 2 SpkG NRW werden die ordentlichen und stellvertretenden Vorstandsmitglieder auf die Dauer von bis zu fünf Jahren bestellt und angestellt. In der Regel sollen die Bestellung und die Anstellung des Vorstandsmitglieds also parallel erfolgen. Allerdings sind Fälle denkbar, in denen Anstellung und Bestellung zeitlich auseinanderfallen. Schließt eine Sparkasse mit einem Vorstandsmitglied einen Anstellungsvertrag ab, ohne die Wirksamkeit der Anstellung von einer wirksam erfolgten Bestellung abhängig zu machen, so ist der Anstellungsvertrag grundsätzlich auch dann rechtswirksam und zu erfüllen, wenn die zu einem späteren Zeitpunkt beabsichtigte Bestellung nicht erfolgen kann, weil die BaFin Zweifel an der fachlichen oder persönlichen Eignung des Vorstandsmitgliedes geäußert hat und die Bestellung deshalb unterbleibt. Diese aus Sicht der Sparkasse heikle Folge lässt sich durch eine Regelung im Dienstvertrag verhindern, in der die Wirksamkeit des Dienstvertrags unter die **aufschiebende Bedingung** gestellt wird, dass das Vorstandsmitglied seine Geschäftsleiterqualifikation bis zum Beginn des Anstellungsverhältnisses nachweist (*Seyfarth*, § 4 Rn. 32). Dementsprechend sehen die Empfehlungen des Rheinischen Sparkassen- und Giroverbandes und des Sparkassenverbandes Westfalen-Lippe zu den Anstellungsbedingungen für nach dem 1.3.2017 erstmalig bestellte Mitglieder und stellvertretende Mitglieder des Vorstandes (nachfolgend: Verbandsempfehlungen) in Nr. 1.1 eine aufschiebende Bedingung für den Anstellungsvertrag vor. Das Vorstandsmitglied hat danach seine Qualifikation als Geschäftsleiter im Sinne von § 1 Abs. 2 KWG ohne Beanstandung durch die BaFin nachzuweisen. Erst nach erfolgtem Nachweis tritt die aufschiebende Bedingung ein, und der Anstellungsvertrag wird wirksam. In der Praxis werden zumeist Voranfragen an die BaFin gerichtet, so dass der Nachweis der Geschäftsleiterqualifikation in aller Regel zu keinen dienstvertraglichen Problemen führt. Eine weitere aufschiebende Bedingung im Anstellungsvertrag kann die gemäß § 8 Abs. 2 lit. e) SpkG NRW erforderliche Genehmigung durch die Trägervertretung sein. Falls keine aufschiebende Bedingung im Anstellungsvertrag vereinbart wird, wäre sparkassenseitig darauf zu achten, dass der Zeitpunkt von Anstellung und Bestellung des Vorstandsmitglieds möglichst zusammenfällt. Jedenfalls sollte der organschaftliche Bestellungsakt bei der Begründung des Anstellungsverhältnisses absehbar sein, um das Risiko der vertraglichen Bindung an einen Geschäftsleiter, der die nach dem KWG erforderliche Qualifikation nicht erfüllt, zu minimieren.

IV. Typische Anstellungsbedingungen des Vorstandsdienstvertrags

1. Zur Bedeutung der Verbandsempfehlungen

Nach § 19 Abs. 2 SpkG NRW werden die Anstellungsbedingungen für die Dienstverträge der Vorstandsmitglieder auf der Grundlage von **Empfehlungen** der **Sparkassen- und Giroverbände** geregelt. Die aktuellen Verbandsempfehlungen sind im Internet abrufbar (zB unter www.svwl.eu). Das Sparkassengesetz lässt den Verbänden freien Raum für die inhaltliche Ausgestaltung der Empfehlungen. Einschränkungen oder nähere Vorgaben enthält § 19 Abs. 2 SpkG NRW nicht. Es ist auch keine Inhaltskontrolle oder Genehmigungsverpflichtung durch die Sparkassenaufsicht vorgesehen (anders zB in Ostdeutschland, vgl. *Biesok*, Sparkassenrecht, Rn. 446). Der Gesetzgeber weist die Gestaltung der Anstellungsbedingungen der Vorstandsverträge somit vollumfänglich den Sparkassenverbänden zu. Die Empfehlungen richten sich primär an die ordentlichen Vorstandsmitglieder der Sparkassen. Sie gelten für die stellvertretenden Vorstandsmitglieder sinngemäß (vgl. Nr. 11.1 und 11.2 der Empfehlungen).

21 Historisch sind den neuen gemeinsamen Verbandsempfehlungen der beiden nordrhein-westfälischen Sparkassen- und Giroverbände, welche für erstmalig nach dem 1.3.2017 bestellte Mitglieder und stellvertretende Mitglieder des Vorstandes gelten, **ältere Verbandsempfehlungen aus den Jahren 1973, 1982 und 1996** vorausgegangen. Bis zum Jahre 1970 waren die Sparkassenvorstände als Beamte des Trägers der Sparkasse beschäftigt. Zu Beginn der 1970er Jahre wurden privatrechtliche Dienstverträge für die Sparkassenvorstände eingeführt. Die privatrechtlich befristete Anstellung löste so allmählich den vormaligen Beamtenstatus der Vorstände ab. Gleichwohl sahen die Verbandsempfehlungen aus dem Jahre 1973 noch diverse Bezugnahmen auf das Beamtenrecht vor, insbesondere bezüglich der zu erteilenden Versorgungszusage, für die die Regelungen des BeamtVG galten. Die Verbandsempfehlungen aus dem Jahre 1982 zeichneten einige formelle Änderungen im Beamtenrecht nach, sie basierten aber im Kern auf dem Rechtsstand des Jahres 1973. Von diesem starken beamtenrechtlichen Bezug kehrten die nordrhein-westfälischen Sparkassenverbände erst mit der Neufassung der Verbandsempfehlungen im Jahre 1996 ab, da die beamtenrechtsähnliche Stellung des Sparkassenvorstandes als nicht mehr zeitgemäß empfunden wurde. In der Folge wurden die Versorgungszusagen nicht länger an das BeamtVG gekoppelt, es galt stattdessen nach den Verbandsempfehlungen 1996 eine rein dienstvertraglich begründete Übergangs- und Ruhegeldzusage. Durch die Abschaffung des Beihilfeanspruchs wurde zugleich die Versicherungspflicht in der Renten- und Arbeitslosenversicherung begründet. Eine weitere Änderung betraf den Wegfall der Remunerationen, also die zusätzliche Vergütung der Sparkassenvorstände für das Sparkassen-Verbundgeschäft, was durch eine Anhebung der Grundbeträge materiell kompensiert wurde.

22 Den **aktuellen Verbandsempfehlungen 2017** sind Untersuchungen über die Marktverhältnisse vorausgegangen, welche von den Sparkassenverbänden initiiert wurden. Ziel der angestoßenen Studien war es, einen Vergleich der Anstellungsbedingungen von Vorständen zu Wettbewerbern der Sparkassen sowie zu Sparkassen in anderen Verbandsgebieten herzustellen, um die Angemessenheit des Empfehlungswerks zu überprüfen. Auf Basis der Untersuchungsergebnisse wurden einige Änderungen in den Empfehlungen 2017 niedergelegt. So wurde die bisherige Aufteilung der festen Vergütungsbestandteile in einen Grundbetrag und eine allgemeine Zulage abgeschafft. Die Empfehlungen sehen nunmehr nur noch einen Festbetrag vor, der die vorherigen Komponenten zusammenfasst. Eine gravierende Veränderung betrifft die Altersversorgung der Sparkassenvorstände. Die bisher nach den Empfehlungen vorgesehene Direktzusage soll nach den Vorstellungen der Verbände nur noch im Ausnahmefall gewährt werden. Vorzugswürdig sei die Zahlung eines

II. Verwaltung der Sparkassen **§ 19**

festen jährlichen Beitrags zur eigenverantwortlichen Absicherung des Vorstandes im Alter. Darüber hinaus wird nach den neuen Empfehlungen die Vereinbarung einer vorstandsseitigen Verpflichtung zur Offenlegung der Vergütung angeraten. Mit einer solchen Regelung im Dienstvertrag erledigt sich die in § 19 Abs. 6 SpkG NRW vorgesehene Hinwirkungspflicht des Trägers auf die Veröffentlichung der Vergütung. Eine weitere Abänderung betrifft die Fortzahlung der Vergütung im Krankheitsfall: Während die Empfehlungen aus dem Jahre 1996 bei Erkrankung des Vorstandsmitglieds eine Weiterzahlung der Vergütung längstens bis zum Vertragsende vorsahen, wird die Zeitdauer der krankheitsbedingten Fortzahlung nach den neuen Verbandsempfehlungen auf zwölf Monate begrenzt. Schließlich berücksichtigen die aktuellen Verbandsempfehlungen die vom Gesetzgeber zwischenzeitlich vorgenommenen Änderungen, so etwa bei der Vertragslaufzeit des Dienstvertrags von „bis zu" fünf Jahren (§ 19 Abs. 2 S. 1 SpkG NRW) und bei der angehobenen Altersgrenze von 67 Jahren (§ 19 Abs. 2 S. 4 SpkG NRW).

Die Verbandsempfehlungen stellen **keine rechtlich zwingend zu beachtende** 23 **Vorgabe** für die Gestaltung der Vorstandsdienstverträge dar (*Dietlein* in: Engau/Dietlein/Josten, Erl. § 19 Nr. 10). Dies ergibt sich bereits aus der gewählten Bezeichnung („Empfehlungen"). Die Verbandsempfehlungen bieten einen **Orientierungsrahmen** für die Parteien des Dienstverhältnisses, der in der Praxis allerdings zumeist umfassende Beachtung findet. Daraus folgt, dass Abweichungen von den Verbandsempfehlungen bei der Gestaltung von Vorstandsverträgen grundsätzlich zulässig sind. Sofern der Verwaltungsrat oder der Hauptausschuss und das Vorstandsmitglied im Rahmen ihrer Verhandlungen über den Dienstvertrag von den Verbandsempfehlungen abweichen wollen, empfiehlt es sich, trotz der rechtlichen Zulässigkeit eine Begründung für die beabsichtigte Abweichung zu dokumentieren. Dies gilt insbesondere für den Fall, dass zugunsten des Vorstandsmitglieds von den Verbandsempfehlungen abgewichen werden soll. Mittels einer nachvollziehbaren Begründung kann einem potentiellen Vorwurf bereits im Ansatz begegnet werden, die Parteien hätten eine von den Usancen im Verbandsgebiet Nordrhein-Westfalen abweichende Regelung zu Lasten der Sparkasse getroffen. Auch wird so der Forderung nach Transparenz genüge getan. Rechtlich zwingende Vorgaben sind bei der Vereinbarung von Vertragsregelungen, die von den Verbandsempfehlungen abweichen, selbstverständlich zu beachten, etwa die InstitutsvergV.

Die jahrzehntelange, nahezu **flächendeckende Umsetzung** der Verbandsempfeh- 24 lungen hat dazu geführt, dass sowohl im Rheinland als auch in Westfalen-Lippe strukturell relativ gleichartige Dienstverträge der Sparkassenvorstände existieren. So haben die Verbandsempfehlungen über die Jahre zu einer Vereinheitlichung der Vertragsverhältnisse der Sparkassenvorstände in Nordrhein-Westfalen maßgeblich beigetragen. Dies entspricht den Verhältnissen in den anderen Verbandsgebieten der Sparkassenorganisation, in denen zum Teil vergleichbare dienstvertragliche Hilfestellungen der regionalen Sparkassenverbände existieren, welche bei den Vorstandsverträgen berücksichtigt werden. In manchen Bundesländern sind Richtlinien des jeweiligen Landesgesetzgebers bei der Anstellung von Vorstandsmitgliedern zu beachten (zB in Bayern, Hessen und Thüringen).

Die Regionalverbände haben angekündigt, die Verbandsempfehlungen **alle fünf** 25 **Jahre darauf zu überprüfen**, ob sie noch den Marktgegebenheiten und der wirtschaftlichen Entwicklung der Sparkassen entsprechen. Es bleibt dementspre-

Zimmer 313

chend abzuwarten, ob die Verbandsempfehlungen ab dem Jahre 2023 ggf. weiteren Änderungen und Anpassungen unterzogen werden.

2. Wesentliche Regelungsinhalte des Vorstandsdienstvertrags

26 Die Verbandsempfehlungen enthalten zum Teil recht detaillierte Ausführungen zu den einzelnen Regelungen der Vorstandsverträge. Auf die **wesentlichen Vertragsinhalte**, die sich in fast allen Dienstverträgen der Sparkassenvorstände in Nordrhein-Westfalen wiederfinden, wird nachstehend unter Berücksichtigung der aktuellen Verbandsempfehlungen eingegangen.

a) Laufzeit

27 Das Anstellungsverhältnis des Sparkassenvorstandes wird – wie bei Geschäftsleitern von Kreditinstituten üblich – **befristet** abgeschlossen (*Klüpfel/Gaberdiel/Höppel/Ebinger*, § 25 Abs. 3 S. 4.). Die Dauer der Anstellung beträgt nach § 19 Abs. 2 S. 1 SpkG NRW „**bis zu fünf Jahre**". Bis Juli 2013 sah das Sparkassengesetz noch eine feste Laufzeit von fünf Jahren für die Vorstandsverträge vor (§ 19 Abs. 2 Satz 1 aF SpkG NRW). Mit der Gesetzesänderung („bis zu") wird dem Verwaltungsrat eine größere Flexibilität bei der Vertragslaufzeit verschafft, um auf Sonderfälle angemessen reagieren zu können (LT-Drs. 16/3462, S. 18). So kann die Vereinbarung einer entsprechend kürzeren Laufzeit zB im Falle einer sich anbahnenden Fusion oder im Interesse einer baldigen Nachfolgeregelung sinnvoll sein. Gleiches gilt, wenn das Vorstandsmitglied kurz vor Erreichen der Altersgrenze steht. Im zuletzt genannten Fall hat der Gesetzgeber gemäß § 19 Abs. 2 S. 4 SpkG NRW vorgesehen, dass die Laufzeit höchstens bis zum Ablauf des Monats reichen darf, in dem das Vorstandsmitglied das 67. Lebensjahr vollendet. De lege ferenda (vgl. Entwurf eines Gesetzes zur Modernisierung des Sparkassenrechts und zur Änderung weiterer Gesetze v. 19.3.2024, LT-Drs. NRW 18/2407, S. 5, 11 f.) soll dies dahingehend aufgeweicht werden, dass ausnahmsweise und im Einzelfall mit Zustimmung der Sparkassenaufsicht die Bestellung und Anstellung von Vorstandsmitgliedern über die reguläre Altersgrenze von 67 Jahren möglich werden soll; die Gesetzesbegründung hat dabei insbesondere die Erleichterung des Nachfolge-Managements in einer Sparkasse, insbesondere im Zusammenhang mit einer Fusion, im Blick.

28 Mit dem gesetzlich festgelegten **Höchstalter von 67 Jahren** hat der Gesetzgeber die bei Arbeitnehmern bereits verlängerte Lebensarbeitszeit auch bei den Sparkassenvorständen heraufgesetzt. Diese Entwicklung ist auch in anderen Bundesländern zu beobachten, wobei die neue Altershöchstgrenze andernorts in Ausnahmefällen nach dem Sparkassengesetz sogar überschritten werden darf (*Biesok*, Sparkassenrecht, Rn. 403). Ursprünglich war als Altershöchstgrenze die Vollendung des 65. Lebensjahres vorgesehen. Man mag die Gleichstellung der Sparkassenvorstände mit den Arbeitnehmern bezüglich der angehobenen Altersgrenze für gerechtfertigt halten. Allerdings sollte nicht außer Betracht bleiben, dass die fachlichen und persönlichen Anforderungen, die heute an Geschäftsleiter von Kreditinstituten gestellt werden, in den letzten Jahren erheblich gestiegen sind. Dies zeigt sich exemplarisch an der zunehmenden Regulatorik, die vor allem die Vorstände kleinerer Häuser oft vor massive Probleme stellt. Die permanent sehr hohe Arbeitsbelastung kann sich auf die Leistungsfähigkeit insbesondere des älteren Vorstands-

II. Verwaltung der Sparkassen § 19

mitglieds auswirken. In der Praxis bietet sich daher eine **flexible Handhabung der Laufzeitregelung** an. Im Einzelfall kann es angezeigt sein, bei einer Vertragsverlängerung des älteren Vorstandsmitglieds einvernehmlich eine kürzere Laufzeit zu vereinbaren oder von der Antragsregelung des § 19 Abs. 2 S. 5 SpkG NRW Gebrauch zu machen. Ein stures Festhalten an der Vertragserfüllung bis zum Erreichen des gesetzlichen Höchstalters von 67 Jahren kann und sollte vermieden werden, wenn nicht das vor der Altersgrenze stehende Vorstandsmitglied den hohen Belastungen, die mit dem Amt einhergehen, uneingeschränkt gewachsen ist.

Einen Sonderfall bezüglich der Laufzeit regelt § 19 Abs. 2 S. 5 SpkG NRW. Danach kann die Vertragszeit auf Antrag des Vorstandsmitglieds unterschritten werden, wenn vorher das 63. Lebensjahr vollendet wird. Die Norm enthält ein **Antragsrecht** des Vorstandes auf Abkürzung der Vertragslaufzeit, soweit das Vorstandsmitglied während der laufenden Vertragsperiode sein 63. Lebensjahr vollendet. Ein Rechtsanspruch des Vorstandes ist hiermit allerdings nicht verbunden. Dies folgt schon aus der Natur des „Antrags" im Sinne des § 19 Abs. 2 S. 5 SpkG NRW, welcher gegenüber dem Vertragspartner zu stellen ist und über welchen der Verwaltungsrat unter Berücksichtigung der Unternehmensinteressen zu entscheiden hat. Zudem ist die Bestimmung als „Kann-Regelung" ausgestaltet, so dass ein Begehren des Vorstandsmitglieds auf Verkürzung der Vertragszeit nicht erzwingbar ist. Der Antrag sollte zweckmäßigerweise bereits gestellt werden, wenn die Vertragsverlängerung ansteht, durch welche das Vorstandsmitglied über das 63. Lebensjahr hinaus beschäftigt werden soll. In diesem Fall kann die Vertragslaufzeit auf die Vollendung des 63. Lebensjahres des Vorstandsmitglieds begrenzt werden. Denkbar ist daneben auch eine vorzeitige einvernehmliche Beendigung des Dienstvertrags mit Vollendung des 63. Lebensjahres des Vorstandes auf dessen Antrag während der laufenden Dienstvertragsperiode.

29

Ob eine **vorzeitige Vertragsauflösung** durch Aufhebungsvertrag und die **gleichzeitige Wiederanstellung** auf fünf Jahre zulässig ist, kann nach dem Gesetzeswortlaut in Zweifel gezogen werden. Nach § 19 Abs. 2 S. 3 SpkG NRW darf die Entscheidung über die Bestellung und Anstellung frühestens ein Jahr vor dem Zeitpunkt des Wirksamwerdens getroffen werden. Der Verwaltungsrat soll einen möglichst umfassenden und aussagekräftigen Eindruck von den Leistungen des Vorstandsmitglieds im Zeitpunkt der Entscheidung haben. Durch eine vorzeitige Aufhebung des Dienstvertrages bei gleichzeitiger Wiederanstellung wird diese Intention des Gesetzgebers konterkariert. Problematisch könnte zudem sein, dass der Entscheidung eines möglicherweise personell anders zusammengesetzten Verwaltungsrats (oder Hauptausschusses) im Falle einer vorzeitigen Aufhebung und Wiederanstellung vorgegriffen wird (*Fleischer*, § 4 Rn. 43). Allerdings hat der BGH für die Aktiengesellschaft im Jahre 2012 entschieden, dass die vorzeitige Wiederbestellung und Wiederanstellung des Vorstandsmitglieds auch früher als ein Jahr vor Ablauf der ursprünglichen Bestelldauer zulässig ist (BGH, Urt. v. 17.7.2012, II ZR 55/11). Der BGH sah keinen Verstoß gegen § 84 Abs. 1 S. 3 AktG, selbst wenn keine besonderen Gründe für die gewählte Vorgehensweise vorliegen. Ob die BGH-Rechtsprechung auf den Sparkassenbereich zu übertragen ist, bleibt abzuwarten. Da die analoge Anwendung einzelner aktienrechtlicher Bestimmungen – etwa § 93 AktG bezüglich der Haftung des Sparkassenvorstandes – im Sparkassenrecht heute weithin anerkannt ist, spricht einiges dafür, dass die Rechtsauffassung des BGH auch bei der Frage der Zulässigkeit einer vorzeitigen Vertragsauflösung bei gleich-

30

zeitiger Wiederanstellung des Sparkassenvorstandes zu beachten sein wird (in manchen Verbandsgebieten der Sparkassenorganisation wird die einvernehmliche Aufhebung des Dienstvertrags und gleichzeitige Wiederanstellung in bestimmten Konstellationen für zulässig erachtet, etwa wenn ein Vorstandsmitglied zum Vorstandsvorsitzenden aufsteigt, vgl. für Baden-Württemberg *Klüpfel/Gaberdiel/Höppel/ Ebinger*, § 25 III. 5.; generell zu der Thematik *Seyfarth*, § 3 Rn. 72 ff.).

b) Dienstvertragliche Systematik der Wiederanstellung

31 Nach Nr. 1.3 der Verbandsempfehlungen ist dem Vorstandsmitglied frühestens ein Jahr und spätestens sechs Monate vor Ablauf der Vertragszeit schriftlich unter Angabe der Bedingungen mitzuteilen, ob eine **Wiederbestellung** erfolgen soll. Das Vorstandsmitglied hat innerhalb einer Frist von einem Monat nach Zugang des Angebotes schriftlich in eine Wiederbestellung einzuwilligen, wenn diese spätestens sechs Monate vor Ablauf der Vertragszeit unter nicht ungünstigeren als den bisherigen Bedingungen und für die Zeit von bis zu fünf Jahren, nach Vollendung des 62. Lebensjahres jedoch höchstens für die Zeit bis zum Ablauf des Monats, in dem das 67. Lebensjahr vollendet wird, angeboten wird. Auch wenn die Verbandsempfehlungen in Nr. 1.3 ausdrücklich auf die „Wiederbestellung" abzielen, also auf das organschaftliche Bestellungsverhältnis, betrifft die Frage, unter welchen Bedingungen die Weiterbeschäftigung erfolgen soll, die „Wiederanstellung" (→ Rn. 17).

32 Soweit die Verbandsempfehlungen bei der Gestaltung der Dienstverträge berücksichtigt werden, sind die **Fristen** zur ordnungsgemäßen Wiederanstellung zu beachten. Das Angebot zur Wiederanstellung muss dem Vorstandsmitglied frühestens ein Jahr und spätestens sechs Monate vor Ablauf der Vertragszeit in Schriftform vorliegen. Dem Vorstand soll bei „Wiederbestellungs-Befassungsklauseln" ausreichend Zeit vor Vertragsablauf zur Verfügung stehen, das ihm vorgelegte Angebot inhaltlich zu prüfen, um sich entsprechend beruflich orientieren zu können (*Seyfarth*, § 4 Rn. 35). Das Angebot ist dem Organ deshalb „unter Angabe der Bedingungen" vorzulegen. Hieraus ist abzuleiten, dass das Vertragsangebot der Sparkasse in den wesentlichen Eckpunkten feststehen muss, so dass es als unterschriftsreif anzusehen ist. Dies schließt die Aufnahme von Verhandlungen über die Vertragsinhalte innerhalb oder noch vor Beginn der Frist zur Vorlage des Angebots nicht aus. Allerdings wird die vom Vorstand zu beachtende Frist zur Annahme des Angebots (ein Monat nach Zugang) nicht zu laufen beginnen, bevor die Sparkasse ein hinreichend vollständiges, unterschriftsreifes Vertragsangebot vorgelegt hat.

33 Nach den Verbandsempfehlungen ist das Vorstandsmitglied zur Annahme des Angebots verpflichtet, wenn das Angebot nicht unter „**ungünstigeren Bedingungen**" vorgelegt wird. Hier stellt sich die in der Praxis häufig auftretende Frage, was unter nicht ungünstigeren Bedingungen konkret zu verstehen ist. Es ist nach der hier vertretenen Auffassung ein umfassender Abgleich der Vertragsinhalte des bisherigen und des neuen Dienstvertrags, der bei einer Wiederanstellung gelten soll, erforderlich. Dabei ist ein objektivierter Maßstab, also die Sichtweise eines verständigen Dritten in der Situation des Vorstandsmitglieds anzulegen. Rein subjektiv als schlechter empfundene Vertragsregelungen begründen noch keine „ungünstigeren Bedingungen". Vertragliche Abänderungen, die für das Vorstandsmitglied nachteilig sind, können ggf. durch Verbesserungen in anderen Regelungspunkten kompensiert werden. Maßgeblich und erforderlich dürfte mithin eine **Gesamtschau** sein,

II. Verwaltung der Sparkassen   § 19

nicht hingegen eine auf die (ungünstigere) Einzelregelung abstellende selektive Betrachtung. Um das Kriterium der „ungünstigeren Bedingung" zu erfüllen, ist eine **evidente Schlechterstellung** des Vorstandsmitglieds im Wiederanstellungsverrag erforderlich. Dies mag etwa bei einer Kürzung der Festvergütung ohne entsprechenden Ausgleich an anderer Stelle der Fall sein. Auch der ersatzlose Wegall einer Dynamisierungsregelung, welche tarifliche Steigerungen bei den Sparkassenangestellten in Bezug nimmt und auf die Vorstandsvergütung überträgt, dürfte eine ungünstigere Bedingung darstellen. Eine verkürzte Laufzeit des neuen Dienstvertrags im Vergleich zur vorherigen längeren Vertragsdauer dürfte dagegen noch nicht ungünstiger sein, da § 19 Abs. 2 S. 1 SpkG NRW eine kürzere Laufzeit ausdrücklich zulässt, und überdies eine weitere Vertragsverlängerung über die verkürzte Laufzeit hinaus möglich bleibt. Ob eine aus Sicht des Vorstandsmitglieds erschwerte Zielerreichung zur Erlangung der Leistungszulage als „ungünstigere Bedingung" anzusehen ist, ist gleichfalls fraglich. Die leistungsbezogene Zulage wird nach Nr. 2.4 der Verbandsempfehlungen regelmäßig als Kann-Vorschrift ausgestaltet. Mangels rechtlicher Durchsetzbarkeit eines Anspruchs auf die Zulage dürfte eine ungünstigere Bedingung in diesem Fall wohl nicht ohne weiteres anzunehmen sein.

Aus Vorstandssicht empfiehlt sich eine tendenziell **zurückhaltende Auslegung** 34 des Merkmals der „ungünstigeren Bedingungen". Lehnt das Vorstandsmitglied eine Wiederanstellung wegen vermeintlich ungünstigerer Bedingungen ab, so endet das Dienstverhältnis mit Ablauf der Vertragszeit. Problematisch kann in diesem Fall die Eintrittspflicht der Sparkasse für die Versorgungsleistungen aus einer gewährten Direktzusage sein. Nr. 9.1 c der Verbandsempfehlungen sieht nämlich vor, dass kein Anspruch aus der betrieblichen Altersvorsorge – mit Ausnahme einer ggf. betriebsrentenrechtlich unverfallbar gewordenen Versorgungsanwartschaft – bei einer Beendigung des Anstellungsverhältnisses besteht, weil eine Wiederanstellung unterbleibt, da das Vorstandsmitglied seiner Verpflichtung nach Nr. 1.3 S. 2 der Empfehlungen nicht nachgekommen ist. Mit der Ablehnung eines angebotenen Wiederanstellungsvertrags wegen vermeintlich ungünstigerer Bedingungen geht das Vorstandsmitglied also das nicht unbeträchtliche Risiko ein, seine Versorgungsbezüge aus einer gewährten Direktzusage zu verlieren. Diese spezifische Vertragssystematik, die auch aus anderen Verbandsgebieten der Sparkassenorganisation bekannt ist, führt letztlich dazu, dass ein Angebot der Sparkasse auf Wiederanstellung seitens des Vorstandes im Zweifelsfall angenommen werden sollte, um nicht die erworbenen Ansprüche auf Altersversorgung aus dem Dienstvertrag zu gefährden. Eine versorgungsunschädliche Ablehnung der Wiederanstellung ist, wie ausgeführt, nach den Verbandsempfehlungen nur denkbar, wenn das Vorstandsmitglied sich berechtigterweise auf „ungünstigere Bedingungen" des Fortsetzungsvertrags stützen könnte, wofür der Vorstand im Streitfall die Beweislast trägt.

Auch im Falle einer Wiederanstellung sind die gesetzlichen Vorgaben des § 19 35 Abs. 2 SpkG NRW hinsichtlich der **Altersgrenzen zu berücksichtigen**. Deshalb sehen die Verbandsempfehlungen vor, dass die neue Vertragsperiode nach Vollendung des 62. Lebensjahres des Vorstandsmitglieds höchstens für die Zeit bis zum Ablauf des Monats, in dem das 67. Lebensjahr vollendet wird, reichen darf.

Falls die Sparkasse dem Vorstandsmitglied das Vertragsangebot erst **nach Ablauf** 36 **der** nach den Verbandsempfehlungen vorgesehenen **Vorlagefrist** (sechs Monate vor Vertragsende) vorlegt, ist fraglich, ob das Vorstandsmitglied das Vertragsangebot

Zimmer

wegen der nicht eingehaltenen Frist versorgungsunschädlich ablehnen kann. Der Wortlaut der Empfehlungen, welcher in den Dienstverträgen meist Eingang findet, spricht zunächst für die Ablehnungsmöglichkeit. Denn die Verpflichtung zur Einwilligung in die Wiederanstellung besteht gemäß den Verbandsempfehlungen, wenn die Wiederanstellung „spätestens sechs Monate vor Ablauf der Vertragszeit" angeboten wird. Der Vorstand soll das Verlängerungsangebot spätestens ein halbes Jahr vor Vertragsauslauf vorliegen haben, um sich ggf. rechtzeitig beruflich umorientieren zu können. Hält sich die Sparkasse nicht an die ihr auferlegte Frist, verschlechtert sich dadurch uU die Perspektive des Vorstands, eine andere Tätigkeit unmittelbar nach Ablauf der Vertragszeit aufzunehmen. Es ist jedoch andererseits zu bedenken, dass der Vorstand oftmals für die Erstellung der Beschlussvorlagen des Verwaltungsrats – auch in eigenen Vorstandsangelegenheiten – zuständig ist. Soweit diese Praxis im Hause besteht, könnte dem Vorstand entgegengehalten werden, dass er als das dem Aufsichtsgremium zuarbeitende Organ auf den drohenden Ablauf der 6-Monats-Frist rechtzeitig hinweisen muss. Eine Hinweispflicht des Vorstandes könnte insbesondere anzunehmen sein, wenn der Vorstand Kenntnis davon hatte, dass der bevorstehende Fristablauf den Verwaltungsratsmitgliedern nicht bewusst war und am Willen des Gremiums, eine Wiederanstellung herbeizuführen, aus Vorstandssicht keine vernünftigen Zweifel bestehen konnten.

c) Einverständnis zur Veröffentlichung der Angaben gemäß § 19 Abs. 6

37 Nach den Verbandsempfehlungen (Nr. 1.4) soll im Dienstvertrag vereinbart werden, dass das Vorstandsmitglied sein Einverständnis zur Veröffentlichung der Angaben gemäß § 19 Abs. 6 SpkG NRW erklärt. Es handelt sich um eine Neuerung im Empfehlungswerk, welche die aktuelle Gesetzeslage berücksichtigt. Die Verbandsempfehlungen 1996 sahen eine entsprechende Einverständniserklärung nicht vor. Soweit der Vorstandsdienstvertrag auf der Basis der aktuellen Verbandsempfehlungen als Erstvertrag abgeschlossen wird, stellt sich bezüglich der Einverständniserklärung kein Problem. Heikler sind dagegen die Altfälle, bei denen ein laufender Dienstvertrag zwischen Vorstandsmitglied und Sparkasse auf Grundlage der alten Verbandsempfehlungen 1996 existiert. Es gibt keinen Rechtsanspruch auf Ergänzung des Dienstvertrags um eine Einverständniserklärung im Sinne des § 19 Abs. 6 SpkG NRW während der laufenden Vertragsperiode. Im Zuge einer anstehenden Vertragsverlängerung könnte eine entsprechende Klausel allerdings in einem Wiederanstellungsvertrag angeboten werden. Es stellt sich dann die Frage, ob eine Klausel, welche die freiwillige Erklärung des Einverständnisses zur Veröffentlichung der Angaben gemäß § 19 Abs. 6 SpkG NRW beinhaltet, als eine „ungünstigere Bedingung" anzusehen ist, welche im Rahmen der Wiederanstellungssystematik (→ Rn. 33 f.) versorgungsunschädlich abgelehnt werden könnte. Dies erscheint aufgrund des in § 19 Abs. 6 SpkG NRW niedergelegten Willens des Landesgesetzgebers zweifelhaft, auch wenn die Verfassungsmäßigkeit der Transparenzklausel mit bedenkenswerten Argumenten in Zweifel gezogen wird (hierzu im Einzelnen *Dietlein* in: Engau/Dietlein/Josten, Erl. § 19 Nr. 7.2.4).

d) Gesetzliche Sozialversicherung

38 Das Vorstandsmitglied ist nach der üblichen dienstvertraglichen Regelung in der gesetzlichen Sozialversicherung versichert (grundlegend *Seyfarth*, § 11 Rn. 4 ff.). Das Organ hat die Arbeitnehmeranteile der Pflichtbeiträge zu leisten (Nr. 1.5 der

II. Verwaltung der Sparkassen § 19

Verbandsempfehlungen). Soweit ein Versorgungsanspruch des Vorstandsmitglieds gegenüber der Sparkasse in Form der Direktzusage noch nicht besteht, ist darüber hinaus eine zusätzliche Altersabsicherung in der für die Sparkasse zuständigen Zusatzversorgungskasse gemäß Nr. 1.6 der Empfehlungen vorzunehmen. Scheidet ein Vorstandsmitglied, dem eine Direktzusage bezüglich seiner Altersversorgung erteilt wurde, ohne Versorgungsanspruch sowie ohne unverfallbare betriebsrentenrechtliche Anwartschaft aus, ist eine Nachversicherung in der gesetzlichen Rentenversicherung für den Zeitraum der Vorstandstätigkeit durchzuführen (§ 8 SGB VI), sofern keine Aufschubgründe nach § 184 SGB VI vorliegen. Bezüglich der Arbeitslosenversicherung gilt, dass Leistungen zB nach § 136 SGB III grundsätzlich auch für Sparkassenvorstände in Betracht kommen, soweit die gesetzlichen Voraussetzungen vorliegen. Insoweit ergeben sich keine Besonderheiten gegenüber Arbeitnehmern.

e) Vergütung

Die Vergütung insbesondere von Bankmanagern, damit auch die des Sparkassenvorstands, steht seit der Finanzmarktkrise 2008 verstärkt im **Fokus der öffentlichen Aufmerksamkeit** (*Ihrig/Schäfer*, § 12 Rn. 192). Zumeist wird die Höhe der Bezüge pauschal als unangemessen hoch kritisiert. Der Gesetzgeber hat mit dem Gesetz zur Angemessenheit der Vorstandsvergütung (VorstAG) reagiert. Es wurden überdies Sonderregelungen für den Finanzsektor geschaffen (näher Ihrig/Schäfer, § 12 Rn. 192). Bezüglich der Sparkassen in Nordrhein-Westfalen kann festgehalten werden, dass die Vorgaben der Verbandsempfehlungen zur Vergütung der Sparkassenvorstände sinnvolle und angemessene Leitplanken beinhalten. Deshalb taugt der vielzitierte Vergleich des Gehalts der Bundeskanzlerin mit der durchschnittlichen Vergütung des Sparkassendirektors aus Nordrhein-Westfalen kaum für eine objektiv geführte Auseinandersetzung über die Frage, welche Entlohnung der Sparkassenvorstände in der heutigen Zeit gerechtfertigt ist (vgl. http://www.faz.net/aktuell/politik/inland/peer-steinbrueck-im-gespraech-bundeskanzler-verdient-zu-wenig-12009203.html). 39

aa) Vergütungskomponenten. Die Vergütung des Sparkassenvorstandes setzt sich nach den Verbandsempfehlungen aus dem Jahresfestgehalt, einer Zulage für den Vorsitzenden des Vorstandes und den stellvertretenden Vorsitzenden des Vorstandes und einer leistungsbezogenen Zulage zusammen. Beihilfen werden hingegen nicht gewährt. 40

Das **Jahresfestgehalt** wird üblicherweise innerhalb von bestimmten Bandbreiten festgelegt, welche Mindest- und Höchstbeträge in Abhängigkeit von der jeweiligen Bemessungsgrundlage der Sparkasse vorsehen. Die Bemessungsgrundlage wird gebildet aus der Summe aus dem 0,8-fachen der Bilanzsumme, dem Kreditvolumen des Hauses, dem 12-fachen der Summe aus den ungebundenen Vorsorgereserven gemäß § 340f HGB und dem Depotbestand aller Kundenwertpapiere (vgl. Nr. 2.2.1 der Empfehlungen). Nach den derzeitigen Bandbreiten schwankt das Jahresfestgehalt zwischen rund 167.000 € und 393.000 € p.a. Innerhalb der Bandbreiten ist das Jahresfestgehalt zwischen dem Verwaltungsrat und dem Vorstandsmitglied auszuhandeln. Abweichungen beim Jahresfestgehalt außerhalb der Bandbreiten sind selten, aber rechtlich möglich. Da die Vorstandsmitglieder nach dem Kollegialprinzip grundsätzlich gleichrangig sind und die Führungsverantwortung 41 des Hauses gemeinsam tragen, erscheinen allzu erhebliche Abweichungen beim Jahresfestgehalt, das sich an objektiven Kennziffern des Hauses orientiert, fragwürdig. Gleichwohl ist eine entsprechende Differenzierung bei der Festvergütung zB nach der Vorstandsdienstzeit nicht ungewöhnlich. Auch kann die Position des (stellvertretenden) Vorstandsvorsitzenden ein höheres Jahresfestgehalt gegenüber den weiteren ordentlichen Vorstandsmitgliedern rechtfertigen, dies unabhängig von der Zulage nach Nr. 2.2.3. der Empfehlungen.

42 Die Verbandsempfehlungen sehen eine **erhöhte Festvergütung für den Vorsitzenden des Vorstandes und dessen Stellvertreter** vor. Gemäß Nr. 2.2.3 der Empfehlungen kann das Jahresfestgehalt für den Vorsitzenden des Vorstandes um bis zu 10 vH, für den stellvertretenden Vorsitzenden des Vorstandes um bis zu 5 vH überschritten werden. Von der Möglichkeit der Anhebung des Jahresfestgehaltes für den Vorstandsvorsitzenden und dessen Stellvertreter wird in den Dienstverträgen regelmäßig Gebrauch gemacht, was sich aus der höheren Verantwortung rechtfertigt, die mit der jeweiligen Position verbunden ist. Die Empfehlungen enthalten in Nr. 2.2.3 zugleich den Hinweis, dass sich die Mindestbeträge bei den Bandbreiten in der ersten Dienstvertragsperiode eines neu bestellten Vorstandes um 10 vH reduzieren.

43 Nach den Empfehlungen (vgl. Nr. 2.4.) kann dem Vorstandsmitglied ferner eine **leistungsbezogene Zulage** von bis zu 15 vH des am 31.12. des abgelaufenen Geschäftsjahres zustehenden Jahresfestgehalts gewährt werden. Es handelt sich um eine Kann-Regelung, so dass kein Rechtsanspruch auf Auszahlung der leistungsbezogenen Zulage besteht. Allerdings wird der Vorstand einen Anspruch auf eine ermessensfehlerfreie Entscheidung des Verwaltungsrates und auf eine Begründung der Entscheidung haben. Der Verwaltungsrat hat über die Leistungszulage insoweit jährlich nach Feststellung des Jahresabschlusses aufgrund einer individuellen erfolgs- und leistungsorientierten Beurteilung unter Beachtung des Unternehmenszwecks und des öffentlichen Auftrags (§ 3 SpkG NRW) zu entscheiden. Dies bedingt, dass der Verwaltungsrat mit dem Vorstandsmitglied Ziele abstimmt, welche mit der Geschäfts- und Risikostrategie der Sparkasse übereinstimmen und auf eine nachhaltige Entwicklung ausgerichtet sein müssen. Die Sparkasse hat nach den Empfehlungen darauf zu achten, dass die Leistungszulage freiwillig und nur bei Erreichen der festgelegten Bedingungen gewährt wird.

44 In Nordrhein-Westfalen werden **keine Beihilfen** in Krankheits-, Geburts- und Todesfällen gewährt, anders als in anderen Verbandsgebieten der Sparkassenorganisation (zB Bayern, Baden-Württemberg, Hessen und Thüringen). Dies ist nach Abschaffung der beamtenrechtlichen Bezüge in den Vorstandsdienstverträgen konsequent.

45 **bb) Lineare Veränderungen der Vergütung.** Die Verbandsempfehlungen sehen vor, dass Sparkasse und Vorstandsmitglied im Dienstvertrag eine **Gleitklausel** vereinbaren können, nach welcher das Jahresfestgehalt des Vorstandes entsprechend der Entwicklung der Vergütung der Sparkassenbeschäftigten angepasst wird (Nr. 2.7). Tarifsteigerungen können sich daneben bei den Mindest- und Höchstbeträgen des Jahresfestgehaltes nach Nr. 2.2.2 der Empfehlungen auswirken. Die Bandbreiten werden hierdurch analog zu den linearen Änderungen angehoben, was für sich genommen nicht zu einer Erhöhung des vertraglich vereinbarten Jahresfestgehaltes führt. Hierzu ist die dienstvertragliche Vereinbarung einer Gleitklausel

erforderlich. Es besteht ferner eine Überprüfungspflicht hinsichtlich des Jahresfestgehaltes, wenn die Sparkasse infolge ihrer geschäftlichen Entwicklung oder aufgrund einer Fusion mit einer anderen Sparkasse eine höhere Stufe der Bemessungsgrundlage nach Nr. 2.2.1 und Nr. 2.2.2 der Empfehlungen erreicht.

cc) **Dienstwagen.** Die Vorstandsdienstverträge sehen regelmäßig vor, dass dem Vorstandsmitglied ein **Kraftfahrzeug zur dienstlichen und privaten Nutzung** überlassen wird (*Seyfarth*, § 4 Rn. 76 f.). Der geldwerte Vorteil bezüglich der Privatnutzung ist vom Vorstandsmitglied zu versteuern. In der Dienstwagenklausel wird zumeist nicht näher angegeben, welcher Fahrzeugtyp dem Vorstandsmitglied zu überlassen ist. Hier wird das Kriterium der Angemessenheit – der Dienstwagen dient auch repräsentativen Zwecken – ebenso eine Rolle spielen wie die jeweiligen Usancen des Instituts. Es bietet sich an, die Möglichkeit der Privatnutzung auch Dritten im Einzelfall zu gestatten, was in älteren Vorstandsdienstverträgen nicht immer geregelt wird. Die aktuellen Verbandsempfehlungen sehen in Nr. 2.6 die Privatnutzung „auch durch Familienangehörige" vor. Dies ist zu begrüßen, da eine Zulässigkeit der (Privat-)Nutzung ausschließlich durch das Vorstandsmitglied jedenfalls bei längeren Fahrten nicht sachgerecht wäre. 46

Soweit im Dienstvertrag im Falle einer **Freistellung** die Herausgabe des Dienstwagens mit Beginn des Freistellungszeitraums vereinbart wird, erlischt das Recht zur privaten Nutzung mit Wirksamwerden der Freistellung. Fehlt eine explizite Regelung im Freistellungsfalle, wird das Vorstandsmitglied auch bei Wegfall der dienstlichen Nutzung das Dienstfahrzeug weiter führen dürfen, da ihm die Privatnutzung vertraglich zugesagt wurde. Dieses Recht entfällt nicht dadurch, dass die Sparkasse einseitig auf die Dienste des Vorstandsmitgliedes verzichtet. 47

Soweit nicht im Dienstvertrag geregelt, ist eine **Absprache mit dem Verwaltungsrat** über Einzelheiten der Anschaffung und Nutzung des Dienstwagens empfehlenswert. Dies gilt zB für die Frage, innerhalb welcher Zeiträume der Dienstwagen gewechselt werden soll. In einem Streitfall hat das Landgericht Stendal eine Mindesthaltedauer bei Vorstandsdienstwagen von 36 Monaten angenommen, so dass ein vom Vorstandsmitglied veranlasster frühzeitigerer Fahrzeugwechsel ohne Vorliegen von besonderen Gründen als pflichtwidrig anzusehen sei (LG Stendal, Urt. v. 24.8.2016, 21 O 200/13). 48

dd) **Nebenleistungen.** Ältere Sparkassenvorstandsverträge in Nordrhein-Westfalen sehen häufig vor, dass das Jahresfestgehalt im Falle einer durch Unfall oder Krankheit verursachten Dienstunfähigkeit längstens bis zur Beendigung des Dienstverhältnisses, also bis zum Ablauf der Vertragszeit, weitergezahlt wird. Die neuen Verbandsempfehlungen für nach dem 1.3.2017 erstmalig bestellte Vorstandsmitglieder **verkürzen die Weitergewährung der Bezüge** deutlich, und zwar auf „längstens für ein Jahr" (vgl. Nr. 3.1). Das Vorstandsmitglied soll sich selbst um die Abdeckung der Risiken aus einer länger andauernden Dienstunfähigkeit kümmern. Aufgrund der grundsätzlichen Versicherbarkeit des Ausfalls der eigenen Arbeitsfähigkeit ist das Risiko abschirmbar. Gegenüber der bisherigen, aus Vorstandssicht komfortablen Regelung der Weiterzahlungspflicht längstens bis zum Ende des Dienstverhältnisses dürfte die Neuregelung jedenfalls dann eine vertragliche Verschlechterung darstellen, wenn die Vertragslaufzeit mehr als ein Jahr beträgt (→ Rn. 33). 49

50 Im Falle einer **Schwangerschaft und Elternzeit** verweist Nr. 3.2 der Empfehlungen auf die gesetzlichen Regelungen. Die vom Gesetzgeber normierten Grundsätze gelten insoweit auch für Vorstandsmitglieder.

f) Nebentätigkeiten und Mandate

51 Sparkassenvorstände übernehmen im Auftrag oder im Interesse ihrer Sparkassen regelmäßig diverse Nebentätigkeiten innerhalb oder auch außerhalb der Sparkassenorganisation. Die Institute haben ein nachvollziehbares Interesse daran, einen Vertreter aus dem eigenen Hause in Beiratsgremien und Aufsichtsräte innerhalb der stark vernetzten Sparkassen-Finanzgruppe zu entsenden. Zudem dient die Übernahme eines Mandats in gemeinnützigen und karitativen Einrichtungen auch repräsentativen Zwecken. Bei der Übernahme von Nebentätigkeiten und Mandaten ist zunächst darauf zu achten, dass diese nicht in zeitlicher Hinsicht mit der (Haupt-) Tätigkeit als Sparkassenvorstand kollidieren. Mit dem CRD IV-Umsetzungsgesetz und dem Finanzmarktanpassungsgesetz wurden die Anforderungen an die **zeitliche Verfügbarkeit** von Geschäftsleitern weiter verschärft. Nach § 25c KWG haben Geschäftsleiter ihrer Aufgabe ausreichend Zeit zu widmen. Unter Berücksichtigung ihrer beruflichen und gesellschaftlichen Verpflichtungen müssen Geschäftsleiter in der Lage sein, für ihre Haupttätigkeit ausreichend Zeit aufzubringen und sie müssen die erforderliche Zeit auch tatsächlich aufwenden. Die Nichtbeachtung dieses Grundsatzes kann aufsichtsrechtliche und in der Folge auch dienstvertragliche Konsequenzen nach sich ziehen.

52 Die Ausübung von Nebentätigkeiten bedarf grundsätzlich der vorherigen widerruflichen **Zustimmung** des Aufsichtsgremiums (*Seyfarth*, § 4 Rn. 58). Nach den Verbandsempfehlungen soll dies nicht für die Wahrnehmung von Mandaten in Einrichtungen der Sparkassen-Finanzgruppe gelten. Gleichwohl erscheint eine Anzeige auch der nicht zustimmungspflichtigen Mandate gegenüber dem Aufsichtsgremium sinnvoll, um Transparenz herzustellen.

53 Soweit ein Vorstandsmitglied eine **Vergütung** aus einer Nebentätigkeit erhält, ist diese Zahlung an die Sparkasse abzuführen, wenn es sich um Vergütungen von Verbundunternehmen im Rahmen des Verbundgeschäftes der Sparkassenorganisation handelt (vgl. Nr. 4.2 der Empfehlungen). Ausgenommen sind Sitzungsgelder und Aufwandsentschädigungen für die Wahrnehmung von Mandaten innerhalb der Sparkassen-Finanzgruppe.

54 Der Vorwurf einer **Pflichtverletzung bei der Ausübung der Nebentätigkeit** kann ausnahmsweise Relevanz für das Bestellungsverhältnis und das Anstellungsverhältnis des Sparkassenvorstandes haben. Je nach Art und Schwere der dem Vorstand vorgeworfenen Verfehlung ist nicht ausgeschlossen, dass Zweifel hinsichtlich der persönlichen Zuverlässigkeit oder der fachlichen Eignung des Geschäftsleiters geweckt werden. Die Zuverlässigkeit des Geschäftsleiters könnte in Frage zu stellen sein, wenn persönliche Umstände nach der allgemeinen Lebenserfahrung die Annahme rechtfertigen, dass diese die sorgfältige und ordnungsgemäße Wahrnehmung des Geschäftsleitermandats beeinträchtigen können. Insbesondere einschlägige Verstöße gegen Straftat- oder Ordnungswidrigkeitstatbestände können das Vertrauen in den Geschäftsleiter nachhaltig untergraben. Sie können ggf. als „wichtiger Grund" zur Beendigung der Organstellung und des Vertragsverhältnisses im Rahmen des § 626 BGB herangezogen werden. Auch droht bei Vorwürfen, die im Zusammenhang mit der Wahrnehmung von Nebentätigkeiten stehen, die Schlussfolgerung,

II. Verwaltung der Sparkassen § 19

dass der Betreffende überfordert oder zeitlich überlastet sein könnte. Vorstandsmitglieder sollten bei der Ausübung von Nebentätigkeiten daher ausnahmslos die gleiche Sorgfalt walten lassen wie bei der Wahrnehmung ihrer Aufgaben als Sparkassenvorstand.

g) Beendigungstatbestände

Das Anstellungsverhältnis zwischen Sparkasse und Vorstandsmitglied endet in den dienstvertraglich geregelten Fällen, welche im **Anstellungsvertrag enumerativ aufgezählt** werden. 55

Da das Dienstverhältnis auf Zeit eingegangen wird, endet es mit **Ablauf der vereinbarten Vertragszeit** automatisch, ohne dass es gesonderter Erklärungen der Parteien bedarf. Zu beachten ist die in den Verträgen regelmäßig angelegte Verlängerungsmöglichkeit, sofern die Sparkasse dem Vorstandsmitglied eine Wiederbestellung und Wiederanstellung schriftlich vorschlägt und das Vorstandsmitglied einwilligt (§ 19 Abs. 4 iVm Abs. 2 SpkG NRW). Das Anstellungsverhältnis setzt sich in diesem Fall um die vereinbarte neue Dienstzeit entsprechend fort. 56

Die Altersgrenze für Vorstandsmitglieder von Sparkassen wurde auf die **Vollendung des 67. Lebensjahres** angehoben. Dementsprechend regelt § 19 Abs. 2 S. 4 SpkG NRW, dass die Laufzeit höchstens bis zum Ablauf des Monats reicht, in dem die betreffende Person das 67. Lebensjahr vollendet. Mit der Anhebung der Altersgrenze auf die Vollendung des 67. Lebensjahres wird ein Gleichlauf mit den Arbeitnehmern hergestellt, für die diese Altersgrenze ebenfalls gilt. Insofern hat der Gesetzgeber keinen Grund gesehen, Organmitglieder anders als Arbeitnehmer zu behandeln (→ Rn. 28). Soweit ein Vorstandsmitglied zB aus gesundheitlichen Gründen nicht in der Lage ist, bis zur Vollendung seines 67. Lebensjahres als Sparkassenvorstand zu arbeiten, besteht die Möglichkeit eines vorzeitigen Ausscheidens entweder über den Weg der Dienstunfähigkeit oder durch Abschluss eines Aufhebungsvertrages. 57

Die **dauernde Dienstunfähigkeit** wird in Nr. 5.1 lit. c) der Empfehlungen als Beendigungsgrund angeführt. In den meisten Dienstverträgen stellt die Dienstunfähigkeit, welche durch ein amtsärztliches Gutachten festzustellen ist, einen eigenen Beendigungsgrund dar (*Seyfarth*, § 20 Rn. 10). Der Begriff der Dienstunfähigkeit stammt aus dem Beamtenversorgungsrecht. Sie ist ein Relikt aus den Zeiten, in denen beamtenrechtliche Bezüge und Verweisungen im nordrhein-westfälischen Sparkassengesetz verankert waren. Mit der Gesetzesnovelle 1970 wurden die beamtenrechtlichen Bezüge weitgehend gestrichen und die Anstellung des Sparkassenvorstandes auf rein privatrechtlicher Grundlage geregelt. Für die Definition der dauernden Dienstunfähigkeit wird gleichwohl sinngemäß auf das Beamtenversorgungsrecht abzustellen sein. Danach ist von der Dienstunfähigkeit des Organs auszugehen, wenn es dauerhaft außerstande ist, seine Dienstpflichten als Vorstandsmitglied zu erfüllen, zB aus krankheitsbedingten Gründen (*Plog/Wiedow*, BeamtVG, § 4 Rn. 59). Prüfungsmaßstab ist das Amt des Sparkassenvorstandes im abstrakt-funktionellen Sinne (*Plog/Wiedow*, BeamtVG, § 4 Rn. 74). Eine nur vorübergehende Dienstunfähigkeit führt nicht zur Beendigung des Dienstverhältnisses. Die gesundheitliche Beeinträchtigung muss dauerhafter Natur sein, so dass mit einer Besserung des Zustands und der damit verbundenen Wiederherstellung der Dienstfähigkeit nicht gerechnet werden kann. 58

59 Eine ordentliche **Kündigung** beendet das Anstellungsverhältnis fristgerecht oder – als außerordentliche Kündigung – mit sofortiger Wirkung. Die Sparkasse ist aufgrund der zeitlichen Befristung des Dienstvertrages generell nur zur außerordentlichen Kündigung gemäß § 626 BGB berechtigt. Sie muss also einen „wichtigen Grund" im Sinne des § 626 BGB vorweisen können, welcher ihr ein Festhalten am Anstellungsvertrag bis zu seinem regulären Ende unzumutbar macht. Die Voraussetzungen für das Vorliegen eines „wichtigen Grundes" im Sinne des § 626 BGB sind hoch, da die Sparkasse durch die außerordentliche Kündigung das Vertragsverhältnis mit sofortiger Wirkung beenden kann und sämtliche Ansprüche des Vorstandsmitgliedes – ggf. mit Ausnahme einer unverfallbar gewordenen Versorgungsanwartschaft – abschneidet. Als „wichtiger Grund" kommen neben schwerwiegenden zivilrechtlichen Pflichtverletzungen insbesondere **strafrechtliche Verfehlungen** des Vorstandsmitglieds in Betracht, die allerdings über ein entsprechendes Gewicht verfügen und nachgewiesen, also rechtskräftig festgestellt sein müssen; im Falle eines fehlenden Nachweises gelten die arbeitsrechtlichen Grundsätze der **Verdachtskündigung** auch für Sparkassenvorstände. Strafrechtliche Vorwürfe müssen „einschlägig" sein, um eine außerordentliche Kündigung zu rechtfertigen. Dies gilt etwa für den Vorwurf der Untreue (§ 266 StGB). Straftaten aus anderen Bereichen, die keinen unmittelbaren Zusammenhang zum Dienstverhältnis haben, dürften in aller Regel keinen „wichtigen Grund" darstellen. Je nach Art und Schwere des Delikts kann die Zuverlässigkeit des Geschäftsleiters in Frage stehen. Dies gilt auch im Falle einer Häufung von strafrechtlichen Vorwürfen, die für sich betrachtet nicht einschlägig sein müssen.

60 Ob ein **gestörtes oder zerrüttetes Vertrauensverhältnis** des Vorstandsmitglieds zum Gremium Verwaltungsrat oder zu den Vorstandskollegen als „wichtiger Grund" zur außerordentlichen Kündigung ausreicht, ist fraglich. Letztlich wird es auf eine Bewertung des konkreten Verursachungsbeitrags des zu Kündigenden ankommen, welcher im Prozess von der Sparkasse zu beweisen ist. Jedenfalls wird sich eine Abberufung aus dem Organverhältnis auf das verloren gegangene Vertrauen in die Fähigkeiten des Vorstandes wohl stützen lassen (*Biesok*, Sparkassenrecht, Rn. 411; *Seyfarth*, § 20 Rn. 33).

61 Die sparkassenseitige Kündigung ist durch den Verwaltungsrat zu erklären, welcher das zuständige Organ ist. Für den Ausspruch der Kündigung des Dienstvertrags ist eine entsprechende Beschlussfassung des Verwaltungsrates erforderlich. Bei der Umsetzung des Beschlusses kann zB der Verwaltungsratsvorsitzende oder ein Rechtsanwalt mit der Abfassung des Kündigungsschreibens und der Zustellung beauftragt werden. Das Vorstandsmitglied ist ebenfalls zur außerordentlichen Kündigung nach § 626 BGB berechtigt. Auch hier hat ein „wichtiger Grund" vorzuliegen, der aus Sicht des Vorstandsmitglieds so gravierend sein muss, dass ein Aufrechterhalten des Dienstverhältnisses für das Organ unzumutbar ist. Die Fälle der außerordentlichen Kündigung durch das Vorstandsmitglied sind sehr selten. Sachverhalte, welche eine außerordentliche Kündigung des Vorstandsmitglieds tragen könnten – etwa der unbegründete Einbehalt der Vergütung – sind kaum praxisrelevant.

62 Von großer praktischer Bedeutung ist hingegen die Möglichkeit der **ordentlichen Kündigung seitens des Vorstandsmitglieds**, welche in Nr. 5.3.2 der Empfehlungen vorgesehen ist und welche dem Vorstand üblicherweise dienstvertraglich eingeräumt wird. Danach kann das Vorstandsmitglied unter Wahrung einer

II. Verwaltung der Sparkassen **§ 19**

Kündigungsfrist von sechs Monaten zum Schluss eines Kalendervierteljahres die ordentliche Kündigung aussprechen. Diese Kündigungsoption kann zB bei einem Wechsel zu einem anderen Arbeitgeber in Betracht gezogen werden, insbesondere dann, wenn eine gütliche Aufhebung des Dienstverhältnisses nicht zu erreichen ist. Häufig wird der Abschluss eines Aufhebungsvertrags aber möglich sein, zumal die Parteien wichtige Modalitäten des vorzeitigen Ausscheidens des Vorstandsmitglieds auf diesem Wege einvernehmlich festlegen können, zB eine gemeinsame Sprachregelung über die vorgezogene Beendigung des Dienstverhältnisses. Der Ausspruch der ordentlichen Kündigung führt in der Regel zum Wegfall des dienstvertraglichen Versorgungsanspruchs. Dem Vorstand verbleibt allenfalls eine unverfallbare Versorgungsanwartschaft nach dem BetrAVG. Mitunter wird daher ein einseitig oder wechselseitig ausgestaltetes **versorgungsunschädliches Sonderkündigungsrecht** vereinbart. Die Vorteile einer solchen Sonderregelung liegen für den betroffenen Vorstand auf der Hand. Aber auch das Institut kann von der Vereinbarung profitieren. So kann die vertragliche Abweichung etwa in Betracht gezogen werden, wenn die Sparkasse sich eine größtmögliche Flexibilität hinsichtlich in Bälde zu treffender Nachfolgeregelungen im Vorstandsgremium bewahren will.

Den Vertragsparteien steht es im Übrigen jederzeit frei, einen **Aufhebungs- oder Auflösungsvertrag** zur vorzeitigen Beendigung des Anstellungsverhältnisses abzuschließen. Zuständig ist auf Sparkassenseite der Verwaltungsrat bzw. der Hauptausschuss. Es gelten insoweit die gleichen Grundsätze wie beim Abschluss des Dienstvertrags. Die Sparkassen versichern sich bei den Vertragsverhandlungen und bei der Abfassung des Aufhebungsvertrags regelmäßig der rechtlichen Unterstützung ihrer Regionalverbände. **63**

Da das Anstellungsverhältnis höchstpersönlicher Natur ist, endet es automatisch mit dem **Tode des Vorstandsmitgliedes**. Im Falle des Todes des Vorstandsmitgliedes können – je nach Ausgestaltung der Versorgungszusage – Versorgungsansprüche der Hinterbliebenen entstehen. **64**

h) Rechtsfolgen beim Zusammenschluss von Sparkassen

Die Dienstverträge der Sparkassenvorstandsmitglieder enthalten eine **Fusionsklausel**, welche die Rechtsfolgen im Falle des Zusammenschlusses von zwei oder mehreren Sparkassen regelt. Nach dieser Klausel wird das Vorstandsmitglied prinzipiell dazu verpflichtet, im fusionierten Haus die Aufgaben eines Vorstandsmitglieds oder eines stellvertretenden Vorstandsmitglieds unter im Übrigen nicht ungünstigeren als den bisherigen Bedingungen zu übernehmen. Voraussetzung ist stets die aufsichtsrechtliche Zulässigkeit der Übernahme der Vorstandsposition im neuen Haus, was von der Größe des fusionierten Institutes im Verhältnis zu der durch die Fusion untergehenden Sparkasse abhängt. Als Anhaltspunkt mag die Verfahrensweise der BaFin dienen, wonach die Geschäftsleiterqualifikation des Vorstandsmitglieds meist angenommen wird, soweit die Bilanzsumme des fusionierten Instituts nicht größer ist als das 3- bis 5-fache der Bilanzsumme des durch die Fusion untergehenden Hauses. Ob die dienstvertraglichen Regelungen in der fusionierten Sparkasse ungünstiger sind als die seitherigen Bedingungen, ist nach denselben Maßstäben zu beurteilen wie im Rahmen der Verpflichtung des Vorstandes zur Einwilligung in eine Wiederanstellung (→ Rn. 33 f.). **65**

Soweit eine Übernahme in den Vorstand des neuen Hauses nicht möglich oder gewollt ist (Fall der sog. **Nichtverwendung**), führt der Zusammenschluss der **66**

Zimmer

Sparkassen zu einem **Kündigungsrecht** der vereinigten Sparkasse mit einer Kündigungsfrist von einem Monat zum Monatsende (vgl. Nr. 6.1 der Verbandsempfehlungen). Der Ausspruch der ordentlichen Kündigung bei Nichtverwendung im Fusionsfall lässt die vertraglichen Ansprüche des Vorstandsmitglieds unberührt. Dies gilt sowohl für Ansprüche aus dem bisherigen Dienstvertrag auf das Jahresfestgehalt bis zum regulären Vertragsende als auch für Leistungen aus einer zugesagten Altersversorgung (vgl. Nr. 6.2 der Verbandsempfehlungen). Eine Nichtverwendung des Sparkassenvorstandes muss nicht das Ende seiner Tätigkeit für die Sparkasse bedeuten. Es kommt in manchen Fällen zur Vereinbarung einer weiteren Tätigkeit des (dann ehemaligen) Vorstandsmitglieds unterhalb der Vorstandsebene im fusionierten Haus. Zu achten ist hierbei auf die dienstvertraglichen Rechte und Ansprüche aus dem vormaligen Vorstandsvertrag. Eine etwa bestehende Direktzusage im Rahmen der Altersversorgung sollte bei einer Fortsetzung als (leitender) Angestellter der Sparkasse möglichst unangetastet bleiben, soweit die Sparkasse nicht eine für den Betroffenen adäquate Kompensation anbietet.

i) Altersversorgung des Vorstandsmitglieds

67   Die **Regelungen über die Altersversorgung** des Sparkassenvorstandes in Nordrhein-Westfalen haben sich im Laufe der Jahre erheblich verändert. Nach den alten Verbandsempfehlungen aus dem Jahre 1996 entsprach es der gängigen Praxis, in den Vorstandsdienstverträgen stets eine **Direktzusage** auf Leistungen zur Altersversorgung zugunsten der Vorstände vorzusehen. Diese Zusage löste den Versorgungsanspruch regelmäßig bereits aus, wenn der Dienstvertrag des Vorstandsmitglieds nach Ablauf der zweiten Amtsperiode auf Veranlassung der Sparkasse nicht verlängert wurde. Der Vorstand musste danach lediglich eine Vertragsverlängerung nach Ablauf von fünf Jahren erreichen, um gegen das Risiko der Nichtverlängerung des Zweitvertrags wirtschaftlich abgesichert zu sein. Der Zahlungsanspruch entstand unmittelbar mit Beendigung des Dienstverhältnisses, so dass dem ausgeschiedenen Vorstandsmitglied oftmals schon deutlich vor dem Erreichen des gesetzlichen Renteneintrittsalters die Versorgungsleistung (als Übergangsgeld gezahlt) zustand.

68   Die aktuellen Verbandsempfehlungen sehen die Gewährung einer Direktzusage nach dem bisherigen Modell ab dem 1.3.2017 nur noch „ausnahmsweise" vor (Nr. 9.1). Hierbei geben die Empfehlungen der Sparkasse auf, eine **nachvollziehbare Begründung für die Vereinbarung einer Direktzusage** zu dokumentieren. Ein solcher Grund kann zB darin liegen, dass die Erteilung der Direktzusage für die Sparkasse im Einzelfall wirtschaftlich günstiger ist als der nach den neuen Verbandsempfehlungen alternativ vorgesehene Beitrag zur Finanzierung eines zusätzlichen Alterseinkommens. Die Erteilung einer Direktzusage kann bei Vorstandswechseln auch damit begründet werden, dass ein Vorstandsmitglied bereits über eine Direktzusage eines anderen Instituts verfügt, und infolge des Wechsels wirtschaftlich nicht schlechter gestellt werden soll. Um qualifizierte Kandidaten für das Vorstandsamt zu gewinnen, kann die Direktzusage also auch nach den neuen Verbandsempfehlungen weiterhin erteilt werden. Insofern besteht die Möglichkeit, das bisherige Versorgungssystem im Bedarfsfalle aufrechtzuerhalten, was zu begrüßen ist. Denn dies ermöglicht den Parteien eine flexible Gestaltung der Regelung über die Altersversorgung. Überdies können die Sparkassen so auch weiterhin im hart umkämpften Markt für Führungskräfte attraktive Konditionen bieten. Das von

den Verbandsempfehlungen auferlegte Erfordernis einer sorgfältigen Dokumentation der im Einzelfall gewährten Direktzusage sollte unbedingt beachtet werden, um nicht den Verdacht einer ungerechtfertigten Besserstellung des Organmitglieds aufkommen zu lassen.

Bei der Direktzusage bemisst sich die **Höhe des Ruhegeldes** (bzw. des Übergangsgeldes, sofern der Versorgungsfall vor Erreichen des gesetzlichen Rentenalters eintritt) nach den Verbandsempfehlungen (Nr. 9) an den „ruhegeldfähigen Bezügen". Diese Terminologie stammt aus dem Beamtenversorgungsrecht und erinnert an die Ursprünge der Rechtsstellung des Sparkassenvorstandes als Beamter (→ Rn. 21). Die ruhegeldfähigen Bezüge entsprechen dem Jahresfestgehalt in der Höhe, wie es dem Vorstand bei Eintritt in den Ruhestand vertraglich zusteht. Das Ruhegeld entspricht einem festen prozentualen Teil der ruhegeldfähigen Bezüge, welcher sich im Laufe des Dienstverhältnisses in Abhängigkeit von der Anzahl der Vertragsperioden erhöht. Ab dem Beginn des 6. Jahres der Vertragszeit, also mit dem Beginn der zweiten Anstellungsvertragsperiode, erhält der Vorstand eine Versorgung von 40 vH der ruhegeldfähigen Bezüge. Die Versorgungshöhe kann in 5 vH-Schritten bis auf maximal 55 vH der ruhegeldfähigen Bezüge ab dem 21. Vertragsjahr steigen. Falls die Sparkasse mit dem Vorstandsmitglied eine Direktzusage vereinbart hat, sehen die Verbandsempfehlungen in Nr. 7 vor, dass dem Vorstandsmitglied im Falle der Nichtwiederbestellung nach der ersten Dienstvertragsperiode oder bei Ausscheiden aus dem Anstellungsverhältnis während der ersten Amtszeit aus einem vom Vorstandsmitglied nicht zu vertretenden Grund eine **Abfindung** in Höhe eines Jahresfestgehaltes gewährt werden kann. Hierdurch soll das unerwartet frühe Ausscheiden aus dem Vorstandsamt ohne Versorgungsanspruch materiell abgefedert werden. Die Abfindungszahlung ist ausgeschlossen, wenn das Vorstandsmitglied die vorzeitige Vertragsbeendigung zu vertreten hat. Dementsprechend besteht kein Anspruch auf Abfindung, wenn das Vorstandsmitglied das Anstellungsverhältnis selbst gekündigt hat oder wenn die Sparkasse gemäß § 626 BGB wirksam kündigt. Ebenso besteht kein Abfindungsanspruch, wenn das Vorstandsmitglied seiner Verpflichtung zur Einwilligung in eine ihm zumutbare Wiederanstellung (zu nicht ungünstigeren Bedingungen) nicht nachkommt (→ Rn. 33). Nach den Verbandsempfehlungen entfällt der Abfindungsanspruch ferner, wenn der Vertrag aus einem wichtigen Grund (§ 626 BGB) nicht verlängert wird. Es sind insoweit die gleichen strengen Maßstäbe wie bei einer außerordentlichen Kündigung anzulegen. Da die Entscheidung über eine Wiederanstellung allein bei der Sparkasse liegt und keiner Begründung bedarf, darf die ablehnende Entscheidung des Instituts nicht zu einem einfachen Mittel werden, sich des Abfindungsanspruchs zu entledigen. Bezüglich des Abfindungsanspruchs sind die Vorgaben der InstitutsvergV einzuhalten. So kann ein Fehlverhalten des Vorstandsmitglieds oder ein negativer Erfolgsbeitrag im Sinne der InstitutsvergV zu einer Reduzierung der Abfindungshöhe oder gar zum Wegfall der Abfindung in toto führen. Bislang fehlen noch Erfahrungswerte, wie die Sanktionen der InstitutsvergV im Einzelfall umgesetzt werden. Problematisch erscheint insbesondere, dass sich die Schwere einer vermeintlichen Pflichtverletzung kaum stringent beziffern lassen wird. Welche Summe aufgrund eines dem Vorstand vorgeworfenen Verhaltens von der Abfindung in Abzug gebracht wird, dürfte somit oftmals von einer willkürlichen Festlegung der Sparkasse abhängen. Es bleibt abzuwarten, welche Maßstäbe die Rechtsprechung zu diesen Fragen aufstellen wird.

70 Soweit die Sparkasse den neuen Verbandsempfehlungen folgt, kann dem Vorstandsmitglied nach Nr. 8 der Empfehlungen ein **Beitrag zur Finanzierung eines Alterseinkommens** zugesagt werden. Hierbei handelt es sich um eine zusätzliche monatliche Zahlung an das Vorstandsmitglied, welche zum Aufbau einer privaten Altersvorsorge gedacht ist. Im Unterschied zur Direktzusage entfällt die Bildung einer Rückstellung für die Versorgungsleistung. Ob und wie das Vorstandsmitglied die Zahlung für seine Altersvorsorge nutzt, ist ihm freigestellt, die Leistung ist nicht zweckgebunden. Die Höhe des Beitrags zur Finanzierung eines zusätzlichen Alterseinkommens bemisst sich am Jahresfestgehalt des Vorstandsmitglieds. Die Verbandsempfehlungen sehen vor, dass jährlich ein Prozentsatz zwischen 20 vH bis maximal 35 vH des Jahresfestgehaltes zusätzlich ausgezahlt wird. Hierbei sind Steigerungen des Prozentsatzes mit dem Erreichen jeder weiteren Bestellperiode innerhalb der vorgenannten Bandbreite möglich.

71 Soweit Versorgung in Form der Direktzusage gewährt wird, sehen die Dienstverträge in der Regel zusätzlich ein **Hinterbliebenenruhegeld** im Todesfall des Vorstandsmitglieds vor. Die Höhe der Absicherung beträgt für die Witwe/den Witwer des Vorstandsmitglieds 60 vH, für Halbwaisen 15 vH und für Vollwaisen 25 vH des Alterseinkommens des Vorstandsmitglieds (Nr. 9.3 der Empfehlungen).

72 Falls einem Vorstandsmitglied im Wege der Direktzusage Versorgungsleistungen versprochen wurden, wird im Dienstvertrag regelmäßig eine **Anrechnung** von weiteren Versorgungsleistungen sowie von Hinzuverdienst geregelt sein. Dies sehen die Verbandsempfehlungen ausdrücklich vor (Nr. 9.2 lit. e). Anzurechnen sind danach insbesondere Leistungen der gesetzlichen Rentenversicherung und von Zusatzversorgungskassen und -einrichtungen, ferner vertraglich oder betriebsrentenrechtlich unverfallbare Versorgungsanwartschaften gegenüber bisherigen Arbeitgebern. Um das Vorstandsmitglied nicht unbillig zu benachteiligen, sind Leistungen, die auf Zahlungen des Vorstandsmitglieds beruhen, von der Anrechnung regelmäßig ausgenommen. Soweit ein Vorstandsmitglied aus einer Tätigkeit im Angestelltenverhältnis Rentenansprüche aus der gesetzlichen Rentenversicherung erworben hat, wird daher in aller Regel nur eine hälftige Anrechnung der gesetzlichen Rente die Folge sein, wenn das Vorstandsmitglied im versicherten Zeitraum den hälftigen Versicherungsbeitrag erbracht hat. Die Anrechnung von Versorgungsleistungen früherer Arbeitgeber führt dazu, dass ein Vorstandsmitglied bei einem Wechsel der Vorstandsposition darauf achten sollte, dass die bei seinem neuen Arbeitgeber gewährte Altersversorgung zumindest auf dem Stand aufsetzt, den das Vorstandsmitglied bei seinem früheren Arbeitgeber hinsichtlich der Versorgungsleistung erreicht hat. Andernfalls würde sich das Vorstandsmitglied gegenüber seinem vormaligen Besitzstand schlechter stellen.

73 Mitunter ist in einzelnen Dienstverträgen die **Anrechnung von Versorgungsleistungen früherer und späterer Arbeitgeber** vorgesehen. Diese Regelung erscheint problematisch. Sie führt nämlich dazu, dass sowohl der frühere als auch der spätere Arbeitgeber unter Verweis auf die Anrechnungsbestimmung die Versorgungsleistung des jeweils anderen Versorgungsverpflichteten voll anrechnen könnte. Im Ergebnis würden sich die geschuldeten Versorgungsleistungen bei paralleler Anwendung der Anrechnungsregelungen gegenseitig aufheben, was wohl nicht dem Gewollten entspricht. Im Wege der ergänzenden Vertragsauslegung wird für diesen Fall eine anteilige Versorgungslast der beteiligten Häuser zu ermitteln sein, etwa auf Basis der Dauer der Betriebszugehörigkeit oder in Anlehnung an die betriebsrentenrechtliche m/n-tel-Regelung. Vermeiden lassen sich derartige Schwierigkeiten letztlich nur durch aufmerksame Vertragsgestaltung. Dass ein Haus früher entstandene Versorgungsansprüche der Anrechnung unterwirft, ist nachvollziehbar. Denn die von einem vorherigen Arbeitgeber herrührenden Versorgungsleistungen sind regelmäßig ermittelbar und können bei der Ausgestaltung der Gesamtversorgung des Vorstandes entsprechend berücksichtigt werden. Weshalb eine Sparkasse allerdings (Versorgungs-)Leistungen potentieller zukünftiger Arbeitgeber des Vorstandsmitglieds auf die eigene Versorgungsverpflichtung anrechnen können soll, erschließt sich nicht. Hierfür gibt es im Beamtenversorgungsrecht, aus welchem die Anrechnungsthematik herrührt, keine Anhaltspunkte. Eine dienstvertragliche Anrechnungsbestimmung, welche sich auf die Anrechnung von Versorgungsleistungen vormaliger Arbeitgeber beschränkt, erscheint unter diesem Blickwinkel interessengerecht und vorzugswürdig.

Der Anrechnung unterliegt ferner ein **Hinzuverdienst** aus selbstständiger oder nicht selbstständiger Arbeit, aus Gewerbebetrieb und Land- und Forstwirtschaft, und zwar bis zur Vollendung des 67. Lebensjahres des Vorstandsmitglieds. Ebenso sind nach den Verbandsempfehlungen Renten und Versorgungsbezüge aus abgeleitetem Recht anzurechnen, also solche, die nicht originär auf das Vorstandsmitglied zurückgehen. Hinsichtlich des anzurechnenden Einkommens gilt die Grundregel, dass das Vorstandsmitglied bis zur Höhe seiner ruhegeldfähigen Bezüge anrechnungsfrei hinzuverdienen kann. Übersteigen Hinzuverdienst und Versorgungsbezüge (gezahlt als Übergangsgeld) die ruhegeldfähigen Bezüge, unterliegt der übersteigende Betrag der Anrechnung auf die von der Sparkasse geschuldete Versorgungsleistung. 74

Die Vorschriften des **BetrAVG** finden auch auf Vorstandsmitglieder von Sparkassen Anwendung, § 17 Abs. 1 S. 2 BetrAVG. Falls das Dienstverhältnis endet, ohne dass ein Anspruch auf Versorgung nach den dienstvertraglichen Regelungen (Direktzusage) besteht, so hängt ein betriebsrentenrechtlicher Anspruch davon ab, ob bereits die Unverfallbarkeit nach dem BetrAVG eingetreten ist. Die Höhe des Betriebsrentenanspruchs ermittelt sich nach § 2 BetrAVG. Der Betriebsrentenanspruch ist der Höhe nach regelmäßig deutlich niedriger als der nach der Direktzusage im Dienstvertrag vorgesehene Versorgungsanspruch, welcher nach den Verbandsempfehlungen bis zu 55 vH der ruhegeldfähigen Bezüge betragen kann. 75

Der **Entzug der Versorgungszusage** des Sparkassenvorstandes ist an äußerst strenge Voraussetzungen geknüpft (*Seyfarth*, § 6 Rn. 86). Das LG Stendal (Urt. v. 24.8.2016, 21 O 200/13) hat in einem Rechtsstreit rechtskräftig entschieden, dass der Wegfall der Versorgungszusage eines Sparkassenvorstandes wegen ihrer existenziellen Bedeutung nur ganz ausnahmsweise in Betracht kommt. Dem Vorstandsmitglied müssen derart schwere Vorwürfe zur Last fallen, dass der Sparkasse das Festhalten an der Versorgungsverpflichtung unter keinem Gesichtspunkt mehr zugemutet werden kann. Dabei ist zu beachten, dass ein „wichtiger Grund", welcher nach § 626 BGB eine wirksame fristlose Kündigung rechtfertigt, nicht zwingend ausreicht, um das Interesse der Sparkasse am Entzug der Versorgung zu begründen. Dem ist beizupflichten: Bei den im Laufe eines Berufslebens erworbenen unverfallbaren Versorgungsansprüchen handelt es sich um echte Rechtspositionen, nicht lediglich um bloß in Aussicht gestellte Leistungen. Sie dürfen dem Berechtigten daher nicht einfach genommen werden. Die einmal entstandenen Versorgungsan- 76 sprüche stehen nur dann zur Disposition, wenn dem Versorgungsberechtigten derart schwerwiegende Verfehlungen nachgewiesen werden, dass die über die Jahre gezeigte Betriebstreue hierdurch entwertet wird (vgl. LAG Düsseldorf, Urt. v. 16.10. 2012, 17 Sa 461/11, juris).

j) Wettbewerbsverbot

77 Im Dienstvertrag wird regelmäßig ein **nachvertragliches Wettbewerbsverbot** verankert, welches auf bankspezifische Tätigkeiten im Trägergebiet der Sparkasse abstellt und auf die Dauer von zwei Jahren abgeschlossen wird. Es gelten die zu § 74 ff. HGB entwickelten Grundsätze. Das Wettbewerbsverbot ist insbesondere durch eine Karenzentschädigung zu vergüten.

78 Neben dem dienstvertraglich zu vereinbarenden Wettbewerbsverbot ist das allgemeine, auf § 242 BGB basierende **Treueverhältnis** zwischen Sparkasse und Vorstandsmitglied zu beachten (*Seyfarth*, § 4 Rn. 5; vgl. zur nachwirkenden Treuepflicht des ausgeschiedenen Geschäftsführers einer GmbH: BGH, Urt. v. 11.10. 1976, II ZR 104/75). So unterliegt insbesondere der Versorgungsempfänger, jedenfalls solange der Versorgungsanspruch besteht, einer besonderen nachvertraglichen Treuepflicht, die es untersagt, dem Versorgungsverpflichteten Schaden zuzufügen. Die Aufnahme einer Konkurrenztätigkeit, welche abstrakt geeignet ist, den Versorgungsverpflichteten zu schädigen, könnte demnach als Verstoß gegen die allgemeine Treuepflicht des Versorgungsempfängers zu werten sein. Auch ohne explizite Vereinbarung eines Wettbewerbsverbots könnte sich die aus § 74 HGB abzuleitende Verpflichtung, sich einem konkurrierenden Wettbewerb zu enthalten, sinngemäß aus der allgemeinen Treuepflicht des Vorstandsmitglieds ergeben.

k) Verschwiegenheitsverpflichtung

79 Mit Abschluss des Dienstvertrages verpflichtet sich das Vorstandsmitglied zur Wahrung der **Verschwiegenheit** über alle geschäftlichen und betrieblichen Angelegenheiten, die ihm bei Wahrnehmung der vertraglich übernommenen Aufgaben bekannt werden (*Klüpfel/Gaberdiel/Höppel/Ebinger*, § 25 Abs. 4 S. 2.). Die Verschwiegenheitspflicht gilt auch über das Ausscheiden des Vorstandsmitglieds aus dem Amt hinaus. Die Verschwiegenheitsverpflichtung hat zur Folge, dass das Vorstandsmitglied im Falle einer polizeilichen oder zivil- bzw. strafprozessualen Zeugeneinvernahme eine Aussagegenehmigung benötigen dürfte. Diese erteilt der Verwaltungsratsvorsitzende für das Aufsichtsgremium.

80 Häufig wird neben der Verschwiegenheitsverpflichtung zugleich eine **Anzeigepflicht von Interessenkonflikten** geregelt. Diese können zB auftreten, wenn Kunden oder Geschäftspartner der Sparkasse dem Vorstandsmitglied nahestehen. Die Nähe kann verwandtschaftlich, durch Freundschaft oder durch wirtschaftliche Interessen begründet sein. Um jeglichen Zweifel an einer potentiellen Interessenkollision auszuräumen, sollte bereits der bloße Anschein einer Befangenheit vermieden werden.

V. Ziel der Förderung von Frauen bei der Bestellung und Anstellung von Vorstandsmitgliedern (Abs. 3)

81 Im Zuge der Änderung des Sparkassengesetzes 2013 wurde § 19 Abs. 3 SpkG NRW eingefügt (GV. NRW 2013 S. 482). Nach dieser Regelung haben die Spar-

II. Verwaltung der Sparkassen § 19

kassen bei der Bestellung und Anstellung der Vorstandsmitglieder die grundlegenden **Bestimmungen des Landesgleichstellungsgesetzes** zu beachten. Damit ist vor allem die Erstellung, Überprüfung und Fortschreibung von Gleichstellungsplänen im Sinne des § 5 LGG NRW gemeint, wonach Maßnahmen zur Förderung der Gleichstellung, der Vereinbarkeit von Beruf und Familie und zum Abbau der Unterrepräsentanz von Frauen festzuhalten sind (§ 6 Abs. 1 LGG NRW). Bei gleicher Eignung, Befähigung und fachlicher Leistung sind Frauen nach § 7 Abs. 1 LGG NRW bevorzugt zu berücksichtigen. Dies setzt voraus, dass Frauen für Leitungsfunktionen in den Sparkassen gezielt qualifiziert, also vor allem frühzeitig gefördert werden (*Dietlein* in: Engau/Dietlein/Josten, Erl. § 19 Nr. 4.1.4). Die vom Gesetzgeber gewollte Erhöhung des Anteils von Frauen in Führungspositionen lässt sich nur erreichen, wenn bereits bei der Personalentwicklung darauf geachtet wird, dass qualifizierte Frauen die Möglichkeit erhalten, eine Karriere in führender Stellung anzustreben. Um der systematischen Förderung von Frauen für Leitungsfunktionen Gewicht zu geben, sollen die Sparkassen einschließlich der Sparkassen- und Giroverbände gemäß § 19 Abs. 3 S. 2 SpkG NRW nicht nur auf eine verstärkte Qualifikation von Frauen einschließlich der Geschäftsleitereignung hinwirken. Gemäß § 19 Abs. 3 S. 3 SpkG NRW ist von den Sparkassen- und Giroverbänden über die Einhaltung der Grundsätze des Landesgleichstellungsgesetzes und die nach Satz 2 ergriffenen Maßnahmen regelmäßig Bericht zu erstatten. Durch die Berichtspflicht soll ein Druck auf die Unternehmen aufgebaut werden, sich um die gleichberechtigte Teilhabe von Frauen in Führungspositionen ernsthaft zu bemühen (*Seyfarth*, § 3 Rn. 29).

Mit der Schaffung des § 19 Abs. 3 SpkG NRW will der Gesetzgeber der nach 82 wie vor bestehenden Unterrepräsentanz von Frauen in Führungsgremien von Sparkassen begegnen. Dabei ist festzuhalten, dass § 19 Abs. 3 SpkG NRW zunächst rein **deklaratorischen Charakter** hat, da § 2 Abs. 1 Nr. 9 LGG NRW ausdrücklich auf Sparkassen Anwendung findet (*Dietlein* in: Engau/Dietlein/Josten, Erl. § 19 Nr. 4.1.4). Dementsprechend lassen sich aus § 19 Abs. 3 SpkG NRW keine individuellen Rechte oder Ansprüche ableiten. Letztlich soll von der Verankerung des § 19 Abs. 3 SpkG NRW im Sparkassengesetz eine „Signalwirkung" ausgehen, um dem verfassungsrechtlichen Auftrag zur Gleichstellung von Frauen und Männern nachzukommen (vgl. Gesetzentwurf der Landesregierung NRW, LT-Drs. 16/2652, S. 2). Um den Ursachen der mangelnden Repräsentanz von weiblichen Führungskräften zu begegnen, sind vielfältige politische, soziokulturelle sowie ökonomische und betriebliche Einflüsse in den Blick zu nehmen (eingehend hierzu *Kaup*, Die Unterrepräsentanz von Frauen in Führungspositionen, 2015).

VI. Wiederbestellung und Wiederanstellung des Vorstandsmitglieds (Abs. 4)

In der Praxis wird es regelmäßig zur Wiederbestellung und Wiederanstellung des 83 Vorstandsmitglieds kommen, wenn nicht Gründe vorliegen, die Zusammenarbeit nach Ablauf der Vertragsperiode zu beenden. § 19 Abs. 4 S. 1 SpkG NRW verweist für die (wiederholte) Bestellung und Anstellung des Vorstandes auf die Regelungen des § 19 Abs. 2 SpkG NRW, welche entsprechend gelten. Der Verwaltungsrat hat **spätestens neun Monate vor Ablauf der bisherigen Bestellung**

Zimmer

den Beschluss darüber zu treffen, ob eine wiederholte Bestellung und Anstellung erfolgen soll (andere Sparkassengesetze legen keinen Zeitpunkt fest, von dem an über eine Wiederanstellung und -bestellung zu entscheiden ist, vgl. *Berger*, § 9 Rn. 7). Falls der Verwaltungsrat keinen Beschluss binnen der vorgenannten Frist fasst, kann die Vertretung des Trägers gemäß § 19 Abs. 4 S. 3 SpkG NRW die Wiederbestellung des Vorstandsmitglieds verlangen, wobei das Verlangen den Beschluss des Verwaltungsrats ersetzt, § 19 Abs. 4 S. 4 SpkG NRW.

84 Die Kompetenz des Verwaltungsrats zur Wiederbestellung des Vorstandsmitglieds folgt aus § 15 Abs. 2 lit. a) SpkG NRW. Zu den Aufgaben der Vertretung des Trägers zählt gemäß § 8 Abs. 2 lit. e) SpkG NRW die **Genehmigung** der Bestellung und der Wiederbestellung der Vorstandsmitglieder durch den Verwaltungsrat. Aus diesem Genehmigungserfordernis rechtfertigt sich das Recht des Trägers, die Wiederbestellung eines Vorstandsmitgliedes oder stellvertretenden Vorstandsmitgliedes zu verlangen. Trifft der Verwaltungsrat innerhalb der von ihm zu beachtenden Frist keine Entscheidung über eine Wiederbestellung, und wird diese daraufhin durch die Vertretung des Trägers verlangt, so ist der Anschlussdienstvertrag mit dem Vorstandsmitglied durch den Verwaltungsrat abzuschließen. Dessen Kompetenz aus § 15 Abs. 2 lit. a) SpkG NRW wandelt sich in dieser Konstellation zur Verpflichtung, wobei es Angelegenheit des Verwaltungsrats (oder des Hauptausschusses) bleibt, die Anstellungsbedingungen mit dem Vorstandsmitglied auf der Grundlage der Empfehlungen der Sparkassen- und Giroverbände (§ 19 Abs. 2 S. 2 SpkG NRW) auszuhandeln.

85 Die **9-Monats-Frist** gemäß § 19 Abs. 4 S. 2 SpkG NRW **gilt nicht für die Entscheidung des Trägers** über die Wiederbestellung eines Vorstandsmitglieds im Falle einer Nichtentscheidung des Verwaltungsrats. Würde der Träger spätestens neun Monate vor Ablauf der bisherigen Bestellung seine Entscheidung zu treffen haben, müsste der Verwaltungsrat infolge des Genehmigungserfordernisses seine Entscheidung entsprechend früher fällen und der Vertretung des Trägers vorlegen. Das Gesetz bietet aber keinen Anhaltspunkt dafür, dass der Verwaltungsrat die ihm gesetzte Frist von neun Monaten vor Ablauf der bisherigen Bestellung nicht ausschöpfen dürfte. Infolgedessen kann der Verwaltungsrat bis spätestens neun Monate vor Ablauf der Amtszeit des Vorstandsmitgliedes seinen Beschluss zur Wiederbestellung fassen und diesen sodann dem Träger zur Genehmigung vorlegen. Um schnell Rechtsklarheit zu schaffen, empfiehlt es sich, den Wiederbestellungsbeschluss des Verwaltungsrats dem Träger möglichst zeitnah zur Genehmigung vorzulegen.

86 Die **vertragliche Umsetzung** der Wiederanstellung erfolgt in der Regel durch einen Nachtrag zum Dienstvertrag, mit welchem die Fortsetzung des Dienstverhältnisses für weitere fünf Jahre (oder einen kürzeren Zeitraum) unter Beibehaltung aller sonstigen bisherigen Regelungen vereinbart wird. Es bedarf nicht zwingend der Neufassung des bisherigen Dienstvertrages, vielmehr reicht eine Bezugnahme auf die bisherigen Regelungen aus, soweit diese sich nicht ändern sollen. Die Vereinbarung eines Nachtrags zur Verlängerung des Dienstverhältnisses kann neben der eigentlichen Wiederanstellung weitere Regelungspunkte enthalten, welche vom Vorstandsmitglied zu akzeptieren sind, wenn sie nicht als ungünstigere Bedingung einzustufen sind (→ Rn. 33 f.).

VII. Ausschlussgründe der Mitgliedschaft im Vorstandsgremium (Abs. 5)

§ 19 Abs. 5 SpkG NRW regelt die Fälle, in denen eine Mitgliedschaft im Vorstand der Sparkasse rechtlich ausgeschlossen ist. Hintergrund für das Tätigkeitsverbot ist die **Vermeidung von offensichtlichen Interessenkollisionen**. Eine ggf. auch nur beratende Tätigkeit für ein anderes Kreditinstitut, also ein Konkurrenzunternehmen, schließt die Übernahme der Leitung einer Sparkasse aus. Dementsprechend umfasst § 19 Abs. 5 S. 1 SpkG NRW die Inhaber, die persönlich haftenden Gesellschafter, die Kommanditisten, die Vorstands-, Verwaltungsrats- und Aufsichtsratsmitglieder sowie die Leiter und Angestellten anderer Kreditinstitute. Der Ausschluss bezieht sich auch auf die stellvertretenden Mitglieder des Vorstands. 87

Eine Tätigkeit des Sparkassenvorstandes als Mitglied von Aufsichtsorganen anderer öffentlich-rechtlicher Institute oder solcher privatrechtlicher Institute, an denen Mitglieder der Sparkassenorganisation unmittelbar oder mittelbar beteiligt sind, ist nach § 19 Abs. 5 S. 2 SpkG NRW hingegen zulässig. Der Grund hierfür liegt im **Verbundgedanken** der Sparkassenorganisation. So stellt eine Tätigkeit des Sparkassenvorstandes in Verwaltungs- oder Aufsichtsräten innerhalb der Sparkassen-Finanzgruppe keine Konkurrenztätigkeit dar. Interessenkonflikte, wie sie bei den in § 19 Abs. 5 S. 1 SpkG NRW aufgeführten Personengruppen offenkundig auftreten, sind hier nicht ersichtlich (so auch *Dietlein* in: Engau/Dietlein/Josten, Erl. § 19 Nr. 6.1). Hingegen dürfen Abschlussprüfer, die innerhalb der letzten zwei Jahre den Bestätigungsvermerk über die Prüfung des Jahresabschlusses erteilt haben, gemäß § 19 Abs. 5 S. 3 SpkG NRW nicht bei dem betreffenden Institut zum Vorstandsmitglied oder stellvertretenden Vorstandsmitglied oder zum Vertreter des Vorstandes (Verhinderungsvertreter) bestellt werden. 88

Im Falle eines **Verstoßes** gegen das Tätigkeitsverbot stellt sich die Frage, welche **Rechtsfolgen** eintreten. § 19 Abs. 5 SpkG NRW enthält keine Sanktionen. Es findet sich auch keine dem § 13 Abs. 3 SpkG NRW entsprechende Regelung. Dort wird bezüglich der Mitgliedschaft im Verwaltungsrat geregelt, dass das Mitglied aus dem Verwaltungsrat ausscheidet, wenn die Unvereinbarkeit bereits vor der Wahl vorlag oder während der Amtsdauer festgestellt wird. Da der Gesetzgeber auf eine vergleichbare Regelung in § 19 Abs. 5 SpkG NRW verzichtet hat, ist hieraus abzuleiten, dass ein unmittelbares Ausscheiden aus dem Vorstandsamt bei Vorliegen eines Hinderungsgrundes nicht erfolgt. Vielmehr wird in dem Umstand, dass eine Person nach § 19 Abs. 5 S. 1 und S. 3 SpkG NRW kein Mitglied oder stellvertretendes Mitglied des Vorstandes sein darf, ein Abberufungsgrund im Sinne des § 15 Abs. 2 lit. a) SpkG NRW sowie auch ein wichtiger Grund zur fristlosen Kündigung im Sinne des § 626 BGB zu sehen sein (*Dietlein* in: Engau/Dietlein/Josten, Erl. § 19 Nr. 6.2). 89

VIII. Die Offenlegung von Bezügen und Leistungen (Abs. 6)

§ 19 Abs. 6 SpkG NRW normiert die **Hinwirkungspflicht des Trägers** auf die Veröffentlichung der im Geschäftsjahr gewährten Bezüge jedes einzelnen Mitglieds des Vorstandes, des Verwaltungsrates und ähnlicher Gremien unter Namensnennung. 90

§ 19 A. Sparkassen

91 Die individualisierte Veröffentlichung der Bezüge ist im Jahre 2009 in das Sparkassengesetz erstmals aufgenommen worden (GV. NRW 2009 S. 950). Die Regelung sah ursprünglich eine Pflicht vor, die Bezüge der einzelnen Vorstandsmitglieder im Geschäftsbericht der Sparkasse individualisiert auszuweisen. Früh wurden **Bedenken bezüglich der formellen und materiellen Verfassungsmäßigkeit des § 19 Abs. 5 SpkG NRW aF** erhoben. Nach anhaltenden Diskussionen um die Rechtmäßigkeit der Offenlegung kam es zu juristischen Auseinandersetzungen, bei denen sich Sparkassenvorstände gegen die Verpflichtung zur individualisierten Veröffentlichung der Bezüge wehrten. Wegweisend war das Verfahren eines Vorstandsvorsitzenden, der im Wege der einstweiligen Verfügung erreichen wollte, dass seine Bezüge nicht unter Namensnennung in der Jahresbilanz, dem Anhang oder dem Geschäftsbericht offengelegt werden. Das OLG Köln (WM 2009, 1885) ist der Rechtsauffassung des Sparkassenvorstandes in zweiter Instanz gefolgt und hat eine anders lautende Entscheidung des LG Köln entsprechend abgeändert. In der Begründung hat sich der Senat darauf gestützt, dass die Veröffentlichung der Bezüge in das allgemeine Persönlichkeitsrecht des Vorstandsvorsitzenden eingreife, ohne dass hierfür eine Rechtfertigung durch § 19 Abs. 5 SpkG NRW aF gegeben sei. Denn der Landesgesetzgeber habe schon keine Gesetzgebungskompetenz zum Erlass der Vorschrift gehabt. Diese Auffassung ist gut nachvollziehbar, da das Recht des Bank- und Börsenwesens zur konkurrierenden Gesetzgebung nach Art. 72, 74 GG gehört. Die Bundesländer haben danach nur insoweit die Kompetenz zur Gesetzgebung, soweit der Bund nicht von seiner vorrangigen Kompetenz Gebrauch macht. Das OLG Köln hat darauf abgestellt, dass der Bund seine Gesetzgebungskompetenz genutzt hat, da in § 285 Nr. 9 lit. a) HGB Regelungen für die Veröffentlichung von Vorstandsbezügen getroffen werden, welche sich auf börsennotierte Privatunternehmen beziehen. Hieraus hat der Senat abgeleitet, dass das Land Nordrhein-Westfalen bezüglich der Sparkassen keine eigene Gesetzgebungskompetenz zum Erlass des § 19 Abs. 5 SpkG NRW aF innehatte. Es handelt sich auch nicht um das formelle Sparkassenrecht, welches die innere Verfassung und Organisation der Sparkassen betrifft und bei welchem die Länder gesetzgebungsbefugt sind. Vielmehr gehört, so das OLG Köln, die Veröffentlichung von Vorstandsbezügen zur wirtschaftlichen Betätigung der Sparkassen und zur Unternehmenspolitik, und damit zum materiellen Sparkassenrecht, für das ausschließlich der Bund in der Gesetzgebung zuständig ist. Vor dem Hintergrund dieser Gerichtsentscheidung und eines weiteren gleichlautenden Urteils (LG Bielefeld, Beschl. v. 22.5.2009, 1 O 136/09, juris) hat der Landesgesetzgeber entschieden, die Regelung des § 19 Abs. 5 SpkG NRW aF abzuändern. Aus der unmittelbaren Veröffentlichungspflicht wurde so das an den Träger gerichtete Gebot, auf die Veröffentlichung der Bezüge im Sinne des § 19 Abs. 6 SpkG NRW hinzuwirken.

1. Betroffener Personenkreis

92 Ausweislich des § 19 Abs. 6 S. 1 SpkG NRW richtet sich die Veröffentlichung der im Geschäftsjahr gewährten Bezüge an **jedes einzelne Mitglied des Vorstands, des Verwaltungsrats und ähnlicher Gremien**. Zu den Normadressaten gehören unzweifelhaft die ordentlichen Vorstandsmitglieder. Ob daneben auch die stellvertretenden Vorstandsmitglieder der Regelung des § 19 Abs. 6 SpkG NRW unterfallen, ist fraglich. Dafür könnte der Wortlaut des § 19 Abs. 6 S. 1 SpkG NRW sprechen, der „jedes einzelne Mitglied des Vorstands" in Bezug nimmt,

II. Verwaltung der Sparkassen § 19

wozu auch die stellvertretenden Vorstandsmitglieder gemäß § 19 Abs. 1 SpkG NRW gehören. Allerdings nehmen die stellvertretenden Vorstandsmitglieder keine Organfunktion wahr, sie haben eine lediglich beratende Funktion (§ 19 Abs. 1 S. 3 SpkG NRW). Nach Sinn und Zweck des § 19 Abs. 6 SpkG NRW soll eine Transparenz hinsichtlich der Vergütung der Führungsorgane hergestellt werden. Die stellvertretenden Vorstandsmitglieder haben lediglich ausnahmsweise im Vertretungsfalle Leitungs- und Führungsverantwortung inne. Es sprechen daher gute Gründe dafür, sie den Verhinderungsvertretern gleichzustellen, die als leitende Angestellte den Vorgaben des Transparenzgesetzes und der Regelung des § 19 Abs. 6 SpkG NRW nicht unterliegen (*Dietlein* in: Engau/Dietlein/Josten, Erl. § 19 Nr. 7.2.1.1).

Mit den Bezügen, welche die Mitglieder des Verwaltungsrats für ihre Tätigkeit erhalten, können auch Sitzungsgelder gemeint sein. Hierbei kann es zu einem Konflikt in Bezug auf die in § 22 SpkG NRW normierte **Amtsverschwiegenheit** der Verwaltungsratsmitglieder kommen (*Dietlein* in: Engau/Dietlein/Josten, Erl. § 19, Nr. 7.2.1.2). Mit „ähnlichen Gremien" im Sinne des § 19 Abs. 6 S. 1 SpkG NRW sind in erster Linie die Ausschüsse gemeint, welche aus dem Kreise der Verwaltungsratsmitglieder gebildet werden, insbesondere der Risikoausschuss und der Hauptausschuss. 93

2. Sachlicher Umfang der Offenlegung

Im Hinblick auf den sachlichen Umfang der Offenlegung sind nach § 19 Abs. 6 S. 1 SpkG NRW zunächst die Bezüge individualisiert aufzuführen, und zwar **aufgeteilt nach erfolgsunabhängigen und erfolgsbezogenen Komponenten sowie Komponenten mit langfristiger Anreizwirkung**. Gemeint sind hiermit in erster Linie das Jahresfestgehalt sowie Zulagen nach Nr. 2.2.3 sowie Nr. 2.4 der Verbandsempfehlungen, also die Zulagen für den Vorstandsvorsitz bzw. den stellvertretenden Vorstandsvorsitz sowie die Leistungszulage. Ferner erstreckt sich die Offenlegung auf Leistungen, die dem betroffenen Personenkreis für den Fall einer vorzeitigen Beendigung ihrer Tätigkeit zugesagt worden sind. Im Falle einer vorzeitigen einvernehmlichen Vertragsaufhebung sind damit sämtliche Vergütungsbestandteile aufzuführen, die zB als Ausgleich für die nach dem Dienstvertrag vorgesehene Vergütung gewährt werden. Ferner fallen Leistungen, die für den Fall der regulären Beendigung der Vorstands- oder Verwaltungsratstätigkeit zugesagt worden sind, mit ihrem Barwert sowie den von der Sparkasse während des Geschäftsjahres hierfür aufgewandten oder zurückgestellten Betrag unter § 19 Abs. 6 S. 2 Nr. 2 SpkG NRW. Schließlich sind etwaige während des Geschäftsjahres vereinbarte Änderungen dieser Zusagen (Nr. 3) und Leistungen, die einem früheren Mitglied, das seine Tätigkeit im Laufe des Geschäftsjahres beendet hat, in diesem Zusammenhang zugesagt und im Laufe des Geschäftsjahres gewährt worden sind, offen zu legen (Nr. 4). 94

3. Hinwirkungspflicht des Trägers

Fraglich erscheint, wie die Hinwirkungspflicht des Trägers nach § 19 Abs. 6 in der Praxis umzusetzen ist. Da die Sparkasse beim Abschluss des Dienstvertrags durch den Verwaltungsrat bzw. den Hauptausschuss vertreten wird, stehen dem Träger kei- 95

Zimmer 335

ne rechtlichen Möglichkeiten zur Verfügung, um unmittelbar gegenüber dem Vorstandsmitglied auf die Veröffentlichung der Vergütung zu dringen. Allerdings kann der Träger die nach § 8 Abs. 2 lit. e) SpkG NRW erforderliche Genehmigung der Bestellung bzw. Wiederbestellung von Mitgliedern des Vorstandes verweigern, falls das Einverständnis des Organs zur Offenlegung nicht dienstvertraglich geregelt worden ist. Nachdem zwischenzeitlich alle Sparkassen in Nordrhein-Westfalen der Offenlegung der Bezüge im Anhang zum Jahresabschluss nachkommen, und in neu abzuschließenden Dienstverträgen entsprechend den Verbandsempfehlungen zumeist das Einverständnis des Vorstandsmitglieds mit der Offenlegung vereinbart wird, dürfte die **praktische Relevanz** der Hinwirkungsverpflichtung des Trägers zukünftig **relativ gering** sein.

4. Verfassungsmäßigkeit der Vorschrift

96   In der Literatur werden Bedenken erhoben, ob die Neufassung der Transparenzklausel einer verfassungsrechtlichen Prüfung standhält. Es wird im Wesentlichen eingewandt, dass auch die Neuregelung des § 19 Abs. 6 SpkG NRW unter Verstoß gegen die Gesetzgebungskompetenz des Landes Nordrhein-Westfalen zustande gekommen ist. Denn § 285 Nr. 9 HGB sei auch mit Blick auf die Hinwirkungspflicht des § 19 Abs. 6 SpkG NRW als abschließende Regelung zu verstehen. Zudem wird eine materielle Verfassungswidrigkeit des § 19 Abs. 6 SpkG NRW in Betracht gezogen (näher *Dietlein* in: Engau/Dietlein/Josten, Erl. § 19, Nr. 7.2.4). Es ist in der Rechtsprechung bislang ungeklärt geblieben, ob die Hinwirkungspflicht des Trägers auf die Offenlegung der Bezüge möglicherweise gegen das allgemeine Persönlichkeitsrecht oder auch gegen das Recht auf informationelle Selbstbestimmung im Sinne des Art. 2 Abs. 1 i.V.m. Art. 1 Abs. 1 GG verstößt. Abzuwarten bleibt, ob diese Rechtsfragen trotz der zwischenzeitlich landesweit erfolgenden Veröffentlichung der Bezüge noch einer gerichtlichen Klärung zugeführt werden.

§ 20 Aufgaben des Vorstandes

(1) Der Vorstand leitet die Sparkasse in eigener Verantwortung. Er vertritt die Sparkasse gerichtlich und außergerichtlich.

(2) Der Vorstand kann Mitglieder des Vorstandes und andere Beschäftigte mit seiner Vertretung auf bestimmten Aufgabengebieten oder in einzelnen Angelegenheiten beauftragen. Das Nähere bestimmt die Satzung. Die Mitglieder des Vorstandes können durch Beschluss des Verwaltungsrates von den Beschränkungen des § 181 BGB befreit werden. Für die Vertretung der Sparkasse gegenüber Mitgliedern und stellvertretenden Mitgliedern des Vorstandes sowie gegenüber ihren Vorgängern ist das vorsitzende Mitglied des Verwaltungsrates zuständig.

(3) An der Beschlussfassung des Vorstandes sind nur die Mitglieder des Vorstandes, im Falle ihrer Verhinderung die mit ihrer Vertretung beauftragten Personen zu beteiligen. Beschlüsse werden mit Stimmenmehrheit gefasst.

(4) Urkunden, die vom Vorstand oder von den mit seiner Vertretung beauftragten Personen ausgestellt und mit dem Siegel versehen sind, sind öffentliche Urkunden.

II. Verwaltung der Sparkassen § 20

(5) Auf Verlangen des Verwaltungsrates sowie aus sonstigem wichtigen Anlass hat der Vorstand diesem über bestimmte Angelegenheiten der Sparkasse zu berichten.

(6) Der Vorstand hat dem Verwaltungsrat vor Beginn eines jeden Geschäftsjahres ein Budget vorzulegen und den Verwaltungsrat zumindest in den ordentlichen Sitzungen über die Einhaltung des Budgets zu unterrichten (Soll-Ist-Vergleich).

Literatur: *Fischer,* Haftung und Abberufung von Bankvorständen, DStR 2007, 1083; *Grooterhorst,* Das Einsichtnahmerecht des ausgeschiedenen Vorstandsmitglieds in Geschäftsunterlagen im Haftungsfall, AG 2011, 389; Krieger/Schneider (Hrsg.), Handbuch Managerhaftung, 3. Aufl., 2017; *Lange,* D&O-Versicherung und Managerhaftung, 2014; *Lehmann,* Aktuelle Rechtsprechung des Bundesgerichtshofs zur D&O-Versicherung und Folgerungen für die Praxis, RuS 2018, 6; *Lutter,* Die Business Judgement Rule und ihre praktische Anwendung, ZIP 2007, 841; *Püttner,* Die Verantwortlichkeit von Vorstands- und Verwaltungsratsmitgliedern von Sparkassen, in: Die Zukunft gestalten, DSGV (Hrsg.), 1989: *Seitz/Finkel/Klimke,* D&O-Versicherung, Kommentar zu den AVB-AVG, 2016; von *Arnim,* D&O-Versicherung und öffentliche Hand, 2018

Übersicht

	Rn.		Rn.
I. Die Leitungskompetenz des Vorstandes im Innenverhältnis	1	1. Grundlagen	19
II. Die Vertretungskompetenz des Vorstandes im Außenverhältnis	5	2. Tatbestandliche Voraussetzungen der Haftung nach § 93 AktG analog	23
III. Beschlussfassung des Vorstandes (Abs. 3)	10	3. Business Judgement Rule	27
IV. Urkunden der Sparkasse (Abs. 4)	13	4. Umkehr der Darlegungs- und Beweislast und Akteneinsichtsrecht	30
V. Berichtspflichten des Vorstandes (Abs. 5)	14	5. Versicherungslösungen	32
VI. Die Haftung des Sparkassenvorstandes	19	6. Verjährung	38

I. Die Leitungskompetenz des Vorstandes im Innenverhältnis

Dem Vorstand obliegt gemäß § 20 Abs. 1 S. 1 SpkG NRW die Leitung der Sparkasse, also die selbständige und umfassende Ausübung der **Leitungs- und Führungsverantwortung**. Die Leitung der Sparkasse im Sinne von Satz 1 und die hieraus resultierenden Kompetenzen sind nach innen gerichtet, sie betreffen also das Innenverhältnis zwischen Vorstand und Sparkasse. Mit der Leitung des Hauses ist insbesondere die Geschäftsführungsbefugnis des Vorstandes verknüpft. Allgemein lassen sich die Kernaufgaben der Geschäftsführung mit den Stichworten **Planung, Entscheidung und Kontrolle** umreißen (*Seyfarth,* § 1 Rn. 9). Zu den Geschäftsführungsaufgaben gehören im Sinne einer Allzuständigkeit neben der Wahrnehmung der laufenden Geschäfte insbesondere die Festlegung der allgemeinen Geschäftspolitik des Hauses, die Erarbeitung einer Unternehmens- und Risikostrategie, eine mittel- und langfristige Unternehmensplanung, eine Finanz-, Investitions- und Personalplanung sowie die Aufstellung des jährlichen Wirtschaftsplans (*Schlierbach/Püttner,* S. 215 f.; *Ihrig/Schäfer,* § 16 Rn. 419). Der Vorstand hat für die Einhaltung aller Compliance-Vorgaben zu sorgen (*Ihrig/Schäfer,* § 22 Rn. 590). Die Geschäftsführung ist im Rahmen der vom Verwaltungsrat erlassenen Richtlinien der Geschäftspolitik (§ 15 Abs. 1 SpkG NRW) und der Geschäftsanweisung für den Vorstand (§ 15 Abs. 2 lit. c) SpkG NRW) wahrzunehmen (*Schlierbach/Püttner*, S. 188; *Biesok*, Sparkassenrecht, Rn. 372). Der Verwaltungsrat kann dem Vorstand über die genannten Instrumente – Richtlinien und Geschäftsanweisung – Vorgaben für seine Arbeit machen, an welche der Vorstand im Rahmen der Rechtmäßigkeit gebunden ist. Es besteht allerdings keine Weisungsgebundenheit des Vorstandes hinsichtlich einzelner Maßnahmen der Geschäftsführung (*Berger*, § 10 Rn. 2; *Klüpfel/Gaberdiel/Höppel/Ebinger*, § 23 Abs. 1. S. 1.; *Biesok*, Sparkassenrecht, Rn. 373). Das zur Geschäftsleitung berufene Organ der Sparkasse ist damit ausschließlich der Vorstand, soweit nicht bestimmte Aufgaben und Befugnisse einem anderen Gremium, zB dem Verwaltungsrat, kraft Gesetzes zugewiesen sind. Dementsprechend verbleibt die rechtliche Verantwortlichkeit bei der Ausübung der Geschäftsleitung bei den Vorstandsmitgliedern, auch wenn das konkrete Vorstandshandeln im Einzelfall etwa auf der vom Verwaltungsrat erlassenen Geschäftsanweisung beruhen mag.

2 Zur Leitungsverantwortung des Vorstandes gehört auch die Einhaltung aller **bankaufsichtsrechtlichen Pflichten**. So muss der Vorstand insbesondere für eine ordnungsgemäße Geschäftsorganisation sorgen, wozu nach § 25a Abs. 1 KWG ein angemessenes und wirksames Risikomanagement gehört (*Fischer*, DStR 2007, 1083, 1085; *Ihrig/Schäfer*, § 21 Rn. 573). Ebenso hat der Vorstand eine angemessene personelle Besetzung des Instituts und eine adäquate technisch-organisatorische Ausstattung der IT-Systeme sicherzustellen, § 25a Abs. 1 S. 3 Nr. 4 u. 5 KWG. Die persönliche Verantwortlichkeit der Geschäftsleiter normiert § 25a Abs. 1 S. 2 KWG. Die Einhaltung der bankaufsichtsrechtlichen Pflichten wird seitens der Bundesanstalt für Finanzdienstleistungsaufsicht überwacht. Verstöße gegen die aus dem KWG resultierenden Verpflichtungen können mit abgestuften Sanktionen geahndet werden, in schwerwiegenden Fällen bis hin zum Abberufungsverlangen gemäß § 36 KWG (*Fischer*, DStR 2007, 1083, 1089; *Püttner*, S. 374).

3 Die Kernaufgabe des Gesamtvorstands, die Leitung der Sparkasse in eigener Verantwortung, ist nicht delegierbar. Allerdings können Geschäftsführungsaufgaben zur selbständigen Erledigung auf Vorstandsmitglieder oder auf nachgeordnete Mitarbeiter übertragen werden (*Schlierbach/Püttner*, S. 216; *Klüpfel/Gaberdiel/Höppel/Ebinger*, § 23 Abs. 2 S. 1.; *Biesok*, Sparkassenrecht, Rn. 376; *Ihrig/Schäfer*, § 16 Rn. 430). Eine ordnungsgemäße **Delegation** setzt die Auswahl eines grundsätzlich geeigneten Mitarbeiters sowie dessen Anleitung und Überwachung voraus. Wird von der Delegation von Aufgaben auf Mitarbeiter Gebrauch gemacht, ist die Einrichtung einer entsprechenden betriebsinternen Organisation erforderlich (*Berger*, § 10 Rn. 4). So dient ein geeignetes Kontroll- und Berichtssystem der frühzeitigen Erkennung und Vermeidung von potentiellen Fehlerquellen. Einerseits ist dabei die Einbindung des Mitarbeiters in die relevante Geschäftspolitik und die Unternehmensplanung zu gewährleisten, andererseits hat eine wirksame Kontrolle des mit der Aufgabe betrauten Mitarbeiters zu erfolgen (*Schlierbach/Püttner*, S. 217). Unabdingbar ist – je nach Art und Umfang der übertragenen Aufgabe – die Sicherstellung einer regelmäßigen Information des Vorstandes durch den beauftragten Mitarbeiter. Der Vorstand soll in die Lage versetzt werden, sich ein zutreffendes und vollständiges Bild über den Sachstand der delegierten Angelegenheit zu machen. Besonderheiten sind bei der Delegation im Kreditgeschäft zu beachten. Soweit der Risikoausschuss im Sinne des § 15 Abs. 3 S. 2 SpkG NRW zuständig ist, bedarf es der Zustimmung dieses Gremiums zu Kreditentscheidungen des Vorstands. Eine

II. Verwaltung der Sparkassen § 20

Delegation der Kreditentscheidungskompetenz auf Mitarbeiter scheidet folglich aus, wenn ein Kreditengagement die festgelegte Zuständigkeitsgrenze des Risikoausschusses erreicht hat (*Klüpfel/Gaberdiel/Höppel/Ebinger*, § 23 Abs. 2 S. 3.). Die Übertragung der Sachentscheidungsbefugnis auf Mitarbeiter ist auch bei Groß- und Organkrediten unzulässig, welche nach § 15 KWG nur aufgrund eines einstimmigen Beschlusses der Geschäftsleiter gewährt werden dürfen.

Der Vorstand hat das Recht, aber auch die Pflicht zur Wahrnehmung der Leitungskompetenzen. Die entsprechende Verpflichtung des Vorstandes begründet haftungsrechtlich zunächst eine **Gesamtverantwortung** des Gremiums. Hieran ändert insbesondere die Geschäftsverteilung nichts, welche gemäß § 19 Abs. 7 SpkG NRW dem Vorstandsvorsitzenden obliegt. Die Gesamtverantwortung des Vorstandes führt mit Blick auf die Ressorts der Vorstandsmitglieder zu einer Aufsichtspflicht der Vorstandsmitglieder untereinander (*Berger*, § 10, Rn. 3; *Seyfarth*, § 2 Rn. 53; *Ihrig/Schäfer*, § 16 Rn. 445, *Püttner*, S. 369). Diese Aufsichtspflicht bedeutet jedoch nicht, dass ein Vorstandsmitglied seine Kollegen in deren Zuständigkeitsbereichen permanent überwachen müsste (*Fischer*, DStR 2007, 1083, 1087). Finden sich allerdings Anhaltspunkte für eine Pflichtverletzung im Ressort des Vorstandskollegen oder Hinweise auf strukturelle Missstände, muss das ressortfremde Vorstandsmitglied eingreifen und Maßnahmen in die Wege leiten, um die erkannten Probleme unverzüglich zu beseitigen. Es entsteht eine Interventionspflicht (*Seyfarth*, § 2 Rn. 58). Unterlässt das Vorstandsmitglied die notwendigen Schritte, um die ihm offenbar gewordenen Missstände im Ressort des Kollegen zu beheben, wird eine zivilrechtliche (Mit-)Verantwortlichkeit für etwaig entstehende Schäden der Sparkasse begründet. Die Gesamtverantwortung des Vorstandes im Sinne von § 20 Abs. 1 S. 1 SpkG NRW reicht also über das eigene Ressort hinaus. 4

II. Die Vertretungskompetenz des Vorstandes im Außenverhältnis

Gemäß § 20 Abs. 1 S. 2 SpkG NRW vertritt der Vorstand die Sparkasse gerichtlich und außergerichtlich. Das Recht zur Vertretung der Sparkasse berührt das Außenverhältnis, also die Rechtsbeziehungen der Sparkasse zu Dritten, etwa ihren Kunden. Das **Vertretungsrecht** des Vorstandes ist nach dem Gesetzeswortlaut keinen Einschränkungen unterworfen, es beinhaltet neben rechtsgeschäftlichen Erklärungen aller Art auch rein tatsächliches, faktisches Handeln (*Berger*, § 10 Rn. 7). Die Vertretungsbefugnis kann in Einzelfällen auf Mitarbeiter delegiert werden, wobei die Voraussetzungen einer wirksamen Delegation zu beachten sind (→ Rn. 3). So enthält § 20 Abs. 2 S. 1 SpkG NRW die Ermächtigung, einzelne Mitglieder des Vorstandes oder andere Beschäftigte mit der Vertretung auf bestimmten Aufgabengebieten oder in einzelnen Angelegenheiten zu beauftragen. Ein Abweichen vom Prinzip der Gesamtverantwortung des Vorstandes ist hiermit nicht verbunden. Die Übertragung von Aufgaben auf einzelne Vorstandsmitglieder oder Beschäftigte der Sparkasse entbindet das Vorstandsgremium nicht von seiner Verpflichtung, die Ausführung der übertragenen Aufgaben in geeigneter Form zu überwachen (*Schlierbach/Püttner*, S. 217). Die Sparkasse kann die zu übertragenen Aufgabengebiete und Angelegenheiten im Sinne von § 20 Abs. 2 S. 1 SpkG NRW in ihrer Satzung definieren, die gemäß § 20 Abs. 2 S. 2 SpkG NRW „das Nähere bestimmt". Das Vertretungsrecht ist dem Vorstand nach § 20 Abs. 1 SpkG NRW als Kollegialorgan 5

§ 20 A. Sparkassen

zugewiesen. Oftmals wird die Vertretungsbefugnis in der Satzung der Sparkasse auf zwei Vorstandsmitglieder erstreckt, so dass die rechtsgeschäftliche Vertretung nach dem „4-Augen-Prinzip" erfolgt und jeweils zwei Unterschriften erfordert (*Berger*, § 10 Rn. 7; *Schlierbach/Püttner*, S. 210). Soweit einzelnen Vorstandsmitgliedern oder Mitarbeitern der Sparkasse Vertretungsmacht für einzelne Geschäfte erteilt wird, besteht Einzelvertretungsbefugnis.

6 Werden die Kompetenzregelungen im Außenverhältnis nicht beachtet, so können die Grundsätze über das Handeln eines **Vertreters ohne Vertretungsmacht** (§§ 177 ff. BGB) herangezogen werden. Einschränkend ist zu berücksichtigen, dass die Zeichnungsberechtigung des Vorstandes und auch der Sparkassenmitarbeiter durch ein Unterschriftenverzeichnis regelmäßig bekanntgegeben wird. Daher wird eine Bindungswirkung zu Lasten der Sparkasse bei Verpflichtungsgeschäften, welche unter Nichtbeachtung der Vertretungsregelungen zustande gekommen sind, nur ausnahmsweise in Betracht kommen (*Berger*, § 10 Rn. 11; *Schlierbach/Püttner*, S. 213).

7 Nach § 20 Abs. 2 S. 3 SpkG NRW können die Vorstandsmitglieder durch Beschluss des Verwaltungsrates von den Beschränkungen des § 181 BGB befreit werden. Das Vorstandsmitglied kann nach § 181 BGB im Namen der Sparkasse mit sich selbst im eigenen Namen oder als Vertreter eines Dritten kein Rechtsgeschäft abschließen, wenn das Rechtsgeschäft nicht ausschließlich in der Erfüllung einer Verbindlichkeit besteht. Dem Verbot des „**In-sich-Geschäfts**" gemäß § 181 Alt. 1 BGB dürfte keine besondere praktische Relevanz zukommen, da der Verwaltungsratsvorsitzende für die Vertretung der Sparkasse gegenüber Vorstandsmitgliedern nach § 20 Abs. 2 S. 4 SpkG NRW zuständig ist (→ Rn. 8). In Bezug auf die Mehrfachvertretung nach § 181 Alt. 2 BGB erscheint ein Anwendungsfall hingegen denkbar. Wenn zB ein Rechtsgeschäft zwischen der Sparkasse und ihrer Tochtergesellschaft abzuschließen ist, und das zuständige Vorstandsmitglied der Sparkasse zugleich als Vertreter der Tochtergesellschaft fungieren soll, wäre die Mehrfachvertretung gemäß § 181 Alt. 2 BGB unzulässig. Dieses Ergebnis kann durch eine entsprechende Beschlussfassung des Verwaltungsrates vermieden werden (*Klüpfel/Gaberdiel/Höppel/Ebinger*, § 23 Abs. 1 S. 3.).

8 Eine Sonderregelung für die Vertretung der Sparkasse findet sich in § 20 Abs. 2 S. 4 SpkG NRW. Abweichend von der generellen Vertretungsbefugnis des Vorstandes ist das **vorsitzende Mitglied des Verwaltungsrates zuständig**, soweit eine Vertretung des Instituts **gegenüber ordentlichen und stellvertretenden Mitgliedern des Vorstandes** notwendig ist. Die Vertretungsbefugnis für den Verwaltungsratsvorsitzenden erstreckt sich auch auf die Vorgänger im Vorstandsamt, also auf bereits ausgeschiedene ehemalige Vorstandsmitglieder. Hintergrund für diese Vertretungsregelung ist die Besorgnis, dass eine Vertretung der Sparkasse durch den amtierenden Vorstand gegenüber den (ehemaligen) Kollegen zu Interessenkonflikten führen könnte. Da auch nur der Anschein einer nicht unabhängigen und damit nicht im Interesse der Sparkasse liegenden Vertretung vermieden werden soll, hat der Gesetzgeber die Vertretungsbefugnis nach dem Wortlaut der Vorschrift dem Dienstvorgesetzten der Vorstandsmitglieder übertragen (*Berger*, § 10 Rn. 35).

9 Problematisch erscheint, dass § 20 Abs. 2 S. 4 SpkG NRW explizit auf die Person des Vorsitzenden des Verwaltungsrates als Vertretungsorgan abstellt. Die Regelung wirft die Frage auf, ob es im Außenverhältnis somit auf die Willensäußerung des Verwaltungsratsvorsitzenden ankommt, oder ob es für eine wirksame Vertretung ei-

II. Verwaltung der Sparkassen § 20

ner **Beschlussfassung des Verwaltungsrats** als Grundlage des Handelns gegenüber dem Vorstandsmitglied bedarf. In die Zuständigkeit des Verwaltungsrates fällt die Bestellung und die Wiederbestellung der Mitglieder und stellvertretenden Mitglieder des Vorstandes, § 15 Abs. 2 lit. a) SpkG NRW. Für den Vertragspartner der Sparkasse ist die interne Gremienentscheidung allerdings nicht ohne weiteres offenkundig. Geht man vom Wortlaut des § 20 Abs. 2 S. 4 SpkG NRW aus, käme es bei einer rechtsgeschäftlichen Vertretung der Sparkasse im Außenverhältnis allein auf das Handeln des Verwaltungsratsvorsitzenden an. In diesem Sinne hat das LG Siegen (Urt. v. 19.12.2014, 8 O 90/13) geurteilt, dass ein nach Beweiserhebung festgestellter übereinstimmender Parteiwille zwischen dem klagenden Sparkassenvorstand und dem damaligen Verwaltungsratsvorsitzenden ausreichend sei, um eine Nichtanrechnung der gesetzlichen Rente auf die Versorgungsbezüge des Vorstandes dienstvertraglich verbindlich zu vereinbaren. Anders aber das OLG Hamm in der Berufungsinstanz (Urt. v. 3.3.2016, 27 U 24/15, juris): sparkassenseitig komme es allein auf die Willensbildung im Verwaltungsrat der Sparkasse an, weil dieser für den Abschluss des Dienstvertrags zuständig sei. Auf eine abweichende Vorstellung des Vorsitzenden des Verwaltungsrates sei nicht abzustellen. Allein der Verwaltungsrat sei das für den Vertragsschluss maßgebliche Gremium, was dem Kläger bekannt gewesen sei. Die Begründung des OLG Hamm ist in Anbetracht des klaren Wortlauts des § 20 Abs. 2 S. 4 SpkG NRW fragwürdig. Mit der gesetzlichen Zuweisung der Vertretungskompetenz zugunsten des Verwaltungsratsvorsitzenden ist ein Rechtsschein verbunden, auf den sich der Vertragspartner der Sparkasse grundsätzlich verlassen können sollte. Zudem ist nach den Sparkassengesetzen anderer Bundesländer ausdrücklich der Verwaltungsrat als Gremium für die Vertretung der Sparkasse gegenüber dem Vorstand zuständig. Für den Verwaltungsrat handelt nach außen dessen Vorsitzender (vgl. § 8 Abs. 6 SpkG Sachsen-Anhalt, § 10 Abs. 5 SpkG Niedersachsen). Das insoweit zuständige Organ ist aber ausschließlich das Aufsichtsgremium. Diese Vertretungsregelung erscheint vorzugswürdig, da sie Unklarheiten über die Vertretungskompetenz des Verwaltungsratsvorsitzenden vermeidet.

III. Beschlussfassung des Vorstandes (Abs. 3)

§ 20 Abs. 3 S. 1 SpkG NRW stellt klar, dass **ausschließlich die Vorstandsmitglieder** oder im Verhinderungsfalle die mit ihrer Vertretung beauftragten Personen **an der Beschlussfassung des Vorstandes zu beteiligen** sind. Die Auffassung des Dienstvorgesetzten der Vorstandsmitglieder, also des vorsitzenden Mitglieds des Verwaltungsrates, spielt für die Willensbildung innerhalb des Vorstandes damit rechtlich keine Rolle, auch wenn der Vorstand die Meinung des Aufsichtsgremiums in seine Überlegungen einbeziehen wird. Zu beachten ist, dass die stellvertretenden Vorstandsmitglieder an den Sitzungen des Vorstandes mit beratender Stimme teilnehmen, § 19 Abs. 1 S. 3 SpkG NRW. Sie haben also kein Stimmrecht, soweit sie nicht im Vertretungsfalle für ein verhindertes ordentliches Vorstandsmitglied an der Beschlussfassung teilnehmen. Hieraus folgt, dass § 20 Abs. 3 S. 1 Alt. 1 SpkG NRW sich nur auf die ordentlichen Vorstandsmitglieder bezieht. Stellvertretende Vorstandsmitglieder und Verhinderungsvertreter werden, soweit es infolge eines Verhinderungsfalles zu einer Beschlussfassung kommt, über § 20 Abs. 3 S. 1 Alt. 2 SpkG NRW erfasst.

10

11 Gemäß § 20 Abs. 3 S. 2 SpkG NRW werden die Beschlüsse des Vorstandes mit **Stimmenmehrheit** gefasst. Es gilt also, von Ausnahmen wie Organkrediten gemäß § 15 Abs. 1 KWG abgesehen, nicht das Einstimmigkeitsprinzip. Da das Gesetz vom Begriff der „Stimmenmehrheit" ausgeht, kommt es auf die bei der Beschlussfassung tatsächlich abgegebenen Stimmen an, nicht auf die Anzahl der grundsätzlich stimmberechtigten Vorstandsmitglieder (aA *Seyfarth*, § 2 Rn. 14). Handelt es sich um einen 2-Personen-Vorstand, folgt hieraus die Notwendigkeit, eine übereinstimmende Entscheidung der Vorstände zu erreichen, da ansonsten keine „Stimmenmehrheit" vorliegt. Bei Stimmengleichheit kommt kein Beschluss zustande. Eine Enthaltung, die in der Literatur teilweise als unzulässig angesehen wird, da sich ein Vorstandsmitglied zu den zur Entscheidung anstehenden Themen stets eine eigene Meinung bilden müsse (*Klüpfel/Gaberdiel/Höppel/Ebinger*, § 23 Abs. 1 S. 7), wirkt im Ergebnis wie eine Nein-Stimme. Die Geschäftsordnung des Vorstandes kann vorsehen, dass bei Stimmengleichheit einem Vorstandsmitglied, etwa dem Vorstandsvorsitzenden oder dem ressortverantwortlichen Vorstandsmitglied, das Recht zum Stichentscheid zukommt. In einem aus zwei Personen bestehenden Vorstand wäre ein Stichentscheid allerdings unzulässig, da hierdurch faktisch ein Recht zum Alleinentscheid eingeführt würde (*Schlierbach/Püttner*, S. 197; *Seyfarth*, § 2 Rn. 16; *Ihrig/Schäfer*, § 18 Rn. 519). Ist ein Vorstandsmitglied von der Unrichtigkeit oder der Unvertretbarkeit einer Sachentscheidung überzeugt, die mit der Stimmenmehrheit seiner Kollegen getroffen wird, so ist es die Pflicht des in der Minderheit befindlichen Vorstands, alles ihm Mögliche zu versuchen, um seine Vorstandskollegen von ihrer Auffassung abzubringen. Dies gilt insbesondere in Fällen, bei denen der Sparkasse aus Sicht des überstimmten Vorstandsmitglieds der Eintritt eines Schadens droht, etwa bei besonders heiklen Kreditentscheidungen. Um einer späteren eigenen Haftung wegen des Kreditausfalls im Rahmen der Gesamtverantwortung des Vorstandes zu entgehen, sollten die Bemühungen des Vorstandsmitglieds, seine Kollegen zu überzeugen, nachvollziehbar dokumentiert werden, zB im Protokoll der Vorstandssitzung.

12 § 20 Abs. 3 SpkG NRW enthält keine konkreten Vorgaben für das **Verfahren der Willensbildung** im Vorstandsgremium. Die Beschlussfassung kann also in Präsenzsitzungen des Vorstandes oder im Rahmen von Video- oder Telefonkonferenzen erfolgen. Denkbar ist auch das Umlaufverfahren (schriftlich oder per E-Mail). Hiervon sollte der Vorstand allerdings nur in Ausnahmefällen Gebrauch machen, da eine Diskussion über den Beschlussgegenstand im Umlaufverfahren praktisch ausscheidet. In der Regel ist eine ausdrückliche Beschlussfassung zu fordern. Ein nur durch konkludentes Handeln zustande gekommener Beschluss wird allenfalls ausnahmsweise in Betracht kommen. Eine wirksame Beschlussfassung setzt voraus, dass die Vorstandsmitglieder die Möglichkeit hatten, sich auf die Willensbildung angemessen vorzubereiten. Aus diesem Grunde ist die rechtzeitige Vorlage einer Tagesordnung mit den Beschlussgegenständen erforderlich (*Klüpfel/Gaberdiel/Höppel/Ebinger*, § 23 Abs. 1 S. 7.; *Ihrig/Schäfer*, § 18 Rn. 502). Hinsichtlich der Dokumentation der Vorstandsentscheidung gibt es keine zwingenden Vorgaben, so dass es eines allzu formalisierten Verfahrens regelmäßig nicht bedarf. Aus Gründen der eigenen Haftungsvermeidung liegt es aber im Vorstandsinteresse, den getroffenen Beschluss nebst Abwägungsprozess und den Informations- und Entscheidungsgrundlagen möglichst transparent und nachvollziehbar zu dokumentieren.

IV. Urkunden der Sparkasse (Abs. 4)

Die Vorschrift des § 20 Abs. 4 hat in erster Linie Bedeutung für den **Grund-** **buchverkehr** (*Klüpfel/Gaberdiel/Höppel/Ebinger*, § 23 Abs. 3 S. 2.; *Biesok*, Rn. 382). Nach der Regelung sind Urkunden, die vom Vorstand oder von den mit seiner Vertretung beauftragten Personen ausgestellt und mit dem Siegel versehen sind, öffentliche Urkunden. Gemäß § 415 Abs. 1 ZPO begründen öffentliche Urkunden vollen Beweis des durch die Behörde oder die Urkundsperson beurkundeten Vorgangs (*Schlierbach/Püttner*, S. 209). Die Urkunden haben die Vermutung der Echtheit für sich, § 437 ZPO. Im Grundbuchverkehr kann die Sparkasse eine Eintragung im Sinne des § 29 Abs. 1 GBO zB bei Eintragungs- und Löschungsbewilligungen selbständig veranlassen, soweit die zur Eintragung erforderlichen Erklärungen durch öffentliche Urkunden nachzuweisen sind. Als Anstalt des öffentlichen Rechts (§ 2 SpkG NRW) ist die Sparkasse „Behörde" im Sinne des § 29 Abs. 3 GBO (OLG Hamm, Beschl. v. 7.2.2014, 15 W 30/14, juris; aA *Berger*, § 8 Rn. 7).

13

V. Berichtspflichten des Vorstandes (Abs. 5)

§ 20 Abs. 5 SpkG NRW normiert die Berichtspflichten des Vorstandes gegenüber dem Verwaltungsrat. Da das Aufsichtsgremium gemäß § 15 Abs. 1 SpkG NRW die Richtlinien der Geschäftspolitik bestimmt und die Geschäftsführung überwacht, ist es auf eine **umfassende, regelmäßige und sachgerechte Berichterstattung des Vorstandes** über die allgemeine Geschäftspolitik, den Gang der Geschäfte, die Lage der Sparkasse und sonstige bedeutende Umstände angewiesen (*Biesok*, Sparkassenrecht, Rn. 483; *Schlierbach/Püttner*, S. 215). Nur hierdurch vermag der Verwaltungsrat seiner Verpflichtung zur Überwachung der Geschäftsleitung ordnungsgemäß nachzukommen (*Berger*, § 10 Rn. 20). Die Pflicht des Vorstands, den Verwaltungsrat umfassend zu informieren, korrespondiert mit der Aufgabe des Verwaltungsrats, das Vorstandshandeln effektiv zu kontrollieren. Nicht nur der Verwaltungsrat ist zu informieren: Nach § 15 Abs. 3 S. 2 SpkG NRW soll der Risikoausschuss insbesondere die Grundsätze der Risikopolitik und Risikosteuerung der Sparkasse mit dem Vorstand „beraten". Eine solche „Beratung" ist wiederum nur denkbar, wenn und soweit der Vorstand den Risikoausschuss mit den relevanten Informationen versorgt. Die Berichtspflicht des Vorstandes bezieht sich also nicht nur auf den Verwaltungsrat, sondern auch auf die von ihm gebildeten Ausschüsse. Neben dem Risikoausschuss ist beispielhaft auf den Bilanzprüfungsausschuss hinzuweisen. Die vom Verwaltungsrat gebildeten Ausschüsse sind ihrerseits gegenüber dem Aufsichtsgremium berichtspflichtig (*Klüpfel/Gaberdiel/Höppel/ Ebinger*, § 26 Abs. 1, 2).

14

Die Regelung des § 20 Abs. 5 SpkG NRW differenziert zwischen dem „Verlangen des Verwaltungsrates" und einem „sonstigen wichtigen Anlass", wonach der Vorstand „über bestimmte Angelegenheiten der Sparkasse zu berichten" hat. Es ist anerkannt, dass der Vorstand über den Wortlaut des § 20 Abs. 5 SpkG NRW hinaus dem Verwaltungsrat **auch unaufgefordert** Bericht zu erstatten hat, zB im Rahmen der turnusgemäßen Sitzungen des Aufsichtsgremiums (*Berger*, § 10 Rn. 21). Die Pflicht zur Berichterstattung bezieht sich also nicht nur auf die Fälle, in denen

15

der Verwaltungsrat die Vorlage eines Berichts ausdrücklich „verlangt" oder ein „wichtiger Anlass" für die Berichterstattung vorliegt.

16 **Adressat** der Verpflichtung zur Berichterstattung ist der **Gesamtvorstand** als Kollegialorgan (*Biesok*, Sparkassenrecht, Rn. 493, 500). Regelmäßig wird der Vorstandsvorsitzende den Bericht gegenüber dem Verwaltungsrat vortragen, was aber nicht zwingend ist. Denkbar ist zB auch eine Berichterstattung durch den zuständigen Ressortvorstand. Empfänger des Berichts ist der Verwaltungsrat als Gremium. Auch hier kommt im Einzelfall eine Berichterstattung gegenüber einzelnen Verwaltungsratsmitgliedern oder gegenüber dem vorsitzenden Mitglied in Betracht, insbesondere in dringlichen Fällen (etwa bei einem drohenden Verlust der Sparkasse im Kreditbereich). Es obliegt dann dem (vorsitzenden) Verwaltungsratsmitglied, ggf. eine außerordentliche Sitzung des Aufsichtsgremiums einzuberufen. Gegenstand der Berichterstattung sind typischerweise Themen der Geschäftspolitik sowie Grundsatzfragen der Geschäftsführung des Hauses. Zu beachten ist, dass einzelne Geschäfte, denen keine grundsätzliche Bedeutung beizumessen ist, nicht von der Berichtspflicht des Vorstandes erfasst werden. Einzelne Geschäfte der Sparkasse können umgekehrt berichtspflichtig sein, soweit sie etwa aufgrund ihrer wirtschaftlichen Tragweite von besonderer Bedeutung für das Haus sind. Hierzu gehören meist die finanziell größeren Kreditengagements der Sparkasse. Die genannten Beispiele fallen unter die berichtspflichtigen „bestimmten Angelegenheiten der Sparkasse" im Sinne des § 20 Abs. 5 SpkG NRW. Des Weiteren gehört zur ordnungsgemäßen Berichterstattung eine Darstellung der aktuellen wirtschaftlichen Lage der Sparkasse sowie der Gang der Geschäfte, worunter die Gesamtsituation des Hauses zu verstehen ist (*Berger*, § 10 Rn. 24).

17 Soweit der Verwaltungsrat im Rahmen der Berichterstattung eigene Einschätzungen und Handlungsempfehlungen kundtut, wird der Vorstand diese bedenken, er muss sich aber nicht daran halten, sofern er nicht durch Geschäftsanweisung gebunden ist. Trotz der umfassenden Berichtspflicht verbleibt die **Handlungs- und Sachentscheidungskompetenz** in der Geschäftsführung **beim Vorstand**.

18 § 20 Abs. 6 SpkG NRW enthält eine spezielle Ausprägung der Berichtspflicht des Vorstandes gegenüber dem Aufsichtsgremium. Danach besteht die Verpflichtung zur Aufstellung und Vorlage eines Budgets vor Beginn eines jeden Geschäftsjahres. Der Verwaltungsrat ist zumindest in den ordentlichen Sitzungen über die Einhaltung des **Budgets** zu unterrichten. Die Information soll ausweislich des § 20 Abs. 6 SpkG NRW durch einen „Soll-Ist-Vergleich" erfolgen. Eine besondere Bedeutung hat die Unternehmensplanung, zu welcher die Aufstellung eines Budgets gehört. Durch den vom Gesetzgeber geforderten Soll-Ist-Vergleich soll dem Verwaltungsrat eine Kontrolle und Beurteilung der wirtschaftlichen Situation der Sparkasse ermöglicht werden. So wird der Verwaltungsrat durch die regelmäßige Information, welche „zumindest in den ordentlichen Sitzungen" zu erteilen ist, in die Lage versetzt, die aktuelle wirtschaftliche Situation (Ist) mit der Prognose des Vorstandes (Soll) zu vergleichen. Das vorzulegende Budget, welches vor Beginn eines jeden Geschäftsjahres dem Verwaltungsrat zur Verfügung zu stellen ist, muss transparent und nachvollziehbar sein, ein „Datenfriedhof" ist zu vermeiden (*Seyfarth*, § 1 Rn. 168). Die regelmäßige Kontrolle der Einhaltung des Budgets soll zum einen eine Rückschau auf das bisher Erreichte ermöglichen, zum anderen soll es eine Einschätzung der kurz- und mittelfristigen wirtschaftlichen Aussichten des Hauses erlauben. Da § 20 Abs. 6 SpkG NRW davon ausgeht, dass der Verwaltungs-

rat über die Einhaltung des Budgets „zu unterrichten" ist, hat der Vorstand das Zahlenwerk gegenüber dem Verwaltungsrat entsprechend vorzutragen und zu erläutern. Hierbei bestehen besondere Hinweispflichten des Vorstands, wenn in einzelnen Bereichen signifikante Abweichungen von der vorgelegten Planung zu verzeichnen sind. Typischerweise wird der Vorstand in seiner Berichterstattung auch einen Vergleich mit den Zahlen im Vorjahreszeitraum vornehmen (*Biesok*, Sparkassenrecht, Rn. 487). Neben den Fakten, welche zu der aktuellen wirtschaftlichen Situation beigetragen haben, sind auch die Ursachen und Hintergründe zu erläutern, wenn dies für das Gesamtverständnis erforderlich ist. Anderenfalls könnte der Verwaltungsrat nicht korrigierend eingreifen. Neben dem Soll-Ist-Vergleich hat der Vorstand auch über die Ertragslage der Sparkasse und die Liquidität zu berichten. Auch sind relevante Entwicklungen im Bankensektor oder innerhalb der Sparkassen-Finanzgruppe vorzutragen, ferner kann auf politische Einflüsse, Veränderungen der Rechtslage oder Änderungen im Kreise wichtiger Kunden des Hauses hinzuweisen sein.

VI. Die Haftung des Sparkassenvorstandes

1. Grundlagen

Wenn allgemein von der „Haftung" eines Vorstandsmitglieds gesprochen wird, ist **19** zwischen der **zivilrechtlichen,** der **strafrechtlichen** und der **aufsichtsrechtlichen Verantwortlichkeit** des Organs zu unterscheiden. Die zivilrechtliche Haftung des Vorstandes betrifft die Frage, ob das Vorstandsmitglied durch ein ihm zurechenbares, pflichtwidriges Verhalten einen (Vermögens-)Schaden zu Lasten des Instituts kausal und schuldhaft verursacht hat und hierfür persönlich einstehen muss (grundlegend: *Lutter*, Pflichten/Haftung von Spk-Organen, S. 15 ff.). In der Rechtsfolge können auf der zivilrechtlichen Ebene Unterlassungs- oder Schadenersatzansprüche gegenüber dem Vorstandsmitglied entstehen. In strafrechtlicher Hinsicht ist vor allem an die Tatbestände der §§ 263 ff. StGB zu denken. Von praktischer Relevanz ist im Finanzsektor vor allem der Vorwurf der Verletzung von Vermögensbetreuungspflichten, also der Tatbestand der Untreue (§ 266 StGB). Neben den Vorschriften des StGB muss der Geschäftsleiter auch die strafrechtlichen Nebengesetze beachten, die ein strafbares Verhalten sanktionieren, ferner – unterhalb der Strafgesetze – das Gesetz über Ordnungswidrigkeiten (OWiG). Überdies ergeben sich aus dem Aufsichtsrecht diverse Pflichten des Geschäftsleiters, deren Verletzung nach den einschlägigen Regelungen des KWG geahndet werden können. Pflichtverstöße des Organmitglieds können sich auf allen drei Haftungsebenen zugleich auswirken. So mag eine Kreditvergabe unter Missachtung des § 18 KWG sowohl eine zivilrechtliche Pflichtverletzung mit der Rechtsfolge Schadenersatz als auch den strafrechtlichen Untreuevorwurf nach § 266 StGB begründen, überdies können in einem solchen Fall aufsichtsrechtliche Maßnahmen drohen. Die zivilrechtliche Inanspruchnahme des Vorstandsmitglieds wird häufig durch ein strafrechtliches Ermittlungsverfahren begleitet. Dessen Ausgang ist wiederum für die Aufsichtsbehörden von Interesse, da zB die persönliche Zuverlässigkeit des Geschäftsleiters im Falle eines festgestellten strafbaren Verhaltens in Frage gestellt werden könnte. Eine Überlappung der zivilrechtlichen, strafrechtlichen und aufsichtsrechtlichen Verantwortlichkeiten ist bei Pflichtvergessenheit des Organs recht

20 häufig, aber keineswegs zwingend. Nachstehend sollen praxisrelevante Aspekte der zivilrechtlichen Haftung des Sparkassenvorstandes in den Blick genommen werden.

20 Ausgangspunkt der zivilrechtlichen Haftung des Organs ist die **Anspruchsgrundlage**, welche die Voraussetzungen der persönlichen Verantwortlichkeit für Pflichtverletzungen normiert. Einige Sparkassengesetze enthalten Regelungen, welche die Haftung des Sparkassenvorstands, meist in enger Anlehnung an § 93 Abs. 2 S. 1 AktG, zum Inhalt haben. Beispielhaft sei auf § 25 Abs. 5 SpkG Baden-Württemberg, § 10 Abs. 1 S. 4 SpkG Niedersachsen und § 20 Abs. 3 SpkG Sachsen-Anhalt verwiesen. Nach diesen Normen sind Vorstandsmitglieder, die ihre Pflichten verletzen, der Sparkasse zum Ersatz des daraus entstehenden Schadens als Gesamtschuldner verpflichtet. Das nordrhein-westfälische Sparkassengesetz kennt demgegenüber keine derartige Anspruchsgrundlage. Wie der BGH 2014 entschieden hat, gelten die haftungsrechtlichen Grundsätze des § 93 AktG für Sparkassenvorstände in Nordrhein-Westfalen aber entsprechend (BGH, Beschl. v. 15.9.2014, II ZR 112/13, WM 2015, 332 f.). Dies ist konsequent, da die organschaftliche Haftungsnorm des § 93 AktG nach allgemeiner Auffassung auch auf andere Gesellschaftsformen Anwendung findet. Auch die ganz überwiegende Literatur befürwortet seit jeher die Heranziehung der aktienrechtlichen Haftungsregelung für Sparkassen (statt vieler *Lutter*, ZIP 2007, 841; aA *Kiethe*, S. 177 f.). Die Haftung nach § 93 AktG leitet sich aus der Organstellung des Vorstandsmitglieds ab. Die organschaftliche Stellung der Sparkassenvorstände ist länderübergreifend vergleichbar. Dies rechtfertigt aufgrund der bestehenden Regelungslücke die analoge Heranziehung des § 93 AktG, soweit in einzelnen Sparkassengesetzen wie im nordrhein-westfälischen Beispiel keine sparkassenrechtliche Anspruchsgrundlage vorhanden ist. In der Konsequenz gibt es hinsichtlich der Haftungsvoraussetzungen zwischen den einzelnen Verbandsgebieten der Sparkassenorganisation keine nennenswerten Unterschiede, unabhängig davon, ob der Landesgesetzgeber von der Schaffung einer eigenständigen Anspruchsgrundlage im Sparkassengesetz Gebrauch gemacht hat oder nicht.

21 Auch wenn § 93 Abs. 2 S. 1 AktG analog als Anspruchsnorm bei Haftungsfällen im Sparkassenbereich wohl am häufigsten herangezogen wird, kommt eine zivilrechtliche Haftung des Organs auch durch **weitere gesetzliche Bestimmungen** in Betracht. So ist etwa an die schuldrechtliche Grundregel des § 280 BGB zu denken, welche in Verbindung mit dem privatrechtlichen Dienstvertrag des Sparkassenvorstandes eine Haftung begründen kann. Denn die dem Vorstand vorgeworfene Pflichtverletzung kann in aller Regel (auch) als Verletzung der Pflichten aus dem Anstellungsvertrag des Organs verstanden werden. Daneben sind spezialgesetzliche Anspruchsgrundlagen wie etwa § 17 Abs. 1 KWG zu beachten (*Fischer*, DStR 2007, 1083). Die Regelung betrifft eine Haftung des Vorstandes im Zusammenhang mit der Vergabe von Organkrediten nach § 15 KWG, welche ein einstimmiges Votum der Geschäftsleiter sowie die Zustimmung des Aufsichtsorgans voraussetzt. Wenn auch nicht sonderlich häufig, so kommen Fälle dieser Art durchaus vor: Das OLG Brandenburg hat 2018 die Klage einer Sparkasse abgewiesen, die auf der Grundlage der §§ 15, 17 KWG Schadenersatz von einem ehemaligen Vorstandsmitglied gefordert hatte, weil nach Ansicht des Instituts die Anforderungen an eine ordnungsgemäße Organkreditvergabe nicht erfüllt worden seien (OLG Brandenburg, Urt. v. 27.8.2018, 1 U 18/11, juris). Dabei hat das OLG eine Verletzung der

II. Verwaltung der Sparkassen **§ 20**

strengen Vorgaben des § 15 KWG zwar angenommen. Die Klage scheiterte aber aus anderen (Rechts-)Gründen, nämlich an der Verzichtswirkung der Entlastungsentscheidungen des Verwaltungsrates. Schließlich ist auch eine deliktische Haftung des Sparkassenvorstandes nach den §§ 823 Abs. 2, 826 BGB möglich (*Fischer*, DStR 2007, 1083), wenngleich deliktsrechtliche Anspruchsgrundlagen zur Begründung einer Vorstandshaftung eher selten bemüht werden.

Bei der zivilrechtlichen Verantwortlichkeit des Sparkassenvorstandes ist zwischen **22** der **Innen- und der Außenhaftung** zu differenzieren. Die Innenhaftung hat Ansprüche der Sparkasse gegen das Vorstandsmitglied aufgrund von Pflichtverletzungen zum Gegenstand, die zu einem Schaden des Instituts geführt haben. Dagegen ist Kennzeichen der Außenhaftung, dass Ansprüche von außen gegenüber dem Vorstandsmitglied aus seiner dienstlichen Tätigkeit erhoben werden, etwa durch einen Kunden aufgrund einer vermeintlich falschen Beratung. In der Praxis spielt die Innenhaftung des Vorstandsmitglieds die deutlich größere Rolle. Grund hierfür mag zum einen der Umstand sein, dass echtes oder vermeintliches Fehlverhalten von (Bank-)Managern in den letzten Jahren verstärkt in den Fokus der kritischen Öffentlichkeit geraten ist (*Jahn* in: Krieger/Schneider, § 42 Rn. 42.3), und es dadurch heute schneller zu Haftungsfällen kommt. Zum anderen dürfte auch die Rechtsprechung dazu beigetragen haben, dass Häuser vermehrt Haftungsansprüche gegen ihre Vorstände geltend machen (BGH, Urt. v. 21.4.1997, II ZR 175/95, „ARAG/Garmenbeck"). Der BGH hat in der vorgenannten wegweisenden Entscheidung dem Aufsichtsgremium der Gesellschaft die Verpflichtung auferlegt, im Falle des Vorliegens von Anhaltspunkten für eine Pflichtverletzung des Vorstandsmitglieds eine sorgfältige Prüfung vorzunehmen, ob dem Institut Schadenersatzansprüche gegenüber dem Organ zustehen. Sollte diese Prüfung zum Ergebnis kommen, dass Ersatzansprüche des Instituts bestehen, ist in einem zweiten Schritt durch den Verwaltungsrat festzustellen, ob die Ansprüche gegenüber dem Vorstandsmitglied verfolgt werden sollen. Hierbei ist eine umfassende Abwägung vorzunehmen (*Seyfarth*, § 23 Rn. 78). Gegen die Geltendmachung eines Regressanspruchs könnte – trotz festgestellter Pflichtverstöße – etwa die fehlende Aussicht einer Realisierung der Forderung sprechen, ferner der zu erwartende Reputationsschaden in der Öffentlichkeit infolge einer vor Gericht ausgetragenen Auseinandersetzung, oder auch die Intention, mit dem Vorstandsmitglied trotz der überprüften, aus Sicht des Dienstherrn aber möglicherweise nicht gravierenden Pflichtverletzung weiter zusammenarbeiten zu wollen (*Fischer*, DStR 2007, 1083, 1088 f.). Kommt das Aufsichtsgremium seiner Überprüfungs- und Aufklärungspflicht hinsichtlich vermeintlicher Pflichtverletzungen des Vorstandes indessen nicht nach, kann dies nach der Rechtsprechung zu einer eigenen Haftung der Mitglieder des Aufsichtsgremiums führen. Vor diesem Hintergrund verwundert es nicht, dass seit der Jahrtausendwende eine zunehmende Verfolgung von Ansprüchen des Instituts gegen seine Geschäftsleiter zu verzeichnen ist (*Lehmann*, S. 6 f.).

2. Tatbestandliche Voraussetzungen der Haftung nach § 93 AktG analog

Die Haftung des Organs gemäß § 93 AktG analog erfordert zunächst die **Ver-** **23** **letzung einer Pflicht**. Haftungsrelevante Pflichten des Vorstandes können aus dem Gesetz, aus der Satzung der Sparkasse oder aus dem Dienstvertrag des Organs resultieren (näher *Ihrig/Schäfer*, § 38 Rn. 1521). Ebenso ergeben sich Pflichten aus der Geschäftsanweisung des Verwaltungsrates für den Vorstand und aus den Richtlinien der Geschäftspolitik im Sinne des § 15 SpkG NRW. Nachdem die konkrete Pflicht ermittelt wurde, welche dem Vorstandsmitglied oblag, ist zu prüfen, ob das Organ gegen diese Pflicht verstoßen hat. Der Verstoß kann dabei durch ein Handeln oder ein Unterlassen (im Falle einer Handlungspflicht) begangen werden. Das Tatbestandsmerkmal der Pflichtverletzung enthält also zwei Anforderungen, die in Haftungsfällen regelmäßig zum Kern der Auseinandersetzung gehören. Zu fragen ist, ob dem Verhalten, das dem Vorstand konkret vorgeworfen wird, eine vertragliche oder gesetzliche Verpflichtung zugrunde lag. Ist dies der Fall, ist ferner zu prüfen, ob der Vorstand durch sein Verhalten gegen diese Verpflichtung verstoßen hat. Insbesondere die zweite Fragestellung bietet oftmals Raum für ein den Vorstand verteidigendes Vorbringen. Denn in vielen Fällen steht die Verletzung einer Pflicht keineswegs objektiv fest. Bei streitigen Kreditentscheidungen wird das Vorstandsmitglied sein Tun zu rechtfertigen versuchen und die ihm vorgeworfene Verletzung von Pflichten in Abrede stellen. Maßgeblich kommt es in diesen Fällen darauf an, ob der Vorstand sich mit Blick auf seine streitgegenständliche Entscheidung zu Recht auf die Business Judgement Rule berufen kann (→ Rn. 27). Auch die prozessuale Darlegungs- und Beweislast, die sich bei der Organhaftung vom zivilrechtlichen Regelfall erheblich unterscheidet (→ Rn. 30), spielt eine wichtige Rolle, da das Vorstandsmitglied sich im Grundsatz von den erhobenen Vorwürfen entlasten muss.

24 Die Pflichtverletzung muss **schuldhaft** gewesen sein, die bekannten einschlägigen Verschuldensformen sind die Fahrlässigkeit und der Vorsatz, § 276 BGB. Für eine unbegrenzte persönliche Haftung des Organs reicht bereits leichte Fahrlässigkeit aus. Bereits die Verletzung von Sorgfaltspflichten in nur sehr geringem Umfange kann damit potentiell existenzbedrohende Konsequenzen für das Vorstandsmitglied haben, wenn durch eine nur leichte Fahrlässigkeit ein hoher Schaden in Millionenhöhe eintritt. Da sich ein etwaiger Vorsatz auch auf den Eintritt des Schadens auf Seiten der Sparkasse beziehen müsste, wird dieser Grad des Verschuldens nur in wenigen Ausnahmefällen streitgegenständlich sein. Auch konterkariert ein erhobener Vorsatzvorwurf eine etwaige Schadenregulierung durch die D&O-Versicherung, da die Feststellung einer vorsätzlichen Schädigung regelmäßig zu einem versicherungsrechtlichen Ausschlussgrund führt. Dennoch kommen Auseinandersetzungen zwischen Sparkasse und Vorstand vor, bei denen mitunter ganz ausdrücklich ein vorsätzliches Verhalten des Organs behauptet wird. Ein solches Vorgehen erscheint bedenklich, soweit das Institut im Zeitpunkt der Geltendmachung des Schadenersatzanspruchs eine D&O-Versicherung vorhält, und durch eigenen Sachvortrag die erfolgreiche Inanspruchnahme der Versicherung gefährdet.

25 Die Pflichtverletzung des Vorstandes muss **adäquat kausal** zu einem Schaden des Hauses geführt haben (*Seyfarth*, § 23 Rn. 58). Die Kausalität war eine der zentralen Rechtsfragen, mit welcher sich das LG Leipzig im Haftungsprozess des Freistaats Sachsen gegen ehemalige Vorstandsmitglieder der SachsenLB auseinanderzusetzen hatte (Urt. v. 8.11.2013, 8 O 3757/10, juris). Der Freistaat Sachsen verklagte vier Ex-Vorstände der SachsenLB auf Schadenersatz in Höhe von rund 200 Mio. € und warf den Beklagten im Wesentlichen vor, ein unzulässiges Kreditersatzgeschäft mittels einer Tochtergesellschaft in Irland entwickelt zu haben, das letztlich zum

II. Verwaltung der Sparkassen **§ 20**

wirtschaftlichen Niedergang und zum Notverkauf der SachsenLB an die LBBW im Jahre 2007 geführt habe. Hintergrund war das von den Beklagten 2004 entwickelte „Ormond Quay-Programm". Über die irische Tochtergesellschaft wurden langfristige Asset-Backed-Securities (ABS-Papiere) erworben, deren Ankauf die zu diesem Zweck gegründeten Zweckgesellschaften über die Ausgabe von kurzfristigen Asset Backed Commercial Papers finanzierten. Dabei wurde die Gewährträgerhaftung des Freistaats genutzt, um eine hohe Zinsdifferenz aus den beiden Papieren zu erreichen. Die Beklagten schieden in den Folgejahren aus, und die nachfolgenden Vorstände weiteten das „Ormond Quay"-Programm erheblich aus. Im Jahre 2007 fielen die Papiere aus dem „Ormond Quay"-Portfolio in Höhe von 770 Mio. € und brachten die SachsenLB in Liquiditätsschwierigkeiten, die zum Verkauf des Instituts an die LBBW und zur Garantie des Freistaates in Höhe von 2,75 Mrd. € zur Absicherung tatsächlicher Zahlungsausfälle innerhalb der Portfolien führten. Das LG Leipzig bewertete die vorbereitende Entwicklung und das In-Gang-Setzen des streitgegenständlichen Kreditersatzgeschäftes nicht als Pflichtverletzung, da die potentiellen Risiken des Konstrukts bei der Einführung des fraglichen Geschäftsmodells zutreffend dargestellt und beurteilt worden seien. Soweit zu einem späteren Zeitpunkt – nach dem Ausscheiden der in Anspruch genommenen Vorstände – Pflichtwidrigkeiten der späteren Vorstandsmitglieder bei der Risikosteuerung und infolge der erheblichen Ausweitung des Programms festzustellen seien, fehle es jedenfalls an der Kausalität zwischen der ursprünglichen Entwicklung und dem In-Gang-Setzen des „Ormond Quay"-Programms und dem späteren Zusammenbruch der SachsenLB. Folgendes kann hieraus für die haftungsausfüllende Kausalität abgeleitet werden: Eine nicht nur unbedeutende Kreditausweitung führt zu einer neuen Kreditentscheidung des Vorstands. Die vorangehende Kreditentscheidung wird als Haftungsgrundlage hinfällig, wenn sie ihrerseits zum damaligen Zeitpunkt als pflichtgemäß einzustufen ist. Für den erweiterten oder veränderten Kredit trägt dann allein das Vorstandsgremium die haftungsrechtliche Verantwortung, welches die letzte, als pflichtwidrig zu beurteilende Entscheidung getroffen hat.

Schließlich ist Voraussetzung des Haftungsanspruchs der Eintritt eines **Vermögensschadens** zu Lasten der Sparkasse (*Seyfarth*, § 23 Rn. 50). Der Schaden muss als Folge der Pflichtverletzung des Organs eingetreten sein (*Fischer*, DStR 2007, 1083, 1087). Anerkannt ist, dass der Schaden für die Geltendmachung eines Ersatzanspruchs noch nicht endgültig der Höhe nach feststehen muss. Vielmehr reicht es aus, wenn etwa aufgrund einer pflichtwidrigen Kreditvergabe ein Ausfall zwar noch endgültig vorliegt, der Schadenseintritt aber mit hinreichender Wahrscheinlichkeit zu erwarten steht und zu einem späteren Zeitpunkt beziffert werden kann. Soweit mit der Pflichtverletzung des Vorstandes neben Verlusten auch Gewinne einhergehen, sind diese unter Umständen schadensmindernd zu berücksichtigen. **26**

3. Business Judgement Rule

Ob ein dem Vorstandsmitglied vorwerfbares Fehlverhalten vorliegt, richtet sich maßgeblich nach der sog. Business Judgement Rule. Hierbei handelt es sich um einen aus dem US-amerikanischen Rechtskreis stammenden Grundsatz, der als **Prinzip der haftungsfreien Fehlentscheidung** auch im deutschen Recht anerkannt ist (*Lutter*, ZIP 2007, 842; *Seyfarth*, § 23 Rn. 18). Die Business Judgement **27**

Rule hat in § 93 Abs. 1 S. 2 AktG Niederschlag gefunden. Danach liegt eine Pflichtverletzung nicht vor, wenn das Vorstandsmitglied bei einer unternehmerischen Entscheidung vernünftigerweise annehmen durfte, auf der Grundlage angemessener Information zum Wohle der Gesellschaft zu handeln. Haftungsprivilegiert sind ausschließlich unternehmerische Entscheidungen, die durch einen Ermessensspielraum sowie durch ihren Prognosecharakter geprägt sind. Es müssen also mehrere Handlungsoptionen gegeben sein, anders als bei den gebundenen Entscheidungen, bei welchen aufgrund rechtlicher Vorgaben nur eine einzige rechtlich vertretbare Entscheidung getroffen und keinerlei Ermessen ausgeübt werden kann. Bei allen unternehmerischen Entscheidungen steht dem Vorstand dagegen stets ein weiter Ermessensspielraum zu, ohne den eine wirtschaftliche Betätigung nicht denkbar ist. Das unternehmerische Ermessen kann nur auf einer geklärten Tatsachengrundlage richtig ausgeübt werden (*Fischer*, DStR 2007, 1083, 1084). Das bedeutet, dass verfügbare Informationen zusammenzutragen sowie Vor- und Nachteile der Handlungsalternativen abzuschätzen sind. Im Kreditgeschäft ist die Prüfung der Bonität und die Bestellung der im Geschäftsverkehr üblichen Sicherheiten erforderlich (BGH, Urt. v. 21.3.2005, II ZR 54/03, WM 2005, 933 ff.). Das Eingehen von Risiken ist mit praktisch allen Bankgeschäften verbunden. Deshalb stellt es keine Pflichtverletzung dar, wenn ein Geschäft fehlschlägt und dem Unternehmen hierdurch ein Schaden entsteht, solange ein risikobehaftetes Geschäft sich im Bereich des noch erlaubten Risikos bewegt. Die Grenze wird bei einer fehlerhaften Ausübung des unternehmerischen Ermessens dann anzunehmen sein, wenn aus einer ex ante-Betrachtung das Handeln des Vorstandes gänzlich unvertretbar erscheint. Wenn ein Organ seine unternehmerische Entscheidung hingegen auf der Grundlage angemessener Informationen zum Wohle der Gesellschaft und in gutem Glauben trifft und hierbei keine sachfremden Interessen verfolgt, so haftet es nicht, auch falls sich im Nachhinein ein Schaden aus der getroffenen Entscheidung entwickeln sollte. Ein Handeln zum Wohle der Gesellschaft liegt zB vor, wenn die unternehmerische Entscheidung der Ertragsstärkung und der Wettbewerbsfähigkeit des Instituts dient. Stets kommt es auf die damalige Sicht des handelnden Vorstandes an, es ist also auf den Zeitpunkt der fraglichen Vorstandsentscheidung abzustellen. Die den Anspruch verfolgende Seite unterliegt dabei häufig einem Rückschaufehler. Eine dem Vorstand als fehlerhaft vorgeworfene Kreditentscheidung, welche zu einem Ausfall (Schaden) auf Seiten der Sparkasse geführt hat, wird häufig im Nachhinein mit dem aktuellen Wissensstand beurteilt, was rechtlich nicht haltbar ist. Vielmehr muss die Frage lauten, ob das Vorstandsmitglied in der damaligen konkreten Situation (ex ante) alle maßgeblichen verfügbaren Informationen abgerufen und auf informierter Grundlage unter Abwägung von Chancen und Risiken seine Entscheidung getroffen hat. Ist dies der Fall, greift die Haftungsprivilegierung der Business Judgement Rule ein, und der Vorstand haftet für sein damaliges Handeln nicht. Dies gilt selbst dann, wenn er nach aktuellem Kenntnisstand in derselben Lage heute anders als seinerzeit handeln würde. Eine unternehmerische Entscheidung ist der gerichtlichen Überprüfung entzogen, wenn der Vorstand den Nachweis führen kann, dass er im Zeitpunkt seiner Entscheidung insbesondere die verfügbaren Informationen, etwa aus § 18 KWG, herangezogen und angemessen und vertretbar berücksichtigt hat, und soweit er darlegen kann, dass die mit der unternehmerischen Entscheidung verknüpften Chancen und Risiken angemessen und vollständig berücksichtigt und abgewogen wurden.

Von einer **Ermessensausübung in unvertretbarer Weise** wäre erst dann aus- 28
zugehen, wenn die Grenzen, in denen sich ein von Verantwortungsbewusstsein getragenes, ausschließlich am Unternehmenswohl orientiertes, auf sorgfältiger Ermittlung der Entscheidungsgrundlagen beruhendes unternehmerisches Handeln
bewegen muss, deutlich überschritten sind oder die Bereitschaft, unternehmerische
Risiken einzugehen, in unverantwortlicher Weise überspannt worden sind (BGHZ
135, 244, 253). Die Unvertretbarkeit der Entscheidung kann daraus resultieren, dass
das eingegangene Risiko völlig außer Verhältnis zum Ertrag aus dem fraglichen Geschäft steht. Wann dies der Fall ist, bleibt Frage des Einzelfalles. Letztlich entscheiden also juristische Wertungen unbestimmter Rechtsbegriffe („Grenzen des zulässigen unternehmerischen Handelns deutlich überschritten", „Risikobereitschaft in
unverantwortlicher Weise überspannt") darüber, ob ein Vorstand sich zu seiner Entlastung auf die Business Judgement Rule berufen kann. Aus Sicht des Vorstandsmitglieds folgt aus alledem die Notwendigkeit, im Zeitpunkt einer kritischen Entscheidung die Grundsätze der Business Judgement Rule sorgfältig zu beachten, um
die eigene Haftung zu vermeiden. Soweit der Vorstand dafür Sorge trägt, dass alle
verfügbaren und notwendigen Informationen vor der Entscheidungsfindung herangezogen und angemessen ausgewertet worden sind, soweit ferner die Hand-
lungsmöglichkeiten des Institutes und die daraus resultierenden Chancen und Risiken nachvollziehbar gegenübergestellt und abgewogen worden sind, und soweit die
Entscheidung im guten Glauben für das Wohl des Hauses getroffen worden ist, bestehen gute Aussichten, den Vorwurf der Pflichtverletzung zu parieren und eine Inanspruchnahme wegen einer (vermeintlich falschen) Vorstandsentscheidung –
schon mangels Pflichtverletzung – erfolgreich abzuwehren.

Ob die Rechtsverteidigung des Vorstandsmitglieds erfolgreich ist, hängt insbe- 29
sondere von der Qualität der **Dokumentation** der in Rede stehenden Vorstandsentscheidung ab. Neben dem Sachverständigengutachten und etwaigen Zeugen
sind die schriftlichen Unterlagen, welche das streitige Vorstandshandeln dokumentieren, das zentrale Beweismittel im Haftungsprozess. Nach dem Vorhergesagten
muss sich der zu führende Nachweis der pflichtgemäßen Entscheidung also aus den
relevanten Dokumenten und Unterlagen ergeben. Dieser Nachweis wird dem in
Anspruch genommenen Vorstandsmitglied nur gelingen, wenn seine damalige Entscheidung in hinreichender und nachvollziehbarer Weise dokumentiert ist. In den
Blick zu nehmen sind bei streitigen Kreditengagements etwa sämtliche Beschlussvorlagen und die Protokolle der Vorstands- und ggf. Risikoausschusssitzungen. Anhand der einschlägigen Dokumente kann dem Vorstand der Nachweis gelingen,
eine im Ergebnis nachvollziehbare und vertretbare Entscheidung unter Heranziehung aller notwendigen Informationen und nach sorgfältiger Abwägung des Für
und Wider getroffen zu haben. Die Einhaltung der vorgenannten Maßstäbe der
Business Judgement Rule sollte sich deshalb aus den Dokumenten ableiten lassen,
hierfür hat der Vorstand schon im Eigeninteresse Sorge zu tragen.

4. Umkehr der Darlegungs- und Beweislast und Akteneinsichtsrecht

Der zivilprozessuale Regelfall sieht vor, dass die Klagepartei alle Tatbestandsvor- 30
aussetzungen darlegen und nachweisen muss, die ihr Vorbringen stützen und den
Anspruch begründen. Das den Vorstand auf Schadenersatz verklagende Institut

müsste daher auch die Pflichtwidrigkeit der streitgegenständlichen Vorstandsentscheidung im Einzelnen darlegen und nachweisen. Dies ist in der Praxis kaum möglich, da die fragliche Entscheidung aus der Sphäre des Vorstandsmitglieds kommt, und nur der Vorstand detailliert zu der getroffenen Entscheidung vortragen kann. Er steht viel näher an dem streitgegenständlichen Vorstandshandeln und kennt die Zusammenhänge, die zu der Entscheidung geführt haben, aus eigenem Erleben. Es ist deshalb anerkannt, dass es im Haftungsprozess des Kreditinstitutes gegen das Vorstandsmitglied zu einer Umkehr der Darlegungs- und Beweislast kommt (*Fischer*, DStR 2007, 1083, 1088; *Seyfarth*, § 23 Rn. 40). Somit hat das Institut im Regressprozess lediglich schlüssig darzulegen, dass das Vorstandsmitglied eine pflichtwidrige Entscheidung getroffen hat und dem Institut hierdurch ein Schaden entstanden ist. Diese Darlegung muss nachvollziehbar sein, so dass auf der Grundlage dieses Vortrags ein kausales und schuldhaftes Fehlverhalten des Geschäftsleiters, welches zu einem Schaden geführt hat, möglich erscheint. Der in Anspruch genommene **Vorstand hat sich** sodann **zu entlasten**, indem er darlegt und nachweist, eben nicht pflichtwidrig gehandelt zu haben. Die Beweislast liegt insoweit beim Vorstandsmitglied (vgl. auch § 93 Abs. 2 S. 2 AktG). Die Verteilung der Darlegungs- und Beweislast hat zur Folge, dass der Ausgang des Verfahrens wesentlich davon abhängt, ob dem Vorstand der ihm obliegende Sachvortrag gelingt, dass er nicht pflichtwidrig gehandelt hat. Hierbei wird das Organ regelmäßig den Versuch unternehmen, die streitgegenständliche Entscheidung durch Heranziehung der Business Judgement Rule (→ Rn. 27) zu rechtfertigen.

31 Im Falle der Inanspruchnahme eines Vorstandsmitglieds ist dieses in der Regel von den relevanten Informationen abgeschnitten. Häufig wird der Vorstand neben der Inanspruchnahme gekündigt oder von seinen Arbeitspflichten freigestellt. Nicht selten holt der Haftungsanspruch ein bereits pensioniertes Vorstandsmitglied ein. In all diesen Fällen steht das in Anspruch genommene (ehemalige) Organ vor dem Problem, darlegungs- und beweisbelastet zu sein, ohne jedoch ungehinderten Zugriff auf die Entscheidungsgrundlagen zu haben, welche im damaligen Zeitpunkt zu der fraglichen Vorstandsentscheidung geführt haben. Da es zudem oftmals um Vorgänge geht, die einige Jahre in der Vergangenheit liegen, ist der Vorstand zu seiner Rechtsverteidigung darauf angewiesen, die relevanten **Dokumente** des Falles **einsehen und auswerten** zu dürfen. Prozessual gerechtfertigt ist das Akteneinsichtsrecht des auf Schadenersatz in Anspruch genommenen Vorstandes aufgrund der Beweislastumkehr. Da das Vorstandsmitglied darlegen und nachweisen muss, dass sein angegriffenes Handeln nicht pflichtwidrig war, muss es die zu seiner Rechtsverteidigung erforderlichen Unterlagen, welche sich regelmäßig im Besitz der Sparkasse befinden, einsehen können. Die einzusehenden Dokumente sind nicht auf solche in Papierform beschränkt. Soweit relevante Informationen digitalisiert vorliegen, erstreckt sich das Einsichtsrecht auch auf diese Daten. Voraussetzung ist jeweils, dass das Vorstandsmitglied die einzusehenden Dokumente zu seiner Rechtsverteidigung benötigt. Dies ist im Bestreitensfalle vom Vorstand nachzuweisen. Nicht zulässig ist eine allgemeine Ausforschung des Prozessgegners mit dem Ziel, erst durch die Akteneinsicht auf möglicherweise entlastende Unterlagen zu stoßen. Soweit das Organ aber einen nicht gänzlich abwegigen Zusammenhang zwischen einem Dokument, dessen Einsichtnahme begehrt wird, und seiner Rechtsverteidigung herstellt, ist die Einsichtnahme gerechtfertigt. Um eine effektive Rechtsverteidigung gewährleisten zu können, ist mit dem Recht auf Aktenein-

sicht auch das Recht des Vorstandes verbunden, Kopien der Unterlagen anzufertigen oder die Daten in elektronischer Form zu erhalten. Anderenfalls liefe das Einsichtsrecht leer. Das Recht auf Akteneinsicht des Vorstandsmitglieds folgt materiellrechtlich aus § 810 BGB (*Seyfarth*, § 23 Rn. 43). In Rechtsprechung und Literatur ist es weithin anerkannt (vgl. nur EuGH, NJW 2007, 2387; BGH, Urt. v. 4.11.2002, II ZR 224/00; *Grooterhorst*, AG 2011, 398). In prozessualer Hinsicht kann das Akteneinsichtsrecht im Wege der Vorlageanordnung nach § 142 ZPO realisiert werden. Sollte die Sparkasse ein berechtigtes Einsichtsbegehren des in Anspruch genommenen Vorstandsmitglieds nicht erfüllen, führt dies zu einer erneuten Umkehr der Beweislast. In diesem Falle wird die Sparkasse darlegen und nachweisen müssen, dass das streitgegenständliche Handeln des Vorstandes pflichtwidrig, schuldhaft und kausal für den eingetretenen Schaden war.

5. Versicherungslösungen

Um einer potentiell existenzvernichtenden Haftung des Vorstandes zu begegnen, haben sich verschiedene Versicherungsmöglichkeiten herausgebildet, welche das Vorstandsmitglied im Schadensfalle schützen sollen. Die meisten Sparkassen halten heute eine **Personalgarantieversicherung** oder eine **Eigenschadenversicherung** vor. Diese Versicherungen ersetzen Schäden des Institutes, welche durch ein Fehlverhalten eines Mitarbeiters (regelmäßig auch: Vorstandsmitglieds) verursacht werden (v. *Arnim*, S. 124). Die Besonderheit dieser Versicherungsart besteht darin, dass auch vorsätzlich verursachte Schäden übernommen werden, der Vorsatz führt hier also nicht zu einem Versicherungsausschluss. Der klassische Anwendungsfall der Personalgarantieversicherung ist der untreue Sparkassenmitarbeiter am Kassenschalter, der fremdes Vermögen unterschlägt. Da auch Vorsatz mitversichert ist, liegen die Deckungssummen der Eigenschadenversicherung zumeist deutlich unterhalb der Risiken, die sich aus der Tätigkeit des Vorstandes im Kreditgeschäft oder im Rahmen der Eigenanlagen der Sparkasse ergeben. Die Personalgarantie- oder Eigenschadenversicherung kann die hohen Risiken im Regelfall nicht abdecken, die sich aus der Geschäftsführung des Sparkassenvorstandes berufsbedingt ergeben. Aus der Sicht des Organs kann es sich bei dieser Versicherungsform allenfalls um eine zusätzliche Absicherung beruflicher Risiken handeln, nicht aber um einen vollumfänglichen Versicherungsschutz, der in der heutigen Zeit für Geschäftsleiter von Kreditinstituten unabdingbar ist. 32

Mit der zunehmenden Inanspruchnahme von Bankvorständen auf Schadenersatz ist eine besondere Haftpflicht-Versicherung aus dem anglo-amerikanischen Raum nach Deutschland gekommen. Die **„Directors-and-Officers"-Versicherung (D&O-Versicherung)** ist eine spezielle Manager-Versicherung, die als Vermögensschaden-Haftpflichtversicherung ausgestaltet ist und eine Absicherung der Geschäftsleitung nebst weiterer Verantwortungsträger des Unternehmens im Falle von pflichtwidrig verursachten Schäden bezweckt. D&O-Versicherungen werden von Kreditinstituten im Interesse der geschützten Organe, aber auch im Eigeninteresse abgeschlossen. Oft sind auch die Mitglieder des Aufsichtsgremiums (Verwaltungsrates) in den Versicherungsschutz einbezogen. Versicherungsnehmer ist in der Regel das Institut. Es gibt zwar vereinzelt auch das Angebot persönlicher D&O-Versicherungen am Markt, bei denen der Geschäftsleiter selbst Versicherungsnehmer ist. Durchgesetzt hat sich die Individualpolice bislang aber nicht, dies möglicher- 33 weise wegen der nicht unerheblichen Prämien der Einzelabsicherung, aber vielleicht auch deshalb, weil ein Auseinanderfallen von versicherten und nicht versicherten Vorstandsmitgliedern in der Haftungssituation weder im Interesse der betroffenen Vorstände noch des Unternehmens liegen dürfte. Verfügen nämlich nur einzelne Vorstandsmitglieder über eine D&O-Deckung, droht deren vorrangige Inanspruchnahme gerade wegen ihrer persönlichen Absicherung noch vor der Heranziehung eines nicht versicherten Kollegen. Auch das Institut muss ein Interesse daran haben, die Gesamtverantwortung des Vorstandes durch eine D&O-Versicherung für alle Organmitglieder (Unternehmenspolice) abzubilden. Denn die Versicherung sollte aus Sicht des Institutes unabhängig davon eintrittspflichtig sein, welches der Vorstandsmitglieder seine Pflichten verletzt und dadurch einen Schaden verursacht hat. Die besseren Gründe sprechen deshalb dafür, die Vorstandsmitglieder des Hauses unter einer D&O-(Firmen-)Versicherungspolice zu versichern. Dies dürfte die Aussichten auf eine Gesamtbereinigung des Haftungsfalles erhöhen, zumal die Praxis zeigt, dass viele Fälle letztlich einvernehmlich beigelegt werden können (*Sieg* in: Krieger/Schneider, § 18 Rn. 18.30, 18.54).

34 Die D&O-Versicherung verfolgt zwei diametral entgegengesetzte Zielrichtungen. Zum einen besteht eine **Rechtsschutz- und Abwehrfunktion**, welche die Übernahme der Rechtsverteidigung des betroffenen Organmitglieds gegen den erhobenen unbegründeten Anspruch einschließlich der hiermit verbundenen Kosten zum Inhalt hat. Zum anderen wird das Vermögen des Instituts im Falle begründeter Ansprüche geschützt, indem die Versicherung Schäden, die ein versichertes Organmitglied schuldhaft (nicht vorsätzlich) verursacht hat, innerhalb der vereinbarten Deckungssumme reguliert **(Befriedigungsfunktion)**. Letzteres geschieht über einen Freistellungsanspruch, den das versicherte Organ gegenüber der D&O-Versicherung hat, soweit der Schadenersatzanspruch erfolgreich ist und keine Versicherungsausschlüsse greifen (näher *Sieg* in: Krieger/Schneider, § 18 Rn. 18.45). Um die Erfolgsaussichten des geltend gemachten Schadenersatzanspruchs und einen etwaigen Freistellungsanspruch prüfen zu können, wird die D&O-Versicherung unter dem Versicherungsvertrag zunächst Abwehrdeckung gewähren, wenn sich aufgrund des Sachverhalts nicht von vorneherein aufdrängt, dass gar kein Versicherungsschutz besteht. Auch wenn die Versicherung zunächst die Abwehrdeckung bestätigt, kann diese rückwirkend entfallen, falls sich im Laufe der Untersuchungen ein Ausschlussgrund wie zB ein vorsätzliches Verhalten des Organs herausstellen sollte. Behauptet die den Anspruch vortragende Sparkasse etwa, das Vorstandsmitglied habe wissentlich gegen seine Pflichten verstoßen, wird hierdurch – vielleicht unbeabsichtigt – ein Ausschluss der Versicherungsleistung provoziert. Zugleich muss der in Anspruch genommene Vorstand darauf achten, den Versicherungsschutz nicht zu verlieren, soweit sich die Beurteilung der Sach- und Rechtslage zB infolge von Zeugenaussagen oder eines eingeholten Gutachtens ändern sollte. Die anfängliche oder spätere Versagung des Deckungsschutzes führt in vielen Fällen zu einer weiteren Front, da die versicherte Person oder auch der Versicherungsnehmer zu einer Deckungsklage gegen die Versicherung gezwungen sein können. Die Inanspruchnahme eines Organmitglieds auf Schadenersatz unter Einbeziehung einer D&O-Versicherung stellt sich damit für alle Beteiligten als rechtlich und tatsächlich äußerst komplexes und meist langwieriges Unterfangen dar.

35 Der Versicherungsfall wird bei der D&O-Versicherung regelmäßig durch die **erstmalige schriftliche Inanspruchnahme** der versicherten Person ausgelöst

II. Verwaltung der Sparkassen §20

(*Lange*, § 9 Rn. 14). Es kommt insoweit nicht auf die dem Organ vorgeworfene Pflichtverletzung an. Dies birgt gewisse Unsicherheiten für den Vorstand, da er den Zeitpunkt der Inanspruchnahme und damit die Auslösung des Versicherungsfalles nicht beeinflussen kann. Ersatzfähig sind Vermögensschäden, die innerhalb der Versicherungsperiode verursacht und geltend gemacht werden (claims-made-Prinzip). Die Versicherungsbedingungen können eine Rückwärtsdeckung vorsehen, so dass auch zuvor verursachte Schäden vom Versicherungsschutz umfasst werden (*Lange*, § 10 Rn. 25). Darüber hinaus sind üblicherweise Nachmeldefristen vorgesehen, innerhalb derer auch nach Ablauf der Versicherungsperiode eine Inanspruchnahme des Organs unter der Versicherung erfolgen kann, soweit die Pflichtverletzung in den versicherten Zeitraum vor Vertragsbeendigung fällt (*Lange*, § 10 Rn. 54). Da die Nachmeldefristen der D&O-Versicherung zumeist nicht der zehnjährigen Verjährungsfrist des § 52a KWG entsprechen, können Versicherungslücken zu Lasten des Vorstandes entstehen. Um solche Lücken zu schließen, wird in manchen Anstellungsverträgen von Vorstandsmitgliedern oder auch in Aufhebungsverträgen vereinbart, dass die Sparkasse sich verpflichtet, den D&O-Versicherungsschutz nach dem Ausscheiden des Vorstandsmitglieds bis zum Ablauf von zehn Jahren aufrechtzuerhalten („Versicherungsverschaffungspflicht", *Lange*, § 22 Rn. 5).

Ob und in welcher Ausgestaltung eine D&O-Versicherung abgeschlossen werden soll, ist zunächst eine geschäftspolitische **Entscheidung des Vorstandes** der Sparkasse (*Seitz/Finkel/Klimke*, Einf. Rn. 371). Da die Mitglieder des Verwaltungsrates meist ebenfalls zu den versicherten Personen gehören, empfiehlt sich eine Befassung mit der Thematik in einer Sitzung des Aufsichtsgremiums. Soweit eine Sparkasse sich für den Abschluss einer D&O-Versicherung entscheidet, sollte auf eine ausreichend hohe Deckungssumme geachtet werden. Denn von der Versicherungssumme werden die Abwehrkosten, also die Kosten der Rechtsverteidigung, in Abzug gebracht. Bedenkt man, dass in Haftungsfällen oftmals mehrere Organmitglieder gleichzeitig verstrickt sind, können diese Kosten recht schnell anwachsen. Es gibt zahlreiche Anbieter von D&O-Versicherungen am Markt, deren Versicherungsbedingungen sich teilweise erheblich voneinander unterscheiden. Neben dem Bedingungswerk und der Versicherungsprämie entscheidet nicht zuletzt das Regulierungsverhalten der Versicherer über die Qualität des Angebotes. 36

Neben der D&O-Versicherung existieren spezielle **Manager-Rechtsschutzversicherungen**, welche die Rechtsverfolgungskosten bei notwendigen Klagen des Vorstandsmitglieds gegen das Unternehmen (zB Kündigungsschutzklagen) oder bei Inanspruchnahmen des Vorstandsmitglieds aus seiner organschaftlichen Tätigkeit übernehmen. Typischerweise deckt eine Manager-Rechtsschutzversicherung die Bereiche des Anstellungsvertrags-Rechtsschutzes und des Vermögensschadens-Rechtsschutzes ab. Zudem wird häufig auch ein Strafrechtsschutz geboten. Hinsichtlich der Kostenübernahme kann es im Bereich des Vermögensschadens-Rechtsschutzes zu Überschneidungen mit der Abwehrfunktion der D&O-Versicherung kommen. Hierin könnte auf den ersten Blick eine Doppelversicherung des Organs gesehen werden. Allerdings unterscheiden sich die Versicherungsbedingungen der D&O-Versicherung und einer Manager-Rechtsschutzversicherung etwa hinsichtlich der Ausschlussgründe, und das versicherte Organ ist bei der Rechtsschutzversicherung regelmäßig selbst Versicherungsnehmer (anders bei der D&O-Versicherung). Aus dieser Warte ist der Abschluss einer Manager-Rechts- 37

6. Verjährung

38 Schadenersatzansprüche der Sparkasse gegen das Vorstandsmitglied aus dem Organ- oder Anstellungsverhältnis wegen Sorgfaltspflichtverletzung verjähren gemäß § 52a KWG in zehn Jahren. Die Vorschrift wurde durch das Restrukturierungsgesetz vom 9.12.2010 mit Wirkung ab dem 15.12.2010 in Kraft gesetzt. Zuvor war umstritten, ob Haftungsansprüche gegen Sparkassenvorstände nach der aktienrechtlichen Verjährungsfrist des § 93 Abs. 6 AktG (analog) nach fünf Jahren oder nach der regelmäßigen Verjährungsfrist (§ 195 BGB) innerhalb von drei Jahren (so noch *Berger*, § 10 Rn. 14) verjähren. Mit der Schaffung des § 52a KWG ist diese Frage entschieden. Die **zehnjährige Verjährungsfrist** gilt ausdrücklich auch für die Mitglieder des Verwaltungsrates der Sparkasse. Die Ausweitung der Verjährungsfrist findet ihre Rechtfertigung in dem beträchtlichen Zeitaufwand, der vor einer Geltendmachung von Haftungsansprüchen aufgrund von erforderlichen Aufklärungsmaßnahmen entstehen kann. Bevor Geschäftsleiter zivilrechtlich zur Rechenschaft gezogen werden können, ist oftmals die Einschaltung von externen (Wirtschafts-)Prüfern oder Rechtsanwälten notwendig, die das vermutete Fehlverhalten des Vorstandes aufzuklären und rechtlich zu bewerten haben. Die hierzu gebotenen Recherchen können sich über einen längeren Zeitraum erstrecken. Mit der Entstehung des Schadens dem Grunde nach beginnt der Verjährungslauf, unabhängig von der Kenntnis des Anspruchsberechtigten. Mit jeder Kreditvergabe ist ein potentielles Ausfallrisiko verknüpft, dieses reicht für die Annahme eines konkretisierten Schadens und damit für den Verjährungsbeginn nicht aus. Jedenfalls mit der Bildung einer Wertberichtigung wird aber von einem hinreichend konkretisierten Schaden des Institutes auszugehen sein (vgl. *Fischer* in: Boos/Fischer/Schulte-Mattler, KWG, § 52a Rn. 23). Generell lässt sich festhalten, dass der Schaden mit der Möglichkeit der Erhebung einer Feststellungsklage hinreichend konkret vorliegt, so dass zu diesem Zeitpunkt die Verjährungsfrist zu laufen beginnt (*Seyfarth*, § 23 Rn. 69).

2. Gemeinsame Vorschriften für die Mitglieder der Sparkassenorgane

§ 21 Gründe der Ausschließung von der Mitwirkung bei Entscheidungen

(1) Mitglieder der Sparkassenorgane dürfen bei keiner Entscheidung unmittelbar oder beratend mitwirken, die ihnen selbst, ihren ehelichen, nichtehelichen oder eingetragenen Lebenspartnern, ihren Verwandten bis zum dritten oder Verschwägerten bis zum zweiten Grade oder einer von ihnen durch gesetzliche oder rechtsgeschäftliche Vollmacht vertretenen Person direkt einen unmittelbaren Vor- oder Nachteil bringen kann. Der Hauptverwaltungsbeamte und die sachkundigen Mitglieder nach § 10 Abs. 1 Buchstaben a und b, Absatz 2 Buchstaben a und b dürfen in Angelegenheiten des Trägers, bei Zweckverbandssparkassen eines Zweckverbandsmitgliedes, mitwirken.

(2) Das gilt auch, wenn die Betreffenden
a) persönlich haftende Gesellschafter, Kommanditisten, Vorstands-, Verwaltungsrats-, Aufsichtsrats-, Beiratsmitglieder, Leiter, Angestellte oder Arbeiter eines privatrechtlichen Unternehmens sind, dem die Entscheidung der Angelegenheit einen unmittelbaren Vorteil oder Nachteil bringen kann, es sei denn, dass sie von einer Gemeinde oder einem Gemeindeverband in ein Organ des Unternehmens entsandt worden sind,
b) in der Angelegenheit in anderer als öffentlicher Eigenschaft ein Gutachten abgegeben haben oder sonst tätig geworden sind.

(3) Wer annehmen muss, nach Absatz 1 oder 2 von der Mitwirkung ausgeschlossen zu sein, hat den Ausschließungsgrund unaufgefordert anzuzeigen. Ist zweifelhaft, ob ein Mitwirkungsverbot besteht, entscheidet in Angelegenheiten seiner Mitglieder der Verwaltungsrat, im Übrigen der Verwaltungsratsvorsitzende.

(4) Die Mitwirkung einer wegen Befangenheit betroffenen Person hat die Unwirksamkeit des Beschlusses oder die Ungültigkeit der Wahl nur dann zur Folge, wenn sie für das Abstimmungsergebnis entscheidend war.

Literatur: *Dietlein/Heusch* (Hrsg.), Beck Online Kommentar Kommunalrecht Nordrhein-Westfalen, 20. Edition, Stand: 1.6.2022; *Engau/Dietlein/Josten*, Sparkassengesetz Nordrhein-Westfalen, 3. Aufl., 8. Lieferung, Stand: 12/2020; *Held/Becker/Decker/ua*, Praxis der Kommunalverwaltung, Gemeindeordnung für das Land Nordrhein-Westfalen (GO NRW) – Kommentar, 18. Fassung 2021; *Hennsler* (Gesamt-Hrsg), *Spindler/Stilz* (Hrsg.), Beck online Grosskommentar zum Aktienrecht, Bearbeitungsstand 1.2.2022; *Kubis/Tödtmann* (Hrsg.), Arbeitshandbuch für Vorstandsmitglieder, 3. Aufl. 2022; *Kuhn*, Argumentation bei Analogie und teleologischer Reduktion in der zivilrechtlichen Klausurpraxis, JuS 2016, 104

Übersicht

	Rn.		Rn.
I. Überblick, Regelungsgehalt, Zweck und persönlicher Anwendungsbereich	1	4. Interessen privatrechtlicher Unternehmen (Abs. 2 lit. a))	25
II. Allgemeine Befangenheitsvoraussetzungen	7	5. Gegenausnahme bei kommunaler Entsendung (Abs. 2 lit. a))	26
III. Typisierte Interessenkollisionen	13	6. Sachliche Interessenkollision, Gutachten (Abs. 2 lit. b))	27
1. Interessen des Organmitglieds und seiner Familie (Abs. 1 S. 1)	13	IV. Rechtsfolgen	31
		1. Mitwirkungsverbot	31
2. Interessen des Vertretenen (Abs. 1 S. 1)	18	2. Offenlegungspflicht	34
3. Gegenausnahme bei kommunaler Vertretung (Abs. 1 S. 2)	24	3. Klärung von „Zweifelsfragen"	38
		4. Verstoß gegen das Mitwirkungsverbot	41

I. Überblick, Regelungsgehalt, Zweck und persönlicher Anwendungsbereich

1   Schon aufsichtsrechtlich bestehen spezifische (zB § 15 Abs. 1 S. 2 KWG Mitwirkungsverbote bei Organkrediten) aber auch allgemeine Vorgaben zur Vermeidung von Interessenkonflikten (zB § 25c Abs. 3 Nr. 1 KWG bzgl. der Geschäftsorganisation), welche durch die Merkblätter der BaFin ergänzt werden (Merkblatt zu den Geschäftsleitern gemäß KWG, ZAG und KAGB vom 4.1.2016, geändert am 24.6.2021, Stand v. 29.12.2020, Rn. 110–117; Merkblatt zu den Mitgliedern von Verwaltungs- und Aufsichtsorganen gemäß KWG und KAGB, Stand v. 29.12.2020, Rn. 126–134).

2   Darüber hinaus regelt § 21 SpkG NRW ein **umfassendes Mitwirkungsverbot** bei Befangenheit. Mitglieder der Sparkassenorgane dürfen danach bei Interessenwiderstreit an der Beschlussfassung nicht mitwirken. Die Voraussetzungen und Reichweite des Verbots sind dabei in § 21 Abs. 1 und Abs. 2 SpkG NRW geregelt. § 21 Abs. 3 SpkG NRW bestimmt das Verfahren, in dem es eine Anzeigepflicht des befangenen Mitglieds anordnet, welcher systematisch in Bezug auf Mitglieder des Verwaltungsrates durch ein Entfernungsgebot ergänzt wird, § 16 Abs. 3 S. 5 SpkG NRW. Für Zweifelsfragen über das Vorliegen eines Mitwirkungsverbotes weist § 21 Abs. 3 S. 2 SpkG NRW die Entscheidung dem Kollegialorgan Verwaltungsrat bzw. dem Verwaltungsratsvorsitzenden zu. Schließlich regelt § 21 Abs. 4 SpkG NRW die Folgen des Verstoßes gegen das Mitwirkungsverbot im Hinblick auf die Wirksamkeit des Beschlusses.

3   Die Vorschrift ist eine Konsequenz dessen, dass Mitglieder von Sparkassenorganen im ausschließlichen Interesse der Sparkasse handeln sollen. Beim Vorstandsmitglied **ergeben sich die Organpflichten aus der Treuepflicht**, sich loyal für die Sparkasse einzusetzen und seine Fähigkeiten, Kenntnisse und Erfahrungen vorbehaltlos in ihren Dienst zu stellen; die Offenlegungspflicht ermöglicht (dem Verwaltungsrat) der Sparkasse zudem, die Einhaltung der Treuepflicht zu kontrollieren (*Rothenburg* in: Kubis/Tödtmann Vorstands-HdB, § 7 Rn. 50 ff.; *Fleischer* in: BeckOGK AktG, § 93 Rn. 97). Beim Verwaltungsratsmitglied ist diese Treuepflicht gesetzlich konkretisiert worden – sie folgt unmittelbar aus § 15 Abs. 6 S. 1 SpkG

II. Verwaltung der Sparkassen § 21

NRW, der die Eigennützigkeit des Handelns ausschließt. Dieses Uneigennützigkeitsgebot wird durch **spezifische Mitwirkungsverbote** konkretisiert, bei denen das Gesetz typischerweise von einer beeinflussten Entscheidung ausgeht. Damit geht zugleich einher, dass nicht jedes in Person des Organmitglieds existierende persönliche Interesse zu einem Mitwirkungsverbot führt, sondern dies nur in den vom Gesetz in § 21 SpkG NRW vorgesehenen Fällen erfolgt. Es handelt sich um eine vom Gesetzgeber **abschließend geregelte Ausnahmevorschrift**, die dem mittelbar demokratisch legitimierten Organmitglied seine Kernbefugnisse nimmt, sie ist daher eng auszulegen und eine Analogie ausgeschlossen (*Biesok*, Sparkassenrecht, Rn. 446; *Dietlein* in: Engau/Dietlein/Josten, § 21 Rn. 1).

Die Vorschrift bezweckt wie § 16 Abs. 3 S. 5 SpkG NRW (→ § 16 Rn. 59 ff.) 4 eine **unvoreingenommene Sachentscheidung** sowie das Vertrauen in sachorientierte Entscheidungen der Sparkassenorgane. Dem Zweck des Mitwirkungsverbots folgend muss schon der **böse Schein einer Interessenverflechtung** und einer unsachlich beeinflussten „korrumpierten" Entscheidung **vermieden** werden (OVG Münster, Beschl. v. 8.5.2015 – 15 A 1523/14 = NWVBl 2016, 72, mwN; aA *Wansleben* in: PdK NW B-1, GO NRW, § 31 Anm. 1). Daher sind die konkreten Auswirkungen irrelevant, insbesondere ist im konkreten Einzelfall **unerheblich, ob** die Gründe für das Mitwirkungsverbot die Entscheidung **tatsächlich beeinflussen würden** (zB die Angelegenheit betrifft eine verwandte Person gemäß Abs. 1, zu der der Organwalter aber nachweislich weder Kontakt noch irgendeine emotionale Beziehung hat) und ob sich der Betroffene **subjektiv befangen fühlt** (*Dietlein* in: Engau/Dietlein/Josten, § 21 Rn. 4). Aus demselben Grund folgt auch, dass die Vorschrift **nicht disponibel** ist und sich die Sparkassenorgane nicht durch Beschluss darüber hinwegsetzen können (*Engau* in: Engau/Dietlein/Josten, § 16 Anm. 8.4).

Anders als § 16 Abs. 3 S. 5 SpkG NRW erfasst § 21 SpkG NRW die **Organwalter** 5 **aller Sparkassenorgane** im Sinne von § 9 SpkG NRW, mithin die Vorstandsmitglieder und Verwaltungsratsmitglieder, aber **auch sämtliche Ausschüsse** als verselbständigte Untergliederung dieser Organe (*Dietlein* in: Engau/Dietlein/Josten, § 21 Rn. 4).

§ 21 SpkG NRW bezieht sich auf die konkrete Entscheidungssituation und be- 6 wirkt – im Gegensatz zur Unvereinbarkeit nach § 13 SpkG NRW – ein punktuelles Mitwirkungsverbot und **verhindert die Mitwirkung an einer bestimmten Angelegenheit**. Bei Befangenheit ist der Betroffene mithin **rechtlich verhindert** (*Schlierbach/Püttner*, S. 193; *Berger*, § 19 Rn. 1).

II. Allgemeine Befangenheitsvoraussetzungen

Das Mitwirkungsverbot betrifft „**Entscheidungen**", die einen unmittelbaren 7 Vor- oder Nachteil bringen können, mit anderen Worten bezieht es sich nur auf Beschlüsse und Wahlen. Erfolgt im Organ lediglich eine informatorische Befassung ohne Entscheidungsbedarf bzw. ohne Entscheidungsabsicht, ist § 21 SpkG NRW nicht anzuwenden. Denn dann besteht schon kein Risiko einer korrumpierten Entscheidung (iE auch *Dietlein* in: Engau/Dietlein/Josten, § 21 Rn. 18, allerdings mit dem Fokus auf den Begriff der Entscheidung unter dem Blickwinkel des Demokratieprinzips). Dies darf allerdings nicht zu künstlichen Umgehungsstrategien dahingehend führen, dass die Tagesordnung künstlich aufgespalten wird in einen informellen Informationsteil einerseits und einen Beratungs- und Beschlussteil andererseits. Das Mitwirkungsverbot soll eine unbeeinflusste Entscheidung sichern und bereits den Schein einer solchen vermeiden. Wenn also feststeht, dass eine Entscheidung getroffen werden kann, muss die Angelegenheit einheitlich behandelt werden und das umfassende Mitwirkungsverbot beachtet werden.

8 Voraussetzung für das Mitwirkungsverbot ist, dass die Entscheidung „**direkt einen unmittelbaren Vor- oder Nachteil bringen kann,**" was wortwörtlich dem § 31 GO NRW für das kommunale Mitwirkungsverbot entspricht, so dass auf die entsprechenden Kommentierungen und dazu ergangene Rechtsprechung zurückgegriffen werden kann.

9 Aus der Formulierung „**bringen kann**" wird bereits ersichtlich, dass der **Vorteil bzw. Nachteil nicht** tatsächlich bei Mitwirkung an der Entscheidung **eintreten muss**, sondern schon die bloße Möglichkeit einer solchen persönlichen Auswirkung, also der potentielle Vor-/Nachteil ausreicht (*Berger*, § 19 Rn. 4), wobei dies eine **Prognoseentscheidung** voraussetzt. Daher führen aus einer Entscheidung im Nachhinein resultierende Vorteile, die nach der normalen Verkehrsanschauung eines objektiven, informierten Dritten völlig außerhalb der Erfahrung sind (ergo: ex ante nicht erwartbar waren) nicht zu einem Mitwirkungsverbot (*Biesok*, Sparkassenrecht, Rn. 464).

10 Unter **Vorteil** ist dabei jede Besserstellung zu verstehen, ein **Nachteil** ist dementsprechend jede Schlechterstellung. Welcher Art der Vor- oder Nachteil ist, ist für das Vorliegen der Befangenheit unerheblich. Daher sind nicht nur materielle und wirtschaftliche Interessen relevant. Auch rechtliche, soziale, wissenschaftliche, ethische, ideelle oder sonstige Interessen können zu einem Mitwirkungsverbot führen (VG Münster, Urt. v. 5.12.2017 – 1 K 1187/15, juris Rn. 34; *Wansleben* in: PdK NW B-1, GO NRW § 31 Anm. 3.1; *Dietlein* in: BeckOK KommunalR NRW, GO NRW § 31 Rn. 29). Daher kann das Mitwirkungsverbot nicht nur bei Grundstücksgeschäften mit Verwaltungsratsmitgliedern oder Kreditvergaben an Vorständen bzw. deren Familien greifen; auch ein Ansehensgewinn durch Errichtung und Benennung einer Stiftung kann bereits ein solcher Vorteil sein.

11 Dieses Sonderinteresse muss ein **Einzelinteresse** sein, das über die allgemeine Betroffenheit hinausgeht, so dass ein Mitwirkungsverbot nicht in Betracht kommt, wenn Kollektivinteressen betroffen sind (zB Arbeitnehmerinteressen der Beschäftigtenvertreter, Verwaltungsratsmitglied ist Kunde einer Filiale, die geschlossen werden soll) (*Berger*, § 19 Rn. 5; *Biesok*, Sparkassenrecht, Rn. 460).

12 Dieses sehr weite Feld von Sonderinteressen wird durch das **Kriterium der Unmittelbarkeit** des Vorteils dahingehend eingeschränkt, dass alleine die Schaffung oder Veränderung der Chance oder Gefahr eines Vor- oder Nachteils selbst nicht als ausreichender Vorteil oder Nachteil im Sinne des Gesetzes gesehen werden kann (*Wansleben* in: PdK NW B-1, GO NRW § 31 Anm. 3.1). Anders ausgedrückt muss die Entscheidung des Organs selbst ohne das Erfordernis von weiteren Zwischenschritten den Vorteil kausal herbeiführen. Zumindest muss dies dann gelten, wenn etwaige Vollzugsakte nicht gebundener Natur sind, sondern von einer freien Entscheidung einer anderen Person abhängen (*Dietlein* in: Engau/Dietlein/Josten, § 21 Rn. 21; *Wansleben* in: PdK NW B-1, GO NRW § 31 Anm. 3.2; *Dietlein* in: BeckOK KommunalR NRW, GO NRW § 31 Rn. 32).

III. Typisierte Interessenkollisionen

1. Interessen des Organmitglieds und seiner Familie (Abs. 1 S. 1)

Das Mitwirkungsverbot greift nur in den vom Gesetz vorgesehenen typisierten 13
Fällen. Die **Organwalter von Vorstand und Verwaltungsrat**, welche **selbst persönlich betroffen** sind bzw. den unmittelbaren Vorteil oder Nachteil in ihrer Person erlangen können, dürfen nicht an der Entscheidung mitwirken. Damit erfasst das Gesetz in der ersten Alternative des § 21 Abs. 1 S. 1 SpkG NRW die Fälle der stärksten Interessenkollision.

Die weiteren Alternativen der Norm erfasst **Personen, zu denen der Organ-** 14
walter typischerweise enge Beziehungen pflegt. Sie schützt gleichermaßen die Integrität der Entscheidungsfindung, den Organwalter vor der Versuchung, den ihm nahestehenden Personen Vorteile zukommen zu lassen, und nicht zuletzt auch die Beziehung zwischen dem Organwalter und den ihm nahestehenden Personen vor Konflikten, die sich aus – für diese nachteilige – Entscheidungen der Sparkassenorgane ergeben könnten.

Daher erfasst § 21 Abs. 1 S. 1 Alt. 2 SpkG NRW die „**ehelichen, nichteheli-** 15
chen oder eingetragenen Lebenspartner", deren Bestimmung sich nach den allgemeinen Regeln richtet (BGB, LPartG). In Anbetracht dessen, dass die Vorschrift auch die Fälle der nichtehelichen Lebensgemeinschaft erfasst, sind etwaige Streitfälle in Bezug auf Frage der Wirksamkeit der Ehe bzw. eingetragenen Lebenspartnerschaft obsolet. Die nichteheliche Lebensgemeinschaft ist eine auf Dauer angelegte Partnerschaft, die daneben keine weitere Lebensgemeinschaft gleicher Art zulässt und sich durch innere Bindungen auszeichnet, die ein gegenseitiges Einstehen der Partner füreinander begründet, also über die Beziehungen in einer reinen Haushalts- und Wirtschaftsgemeinschaft hinausgehen (BVerfG, Urt. v. 17.11.1992 – 1 BvL 8/87 = NJW 1993, 643; BGH, Urt. v. 30.4.2008 – XII ZR 110/06 = BGHZ 176, 262). Das Mitwirkungsverbot endet mit rechtskräftiger Scheidung der Ehe, rechtskräftiger Aufhebung der Lebenspartnerschaft und Auflösung der Lebensgemeinschaft. Ein Getrenntleben der Ehehatten reicht indes nicht aus (*Biesok*, SpkG-Kommentar, § 24 Rn. 518).

Auch werden **Verwandte** bis zum dritten oder Verschwägerte bis zum zweiten 16
Grade erfasst, wobei sich die Verwandtschaft nach § 1589 BGB und die Schwägerschaft nach § 1590 BGB richtet. In diesem Zusammenhang ist zu beachten, dass die Vorschrift Kinder, Enkel, Urenkel sowie Eltern, Großeltern und Urgroßeltern erfasst (Verwandte bis zum dritten Grad); ob die Adoption dabei zu einer Verwandtschaft im vorgenannten Sinne führt, hängt von ihrem Zeitpunkt und ihrer Wirkung ab (§§ 1754, 1770 BGB).

Schwägerschaft besteht zu allen Personen, zu denen der Ehegatte in einer ver- 17
wandtschaftlichen Beziehung steht. Daher ist das Organmitglied mit den Schwiegereltern im ersten Grad aufsteigender Linie, mit einem Kind des Ehegatten im ersten Grad absteigender Linie und mit den Geschwistern des Ehegatten im zweiten Grad der Seitenlinie verschwägert (Schwägerschaft bis zum zweiten Grade). Dies erfasst auch die nicht gemeinschaftlichen („Ehebruchs-")Kinder des Ehegatten. Keine Verwandtschaft besteht folglich mit den Ehegatten der Verwandten des Ehegatten (Schwippschwager).

2. Interessen des Vertretenen (Abs. 1 S. 1)

18 Vom Mitwirkungsverbot erfasst sind schließlich Organwalter der Sparkasse, die zudem **als gesetzliche Vertreter oder rechtsgeschäftliche Bevollmächtigte** (§ 167 BGB) eines Dritten fungieren, wenn dieser Dritte unmittelbar von der Entscheidung profitieren kann. Hiermit werden verschiedene Konstellationen erfasst. In Anbetracht der speziell in § 21 Abs. 2 lit. a) SpkG NRW genannten Fälle, welche insbesondere gesetzlichen Vertreter von juristischen Personen des Privatrechts erfasst, sofern sie Unternehmen betreiben, bezieht sich die in § 21 Abs. 1 S. 1 SpkG NRW genannte letzte Alternative auf andere **Situationen der gesetzlichen Vertretungsmacht**.

19 Dies sind zunächst folgende klassische **bürgerrechtlichen Fälle**: §§ 1626 Abs. 1, 1629 Abs. 1 BGB (verheiratete Eltern), §§ 1626a, 1629 Abs. 1 BGB (unverheiratete Eltern), § 1626a Abs. 3, 1629 Abs. 1 BGB (unverheiratete Mutter), 1671 ff., 1629 Abs. 1 BGB (Mutter oder Vater nach Übertragung der Alleinsorge), wobei diese Fälle bereits durch die speziellere erste Alternative (Verwandte bis zum dritten Grade) erfasst werden, so dass die Vorschrift insoweit leer läuft. Weitere Fälle sind die §§ 1773, 1793 BGB bzw. zum 1.1.2023 §§ 1773, 1789 BGB nF (Vormund), §§ 1909, 1915 BGB (Ergänzungspfleger) bzw. zum 1.1.2023 §§ 1809 ff. BGB (Pflegschaft), und §§ 1896 ff., 1902 BGB bzw. zum 1.1.2023 §§ 1814, 1823 BGB (Betreuer). Hintergrund der Regelung ist die auch hier typischerweise bestehende besondere persönliche Beziehung zwischen dem Vertreter und dem Vertretenen.

20 Die gesetzliche Vertretung von **privatrechtlichen Unternehmen** wird von der spezielleren Vorschrift des § 21 Abs. 2 lit. a) SpkG NRW erfasst. Darunter fallen klassische organschaftliche Vertretungsregelungen (Geschäftsführer der GmbH, § 35 GmbHG; Vorstand der Aktiengesellschaft, § 78 AktG, persönlich haftender Gesellschafter der OHG, § 126 S. 1 HGB, usw.), insoweit läuft § 21 Abs. 1 S. 1 SpkG NRW leer. Er kann aber noch einen eigenständigen Bereich in Bezug auf **gesetzliche Vertreter von juristischen Personen** haben, die **nicht zu den privatrechtlichen Unternehmen** zählen, seien sie privatrechtlichen oder öffentlichrechtlichen Ursprungs (Stiftungen, Anstalten des öffentlichen Rechts, usw); entsprechendes dürfte für teilrechtsfähige Personenvereinigungen gelten, die nicht zu den privatrechtlichen Unternehmen zählen.

21 Diese sind alle vom Wortlaut der Norm erfasst; zu einem anderen Ergebnis kann man methodisch nur gelangen, wenn man bei der Auslegung den Anwendungsbereich von Absatz 1 nur auf natürliche Personen festlegt oder im Rahmen einer teleologischen Reduktion Gegenausnahmen beispielsweise für juristische Personen des öffentlichen Rechts annimmt. Für die erstgenannte denkbare Einschränkung gibt der Wortlaut zu wenig her – zumal der Gesetzgeber in Abs. 2 lit. a) sehr wohl eine Einschränkung auf private Unternehmen angenommen hat. Für die zweite Einschränkung müsste die Anwendung der Norm nach dem Wortlaut aufgrund des Ziels und des Zwecks der Norm zu weitgehend sein, sich die Interessenlage gegenüber anderen vom Wortlaut erfassten Fällen maßgeblich unterscheiden (*Kuhn*, JuS 2016, 104). Dies kann nicht angenommen werden. Unabhängig davon, ob sie dem privaten oder öffentlichen Bereich entstammen, gefährden Interessenkollisionen die Integrität der Sachentscheidung. Der Gesetzgeber hat in der Vorschrift zwei Ausnahmen zugelassen (Abs. 1 S. 2 und Abs. 2 lit. a) 2. HS), in denen er einen

II. Verwaltung der Sparkassen   § 21

dem öffentlichen Recht entstammenden Interessenkonflikt als tolerierbar ansieht. Auch macht es bezüglich des Interessenwiderstreits in der Sache keinen Unterschied, ob ein Organmitglied zugleich Vertreter eines lokalen privaten Bauunternehmens oder der Architektenkammer ist.

Daneben erfasst der Wortlaut **Situationen der „rechtsgeschäftlichen Vollmacht" für eine „vertretene Person"**. Dies erfasst alle Fälle der Erteilung einer Vollmacht nach § 167 BGB, sowohl im privaten wie auch unternehmerischen Bereich, da insoweit § 21 Abs. 2 lit. a) SpkG NRW keine Spezialvorschrift für die rechtsgeschäftliche Vertretung vorsieht. Aus dem Zweck der Vorschrift ergibt sich, dass der Umfang der Vollmacht dabei nicht relevant ist, so dass sowohl Spezialvollmachten für eine einzige Angelegenheit als auch Generalvollmachten erfasst werden, ebenso wenig kommt es darauf an, ob dieser gesetzlich festgelegt ist (wie zB §§ 49f., 54f. HGB). Auch spielt keine Rolle, ob an die Verwendung der Vollmacht im Außenverhältnis etwaige Bedingungen im Innenverhältnis zwischen Vertreter und Vertretenem geknüpft sind (zB bei der Vorsorgevollmacht). Schließlich ist unbeachtlich, ob diese als Innen- oder Außenvollmacht erteilt wurden oder ggf. sogar in einem Register eingetragen sind. Zum einen unterscheidet das Gesetz insoweit nicht, zum anderen besteht in allen Fällen der rechtsgeschäftlichen Vollmacht irgendein – zumindest konkludent geschlossenes – schuldrechtliches Rechtsverhältnis zwischen dem Vertreter und dem Vertretenen, sei diese entgeltliche oder unentgeltliche Natur, aus dem sich ergibt, dass der Vertreter die Interessen des Vertretenen wahrt, so dass das Näheverhältnis zwischen Beiden und die Interessenkollision bereits vorliegen. 22

Allerdings wird **im unternehmerischen Bereich** regelmäßig der Bevollmächtigte zugleich ein Leiter, Angestellter oder Arbeiter eines privatrechtlichen Unternehmens sein, so dass die Vorschrift im unternehmerischen Bereich zum Teil aufgrund von § 21 Abs. 2 lit. a) SpkG NRW leerläuft; einen eigenständigen Anwendungsbereich hat sie dennoch insoweit, als dass sie mandatierte externe Dienstleister (Rechtsanwälte, Steuerberater, Architekten, etc.) ohne Gutachtenauftrag erfasst. 23

3. Gegenausnahme bei kommunaler Vertretung (Abs. 1 S. 2)

Das Mitwirkungsverbot aufgrund widerstreitender Vertreterinteressen erfährt in § 21 Abs. 1 S. 2 SpkG NRW eine gewichtige Ausnahme. **Keine Interessenkollision** bzw. – richtiger – eine nach dem Gesetz ausdrücklich tolerierte Interessenkollision (vgl. Gesetzesbegründung v. 27.9.1993, LT-Drs. 11/6047, S. 68) besteht im Hinblick auf den Verwaltungsratsvorsitzenden und den vom Träger bestimmten Verwaltungsratsmitgliedern **in Angelegenheiten des Trägers**. Diese Ausnahme ist richtig und notwendig. Zum Teil wird argumentiert, dass zwischen dem betroffenen Organmitglied und dem Sparkassenträger ein Treueverhältnis besteht, so dass ein Interessenkonflikt in Angelegenheiten, die den Sparkassenträger betreffen, nicht besteht (*Dietlein* in: Engau/Dietlein/Josten, § 21 Rn. 1). Ähnlich argumentiert die Gesetzesbegründung, wenn sie ausführt, dass der „Hauptverwaltungsbeamte und die weiteren Organmitglieder die Verpflichtung haben, einen Interessenwiderstreit nach pflichtgemäßem Ermessen zu lösen". Damit wird zwar eingeräumt, dass ein Interessenwiderstreit bestehen kann. Die Gesetzesbegründung führt letztlich alle weiteren Mitwirkungsverbote ad absurdum, insbesondere beim Verwaltungsrat, bei 24

M. Hamdan

dem eine Treuepflicht in § 16 Abs. 6 SpkG NRW gesetzlich festgehalten ist. Richtiger dürfte die pragmatische Überlegung sein, dass der Verwaltungsrat in solchen Angelegenheiten ansonsten schlechthin verhindert, mithin inexistent wäre (*Schlierbach/Püttner*, S. 193), und es keine alternativen Entscheidungswege gibt. Die Vorschrift trägt zugleich damit auch dem demokratische Anliegen Rechnung, die sparkasseninternen Entscheidungen von demokratisch legitimierten Funktionsträgern treffen zu lassen (*Dietlein* in: Engau/Dietlein/Josten, § 21 Rn. 1).

4. Interessen privatrechtlicher Unternehmen (Abs. 2 lit. a))

25 § 21 Abs. 1 S. 2 SpkG NRW erweitert das Mitwirkungsverbot auf den typischen Fall, dass das Organmitglied aufgrund seiner **Zugehörigkeit oder Funktion in einem privatrechtlichen Unternehmen** typischerweise in einen Interessenkonflikt gerät. Dementsprechend erfasst die Norm (auch nicht haftende) Gesellschafter von Personen-, Personenhandelsgesellschaften und Kapitalgesellschaften, die Personen, die ihre (ggf. auch freiwillig eingerichtete) Organe besetzen sowie die dort beschäftigten Leiter, Angestellte und Arbeiter. Die einzige Einschränkung ergibt sich daraus, dass es sich um ein „privatrechtliches Unternehmen" handeln soll. Ein Mitwirkungsverbot besteht dagegen nicht, wenn ein Vorstands- oder Verwaltungsratsmitglied einem Organ **eines öffentlich-rechtlichen Unternehmens** angehört.

5. Gegenausnahme bei kommunaler Entsendung (Abs. 2 lit. a))

26 Das Gesetz sieht in Abs. 2 lit. a) 2. HS wiederum eine Gegenausnahme, wenn der **Organwalter** „von einer Gemeinde oder einem Gemeindeverband **in ein Organ des Unternehmens entsandt** worden" ist. Es handelt sich um die Situationen, bei denen Personenidentität besteht zwischen der Sparkassen-Organmitgliedschaft (zB Mitglied des Verwaltungsrates) und der Mitgliedschaft im Organ des privatrechtlich organisierten gemeindlichen Unternehmens (zB Mitglied des Aufsichtsrats einer von der Gemeinde mehrheitlich gehaltenen Kapitalgesellschaft). Von einer Entsendung ist auch bei geborenen Mitgliedern im Aufsichtsrat auszugehen (*Biesok*, Sparkassenrecht, Rn. 458; *Dietlein* in: Engau/Dietlein/Josten, § 21 Rn. 21).

6. Sachliche Interessenkollision, Gutachten (Abs. 2 lit. b))

27 Schließlich kann die Befangenheit an eine **sachliche Vorfestlegung der Person** und nicht an ihre persönlichen Beziehungen anknüpfen, so dass das Mitwirkungsverbot auch ohne das Vorliegen eines Sonderinteresses anzunehmen ist. § 21 Abs. 2 lit. b) SpkG NRW sieht in diesem Zusammenhang ein Mitwirkungsverbot für Personen vor, die „in der Angelegenheit in anderer als öffentlicher Eigenschaft ein Gutachten abgegeben haben oder sonst tätig geworden sind". **Hintergrund** ist die Befürchtung, dass eine Person, die in einer Sache als Experte ein Sachverständigengutachten abgegeben hat, in der Regel nicht geneigt sein wird, von ihrer zuvor geäußerten Meinung abzuweichen oder sich gar in Widerspruch zu dieser zu setzen. Man mag zwar von einem in öffentlicher Eigenschaft tätigen Sachverständigen ggf. erwarten können, dass er seine gewonnene Überzeugung überprüft und immer wieder neu bewertet. Wenn aber das Gutachten für einen Dritten erstellt worden ist, besteht diesbezüglich regelmäßig eine vertragliche Verbindung – und ungeach-

II. Verwaltung der Sparkassen   § 21

tet dessen besteht für den Sachverständigen, der sich nunmehr als Organmitglied nicht seinem Gutachten entsprechend konsequent verhält, die Gefahr eines Reputationsschadens und des Vorwurfs das Gutachten nicht ordnungsgemäß erstattet zu haben. Diese Gefahr der gebundenen Entscheidung soll vermieden werden.

Ein **Gutachten** ist eine Stellungnahme, die kraft besonderer Sachkunde in einer bestimmten Angelegenheit abgegeben wird, gleichgültig, ob es sich um eine Stellungnahme aus rechtlicher, wirtschaftlicher, medizinischer, gesellschaftlicher oder sonstiger Sicht handelt (*Berger*, § 19 Rn. 12 mwN). Zu klären ist, **ab welchem Tätigkeitsumfang** ein Mitwirkungsverbot angenommen werden kann. Ein Vorschlag einer IHK, einen Gutachter einzusetzen, reicht dazu nicht aus. Auch dürfte eine folgenlose Gutachtenanfrage im Sinne einer Ignorierung nicht zu einem Mitwirkungsverbot führen. Denn insoweit verlangt das Gesetz entweder die Abgabe des Gutachtens oder zumindest eine sonstige Tätigkeit. Daher wird man die **materiell-inhaltliche Einarbeitung auch ohne Erstellung eines Gutachtens** unabhängig von dem Grund der Nichterstellung als solche verstehen müssen (*Dietlein* in: Engau/Dietlein/Josten, § 21 Rn. 32; *Biesok*, Sparkassenrecht, Rn. 454). 28

Daher dürfte auch eine schlichte Ablehnung aufgrund einer Gutachtenanfrage, die letztlich nur auf der **Vorprüfung etwaiger Interessenkonflikte** beruht, noch kein Mitwirkungsverbot auslösen (aA *Biesok*, Sparkassenrecht, Rn. 454). Diese ist bei vielen Berufsgruppen Teil der Vorprüfung einer Angelegenheit, noch bevor eine inhaltliche Befassung erfolgt, ferner ist dem Zweck der Vorschrift folgend noch keine inhaltliche Befassung und va keine Festlegung in der Sache erfolgt, so dass der potentielle Interessenwiderstreit noch nicht vorliegt. Schließlich könnte ansonsten eine geschickte Anfrage verbunden mit einer pflicht- und standesgemäßen Ablehnung durch das Organmitglied dazu genutzt werden, Organmitglieder von der Entscheidung „herauszufiltern". 29

Aus den og Erwägungen führt eine Vorbefassung durch ein **Gutachten, das „in öffentlicher Eigenschaft"** abgegeben wird, nicht zum Mitwirkungsverbot. Unstreitig ist, dass allein die Eigenschaft als öffentlich bestellter Sachverständiger nicht ausreicht (*Dietlein* in: Engau/Dietlein/Josten, § 21 Rn. 32; *Biesok*, Sparkassenrecht, Rn. 454). 30

IV. Rechtsfolgen

1. Mitwirkungsverbot

Primäre Rechtsfolge ist laut § 21 Abs. 1 S. 1 SpkG NRW für alle Sparkassenorgane (speziell für die Befangenheit im Verwaltungsrat, → § 16 Rn. 59 ff.) das Verbot, an der Entscheidung unmittelbar oder beratend mitzuwirken. Damit statuiert das Gesetz ein **umfassendes Mitwirkungsverbot** des befangenen Mitglieds; dieses darf nicht abstimmen und **auch nicht an dem** eigentlichen Beschlussverfahren vorausgehenden **Beratungsverfahren** mitwirken. Damit werden alle Vorbereitungshandlungen, interne Abstimmungen und Diskussionen erfasst, die Einfluss auf die Entscheidung haben können. Jegliche Einflussnahme durch das befangene Mitglied muss vermieden werden, auch wenn es sich um Verfahrensfragen handelt, die für die Sachentscheidung maßgeblich sind (*Biesok*, Sparkassenrecht, Rn. 468). 31

Der Gesetzgeber hat bei vergleichbaren Regelungen der befangenen Person aufgegeben, den **Raum zu verlassen**, zB im Kommunalrecht (§ 31 Abs. 4 S. 1 GO 32

NRW), aber auch im Sparkassengesetz selbst in § 16 Abs. 3 S. 5 SpkG NRW für befangene Organmitglieder in Verwaltungsratssitzungen. Daher stellt sich die Frage, ob dies auch **Vorstände in Vorstandssitzungen** erfasst (so wohl die hM, vgl. *Dietlein* in: Engau/Dietlein/Josten, § 21 Rn. 35 aE; *Biesok*, Sparkassenrecht, Rn. 468; *Völter*, 2014, Anm. 5.4.6, S. 115; zu den Vorständen in Verwaltungsratssitzungen → § 16 Rn. 54). Indes führt der Umstand, dass der Gesetzgeber eine Entfernungspflicht bei Befangenheit zwar in der spezifischen Norm für Verwaltungsratssitzungen, diese aber gerade nicht in der allgemeinen Norm für Befangenheit im § 21 SpkG NRW vorgesehen hat, zum gegenteiligen Ergebnis; hätte der Gesetzgeber eine allgemeine Entfernungspflicht anordnen wollen, hätte er die Vorschrift nur in § 16 SpkG NRW statt § 21 SpkG NRW unterbringen können. Dementsprechend ist eher anzunehmen, dass der Gesetzgeber es im Falle von Vorstandsmitgliedern, die ebenfalls im Falle der Befangenheit nicht beratend oder vorbereitend mitwirken dürfen, für nicht nötig empfunden hat, ein Verlassen des Raumes anzuordnen. Aufgrund des kleineren Gremiums, der weniger politischen Besetzung und der Notwendigkeit eines zügigen Informationsflusses innerhalb des Organs erscheint dies nachvollziehbar.

33 Ob Mitwirkungsverbote zu einem **Verbot** führen, **Protokolle einzusehen**, ist fraglich (so *Biesok*, Sparkassenrecht, Rn. 468; kritisch *Dietlein* in: Engau/Dietlein/Josten, § 21 Rn. 35 aE); dagegen spricht, dass die Entscheidungen bereits getroffen sind und eine Beeinflussung der Entscheidung nicht mehr möglich ist, während Organpflichten in Bezug auf diese Entscheidung (Vorstand: Umsetzungspflicht; Verwaltungsrat: Überwachungspflicht), weiterhin bestehen können.

2. Offenlegungspflicht

34 Ferner haben befangene Organmitglieder eine **Offenlegungspflicht**, § 21 Abs. 3 S. 1 SpkG NRW. Von ihnen wird erwartet, den Ausschließungsgrund unaufgefordert anzuzeigen. Voraussetzung ist dabei lediglich, dass sie „annehmen müssen", ausgeschlossen zu sein. Die Vorschrift ist im Zusammenhang mit den aus der Treuepflicht und den besonderen öffentlich-rechtlichen Bindungen resultierenden allgemeinen Verpflichtungen der Organwalter zu sehen. Nicht nur Vorstandsmitgliedern, auch Verwaltungsratsmitgliedern obliegt eine besondere Verantwortung für die von ihnen zu treffenden Entscheidungen; deswegen gewähren ihnen §§ 20 Abs. 1, 15 Abs. 6 SpkG NRW die notwendige Unabhängigkeit gegenüber Einflüssen Dritter. Von ihnen wird erwartet, dass sie sich nicht „drücken", sondern die Verantwortung an- und übernehmen (siehe auch *Engau* in: Engau/Dietlein/Josten, § 16 Anm. 8.2). Demnach reicht ein „**sich befangen fühlen**" nicht aus. Dies ergibt sich aus dem Wortlaut „wer annehmen muss", aber auch aus der vorgenannten Pflichtenbindung des Organwalters.

35 Vom Organmitglied wird folglich eine **selbständige und schnellstmögliche objektive Eigenprüfung der potentiellen Befangenheit** erwartet. Kommt es zu dem Ergebnis, dass es nicht befangen ist, so muss es grundsätzlich an der Willensbildung im Organ mitwirken, auch wenn dies nicht zwingend eine Enthaltung ausschließt (→ § 16 Rn. 43 ff.). Kommt es dagegen zu dem Ergebnis, dass ein oder mehrere Befangenheitsgründe nach § 21 SpkG NRW vorliegen, so ist dies dem Gremium möglichst früh mitzuteilen, damit dies ge- und ggf. überprüft werden kann und möglicherweise Stellvertreter benachrichtigt werden können. Ist aus

II. Verwaltung der Sparkassen § 21

Sicht des Organmitglieds das Vorliegen eines Befangenheitsgrunds fraglich, bestehen dieselben Pflichten; auch dann ist dies möglichst früh offen zu legen, damit dies (ggf. extern gutachterlich) überprüft werden kann (*Dietlein* in: Engau/Dietlein/Josten, § 21 Rn. 37). In diesem Fall handelt es sich entweder ausnahmsweise um einen Grenzfall, der nach § 21 Abs. 3 S. 2 SpkG NRW zu entscheiden ist oder eben um eine Situation mit einer noch offenen Rechtsfrage, die objektiv geklärt werden kann. In beiden Fällen ist das potentiell befangene Mitglied nicht zur Entscheidung berufen. Daher besteht auch eine Offenbarungspflicht, wenn Tatsachen vorliegen, bei denen das „sich selbst nicht befangen fühlende" Organmitglied davon ausgehen muss, dass dies von anderen Organwaltern uU anders beurteilt werden kann. Diese Offenlegungspflicht des betroffenen Organmitglieds schließt eine Offenlegung durch andere Personen nicht aus, Organmitglieder dürften sogar aufgrund ihrer Treuepflicht dazu verpflichtet sein (*Dietlein* in: Engau/Dietlein/Josten, § 21 Rn. 44).

Bei der Offenlegung ist dem Wortlaut folgend der **Ausschließungsgrund** unaufgefordert anzuzeigen", was eine Überprüfbarkeit ermöglichen soll, um ggf. Rechtsirrtümer auszuräumen, so dass der tatsächliche Sachverhalt, der unter § 21 SpkG NRW subsumiert werden soll, zu nennen ist. Zu richten ist die Offenlegung an den Vorsitzenden des Gremiums, da dieser die Sitzungen und die Entscheidungsverfahren leitet, sollte dieser selbst betroffen sein, ist diese an den Stellvertreter zu richten. 36

Etwaige **Rechtsfolgen der Verletzung der Offenlegungspflicht** sind im Gesetz nicht gesondert geregelt; insoweit verbleibt es bei den klassischen denkbaren Folgen von Pflichtverletzungen durch Organe (Abberufung, Schadenersatzpflicht). 37

3. Klärung von „Zweifelsfragen"

Ist zweifelhaft, ob ein Mitwirkungsverbot besteht, entscheidet in Angelegenheiten seiner Mitglieder der Verwaltungsrat, im Übrigen der Verwaltungsratsvorsitzende, § 21 Abs. 3 S. 2 SpkG NRW. Dies klärt zunächst die **Kompetenzen**. Sofern eine einem rechtmäßigen Beschluss zugängliche Zweifelsfrage vorliegt, entscheidet in Bezug auf Verwaltungsratsmitglieder der Verwaltungsrat durch Beschluss, bezogen auf Vorstandsmitglieder der Verwaltungsratsvorsitzende. **Verfahrenstechnisch** ist, wenn tatsächlich eine solche Zweifelsfrage vorliegt, das betroffene Mitglied bei der Entscheidung nach § 21 Abs. 3 S. 2 SpkG NRW selbst befangen. Gegen die Entscheidung gemäß § 21 Abs. 3 S. 2 SpkG NRW kann sich das betroffene Organmitglied prozessual erforderlichenfalls auch durch **Einschaltung staatlicher Gerichte** wehren (zum Rechtsschutz gegen den Verwaltungsratsbeschluss vgl. § 16 VI 4, Rn. 68 ff.; zum Interorganstreit zwischen Vorstand und Verwaltungsrat vgl. *Dietlein* in: Engau/Dietlein/Josten, § 20 Rn. 82 ff.). 38

Das Gesetz klärt indes materiell nicht, wann eine „Zweifelsfrage" vorliegt. Eine **Zweifelsfrage** ist nicht schon dann anzunehmen, wenn sich ein Organmitglied subjektiv befangen fühlt (und nicht an der Entscheidung beteiligt werden will) bzw. umgekehrt sich nicht befangen fühlt (und mitentscheiden möchte). Sofern der Sachverhalt ermittelt und unstreitig ist und es lediglich um die Frage der Rechtsanwendung des § 21 SpkG NRW geht, wird man anhand von entsprechender Literatur und Rechtsprechung, ggf. unter Zuhilfenahme einer externen Beratung, das Auslegungsproblem lösen können. Insofern bedarf es streng genommen keiner 39

Entscheidung nach § 21 Abs. 3 S. 2 SpkG NRW, weil schon kein Zweifelsfall vorliegt. Sofern aus politischen Gründen, ggf. weil der betroffene Organwalter darauf besteht, eine Entscheidung erwünscht bzw. zur Beendigung des internen Konflikts (und ggf. Verlagerung auf staatliche Gerichte) eine solche notwendig ist, darf die Entscheidung nichts anderes beinhalten als das „richtige" Ergebnis. Denn mit § 21 Abs. 3 S. 2 SpkG NRW geht keineswegs die Kompetenz einher, den § 21 SpkG NRW auszuhebeln und befangene Organmitglieder an der Entscheidung mitwirken zu lassen. Letzteres würde die Beanstandungspflicht nach § 17 SpkG NRW auslösen.

40   Eine Zweifelsfrage wird dann gegeben sein, wenn **in tatsächlicher Hinsicht** der Sachverhalt nicht vollständig aufgeklärt werden kann oder wenn **bei der Beantwortung einer Rechtsfrage** unter Berücksichtigung aller Erkenntnisquellen beide Entscheidungen gleichermaßen gut vertretbar sind, weil zB die Situation neu ist, noch nicht entschieden wurde und auch die entsprechende Situation in verwandten Rechtsgebieten noch nicht vorgekommen ist, so dass eine Übertragung von entwickelten Lösungen ausscheidet. Auch wird eine Zweifelsfrage in Betracht kommen, wenn ein Organmitglied die tradierte Rechtsauslegung in ernst zu nehmender Weise in Frage stellt (*Dietlein* in: Engau/Dietlein/Josten, § 21 Rn. 48); allerdings wird man dies nur annehmen können, wenn tatsächlich neue Überlegungen und Argumente vorgebracht werden, die bislang noch keine Berücksichtigung gefunden haben.

4. Verstoß gegen das Mitwirkungsverbot

41   Auch wenn die Folgen von Beschlussmängeln im nordrhein-westfälischen Sparkassenrecht kaum geregelt sind (allgemein zu den Rechtsfolgen von Beschlussmängeln im Verwaltungsrat, → § 16 Rn. 66 ff., zur Befangenheitsproblematik im Verwaltungsrat, → § 16 Rn. 59 ff.), findet sich in § 21 Abs. 4 SpkG NRW eine dem § 31 Abs. 6 GO NRW nachgebildete Vorschrift, die genau den Fall des Verstoßes gegen das Mitwirkungsverbot erfasst und die Unwirksamkeit des Beschlusses oder die Ungültigkeit der Wahl nur dann anordnet, wenn der Verstoß für das Abstimmungsergebnis entscheidend war.

42   Maßgeblich ist die **Ergebnisrelevanz des Verstoßes**. Recht einfach zu klären ist die Frage der Ergebnisrelevanz bei der Mitwirkung an knappen Abstimmungen, bei denen die „verbotene" Stimme das Abstimmungsergebnis rechnerisch verändert, also der verbotswidrig Mitwirkende mathematisch das Zünglein an der Waage ist. In Anbetracht des umfassenden Mitwirkungsverbotes, welches auch von der Beratung und von vorbereitenden Maßnahmen ausschließt, stellt sich die Frage, ob die erfolgreiche Beeinflussung des Gremiums auch im Sinne der Vorschrift ergebnisrelevant ist bzw. sein kann.

43   Richtiger- und konsequenterweise wird man hier auch jenseits der zahlenmäßig messbaren Mehrheitsverhältnisse eine Ergebnisrelevanz annehmen müssen (unentschieden *Dietlein* in: Engau/Dietlein/Josten, § 21 Rn. 56; *Dietlein* in: BeckOK KommunalR NRW, GO NRW § 31 Rn. 53), denn die Idee einer Beratung im Kollegialorgan ist gerade, dass die Wortbeiträge von jedem einzelnen Auswirkung haben können; gerade deshalb erfasst das Mitwirkungsverbot auch die Beratung. Und es entspricht auch der Praxis, dass überzeugende Persönlichkeiten mit einer guten Argumentation eine Gruppendynamik in Gang setzen können, die das Er-

gebnis einer Entscheidung verändert. Schließlich ist methodisch auch zu beachten, dass ansonsten das Verbot der Mitwirkung an der Beratung vollkommen folgenlos wäre. Der Nachweis der Ergebnisrelevanz, der von dem zu führen ist, der sich auf die Unwirksamkeit beruft, ist in der Praxis sehr schwierig, aber nicht unmöglich, wenn der Gang der Verhandlungen in den Organniederschriften entsprechend ausführlich dokumentiert sind. Allerdings ist darauf hinzuweisen, dass die hier vertretene Auffassung von der bislang zum Kommunalrecht ergangenen **Rechtsprechung** abweicht, welche ausschließlich auf die Auswirkung der verbotswidrig abgegebenen Stimme auf die Mehrheitsverhältnisse abstellt und nach der „unerheblich [ist], ob und in welchem Ausmaß die Meinungsäußerungen […] Auswirkungen auf das Abstimmungsergebnis […] gehabt haben." (OVG Münster, Beschl. v. 23.12.1991 – 19 B 3089/91 = NVwZ-RR 1992, 374; OVG Münster, Beschl. v. 10.5.1991 – 19 B 787/91 = NVwZ-RR 1992, 21). Diese führt auch zu einer rechtssicheren Beurteilungsmöglichkeit.

Der Verstoß ist dabei in der offensichtlichen Variante der **verbotswidrigen** 44 **Mitwirkung** denkbar. Im umgekehrten Fall, dass ein Organmitglied rechtswidrig nach § 21 Abs. 3 S. 2 SpkG NRW von der Entscheidung ausgeschlossen worden ist, ist eine analoge Anwendung der Vorschrift auf die unfreiwillige **verbotswidrige Nichtmitwirkung** denkbar, letztlich aber abzulehnen, da eine Ergebnisrelevanz bestenfalls hypothetisch zu ermitteln wäre und dies bereits für den immer potentiell relevanten Ausschluss aus der Beratung gilt. Daher bleibt es hier bei den nicht abgeschwächten „normalen" Regeln für Beschlussmängel, wobei hier – aufgrund der einschneidenden Beschränkung der Organwalterrechte – von einem besonders schwerwiegenden Fehler auszugehen ist, der zur Nichtigkeit des Beschlusses führen sollte (OVG Münster, Urt. v. 4.12.1987 – 10a NE 48/84 = NVwZ-RR 1988, 112 nimmt auch die Nichtigkeit in dieser Konstellation an; so auch *Dietlein* in: Engau/Dietlein/Josten, § 21 Rn. 58). Ebenfalls nicht gleichzusetzen ist die freiwillige und bewusste **Nichtmitwirkung in der fälschlichen Annahme einer eigenen Befangenheit** durch das Organmitglied und zwar selbst dann, wenn dies auf Druck der übrigen Beteiligten erfolgt (VGH Mannheim, Urt. v. 25.4.2007 – 5 S 2243/05, juris Rn. 73; daran anknüpfend VG Trier, Beschl. v. 22.4.2021 – 7 L 1340/21.TR, juris Rn. 15; so auch *Berger*, § 20 Rn. 16).

§ 22 Amtsverschwiegenheit der Organmitglieder

Die Mitglieder der Organe der Sparkasse sind zur Amtsverschwiegenheit über den Geschäftsverkehr und die sonstigen vertraulichen Angelegenheiten der Sparkasse verpflichtet. Sie dürfen die bei ihrer Amtstätigkeit erworbene Kenntnis vertraulicher Angelegenheiten nicht unbefugt verwerten. Diese Verpflichtung bleibt auch nach dem Ausscheiden aus dem Organ bestehen.

Literatur: *Aus der Fünten*, der Verwaltungsrat der Sparkasse, 1. Aufl. 1969; *Bohnert*, Der beschuldigte Amtsträger zwischen Aussagefreiheit und Verschwiegenheitspflicht, NStZ 2004, 301; *Bracht*, Der Anspruch von Rats- und Kreistagsmitgliedern auf Auskunft über die kommunale GmbH, AG und Sparkasse, NVwZ 2016, 108 ; *Dietlein/Heusch* (Hrsg.), Beck Online Kommentar Kommunalrecht Nordrhein-Westfalen, 20. Edition, Stand: 1.6.2022; *Engau/Dietlein/Josten*, Sparkassengesetz Nordrhein-Westfalen, 3. Aufl., 8. Lieferung, Stand: 12/2020; *Fischer*, Informationsrechte des Verwaltungsrats und Vertraulichkeitsgebot bei Sparkassen, ZIP 2004, 2169; *Fuhl-*

rott/Hiéramente (Hrsg.), Beck Online-Kommentar GeschGehG, 11. Ed., Stand: 15.3.2022; *Goette/Habersack/Kalss* (Hrsg.), Münchener Kommentar zum Aktiengesetz, 5. Aufl. 2019; *Hannich*, Karlsruher Kommentar zur Strafprozessordnung, 8. Aufl. 2019; *Held/Becker/Decker/ua*, Praxis der Kommunalverwaltung, Gemeindeordnung für das Land Nordrhein-Westfalen (GO NRW) – Kommentar, 18. Fassung 2021; *Hennsler* (Gesamt-Hrsg), Spindler/Stilz (Hrsg.), Beck online Grosskommentar zum Aktienrecht, Berarbeitungsstand 1.2.2022; *Hölters/Weber* (Hrsg.), Aktiengesetz-Kommentar, 4. Aufl. 2022; *Koch*, Aktiengesetz, 16. Aufl. 2022; *Köhler/Bornkamm/Federsen/Alexander*, Gesetz gegen den unlauteren Wettbewerb, 40. Aufl. 2022; *Lutter*, Information und Vertraulichkeit im Aufsichtsrat, 3. Aufl. 2006; *Säcker*, Aktuelle Probleme der Verschwiegenheitspflicht der Aufsichtsratsmitglieder, NJW 1986, 803; *Schmidt*, Wissen für Verwaltungsräte, 8. Aufl. 2002; *Schwintowski*, Verschwiegenheitspflicht für politisch legitimierte Mitglieder des Aufsichtsrats, NJW 1990, 1009; *Vorwerk/Wolf* (Hrsg.), Beck Online Kommentar ZPO, 45. Edition, Stand: 1.7.2022

Übersicht

	Rn.		Rn.
I. Inhalt, Zweck, Rechtsnatur der Norm und Konkurrenzen	1	a) Vertrauliche Angelegenheit	13
II. Anwendungsbereich der Amtsverschwiegenheit	4	b) Kenntniserlangung mit Amtsbezug	21
1. Persönlicher und zeitlicher Anwendungsbereich	4	4. Grenzen, Ausnahmen und Befreiungen	24
2. Verlautbarungsempfänger, „Doppelmandat" und sparkasseninterne Reichweite	7	III. Verbot unbefugter Verwertung, § 22 S. 2 SpkG NRW	27
3. Sachlicher Anwendungsbereich: Inhalt und Umfang der Amtsverschwiegenheit	13	IV. Rechtsfolgen	30

I. Inhalt, Zweck, Rechtsnatur der Norm und Konkurrenzen

1 § 22 SpkG NRW verpflichtet die Organe der Sparkassen sowie auch die ehemaligen Organmitglieder, die **Vertraulichkeit** in Bezug auf den **Geschäftsverkehr und alle sonstigen vertraulichen Angelegenheiten der Sparkasse** zu wahren. Die Norm verfolgt zwei miteinander verbundene Zwecke: die **Sicherstellung einer ungestörten und geordneten Aufgabenwahrnehmung** durch die Sparkasse und deren Organe, insbesondere im Hinblick auf eine ungestörte interne Willensbildung einerseits und **Schutz der vom Kunden an die Sparkasse anvertrauten Informationen** andererseits. Denn die Gefahr, dass die wirtschaftlichen Verhältnisse von Kunden zum Gegenstand von Familien-, Stammtisch oder Fraktionsgesprächen werden könnten, würde Kunden von den Sparkassen fernhalten (*Schmidt*, 2002, Anm. 4.6, S. 164 f.).

2 Die Verschwiegenheitspflicht aus § 22 SpkG NRW tritt neben das allgemeine Bankgeheimnis und die Verpflichtungen aus datenschutzrechtlichen Bestimmungen. Sie ist **öffentlich-rechtlicher Natur** und folgt aus der Einordnung der Organmitgliedschaft als öffentliches Amt sowie der Sparkassen als Teil der öffentlichen Verwaltung im materiellen Sinne (*Dietlein* in: Engau/Dietlein/Josten, § 22 Rn. 1; *Berger*, § 15 Rn. 1). Daher rührt auch der noch immer beibehaltene Name der Amtsverschwiegenheitspflicht; in der Sache ist aber die **Pflichten- und Treuebeziehung des Organs** die Quelle der Verpflichtung des Organmitglieds (*Lutter*, Pflichten/Haftung von Spk-Organen, S. 49 u. 121 f.; so auch *Völter*, 2014, Anm. 5.5.1, S. 120 sowie *Biesok*, SpkG-Kommentar, Rn. 547, S. 207), inso-

II. Verwaltung der Sparkassen **§ 22**

weit entspricht die Norm dem Regelungsbereich der §§ 116 S. 2, 93 Abs. 1 S. 3 AktG.

Die Vorschrift ist **lex specialis zu dem allgemeinen Schutz vor Geschäftsgeheimnissen**, welcher zuvor insbesondere über die §§ 17–19 UWG aF, einige Strafvorschriften (vgl. §§ 201 ff. StGB), deliktische Generalklauseln (insbes. § 3 UWG, §§ 823 Abs. 2, 826, 1004 BGB) geregelt war und nach Umsetzung der „Geheimnisschutzrichtlinie" (RL (EU) 2016/943) seit 2019 im „Gesetz zum Schutz von Geschäftsgeheimnissen" (GeschGehG) seinen Niederschlag gefunden hat. Auch wenn das GeschGehG punktuell bei Auslegungsfragen hinzugezogen werden kann, ist das § 22 SpkG NRW sowohl materiell Spezialnorm als auch aufgrund von § 1 Abs. 2 GeschG vorrangig anzuwenden („Öffentlich-rechtliche Vorschriften zur Geheimhaltung, Erlangung, Nutzung oder Offenlegung von Geschäftsgeheimnissen gehen vor."). Entsprechend der Gesetzesbegründung sind entsprechende öffentlich-rechtliche Vorschriften vorrangig anzuwenden, da das Gesetz die Rechtsfolgen zwischen Privaten, nicht aber das Verhältnis zwischen Privaten und öffentlichen Stellen regelt (vgl. Gesetzesbegründung, BT-Drs. 19/4724, S. 23). Nicht anzuwenden ist das GeschGehG daher – wie im Falle des §§ 22, 23 Abs. 3 SpkG NRW – beispielsweise auf öffentlich-rechtliche Vorschriften zur Geheimhaltung von Geschäftsgeheimnissen oder Verschwiegenheitspflichten für Angehörige des öffentlichen Dienstes (Köhler/Bornkamm/Feddersen/*Alexander*, GeschGehG § 1 Rn. 29). Dies gilt auch dann, wenn in diesen Vorschriften eine andere Definition des Geschäftsgeheimnisses zugrunde gelegt wird (*Hiéramente* in: BeckOK GeschGehG, § 1 Rn. 8). 3

II. Anwendungsbereich der Amtsverschwiegenheit

1. Persönlicher und zeitlicher Anwendungsbereich

Verpflichtet werden durch § 22 S. 1 SpkG NRW zunächst die aktuellen **Organmitglieder der Sparkassen**. Erfasst werden somit gem. § 9 SpkG NRW die Mitglieder des Verwaltungsrates und des Vorstands. Einigkeit besteht zudem darüber, dass auch die stellvertretenen Mitglieder und Verhinderungsvertreter erfasst werden (*Dietlein* in: Engau/Dietlein/Josten, § 22 Rn. 11). Auch Mitglieder iSv § 10 Abs. 4 S. 1 SpkG NRW, die lediglich eine beratende Funktion im Verwaltungsrat haben, unterliegen der Amtsverschwiegenheitspflicht (OVG Münster, Urt. v. 17.11.2020 – 15 A 3460/18, juris Rn. 127). 4

Der ratio legis folgend erweitert § 22 S. 3 SpkG NRW die Verpflichtung in zeitlicher Hinsicht (analog wie beim § 30 Abs. 1 S. 1 GO NRW; dazu vgl. *Thiel* in: BeckOK KommunalR NRW, GO NRW § 30 Rn. 9) **auch auf die Zeit nach dem Ausscheiden** aus dem betreffenden Organ. Eine zeitliche Grenze enthält das Gesetz hierbei nicht; eine solche kann sich allenfalls daraus ergeben, dass eine ursprünglich der Verschwiegenheitspflicht unterliegende Tatsache aus materiellen Gründen mittlerweile ausnahmsweise mitgeteilt werden kann. 5

Über § 23 Abs. 3 SpkG NRW findet die Verschwiegenheitsverpflichtung auch Anwendung auf die **Arbeitnehmer (Dienstkräfte)** der Sparkassen (→ § 23). Im Übrigen verpflichtet auch § 3 Abs. 1 TVöD-S alle Arbeitnehmer der Sparkasse genauso wie alle Beschäftigten im öffentlichen Dienst zu Verschwiegenheit in allen Angelegenheiten, deren Geheimhaltung durch gesetzliche Vorschriften vorgesehen oder vom Arbeitgeber angeordnet ist. 6

2. Verlautbarungsempfänger, „Doppelmandat" und sparkasseninterne Reichweite

7   Die Verschwiegenheitspflicht gilt **gegenüber Jedermann** und damit grundsätzlich sowohl gegenüber Privaten als auch gegenüber staatlichen Institutionen. Lediglich im Einzelfall kommt eine Ausnahme etwa in gerichtlichen Verfahren in Betracht (→ Rn. 24 ff.). § 22 SpkG NRW differenziert im Übrigen nicht zwischen Externen und Internen. Damit ist auch die „hausinterne" Weitergabe vertraulicher Informationen verboten, soweit diese Dienstkräfte, Organe oder Organmitglieder nicht zur Entgegennahme legitimiert sind (*Dietlein* in: Engau/Dietlein/Josten, § 22 Rn. 21).

8   Die **Kommunalvertreter** im Verwaltungsrat sind aufgrund von § 12 Abs. 1 SpkG NRW in der Regel „sachkundige Bürger, die der Vertretung des Trägers, angehören können". In der Praxis werden es regelmäßig Stadträte, also Kommunalpolitiker, sein. Diese sind folglich zugleich Mitglieder der Vertretung des Trägers und ihren Fraktionen und den Bürgern des Wahlkreises besonders verbunden (*Fischer*, ZIP 2004, 2169, 2175) – und nicht zuletzt verpflichtet (vgl. etwa § 43 Abs. 1 GO NRW). Gerade die bürgerschaftliche Mitwirkung in den Organen der Sparkasse wird dabei als Gefahr für Bank- und Geschäftsgeheimnisse erkannt (*Schmidt*, 2002, S. 128). Entsprechendes gilt für **Arbeitnehmervertreter**. Diese anderweitigen Einbindungen und Pflichten (Kommunalpolitik, Arbeitnehmervertretung) werden dabei als Problem angesehen (zur Problematik bei den in den Rechtsformen des Privatrechts betriebenen öffentlichen Unternehmen vgl. *Schwintowski*, NJW 1990, 1009, 1011).

9   Diesen anderweitigen Einbindungen begegnet das Gesetz für Sparkassen gerade damit, dass es jedes Verwaltungsratsmitglied **von anderweitigen Bindungen schützt und freistellt**, in dem es in § 15 Abs. 6 SpkG NRW bestimmt, dass diese ausschließlich nach ihrer „freien, nur durch die Rücksicht auf das öffentliche Wohl und die Aufgaben der Sparkasse bestimmten Überzeugung" handeln sollen und gerade von jeglichen Weisungen frei sind. Sie sind mithin **in ihrer Funktion ausschließlich Organwalter der Sparkasse und nicht Interessenvertreter der Institution**, der sie angehören. Insoweit erfolgt sparkassenrechtlich eine **partielle Abkopplung der ggf. bestehenden Verpflichtungen gegenüber sonstigen Institutionen** (Träger, Parteien, Fraktionen, Personalrat, Mitarbeitern); das Spannungsverhältnis der unterschiedlichen Interessenlagen löst § 15 Abs. 6 SpkG NRW zugunsten der Sparkassenbelange im Sinne eines öffentlich-rechtlichen Treue- und Pflichtenverhältnisses.

10 Die Verschwiegenheitsverpflichtung gilt auch **gegenüber dem Träger** (OVG Münster, Urt. v. 17.11.2020 – 15 A 3460/18, juris Rn. 123 mwN; *Aus der Fünten*, 1969, S. 205 mWN; *Fischer*, ZIP 2004, 2169, 2175). Bei ihrer Tätigkeit sind die Mitglieder des Verwaltungsrats Weisungen des Hauptorgans des Gewährträgers nämlich nicht unterworfen; dies ergibt sich aus der weitgehenden Trennung zwischen Sparkassenrecht und Kommunalrecht (VGH BW, Urt. v. 25.9.1989, 1 S 3239/88 = NVwZ-RR 1990, 320, bestätigt durch BVerwG, Beschl. v. 20.12.1989, 7 B 181/89 = WM 1990, 1018; zustimmend *Fischer*, ZIP 2004, 2169, 2175; s. auch *Dietlein* in: Engau/Dietlein/Josten, § 22 Rn. 11 mwN). Neben dieser persönlichen „Entscheidungsfreiheit", dem Wortlaut der Vorschrift und der rechtlichen Verselbständigung der Sparkassen von ihren Trägern lässt sich auch aus § 24 Abs. 4 Satz 1

II. Verwaltung der Sparkassen § 22

SpkG NRW ableiten, dass im Übrigen die Verschwiegenheitspflicht auch gegenüber dem Träger gelten soll: Danach legt der Verwaltungsrat der Trägervertretung lediglich den Jahresabschluss mit Bestätigungsvermerk des Sparkassen- und Giroverbandes sowie den Lagebericht vor (OVG Münster, Urt. v. 17.11.2020 – 15 A 3460/18, juris Rn. 125).

Potentielle Interessenkonflikte (zB Thesaurierungsinteresse der Sparkasse zur Stärkung ihres Kernkapitals vs. Gewinnausschüttungsinteresse der Gemeinde zur Haushaltskonsolidierung) sind damit vom Gesetzgeber **durch den Vorrang des Sparkassenrechts gelöst**. Insoweit sind die §§ 15 Abs. 6, 22 SpkG NRW vorrangig. Dies ergibt sich zum einen aus der Spezialregelung (Grundsatz lex specialis derogat legi generali), aber auch aufgrund von § 107 Abs. 7 GO NRW, der insoweit den Anwendungsbereich des § 113 Abs. 1 GO NRW, wonach die städtischen Vertreter in Aufsichtsräten oder entsprechenden Organen von Unternehmen, an denen die Gemeinde beteiligt ist, die Interessen der Gemeinde zu verfolgen haben und an die Beschlüsse des Rates gebunden sind, zugunsten der vorgenannten spezialgesetzlichen Sparkassenregelungen einschränkt. Dementsprechend kann bei einem „Doppelmandat" grundsätzlich keine dem Träger gegenüber bestehende Verpflichtung die Verletzung der Amtsverschwiegenheit rechtfertigen. 11

Die **Amtsverschwiegenheit gilt auch sparkassenintern für Organmitglieder zu Beschäftigten** der Sparkasse, sofern letztere nicht selbst Mitglieder des Organs sind – obwohl diese ebenfalls der Schweigepflicht unterliegen; auch für die Beschäftigtenvertreter besteht insoweit eine Schweigepflicht gegenüber der Betriebsöffentlichkeit, selbst bei bestehendem Informationsanspruch des Personalrats. Diese folgt der ratio legis, im Rahmen der organinternen Willensbildung auch sensible Themen, wie zB Arbeitsplatzmaßnahmen oder Zweigstellenschließungen frühzeitig und offen vertraulich diskutieren zu können. Ferner ist bei bestehendem Informationsanspruch des Personalrats das Organ Vorstand für die Informationsweitergabe und die damit einhergehenden Entscheidungen zuständig und nicht der Verwaltungsrat, geschweige denn ein einzelnes Mitglied des Verwaltungsrates. 12

3. Sachlicher Anwendungsbereich: Inhalt und Umfang der Amtsverschwiegenheit

a) Vertrauliche Angelegenheit

Die Verschwiegenheitspflicht erfasst dem Wortlaut der Norm nach sowohl **Angelegenheiten des „Geschäftsverkehrs"** sowie **„sonstige vertrauliche Angelegenheiten der Sparkasse"**. Der Tatbestand der „sonstigen vertraulichen Angelegenheiten" hat erst 1994 Eingang in das Gesetz gefunden (Gesetz v. 8.3.1993, GV. NRW S. 92, 95), da der Gesetzgeber davon ausging, dass sich die Verschwiegenheitspflicht bei wörtlicher Auslegung lediglich auf den Geschäftsverkehr der Sparkassen beziehen würde und damit im Wesentlichen das Bankgeheimnis betreffen würde, nicht aber Betriebs- und Personalgeheimnisse der Sparkasse, die indes einen ebenso großen Schutz verdienen würden; diese seien zwar ggf. aus „allgemeinen, dem Sparkassenrecht übergeordneten Rechtsgedanken" ebenfalls geschützt, eine konkrete Norm, die dieses vom Wortlaut her erfasse, fehle jedoch (Gesetzesentwurf der Landesregierung v. 27.9.1993, LT-Drs. 11/6047, S. 68). Mit diesen Umschreibungen grenzt das Gesetz in materieller Hinsicht – ähnlich wie § 2 Nr. 1 lit. a) GeschGehG – schützenswerte von offenkundigen bzw. allgemein- 13

§ 22   A. Sparkassen

bekannten Angelegenheiten ab; Abgrenzungskriterium ist dabei die **Vertraulichkeit der Angelegenheit**.

14 Der **Geschäftsverkehr** ist dabei per se nach dem Wortlaut der Norm eine vertrauliche Angelegenheit. Der Begriff ist – ungeachtet seiner Erwähnung in § 2 Abs. 3 SpkG NRW – nicht legal definiert und ist auf den **außerbetrieblichen Geschäftsverkehr** zugeschnitten (anders *Dietlein* in: Engau/Dietlein/Josten, § 22 Rn. 13, der auch den innerbetrieblichen Geschäftsverkehr einschließt). Unter diesem Begriff sind alle Rechtsgeschäfte der Sparkasse zu verstehen, die diese mit Dritten tätigt, so dass sich der Begriff des Geschäftsverkehrs weitestgehend mit dem des Bankgeheimnisses deckt (*Rothe*, § 21 Anm. 2, S. 190 f.). Erfasst sind die gesamten Verhältnisse der Kunden, die im Laufe der Geschäftsverbindung zur Kenntnis der Sparkasse gelangen (insbes. Vermögensverhältnisse, Auskünfte über die Bonität, etc). Daneben sind aber auch geschäftliche Beziehungen zu Dritten erfasst, ohne Rücksicht darauf, ob es sich um Kunden handelt. Daher fallen auch Geschäftsbeziehungen zu anderen Kreditinstituten oder Lieferanten unter dieses Tatbestandsmerkmal (*Berger*, § 15 Rn. 3; *Klüpfel/Gaberdiel/Höppel/Ebinger*, § 19 Erl. III zu Abs. 3, S. 189; *Dietlein* in: Engau/Dietlein/Josten, § 22 Rn. 13).

15 In Anbetracht der og Gesetzesbegründung bei der Einführung des Tatbestands der „sonstigen vertraulichen Angelegenheiten" fällt der **innerbetriebliche Geschäftsverkehr** nicht unter den Begriff des Geschäftsverkehrs. Zum einen erfordert der Begriff Geschäftsverkehr rechtsgeschäftliches Handeln (so auch *Rothe*, § 21 Anm. 2, S. 190 f.), so dass bereits viele innerbetriebliche Vorgänge aus diesem Grund nicht erfasst sein werden. Zum anderen hat der Gesetzgeber gerade das Tatbestandsmerkmal der „sonstigen vertraulichen Angelegenheiten" aufgenommen, um Betriebs- und Personalgeheimnisse der Sparkasse, also gerade den innerbetrieblichen Geschäftsverkehr zu schützen.

16 Der Begriff der **sonstigen vertraulichen Angelegenheiten** erfasst auch weitere Ereignisse, Handlungen und Themen, die dem Aufgabenbereich der Sparkasse und ihrer Organe zuzuordnen sind, insbesondere ist der innerbetriebliche Geschäftsverkehr wie zB Betriebs- und Personalgeheimnisse hiervon erfasst. Damit sind auch Geschäftsgeheimnisse der Sparkasse wie übliche Einzelheiten der Geschäfts- und Produktentwicklung, geschäftspolitische Strategien, Vertragsgestaltungen und vergangene, aktuelle sowie künftige Geschäftspraktiken, sowie alle Personalangelegenheiten inklusive dem Personalbudget, der Personalplanung und -entwicklung von der Amtsverschwiegenheitspflicht umfasst (*Berger*, § 15 Rn. 3; *Dietlein* in: Engau/Dietlein/Josten, § 22 Rn. 15).

17 Nicht alle dem Aufgabenbereich der Sparkasse und ihrer Organe zuzuordnende Angelegenheiten sind indes „vertraulich", sondern nur wenn ein – objektiv zu bestimmendes – **nachvollziehbares berechtigtes Interesse der Sparkasse an der Geheimhaltung der Angelegenheit** besteht (so auch *Berger*, § 15 Rn. 3 f.).

18 Entscheidend ist also nicht der Wunsch der Geschäftsführung nach Geheimhaltung, sondern eine Betrachtungsweise, die sich an dem orientiert, „was bei vernünftiger und sachkundiger Unternehmensführung **im Interesse der Gesellschaft [hier Sparkasse]**, also im Hinblick auf ihren Nutzen und ihr Ansehen jetzt (noch) **unbekannt bleiben sollte**" (*Lutter*, Information und Vertraulichkeit, Rn. 452, S. 171; *Schwintowski*, NJW 1990, 1009, 1011). Dieses Interesse manifestiert sich am deutlichsten in der Figur des Schadens, denn nur **wenn der Gesellschaft aus der Verbreitung des Geheimnisses ein Schaden entstehen könnte**, ist

II. Verwaltung der Sparkassen § 22

objektiv Geheimhaltung erforderlich (*Schwintowski*, NJW 1990, 1009, 1011). Dementsprechend sind nur diejenigen Angelegenheiten vertraulich, deren Mitteilung sich für die Gesellschaft nachteilig auswirken kann (*Spindler* in: BeckOGK AktG, § 116 Rn. 120).

19 Dies betrifft denklogisch nur – zumindest – **relativ unbekannte Tatsachen**, deren Bekanntgabe zu einem Schaden bei der Sparkasse führen kann (*Lutter*, Pflichten/Haftung von Spk-Organen, S. 122; *Lutter*, Information und Vertraulichkeit, Rn. 453, S. 172 mwN; *Säcker*, NJW 1986, 803, 805; *Klüpfel/Gaberdiel/Höppel/Ebinger*, § 19 Erl. III zu Absatz 3, S. 189). Der Begriff Tatsache bezieht sich demgemäß dem Sinn und Zweck des Geheimnisschutzes entsprechend nicht nur auf klassische Betriebs- und Geschäftsgeheimnisse, sondern auf alle Äußerungen, deren Bekanntwerden dem Unternehmen schaden könnte (*Schwintowski*, NJW 1990, 1009, 1011). Der Personenkreis, dem die Tatsache bekannt ist, muss dabei demnach (noch) begrenzt sein (*Säcker*, NJW 1986, 803, 805; *Völter*, 2014, Anm. 5.5.1, S. 121); letzteres ist nicht der Fall, wenn die Tatsache allgemein bekannt ist und/oder in allgemein zugänglichen Quellen nachzuschlagen ist (*Völter*, 2014, Anm. 5.5.1, S. 121). Die Verschwiegenheitspflicht kann nur verletzt werden, wenn durch die Informationsweitergabe der Kreis der bislang eingeweihten Personen erweitert wird; sofern der Verlautbarungsempfänger bereits Kenntnis der Tatsache hat, ist eine Verletzung der Verschwiegenheitspflicht ausgeschlossen.

20 Nicht vertraulich sind demnach sog **offenkundige Tatsachen**, diese werden demnach auch von der Verschwiegenheitspflicht nicht erfasst. Offenkundig sind Tatsachen, wenn sie allgemeinkundig sind, also von einer beliebigen Zahl von Personen ohne besondere Sachkunde jederzeit wahrgenommen werden können, sei es unmittelbar, sei es durch Zugriff auf allgemein zugängliche, zuverlässige Quellen (*Bacher* in: BeckOK ZPO, § 291 Rn. 3; *Biesok*, SpkG-Kommentar, § 23 Rn. 561; *Klüpfel/Gaberdiel/Höppel/Ebinger*, § 19 Erl. III zu Abs. 3, S. 189). Wird eine vertraulich zu haltende Angelegenheit ohne Zutun des betroffenen Verpflichteten öffentlich bekannt, endet damit auch seine Schweigepflicht (*Lutter*, Pflichten/Haftung von Spk-Organen, S. 49 u. 121 f.; OVG Münster, Beschl. v. 7.4.2011 – 15 A 441/11, juris Rn. 16). Denn was bewusst jedermann offenbart wird, ist kein Geheimnis mehr (BGH, Urt. v. 5.6.1975 – II ZR 156/73 = BGHZ 64, 325).

b) Kenntniserlangung mit Amtsbezug

21 Allerdings greift die Pflicht nur in Bezug auf „**bei der Amtstätigkeit erworbene Kenntnisse**" (*Biesok*, SpkG-Kommentar, § 23 Rn. 548 u. 561). Die Schweigepflicht erstreckt sich ebenso wie die aus §§ 116 S. 2, 93 Abs 1 S. 2 AktG nur auf Angelegenheiten, die einem Organmitglied durch seine Tätigkeit als Organmitglied bekannt geworden sind; ausreichend ist dabei, dass dabei eine vertrauliche Angelegenheit im Hinblick auf die Tätigkeit als Verwaltungsratsmitglied bzw. Vorstandsmitglied erfahren wurde (also nicht zwingend durch unmittelbare eigene „operative" Tätigkeit im Organ) (*Spindler* in: BeckOGK AktG, § 116 Rn. 122 mwN).

22 Dieses **einschränkende Tatbestandsmerkmal** folgt bereits aus dem Wortlaut von § 22 S. 2 SpkG NRW, der ungeachtet seiner Verortung **nicht auf den Sonderfall der unbefugten Verwertung limitiert** (§ 22 S. 2 SpkG NRW) ist. Denn die Vorschrift soll von ihrem Zweck her (→ Rn. 1) gerade dem Umstand begegnen, dass Organmitglieder aufgrund ihrer sparkasseninternen Tätigkeit an Informationen gelangen, an die sie ansonsten nicht gelangen würden. Bei Missbrauch die-

ser Informationen besteht eine Gefahr für die vertrauliche interne Zusammenarbeit des Organs, weil zur Missbrauchsvermeidung entweder eine Nichtinformation des Organmitglieds oder eine Nichtbefassung des Gesamtorgans mit der Angelegenheit droht. Die Situation ist indes anders gelagert, wenn das Organmitglied die Information aus anderen Quellen erfahren hat. Erschütterung des allgemeinen Kundenvertrauens im Hinblick auf den „Missbrauch der kundenseitig der Sparkasse anvertrauten Informationen" ist bei Erlangung anderweitiger Kenntnis nicht zwingend im gleichen Umfang gegeben. Auch überzeugt das von *Dietlein* vorgebrachte systematische Argument (Verortung in S. 2 und nicht in S. 1, welcher nicht nach dem Bezug zur Amtstätigkeit differenziert; *Dietlein* in: Engau/Dietlein/Josten, § 22 Rn. 18) nicht. Denn ungeachtet des verwendeten Singulars in § 22 S. 3 SpkG NRW besteht sowohl eine „nachorganschaftliche" Verschwiegenheitsverpflichtung als auch ein Verwertungsverbot, insoweit ist der missglückte Wortlaut bzw. die missglückte Systematik des Gesetzes unbeachtlich.

23 Daher bezieht sich die Schweigepflicht aus § 22 SpkG NRW nicht auf solche **Angelegenheiten**, die einem Organmitglied **ohne jeden Zusammenhang mit seiner Amtstätigkeit** zur Kenntnis gelangt sind (reine Privatangelegenheiten). Allerdings kann sich im Einzelfall aus der allgemeinen Treuepflicht auch über solche Angelegenheiten eine Schweigepflicht ergeben (*Spindler* in: BeckOGK AktG, § 116 Rn. 122). Dies allein rechtfertigt aber keine pauschale Schweigepflicht für alle Fälle.

4. Grenzen, Ausnahmen und Befreiungen

24 Keine Verletzung der Verschwiegenheitspflicht stellt eine **Weitergabe von Informationen durch das Kollegialorgan Vorstand an den Verwaltungsrat** dar, da letzterer andernfalls seine Kontrollfunktion nicht ausüben könnte. Ebenso wie im Rahmen eines aufsichtsrechtlichen Auskunftsersuchens sind hier jedoch nicht einzelne Organmitglieder betroffen. Genauso wenig führt eine **Weitergabe von Informationen an andere Organmitglieder** zur Verletzung der Amtsverschwiegenheit, da insoweit alle Organmitglieder in gleicher Weise zur Informationsentgegennahme berechtigt und in gleichem Umfang zur Verschwiegenheit verpflichtet sind.

25 Eine Weitergabe vertraulicher Angelegenheiten stellt zudem dann keinen Verstoß dar, wenn eine **gesetzliche Ermächtigungsgrundlage** dies erlaubt (*Rothe*, § 21 Anm. 5, S. 192). Dazu gehören allerdings nicht § 55 Abs. 1 S. 2 GO NRW bzw. § 26 Abs. 4 S. 1 KreisO NRW, da diese Normen nur den Auskunftsanspruch des Rats- bzw. Kreistagsmitglieds gegenüber der Verwaltungsleitung der Kommune regeln, nicht aber die Befugnis zur Weitergabe von Informationen im Innenverhältnis zwischen der Sparkasse und der Kommune (*Bracht*, NVwZ 2016, 108, 112).

26 Anders als § 30 GO NRW sieht § 22 SpkG NRW **keine eigenständige Regelung im Hinblick auf eine etwaige Aussagegenehmigung** vor, wenn ein Organmitglied als Zeuge, Partei oder Beschuldigter in einem staatlichen Verfahren aussagen soll (zB staatsanwaltschaftliches Ermittlungsverfahren, gerichtliches, Strafverfahren, gerichtliches Zivilverfahren, etc). Insoweit ist zu unterscheiden, um welches Verfahren es sich handelt und welche Rolle dem Organmitglied dort zuteil wird. Für die Einzelheiten → § 23 Rn. 28 ff.; die dortigen Ausführungen zu den Dienstkräften der Sparkasse können auf Organmitglieder übertragen werden.

III. Verbot unbefugter Verwertung, § 22 S. 2 SpkG NRW

Relativ wenig Beachtung im bisherigen Schrifttum zu § 22 SpkG NRW hat § 22 S. 2 SpkG NRW gefunden. Diese Regelung erweitert das Verbot auf die unbefugte Verwendung von bei Amtstätigkeit erworbener Kenntnis vertraulicher Angelegenheiten durch die genannten Organmitglieder. „Befugt" ist die Verwendung der der Amtsverschwiegenheit unterfallenden Angelegenheiten nur im Rahmen der Organfunktion für die Sparkasse, jede weitere „Verwertung" ist demnach „unbefugt", mithin unzulässig (so auch *Biesok*, SpkG-Kommentar, Rn. 568). Die Reichweite dieser Norm erschließt sich über die gleichlautende Regelung in § 30 Abs. 1 S. 3 GO NRW. Danach dient sie der **Vermeidung sog „Insidergeschäfte"** zur Schaffung persönlicher Vorteile. Die Norm soll danach verhindern, dass sich ein Organmitglied, ohne die Pflicht zur Verschwiegenheit zu verletzen, persönliche Vorteile aus der Kenntnis von dienstlichen, vertraulichen Angelegenheiten verschafft (zur Parallelvorschrift des § 30 Abs. 1 S. 3 GO NRW, vgl. *Wansleben* in: PdK NW B-1, GO NRW § 30 Anm. 2). 27

Eine Verwertung stellt **auch die Weitergabe von Informationen an Dritte** dar, die sie ihrerseits (für eigene Zwecke) verwenden (OVG Münster, Beschl. v. 7.4.2011 – 15 A 441/11 = NWVBl. 2011, 346); hierin liegt (zugleich) ein Verstoß gegen die Verschwiegenheitspflicht. Das Verwertungsverbot nach S. 3 gilt aber auch ohne eigentlichen Geheimhaltungsverstoß (*Thiel* in: BeckOK KommunalR NRW, GO NRW § 30 Rn. 10), daher dürfte es sich dogmatisch um eine separate Unterlassungsverpflichtung und nicht um einen Unterfall der Verschwiegenheitspflicht handeln (aA *Dietlein* in: Engau/Dietlein/Josten, § 22 Rn. 33, sowie *Biesok*, SpkG-Kommentar, Rn. 550, die die anderweitige Verwertung als Verstoß gegen die Amtsverschwiegenheit werten). 28

Das Verwertungsverbot bezieht sich auch hier nur auf „**bei der Amtstätigkeit erworbene Kenntnisse**"; neben dem Wortlaut der Norm sprechen auch die bereits erwähnten (→ Rn. 21 ff.) insbes. teleologischen Gründe für diese Auslegung (aA *Dietlein* in: Engau/Dietlein/Josten, § 22 Rn. 33). Auch das **Verbot der unbefugten Verwertung bleibt** genauso wie die Verschwiegenheitspflicht **nach dem Ausscheiden aus dem Organ bestehen**, § 22 S. 3 SpkG NRW (→ Rn. 5, 22). 29

IV. Rechtsfolgen

Zwar sieht **§ 22 SpkG NRW selbst keine Sanktion vor** bei einem Verstoß gegen die Amtsverschwiegenheitspflicht oder das Verwertungsverbot. Dennoch können sich aus seiner Verletzung sowohl zivil- als auch strafrechtliche Rechtsfolgen ergeben. Auch sparkassenintern können sich hieraus Rechtsfolgen ergeben. 30

Haftungsrechtliche Folgen können zum einen das Institut selbst treffen (**Schadenersatzansprüche gegen die Sparkasse**), da die Pflichtverletzung des Organmitglieds ihr zugerechnet wird. 31

Innenhaftung des Organmitglieds: Wird die Sparkasse in Haftung genommen, kann diese bei einer vorsätzlichen oder grob fahrlässigen Verletzung der Verschwiegenheitspflicht durch ein Verwaltungsratsmitglied Regress bei diesem nehmen gem. § 15 Abs. 8 SpkG NRW. Vorstandsmitglieder wiederum können von 32 dem Institut gem. § 93 Abs. 2 AktG analog bzw. wegen Verletzung ihrer Pflichten aus dem Dienstverhältnis gem. §§ 280 Abs. 1, 241 Abs. 2 BGB in Anspruch genommen werden (*Lutter*, Pflichten/Haftung von Spk-Organen, S. 123 f.; *Klüpfel/Gaberdiel/Höppel/Ebinger*, § 19 Anm. III zu Absatz 3, Nr. 6, S. 190; *Dietlein* in: Engau/Dietlein/Josten, § 22 Rn. 39). Auch ist eine Innenhaftung außerhalb der Regresssituation denkbar, wenn der Sparkasse ein Vermögensschaden entstanden ist, ohne dass sie selbst in Anspruch genommen worden ist, zB ein beabsichtigter Grundstückskauf publik gemacht wird und sich das Objekt daher für die Sparkasse verteuert (*Engau* in: Engau/Dietlein/Josten, § 15 Anm. 12.2.3).

33 **Außenhaftung des Organmitglieds**: Schließlich kommen auch deliktische Ansprüche in Betracht, da § 22 SpkG NRW als Schutzgesetz im Sinne von § 823 Abs. 2 BGB zu qualifizieren ist, so dass eine Weitergabe von Informationen über die Bonität des Kunden beispielsweise bei Eintreten eines Schadens zu einem Schadensersatzanspruch führen kann (*Biesok*, SpkG-Kommentar, § 23 Rn. 547).

34 Von größerer Bedeutung sind allerdings die **Abberufungsmöglichkeiten** eines einzelnen **Organmitglieds** aus dem Organ. Gem. §§ 13 Abs. 4, 8 Abs. 2 Buchst. h) SpkG NRW hat die Trägervertretung das Recht zur Abberufung eines Verwaltungsratsmitglieds. Hierzu ist allerdings eine gröbliche Verletzung der Verschwiegenheitspflicht erforderlich, dh eine Verletzung von einigem Gewicht. Von dieser kann nur ausgegangen werden, wenn sie geeignet ist, der Sparkasse schwerwiegende Nachteile zu bringen oder das Vertrauen in eine künftige ordnungsgemäße Aufgabenerfüllung des Verwaltungsratsmitglieds zu zerstören oder zumindest schwer zu erschüttern (VG Minden, Urt. v. 31.3.2011 – 2 K 1865/10, juris Rn. 53 ff.). Ähnliche Erwägungen dürften für die Abberufung eines Vorstandsmitglieds nach § 15 Abs. 2 Buchst. a) SpkG NRW gelten (*Dietlein* in: Engau/Dietlein/Josten, § 22 Rn. 38). **Aufsichtsrechtliche Maßnahmen** im Sinne eines **Verlangens der Abberufung** eines Verwaltungsratsmitglieds gem. § 36 Abs. 3 KWG bzw. eines Verlangens der Abberufung eines verantwortlichen Geschäftsleiters nach § 36 Abs. 1 KWG sind denkbar, kommen aber nur bei gravierenden und nachhaltigen Verstößen in Betracht (*Dietlein* in: Engau/Dietlein/Josten, § 22 Rn. 42).

35 Schließlich kann eine Verletzung der Schweigepflicht auch **strafrechtlich** von Bedeutung sein. In Betracht kommen hier sowohl allgemeine Delikte als auch solche Delikte, die an die Amtsträgerschaft anknüpfen. Sowohl die Mitglieder des Verwaltungsrates als auch des Vorstands von Sparkassen sind nach der höchstrichterlichen Rechtsprechung des BGH als Amtsträger zu qualifizieren (BGH, Urt. v. 10.3.1983 – 4 StR 375/82 = BGHSt 31, 264; BGH, Beschl. v. 11.12.2019 – 5 StR 486/19 = NStZ 2020, 271), so dass die verschärften strafrechtlichen Regelungen auf sie Anwendung finden. Hierzu zählen in diesem Zusammenhang etwa § 201 Abs. 3 StGB (Verletzung der Vertraulichkeit des Wortes durch Amtsträger), § 203 Abs. 2, 4 und 5 StGB (Verletzung von Privatgeheimnissen), § 204 StGB (Verwertung fremder Geheimnisse), § 353b Abs. 1 S. 1 Nr. 1 StGB (Verletzung des Dienstgeheimnisses und einer besonderen Geheimhaltungspflicht).

3. Dienstkräfte der Sparkasse

§ 23 Arbeitnehmer, Amtsverschwiegenheit

(1) Die bei der Sparkasse tätigen Arbeitnehmer sind Dienstkräfte der Sparkasse. Der Vorstand entscheidet über ihre Anstellung, Vergütung und Entlassung.

(2) Dienstvorgesetzte der Mitglieder und stellvertretenden Mitglieder des Vorstandes ist die dem Verwaltungsrat vorsitzende Person. Dienstvorgesetzter der übrigen Dienstkräfte der Sparkasse ist der Vorstand.

(3) Die Vorschrift über die Amtsverschwiegenheit nach § 22 gilt für alle Dienstkräfte der Sparkasse entsprechend.

Literatur: *Aus der Fünten*, der Verwaltungsrat der Sparkasse, 1. Aufl. 1969; *Bredemeier/Neffke* (Begr.), TvöD/TV-L – Tarifverträge für den öffentlichen Dienst, Kommentar, 6. Aufl. 2022; *Brinktrine/Schollendorf* (Hrsg.), Beck Online-Kommentar Beamtenrecht Bund, 26. Edition, Stand: 1.5.2022; *Clausen*, Der Einfluß der Gemeinde auf die kommunale Sparkasse, 1. Aufl. 1964; *Eisenberg*, Beweisrecht der StPO, 10. Aufl. 2017; *Ellenberger/Bunte* (Hrsg.) Bankrechts-Handbuch, 6. Aufl. 2022; *Graf* (Hrsg.), Beck online Kommentar Strafprozessordnung, 45. Edition, Stand: 1.10.2022; *Hannich* (Hrsg.), Karlsruher Kommentar zur Strafprozessordnung mit GVG, EGGVG und EMRK, 8. Aufl. 2019; *Herberger/Martinek/Rüßmann/Weth/Würdinger* (Hrsg.), jurisPraxiskommentar BGB, 9. Aufl., Stand: 1.2.2020; *Klein*, Abgabenordnung einschließlich Steuerstrafrecht, 15. Aufl. 2020; *Knauer/Kudlich/Schneider* (Hrsg.), Münchener Kommentar zur StPO, Band 1, 2. Aufl. 2023; *Kudlich* (Hrsg.), Münchener Kommentar zur Strafprozessordnung, Band 1 (§§ 1–150 StPO), 2. Aufl. 2023; *Müller*, Die Verschwiegenheitspflicht im öffentlichen Dienst, öAT 2012, 102; *Rauscher/Krüger* (Hrsg.), Münchener Kommentar zur Zivilprozessordnung mit Gerichtsverfassungsgesetz und Nebengesetzen, Band 2 (§§ 255–945b), 6. Aufl. 2020; *Reich*, Beamtenstatusgesetz, 3. Aufl. 2018; *Rinck/Böhle/Pieper/Geyer* (Hrsg.), Beck Online Kommentar TvöD – Kommentar zum Tarifrecht der Beschäftigten im öffentlichen Dienst im Bereich des Bundes und der VKA, 60. Edition, Stand: 1.3.2022; *Schrapper/Günther*, Landesbeamtengesetz Nordrhein-Westfalen, 3. Aufl. 2021; *Vorwerk/Wolf* (Hrsg.), Beck Online Kommentar ZPO, 45. Edition, Stand: 1.7.2022

Übersicht

	Rn.		Rn.
I. Regelungsinhalt und Ursprung der Norm	1	2. Kumulative tarifvertragliche Verschwiegenheitspflicht	20
II. Dienstkräfte der Sparkassen	3	3. Rechtsfolgen bei Verletzung der Verschwiegenheitspflicht	25
1. Personalhoheit der Sparkassen	3	4. Entbindung von der Verschwiegenheitspflicht	28
2. Beschäftigte der Sparkassen	5	a) Allgemeines	28
a) Personenkreis	5	b) Notwendigkeit einer Aussagegenehmigung	29
b) Anwendbares Öffentliches Dienstrecht	11	c) … in der Situation als Zeuge	33
III. Dienstvorgesetzteneigenschaft	14	d) … in der Situation als Partei	35
1. Sparkassen-Arbeitnehmer	15	e) … in der Situation als Beschuldigter	38
2. Mitglieder des Vorstands und ihre Stellvertreter	18	f) Zeugnisverweigerungsrechte	42
IV. Verschwiegenheitspflicht der Arbeitnehmer	19		
1. Anwendbarkeit der Regelung des § 22 SpkG NRW	19		

§ 23

I. Regelungsinhalt und Ursprung der Norm

1 § 23 SpkG NRW enthält in seinen Absätzen 1 und 3 **Regelungen betreffend die Arbeitnehmer** der Sparkasse; nach Abs. 1 werden sie den Dienstkräften zugeordnet und der Organkompetenz des Vorstandes unterstellt, während Abs. 3 die Anwendung der in § 22 SpkG NRW geregelte Amtsverschwiegenheit auf diese ausdehnt. § 23 Abs. 2 SpkG NRW wiederum ist in dieser Norm ein Fremdkörper, weil sein Anwendungsbereich nicht auf die Arbeitnehmer einer Sparkasse begrenzt ist, sondern auch den Vorstand erfasst. Die Vorschrift regelt dabei die **Dienstvorgesetzteneigenschaft**, die in Bezug auf den Vorstand dem Vorsitzenden des Verwaltungsrates und im Übrigen dem Vorstand zugewiesen ist.

2 Insgesamt sind Aufbau und sprachliche Gestaltung dieser Norm missglückt. Die jetzige Fassung des § 23 SpkG NRW geht zurück auf die **Sparkassenreform vom 16.6.1970** (GV. NRW 1970 S. 482). Die Gesetzesänderung knüpfte an die zuvor erfolgte Verselbständigung der Sparkassen und die ihnen zuerkannte Rechtsfähigkeit an und beabsichtigte die Übertragung der vollen Personalhoheit auf diese. Hintergrund war dabei unter anderem, dass erkannt wurde, dass die Sparkassen bereits zu diesem Zeitpunkt kaum noch hoheitlich tätig waren und eine dem Kreditgeschäft entsprechende personelle Ausstattung erforderte, die von dem Verwaltungsbeamten erheblich abwich. Mit dieser Reform ist zudem der Beamtenstatus sowohl für Vorstände als auch für Bedienstete entfallen (Gesetzesentwurf v. 2.9.1969, LT-Drs. 1466, S. 17 und S. 24). Bis zum damaligen Zeitpunkt hatten Regelungen zur Personalhoheit und Personalwirtschaft aufgrund der engeren Verflechtung mit dem kommunalen Gewährträger ihre eigenständige Bedeutung. Mittlerweile haben sie – auch mit Blick auf die einschlägigen tarifrechtlichen Vorschriften – kaum einen eigenen Anwendungsbereich mehr. Die Sparkasse kann ihr eigenes Personalwesen wie ein privates Unternehmen selbst regeln. Der Gesetzgeber hat es jedoch versäumt, § 23 SpkG NRW anzupassen.

II. Dienstkräfte der Sparkassen

1. Personalhoheit der Sparkassen

3 § 23 Abs. 1 S. 1 SpkG NRW stellt zunächst klar, dass die bei der Sparkasse tätigen Arbeitnehmer **„Dienstkräfte"** der Sparkasse sind. Die mittlerweile nur noch klarstellende Bedeutung dieser Regelung erschließt sich bei einem Blick auf die Vergangenheit: Zum Zeitpunkt des Inkrafttretens des Sparkassengesetzes von 1958 lag die Personalpolitik weitgehend in den Händen der Vertretungskörperschaft. Zum damaligen Zeitpunkt waren die Beamten und Angestellten der Sparkasse Dienstkräfte des Gewährträgers. Lediglich die Personalwirtschaft im Einzelnen sollte der Sparkasse überlassen bleiben, um die nötige Flexibilität bei dem Einsatz von Dienstkräften sicherzustellen (Gesetzesentwurf v. 3.10.1956, LT-Drs. 3/430, S. 22).

4 Mit der og Sparkassenreform im Jahre 1970 ist jedoch die volle **Personalhoheit** auf die **Sparkassen** übertragen worden. Gemäß § 20 Abs. 1 SpkG NRW leitet das **Kollegialorgan Vorstand** die Sparkasse. Damit einhergehend ist diesem diese Geschäftsführungsaufgabe zugewiesen, ferner vertritt dieses die Sparkasse gerichtlich

II. Verwaltung der Sparkassen § 23

und außergerichtlich. Materiell obliegen ihm damit sowohl die Entscheidungen als auch – als gesetzlicher Vertreter – deren Umsetzung, mithin die volle Personalhoheit über die Arbeitskräfte der Sparkassen. In seine Entscheidungsgewalt fallen mithin auch die in Satz 2 genannten personalrechtlichen Entscheidungen wie die Anstellung (im Sinne der Einstellung), die Vergütung sowie die Entlassung. Dies ergibt sich indes bereits aus den allgemeinen zivilrechtlichen und arbeitsrechtlichen Regelungen der §§ 611a ff. BGB, § 106 GewO. § 23 Abs. 1 S. 2 SpkG NRW hat daher ebenfalls nur noch klarstellende Bedeutung.

2. Beschäftigte der Sparkassen

a) Personenkreis

§ 23 Abs. 1 S. 1 SpkG NRW definiert den Kreis der Dienstkräfte der Sparkassen. **5** Er umfasst die bei den Sparkassen tätigen **Arbeitnehmer**.

Deutlich wird damit, dass die nordrhein-westfälischen Sparkassen **keine Dienst- 6 herrenfähigkeit** im Sinne des § 2 BeamtStG mehr besitzen. Zwar stellen die Sparkassen gemäß § 1 Abs. 1 S. 1 SpkG NRW Anstalten des öffentlichen Rechts dar, denen gemäß § 2 Nr. 2 BeamtStG grds. Dienstherrenfähigkeit zukommen kann. Diese Norm macht die Dienstherrenfähigkeit der sonstige Körperschaften, Anstalten und Stiftungen des öffentlichen Rechts allerdings davon abhängig, dass sie dieses Recht im Zeitpunkt des Inkrafttretens des BeamtStG, also am 1.4.2009, besaßen oder dass es ihnen durch ein Landesgesetz oder aufgrund eines Landesgesetzes verliehen ist. Mit Blick auf die im Vergleich zu den Gemeindebeamten abweichende Ausbildung und Tätigkeit der Mitarbeiter der Sparkassen wurde der Wegfall der Beamtenverhältnisse jedoch schon im Jahr 1970 durch den nordrhein-westfälischen Gesetzgeber beschlossen (Gesetzesentwurf v. 2.9.1969, LT-Drs. 1466, S. 17 und S. 24) und seitdem auch nicht wieder in Frage gestellt. Den **Begriff der Dienstkräfte** verwendet das Gesetz jedoch bis heute. Ihm kommt jedoch keine eigenständige Bedeutung zu. Hierbei handelt es sich vielmehr um eine begriffliche Besonderheit des Sparkassenrechts, die sich im übrigen Öffentlichen Dienst kaum wiederfindet. Rechtlich entscheidend ist vielmehr, ob es sich um Arbeitnehmer handelt oder nicht.

Nicht zu den Arbeitnehmern zählt der **Vorstand** einer Sparkasse. Die Mitglieder **7** des Vorstands werden nach § 19 Abs. 2 S. 1 SpkG NRW bestellt und angestellt (→ § 19 Rn. 16). Als Organmitglieder üben sie die Arbeitgeberfunktion der Sparkasse aus und können daher keine Arbeitnehmer sein (BGH, Urt. v. 10.1.2000 – II ZR 251/98 = ZIP 2000, 508; *Berger*, § 21 Rn. 3); bei den Vorstandsverträgen (→ § 19 Rn. 20 ff.) handelt es sich mithin im Regelfall um sog freie Dienstverträge (*Fandel/Kock* in: Herberger/Martinek/Rüßmann/Weth/Würdinger, jurisPK-BGB, § 611a Rn. 42).

Mangels Arbeitnehmerstatus ebenfalls nicht zu den Dienstkräften der Sparkassen **8** zählen **beauftragte Dritte**, die im Interesse der Sparkasse und ggf. auch in ihren Räumlichkeiten tätig werden (*Biesok*, SpkG-Kommentar, § 24 Rn. 57). Hierzu können neben Handwerkern auch langfristig gebundene Dienstleiter für die Reinigung und Unterhaltung des Gebäudes gehören. Die Abgrenzung zwischen Arbeitnehmern und sog freien Mitarbeitern erfolgt nach arbeitsrechtlichen Maßstäben anhand des § 611a BGB.

9 Schließlich werden auch die **Auszubildenden** nicht von § 23 SpkG NRW erfasst. Dies wird zwar in anderen Bundesländern mit ähnlich lautenden Vorschriften bisweilen mit Blick auf die jeweiligen Landespersonalvertretungsgesetzes vertreten (*Klüpfel/Gaberdiel/Höppel/Ebinger*, § 27 Rn. 1), ist aber nicht überzeugend. Zwar erfasst auch § 5 Abs. 1 S. 1 LPersVG NRW die Auszubildenden als Arbeitnehmer; diese landesrechtliche Vorschrift kann aber ohne entsprechende Verweisung keine Definition für eine andere landesrechtliche Vorschrift enthalten. Vielmehr stehen bei Auszubildenden nicht die Erbringung von Arbeitsleistungen gegen Vergütung im Vordergrund, sondern das Erlernen neuer Kenntnisse und Fähigkeiten (vgl. § 3 BBiG), so dass sie arbeitsrechtlich in aller Regeln nicht als Arbeitnehmer qualifiziert werden (*Fandel/Kock* in: Herberger/Martinek/Rüßmann/Weth/Würdinger, jurisPK-BGB, § 611a Rn. 41). Für die Praxis wirkt sich dies im Regelfall nicht weiter aus, weil die Auszubildenden in den verschiedenen arbeitsrechtlichen Gesetzen miterfasst werden. Bedeutung kommt dem aber mit Blick auf § 23 Abs. 3 SpkG NRW zu. Mangels Arbeitnehmereigenschaft fallen die Auszubildenden nicht in den Anwendungsbereich von § 23 Abs. 3 iVm § 23 Abs. 1 SpkG NRW. Über § 5 Abs. 1 TVAöD-BBiG gilt die Schweigepflicht jedoch im selben Umfang für sie auch.

10 Die Reform sah 1970 in einer Übergangsvorschrift ein Wahlrecht für die bisherigen beamteten Vorstände und sonstigen Sparkassenbeamten vor (Gesetzesentwurf v. 2.9.1969, LTag-Drs. 1466, S. 16 und 27). In Anbetracht des Zeitablaufs und des früher bestehenden Mindestalters für die Beamtenernennung dürften keine Sparkassenbeamten mehr im aktiven Dienst sein und bestenfalls als **Ruhestandsbeamte** in Betracht kommen.

b) Anwendbares Öffentliches Dienstrecht

11 Als Angehörige einer juristischen Person des Öffentlichen Rechts sind die Beschäftigten der Sparkassen **Angehörige des öffentlichen Dienstes** (BVerfG, Beschl. v. 20.2.1957 – 1 BvR 441/53 = BVerfGE 6, 257). Dies hat Auswirkungen auf jegliche **Stellenbesetzungsverfahren innerhalb einer Sparkasse**. Diese haben sich nach den **Grundsätzen der Bestenauslese** des Art. 33 Abs. 2 GG zu richten. Denn öffentliche Ämter iSv Art. 33 Abs. 2 GG sind nicht nur Beamtenstellen, sondern auch solche Stellen, die von Arbeitnehmern besetzt werden können (BAG, Urt. v. 1.12.2020 – 9 AZR 192/20 = NJW 2021, 1180; BAG, Urt. v. 19.5.2015 – 9 AZR 837/13 = NZA 2015, 1074 mwN). Verfassungsrechtlich ist ebenso wie die erstmalige Einstellung der Zugang zum beruflichen Aufstieg geschützt (BAG, Urt. v. 12.10.2010 – 9 AZR 518/09 = BAGE 136, 36). Arbeitnehmern im öffentlichen Dienst steht demnach nach Art. 33 Abs. 2 GG bei der Besetzung von Ämtern des öffentlichen Dienstes ein Bewerbungsverfahrensanspruch zu. Daraus folgt angesichts der Kriterien Eignung, Befähigung und fachliche Leistung in Art. 33 Abs. 2 GG ein subjektives Recht jedes Bewerbers auf chancengleiche Teilnahme am Bewerbungsverfahren (BAG, Urt. v. 27.7.2021 – 9 AZR 326/20 = NZA 2021, 1775, Rn. 21 f.). Die von der verwaltungsgerichtlichen Rechtsprechung entwickelten und von der Arbeitsgerichtsbarkeit übernommenen – im Einzelnen sehr detaillierten – Grundsätze zur Sicherung dieses subjektiven Rechts sind damit auch in Stellenbesetzungsverfahren der Sparkassen anzuwenden.

12 Arbeitsrechtlich relevant ist für die Mitarbeiter in Sparkassen in aller Regel der **Tarifvertrag des öffentlichen Dienstes**, insbesondere für den Dienstleistungsbe-

II. Verwaltung der Sparkassen **§ 23**

reich Sparkassen (TVöD-S). Ausgenommen sind die in § 1 Abs. 2 TVöD-S aufgelisteten außertariflich Beschäftigten. Die tarifvertraglichen Regelungen des TVöD-S finden entweder aufgrund Gewerkschaftszugehörigkeit des Arbeitnehmers (§ 3 Abs. 1 TVG) oder aufgrund dynamischer Bezugnahmeklausel im einzelnen Arbeitsvertrag Anwendung.

Ebenso findet das LPersVG NRW Anwendung (§ 1 Abs. 1 LPersVG NRW, § 130 BetrVG). Es werden daher bei den Sparkassen **Personalräte** gebildet. Wahlberechtigt sind auch die Mitglieder des Vorstands (§ 10 Abs. 1 LPersVG NRW); sie sind indes nicht wählbar, da sie zu selbständigen Entscheidungen in Personalangelegenheiten der Dienststelle befugt sind (§ 11 Abs. 2 b) LPersVG NRW). Schließlich findet auch das **Landesgleichstellungsgesetz** Anwendung (§ 1 Abs. 1 Nr. 9 LGG). Die sich hieraus ergebenden Vorgaben insbesondere bei personellen Maßnahmen, zB im Hinblick auf die Ausschreibung und die Auswahlkriterien, aber auch bzgl. der ab einer Größe von 20 Beschäftigten erforderlichen Bestellung einer Gleichstellungsbeauftragten sind daher zu beachten. **13**

III. Dienstvorgesetzteneigenschaft

In § 23 Abs. 2 SpkG NRW erfolgt eine **Zuweisung der Dienstvorgesetzteneigenschaft**. Hierbei wird zwischen den Mitgliedern und stellvertretenden Mitgliedern des Vorstandes einerseits sowie den übrigen Arbeitnehmern der Sparkasse andererseits unterschieden. Im ersteren Fall ist die dem Verwaltungsrat vorsitzende Person Dienstvorgesetzter. Dienstvorgesetzter der übrigen Dienstkräfte der Sparkasse ist der Vorstand. **14**

1. Sparkassen-Arbeitnehmer

Ebenso wie die Bezeichnung der Arbeitnehmer als Dienstkräfte der Sparkasse ist auch der Begriff des Dienstvorgesetzten noch dem Beamtenrecht entlehnt und an dieser Stelle eher irreführend. Beamtenrechtlich ist Dienstvorgesetzter diejenige Stelle, die für die **beamtenrechtlichen Entscheidungen über die persönlichen Angelegenheiten** der ihr nachgeordneten Beamten zuständig ist (vgl. § 2 Abs. 4 S. 1 LBG NRW). Unter „persönlichen Angelegenheiten" sind solche Entscheidungen zu verstehen, die den Betroffenen in seiner eigenen Rechtsstellung – also außenwirksam – betreffen. Hierunter fallen die Einstellung, aber auch eine Bewilligung von Nebentätigkeiten, Teilzeit oder Urlaub (*Schrapper/Günther*, LBG NRW, § 2 Rn. 8). Um einen Überblick zu bekommen, was alles unter diese persönlichen Angelegenheiten fallen kann, bietet sich auch ein Blick in Ausführungen zu den Befugnissen des Dienstvorgesetzten der Sparkassen nach alter Rechtslage, dh vor Wegfall des Beamtenstatus, an (*Völling*, 1962, S. 69 ff.; *Clausen*, 1964, S. 73 ff.; *Aus der Fünten*, 1969, S. 174). **15**

§ 23 Abs. 1 S. 2 SpkG NRW nennt darüber hinaus ausdrücklich die Anstellung, Vergütung und Entlassung. Wie bereits beschrieben (→ Rn. 4) kommen dem **Vorstand** diese arbeitgeberseitigen Befugnisse indes ohnehin zu. § 23 Abs. 2 S. 2 SpkG NRW hat daher lediglich **deklaratorische Bedeutung**. Auch sprachlich orientiert sich der Gesetzgeber in § 23 Abs. 1 S. 2 SpkG NRW noch zu sehr am Beamtenrecht, der die Entlassung als Beendigungstatbestand kennt, während arbeitsrechtlich zutreffenderweise von Kündigungen zu sprechen ist. **16**

M. Hamdan 383

§ 23

17 Selbstredend wird der Vorstand nicht in allen persönlichen Angelegenheiten der Dienstkräfte selbst entscheiden. Eine **Delegation der Entscheidungsgewalt** ist zwar in § 23 Abs. 2 SpkG NRW nicht enthalten, aber unproblematisch möglich. Gemäß § 20 Abs. 2 S. 1 SpkG NRW können einzelne Mitglieder des Vorstands, aber auch andere Beschäftigte mit seiner Vertretung auf bestimmten Aufgabengebieten oder in einzelnen Angelegenheiten beauftragt werden (zu Fragen der Delegation und Übertragung von Vertretungsmacht, → § 20 Rn. 3 und 5). Dies gilt auch für die in § 23 Abs. 1 S. 2 SpkG NRW genannten Bereiche. Es ist kein Grund ersichtlich, warum hier keine Vertretung des Vorstands möglich sein sollte. Zivilrechtlich ist jedoch darauf zu achten, dass schriftlichen Kündigungserklärungen (§ 623 BGB), die nicht vom Vorstand selbst, sondern in Vertretung durch den Personalleiter oder Personalreferenten abgegeben werden, eine Vollmachtsurkunde des Vorstands beigefügt werden sollte, da andernfalls das Risiko besteht, dass der Beschäftigte die Kündigung gemäß § 174 S. 1 BGB zurückweist (*Biesok*, Sparkassenrecht, Rn. 1009). Ist dies nicht geschehen und erfolgt eine Zurückverweisung seitens des Beschäftigten, kann ggf. der Ausschluss der Zurückweisung über § 174 S. 2 BGB in Betracht kommen, wenn der Vollmachtgeber den anderen von der Bevollmächtigung in Kenntnis gesetzt hatte. Dies kann auch konkludent durch die Berufung des Vertreters in ein Amt vorliegen, mit dem bestimmte Vollmachten verknüpft sind (*Weinland* in: Herberger/Martinek/Rüßmann/Weth/Würdinger, jurisPK-BGB, § 174 Rn. 22), zB im Falle des Leiters des Personalreferates (BAG, Urt. v. 20.9.2006 – 6 AZR 82/06 = BAGE 119, 311).

2. Mitglieder des Vorstands und ihre Stellvertreter

18 Das Gesetz bestimmt den Verwaltungsratsvorsitzenden als Dienstvorgesetzte der Mitglieder und stellvertretenden Mitglieder des Vorstandes, § 23 Abs. 2 S. 1 SpkG NRW. In dieser Eigenschaft ist er für die im Rahmen des Dienstverhältnisses in persönlichen Angelegenheiten zu treffenden Entscheidungen (zB Vergütung, Urlaub, Nebentätigkeiten, etc.) zuständig (*Berger*, § 21 Rn. 10). In diesem Zusammenhang ist er auch für etwaige Entbindungen der Amtsverschwiegenheit sowie für die Vertretung der Sparkasse im Zusammenhang mit der Auflösung des mit dem Vorstandsmitglied bestehenden Dienstverhältnisses (→ § 20 Rn. 8). Diese Kompetenz ermächtigt den Verwaltungsrat als Kollegialorgan indes nicht, jenseits der Richtlinienkompetenz fachliche Weisungen auszusprechen (*Berger*, § 21 Rn. 10), da die operative Leitungs- und Führungsverantwortung beim Vorstand liegt (→ § 20 Rn. 1 ff. sowie → § 15 Rn. 5 ff. zur Richtlinienkompetenz); erst recht nicht lässt sich daher eine fachliche Weisungskompetenz des Verwaltungsratsvorsitzenden ableiten (→ § 11 Rn. 6, § 15 Rn. 9 ff.).

IV. Verschwiegenheitspflicht der Arbeitnehmer

1. Anwendbarkeit der Regelung des § 22 SpkG NRW

19 § 23 Abs. 3 SpkG NRW enthält in Bezug auf die Verschwiegenheitspflicht eine **vollumfängliche Verweisung** auf die Regelung des § 22 SpkG NRW, der diese Pflicht für die Mitglieder der Organe der Sparkasse ausdrücklich normiert. Die

diesbezüglichen Ausführungen können daher entsprechend herangezogen werden. Unterschiede zu den Organmitgliedern ergeben sich lediglich im Hinblick auf die Rechtsfolgen im Falle einer Pflichtverletzung (→ § 22 Rn. 30 ff.).

2. Kumulative tarifvertragliche Verschwiegenheitspflicht

Für die tarifgebundenen Arbeitnehmer der Sparkasse gilt im Übrigen **§ 3 Abs. 1 S. 1 TVöD-S**. Danach haben **Beschäftigte** über Angelegenheiten, deren Geheimhaltung durch gesetzliche Vorschriften vorgesehen oder vom Arbeitgeber angeordnet ist, **Verschwiegenheit zu wahren**. 20

Dies gilt nach § 3 Abs. 1 S. 1 TVöD-S für das **Bankgeheimnis** auch dann, wenn dies nicht ausdrücklich vom Arbeitgeber angeordnet ist. Angeordnet ist darüber hinaus die Geltung dieser Verpflichtung auch nach Beendigung des Arbeitsverhältnisses. Zwar kodifiziert das deutsche Recht das Bankgeheimnis nicht (*Krepold/Zahrte* in: Ellenberger/Bunte, BankR-HdB, § 8. Rn. 17). Dennoch ist seine Existenz anerkannt. Dogmatisch wird es entweder aus dem mit der Aufnahme des geschäftlichen Kontakts entstehenden Schuldverhältnis nach § 311 Abs. 2 Nr. 1 BGB und der darauf entstehenden Verpflichtung des Instituts, auf die Rechte, Rechtsgüter und Interessen des anderen Teils Rücksicht zu nehmen (§ 241 Abs. 2 BGB) hergeleitet oder als vorkonstitutionelles Gewohnheitsrecht qualifiziert (*Krepold/Zahrte* in: Ellenberger/Bunte, BankR-HdB, § 8. Rn. 11). 21

Die Verschwiegenheitspflicht gilt zum einen für Angelegenheiten, deren Geheimhaltung **durch gesetzliche Bestimmungen vorgesehen** ist, auch wenn der Arbeitgeber hierauf nicht gesondert darauf hinweist (*Gerretz* in: Bredemeier/Neffke, TVöD § 3 Rn. 11). Zum anderen kann die Sparkasse eine Schweigepflicht **ausdrücklich anordnen**, indem sie etwa eine gesetzliche vorgesehene Geheimhaltungsvorschrift auch auf Personenkreise ausgedehnt, die von den gesetzlichen Regelungen nicht erfasst werden (*Krepold/Zahrte* in: Ellenberger/Bunte, TVöD § 3 Rn. 12). Die Anordnung des Arbeitgebers ist an keine Form gebunden und kann allgemein für bestimmte Sachverhalte oder auch für Einzelfälle angeordnet werden (*Stier* in: BeckOK TVöD, TVöD-AT § 3 Rn. 8). Der Arbeitnehmer kann sich also nicht auf die fehlende Form berufen. Um Missverständnissen vorzubeugen sowie aus Beweiszwecken sollte sie jedoch schriftlich bzw. per E-Mail erfolgen. 22

Keinen Unterschied macht es, **wie der Arbeitnehmer** der Sparkasse **Kenntnis erlangt hat**, also ob er arbeitsmäßig mit dieser Angelegenheit in Berührung gekommen ist oder ob er in sonstiger Weise im Rahmen seiner beruflichen Tätigkeit Kenntnis hiervon erlangt hat (*Krepold/Zahrte* in: Ellenberger/Bunte, TVöD § 3 Rn. 14). So hat der Sparkassenmitarbeiter die Tatsache, dass eine bestimmte Person des öffentlichen Interesses ein Konto oder ein Schließfach bei der Sparkasse hat, dies auch dann vertraulich zu behandeln, wenn er zufällig hiervon Kenntnis erlangt, ohne selbst mit diesem Sachverhalt betraut zu sein. Im Übrigen **gilt die Schweigepflicht nicht nur gegenüber Externen**. Auch intern, dh gegenüber anderen Arbeitnehmern der Sparkasse, hat der Arbeitnehmer die Schweigepflicht zu beachten. 23

Inhaltlich deckt sich die tarifvertragliche Regelung mit der des § 22 SpkG NRW. Der Normenhierarchie folgend **geht die landesrechtliche Regelung** des §§ 23 Abs. 3, 22 SpkG NRW daher **vor**. 24

§ 23   A. Sparkassen

3. Rechtsfolgen bei Verletzung der Verschwiegenheitspflicht

25 Verletzt der Arbeitnehmer seine aus §§ 23 Abs. 3, 22 SpkG NRW oder aus dem Tarifvertrag folgende Schweigpflicht, so stellt dies stets eine **Arbeitsvertragsverletzung** dar. Die Rechtsfolgen richten sich nach den Umständen des Einzelfalls und können von einer **Abmahnung** (LAG Düsseldorf, Urt. v. 24.7.2009 – 9 Sa 194/09 = NZA-RR 2010, 52), über eine **fristgemäße Kündigung** (LAG Rheinland-Pfalz, Urt. v. 2.6.2016 – 5 Sa 354/15 –, LAGE § 167 ZPO 2002 Nr 1) bis hin zu einer **außerordentlichen Kündigung** (*Berger*, § 21 Rn. 9) reichen.

26 Rechtlich denkbar ist zudem eine **Schadensersatzpflicht**. Diese kommt allerdings nur dann in Betracht, wenn der Arbeitnehmer, sofern er unter die Regelungen des Tarifvertrags fällt, seine Pflicht grob fahrlässig oder vorsätzlich verletzt hat (§ 3 Abs. 6 TVöD-S). Für außertariflich beschäftigte Arbeitnehmer sind die sich aus den Grundsätzen des innerbetrieblichen Schadensausgleichs ergebenden Beschränkungen zu beachten.

27 Schließlich kommen auch **strafrechtliche Sanktionen** in Betracht, insoweit wird auf die Kommentierung zu § 22 SpkG NRW verwiesen (→ § 22 Rn. 35).

4. Entbindung von der Verschwiegenheitspflicht

a) Allgemeines

28 § 22 SpkG NRW enthält – ebenso wie § 23 SpkG NRW keine Aussage, ob im Einzelfall eine Entbindung von der Schweigepflicht zulässig ist. Diese Frage kann sich in gerichtlichen Verfahren stellen, in denen die Sparkasse Partei ist und eine Dienstkraft der Sparkasse als Zeuge vernommen werden soll. Denkbar ist aber auch, dass die Dienstraft selbst einen Prozess gegen die Sparkasse führt oder von dieser verklagt wird und ihr dann die Parteistellung zukommt. Schließlich kann die Dienstkraft Beschuldigte in einem strafrechtlichen Verfahren sein. Diese prozessualen Situationen sind daher ebenso auseinanderzuhalten wie die verschiedenen Verfahrensarten. Darüber hinaus muss unterschieden werden zwischen der Notwendigkeit, aufgrund der Verschwiegenheitsverpflichtung eine Aussagegenehmigung der Sparkasse zu erhalten, und einem möglichen Zeugnisverweigerungsrecht aufgrund des dem Kunden gegenüber bestehenden Bankgeheimnisses, wenn die Dienstkraft in einem Prozess des oder gegen den Kunden als Zeuge vernommen werden soll.

b) Notwendigkeit einer Aussagegenehmigung

29 Über das Erfordernis einer Aussagegenehmigung wird die Geheimhaltung von Umständen, die im öffentlichen Interesse geheim gehalten werden müssen, auch im gerichtlichen Verfahren sichergestellt. Der Verstoß gegen die Geheimhaltungspflicht ist mit Strafe bedroht (§ 353b StGB). Anders als beim Zeugnisverweigerungsrecht, das dem Schutz von Privatgeheimnissen dient, wird zudem nicht in die Entscheidung des Zeugen gestellt, ob er etwas geheim hält oder nicht; die Entscheidung trifft die ‚Aufsichtsbehörde'. Bis zur Erteilung der Aussagegenehmigung besteht ein **Vernehmungsverbot**. Das grundsätzliche Erfordernis einer Aussagegenehmigung gilt für Dienstkräfte der Sparkasse unabhängig davon, ob sie lediglich als Zeuge in einem Verfahren vernommen werden sollen, oder selbst Partei des Verfahrens sind.

II. Verwaltung der Sparkassen   § 23

Hingegen unterscheiden sich die Anforderungen im Einzelnen nach der Stellung der Dienstkraft im Verfahren.

Regeln zur Aussagegenehmigung finden sich für den **Zivilprozess** in § 376 Abs. 1 ZPO. Über Verweisungen finden diese Vorschriften auch auf **finanzgerichtliche** Verfahren (§ 82 FGO), **verwaltungsgerichtliche** Verfahren (§ 98 VwGO), **arbeitsgerichtliche** Verfahren (§ 46 Abs. 2 ArbGG) und **sozialgerichtliche** Verfahren (§ 118 Abs. 1 SGG) Anwendung. Im **Strafprozess** ist dies in § 54 Abs. 1 StPO geregelt. Zwar ist im Schrifttum umstritten, ob auch Angehörige öffentlich-rechtlicher Kreditinstitute zu den sonstigen Personen des öffentlichen Dienstes iSv § 54 StPO gehören, bei denen bis zur Aussagegenehmigung ein Vernehmungsverbot besteht (zum Streitstand vgl. *Bader* in: KK-StPO, § 54 Rn. 8; *Huber* in: BeckOK StPO, § 54 Rn. 7; *Eisenberg*, StPO, Rn. 1262a; *Kreicker* in: MüKoStPO, § 54 Rn. 16 jeweils mwN). Zutreffenderweise ist hier darauf abzustellen, dass Sparkassen materiell Teil der öffentlichen Verwaltung sind, so dass auch die Dienstkräfte für ihre Zeugenaussage eine Aussagegenehmigung benötigen (*Bader* in: KK-StPO, § 54 Rn. 8; LG Göttingen, Beschl. v. 22.10.2002 – 10 T 57/02 = NJW-RR 2003, 117). 30

Die **Voraussetzungen** sind in allen Verfahrensarten gleich, so dass die Erläuterungen im Einzelnen exemplarisch anhand von § 376 Abs. 1 ZPO erfolgen. § 376 Abs. 1 ZPO verweist – ebenso wie § 54 Abs. 1 StPO – für solche Angehörige des öffentlichen Dienstes, die einer Amtsverschwiegenheitspflicht unterliegen, bzgl. ihrer Vernehmung und der Genehmigung ihrer Aussage auf die besonderen beamtenrechtlichen Vorschriften, namentlich § 37 BeamtStG. Über die Aussage einer Dienstkraft hat also nicht das Gericht zu entscheiden, sondern die Sparkasse. Gem. § 23 Abs. 2 S. 2 SpkG NRW ist hierfür der Vorstand zuständig. 31

Über die **Aussage von Mitgliedern des Vorstandes** hat der Vorsitzender des Verwaltungsrates sowie von Mitgliedern des Verwaltungsrates der Verwaltungsrat als Kollegialorgan zu entscheiden (§ 23 Abs. 2 S. 1 SpkG NRW). 32

c) ... in der Situation als Zeuge

Bis zur Erteilung der Aussagegenehmigung besteht ein **unverzichtbares Vernehmungsverbot** (aA wohl *Rothe*, § 21 Anm. I 4, der von einem Auskunftsverweigerungsrecht ausgeht) – es darf also bereits kein Beweis erhoben werden. Dadurch sollen die öffentlichen Geheimhaltungsinteressen auch im gerichtlichen Verfahren geschützt werden (BGH, Beschl. v. 16.2.2016 – VI ZR 441/14 = WM 2016, 508, Rn. 15). Weiß das Gericht nicht, dass das Beweisthema bei dem Zeugen ein Amtsgeheimnis betrifft, so obliegt es dem Zeugen, selbst darauf zu achten, dass er seiner Verschwiegenheitspflicht nachkommt; der Zeuge hat demgemäß die Aussage zu verweigern, bis das Gericht die Aussagegenehmigung eingeholt hat. Der Zeuge kann aber in solchem Fall auch selbst um eine Aussagegenehmigung nachsuchen. Ein Recht, der Ladung nicht Folge zu leisten, gibt das Fehlen einer Aussagegenehmigung nicht (*Damrau/Weinland* in: MüKoZPO, § 376 Rn. 13). 33

Über die Verweisung in § 376 Abs. 1 ZPO gelten demnach § 37 Abs. 3 und 4 BeamtStG. Danach ist eine **Versagung der Aussagegenehmigung** nach § 37 Abs. 4 S. 1 BeamtStG nur zulässig, wenn die Aussage dem Wohl des Bundes oder eines deutschen Landes erhebliche Nachteile bereiten oder die Erfüllung öffentlicher Aufgaben ernstlich gefährden oder erheblich erschweren würde. Der Gesetzgeber wollte damit die Hürden für die Versagung einer Aussagegenehmigung hoch 34 setzen und hat mit dem Wort „erhebliche" deutlich gemacht, dass einfache Nachteile für die Versagung einer Aussagegenehmigung nicht ausreichend sind. Eine erhebliche Erschwerung liegt somit nur vor, wenn in der Folge Leben, Gesundheit oder Freiheit der Menschen gefährdet wäre (*Reich*, BeamtStG, § 37 Rn. 17). Dies dürfte nur in den seltensten Fällen gegeben sein.

d) ... in der Situation als Partei

35 Über § 451 ZPO bzw. die entsprechenden Verweisungen in den anderen Verfahrensordnungen finden die beamtenrechtlichen Regelungen auch Anwendung, wenn die Dienstkraft selbst Partei in einem gerichtlichen Verfahren ist. Dies kann etwa der Fall sein in einem **arbeitsgerichtlichen Prozess** der Dienstkraft gegen die Sparkasse, wenn dieser zB vertragliche Ansprüche gegenüber der Sparkasse geltend macht (*Fleischer* in: BeckOGK AktG, § 93 Rn. 210; *Hölters/Hölters* in: Hölters/Weber, AktG § 93 Rn. 126; *Spindler* in: MüKoAktG, § 93 Rn. 150), oder in einem **(Haftungs-)Prozess** der Sparkasse gegen die Dienstkraft. Über den Verweis in §§ 451, 376 Abs. 1 ZPO gilt § 37 Abs. 5 BeamtStG.

36 Danach darf die Genehmigung auch dann, wenn die Voraussetzungen des § 37 Abs. 4 S. 1 BeamtStG erfüllt sind, **nur versagt werden**, wenn die dienstlichen Rücksichten dies unabweisbar erfordern. Der Begriff der Unabweisbarkeit ist unter Anwendung des Grundsatzes der Verhältnismäßigkeit eng auszulegen und muss die Schutzwürdigkeit der Dienstkraft im Einzelfall in die Bewertung einbeziehen. Den Nachweis der Unabweisbarkeit muss im Zweifel die Sparkasse erbringen. Kann er diesen nicht erbringen, darf dies nicht zum Nachteil seiner Dienstkraft gereichen (*Bund/Weinrich* in: BeckOK BeamtenR, § 37 Rn. 23). Die Aussagegenehmigung kann von der Dienstkraft selbst beantragt werden.

37 Der **Antrag** kann, da § 37 BeamtStG keine Vorgaben enthält, formlos, mündlich oder konkludent erfolgen. Zur Vermeidung von Missverständnissen und Streitpunkten empfiehlt sich aber für beide Seiten die ausdrückliche schriftliche Entbindung (*Müller*, öAT 2012, 102, 104). Sie sollte generell für das Verfahren erfolgen, ohne dass die Dienstkraft in ihrem Antrag auf Genehmigung darlegen muss, welche Informationen sie preisgeben möchte. Ihr kann es nämlich nicht zugemutet werden, der Gegenseite auf diese Weise mittelbar ihre Argumente oder Prozessstrategie offenzulegen.

e) ... in der Situation als Beschuldigter

38 Ist die Dienstkraft selbst Beschuldigter in einem strafrechtlichen Verfahren, fehlt eine dem § 451 ZPO oder dem § 54 Abs. 1 StPO vergleichbare Regelung. Eine Anwendung von § 37 Abs. 5 BeamtStG, der einem Beamten, der Beschuldigter in einem Verfahren ist, die Aussagegenehmigung nur dann versagt, wenn die dienstlichen Rücksichten dies unabweisbar erfordern, ist mangels Analogiefähigkeit der Norm nicht zulässig. Es besteht also prima facie keine Pflicht, eine Aussagegenehmigung zu erteilen, die Dienstkraft kann sich folglich, wenn sie aussagt, möglicherweise sogar gem. § 353b StGB strafbar machen.

39 Allerdings kann durch die Versagung oder Einschränkung einer Aussagegenehmigung für einen Beschuldigten dessen **Recht auf umfassende Verteidigung** beeinträchtigt werden (*Percic* in: MüKoStPO, § 54 Rn. 2). Wie der Grundsatz, dass niemand gezwungen werden darf, durch eigene Aussagen die Voraussetzungen für seine strafrechtliche Verurteilung zu liefern, hat dieses Recht auf umfassende Ver-

teidigung Verfassungsrang (BGH, Beschl. v. 5.6.2007 – 5 StR 383/06 = NStZ 2007, 649). Ein Strafverfahren darf deshalb nicht durchgeführt werden, wenn gewichtige Geheimhaltungsinteressen nur dadurch gewahrt werden können, dass Verteidigungsrechte des Beschuldigten beschnitten werden (BGH, Beschl. v. 5.6.2007 – 5 StR 383/06 = NStZ 2007, 649).

Dies dürfte in der Praxis kaum jedoch kaum einmal der Fall sein. Eine Aussagegenehmigung wird **in aller Regel zuerteilt** werden. Selbst wenn diese nicht vorliegt, dürfte eine **Verletzung** der Verschwiegenheitspflicht in der Verteidigungssituation **aus grundrechtlichen Erwägungen gerechtfertigt** sein, wenn die Einhaltung der Schweigepflicht unzumutbar ist. Allerdings bedarf es dafür für Organe mehr als nur einer Kollision der Organpflichten mit den persönlichen Interessen des Organmitglieds; erforderlich ist eine besondere Konfliktsituation, die es dem Organmitglied ausnahmsweise gestattet, sich unter Abwägung aller Umstände über die Schweigepflicht hinwegzusetzen (*Habersack* in: MüKoAktG, § 116 Rn. 62). Im Verhältnis zur Sparkasse selbst (Abberufungssituation bzw. Innenregress) wird ohnehin keine Verschwiegenheitspflichtverletzung vorliegen. In Bezug auf die Bekanntmachung Dritten gegenüber (zB schriftsätzliche Ausführungen gegenüber Gerichten, Ermittlungsbehörden, etc.) mag eine Offenbarung vertraulicher Tatsachen vorliegen, die indes in diesen Extremsituationen gerechtfertigt ist (s. im Einzelnen hierzu: *Bohnert*, NStZ 2004, 301). Für Arbeitnehmer sind die gleichen Erwägungen heranzuziehen.

Selbstverständlich verbleibt es auch dann dennoch bei dem „nemo tenetur"-Grundsatz der §§ 136 Abs. 1, 163a Abs. 3 StPO: Auch aus der Erteilung einer Aussagegenehmigung wird niemals eine Aussagepflicht. Hier bleibt der Beschuldigte in seiner Entscheidung frei.

f) Zeugnisverweigerungsrechte

Aber auch dann, wenn eine Aussagegenehmigung durch die Sparkasse erteilt wird, ist die Dienstkraft, die in einem gerichtlichen Verfahren als Zeuge vernommen werden soll, nicht von **Geheimhaltungspflichten im Einzelinteresse des Kunden** befreit. Hier kann das Bankgeheimnis zum Tragen kommen. Es ist daher stets zu prüfen, ob der Dienstkraft ein Zeugnisverweigerungsrecht zusteht.

In **zivilrechtlichen Verfahren** ergibt sich dieses aus § 383 Abs. 1 Nr. 6 ZPO (LG Göttingen, Beschl. v. 22.10.2002 – 10 T 57/02 = NJW-RR 2003, 117). Danach ist ein Zeuge im Zivilprozess berechtigt, die Aussage über solche Tatsachen zu verweigern, die ihm auf Grund seines Amtes oder Gewerbes anvertraut wurden und deren Geheimhaltung auf Grund der Vertraulichkeit geboten ist. Als Beschäftigter der Sparkassen unterliegt der Zeuge dieser Vorschrift, denn sein Wissen bezieht sich auf Tatsachen über das Vermögen von Kunden, die vom Bankgeheimnis umfasst sind und hat daher von seinem Aussageverweigerungsrecht im Zivilprozess Gebrauch zu machen, sofern der Kunde die Bank nicht von der Schweigepflicht entbunden hat (*Krepold/Zahrte* in: Ellenberger/Bunte, BankR-HdB, § 8. Rn. 370). Allerdings darf die Aussage im Falle einer Verletzung der Verschwiegenheitspflicht dennoch – trotz Rüge einer Partei – verwertet werden (*Scheuch* in: BeckOK ZPO, § 383 Rn. 29).

Über Verweisungen finden diese Vorschriften auch auf **verwaltungsgerichtliche** Verfahren (§ 98 VwGO), **arbeitsgerichtliche** Verfahren (§ 46 Abs. 2 ArbGG) und **sozialgerichtliche** Verfahren (§ 118 Abs. 1 SGG) Anwendung. In Verfahren mit dem Finanzamt bzw. in finanzgerichtlichen Verfahren gilt hingegen eine **umfassende Zeugnispflicht**. Ein Auskunfts- bzw. Zeugnisverweigerungsrecht ergibt sich nicht aus § 102 Abs. 1 AO bzw. § 84 Abs. 1 FGO, da der Katalog des § 102 Abs. 1 AO, auf den § 84 Abs. 1 FGO verweist, abschließend ist (*Klein/Rätke*, AO 15. Aufl. 2020, § 102 Rn. 44). In ständiger Rechtsprechung verneint der BFH zudem ein aus den Schweigepflichten des §§ 23, 23 SpkG NRW folgendes Zeugnisverweigerungsrecht, sodass die Pflicht des Zeugen zur wahrheitsgemäßen Aussage vor den Finanzgerichten der Pflicht zur Amtsverschwiegenheit vorgeht (BFH, Beschl. v. 21.12.1992 – XI B 55/92 = BFHE 170, 15, BStBl II 1993, 451). Der Zeuge muss, auch wenn er Geheimnisträger ist, wie jeder andere aussagen; die Offenbarung des Geheimnisses ist damit gerechtfertigt und schließt strafrechtliche Konsequenzen aus (BFH, Beschl. v. 21.12.1992 – XI B 55/92 = BFHE 170, 15, BStBl II 1993, 451, juris Rn. 13). Schließlich besteht auch in **strafrechtlichen Verfahren** kein Zeugnisverweigerungsrecht, weil Dienstkräfte der Sparkasse in § 53 StPO nicht genannt sind.

III. Rechnungslegung, Jahresabschluss und Vermögenseinlagen stiller Gesellschafter

§ 24 Geschäftsjahr und Jahresabschluss

(1) Das Geschäftsjahr ist das Kalenderjahr.

(2) Der Vorstand legt dem Verwaltungsrat unverzüglich nach Ablauf des Geschäftsjahres den Jahresabschluss und den Lagebericht vor.

(3) Der Jahresabschluss und der Lagebericht werden von dem zuständigen Sparkassen- und Giroverband geprüft. Die Prüfung kann entweder auf Antrag des zuständigen Sparkassen- und Giroverbandes mit Zustimmung der Aufsichtsbehörde oder auf direkte Anordnung der Aufsichtsbehörde auch von dem jeweils anderen Sparkassen- und Giroverband erfolgen. Der Prüfungsbericht wird von dem Sparkassen- und Giroverband dem Vorstand, dem vorsitzenden Mitglied des Verwaltungsrates sowie der Aufsichtsbehörde zugeleitet. Die Mitglieder des Verwaltungsrates können den Prüfungsbericht im Hause der Sparkasse einsehen. Die Mitglieder des Bilanzprüfungsausschusses sowie des Risikoausschusses können verlangen, dass ihnen der Prüfungsbericht auch ausgehändigt wird.

(4) Nach Feststellung des Jahresabschlusses und Billigung des Lageberichtes legt der Verwaltungsrat den Jahresabschluss mit Bestätigungsvermerk des Sparkassen- und Giroverbandes sowie den Lagebericht der Vertretung des Trägers vor. Diese beschließt auf Vorschlag des Verwaltungsrates über die Verwendung des Jahresüberschusses nach § 25.

(5) Der Jahresabschluss, der Lagebericht und die Beschlüsse nach Absatz 4 Satz 2 sind unverzüglich der Aufsichtsbehörde vorzulegen.

(6) Die Vorschriften der Absätze 3 und 5 gelten für die Prüfungen nach dem Wertpapierhandelsgesetz entsprechend

Literatur: *Hölscher/Altenhain* (Hrsg.), Handbuch Aufsichts- und Verwaltungsräte in Kreditinstituten, 2013

Übersicht

	Rn.		Rn.
I. Allgemeine Informationen	1	2. Prüfung im Regelfall (Satz 1)	14
1. Überblick	1	a) Überblick	14
2. Rechtsentwicklung	4	b) Prüfungsstelle und Arten der Prüfung	16
II. Geschäftsjahr ist das Kalenderjahr (Abs. 1)	5	c) Durchführung der Prüfung	17
III. Vorlage von Jahresabschluss und Lagebericht – Verwaltungsrat (Abs. 2)	6	d) Inhalt der Prüfungsberichte	19
1. Überblick	6	e) Vorlage der Prüfungsberichte, Prüfungsfeststellungen	20
2. Unverzügliche Vorlage	8	3. Alternative Prüfung durch den anderen Prüfungsverband (Satz 2)	21
3. Jahresabschluss und Lagebericht	9	4. Weiterleitung des Prüfungsberichts	22
IV. Prüfung und Prüfbericht (Abs. 3)	13	5. Einsichtsrecht	23
1. Rechtsentwicklung	13		

	Rn.		Rn.
6. Aushändigung an bestimmte Verwaltungsratsmitglieder (Satz 5)	24	3. Gewinnverwendungsbeschluss durch die Vertretung des Trägers (Satz 2)	30
V. Vorlage von Jahresabschluss und Lagebericht – Vertretung des Trägers, Gewinnverwendungsbeschluss (Abs. 4)	25	VI. Vorlage von Jahresabschluss, Lagebericht und Gewinnverwendungsbeschluss – Aufsichtsbehörde (Abs 5)	31
1. Überblick	25	VII. Erläuterungen zu Abs. 6: Prüfungen nach dem Wertpapierhandelsgesetz (WpHG)	32
2. Feststellung und Vorlage von Jahresabschluss und Lagebericht an die Vertretung des Trägers (Satz 1)	26		

I. Allgemeine Informationen

1. Überblick

1   Der vorliegende dritte Abschnitt des Gesetzes mit dem Titel „Rechnungslegung, Jahresabschluss und Vermögenseinlagen stiller Gesellschafter" war schon im Zuge des Gesetzes vom 8.3.1994 (GV. NRW 1994 S. 92) in das Gesetz eingefügt woren. Zuvor waren Teile der Regelungen in den §§ 24 sowie 26 bis 27 bzw. 25 sowie 27 bis 29 SpkG NRW enthalten – und zwar unter dem Titel „Rechnungslegung und Entlastung" –; § 24 SpkG NRW in der aktuellen Fassung entspricht nun zusammengefasst inhaltlich dem bisherigen § 25 SpkG NRW (Geschäftsjahr) und dem bisherigen § 27 SpkG NRW (Jahresabschluss). Inhaltlich bestimmen die Regelungen – als **Organisations- und Zuständigkeitsvorschriften** – nun aber nicht etwa konkrete Fragen der Bilanzierung, der Bewertung und des Ausweises sowie der Erläuterungen im Lagebericht, sondern lediglich, wer welche Dokumente/Materialien zu erstellen hat, welchen Beteiligten welche Dokumente/Materialien wann vorzulegen sind und welche Beteiligte über die entsprechenden Dokumente/Materialien zu beschließen haben. Handelsrechtliche Begriffe wie zB Jahresabschluss (§ 242 HGB), Lagebericht (§ 289 HGB), Jahresüberschuss (§ 275 HGB) und Prüfungsbericht (§ 321 HGB) werden in § 24 SpkG NRW nicht definiert. Dies ist darin begründet, dass eine Sparkasse als „Kaufmann" iSd § 1 HGB den allgemeinen Rechnungslegungsgrundsätzen nach den §§ 238 ff. HGB sowie den Regelungen der §§ 340 ff. HGB (und der Kreditinstituts-Rechnungslegungsverordnung (RechKredV)) unterliegt. Dazu der BFH mit Urt. v. 20.1.1993 (I R 115/91, BStBl II 1973, 373): „Die Sparkasse war im Streitjahr [.] zur Buchführung und zu regelmäßigen Abschlüssen verpflichtet, da sie Kaufmann iSd § 1 Abs. 1 des HGB idF des Gesetzes vom 19. Dezember 1985 (BGBl I 1985, 2355) ist (§ 242 Abs. 1 HGB). Kaufmann ist ua, wer Bankiergeschäfte betreibt (§ 1 Abs. 2 Nr. 4 HGB iVm § 1 Abs. 1 des Gesetzes über das Kreditwesen vom 10. Juli 1961, BGBl I 1961, 881)".

2   Der sachliche **Geltungsbereich** erstreckt sich auf die Sparkassen gem. Teil A des SpkG NRW, der zeitliche Geltungsbereich folgt aus den Übergangs- und Schlussvorschriften der jeweiligen Neufassung des Gesetzes (§ 24 SpkG NRW wurde im Wesentlichen mit dem Gesetz zur Änderung aufsichtsrechtlicher, insbesondere sparkassenrechtlicher Vorschriften neu gefasst, vgl. LT-Drs. 14/6831).

3   Für den Fall einer etwaigen Verletzung der den Beteiligten auferlegten Pflichten sieht § 24 SpkG NRW keine **Sanktionen** vor. Stattdessen greifen die Regelun-

III. Rechnungslegung, Jahresabschluss und Vermögenseinlagen § 24

gen über die Aufsicht und deren Befugnisse (vgl. dazu §§ 39 ff. SpkG NRW). Das Finanzministerium als Aufsichtsbehörde kann sich nicht nur jederzeit über die Angelegenheiten der Sparkasse unterrichten, sondern im letzten Schritt sogar „an Stelle der Sparkasse das Erforderliche anordnen und auf deren Kosten selbst durchführen oder durch einen Beauftragten durchführen lassen" (§ 40 Abs. 4 S. 2 SpkG NRW).

2. Rechtsentwicklung

In § 24 SpkG NRW in der aktuellen Fassung sind verschiedene Vorläufervorschriften übernommen und zusammengefasst worden, insbesondere die früheren § 24 und § 27 SpkG NRW. So bestand der gesamte § 24 SpkG NRW zeitweilig auch nur aus dem einen Satz, der nun wörtlich als Abs. 1 in die aktuelle Gesetzesfassung übernommen wurde. 4

II. Geschäftsjahr ist das Kalenderjahr (Abs. 1)

§ 24 Abs. 1 SpkG NRW regelt, dass Geschäftsjahr das Kalenderjahr ist; eine gleichlautende Regelung enthalten auch die Sparkassengesetze der meisten anderen Bundesländer. Entsprechend der Vorschrift des § 240 Abs. 2 HGB ist damit zugleich bestimmt, dass die Dauer des Geschäftsjahres zwölf Monate nicht überschreiten darf. Unter Umständen kann jedoch ein kürzeres sog. Rumpfgeschäftsjahr gebildet werden (zB im Zuge der Errichtung oder der Auflösung wie auch der Vereinigung von Sparkassen). Im Gegensatz zu den anderen von § 240 HGB erfassten Kaufleuten steht es den Sparkassen damit aber nicht frei, ein abweichendes Geschäftsjahr zu wählen; das Sparkassenrecht ist hier also restriktiver als das Handelsbilanzrecht. Eine vergleichbare Regelung enthält § 4 LHO, wonach Haushaltsjahr (Rechnungsjahr) das Kalenderjahr ist. Allerdings finden die Vorschriften der Landeshaushaltsordnung auf die Sparkassen keine Anwendung (so § 112 Abs. 2 S. 2 LHO); danach unterliegen die Sparkassen auch nicht der Prüfung durch den Landesrechnungshof. Die Rechnungslegung der Sparkassen richtet sich vielmehr nach den handelsrechtlichen Vorschriften; es gelten keine sparkassenrechtlichen Abweichungen. 5

III. Vorlage von Jahresabschluss und Lagebericht – Verwaltungsrat (Abs. 2)

1. Überblick

§ 24 Abs. 2 SpkG NRW regelt (neben den Vorschriften der §§ 15 und 20 SpkG NRW) nur das **Verhältnis** des **Vorstands** der Sparkasse (§ 9, § 19 und § 20 SpkG NRW) zum **Verwaltungsrat** (§§ 9 bis 13 SpkG NRW). Die Vorschrift (vergleichbar der des § 170 Abs. 1 AktG – Vorlagepflicht ggü. dem Aufsichtsrat) bestimmt, dass der Vorstand dem Verwaltungsrat unverzüglich nach Ablauf des Geschäftsjahres den Jahresabschluss und den Lagebericht vorzulegen hat. Damit entspricht die Norm wörtlich der früheren Fassung des § 27 Abs. 1 SpkG NRW (in der davor gültigen Version des § 26 Abs. 1 SpkG NRW war noch auf den „Geschäftsbericht" abgestellt worden). Nach der aktuellen Fassung ist stattdessen eben der Lagebericht (dazu 6

§ 289 HGB) vorzulegen, in dem ua der Geschäftsverlauf einschließlich des Geschäftsergebnisses und die Lage der Kapitalgesellschaft so darzustellen ist, dass ein den tatsächlichen Verhältnissen entsprechendes Bild vermittelt wird. Der Lagebericht soll somit entsprechend seiner Rechenschaftsfunktion stärker der „Analyse und Kommentierung" der Geschäftstätigkeit dienen und den Adressaten – seiner Informationsfunktion entsprechend – entscheidungsrelevante Informationen bezüglich der voraussichtlichen Entwicklung bereitstellen.

7   Eine konkrete **Sanktion bei Verstoß** gegen die Vorlagepflicht sieht die Vorschrift nicht vor. Es gelten aber die allgemeinen Regelungen ua des § 40 SpkG NRW (→ § 40), nach denen die Sparkassenaufsicht sowohl ein „Unterrichtungsrecht" wie auch ein „Beanstandungsrecht" und zudem ein „Anweisungsrecht" mit der Möglichkeit der Ersatzvornahme hat, wobei die Ersatzvornahme auf Kosten der Sparkasse nur nach konkreter und begründeter Anweisung unter Einräumung einer ausreichenden Frist in Betracht kommt.

2. Unverzügliche Vorlage

8   Der Vorstand hat den Jahresabschluss und den Lagebericht **unverzüglich**, dh ohne schuldhaftes Zögern, nach Ablauf des Geschäftsjahrs, dh nach dem Ende des Kalenderjahrs, aufzustellen und dem Verwaltungsrat vorzulegen. Dies dient zunächst nur der Kenntnisnahme der vorgelegten Unterlagen und Unterrichtung über das Geschäftsergebnis, Beschlüsse über die Feststellung des Jahresabschlusses und die Billigung des Lageberichtes kann der Verwaltungsrat erst nach der Prüfung (durch den Sparkassen- und Giroverband nach Abs. 2) fassen (vgl. zB *Rothe*, S. 212). Während das SpkG NRW 1958 noch eine Frist von 2 Monaten vorsah, ist aktuell auf § 26 Abs. 1 KWG abzustellen (vgl. dazu zB *Auerbach/Klotzbach* in: Schwennicke/Auerbach, KWG, § 26), nach dem die Institute den Jahresabschluss in den ersten drei Monaten des Geschäftsjahres für das vergangene Geschäftsjahr aufzustellen und den aufgestellten sowie später den festgestellten Jahresabschluss und den Lagebericht der Bundesanstalt und der Deutschen Bundesbank nach Maßgabe des Satzes 2 jeweils unverzüglich einzureichen haben. Diese Regelung entspricht der Regelung des § 264 Abs. 1 HGB, nach der die gesetzlichen Vertreter großer und mittelgroßer Kapitalgesellschaften den Jahresabschluss und den Lagebericht „in den ersten drei Monaten des Geschäftsjahrs" aufzustellen haben (für kleine Kapitalgesellschaften beträgt diese Frist sechs Monate). Sparkassen haben nach § 340a Abs. 1 HGB auf ihren Jahresabschluss die für große Kapitalgesellschaften geltenden Vorschriften anzuwenden, sofern in §§ 340 ff. HGB „nichts anderes bestimmt ist" – und damit auch die Drei-Monats-Frist des § 264 Abs. 1 HGB zu beachten. Die Vorlagepflicht hat der Vorstand erfüllt, sobald er die Unterlagen dem Verwaltungsrat in der üblichen Weise, zB durch Übersendung an den Verwaltungsratsvorsitzenden, zugänglich gemacht hat. Von der KWG-Verpflichtung zur Vorlage des Prüfungsberichts besteht aufgrund der Sonderregelung des § 26 Abs. 1 S. 4 KWG eine Ausnahme: Während der Abschlussprüfer eines Kreditinstituts den Bericht über die Prüfung des Jahresabschlusses (Prüfungsbericht) unverzüglich nach Beendigung der Prüfung der Bundesanstalt und der Deutschen Bundesbank einzureichen hat, brauchen Berichte der Prüfungsstelle eines Sparkassen- und Giroverbandes nur auf Anforderung der Bundesanstalt eingereicht zu werden (gleiches iÜ bei Kreditinstituten, die einem genossenschaftlichen Prüfungsverband angehören).

III. Rechnungslegung, Jahresabschluss und Vermögenseinlagen § 24

3. Jahresabschluss und Lagebericht

Verantwortlich für die Aufstellung des Jahresabschlusses sind bei Sparkassen (wie iÜ bei Kapitalgesellschaften auch) die Mitglieder des Vorstands in ihrer Gesamtheit. Im Innenverhältnis kann die Aufstellung des Jahresabschlusses (als Handlungspflicht) an ein oder mehrere Mitglieder des geschäftsführenden Organs delegiert werden. Der aufgestellte Jahresabschluss ist von den gesetzlichen Vertretern (§ 20 Abs. 1 SpkG NRW: Vorstand) eigenhändig zu unterschreiben. Endgültig wird der Jahresabschluss aber erst dadurch, dass der Verwaltungsrat diesen feststellt. 9

Der **Jahresabschluss** besteht aus der Bilanz und der Gewinn- und Verlustrechnung und ist von Kapitalgesellschaften (über § 340a HGB entsprechend auch von Sparkassen) um einen Anhang zu erweitern; zudem ist ein Lagebericht zu erstellen, der formal nicht als Bestandteil des Jahresabschlusses gilt. Der Jahresabschluss ist gem. § 243 Abs. 1 HGB nach den Grundsätzen ordnungsmäßiger Buchführung (GoB) aufzustellen (ua Klarheit und Wahrheit, Richtigkeit und Vollständigkeit, Stetigkeit) und muss nach § 264 Abs. 2 HGB unter deren Beachtung ein den tatsächlichen Verhältnissen entsprechendes Bild der Vermögens-, Finanz- und Ertragslage der Kapitalgesellschaft (hier: der Sparkasse) vermitteln (vgl. überblicksartig zum kreditwirtschaftlichen Jahresabschluss zB *Hölscher/Helms* in: Hölscher/Altenhain, S. 637 ff.). Den Einblick in die Ertragslage muss in erster Linie die Gewinn- und Verlustrechnung vermitteln, zu deren Gliederung die Kreditinstituts-Rechnungslegungsverordnung (RechKredV) branchenspezifische Detailregelungen enthält. 10

Ist unklar, ob das Zahlenwerk ein den tatsächlichen Verhältnissen entsprechendes Bild bietet, müssen im **Anhang** korrigierende Erläuterungen vorgenommen werden. IÜ dient der Anhang der Erläuterung – wie auch der Entlastung – sowohl der Bilanz als auch der Gewinn- und Verlustrechnung. In den Anhang sind alle Angaben aufzunehmen, die zu den einzelnen Posten des Jahresabschlusses vorgeschrieben sind, sowie alle Angaben, die aufgrund ausgeübter Wahlrechte nicht in die Bilanz oder die Gewinn- und Verlustrechnung aufgenommen wurden. Der Inhalt des – ebenfalls den GoB unterworfenen – Anhangs ergibt sich aus den §§ 284 bis 288 HGB, über die Form sagt das HGB jedoch nichts aus. Die insoweit bestehende Gestaltungsfreiheit wird ua durch die Grundsätze der Klarheit und Übersichtlichkeit eingeschränkt, so dass sich in der Praxis verbreitet folgender Aufbau findet: Allgemeine Angaben, Bilanzierungs- und Bewertungsmethoden, Erläuterung der Bilanzposten, Erläuterung der posten der Gewinn- und Verlustrechnung, sonstige Angaben, Organmitglieder. 11

Der **Lagebericht** (vgl. § 289 HGB) hat – als eigenständiger Teil im Rahmen der jährlichen Rechenschaftslegung – sowohl eine Informations- als auch eine Rechenschaftsfunktion (zu Bedeutung und Inhalt des Lageberichts für den Verwaltungsrat vgl. *Baetge/Janko* in: Hölscher/Altenhain, S. 709 ff.). Er soll den Jahresabschluss durch allgemeine Informationen ergänzen und alle Vorgänge so darstellen, dass die wirtschaftliche Gesamtbeurteilung der Sparkasse möglich wird. Im Lagebericht geben die gesetzlichen Vertreter der Sparkasse auch ein persönliches Urteil über den Geschäftsverlauf, das Geschäftsergebnis, die Lage und die voraussichtliche Entwicklung ihrer Sparkasse ab. Diese Prognose sollte wirtschaftliche, technische, rechtliche, sozialpolitische und volkswirtschaftliche Aspekte gleichermaßen umfassen. Der Lagebericht hat somit eine ausgewogene und umfassende Analyse des Ge- 12 schäftsverlaufs und der Lage der Sparkasse zu enthalten. Hierbei sind alle bedeutsamen finanziellen Leistungsindikatoren in die Analyse mit einzubeziehen und unter Bezugnahme auf die im Jahresabschluss ausgewiesenen Beträge und Angaben zu erläutern. Eine Sparkasse muss auch nichtfinanzielle Leistungsindikatoren, wie Informationen über Umweltbelange und Arbeitnehmerbelange in die Analyse mit einbeziehen, soweit sie für das Verständnis des Geschäftsverlaufs von Bedeutung sind. Auch ist die voraussichtliche Entwicklung der Sparkasse mit allen Chancen und Risiken im Lagebericht zu beurteilen und zu erläutern. Darüber hinaus ist der Lagebericht um eine sog. „nichtfinanzielle Erklärung" zu erweitern (§§ 289b bis 289f HGB); dies gilt im Grundsatz für Lageberichte, die sich auf Geschäftsjahre mit einem nach dem 30.9.2015 liegenden Abschlussstichtag beziehen (also Sparkassen-Geschäftsjahre beginnend mit dem 1.1.2016).

IV. Prüfung und Prüfungsbericht (Abs. 3)

1. Rechtsentwicklung

13 Die Regelungen über die Prüfung von Jahresabschluss und Lagebericht sind in ihrer Grundform schon seit Jahrzehnten in den verschiedenen Fassungen des SpkG enthalten (zB in § 27 Abs. 2 der Neufassung des Gesetzes vom 25.1.1995). Die jüngste Ergänzung (also Abs. 3 Satz 2 „alternative Prüfung durch den anderen Sparkassen- und Giroverband", → Rn. 21) wurde eingefügt durch das Gesetz zur Änderung sparkassenrechtlicher Vorschriften vom 16.7.2013 (GV NRW S. 481).

2. Prüfung im Regelfall (Satz 1)

a) Überblick

14 Der Jahresabschluss und der Lagebericht werden von dem zuständigen Sparkassen- und Giroverband (dh der von diesem unterhaltenen Prüfungsstelle) geprüft; die Zuständigkeit ergibt sich nach der Mitgliedschaft der jeweiligen Sparkasse. Die Kosten der Prüfung trägt die Sparkasse (auch wenn dies, anders als in anderen Bundesländern – vgl. zB § 26 Abs. 2 des SächsSpkG –, in NRW nicht explizit geregelt ist). Die Regelung steht in Einklang mit § 340k HGB, nach der Kreditinstitute – unabhängig von ihrer Größe und unbeschadet der Vorschriften der §§ 28 und 29 KWG – ihren Jahresabschluss und Lagebericht nach den Bestimmungen der §§ 316 bis 324 HGB prüfen lassen müssen. § 340k Abs. 3 HGB regelt explizit, dass bei Sparkassen die nach § 340k Abs. 1 HGB vorgeschriebenen Prüfungen abweichend von § 319 Abs. 1 S. 1 HGB von der Prüfungsstelle eines Sparkassen- und Giroverbands durchgeführt werden dürfen. Allerdings darf die Prüfung von der Prüfungsstelle nur durchgeführt werden, wenn der Leiter der Prüfungsstelle die Voraussetzungen des § 319 Abs. 1 S. 1 und 2 HGB erfüllt; § 319 Abs. 2, 3 und 5, § 319a Abs. 1 und 2 sowie Art. 5 Abs. 1, 4 UAbs. 1 HGB und Abs. 5 der VO (EU) Nr. 537/2014 sind auf alle vom Sparkassen- und Giroverband beschäftigten Personen, die das Ergebnis der Prüfung beeinflussen können, entsprechend anzuwenden. Auf die Prüfungsstellen findet Artikel 5 der VO (EU) Nr. 537/2014 keine Anwendung. Außerdem muss sichergestellt sein, dass der Abschlussprüfer die Prüfung unabhängig von den Weisungen der Organe des Sparkassen- und Giroverbands durchführen kann. Auch die Sparkassenaufsichtsbehörde darf weder die Prüfungsunabhängigkeit des

III. Rechnungslegung, Jahresabschluss und Vermögenseinlagen § 24

Abschlussprüfers durch Weisungen beeinträchtigen noch Einfluss auf das materielle Prüfungsergebnis nehmen. Da das Landesrecht NRW nichts anderes vorsieht, findet iÜ § 319 Abs. 1 S. 3 und 4 HGB mit der Maßgabe Anwendung, dass die Prüfungsstelle über einen Auszug hinsichtlich ihrer Eintragung nach § 40a WPO verfügen muss.

Nach § 322 HGB hat der Abschlussprüfer das Ergebnis der Prüfung schriftlich in einem Bestätigungsvermerk zum Jahresabschluss (oder zum Konzernabschluss) zusammenzufassen. Der Bestätigungsvermerk hat Gegenstand, Art und Umfang der Prüfung zu beschreiben und dabei die angewandten Rechnungslegungs- und Prüfungsgrundsätze anzugeben; er hat ferner eine Beurteilung des Prüfungsergebnisses zu enthalten. In einem einleitenden Abschnitt haben zumindest die Beschreibung des Gegenstands der Prüfung und die Angabe zu den angewandten Rechnungslegungsgrundsätzen zu erfolgen. Zur „Prüfung der Sparkassen" hat das Ministerium der Finanzen mit Datum vom 29.11.2018 einen Runderlass veröffentlicht (MBl. NRW 2018 686), der den Runderlass des Finanzministeriums „Prüfung der öffentlich-rechtlichen Sparkassen" vom 18.2.2009 (MBl. NRW 2009 S. 104) ersetzt und der nachfolgend auch überwiegend wörtlich zitiert wird. 15

b) Prüfungsstelle und Arten der Prüfungen

Die Sparkassen- und Giroverbände unterhalten Prüfungsstellen im Sinne des § 340k Absatz 3 HGB. Diese können neben den gesetzlich vorgeschriebenen und aufsichtsbehördlich angeordneten Prüfungen auch ohne besonderen Anlass sonstige Prüfungen vornehmen, zum Beispiel Geschäftsstellen-, Geschäftssparten-, Organisations- und Kreditprüfungen. Diese Prüfungen können auch unvermutet vorgenommen werden. Sie können als vorgezogene Prüfung Teil der Jahresabschlussprüfung sein. Die Personen, die die Prüfungsstellen leiten, und die sie vertretenden Personen müssen öffentlich bestellte Wirtschaftsprüfer sein. Die Prüfungsstelle ist unabhängig und an Weisungen nicht gebunden. Die Sparkassen- und Giroverbände haben für ihre Prüfungsstellen die Mitgliedschaft in der Wirtschaftsprüferkammer gemäß § 58 Absatz 2 WPO zu erwerben. Der Termin der abschließenden Besprechung des Ergebnisses der Qualitätskontrolle ist der Aufsichtsbehörde mitzuteilen, um eine eventuelle Teilnahme zu ermöglichen. Der jeweilige Qualitätskontrollbericht über die Durchführung der Qualitätskontrolle gemäß § 57a WPO ist ihr unverzüglich zuzuleiten. Der Transparenzbericht gemäß Artikel 13 der VO (EU) Nr. 537/2014 des Europäischen Parlaments und des Rates vom 16. April 2014 über spezifische Anforderungen an die Abschlussprüfung bei Unternehmen von öffentlichem Interesse und zur Aufhebung des Beschlusses 2005/909/EG der Kommission (ABl. L 158 vom 27.5.2014, S. 77) und die Liste der geprüften Sparkassen gemäß Artikel 14 der VO (EU) Nr. 537/2014 sind der Aufsichtsbehörde unverzüglich zuzuleiten. Die Sparkassen haben bei der Übertragung von Teilen ihres Geschäftsbetriebes und/oder ihres Rechnungswesens auf externe Stellen oder Gemeinschaftseinrichtungen zu gewährleisten, dass Prüfungen nach Maßgabe dieses Erlasses auch bei diesen Stellen durchgeführt werden können (Runderlass des Ministeriums der Finanzen vom 29.11.2018, MBl. NRW S. 686, Nr. 1). 16

c) Durchführung der Prüfung

Die Prüfungen sind unter Beachtung der für Wirtschaftsprüfungsgesellschaften geltenden Rechtsvorschriften und berufsständischen Regelungen, insbesondere 17 auch der Verlautbarungen des Instituts der Wirtschaftsprüfer (IDW), vorzunehmen. Mit den Prüfungen ist festzustellen, ob die Geschäfte im Rahmen der für Sparkassen geltenden besonderen gesetzlichen und satzungsmäßigen Vorschriften sowie der aufsichtsbehördlichen Anordnungen abgewickelt werden. Die Prüfungen sind nicht nur auf die Feststellung von Mängeln gerichtet, sondern sollen auch vorbeugend wirken und dabei gegebenenfalls aus betriebswirtschaftlicher Sicht Anregungen für die Fortentwicklung der Sparkasse geben. Alle von der Bundesanstalt für Finanzdienstleistungsaufsicht nach § 44 Absatz 1 KWG angeordneten Prüfungen gelten auch im Rahmen der staatlichen Aufsicht nach § 52 KWG als angeordnet (Runderlass des Ministeriums der Finanzen vom 29.11.2018, MBl. NRW S. 686, Nr. 2).

18 Nach den Berufsgrundsätzen der Wirtschaftsprüfer sind die Prüfungen ua unabhängig, unparteiisch, gewissenhaft und eigenverantwortlich durchzuführen. Da es sich um gesetzlich vorgeschriebene Prüfungen handelt, stehen weder das Bankgeheimnis noch Datenschutzgründe der Verpflichtung entgegen, dem Abschlussprüfer jegliche Informationen zu erteilen und Einblick in alle Unterlagen zu gewähren. Denn nach § 320 Abs. 2 HGB kann der Abschlussprüfer von den gesetzlichen Vertretern alle Aufklärungen und Nachweise verlangen, die für eine sorgfältige Prüfung notwendig sind, und zwar auch schon vor Aufstellung des Jahresabschlusses, soweit es die Vorbereitung der Abschlussprüfung erfordert. Zum Zwecke der Dokumentation der Prüfungshandlungen darf der Abschlussprüfer Kopien von eingesehenen Unterlagen der Sparkasse fertigen und zu seinen Arbeitspapieren nehmen bzw. Auswertungen aus den Unterlagen dort festhalten.

d) Inhalte der Prüfungsberichte

19 Die Prüfungsberichte sind nach pflichtgemäßem Ermessen unter Beachtung der geltenden Rechtsvorschriften und bankaufsichtlichen Verordnungen über den Inhalt von Prüfungsberichten und der Hinweise dieses Erlasses zur „Durchführung der Prüfungen" zu erstatten. Die Berichterstattung hat die Einhaltung der für Sparkassen geltenden besonderen gesetzlichen und satzungsmäßigen Vorschriften sowie die aufsichtsbehördlichen Anordnungen zu erfassen. Darüber hinaus ist zu berichten über die
a) regionale Aufgliederung des geprüften Kreditvolumens gemäß § 3 Absatz 1 SpkG,
b) geleisteten Spenden und Zahlungen an Stiftungen und
c) Sonderkonditionen für Vorstandsmitglieder und Dienstkräfte von Sparkassen.
Die Prüfungsberichte sind von einer zeichnungsberechtigten Vertretung der Prüfungsstelle, die als Wirtschaftsprüferin oder Wirtschaftsprüfer öffentlich bestellt sein muss, zu unterzeichnen (Runderlass des Ministeriums der Finanzen vom 29.11.2018, MBl. NRW S. 686, Nr. 3).

e) Vorlage der Prüfungsberichte, Prüfungsfeststellungen

20 Werden bei der Prüfung Tatsachen bekannt, die nach den Vorschriften des Gesetzes über das Kreditwesen oder einer aufsichtsbehördlichen Anordnung der Bundesanstalt für Finanzdienstleistungsaufsicht und der Deutschen Bundesbank unverzüglich anzuzeigen sind, so müssen Abdrucke dieser Anzeigen auch der Aufsichtsbehörde zugeleitet werden. Gleiches gilt für eine Vorabberichterstattung an die Berichtsempfänger. Die Termine der Sitzung von Bilanzprüfungsausschuss oder

III. Rechnungslegung, Jahresabschluss und Vermögenseinlagen   § 24

Hauptausschuss, in der die Beschlussempfehlung an den Verwaltungsrat über die Feststellung des Jahresabschlusses und die Billigung des Lageberichtes verabschiedet werden soll, sowie der Sitzung des Verwaltungsrates, in der die entsprechenden Beschlüsse gefasst werden sollen, sind unverzüglich nach der Festlegung der Aufsichtsbehörde mitzuteilen. Mindestens acht Tage vor der Schlussbesprechung ist dieser auch jeweils eine Übersicht zuzusenden, die die wesentlichen Daten zur geschäftlichen Entwicklung und zu den wirtschaftlichen Verhältnissen der Sparkassen enthalten muss. Alternativ kann der Aufsichtsbehörde mindestens zwei Arbeitstage vor dem Termin der Schlussbesprechung die jeweilige Präsentation der Prüfungsstelle zur Schlussbesprechung elektronisch übermittelt werden, sofern diese entsprechende Daten mindestens in aggregierter Form enthalten. Für die Übersendung von Prüfungsberichten zu Sparkassen in Nordrhein-Westfalen, die nicht den Jahresabschluss betreffen, gilt § 24 Absatz 3 SpkG NRW entsprechend (Runderlass des Ministeriums der Finanzen vom 29.11.2018, MBl. NRW S. 686, Nr. 4).

3. Alternative Prüfung durch den anderen Prüfungsverband (Satz 2)

Die Regelung in Satz 2 eröffnet die Möglichkeit, die Prüfung auch von dem jeweils anderen Sparkassen- und Giroverband durchführen zu lassen. Dazu bedarf es eines Antrags des zuständigen Sparkassen- und Giroverbandes und der Zustimmung der Aufsichtsbehörde bzw. der direkten Anordnung der Aufsichtsbehörde. Dies sollte insbesondere für die Ausnahmefälle relevant sein, in denen sich eine Sparkasse nach § 38 (→ § 38) „auf Zeit" in der Trägerschaft eines Sparkassen- und Giroverbands befindet. Im Gegensatz zu den SpkG anderer Länder ist nach dem Gesetzeswortlaut des SpkG NRW iÜ nicht vorgesehen, dass Sparkasse oder Aufsichtsbehörde einen anderen Wirtschaftsprüfer (eine Wirtschaftsprüfungsgesellschaft) beauftragen können. 21

4. Weiterleitung des Prüfungsberichts (Satz 3)

Satz 3 regelt abschließend, an wen der Prüfungsbericht, der streng vertraulich zu behandeln ist, vom Sparkassen- und Giroverband weiterzuleiten ist, nämlich
– an den Vorstand (§ 19 SpkG NRW),
– an das vorsitzende Mitglied des Verwaltungsrates (§ 11 SpkG NRW) sowie
– an die Aufsichtsbehörde (§ 39 SpkG NRW).
Damit ist implizit ausgeschlossen, dass alle Mitglieder des Verwaltungsrats den Prüfungsbericht ausgehändigt bekommen; diese haben nach Satz 4 lediglich ein Einsichtsrecht. Insoweit sind die Regelungen des SpkG NRW vergleichsweise restriktiver als die des AktG, nach denen die Prüfungsberichte jedem Aufsichtsratsmitglied zu übermitteln sind (§ 170 Abs. 3 AktG). 22

5. Einsichtsrecht (Satz 4)

In Satz 4 wird die Möglichkeit der Einsichtnahme in den Prüfungsbericht geregelt. Eine solche Einsichtnahme ist – mit Ausnahmen für die Mitglieder des Bilanzprüfungsausschusses und für die Mitglieder des Risikoausschusses – nur im Hause der Sparkasse zulässig, um die Vertraulichkeit der sensiblen Daten des Prüfungsberichts zu wahren. Das Recht auf Einsichtnahme umfasst keinen Anspruch 23 des einzelnen Mitglieds auf Aushändigung eines Exemplars des Prüfungsberichts oder auf Fertigung von Kopien oder Abschriften. Auch besteht kein Rechtsanspruch, bei der Einsichtnahme ggf. einen Sachverständigen hinzuziehen zu dürfen (*Berger*, § 23 Rn. 15 mwN.; *Schlierbach/Püttner*, S. 251). Parallel zur Reform der Zusendung der sitzungsvorbereitenden Beratungsunterlagen (→ § 16 Rn. 38a und Rn. 95) soll auch § 24 Abs. 3 SpkG NRW dahingehend grundlegend reformiert werden (vgl. Entwurf eines Gesetzes zur Modernisierung des Sparkassenrechts und zur Änderung weiterer Gesetze v. 19.3.2024, LT-Drs. NRW 18/2407, S. 5, 12), dass durch den Verwaltungsratsvorsitzenden eine zeitnahe Zuleitung von Kopien des Prüfberichts an die Verwaltungsratsmitglieder erfolgen soll. Maßgeblich für diese Reform ist die Einsicht des Gesetzgebers, dass die bisherige Regelung (Zuleitung des Berichts der Prüfungsstelle nur an den Verwaltungsratsvorsitzenden) vor dem Hintergrund steigender fachlicher Anforderungen an die Verwaltungsratsmitglieder nicht mehr den aktuellen Anforderungen an eine gute Governance entspricht. Damit soll sichergestellt werden, dass die Verwaltungsratsmitglieder den Prüfbericht rechtzeitig vor der Sitzung erhalten und ihnen damit auch eine gute Vorbereitung ermöglicht wird. Die Gesetzesbegründung weist zudem explizit darauf hin, dass sich die Neuregelung an Ziffer 5.1.5 des Public Corporate Governance Kodex des Landes Nordrhein-Westfalen anlehnt und den gegebenenfalls erhöhten Sicherheitsanforderungen auf anderem Wege Rechnung zu tragen ist, beispielsweise durch einen gesicherten digitalen Datenraum (→ dazu vgl. auch § 16 Rn. 34–36).

6. Aushändigung an bestimmte Verwaltungsratsmitglieder (Satz 5)

24 Gemäß Satz 5 können die Mitglieder des Bilanzprüfungsausschusses sowie des Risikoausschusses verlangen, dass ihnen der Prüfungsbericht auch ausgehändigt wird. Konkret sollten diese das vorsitzende Mitglied des Verwaltungsrates um eine Aushändigung des Berichtes bitten. Die zum SpkG NRW ergangenen Allgemeinen Verwaltungsvorschriften – AVV – vom 27.10.2009 führen unter der Überschrift „Rückgabepflicht von Unterlagen/Prüfungsbericht für Mitglieder des Bilanzprüfungs- und Risikoausschusses" dazu aus: „Verlangen die Mitglieder des Bilanzprüfungs- und/oder Risikoausschusses nach § 24 Absatz 3 Satz 4 Sparkassengesetz die Aushändigung des Prüfungsberichtes, kann diesen aufgrund eines Beschlusses des Verwaltungsrates ein als persönlich gekennzeichnetes Exemplar ausgehändigt werden. Dieses ist am Ende der Sitzung des Verwaltungsrates, in der die Beschlüsse nach § 15 Absatz 2 Buchstabe d) Sparkassengesetz gefasst werden, zurückzugeben. Es dürfen keine Kopien, Abschriften oder ähnliches aus dem Prüfungsbericht gefertigt oder Informationen hieraus an Dritte weitergegeben werden." § 24 Abs. 3 S. 5 SpkG NRW soll infolge der Reform des § 24 Abs. 3 SpkG NRW gestrichen werden (zu den Einzelheiten s.o. Rn. 23 a.E.).

V. Vorlage von Jahresabschluss und Lagebericht – Vertretung des Trägers, Gewinnverwendungsbeschluss (Abs. 4)

1. Überblick

25 Absatz 4 entspricht inhaltlich der früheren, vor 2008 geltenden Fassung des § 27 Abs. 3 SpkG NRW. Aufgrund der nach neuem Recht weitergehenden Ausschüttungsmöglichkeiten (vgl. § 25 SpkG NRW) erfolgt der Beschluss der Trägerversammlung über die Verwendung des Jahresüberschusses auf Vorschlag des Verwaltungsrates. Die Letztentscheidung über die Verwendung des Jahresüberschusses obliegt dabei nach § 8 Abs. 2 Buchstabe g) iVm § 24 Abs. 4 S. 2 SpkG NRW der Vertretung des Trägers. Sie ist daher – wie bisher – nicht daran gehindert, abweichend von der Empfehlung des Verwaltungsrates zu entscheiden (vgl. LT-Drs. 14/6831 v. 26.5.2008). Mit Feststellung des Jahresabschlusses bzw. Billigung des Lageberichts durch den Verwaltungsrat nicht verbunden ist iÜ die Entlastung des Vorstands, die gemäß § 8 Abs. 2 SpkG NRW (→ § 8 Rn. 17 ff.) der Vertretung des Trägers vorbehalten ist.

2. Feststellung und Vorlage von Jahresabschluss und Lagebericht an die Vertretung des Trägers (Satz 1)

Feststellung des Jahresabschlusses: Der Jahresabschluss der Sparkasse ist alljährlich vom Verwaltungsrat in eigener Zuständigkeit festzustellen; dies setzt natürlich dessen Beschlussfähigkeit voraus. Dieser Feststellungsbeschluss ist nichts anderes als die Zustimmung des Verwaltungsrats zu dem vorgelegten Jahresabschluss, den der Vorstand aufgestellt hat. Der Feststellungsbeschluss setzt den Abschluss der Jahresabschlussprüfung mit Erteilung des Bestätigungsvermerks durch den Sparkassen- und Giroverband (die Prüfungsstelle) voraus, andernfalls wäre ein solcher Beschluss nichtig. Nichtig ist ein solcher Feststellungsbeschluss auch, wenn die Rechnungslegung und Gewinnverteilung gegen sparkassengeschäftspolitische Grundsätze verstößt (so *Rothe*, S. 215). Dabei darf der Verwaltungsrat auch nur in Kenntnis des Prüfungsergebnisses über die Feststellung beschließen. Das Prüfungsergebnis ist in einer Schlussbesprechung zu erörtern, an der das Finanzministerium, die Prüfungsstelle sowie Mitglieder des Verwaltungsrats und des Vorstands teilnehmen (vgl. *Klüpfel/Gaberdiel/Höppel/Ebinger*, § 30 Anm. III, 3). Der Termin der Schlussbesprechung ist dem Finanzministerium rechtzeitig anzuzeigen. 26

Der Vorstand unterbreitet mit der Aufstellung des Jahresabschlusses einen Vorschlag, über den der Verwaltungsrat im Wege der Feststellung entscheidet. Zur Feststellungskompetenz gehört, dass der Verwaltungsrat zB Bewertungs- und Bilanzwahlrechte abweichend vom Vorschlag des Vorstands ausüben – und insoweit den aufgestellten Jahresabschluss ändern – kann (so *Klüpfel/Gaberdiel/Höppel/Ebinger*, § 30 Anm. III, 5: aA *Biesok*, Sparkassenrecht, Rn. 586: „Aufgabe des Vorstands, über die Ausübung der Wahlrechte zu entscheiden [..] Verwaltungsrat darf nicht an Stelle des Vorstands entscheiden"). 27

Billigung des Lageberichts: Die Billigung des Lageberichts betreffend gelten die vorstehenden Überlegungen entsprechend. Dh dass ein entsprechender Beschluss zu fassen ist, der Begriff „Billigung" ist insoweit als Zustimmung, Genehmigung oder Einverständniserklärung zu verstehen. Wird der vom Vorstand vorgelegte Lagebericht nicht gebilligt, kann der Verwaltungsrat diesen gleichwohl nicht durch einen eigenen Lagebericht ersetzen. 28

Vorlage an die Vertretung des Trägers: Der festgestellte Jahresabschluss und der gebilligte Lagebericht sind – mit dem Bestätigungsvermerk, aber ohne den ausführlichen Prüfungsbericht – der Vertretung des Trägers vorzulegen; die Vorlage erfolgt durch den Vorstand der Sparkasse. 29

§ 25   A. Sparkassen

Über diese Unterlagen hinaus ist der Vertretung des Trägers auch ein Vorschlag über die „Verwendung des Jahresüberschusses nach § 25" vorzulegen; dies umfasst über den Wortlaut hinaus natürlich auch den Fall eines Jahresfehlbetrags.

3. Gewinnverwendungsbeschluss durch die Vertretung des Trägers (Satz 2)

30 Satz 2 regelt schlicht die **Zuständigkeit** hinsichtlich des Gewinnverwendungsbeschlusses – die Vertretung des Trägers entscheidet über die Verwendung des Jahresüberschusses; näheres regelt § 25 SpkG NRW (→ § 25).

VI. Vorlage von Jahresabschluss, Lagebericht und Gewinnverwendungsbeschluss – Aufsichtsbehörde (Abs. 5)

31 Absatz 5 entspricht inhaltlich der früheren, vor 2008 geltenden Fassung des § 27 Abs. 4 SpkG NRW. Jahresabschluss, Lagebericht und Gewinnverwendungsbeschluss sind unverzüglich, dh nach der entsprechenden Beschlussfassung ohne schuldhaftes Zögern der Aufsichtsbehörde, also dem Finanzministerium, vorzulegen. Daneben bestehen weitere Vorlagepflichten zB nach § 26 KWG (Bundesanstalt und Deutsche Bundesbank), die hier nicht weiter betrachtet werden sollen.

VII. Erläuterungen zu Abs. 6: Prüfungen nach dem Wertpapierhandelsgesetz (WpHG)

32 Absatz 6 entspricht inhaltlich der früheren, vor 2008 geltenden Fassung des § 27 Abs. 5 SpkG NRW. Mit **Prüfungen nach dem WpHG** erfasst das SpkG NRW die Prüfung der Meldepflichten und Verhaltensregeln nach § 89 WpHG. Entsprechende Prüfungen werden bei den Sparkassen von den Prüfungsstellen der Verbände durchgeführt, der von diesen anzufertigende Prüfungsbericht ist nach § 89 Abs. 2 WpHG jedoch nur auf Anforderung der Bundesanstalt oder der Deutschen Bundesbank einzureichen (vgl. zu den Anforderungen hinsichtlich Art, Umfang und Zeitpunkt solcher Prüfungen die Wertpapierdienstleistungs-Prüfungsverordnung (WpDPV) v. 17.1.2018, BGBl. I S. 140); dies entspricht iÜ der Regelung für die Einreichung der Prüfungsberichte nach § 26 Abs. 3 KWG. Wird ein solcher Prüfungsbericht angefordert, so hat dessen **Vorlage** unverzüglich zu erfolgen; er ist auch dem Finanzministerium als Aufsichtsbehörde unverzüglich zuzuleiten. Entsprechende Einreichungspflichten gelten iÜ betreffend die Prüfungsberichte bei „zusätzlichen Prüfungen" iSd § 26 Abs. 2 KWG. Der Verweis auf Abs. 3 ist so zu verstehen, dass auch derartige Prüfungsberichte nicht dem gesamten Verwaltungsrat, sondern nur den in Abs. 3 genannten ausgewählten Personen ausgehändigt und iÜ allenfalls zur Einsicht zur Verfügung gestellt werden dürfen.

§ 25 Verwendung des Jahresüberschusses, Ausschüttung

(1) In dem Beschluss über die Verwendung des Jahresüberschusses nach § 24 Abs. 4 Satz 2 ist die Verwendung des Jahresüberschusses im Einzelnen darzulegen. Namentlich sind anzugeben:

III. Rechnungslegung, Jahresabschluss und Vermögenseinlagen § 25

a) Der Jahresüberschuss,
b) Der an den Träger auszuschüttende Betrag,
c) Die in die Sicherheitsrücklage oder eine freie Rücklage einzustellenden Beträge,
d) Ein Gewinnvortrag.
Der Beschluss führt nicht zu einer Änderung des festgestellten Jahresabschlusses.

(2) Bei ihrer Entscheidung hat die Vertretung des Trägers die Angemessenheit der Ausschüttung im Hinblick auf die künftige wirtschaftliche Leistungsfähigkeit der Sparkasse sowie im Hinblick auf die Erfüllung des öffentlichen Auftrags der Sparkasse zu berücksichtigen.

(3) Der Ausschüttungsbetrag ist zur Erfüllung der gemeinwohlorientierten örtlichen Aufgaben des Trägers oder für gemeinnützige Zwecke zu verwenden und damit auf die Förderung des kommunalen, bürgerschaftlichen und trägerschaftlichen Engagements insbesondere in den Bereichen Bildung und Erziehung, Soziales und Familie, Kultur und Sport sowie Umwelt zu beschränken.

Literatur: *Scharpf/Schaber*, Handbuch Bankbilanz, 6. Aufl., 2015

Übersicht

	Rn.		Rn.
I. Grundlegende Informationen zum Regelungskreis des § 25	1	III. Berücksichtigung der Angemessenheit der Ausschüttung (Abs. 2)	24
1. Überblick und Rechtsentwicklung	1	1. Überblick	24
2. (Eigen-)Kapitalausstattung der Sparkassen/Sicherheitsrücklage	3	2. Künftige wirtschaftliche Leistungsfähigkeit der Sparkasse	28
3. Sparkassen und Spendenabzug	8	3. Erfüllung des öffentlichen Auftrags der Sparkasse	30
4. Jahresüberschuss als zentrales Tatbestandselement	9	4. Zur Ermittlung der angemessenen Höhe der Ausschüttung	31
5. Exkurs: Besteuerung der Sparkassen	17	IV. Zweckbindung des Ausschüttungsbetrags (Abs. 3)	36
II. Notwendigkeit des Gewinnverwendungsbeschlusses (Abs. 1)	18	1. Überblick	36
1. Überblick	18	2. Verwendung durch den Träger	38
2. Darlegung der Gewinnverwendung	19	3. Gestaltung: Unmittelbare Verwendung des Ausschüttungsbetrags durch die Sparkasse	42
3. Rechtsfolge: „keine Änderung des Jahresabschlusses"	23		

I. Grundlegende Informationen zum Regelungskreis des § 25

1. Überblick und Rechtsentwicklung

Rechtsentwicklung: Die Regelung des § 25 SpkG NRW ist dem dritten Abschnitt des Gesetzes mit dem Titel „Rechnungslegung, Jahresabschluss und Vermögenseinlagen stiller Gesellschafter" zugeordnet, der schon im Zuge des Gesetzes vom 8.3.1994 (GV. NRW 1994 S. 92) in das Gesetz eingefügt worden war. Vor der Gesetzesneufassung im Jahr 2008, die aktuell ja noch Bestand hat, war lediglich 1

eine dem aktuellen § 25 Abs. 3 SpkG NRW entsprechende Regelung im Gesetz enthalten (und zwar in § 28 Abs. 5 SpkG NRW), die aktuellen Absätze 1 und 2 des § 25 finden in früheren Fassungen des Gesetzes keine Entsprechung. Darin ist auch zugleich die herausragende **inhaltliche Besonderheit**, die einem Paradigmenwechsel gleichkommt, zu sehen: Nach der Begründung zur aktuellen Gesetzesfassung bezweckt die Neuregelung im Gegensatz zur bisherigen, zum Schutze der Kapitalsituation der Sparkassen begrenzten Ausschüttungsmöglichkeit einen angemessenen Ausgleich zwischen Bestrebungen nach einem Wegfall jeglicher Ausschüttungsbeschränkungen und dem notwendigen Erhalt der Selbstfinanzierungskraft der Sparkassen. Die Vertretung des Trägers entscheidet nunmehr im Grundsatz frei über die Verwendung des Jahresüberschusses. Dh, dass abweichend von früheren Regelungen in NRW und abweichend von den Sparkassengesetzen der anderen Bundesländer auf die Vorgabe jeglicher relativer oder absoluter Größen verzichtet – und allein auf die „Angemessenheit der Ausschüttung" abgestellt – wird. Die Dispositionsmöglichkeiten des Trägers über den Ausschüttungsbetrag sind also erweitert worden, da der Gesetzgeber das Primat der Eigenkapitalstärkung nunmehr relativiert hat. Ausweislich der Gesetzesbegründung (vgl. LT-Drs. 14/6831), die den Sparkassen eine „herausragende Rolle in der ortsnahen Versorgung der Bürgerschaft mit kreditwirtschaftlichen Leistungen" attestiert, sollen die „Sparkassen in ihrer Funktion als Dienstleister gegenüber der Bevölkerung" gestärkt werden. Deutlicher als bisher werde im SpkG „die enge Beziehung der Sparkassen zu den Kommunen als ihren Trägern gesetzlich verankert". Daher sei es auch nur „konsequent, den Trägern eine weniger einschränkende Verfügung über den ausschüttungsfähigen Betrag des Jahresüberschusses" zuzugestehen; insoweit sehe das Gesetz mit einer starken Vereinfachung der Ausschüttungsregelung „auch eine Verbesserung der Ausschüttungsmöglichkeit vor". **Inhaltlich** bestimmen die Regelungen
– in Konkretisierung des § 24 Abs. 4 SpkG NRW den notwendigen Inhalt des Gewinnverwendungsbeschlusses,
– die Kriterien (Rahmenbedingungen), anhand derer die „Angemessenheit der Ausschüttung" beurteilt werden soll, und
– die Zweckbindung des Ausschüttungsbetrags auf der Ebene des Trägers.

2 Der sachliche **Geltungsbereich** (Sparkassen gem. Teil A des SpkG NRW) entspricht dem des § 24 SpkG NRW, ebenso der zeitliche Geltungsbereich. Vergleichbar dem § 24 SpkG NRW sieht auch § 25 SpkG NRW für den Fall einer etwaigen Verletzung der den Beteiligten (also der Vertretung des Trägers bzw. dem Träger selbst) auferlegten Pflichten keine Sanktionen vor. Auch hier greifen stattdessen die Regelungen über die Aufsicht und deren Befugnisse (vgl. dazu §§ 39 ff. SpkG NRW).

2. (Eigen-)Kapitalausstattung der Sparkassen/Sicherheitsrücklage

3 Der Begriff des **Eigenkapitals** ist eigentlich ein solcher des Bilanzrechts und des Kreditwesengesetzes, nicht jedoch der Sparkassengesetze der Länder. Abweichend von vielen anderen landesrechtlichen Regelungen sieht allerdings das SpkG NRW in § 7 – als „Kann-Vorschrift" formuliert – die Möglichkeit der Bildung von Trägerkapital vor (→ § 26); sog. Grund- oder Stammkapital, das bei Kapitalgesellschaften nach geltendem Handels- und Gesellschaftsrecht zwingend einen Teil des Eigenkapitals ausmacht, ist bei Sparkassen nicht vorgesehen.

III. Rechnungslegung, Jahresabschluss und Vermögenseinlagen   **§ 25**

Als (haftendes) Eigenkapital sind bei den Sparkassen vielmehr die **Rücklagen** 4
anzusehen – mit der Besonderheit der sog. Sicherheitsrücklage, die im Schrifttum
auch als Eigenkapital der Sparkassen bezeichnet wird. Im Ergebnis können Sparkassen daher regelmäßig (Vermögenseinlagen stiller Gesellschafter nach § 26 SpkG
NRW außen vor gelassen, vgl. die Kommentierung zu dieser Norm) Eigenkapital
nur aus Jahresüberschüssen bilden, also durch die Thesaurierung von Gewinnen.
Vor diesem Hintergrund sind die anderen landesrechtlichen Regelungen sowie die
früheren Fassungen des SpkG NRW (hier § 28 in der bis 2008 geltenden Fassung)
zu sehen, mit denen die Verwendung der Jahresüberschüsse genau vorgeschrieben
ist bzw. war. So stand bislang die (angemessene) Eigenkapitalbildung durch eine
verpflichtende Dotierung der Sicherheitsrücklage im Vordergrund, die Gewinne
haben bzw. hatten den Geschäftsbetrieb der Sparkasse zu sichern. Darüber hinaus
bestand bzw. besteht die Möglichkeit, Teile des Jahresüberschusses in die sog „freie
Rücklage" einzustellen. Nach nunmehr überholtem Recht stand – gestaffelt nach
der relativen Höhe der Sicherheitsrücklage – immer nur ein Teil des Jahresüberschusses zur Abführung an den Träger zur Verfügung, und zwar in NRW in Relation zu „den gesamten Einlagen" (in anderen Bundesländern sind die Bezugsgrößen zB die Bilanzsumme oder bestimmte Rücklagen nach den KWG). Betrug die
Sicherheitsrücklage weniger als 3% der gesamten Einlagen (Mindestsicherheitsrücklage, vgl. zB *Rothe*, S. 222 f.), so war eine Abführung ausgeschlossen, betrug sie
mehr als 10% der gesamten Einlagen, so war die Abführung auf höchstens drei
Viertel des Jahresüberschusses limitiert; dh dass in jedem Fall ein Viertel des Jahresüberschusses der Sicherheitsrücklage zuzuführen war.

Die **Sicherheitsrücklage** ist als sog. gesetzliche Rücklage anzusehen (vgl. auch 5
§ 150 AktG). Sie stellt eine Kapitalansammlung für den Notfall dar zur Abdeckung
etwaiger im Geschäftsjahr eintretender Verluste (hierzu und zu den nachfolgenden Ausführungen *Schlierbach/Püttner*, S. 270) und unterliegt somit einer festen
Zweckbindung. Von einer Gewinnverteilung an den Träger ist die Sicherheitsrücklage in jedem Fall ausgenommen, ebenso wenig kann und darf sie vor Fertigstellung des Jahresabschlusses zum Ausgleich eines Einzelverlusts aus einem bestimmten Geschäft in Anspruch genommen werden.

Freie Rücklagen (bilanzrechtlich auch: andere Gewinnrücklagen, gesetzlich 6
genannt zB in § 152 AktG) können nach freier Entscheidung – der Vertretung des
Trägers – dotiert werden, es sind durch das SpkG NRW weder Mindest- noch
Höchstbeträge gesetzlich vorgegeben. Nach geltender Gesetzeslage ist es in NRW
daher (iRd Einschränkungen des § 25 Abs. 2 SpkG NRW) sogar zulässig, neben einer vollständigen Ausschüttung des Jahresüberschusses auch eine vollständige Dotierung der Sicherheitsrücklage wie auch eine vollständige Dotierung der freien
Rücklage vorzunehmen.

Sog. **Vorwegzuführungen aus dem Jahresüberschuss** (zu Gunsten der Si- 7
cherheitsrücklage), wie sie zB in § 27 Abs. 1 des SächsSpkG vorgeschrieben sind,
sind nach der Neufassung des SpkG NRW seit 2008 nicht mehr vorgesehen (zuvor
bestand in NRW für den Verwaltungsrat noch die Möglichkeit einer solchen Vorwegzuführung aufgrund der Regelung des § 28 Abs. 1); sie werden daher an dieser
Stelle nicht (mehr) näher kommentiert.

Köster   405

3. Sparkassen und Spendenabzug

8   Im Rahmen ihrer Geschäftspolitik steht es den Sparkassen frei, Zuwendungen an Stiftungen sowie Spenden zu leisten. In Baden-Württemberg werden entsprechende Aufwendungen als „Freigiebigkeitsleistungen" bezeichnet. Spenden dürfen dort der Höhe nach nur im steuerlich zulässigen Rahmen gewährt werden (§ 9 Abs. 1 Nr. 2 KStG), und auch nur unter Wahrung des Grundsatzes einer sparsamen Haushaltsführung (vgl. *Klüpfel/Gaberdiel/Höppel/Ebinger*, § 31 Anm. I, 3). Für Niedersachsen wird zudem vertreten, dass die Spenden in einem angemessenen Verhältnis zum Geschäftsumfang und zur Ertragslage der Sparkasse stehen müssen (vgl. Berger, § 24 Rn. 17 mwN); die Entscheidung über diese Mittelverwendung liegt in der Verantwortung des Vorstands. Das SpkG NRW sieht zu Spenden bzw. Freigiebigkeitsleistungen keine expliziten Regelungen oder gar Einschränkungen vor, ausweislich der Gesetzesbegründung soll vielmehr der Inhalt der bisherigen Regelung des § 28 Abs. 4 SpkG NRW und damit die Möglichkeit bestehen bleiben, dass die Sparkasse (nach der bisherigen Fassung des § 28 Abs. 4 SpkG NRW: der Verwaltungsrat) gemeinnützigen Institutionen unmittelbar Mittel zuwendet, die nicht ausgeschüttet werden (LT-Drs. 14/6831). Unabhängig von den landesrechtlichen Regelungen ist zu beachten, dass Spenden an den eigenen Träger zwar grundsätzlich zulässig sind, aber der besonderen Sorgfalt bedürfen, um nicht als sog. verdeckte Gewinnausschüttungen qualifiziert zu werden (verdeckte Gewinnausschüttungen würden dem steuerlichen Ergebnis wieder hinzugerechnet und damit keine Steuerentlastung bewirken).

4. Jahresüberschuss als zentrales Tatbestandsmerkmal

9   Da der Begriff des Jahresüberschusses – er entspricht dem des Handelsrechts (*Schlierbach/Püttner*, S. 268) – das zentrale Element der Vorschrift darstellt (und den höchstmöglichen Ausschüttungsbetrag bestimmt), sollen nachfolgend ausgewählte Aspekte der **Ermittlung des Jahresüberschusses** stichpunktartig wie folgt aufgeführt werden:
 – Der zu verwendende Jahresüberschuss, über dessen Verwendung zu beschließen ist, ergibt sich nach den **bilanzrechtlichen Vorschriften** des HGB aus dem (externen) Rechnungswesen der Sparkasse.

10 – **Spenden** bzw. Freigiebigkeitsleistungen des Geschäftsjahres stellen Aufwand der Sparkasse dar und mindern den zu verwendenden Jahresüberschuss.

11 – Aufwendungen bzw. Erträge aus der Veränderung von **Rückstellungen** (insbesondere für ungewisse Verbindlichkeiten und für drohende Verluste aus schwebenden Geschäften) iSd § 249 Abs. 1 HGB mindern bzw. erhöhen den zu verwendenden Jahresüberschuss; insoweit liegt keine Ergebnisverwendung vor (so auch *Klüpfel/Gaberdiel/Höppel/Ebinger*, § 31 Anm. III, 5).

12 – **Stille Reserven** (auch Bewertungsreserven genannt, *Klüpfel/Gaberdiel/Höppel/Ebinger*, § 31 Anm. III, 5) können ua durch die Unterbewertung von Vermögen bzw. die Überbewertung von Schulden entstehen; sie sind im externen Rechnungswesen idR nicht ersichtlich und nicht Teil des zu verwendenden Jahresüberschusses.

13 – **Vorsorgereserven** nach § 340f. HGB mindern den Ertrag und damit den zu verwendenden Jahresüberschuss (dazu bspw. *Hölscher/Helms* in: Hölscher/Altenhain, S. 661 f.).

III. Rechnungslegung, Jahresabschluss und Vermögenseinlagen § 25

- **Rücklagendotierungen** (dh Zuführungen zur Sicherheitsrücklage oder zur freien Rücklage) beeinflussen den zu verwendenden Jahresüberschuss nicht, sondern stellen eine Ergebnisverwendung dar. 14
- **Vorwegzuführungen** sind in NRW nicht vorgesehen – sie würden den zu verwendenden Jahresüberschuss nicht beeinflussen, sondern eine Ergebnisverwendung darstellen (vgl. *Berger*, § 24 Rn. 7). 15
- **Sonderposten für allgemeine Bankrisiken** nach § 340g HGB (sind in der Gewinn- und Verlustrechnung gesondert auszuweisen und) mindern den Ertrag und damit den zu verwendenden Jahresüberschuss. Die Dotierung bzw. Auflösung dieses Sonderpostens muss im Spannungsfeld zwischen den Bestrebungen der Träger nach einem Wegfall jeglicher Ausschüttungsbeschränkungen (also dem Interesse an möglichst hohen Ausschüttungen) sowie den Interessen der Sparkassen an der Bildung von Eigenkapital (also der Steigerung der Selbstfinanzierungskraft) als besonders streitanfällig angesehen werden – und bedarf daher einer besonderen Beachtung. Denn im Grundsatz dürfen Sparkassen Beträge in diesen „Sonderposten für allgemeine Bankrisiken" mit einer den Jahresüberschuss mindernden Wirkung einstellen, soweit dies 16
- nach vernünftiger kaufmännischer Beurteilung
- wegen der besonderen Risiken des Geschäftszweiges der Kreditinstitute notwendig ist.

Die Entscheidung über die Dotierung trifft der Vorstand nach seinem Ermessen im Rahmen seiner Geschäftsführungsbefugnis; § 340g HGB räumt die Kompetenz zur Dotierung den „Kreditinstituten" als solchen ein. Der Verwaltungsrat als Aufsichtsorgan kontrolliert vor diesem Hintergrund, ob der Vorstand die gesetzlichen Grenzen seiner Beurteilungs- und Ermessensspielräume eingehalten hat. Der Verwaltungsrat darf sein eigenes Ermessen zwar nicht an die Stelle eines rechtmäßigen Vorstandsermessens setzen, er übernimmt aber mit der Feststellung des Jahresabschlusses eine eigene bilanzpolitische Verantwortung, weil er damit zugleich die Ermessensausübung des Vorstands billigt. Da die Dotierung des Sonderpostens im Zuge der Gewinnermittlung den zu Ausschüttungszwecken zur Verfügung stehenden Jahresüberschuss mindert, es sich aber um eine Ermessensentscheidung handelt („dürfen […] bilden"), handelt es sich der Sache nach um eine Gewinnverwendung, bei auf die Interessen der Ausschüttungsberechtigten Rücksicht zu nehmen ist (*Scharpf/Schaber*, S. 342 mwN). *Scharpf/Schaber* formulieren zu § 340g HGB, dass es zwar keinerlei gesetzliche Beschränkung gebe, dass aber aufgrund des Wunsches der Anteilseigner nach gleichbleibenden, möglichst sogar steigenden Gewinnausschüttungen „eine völlige Willkür […] ausgeschlossen sein" dürfte. Neben der Willkürfreiheit sei insbesondere auch die gesellschaftliche Treuepflicht gegenüber den Anteilseignern ein zu berücksichtigender Aspekt. Im konkreten Einzelfall hat also auch der Vorstand der Sparkasse – im Rahmen seiner Ermessensausübung – bei der Dotierung des Sonderpostens die Interessen des Trägers im Zusammenhang mit der Ausweisung eines Jahresüberschusses zu berücksichtigen; eine Dotierung bis an die Grenze der offensichtlichen Willkür ist nicht zulässig. Vielmehr muss der Vorstand im Rahmen der Dotierungsentscheidung auch den Ausweis entsprechender Beträge als Jahresüberschuss in Betracht ziehen und darf sich nicht allein auf eine Risiko- und Eigenkapitalstrategie stützen. Wird nämlich statt des Sonderpostens ein Jahresüberschuss ausgewiesen, so kann schlussendlich auch noch die Vertretung des Trägers eine Zuführung zum Eigenkapital beschließen.

5. Exkurs: Besteuerung der Sparkassen

17   Nur der Vollständigkeit halber sei hier auch noch darauf hingewiesen, dass die Besteuerung der Sparkassen (schon seit Jahrzehnten) der für Körperschaften geltenden allgemeinen Systematik folgt, dh zB dass die Erträge (in Gestalt des zu versteuernden Einkommens nach § 7 KStG bzw. des Gewerbeertrags iSd § 7 GewStG) eben der Ertragsbesteuerung unterliegen, weder der öffentliche Auftrag noch die Gemeinwohlorientierung befreien davon. Im Einzelfall können aus steuerlicher Sicht jedoch sparkassentypische Fragen zu klären sein (vgl. Schlierbach/Püttner, S. 275).

II. Notwendiger Inhalt des Gewinnverwendungsbeschlusses (Abs. 1)

1. Überblick

18   Ausweislich der Gesetzesbegründung (vgl. LT-Drs. 14/6831) dient die Regelung des Abs. 1 der Klarstellung von Einzelheiten für die Beschlussfassung über die Verwendung des Jahresüberschusses, sie ordnet die dafür notwendigen Bestandteile und konkretisiert insoweit die Vorschrift des § 24 Abs. 4 S. 2 SpkG NRW. Die Vertretung des Trägers beschließt auf Vorschlag des Verwaltungsrats über die Verwendung des Jahresüberschusses; sie ist insoweit frei, abweichend von dieser Empfehlung zu entscheiden. Nach Abs. 1 hat die Vertretung des Trägers dabei den Betrag des Jahresüberschusses den Verwendungsmöglichkeiten vollumfänglich und abschließend zuzuordnen, dh ein Teilverwendungsbeschluss ist nicht zulässig (nach der bis 2008 geltenden Fassung des § 28 Abs. 3 SpkG NRW war noch für einen „Restbetrag" die Zuführung zur Sicherheitsrücklage vorgesehen).

2. Darlegung

19   **Persönlich zuständig** für den Beschluss ist die Vertretung des Trägers. Sachlich und zeitlich setzt der Beschluss eine vorhergehende Feststellung des Jahresabschlusses voraus.

20   **Inhaltlich** ist konkret anzugeben
– der Jahresüberschuss (→ Rn. 9 ff.),
– der an den Träger auszuschüttende Betrag (der unter Beachtung der Reglung des Abs. 2 zwischen 0 % und 100 % des Jahresüberschusses umfassen kann),
– die in die Sicherheitsrücklage oder eine freie Rücklage einzustellenden Beträge (→ Rn. 3 ff.),
– ein Gewinnvortrag.
Aufgrund des konkreten Wortlauts („namentlich") sollten mE in dem Beschluss auch sog. „Fehlanzeigen" angegeben werden, zB Null bei Gewinnvortrag. Vorwegzuführungen sind nicht (mehr) vorgesehen, können also auch nicht aufgeführt werden.

21   Durch die Vertretung des Trägers veranlasste „**Spenden**": Nach der Gesetzesbegründung soll die Möglichkeit bestehen bleiben, dass der Verwaltungsrat der Spar-

III. Rechnungslegung, Jahresabschluss und Vermögenseinlagen § 25

kasse (entsprechend der bisherigen Fassung des § 28 Abs. 4 SpkG NRW) gemeinnützigen Institutionen unmittelbar solche Mittel zuwendet, die nicht ausgeschüttet werden (LT-Drs. 14/6831). Durch die Anlehnung an die alte Gesetzesfassung ist dies mE wohl so zu verstehen, dass der Verwaltungsrat anregen kann, bei Verzicht des Trägers auf einen Teil des Ausschüttungsbetrags eine entsprechend unmittelbare Zuwendung an gemeinnützigen Institutionen vorzunehmen. Mit einer solchen Zuwendung iRd Ergebnisverwendung könnte dann aber im Einzelfall der Verlust der steuermindernden Wirkung des Spendenabzugs verbunden sein.

Im Zuge der Neuregelung wird im SpkG NRW erstmalig auf die Möglichkeit 22 eines **Gewinnvortrags** verwiesen. Nach § 266 Abs. 3 HGB ist diese Position in der Bilanz innerhalb des Eigenkapitals auszuweisen, allerdings nur dann, wenn die Bilanz vor Verwendung des Jahresergebnisses aufgestellt wird; der Inhalt dieser Position wird lediglich durch die Ergebnisverwendung des Vorjahres (dh durch das Zurückbehalten von Gewinnen) determiniert. So stellt somit ein aus dem Vorjahr verbleibender und gegebenenfalls um einen Ergebnisvortrag erhöhter bzw. verminderter Jahresüberschuss, der nicht gänzlich ausgeschüttet oder in die Rücklagen eingestellt wurde, den Gewinnvortrag dar. Der Gewinnverwendungsbeschluss der Sparkasse kann demnach bestimmen, dass (in Gestalt des Gewinnvortrags) bestimmte Beträge zur Verwendung im Folgejahr vorgetragen werden; eine mögliche Verwendung könnte im Ausgleich eines im Folgejahr auftretenden Jahresfehlbetrags liegen.

3. Rechtsfolge: „keine Änderung des Jahresabschlusses"

Abs. 1 S. 3 stellt klarstellend fest, dass der Beschluss über die Verwendung des Jahres- 23 überschusses nicht zu einer Änderung des festgestellten Jahresabschlusses führt. Diese Klarstellung ist vor dem Hintergrund der Regelungen der § 266 Abs. 3 und § 268 Abs. 1 HGB zu sehen, wonach die Bilanz sowohl ohne Berücksichtigung der Verwendung des Jahresergebnisses als auch unter Berücksichtigung der vollständigen oder teilweisen Verwendung des Jahresergebnisses aufgestellt werden darf. Auch aus aktueller steuerlicher Sicht kann sich keine Änderung des Jahresabschlusses ergeben (in der Vergangenheit vorstellbar in der GuV-Position „Steuern vom Einkommen und Ertrag"), da die Ausschüttungspolitik seit der Einführung des sog. Halbeinkünfte- bzw. Teileinkünfteverfahrens ab 2001 bzw. 2008 keinen Einfluss mehr auf die Höhe des Körperschaftsteueraufwands hat. Die frühere Regelung des § 278 HGB (nach der die Steuern vom Einkommen und vom Ertrag auf der Grundlage des Beschlusses über die Verwendung des Ergebnisses zu berechnen waren) ist bedeutungslos geworden und folgerichtig mit Wirkung für Jahres- und Konzernabschlüsse für das nach dem 31.12.2015 beginnende Geschäftsjahr ersatzlos aufgehoben worden.

III. Berücksichtigung der Angemessenheit der Ausschüttung (Abs. 2)

1. Überblick

Da § 25 Abs. 2 SpkG NRW eine herausragende Bedeutung bei der Bemessung 24 des an den Träger auszuschüttenden Betrags zukommt, ist weiteren Detailüberle-

Köster 409

gungen (nochmals) ein Auszug aus der **Gesetzesbegründung** (LT-Drs. 14/6831) voranzustellen. „Der Gesetzentwurf bezweckt im Gegensatz zur bisherigen, zum Schutze der Kapitalsituation der Sparkassen begrenzten Ausschüttungsmöglichkeit einen angemessenen Ausgleich zwischen Bestrebungen nach einem Wegfall jeglicher Ausschüttungsbeschränkungen und dem notwendigen Erhalt der Selbstfinanzierungskraft der Sparkassen. Die Vertretung des Trägers entscheidet unter Berücksichtigung der Angemessenheit der Ausschüttung im Hinblick auf die künftige wirtschaftliche Leistungsfähigkeit der Sparkasse sowie im Hinblick auf die Erfüllung des öffentlichen Auftrags der Sparkassen grundsätzlich frei über die Verwendung des Jahresüberschusses." Im Ergebnis sind also mit der aktuellen Gesetzesfassung die Dispositionsmöglichkeiten des Trägers über den Ausschüttungsbetrag erweitert worden, da der Gesetzgeber das Primat der Eigenkapitalstärkung nunmehr relativiert hat. Denn die Vorgabe relativer Höchstbeträge für die überhaupt zulässige Ausschüttung hat der Gesetzgeber ersatzlos aufgegeben; bislang konnte schließlich nur ein Bruchteil des Jahresüberschusses ausgeschüttet werden, und zwar gestaffelt nach dem Verhältnis der Sicherheitsrücklage zu den „gesamten Einlagen". Die höchstmögliche Ausschüttungssumme betrug nach altem Recht 75% des Jahresüberschusses für die Fälle, in denen die „Sicherheitsrücklage 10 vom Hundert oder mehr ihrer gesamten Einlagen" betrug, i.Ü. 50%, 25%, 10% oder Null.

25 Konkret regelt nun § 25 Abs. 2 SpkG NRW (nur noch), dass bei der Entscheidung über die Höhe der Ausschüttung die „Angemessenheit der Ausschüttung [...] zu berücksichtigen" ist. Damit legt der Gesetzgeber die Entscheidung über die Höhe der Ausschüttung in das **Ermessen** der Vertretung des Trägers, die grundsätzlich in ihrer Entscheidung frei ist und – unter den beiden nachfolgend näher betrachteten Aspekten der „Leistungsfähigkeit" und des „öffentlichen Auftrags" – nach dem Wortlaut auch nur die Angemessenheit der Ausschüttung „zu berücksichtigen" hat.

26 Diesen mE leicht verunglückten Wortlaut „**zu berücksichtigen**" (klarer wäre zB gewesen „zulässig sind nur Ausschüttungen in angemessener Höhe" oder „unangemessen hohe Ausschüttungen sind nicht zulässig") wird man dahingehend auslegen müssen, dass der Träger (die Vertretung des Trägers), der regelmäßig an einer möglichst hohen Ausschüttung interessiert sein wird, eine Abwägung treffen muss mit den Interessen der Sparkasse, die regelmäßig an einer möglichst hohen Thesaurierung interessiert sein wird. Konkret wirken sich danach die Interessen der Sparkasse ausschüttungsbegrenzend aus. Denn mit den beiden noch näher betrachteten Kriterien der „künftigen wirtschaftlichen Leistungsfähigkeit der Sparkasse" und des „öffentlichen Auftrags der Sparkasse" sind jeweils Argumente gegen eine Ausschüttung und für eine Thesaurierung des Jahresüberschusses gesetzlich formuliert. Nach dem Gesamtbild ist mE aus dem Gesetzeswortlaut wie auch aus der Rechtsentwicklung abzuleiten, dass es eine unangemessen niedrige Ausschüttung gar nicht geben kann (denn schon nach altem Recht waren vollständige Thesaurierungen bei niedrigen Sicherheitsrücklagen zwingend), sondern dass der Gesetzgeber in einem ersten Schritt das Interesse an einer möglichst hohen Ausschüttung unterstellt und die Ausschüttung daher in einem zweiten Schritt dem Erfordernis der Angemessenheit unterwirft. Eine Auslegung des Begriffs der Angemessenheit nach dem – zB im öffentlichen Recht geltenden – rechtsstaatlichen Grundsatz der **Verhältnismäßigkeit**, mit dem schlussendlich Interessenkonflikte zu einem Ausgleich gebracht werden sollen, führt zu keinem anderen Ergebnis.

III. Rechnungslegung, Jahresabschluss und Vermögenseinlagen § 25

Eine konkrete **Sanktion bei unangemessen hohen Ausschüttungen** sehen 27
weder die Einzelvorschrift noch andere Teile des Gesetzes vor. Die allgemeinen
Regelungen ua des § 40 SpkG NRW (→ § 40) betreffend die Sparkassenaufsicht
laufen hier ins Leere, da die Vertretung des Trägers gerade kein Organ der Sparkasse
iSd § 9 SpkG NRW ist – gemäß § 40 Abs. 3 SpkG NRW können jedoch nur „Beschlüsse und Anordnungen der Organe" aufgehoben werden.

2. Künftige wirtschaftliche Leistungsfähigkeit der Sparkasse

Bei der Bemessung der höchstmöglichen Ausschüttung ist als erstes Kriterium 28
die „künftige wirtschaftliche Leistungsfähigkeit der Sparkasse" zu beachten. Insoweit sind also Prognosen über **zukünftige Entwicklungen** der Sparkasse wie
auch des Sparkassenumfelds erforderlich; diesbezügliche Annahmen und Schlussfolgerungen sind einer rechtlichen Überprüfung nur begrenzt zugänglich. Im Ergebnis ist die Vorschrift mE so zu verstehen, dass solche Ausschüttungen nicht zulässig
sein dürften, die die wirtschaftliche Leistungsfähigkeit mindern, also zB die Möglichkeit der Kreditvergabe etc. einschränken. In Ausnahmefällen könnte eine Thesaurierung erforderlich sein, um über mehr Eigenkapital zu verfügen hinsichtlich
– angewachsener bankaufsichtsrechtlicher Eigenmittelanforderungen wie auch
– nicht unwahrscheinlich erscheinender Risiken, die jedoch noch nicht über
  Rückstellungen oder Sonderposten abgebildet werden können.

Fraglich ist, ob eine Thesaurierung des Jahresüberschusses auch schon notwendig 29
ist, wenn die Geschäfte der Sparkasse ausgeweitet, wenn zB **neue Geschäftsfelder**
erschlossen werden sollen. Dies ist mE zu verneinen, soweit die Ausweitung der
Geschäfte unter die „Richtlinien der Geschäftspolitik" iSd § 15 Abs. 1 SpkG NRW
und insoweit in die Zuständigkeit des Verwaltungsrats fällt, der ja wiederum der
Vertretung des Trägers einen Vorschlag über die Verwendung des Jahresüberschusses
unterbreitet. Denn wenn die Vertretung des Trägers eine entsprechende Ausweitung
der Geschäfte mitträgt, dann wird sie auch aus sachlichen Erwägungen einer vom
Verwaltungsrat vorgeschlagenen Thesaurierung des Jahresüberschusses zustimmen.
Die Messung der Leistungsfähigkeit ist gesetzlich nicht näher beschrieben, vgl.
dazu den nachfolgenden Abschnitt 4.

3. Erfüllung des öffentlichen Auftrags der Sparkasse

Bei der Bemessung der höchstmöglichen Ausschüttung ist als zweites Kriterium 30
die „Erfüllung des öffentlichen Auftrags der Sparkasse" zu beachten. Auch insoweit
werden Prognosen über zukünftige Entwicklungen der Sparkasse wie auch des
Sparkassenumfelds erforderlich sein, selbst wenn das Gesetz bei diesem Kriterium
auf den Begriff „künftig" verzichtet. Der **öffentliche Auftrag** ist explizit in § 2
SpkG NRW formuliert (→ § 2) und umfasst (unter Beachtung der regionalen
Bindung) insbesondere die geld- und kreditwirtschaftliche Versorgung der Bevölkerung und der Wirtschaft (vgl. auch *Schlierbach/Püttner*, S. 118 ff.). Im Ergebnis ist
auch diese Vorschrift mE so zu verstehen, dass solche Ausschüttungen nicht zulässig
sein dürften, die die Erfüllung des öffentlichen Auftrags – also zB die geld- und
kreditwirtschaftliche Versorgung – gefährden. Die Messung der zur Erfüllung des
öffentlichen Auftrags notwendigen Mittel ist gesetzlich nicht näher beschrieben,
vgl. dazu den nachfolgenden Abschnitt 4.

4. Zur Ermittlung der angemessenen Höhe der Ausschüttung

31 Im Zuge der Neuregelung, die seit 2008 zu beachten ist, hat der **Gesetzgeber** sowohl auf eine Verpflichtung zur Rücklagendotierung wie auch auf die Formulierung einer Ausschüttungspflicht verzichtet. Die Vertretung des Trägers, die schlussendlich über die Verwendung frei entscheiden kann, kann somit nach dem Gesetzeswortlaut im Grundsatz alljährlich beschließen, dass der Jahresüberschuss vollumfänglich ausgeschüttet wird. Praktisch führt dies dazu, dass sich die Kapitalansammlung bzw. der Kapitalaufbau bei den Sparkassen auf die Ebene des Vorstands verlagert, der – der Ausschüttung vorgelagert – schon im Zuge der Jahresabschlusserstellung über die aufwandswirksame Bildung stiller und offener Vorsorgereserven entscheidet (insbes. § 340g HGB) und insoweit den überhaupt zur Verfügung stehenden Jahresüberschuss mindern kann.

32 Die **Gesetzesbegründung** spricht von einem „angemessenen Ausgleich zwischen Bestrebungen nach einem Wegfall jeglicher Ausschüttungsbeschränkungen und dem notwendigen Erhalt der Selbstfinanzierungskraft der Sparkassen", enthält jedoch auch keine greifbaren Kriterien für eine solche Angemessenheit. Aus dem Bezug auf den „Erhalt der Selbstfinanzierungskraft" könnte aber immerhin die Überlegung abgeleitet werden, dass dann, wenn im Vorjahr Rücklagen durch Verluste gemindert wurden, diese Rücklagen zunächst wieder (auf den vorherigen Stand) aufzufüllen sind, bevor eine Ausschüttung als angemessen anzusehen ist. Betreffend die Bestrebungen nach einem Wegfall jeglicher Ausschüttungsbeschränkungen ist mE zu konstatieren, dass Ausschüttungen nach dem Gesetzeswortlaut lediglich in Extremsituationen (zu denen mE auch die Minderungen des Eigenkapitals durch Verluste in den Vorperioden zählen) beschränkt sind. Die Kriterien der „künftigen wirtschaftlichen Leistungsfähigkeit der Sparkasse" und des „öffentlichen Auftrags der Sparkasse" sind zwar als Argumente gegen eine Ausschüttung und für eine Thesaurierung des Jahresüberschusses zu sehen, lassen aber – mit der Ausnahme zB existenzgefährdender Extremsituationen – keine weitere Bestimmung eines angemessenen Ausschüttungsbetrags zu.

33 Wenn und soweit Sparkassen nicht über **Trägerkapital** verfügen, das durch Einlagen erbracht wurde (wovon soweit ersichtlich ausnahmslos auszugehen ist), scheiden auch Überlegungen zu einer Mindestverzinsung des eingesetzten Kapitals aus.

34 Damit verbleibt als Möglichkeit der Annäherung an die Bestimmung einer angemessenen Ausschüttungshöhe der Blick in die Rechtsentwicklung sowie der Blick in andere Bundesländer. Aus dem bisherigen Recht in NRW könnte als Empfehlung abgeleitet werden, dass bei einem Eigenkapital von weniger als 3% (zB bezogen auf die gesamten Einlagen oder aber auf die Bilanzsumme) weitere Rücklagen gebildet werden sollten, während bei einem Eigenkapital von mehr als 10% Vollausschüttungen unproblematisch wären. Vergleichbar sieht zB auch das SpkG Baden-Württemberg in § 31 vor, dass bei einem Eigenkapital von mehr als 10% der Bilanzsumme Vollausschüttungen zulässig sind. Darüber entscheidet in Baden-Württemberg der Verwaltungsrat, der gesetzlich verpflichtet ist, die Interessen der Sparkasse „mit der Sorgfalt eines ordentlichen Kaufmanns" wahrzunehmen. Ebenso sieht das NSpG die Zulässigkeit einer Vollausschüttung vor, wenn die Sicherheitsrücklage mehr als 10% (der gewichteten Risikoaktiva) beträgt. Auch in Niedersachsen entscheidet der Verwaltungsrat, auch hier sollen die künftige Leis-

III. Rechnungslegung, Jahresabschluss und Vermögenseinlagen § 25

tungsfähigkeit und der öffentliche Auftrag berücksichtigt werden (*Berger*, § 24 Rn. 12). In Sachsen hat das Staatsministerium der Finanzen eine Ausschüttungsverordnung erlassen (vgl. *Biesok*, Sparkassenrecht, Rn. 634 ff.). Im Ergebnis sind zunächst 35 % des Jahresüberschusses der Sicherheitsrücklage zuzuführen, der Restbetrag kann gestaffelt bis höchstens 75 % ausgeschüttet werden (in Abhängigkeit vom Kernkapital und den Risikoaktiva). In Mecklenburg-Vorpommern ist ebenfalls eine Verpflichtung zur Rücklagenzuführung vorgesehen, zudem ist bei Ausschüttungen die Ertragskraft wie auch die Vermögenslage und auch die Risikosituation zu würdigen.

Im Ergebnis bleibt die nähere Bestimmung der Angemessenheit nach dem SpkG NRW vage, da nur die Folgen extremer Situationen eindeutig ableitbar bzw. ermittelbar sind. In NRW verbleibt es in der Verantwortung der Vertretung des Trägers, der Sparkasse hinreichend Eigenkapital zu belassen, damit diese weiterhin leistungsfähig ist. Ausschüttungen in NRW werden mit der Verfügbarkeit der Mittel auf der Ebene der Sparkasse, nicht mit dem Finanzbedarf des Trägers begründet werden müssen. Weiteren Ausarbeitungen müssen solche Überlegungen vorbehalten bleiben, zB Bilanzkennzahlen oder dem Rating ähnliche Bewertungen zu entwickeln, mittels derer die Angemessenheit objektivierter beurteilt werden kann. 35

IV. Erläuterungen zu Abs. 3: Zweckbindung des Ausschüttungsbetrags

1. Überblick

Sachliche Zweckbindung: Abs. 3 regelt die Verwendung des Ausschüttungsbetrags in sachlicher Hinsicht und bestimmt, für welche Zwecke der Ausschüttungsbetrag eingesetzt werden kann. Eine Zuführung in den allgemeinen kommunalen Haushalt ist nicht zulässig (anders zB die Rechtslage in Sachsen, wo die Ausschüttungen den Trägerkommunen – ohne Zweckbindung – wie Steuereinnahmen zur Verfügung stehen, so *Biesok*, Sparkassenrecht, Rn. 633); das „Stopfen von Haushaltslöchern in den Trägerkommunen" soll ausgeschlossen sein (*Biesok*, Sparkassenrecht, Rn. 640). 36

In **zeitlicher Hinsicht** ist keine Regelung getroffen, so dass mE eine Verwendung des Ausschüttungsbetrags im Jahr des Zuflusses nicht gefordert werden kann. In Anlehnung an die Regelungen des steuerlichen Gemeinnützigkeitsrechts (§§ 55 ff. AO) ist aber zu empfehlen, die Ausschüttung spätestens in den auf den Zufluss folgenden zwei Kalenderjahren für die begünstigten Zwecke zu verwenden. 37

2. Verwendung durch den Träger

Die Regelung des § 25 Abs. 3 SpkG NRW entspricht in der vorliegenden Fassung **inhaltlich** weitgehend der bisherigen Regelung des § 28 Abs. 5 SpkG NRW. Anders als nach bisherigem Recht wird aber bei der Verwendung der Ausschüttung auf die Formulierung „für gemeinnützige Zwecke" verzichtet und stattdessen die Verwendung für „die am Gemeinwohl orientierten Aufgaben und Zwecke des Trägers" als Ziel benannt. Die Ausschüttung liegt weiterhin im Verantwortungsbereich des ebenfalls auf das Gemeinwohl ausgerichteten kommunalen Trägers. Daher bleibt – wie schon nach bisheriger Rechtslage – eine gemeinnützige Gewinnver- 38 wendung, insbesondere für Soziales, Kultur und Sport, weiter erhalten. Die Neuregelung der Ausschüttung trägt dazu bei, die Dispositionsmöglichkeiten des Trägers über Ausschüttungen zu erweitern, die Spendenmöglichkeiten der Sparkassen werden hierdurch nicht beeinflusst (so die Gesetzesbegründung, LT-Drs. 14/6831).

39 Die grundsätzlich in Betracht kommenden **gemeinnützigen Zwecke** sind durch Rückgriff auf den § 52 AO zu bestimmen, der in 25 Einzelpunkten aufführt, was als „Förderung der Allgemeinheit" und damit als gemeinnützig anzusehen ist. Nach dem Gesetzeswortlaut, der ja nicht auf den gesamten Bereich „steuerbegünstigte Zwecke", sondern auf den Teilbereich „gemeinnützige Zwecke" abstellt, sollten mildtätige Zwecke iSd § 53 AO sowie kirchliche Zwecke iSd § 54 AO damit nicht erfasst sein (bspw. waren mildtätige Zwecke in § 36 der Mustersatzung von 1932 neben den gemeinnützigen Zwecken auch noch explizit aufgeführt).

40 Soweit nach dem Gesetzeswortlaut auch eine Verwendung zur Erfüllung der **gemeinwohlorientierten örtlichen Aufgaben** des Trägers zulässig ist, liegt hierin – gegenüber den gemeinnützigen Zwecken – einerseits eine Einschränkung, da es sich um die Erfüllung örtlicher Aufgaben handeln muss, und andererseits eine Ausweitung der Verwendungsmöglichkeiten, da Gemeinwohl eine weitergehende Mittelverwendung zulässt als Gemeinnützigkeit. Die Tatsache an sich, dass dem Träger die Mittel in einem ersten Schritt zufließen, bedeutet jedenfalls noch keine Förderung der Allgemeinheit; dazu bedarf es der Verwendung durch den Träger. Zur gesetzlichen Einschränkung auf „örtlich" wird die Auffassung vertreten, dass dem Träger Zuwendungen erlaubt sind an „solche Personen [.], die im Trägergebiet wohnen" (so *Schlierbach/Püttner*, S. 274).

41 **Beschränkung auf bestimmte Bereiche**: Gleichermaßen für die beiden explizit genannten Aufgaben bzw. Zwecke sieht das Gesetz eine Beschränkung vor auf „die Förderung des kommunalen, bürgerschaftlichen und trägerschaftlichen Engagements", und zwar insbesondere „in den Bereichen Bildung und Erziehung, Soziales und Familie, Kultur und Sport sowie Umwelt". **Unzulässig** dürfte damit sein eine Verwendung der Ausschüttungen für die allgemeine Verwaltung, für Polizei und Ordnungsbehörden sowie für Wirtschaftsförderung und wirtschaftliche Unternehmungen des Trägers. Zumindest zweifelhaft dürfte sein eine Verwendung für religiöse Zwecke und für Zwecke des Denkmalschutzes, der Völkerverständigung und der Entwicklungshilfe, da weder örtliche Aufgaben noch die gesetzlich genannten Bereiche Bildung, Soziales etc. betroffen sein sollten. Da der Gesetzeswortlaut lediglich von Verwendung des Ausschüttungsbetrags spricht, ist mE nicht nur die Verausgabung in Gestalt laufender Aufwendungen (zB Personalaufwendungen, Mieten etc.), sondern auch die Verausgabung zu entsprechenden **Investitionszwecken** zulässig, weil anders als im steuerlichen Gemeinnützigkeitsrecht dem SpkG kein Zwang zur zeitnahen Mittelverwendung zu entnehmen ist. Dem entspricht, dass die Errichtung von Stiftungen (auch durch Sparkassen) und damit eine längerfristige Mittelbindung für steuerbegünstigte Zwecke als zulässig erachtet wird (vgl. *Berger*, § 24 Rn. 22 mwN).

3. Gestaltung: Unmittelbare Verwendung des Ausschüttungsbetrags durch die Sparkasse

42 In der Gesetzesbegründung wird ergänzend wie folgt auf eine Gestaltungsmöglichkeit hingewiesen, die nach der mit der Neufassung in 2008 einhergehenden

III. Rechnungslegung, Jahresabschluss und Vermögenseinlagen § 26

Kürzung des Gesetzes nicht mehr unmittelbar ausformuliert, aber weiterhin zu beachten ist (LT-Drs. 14/6831): „Auch die Möglichkeit des Verzichts auf Zuführung des Ausschüttungsbetrages an den Träger verbunden mit einer unmittelbaren Zuführung des Betrages an gemeinnützige Institutionen (bisherige Regelung des § 28 Abs. 4 SpkG) bleibt weiter erhalten. Diese zulässige Gestaltungsmöglichkeit bedarf aber aufgrund der nun weiter gehenden Dispositionsmöglichkeiten über den Ausschüttungsbetrag keiner klarstellenden gesetzlichen Regelung mehr." Nach der bisherigen – und eben auch weiterhin geltenden – Regelung kann also die Vertretung des Trägers einen Verzicht auf die Ausschüttung beschließen und damit den Verwaltungsrat in die Lage versetzen, diesen Betrag gemeinnützigen Institutionen zuführen (s. zur vergleichbaren Regelung im SpkG Baden-Württemberg *Klüpfel/ Gaberdiel/Höppel/Ebinger*, § 31 Anm. V.). Dies wird praktisch wohl am ehesten dann in Betracht kommen, wenn mit der unmittelbar durch die Sparkasse (also in ihrem Namen) erfolgenden Zuführung eine besondere öffentliche Wirkung bzw. werbliche Aufmerksamkeit erzielt werden soll.

§ 26 Vermögenseinlagen stiller Gesellschafter, Genussrechte und nachrangige Verbindlichkeiten

(1) Die Sparkasse kann zur Verbesserung ihrer haftenden Eigenmittel Vermögenseinlagen stiller Gesellschafter aufnehmen, sofern die Satzung dies vorsieht.
Als stille Gesellschafter sind
a) Der Träger,
b) Die Rheinische Sparkassen-Förderungsgesellschaft mit beschränkter Haftung und
c) Die Westfälisch-Lippische Sparkassen-Förderungsgesellschaft mit beschränkter Haftung,
zugelassen.
Stille Vermögenseinlagen nach Satz 2 Buchstabe b und c bedürfen der Zustimmung der Aufsichtsbehörde.

(2) Sofern die Satzung es zulässt, kann die Sparkasse Genussrechte ausgeben und nachrangige Verbindlichkeiten eingehen.

(3) Den stillen Gesellschaftern, den Genussrechtsgläubigern und den Gläubigern nachrangiger Verbindlichkeiten dürfen keine Mitwirkungsbefugnisse und keine Ansprüche am Liquidationsvermögen der Sparkasse eingeräumt werden.

(4) Der gegenseitige oder mehrseitige Erwerb von Schuldverschreibungen, Genussrechten oder nachrangigen Verbindlichkeiten darf unter Sparkassen nicht erfolgen.

Literatur: *Heinevetter*, Sparkassengesetz Nordrhein-Westfalen, 7. Lfg., 1985; *Luz/Neus* et al. (Hrsg.), KWG und CRR, 3. Aufl., 2015

§ 26 A. Sparkassen

Übersicht

	Rn.		Rn.
I. Allgemeines	1	2. Ausgabe von Genussrechten (Satzungsvorbehalt) (Abs. 2)	12
1. Bedeutung und Entstehung der Vorschrift (→ § 10 Abs. 4 KWG)	1	3. Eingehung nachrangiger Verbindlichkeiten (Satzungsvorbehalt) (Abs. 2)	16
2. Begriff und Funktion der haftenden Eigenmittel	3	III. Ausschluss von Mitwirkungsbefugnissen und Ansprüche am Liquidationsvermögen (Abs. 3)	19
II. Maßnahmen zur Verbesserung der haftenden Eigenmittel (Abs. 1, 2)	7		
1. Aufnahme von Vermögenseinlagen stiller Gesellschafter (Abs. 1)	8	IV. Ausschluss eigenkapitalverbessernder Maßnahmen zwischen Sparkassen untereinander (Abs. 4)	20
a) Begriff und Funktion, Gesellschafterkreis	8		
b) Verfahren	11		

I. Allgemeines

1. Bedeutung und Entstehung der Vorschrift

1 Seit ihren Anfängen im 18. Jahrhundert haben die Sparkassen ihre Geschäftstätigkeit stark ausgeweitet und zunehmend an diejenige privater Banken angenähert (so bereits Heinevetter [7. Lfg.], § 5 Erl. 4.1). Dies hat indes nicht nur die Chancen auf Vermögensgewinne erweitert, sondern zwangsläufig auch die Risiken von Vermögensverlusten erhöht. Um diese Risiken zu kompensieren und ihre Gläubiger wirksam zu schützen, sind auch die Sparkassen auf eine angemessene Ausstattung mit Eigenkapital angewiesen. Ungeachtet dieser wirtschaftlichen Notwendigkeit bestehen aber auch strenge rechtliche Anforderungen – vor allem durch die europäische VO Nr. 575/2013 (sog: Kapitaladäquanz-Verordnung, abg.: CRR) – an die Ausstattung von Finanzinstituten mit Eigenmitteln, denen Sparkassen ebenso wie privaten Kreditinstituten genügen müssen. Die skizzierte Entwicklung hat die Sparkassen vor die Frage gestellt, wie sie Eigenmittel generieren können – und zwar über die bloße Bildung einer Rücklage aus Jahresüberschüssen hinaus, die lange Zeit die für Sparkassen insoweit einzige gesetzlich vorgesehene Option bildete (vgl. § 10 Abs. 2a 1 Nr. 4 KWG in der bis zum 31.12.2013 geltenden Fassung).

2 Die hierzu bereits seit den 1980er Jahren diskutierten Möglichkeiten – wie etwa die Hereinnahme von Dotationskapital, von Vermögenseinlagen stiller Gesellschafter, von Genussrechtskapital oder die Eingehung nachrangiger Verbindlichkeiten (zur Diskussion Heinevetter [7. Lfg.], § 5 Erl. 4, 7) – wurden zunächst untergesetzlich in § 8 der Verordnung zur Regelung des Geschäftsrechts und des Betriebs der Sparkassen in Nordrhein-Westfalen (SpkVO) vom 15.12.1995 (GV. NRW 1995 S. 92) kodifiziert und später durch das Gesetz zur Änderung aufsichtsrechtlicher, insbesondere sparkassenrechtlicher Vorschriften vom 18.11.2008 (GV. NRW 2008 S. 696) im SpkG NRW selbst (§§ 7, 26 SpkG NRW) verankert.

Der Gesetzgeber hat so die prinzipielle Möglichkeit der Sparkassen anerkannt, ihre Eigenmittel nicht nur über eine Thesaurierung von Gewinnen, sondern auch auf sonstige Weise zu generieren – sie zugleich aber an bestimmte Voraussetzungen geknüpft. Grundsätzlich haben die Sparkassen damit heute die folgenden Möglichkeiten, um Eigenmittel zu bilden:

III. Rechnungslegung, Jahresabschluss und Vermögenseinlagen § 26

- Gewinnthesaurierung,
- die Aufnahme von Trägerkapital nach § 7 SpkG NRW,
- die Möglichkeiten nach § 26 SpkG NRW (Vermögenseinlagen stiller Gesellschafter, Aufnahme von Genussrechtskapital, Eingehung nachrangiger Verbindlichkeiten),
- die Bildung von Vorsorgereserven nach §§ 340 f, g HGB.

2. Begriff und Funktion der haftenden Eigenmittel

Für das Verständnis des sparkassenorganisationsrechtlichen Begriffs der "haftenden Eigenmittel" in § 26 Abs. 1 S. 1 SpkG NRW bietet die Terminologie des KWG sowie der CRR zu den bankaufsichtlich anerkannten Eigenmitteln von Instituten eine Orientierung.

Das KWG kannte in seiner bis zum 31.12.2013 geltenden Fassung den Begriff des "haftenden Eigenkapitals" (§ 10 Abs. 2 S. 2 KWG aF), der nach Inkrafttreten der CRR durch den harmonisierten Begriff der "Eigenmittel" abgelöst worden ist. Unter Eigenmitteln versteht die CRR die Summe aus dem sog Kernkapital und dem Ergänzungskapital (Art. 4 Abs. 1 Ziff. 128, Art. 72 CRR). Das Kernkapital rekrutiert sich aus dem harten (Art. 26–50 CRR) und dem zusätzlichen Kernkapital (Art. 51–61 CRR). Dabei besteht das harte Kernkapital wiederum insbesondere aus Kapital, das den strengen Anforderungen des Art. 28 CRR genügt, sowie aus den offenen Rücklagen und weiteren Posten im Sinne des Art. 26 CRR. Die zum harten Kernkapital zählenden Vermögensbestandteile stehen den Instituten unmittelbar und uneingeschränkt zur Deckung von Risiken und Verlusten zur Verfügung, wobei die Institute gemäß Art. 92 Abs. 1a) CRR eine harte Kernkapitalquote von zumindest 4,5 % erfüllen müssen. Zusätzliches Kernkapital zeichnet sich demgegenüber durch seine Nachrangigkeit, die Dauerhaftigkeit der Kapitalbereitstellung und das alleinige Ermessen der Institute aus, Ausschüttungen zu leisten. Die Kernkapitalquote eines Instituts muss gemäß Art. 92 Abs. 1b) CRR insgesamt bei mindestens 6 % liegen. Das Ergänzungskapital (Art. 62 ff. CRR) fungiert schließlich in erster Linie als Gläubigerschutz in der Insolvenz des Instituts. Mittel, die Ergänzungskapital bilden sollen, müssen für mindestens fünf Jahre eingezahlt werden und dürfen im Insolvenzfall nur nachrangig zur Rückzahlung kommen. Die aus Kern- und Ergänzungskapital gebildete Gesamtkapitalquote eines Instituts muss gemäß Art. 92 Abs. 1c) CRR zumindest 8 % betragen.

Während sich das harte Kernkapital bei in Privatrechtsform organisierten Instituten insbesondere aus dem eingezahlten Grund- oder Stammkapital und den Rücklagen zusammensetzt (vgl. Art. 26 ff. CRR; § 10 Abs. 2a 1 Nr. 2 KWG aF), bestand es bei den öffentlich-rechtlichen Sparkassen nach früherer Rechtslage zunächst einmal nur aus den Rücklagen (§ 10 Abs. 2a 1 Nr. 4 KWG id. bis 31.12.2013). Allerdings ergab sich daraus seinerzeit kein vollständiges Bild, weil die Anerkennung von Dotationskapital, also Geschäftskapital, das bei öffentlich-rechtlichen Instituten das Äquivalent zum Stamm- bzw. Grundkapital bei privaten Instituten bildet und das die Träger ggf. zur Ausstattung der Sparkassen leisten konnten (vgl. *Boos* in: Boos/Fischer/Schulte-Mattler [4. Aufl.], KWG, § 10 Rn. 9; *Schlierbach/Püttner*, S. 265), unberücksichtigt geblieben war (vgl. zur Kritik daran auch *Heinevetter* [7. Lfg.], § 5 Erl. 4.1). So erkannte der Bundesgesetzgeber das Dotationskapital zwar auch schon in der früheren Fassung des KWG als Teil des Kernkapitals

Jochum

eines Instituts an, sah dessen Hereinnahme als Möglichkeit der Eigenmittelbeschaffung aber nur für öffentlich-rechtliche Kreditinstitute vor, die keine Sparkassen waren (§ 10 Abs. 2a 1 Nr. 5 KWG aF). Entgegen dem ersten Anschein stand diese bundesrechtliche Regelung gleichwohl nicht der Möglichkeit der Sparkassen entgegen, ihre Eigenmittel ggf. aus Dotationskapital zu beziehen. Denn die frühere KWG-rechtliche Regelung griff lediglich die vom Bundesgesetzgeber vorgefundene Situation auf, wonach die Sparkassen – entsprechend ihrer Entwicklung – tatsächlich noch gar kein Dotationskapital besaßen. Dies ändert jedoch nichts daran, dass diese Kapitalform bei öffentlich-rechtlichen Unternehmen eine typische Ausprägung des Eigenkapitals ist, so dass es keinen Grund gab, öffentlich-rechtliche Sparkassen per se von dieser Möglichkeit der Eigenmittelbeschaffung auszunehmen (so bereits *Heinevetter* [7. Lfg.], § 5 Erl. 4.1.).

6 An diesem Befund hat auch – die unionsrechtlich erzwungene – Abschaffung der Anstaltslast ab 2005 (→ § 1 Rn. 33 ff., § 7 Rn. 1 ff.) im Grundsatz nichts geändert. Zwar ist hiermit die Pflicht des Trägers zur hinreichenden finanziellen Ausstattung der von ihm errichteten Anstalt entfallen. Unberührt hiervon bleibt allerdings die Möglichkeit des Trägers, sog Trägerkapital als Teil des Eigenkapitals der Sparkasse zu bilden, die § 7 Abs. 1 SpkG NRW nunmehr ausdrücklich vorsieht. Inwieweit diese Vorschrift nunmehr mit unionsrechtlichen Vorgaben harmoniert, ist noch nicht abschließend geklärt. Hierzu bedürfte es einer genauen Prüfung im Einzelfall, der aber bislang mangels eines praktischen Anwendungsfalles noch nicht eingetreten ist.

II. Maßnahmen zur Verbesserung der haftenden Eigenmittel (Abs. 1, 2)

7 Neben der bislang theoretischen Option von Trägerkapital nach § 7 SpkG NRW hält § 26 SpkG NRW verschiedene weitere Möglichkeiten bereit, einer Sparkasse den Aufbau ihres Eigenmittelbestandes zu ermöglichen. Hierzu zählen die Entgegennahme von Vermögenseinlagen stiller Gesellschafter, die Aufnahme von Genussrechtskapital und die Eingehung nachrangiger Verbindlichkeiten. § 26 Abs. 1 SpkG NRW normiert insoweit zunächst die Berechtigung der Sparkassen, sich durch Rückgriff auf die genannten Instrumente zu finanzieren. Deren inhaltlichen Voraussetzungen ergeben sich allerdings primär aus den Bestimmungen im jeweiligen Fachrecht – insbesondere dem HGB – und werden im Übrigen durch § 26 SpkG NRW ergänzt. Damit schließlich das durch die Inanspruchnahme jener Finanzierungsinstrumente beschaffte Kapital auch bankaufsichtlich als haftendes Eigenkapital anerkannt werden kann, müssen darüber hinaus die jeweiligen Anforderungen der CRR (→ Rn. 3 ff.) erfüllt sein.

1. Aufnahme von Vermögenseinlagen stiller Gesellschafter (Abs. 1)

a) Begriff und Funktion, Gesellschafterkreis

8 Die Aufnahme von Vermögenseinlagen stiller Gesellschafter richtet sich nach den §§ 230 ff. HGB. Hierbei überlässt etwa der Träger der Sparkasse einen festgelegten Geldbetrag an diese in der Weise, dass der Betrag in ihr Vermögen übergeht, also –

III. Rechnungslegung, Jahresabschluss und Vermögenseinlagen § 26

anders als bei der Gewährung eines Darlehens – seine Eigenschaft als Fremdkapital verliert. Eine Besicherung der Einlage findet grundsätzlich nicht statt. Für die Sparkasse hat dies den Vorteil, dass sie so ggf. ihre Eigenkapitalquote erfüllen bzw. weiter ausbauen und damit ihre Bonität steigern kann, was ihr wiederum die Möglichkeit eröffnet, zu attraktiveren Konditionen Fremdkapital aufzunehmen und Investitionen zu tätigen. Aus den von ihr fortan getätigten Geschäften wird nur die Sparkasse selbst berechtigt und verpflichtet (§ 230 Abs. 2 HGB). Der stille Gesellschafter erhält eine Beteiligung am Gewinn (§ 231 Abs. 2 Hs. 2 HGB) bzw. eine feste Nominalverzinsung. Am Verlust ist er höchstens bis zum Betrag seiner Einlage beteiligt, kann dies jedoch auch ganz ausschließen (§ 231 Abs. 2 Hs. 1 HGB). Ist für die stille Beteiligung eine feste Laufzeit vereinbart, so kann der Gläubiger seine Einlage am Laufzeitende zum Nennbetrag zurückfordern. Er bleibt zwar insoweit mit dem Risiko einer Insolvenz der Sparkasse belastet, in Anbetracht der Institutssicherung der Sparkassen (→ § 1 Rn. 36 f.) ist dieses bislang aber praktisch sehr gering.

Sind die handelsrechtlichen Voraussetzungen im Sinne der §§ 230 ff. HGB erfüllt, **9** hat dies zunächst nur zur Folge, dass eine Sparkasse eine stille Vermögenseinlage aufnehmen kann. Damit diese aber auch als Beitrag zur Stärkung ihrer Eigenmittel anerkannt werden kann, müssen darüber hinaus die jeweiligen Anforderungen der CRR erfüllt sein. In bankaufsichtlicher Hinsicht erfüllen Vermögenseinlagen stiller Gesellschafter jedoch regelmäßig – insbesondere bei zeitlicher Befristung oder fehlender Nachrangigkeit – nicht die Anforderungen an hartes Kernkapital (Art. 28 CRR) oder zusätzliches Kernkapital (Art. 52 CRR). Sie können daher grundsätzlich nur in Form von Ergänzungskapital im Sinne des Art. 63 CRR anerkannt werden, sofern alle dortigen Voraussetzungen erfüllt sind.

Den Kreis der stillen Gesellschafter beschränkt § 26 Abs. 1 S. 2 lit. a)–c) SpkG **10** NRW ausschließlich auf den Träger der Sparkasse, die Rheinische Sparkassen-Förderungs-GmbH und die Westfälisch-Lippische Sparkassen-Förderungs-GmbH. Die Förderungs-GmbHs sind Einrichtungen, die vom jeweils zuständigen Sparkassen- und Giroverband zwischengeschaltet sind und die Funktion haben, die Eigenkapitalausstattung von Sparkassen durch stille Einlagen zu stärken. Die hierzu erforderlichen Mittel beschaffen sie sich regelmäßig am Kapitalmarkt als langfristige Darlehen. Die ihnen dabei entstehenden Kosten (Refinanzierungsaufwendungen, Verwaltungskosten, Steuern) sind durch die von der Sparkasse auf die Einlage gezahlten Zinsen zu decken (*Heinevetter* [9. Lfg.], § 5 Erl. 7.1).

b) Verfahren

Eine Eigenkapitalverbesserung durch Aufnahme von Einlagen stiller Gesellschaf- **11** ter ist einer Sparkasse nur möglich, sofern dies in ihrer jeweiligen Satzung vorgesehen ist (§ 26 Abs. 1 S. 1 SpkG NRW). Darüber hinaus muss die Aufnahme der stillen Beteiligung zunächst vom Vorstand vorgeschlagen und anschließend vom Verwaltungsrat beschlossen werden (§ 15 Abs. 4e) SpkG NRW). Soweit die stille Beteiligung nicht durch den Träger selbst, sondern durch eine der beiden nordrhein-westfälischen Sparkassenförderungsgesellschaften erfolgen soll, muss schließlich auch noch die Sparkassenaufsicht, also nach § 39 Abs. 2 SpkG NRW das Ministerium der Finanzen des Landes NRW, seine Zustimmung erteilen (§ 26 Abs. 1 S. 3 SpkG NRW).

2. Ausgabe von Genussrechten (Abs. 2)

12 Eine weitere Möglichkeit der Sparkassen, ihre Haftungsbasis zu verbreitern, besteht gemäß § 26 Abs. 2 SpkG NRW in der Ausgabe von Genussrechten. Bei ihnen handelt es sich um Wertpapiere, die ihrem Erwerber im Gegenzug für die Überlassung von Kapital an den Genussrechtsemittenten ein bestimmtes Vermögensrecht – in der Regel ein Recht auf Gewinnbeteiligung – vermitteln, jedoch keine Beteiligung im Sinne von Mitwirkungsrechten am Institut selbst (vgl. *Heinevetter* [9. Lfg.], § 5 Erl. 7.2; *Schlierbach/Püttner*, S. 266).

13 Die Sparkassen können das mit der Ausgabe der Genussrechte vereinnahmte (Fremd-)Kapital als haftende Eigenmittel in Form von Ergänzungskapital im Sinne des Art. 63 CRR anrechnen, wenn die dortigen Voraussetzungen erfüllt sind. Hierzu gehört insbesondere, dass ihnen das Kapital für mindestens fünf Jahre zur Verfügung steht, die ausgegebenen Genussrechte auch an den Verlusten teilnehmen und sie im Falle einer Insolvenz erst nachrangig bedient werden, dh das Genussrechtskapital erst nach Befriedigung aller nicht nachrangigen Gläubiger zurückgezahlt wird.

14 Im Gegensatz zu Vermögenseinlagen stiller Gesellschafter können Genussrechte nach den sparkassenrechtlichen Vorgaben von einem unbeschränkten Kreis von Investoren erworben werden, also auch von natürlichen Personen.

15 In verfahrensmäßiger Hinsicht setzt auch die Hereinnahme von Genussrechtskapital voraus, dass sie durch die jeweilige Sparkassensatzung zugelassen ist § 26 (Abs. 2 SpkG NRW), vom Vorstand vorgeschlagen und vom Verwaltungsrat beschlossen wird (§ 15 Abs. 4e) SpkG NRW).

3. Eingehung nachrangiger Verbindlichkeiten (Abs. 2)

16 Schließlich können die Sparkassen gemäß § 26 Abs. 2 SpkG NRW ihre Eigenmittel durch Eingehung nachrangiger Verbindlichkeiten optimieren. Dabei handelt es sich um schuldrechtliche Verbindlichkeiten aus der Hereinnahme von Fremdkapital – etwa Pflichten zur Rückzahlung von Darlehen oder zur Zahlung auf Namens- und Inhaberschuldverschreibungen –, die mit der Abrede verbunden sind, sie im Falle einer Liquidation oder Insolvenz der Sparkasse erst nach den Forderungen anderer Gläubiger zu erfüllen; Mitgliedschaftsrechte sind mit ihnen nicht verbunden (vgl. *Boos* in: Boos/Fischer/Schulte-Mattler [4. Aufl.], KWG, § 10 Rn. 153).

17 Um nachrangige Verbindlichkeiten bankaufsichtlich zu den haftenden Eigenmitteln im Sinne von Art. 63 CRR (Ergänzungskapital) zählen zu können, dürfen sie von der Sparkasse weder unmittelbar noch mittelbar finanziert oder besichert werden und müssen dem Institut mindestens fünf Jahre lang zur Verfügung stehen.

18 Auch die Eingehung nachrangiger Verbindlichkeiten steht gemäß § 26 Abs. 2 SpkG NRW unter dem Vorbehalt der jeweiligen Sparkassensatzung und setzt nach § 15 Abs. 4e) SpkG NRW einen auf dem Vorschlag des Vorstandes beruhenden Verwaltungsratsbeschluss voraus.

III. Ausschluss von Mitwirkungsbefugnissen und Ansprüche am Liquidationsvermögen (Abs. 3)

Sparkassen als Anstalten des öffentlichen Rechts sind – anders als private Banken – in alleiniger Trägerschaft der Kommunen (§ 1 Abs. 1 S. 1 SpkG NRW) zunächst schon konstruktiv keiner Beteiligung im Sinne der Bildung einer Anteilseignerschaft durch mehrere Gesellschafter („offene Beteiligung") zugänglich. Auch ohne eine solche formal-organisatorische Beteiligung wäre es stillen Gesellschaftern, Inhabern von Genussrechten und ggf. auch nachrangigen Gläubigern aber prinzipiell möglich, ihre kapitalmäßige Beteiligung von der Einräumung bestimmter Mitsprache- bzw. Mitwirkungsrechte in der Sparkasse abhängig zu machen. § 26 Abs. 3 SpkG NRW schließt nun – wie schon der frühere § 8 Abs. 2 SpkVO NRW – eben solche Mitwirkungsrechte aus und stellt damit sicher, dass die Möglichkeit einer kapitalmäßigen Beteiligung Dritter allein der Eigenmittelstärkung der Sparkasse dient, es hierdurch aber nicht zu einer (gesellschaftsrechtlichen) Einflussnahme auf deren Geschäftsführung kommt, mit der letzten Endes auch das Prinzip der alleinigen Trägerschaft der Kommunen verwässert würde (vgl. die Begr. des Reg.-Entw., LT-Drs. 14/6831, S. 43.). Dieser rigorose Ausschluss von Mitwirkungsrechten stellt auch die Erfüllung des Demokratieprinzips aus Art. 20 Abs. 2 GG sicher, geht indes aber über die Rechtsprechung des Bundesverfassungsgerichts hinaus, nach der die Willensbildung auch in einer für abgegrenzte Bereiche der Selbstverwaltung zuständigen Anstalt des öffentlichen Rechts im Grundsatz demokratisch legitimiert sein muss (vgl. BVerfGE 107, 59, 91, 97 ff.). 19

IV. Ausschluss eigenkapitalverbessernder Maßnahmen zwischen Sparkassen untereinander

§ 26 Abs. 4 SpkG NRW entspricht inhaltlich dem früheren § 9 Abs. 4 SpkVO NRW und verhindert den gegenseitigen Erwerb von Schuldverschreibungen, Genussrechten sowie nachrangigen Verbindlichkeiten durch Sparkassen untereinander, der zu einer unzutreffenden Darstellung ihrer Vermögenslage durch Kaskadeneffekte führen könnte (so die Begr. des Reg.-Entw., LT-Drs. 14/6831, S. 43). Die Regelung steht mit Vorgaben im Einklang, die sich auf unionsrechtlicher Ebene im Zusammenhang mit der Risikogewichtung von Vermögenspositionen der Finanzinstitute finden. So stellt namentlich Art. 113 Abs. 1 CRR an die Berechnung von risikogewichteten Positionsbeträgen eines Instituts strenge Anforderungen. Soweit Art. 113 Abs. 6,7 CRR hiervon im Einzelfall suspendiert und damit ausnahmsweise die Zuweisung einer Risikogewichtung von 0% erlaubt, gelten diese Ausnahmen a priori nicht für solche Risikopositionen, die Posten des harten oder zusätzlichen Kernkapitals oder des Ergänzungskapitals begründen. Darüber hinaus verbietet Art. 113 Abs. 7 lit. g) CRR eine mehrfache Nutzung von für die Berechnung von Eigenmitteln anerkennungsfähigen Bestandteilen (sog Mehrfachbelegung) und jegliche unangemessene Bildung von Eigenmitteln zwischen den Mitgliedern eines institutsbezogenen Sicherungssystems (vertiefend hierzu *Luz/Neus* KWG und CRR, Art. 113 Rn 27 ff.). Auf diese Weise wollen auch die unionsrechtlichen Vorschriften verhindern, dass es durch wechselseitige Verstrickung von Instituten zu unerwünschten Kaskadeneffekten im Eigenmittelbereich kommt. 20

IV. Zusammenlegung und Auflösung von Sparkassen

§ 27 Vereinigung von Sparkassen

(1) Benachbarte Sparkassen und Sparkassen innerhalb eines Kreisgebietes können durch Beschluss der Vertretungen ihrer Träger nach Anhörung der Verwaltungsräte und des für die beteiligten Sparkassen jeweils zuständigen Sparkassen- und Giroverbandes in der Weise vereinigt werden, dass entweder eine neue Sparkasse entsteht oder eine Sparkasse von einer bestehenden oder neu zu errichtenden Sparkasse aufgenommen wird. Das Vermögen der beteiligten Sparkassen geht als Ganzes auf die vereinigte Sparkasse über.

(2) Sofern über das Kreisgebiet hinaus wirtschaftliche und nahe räumliche Verbindungen eine Vereinigung als zweckmäßig erscheinen lassen, kann dies die Aufsichtsbehörde auf Vorschlag der Träger und nach Anhörung des Sparkassen- und Giroverbandes und der betroffenen kommunalen Spitzenverbände zulassen.

(3) Die Trägerschaft ist in einem öffentlich-rechtlichen Vertrag zu regeln. Erfolgt die Vereinigung durch Aufnahme, so endet die Amtszeit des Verwaltungsrates der aufnehmenden Sparkasse. In dem öffentlichrechtlichen Vertrag ist auch der Zeitpunkt festzulegen, von dem an die Handlungen der übertragenden Sparkasse als für Rechnung der neu gebildeten oder der aufnehmenden Sparkasse vorgenommen gelten (Verschmelzungsstichtag). Die übertragende Sparkasse hat auf den Schluss des Tages, der dem Verschmelzungsstichtag vorausgeht, eine Schlussbilanz aufzustellen. Der Verschmelzungsstichtag darf höchstens acht Monate vor dem in der Genehmigung gemäß Absatz 4 bezeichneten Zeitpunkt liegen.

(4) Die Vereinigung bedarf der Genehmigung der Aufsichtsbehörde.

(5) Ist die Bildung eines Sparkassenzweckverbandes aus Gründen des öffentlichen Wohls, insbesondere zur Erhaltung oder Schaffung der Leistungsfähigkeit der beteiligten Sparkassen im Interesse einer besseren Versorgung von Bevölkerung und Wirtschaft geboten, so kann die Aufsichtsbehörde den beteiligten Gemeinden und Gemeindeverbänden eine angemessene Frist zum Abschluss von Vereinbarungen über die Bildung eines Sparkassenzweckverbandes setzen. Die Gemeinden und Gemeindeverbände, ihre Sparkassen und der Sparkassen- und Giroverband sind vorher zu hören. Die Vereinbarungen bedürfen der Genehmigung der Aufsichtsbehörde; die Zuständigkeiten der Aufsichtsbehörden nach dem Gesetz über kommunale Gemeinschaftsarbeit bleiben unberührt.

(6) Kommt die Vereinbarung innerhalb der Frist nicht zustande oder wird ihre Genehmigung versagt, so kann die Aufsichtsbehörde die erforderlichen Anordnungen durch Rechtsverordnung treffen. Die Rechtsverhältnisse des Sparkassenzweckverbandes sind durch eine Satzung zu regeln, die die in der Rechtsverordnung zu bestimmende Behörde erlässt. Absatz 5 Satz 2 gilt entsprechend.

IV. Zusammenlegung und Auflösung von Sparkassen   § 27

(7) Rechtshandlungen, die aus Anlass der Vereinigung von Sparkassen erforderlich werden, sind frei von landesrechtlich geregelten Gebühren. Das Gleiche gilt für Beurkundungs- und Beglaubigungsgebühren.

Literatur: Bitter/Jochum, Bezeichnungsschutz gemäß § 40 KWG bei einer Fusion öffentlich- und privatrechtlich organisierter Sparkassen, ZBB 2021, 196; *Bosse,* Rechtsprobleme des Zusammenschlusses von Sparkassen, 1982; *Burgard,* Wem gehören die Sparkassen?, WM 2008, 1997; *Escher/Walz,* Verständigung mir EU-Kommision über die Zukunft der öffentlichen Kreditinstitute, BKR 2002, 241; *Henneke,* Sparkassenfusionen aus kommunaler Sicht – Voraussetzungen, Bedingungen, Grenzen, Sparkassen Management 2017, 7; *Henneke/Wohltmann,* Notwendigkeit und Grenzen von Kooperationen und Fusionen im Sparkassenwesen, Der Landkreis 2005, 82; *Jellinghaus,* Aktuelle Entwicklungen im Organisationsrecht der Sparkassen, NVwZ 2013, 407; *Kost/Geerling,* Rechtliche Vorgaben für Restrukturierungen im Sparkassensektor, BKR 2003, 690; *Meyer,* Einfluss der Kommunen auf ihre Sparkassen – Rechtsformenwahl und Perspektiven der Aufgabenerledigung, Der Landkreis 2002, 564; *Meyer,* Kommunale Selbstverwaltung als objektive Rechtsinstitutionsgarantie – Grundsätzliches zur Sparkassenträgerschaft und gegen kondominiale Mischverwaltung, NVwZ 2001, 766; *Oebbecke,* Das Europarecht als Katalysator der Sparkassenpolitik, VerwArch 93 (2002), 278; *Oebbecke,* Sparkassen und Sparkassenrecht nach der Einigung im Beihilfestreit, in Ipsen (Hrsg.), Zukunft der Sparkasse – Sparkasse der Zukunft, 14. Bad Iburger Gespräche zum Kommunalrecht, 2004, 109; *Quart,* Zur Abschaffung von Anstaltslast und Gewährträgerhaftung, EuZW 2002, 424; *Ruge,* Neues Sparkassenrecht nach Beilegung der Auseinandersetzung mit der Europäischen Kommission, ZG 19 (2004), 1; *Rümker,* Probleme der Vereinigung öffentlich-rechtlicher Kreditinstitute, in Festschrift für Ernst Steindorff, 1990, S. 449; *Schink,* Sprungfusionen bei Sparkassen – Zulässigkeit und Grenzen, DVBl. 2015, 1223; *Stern,* Sparkassen und Kommunen, in DSGV (Hrsg.), Standortbestimmung – Entwicklungslinien der deutschen Kreditwirtschaft, 1985, 133; *Tröger,* Mergers & Acquisitions im deutschen Bankensektor – Eine Analyse der Bestimmungsfaktoren, 2003; *Vogel,* Neue Gestaltungsoptionen im Sparkassenrecht – Trägerkapital und Stiftungsmodell nach dem neuen hessischen Sparkassengesetz; *Wiesel,* Sparkassen und Landesbanken auf dem Prüfstand des europäischen Wettbewerbsrechts, ZBB 2002, 290

Übersicht

	Rn.		Rn.
I. Überblick	1	aa) Unbestimmte Rechtsbegriffe und Ermessen	25
II. Normzweck, Grundlage und Anwendungsbereich	2	bb) Wirtschaftliche Verbindungen	27
1. Normzweck	2	cc) nahe räumliche Verbindungen	28
2. Grundlage zur Vereinigung von Sparkassen	6	dd) Zweckmäßigkeit	30
a) Sparkassenfusion in der Praxis	6	d) Länderübergreifende Vereinigung	31
b) Hintergründe von Sparkassenfusionen	7	3. Arten	32
c) Sparkassenfusion und öffentlicher Auftrag	10	a) Vereinigung zur Neugründung	33
3. Anwendungsbereich	13	b) Vereinigung durch Aufnahme	34
III. Freiwillige Vereinigung von Sparkassen	17	4. Übergang der Trägerschaft	36
1. Rechtssystematische Einordnung	17	5. Verfahren	38
2. Räumliche Reichweite	19	a) Beschlüsse der Träger (Abs. 1 S. 1)	38
a) Überblick	19	b) Anzeige- und Unterrichtungspflichten	43
b) Regelfälle des Abs. 1 S. 1	21	c) Fusionsvereinbarung (Abs. 3)	44
aa) Vereinigung bei Nachbarschaftslage	22	aa) Rechtsnatur und Grundlagen	44
bb) „Kleine Sprungfusion"	23		
c) „Große Sprungfusion" nach Abs. 2	24		

	Rn.		Rn.
bb) Regelung der Trägerschaft	45	IV. Zwangsweise Vereinigung von Sparkassen (Abs. 5 und 6)	71
cc) Fusionszeitpunkt und Verschmelzungsstichtag	48	1. Grundlagen	71
		2. Gründe des öffentlichen Wohls	75
dd) Fusionsbedingter Finanzausgleich?	50	a) Erhaltung oder Schaffung leistungsfähiger Sparkassen	76
ee) Firma und Sitz	52	b) Interessenabwägung	78
d) Genehmigung der Aufsichtsbehörde (Abs. 4)	55	3. Verfahren	79
		a) Anhörungsverfahren (Abs. 5)	79
6. Rechtsfolgen der Vereinigung	59	b) Anordnung durch Rechtsverordnung (Abs. 6)	81
a) Gesamtrechtsnachfolge (Abs. 1 S. 2)	59	4. Rechtsschutz	82
		a) Der Sparkassenträger	82
b) Beschäftigungsverhältnisse	61	b) Der Sparkassen	84
c) Organmitglieder	63	V. Zusammenschlusskontrolle	85
aa) Vorstand	63	VI. Freistellung von öffentlichen Abgaben (Abs. 7)	86
bb) Verwaltungsrat	66		
d) Personalvertretung	69	VII. Geplante Änderungen für Sparkassenzweckverbände)	87
e) Handelsregister und Anzeigepflicht nach dem KWG	70		

I. Überblick

1 § 27 SpkG NRW ist die zentrale Vorschrift innerhalb des vierten Abschnitts „Zusammenlegung und Auflösung von Sparkassen". Sie regelt unter der einheitlichen Überschrift „Vereinigung von Sparkassen" zwei unterschiedliche Dinge: Abs. 1 bis 4 betreffen die freiwillige Vereinigung benachbarter oder in einer wirtschaftlichen und räumlichen Nähebeziehung stehender Sparkassen im Wege der Gesamtrechtsnachfolge. Abs. 5 und 6 regeln dagegen die („Zwangs-") Vereinigung von Sparkassen auf behördliche Anordnung durch Bildung eines Sparkassenzweckverbandes. Die freiwillige Vereinigung von Sparkassen kann nach Abs. 1 S. 1 entweder durch Zusammenschluss zweier oder mehrerer Sparkassen zur Errichtung einer neuen Sparkasse erfolgen oder im Wege der Aufnahme einer Sparkasse durch ein bereits bestehendes oder neu zu errichtendes Institut. Sowohl die Vereinigung durch Neugründung als auch die Vereinigung durch Aufnahme erfolgt auf der Grundlage eines öffentlich-rechtlichen Vertrages, in dem zwingend die Trägerschaft der vereinigten Sparkasse zu regeln ist (Abs. 3). Die Initiative zur Vereinigung liegt in beiden Fällen bei den Trägern der beteiligten Sparkassen. Allerdings bedarf die Vereinigung jeweils der aufsichtsbehördlichen Genehmigung (Abs. 4). Umgekehrt verhält es sich bei der („Zwangs-") Vereinigung von Sparkassen im Wege der Errichtung eines Sparkassenzweckverbandes. Hierzu kann die Aufsichtsbehörde den beteiligten Trägern nach Abs. 5 eine Frist setzen, wenn „Gründe des öffentlichen Wohls" eine Vereinigung gebieten, um insbesondere die Leistungsfähigkeit der beteiligten Sparkassen zu erhalten oder (wieder) herzustellen und die Versorgung von Bevölkerung und Wirtschaft mit Bankdienstleistungen zu verbessern. Scheitert die Errichtung eines Sparkassenzweckverbandes im Wege der aufsichtsbehördlich angeordneten Vereinbarung durch die beteiligten Träger, so kann die Aufsichtsbehörde schließlich die Bildung eines Sparkassenzweckverbandes durch Rechtsverordnung anordnen (Abs. 6).

IV. Zusammenlegung und Auflösung von Sparkassen § 27

II. Normzweck, Grundlagen und Anwendungsbereich

1. Normzweck

Beide in § 27 SpkG NRW geregelten Verfahren, sowohl zur freiwilligen als auch zur aufsichtsbehördlich initiierten Vereinigung von Sparkassen, verfolgen einen einheitlichen Regelungszweck, nämlich die Bildung oder Erhaltung leistungsfähiger Sparkassen und damit letztendlich die Sicherstellung des im öffentlichen Interesse liegenden Versorgungsauftrags (vgl. *Klüpfel/Gaberdiel/Höppel/Ebinger*, § 3 Anm. I, 1). Insofern ist die Vorschrift im Zusammenhang mit dem in § 31 Abs. 1 S. 2 SpkG NRW festgeschriebenen Grundsatz **„Fusion vor Auflösung"** zu sehen (→ § 31 Rn. 2). Durch Vorhalten eines abgestuften rechtlichen Instrumentariums zur Vereinigung von Sparkassen, will der Gesetzgeber die Auflösung von Sparkassen im Krisenfall vermeiden. 2

Neben des in § 31 Abs. 1 S. 2 SpkG NRW zum Ausdruck kommenden gesetzgeberischen Rangverhältnis zwischen Vereinigung und Auflösung im Allgemeinen tritt ein weiteres – **dreistufiges – Rangverhältnis innerhalb der in § 27 SpkG NRW geregelten Instrumente** im Besonderen: Wie die Errichtung einer Sparkasse ist deren Vereinigung mit einer anderen Sparkasse zunächst eine Angelegenheit der kommunalen Selbstverwaltung (*Berger*, § 2 Rn. 5; *Kost/Geerling*, BKR 2003, 690, 691; *Schlierbach/Püttner*, S. 83). Demgemäß bringt § 27 zum Ausdruck, dass Vereinigungen bevorzugt aufgrund freiwilliger Vereinbarungen der beteiligten Träger nach Abs. 1 bis 4 erfolgen sollen (*Josten*: in Engau/Dietlein/Josten, § 27 Rn. 2; so auch schon *Heinevetter* [2. Aufl.], § 31 Anm. 1, zur Vorläuferbestimmung des § 31 SpkG NRW a.F.; *Berger*, § 2 Rn. 5, zur entsprechenen Regelung im Nds. SpkG). Eine zwangsweise Vereinigung durch die Staatsaufsicht ist dagegen in Abs. 5 und 6 nur für den Ausnahmefall vorgesehen, dass eine Sparkasse ihre gesetz- und satzungsmäßigen Versorgungsaufgaben nicht (mehr) hinreichend aus eigener Kraft wahrnehmen kann. Schließlich besteht auch innerhalb der Regelungen über die zwangsweise Vereinigung im Krisenfall wiederum ein Rangverhältnis: Zunächst ist die Aufsichtsbehörde nach Abs. 5 gehalten, den beteiligten Trägern den angeordneten Abschluss einer Vereinbarung über die Errichtung eines Sparkassenzweckverbandes selbst zu überlassen. Erst wenn diese Vereinbarung nicht zustande kommt oder ihr wegen formaler oder inhaltlicher Mängel die Genehmigung versagt wird, kann die Aufsichtsbehörde die für die Vereinigung erforderlichen Anordnungen nach Abs. 6 selbst treffen. Leitmotiv des § 27 SpkG NRW ist damit der Vorrang freiwilliger Lösungen gegenüber Zwangsmaßnahmen. 3

Damit entspricht die Bestimmung des § 27 SpkG NRW insgesamt dem Ergebnis der verfassungsrechtlich gebotenen **Interessenabwägung** zwischen der Garantie der kommunalen Selbstverwaltung nach Art. 28 Abs. 2 S. 1 GG und Art. 78 Abs. 1 S. 1 LV NRW einerseits und dem (überörtlichen) staatlichen Interesse an der durch die Sparkassen geleisteten Daseinsvorsorge andererseits. Zwar erfasst die kommunale Selbstverwaltungsgarantie auch das Betreiben kommunaler Sparkassen (vgl. BVerfG WM 1994, 71, VerfGH NW DVBl. 1981, 216). Gemeinden und Gemeindeverbände (Landkreise) sowie kommunale Zweckverbände können sich auf die kommunale Selbstverwaltungsgarantie jedoch stets nur „im Rahmen der Gesetze" berufen (Art. 78 Abs. 2 LV NRW). Einschränkungen der Selbstverwaltung der be- 4 teiligten Kommunen – hier durch die Regelungen in § 27 Abs. 5 und 6 SpkG NRW – sind nach st. Rspr. des BVerfG zulässig, wenn der Kernbereich der kommunalen Selbstverwaltung nicht verletzt und die Verhältnismäßigkeit gewahrt wird (so grundlegend BVerfGE 1, 266, 274 f.; vgl. ferner BVerfGE 56, 298, 310 ff.; 79, 127, 143 ff.). Demgemäß bildet die im Verordnungswege angeordnete und in den Einzelheiten behördlich geregelte Zwangsvereinigung von Sparkassen nach Abs. 6 die ultima ratio innerhalb des Regelungssystems des § 27 SpkG NRW. Damit tragen die Regelungen in Abs. 5 und 6 dem verfassungsrechtlichen Übermaßverbot Rechnung, wonach freiwillige Lösungen stets Vorrang vor staatlichen Zwangsmaßnahmen haben und letztere nur bei gravierender Leistungsunfähigkeit einer der betroffenen Sparkassen in Betracht kommen.

5   Neben der **Reaktion auf Krisensituationen** ermöglicht die Vorschrift mit ihrem Hauptanwendungsfall, der Vereinigung benachbarter Sparkassen, **Strukturanpassungen im Gebiet eines Landkreises**. So können danach etwa Kreissparkassen eines Landkreises oder eine Kreissparkasse mit der Sparkasse einer kreisangehörigen Gemeinde zusammengelegt werden. Derartige Anpassungen dienen der Umsetzung des Prinzips der Einräumigkeit der Verwaltung (vgl. auch *Berger*, § 2 Rn. 2). Die („Zwangs-") Vereinigung von Sparkassen im Rahmen von Gebietsänderungen ihrer Trägerkommunen ist dagegen Gegenstand der gesonderten Regelung in § 29 SpkG NRW (→ Rn. 15).

2. Grundlagen zur Vereinigung von Sparkassen

a) Sparkassenfusionen in der Praxis

6   2009 bestanden in Nordrhein-Westfalen insgesamt 108 kommunale Sparkassen, davon 34 im Verbandsgebiet des Rheinischen Sparkassen- und Giroverbandes (RSGV) und 74 im Verbandsgebiet des Sparkassenverbandes Westfalen-Lippe (SVWL). Zehn Jahre später, zum Jahresende 2018, gab es in Nordrhein-Westfalen dagegen nur noch 91 Sparkassen, davon 31 im Verbandsgebiet des RSGV und 60 im Verbandsgebiet des SVWL. Dies bedeutet einen Rückgang um mehr als 15 % innerhalb von zehn Jahren. Als letzte verlor in diesem Zeitraum die mit Wirkung vom 1. August 2019 auf die Kreissparkasse Köln fusionierte Stadtsparkasse Bad Honnef ihre Selbständigkeit. Im Dezember 2022 bestanden im Verbandsgebiet des RSGV noch 27 und im Verbandsgebiet des SVWL noch 58 Sparkassen, dh noch insgesamt 85 im Geltungsbereich des Gesetzes. Insgesamt beruht der zahlenmäßige Rückgang dabei ausschließlich auf Fusionen und nicht etwa auf Auflösungen oder gar Privatisierungen kommunaler Sparkassen. Aktuell wurden jüngst die bisherigen Kreissparkassen Halle und Wiedenbrück mit Wirkung vom 1. April 2023 zur Kreissparkasse Halle-Wiedenbrück in Trägerschaft des Kreises Gütersloh und der Stadt Rheda-Wiedenbrück vereinigt. Signifikant ist ein deutlicher Anstieg an Fusionen in Nordrhein-Westfalen ab 2014. Dies entspricht im Übrigen der bundesweiten Tendenz. Bundesweit ist die Anzahl der Sparkassen von Ende 1990 bis April 2023 von insgesamt 769 auf 357 Institute gesunken. Die Zahl der deutschen Sparkassen hat sich damit in etwas mehr als drei Jahrzehnten fusionsbedingt mehr als halbiert.

b) Hintergründe von Sparkassenfusionen

7   Den Anlass zu Sparkassenfusionen geben – neben vereinzelten Strukturanpassungen an kommunale Gebietsgliederungen – regelmäßig **betriebswirtschaftli-**

IV. Zusammenlegung und Auflösung von Sparkassen § 27

che **Notwendigkeiten zur Effizienzsteigerung** der Institute (dazu umfassend *Niggemeyer*, S. 5 ff.; ferner *Berger*, § 2 Rn. 1 (Josten: in Engau/Dietlein/Josten, § 27 Rn. 1; *Meyer*, Der Landkreis 2002, 564, 566 f.; *Tröger*, S. 153 ff.). Diese wiederum haben unterschiedliche externe Ursachen. Zu nennen sind die stetige Zunahme regulatorischer Anforderungen vor allem durch das Bankaufsichtsrecht, eine Verschärfung des Wettbewerbs im Kreditgewerbe durch den Marktzutritt ausländischer und zunehmend auch branchenfremder Wettbewerber sowie schließlich durch technische Neuerungen insbesondere im Vertrieb, einhergehend mit einem veränderten Kundenverhalten. Hinzu kommen die aktuellen Belastungen des negativen Zinsumfeldes, das die Erträge aus dem Privatkundengeschäft erheblich reduziert. Anders als privaten Geschäftsbanken ist den (kleineren) Sparkassen ein „Ausweichen" auf das Investmentbanking nur begrenzt möglich. Nicht zuletzt entsprechen Sparkassenfusionen damit dem allgemeinen Phänomen, den Druck des Marktes auf eher kleinteilig strukturierte Märkte durch Konzentration abzumildern. Noch stärker als im Sparkassensektor ist eine Tendenz zur Schaffung größerer Unternehmenseinheiten demgemäß im Bereich der Genossenschaftsbanken zu verzeichnen. Konkretes Ziel von Unternehmensfusionen im Allgemeinen ist zum einen die Erzielung von Kostensynergien. Dieses Ziel wird durch die Vereinigung zweier oder mehrerer Sparkassen meist erreicht. Angestrebt werden zum anderen Ertragssynergien, deren Erzielung sich in der Praxis allerdings vielfach problematischer gestaltet (so für Fusionen im Sparkassenbereich *Meyer*, Der Landkreis 2002, 564, 566; *Niggemeyer*, S. 14 f. mwN). Der gleichen Zielsetzung dienende aber weniger einschneidende Alternativen zur rechtlichen Vereinigung sind Kooperationsmodelle innerhalb des Verbunds, wie etwa die Auslagerung von Back-Office-Funktionen auf zentrale Einrichtungen mehrerer Sparkassen, Landesbanken oder Verbände (siehe hierzu auch den Überblick bei *Niggemeyer*, S. 16 ff.). Anders als Fusionen lassen diese die rechtliche Selbständigkeit und damit letztendlich die regionale Fokussierung der beteiligten Sparkassen grundsätzlich unberührt (kritisch zu Sparkassenfusionen im Allgemeinen deswegen etwa *Henneke*, Sparkassen Management 2017, 7).

Regelmäßig erfolgen Sparkassenfusionen nicht als Reaktion auf eine akute Krisensituation bei einer der beteiligten Sparkassen. Die Motivation der auf Fusionen hinwirkenden Verbände und der politischen Entscheidungsträger liegt vielmehr in **der mittel- oder langfristigen Sicherung der Leistungsfähigkeit der Institute**. Nur vereinzelt und in Ausnahmefällen werden auch bereits eingetretene oder drohende Stützungsfälle im Sparkassensektor durch eine Vereinigung der in der Krise befindlichen Sparkasse mit einem anderen Institut „bereinigt". Regelmäßig erfolgen derartige Fusionen in der Krise unter Einbeziehung der Institutssicherung, dh zumindest des jeweiligen regionalen Stützungsfonds. Dies hat den Vorteil, dass sich insolvenzbedingte Auflösungen betroffener Sparkassen und damit Beeinträchtigungen des öffentlichen Versorgungsauftrags vermeiden lassen. Exemplarisch für die entsprechende Sanierungspraxis im Sparkassensektor sei die frühere Stadtsparkasse Mannheim genannt, die nach einer wirtschaftlichen Schieflage unter Zuführung von Mitteln aus der Institutssicherung der Sparkassen-Finanzgruppe und der Stadt Mannheim mit Wirkung zum 1. Januar 2001 mit der Bezirkssparkasse Weinheim zur Sparkasse Rhein Neckar Nord fusioniert wurde. Die Schließung und Abwicklung der Sparkasse (und das Eingreifen der – damals noch bestehenden – Gewährträgerhaftung) konnten so vermieden werden. **8**

§ 27 A. Sparkassen

9 Fusionen im Sparkassensektor sind regelmäßig nicht durch **strukturelle Fragestellungen** oder Probleme veranlasst, sondern nahezu ausschließlich durch (betriebswirtschaftliche) Gründe vor Ort. Letztendlich nicht bestätigt hat sich insbesondere die nach Abschluss der „Brüsseler Verständigung" vom 17.7.2001 (nicht veröffentlicht, zusammengefasst in der Entscheidung der Europäischen Kommission Nr. E 10/2000 vom 27.3.2002, abgedruckt bei *Wiesel*, ZBB 2002, 290 f.) über das sukzessive Auslaufen von Anstaltslast und Gewährträgerhaftung vielfach geäußerte Erwartung struktureller Veränderungen sowohl qualitativer als auch quantitativer Art innerhalb der Sparkassen-Finanzgruppe (vgl. etwa *Escher/Walz*, BKR 2002, 241 ff.; *Niggemeyer*, S. 52; *Oebbecke*, 2004, 109 ff.; *Quardt*, EuZW 2002, 424 ff.; *Ruge*, ZG 2004, 1 ff.). Zum einen hatte der Wegfall der Staatshaftung für die öffentlich-rechtlichen Kreditinstitute zunächst eine Strukturdebatte auch um die Rechtsform von Sparkassen ausgelöst (vgl. *Kost/Geerling*, BKR 2003, 690 ff.). In deren Fokus standen Strukturen, die eine Beteiligung externen, auch privaten, Kapitals ermöglichten. Zu nennen sind in diesem Zusammenhang die den Sparkassen schon de lege lata grundsätzlich erlaubte Ausgabe von Genussrechten oder stiller Beteiligungen, die in einigen Bundesländern ebenfalls zulässige Bildung von Stammkapital als Grundvoraussetzung der kapitalmäßigen Beteiligung Dritter, bis hin zum Rechtsformwechsel („Sparkassen-AG"), Schaffung von Holdingstrukturen und der materiellen Privatisierung (vgl. etwa *Schalast/Sassenberg*, BKR 2007, 498 ff.). Gleichzeitig wurde ein gesteigerter „Fusionsdruck" insbesondere auf kleinere Sparkassen erwartet, da die Verteuerung von Refinanzierung und Eigenkapitalausstattung Effizienzsteigerungen betriebswirtschaftlich notwendig mache, die sich durch Verbundlösungen oder Kooperationsmodelle nicht erzielen ließen (so seinerzeit etwa von *Kost/Geerling*, BKR 2003, 690; *Niggemeyer*, S. 5 ff.; *Oebbecke*, VerwArch 93 (2002), 278, 290; aA *Meyer*, Der Landkreis, 2002, 564). Tatsächlich konnte der Wegfall der staatlichen Garantien durch den weiteren Ausbau der Institutssicherung der öffentlich-rechtlichen Kreditinstitute aufgefangen werden. Abgesehen vom optionalen Holding- und Stiftungsmodell des 2008 novellierten hessischen Sparkassengesetzes (GVBl. I, 875 ff.; dazu *Vogel*, BKR 2009, 106 ff.) und der in einzelnen Sparkassengesetzen eingeführten Option zur Schaffung (zerlegbaren) Trägerkapitals (§ 7 Abs. 1 S. 3 SpkG NRW; § 4 Abs. 4 Schl. SpkG) hat die seinerzeitige Rechtsformdiskussion aus Anlass der veränderten Haftungsgrundlagen tatsächlich kaum sichtbare Spuren im geltenden Sparkassenrecht der Bundesländer hinterlassen. Auch die prognostizierte Konsolidierungswelle durch Fusionen im Sparkassensektor blieb letztendlich aus, wie beispielsweise für Nordrhein-Westfalen durch die Fusionsstatistik für die Zeit nach der „Brüsseler Verständigung" belegt (→ Rn. 6).

c) Sparkassenfusion und öffentlicher Auftrag

10 Horizontale Fusionen kommunaler Sparkassen stehen nicht per se im Widerspruch zur verfassungsrechtlich vorgegebenen gemeinwohlorientierten Aufgabenerfüllung der Sparkasse vor Ort. § 2 Abs. 1 SpkG NRW fokussiert den öffentlichen Auftrag räumlich auf das mit dem Hoheitsgebiet des Trägers identische Geschäftsgebiet der Sparkasse. Nach einer Fusion wird der öffentliche Auftrag im neuen, entsprechend vergrößerten, Geschäfts- und Trägergebiet wahrgenommen, ohne dass sich an der grundsätzlichen Ausrichtung der Geschäftstätigkeit auf das mit dem Hoheitsgebiet nunmehr möglicherweise mehrerer Kommunen identische Ge-

IV. Zusammenlegung und Auflösung von Sparkassen § 27

schäftsgebiet der fusionierten Sparkasse etwas Prinzipielles ändert (vgl. *Josten*, in: Engau/Dietlein/Josten, § 27 Rn. 8).

Eine Konfliktlage mit öffentlichem Auftrag und kommunaler Selbstverwaltungsgarantie entsteht jedoch dann, wenn die räumliche Dimension einer Sparkassenfusion die kommunale Verankerung in Frage stellt. Ist das Ergebnis einer Fusion etwa mehrerer kommunaler Sparkassen eine **„Großsparkasse"**, so wird der Bezug des Instituts zum Gebiet des einzelnen kommunalen Trägers genauso relativiert wie dessen nach dem verfassungsrechtlichen Demokratieprinzip erforderlicher Einfluss auf die geschäftspolitische Ausrichtung des Instituts (so jedenfalls *Henneke*, Sparkassen Management 2017, 7, 8 f.; ähnlich *Meyer*, Der Landkreis 2002, 564, 566). Die Rechtsprechung folgt aus dem Demokratieprinzip im Sparkassenbereich zum einen die Verpflichtung, die Struktur der Sparkassen so auszugestalten, dass eine unmittelbare Kette demokratischer Legitimation durch das Wahlvolk der Trägerkommunen gewährleistet ist (VerfGH NW, JZ 1987, 243, 244) und zum anderen einen Vorrang dezentral-kommunaler vor zentraler oder gar staatlich determinierter Aufgabenerfüllung (VerfGH Sachs, DVBl. 2001, 293, 298; dazu *Henneke*, DVBl. 2001, 301 ff.; *Meyer*, NVwZ 2001, 766 ff.; vgl. ferner *Schink/Karpenstein*, DVBl. 2014, 481, 585 f.). 11

Besonders deutlich wird die Relativierung der verfassungsrechtlich und einfachgesetzlich vorgezeichneten kommunalen Versorgungsaufgabe am – wenngleich bislang hypothetischen – Beispiel der Fusion zweier nicht benachbarter größerer Stadtsparkassen. Nimmt die geschäftspolitische Ausrichtung aufgrund der Fusion anstatt eines kommunalen einen regionalen oder gar überregionalen Charakter an und/oder rücken finanzielle Trägerinteressen gegenüber der gleichzeitig „verschwimmenden" kommunalen Versorgungsaufgabe in den Vordergrund, so ist die Wahrnehmung des kommunalen, auf das jeweilige Trägergebiet bezogenen öffentlichen Auftrags der Sparkasse nur noch schwerlich möglich. Gerade dieser bildet aber die Legitimationsgrundlage öffentlich-rechtlicher Sparkassen. Überregionale und primär an Gewinnmaximierung orientierte Banktätigkeit geriete des Weiteren nicht nur in Konflikt mit dem kommunalen Bankverbot (§ 107 Abs. 6 GO NRW). Sie verlöre gleichsam den Schutz der kommunalen Selbstverwaltungsgarantie nach Art. 28 Abs. 2 S. 1 GG und Art. 78 Abs. 1 S. 1 LV NRW. Demgemäß haben Sparkassenfusionen stets die durch öffentlichen Auftrag und kommunalen Gemeinwohlbezug gesteckten Grenzen im Auge zu behalten (ähnlich *Burgard*, WM 2008, 1997, 2005). 12

3. Anwendungsbereich

Zunächst betreffen die Regelungen des § 27 SpkG NRW von vornherein **nur horizontale Fusionen** von Sparkassen. Dies gilt sowohl für die freiwillige als auch für die zwangsweise Vereinigung und im Übrigen auch für die Neuordnung von Sparkassen bei Gebietsänderungen ihrer Träger nach § 29 SpkG NRW. Die Begründung vertikaler Strukturen nach Art einer Holdingkonstruktion scheitert bereits daran, dass Sparkassen regelmäßig kein in Anteile zerlegbares Stamm- oder Dotationskapital haben, sofern nicht ausnahmsweise von der in § 7 Abs. 1 S. 3 SpkG NRW eingeräumten Option zur Schaffung von Trägerkapital Gebrauch gemacht wird. Die formwechselnde Umwandlung in die Rechtsform der Aktiengesellschaft, die eine vertikale Struktur grundsätzlich ermöglichen würde, lässt das nordrhein-westfälische 13

Landesrecht nicht zu (§ 301 Abs. 2 UmwG). Auch die Übernahme der Sparkassenträgerschaft durch eine andere Sparkasse oder eine Landesbank ist nicht vorgesehen (zu während des Gesetzgebungsverfahrens angestellten Überlegungen, eine Vereinigung von Sparkassen und Landesbanken zu ermöglichen, siehe *Lüdde*, Sparkassenrecht der Länder, 93 f. mwN).

14 Von den Regelungen des § 27 SpkG NRW nicht erfasst sind daneben sämtliche Formen von **Kooperationsmodellen** unterhalb der Ebene der „Vereinigung" zu einem einzigen Rechtsträger im formaljuristischen Sinne. Damit ist es der Aufsichtsbehörde insbesondere verwehrt, anstatt der Vereinigung zweier Sparkassen im Wege der Gesamtrechtsnachfolge, gleichsam als „wesensgleiches Minus", das Eingehen von Kooperationen zwischen zwei oder mehreren Sparkassen anzuordnen.

15 Nicht von den Regelungen des § 27 SpkG NRW erfasst, sondern in § 29 SpkG NRW gesondert geregelt, ist die durch **Gebietsänderung ihrer Träger** veranlasste Vereinigung von Sparkassen (vgl. zum Verhältnis der unterschiedlichen Regelungsmaterien *Heinevetter* [2. Aufl.], § 31 Anm. 5.12; vgl. ferner *Stern*, 1985, 139 ff., zur Anpassung der Sparkassenstruktur im Rahmen der kommunalen Gebietsreform Mitte der 1970er Jahre). Das dort geregelte Verfahren zur Anpassung der Sparkassenstruktur an veränderte kommunale Gliederungen ist allerdings inhaltlich an das Regelungssystem der zwangsweisen Vereinigung nach § 27 Abs. 5 und 6 SpkG NRW angelehnt (→ § 29). Anders als nach § 27 Abs. 5 SpkG NRW entsteht die Verpflichtung der beteiligten Sparkassenträger zur Aufnahme von Fusionsgesprächen jedoch nicht erst durch behördliche Anordnung, sondern bereits von Gesetzes wegen bei Inkrafttreten der gesetzlichen Regelungen über die jeweilige Gebietsänderung.

16 Kein Anwendungsfall des § 27 SpkG NRW ist schließlich die **Übertragung von Zweigstellen** auf eine andere Sparkasse. Denn eine Übertragung von Vermögensgegenständen im Wege der Gesamtrechtsnachfolge, vergleichbar den in § 123 UmwG vorgesehenen Spaltungsvorgängen zur Aufnahme, ist in § 27 SpkG NRW gerade nicht vorgesehen. Zweigstellen öffentlich-rechtlicher Sparkassen können daher in Nordrhein-Westfalen (anders als etwa nach § 28 Abs. 9 S. 2 SpkG MV) nur im Wege der Einzelrechtsnachfolge auf eine andere Sparkasse übertragen werden. Hierfür stellt § 30 SpkG NRW ein gesondertes Verfahren zur Verfügung, das allerdings wiederum nur bei Gebietsänderungen der Träger zur Anwendung kommt (→ § 30).

III. Freiwillige Vereinigung von Sparkassen

1. Rechtssystematische Einordnung

17 Die Entscheidung über die freiwillige Vereinigung von Sparkassen obliegt allein den zuständigen Anstaltsträgern aus ihrem kommunalen Selbstverwaltungsrecht (→ Rn. 3) nach freiem, aber pflichtgemäßem Ermessen (*Schlierbach/Püttner*, S. 83). Rechtssystematisch handelt es sich hierbei nicht um einen privatautonomen oder gesellschaftsrechtlichen Vorgang, sondern um einen **öffentlich-rechtlichen Organisationsakt** im Bereich der mittelbaren Staatsverwaltung (vgl. *Niggemeyer*, S. 41 f.). Insbesondere ist die Sparkassenfusion keine Verschmelzung nach den Regelungen des privaten UmwG (BGH, ZIP 2023, 2356, 2358; *Biesok*, Sparkassenrecht, Rn. B. 115; *Bitter/Jochum*, ZBB 2021, 196, 197 f.). Zwar hat sich der Sparkas-

IV. Zusammenlegung und Auflösung von Sparkassen § 27

sengesetzgeber von 1970 bei erstmaliger Regelung der Vereinigung von Sparkassen in § 31 SpkG NRW aF an die Regelungstechnik der aktienrechtlichen Verschmelzung in § 339 AktG aF angelehnt. Das Regelungsmodell des § 27 SpkG NRW entspricht dem der Verschmelzung nach dem heutigen UmwG. Dessen Regelungen zur Verschmelzung finden jedoch nur auf die in § 3 UmwG abschließend aufgezählten Rechtsträger Anwendung. Anstalten des öffentlichen Rechts sind dort nicht genannt, so dass öffentlich-rechtliche Sparkassen nicht „verschmelzungsfähig" sind.

Da sich die in § 27 geregelten Formen der freiwilligen Vereinigung allerdings an die im UmwG geregelten Formen der Verschmelzung anlehnen, mag sich im Einzelfall die Frage nach einer ergänzenden und lückenfüllenden **Anwendung von Vorschriften des UmwG** stellen (so in der Tendenz *Niggemeyer*, S. 50 ff.; ablehnend *Biesok*, SpkG-Kommentar, § 28 Rn. 653, S. 244 f.). Für die Verfahrensvorschriften des UmwG dürfte dies zu verneinen sein (so auch *Kost/Geerling*, BKR 2003, 690, 691 mwN). Das Verfahren richtet sich ausschließlich nach öffentlichem Recht. Bei den Gläubigerschutzvorschriften des UmwG, etwa die Verpflichtung zur Sicherheitsleistung nach § 22 UmwG, ist dagegen auf den jeweiligen Normzweck abzustellen und nach einem vergleichbaren Schutzbedürfnis zu fragen. Aber auch in diesem Zusammenhang dürfte es mit Blick auf die sowohl vor als auch nach einer Vereinigung bestehende Institutssicherung regelmäßig an einer „planwidrigen Regelungslücke" fehlen. Diskutiert wird ferner die analoge Anwendung der Transparenzvorschriften in §§ 8 bis 12 UmwG über Verschmelzungsbericht und Verschmelzungsprüfung (vgl. *Niggemeyer*, S. 322 ff.). Aber auch in diesem Zusammenhang fehlt es an einer entsprechenden Regelungslücke im Sparkassenrecht. Denn dort besteht zum einen kein Bedürfnis nach Minderheitenschutz durch Transparenz. Zum anderen handelt es sich bei der Sparkassenfusion um einen öffentlich-rechtlichen Vorgang, bei dem den (grundsätzlich gleichberechtigten) Fusionspartnern die Informations- und Fragerechte des Kommunalrechts zur Verfügung stehen. Prinzipiell denkbar ist jedoch die entsprechende Anwendung von den Verschmelzungsvertrag betreffenden Regeln des UmwG auf die Fusionsvereinbarung nach Abs. 3 (→ Rn. 44). 18

2. Räumliche Reichweite
a) Überblick

Das Entschließungsermessen der kommunalen Sparkassenträger wird allerdings begrenzt durch das gesetzliche Erfordernis einer zwischen den zu vereinigenden Sparkassen bestehenden räumlichen und ggf. wirtschaftlichen Nähebeziehung. So beschränkt Abs. 1 S. 1 die freiwillige Vereinigung grundsätzlich auf benachbarte Sparkassen (→ Rn. 22) und Sparkassen innerhalb eines Kreisgebietes (→ Rn. 23). Nach Abs. 2 können Vereinigungen über die Kreisgrenzen hinaus von der Aufsichtsbehörde nur ausnahmsweise auf Vorschlag der Träger zugelassen werden, wenn „über das Kreisgebiet hinaus wirtschaftliche und nahe räumliche Verbindungen eine Vereinigung als zweckmäßig erscheinen lassen" (→ Rn. 24). 19

Deutschlandweit sind die Regelungen zur räumlichen Dimension zulässiger Vereinigungen **uneinheitlich**. Teilweise, so in Brandenburg (§ 28 Abs. 1 Bbg. SpkG), Mecklenburg-Vorpommern (§ 28 Abs. 1 SpkG MV), Sachsen (§ 28 Abs. 1 Sächs. SpkG) und Sachsen-Anhalt (§ 28 Abs. 1 Sachsanh. SpkG) sind Sparkassenfu- 20 sionen ausdrücklich und ausschließlich auf „benachbarte" Sparkassen beschränkt. Nach § 28 Abs. 1 S. 1 Saarl. SpkG sind Vereinigungen zulässig, „sofern sich durch die Vereinigung ein regional zusammenhängendes Geschäftsgebiet in einem einheitlichen Wirtschaftsraum ergibt." Ähnliches gilt nach § 22 Abs. 1 S. 2 Thür. SpkG, wonach durch die Vereinigung „ein zusammenhängendes Geschäftsgebiet" entstehen muss. Andere Sparkassengesetze sehen in den Regeln über Fusionen keinerlei räumliche Beschränkungen vor. Dies gilt für Baden-Württemberg (§ 3 SpkG BW), Bayern (Art. 16 Bay. SpkG), Hessen (§ 17 Hess. SpkG), Niedersachsen (§ 2 Nds. SpkG), Schleswig-Holstein (§ 28 Abs. 1 Schlh. SpkG) und Rheinland-Pfalz (§ 22 RhPf. SpkG). Aber auch in den letztgenannten Bundesländern wird aus der Gesamtschau von Regionalprinzip, öffentlichem Auftrag und kommunaler Trägerschaft gefolgert, dass die Geschäftsgebiete der zu vereinigenden Sparkassen unmittelbar aneinandergrenzen (so das ältere Schrifttum, vgl. etwa *Bosse*, 1982, S 60) oder zumindest demselben regionalen Wirtschaftsraum angehören (*Berger*, § 2 Rn. 3; *Klüpfel/Gaberdiel/Höppel/Ebinger*, § 3 Anm. I, 1).

b) Regelfälle des Abs. 1 S. 1

21 Abs. 1 S. 1 betrifft nach wörtlicher und systematischer Auslegung („**Benachbarte Sparkassen *und* Sparkassen innerhalb eines Kreisgebietes**") zwei Fälle: Zulässig ist danach erstens die Vereinigung unmittelbar benachbarter Sparkassen und zwar unabhängig davon, ob sich ihre Geschäftsgebiete im gleichen Kreisgebiet befinden. Zulässig ist zweitens die Vereinigung zweier Sparkassen, deren Geschäftsgebiete zwar nicht unmittelbar aneinandergrenzen, jedoch im gleichen Kreisgebiet belegen sind (sog. „kleine Sprungfusion").

22 **aa) Vereinigung bei Nachbarschaftslage.** „Benachbart" iSd Abs. 1 S. 1 Alt. 1 sind dabei nur solche Sparkassen, deren Geschäftsgebiete räumlich unmittelbar aneinandergrenzen. Eine Gegenansicht will hierfür unabhängig von einer unmittelbaren Nachbarschaftslage der Geschäftsgebiete bereits jede räumliche Verbundbeziehung genügen lassen, sofern diese eine Fusion „wirtschaftlich vernünftig" erscheinen lässt (so *Niggemeyer*, S 56 ff.). Hiergegen sprechen jedoch sowohl der Wortsinn als auch die Systematik der Vorschrift insgesamt. Wäre die unmittelbare Nachbarschaftslage bereits nach Abs. 1 S. 1 Alt. 1 im Einzelfall verzichtbar, so wären die weiteren Regelungen in Abs. 1 S. 1 Alt. 2 zur „kleinen Sprungfusion" und insbesondere in Abs. 2 zur „großen Sprungfusion" obsolet.

23 **bb) „Kleine Sprungfusion".** Trotz fehlender unmittelbarer Nachbarschaftslage können Sparkassen nach Abs. 1 vereinigt werden, wenn sie zumindest innerhalb eines Kreisgebiets liegen. Diese Möglichkeit der „kleinen Sprungfusion" innerhalb eines Kreisgebiets nach Abs. 1 S. 1 Alt. 2 steht nach der Regelungssystematik des Abs. 1 S. 1 gleichrangig neben der Vereinigung unmittelbar benachbarter Sparkassen und unterliegt wie diese zunächst keinen weiteren materiellen Voraussetzungen (zu praktischen Anwendungsfällen siehe *Niggemeyer*, S. 58). Allerdings wird sich aus dem öffentlichen Auftrag die Anforderung ergeben, dass die Versorgungsaufgabe auch der vereinigten Sparkasse im gesamten nun nicht mehr zusammenhängenden Trägergebiet flächendeckend wahrgenommen werden muss. Die Struktur der im Wege der „Sprungfusion" entstehenden Sparkasse muss dies gewährleisten. So darf sich der geschäftliche Schwerpunkt der vereinigten Sparkasse nicht etwa zu Lasten weniger ertragsversprechender Teile des Trägergebiets einseitig auf dessen wirt-

IV. Zusammenlegung und Auflösung von Sparkassen **§ 27**

schaftlich rentablere Räume konzentrieren (hierauf weist klarstellend *Josten*, in ngau/Dietlein/Josten, § 27 Rn. 9, hin; ähnlich *Biesok*, Sparkassenrecht, Rn. B. 122; vgl. ferner *Schink*, DVBl. 2015, 1223; kritisch zur „Sprungrevision" im Allgemeinen *Jellinghaus*, NVwZ 2013, 407, 408).

c) „Große Sprungfusion" nach Abs. 2

Die in Abs. 2 zugelassene sog. „große Sprungfusion" ist gegenüber den in Abs. 1 **24** geregelten Alternativen der Vereinigung subsidiär. Sie kommt nur zum Tragen, wenn die Vereinigung mit einer benachbarten oder innerhalb des gleichen Kreisgebiets gelegenen Sparkasse trotz ernsthafter Bemühungen erfolglos geblieben ist (*Josten*, in: Engau/Dietlein/Josten, § 27 Rn. 14; *Schink*, DVBl. 2015, 1223, 1224). Der Ausnahmetatbestand des Abs. 2 kann entgegen seinem insofern missverständlichen Wortlaut nur diejenigen Konstellationen betreffen, in denen die Geschäftsgebiete der zu vereinigenden Sparkassen **weder unmittelbar benachbart, noch im gleichen Kreisgebiet belegen** sind. Das Ergebnis einer derartigen „großen Sprungfusion" besteht in einem auf verschiedene Gebietsteile aufgespaltenen Geschäftsgebiet, das sich über mehrere Landkreise verteilt, ohne dass eine räumliche Verbindung zwischen den einzelnen Gebietsteilen besteht. Aus der örtlichen Zuständigkeit der Trägerkommunen wird eine „mehrörtliche" Zuständigkeit. Das Gesetz knüpft die Genehmigungsfähigkeit derartiger „großer Sprungfusionen" an zusätzliche materielle und formale Anforderungen. Über das Kreisgebiet hinaus müssen zum einen wirtschaftliche Verbindungen zwischen beiden Geschäftsgebieten bestehen (→ Rn. 27). Zum anderen ist auch bei Fehlen einer unmittelbaren gemeinsamen Grenze der Geschäftsgebiete eine gewisse räumliche Nähe erforderlich (→ Rn. 28). Beide Voraussetzungen müssen kumulativ gegeben sein („und"). Die beteiligten Sparkassen müssen in einem einheitlichen und regional begrenzten Wirtschaftsraum agieren, so dass gewährleistet werden kann, dass eine gebietsübergreifende Kooperation von (Träger-)Kommunen auf dem Gebiet des Sparkassenwesens einen spezifischen Bezug zu den gebietsbezogenen kommunalen Interessen und Bedürfnissen behält. Hierzu und zur „Zweckmäßigkeit" (→ Rn. 30) einer entsprechenden „großen Sprungfusion" sind nicht nur der zuständige Sparkassen- und Giroverband, sondern auch die betroffenen kommunalen Spitzenverbände anzuhören.

aa) Unbestimmte Rechtsbegriffe und Ermessen. Im Schrifttum wird teil- **25** weise vertreten, dass die Einschätzungsprärogative bei Auslegung der unbestimmten Rechtsbegriffe des Abs. 2 allein den beteiligten Sparkassenträgern zustehe. Sie resultiere aus ihrem kommunalen Selbstverwaltungsrecht und der gesetzlichen Systematik, wonach auch die „große Sprungfusion" und damit die Wahl des jeweiligen Fusionspartners wie die bei der Fusion nach Abs. 1 auf einem Beschluss der beteiligten Trägervertretungen beruhe (*Niggemeyer*, S 60 f.). Richtig hieran ist, dass die „große Sprungfusion" nach dem Gesetzeswortlaut auf „Vorschlag" der Träger erfolgt. Demgemäß müssen die beteiligten Trägervertretungen naturgemäß eine Auslegung der in Abs. 2 genannten unbestimmten Rechtsbegriffe vornehmen. Denn im Genehmigungsantrag sind die Voraussetzungen der wirtschaftlichen und räumlichen Nähe der beteiligten Sparkassen sowie der Zweckmäßigkeit der Fusion im Übrigen darzulegen. Hieraus folgt aber nicht der zwingende Schluss, dass den beteiligten Sparkassenträgern in diesem Zusammenhang ein behördlich und gerichtlich nicht oder nur beschränkt überprüfbarer Beurteilungsspielraum zusteht und die Aufsichtsbehörde bei ihrer Genehmigungsentscheidung nach Abs. 4 auf eine Vertretbarkeitskontrolle im Hinblick auf die Auslegung der unbestimmten Rechtsbegriffe bzw. die Überprüfung der Trägerentscheidung auf Beurteilungsfehler Abs. 2 beschränkt ist (so aber wohl *Niggemeyer*, S. 64 f.). Hiergegen spricht nicht nur der Ausnahmecharakter der Vorschrift, sondern auch der Umstand, dass sich die Aufsichtsbehörde durch Anhörung des Sparkassen- und Giroverbandes und der betroffenen kommunalen Spitzenverbände ein eigenes Bild machen muss.

26 Des Weiteren räumt der Gesetzeswortlaut der Aufsichtsbehörde bei der Entscheidung über die ausnahmsweise Zulassung eine „großen Sprungfusion" eindeutig ein Ermessen ein ("kann"). Im Rahmen ihrer Ermessensentscheidung wird die Aufsichtsbehörde die Anforderungen des auch für die Sparkassentätigkeit geltenden Demokratieprinzips (→ Rn. 11) und die durch das kommunale Selbstverwaltungsrecht gezogenen Grenzen zu beachten haben. Die örtlich oder regional bezogenen Trägerinteressen dürfen nicht etwa gegenüber vorrangig finanziellen Motiven in den Hintergrund rücken (*Henneke*, Sparkassen Management 2017, 7, 9). Rein wirtschaftliche Shareholderinteressen von Sparkassenträgern vermögen die „Zweckmäßigkeit" einer „großen Sprungfusion" nach Abs. 2 nur schwerlich zu begründen.

27 **bb) Wirtschaftliche Verbindungen.** Wirtschaftliche Verbindungen müssen nicht zwischen den fusionswilligen Sparkassen selbst, sondern zwischen ihren Geschäftsgebieten bestehen. Bereits vor der Fusion muss ein einheitlicher Wirtschaftsraum bestehen, der im Einzelfall unter Heranziehung verschiedener Kriterien zu bestimmen ist. Zu nennen sind in diesem Zusammenhang historisch gewachsene wirtschaftliche Verflechtungen zwischen den Geschäftsgebieten, die Zugehörigkeit beider Sparkassen zu einem wirtschaftlichen Ballungsraum und/oder einem IHK-Bezirk, eine Gleichartigkeit oder Teilidentität des Kundenstamms, sowie geschäftliche Beziehungen der jeweiligen (Firmen-)Kunden untereinander. Die „wirtschaftliche Verbindung" kann hingegen nicht allein dadurch begründet werden, dass durch die Fusion voraussichtlich günstige Synergieeffekte erzielt werden (zutreffend *Niggemeyer*, S. 72). Hierbei handelt es sich vielmehr um ein Kriterium zur Beurteilung der Zweckmäßigkeit der Vereinigung (→ Rn. 30). Nicht ausgeschlossen ist es jedoch, aus den etwa in einem Fusionsgutachten des Sparkassen- und Giroverbandes aufgezeigten Synergiepotentialen Rückschlüsse auf bereits bestehende wirtschaftliche Verbindungen zu ziehen.

28 **cc) Nahe räumliche Verbindungen.** Unter der „nahen räumlichen Verbindung" der beteiligten Sparkassen kann einerseits kein unmittelbares Aneinandergrenzen ihrer Geschäftsgebiete gemeint sein. Denn diese Konstellation wird schon von Abs. 1 erfasst. Andererseits kann aber auch nicht das gesamte Hoheitsgebiet des Landes Nordrhein-Westfalen eine „nahe räumliche Verbindung" begründen. Denn dann wäre die Regelung entbehrlich. „Fernfusionen" – etwa zwischen einer rheinischen und einer ostwestfälischen Sparkasse – kommen nicht in Betracht (so auch *Niggemeyer*, S. 70). Im Übrigen wird die „nahe räumliche Verbindung" nur im Einzelfall im Wege der Abwägung und im Verhältnis zum Geschäftsgebiet der avisierten Sparkassen zu bestimmen sein. Kriterien sind hierbei die Größe des eigenen Geschäftsgebiets oder die Zugehörigkeit beider Sparkassen zum gleichen städtischen Ballungsraum. Ein weiteres Kriterium ist das Kundenverhalten im betreffen-

IV. Zusammenlegung und Auflösung von Sparkassen § 27

den Raum. Im Firmenkundengeschäft mögen dies wechselseitige Lieferbeziehungen sein, im Privatkundengeschäft etwa die Belegenheit von Wohn- und Arbeitsplätzen (*Josten*, in: Engau/Dietlein/Josten, § 27 Rn. 16). Größere Zurückhaltung dürfte für großflächige ländliche Verwaltungsräume gelten. Als Richtgröße für Gemeindesparkassen kann dabei angenommen werden, dass eine „nahe räumliche Verbindung" jedenfalls zur den Gemeindesparkassen der Nachbarkreise gegeben sein kann. Eine „nahe räumliche Verbindung" zwischen zwei größeren Kreissparkassen im ländlichen Raum dürfte dagegen bei Fehlen einer „gemeinsamen Grenze" kaum begründbar sein.

Dessen ungeachtet darf bei einem Zusammengehen von Sparkassen kreisangehöriger Gemeinden mit der Sparkasse einer kreisfreien Stadt eine Kreissparkasse nicht ohne weiteres „übersprungen" werden, da Art. 78 Abs. 2 LV NRW den Landkreisen eine subsidiäre Allzuständigkeit für die Verwaltungstätigkeit in ihrem jeweiligen Hoheitsgebiet gewährleistet (vgl. *Oebbecke*, 2004, 109, 127; ihm folgend *Henneke*, Sparkassen Management 2017, 7, 9; aA wohl *Berger*, § 2 Rn. 3. Siehe dazu umfassend auch *Niggemeyer*, S. 92 ff.). **29**

dd) Zweckmäßigkeit. Schließlich müssen die dargelegten wirtschaftlichen und nahen räumlichen Verbindungen die Vereinigung als zweckmäßig erscheinen lassen. Maßgeblich hierfür sind der grundsätzliche Regelungszweck der Vorschriften über die Fusion von Sparkassen und der gesetzliche Sparkassenauftrag (→ Rn. 2). Damit muss auch die „große Sprungfusion" der Bildung oder Erhaltung leistungsfähiger Sparkassen und damit letztendlich der Sicherstellung des im öffentlichen Interesse liegenden Versorgungsauftrags liegen. Zweckmäßigkeit bedeutet damit zunächst die **betriebswirtschaftliche Plausibilität einer Steigerung der Leistungsfähigkeit**. Die Verbesserung der Leistungsfähigkeit bewirkt grundsätzlich die Verbesserung der Aufgabenerfüllung. Vor dem Hintergrund des Ausnahmecharakters der „großen Sprungfusion" ist dabei jedoch stets zu fragen, ob die konkrete Auswahl des Fusionspartners und die Vergrößerung des Geschäftsgebiets der vereinigten Sparkasse den örtlichen Bezug der Aufgabenerfüllung relativiert. **30**

d) Länderübergreifende Vereinigung

Länderübergreifende Fusionen sind in einigen Sparkassengesetzen ausdrücklich zugelassen (§ 2 Abs. 2 S. 2 Nds. SpkG, § 28 Abs. 1 S. 2 Saarl. SpkG und § 3c Brem. SpkG NRW). Diese bedürfen mit Blick auf das verfassungsrechtliche Territorialitätsprinzip zusätzlich eines Staatsvertrages, in dem das für das Fusionsverfahren und für die fusionierte Sparkasse geltende Rechtsregime festzulegen ist (so ausdrücklich etwa § 2 Abs. 2 S. 2 Nds. SpkG, dazu *Berger*, § 2 Rn. 18; siehe ferner *Klett*, Sparkassen Management 2017, 12 ff., zur länderübergreifenden Fusion der Kreissparkasse Wesermünde-Hadeln mit der Sparkasse Bremerhaven im Jahr 2014). Aus dem Schweigen des § 27 SpkG NRW hierzu folgt indes nicht der zwingende Schluss auf die generelle Unzulässigkeit der Vereinigung einer nordrhein-westfälischen Sparkasse mit einer in einem anderen Bundesland gelegenen Sparkasse. Dem Landesgesetzgeber bleibt es auch ohne entsprechende Ermächtigung im Sparkassengesetz unbenommen, im Einzelfall einer länderübergreifenden Fusion durch Erlass eines entsprechenden Vertragsgesetzes zuzustimmen. Bislang hat allerdings keine nordrhein-westfälische Sparkasse mit einer landesfremden Sparkasse fusioniert. Im Jahre 2002 geführte Verhandlungen zwischen den Trägern der seinerzeitigen Spar- **31** kasse Bonn und Nachbarsparkasse Ahrweiler wurden von der rheinland-pfälzischen Landesregierung nicht unterstützt.

3. Arten

32 Der autonomen Entscheidung der beteiligten Träger unterliegt nicht nur das „Ob" einer Sparkassenfusion, sondern in begrenztem Umfang auch das „Wie". Denn wie die Sparkassengesetze der meisten Bundesländer (etwa § 17 Hess. SpkG; § 3 SpkG BW; § 28 Bbg. SpkG; § 22 Thür. SpkG; § 28 Schlh. SpkG; dazu *Bitter/Jochum*, ZBB 2021, 196, 197) stellt § 27 Abs. 1 SpkG NRW hierfür ausdrücklich zwei Möglichkeiten zur Verfügung. § 27 Abs. 1 SpkG NRW unterscheidet zwischen der **Vereinigung durch Neugründung** einer Sparkasse einerseits und **durch Aufnahme** seitens einer anderen – bereits bestehenden oder neu zu errichtenden – Sparkasse andererseits. Dies entspricht in der Sache den in § 2 UmwG vorgesehenen Arten der Verschmelzung. Denn die Regelung in § 27 Abs. 1 SpkG NRW ist genauso wie die Regelung der Verschmelzung im UmwG dem Modell des § 339 AktG aF nachgebildet (→ Rn. 17). Nach § 2 UmwG können Rechtsträger unter Auflösung ohne Abwicklung, dh im Wege der Gesamtrechtsnachfolge, verschmolzen werden (erstens) im Wege der Aufnahme durch Übertragung des Vermögens eines Rechtsträgers oder mehrerer Rechtsträger als Ganzes auf einen anderen bestehenden Rechtsträger oder (zweitens) im Wege der Neugründung durch Übertragung der Vermögen zweier oder mehrerer Rechtsträger jeweils als Ganzes auf einen neuen, von ihnen dadurch gegründeten Rechtsträger. Dabei erfolgt die Zusammenlegung allerdings im Unterschied zur Sparkassenfusion jeweils gegen Gewährung von Anteilen oder Mitgliedschaften des übernehmenden oder neuen Rechtsträgers an die Anteilsinhaber des übertragenden Rechtsträgers. Die Unterscheidung zwischen der Vereinigung durch Neugründung einerseits und durch Aufnahme andererseits liegt wie im Umwandlungsrecht in der Natur der Sache. Sie gilt deswegen im Übrigen auch dort, wo das jeweilige Sparkassengesetz keine ausdrückliche Regelung über die Art der Vereinigung von Sparkassen enthält (so etwa in Bayern und Niedersachsen, vgl. Berger, § 2 Rn. 8; *Lüdde*, Sparkassenrecht der Länder, 92). Die sonstigen im UmwG vorgesehenen Instrumentarien zur Umstrukturierung von Unternehmen im Wege der Gesamtrechtsnachfolge, wie insbesondere die Vermögensübertragung nach § 174 UmwG, stehen öffentlich-rechtlichen Sparkassen dagegen nicht zur Verfügung. Die Regelung in § 27 Abs. 1 S. 1 SpkG NRW ist insofern abschließend. Das Auswahlermessen der beteiligten Anstaltsträger ist auf die beiden dort genannten Alternativen beschränkt. Eine im früheren Schrifttum teilweise vertretene Ansicht, wonach anlässlich einer Sparkassenfusion das Vermögen einer Sparkasse auch im Wege der „Aufspaltung mit Gesamtrechtsnachfolge" durch Teilgesamtrechtsnachfolge auf mehrere Sparkassen übergehen könne (so *Heinevetter* [2. Aufl.], § 31 Anm. 1, zur Vorläuferbestimmung des § 31 aF; *Schlierbach/Püttner*, S. 87, in Analogie zu § 1922 BGB; aA *Bosse*, 1982, S. 48 f.) lässt sich mit Blick auf das Analogieverbot des § 1 Abs. 2 UmwG kaum mehr aufrechterhalten.

a) Vereinigung zur Neugründung

33 Bei der Vereinigung zur Neugründung (S. 1 Hs. 1) wird eine neue Sparkasse als neuer Rechtsträger errichtet, auf den das Vermögen der beteiligten Sparkassen im

IV. Zusammenlegung und Auflösung von Sparkassen § 27

Wege der Gesamtrechtsnachfolge übergeht. Die neu errichtete Sparkasse tritt in alle öffentlich-rechtlichen und privatrechtlichen Rechte und Pflichten der vereinigten Sparkassen ein (*Bitter/Jochum*, ZBB 2021, 196, 198; *Kost/Geerling*, BKR 2003, 690, 691). Dabei können auch mehr als zwei Sparkassen gleichzeitig im Wege der Neugründung miteinander vereinigt werden (*Schlierbach/Püttner*, S. 85). Die bisherigen Sparkassen erlöschen ohne Liquidation. Die Vereinigung durch Neugründung entspricht damit funktional der Verschmelzung durch Neugründung gem. §§ 2 Nr. 2, 36 ff. UmwG. Durch die Wahl dieser Variante lässt sich zum einen in die Binnenorganisation der Sparkasse hinein und zum anderen sparkassenpolitisch nach außen dokumentieren, dass es sich bei einer Vereinigung um einen einvernehmlichen Zusammenschluss unter gleichwertigen Partnern und nicht um eine Übernahme einer wirtschaftlich schwachen durch eine starke Sparkasse handelt. **Betriebswirtschaftlich** ist die Vereinigung zur Neugründung jedoch **eher von Nachteil**. Zum einen entsteht auch bankaufsichtsrechtlich ein neues Kreditinstitut, so dass eine neue Bankerlaubnis nach § 32 KWG zu beantragen ist. Neben diesen administrativen Mehraufwand treten zum anderen finanzielle Nachteile im Zusammenhang mit der Grunderwerbsteuer. Denn die bei der Vereinigung von Sparkassen nach § 1 Abs. 1 Nr. 3 GrEStG bestehende Grunderwerbsteuerpflicht knüpft bei der Vereinigung durch Neugründung an sämtliche Grundstücke beider oder aller zusammengelegten Sparkassen an. Dabei lässt sich die Grunderwerbsteuerpflicht auch nicht ohne weiteres durch das Zwischenschalten von Grundstücksgesellschaften vermeiden (vgl. *Kost/Geerling*, BKR 2003, 690, 692). Bei der Vereinigung durch Aufnahme bemisst sich die Grunderwerbsteuer dagegen nur nach dem Grundbesitz der aufgenommenen Sparkasse. Als hinderlich wird in der Sparkassenpraxis auch das nach den Grundsätzen der Firmenwahrheit und Firmenklarheit regelmäßig bestehende Erfordernis der Bildung einer neuen Firma für die neu errichtete Sparkasse angesehen, da ein neu eingeführter Name des Instituts die Identifizierung von Kunden mit „ihrer" Sparkasse relativiert. Von der Variante der Vereinigung durch Neugründung wurde deshalb in jüngerer Zeit kaum mehr Gebrauch gemacht (zu vereinzelten älteren Anwendungsfällen siehe *Niggemeyer*, S. 160).

b) Vereinigung durch Aufnahme

Der **praktische Regelfall** ist die Vereinigung durch Aufnahme (S. 1 Hs. 2). 34 Hierbei wird eine Sparkasse von einer bestehenden oder neu zu errichtenden Sparkasse dergestalt aufgenommen, dass ihr Vermögen als Ganzes auf die übernehmende Sparkasse übertragen wird. Hier tritt die aufnehmende Sparkasse in alle öffentlich-rechtlichen und privatrechtlichen Rechte und Pflichten der aufgenommenen Sparkasse ein (*Bitter/Jochum*, ZBB 2021, 196, 198; *Kost/Geerling*, BKR 2003, 690, 691). In der ersten Alternative des S. 1 Hs. 2 bleibt die rechtliche Existenz der übernehmenden Sparkasse unberührt, während die übertragene Sparkasse im Wege der Gesamtrechtsnachfolge in der übernehmenden Sparkasse aufgeht. In der zweiten Alternative des S. 1 Hs. 2 verliert die aufgenommene Sparkasse dagegen ihre Rechtsfähigkeit in dem Zeitpunkt, in dem nach Erteilung der erforderlichen Genehmigung die neue und nunmehr aufnehmende Sparkasse errichtet ist (*Josten*, in: Engau/Dietlein/Josten, § 27 Rn. 41). In dieser – praktisch wohl kaum relevanten – Variante geht es streng genommen nicht um eine Fusion, sondern um die Auswechslung des Sparkassenträgers (so zu Recht *Niggemeyer*, S. 156 f.). Die Vereinigung durch Aufnahme entspricht funktional der Verschmelzung durch Aufnahme nach §§ 2 Nr. 1, 4 ff. UmwG. Das rechtliche Fortbestehen der aufnehmenden Sparkasse als Rechtsnachfolger macht die erneute Beantragung einer Bankerlaubnis nach § 32 KWG entbehrlich (*Biesok*, Sparkassenrecht, Rn. B. 115). Der Grunderwerbsteuer unterliegt nur das Grundvermögen der aufgenommenen Sparkasse. Zumindest aus grunderwerbsteuerlicher Sicht ist es daher zweckmäßig, als aufnehmende Sparkasse diejenige mit dem größeren Grundbesitz zu bestimmen (*Berger*, § 2 Rn. 8, Fn. 18; *Biesok*, Sparkassenrecht, Rn. B. 115; *Josten*, in: Engau/Dietlein/Josten § 27 Rn. 36).

35 Wie die Vereinigung zur Neugründung kann sich auch die Vereinigung durch Aufnahme auf mehr als zwei Sparkassen erstrecken. Keine Besonderheiten ergeben sich, wenn eine Sparkasse gleichzeitig oder nacheinander mehrere Sparkassen aufnimmt. Jeder einzelne Aufnahmevorgang wäre dann für sich anhand der Vorschrift des § 27 SpkG NRW zu beurteilen. Der umgekehrte Fall, etwa die Aufnahme einer Kreissparkasse durch zwei Zweckverbandssparkassen, soll nach dem Schrifttum (*Schlierbach/Püttner*, S. 85) ebenfalls rechtlich zulässig sein. Hierbei handelte es sich dann um eine **Teilvereinigung**, die funktional eher einem Spaltungsvorgang nach dem UmwG entspräche, konkret der Aufspaltung zur Aufnahme nach § 123 Abs. 1 Nr. 1 UmwG. Die Bestimmung des § 27 SpkG NRW sieht eine solche aber nicht vor, so dass eine unmittelbare Anwendung der Vorschrift kaum in Betracht kommt.

4. Übergang der Trägerschaft

36 Auch die vereinigte Sparkasse bedarf eines Trägers nach § 1 Abs. 1 SpkG NRW. Dabei kann eine Sparkasse jeweils nur einen unmittelbaren Träger haben. Dies lässt sich dem Gesetz zwar nicht ausdrücklich entnehmen, ergibt sich aber aus der Sparkassenerrichtungskompetenz, die nur Gemeinden, Gemeindeverbänden oder Zweckverbänden zugewiesen ist. Allerdings beschränkt sich das Aufgabenspektrum eines Zweckverbandes letztendlich in der Ausübung einer „formalen" Trägerfunktion. Demgemäß wird bei der **Vereinigung durch Neugründung** ein Sparkassenzweckverband zum neuen (unmittelbaren) Träger des fusionierten Instituts. Dieser wird entweder anlässlich der Vereinigung aus den bisherigen Trägern, dh Gemeinden oder Landkreisen, auf der Grundlage §§ 4 ff. des Gesetzes über die kommunale Gemeinschaftsarbeit (GKG) neu gebildet oder aber ein bereits bestehender Sparkassenzweckverband wird durch Aufnahme eines der früheren Träger erweitert. Im erstgenannten Fall wird die Trägerschaft in der Fusionsvereinbarung (→ Rn. 44) auf den neu errichteten Zweckverband übertragen. Im letztgenannten Fall kann dort eine entsprechende Änderung der Satzung des bereits bestehenden Zweckverbandes vereinbart werden (*Biesok*, SpkG-Kommentar, § 28 Rn. 661, S. 246). Der Beitritt zu einem bereits bestehenden Zweckverband lässt sich mit geringerem administrativem und zeitlichem Aufwand gestalten. Denn nach § 20 Abs. 2 S. 1 GKG ist der Beitritt eines neuen Mitglieds der zuständigen Aufsichtsbehörde nur anzuzeigen, ohne dass es eines neuen Genehmigungsverfahrens bedarf (→ Rn. 53). Die Bildung eines Sparkassenzweckverbandes ist immer dann angezeigt, wenn keiner der bisherigen Träger der vereinigten Sparkassen die Trägerschaft aufgeben will. Verzichtbar ist die Errichtung eines Zweckverbandes als Träger der vereinigten Sparkasse hingegen, wenn etwa auf dem Gebiet eines Landkreises mehrere (Gemeinde-) Sparkassen bestehen und diese zu einer (Kreis-)Sparkasse vereinigt werden sollen (*Berger*, § 2 Rn. 8; *Kost/Geerling*, BKR 2003, 690, 691).

IV. Zusammenlegung und Auflösung von Sparkassen § 27

Bei der **Vereinigung durch Aufnahme** fällt die Trägerschaft dagegen zunächst 37
automatisch beim bisherigen Träger der aufnehmenden Sparkasse an (*Heinevetter*
[2. Aufl.], § 31 Anm. 2.2). Regelmäßig bleibt der Träger der aufnehmenden Sparkasse
auch der Träger des vereinigten Instituts. Denkbar ist daneben aber auch der Übergang der Trägerschaft auf einen zu diesem Zweck neu errichteten Sparkassenzweckverband. Der Errichtung eines Sparkassenzweckverbandes oder der Erweiterung eines bereits als Träger der aufnehmenden Sparkasse bestehenden Zweckverbandes in
der Fusionsvereinbarung bedarf es immer dann, wenn der bisherige Träger der aufgenommenen Sparkasse seine Trägerschaft ebenfalls beibehält. Dies wird etwa bei
der Vereinigung zweier Kreissparkassen der Fall sein. Zwar ist es zunächst denkbar,
dass der bisherige (Träger-)Landkreis auf die künftige (Mit-) Trägerstellung über die
vereinigte Sparkasse verzichtet. Diese Konstellation würde jedoch in Konflikt mit
dem Regionalprinzip stehen, demzufolge sich das Geschäftsgebiet einer kommunalen Sparkasse mit dem Hoheitsgebiet der die Sparkasse tragenden Gebietskörperschaft decken soll (so zutreffend *Klüpfel/Gaberdiel/Höppel/Ebinger*, § 3 Anm. III, 2).
Entbehrlich ist die Errichtung oder Erweiterung eines Sparkassenzweckverbandes
dagegen bei Aufnahme einer Gemeindesparkasse durch eine Kreissparkasse (*Berger*,
§ 2 Rn. 8; *Kost/Geerling*, BKR 2003, 690, 691). Exemplarisch genannt sei hierfür die
Fusion der Stadtsparkasse Bad Honnef mit der Kreissparkasse Köln im August 2019.
In deren Rahmen hat die (kreisangehörige) Stadt Bad Honnef ihre Trägerschaft zunächst auf den Rhein-Sieg-Kreis und über diesen letztendlich auf den Sparkassenzweckverband Kreissparkasse Köln übertragen.

5. Verfahren

a) Beschlüsse der Träger (Abs. 1 S. 1)

Grundlage der Vereinigung von Sparkassen sind übereinstimmende Beschlüsse 38
der beteiligten Sparkassenträger über die entsprechenden Vertrags- und Satzungsentwürfe sowie über die Anstaltsfusion an sich. Nur den letztgenannten Beschluss
regelt § 27 Abs. 1 S. 1 SpkG NRW. In rechtlicher Hinsicht ist der Fusionsbeschluss von anderen Beschluss- und Zustimmungsakten zu unterscheiden. Aus
Praktikabilitätsgesichtspunkten empfiehlt sich jedoch die gleichzeitige Befassung
und Abstimmung über den Fusionsvertrag (→ Rn. 44) sowie ggf. den Satzungsentwurf des zu errichtenden Zweckverbandes nach den Regeln des GKG in einer
Sitzung.

§ 27 Abs. 1 S. 1 SpkG NRW weist die **Organzuständigkeit** für den Fusions- 39
eschluss den Vertretungen, dh. den gesetzlichen Hauptorganen der jeweiligen Sparkassenträger zu. Deren Zuständigkeit für Fusionsbeschlüsse folgt im Übrigen
bereits aus § 8 Abs. 2 Buchst. c SpkG NRW . Bei Gemeindesparkassen oder Sparkassen kreisfreier Städte ist dies der Gemeinde- oder Stadtrat nach §§ 40, 41 GO
NRW, bei Kreissparkassen der Kreisrat nach §§ 25, 26 KrO NRW. Dabei dürfte
eine Delegation auf Bürgermeister bzw. Kreisausschuss oder Landrat analog § 41
Abs. 1 Buchst. m GO NRW bzw. § 26 Abs. 1 Buchst. m KrO NRW ausgeschlossen
sein. Zwar enthalten diese Bestimmungen ein ausdrückliches Delegationsverbot
jeweils nur für Entscheidungen über „Errichtung, Übernahme, Erweiterung, Einschränkung und Auflösung von Anstalten des öffentlichen Rechts", nicht aber über
die Vereinigung von Sparkassen. Wegen der Vergleichbarkeit in Rechtsfolge und tatsächlicher Bedeutung ist jedoch die entsprechende Anwendung des Delegations-

Vogel

verbots angezeigt. Bei Zweckverbandssparkassen ist die Verbandsversammlung nach § 15 GKG zuständig. Nach § 15 Abs. 6 GKG können die Zuständigkeiten der Verbandsversammlung zwar grundsätzlich in der Verbandssatzung geregelt werden, dies aber nur soweit sie sich nicht aus dem Gesetz ergeben. Gerade letzteres ist vorliegend jedoch der Fall, da § 27 Abs. 1 S. 1 SpkG NRW ausdrücklich von der „Vertretung" des Trägers spricht. In den Satzungen der Zweckverbände enthaltene gesonderte Zustimmungserfordernisse, nach denen Vereinigungsbeschlüsse der Zweckverbandsversammlung ggf. unter dem Vorbehalt der Zustimmung der Hauptorgane der einzelnen Mitglieder stehen, sind dabei zu beachten (*Biesok*, SpkG-Kommentar, § 28 Rn. 657, S. 245).

40 Im Verhältnis zu den beteiligten Sparkassen handelt es sich bei den Vereinigungsbeschlüssen der Trägervertretungen nicht um interne Organisationsmaßnahmen im Anstaltsverhältnis, sondern um **Verwaltungsakte nach § 35 VwVfG**. Denn die beteiligten Träger beschließen entweder über eine Auflösung oder eine wesentliche Vergrößerung „ihrer" Anstalt (*Bosse*, 1982, S. 112 f.; *Niggemeyer*, S. 330). Demgemäß müssen die Vereinigungsbeschlüsse nach § 37 Abs. 1 VwVfG hinreichend bestimmt sein. Hierfür wird es jedoch genügen, im Vereinigungsbeschluss selbst auf den Fusionsvertrag und ggf. den Entwurf der Zweckverbandssatzung Bezug zu nehmen. Eine gesonderte Begründung (§ 39 Abs. 1 VwVfG) erscheint mit Blick auf § 39 Abs. 2 Nr. 2 VwVfG entbehrlich, da das Fusionsvorhaben auf Seiten der beteiligten Sparkassen nicht zuletzt aufgrund der Mitwirkung des Personalrats und die gesonderte Mitarbeiterinformation nach § 613a Abs. 5 BGB (→ Rn. 43) hinreichend bekannt sein dürfte.

41 Vor der Beschlussfassung sind die **Verwaltungsräte** der zu vereinigenden Sparkassen anzuhören. Dies sollte in getrennten Sitzungen der jeweiligen Verwaltungsräte erfolgen (*Biesok*, SpkG-Kommentar, § 28 Rn. 659 S. 245 f.; *ders.*, Sparkassenrecht, Rn. B. 129; *Josten*, in: Engau/Dietlein/Josten, § 27 Rn. 45). Ein Zustimmungserfordernis oder Vetorecht des Verwaltungsrates resultiert daraus nicht. Andererseits besteht auch keine positive Äußerungspflicht der Verwaltungsräte, so dass der Verwaltungsrat sich auch darauf beschränken kann, die Vereinigungsabsicht des Trägers zur Kenntnis zu nehmen (vgl. *Niggemeyer*, S. 299). Das Unterbleiben der Anhörung stellt jedoch einen Verfahrensfehler dar, der zur Anfechtbarkeit des Vereinigungsbeschlusses führt. Im Übrigen muss die Aufsichtsbehörde im Rahmen des Genehmigungsverfahrens nach Abs. 4 prüfen, ob das entsprechende Mitwirkungsrecht der Verwaltungsräte gewahrt, dh ihre Anhörung ordnungsgemäß in die Wege geleitet worden ist (*Schlierbach/Püttner*, S. 86).

42 Nach den gleichen Regeln vor der Beschlussfassung anzuhören ist des Weiteren der für die beteiligten Sparkassen jeweils zuständige **Sparkassen- und Giroverband** und (nur) bei „großen Sprungfusionen" nach Abs. 2 (→ Rn. 24) zusätzlich der jeweils zuständige **kommunale Spitzenverband**.

b) Anzeige- und Unterrichtungspflicht

43 Weitere Anzeige- und Unterrichtungspflichten bereits **im Stadium der Beschlussfassung** ergeben sich aus sonstigen Rechts- oder Verwaltungsvorschriften:
– Spätestens mit Anhörung der Verwaltungsräte haben die beteiligten Sparkassen ihre Vereinigungsabsicht entsprechend **§ 24 Abs. 2 KWG** gemeinsam der BaFin und der Deutschen Bundesbank anzuzeigen. Daneben besteht für die im Rah-

IV. Zusammenlegung und Auflösung von Sparkassen § 27

men der Vereinigung als Rechtsträger untergehende(n) Sparkasse(n) eine Anzeigepflicht nach **§ 24 Abs. 1 Nr. 8 KWG**, dh im Falle der Vereinigung durch Neugründung für beide Sparkassen, im Falle der Vereinigung durch Aufnahme nur für die aufgenommene Sparkasse.
– Ferner sieht Ziff. 3.1.1 des Ersten Teils der Allgemeinen Verwaltungsvorschriften – AVV – zum Sparkassengesetz (RdErl. des Finanzministeriums NRW v. 27.10.2009 idF vom 14.3.2019) vor, dass die **Sparkassenaufsichtsbehörde** bereits vor der Stellung des Genehmigungsantrags nach Abs. 4 über die beabsichtigte Vereinigung zu unterrichten ist.
– Soll im Rahmen der Vereinigung ein Zweckverband gebildet werden, verlangt nach **§ 10 Abs. 2 GKG** die nach diesem Gesetz für die **Genehmigung der Zweckverbandssatzung** zuständige Aufsichtsbehörde den Nachweis, dass mit der sparkassenrechtlichen Genehmigung gerechnet werden kann. Zur Vermeidung von Verzögerungen bei der Errichtung des Zweckverbandes sollten die Beteiligten möglichst frühzeitig eine entsprechende Anfrage an die Aufsichtsbehörde richten. Sofern keine sparkassenrechtlichen Bedenken bestehen, wird auf Antrag ein entsprechender Vorbescheid erteilt (Erster Teil Ziff. 3.1.2.2f. der AVV zum Sparkassengesetz).
– Die Vereinigung von Sparkassen ist eine „Zusammenlegung von Dienststellen" iSd Personalvertretungsrechts, so dass aus § 73 Nr. 7 PVG NRW ein entsprechendes **Mitwirkungsrecht der Personalräte** der beteiligten Sparkassen folgt. Nach § 69 Abs. 1 PVG NRW besteht eine Erörterungspflicht, nicht jedoch ein Zustimmungsrecht des jeweiligen Personalrats im Sinne eines Vetorechts.
– Vorsorglich sollten ferner die Arbeitnehmer der im Rahmen der Vereinigung erlöschenden Sparkasse gem. **§ 613a Abs. 5 BGB** im Vorfeld der Beschlussfassung über den voraussichtlichen Zeitpunkt und den Grund für die Vereinigung, deren rechtliche, wirtschaftliche und soziale Folgen für die Beschäftigten und die hinsichtlich der Arbeitnehmer in Aussicht genommenen Maßnahmen unterrichtet werden (zu Einzelheiten siehe *Niggemeyer*, S. 312ff.). Die Anwendbarkeit des § 613a BGB bei Sparkassenfusionen wurde zwar im älteren Schrifttum überwiegend abgelehnt, da der Betriebsübergang in diesem Fall nicht „durch Rechtsgeschäft" erfolge, sondern im Wege der gesetzlich angeordneten Gesamtrechtsnachfolge (vgl. *Bosse*, 1982, S. 108; *Rümker*, FS Steindorff, S. 449, 460). Diese Rechtauffassung wird sich allerdings kaum mehr aufrechterhalten lassen. Denn der Bundesgesetzgeber hat inzwischen in § 324 UmwG klargestellt, dass mit rechtsgeschäftlichen Übertragungsvorgängen nach § 613a BGB nicht notwendig und ausschließlich Übertragungsvorgänge im Wege der Einzelrechtsnachfolge gemeint sind. Dies entspricht der richtlinienkonformen Auslegung des § 613a BGB. Denn die zugrundeliegende Richtlinie 77/187/EWG des Rates v. 14.2. 1977 zur Angleichung der Rechtsvorschriften der Mitgliedstaaten über die Wahrung von Ansprüchen der Arbeitnehmer beim Übergang von Unternehmen, Betrieben oder Betriebsteilen (Abl. L 61 S. 26) gilt zum einen nicht nur für „vertragliche Übertragungen", sondern auch für „Verschmelzungen" (Teil 1, Art. 1 RL 77/187/EWG) und zum anderen nicht nur für private, sondern auch für öffentliche Unternehmen. Ausgenommen sind lediglich Aufgabenübertragungen im Rahmen von Umstrukturierungen von Verwaltungsbehörden (Art. 1 Abs. 1 Buchst. c RL 2001/23/EG, ABl. L 82 S. 16). Demgemäß ist in der arbeitsrechtlichen Kommentarliteratur anerkannt, dass § 613a BGB auch dann Anwendung

findet, wenn eine „wirtschaftliche Einheit" von einer juristischen Person des öffentlichen Rechts auf eine andere übertragen wird (*Annuss* in: Staudinger [2019], § 613a, Rn. 14; *Müller-Glöge* in: MüKoBGB, § 613a, Rn. 2; *Preis* in: ErfK, BGB § 613a, Rn. 15).

c) Fusionsvereinbarung (Abs. 3)

44 **aa) Rechtsnatur und Grundlagen.** Die Grundlage einer Sparkassenfusion bildet die schriftliche Fusionsvereinbarung nach Abs. 3. Ihre Funktion entspricht der des Verschmelzungsvertrags nach §§ 4 ff. UmwG bei Verschmelzungen privater Unternehmen. Im Unterschied zu diesem ist die Fusionsvereinbarung nach Abs. 3 S. 1 aber ein **(koordinationsrechtlicher) öffentlich-rechtlicher Vertrag**. Demgemäß gilt für die Fusionsvereinbarung nicht die im Zivilrecht typische Vertragsautonomie, sondern ein zwingender öffentlich-rechtlicher Rahmen. Insbesondere hat er zwingend die Trägerschaft der vereinigten Sparkasse zu regeln und die hierfür geltenden sparkassen- und kommunalrechtlichen Vorgaben zu beachten. Zuständig für den Abschluss der Fusionsvereinbarung sind nach § 8 Abs. 2 Buchst. c die Trägervertretungen der beteiligten Sparkassen. Der Vertrag unterliegt den allgemeinen Bestimmungen der §§ 54 ff. VwVfG. Sein gesetzlicher Mindestinhalt beschränkt sich neben der Regelung der Trägerschaft auf die Festlegung des „Verschmelzungsstichtags" als des Zeitpunkts, von dem an die Handlungen der übertragenden Sparkasse als für Rechnung der neu gebildeten oder der aufnehmenden Sparkasse vorgenommen gelten (→ Rn. 49). Die maßgebliche Regelung in Abs. 3 S. 3 entspricht dabei wörtlich der Vorschrift des § 5 Abs. 1 Nr. 6 UmwG. Davon abgesehen bleiben die Mindestangaben nach Abs. 3 jedoch weit hinter dem gesetzlichen Mindestinhalt des Verschmelzungsvertrages gem. § 5 UmwG zurück. Dies liegt mit Blick auf das Fehlen privater Anteilseigner für solche Angaben auf der Hand, die das Umtauschverhältnis oder die Einzelheiten für die Anteilsübertragung betreffen (§ 5 Abs. 1 Nr. 3 bis 5 UmwG), nicht jedoch notwendig für Rechte, die die aufnehmende Sparkasse etwa den Inhabern von Genussrechten der aufgenommenen Sparkasse gewährt (→ Rn. 60). Gleiches gilt für etwaige Vorteile, die einem Mitglied eines Vorstands der an der Vereinigung beteiligten Sparkassen gewährt werden oder die Folgen der Vereinigung für die Arbeitnehmer und ihre Vertretungen sowie die insoweit vorgesehenen Maßnahmen. Insoweit kommt grundsätzlich eine Analogie zu den einschlägigen umwandlungsrechtlichen Vorschriften, dh § 5 Abs. 1 Nr. 7 bis 9 UmwG, in Betracht (umfassend zur ergänzenden Geltung allgemeiner korporations- und zivilrechtlicher Grundsätze *Niggemeyer*, S. 118 ff.). Weitere typische Regelungsgegenstände der Fusionsvereinbarung sind die künftige Gewinnverteilung sowie Name und Sitz des vereinigten Instituts. Hierfür sind die vertraglichen Vereinbarungen jedoch nicht konstitutiv. Sie bedürfen vielmehr jeweils noch der Umsetzung, etwa in der Zweckverbandssatzung und/oder der Satzung der fusionierten Sparkasse. Insofern kommt der Fusionsvereinbarung schuldrechtlicher Charakter zu (§ 62 S. 2 VwVfG), aus der bei Nichtumsetzung entsprechende einklagbare Verpflichtungen resultieren.

45 **bb) Regelung der Trägerschaft.** Wesentlicher Inhalt der Fusionsvereinbarung ist neben der Art der Zusammenlegung (→ Rn. 32) die künftige Trägerschaft über die vereinigte Sparkasse (→ Rn. 36) (Formulierungsbeispiele bei *Josten*, in: Engau/Dietlein/Josten, § 27 Rn. 53 f.). Dies ergibt sich schon daraus, dass jede Spar-

IV. Zusammenlegung und Auflösung von Sparkassen § 27

kasse nur einen unmittelbaren Träger haben kann. Soll im Rahmen der Vereinigung ein neuer Sparkassenzweckverband gebildet werden, so haben die beteiligten kommunalen Sparkassenträger nach § 9 Abs. 1 S. 1 GKG (wiederum) durch öffentlich-rechtlichen Vertrag eine Verbandssatzung für den neuen Sparkassenzweckverband aufzustellen. Es ist zweckmäßig, die Fusionsvereinbarung nach § 27 Abs. 3 und die Vereinbarung nach § 9 Abs. 1 S. 1 GKG in einem Vertragswerk zu verbinden und diesem die neue Verbandssatzung als Anlage beizufügen (*Berger*, § 2 Rn. 10). Im Falle des Beitritts eines Sparkassenträgers zu einem bestehenden Zweckverband kann entsprechend verfahren werden, wobei die erforderliche Anpassung der Verbandssatzung allerdings von der Verbandsversammlung des (neuen) Zweckverbandes beschlossen wird (§ 8 Abs. 4 GKG iVm § 41 Abs. 1 Buchst. f GO). In beiden Fällen sollten ferner Regelungen getroffen werden über das Beteiligungsverhältnis an dem neu errichteten oder erweiterten Zweckverband, die Größe der Verbandsversammlung und die Wahl des Verbandsgeschäftsführers (*Berger*, § 2 Rn. 11; *Biesok*, SpkG-Kommentar § 28 Rn. 662, S. 246 f.).

Entsteht durch die Vereinigung eine Zweckverbandssparkasse oder wird eine solche erweitert, kann und sollte die Fusionsvereinbarung auch die **Verteilung der Ausschüttungen** an die bisherigen Träger regeln. Diese kann sich am Beteiligungsverhältnis am Zweckverband orientieren aber auch an anderen objektiven Kriterien wie etwa der Größe des Geschäftsgebiets oder der Bilanzsumme der beteiligten Sparkassen vor der Vereinigung (*Biesok*, SpkG-Kommentar § 28 Rn. 665, S. 247; *ders.*, Sparkassenrecht, Rn. B. 135). Ist eine der beteiligten Sparkassen ein Sanierungsfall, soll nach einer Auffassung im Schrifttum ein Sanierungsbeitrag ihrer (bisherigen) Trägerkommune dergestalt geleistet werden können, dass deren Ausschüttungen zweitweise begrenzt oder ausgesetzt werden (*Biesok*, SpkG-Kommentar § 28 Rn. 665, S. 247). Dem ist mit der Einschränkung zuzustimmen, dass entsprechende Sanierungsbeiträge – je nach Volumen – unter dem Vorbehalt der europäischen Beihilfenkontrolle stehen. 46

Im sparkassenrechtlichen Schrifttum wird darüber hinaus teilweise empfohlen, in der Fusionsvereinbarung auch **Regelungen über die Organe der fusionierten Sparkasse**, dh die Zweckverbandsversammlung und den Verwaltungsrat, sowie über die Bestellung des Vorstands zu treffen (so *Berger*, § 2 Rn. 11; dazu umfassend *Josten*, in: Engau/Dietlein/Josten, § 27 Rn. 69 ff.). Tatsächlich sind aus Sicht der beteiligten Träger die Besetzung des Verwaltungsrats der vereinigten Sparkasse und vor allem die Person des Vorsitzenden zentrale Regelungsgegenstände. Entsprechenden Raum nehmen Fragen um den Verwaltungsrat in den Fusionsverträgen der Praxis ein (vgl. *Niggemeyer*, S. 162 ff.). Dem ist allerdings mit einer gewissen Zurückhaltung zu begegnen. Denn die Fusionsvereinbarung hat zunächst die kommunalrechtlichen Vorschriften des GKG zu beachten, die etwa einer unmittelbaren Bestellung des Verwaltungsrates in der Fusionsvereinbarung entgegenstehen. Der Verwaltungsrat der Sparkasse ist vielmehr (erst) nach deren Konstitution von der Zweckverbandsversammlung zu wählen. Seine Mitglieder können nicht etwa unmittelbar von Stadt- oder Kreistagen gewählt werden (*Biesok*, SpkG-Kommentar § 28 Rn. 662, S. 246 f.). Zulässig ist es allerdings, den (entsandten) Mitgliedern der Zweckverbandsversammlung hierfür verbindliche Weisungen zu erteilen (§ 15 Abs. 1 S. 4 GKG). Diese können auch in der Fusionsvereinbarung ausgesprochen werden. Unverbindlich sind jedoch vertragliche Vereinbarungen der Trägervertretungen über die Besetzung des Vorstands der fusionierten Sparkasse, da hierdurch in 47

§ 27

die originären gesetzlichen Kompetenzen ihres Verwaltungsrates eingegriffen würde (*Josten,* in: Engau/Dietlein/Josten, § 27 Rn. 94). Nach § 15 Abs. 2 Buchst. a SpkG NRW ist für die Bestellung des Vorstands der Verwaltungsrat zuständig, wobei dessen Mitglieder an Weisungen nicht gebunden sind (§ 15 Abs. 6 SpkG NRW). Mit Blick auf den Vorstand können die Träger lediglich in der Satzung die Anzahl seiner Mitglieder festlegen, nicht jedoch diese auswählen und bestellen. Demgemäß kann eine verbindliche Festlegung der Vorstandsbesetzung noch nicht in der Fusionsvereinbarung zwischen den Trägern vorgenommen werden. Dort können in Ansehung der Besetzung des Vorstands in der vereinigten Sparkasse allenfalls unverbindliche Empfehlungen ausgesprochen werden. Ansonsten steht dem Träger aber nach § 8 Abs. 2 Buchst. e SpkG NRW das Recht zur Genehmigung der Besetzung des Vorstands durch den Verwaltungsrat zu, so dass in der Fusionsvereinbarung zumindest vorsorgliche Regelungen über deren (spätere) Erteilung getroffen werden könnten. Gleichsam unverbindlich sind Regelungen der Fusionsvereinbarung über operative oder betriebswirtschaftliche Fragen der vereinigten Sparkasse, für die nach dem SpkG NRW die Organe der Sparkasse selbst zuständig sind. Dies betrifft etwa die Aufrechterhaltung oder Schließung von Zweigstellen (dazu *Biesok,* SpkG-Kommentar, Rn. 662). Hierüber entscheidet nach § 15 Abs. 4 Buchst. d SpkG NRW der Verwaltungsrat auf Vorschlag des Vorstands. Gleiches gilt für Personalentscheidungen, die in der eigenverantwortlichen wahrzunehmenden Zuständigkeit des Vorstands liegen.

48   cc) **Fusionszeitpunkt und Verschmelzungsstichtag.** Nach Abs. 3 S. 3 ist in der Fusionsvereinbarung auch der Zeitpunkt festzulegen, „von dem an die Handlungen der übertragenden Sparkasse als für Rechnung der neu gebildeten oder der aufnehmenden Sparkasse vorgenommen gelten". Dieser **vermögensrechtliche oder bilanzielle Vereinigungszeitpunkt** ist zu unterscheiden vom **anstaltsrechtlichen Vereinigungszeitpunkt** (vgl. zur insgesamt uneinheitlichen Terminologie *Berger,* § 2 Rn. 13; *Biesok,* SpkG-Kommentar § 28 Rn. 667, 688; *Klüpfel/Gaberdiel/Höppel/Ebinger,* § 3 Anm. II; *Josten,* in: Engau/Dietlein/Josten, § 27 Rn. 58 f.; *Niggemeyer,* S. 161). Letztgenannter bezeichnet den Tag der dinglichen Gesamtrechtsnachfolge, ab dem die vereinigte Sparkasse ihre Geschäfte (gemeinsam) unter der neuen Firma betreibt. Auch ohne ausdrückliche gesetzliche Anordnung ist er ebenfalls in der Fusionsvereinbarung festzulegen, da er für die aufsichtsbehördliche Genehmigung nach Abs. 4 maßgeblich ist. Hierbei ist ggf. genügend zeitlicher Vorlauf für das Verfahren zur Zusammenschlusskontrolle vor dem Bundeskartellamt einzukalkulieren (→ Rn. 85). Maßgeblich ist der anstaltsrechtliche Vereinigungszeitpunkt auch für die in Abs. 3 S. 2 angeordnete Beendigung der Amtszeit des Verwaltungsrats der aufnehmenden Sparkasse, sofern die Vereinigung – wie regelmäßig (→ Rn. 34) – durch Aufnahme erfolgt. Der „Verschmelzungsstichtag" bezeichnet dagegen den Zeitpunkt, ab dem die vereinigte Sparkasse ein einheitliches Rechnungswesen führt, dh buchhalterisch als Einheit gilt. Nach der § 17 Abs. 2 S. 5 UmwG nachgebildeten Regelung in Abs. 3 S. 5 darf (nur) dieser Zeitpunkt auf maximal acht Monate vor dem Eintritt der anstaltsrechtlichen Fusionswirkung rückdatiert werden. Hierdurch werden unterjährig erfolgende Sparkassenfusionen maßgeblich erleichtert. Vereinigen sich also zwei Sparkassen vor dem 31.8. eines Jahres, so kann der Verschmelzungsstichtag auf den 1.1. rückdatiert werden. Handels- und steuerrechtlich (§ 2 Abs. 1 UmwStG) gilt das Vermögen der

IV. Zusammenlegung und Auflösung von Sparkassen § 27

aufgenommenen oder übertragenen Sparkasse mit Ablauf dieses Tages als übergegangen und die untergehende Sparkasse gleichzeitig aufgelöst (*Klüpfel/Gaberdiel/Höppel/Ebinger*, § 3 Anm. III, 2).

Dabei hat die übertragende Sparkasse nach Abs. 3 S. 4 ihre **Schlussbilanz** auf 49 das Ende des Vortags des Verschmelzungsstichtags, dh im vorgenannten Beispiel des 31.12., aufzustellen. Weicht der Verschmelzungsstichtag dagegen vom Schluss des Geschäftsjahres ab, so ist eine Schlussbilanz für das Rumpfgeschäftsjahr aufzustellen. Mit den in der Schlussbilanz ausgewiesenen Werten geht das Vermögen der übertragenen Sparkasse auf die aufnehmende oder neue Sparkasse über.

dd) Fusionsbedingter Finanzausgleich? Ausgleichsansprüche der an einer 50 Sparkassenfusion beteiligten Träger sieht das Gesetz nicht vor. Mit Blick auf die Zulässigkeit entsprechender Vereinbarungen stehen sich die betriebswirtschaftliche und die öffentlich-rechtliche Sichtweise gegenüber. Erstere sieht in der Sparkassenträgerschaft (auch) einen Vermögenswert, der sich in Gestalt von Ausschüttungen manifestiert. Gibt ein Träger im Rahmen einer Fusion seine Trägerschaft vollständig auf, liegt aus dieser Perspektive eine finanzielle Kompensation künftig entfallender Gewinnanteile grundsätzlich nahe (so etwa *Niggemeyer*, S. 250, vgl. auch *Bosse*, 1982, S. 95). Nach öffentlich-rechtlichen Grundsätzen ist die Übertragung der Sparkassenträgerschaft dagegen eine „Funktionsnachfolge" nach den Grundsätzen des Verwaltungsorganisationsrechts (vgl. *Berger*, § 2 Rn. 12 mwN; *Schlierbach/Püttner*, S. 90 f.). Verwaltungsorganisationsrechtlich ist die Übertragung einer Sparkasse im Wege der Vereinigung nichts anderes als eine „Zuständigkeitsverlagerung im kommunalen Raum" (*Schlierbach/Püttner*, S. 91). Das Sparkassenvermögen dient danach keinem erwerbswirtschaftlichen Zweck, sondern der Erfüllung einer öffentlichen Aufgabe. Geht die Aufgabe auf einen anderen Träger über, folgt ihr das der Aufgabenerfüllung gewidmete Vermögen nach, ohne dass dem übertragenden Rechtsträger hierfür ein finanzieller Ausgleich zu gewähren ist (*Josten*, in: Engau/Dietlein/Josten, § 27 Rn. 60). Zu Recht als zweifelhaft angesehen werden deswegen auch im Rahmen einer Fusionsvereinbarung oder Nebenabreden hierzu vereinbarte „freiwillige" Ausgleichszahlungen, die sich mit dem Prinzip der Unveräußerbarkeit von Sparkassen nur schwerlich vereinbaren lassen (*Berger*, § 2 Rn. 12; *Josten*, in: Engau/Dietlein/Josten, § 27 Rn. 61 ff.; aA *Niggemeyer*, S. 225). Tatsächlich besteht hierfür vielfach auch kein Bedürfnis. Denn im Rahmen der Fusionsvereinbarung kann den Vermögensinteressen der beteiligten Träger auch auf andere Weise, nämlich durch Bestimmung der Beteiligungsverhältnisse am Zweckverband und/oder Regelung der Gewinnverteilung im Innenverhältnis angemessen und flexibel Rechnung getragen werden. Entsprechende Gestaltungen scheiden allerdings aus, wenn eine an der Fusion beteiligte Kommune, etwa eine Gemeinde zugunsten des Kreises, ihre Trägerschaft vollständig aufgibt. Sofern es sich hierbei jedoch nicht um „Sanierungsfusionen" handelt, die auch nach betriebswirtschaftlichen Grundsätzen keine Ausgleichszahlungen nach Art eines „Kaufpreises" rechtfertigen, werden in der Praxis vielfach durch den seine Trägerschaft aufgebenden Träger gemeinnützige Stiftungen aufgestockt oder errichtet, die künftig aus Gewinnen der fusionierten Sparkasse dotiert werden (hierzu umfassend *Niggemeyer*, S. 260 ff.). Eine derartige „Stiftungslösung" hat den zusätzlichen Vorteil, dass die „Ausgleichszahlungen" nicht den kommunalen Haushalt des Trägers der aufnehmenden Sparkasse belasten, sondern erst künftig aus den ohnehin zweckgebundenen Ausschüttungen der Sparkasse erfolgen.

51 Etwas anderes mag dann gelten, wenn sich eine Gemeinde im Zusammenhang mit einer Sparkassenfusion erstmals an einem Sparkassenzweckverband und damit an der Sparkassenaufgabe beteiligt. Mit Blick auf den **ersparten Gründungsaufwand** erscheint eine Ausgleichszahlung in diesem Fall unbedenklich (so jedenfalls *Berger*, § 2 Rn. 12). Zulässig ist – neben der Regelung künftiger Ausschüttungen – ferner eine Vereinbarung über die Verteilung der Gewerbesteuer unter den Kommunen im Geschäftsgebiet, etwa die „Gewerbesteuerzerlegung" nach § 33 Abs. 2 GewStG in Absprache mit der fusionierten Sparkasse (*Berger*, § 2 Rn. 12; *Biesok*, SpkG-Kommentar § 28 Rn. 664 S. 247; *Niggemeyer*, S. 274). Hierdurch lässt sich beispielsweise das Gewerbesteueraufkommen einer ihre Sparkassenträgerschaft aufgebenden Kommune erhalten. Die Einigung über die Gewerbesteuerzerlegung muss zwar letztendlich in einer gesonderten Vereinbarung zwischen Sparkasse und Kommunen erfolgen. Im Fusionsvertrag können sich die beteiligten Träger aber bereits vorab im Innenverhältnis und mit schuldrechtlicher Wirkung (§ 62 S. 2. VwVfG) über den künftigen Zerlegungsmaßstab verständigen.

52 **ee) Firma und Sitz.** Zulässig und üblich sind dagegen Regelungen über die Firma und den Sitz der vereinigten Sparkasse, da beides nach § 6 Abs. 2 der originären Kompetenz der Träger als Satzungsgeber unterfällt. Bei der Fusion zur Neugründung wird sich die unveränderte Übernahme einer der erloschenen Firmen der an der Fusion beteiligten Sparkassen regelmäßig verbieten (vgl. *Biesok*, Sparkassenrecht, Rn. B. 115). Bei der Fusion zur Aufnahme kann dagegen die Firma der aufnehmenden Sparkasse beibehalten werden, wenn die Größen- oder wirtschaftlichen Machtverhältnisse unter den Fusionspartnern, die sich auch in der Verteilung der Anteile am Zweckverband wiederspiegeln, dies rechtfertigen (vgl. *Biesok*, Sparkassenrecht, Rn. B. 116). Andernfalls muss auch bei der Fusion zur Aufnahme die Firma ggf. mit Blick auf die Firmengrundsätze des § 18 HGB zur Vermeidung von Irreführungen des Rechtsverkehrs an die neuen Verhältnisse angepasst werden (*Niggemeyer*, S. 237 ff.; *Schlierbach/Püttner*, S. 88 f.). Bei zunehmender Betriebsgröße und Vergrößerung des Geschäftsgebiets der fusionierten Sparkasse wird deren Firma vielfach nicht mehr von einer einzelnen kommunalen Gebietskörperschaft abgeleitet, sondern an einer Region orientiert (etwa „Sparkasse Münsterland Ost"). Entsprechend anzupassen ist dann auch für die aus der Firma gebildete Kurzbezeichnung, die regelmäßig aus der Bezeichnung „Sparkasse" mit den zusammengesetzten Ortsnamen besteht. Ein entsprechendes Erfordernis wird sich mitunter auch aus sparkassenpolitischen Gesichtspunkten ergeben, um die Identifikation der örtlichen Bevölkerung, Kunden und Mitarbeiter mit „ihrer" Sparkasse aufrechtzuerhalten (Berger, § 2 Rn. 14).

53 Der letztgenannte Aspekt mag daneben in geeigneten Fällen auch die Implementierung eines **Doppelsitzes** nahelegen. Ein solcher ist jedenfalls nach der bisherigen Aufsichtspraxis des Nordrhein-Westfälischen Finanzministeriums als der zuständigen Sparkassenaufsichtsbehörde grundsätzlich genehmigungsfähig. Dabei sind allerdings die mit einem Doppelsitz einhergehenden Mehrkosten und rechtlichen Komplikationen, etwa im Zusammenhang mit dem Gerichtsstand, in Betracht zu ziehen. Vor diesem Hintergrund und weil in der Regel nur eine „Hauptstelle" der Sparkasse gewollt ist, wird von einem Doppelsitz nach Fusionen in der Praxis regelmäßig abgesehen. Die Identität des juristischen Sitzes mit der „Hauptstelle" als wirtschaftlichem Mittelpunkt des Geschäftsbetriebs oder „Verwaltungs-

IV. Zusammenlegung und Auflösung von Sparkassen § 27

sitz" ist zwar rechtlich nicht zwingend, entspricht aber der Praxis. Bei der Vereinigung durch Aufnahme bleibt der Sitz der aufnehmenden Sparkasse grundsätzlich der Sitz der vereinigten Sparkasse. Die Verlegung des Sitzes der vereinigten Sparkasse ist eher denkbar bei der Vereinigung zur Neugründung.

Sowohl die Änderung der Firma (→ Rn. 70) als auch die Verlegung des Sitzes 54 sind der BaFin und der Deutschen Bundesbank anzuzeigen (§ 24 Abs. 1 Nr. 3 und 5 KWG). Nach einer Vereinigung zur Aufnahme ist daneben der BaFin die Einstellung des Geschäftsbetriebs der aufgenommenen Sparkasse anzuzeigen (§ 24 Abs. 1 Nr. 7 KWG).

d) Genehmigung der Aufsichtsbehörde (Abs. 4)

Die freiwillige Vereinigung bedarf nach Abs. 4 der Genehmigung der Aufsichts- 55 behörde, dh des gem. § 39 Abs. 2 SpkG NRW für die Sparkassenaufsicht zuständigen **Nordrhein-Westfälischen Finanzministeriums**. Die Wirkung der Genehmigung nach Abs. 4 ist auf die Zustimmung zur Anstaltsfusion beschränkt. Wird im Rahmen der Vereinigung zur Neugründung ein Zweckverband neu errichtet, bedarf daneben auch dessen Satzung der gesonderten (kommunalaufsichtlichen) Genehmigung nach § 10 Abs. 1 GKG. Gem. § 10 Abs. 2 GKG kann die Genehmigung der Verbandssatzung allerdings nicht erteilt werden, wenn zu erwarten ist, dass die sparkassenrechtliche Genehmigung der Anstaltsfusion verweigert wird. Vor diesem Hintergrund empfiehlt sich bereits im Vorfeld der Vereinigungsbeschlüsse eine **gemeinsame Voranfrage** der beteiligten Sparkassen an die Sparkassenaufsichtsbehörde oder die Stellung eines Antrags auf Erteilung eines entsprechenden Vorbescheides (Erster Teil Ziff. 3.1.2.2 und 3.1.2.3 der AVV zum Sparkassengesetz). Der Beitritt des früheren Sparkassenträgers zu einem bereits bestehenden Zweckverband ist dagegen nur anzeigepflichtig (§ 20 Abs. 2 S. 1 GKG). Der besonderen Genehmigung durch die Sparkassenaufsichtsbehörde bedarf des Weiteren die bei einer Vereinigung durch Neugründung neu zu erlassende Satzung der fusionierten Sparkasse sowie bei der Vereinigung durch Aufnahme eine hierdurch veranlasste Satzungsänderung bei der aufnehmenden Sparkasse (§ 6 Abs. 2 S. 2 SpkG NRW). Vor diesem Hintergrund sind nach Maßgabe des Ersten Teils Ziff. 3.2 der AVV zum Sparkassengesetz mit den Genehmigungsanträgen nach Abs. 4 Ausfertigungen der jeweiligen Vereinigungsbeschlüsse und des Fusionsvertrages vorzulegen. Bei der Bildung einer Zweckverbandssparkasse ist die Satzung des Zweckverbands beizufügen. Gleiches gilt bei der Vereinigung durch Aufnahme, wenn die aufnehmende Sparkasse eine Verbandssparkasse ist. Dem Genehmigungsantrag beizufügen ist in diesem Fall die Änderung der Zweckverbandssatzung. Im Übrigen ist der Antrag auf Erteilung des Fusionsbescheides zusammen mit dem Antrag auf Genehmigung der neuen oder geänderten Sparkassensatzung einzureichen (Erster Teil Ziff. 3.1.2.4 der AVV zum Sparkassengesetz).

Die Genehmigung nach Abs. 4 ergeht per **(gestaltendem) Verwaltungsakt iSd** 56 **§ 35 VwVfG** (*Josten*, in: Engau/Dietlein/Josten, § 27 Rn. 111 mwN). Bei Vorliegen der Genehmigungsvoraussetzungen besteht ein Rechtsanspruch auf ihre Erteilung. Eine Mitwirkung der Kommunalaufsichtsbehörde ist nicht vorgesehen. Die Erteilung der Genehmigung ist für die (dingliche) Vereinigungswirkung konstitutiv, so dass die Vereinigung mit Zugang der Genehmigung wirksam wird (*Biesok*, SpkG-Kommentar § 28 Rn. 670 S. 248 f.; *ders.*, Sparkassenrecht, Rn. B. 125; *Schlierbach/Püttner*, Sparkassenrecht, S. 86). Etwas anderes gilt, wenn die Vereinigungsbeschlüsse

Vogel 447

§ 27   A. Sparkassen

der Träger (übereinstimmend) einen späteren Vereinigungszeitpunkt vorsehen und/oder die Genehmigungsbehörde einen späteren Zeitpunkt des Wirksamwerdens festlegt. Ausgeschlossen ist hingegen eine Rückwirkung der Genehmigung (*Josten*, in: Engau/Dietlein/Josten, § 27 Rn. 111; *Klüpfel/Gaberdiel/Höppel/Ebinger*, § 3 Anm. I, 8; *Schlierbach/Püttner*, S. 86).

57 Der nach den Sparkassengesetzen aller Bundesländer bestehende Genehmigungsvorbehalt begründet kein staatliches Mitwirkungsrecht im Sinne einer Zweckmäßigkeitskontrolle, sondern ist ein **Instrument der präventiven Rechtsaufsicht** und insofern dem Genehmigungserfordernis der Errichtung einer Sparkasse (§ 1 Abs. 1 S. 1 SpkG NRW) vergleichbar (so *Berger*, § 2 Rn. 17 mwN; ähnlich *Niggemeyer*, S. 339). Gleichwohl greift es zu kurz, aus dem Schweigen des Gesetzes zu materiellen Prüfkriterien den Schluss zu ziehen, die Aufsichtsbehörde sei auf die Einhaltung der formalen Vorschriften über die ordnungsgemäße Beschlussfassung beschränkt (so *Biesok*, SpkG-Kommentar, § 28 Rn. 671 S. 249 f., der andererseits aber einen Rückgriff auf die materiellen Voraussetzungen einer Zwangsvereinigung für zulässig hält). Maßgeblich ist vielmehr das Grundanliegen der Staatsaufsicht im Bereich der mittelbaren Staatsverwaltung im Allgemeinen, dh die Unterstützung und Förderung der beaufsichtigten Selbstverwaltungsträger bei deren gesetzlicher Aufgabenerfüllung vor Ort. Die staatliche Sparkassenaufsicht soll im Hinblick auf den öffentlichen Auftrag fördernd auf die Sparkassen einwirken (*Josten*, in: Engau/Dietlein/Josten, § 27 Rn. 113). Demgemäß muss die Aufsicht (auch) im Zusammenhang mit der Genehmigung von Vereinigungen nach § 27 SpkG NRW über eine Rechtsaufsicht im Sinne einer bloßen Rechtsförmlichkeitsprüfung hinausgehen. Prüfungsgegenstand sind daher neben der Beachtung der einschlägigen Verfahrensregeln (ordnungsgemäße Beschlussfassung, Anhörung der Verwaltungsräte und Verbände, Beachtung sonstiger sparkassenrechtlicher Vorschriften) auch die ökonomischen Rahmenbedingungen der Fusion. Prüfungsmaßstab sind die Gebote der Effizienz und Wirtschaftlichkeit (dazu umfassend *Berger*, § 2 Rn. 17 mwN). Mit dem Genehmigungsantrag ist der Aufsichtsbehörde daher ein tragfähiges Fusionskonzept vorzulegen, das belastbare Aussagen über zu erwartende Leistungssteigerungen und Verbesserungen der Marktpositionen der fusionierten Sparkasse beinhaltet. Nicht zu verlangen ist hingegen der Nachweis, dass die Vereinigung aus Gründen des öffentlichen Wohls im Sinne des Abs. 5 „geboten" ist. Mit Blick auf das kommunale Selbstverwaltungsrecht der beteiligten Sparkassenträger muss es vielmehr hinreichen, wenn das Leistungsniveau der beteiligten Sparkassen zumindest nicht durch fusionsbedingte Reibungsverluste gefährdet wird (so auch *Berger*, § 2 Rn. 17).

58 Bei Versagung der beantragten Genehmigung steht den antragstellenden Sparkassenträgern nach § 40 Abs. 1 VwGO der Verwaltungsrechtsweg offen, ohne dass es eines Widerspruchsverfahrens bedarf (§ 68 Abs. 1 S. 2 Nr. 1 VwGO). Statthafte Klageart ist die Verpflichtungsklage nach § 42 Abs. 1 VwGO.

6. Rechtsfolgen der Vereinigung

a) Gesamtrechtsnachfolge (Abs. 1 S. 2)

59 Mit dem Zugang der aufsichtsbehördlichen Genehmigung als gestaltendem Verwaltungsakt oder zu dem in der Genehmigung bezeichneten späteren Zeitpunkt

IV. Zusammenlegung und Auflösung von Sparkassen § 27

(→ Rn. 55) werden unmittelbare Rechtsfolgen ausgelöst. Sowohl bei der Vereinigung durch Neugründung als auch bei der Vereinigung durch Aufnahme gehen alle Aktiva (Forderungen gegen Kunden, Sicherheiten, Grundstücke, Geschäftsausstattung etc.) und Passiva (Kundeneinlagen) im Wege der Gesamtrechtsnachfolge (Universalsukzession) kraft Gesetzes und ohne weitere Übertragungsakte auf die neue oder aufnehmende Sparkasse über. **Übertragungshandlungen**, wie insbesondere die Auflassung von Grundstücken und die Abtretung vertraglicher Rechte, sowie die Einholung von Zustimmung von Kunden zum Übergang von Einlageforderungen sind entbehrlich. Entbehrlich ist wegen deren „Offenkundigkeit" nach Veröffentlichung der neuen oder geänderten Satzung auch eine Anzeige der Gesamtrechtsnachfolge gegenüber dem Grundbuchamt (§ 29 Abs. 1 S. 2 GBO). Erforderlich ist allerdings die Umschreibung von Vollstreckungsklauseln nach § 727 ZPO bei Zwangsvollstreckungen aus „alten" Titeln der aufgenommenen Sparkasse oder beider „Alt-Sparkassen" bei der Vereinigung zur Neugründung. Daneben hat die Vereinigung den Übergang aller öffentlich-rechtlichen Funktionen der Sparkasse als Anstalt öffentlichen Rechts zur Folge, einschließlich der Zuständigkeit ihrer Organe (*Heinevetter* [2. Aufl.], § 31 Anm. 8; *Schlierbach/Püttner*, S. 87). Die aufgenommene Sparkasse oder – im Falle der Vereinigung durch Neugründung – beide „Alt-Sparkassen" erlöschen ohne Liquidation. Insgesamt entspricht die in Abs. 1 S. 2 angeordnete Wirkung der Vereinigung von Sparkassen damit der Wirkung der Verschmelzung nach § 20 Abs. 1 Nr. 1 und 2 UmwG.

Aus Sicht der Arbeitnehmer und Kunden der aufgenommenen Sparkasse führt die Gesamtrechtsnachfolge zu einem **Schuldnerwechsel**, der abweichend von der allgemeinen Regel des § 415 Abs. 1 S. 1 BGB keiner Zustimmung des Gläubigers bedarf. Auch schuldrechtlich ausgestaltete Sonderrechte wie Genussrechte, stille Beteiligungen oder Schuldverschreibungen gehen im Wege der Gesamtrechtsnachfolge auf die neue Sparkasse über, ohne dass es der Zustimmung ihrer Inhaber bedarf. Um einer „Verwässerung" dieser Rechte oder eine sonstige etwaige Schlechterstellung der Gläubiger auszuschließen, wird im Schrifttum die analoge Anwendung der Gläubigerschutzvorschriften der §§ 22, 23 UmwG vorgeschlagen oder aber die Anpassung der jeweiligen Sonderrechte an die neuen Verhältnisse, dh eine Neugewährung durch die vereinigte Sparkasse (vgl. *Niggemeyer*, S. 351; *Rümker*, FS Steindorff, S. 449, 464). 60

b) Beschäftigungsverhältnisse

Ungeachtet der Bestimmung des § 613a BGB gehen bestehende Beschäftigungsverhältnisse ohne inhaltliche Änderung ebenfalls im Wege der Universalsukzession auf die neu errichtete oder aufnehmende Sparkasse über. Dies gilt gem. § 613a Abs. 1 S. 2 BGB auch für kollektivrechtliche Rechte und Pflichten, etwa aus Dienstvereinbarungen. Nach § 613a Abs. 6 BGB können die Beschäftigten dem Übergang ihrer Arbeitsverhältnisse innerhalb eines Monats nach Zugang der Unterrichtung gem. § 613a Abs. 5 BGB (→ Rn. 43) schriftlich widersprechen. Da der frühere Arbeitgeber durch die Vereinigung erloschen ist, bewirkt der Widerspruch in diesem Fall jedoch nur die Auflösung des Arbeitsverhältnisses. Betriebsbedingte Kündigungen aus Anlass der Fusion sind gem. § 613a Abs. 4 S. 1 BGB ausgeschlossen. 61

Vorstehendes gilt grundsätzlich auch für **Vorstandsmitglieder** der erloschenen Sparkasse, jedenfalls mit Blick auf ihr dienstrechtliches Anstellungsverhältnis. Dieses 62 geht einschließlich erworbener Versorgungsanwartschaften auf die übernehmende Sparkasse über. Auch wenn in Folge der Vereinigung die Organstellung eines Vorstandsmitglieds endet und das frühere Vorstandsmitglied der erloschenen Sparkasse – etwa aufgrund einer entsprechenden Regelung in seinem Anstellungsvertrag – nunmehr als stellvertretendes Vorstandsmitglied im vereinigten Institut tätig ist, bleibt sein ursprünglich als freies Dienstverhältnis begründetes Anstellungsverhältnis hiervon unberührt. Es wandelt sich nicht etwa mit dem fusionsbedingten Verlust der Organstellung in ein Arbeitsverhältnis um (BGH, WM 2000, 573, 574 f.).

c) Organmitglieder

63   **aa) Vorstand.** Die Gesamtrechtsnachfolge betrifft jedoch nicht die mit der erloschenen Sparkasse „untergegangene" Organstellung von Vorstandsmitgliedern. Bereits der Umstand, dass es in der aufnehmenden oder neuen Sparkasse – vorbehaltlich einer zeitlich beschränkten Sonderregelung nach § 28 SpkG NRW – nur einen Vorstandsvorsitzenden geben kann, macht deutlich, dass die Organfunktion von Vorständen – wie im Übrigen auch bei der Verschmelzung von Aktiengesellschaften nach dem UmwG – nicht ohne Modifikationen in der aufnehmenden oder neuen Sparkasse fortbestehen kann (*Schlierbach/Püttner*, S. 90). Daneben stellt die BaFin ggf. höhere Anforderungen an die Geschäftsleiterqualifikation in größeren Instituten, so dass ein Vorstandsmitglied einer kleineren aufgenommenen Sparkasse nicht notwendig auch die fachliche Eignung zur Leitung der ggf. wesentlich größeren aufnehmenden Sparkasse erfüllt (vgl. *Niggemeyer*, S 201 f.). Maßgeblich ist nach der einschlägigen Verwaltungspraxis der BaFin hierbei der Größenfaktor fünf bis acht. Demgemäß müssen die bisherigen Vorstandsmitglieder der aufgenommenen Sparkasse – ggf. mit anderer Funktion – bei der übernehmenden Sparkasse mit Zustimmung des Trägers jeweils neu zum Vorstandsmitglied bestellt werden. Rechtlich dürfte es aber zulässig sein, einen entsprechenden – bedingten – Bestellungsbeschluss bereits vor dem Wirksamwerden der Vereinigung zu fassen, um ggf. die sofortige Handlungsfähigkeit der aufnehmenden oder neu errichteten Sparkasse sicherzustellen (so *Schlierbach/Püttner*, S. 90). Üblicherweise sind in den Anstellungsverträgen von Vorstandsmitgliedern vorsorgliche Regelungen für den Fall der Vereinigung „ihrer" Sparkasse mit einem anderen Institut getroffen (sog. *change of control*-Klauseln), insbesondere mit Blick auf etwaige vereinigungsbedingte Funktionsänderungen oder gar die (außerordentliche) Kündigung für diesen Fall (siehe zu Praxisbeispielen *Niggemeyer*, S. 200).

64   Bei der **Vereinigung zur Neugründung** erlischt die Organstellung der Vorstände aller Fusionspartner mit Wirksamwerden der Vereinigung, so dass der Vorstand der vereinigten Sparkasse vollständig neu errichtet werden muss. Bei der **Vereinigung durch Aufnahme** erlischt dagegen nur die Organstellung der Vorstände einer aufgenommenen Sparkasse, während der Vorstand der aufnehmenden Sparkasse (zunächst) im Amt bleibt. Die Organstellung der Vorstandsmitglieder einer aufnehmenden Sparkasse wird jedenfalls rechtlich durch die Vereinigung nicht berührt. Aus sparkassenpolitischen Gründen wird in der Praxis jedoch vielfach – je nach Größenverhältnissen der Fusionspartner – der Vorstandsvorsitzende der aufgenommenen Sparkasse zum (nach § 19 Abs. 1 S. 1 SpkG NRW fakultativen) stellvertretenden Vorsitzenden des Vorstands der vereinigten Sparkasse ernannt. Zuständig hierfür ist allerdings nach § 15 Abs. 2 Buchst. a SpkG NRW der (neue) Verwaltungsrat (→ Rn. 47).

IV. Zusammenlegung und Auflösung von Sparkassen § 27

Führt die Vereinigung zu einer funktionellen Veränderung bei einem „übernommenen" Vorstandsmitglied in der übernehmenden Sparkasse, so ist diese der BaFin und der Deutschen Bundesbank unter Bezugnahme auf die frühere Geschäftsleiteranzeige informatorisch mitzuteilen. Scheidet ein Vorstandsmitglied dagegen aus Anlass der Vereinigung gänzlich aus dem Amt, so bedarf dies der förmlichen **Anzeige nach § 24 Abs. 1 Nr. 2 KWG.** 65

bb) Verwaltungsrat. Unabhängig von der Art der Vereinigung endet mit ihrem Wirksamwerden die Amtszeit der Verwaltungsräte der beteiligten Sparkassen, so dass stets und zwingend ein neuer Verwaltungsrat zu wählen ist. Bei der Vereinigung durch Neugründung folgt dies bereits daraus, dass die beteiligten bisherigen Sparkassen ohne Liquidation erlöschen und in dem vereinigten Institut aufgehen. Demgemäß enden mit Wirksamwerden der Vereinigung auch die Amtszeiten aller bisherigen Verwaltungsratsmitglieder der beteiligten Sparkassen. Es bedarf insofern bei der neu errichteten Sparkasse der Bildung eines (erstmaligen) Verwaltungsrates nach § 8 Abs. 1 SpkG NRW. Bei der Vereinigung durch Aufnahme erlischt hingegen nur die aufgenommene Sparkasse ohne Liquidation. Nur sie geht in dem aufnehmenden Institut auf. Für die aufnehmende Sparkasse bedarf es deswegen der ausdrücklichen gesetzlichen Anordnung in Abs. 3 S. 2, dass auch die Amtszeit aller Verwaltungsratsmitglieder der aufnehmenden Sparkasse mit Wirksamwerden der Vereinigung endet. Dies soll auch im Falle der Zusammenlegung von Sparkassen eine gleichmäßige Vertretung des gesamten Geschäftsgebiets durch die Verwaltungsratsmitglieder gewährleisten (vgl. *Berger*, § 13 Rn. 18, zur Parallelvorschrift des § 13 Abs. 8 Nds. SpkG; *Josten*, in: Engau/Dietlein/Josten, § 27 Rn. 119; vgl. ferner *Klüpfel/Gaberdiel/Höppel/Ebinger*, § 3 Anm. IV, 1, zur entsprechenden Regelung in § 3 Abs. 4 SpkG BW). Auch das Amt des Vorsitzenden des Verwaltungsrats endet mit Wirksamwerden der Vereinigung, da er in dieses Amt gewählt ist (§ 11 Abs. 1 SpkG NRW). In jedem Fall ist die vereinigungsbedingte Änderung der Organbesetzung der Sparkassenaufsichtsbehörde zu melden (Erster Teil Ziff. 3.1.3 S. 1 der AVV zum Sparkassengesetz). 66

Bei der **Vereinigung durch Neugründung** ist der Verwaltungsrat der neu errichteten Sparkasse bereits vor Wirksamwerden der Vereinigung zu wählen. Denn er muss rechtzeitig vor dem Fusionszeitpunkt den Vorstand der Sparkasse bestellen, damit das neu errichtete Institut von Anfang an handlungsfähig ist. Bei der **Vereinigung durch Aufnahme** ist dagegen die Neuwahl nach Wirksamwerden der Vereinigung hinreichend, da die Mitglieder des Verwaltungsrates der aufnehmenden Sparkasse ihr Amt nach § 14 SpkG NRW bis zum Zusammentritt des neu gewählten Verwaltungsrates weiter ausüben. Dies ist jedoch möglicherweise nicht zweckmäßig, da der frühere Träger der aufgenommenen Sparkasse dann zunächst nicht im Verwaltungsrat der aufgenommenen Sparkasse repräsentiert ist. Das gleiche gilt für die früheren Mitarbeiter der aufgenommenen Sparkasse. Hier eröffnet aber ggf. die Ausnahmevorschrift des § 28 SpkG NRW die Möglichkeit einer Neuwahl bereits vor Ablauf der regulären Wahlperiode mit Genehmigung der Aufsichtsbehörde. 67

Bei Sparkassen mit mindestens 250 ständig Beschäftigten kann nach § 10 Abs. 2 S. 2 SpkG NRW nach einer Vereinigung die Zahl der im Verwaltungsrat vertretenen sachkundigen Mitglieder auf elf und die der Dienstkräfte auf sechs erhöht werden. Des Weiteren kann die Aufsichtsbehörde aus Anlass der Vereinigung gem. § 28 SpkG NRW nach Anhörung beider oder aller beteiligten Sparkassen und des 68 zuständigen Sparkassen- und Giroverbandes für die Dauer der laufenden und der ihr folgenden Wahlperiode abweichende Regelungen von den Vorschriften über die Zusammensetzung der Sparkassenorgane zulassen, dh insbesondere die Erhöhung der gesetzlichen Mitgliederzahl. Hiervon wird in der Praxis regelmäßig Gebrauch gemacht. Das Verfahren hierzu ist im Ersten Teil Ziff. 3.1.3 S. 2 und 3 der AVV zum Sparkassengesetz geregelt. Insbesondere müssen der Antragstellung entsprechende Beschlüsse des (neuen) Trägers vorausgehen, da die Abweichungen von § 10 Abs. 1 oder 2 SpkG NRW in der Sparkassensatzung festzulegen sind.

d) Personalvertretung

69 An die Stelle der Personalräte der an der Vereinigung beteiligten Sparkassen tritt bis zur konstituierenden Sitzung eines in der fusionierten Sparkasse neu gewählten Personalrats eine übergangsweise aus den früheren Personalräten gebildete **Personalkommission gem. § 44 PVG NRW**. Dies gilt entgegen einer teilweise im Schrifttum geäußerten Ansicht (*Niggemeyer*, S. 316 f.) auch für die Vereinigung durch Aufnahme.

e) Handelsregister und Anzeigepflicht nach dem KWG

70 Die Vereinigung durch Aufnahme ist analog §§ 33, 34 Abs. 1 HGB in das Handelsregister sowohl der aufgenommenen als auch der aufnehmenden Sparkasse einzutragen (BGH, ZIP 2023, 2356). Daneben ist das Erlöschen der aufgenommenen Sparkasse der BaFin und der Deutschen Bundesbank nach § 24 Abs. 1 Nr. 7 KWG anzuzeigen. Der Handelsregistereintrag der aufnehmenden Sparkasse bleibt unter der bisherigen HR A-Nummer bestehen. Bei einer vereinigungsbedingten Namensänderung ist jedoch die Umfirmierung zum Handelsregister anzumelden und nach § 24 Abs. 1 Nr. 3 KWG wiederum der BaFin und der Deutschen Bundesbank anzuzeigen. Im Falle der Vereinigung durch Neugründung ist dagegen das Erlöschen beider oder aller beteiligten Sparkassen zum Handelsregister anzumelden sowie die neu errichtete Sparkasse unter ihrer (neuen) Firma anzumelden. Das Erlöschen beider „Alt-Sparkassen" ist anzeigepflichtig nach § 24 Abs. 1 Nr. 7 KWG. Für das neu errichtete Institut muss eine neue Bankerlaubnis nach § 32 KWG beantragt werden.

IV. Zwangsweise Vereinigung von Sparkassen (Abs. 5 und 6)

1. Grundlagen

71 Für den Fall, dass eine Sparkasse ihre gesetz- und satzungsmäßigen Versorgungsaufgaben nicht (mehr) hinreichend aus eigener Kraft wahrnehmen kann und es gleichwohl nicht zu ihrer freiwilligen Vereinigung mit einer anderen Sparkasse kommt, kann die Sparkassenaufsicht ihre zwangsweise Vereinigung herbeiführen, und zwar über den Umweg der Gründung eines Zweckverbandes (Abs. 5 S. 1). Vorrangig ist dabei nach Abs. 5 die zwar behördlich angeordnete aber auf einer Vereinbarung der beteiligten Sparkassen beruhende Vereinigung. Erst bei deren Scheitern oder fehlender Genehmigungsfähigkeit kann die Aufsichtsbehörde nach Abs. 6 die Vereinigung im Wege der Rechtsverordnung anordnen und dort alle erforderlichen Regelungen selbst treffen. In der **gesetzlichen Systematik** kommt insofern zum einen das Primat der freiwilligen gegenüber der zwangsweisen Verei-

IV. Zusammenlegung und Auflösung von Sparkassen § 27

nigung zum Ausdruck, und zum anderen – innerhalb der zwangsweisen Vereinigung – das Primat der in den Einzelheiten autonomen Vereinbarung gegenüber der einseitigen staatlichen Anordnung (→ Rn. 3).

Das Instrument der aufsichtsbehördlich angeordneten oder herbeigeführten 72 Zwangsfusion muss sich nicht nur als solches (→ Rn. 4), sondern auch in jedem Einzelfall an der verfassungsrechtlich verbürgten kommunalen Selbstverwaltungsgarantie gem. Art. 28 Abs. 2 S. 1 GG und Art. 78 Abs. 1 S. 1 LV NRW messen lassen (*Biesok*, Sparkassenrecht, Rn. B. 140; *Josten*, in: Engau/Dietlein/Josten, § 27 Rn. 124 ff.). Mit der Anordnung einer Zwangsfusion verbundene **Eingriffe in das kommunale Selbstverwaltungsrecht** der betroffenen Sparkassenträger sind nur zulässig, wenn – in Abs. 5 S. 1 näher beschriebene – Gründe des Gemeinwohls diese rechtfertigen (Willkürverbot). Diese Gründe können auch überörtlicher Natur sein, müssen jedoch wiederum stets dem Grundsatz der Verhältnismäßigkeit (Übermaßverbot) genügen. Eine Zwangsfusion kann damit nur bei gravierenden Störungen der Leistungsfähigkeit einer der beteiligten Sparkassen in Betracht kommen, dh bei Bestandsgefährdung oder wesentlicher Beeinträchtigung der künftigen Entwicklungsaussichten (so *Berger*, § 2 Rn. 26), die die Erfüllung des gesetzlichen Versorgungsauftrages gefährdet. Einen erheblichen Eingriff in die kommunale Selbstverwaltung bildet insbesondere die Vereinigung durch Rechtsverordnung nach Abs. 6. Sie bildet die utlitma ratio, um die Leistungsfähigkeit einer Sparkasse wiederherzustellen oder zu erhalten (*Biesok*, SpkG-Kommentar, § 28 Rn. 680, S. 251; *ders.*, Sparkassenrecht, Rn. B. 140 ff.; *Josten*, in: Engau/Dietlein/Josten, § 27 Rn. 125). Demgemäß sind an die gesetzlichen Voraussetzungen hierfür (→ Rn. 75) hohe Anforderungen zu stellen. Zuvor ist zu prüfen, ob die Leistungsfähigkeit der Sparkasse nicht durch sonstige Maßnahmen wie etwa Leistungen der Sicherungseinrichtungen oder – sofern haushalts- und beihilferechtlich zulässig – Beiträge der Trägerkommune wiederhergestellt werden kann.

Die Möglichkeit der zwangsweisen Vereinigung von Sparkassen wurde **seit den** 73 **1970er Jahren sukzessive in nahezu allen Bundesländern eingeführt**. Eine Ausnahme bildet Baden-Württemberg, wo eine Vereinigung von Sparkassen von Gesetzes wegen nur im Falle der Zusammenlegung ihrer Trägergemeinden vorgesehen ist (§ 4 SpkG BW). Ähnliches gilt für Rheinland-Pfalz. Dort „sollen Errichtungsträger", die mehrere Sparkassen betreiben, diese vereinigen (§ 22 Abs. 5 RhPf. SpkG). Dabei erfolgt die Vereinigung regelmäßig primär durch Vereinbarung, „ansonsten" durch Anordnung der Sparkassenaufsichtsbehörde im Einvernehmen mit der obersten Kommunalaufsichtsbehörde, wenn die Erfüllung der Sparkassenaufsichtsbehörde „verbessert" werden kann. Die einschlägigen Regelungen der übrigen Sparkassengesetze erlauben die Zwangsvereinigung auch unabhängig von Neuordnungen der kommunalen Gebietsgliederungen und folgen dabei im Wesentlichen der gleichen (zweistufigen) Systematik wie § 27 Abs. 5 und 6 SpkG NRW. Hiermit nahezu identische Regelungen enthält etwa § 17 Abs. 3 Hess. SpkG. Mit Blick auf das Verfahren ordnen allerdings einige Sparkassengesetze die Mitwirkung der Kommunalaufsicht auf unterschiedlichen Ebenen an (so § 28 Abs. 4 Sächs. SpkG, § 28 Abs. 4 SpkG MV, § 28 Abs. 4 Bbg. SpkG, § 28 Abs. 4 Sachsanh. SpkG, § 22 Abs. 4 Thür. SpkG, § 28 Abs. 4 Saarl. SpkG). Unterschiede bestehen des Weiteren in der Formulierung bzw. dem Detaillierungsgrad der materiellen Voraussetzungen der zwangsweisen Vereinigung. Art. 16 Abs. 3 und 17 Abs. 3 Bay. SpkG beschränken sich in diesem Zusammenhang auf die Voraussetzung eines

„dringenden öffentlichen Bedürfnisses". § 28 Abs. 3 Schlh. SpkG verlangt, dass zwangsweise zu vereinigende Sparkassen „nicht oder nicht mehr in der Lage sind, ihre Aufgaben im Rahmen der gesetzlichen Vorschriften und ihrer Satzungen zu erfüllen". In einigen Sparkassengesetzen wird das auch in § 27 Abs. 5 S. 1 SpkG NRW enthaltene Kriterium der unzureichenden Leistungsfähigkeit weiter spezifiziert. Nach § 28 Abs. 4 S. 2 SpkG MV ist von fehlender Leistungsfähigkeit einer Sparkasse insbesondere dann auszugehen, wenn Tatsachen iSv § 29 Abs. 3 KWG oder § 321 Abs. 1 S. 3 HGB bekannt werden, „welche den Bestand des Instituts gefährden oder seine Entwicklung beeinträchtigen können". Vergleichbare Regelungen, allerdings beschränkt auf den Verweis auf § 29 Abs. 3 S. 1 KWG, enthalten § 2 Abs. 5 S. 2 Nds. SpkG und § 22 Abs. 6 S. 2 RhPf. SpkG. Eine Besonderheit bildet die durch die seinerzeitige Diskussion um die Privatisierung der Sparkasse der Hansestadt Stralsund (→ § 31 Rn. 3) veranlasste Regelung in § 28 Abs. 6 SpkG MV, wonach eine Sparkasse bzw. ihr Vermögen auch dann zwangsweise im Wege der Gesamtrechtsnachfolge auf eine andere Sparkasse übertragen werden kann, wenn sich deren Träger zur Auflösung der Sparkasse entschließt.

74 Ungeachtet der entsprechenden Gesetzeslage in nahezu allen Bundesländern wurde vom Instrument der Zwangsfusion von Sparkassen bislang – soweit ersichtlich – **kein Gebrauch** gemacht. Dies gilt auch für Nordrhein-Westfalen. **In der Praxis** tragen vielmehr die Selbstregulierungskräfte innerhalb der deutschen Sparkassenorganisation dafür Sorge, dass vor allem Sanierungsfälle durch Fusionen „bereinigt" werden (vgl. hierzu auch *Niggemeyer*, S. 361 ff.). Zu nennen ist in diesem Zusammenhang die Rolle der Sparkassen- und Giroverbände als „Fusionskatalysator" im Allgemeinen sowie die Einbindung der Sparkassen in den jeweiligen Stützungsfonds ihres Verbandes im Besonderen. Die Inanspruchnahme von Stützungsleistungen hieraus wird regelmäßig an Auflagen geknüpft wie insbesondere die Fusion der notleidenden Sparkasse mit einer anderen Sparkasse, wenn erstere ihre wirtschaftlichen Schwierigkeiten nicht aus eigener Kraft bewältigen kann. Hierauf wird im Einzelfall auch die BaFin hinwirken. Demgemäß beschränkt sich die Funktion der gesetzlichen Zwangsfusion auf die eines Reservemechanismus' im Krisenfall, für den Fall, dass die Selbstregulierung innerhalb der Sparkassen-Finanzgruppe aus Sicht der Aufsichtsbehörde nicht mehr ordnungsgemäß funktionieren sollte. Die tatsächliche Wirkungsweise der gesetzlichen Regelungen zur Zwangsfusion mag dagegen in einer Erhöhung des Fusionsdrucks auf die Akteure im Einzelfall bestehen. Denn bei tatsächlicher Anordnung einer Zwangsfusion durch die Aufsichtsbehörde ist nicht zuletzt ein erheblicher Reputationsverlust der betroffenen Sparkasse(n) zu befürchten.

2. Gründe des öffentlichen Wohls

75 Materielle Voraussetzung der zwangsweisen Vereinigung ist neben der Erfolglosigkeit eines Bemühens um eine freiwillige Vereinigung (so unter Hinweis auf den Ausnahmecharakter der zwangsweisen Vereinigung auch *Schlierbach/Püttner*, S. 84) die sachliche Feststellung, dass die Bildung eines Zweckverbandes aus „Gründen des öffentlichen Wohls" geboten ist. Hierbei handelt es sich um einen unbestimmten Rechtsbegriff, der durch das (einzige) Regelbeispiel der „Erhaltung oder Schaffung der Leistungsfähigkeit der beteiligten Sparkassen im Interesse einer besseren Versorgung von Bevölkerung und Wirtschaft" konkretisiert wird. Er unter-

IV. Zusammenlegung und Auflösung von Sparkassen § 27

liegt in vollem Umfang der gerichtlichen Überprüfung (*Josten*, in: Engau/Dietlein/Josten, § 27 Rn. 129; *Schlierbach/Püttner*, S. 84).

a) Erhaltung oder Schaffung leistungsfähiger Sparkassen

Maßgebliches Kriterium für eine zwangsweise Vereinigung von Sparkassen ist damit die Erhaltung oder Schaffung leistungsfähiger Sparkassen (vgl. VerfGH NW, DVBl. 1981, 216; VerfGH NW, Urt. v. 2.4.1981 – VerfGH 12/79, jeweils zur Vereinigung durch Rechtsverordnung als Folgemaßnahme der kommunalen Gebietsreform; dazu auch Heinevetter [2. Aufl.], § 31 Anm. 5.12). Der Gesetzeswortlaut („der beteiligten Sparkassen") legt dabei zunächst nahe, dass eine zwangsweise Vereinigung nur in Betracht kommt, wenn diese zur Erhaltung oder Schaffung der Leistungsfähigkeit aller an der Fusion beteiligten Sparkassen geboten ist. Nach übereinstimmendem Verständnis in bundesweiter Sparkassenpraxis und im Schrifttum ist dies jedoch nur mit Blick auf eine der betroffenen Sparkassen zu verlangen (*Berger*, § 13 Rn. 23; *Oebbecke*, VerwArch 93 (2002), 278, 287). Regelmäßig geht es darum, die Folgen nicht mehr tragfähiger Verluste einer Sparkasse durch deren Vereinigung mit einer leistungsfähigen Nachbarsparkasse aufzufangen. 76

Inhaltliche Leitlinie ist das öffentliche Interesse an einer besseren Versorgung der Bevölkerung und der Wirtschaft mit Finanzdienstleistungen (*Josten*, in: Engau/Dietlein/Josten, § 27 Rn. 135 so auch *Berger*, § 13 Rn. 24, zur Parallelvorschrift des § 2 Abs. 4 Nds. SpkG) und damit letztendlich die optimale Erfüllung des öffentlichen Sparkassenauftrags (§ 2 Abs. 1 SpkG NRW). Dabei geht es nicht darum, die vorhandene Leistungsfähigkeit durch Fusionen (noch) weiter zu stärken. Erst recht stellt § 27 Abs. 5 SpkG NRW der Sparkassenaufsicht kein Instrumentarium zur Verfügung, um das öffentliche Sparkassenwesen aus ordnungspolitischen Gesichtspunkten umzugestalten (aA wohl noch *Schlierbach/Püttner*, S. 84). Voraussetzung ist vielmehr die **Feststellung unzureichender Leistungsfähigkeit bei mindestens einer der beteiligten Sparkassen im Sinne einer konkreten Gefährdungslage**. Vor dem Hintergrund des öffentlichen Auftrags ist von unzureichender Leistungsfähigkeit auszugehen, wenn das Eigenkapital der Sparkasse nicht mehr ausreicht, um weitere Risikoaktiva aufzunehmen, dh Kredite an die örtliche Bevölkerung und Wirtschaft zu vergeben (zutreffend *Biesok*, SpkG-Kommentar, § 28 Rn. 674, S. 249; zu weitgehend da auf organisatorische Gesichtspunkte und Größenkriterien abstellend *Heinevetter* [2. Aufl.], § 31 Anm. 5.3). Können notwendige Konsolidierungsmaßnahmen nicht aus eigener Kraft geleistet werden, kann das öffentliche Wohl ebenfalls eine Vereinigung erfordern (so *Berger*, § 13 Rn. 24; *Biesok*, SpkG-Kommentar, § 28 Rn. 674, S. 249). Zur weiteren Präzisierung des Merkmals der unzureichenden Leistungsfähigkeit greifen die Sparkassengesetze anderer Bundesländer teilweise auf die **Kriterien des § 29 KWG oder § 321 HGB** zurück. So ist etwa nach § 28 Abs. 4 S. 2 SpkG MV von fehlender Leistungsfähigkeit einer Sparkasse auszugehen, wenn Tatsachen iSv § 29 Abs. 3 S. 1 KWG oder § 321 Abs. 1 S. 3 HGB bekannt werden, die den Bestand des Instituts gefährden oder seine Entwicklung beeinträchtigen können (ähnlich § 2 Abs. 4 S. 2 Nds. SpkG und § 22 Abs. 6 S. 2 Rhpf. SpkG). Da bestandsgefährdende oder die Entwicklung des Instituts wesentlich beeinträchtigende Tatsachen von den Prüfern unverzüglich der BaFin und der Deutschen Bundesbank anzuzeigen sind, lässt sich die unzureichende Leistungsfähigkeit iSd § 27 Abs. 5 SpkG NRW jeweils mit der erforderlichen Rechtssicherheit feststellen. In jedem Fall aber ist eine die Zwangs- 77 vereinigung rechtfertigende Gefährdungslage gegeben, wenn die bankaufsichtsrechtlichen Kriterien des **§ 35 Abs. 2 Nr. 4 KWG** für die Aufhebung der Bankerlaubnis gegeben sind, dh bei einem Verlust in Höhe der Hälfte der nach Art. 72 der VO (EU) Nr. 575/2013 in der jeweils geltenden Fassung maßgebenden Eigenmittel oder bei einem Verlust in Höhe von jeweils mehr als 10 von Hundert der nach Art. 72 der VO (EU) Nr. 575/2013 in der jeweils geltenden Fassung maßgebenden Eigenmittel in mindestens drei aufeinanderfolgenden Geschäftsjahren.

b) Interessenabwägung

78 Kommunale Selbstverwaltungsgarantie und **Übermaßverbot** (→ Rn. 72) verlangen, dass im Rahmen der behördlichen Entscheidung auch die Belange des Träger derjenigen Sparkasse hinreichend berücksichtigt werden, die mit einer nicht leistungsfähigen Sparkasse vereinigt werden soll (*Josten*, in: Engau/Dietlein/Josten, § 27 Rn. 141). Befindet letztere sich – wie regelmäßig – in einer wirtschaftlichen Schieflage, so soll die Vereinigung aus Gründen des öffentlichen Wohls zwar die Auflösung des Instituts verhindern, nicht aber das Eintreten der Sicherungseinrichtung der regionalen Sparkassen- und Giroverbandes. Insbesondere darf die leistungsfähige – regelmäßig die aufnehmende – Sparkasse durch die Fusion nicht so weit belastet werden, dass sie nun ihrerseits in ihrer Leistungsfähigkeit eingeschränkt wird (*Biesok*, SpkG-Kommentar, § 28 Rn. 675, S. 250). Vorübergehende Konsolidierungsbeiträge sind dagegen mit Blick auf das öffentliche Wohl hinzunehmen. Ggf. kann eine Kompensation über die in der Fusionsvereinbarung zu treffende Ausschüttungsregelung (→ Rn. 50) erfolgen (so etwa *Biesok*, Sparkassenrecht, Rn. B. 143).

3. Verfahren

a) Anhörungsverfahren (Abs. 5)

79 Liegen die materiellen Voraussetzungen der zwangsweisen Vereinigung vor, kann die Sparkassenaufsichtsbehörde den beteiligten Gemeinden und Gemeindeverbänden nach Abs. 5 S. 1 eine angemessene **Frist zum Abschluss von Vereinbarungen über die Bildung eines Sparkassenzweckverbandes** setzen. Eine Mitwirkung der Kommunalaufsicht ist im Unterschied zum früheren Recht und im Unterschied zu anderen Sparkassengesetzen (etwa § 28 Abs. 4 S. 1 SpkG MV) nicht (mehr) erforderlich. Gem. Abs. 5 S. 2 sind zuvor die Gemeinden und Gemeindeverbände, ihre Sparkassen sowie der zuständige Sparkassen- und Giroverband anzuhören. Nach dem Sinn und Zweck der Vorschrift wird zunächst letzterer zur Abgabe einer gutachterlichen Stellungnahme aufzufordern sein, die auch den betroffenen Sparkassen eine Beurteilungsgrundlage liefern soll. Erst nach Vorlegung des Verbandsgutachtens sollte das Anhörungsverfahren unter angemessener Fristsetzung eröffnet werden (vgl. hierzu umfassend *Heinevetter* [2. Aufl.], § 31 Anm. 5.4 mwN aus der älteren Rspr.). Den Beteiligten ist Gelegenheit zur Stellungnahme zu geben und eine Verständigung ist anzustreben. Die Ablehnung der vorgeschlagenen Regelung durch die Beteiligten schon in diesem Verfahrensstadium steht dem Erlass einer Rechtsverordnung nach Abs. 6 (auf der Grundlage des Verbandsgutachtens) nicht entgegen (*Biesok*, SpkG-Kommentar, § 28 Rn. 679, S. 251; *Josten*, in: Engau/Dietlein/Josten, § 27 Rn. 142). Andernfalls ist anschließend eine angemessene Frist zum Abschluss einer öffentlich-rechtlichen Vereinbarung

IV. Zusammenlegung und Auflösung von Sparkassen   § 27

zwischen den Trägerkommunen über die Vereinigung der betroffenen Sparkassen zu setzen. Um der kommunalen Willensbildung in den zuständigen Organen genügend Raum zu gewähren, wird im Schrifttum eine Frist von mindestens sechs Monaten vorschlagen (so von *Biesok*, SpkG-Kommentar, § 28 Rn. 676, S. 250). Tatsächlich dürfte es auf den konkreten Einzelfall ankommen. Bei komplexen Sachverhalten mit uU mehreren beteiligten Trägern sollte sie entsprechend länger bemessen sein. Ist die Leistungsfähigkeit einer der beteiligten Sparkassen dagegen derart eingeschränkt, dass die Vereinigung zur Aufrechterhaltung des Geschäftsbetriebs kurzfristig erfolgen muss, kann eine kürzere Frist gesetzt werden. Da es sich um eine bloße Ordnungs- und nicht etwa um eine Ausschlussfrist handelt, kann sie formlos verlängert werden, auch um „verspätet" vorgetragene Tatsachen zu berücksichtigen.

Führt bereits das behördlich eingeleitete Anhörungsverfahren zum Abschluss einer Vereinbarung zwischen den Beteiligten über die Vereinigung der betreffenden Sparkassen, ist die Genehmigung nach Abs. 5 S. 3 Hs. 1 zu erteilen, wenn die gesetzlichen Voraussetzungen erfüllt sind. Dabei muss die Genehmigung zum einen die Vereinigung an sich umfassen und zum anderen den konkreten Inhalt der Vereinbarung hierüber (vgl. *Biesok*, SpkG-Kommentar, § 28 Rn. 678, S. 250 f.). Abs. 5 S. 3 Hs. 2, wonach die Zuständigkeiten der Aufsichtsbehörde nach dem GkG unberührt bleiben, stellt klar, dass die Sparkassenaufsichtsbehörde nicht für die Genehmigung der Vereinbarungen über die Errichtung des Zweckverbands, insbesondere die Genehmigung der Zweckverbandssatzung zuständig ist. Diese obliegt den hierfür zuständigen Kommunalaufsichtsbehörden (§§ 10, 29 GKG). **80**

b) Anordnung durch Rechtsverordnung (Abs. 6)

Folgen die betroffenen Gemeinden oder Gemeindeverbänden der Empfehlung der Sparkassenaufsichtsbehörde zum Abschluss einer Fusionsvereinbarung nicht, nicht innerhalb der hierfür gesetzten Frist oder ist die Vereinbarung wegen Verstoßes gegen gesetzliche Vorschriften nicht genehmigungsfähig, so kann die Aufsichtsbehörde als **ultima ratio** die Vereinigung im Wege der Rechtsverordnung herbeiführen. Sie kann die für die Errichtung eines Sparkassenzweckverbandes erforderlichen Anordnungen in der Verordnung selbst treffen (Abs. 6 S. 1). Diese umfassen die konstitutive Errichtung des Zweckverbandes, die Benennung der den Zweckverband bildenden Gemeinden und/oder Gemeindeverbände, den Sitz des Zweckverbands, die Bildung der Zweckverbandssparkasse, die Bezeichnung der zu vereinigenden Sparkassen, den Sitz des vereinigten Instituts, die Bildung der Verbandsversammlung, die Verteilung des Jahresüberschusses, Regelungen über Satzungsänderung und Auflösung des Zweckverbandes sowie schließlich die Bestimmung der zuständigen Behörde, die die Verbandssatzung erlässt und die darüber hinaus erforderlichen Anordnungen trifft (Abs. 6 S. 2). Auch hierzu sind die in Abs. 5 S. 2 genannten Beteiligten zu hören (Abs. 6 S. 3) (dazu im Einzelnen *Josten*, in: Engau/Dietlein/Josten, § 27 Rn. 151). **81**

4. Rechtsschutz

a) Der Sparkassenträger

Das Setzen einer Frist zum Abschluss von Vereinbarungen über die Bildung eines Sparkassenzweckverbandes nach Abs. 5 S. 1 ist ein Verwaltungsakt iSd § 35 VwVfG. **82**

§ 27   A. Sparkassen

Denn die Fristsetzung begründet zum einen eine Verpflichtung zum Zusammenschluss der betroffenen Sparkassen. Zum anderen schafft sie die rechtliche Voraussetzung für die Zusammenlegung durch Rechtsverordnung im Falle des Scheiterns der einvernehmlichen Vereinigung. Die mit der Fristsetzung verbundene Aufforderung zur Zusammenlegung bildet einen Eingriff in das kommunale Selbstverwaltungsrecht der Trägerkommunen, da die eigenverantwortliche Organisation der Sparkassenaufgabe betroffen ist. Demgemäß steht den Trägerkommunen als Adressaten der Fristsetzung hiergegen nach § 40 Abs. 1 VwGO der Verwaltungsrechtsweg offen. Zulässig ist die **Anfechtungsklage** gem. § 42 Abs. 1 VwGO, ohne dass es eines Vorverfahrens bedarf (§ 68 Abs. 1 S. 2 Nr. 1 VwGO iVm § 39 Abs. 2).

83   Die im Wege der Rechtsverordnung nach Abs. 6 erfolgende Zwangsfusion selbst unterliegt der gerichtlichen Überprüfung im **Normenkontrollverfahren** nach § 47 Abs. 1 Nr. 2 VwGO iVm § 109a JustG NRW sowie (subsidiär) im Wege der Verfassungsbeschwerde wegen Verletzung des kommunalen Selbstverwaltungsrechts (BVerfGE 76, 107, 114; vgl. hierzu auch *Heinevetter* [2. Aufl.], § 32 Anm. 8.2).

b) Der Sparkassen

84   Die Fristsetzung zum Abschluss einer Fusionsvereinbarung nach Abs. 5 S. 1 ist an die Sparkassenträger adressiert und betrifft die zu vereinigenden Sparkassen selbst nicht unmittelbar, so dass diesen kein entsprechendes Klagerecht nach § 42 Abs. 1 VwGO zusteht. Anders verhält es sich dagegen mit Blick auf eine Rechtsverordnung der Sparkassenaufsichtsbehörde nach Abs. 6. Hierdurch werden die betroffenen Sparkassen jedenfalls dann in ihrer Rechtsstellung unmittelbar berührt, wenn sie durch die Zwangsfusion als Rechtssubjekt untergehen würden (zu weitgehend insofern *Berger*, § 13 Rn. 33). (Nur) in diesem Fall steht ihr das **Normenkontrollverfahren** nach § 47 Abs. 1 Nr. 2 VwGO iVm § 109a JustG NRW offen.

V. Zusammenschlusskontrolle

85   Die Vereinigung von Sparkassen unterliegt der Fusionskontrolle durch das Bundeskartellamt nach **§§ 35 ff. GWB**, sofern die hierfür maßgeblichen Schwellenwerte der §§ 35, 38 Abs. 4 GWB überschritten werden. Nach der Verwaltungspraxis des Bundeskartellamts sind den kommunalen Sparkassenträgern dabei die Umsatzerlöse aus ihren anderen Unternehmen hinzuzurechnen, wenn die Sparkasse nur einen Träger hat oder einer von mehreren Trägern über die Stimmrechtsmehrheit in der Trägerversammlung verfügt (§ 36 Abs. 2 GWB iVm § 17 Abs. 2 AktG). Die Vereinigung ist bei Überschreiten der Schwellenwerte vor ihrem Vollzug anzumelden (§ 39 GWB). Sie darf erst umgesetzt werden, wenn das Bundeskartellamt den Zusammenschluss freigegeben hat oder die in §§ 40, 41 GWB vorgesehenen Fristen für eine Reaktion der Behörde abgelaufen sind. Bei Überschreiten der Schwellenwerte sollte der Verschmelzungsstichtag (→ Rn. 48) daher so gewählt werden, dass ein hinreichender zeitlicher Vorlauf für das Verfahren vor dem Bundeskartellamt verbleibt *Klüpfel/Gaberdiel/Höppel/Ebinger*, § 3 Anm.V, 9).

VI. Freistellung von öffentlichen Abgaben (Abs. 7)

Für Rechtshandlungen, die mit der Vereinigung von Sparkassen in unmittelbarem Zusammenhang stehen, werden nach Abs. 7 keine Gebühren erhoben, soweit ihre Erhebung in die Zuständigkeit des Landes fällt. Dies gilt zunächst für die Erteilung der Genehmigungen nach Abs. 4 und 5 sowie die Anordnung nach Abs. 6. Die Gebührenfreiheit erstreckt sich daneben jedoch auch auf Beurkundungen und Beglaubigungen sowie die Umschreibung von Vollstreckungstiteln (auf der Gläubigerseite) oder des Grundbuchs, sofern sich die Gebührenbefreiung nicht bereits aus § 122 Abs. 1 Nr. 2 JustG NRW ergibt. 86

VII. Geplante Änderungen für Sparkassenzweckverbände

Der Gesetzentwurf (vgl. Entwurf eines Gesetzes zur Modernisierung des Sparkassenrechts und zur Änderung weiterer Gesetze v. 19.3.2024, LT-Drs. NRW 18/2407, S. 5 f., 12 f.) sieht vor, dass nach dem aktuellen Absatz 6 und Absatz 7 folgender neuer Absatz 7 eingefügt wird: *„Für Sparkassenzweckverbände gelten die Vorschriften des Gesetzes über kommunale Gemeinschaftsarbeit. Abweichend werden die Verwaltungsgeschäfte des Sparkassenzweckverbands von der Sparkasse wahrgenommen und der hierfür erforderliche Finanzbedarf von der Sparkasse gedeckt. Zudem kann die Verbandssatzung 1. die beratende Teilnahme von Mitgliedern des Vorstands der Sparkasse, der Verbandsvorsteherin oder dem Verbandsvorsteher und von Hauptverwaltungsbeamtinnen oder Hauptverwaltungsbeamten von Zweckverbandsmitgliedern an den Sitzungen der Verbandsversammlung vorsehen sowie 2. für den Fall, dass die Trägerschaft alleiniger Hauptzweck des Sparkassenzweckverbandes ist, bestimmen, dass die Vorschriften über die Haushaltswirtschaft und Prüfung keine oder in dort näher zu bestimmender Form Anwendung finden."* Der bisherige Absatz 7 wird unverändert zum Absatz 8. 87

Zur Begründung heißt es im Entwurf: Durch diese Änderung wird klargestellt, dass die Vorschriften des Gesetzes über kommunale Gemeinschaftsarbeit (GkG NRW) gelten. Davon abweichend erledigt die Sparkasse die Verwaltungsgeschäfte des Sparkassenzweckverbandes und deckt hierfür ihren Finanzbedarf. Diese gesetzliche Klarstellung entspricht der bislang bereits regelmäßig in den Verbandssatzungen der Sparkassenzweckverbände enthaltenen Regelung. Daneben können in die Verbandssatzung gesonderte Regelungen zur Zusammensetzung der Verbandsversammlung aufgenommen werden, beispielsweise zur beratenden Teilnahme der Mitglieder des Vorstands der Sparkasse, der Verbandsvorsteherin oder dem Verbandsvorsteher sowie der Hauptverwaltungsbeamtinnen und Hauptverwaltungsbeamten der Zweckverbandsmitglieder an den Zweckverbandsversammlungen. Dies ist geübte Praxis und Bestandteil der entsprechenden Satzungen der Zweckverbände, bedarf aber aus Gründen der Rechtssicherheit einer gesetzlichen Klarstellung. Mit Blick auf den regelmäßigen Fall, dass der Zweckverband lediglich als Träger der Sparkasse fungiert und ansonsten vermögenslos ist, bedarf es einer Prüfung durch die Gemeindeprüfungsanstalt Nordrhein-Westfalen (gpa.NRW) nicht, weswegen durch Satzung geregelt werden kann, dass die Vorschriften über die Haushaltswirtschaft und Prüfung keine oder in dort näher zu bestimmender Form Anwendung finden. Diese Klarstellung dient der Entbürokratisierung der Verwaltung und der Vermeidung unnötiger Aufwände und trägt der Tatsache Rechnung, dass in 88 der Konstellation des vermögenslosen Sparkassenzweckverbandes die Zweckverbandsversammlung ausschließlich Beschlussfassungen nach § 8 Abs. 2 SpkG NRW vornimmt. Sparkassenzweckverbände bedienen sich bei der Verwaltung der jeweiligen Sparkasse. Sie haben nicht nur keine eigene Verwaltung, sondern betreiben als Zweck ausschließlich allein die Trägerschaft an der Sparkasse. Ein Ansatz der Sparkassen als regelmäßig einzigem Vermögensgegenstand der Verbände ist überdies im Jahresabschluss nach § 1 Abs. 1 S. 2 SpkG NRW ausdrücklich ausgeschlossen.

§ 28 Sonderregelungen aus Anlass der Vereinigung von Sparkassen

(1) Aus Anlass der Vereinigung von Sparkassen kann die Aufsichtsbehörde abweichende Regelungen von den Vorschriften dieses Gesetzes über die Zusammensetzung der Sparkassenorgane für die Dauer der laufenden und der nächsten Wahlperiode zulassen; die beteiligten Sparkassen und der Sparkassen- und Giroverband sind vorher zu hören. Die Abweichungen sind in der Satzung festzulegen.

(2) Die Sonderregelung nach Absatz 1 gilt nur für die Vereinigung von Sparkassen mit Wirkung nach dem 31. Dezember 1994; vorher zugelassene Sonderregelungen gelten fort.

I. Überblick

1   Die Vorschrift ermächtigt das Nordrhein-Westfälische Finanzministerium als der gem. § 39 Abs. 2 SpkG NRW für die Sparkassenaufsicht zuständigen Behörde, aus Anlass der Vereinigung zweier oder mehrerer Sparkassen gem. § 27 SpkG NRW auf entsprechenden Antrag abweichende Regelungen von den gesetzlichen Vorschriften über die Zusammensetzung der Sparkassenorgane zuzulassen, dh insbesondere die Erhöhung der gesetzlichen Mitgliederzahl des betreffenden Organs. Die beteiligten Sparkassen sowie der zuständige Sparkassen- und Giroverband sind vor Entscheidung über die Erteilung einer entsprechenden Ausnahmegenehmigung anzuhören. Die Zulassung von Abweichungen ist zeitlich begrenzt auf die Dauer der zum Zeitpunkt der Vereinigung laufenden und der ihr folgenden Wahlperiode. Sie ist in die Satzung der vereinigten Sparkasse aufzunehmen. Bis zum 31.12.1994 von der Aufsichtsbehörde zugelassene Sonderregelungen bleiben von der Regelung in § 28 SpkG NRW grundsätzlich unberührt.

II. Normzweck, Grundlagen und Anwendungsbereich

2   Rechtssystematisch ergänzt § 28 SpkG NRW die Regelung in § 10 Abs. 2 S. 2 SpkG NRW, wonach bei Sparkassen mit mindestens 250 ständig Beschäftigten nach einer Vereinigung die Zahl der im Verwaltungsrat vertretenen sachkundigen Mitglieder auf elf und die der Dienstkräfte auf sechs erhöht werden kann. In der Praxis wird von der Ausnahmeregel des § 28 Abs. 1 SpkG NRW regelmäßig parallel hierzu Gebrauch gemacht (vgl. *Niggemeyer*, S. 167 f.). Gründe für die Abweichung von den für dessen Zusammensetzung maßgeblichen Regeln in § 10 Abs. 1 und 2

IV. Zusammenlegung und Auflösung von Sparkassen § 28

SpkG NRW können insbesondere bei der Bildung von Zweckverbandssparkassen gegeben sein, um für einen Übergangszeitraum eine umfassende Vertretung der Verbandsmitglieder im Verwaltungsrat der vereinigten Sparkasse zu ermöglichen (*Heinevetter* [2. Aufl.], § 51 Anm. 3, zur Vorläuferregelung in § 51 SpkG NRW aF). Im Interesse einer **möglichst reibungslosen Gestaltung der Übergangszeit** soll zunächst weiterhin auf den Sachverstand der Gesamtheit oder zumindest einer möglichst großen Zahl der früheren Mitglieder der Verwaltungsräte der beteiligten Sparkassen zurückgegriffen werden können.

Für die Zusammensetzung des Vorstands hat die Ausnahmevorschrift des § 28 SpkG NRW dagegen keine Bedeutung, da die Zahl der Vorstandsmitglieder gesetzlich nicht begrenzt ist (§ 19 Abs. 1 SpkG NRW). Da das Gesetz ferner einen Kreditausschuss nicht (mehr) als zwingendes Sparkassenorgan vorsieht, beschränkt sich die **tatsächliche Relevanz** der Vorschrift auf den **Verwaltungsrat**. Vergleichbare Ermächtigungen der Sparkassenaufsichtsbehörde in den Sparkassengesetzen vereinzelter anderer Bundesländer (Art. 16 Abs. 4 Bay. SpkG, § 5a Abs. 3 Hess. SpkG, § 22 Abs. 4 S. 1 RhPf. SpkG) sind demgemäß in der Sache durchweg ausdrücklich auf die Zusammensetzung des Verwaltungsrats beschränkt. Dessen ungeachtet gilt die Regelung sowohl für die freiwillige Vereinigung von Sparkassen als auch für den eher theoretischen (→ § 27 Rn. 74) Fall der behördlich veranlassten Zwangsfusion (so ausdrücklich etwa Art. 16 Abs. 4 Bay. SpkG) sowie des Weiteren sowohl für die Vereinigung zur Neugründung als auch für die Vereinigung durch Aufnahme.

3

Anders als nach § 28 SpkG NRW ist die Zulässigkeit einer von den allgemeinen Vorschriften abweichenden Zusammensetzung des Verwaltungsrats nach § 22 Abs. 4 S. 1 RhPf. SpkG auf die „Dauer der laufenden Wahlperiode beschränkt". § 5a Abs. 3 Hess. SpkG sieht hierfür dagegen eine zeitliche Beschränkung von zehn Jahren vor, während die Ausnahmeermächtigung in Art. 16 Abs. 4 Bay. SpkG keiner ausdrücklichen zeitlichen Beschränkung unterliegt. § 22 Abs. 4 S. 1 RhPf. SpkG stellt darüber hinaus klar, dass der Verwaltungsrat der vereinigten Sparkasse während der Übergangsphase so viel weitere Mitglieder haben darf, „wie die an der Vereinigung beteiligten Sparkassen insgesamt haben".

4

III. Ausnahmeregelung nach Abs. 1

1. Rechtsnatur und materielle Voraussetzungen

Die in § 28 SpkG NRW enthaltene Befugnis der Aufsichtsbehörde, aus Anlass der Vereinigung von Sparkassen nach § 27 SpkG NRW Abweichungen von den Regelungen über die Zusammensetzung der Organe, dh des Verwaltungsrats, zuzulassen, ist – wie Ausnahmevorschriften im Verwaltungsrecht regelmäßig – ein **Verbot mit Erlaubnisvorbehalt** und dementsprechend eng auszulegen (so auch *Heinevetter* [2. Aufl.], § 51 Anm. 3, zur Vorläuferregelung des § 51 SpkG NRW aF). Die Entscheidung über die Zulassung einer Abweichung von den Vorschriften des § 10 SpkG NRW ist in das freie aber pflichtgemäße und an den Normzweck (→ Rn. 2) geknüpfte Ermessen der Aufsichtsbehörde gestellt. Eine Abweichung von der allgemeinen Vorschrift des § 10 Abs. 1 und 2 SpkG NRW darf nur aus besonderen Gründen erfolgen, die im Einzelfall das öffentliche Interesse an der Beachtung des Verbots im Allgemeinen überwiegen. Es müssen **vereinigungsbedingte Gründe** vorliegen, die eine vorübergehend von den allgemeinen Vorschrif-

5

§ 28 A. Sparkassen

ten abweichende Zusammensetzung der Sparkassenorgane rechtfertigen. Diese liegen regelmäßig in dem Erfordernis der Gewährleistung einer möglichst reibungslosen Umsetzung der Vereinigung durch einstweilige personelle Kontinuität im Aufsichtsorgan und einstweilige Weiternutzung des in den früheren Verwaltungsräten der beteiligten Sachverstände (→ Rn. 2). Der praktische Hauptanwendungsfall besteht darin, dass zunächst jede Gemeinde, die zum Zweckverband gehört, im Verwaltungsrat vertreten sein soll. Hierin liegt eine anzuerkennende Begründung, wenn die reibungslose und ordnungsgemäße Abwicklung der Vereinigung im Interesse aller bisherigen Träger während der Umsetzungsphase eine stärkere örtliche Verankerung des Verwaltungsrats erfordert, nicht jedoch, wenn hierdurch lediglich die politische Akzeptanz einer Sparkassenvereinigung bei den lokalen Entscheidungsträgern erhöht werden soll.

2. Genehmigungsfähige Abweichungen

6   Die **sachliche Reichweite der Ermächtigung** des § 28 Abs. 1 SpkG NRW wird nicht nur durch den Normzweck begrenzt, sondern zusätzlich auch von den gesetzlichen Sondervorschriften über die Besetzung des Verwaltungsrats im Übrigen. Die Entscheidung über die Ausnahmegenehmigung muss den grundsätzlichen gesetzgeberischen Motiven bei Regelung der Besetzung des Verwaltungsrats hinreichend Rechnung tragen. Die zulässigen Abweichungen können sich nur auf die Zusammensetzung des Gremiums beziehen, so der ausdrückliche Gesetzeswortlaut. In der Praxis geht es um die **zeitweise Erhöhung der Mitgliederzahl**. So ist bei einer abweichenden Zusammensetzung des Verwaltungsrats, dh der Festlegung einer höheren Mitgliederzahl als in § 10 SpkG NRW vorgesehen, etwa gleichwohl der Grundsatz der Drittelbeteiligung der Arbeitnehmer zu beachten. Eine weitere Grundvoraussetzung, von der nicht abgewichen werden kann, ist die Wählbarkeit der Mitglieder des Verwaltungsrats nach Maßgabe des § 12 Abs. 1 SpkG NRW. So kann die Aufsichtsbehörde im Rahmen ihrer Ermessensentscheidung nicht etwa auf das Erfordernis des Sachkundenachweises nach § 12 Abs. 1 S. 2 SpkG NRW verzichten oder gar auf Anforderungen nach § 25d KWG. Auch mit Blick auf die Erhöhung der Mitgliederzahl des Verwaltungsrats selbst ist die Aufsichtsbehörde in ihrem Ermessen nicht völlig frei. Vielmehr liegt es in der Natur der Sache, dass die Zahl der Mitglieder des Verwaltungsrats der vereinigten Sparkasse in der Übergangsphase begrenzt ist auf die tatsächliche Mitgliederzahl der Verwaltungsräte der an der Vereinigung beteiligten Sparkassen insgesamt (→ Rn. 4).

3. Verfahren

7   Die Erteilung einer Ausnahmegenehmigung erfolgt auf **Antrag**. Das Verfahren hierzu ist im Ersten Teil Ziff. 3.1.3 S. 2 und 3 der AVV zum Sparkassengesetz geregelt. Insbesondere müssen der Antragstellung entsprechende Beschlüsse des (neuen) Trägers vorausgehen, da die Abweichungen von § 10 Abs. 1 oder 2 SpkG NRW in der (neuen) Sparkassensatzung festzulegen sind (→ Rn. 9).

8   Die an der Vereinigung beteiligten Sparkassen und der zuständige Sparkassen- und Giroverband sind vor der Entscheidung durch die Aufsichtsbehörde anzuhören. Die vorgeschriebene **Anhörung der beteiligten Sparkassen und des Sparkassen- und Giroverbandes** begründet zwar keinerlei Zustimmungs- oder Vetorechte, dient aber der möglichst weitgehenden Berücksichtigung der Belange der vereinig-

IV. Zusammenlegung und Auflösung von Sparkassen **§ 29**

ten Sparkasse im Rahmen der zu treffenden behördlichen Ermessensentscheidung (vgl. *Heinevetter* [2. Aufl.], § 51 Anm. 3, zur Vorläuferregelung des § 51 SpkG NRW aF). Auch resultiert aus dem Anhörungserfordernis keine positive Äußerungspflicht der Institute und des Verbandes. Wird ihnen jedoch keine Gelegenheit zur Stellungnahme gegeben, ist eine ablehnende Entscheidung der Aufsichtsbehörde anfechtbar, da an einem Verfahrensfehler leidend.

Aus Gründen der Klarheit und Rechtssicherheit sind die genehmigten Ausnahmeregelungen schließlich in der **Satzung** der vereinigten Sparkasse festzulegen (§ 28 Abs. 1 S. 2 SpkG NRW). 9

IV. Übergangsregelung nach Abs. 2

Ungeachtet der Regelungen in § 28 Abs. 1 SpkG NRW erklärt Abs. 2 genehmigte Sonderregelungen im Zuge von Vereinigungen bis zum 31.12.1994 weiterhin für gültig. Ggf. werden allerdings mit Zeitablauf die Anpassung oder Beendigung zugrundeliegender öffentlich-rechtlicher Vereinbarungen nach § 60 VwVfG oder den Grundsätzen des Wegfalls der Geschäftsgrundlage erforderlich (vgl. *Heinevetter* [2. Aufl.], § 51 Anm. 4, zur Vorläuferregelung des § 51 SpkG NRW aF). 10

§ 29 Neuordnung der Sparkassen bei Gebietsänderungen der Träger

(1) Im Zuge der Gebietsänderungen von Gemeinden und Gemeindeverbänden sollen Sparkassen insbesondere durch Bildung von Zweckverbänden vereinigt oder Haupt- und Zweigstellen auf andere Sparkassen übertragen sowie die Trägerschaft der Sparkassen geregelt werden, wenn dies der Erhaltung und Schaffung leistungsfähiger Sparkassen dient. Die Beteiligten treffen die hierfür notwendigen Vereinbarungen. Diese bedürften der Genehmigung der Aufsichtsbehörde; die Zuständigkeiten der Aufsichtsbehörden nach dem Gesetz über kommunale Gemeinschaftsarbeit bleiben unberührt.

(2) Werden die Vereinbarungen nicht innerhalb eines Jahres nach Inkrafttreten des Gesetzes über die Gebietsänderungen zur Genehmigung vorgelegt oder wird die Genehmigung versagt, so kann die Aufsichtsbehörde nach Anhörung der betroffenen Sparkassen, ihrer Träger und des Sparkasse- und Giroverbandes durch Rechtsverordnung die erforderlichen Anordnungen treffen.

(3) Die Übertragung der Zweigstellen nach Absatz 2 ist zwischen den beteiligten Sparkassen ein angemessener Ausgleich herbeizuführen.

(4) Für die Gebührenfreiheit gilt die Regelung in § 27 Abs. 7 entsprechend.

§ 29　　　　　　　　　　　　　　　　　　　　　　A. Sparkassen

Übersicht

	Rn.		Rn.
I. Überblick	1	a) Vereinigung	16
II. Normzweck, Grundlagen und Anwendungsbereich	2	b) Übertragung von Haupt- und Zweigstellen	17
1. Regelungsziel und -systematik	2	c) Regelung der Trägerschaft	23
2. Kommunale Gebietsreform und Sparkassenstruktur	6	4. Aufsichtsbehördliche Genehmigung	24
3. Anwendungsbereich und Abgrenzung	8	IV. Anordnungsermächtigung (Abs. 2)	26
III. Neuordnung durch Vereinbarung (Abs. 1)	11	V. Ausgleich bei Übertragung von Zweigstellen (Abs. 3)	27
1. Gebietsänderung	11	VI. Zusammenschlusskontrolle	28
2. Erhaltung und Schaffung leistungsfähiger Sparkassen	12	VII. Freistellung von öffentlichen Abgaben (Abs. 4)	29
3. Mittel der Sparkassenneuordnung	16		

I. Überblick

1 　Die Vorschrift des § 29 SpkG NRW betrifft den Sonderfall, dass sich aus Gebietsänderungen der kommunalen Träger bei den Sparkassen Inkongruenzen zwischen deren Hoheitsgebiet und dem satzungsmäßigen Geschäftsgebiet der jeweiligen Sparkasse ergeben. Mit Blick auf das allgemeine Interesse an der Erhaltung und Schaffung leistungsfähiger Sparkassen soll in diesem Fall auch eine Neuordnung der Sparkassenstruktur erfolgen. Abs. 1 S. 1 sieht hierfür drei Instrumente vor, nämlich die Vereinigung von Sparkassen, die Übertragung von Haupt- und Zweigstellen sowie die (Neu-)Regelung der Trägerschaft der Sparkassen. Die Vereinigung soll dabei „insbesondere" durch die Bildung von Zweckverbänden erfolgen. Nach Abs. 1 S. 2 sollen die betroffenen Sparkassenträger oder Sparkassen die für die Neuordnung notwendigen Vereinbarungen selbst treffen. Erst wenn diese Vereinbarungen nicht binnen Jahresfrist nach Wirksamwerden einer Gebietsänderung zur Genehmigung vorgelegt werden oder ihnen die nach Abs. 1 S. 3 erforderliche Genehmigung versagt wird, kann die Aufsichtsbehörde nach Anhörung der betroffenen Sparkassen, ihrer Träger sowie des zuständigen Sparkassen- und Giroverbandes die erforderlichen Anordnungen durch Rechtsverordnung selbst treffen. In diesem Fall sieht Abs. 3 für die Übertragung von Zweigstellen einen finanziellen Ausgleich zwischen den beteiligten Sparkassen vor.

II. Normzweck, Grundlagen und Anwendungsbereich

1. Regelungsziel und -systematik

2 　Das Ziel der Regelung besteht in der **Anpassung der Geschäftsgebiete von Sparkassen an Gebietsänderungen ihrer Träger** nach gesetzlichen Maßnahmen der kommunalen Gebietsreform. Der Grundsatz, dass eine Kommune nur Träger einer Sparkasse sein kann, erfordert nach einer kommunalen Neugliederung ggf. deren Abbildung in der regionalen Sparkassenstruktur (*Biesok*, Sparkassenrecht, Rn. 152). Wird im Rahmen einer gesetzlich angeordneten kommunalen Neuord-

IV. Zusammenlegung und Auflösung von Sparkassen § 29

nung von Trägergebieten die vollständige Kongruenz von Träger- und Geschäftsgebiet einer Sparkasse aufgehoben oder kommt es zu Überlagerungen der Zweigstellennetze der betroffenen Sparkassen, soll die Regelung des § 29 SpkG NRW diesen grundsätzlich mit dem Regionalprinzip kollidierenden Zustand überwinden und damit letztendlich dem andernfalls durchbrochenen Regionalprinzip (wieder) vollständige Geltung verschaffen. Denn die Überlagerung von Zweigstellennetzen mehrerer Sparkassen würde zu einer Wettbewerbssituation zwischen kommunalen Sparkassen führen, die sich schwerlich mit ihrer öffentlichen Rechtsform und Aufgabenstellung vereinbaren ließe (vgl. *Bosse*, 1982, S. 59 ff.; *Heinevetter* [2. Aufl.], § 32 Anm. 1, zur Vorläuferregelung in § 32 SpkG NRW aF). Demgemäß lässt etwa § 3 Abs. 5 SpkG NRW Erweiterungen des satzungsmäßigen Geschäftsgebietes einer Sparkasse auch nur unter sehr engen Voraussetzungen zu, nämlich bei nachweislicher enger Verflechtung mit dem betroffenen Geschäftsgebiet einer benachbarten Sparkasse, deren Zustimmung und der Zustimmung ihres Trägers sowie schließlich der aufsichtsbehördlichen Genehmigung.

Anders als dies ihr Wortlaut („Erhaltung und Schaffung leistungsfähiger Sparkassen") auf den ersten Blick vermuten lässt, verfolgt die Vorschrift dagegen **keine weitere wirtschaftsregulatorische Zielsetzung**. So hat der VerfGH NW in zahlreichen im Zusammenhang mit der kommunalen Gebietsreform der 1970er Jahre ergangenen Entscheidungen (Urt. v. 11.7.1980 – VerfGH 8/79; Urt. v. 15.8.1980 – VerfGH 15/79; Urt. v. 31.10.1980 – VerfGH 13/79; Urt. v. 31.10.1980 – VerfGH 14/79; Urt. v. 30.1.1981 – VerfGH 23/79; Urt. v. 30.1.1981 – VerfGH 25/79; Urt. v. 20.2.1981 – VerfGH 16/79; Urt. v. 2.4.1981 – VerfGH 12/79; Urt. v. 26.6.1981 – VerfGH 21/79; Urt. v. 26.6.1981 – VerfGH 22/79) die inhaltsgleiche Vorläufervorschrift des § 32 SpkG NRW aF einschränkend dahin interpretiert, dass diese nicht die Stärkung des Sparkassenwesens an sich bezwecke, sondern ausschließlich die Anpassung der Sparkassenorganisation an die Ziele und Ergebnisse kommunaler Neugliederungen ermöglichen wolle. Die Erhaltung bzw. Schaffung leistungsfähiger Sparkassen ist nach der Interpretation des VerfGH NW Voraussetzung und Schranke, nicht aber Leitprinzip der in § 32 SpkG NRW aF vorgesehenen Neuordnung. 3

Vergleichbar dem Regelungsmodell des § 27 SpkG NRW für die Vereinigung von Sparkassen (→ § 27 Rn. 3) obliegt es auch nach § 29 SpkG NRW zunächst den Beteiligten, die für eine Neustrukturierung der Sparkassen im Rahmen einer kommunalen Neugliederung notwendigen Vereinbarungen selbst zu treffen. Leitmotiv auch des § 29 SpkG NRW ist damit der **Vorrang freiwilliger Lösungen** gegenüber staatlichen Zwangsmaßnahmen, entsprechend der verfassungsrechtlich gebotenen Abwägung zwischen kommunaler Selbstverwaltung nach Art. 28 Abs. 2 S. 1 GG und Art. 78 Abs. 1 S. 1 LV NRW einerseits und dem (überörtlichen) staatlichen Interesse an der durch die Sparkassen geleisteten Daseinsvorsorge andererseits (zur Verfassungsmäßigkeit der inhaltsgleichen Vorläuferregelung des § 32 SpkG NRW aF *Heinevetter* [2. Aufl.], § 32 Anm. 7). Art. 28 Abs. 2 S. 1 GG und Art. 78 Abs. 1 S. 1 LV NRW begründen zum einen den Vorrang freiwilliger Lösungen vor staatlichen Eingriffen und zum anderen unter den zur Verwirklichung der verfassungsgemäßen Ziele des Gesetzgebers gleichermaßen geeigneten Eingriffen wiederum den Vorrang derjenigen Maßnahmen, die am wenigsten in das Selbstverwaltungsrecht der Kommunen eingreifen (VerfGH NW, Urt. v. 2.4.1981 – VerfGH 6/80). Demgemäß gebietet § 29 SpkG NRW in verfassungsgemäßer Konkretisie- 4 rung des öffentlichen Interesses, die Sparkassenstruktur unter Beachtung der in § 1 Abs. 2 SpkG NRW enthaltenen Grundsätze für die Organisation des Sparkassenwesens (Regionalprinzip und Vorrang von Gemeindesparkassen) an die im Rahmen einer Gebietsreform geschaffene kommunale Neugliederungen anzupassen. Dabei sind nicht nur die Grundsätze und Ergebnisse, sondern auch die mit der jeweiligen kommunalen Neugliederung verfolgten Ziele zu berücksichtigen (VerfGH NW, Urt. v. 2.4.1981 – VerfGH 6/80). Diese bestehen regelmäßig in der Übertragung oder Zentralisierung von Zuständigkeiten zur Stärkung der Leistungsfähigkeit und Effizienz der öffentlichen Aufgabenerfüllung.

5 Um dem Vorrang freiwilliger Lösungen Rechnung zu tragen, schreibt § 29 SpkG NRW den Gemeinden und Gemeindeverbänden nur die Anpassung der Sparkassenstruktur an die **Grundsätze, Ziele und Ergebnisse einer Gebietsreform** unter Beachtung der Grundsätze des § 1 Abs. 2 SpkG NRW und des Gebots der Schaffung und Erhaltung leistungsfähiger Sparkassen, nicht aber bestimmte Lösungen vor. Die in § 29 SpkG NRW ausdrücklich genannte Bildung von Zweckverbänden sowie die Übertragung von Haupt- und Zweigstellen werden nur exemplarisch genannt („insbesondere"), ohne Anspruch auf Ausschließlichkeit oder Festlegung einer Rangfolge. Der verwaltungsrechtlichen Zielsetzung einer kommunalen Neugliederung, dh der Effizienzsteigerung des öffentlichen Sektors, sind geschäftspolitische Belange der betroffenen Sparkassen gegenüberzustellen (so *Heinevetter* [2. Aufl.], § 32 Anm. 2). Hierbei geht es vor allem um bestehende Kundenbeziehungen. Dem Anliegen der Institute, dass gewachsene Geschäftsbeziehungen durch Änderungen in der Organisationsstruktur möglichst wenig beeinträchtigt werden sollen, trägt das Gesetz dadurch Rechnung, dass sich zunächst die beteiligten Sparkassen und ihre Träger autonom über die Konsequenzen der kommunalen Neugliederung einigen sollen. Erst wenn Gemeinden oder Gemeindeverbände dem Gebot des § 29 SpkG NRW nicht durch Abschluss entsprechender Vereinbarungen nachkommen oder diesen wegen formaler oder inhaltlicher Mängel die Genehmigung versagt wird, kann die Aufsichtsbehörde die erforderlichen Anordnungen durch Rechtsverordnung selbst treffen. Die Anordnungsermächtigung des Abs. 2 ist damit sekundär gegenüber einer autonomen Regelung durch die Beteiligten. Der Unterschied zur Zwangsfusion nach § 27 Abs. 5 SpkG NRW besteht lediglich darin, dass es einer behördlichen Aufforderung oder Fristsetzung zur Aufnahme von Verhandlungen über eine Neuordnung nicht bedarf, die entsprechende Verpflichtung vielmehr von Gesetzes wegen entsteht (*Heinevetter* [2. Aufl.], § 32 Anm. 2, zur Vorläuferregelung in § 32 SpkG NRW aF).

2. Kommunale Gebietsreform und Sparkassenstruktur

6 Die Einführung der inhaltsgleichen Vorläufervorschrift des § 32 SpkG NRW aF mit dem Gesetz zur Änderung des Sparkassengesetzes v. 16.6.1970 (GV. NRW 1970, S. 482) war veranlasst durch die umfassende **kommunale Gebietsreform in den 1960er und frühen 1970er Jahren**, die mit dem Neugliederungs-Schlussgesetz v. 26.11.1974 (GV. NRW 1974, S. 1474) ihren grundsätzlichen Abschluss gefunden hatte. Die seinerzeitigen kommunalen Neugliederungen hatten zu einer wesentlichen Verringerung der kommunalen Gebietskörperschaften geführt und damit auch zu Vereinigungen von Sparkassen in neugegliederten Ge-

IV. Zusammenlegung und Auflösung von Sparkassen   § 29

meinden, zur Übertragung von Zweigstellen, um dem Regionalprinzip (wieder) Geltung zu verschaffen und dem Verbot der Doppelverwaltung durch Anstaltskonkurrenz zu genügen, sowie vereinzelt zur Bildung gesetzlicher Zwangsverbände in den jeweiligen Neugliederungsgesetzen (vgl. dazu im Einzelnen *Heinevetter* [2. Aufl.], § 32 Anm. 1). Erst während der laufenden kommunalen Neugliederung hatte der Sparkassengesetzgeber die Vorschrift des § 32 SpkG NRW aF in das Gesetz aufgenommen, um die Gemeinden und Gemeindeverbände zu veranlassen, nötigenfalls auch zu zwingen, die durch die inzwischen weitgehend abgeschlossene Gebietsreform verursachten Durchbrechungen der in § 1 Abs. 2 SpkG NRW verankerten Grundsätze der Sparkassenstruktur zu beheben und die bei der Gebietsreform verfolgten Grundsätze und Ziele, insbesondere leistungsfähige Gemeinden und Kreise zu schaffen und den wirkungsvollsten Einsatz aller Einrichtungen der öffentlichen Daseinsvorsorge zu ermöglichen, auch im Sparkassenbereich entsprechend zu verwirklichen (LT-Drs. 6/1466, S. 18, 26). Im Vergleich zum früheren Rechtszustand hat der Gesetzgeber von 1970 für die Neuordnung der Sparkassen somit auch wirtschaftliche und geschäftspolitische Gesichtspunkte für bedeutsam erachtet, wenn nicht gar in den Vordergrund gestellt (vgl. Nr. 1 RdErl. v. 19.10.1976 „Grundsätze zur Neuordnung der Sparkassen" MBl. NRW 1976, S. 2358). Ungeachtet fehlender praktischer Anwendungsfälle seit Beginn der 1980er Jahre, wurden die Regelungen des § 32 SpkG NRW aF 2008 ohne inhaltliche Änderungen in § 29 SpkG NRW des neuen Sparkassengesetzes übernommen.

Deutschlandweit sind dem § 29 SpkG NRW vergleichbar detaillierte Vorschriften über die Anpassung der Sparkassenstruktur an kommunale Neugliederungen die Ausnahme. Ähnliche Regelungen wie § 29 SpkG NRW enthalten lediglich § 18 Hess. SpkG und § 29 Abs. 1 Schlh. SpkG, wobei die Frist zur Herbeiführung einer freiwilligen Vereinbarung nach diesen Vorschriften nicht nur ein, sondern jeweils zwei Jahre beträgt. § 23 Abs. 1 RhPf. SpkG bestimmt, dass im Falle der Auflösung eines Errichtungsträgers einer Sparkasse dessen Rechtsnachfolger Errichtungsträger wird. § 28 Abs. 9 SpkG MV, § 23 Abs. 2 RhPf. SpkG und 4 Abs. 7 SpkG BW ordnen für den Fall von Gebietsänderungen aufgrund kommunaler Neugliederungen die Übertragung von Zweigstellen an, wobei die letztgenannte Vorschrift hierfür eine Frist von zwei Jahren vorsieht. Daneben betrifft § 28 Abs. 1a SpkG MV den Sonderfall, dass infolge einer gesetzlichen Landkreisneuordnung ein Landkreis unmittelbar oder mittelbar Träger mehrerer Sparkassen ist. In diesem Fall sind die allgemeinen Regelungen zur Vereinigung entsprechend anzuwenden. Allerdings bedarf der Vereinigungsbeschluss dabei einer Mehrheit von zwei Dritteln der Vertreterversammlung(en), sofern die Vereinigung nicht aufsichtsbehördlich angeordnet wird.

3. Anwendungsbereich und Abgrenzung

§ 29 SpkG NRW findet Anwendung bei Gebietsänderungen aufgrund kommunaler Neugliederungen, wenn diese zu einer **Abweichung von Träger- und Geschäftsgebiet** einer Sparkasse führen. Dies war etwa nicht der Fall bei Schaffung der "Städteregion Aachen" auf dem Gebiet des vormaligen Landkreises Aachen durch das Gesetz zur Bildung der Städteregion Aachen v. 26.2.2008 (GV. NRW 2008, S. 162). Die Frage der Anpassung der Sparkassenstruktur nach § 29 SpkG

NRW stellte sich nicht, da auf dem Hoheitsgebiet der neu geschaffenen Gebietskörperschaft bereits vor deren Errichtung mit der Sparkasse Aachen nur eine einzige Flächensparkasse bestand, die aus früheren Vereinigungen hervorgegangen war und deren Geschäftsgebiet sich durch Umbildung des früheren Landkreises Aachen nicht (mehr) geändert hat.

9 Auch bei einer Änderung der Trägergebiete findet § 29 SpkG NRW dann keine Anwendung, wenn das jeweilige **kommunale Neugliederungsgesetz** selbst bereits eine Neugliederung auch der Sparkassenstruktur durch Bildung eines Zweckverbandes vorsieht (so § 11 des Zweiten Gesetzes zur Neuordnung des Landkreises Siegen v. 5.11.1968, GV. NRW 1968, S. 358, und Gesetz zur Neugliederung des Ennepe-Ruhr-Kreises v. 16.12.1969, GV. NRW 1969, S. 940). Der Gestaltungsmacht des Landesgesetzgebers im Bereich des Sparkassenwesens sind dabei allerdings Grenzen durch die kommunale Selbstverwaltungsgarantie gesetzt. So genügt die kommunale Neugliederung allein nicht, um einer Gemeinde die Sparkassenträgerschaft zu entziehen und diese auf den Landkreis zu übertragen (BVerwG, DÖV 1996, 875). Relevant wird dies etwa dann, wenn eine ehemals kreisfreie Stadt als Trägerin einer Sparkasse im Rahmen einer kommunalen Neugliederung ihre Kreisfreiheit verliert. Wird die Trägerschaft der Sparkasse nun von der jetzt kreisangehörigen Stadt auf den Landkreis „hochgezont", stellt dies aus deren Sicht einen Eingriff in ihr kommunales Selbstverwaltungsrecht dar, der nur bei Wahrung der Verhältnismäßigkeit, dh bei Vorliegen überwiegender überörtlicher Interessen, zulässig ist. Andernfalls ist der Gesetzgeber des Neugliederungsgesetzes darauf verwiesen und gehalten, die Geschäftsgebiete der Sparkassen voneinander abzugrenzen (vgl. *Biesok*, Sparkassenrecht, Rn. 153 mwN).

10 § 29 SpkG NRW regelt – grob gesprochen – einen **Sonderfall der Zwangsfusion**. Mit Blick auf die unterschiedlichen Voraussetzungen und insbesondere die weitere Rechtsfolge des § 29 Abs. 2 SpkG NRW im Vergleich zu § 27 Abs. 5 und 6 SpkG NRW, dh das Fehlen der Beschränkung auf die Anordnung der Errichtung eines Sparkassenzweckverbandes, besteht jedoch keine „Sperrwirkung" des § 29 SpkG NRW gegenüber der Vereinigung nach § 27 SpkG NRW. Angesichts des tatsächlichen Ausnahmecharakters jedenfalls der Zwangsvereinigung von Sparkassen nach § 27 Abs. 5 und 6 SpkG NRW dürfte die Zwangsfusion im Rahmen kommunaler Neugliederungen faktisch den Hauptfall der zwangsweisen Vereinigung von Sparkassen bilden (vgl. *Schlierbach/Püttner*, S. 83 f.).

III. Neuordnung durch Vereinbarung (Abs. 1)

1. Gebietsänderung

11 § 29 SpkG NRW setzt zwingend den Zusammenhang mit einer räumlichen Gebietsänderung voraus, die auf einer **kommunalen Neugliederung durch Landesgesetz** beruht. Für diesen Fall wird den beteiligten Gemeinden und Gemeindeverbänden vorgeschrieben, die Sparkassenstruktur an die Grundsätze, Ergebnisse und Ziele der Gebietsreform anzupassen. Die Sparkassenträger sind nicht nur berechtigt, sondern gesetzlich verpflichtet, nach einer kommunalen Neugliederung die Deckungsgleichheit zwischen Träger- und Anstaltsgebiet der Sparkassen (wieder) herzustellen. Die grundsätzlich für kommunale Unternehmen und ihre unternehmerischen Zielvorstellungen geltende Autonomie der Kommunen wird in die-

IV. Zusammenlegung und Auflösung von Sparkassen § 29

sem Fall überlagert von auch im SpkG NRW enthaltenem Organisations- und Gestaltungsrecht des Landes (§ 107 Abs. 7 GO NRW). Auch betroffene Sparkassen selbst können sich gegen eine Neustrukturierung nach § 29 SpkG NRW nicht unter Berufung auf etwaige Bestandsschutzargumente zur Wehr setzen. Eine Besitzstandswahrung kann die gesetzliche Regelung schon deswegen nicht überlagern, weil eine Festschreibung des Altbesitzstandes ggf. zu einer völligen Durchbrechung des Regionalprinzips führen würde (vgl. *Heinevetter* [2. Aufl.], § 32 Anm. 2.1 mwN aus dem älteren Schrifttum). Diese soll § 29 SpkG NRW aber gerade verhindern.

2. Erhaltung und Schaffung leistungsfähiger Sparkassen

Die nach § 29 Abs. 1 SpkG NRW zu treffenden Maßnahmen müssen der Erhaltung oder Schaffung leistungsfähiger Sparkassen dienen. Anders als für die freiwillige oder zwangsweise Vereinigung nach § 27 SpkG NRW (→ § 27 Rn. 76) genügt vorliegend nicht die Zielsetzung der Erhaltung oder Schaffung der Leistungsfähigkeit nur einer der beteiligten Sparkassen. Vielmehr kommt es zur näheren Bestimmung der Leistungsfähigkeit im Rahmen einer Neuordnungsmaßnahme auf die Sparkassen in einem bestimmten Raum, etwa einem Landkreis, an, da sich die Funktionsfähigkeit des Sparkassenwesens in einer bestimmten Region aus der Summe der Leistungsfaktoren der einzelnen Institute ergibt (*Heinevetter* [2. Aufl.], § 32 Anm. 2.4). Schutzgut der Vorschrift ist das **Gemeinwohlinteresse an einem leistungsfähigen Sparkassenwesen** in der jeweiligen Region. 12

Entgegen einer bei Inkrafttreten der Vorläuferbestimmung des § 32 SpkG NRW aF vertretenen Ansicht (dazu *Heinevetter* [2. Aufl.], § 32 Anm. 2.4) wirkt sich das Tatbestandsmerkmal nicht in der Weise aus, dass unter „Leistungsfähigkeit" auch die Entwicklungsfähigkeit zu größeren und damit „leistungsfähigeren" Instituten zu verstehen ist. Wie § 27 SpkG NRW (→ § 27 Rn. 77) stellt § 29 SpkG NRW kein Instrumentarium zur Verfügung, um das öffentliche Sparkassenwesen aus ordnungspolitischen Gesichtspunkten umzugestalten. Vielmehr hat der VerfGH NW klargestellt, dass die Vorschrift nicht die Stärkung – und damit Fortentwicklung – des Sparkassenwesens an sich bezweckt, sondern lediglich die Anpassung der Sparkassenstruktur an die Ziele und Ergebnisse der jeweiligen kommunalen Neugliederung (→ Rn. 4). Dies entspricht der Auslegung durch den VerfGH NW, nach der die Auswahl der Maßnahmen nach § 29 SpkG NRW im Falle der Regelung durch Rechtsverordnung nach § 29 Abs. 2 SpkG NRW nicht zur freien Disposition des Verordnungsgebers steht (vgl. nur VerfGH NW, Urt. v. 11.7.1980 – VerfGH 8/79). Nach dem VerfGH NW darf der Verordnungsgeber in das **kommunale Selbstverwaltungsrecht** nur insoweit eingreifen, als dies zur Erreichung des Gesetzeszwecks notwendig ist. Er hat derjenigen Lösung den Vorzug zu geben, die mit geringster Intensität in das gemeindliche Selbstverwaltungsrecht eingreift und das Prinzip der gemeindlichen Allzuständigkeit am besten verwirklicht. Diesem Gebot entspricht es, zunächst die Möglichkeiten zur Übertragung von Haupt- und Zweigstellen auszuschöpfen. Erst wenn hierdurch leistungsfähige Sparkassen nicht erhalten oder geschaffen werden können, dürfen Zweckverbände errichtet werden (VerfGH NW, Urt. v. 11.7.1980 – VerfGH 8/79). 13

Das Merkmal der Leistungsfähigkeit der Sparkassen beschränkt sich damit auf die einer **Voraussetzung und Schranke** für Maßnahmen nach § 29 SpkG NRW 14

Vogel 469

(VerfGH NW, Urt. v. 31.10.1980 – VerfGH 14/79). Es kommt allein darauf an, ob die Leistungsfähigkeit einer Zweigstellen abgebenden Sparkasse auch danach noch erhalten bleibt. Die Abgabe von Zweigstellen ist einer Sparkasse solange zumutbar, wie ihre eigne Leistungsfähigkeit hierdurch nicht gefährdet ist.

15 Inhaltlich versteht der VerfGH NW unter dem unbestimmten Rechtsbegriff der **Leistungsfähigkeit** die Fähigkeit der (abgebenden) Sparkasse, auch künftig ihren gesetzlichen Aufgaben nach § 2 SpkG NRW zu genügen, dh der geld- und kreditwirtschaftlichen Versorgung der Bevölkerung und der örtlichen Wirtschaft zu dienen. Hierbei sind auch und vor allem die bankaufsichtsrechtlichen Eigenkapitalvorschriften als Grundlage des Aktivgeschäfts von Bedeutung. Vor dem Hintergrund des öffentlichen Auftrags ist von unzureichender Leistungsfähigkeit auszugehen, wenn das Eigenkapital der (in diesem Fall abgebenden) Sparkasse nicht mehr ausreicht, um weitere Risikoaktiva aufzunehmen, dh Kredite an die örtliche Bevölkerung und Wirtschaft zu vergeben (→ § 27 Rn. 77). Im Rahmen der Auslegung der Begriffe „Leistungsfähigkeit" und „Schaffung oder Erhaltung" sieht der VerfGH NW die Grenzen des Beurteilungsspielraums des Verordnungsgebers erst dann als überschritten an, wenn einer Sparkasse die Übernahme von Zweigstellen nicht möglich ist oder die abgebende Sparkasse durch die Abgabe von Zweigstellen in ihrer Existenz gefährdet wäre (VerfGH NW, Urt. v. 2.4.1981 – VerfGH 6/80). Zu berücksichtigen sind ferner Faktoren wie das Kundenpotenzial und die Wettbewerbssituation vor Ort (*Heinevetter* [2. Aufl.], § 32 Anm. 2.4).

3. Mittel der Sparkassenneuordnung

a) Vereinigung

16 Nach Abs. 1 S 1 sollen Sparkassen **„insbesondere durch Bildung von Zweckverbänden vereinigt"** werden, wenn dies der Erhaltung und Schaffung leistungsfähiger Sparkassen dient. Die gesetzliche Formulierung („insbesondere") legt nahe, dass der Gesetzgeber die Bildung einer Zweckverbandssparkasse als gegenüber der Übertragung von Haupt- und Zweigstellen und der Regelung der Trägerschaft vorrangige Alternative der Neuordnung ansieht (so *Heinevetter* [2. Aufl.], § 32 Anm. 2.4). Die Konsequenz bestünde in einer Verpflichtung der Träger, sich zunächst um eine Vereinigung der von einer Gebietsänderung betroffenen Sparkassen zu einer Zweckverbandssparkasse zu bemühen, bevor zu der „einfacheren" Lösung der Übertragung von Zweigstellen unter Aufrechterhaltung der bisherigen Sparkassen im Übrigen gegriffen würde. Derartiges wäre allerdings schwerlich mit der Auslegung durch den VerfGH NW vereinbar, wonach die Regelung neben der Anpassung der Sparkassenstruktur an die Ziele und Ergebnisse kommunaler Neugliederungen keine weitere wirtschaftsregulatorische Zielsetzung in Gestalt einer Stärkung des Sparkassenwesens durch Schaffung größerer Einheiten verfolge (→ Rn. 3). Demgemäß hat der VerfGH NW zur wortgleichen Vorläuferbestimmung des § 32 SpkG NRW aF entschieden, dass die (auch dort) in Abs. 1 genannte Bildung von Zweckverbänden und die Übertragung von Haupt- und Zweigstellen nur beispielhaft, ohne Anspruch auf Ausschließlichkeit und ohne Vorgabe einer Rangfolge genannt seien (VerfGH NW, Urt. v. 26.6.1981 – VerfGH 21/79).

IV. Zusammenlegung und Auflösung von Sparkassen § 29

b) Übertragung von Haupt- und Zweigstellen

Als weitere Alternative zur Neuordnung der Sparkassen im Rahmen oder nach einer Gebietsänderung benennt Abs. 1 S. 1 die Übertragung von Haupt- und Zweigstellen, sofern diese der Erhaltung oder Schaffung leistungsfähiger Sparkassen dient. Letzteres dürfte nach der Rechtsprechung des VerfGH NW bereits dann gegeben sein, wenn die Leistungsfähigkeit einer ihre Hauptstelle oder Zweigstellen abgebenden Sparkasse danach noch erhalten bleibt (→ Rn. 14). Die Übertragung einer Hauptstelle kann insbesondere im Rahmen einer Kreisneuordnung relevant werden, etwa bei der Vereinigung zweier Kreissparkassen, der Übertragung der Hauptstelle einer Kreissparkasse in einer kreisfreien Stadt auf die dortige Stadtsparkasse oder wenn aufgrund einer Gebietsänderung die Zweigstellen der Sparkasse in einem anderen Kreis- oder Stadtgebiet liegen als ihre Hauptstelle (vgl. *Heinevetter* [2. Aufl.], § 32 Anm. 2.4). 17

„Zweigstelle" im Sinne des Sparkassenrechts ist jede Art einer örtlich gebundenen Nebenstelle eines Kreditinstituts ohne Rücksicht auf ihre sachliche Zuständigkeit oder Größe (*Schlierbach/Püttner*, S. 94). Ihre Übertragung bedeutet, dass die Zweigstelle von einer Sparkasse als Ganzes mit Sachbestand, Kundenstamm (Konten) und Personal auf eine andere Sparkasse übergeht (*Schlierbach/Püttner*, S. 100 f.). Übertragen wird die Zweigstelle als gesamtwirtschaftliche Einheit aller ihr zuzuordnenden Werte, dh auch der ihrer Aufgabenerfüllung dienenden Sachmittel wie etwa Geschäftsräume, Geschäfts- und Büroausstattung sowie ggf. Grundeigentum (*Biesok*, Sparkassengesetz, Rn. 691; *Klüpfel/Gaberdiel/Höppel/Ebinger*, § 4 Anm. VII, 2; *Schlierbach/Püttner*, S. 100). Die Übertragung erfolgt auf der Grundlage einer öffentlich-rechtlichen Vereinbarung zwischen den beteiligten Sparkassen, in der sämtliche zu übertragenden Aktiva und Passiva aufzuführen sind. Hierzu gehören insbesondere die (zu bewertenden) Forderungen gegen Kunden nebst Sicherheiten und Einlagen von Kunden, die bei entsprechender Anwendung des Regionalprinzips auf den Wohn- oder Geschäftssitz des Kunden dem Träger der übernehmenden Sparkasse zuzuordnen sind (*Biesok*, Sparkassengesetz, Rn. 691). Maßgeblich für die Kundenzuordnung ist insofern das Wohnsitz- und nicht das Kontoführungsprinzip (*Schlierbach/Püttner*, S. 101). 18

Da Zweigstellen keine eigenständige Rechtspersönlichkeit zukommt, die Übertragung von Vermögensgegenständen nicht wie bei der Vereinigung nach § 27 Abs. 1 SpkG NRW im Wege eines öffentlich-rechtlichen Vereinigungsbeschlusses mit entsprechender dinglicher Gestaltungswirkung erfolgt und § 29 SpkG NRW im Unterschied zu einigen anderen Sparkassengesetzen (etwa § 28 Abs. 9 S. 2 SpkG MV; § 4 Abs. 6 S. 3 SpkG BW) für die Übertragung von Zweigstellen nicht ausdrücklich die Wirkung der Gesamtrechtsnachfolge anordnet, sind alle Aktiva und Passiva im Wege der **Einzelrechtsnachfolge** zu übertragen. Erforderlich sind zivilrechtliche Einzelübertragungsakte wie etwa Eigentumsübertragungen nach §§ 929 ff. BGB bzw. §§ 873, 925 BGB bei Immobilien, Forderungsabtretungen nach §§ 398 ff. BGB sowie Schuldübernahmen mit grundbuchmäßigen Folgen beim Realkredit (*Schlierbach/Püttner*, S. 101). Für Geschäftsbeziehungen mit Kunden und Anstellungsverhältnisse mit Mitarbeitern bedeutet dies, dass sie nicht gegen den Willen der Betroffenen auf die übernehmende Sparkasse übergehen. Kunden und Mitarbeiter können der Übertragung widersprechen. Andererseits können Mitarbeiter aber nach § 613a BGB ihre Übernahme verlangen. 19

Vogel

20 Zu den auf die übernehmende Sparkasse zu übertragenden Vermögenswerten zählen neben den der jeweiligen Zweigstelle unmittelbar zurechenbaren „kundenorientierten Werten" auch die ihr mittelbar und anteilig zuzuordnenden „zentralen" Positionen der übertragenden Sparkasse wie insbesondere ein entsprechender **Anteil am Eigenkapital** der Sparkasse, dh der Sicherheitsrücklage und der freien Rücklage (*Schlierbach/Püttner*, S. 101). Entsprechendes gilt für anteilige Ausgleichs- und Deckungsforderungen, anteilige aufgenommene Mittel sowie anteilige Pensions- und sonstige Rückstellungen (*Heinevetter* [2. Aufl.], § 32 Anm. 10; *Klüpfel/Gaberdiel/Höppel/Ebinger*, § 4 Anm. VII, 4).

21 Anders als bei der Übertragung von Zweigstellen aufgrund aufsichtsbehördlicher Anordnung (→ Rn. 27) hat der Gesetzgeber bei der freiwilligen Übertragung von Zweigstellen bewusst davon abgesehen, einen Ausgleich der Verbindlichkeiten und der Vermögenswerte sowie eine Entschädigung der zu übertragenden Zweigstellen vorzuschreiben, um die hierüber zwischen den beteiligten Sparkassen abzuschließende Vereinbarung nicht von vornherein einzuengen und dadurch eine freiwillige Regelung ggf. zu erschweren (*Heinevetter* [2. Aufl.], § 32 Anm. 10). Dies schließt jedoch die autonome Vereinbarung entsprechender **Ausgleichs- oder Entschädigungsleistungen** nicht aus.

22 Die **Vereinbarung über die Übertragung von Zweigstellen** sollte Regelungen beinhalten über die Zuordnung und Übernahme der aktiven, passiven und sonstigen kundenorientierten Werte, die Aufstellung von Inventaren und einer Übertragungsbilanz, die Übernahme von Mitarbeitern, die Übertragung (Übereignung) von Sachwerten und die Übernahme von Verbindlichkeiten, die Bewertung sonstiger Aktiv- und Passivposten, Rechnungsabgrenzungen, Rücklagen, die Regelung des Ausgleichs der Aktiv- und Passivposten sowie der Sicherheitsrücklage bis hin zu Versicherungs- und Haftungsfragen. Geregelt werden sollten auch praktische Umsetzungsfragen wie etwa die der Übergabe von Unterlagen, der Kundeninformation und die Prüfung der Zweigstellenübertragung durch den zuständigen Sparkassen- und Giroverband.

c) Regelung der Trägerschaft

23 Wird im Rahmen einer kommunalen Neugliederung eine Gebietskörperschaft, die Träger einer Sparkasse ist, aufgelöst oder mit einer anderen Gebietskörperschaft ganz oder teilweise vereinigt, so geht die Trägerschaft über die Sparkasse von Gesetzes wegen auf den jeweiligen Rechtsnachfolger über. Abweichungen und Einzelheiten können jedoch in einer freiwilligen Vereinbarung zwischen den beteiligten (alten und neuen) Trägern geregelt werden.

4. Aufsichtsbehördliche Genehmigung

24 Nach Abs. 1 S. 2 bedürfen die Vereinbarungen der Träger und ihrer Sparkassen der Genehmigung der Aufsichtsbehörde, dh des gem. § 39 Abs. 2 SpkG NRW für die Sparkassenaufsicht zuständigen Nordrhein-Westfälischen Finanzministeriums. Die Wirkung der Genehmigung ist auf die Zustimmung zur geplanten Neuorganisation beschränkt. Wie bei der freiwilligen Vereinigung nach § 27 Abs. 1 SpkG NRW bleiben die Zuständigkeiten der Aufsichtsbehörden nach dem GKG unberührt. Wird im Rahmen der Vereinigung zur Neugründung ein Zweckverband neu errichtet, bedarf daher auch dessen Satzung der gesonderten (kommunalaufsichtlichen) Genehmigung nach § 10 Abs. 1 GKG.

IV. Zusammenlegung und Auflösung von Sparkassen § 29

Nach der Kommentarliteratur zur Vorgängerregelung des § 32 SpkG NRW aF begründet der aufsichtsbehördliche Genehmigungsvorbehalt im vorliegenden Zusammenhang ein staatliches Mitwirkungsrecht im Sinne einer Zweckmäßigkeitskontrolle. Die Genehmigung könne aus Rechts- und aus Sachgründen verweigert werden (so *Heinevetter* [2. Aufl.], § 32 Anm. 5). Dies ist zu weitgehend zum einen vor dem Hintergrund der kommunalen Selbstverwaltungsgarantie und zum anderen mit Blick auf das (parallele) Genehmigungserfordernis der freiwilligen Vereinigung von Sparkassen nach § 27 Abs. 4 SpkG NRW, das lediglich als Instrument der präventiven Rechtsaufsicht zu qualifizieren ist (→ § 27 Rn. 57). Nach dem VerfGH NW sind bei einer freiwilligen Vereinbarung nach Abs. 1 S. 1 alle Lösungsmöglichkeiten zulässig, sofern sie sich im gesetzlichen Rahmen halten (VerfGH NW, Urt. v. 26.6.1981 – VerfGH 21/79). Lediglich das Beibehalten des status quo ist keine zulässige Option der „Reaktion" auf eine kommunale Neugliederung. Die **materiellen Prüfkriterien** ergeben sich aus Abs. 1 S. 1. Die Genehmigung darf versagt werden, wenn die Vereinbarungen hinter den Grundsätzen, Zielen oder Ergebnissen der kommunalen Neugliederung zurückbleiben oder nicht der Erhaltung oder Schaffung leistungsfähiger Sparkassen dienen (VerfGH NW, Urt. v. 2.4.1981 – VerfGH 6/80). Zu prüfen ist in diesem Zusammenhang, ob der neue Träger in der Lage ist, den öffentlichen Auftrag nach § 2 SpkG NRW und die sparkassenrechtlichen und kommunalrechtlichen Anforderungen an das Betreiben einer Sparkasse zu erfüllen (so auch *Heinevetter* [2. Aufl.], § 32 Anm. 5). 25

IV. Anordnungsermächtigung (Abs. 2)

Für den Fall, dass die Vereinbarungen nach Abs. 1 nicht innerhalb eines Jahres nach Inkrafttreten des jeweiligen Gesetzes über die Gebietsänderung zur Genehmigung vorgelegt werden oder diesen die Genehmigung versagt wird, sieht Abs. 2 eine subsidiäre Anordnungsermächtigung der Aufsichtsbehörde vor. Die Aufsichtsbehörde kann in diesem Fall die erforderlichen Anordnungen nach Anhörung der betroffenen Sparkassen, ihrer Träger und des jeweils zuständigen Sparkassen- und Giroverbandes durch Rechtsverordnung selbst treffen. Die einjährige Frist kann dabei als Ordnungsfrist formlos verlängert oder nach Absprache mit den Beteiligten an den Ablauf der kommunalen Neugliederungsmaßnahmen angepasst werden (*Heinevetter* [2. Aufl.], § 32 Anm. 6). Die in der Rechtsverordnung getroffenen Regelungen müssen nach der Rechtsprechung des VerfGH NW (→ Rn. 3) mit den Grundsätzen und Zielen der kommunalen Neugliederung und deren Ergebnissen für den jeweiligen Raum entsprechend der Landesentwicklung und Landesplanung übereinstimmen (dazu eingehend *Heinevetter*, DÖV 1981, 780; vgl. ferner OVG Münster, DVBl. 1982, 504). Des Weiteren besteht hinsichtlich der Auswahl der Maßnahmen kein freies Ermessen des Verordnungsgebers. Dem **Gebot der Verhältnismäßigkeit** entspricht ein Vorrang der Anordnung der Übertragung von Haupt- oder Zweigstellen vor der Errichtung eines Zweckverbandes (→ Rn. 13). 26

V. Ausgleich bei Übertragung von Zweigstellen (Abs. 3)

Abs. 3 ordnet (nur) (→ Rn. 21) für den Fall der zwangsweisen Übertragung von Zweigstellen einen angemessenen Vermögensausgleich an, der unter betriebswirt- 27 schaftlichen Gesichtspunkten im Einzelfall festzulegen ist. Der unbestimmte Rechtsbegriff des **„angemessenen Ausgleichs"** beinhaltet die Pflicht zur Zurechnung der der übertragenen Zweigstelle zuzuordnenden Aktiv- und Passivwerte einschließlich eines Anteils an den zentralen Aktiv- und Passivpositionen sowie die Pflicht, diese Bilanz auszugleichen (*Heinevetter* [2. Aufl.], § 32 Anm. 10). Der Ausgleich erfolgt durch Barleistung oder Übertragung von Wertpapieren oder sonstigen Vermögenswerten. Je nach betriebswirtschaftlicher Situation kann er zugunsten der übertragenden oder auch der übernehmenden Sparkasse erforderlich sein (*Klüpfel/Gaberdiel/Höppel/Ebinger*, § 4 Anm. VII, 5). In den Ausgleich einzubeziehen ist das der übertragenen Zweigstelle zuzurechnende Eigenkapital (→ Rn. 20). Nicht auszugleichen ist hingegen ein etwaiger **„Geschäftswert"** der übertragenen Zweigstelle, da die Zweigstellenübertragung im Sparkassenbereich kein privatrechtlicher Übertragungsvorgang, sondern letztendlich Folge und Ausdruck einer Zuständigkeitsverlagerung im öffentlichen Bereich ist (*Heinevetter* [2. Aufl.], § 32 Anm. 10; so im Ergebnis auch *Klüpfel/Gaberdiel/Höppel/Ebinger*, § 4 Anm. VII, 5, und *Schlierbach/Püttner*, S. 102).

VI. Zusammenschlusskontrolle

28 Ob insbesondere die Vereinigung von Sparkassen im Rahmen einer kommunalen Neugliederung der Fusionskontrolle durch das Bundeskartellamt nach §§ 35 ff. GWB unterliegt, ist strittig. Die Frage berührt das **Spannungsfeld zwischen dem Wettbewerbsrecht des Bundes und dem Organisationsrecht des Landes.** Teilweise wird vertreten, dass dem Bundeskartellamt im vorliegenden Zusammenhang kein Untersagungsrecht zustehen könne, da sich dieses dann letztendlich gegen (landes-)gesetzliche Vorschriften richten würde, die dem Regionalprinzip als tragendem Grundsatz des Kommunalverfassungs- und des Sparkassenrechts sowie dem Verbot der Doppelverwaltung durch Anstaltskonkurrenz Rechnung tragen (so *Heinevetter* [2. Aufl.], § 32 Anm. 13.1; aA offensichtlich *Schlierbach/Püttner*, S. 102).

VII. Freistellung von öffentlichen Abgaben (Abs. 4)

29 Für behördliche Rechtshandlungen, die mit Maßnahmen nach § 29 SpkG NRW in unmittelbarem Zusammenhang stehen, werden keine Gebühren erhoben, soweit ihre Erhebung in die Zuständigkeit des Landes fällt (→ § 27 Rn. 86). Dies gilt etwa für die Erteilung der Genehmigung nach Abs. 1 S. 2 sowie für Beurkundungen und Beglaubigungen und die Umschreibung von Vollstreckungstiteln (auf der Gläubigerseite) oder des Grundbuchs, sofern sich die Gebührenbefreiung nicht bereits aus § 122 Abs. 1 Nr. 2 JustG NRW ergibt.

§ 30 Übertragung von Zweigstellen

(1) Zweigstellen einer Sparkasse, die infolge der Gebietsänderungen von Gemeinden oder Gemeindeverbänden außerhalb des Gebietes ihres Trägers liegen, sind unbeschadet von § 29 auf die Sparkasse zu übertragen, die berechtigt ist, in diesem Gebiet Zweigstellen zu errichten.

IV. Zusammenlegung und Auflösung von Sparkassen § 30

(2) Für die Übertragung nach Absatz 1 treffen die Beteiligten die notwendigen Vereinbarungen; diese bedürfen der Genehmigung der Aufsichtsbehörde. Werden die Vereinbarungen nicht innerhalb eines Jahres nach Inkrafttreten des Gesetzes über die Gebietsänderungen der Aufsichtsbehörde zur Genehmigung vorgelegt oder wird die Genehmigung versagt, so ordnet die Aufsichtsbehörde die Übertragung der Zweigstelle an und regelt die Auseinandersetzung.

(3) Für die Gebührenfreiheit gilt § 27 Abs. 7 und für den Ausgleich § 29 Abs. 3 entsprechend.

Übersicht

	Rn.		Rn.
I. Überblick	1	IV. Übertragung von Zweigstellen auf behördliche Anordnung (Abs. 2 S. 2)	8
II. Normzweck, Grundlagen und Anwendungsbereich	2	V. Ausgleich bei Übertragung von Zweigstellen (Abs. 3)	9
III. Übertragung von Zweigstellen durch Vereinbarung (Abs. 2 S. 1)	4	VI. Freistellung von öffentlichen Abgaben (Abs. 3)	10
1. Gebietsänderung	4		
2. Verhältnis zu § 29 SpkG NRW	6		
3. Vereinbarung	7		

I. Überblick

Die Vorschrift des § 30 SpkG NRW ergänzt die Regelungen des § 29 SpkG NRW. Sie erfasst Zweigstellen von Sparkassen, die infolge von Gebietsänderungen von Gemeinden oder Gemeindeverbänden außerhalb des Hoheitsgebietes ihres Trägers liegen. Um dem Regionalprinzip in diesem Fall (wieder) Geltung zu verschaffen, sind diese Zweigstellen nach Abs. 1 zwingend auf diejenige Sparkasse zu übertragen, die nach § 1 Abs. 2 SpkG NRW berechtigt ist, in dem jeweiligen Gebiet Zweigstellen zu errichten. Wie §§ 27 und 29 SpkG NRW setzt auch § 30 SpkG NRW primär auf eine freiwillige Vereinbarung der betroffenen Sparkassen, die der aufsichtsbehördlichen Genehmigung bedarf (Abs. 2 S. 1). Erst bei Nichtzustandekommen einer entsprechenden Vereinbarung über die Zweigstellenübertragung innerhalb eines Jahres nach Wirksamwerden einer Gebietsänderung kann die Aufsichtsbehörde – in einem gegenüber § 29 SpkG NRW vereinfachten Verfahren – die Zweigstellenübertragung anordnen (Abs. 2 S. 2). In diesem Fall ist in entsprechender Anwendung des § 29 Abs. 3 SpkG NRW zwischen den beteiligten Sparkassen ein angemessener Ausgleich herbeizuführen (Abs. 3). 1

II. Normzweck, Grundlagen und Anwendungsbereich

Die Einführung der inhaltsgleichen Vorläufervorschrift des § 33 SpkG NRW aF mit dem Gesetz zur Änderung des Sparkassengesetzes v. 16.6.1970 (GV. NRW 1970, S. 482) war – wie die Einführung des § 32 SpkG NRW aF als Vorläuferregelung des § 29 SpkG NRW (→ § 29 Rn. 6) – veranlasst durch die umfassende **kommunale Gebietsreform in den 1960er und 1970er Jahren**. Der Gesetzgeber verfolgte mit der Einführung der §§ 32 und 33 SpkG NRW aF das Ziel, die 2

§ 30 A. Sparkassen

Voraussetzungen für eine Anpassung der Sparkassenstruktur an die sich aus der seinerzeitigen kommunalen Neugliederung für die Sparkassen ergebenden Folgerungen zu schaffen (vgl. *Heinevetter* [2. Aufl.], § 33 Anm. 2). Hierzu bedurfte es einer besonderen grundsätzlichen Regelung zur Übertragung von Zweigstellen im Zuge der kommunalen Neugliederung auf die Sparkasse des Trägers, in dessen Hoheitsgebiet sie nach vollzogener Neugliederung liegen. Der konkrete Regelungszweck der Vorschrift ist enger als der des § 29 SpkG NRW. Er besteht allein in der Sicherung des Regionalprinzips (*Heinevetter* [2. Aufl.], § 33 Anm. 1).

3 Rechtssystematisch stellt § 30 SpkG NRW lediglich eine **Ergänzung des § 29 SpkG NRW** dar. Die Bestimmung soll in einem einfachen Anordnungsverfahren die Übertragung von Zweigstellen zur Wiederherstellung des Regionalprinzips ermöglichen. Wie sich aus der Formulierung „unbeschadet von § 29" ergibt, genießt letzterer dabei stets Anwendungsvorrang (so *Heinevetter* [2. Aufl.], § 33 Anm. 4, zur Vorläuferregelung des § 33 SpkG NRW aF). Zweigstellen, die im Widerspruch zum Regionalprinzip außerhalb ihres (neuen) Trägergebietes liegen, sind nach § 30 SpkG NRW zu übertragen, sofern keine Lösung nach § 29 SpkG NRW erfolgt. Im Nachgang der umfassenden kommunalen Neugliederung der 1960er und 1970er Jahre sind – soweit ersichtlich – alle Zweigstellenübertragungen nach § 32 SpkG NRW aF als Vorläuferregelung des § 29 SpkG NRW erfolgt und nicht nach § 33 SpkG NRW aF als Vorläufervorschrift des § 30 SpkG NRW.

III. Übertragung von Zweigstellen durch Vereinbarung (Abs. 2 S. 1)

1. Gebietsänderung

4 Wie § 29 SpkG NRW setzt § 30 SpkG NRW zwingend den Zusammenhang mit einer räumlichen Gebietsänderung voraus, die auf einer kommunalen Neugliederung durch Landesgesetz beruht (→ § 29 Rn. 11). Im Unterschied zu § 29 SpkG NRW kann § 30 SpkG NRW jedoch nur bei **Gebietsänderungen zwischen gleichgeordneten Trägern** zur Anwendung kommen (Gemeinde und Gemeinde oder Kreis und Kreis). In dieser Konstellation begründet die Vorschrift eine Verpflichtung zur Übertragung von Zweigstellen auf trägerfremdem Gebiet.

5 § 30 Abs. 1 SpkG NRW verlangt, dass Zweigstellen infolge der Gebietsänderungen **„außerhalb des Gebietes ihres Trägers liegen"**. Dieser Fall liegt etwa bei nach der Gebietsänderung eintretenden Gemengelagen zwischen Kreis- und Gemeindesparkassen in einem Kreisgebiet dann nicht vor, wenn die Kreissparkassen in diesen Gebieten schon vor der kommunalen Neugliederung Zweigstellen unterhalten haben. Der Tatbestand des § 30 Abs. 1 SpkG NRW ist nur erfüllt, wenn die Zweigstellen einer Kreissparkasse infolge der Gebietsänderungen außerhalb des Gebietes ihres Trägers liegen, sich also auf dem Hoheitsgebiet einer Gemeinde in einem anderen Kreisgebiet oder einer kreisfreien Stadt befinden (vgl. *Heinevetter* [2. Aufl.], § 33 Anm. 2).

2. Verhältnis zu § 29 SpkG NRW

6 Anders als die nach § 29 Abs. 1 SpkG NRW zu treffenden Maßnahmen muss die Übertragung von Zweigstellen nach § 30 SpkG NRW nicht ausdrücklich der Er-

IV. Zusammenlegung und Auflösung von Sparkassen § 30

haltung oder Schaffung leistungsfähiger Sparkassen dienen. Denn Regelungszweck der Vorschrift ist allein die **Sicherung des Regionalprinzips** (→ Rn. 2). Demgemäß ist die Zweigstellenübertragung auch nicht wie Maßnahmen nach § 29 SpkG NRW an den Grundsätzen, Zielen und Ergebnissen der jeweiligen kommunalen Neugliederung auszurichten, die regelmäßig in der Übertragung oder Zentralisierung von Zuständigkeiten zur Stärkung der Leistungsfähigkeit und Effizienz der öffentlichen Aufgabenerfüllung bestehen (→ § 29 Rn. 4). Zu berücksichtigen ist jedoch der Vorrang des § 29 SpkG NRW. Mit Blick auf dessen insofern speziellere Regelungen bedeutet dies, dass wenn die Übertragung von Zweigstellen zur Wiederherstellung des Regionalprinzips nicht dem Normzweck des § 29 SpkG NRW entspricht, dh der Erhaltung oder Schaffung leistungsfähiger Sparkassen dient, § 30 SpkG NRW keine Anwendung findet. Vielmehr ist dann eine Lösung nach § 29 SpkG NRW anzustreben, die in diesem Fall in der Vereinigung von Sparkassen liegen dürfte (*Heinevetter* [2. Aufl.], § 33 Anm. 3). Die Zweigstellenübertragung bildet mithin insgesamt nur die „Minimallösung" unter den verschiedenen Neuordnungsoptionen.

3. Vereinbarung

Im Übrigen gelten für die Übertragung von Zweigstellen sowie für die hierüber zwischen den beteiligten Sparkassen zu treffende Vereinbarung die entsprechenden Ausführungen zu § 29 SpkG NRW (→ § 29 Rn. 18–22). Dabei unterwirft Abs. 2 S. 1 die freiwillige Vereinbarung über die Zweigstellenübertragung wiederum dem **Erfordernis der aufsichtsbehördlichen Genehmigung**. Mit Blick auf den in der Formulierung „unbeschadet" in Abs. 1 zum Ausdruck kommenden Vorrang des § 29 SpkG NRW wird die Aufsichtsbehörde im Rahmen ihrer Entscheidung über die Genehmigung auch zu prüfen haben, ob die beabsichtigte Zweigstellenübertragung mit den kommunalrechtlichen und sparkassenspezifischen Kriterien der Sparkassenneuordnung übereinstimmt. Dient die Übertragung einer Zweigstelle nicht der Erhaltung oder Schaffung leistungsfähiger Sparkassen (→ § 29 Rn. 12), kann eine Genehmigung nach Abs. 2 S. 1 nicht erfolgen und es ist stattdessen nach § 29 SpkG NRW vorzugehen.

IV. Übertragung von Zweigstellen auf behördliche Anordnung (Abs. 2 S. 2)

Abs. 2 S. 2 beinhaltet ferner ein subsidiäres Anordnungsrecht der Aufsichtsbehörde für den Fall, dass die Vereinbarungen nach Abs. 1 nicht innerhalb eines Jahres nach Inkrafttreten des jeweiligen Gesetzes über die Gebietsänderung zur Genehmigung vorgelegt werden oder diesen die Genehmigung versagt wird, das sich auch auf die Regelung der Auseinandersetzung erstreckt. Anders als nach § 29 Abs. 2 SpkG NRW kann die Aufsichtsbehörde die erforderlichen Anordnungen auch ohne vorherige Anhörung der Sparkassen, ihrer Träger und des zuständigen Sparkassen- und Giroverbandes und durch bloßen Verwaltungsakt treffen.

V. Ausgleich bei Übertragung von Zweigstellen (Abs. 3)

9   Für den letztgenannten Fall der **zwangsweisen Übertragung von Zweigstellen** ordnet Abs. 3 durch Verweis auf § 29 Abs. 3 SpkG NRW einen angemessenen Vermögensausgleich an, der wiederum unter betriebswirtschaftlichen Gesichtspunkten im Einzelfall festzulegen ist (→ § 29 Rn. 27). Im Fall der Zweigstellenübertragung durch freiwillige Vereinbarung liegt die Vereinbarung eines Ausgleichs dagegen im Ermessen der beteiligten Sparkassen.

VI. Freistellung von öffentlichen Abgaben (Abs. 3)

10   In entsprechender Anwendung des § 27 Abs. 7 SpkG NRW werden für behördliche Rechtshandlungen, die mit Maßnahmen nach § 30 SpkG NRW in unmittelbarem Zusammenhang stehen, keine Gebühren erhoben soweit ihre Erhebung in die Zuständigkeit des Landes fällt (→ § 27 Rn. 86).

§ 31 Auflösung von Sparkassen

(1) Sparkassen können nach Anhörung des Verwaltungsrates durch Beschluss ihres Trägers aufgelöst werden. Die Auflösung der Sparkasse kommt nur in Betracht, wenn eine Vereinigung nach § 27 Abs. 1 und 5 ausgeschlossen ist. Die Auflösung bedarf der Genehmigung der Aufsichtsbehörde, die auch die weiteren Verfahrensschritte bestimmt.

(2) Nach Erteilung der Genehmigung zur Auflösung der Sparkasse hat der Vorstand die Auflösung der Sparkasse dreimal mit Zwischenfristen von je vier Wochen öffentlich bekannt zu machen und zugleich die Guthaben zu einem mindestens drei Monate nach der ersten Bekanntmachung liegenden Zeitpunkt zu kündigen.

(3) Guthaben, die bei Fälligkeit nicht abgehoben werden, werden nicht weiter verzinst. Der zur Befriedigung der Gläubiger erforderliche Teil des Sparkassenvermögens ist zu hinterlegen.

(4) Das nach Erfüllung sämtlicher Verbindlichkeiten verbleibende Vermögen ist dem Träger zur Verwendung für die in § 25 Abs. 3 bestimmten Zwecke zuzuführen. Dasselbe gilt für das nach Abs. 3 Satz 2 hinterlegte Vermögen, sobald die Befriedigung der Gläubiger wegen Ablaufs der Verjährungsfrist verweigert werden kann.

Literatur: *Bredow/Schick/Liebscher*, Privatisierung öffentlich-rechtlicher Sparkassen – Gegenwärtige Gestaltungsoptionen, insbesondere das Modell „Stralsund", BKR 2004, 102; *Burgard*, Wem gehören die Sparkassen, WM 2008, 1997; *Geschwandtner/Bach*, Bezeichnungsschutz für Sparkassen, quo vadis?, NJW 2007, 129; *Koch*, Kommunale Finanzkrise und Verkauf kommunaler Sparkassen, NVwZ 2004, 578; *Meyer*, Stralsund und das Sparkassenrecht, NJW 2004, 1700; *Pautsch*, Zur rechtlichen Zulässigkeit des Verkaufs kommunaler Sparkassen, DÖV 2005, 990; *Schorner*, Privatisierung kommunaler Sparkassen, 2008

IV. Zusammenlegung und Auflösung von Sparkassen   § 31

Übersicht

	Rn.		Rn.
I. Übersicht	1	1. Auflösungsbeschluss des Trägers	12
II. Normzweck, Grundlagen und Anwendungsbereich	2	2. Behördliche Genehmigung	15
1. Normzweck	2	V. Verfahren und Abwicklung der aufgelösten Sparkasse (Abs. 2 und 3)	16
2. Grundlagen zur Auflösung von Sparkassen	3	1. Bekanntmachung durch den Vorstand	16
3. Anwendungsbereich	8	2. Abwicklung der laufenden Geschäfte	18
III. Materielle Voraussetzungen der Auflösung (Abs. 1)	9	VI. Gläubigerschutz (Abs. 3 S. 2)	24
1. Bestandsgefährdung	9	VII. Verwendung des Restvermögens (Abs. 4)	28
2. Vorrang der Vereinigung	10		
IV. Formelle Voraussetzungen der Auflösung (Abs. 1 und 2)	12		

I. Überblick

§ 31 SpkG NRW regelt den bislang eher theoretischen Fall der Auflösung einer **1** Sparkasse. Während das frühere Recht hierfür keine materiellen Voraussetzungen vorgesehen hatte, stellt Abs. 1 S. 2 nunmehr klar, dass die Auflösung nur dann zulässig ist, wenn die – insofern vorrangige – Vereinigung nach § 27 SpkG NRW mit einer anderen Sparkasse nicht in Betracht kommt. Formal erfolgt die Auflösung in diesem Fall durch Beschluss des Trägers nach Anhörung des Verwaltungsrates. Ebenfalls im Unterschied zum früheren Recht bestimmt Abs. 1 S. 3 nunmehr, dass der Auflösungsbeschluss nicht nur der Genehmigung durch die Aufsichtsbehörde bedarf, sondern diese auch für die weiteren Verfahrensschritte zuständig ist. Hierfür enthalten Abs. 2 bis 4 weitere Vorgaben mit Blick auf die Abwicklung der Sparkasse, den in diesem Zusammenhang notwendigen Gläubigerschutz und schließlich die Verwendung des Restvermögens des aufgelösten Instituts.

II. Normzweck, Grundlagen und Anwendungsbereich

1. Normzweck

Da das Betreiben einer Sparkasse zu den freiwilligen Selbstverwaltungsaufgaben **2** der Kommunen gehört, kann das Sparkassenrecht die Auflösung einer Sparkasse zwar nicht gänzlich untersagen, wohl aber im staatlichen Interesse an der Aufrechterhaltung öffentlicher Sparkassen einschränken (so zutreffend etwa *Bredow/Schick/Liebscher*, BKR 2004, 102, 104, vgl. auch BVerfG, NJW 1995, 582). Vor diesem Hintergrund ist der in Abs. 1 S. 2 und 3 enthaltene Grundsatz **„Fusion vor Auflösung"** zu sehen, dessen Einführung nicht zuletzt durch den Fall der seinerzeitigen Sparkasse Stralsund motiviert war (vgl. dazu *Bredow/Schick/Liebscher*, BKR 2004, 102, 103 ff.; *Koch*, NVwZ 2004, 578; *Meyer*, NJW 2004, 1700; *Pautsch*, DÖV 2005, 990; *Schalast/Sassenberg*, BKR 2007, 498). In Anlehnung an die als Reaktion hierauf 2004 erlassenen Neuregelungen im Sparkassenrecht Mecklenburg-Vorpommerns (vgl. §§ 28 f. SpkG MV) soll die Regelung in § 31 SpkG NRW die eigenmächtige Auflösung einer Sparkasse durch ihren Träger ausschließen und rechtsmissbräuchlichen Gestaltungen entgegenwirken (so die amtliche Begründung

§ 31 A. Sparkassen

der Gesetzesvorlage, LT-Drs. 14/6831, S. 44). Verhindert werden sollen die Zerschlagung von Sparkassen und die Veräußerung ihres Vermögens zur Überwindung kommunaler Haushaltsengpässe oder zur Finanzierung sonstiger kommunaler Investitionen.

2. Grundlagen zur Auflösung von Sparkassen

3   Die rechtspolitische Diskussion um die Auflösung von Sparkassen ist tatsächlich primär eine Diskussion um deren Veräußerung oder **Privatisierung**. Denn bereits aus sparkassenpolitischen Gründen dürfte es kaum jemals zur Nur-Auflösung einer Sparkasse kommen. Bis zu den Bemühungen der Hansestadt Stralsund in den Jahren 2003 und 2004 um die Veräußerung des Vermögens der dortigen Sparkasse nach ihrer Auflösung wurden die Regelungen der Sparkassengesetze zur Auflösung von Sparkassen denn auch als primär der formalen Gesetzesvollständigkeit geschuldet angesehen (so noch *Schlierbach/Püttner*, S. 92). Demgemäß sind zunächst (erstens) die Frage der Auflösung an sich und (zweitens) die Frage nach deren Zweck auseinanderzuhalten. Zusammenhängend mit dem Auflösungszweck stellt sich (drittens) die Frage nach der Verwendung des Liquidationserlöses oder Restvermögens einer aufgelösten Sparkasse.

4   Alle drei Fragen berühren aber das bislang nicht mit abschließender Klarheit konturierte rechtliche Verhältnis der **kommunalen Sparkassenträger** zu „ihrer" Sparkasse. Während die Gesamtheit der Vermögensgegenstände, aus denen sich das Sparkassenunternehmen zusammensetzt, zivilrechtlich eindeutig der als juristischer Person ausgestalteten Sparkasse zuzuordnen ist, besteht an dieser selbst weder zivilrechtliches Eigentum der Trägerkommune nach § 903 BGB, noch Eigentum iSd Art. 14 GG (*Burgard*, WM 2008, 1997, 2002 mwN). Mangels körperschaftlicher Struktur der als Anstalten öffentlichen Rechts organisierten Sparkassen und aufgrund der öffentlichen Zweckbindung kann auch nicht wie bei Mitgliedern einer Kapitalgesellschaft von „wirtschaftlichem Eigentum" im Sinne einer umfassenden und eigennützigen Dispositionsbefugnis gesprochen werden. Zwar ermöglichen einige neuere Sparkassengesetze die körperschaftsähnliche Ausgestaltung der Trägerschaft durch Schaffung von in Anteilen zerlegbaren Dotationskapitals. Dies gilt jedoch nicht für das SpkG NRW. Verbreitet ist daher die Formel, dass Sparkassen „niemandem" oder „sich selbst" gehören (*Burgard*, WM 2008, 1997, 2005). Dem ist jedenfalls insoweit zuzustimmen als sie in Struktur und Zielsetzung eher der Stiftung als der Körperschaft vergleichbar sind.

5   Die Frage der Zulässigkeit der Auflösung einer Sparkasse ist bis zu einem gewissen Grad akademischer Natur, da der Gesetzgeber sie in § 31 SpkG NRW grundsätzlich positiv geregelt hat. Die Vorschrift nimmt einen Ausgleich vor zwischen dem staatlichen Interesse an der Aufrechterhaltung öffentlicher Sparkassen und dem Interesse der Kommunen, sich ggf. ihrer Trägerschaft entledigen zu können (vgl. *Berger*, § 31 Rn. 1). Einerseits kann sich die betroffene Sparkasse mangels Grundrechtsfähigkeit nicht auf eine verfassungsrechtlich abgesicherte Bestandsgarantie berufen (so zutreffend etwa *Bredow/Schick/Liebscher*, BKR 2004, 102, 104; vgl. auch BVerfG, NJW 1995, 582). Andererseits ist das Betreiben einer Sparkasse keine Pflicht-, sondern eine **freiwillige Selbstverwaltungsaufgabe** der Kommunen (vgl. §§ 2, 3 Abs. 1, 107 Abs. 7 GONRW). Demgemäß kann sich ein kommunaler Träger auf Grundlage der kommunalen Selbstverwaltungsgarantie des Art. 28

IV. Zusammenlegung und Auflösung von Sparkassen   § 31

Abs. 2 GG dieser Aufgabe grundsätzlich auch begeben (*Biesok*, SpkG-Kommentar, § 29 Rn. 703, S. 260 f.; *Geschwandtner/Bach*, NJW 2007, 129, 131; *Schalast/Sassenberg*, BKR 2007, 498, 499; mit Einschränkungen *Burgard*, WM 2008, 1997, 2000 f.; *Schalast/Sassenberg*, BKR 2007, 498, 499; unklar *Pautsch*, DÖV 2005, 990, 992).

Einschränkungen des Auflösungsrechts ergeben sich allerdings mit Blick auf den mit der Auflösung einer Sparkasse verfolgten Zweck. Zwar ist die Entscheidung über die Auflösung eine **Ermessensentscheidung** des Trägers (*Biesok*, SpkG-Kommentar, § 29 Rn. 703, S. 260 f.). Keineswegs kann aber aus einem „freien Errichtungsrecht" im Wege des Umkehrschlusses ein ebenso „freies Auflösungsrecht" abgeleitet werden (*Biesok*, SpkG-Kommentar, § 29 Rn. 703, S. 260 f.; *Burgard*, WM 2008, 1997, 2000). Für das Ermessen des Trägers ergeben sich Leitlinien und Grenzen aus der öffentlichen Aufgabenstellung der Sparkassen sowie vor allem aus der entsprechenden Zweckbindung ihres Vermögens. Anders als den Mitgliedern einer privatrechtlichen Körperschaft kann den Sparkassenträgern kein freies Auflösungsrecht zustehen. Vielmehr liegt auch in diesem Zusammenhang die Parallele zur Stiftung nahe. Eine Stiftung kann (nur) dann aufgelöst werden, wenn die Erfüllung des Stiftungszwecks unmöglich geworden ist (vgl. §§ 86 S. 1 iVm § 42 Abs. 1 S. 1, § 87 Abs. 1 BGB). Übertragen auf die öffentlich-rechtliche Sparkasse bedeutet dies, dass eine Auflösung (nur) dann in Betracht kommt, wenn die Erfüllung des öffentlichen Auftrags nicht mehr gewährleistet werden kann. Ausgeschlossen ist jedenfalls die Auflösung aus dem alleinigen oder vorwiegenden Interesse des Trägers an der Erzielung eines Liquidationserlöses (*Burgard*, WM 2008, 1997, 2000; *Schorner*, Privatisierung, S. 185 ff.). Dies erhellt bereits aus der Regelung des § 31 Abs. 4 S. 1 SpkG NRW, wonach auch im Falle der zulässigen Auflösung einer Sparkasse deren Restvermögen nach Erfüllung sämtlicher Verbindlichkeiten vom (bisherigen) Träger für die in § 25 Abs. 3 SpkG NRW bestimmten Zwecke zu verwenden ist (→ Rn. 28). Daneben beinhaltet das grundsätzliche Recht zur Auflösung keinesfalls das Recht auf eine „sparkassenfreie Zone", die etwa einem privaten Investor zugesagt wird (so zutreffend *Berger*, § 31 Rn. 1, mit Blick auf den Fall der Sparkasse Stralsund).

Des Weiteren setzt eine ermessensfehlerfreie Entscheidung über die Auflösung schon nach allgemeinen Grundsätzen voraus, dass zuvor die Möglichkeit der **Vereinigung** mit einer anderen Sparkasse ernsthaft geprüft wird (*Biesok*, SpkG-Kommentar, § 29 Rn. 703, S. 260 f.). Denn auf diese Weise lässt sich die Erfüllbarkeit des öffentlichen Auftrags regelmäßig wiederherstellen. Der – im Unterschied zu den Sparkassengesetzen einiger anderer Bundesländer wie etwa Brandenburgs, Sachsens und Sachsen-Anhalts – in § 31 Abs. 1 S. 2 SpkG NRW ausdrücklich angeordnete Grundsatz des Vorrangs der Vereinigung vor Auflösung hat insofern lediglich klarstellenden Charakter.

3. Anwendungsbereich

Die Regelungen des § 31 SpkG NRW betreffen nur die **freiwillige Auflösung** von Sparkassen. Anders als etwa in Bayern (Art. 15 BaySpkG) und Schleswig-Holstein (§ 30 Abs. 2 SpkG SH) sieht die Gesetzeslage in Nordrhein-Westfalen keine Möglichkeit zur behördlichen Zwangsauflösung für den Fall vor, dass eine Sparkasse die ordnungsgemäße Erfüllung ihrer gesetzlichen und satzungsmäßigen

§ 31   A. Sparkassen

Aufgaben nicht mehr gewährleisten kann. Eine andere Frage ist, ob die kommunale Rechtsaufsichtsbehörde den Träger anhalten kann, die Funktionsfähigkeit einer Sparkasse auch durch Zusammenschluss mit einem anderen Institut sicherzustellen (bejahend *Klüpfel/Gaberdiel/Höppel/Ebinger*, § 5 Anm. I, 2).

III. Materielle Voraussetzungen der Auflösung

1. Bestandsgefährdung

9   Aus den allgemeinen sparkassenrechtlichen Grundsätzen folgt zum einen, dass die Auflösung einer Sparkasse nur zulässig ist, wenn – regelmäßig aufgrund wirtschaftlicher Schwierigkeiten – die Erfüllung ihres öffentlichen Auftrags nicht mehr sichergestellt werden kann. Mit Blick auf § 2 Abs. 3 S. 2 SpkG NRW, wonach Gewinnerzielung nicht der Hauptzweck des Geschäftsbetriebes einer Sparkasse ist, dürfte diese Schwelle nicht bereits dann überschritten sein, wenn sich aus der Geschäftstätigkeit des Instituts nur noch ein geringer oder kein Überschuss mehr erwirtschaften lässt. Zu verlangen ist vielmehr, dass die geld- und kreditwirtschaftlichen Versorgung der örtlichen Bevölkerung und Wirtschaft nicht mehr „nach kaufmännischen Grundsätzen" (§ 2 Abs. 3 S. 1 SpkG NRW) darstellbar ist, dh die Sparkasse bei Aufrechterhalten des Geschäftsbetriebs Verluste erwirtschaften würde, die letztendlich zu ihrer **Insolvenzreife** führen würden. Im Rahmen der hierüber zu treffenden Prognoseentscheidung haben etwaige (insolvenzvermeidende) Leistungen des Sparkassenstützungsfonds im Wege der Institutssicherung außer Betracht zu bleiben.

2. Vorrang der Vereinigung

10 Zum anderen hat der Träger der Sparkasse vor dem Beschluss zu deren Auflösung zu prüfen, ob die **Vereinigung mit einer anderen Sparkasse** in Betracht kommt (Abs. 1 S. 2). Hierfür ist wiederum § 27 SpkG NRW maßgeblich. Ernsthaft zu prüfen ist daher nicht nur die Möglichkeit der Vereinigung mit einer benachbarten Sparkasse oder einer Sparkasse innerhalb desselben Kreisgebietes nach § 27 Abs. 1 SpkG NRW. Eine Auflösung kommt vielmehr erst dann in Betracht, wenn auch eine über das Kreisgebiet hinausgehende Vereinigung nicht nach § 27 Abs. 2 SpkG NRW rechtlich nicht zulässig, wirtschaftlich nicht sinnvoll oder politisch nicht durchsetzbar ist. Wurden Möglichkeiten, die Erfüllung des öffentlichen Auftrags in einer vereinigten Sparkasse (weiter) zu gewährleisten nicht ergriffen oder geprüft, muss die Sparkassenaufsichtsbehörde die Genehmigung der Auflösung versagen (*Burgard*, WM 2008, 1997, 2001).

11 Nicht ausdrücklich vorgeschrieben ist dagegen ein Vorrang der Übertragung der Trägerschaft auf den jeweiligen regionalen Sparkassen- und Giroverband nach § 38 SpkG NRW. Die Auflösung der Sparkasse von einer vorherigen Prüfung auch der zeitweiligen **„Entkommunalisierung"** zum Zwecke ihrer Sanierung abhängig zu machen, hätte allerdings insofern nahe gelegen als diese ausweislich der Gesetzesbegründung gerade der „Abwendung der Schließung" einer in wirtschaftlicher Schieflage befindlichen Sparkasse dienen soll (LT-Drs. 14/6831, S. 48). Wie die Vereinigung soll die zeitweise Übertragung der Trägerschaft auf den Sparkassen- und Giroverband die weitere Erfüllung des Sparkassenauftrags im Geschäftsgebiet der

IV. Zusammenlegung und Auflösung von Sparkassen § 31

Sparkasse sicherstellen. Vor diesem Hintergrund liegt eine analogieweise Ausdehnung der Vorschrift nahe. Zumindest aber dürfte im Rahmen einer fehlerfreien Ermessensentscheidung des Trägers über die Auflösung die Prüfung einer entsprechenden Alternative zu verlangen sein.

IV. Formelle Voraussetzungen der Auflösung (Abs. 1 und 2)

1. Auflösungsbeschluss des Trägers

Die Auflösung einer Sparkasse bedarf eines entsprechenden Beschlusses des Trägers (Abs. 1 S. 1). Zuständig ist bei kommunalen Sparkassen dessen jeweiliges **Hauptorgan**, dh der Rat (§ 40 Abs. 1 S. 2 Buchst. 1 GO NRW), Kreistag (§ 26 Abs. 1 S. 2 Buchst. 1 KrO NRW) oder die Verbandsversammlung (§ 15 GkG NRW). Bei der internen Zuständigkeit des Rates und des Kreistages handelt es sich jeweils um ausschließliche Zuständigkeiten, die nicht auf ein anderes Organ delegiert werden können. Anders als nach den Sparkassengesetzen anderer Bundesländer (vgl. etwa § 31 Abs. 3 S. 1 NSpkG, § 5 Abs. 1 S. 1 SpkG BW; siehe dazu auch *Schlierbach/Püttner*, S. 92) ist vor der Beschlussfassung weder der Verwaltungsrat der Sparkasse noch der zuständige Sparkassen- und Giroverband anzuhören. 12

Fraglich ist dagegen, ob auch die **Verbandsversammlung des Sparkassen- und Giroverbandes**, auf den die Trägerschaft über eine Sparkasse nach § 38 SpkG NRW übertragen wurde, zur Fassung eines Auflösungsbeschlusses berechtigt ist. § 38 SpkG NRW erweitert den Kreis der möglichen Träger von Sparkassen auf den Sparkassen- und Giroverband und durchbricht damit das System der traditionellen kommunalen Sparkassen. Demgemäß soll die Trägerschaft an einer Sparkasse nach dem Willen des Gesetzgebers nur in „Notfällen" als ultima ratio und auf Zeit von der Kommune abgezogen werden (so die Begründung der Gesetzesvorlage, LT-Drs. 14/6831, S. 48). Die zeitweise Übertragung der Trägerschaft soll die Sanierung der in eine Schieflage geratenen Sparkasse durch den Verband ermöglichen. Ziel ist die dabei allerdings die anschließende Rückübertragung der Trägerschaft auf die Kommune. Hiermit stünde es jedoch in eklatantem Widerspruch, wenn der Verband – statt die Sparkasse zu sanieren – diese nunmehr auflöste. 13

Die Sparkasse selbst hat die Absicht ihres Trägers, einen Beschluss über ihre Auflösung herbeizuführen unverzüglich der BaFin und der Deutschen Bundesbank **anzuzeigen** (§ 24 Abs. 1 Nr. 8 KWG). 14

2. Behördliche Genehmigung

Der Auflösungsbeschluss bedarf der Genehmigung durch die Sparkassenaufsichtsbehörde (Abs. 1 S. 3). Dabei nimmt die Behörde lediglich eine **Rechtmäßigkeitskontrolle** vor. Ein an Zweckmäßigkeitskriterien orientiertes Ermessen steht ihr nicht zu (vgl. *Berger* § 31 Rn. 7; *Biesok*, SpkG-Kommentar, § 29 Rn. 704, S. 261; *Klüpfel/Gaberdiel/Höppel/Ebinger*, § 5 Anm. I, 3; *Lüdde*, Sparkassenrecht der Länder, S. 94). Gegenstände der Prüfung sind das ordnungsgemäße Zustandekommen des Auflösungsbeschlusses und das Vorliegen der materiellen Auflösungsvoraussetzungen, dh der Bestandsgefährdung (→ Rn. 9) und der hinreichenden Prüfung von Alternativen zur Auflösung (→ Rn. 10). Bei der Prüfung, ob der Träger sein Auflösungsermessen fehlerfrei ausgeübt hat, hat die Behörde abzuwägen zwi- 15 schen der gesetzlichen Wertung für die Erfüllung der öffentlichen Sparkassenaufgabe einerseits und dem kommunalen Selbstverwaltungsrecht andererseits. Sie kann auf den Träger einwirken, die Alternative der Vereinigung (weiter) zu verfolgen, dies jedoch nicht anordnen (vgl. *Klüpfel/Gaberdiel/Höppel/Ebinger*, § 5 Anm. I, 3).

V. Verfahren und Abwicklung der aufgelösten Sparkasse (Abs. 2 und 3)

1. Bekanntmachung durch den Vorstand

16 Nach Erteilung der behördlichen Genehmigung hat der Vorstand die Auflösung der Sparkasse dreimal im Abstand von jeweils vier Wochen **öffentlich bekanntzumachen** (Abs. 2 Hs. 1), dh durch Aushang im Kassenraum der Hauptstelle der Sparkasse sowie regelmäßig durch Veröffentlichung im Amtsblatt der Trägerkommune(n).

17 Des Weiteren sind die Auflösung der Sparkasse, ihre Vorstandsmitglieder als Liquidatoren sowie deren Vertretungsmacht zum **Handelsregister** anzumelden (§ 34 HGB).

2. Abwicklung der laufenden Geschäfte

18 Für die anschließende Abwicklung der Sparkasse ist in Ermangelung spezieller sparkassenrechtlicher Vorschriften zunächst auf die **allgemeinen Regeln**, insbesondere § 268 Abs. 1 AktG, zurückzugreifen (so wohl auch *Berger*, § 31 Rn. 11). Danach sind die laufenden Geschäfte der Sparkasse zu beenden, ausstehende Forderungen nach Maßgabe der geltenden vertraglichen Vereinbarungen einzuziehen, das übrige Vermögen in Geld umzusetzen und die Gläubiger zu befriedigen (vgl. § 268 Abs. 1 S. 1 AktG). Neue Geschäfte dürfen nach allgemeinen Liquidationsgrundsätzen nur eingegangen werden, soweit es die Abwicklung erfordert (vgl. § 268 Abs. 1 S. 2 AktG; *Schlierbach/Püttner*, S. 92).

19 Aufgrund ausdrücklicher gesetzlicher Anordnung sind allerdings die bei der Sparkasse eingelegten Kundengelder gleichzeitig mit der ersten Bekanntmachung mit einer mindestens dreimonatigen Frist zu **kündigen** (Abs. 2 Hs. 2). Ausgeschlossen ist damit die Übertragung der Kundeneinlagen auf ein anderes Kreditinstitut oder einen Investor. Von der Dreimonatsfrist unberührt bleiben vertraglich vereinbarte Kündigungsregelungen. Ein Recht der Sparkasse zur außerordentlichen Kündigung vermittelt die Vorschrift nicht (zutreffend *Biesok*, SpkG-Kommentar, § 29 Rn. 705, S. 261).

20 Ferner findet ab Wirksamkeit der Kündigung keine **Verzinsung** der Einlagen mehr statt (Abs. 3 S. 1). Der hiermit verbundene Eingriff landesgesetzlicher Regelungen in bürgerlich-rechtliche Rechtsverhältnisse wird von Art. 99 EGBGB ausdrücklich zugelassen. Danach bleiben die landesgesetzlichen Vorschriften über die öffentlichen Sparkassen – unbeschadet der Regelungen des § 808 BGB und der Regelungen zur Anlegung von Mündelgeld – von den Vorschriften des BGB unberührt. Abs. 3 S. 1 erfasst allerdings nur vertraglich geschuldete Zinsen, nicht jedoch unter Schadensersatzgesichtspunkten bestehende gesetzliche Zinsansprüche, etwa auf Verzugszins nach § 288 BGB, gegenüber einzelnen Kunden (vgl. *Berger*, § 31 Rn. 12).

IV. Zusammenlegung und Auflösung von Sparkassen § 31

Im Übrigen räumt Abs. 1 S. 3 Hs. 2 der **Aufsichtsbehörde** das Recht zur Festlegung des Verfahrens im Einzelnen ein. Im Rahmen ihres Auswahlmessens wird die Aufsichtsbehörde dabei insbesondere die öffentliche Zweckbindung des Sparkassenvermögens in den Blick nehmen. 21

Da die Sparkasse auch Kaufmann im handelsrechtlichen Sinne und ihr Name daher **Firma** nach § 17 HGB ist, ist diese entsprechend § 153 HGB während der Abwicklung durch den Zusatz „i.L." oder „in Abwicklung" als in der Liquidation befindlich zu kennzeichnen, um etwaige Anfechtungsrechte Dritter nach § 119 Abs. 2 BGB auszuschließen (*Schlierbach/Püttner*, S. 92). 22

Reicht das Vermögen der aufgelösten Sparkasse im Rahmen der Abwicklung voraussichtlich nicht zur Erfüllung aller Verbindlichkeiten aus, so hat der Vorstand dies der BaFin mitzuteilen (§ 46b KWG). Die BaFin prüft sodann die Einleitung eines **Insolvenzverfahrens** über das Vermögen der Sparkasse. Wegen des in der Sparkassen-Finanzgruppe bestehenden Systems der Institutssicherung, das für diesen Fall zunächst Leistungen des regionalen Sparkassenstützungsfonds vorsieht, dürfte dieses Szenario jedoch eher theoretischer Natur sein. Dagegen kommt eine Einstandspflicht der (Gewähr-) Träger gegenüber den Sparkassenkunden nur innerhalb des – inzwischen engen – Rahmens der Übergangsvorschrift des § 44 in Betracht. Sie besteht nur für Verbindlichkeiten, die bereits am 18. Juli 2005 begründet waren. Etwaige Verjährungseinreden stehen dann dem (Gewähr-) Träger zu. 23

VI. Gläubigerschutz (Abs. 3 S. 2)

Der zur Befriedigung der Gläubiger notwendige Teil des Sparkassenvermögens ist nach Abs. 3 S. 2 zu hinterlegen. Ausgeschlossen ist damit die Übertragung von Guthaben auf andere Kreditinstitute oder Investoren ohne Zustimmung des jeweiligen Kunden. Anders als im Aktienrecht (vgl. § 272 Abs. 2 AktG) ist die **Hinterlegung** der den Gläubigern geschuldeten Beträge nicht vom Bestehen eines Rechts zur Hinterlegung nach den allgemeinen zivilrechtlichen Vorschriften (§§ 372, 293 ff., 383 ff. BGB, § 373 HGB) abhängig. Damit weicht das Sparkassenrecht vom allgemeinen Grundsatz des § 270 Abs. 1 BGB ab, wonach der Schuldner Geldschulden im Zweifel dem Gläubiger auf seine Gefahr und Kosten an dessen Sitz zu übermitteln hat. Diese Abweichung findet ihre Grundlage wiederum in Art. 99 EGBGB (Rn. 20). Gleichwohl müssen die betreffenden Forderungen zum einen fällig sein (*Biesok*, SpkG-Kommentar, § 29 Rn. 705, S. 261), so dass eine Hinterlegung zeitlich erst nach Kündigung von Kundengeldern gem. Abs. 2 Hs. 2 (Rn. 19) in Betracht kommt. Zum anderen wird eine Hinterlegung praktisch nur dann erfolgen, wenn ein Gläubiger der Sparkasse sich nicht von sich aus meldet, seine Forderung streitig ist oder wegen bestehender Bedingungen oder Befristungen zurzeit nicht berichtigt werden kann (vgl. *Berger*, § 31 Rn. 14). 24

Zu hinterlegen sind auch die für die Erfüllung künftiger **Pensionsansprüche** von Beschäftigten in Höhe der hierfür gebildeten Rückstellungen (so jedenfalls *Berger*, § 31 Rn. 14 unter Verweis auf das aktienrechtliche Schrifttum). 25

Bei erfüllbaren Verbindlichkeiten richten sich die **Wirkungen der Hinterlegung** nach den §§ 378, 379 BGB. Bestehen dagegen Leistungshindernisse, so kommt der Hinterlegung die Wirkung einer Sicherheitsleistung zu (§§ 232, 233 BGB). 26

Vogel

27 Im Gesetz nicht geregelt ist dagegen die Behandlung von **Forderungen** der Sparkasse **an Kunden**. Bis zum Eintritt der Fälligkeit sind diese von der Sparkasse in Liquidation weiterzuführen. Ein außerordentliches Kündigungsrecht besteht nicht.

VII. Verwendung des Restvermögens (Abs. 4)

28 Das der Sparkasse nach Erfüllung aller Verbindlichkeiten verbleibende Vermögen ist an den **Träger** auszukehren und muss von diesem für die in § 25 Abs. 3 SpkG NRW bestimmten Zwecke verwendet werden, dh für seine gemeinwohlorientierten örtlichen Aufgaben oder für gemeinnützige Zwecke. Damit setzt sich die Zweckbindung des Sparkassenvermögens an die Erfüllung des öffentlichen Versorgungsauftrags auch im Liquidationsverfahren fort. Entsprechendes gilt für das nach Abs. 3 S. 2 hinterlegte Vermögen (→ Rn. 24), sobald die Befriedigung der Gläubiger wegen Ablaufs der Verjährungsfrist verweigert werden kann.

29 Die vollständige Abführung eines etwaigen Abwicklungsüberschusses bildet den **Abschluss der Liquidation** und führt damit zum Erlöschen der Sparkasse (vgl. *Berger*, § 31 Rn. 16; *Schlierbach/Püttner*, S. 93). Die Vorstände als Liquidatoren haben nunmehr das Erlöschen der Firma zum Handelsregister anzumelden (§ 31 Abs. 2 HGB) und die Einstellung des Geschäftsbetriebs der Sparkasse unverzüglich der BaFin und der Deutschen Bundesbank anzuzeigen (§ 24 Abs. 1 Nr. 7 KWG).

B. Sparkassen- und Giroverbände, Sparkassenzentralbank

§ 32 Rechtsnatur

Die von den Sparkassen und ihren Trägern gebildeten Sparkassen- und Giroverbände,
a) der Rheinische Sparkassen- und Giroverband in Düsseldorf und,
b) der Westfälisch-lippische Sparkassen-Giroverband in Münster,
sind Körperschaften des öffentlichen Rechts.

Literatur: *Detterbeck,* Allgemeines Verwaltungsrecht, 21. Aufl., 2023; *Peine,* Allgemeines Verwaltungsrecht, 12. Aufl., 2018; Springer Gabler Verlag (Hrsg.), Gabler Wirtschaftslexikon, Stichwort: Körperschaft des öffentlichen Rechts, online im Internet; *Maurer/Waldhoff,* Allgemeines Verwaltungsrecht, 20. Aufl., 2020; *Wolff/Bachof/Stober* (Hrsg.), Verwaltungsrecht Bd. 3, 5. Aufl., 2004

I. Einleitung

Der erste Sparkassenverband wurde am 28.9.1881 in Hagen gegründet (*Heinevetter* [2. Aufl.], Vorbemerkung zu §§ 45 bis 49 SpkG, 1). Er trug den Namen „Verband der Sparkassen in Rheinland und Westfalen" und war der regional tätige Verband der Sparkassen in der Region Rheinland und Westfalen (*Heinevetter,* Vorbemerkung zu §§ 45 bis 49 SpkG, 1). Er weitete sein Verbandsgebiet binnen der nächsten zwei Jahre auf das gesamte damalige sogenannte Reichsgebiet aus und trug dann den Namen „Deutscher Sparkassenverband eV" (*Heinevetter,* Vorbemerkung zu §§ 45 bis 49 SpkG, 1). Die Idee eines regional tätigen Verbands war damit jedoch durchbrochen. 1891 wurde aus dem Deutschen Sparkassenverband eV der Dachverband der Regionalverbände und der Rheinisch-Westfälische Sparkassenverband wurde gegründet (*Heinevetter,* Vorbemerkung zu §§ 45 bis 49 SpkG, 1). Nachdem dieser als Folge der Bankenkrise 1931 aufgelöst worden war, wurde in der Provinz Westfalen ein Verband mit Sitz in Münster und in der Provinz Rheinland ein Verband mit Sitz in Düsseldorf aufgebaut (*Heinevetter,* Vorbemerkung zu §§ 45 bis 49 SpkG, 1). Die Errichtung als Körperschaften des öffentlichen Rechts erfolgte in den Jahren 1932 für das Rheinland und 1933 für Westfalen (*Heinevetter,* Vorbemerkung zu §§ 45 bis 49 SpkG, 1). Der Gedanke war, dass zwei Verbände nötig seien, um die große Zahl der Sparkassen angemessen betreuen zu können (*Heinevetter,* Vorbemerkung zu §§ 45 bis 49 SpkG, 1). Die Rechtsform der Verbände als Körperschaften des öffentlichen Rechts wurde durch das Sparkassengesetz von 1958 bestätigt. Bis heute sieht das Sparkassengesetz zwei Verbände in der Rechtsform der Körperschaft des öffentlichen Rechts vor.

1

II. Verbände als Körperschaften des öffentlichen Rechts

Die Sparkassen- und Giroverbände in Nordrhein-Westfalen sind Körperschaften des öffentlichen Rechts. Körperschaften des öffentlichen Rechts sind juristische Personen, errichtet durch Gesetz oder auf Grund eines Gesetzes, die insbesondere

2

§ 32   B. Sparkassen- und Giroverbände, Sparkassenzentralbank

durch ihre mitgliedschaftliche Struktur gekennzeichnet sind (vgl. *Gabler*, Körperschaft des öffentlichen Rechts, v9; *Heinevetter* [2. Aufl.], § 45, 2; *Maurer/Waldhoff*, § 23 Rn. 43; *Peine*, § 2 Rn. 81; *Wolff/Bachof/Stober*, § 87 Rn. 7), wobei ihre Existenz unabhängig vom Wechsel einzelner Mitglieder ist (*Detterbeck*, Rn. 182; *Peine*, § 2, Rn. 81; *Wolff/Bachof/Stober*, § 87 Rn. 7). Es gibt verschiedene Arten von Körperschaften des öffentlichen Rechts in Abhängigkeit zB von der Art ihre Mitglieder oder ihrer Rechtsquelle. Mitglieder von Gebietskörperschaften beispielsweise sind die auf einem bestimmten Gebiet lebenden Bürger. Demgegenüber zeichnen sich die Mitglieder von Personalkörperschaften dadurch aus, dass sie alle ein bestimmtes Merkmal mitbringen oder eine bestimmte Voraussetzung erfüllen. Verbandskörperschaften haben ausschließlich Mitglieder, die selbst juristische Personen sind (*Detterbeck*, Rn. 186). Körperschaften des öffentlichen Rechts sind zwar Teil der öffentlichen Verwaltung, verwalten sich jedoch in den ihnen übertragenen Aufgaben selbst. Daraus folgt zum einen, dass sie an Recht und Gesetz gebunden sind. Dass Körperschaften des öffentlichen Rechts dieser Verpflichtung auch tatsächlich nachkommen, wird durch eine Rechtsaufsicht sichergestellt. Zum anderen gilt für sie die Selbstverwaltungsgarantie gem. Art. 28 GG (vgl. auch *Heinevetter*, Vorbemerkung zu §§ 45 bis 49 SpkG, 1). Die Verbände sind Verbandskörperschaften, die sich im Rahmen ihrer Aufgaben gem. § 34 SpkG NRW selbst verwalten und für die daher die Selbstverwaltungsgarantie des Art. 28 GG ebenfalls gilt. Aus dieser Selbstverwaltungsgarantie folgt, dass Eingriffe in den Bestand der Verbände oder auch die Aufhebung oder Einschränkung der Satzungsautonomie durch den Gesetzgeber nur in engen Grenzen zulässig sind. Voraussetzung dafür wäre, dass die Erhaltung oder Herbeiführung rechtsstaatlicher Grundsätze oder die Aufgabenstellung der Körperschaft dies erfordern (*Heinevetter*, Vorbemerkung zu §§ 45 bis 49 SpkG, 1). Zugleich darf bei einem solchen Eingriff der Wesensgehalt der Anstalt des öffentlichen Rechts nicht angetastet werden (*Heinevetter*, Vorbemerkung zu §§ 45 bis 49 SpkG, 1).

III. Mitglieder der Verbände

3 Mitglieder der Verbände sind die Sparkassen und ihre Träger. Dies ergibt sich ausdrücklich aus dem Gesetz. Die Mitgliedschaft der Sparkassen und ihrer Träger in einem der Verbände ist folglich nicht freiwillig (vgl. *Rothe*, § 45 Abs. 2 S. 4). Eine solche Zwangsmitgliedschaft in einer Körperschaft des öffentlichen Rechts ist nur dann mit dem GG vereinbar, wenn diese Körperschaft des öffentlichen Rechts öffentliche Aufgaben wahrnimmt (BVerwGE 10, 89). Dies ist für die Sparkassen- und Giroverbände ausdrücklich zu bejahen. Gemäß § 34 SpkG NRW ist es ihre Aufgabe, das Sparkassenwesen zu fördern. Dieser Aufgabe kommen die Sparkassen- und Giroverbände insbesondere über die Unterstützung der Sparkassen ihres jeweiligen Verbandsgebietes nach. Deren Aufgabe ist gem. § 2 SpkG NRW ua die geld- und kreditwirtschaftliche Versorgung der Bevölkerung und der Wirtschaft insbesondere im Geschäftsgebiet einer Sparkasse. In § 2 Abs. 3 SpkG NRW heißt es ausdrücklich, dass die Sparkassen ihre Geschäfte unter Beachtung ihres öffentlichen Auftrags durchführen und die Gewinnerzielung nicht Hauptzweck des Geschäftsbetriebs ist. Daraus folgt, dass Sparkassen einen öffentlichen Auftrag haben. Wenn also die Sparkassen einen öffentlichen Auftrag wahrnehmen und die Sparkassen- und Giroverbände sie bei Wahrnehmung dieser Aufgabe unterstützen, dann nehmen auch die

Verbände öffentliche Aufgaben wahr. Konsequenz daraus ist, dass die Zwangsmitgliedschaft in den Verbänden zulässig ist. Die mitgliedschaftliche Struktur ist Wesensmerkmal der Körperschaft des öffentlichen Rechts (*Maurer/Waldhoff*, § 23 Rn. 46). Gerade durch den körperschaftlichen Zusammenschluss sollen die Mitglieder zur gemeinschaftlichen Verwaltung der sie betreffenden Angelegenheiten veranlasst werden (*Maurer/Waldhoff*, § 23 Rn. 46) Ein Wechsel im Mitgliederbestand ist für den Bestand der Körperschaft des öffentlichen Rechts ohne Bedeutung. Für die Verbände hat dies zur Folge, dass Sparkassenfusionen auf die Existenz der Verbände keinen Einfluss haben, auch wenn sich mit jeder Fusion der Mitgliederbestand verringert, da stets mindestens eine Sparkasse durch eine Fusion untergeht. Und auch im Hinblick auf die Träger der Sparkassen, die ebenfalls Mitglieder der Verbände sind, kann eine Fusion von Sparkassen zu einer Veränderung des Mitgliederbestands eines Sparkassen- und Giroverbandes führen. Denn nach dem Zusammenschluss zweier Stadtsparkassen sind nicht mehr die Träger der einzelnen zusammengeschlossenen Sparkassen, sondern der neu gegründete Zweckverband als Träger des fusionierten Instituts Mitglied in einem der Verbände. Der Mitgliederbestand des jeweiligen Sparkassen- und Giroverbandes hat sich seit seiner Gründung stark verändert. Ende 2019 zählten zum Verbandsgebiet des SVWL 58 Sparkassen und deren kommunale Träger. Beim RSGV waren es 29 Sparkassen und deren kommunale Träger. Eine Reduzierung der Mitglieder führt jedoch nicht dazu, dass das Wesen des jeweiligen Sparkassen- und Giroverbands als Körperschaft des öffentlichen Rechts angetastet wird. Da entscheidend ist, dass eine Körperschaft des öffentlichen Rechts überhaupt Mitglieder hat, ist deren Anzahl grundsätzlich ohne Bedeutung. Auch weitere Fusionen der Sparkassen mit der Konsequenz der Reduzierung ihrer Mitglieder vermag den Existenzanspruch der Sparkassen- und Giroverbände nicht zu beeinflussen.

IV. Verbandsgebiete

Derzeit ist Nordrhein-Westfalen das einzige Bundesland mit zwei Sparkassen- und Giroverbänden. Gemäß § 1 der Satzung des SVWL bilden die Sparkassen und ihre kommunalen Träger im Landesteil Westfalen-Lippe den Westfälisch-Lippischen Sparkassen- und Giroverband. Im Geschäftsverkehr kann er die Kurzbezeichnung „Sparkassenverband Westfalen-Lippe" führen. Sitz des SVWL ist Münster. Der Rheinische Sparkassenverband mit Sitz in Düsseldorf wird gem. § 1 Abs. 1 der Satzung des RSGV von den Sparkassen und ihren kommunalen Trägern im Landesteil Nordrhein gebildet.

§ 33 Satzung

Die Rechtsverhältnisse der Sparkassen und Giroverbände werden durch Satzung geregelt. Die Satzung muss auch die Einrichtung einer weisungsunabhängigen Prüfungsstelle vorsehen, die an die für die Wirtschaftsprüfergesellschaften geltenden Vorschriften und Berufsgrundsätze gebunden ist und ihre Prüfungen nach den für Wirtschaftsprüfungsgesellschaften geltenden Prüfungsstandards in eigener Verantwortung durchführt. Erlass und Änderung der Satzung bedürfen der Genehmigung der Aufsichtsbehörde.

§ 33 B. Sparkassen- und Giroverbände, Sparkassenzentralbank

I. Satzungsautonomie

1   Die Verbände als Körperschaften des öffentlichen Rechts haben das Recht, sich eine Satzung zu geben. Dieses Recht ist Teil ihrer körperschaftlichen Selbstverwaltung (*Heinevetter* [2. Aufl.], § 46, 1). Allerdings bewegt sich dieses Recht in den Grenzen, die das Sparkassengesetz vorsieht. Anders als für die Sparkassen finden sich im Hinblick auf die Sparkassen- und Giroverbände im SpkG NRW nur wenige Regelungen. Daher haben die Satzungen der Sparkassen- und Giroverbände eine weitaus größere Bedeutung als die Satzungen der Sparkassen (*Rothe*, § 46, Abs. 1). In den Satzungen der zwei Sparkassen- und Giroverbände sind insbesondere ihre Aufgaben, ihre Organstruktur sowie die Aufgaben und die Zusammensetzung ihrer Organe geregelt. Dabei sind jedoch stets die sich aus den §§ 34 und 35 SpkG NRW ergebenden Vorgaben zu beachten. Satzungen sind zwar materiell Gesetze, haben sich jedoch den auch formellen Gesetzen, die durch den Landesgesetzgeber erlassen werden, unterzuordnen. Daher ist es nicht möglich, in den Satzungen der Verbände zB eine Organstruktur vorzusehen, die das SpkG NRW nicht kennt oder Aufgaben der Verbände zu beschreiben, die mit den Vorgaben des SpkG NRW nicht vereinbar sind. Demgegenüber haben die Verbände jedoch das Recht, den vom Gesetz gesteckten Rahmen auszufüllen, indem sie in den Satzungen die Zusammensetzung und die Aufgaben der Organe regeln. Daraus folgt, dass Änderungen des Gesetzes auch Änderungen der Satzungen der Verbände nach sich ziehen können. Für die Satzung zuständiges Organ ist jeweils die Verbandsversammlung. Der Beschluss über eine Satzungsänderung bedarf einer Stimmenmehrheit von zwei Dritteln der anwesenden Mitglieder.

II. Genehmigung der Satzung

2   Sowohl der Erlass der Satzung als auch jede Änderung bedürfen der Genehmigung der Aufsichtsbehörde. Dies ist gem. § 39 Abs. 2 SpkG NRW das Finanzministerium NRW. Das Finanzministerium NRW übt eine Rechtsaufsicht, keine Fachaufsicht aus. Die Errichtung einer Körperschaft des öffentlichen Rechts durch Gesetz oder aufgrund eines Gesetzes mit dem Recht zur Selbstverwaltung bedeutet, dass staatliche Aufgaben auf eine juristische Person des öffentlichen Rechts übertragen werden. Auch die Körperschaft des öffentlichen Rechts ist an Recht und Gesetz gebunden. Dies bedingt eine Aufsichtspflicht, um die Einhaltung von Recht und Gesetz zu überwachen. Auch im Hinblick auf die Prüfung von Erlass und Änderung der Satzung geht das Aufsichtsrecht nicht über eine reine Rechtsaufsicht hinaus und umfasst keine Zweckmäßigkeitsprüfung. Das Finanzministerium NRW prüft lediglich, ob die einzelnen Regelungen der Satzung nicht gegen Recht und Gesetz verstoßen. Es ist kein Grund ersichtlich, warum im Falle der Gestaltung der Satzung die Aufgaben des Finanzministeriums NRW über eine reine Rechtsaufsicht hinausgehen sollten. Die Genehmigung der Satzung, aber auch die Versagung der Genehmigung sind ein Verwaltungsakt (*Heinevetter*, § 46 Rn. 1). Daher bestünde im Falle der Versagung die Möglichkeit der Verbände, die Entscheidung des Finanzministeriums gerichtlich prüfen zu lassen.

B. Sparkassen- und Giroverbände, Sparkassenzentralbank § 34

III. Einrichtung einer Prüfungsstelle

Die Satzung des jeweiligen Verbandes muss die Einrichtung einer weisungsunab- 3
hängigen Prüfungsstelle vorsehen. Diese wiederum muss laut Gesetz die Prüfungen
in den Sparkassen nach den für Wirtschaftsprüfungsgesellschaften geltenden Vorschriften und Standards durchführen. Die Regelung wurde 2008 in das SpkG
NRW aufgenommen. Bereits zuvor war im Hinblick auf die Aufgaben der Verbände gesetzlich geregelt, dass sie Prüfungen bei den Mitgliedssparkassen durchführen.
Dass die Satzung der Verbände die Einrichtung einer unabhängigen Prüfungsstelle
vorsieht, ist daher an sich nur konsequent. Grund für die Änderung des Sparkassengesetzes war jedoch die EU-Abschlussprüferrichtlinie (ABl. L 157 2006 S. 87 – RL
2006/43/EG des Europäischen Parlaments und des Rates vom 17.5.2006 über Abschlussprüfungen von Jahresabschlüssen und konsolidierten Abschlüssen, zur Änderung der RL 78/660/EWG und RL 83/349/EWG des Rates und zur Aufhebung
der RL 84/253/EWG des Rates). Die Richtlinie hat die Harmonisierung der Anforderungen an die Abschlussprüfung auf hohem Niveau zum Ziel (RL 2006/43/
EG Rn. 5). Sparkassen als Kreditinstitute gem. § 1 KWG erstellen gem. § 26 KWG,
§ 24 Abs. 2 SpkG NRW einen Jahresabschluss. Die Prüfung des Jahresabschlusses
erfolgt gem. § 24 Abs. 3 SpkG NRW durch die Prüfungsstelle des jeweiligen Sparkassen- und Giroverbandes. Mit der Änderung des § 33 SpkG NRW in 2008 ist
sichergestellt, dass die Prüfungsstellen des RSGV und des SVWL bei der Jahresabschlussprüfung der Sparkassen die auch für Wirtschafsprüfungsgesellschaften geltenden Regelunge beachten.

§ 34 Aufgaben

Die Sparkassen- und Giroverbände haben die Aufgabe, das Sparkassenwesen zu fördern, Prüfungen bei den Mitgliedssparkassen durchzuführen und die Aufsichtsbehörden gutachtlich zu beraten. Darüber hinaus ist die Aufsichtsbehörde über das mögliche Vorliegen eines Stützungsfalles, die beabsichtigten Stützungsmaßnahmen und die Entscheidung des Sparkassenstützungsfonds der Verbände rechtzeitig zu unterrichten.

I. Einleitung

Das Gesetz nennt als Aufgaben der Sparkassen- und Giroverbände die Förderung 1
des Sparkassenwesens, die Durchführung von Prüfungen in den Sparkassen und die
gutachtliche Beratung der Aufsichtsbehörden. Seit 2008 zählt auch die Unterrichtung über einen Stützungsfall dazu. Nicht ausdrücklich genannt ist die Unterstützung der Sparkassen selbst. Dies ergibt sich aus den Satzungen der Sparkassen- und
Giroverbände. In § 2 Abs. 1 S. 1 der Satzung des SVWL bzw. der Satzung des
RSGV ist geregelt, dass es Aufgabe der Verbände ist, die Mitgliedssparkassen bei der
Erfüllung ihres öffentlichen Auftrags zu unterstützen. Darüber hinaus nehmen die
Verbände Aufgaben wahr, die nicht ausdrücklich im Sparkassengesetz jedoch in der
Satzung des jeweiligen Sparkassen- und Giroverbandes genannt sind.

II. Förderung des Sparkassenwesens

2   Erste Aufgabe der Verbände ist es, das Sparkassenwesen zu fördern. Der Inhalt des Begriffs „Sparkassenwesen" ergibt sich aus den Aufgaben der Sparkassen gem. § 2 des SpkG NRW. Dazu zählen die geld- und kreditwirtschaftliche Versorgung der Bevölkerung, aber auch die Stärkung des Wettbewerbs im Kreditgewerbe und die Förderung der finanziellen Eigenvorsorge und Selbstverantwortung sowie die Versorgung des Mittelstands und der wirtschaftlich schwächeren Bevölkerungskreise mit Krediten. Die Förderung dieser Sparkassenaufgaben erfolgt ua über die Beratung der Sparkassen und auch ihrer Träger in allen Sparkassenangelegenheiten (*Heinevetter* [2. Aufl.], § 47, Rn. 2). Dazu zählen gem. § 2 Abs. 1 S. 2 Buchst. c) der Satzung des SVWL insbesondere betriebswirtschaftliche, geschäftspolitische und juristische Themen. Die Verbände informieren die Sparkassen schriftlich sowie in Veranstaltungen, die zum Teil auch über die Sparkassenakademie NRW organisiert werden. Sie beantworten Fragen und stehen für Veranstaltungen in den Sparkassen zur Verfügung. Neben diesen unmittelbar auf die Sparkassen und ihre Träger gerichteten Tätigkeiten erfolgt die Förderung des Sparkassenwesens über die Beteiligung der Verbände an der LBS NordWest, der Provinzial HoldingAG und der Finanzinformatik (vgl. *Heinevetter*, § 47 Rn. 2). Schließlich erfolgt eine Förderung des Sparkassenwesens auch über die Mitgliedschaft im DSGV. Dessen Aufgabe ist es, die Interessen der Sparkassen, der Landesbanken-Konzerne, der DekaBank sowie der Landesbausparkassen, der Erstversicherergruppen und zahlreichen weiteren Finanzdienstleistungsunternehmen zu vertreten (Information auf der Homepage des RSGV). Weitere Aufgaben von RSGV und SVWL ergeben sich aus § 2 Abs. 1 S. 2 der Satzung des SVWL bzw. des RSGV.

III. Verbände als Prüfungsverbände

3   Neben der Förderung des Sparkassenwesens ist es Aufgabe der Verbände bei den Mitgliedssparkassen Prüfungen durchzuführen. Die Satzungen von RSGV und SVWL sehen daher als eine Einrichtung des jeweiligen Verbandes die Prüfungsstelle vor. Das KWG regelt in § 28 Abs. 3 ausdrücklich, dass die Sparkassen von den Prüfungsstellen der Sparkassen- und Giroverbände geprüft werden. Eine Ablehnung des Prüfers durch die BaFin ist in diesen Fällen ebenso wenig möglich, wie ein Hinwirken der BaFin auf die Bestellung eines anderen Prüfers bzw. die Bestellung eines Prüfers durch das Registergericht (*Becker* in: Reischauer/Kleinhans, KWG, § 28 Nr. 12).

IV. Zusammenarbeit mit der Aufsichtsbehörde

4   Zu den Aufgaben der Sparkassen- und Giroverbände zählt auch, die Aufsichtsbehörde gutachtlich zu beraten. Dazu heißt es in § 2 Abs. 4 der Satzung des SVWL bzw. in § 2 Abs. 3 der Satzung des RSGV, dass dem Verband die Beratung der Sparkassenaufsichtsbehörden, insbesondere durch Erstattung von Gutachten obliegt. Damit greifen die Satzungen die Regelung in § 34 SpkG NRW auf, gehen jedoch

B. Sparkassen- und Giroverbände, Sparkassenzentralbank § 34

bei einem Vergleich des Wortlauts darüber hinaus. Während eine Auslegung am Wortlaut der Vorschrift im Sparkassengesetz den Schluss nahelegt, dass die Beratung der Aufsichtsbehörde nur durch Gutachten erfolgt, ist die Erstattung von Gutachten nach den Satzungen nur ein Weg der Beratung der Aufsichtsbehörde. Dies ist jedoch kein Widerspruch zwischen der landesgesetzlichen Norm und den Satzungsregelungen. Der Gesetzgeber sieht die gutachtliche Beratung vor. Die Satzungen erweitern lediglich die Beratungsmöglichkeiten für die Verbände und stellen damit auch aus der Sicht der Aufsichtsbehörde eine praxisgerechte Zusammenarbeit sicher. Denn die Beratung kann, muss aber nicht durch die Erstattung von Gutachten erfolgen. Sie kann auch auf anderen Wegen, zB telefonisch, vorgenommen werden. Eine Erweiterung der Beratungsmöglichkeiten ist damit im Interesse der Verbände und der Aufsichtsbehörde. Hinzukommt, dass Erlass und Änderungen der Satzung der Sparkassen- und Giroverbände der Genehmigung der Aufsichtsbehörde bedürfen. Mit der Genehmigung der Satzung von RSGV und SVWL ist damit belegt, dass mit § 2 Abs. 4 der Satzung des SVWL bzw. § 2 Abs. 3 der Satzung des RSGV die gesetzliche Regelung praxisgerecht in den Satzungen aufgegriffen wurde. „Mit Aufsichtsbehörde" ist das Finanzministerium gemäß § 39 Abs. 2 SpkG NRW gemeint. In der Satzung des SVWL und des RSGV heißt es Aufsichtsbehörden, nicht Aufsichtsbehörde. Damit soll jedoch die Verpflichtung zur Erstellung von Gutachten nicht auf andere Behörden neben dem Finanzministerium ausgeweitet werden. Die Verpflichtung korrespondiert mit der Regelung in § 39 SpkG NRW der zu Folge die Sparkassen unter der Aufsicht des Finanzministeriums stehen. In Fragen, die die Sparkassen in Nordrhein-Westfalen betreffen, soll ein enger Austausch mit den zwei Sparkassen- und Giroverbänden erfolgen. Die Unterstützung einer anderen Behörde ergibt vor diesem Hintergrund keinen Sinn. Die Beratung der Aufsichtsbehörde erstreckt sich insbesondere auf alle sparkassenrechtlichen Themen. Dazu können zB Fragen im Zusammenhang mit den Aufgaben und der Zusammenarbeit der Organe oder dem Unternehmenszweck der Sparkassen und dem Regionalprinzip gehören. Neben gutachtlichen Stellungnahmen zu sparkassenrechtlichen Themen ist es jedoch auch denkbar, dass die Sparkassen- und Giroverbände zu Fragen im Zusammenhang mit dem Kreditwesengesetz oder zu regulatorischen Fragen Stellung nehmen. Stets muss jedoch ein Zusammenhang mit den Sparkassen, ihrer internen Organisation und ihren Aufgaben bestehen und sich damit an der Aufgabe des Finanzministeriums, die Rechtsaufsicht über die Sparkassen und die Sparkassen- und Giroverbände auszuüben, orientieren.

V. Zusammenarbeit mit der Aufsichtsbehörde bei Stützungsfällen

Die Regelung in § 34 Abs. 2 SpkG NRW ist mit der Novellierung des Sparkassengesetzes im Jahr 2008 in das Sparkassengesetz aufgenommen worden. Nach dieser Vorschrift ist die Aufsichtsbehörde über das mögliche Vorliegen eines Stützungsfalls, die beabsichtigte Stützungsmaßnahme und die Entscheidung des Sparkassenstützungsfonds rechtzeitig zu unterrichten. Der ursprüngliche Gesetzentwurf sah vor, dass die Aufsichtsbehörde an Entscheidungen des Sparkassenstützungsfonds zu beteiligen sei. Dagegen war jedoch einzuwenden, dass es sich bei der Sparkassenaufsicht um eine Rechtsaufsicht handelt. Bereits eine umfassende Information

5

würde es der Aufsichtsbehörde ermöglichen, ihre Aufgaben als Rechtsaufsicht wahrzunehmen. Einer Beteiligung an Entscheidungen bedarf es bei einer reinen Rechtsaufsicht nicht. Darüber hinaus machten die Sparkassen- und Giroverbände gemeinsam mit den Kommunalen Spitzenverbänden geltend, eine Beteiligung der Aufsichtsbehörde an Entscheidungen des Sparkassenstützungsfonds könne beihilfenrechtliche Gefahren bergen. Bei einer Beteiligung des Staates an Entscheidungen im Stützungsfall könnten die vom Stützungsfonds aufgebrachten Mittel dem Staat zugerechnet werden. Die Sparkassen- und Giroverbände gemeinsam mit den Kommunalen Spitzenverbänden haben daher im Rahmen des Gesetzgebungsverfahrens zur Novelle des Sparkassenrechts 2008 die heute im Gesetz enthaltene Formulierung des § 34 S. 2 SpkG NRW vorgeschlagen. Nach dem jetzigen Wortlaut ist über das mögliche Vorliegen eines Stützungsfalls, die beabsichtigte Stützungsmaßnahme und die Entscheidung des Sparkassenstützungsfonds rechtzeitig zu unterrichten. Ausweislich der Gesetzesbegründung liegt ein Stützungsfall bei drohenden oder bestehenden wirtschaftlichen Schwierigkeiten einer Mitgliedssparkasse vor, insbesondere wenn diese aus eigener Kraft nicht in der Lage ist, einen den eigenen Bestand gefährdenden Verlustausweis oder eine Zahlungseinstellung zu vermeiden (LT-Drs. 14/6831, S. 45).

6 § 34 S. 2 SpkG NRW soll de lege ferenda neu gefasst werden (vgl. Entwurf eines Gesetzes zur Modernisierung des Sparkassenrechts und zur Änderung weiterer Gesetze v. 19.3.2024, LT-Drs. NRW 18/2407, S. 6, 13). Danach wird künftig zu den gesetzlichen Aufgaben der Verbände ausdrücklich auch die Unterhaltung eines oder mehrerer Stützungsfonds für ihre jeweiligen Mitgliedssparkassen gehören; diese sollen nach Maßgabe ihrer jeweiligen Satzungen auch zur Sicherung der Solvenz und Liquidität anderer Mitglieder der Sparkassen-Finanzgruppe im Rahmen eines übergreifenden und gegenseitigen Sicherungssystems bestimmt werden können. Hintergrund ist die auf EZB-Vorgaben zurückzuführende aufsichtliche Verpflichtung der Sparkassen-Finanzgruppe, ab 2025 Zusatzmittel (neben den bei den beiden Sparkassenverbänden in Nordrhein-Westfalen seit jeher geführten Stützungsfonds für die Instituts- und Einlagensicherung) für die Institutssicherung anzusparen. Diese Zusatzmittel sollen getrennt und zusätzlich zu den bisherigen Mitteln für die Einlagensicherung von beiden Sparkassenverbänden in Nordrhein-Westfalen gehalten werden; sie werden nach den gesetzlichen Vorgaben des deutschen Einlagensicherungsgesetzes auch für die Institutssicherung genutzt werden können. Der Klarstellung dessen dient nach der Gesetzesbegründung die neue Fassung des § 34 S. 2 SpkG NRW, zumal auch bisher die Mittel für die Instituts- und Einlagensicherung in Nordrhein-Westfalen jeweils bei beiden Sparkassenverbänden getrennt angespart werden; der Gesetzgeber weist ferner darauf hin, dass damit die regionalen und dezentralen Strukturen in der Sparkassen-Finanzgruppe hervorgehoben werden.

VI. Aus- und Fortbildung der Mitarbeiterinnen und Mitarbeiter der Sparkasse

7 Im Sparkassengesetz nicht enthalten jedoch in § 2 Abs. 3 der Satzung des SVWL und § 2 Abs. 1 S. 2 Nr. 3 der Satzung des RSGV ausdrücklich genannt ist die Obliegenheit der beruflichen Bildung der Mitarbeiterinnen und Mitarbeiter der

Mitgliedssparkassen. Diese Aufgabe nahmen die Verbände bis Ende 2013 über die Rheinische Sparkassenakademie und die Sparkassenakademie Westfalen-Lippe wahr. Dabei handelte es sich organisatorisch um eine unselbstständige Einrichtung bzw. eine Abteilung des jeweiligen Sparkassen- und Giroverbandes. Die Rheinische Sparkassenakademie und die Sparkassenakademie Westfalen-Lippe wurden mit Wirkung zum 1.1.2014 zur Sparkassenakademie NRW, einer Anstalt des öffentlichen Rechts, zusammengeführt. Heute nimmt die Sparkassenakademie NRW die Aufgabe wahr, die Bildung der Mitarbeiterinnen und Mitarbeiter sicherzustellen. Der RSGV und der SVWL sind jeweils zu 50% Träger.

§ 35 – Organe

(1) Organe der Verbände sind
a) die Verbandsversammlung,
b) der Verbandsvorstand,
c) der Verbandsvorsteher,

(2) Die Verbandsversammlung kann mit einer satzungsändernden Mehrheit beschließen, dass der Verband von einem Kollegialorgan geführt wird. In diesem Fall sind die Organe des Verbandes
a) die Verbandsversammlung,
b) der Verbandsverwaltungsrat,
c) der Verbandsvorstand.

(3) Der Verbandsvorsteher bzw. die Mitglieder des Verbandsvorstandes nach Absatz 2 Satz 2 Buchstabe c sind hauptamtlich anzustellen. Sie können nicht zugleich den Vorsitz in der Verbandsversammlung oder im Verbandsvorstand nach Absatz 1 Buchstabe b bzw. im Falle des Absatzes 2 Satz 2 Buchstabe c im Verbandsverwaltungsrat führen. Die Mitglieder der übrigen Organe versehen ihre Ämter ehrenamtlich.

(4) Die Zusammensetzung und Befugnisse der Organe im Übrigen sowie das Abstimmungsverfahren in der Verbandsversammlung regelt die Satzung.

(5) Die Sparkassen- und Giroverbände veröffentlichen die für die Tätigkeit im Geschäftsjahr gewährten Bezüge des Verbandsvorstehers und jedes einzelnen Mitglieds des Verbandsvorstandes und des Verbandsverwaltungsrates oder einer ähnlichen Einrichtung des Verbands unter Namensnennung, aufgeteilt nach erfolgsunabhängigen und erfolgsabhängigen Komponenten sowie Komponenten mit langfristiger Anreizwirkung, an geeigneter Stelle. Satz 1 gilt auch für Leistungen entsprechen § 19 Abs. 6 Satz 2.

(6) Entsprechendes gilt für die an die Mitglieder des Verbandsvorstandes und des Verbandsverwaltungsrats gewährten Vorteile für persönlich erbrachte Leistungen, insbesondere Beratungs- und Vermittlungsleistungen.

(7) Bei Unternehmen in der Rechtsform des privaten oder des öffentlichen Rechts, an denen der Sparkassen- und Giroverband unmittelbar oder mittelbar mehrheitlich beteiligt ist, wirkt dieser darauf hin, dass die für die Tätigkeit im Geschäftsjahr gewährten Bezüge, Leistungszusagen

§ 35 B. Sparkassen- und Giroverbände, Sparkassenzentralbank

und Leistungen entsprechend den Absätzen 5 und 6 angegeben werden. Das Gleiche gilt, wenn der Sparkassen- und Giroverband nur zusammen mit dem Land, Gemeinden oder Gemeindeverbänden, einem Unternehmen in der Rechtsform des privaten Rechts im Sinne des § 65a der Landeshaushaltsordnung, einem Unternehmen des privaten oder öffentlichen Rechts im Sinne von § 3 Abs. 1 des Vergütungsoffenlegungsgesetzes oder mit einem anderen Sparkassen- und Giroverband unmittelbar oder mittelbar mehrheitlich beteiligt ist. Die auf Veranlassung des Sparkassen- und Giroverbandes gewählten oder entsandten Mitglieder setzen diese Verpflichtung um.

(8) Ist der Sparkassen- und Giroverband nicht mehrheitlich, jedoch in Höhe von mindestens 25 vom Hundert an einem Unternehmen im Sinne des Absatzes 7 unmittelbar oder mittelbar beteiligt, soll er auf eine Veröffentlichung entsprechend den Absätzen 5 und 6 hinwirken.

(9) Der Sparkassen- und Giroverband soll sich an der Gründung eines Unternehmens in der Rechtsform des privaten und des öffentlichen Rechts oder an einem bestehenden Unternehmen dieser Rechtsform nur beteiligen, wenn gewährleistet ist, dass die für die Tätigkeit im Geschäftsjahr gewährten Bezüge und Leistungszusagen entsprechend Absatz 5 angegeben werden.

Änderungen der Vorschrift: Abs. 2 geändert durch Gesetz vom 16.6.1970 (GV. NRW 1970 S. 486); Abs. 1 geändert durch Gesetz vom 8.3.1994 (GV. NRW 1994 S. 98); Abs. 2 geändert durch Gesetz vom 8.3.1994 (GV. NRW 1994 S. 98); Abs. 3 geändert durch Gesetz vom 8.3.1994 (GV. NRW 1994 S. 98), Abs. 2 geändert durch Gesetz vom 18.11.2008 (GV. NRW 2008 S. 704), Abs. 3 geändert durch Gesetz vom 18.11.2008 (GV. NRW 2008 S. 704); Abs. 4 geändert durch Gesetz vom 18.11.2008 (GV. NRW 2008 S. 704), Abs. 5 bis 9 eingefügt durch Gesetz vom 17.12.2009 (GV. NRW 2009 S. 952), Abs. 3 geändert durch Gesetz vom 17.4.2013 (GV. NRW 2013 S. 941).

Literatur: *Baumbach/Hueck,* GmbH-Gesetz, 21. Aufl., 2017; *Hüffer,* Aktiengesetz, 12. Aufl., 2016; Münchener Kommentar zum BGB Band 6, 7. Aufl., 2017; *Pommer,* Das Gesetz zur Schaffung von mehr Transparenz in öffentlichen Unternehmen im Lande Nordrhein-Westfalen (Transparenzgesetz), NWVBl. 2010, 459

Übersicht

	Rn.		Rn.
I. Einleitung	1	aa) Verbandsverwaltungsrat	5
II. Governance der Sparkassen- und Giroverbände	2	bb) Verbandsvorstand	6
1. Organe der Sparkassen- und Giroverbände	2	d) Geschäftsführung	7
a) Einleitung	2	aa) Verbandsvorstand	7
b) Verbandsversammlung	3	bb) Verbandsvorsteher	8
aa) Regelungen des SVWL	3	2. Aufgaben der Organe	9
bb) Regelungen des RSGV	4	a) Einleitung	9
c) Verbandsvorstand bzw. Verbandsverwaltungsrat	5	b) Aufgaben der Verbandsversammlung	10
		c) Aufgaben des Verbandsverwaltungsrates bzw. des Verbandsvorstands	11
		aa) Verbandsverwaltungsrat SVWL	11

B. Sparkassen- und Giroverbände, Sparkassenzentralbank   § 35

	Rn.		Rn.
bb) Verbandsvorstand RSGV	12	d) Verbandsvorstand bzw. Verbandsvorsteher	22
d) Verbandsvorstand bzw. Verbandsvorsteher	13	aa) Einleitung	22
3. Entscheidungsfindung	14	bb) Außenverhältnis	23
a) Verbandsversammlung	14	cc) Innenverhältnis	24
aa) Regelungen des SVWL	14	III. Offenlegungspflichten	25
bb) Regelungen des RSGV	15	1. Einleitung	25
b) Verbandsvorstand bzw. Verbandsverwaltungsrat	16	a) Offenlegungspflichten	25
		b) Hinwirkungspflichten	26
aa) Verbandsverwaltungsrat SVWL	16	2. Offenlegungspflichten im Einzelnen	27
bb) Verbandsvorstand RSGV	17	a) Verbandsvorstand bzw. Verbandsaufseher	27
c) Verbandsvorstand SVWL	18	b) Mitglieder des Aufsichtsorgans	28
4. Haftung	19		
a) Einleitung	19	c) Organe im Beteiligungsunternehmen	29
b) Verbandsversammlung	20		
c) Verbandsverwaltungsrat bzw. Verbandsvorstand	21		

I. Einleitung

Bereits die Regelung von 1958 zu den Organen der Sparkassen- und Giroverbände sah die in Absatz 1 Genannten – Verbandsversammlung, Verbandsvorstand und Verbandsvorsteher – vor. Änderungen an dieser Gremienstruktur wurden bis 2008 nicht vorgenommen. Erst mit der Änderung des Sparkassengesetzes vom 18.11.2008 wurde die Möglichkeit einer Kollegialverfassung ergänzt. Laut Gesetzesbegründung sollte die Aufnahme dieser weiteren Möglichkeit sicherstellen, dass die Sparkassen- und Giroverbände auch künftig den steigenden Anforderungen an eine Interessenvertretung der Sparkassen gerecht werden und zugleich effektiv und effizient arbeiten (LT-Drs. 14/6831, S. 45). Im Übrigen sind die Regelungen zu den Organen der Sparkassen- und Giroverbände, ihren Aufgaben und der Entscheidungsfindung innerhalb des jeweiligen Organs im Sparkassengesetz nur rudimentär geregelt. Alles Vertiefende ergibt sich laut Gesetz aus der jeweiligen Satzung. Die Absätze 5 bis 9 dieses Paragraphen befassen sich mit den sogenannten Offenlegungsvorschriften. Sie wurden mit der Novellierung 2009 in das Gesetz eingefügt. Hintergrund der Gesetzesänderung war der Wunsch des Landesgesetzgebers nur hinsichtlich öffentlicher Unternehmen mehr Transparenz zu schaffen. 1

II. Governance der Sparkassen- und Giroverbände

1. Organe der Sparkassen- und Giroverbände

a) Einleitung

Seit 2008 sind für die Sparkassen- und Giroverbände zwei Governance Modelle denkbar. Neben der Verbandsversammlung kann es als Geschäftsführungsorgan einen Verbandsvorstand oder einen Verbandsvorsteher und daneben einen Verbandsverwaltungsrat oder einen Verbandsvorstand geben. Der wesentliche Unterschied 2 beider Modelle ist, dass der Verband einmal durch eine Person, die dem Verband vorsteht, geführt wird und im anderen Fall durch ein Kollegialorgan – den Vorstand –, der aus mehreren Personen besteht. Der SVWL hat sich mit Wirkung zum 1.1.2010 eine Kollegialverfassung gegeben.

b) Verbandsversammlung

3   **aa) Regelungen des SVWL zur Verbandsversammlung.** Die Verbandsversammlung besteht aus den von den Mitgliedssparkassen und ihren Trägern entsandten Vertretern. Dazu sieht die Satzung des SVWL in § 5 Abs. 2 vor, dass jede Mitgliedssparkasse das vorsitzende Mitglied des Vorstands einer Sparkasse und zwei Mitglieder des Verwaltungsrats einer Sparkasse entsendet. Welche Mitglieder des Verwaltungsrats entsandt werden, bestimmt die Vertretung des Trägers in einem Wahlakt. Bei dem Wahlakt muss die Vertretung des Trägers berücksichtigen, dass unter den Gewählten mindestens ein Hauptverwaltungsbeamter ist. Mit dieser Regelung soll sichergestellt werden, dass in der Verbandsversammlung stets auch die kommunalen Interessen hinreichend vertreten werden. In der Regel ist mindestens ein Hauptverwaltungsbeamter Mitglied im Verwaltungsrat oder Vorsitzender des Verwaltungsrats einer Sparkasse. Daher ist es in der Regel unproblematisch, die Voraussetzung, dass unter den gewählten Vertretern einer Sparkasse in der Verbandsversammlung mindestens ein Hauptverwaltungsbeamter ist, zu erfüllen. Bei Zweckverbandssparkassen, bei denen mehrere kommunale Gebietskörperschaften einen Zweckverband gegründet haben, um Träger einer Sparkasse zu sein, können sogar mehrere Hauptverwaltungsbeamte Mitglied des Verwaltungsrats sein bzw. ein Hauptverwaltungsbeamter ist – dessen Vorsitzender, von denen dann einer als Vertreter der Sparkasse auszuwählen ist. Denkbar ist jedoch auch, dass in einem Verwaltungsrat der Hauptverwaltungsbeamte weder Mitglied noch Vorsitzender ist, sondern als Beanstandungsbeamter an den Sitzungen des Verwaltungsrats der Sparkasse teilnimmt. Für diesen Fall sieht die Satzung des SVWL ausdrücklich vor, dass auch der Beanstandungsbeamte entsandt werden kann. Die Verbandsversammlung des SVWL hat einen Vorsitzenden und zwei stellvertretende Vorsitzende. Der Vorsitzende der Verbandsversammlung und einer seiner Stellvertreter werden stets aus dem Kreis der Hauptverwaltungsbeamten gewählt. Der weitere Stellvertreter ist ein Sparkassenvorstand. Die Vertreter der Mitglieder der Verbandsversammlung werden für die Dauer der Kommunalwahlperiode in NRW entsandt. Dies gilt gem. § 5 Abs. 5 S. 2 der Satzung des SVWL nicht nur für die Vertreter aus den Verwaltungsräten der westfälisch-lippischen Sparkassen, sondern auch für die Vorstandsmitglieder. Mit Beginn einer neuen Kommunalwahlperiode haben die Trägervertretungen die in die Verbandsversammlung zu entsendenden Vertreter neu zu bestimmen. Die Mitgliedschaft erlischt während einer laufenden Kommunalwahlperiode, wenn ein Mitglied das für die Mitgliedschaft vorausgesetzte Amt verliert. Ausgeschiedene Vorstandsmitglieder können folglich nicht Mitglied in der Verbandsversammlung sein. Gleiches gilt für Personen, die nicht mehr Mitglied des Verwaltungsrats einer der westfälisch-lippischen Sparkassen sind. Für sie ist im Falle des vorzeitigen Ausscheidens ein Nachfolger zu wählen. Die Mitglieder des Verbandsvorstands sind nicht Mitglieder der Verbandsversammlung. Sie nehmen jedoch mit beratender Stimme an den Sitzungen der Verbandsversammlung teil.

bb) Regelungen des RSGV zur Verbandsversammlung. Nach § 5 der Satzung des RSGV entsendet jede Mitgliedssparkasse das vorsitzende Mitglied des Verwaltungsrats oder ein ordentliches Mitglied und den Hauptverwaltungsbeamten des kommunalen Trägers bzw. den Hauptverwaltungsbeamten eines Zweckverbandsmitglieds, wenn es sich um eine Zweckverbandssparkasse handelt, und den Vorsitzenden des Vorstands. Die Satzung des RSGV sieht für den Vorsitzenden der Verbandsversammlung eine erste, zweite und dritte Stellvertretung vor. Von diesen vier Personen muss eine der Vorsitzende des Vorstands einer Mitgliedssparkasse sein. Bei den übrigen drei Personen muss es sich um Hauptverwaltungsbeamte oder die Vorsitzenden des Verwaltungsrats einer Mitgliedssparkasse handeln. Hinsichtlich der Dauer der Mitgliedschaft gilt das zur Satzung des SVWL Ausgeführte entsprechend. Die Entsendung erfolgt für die Dauer der Wahlzeit der Vertretung des kommunalen Trägers (§ 5 Abs. 2 Buchst. c) der Satzung des RSGV). Der Verbandsvorsteher ist nicht Mitglied der Verbandsversammlung. Er nimmt jedoch mit beratender Stimme an den Sitzungen der Verbandsversammlung teil.

c) Verbandsvorstand bzw. Verbandsverwaltungsrat

aa) Verbandsverwaltungsrat des SVWL. Der Verbandsverwaltungsrat des SVWL ist mit dem Verwaltungsrat einer Sparkasse vergleichbar. Er besteht aus 19 Mitgliedern, von denen 16 von der Verbandsversammlung aus der Mitte ihrer stimmberechtigen Mitglieder gewählt werden. Laut Satzung des SVWL sind darüber hinaus das vorsitzende und die beiden stellvertretenden Mitglieder der Verbandsversammlung geborene Mitglieder. Hinsichtlich der gewählten Mitglieder sieht die Satzung des SVWL vor, dass zehn der gewählten Mitglieder dem Kreis der Hauptverwaltungsbeamten und sechs dem Kreis der Vorstandsvorsitzenden angehören müssen. Ihre Amtszeit im Verbandsverwaltungsrat entspricht der Dauer ihrer jeweiligen Wahlzeit in der Verbandsversammlung. Diese wiederum entspricht der Wahlperiode der Hauptverwaltungsbeamten. Die gleiche Amtszeit gilt ausdrücklich auch für die in den Verwaltungsrat gewählten Vorstandmitglieder. Die Mitglieder des Verbandsvorstands sind nicht Mitglieder des Verbandsverwaltungsrats. Sie nehmen jedoch mit beratender Stimme an den Sitzungen teil. Die Mitglieder des Verbandsverwaltungsrats versehen ihr Amt ehrenamtlich. Ihnen kann ein Sitzungsgeld gezahlt werden. Der Verbandsverwaltungsrat kann Aufgaben an Ausschüsse zur Vorbereitung oder Entscheidung widerruflich übertragen. Ständiger Ausschuss des Verbandsverwaltungsrats ist der Hauptausschuss.

bb) Verbandsvorstand des RSGV. Der Verbandsvorstand des RSGV besteht aus mindestens 21 und maximal 23 Mitgliedern, von denen 18 Mitglieder von der Verbandsversammlung des RSGV gewählt werden. Von diesen gehören zwei Drittel dem Kreis der Hauptverwaltungsbeamten und ein Drittel dem Kreis der Vorstandsvorsitzenden an. Der Vorsitzende der Verbandsversammlung und der Landesobmann sind geborene Mitglieder des Verbandsvorstands. Darüber hinaus gehören der Verbandsvorsteher sowie der Bundesobmann dem Verbandsvorstand an, sofern der Bundesobmann dem Vorstand einer Mitgliedssparkasse des RSGV angehört. Ist auch der Bundesobmann Mitglied des Verbandsvorstands, gehört zusätzlich der stellvertretende Landesobmann dem Verbandsvorstand an. Die Mitglieder des Verbandsvorstands versehen ihr Amt ehrenamtlich. Ihnen kann ein Sitzungsgeld gezahlt werden. Der Verbandsvorstand kann Aufgaben an Ausschüsse übertragen.

d) Geschäftsführung

7 **aa) Verbandsvorstand.** Die Mitglieder des Verbandsvorstands des SVWL werden von der Verbandsversammlung in Anlehnung an die Regelungen des SpkG NRW für die Bestellzeit der Vorstandsmitglieder der Sparkassen für die Dauer von fünf Jahren gewählt. Seit 2013 heißt es im SpkG NRW, dass die Mitglieder und die stellvertretenden Mitglieder der Vorstände für bis zu fünf Jahre gewählt werden. Damit ist für Sparkassenvorstände auch eine kürzere Bestellperiode denkbar. Diese Änderung des Sparkassengesetzes wurde in der Satzung des SVWL nicht nachvollzogen. Damit können die Mitglieder des Verbandsvorstands nach wie vor grundsätzlich nur für fünf Jahre und nicht auch für eine kürzere Zeit bestellt werden. Einzige Ausnahme ist, dass ein Mitglied des Verbandsvorstands vor Ablauf von fünf Jahren das gesetzliche Renteneintrittsalter erreicht. Eine Wiederbestellung ist beliebig häufig möglich. Weder das SpkG NRW noch die Satzung des SVWL enthalten diesbezüglich eine Befristung. Während die Mitglieder des Verbandsverwaltungsrats und der Verbandsversammlung ihre Aufgaben ehrenamtlich wahrnehmen, sind die Mitglieder des Verbandsvorstands hauptamtlich anzustellen. Die Anstellung erfolgt befristet für den Zeitraum der Bestellung. Neben ordentlichen Mitgliedern des Verbandsvorstands können stellvertretende Mitglieder gewählt werden. Sie nehmen an den Sitzungen des Verbandsvorstands mit beratender Stimme teil, entscheiden jedoch nicht. Daraus folgend sind sie nicht Mitglieder des Organs „Vorstand". Ausdrücklich ist im Gesetz geregelt, dass die Mitglieder des Verbandsvorstands nicht zugleich den Vorsitz im Verbandsverwaltungsrat bzw. im Verbandsvorstand ausüben können. Dies ist im Hinblick auf den Verbandsverwaltungsrat des SVWL konsequent, da er nach der Satzung des SVWL die Arbeit des Verbandsvorstands überwacht. Eine Personenidentität zwischen dem geschäftsführenden Organ und dem Vorsitz des Aufsichtsorgans würde zu einem Interessenkonflikt führen, der sich nicht auflösen ließe. Grundsätzlich enden Bestellung und Anstellung der Vorstandsmitglieder mit dem Ende der Bestellperiode, sofern keine Wiederbestellung und Wiederanstellung erfolgt. Eine vorzeitige Beendigung von Bestellung und Anstellung ist einvernehmlich möglich. Darüber hinaus sieht die Satzung des SVWL in § 6 Abs. 3 Buchst. g) vor, dass ein Vorstandsmitglied durch die Verbandsversammlung abberufen werden kann. Für eine solche Abberufung bedarf es eines wichtigen Grundes. Dieser ist nicht zu verwechseln mit einem wichtigen Grund im Sinne des § 626 BGB. Vielmehr ist es für eine Abberufung ausreichend, dass die Verbandsversammlung das Vertrauen in ein Vorstandsmitglied verloren hat (vgl. *Hüffer*, AktG, § 84 Rn. 37). Mit der Abberufung wird jedoch ausschließlich die Bestellung als Vorstandsmitglied beendet. Das Anstellungsverhältnis dauert bis zu dem im Anstellungsvertrag genannten Beendigungszeitpunkt grundsätzlich fort. Soll neben der Bestellung auch das Anstellungsverhältnis beendet werden, bedarf es für dessen Kündigung eines wichtigen Grundes im Sinne des § 626 BGB (vgl. *Hüffer*, AktG, § 84 Rn. 50). Allein die Abberufung als Vorstandsmitglied ist noch kein entsprechender wichtiger Grund (vgl. *Hüffer*, AktG, § 84 Rn. 50).

8 **bb) Verbandsvorsteher.** Der Verbandsvorsteher leitet den Verband. Er entscheidet in allen nicht der Verbandsversammlung bzw. dem Verbandsverwaltungsrat vorbehaltenen Angelegenheiten und vertritt den Verband. Des Weiteren zählt es zu seinen Aufgaben, den Verbandsvorstand und ggf. die Verbandsversammlung über alle

B. Sparkassen- und Giroverbände, Sparkassenzentralbank § 35

wichtigen Angelegenheiten des Geschäftsbetriebs zu unterrichten. Der Verbandsvorsteher wird für die Dauer von sechs Jahren gewählt. Eine kürzere Bestelldauer ist im Falle des Erreichens des gesetzlichen Renteneintrittsalters möglich. Anders als die Vertreter in der Verbandsversammlung sowie die Mitglieder des Verbandsvorstands ist der Verbandsvorsteher nicht ehrenamtlich tätig, sondern im Hauptamt anzustellen. Die Anstellung erfolgt für die Zeit der Bestellung. Hinsichtlich der Beendigung von Anstellung und Bestellung als Verbandsvorsteher ist auf die Ausführungen unter aa) zu verweisen.

2. Aufgaben der Organe

a) Einleitung

Die Aufgaben der Organe sind nicht im Sparkassengesetz geregelt. Stattdessen wird in § 35 Abs. 5 SpkG NRW auf die Satzung des jeweiligen Sparkassen- und Giroverbandes verwiesen. 9

b) Aufgaben der Verbandsversammlung

Aufgabe der Verbandsversammlung ist es, die Mitglieder des Verbandsverwaltungsrats und des Verbandsvorstands (SVWL) bzw. die Mitglieder des Verbandsvorstands und den Verbandsvorsteher (RSGV) zu wählen. Darüber hinaus obliegt der Verbandsversammlung insbesondere der Beschluss über die Änderung der Satzung des Verbandes, die Änderung der Satzung des Stützungsfonds und des Reservefonds, die Festsetzung und Veränderung des Stammkapitals, die Eingehung, Aufgabe und Veränderung von Beteiligungen, die Feststellung des Jahresabschlusses und die Entlastung der Organe, den Widerruf der Bestellung von Mitgliedern des Verbandsverwaltungsrats bzw. des Verbandsvorstands und von Mitgliedern des Verbandsvorstands bzw. des Verbandsvorstehers und schließlich die Auflösung des Verbandes. Darüber hinaus beschließt die Verbandsversammlung über sonstige Angelegenheiten, die ihr vom Verbandsverwaltungsrat bzw. vom Verbandsvorstand zur Beschlussfassung vorgelegt werden. Damit hat der Verbandsverwaltungsrat bzw. der Verbandsvorstand die Möglichkeit, die Entscheidung in Angelegenheiten, die in seinen Zuständigkeitsbereich fallen, auf die Verbandsversammlung zu übertragen. Aus der Formulierung „zur Beschlussfassung übertragen" lässt sich schließen, dass der Verbandsverwaltungsrat bzw. der Verbandsvorstand auf eine Entscheidung verzichten und stattdessen die Verbandsversammlung entscheiden lassen kann. Da es in der Satzung zu den Aufgaben der Verbandsversammlung weiter heißt „beschließt über", kann sich die Verbandsversammlung einer Entscheidung nicht entziehen. Die Verbandsversammlung muss tätig werden. Die Möglichkeit, eine Vorlage des Verbandsverwaltungsrats bzw. des Verbandsvorstands abzulehnen ist nicht vorgesehen. 10

c) Aufgaben des Verbandsverwaltungsrats bzw. des Verbandsvorstands

aa) Verbandsverwaltungsrat SVWL. Der Verbandsverwaltungsrat bereitet die Sitzungen der Verbandsversammlung umfassend vor. Dazu zählen die Festlegung der Tagesordnung und das Vorbereiten der Beschlüsse. Darüber hinaus unterrichtet er die Verbandsversammlung über alle wichtigen Angelegenheiten des Verbandes und erteilt auf Verlangen Auskunft über seine Beschlüsse. Der Verbandsverwaltungs- 11

Goletzko

rat ist zuständig für die Richtlinien der Verbandsarbeit und die Überwachung der Tätigkeit des Verbandsvorstands. Damit ist er quasi das Kontrollorgan des SVWL. Damit korrespondiert die Verpflichtung des Verbandsvorstands, den Verbandsverwaltungsrat über alle wichtigen Angelegenheiten des Verbandes zu unterrichten. Der Verbandsverwaltungsrat ist zuständig für die Anstellungsbedingungen der Mitglieder des Vorstands und er bestellt – sofern dies gewünscht ist – die stellvertretenden Mitglieder des Verbandsvorstands. Auch diese Zuständigkeitsverteilung zwischen dem Verbandsverwaltungsrat und der Verbandsversammlung hinsichtlich der Bestellung der stellvertretenden Vorstandsmitglieder unterstreicht, dass sie nicht Mitglieder des Organs „Vorstand" sind. Dies würde eine Wahl durch die Verbandsversammlung voraussetzen. Dem Verbandsverwaltungsrat obliegt ua auch der Beschluss über die Festsetzung der Einzelanteile der Mitgliedssparkassen am Stammkapital des Verbandes, die Verzinsung des Stammkapitals und auch die Festsetzung der ordentlichen und außerordentlichen Umlagen. Schließlich entscheidet er über den Erwerb, die Belastung und die Veräußerung von Grundstücken und die Eingehung, Aufgabe und Veränderung von Beteiligungen. Ähnlich wie hinsichtlich der Aufgaben der Verbandsversammlung kann der Verbandsvorstand dem Verbandsverwaltungsrat Entscheidungen zur Beschlussfassung vorlegen. Diesbezüglich gilt das zum Verhältnis zwischen Verbandsverwaltungsrat und Verbandsversammlung Gesagte entsprechend. Werden dem Verbandsverwaltungsrat Angelegenheiten zur Entscheidung vorgelegt, kann er sich dem nicht entziehen und muss sich mit der vorgelegten Angelegenheit befassen. Der Hauptausschuss befasst sich als beratender Ausschuss insbesondere mit den Budgetangelegenheiten für das kommende Rechnungsjahr, die Entgegennahme der Berichte über die Einhaltung des Budgets im laufenden Rechnungsjahr und die Beratung etwaiger Nachtragsbudgets.

12 **bb) Verbandsvorstand RSGV.** Die Aufgaben des Verbandsvorstands des RSGV entsprechen weitgehend den Aufgaben des Verbandsverwaltungsrats des SVWL. Insbesondere sieht die Satzung in § 9 Abs. 1 S. 2 eine Vorlagemöglichkeit des Verbandsvorstehers an den Verbandsvorstand vor. Dafür gilt das unter aa) Gesagte entsprechend. Anders als nach der Satzung des SVWL zählt es nach der Satzung des RSGV nicht ausdrücklich zu den Aufgaben des Verbandsvorstands, die Tätigkeit des Verbandsvorstehers zu überwachen. Allerdings ist in § 14 Abs. 1 S. 2 der Satzung des RSGV geregelt, dass der Verbandsvorsteher den Verbandsvorstand über alle wichtigen Angelegenheiten des Geschäftsbetriebs unterrichtet. Aus dieser Berichtspflicht des Verbandsvorstehers an den Verbandsvorstand lässt sich schließen, dass der Verbandsvorstand auch die Tätigkeit des Verbandsvorstehers im Blick behält und damit auch eine Kontrollfunktion ausübt. An der Vorstellung des Verbandsvorstands als Organ, dass auch die Geschäftsführung überwacht, könnte lediglich inkonsequent sein, dass der Verbandsvorsteher nach der Satzung geborenes Mitglied des Verbandsvorstands ist. Der Verbandsvorsteher wird jedoch durch die Verbandsversammlung bestimmt. Die Anstellungsbedingungen werden vom Vorsitzenden des Verbandsvorstands und einem weiteren Mitglied des Verbandsvorstands ausgehandelt. Damit befasst sich der Verbandsvorstand grundsätzlich nicht mit den persönlichen Angelegenheiten des Verbandsvorstehers wie Anstellung und Bestellung. Daher kann sich aus der Mitgliedschaft des Verbandsvorstehers im Verbandsvorstand grundsätzlich kein Interessenkonflikt ergeben. Der Verbandsvorstand ist gem. § 9 Abs. 1 S. 1 der Satzung gegenüber der Verbandsversammlung berichtspflichtig.

d) Verbandsvorstand bzw. Verbandsvorsteher

Der Verbandsvorstand bzw. der Verbandsvorsteher leitet den Verband nach Maßgabe des geltenden Rechts. Er entscheidet in allen nicht der Verbandsversammlung und dem Verbandsverwaltungsrat bzw. Verbandsvorstand vorbehaltenen Angelegenheiten. Fassen Verbandsversammlung oder Verbandsverwaltungsrat bzw. Verbandsvorstand Beschlüsse, ist der Verbandsvorstand bzw. der Verbandsvorsteher an diese gebunden. Damit ist er zum einen im Hinblick auf die von anderen Organen des Verbandes gefassten Beschlüsse ausführendes Organ. In nicht den weiteren Organen zugewiesenen Aufgaben ist er hingegen Entscheidungsträger. Sofern Verbandsverwaltungsrat bzw. Verbandsvorstand entscheiden, bereitet der Verbandsvorstand bzw. der Verbandsvorsteher die Entscheidung vor. Er unterliegt darüber hinaus einer Informationspflicht. Diese Pflicht bezieht sich jedoch nicht auf im Einzelnen genannte Aufgaben, sondern vielmehr auf alle wichtigen Angelegenheiten des Verbandes. Insofern wird dem Verbandsvorstand bzw. dem Verbandsvorsteher ein Ermessensspielraum eingeräumt. In Angelegenheiten die keinem der beiden anderen Organe zugewiesen sind, entscheidet der Verbandsvorstand bzw. der Verbandsvorsteher selbst. In diesen Fällen ist der einzige reglementierende Maßstab das geltende Recht. Dies betrifft insbesondere die Führung des Verbandes selbst, zB die interne Organisation des Verbandes oder auch den Abschluss von Verträgen, zB Arbeitsverträgen. Darüber hinaus haben die Mitglieder des Verbandsvorstands bzw. der erbandsvorsteher die Aufgabe, die Interessen des Verbandes und seiner Träger in den Gremien der Verbundunternehme, zB der LBS NordWest, der Provinzial HoldingAG oder der DekaBank zu vertreten.

3. Entscheidungsfindung

a) Verbandsversammlung

aa) Regelungen des SVWL. Die Satzung des SVWL sieht vor, dass auf Einladung des vorsitzenden Mitglieds die Verbandsversammlung auf Beschluss des Verbandsverwaltungsrats mindestens einmal im Jahr einzuberufen ist. Darüber hinaus ist die Verbandsversammlung unverzüglich einzuberufen, wenn dies ein Viertel der satzungsmäßigen Zahl der Mitglieder der Verbandsversammlung verlangt. Zwingend in diesem Fall ist, dass ein Grund für die Sitzung der Verbandsversammlung – der Gegenstand der Beratung – genannt wird. Grundsätzlich muss die Einladung mindestens einen Monat vor der Sitzung versandt werden, es besteht jedoch die Möglichkeit, die Frist auf höchstens eine Woche abzukürzen. Die Entscheidung über eine Abkürzung der Einladungsfrist trifft der Verbandsverwaltungsrat. Sie ist weder an Voraussetzungen gebunden noch muss sie begründet werden. Damit ist die Einladung zu einer Verbandsversammlung, die mindestens die Frist von einer Woche einhält, jederzeit zulässig. Der Einladung ist eine Tagesordnung beizufügen. Zuständig für die Tagesordnung ist der Verbandsverwaltungsrat. In der Regel beschließt er die Tagesordnung auf Vorschlag des Verbandsvorstands. Ergänzungen der Tagesordnung sind möglich, jedoch nur in dringenden Fällen und mit einfacher Stimmenmehrheit der anwesenden Mitglieder. Von der Möglichkeit zur Ergänzung der Tagesordnung ist die Möglichkeit zu unterscheiden, zu jedem bestehenden Tagesordnungspunkt Vorschläge zu machen. Dieses Recht steht jedem Mitglied der Verbandsversammlung zu. Sofern die Vorschläge

Personalentscheidungen der Verbandsversammlung gem. § 6 Abs. 2 der Satzung des SVWL betreffen, sind sie zwei Wochen vor der Sitzung beim Verband einzureichen. Für die Fristberechnung gelten die allgemeinen Vorschriften des BGB. Die Frist ist gewahrt, wenn der Vorschlag dem Verband innerhalb der Frist zugeht, dh so in den Machtbereich gelangt, dass mit einer Kenntnisnahme zu rechnen ist. Der Einwurf in den Hausbriefkasten innerhalb der Frist ist ausreichend. Die Satzung verlangt nicht ausdrücklich die schriftliche Einreichung eines Vorschlags. Damit kann ein Vorschlag grundsätzlich auch mündlich vorgetragen werden. Hinsichtlich des Vorschlags zu Personalentscheidungen heißt es in der Satzung jedoch ausdrücklich „einreichen". Dies spricht dafür, dass der Vorschlag schriftlich zur Verfügung gestellt werden muss. Die Sitzungen der Verbandsversammlung sind nicht öffentlich. Allerdings kann der Vorsitzende der Verbandsversammlung Dritten die Teilnahme gestatten. Die Entscheidungshoheit dazu obliegt ihm allein. Die Verbandsversammlung ist beschlussfähig, wenn mindestens die Hälfte der satzungsmäßigen Zahl der Mitglieder der Verbandsversammlung anwesend ist. Die Beschlussfähigkeit wird zu Beginn der Sitzung festgestellt. Für den Fall, dass die Verbandsversammlung nicht beschlussfähig ist, sieht die Satzung die Möglichkeit vor, binnen zwei Wochen eine neue Sitzung zur Erledigung der gleichen Tagesordnung mit einer Einladungsfrist von zwei Wochen einzuberufen. Dann ist die Verbandsversammlung ohne Rücksicht auf die Anzahl der anwesenden Personen beschlussfähig. Auf diesen Umstand ist in der Einladung ausdrücklich hinzuweisen. Fehlt ein entsprechender Hinweis, gilt die Regelung zur Beschlussfähigkeit in § 7 Abs. 7 S. 3 der Satzung nicht. Hintergrund dafür ist, dass den Mitgliedern der Verbandsversammlung bekannt sein muss, welche Konsequenzen ihre Abwesenheit hat. Hinsichtlich der Abstimmung unterscheidet die Satzung die Abstimmung nach gleichem Stimmrecht – jedes Mitglied hat eine Stimme – sowie die Abstimmung nach Anteilen am Stammkapital. Die Verbandsversammlung fasst Beschlüsse grundsätzlich mit einfacher Stimmenmehrheit der abgegebenen Stimmen. Lediglich in den ausdrücklich in der Satzung genannten Fällen (zB Änderung der Satzung des Verbandes, Widerruf der Bestellung von Verwaltungsrats- oder Vorstandsmitgliedern und Auflösung des Verbandes) bedarf es einer Mehrheit von zwei Dritteln der abgegebenen Stimmen. Die Abstimmung erfolgt grundsätzlich offen durch Handzeichen. Allerdings kann eine geheime Abstimmung beantragt werden. Für den Antrag selbst bedarf es keiner Mehrheit. Er gilt jedoch nur dann als angenommen, wenn mehr als ein Viertel der abgegebenen Stimmen zustimmen. Über diesen Antrag selbst wird offen abgestimmt. Die Mitglieder der Verbandsversammlung handeln weisungsfrei. Es bedarf damit keiner einheitlichen Stimmabgabe für die Mitgliedssparkasse. Darüber hinaus kann den Mitgliedern der Verbandsversammlung nicht, zB durch die Vertretung des Trägers, eine bestimmte Entscheidung vorgegeben werden.

15 **bb) Regelungen des RSGV.** Die Regelungen in der Satzung des RSGV zu den Sitzungen der Verbandsversammlung entsprechen in weiten Teilen den Regelungen des SVWL. Unterschiede gibt es im Hinblick auf die Einladungsfristen und die Beschlussfähigkeit. Die Einladungsfrist für die Sitzungen der Verbandsversammlung des RSGV betragen vier Wochen. In Fällen besonderer Dringlichkeit kann die Einladungsfrist auf Beschluss des Verbandsvorstands verkürzt werden. Eine Mindesteinladungsfrist ist in der Satzung nicht genannt. Die Beschlussfähigkeit

B. Sparkassen- und Giroverbände, Sparkassenzentralbank § 35

wird gem. § 7 Abs. 5 Satz 2 der Satzung nur auf Antrag festgestellt. Schließlich ist der Versand von Unterlagen auch elektronisch möglich.

b) Verbandsvorstand bzw. Verbandsverwaltungsrat

aa) Verbandsverwaltungsrat SVWL. Zu den Sitzungen des Verbandsverwaltungsrats des SVWL lädt das vorsitzende Mitglied des Verbandsverwaltungsrats in Abstimmung mit dem Vorsitzenden des Verbandsvorstands ein. Zu den Sitzungen wird grundsätzlich bei Bedarf eingeladen. Einen zwingenden Turnus oder eine Mindestanzahl von Präsenzsitzungen gibt es nicht. Zu einer Sitzung muss eingeladen werden, wenn mindestens drei Mitglieder dies verlangen. Auch in diesem Fall ist in dem Verlangen der Beratungsgegenstand zu nennen. Des Weiteren sieht die Satzung vor, dass die Einladung mit der Tagesordnung zwei Wochen vor der Sitzung abgesandt werden soll. Ein Verzicht auf diese Frist ist – auch nachträglich – möglich. Mangels einer anderen in der Satzung genannten Frist gilt auch für diesen Beschluss die Regelung in § 10 Abs. 6 S. 1 der Satzung. Er wird mit einfacher Stimmenmehrheit gefasst. Auch im Übrigen gilt für die Beschlussfassung grundsätzlich die einfache Stimmenmehrheit. Lediglich die Aufnahme von Darlehen zur Deckung eines außerordentlichen Bedarfs, der Erwerb, die Belastung und die Veräußerung von Grundstücken und grundstücksgleichen Rechten sowie die Durchführung der Liquidation im Falle der Auflösung des Verbandes und die Verwendung des verbleibenden Vermögens bedürfen einer Mehrheit von zwei Dritteln der anwesenden Mitglieder. Der Verbandsverwaltungsrat ist beschlussfähig, wenn die Hälfte seiner stimmberechtigten Mitglieder anwesend ist und zu den Anwesenden der Vorsitzende des Verbandsverwaltungsrats oder einer seiner Mitglieder zählt. Da die Mitglieder des Verbandsvorstands und der Leiter der Prüfungsstelle lediglich mit beratender Stimme an den Sitzungen des Verbandsverwaltungsrats teilnehmen, ist ihre Anwesenheit für die Prüfung der Beschlussfähigkeit ohne Bedeutung. Ist der Verwaltungsrat in einer Sitzung nicht beschlussfähig, gilt das für die Verbandsversammlung Gesagte entsprechend. Es kann dann zu einer weiteren Sitzung binnen einer Woche eingeladen werden, die ohne Rücksicht auf die Zahl der anwesenden Mitglieder beschlussfähig ist. Unter den Anwesenden muss sich jedoch auch in diesem Fall das vorsitzende Mitglied des Verbandsverwaltungsrats oder einer seiner Stellvertreter befinden. Diese Voraussetzung für die Beschlussfähigkeit wird durch den Verweis in der Satzung auf die Regelungen zur Beschussfähigkeit der Verbandsversammlung gerade nicht ausgehebelt. Darüber hinaus besteht in Fällen äußerster Dringlichkeit die Möglichkeit der Abstimmung im schriftlichen Umlaufverfahren. Ein Fall äußerster Dringlichkeit ist zu bejahen, wenn nicht die Möglichkeit besteht, unter Berücksichtigung der satzungsrechtlichen Ladungsfristen eine beschlussfähige Sitzung des Verbandsverwaltungsrats einzuberufen und der Beschlussgegenstand ein Abwarten nicht zulässt. Die Sitzungen des Verbandsverwaltungsrats sind nicht öffentlich. Dem Vorsitzenden wird jedoch das Recht eingeräumt, Dritte einzuladen.

bb) Verbandsvorstand des RSGV. Die Sitzungen des Verbandsvorstands des RSGV sind in § 10 der Satzung geregelt. Diese Regelungen entsprechen im Wesentlichen den Regelungen des SVWL zum Verbandsverwaltungsrat. Jedoch birgt die abweichende Governance des RSGV im Hinblick auf die Sitzungen des Verbandsvorstands Abweichungen im Vergleich zur Satzung des SVWL. Der Verbandsvorsteher des RSGV ist anders als die Mitglieder des Verbandsvorstands des SVWL

Mitglied des Verbandsvorstands des RSGV. Er lädt zu den Sitzungen ein. Neben drei Mitgliedern des Verbandsvorstands kann auch der Vorsitzende die Einberufung einer Sitzung unter Angabe des Beratungsgegenstandes verlangen. Dem Vorsitzenden des Verbandsvorstands dieses Recht ausdrücklich einzuräumen, ist konsequent unter Berücksichtigung der Tatsache, dass nicht er, sondern der Verbandsvorsteher zu den Sitzungen einlädt. Darüber hinaus setzt die Beschlussfähigkeit des Gremiums voraus, dass auch der Verbandsvorsteher anwesend ist. Schließlich ist eine Beschlussfassung im schriftlichen Verfahren in Einzelfällen möglich. Eine besondere Dringlichkeit wird nach der Satzung nicht vorausgesetzt.

c) Verbandsvorstand SVWL

18 Die Satzung des SVWL sieht vor, dass auch der Verbandsvorstand regelmäßig zu Sitzungen zusammentritt. Einladungsfristen und Vorschriften zur Tagesordnung der Sitzungen ebenso wie einen bestimmten Sitzungsturnus sieht die Satzung jedoch nicht vor. Dies ist auch nicht erforderlich. Die Mitglieder des Vorstands haben die Möglichkeit sich hinsichtlich der Sitzungen abzustimmen und zu organisieren. Weiterer einschränkender Regelungen in der Satzung bedarf es daher nicht. Hinzukommt, dass die Mitglieder des Vorstands hauptamtlich angestellt und verpflichtet sind, die Satzung des SVWL zu beachten. Gäbe es vertiefende Regelungen zu den Sitzungen des Verbandsvorstands müssten diese eingehalten werden. Dies könnte sich als unpraktisch erweisen und zugleich bei Verstößen dienstvertragliche Konsequenzen nach sich ziehen. Die Satzung sieht vor, dass Beschlüsse mit der Mehrheit der abgegebenen Stimmen gefasst werden. Stellvertretende Mitglieder nehmen mit beratender Stimme an den Sitzungen des Verbandsvorstands teil. Da gem. § 13 Abs. 1 S. 1 der Satzung des SVWL der Vorstand aus zwei Mitgliedern besteht, läuft die Regelung in § 14a S. 2 darauf hinaus, dass die Entscheidungen des Verbandsvorstands nur einstimmig gefasst werden können. Im Verhinderungsfall sind die stellvertretenden Vorstandsmitglieder stimmberechtigt. Einer entsprechenden Regelung für den Verbandsvorsteher bedarf es nicht. Er organisiert sich selbst. Einer Abstimmung mit weiteren Organmitgliedern bedarf es nicht.

4. Haftung

a) Einleitung

19 Die Verbandsversammlung, der Verbandsverwaltungsrat bzw. Verbandsvorstand und der Verbandsvorstand bzw. Verbandsvorsteher treffen in den ihnen zugewiesenen Aufgaben zahlreiche Entscheidungen. Damit stellt sich auch die Frage, ob sie für ihre Entscheidungen einstehen müssen, ob sie haften. Grundsätzlich bedarf jede Haftung einer haftungsbegründenden Grundlage. Diese kann sich aus einem Vertrag, aus Gesetz, ggf. der analogen Anwendung eines Gesetzes oder aus deliktischen oder quasideliktischen Haftungsregelungen ergeben. Bereits hinsichtlich der Haftung von Mitgliedern des Vorstands und des Verwaltungsrats von Sparkassen stellte sich die Frage, nach welchen Regelungen sie haften. Während es für die Mitglieder des Verwaltungsrats in § 15 Abs. 7 SpkG NRW eine ausdrückliche Regelung gibt, ist eine Haftung des Vorstandsmitglieds gegenüber der Sparkasse im SpkG NRW nicht ausdrücklich normiert (vgl. auch *Dietlein* in: Engau/Dietlein/Josten, § 19, 8.2). Hinsichtlich des Vorstands ist darüber hinaus zu beachten, dass zwischen In-

B. Sparkassen- und Giroverbände, Sparkassenzentralbank § 35

nen- und Außenverhältnis zu unterscheiden ist. Denn der Vorstand vertritt die Sparkasse – anders als der Verwaltungsrat – nach außen. Im Außenverhältnis kommt regelmäßig nur eine Haftung der Sparkasse nicht jedoch des Vorstandsmitglieds in Betracht (*Dietlein* in: Engau/Dietlein/Josten, § 19, 8.1). Hinsichtlich des Innenverhältnisses würde man zunächst vermuten, dass es eine ausdrückliche gesetzliche Regelung gibt. Doch das SpkG NRW enthält wie andere Sparkassengesetze auch keine Haftungsregelung (vgl. *Lutter*, Pflichten/Haftung von Spk-Organen, § 2 Abs. 1). Vor diesem Hintergrund wurden in der Vergangenheit verschiedene Meinungen vertreten: ein am öffentlichen Dienstrecht oder am Gemeinderecht orientiertes Haftungsmodell, das vertragsrechtliche Modell und das gesellschaftsrechtliche Modell (*Lutter*, Pflichten/Haftung von Spk-Organen, § 2 Abs. 2). Seit der Entscheidung des Bundesgerichtshofs vom 15.9.2014 (II ZR 112/13) ist klar, dass § 93 AktG auf die Haftung von Sparkassenvorständen analog anzuwenden ist und sich damit das gesellschaftsrechtliche Modell durchgesetzt hat. Hinsichtlich der Organe der Verbände wird man für jedes Organ im Einzelnen die Frage nach einer Haftung seiner Mitglieder stellen und dabei jeweils eine Haftung auf Basis eines Vertrages, einer gesetzlichen Regelung, der analogen Anwendung einer gesetzlichen Regelung oder von deliktischen und quasideliktischen Regelungen prüfen müssen.

b) Verbandsversammlung

Die Mitglieder der Verbandsversammlung vertreten den jeweiligen Sparkassen- und Giroverband nicht. Eine Haftung im Außenverhältnis kommt daher nicht in Betracht. Hinsichtlich der Haftung im Innenverhältnis ist zu berücksichtigen, dass die Mitglieder der Verbandsversammlung von den Mitgliedssparkassen und ihren Trägern in die Verbandsversammlung entsandt werden. Eine vertragliche Beziehung zwischen ihnen und dem jeweiligen Sparkassen- und Giroverband besteht nicht. Eine ausdrückliche gesetzliche Regelung zur Haftung findet sich weder im SpkG NRW noch in den Satzungen der Sparkassen- und Giroverbände. Danach scheidet eine Haftung aus Vertrag oder Gesetz aus. Denkbar ist damit allenfalls die analoge Anwendung anderer haftungsbegründender Normen und schließlich eine Haftung nach deliktischen oder quasideliktischen Normen. Eine analoge Anwendung von Rechtsnormen setzt eine planwidrige Regelungslücke und einen vergleichbaren Sachverhalt voraus. Bereits eine planwidrige Regelungslücke ist vorliegend zu verneinen. Der Gesetzgeber des Sparkassengesetzes hätte die Möglichkeit gehabt, eine Haftungsregelung für die Organe der Sparkassen- und Giroverbände aufzunehmen, oder zumindest im Gesetz vorzugeben, dass die Satzungen der Sparkassen- und Giroverbände neben der Zusammensetzung und der Befugnisse der Organe auch eine Haftung regeln müssen. Dies hat er nicht getan. Auch bei den letzten Änderungen des Sparkassengesetzes in den Jahren 2008 und 2009 sowie 2013 und 2016 wurde keine entsprechende Regelung aufgenommen, obwohl rund um die Themen „Finanzmarktkrise" und „Abwicklung der Westdeutsche Landesbank" Haftungsfragen im Finanzsektor diskutiert wurden. Denkbar ist daher nur eine Haftung nach deliktischen oder quasideliktischen Haftungsregelungen. Dabei dürfte wohl nur eine Haftung nach § 823 Abs. 2 BGB in Betracht kommen. Eine Haftung nach § 823 Abs. 1 BGB ist auf die Verletzung absoluter Rechte beschränkt. Eine Fehlentscheidung eines Mitglieds der Verbandsversammlung würde, wenn dem Verband daraus überhaupt ein Schaden entstünde, einen Vermögensschaden auslösen.

Das Vermögen selbst ist jedoch kein absolutes Recht in diesem Sinne. Auch eine Haftung unter dem Aspekt des eingerichteten und ausgeübten Gewerbetriebs scheidet aus. Dafür ist ein gegen den Betrieb als solchen gerichteter Eingriff erforderlich, dh eine unmittelbare Beeinträchtigung des Betriebs. Da das in einem Unternehmen zusammengefasste Vermögen jedoch nicht generell den Schutz des § 823 Abs. 1 BGB genießt, fehlt im Falle eines reinen Vermögenschadens gerade die für eine Verwirklichung des Tatbestands zu fordernde Unmittelbarkeit des betriebsbezogenen Eingriffs. Damit verbleibt es bei einer Haftung nach § 823 Abs. 2 BGB in Verbindung mit einem Schutzgesetz. Hinsichtlich des Verschuldensmaßstabs gilt dann der Maßstab des verletzten Schutzgesetzes. Da als Schutzgesetz insbesondere Vermögensdelikte in Betracht kommen, dürfte der Verschuldensmaßstab in aller Regel Vorsatz sein.

c) Verbandsverwaltungsrat bzw. Verbandsvorstand

21   Wie bereits zu den Mitgliedern der Verbandsversammlung ausgeführt vertreten auch die Mitglieder des Verbandsverwaltungsrats bzw. des Verbandsvorstands den jeweiligen Sparkassen- und Giroverband nicht nach außen. Auch diesbezüglich kommt daher lediglich eine Haftung im Innenverhältnis in Betracht. Diesbezüglich gilt das zu den Mitgliedern der Verbandsversammlung Gesagte entsprechend.

d) Verbandsvorstand bzw. Verbandsvorsteher

22   **aa) Einleitung** Der Verbandsvorstand bzw. der Verbandsvorsteher leitet gem. § 14 Abs. 1 der Satzung des SVWL bzw. § 14 Abs. 2 der Satzung des RSGV den Verband. Gem. § 15 Abs. 2 der Satzung des SVWL bzw. § 14 Abs. 3 der Satzung des RSGV wird der Verband durch zwei Vorstandsmitglieder bzw. den Verbandsvorsteher vertreten. Damit ist hinsichtlich des Verbandsvorstands bzw. des Verbandsvorstehers zwischen der Innen- und der Außenhaftung zu unterscheiden.

23   **bb) Außenverhältnis.** Im Außenverhältnis gilt § 89 Abs. 1 BGB iVm § 31 BGB. Laut § 89 BGB finden ua auf Körperschaften des öffentlichen Rechts die Regelungen des Vereinsrechts zur Haftung entsprechende Anwendung. Dies bedeutet, dass im Außenverhältnis nicht der Verbandsvorstand bzw. der Verbandsvorsteher haftet, sondern der Verband. Allerdings gilt diese Regelung nur für Handeln im privaten Rechtsverkehr (*Ellenberger* in: Grüneberg, § 89 Rn. 1; *Arnold* in: MüKoBGB, § 89 Rn. 1). Bei hoheitlichem Handeln richtet sich die Haftung nach § 839 BGB iVm Art. 34 GG. In diesem Zusammenhang stellt sich insbesondere die Frage, wann eine Körperschaft des öffentlichen Rechts privatrechtlich und wann sie hoheitlich handelt. Dazu hat der BGH entschieden, dass die öffentliche Hand im Regelfall selbst entscheide, ob sie eine Aufgabe mit Mitteln des Privatrechts oder hoheitsrechtlich erledigen will (BGHZ 60, 54, 59). Etwas anderes gelte nur dann, wenn die Eigenart der betreffenden öffentlichen Aufgabe einer solchen Entscheidung entgegenstehe (BGHZ 60, 54, 59). Auch im Falle hoheitlichen Handelns gilt, dass in der Regel nicht der Verbandsvorstand bzw. der Verbandsvorsteher haftet, da die Haftung der Körperschaft die Haftung des Handelnden ausschließt (*Ellenberger* in: Palandt, § 89 Rn. 3). Tatsächlich wird sich die Frage nach einer Haftung des Verbandsvorstands bzw. des Verbandsvorstehers wegen hoheitlichen Handelns jedoch nur im Einzelfall stellen, da die Sparkassen- und Giroverbände in der Regel nicht hoheitlich handeln (vgl. bezogen auf Sparkassen auch *Dietlein* in: En-

B. Sparkassen- und Giroverbände, Sparkassenzentralbank § 35

gau/Dietlein/Josten, § 19, 8.1.2). Damit scheidet eine Haftung im Außenverhältnis in der Regel aus.

cc) **Innenverhältnis.** Für die Haftung des Verbandsvorstands bzw. des Verbandsvorstehers im Innenverhältnis gibt es weder im SpkG NRW noch in der Satzung des jeweiligen Verbandes eine ausdrückliche Haftungsnorm. Denkbar wäre daher allenfalls eine Haftung in analoger Anwendung anderer Haftungsregelungen zB des Aktienrechts oder eine Haftung aus Vertrag. Denn anders als die Mitglieder des Verbandsverwaltungsrats bzw. des Verbandsvorstands sind die Mitglieder des Verbandsvorstands bzw. der Verbandsvorsteher hauptamtlich angestellt. Zwischen ihnen bzw. ihm und dem jeweiligen Sparkassen- und Giroverband besteht eine vertragliche Beziehung. Eine analoge Anwendung anderer Haftungsregelungen scheidet aus. Die analoge Anwendung einer Regelung setzt eine planwidrige Regelungslücke (*Grüneberg* in: Grüneberg, vor § 1 Rn. 48) und einen vergleichbaren Sachverhalt voraus. Bereits hinsichtlich der planwidrigen Regelungslücke bestehen Bedenken. Eine ausdrückliche Haftungsregelung gibt es auch für den Verbandsvorstand bzw. den Verbandsvorsteher nicht. Das SpkG NRW enthält in § 35 Abs. 4 auch nicht die Regelung, dass neben der Zusammensetzung und der Befugnisse der Organe und dem Abstimmungsverfahren in der Satzung auch die Haftung des Verbandsvorstands bzw. des Verbandsvorstehers zu regeln ist. In zahlreichen Gesetzgebungsprozessen hätte in den letzten Jahren die Möglichkeit bestanden, die Haftung der Organe der Sparkassen- und Giroverbände zu regeln. Dies ist jedoch nicht geschehen. Dies spricht dafür, dass der Gesetzgeber bewusst auf eine Regelung verzichtet hat. Allerdings fehlt eine ausdrückliche Regelung zur Haftung auch für die Mitglieder des Vorstands einer Sparkasse. Dazu hat der Bundesgerichtshof ausdrücklich entschieden, dass eine analoge Anwendung des § 93 AktG Anwendung findet (BGH Urt. v. 15.9.2014 – II ZR 112/13). Damit hat er bezogen auf die Haftung von Sparkassenvorständen eine planwidrige Regelungslücke bejaht, obwohl der Gesetzgeber in Nordrhein-Westfalen auch hinsichtlich der Haftung von Sparkassenvorständen im Rahmen der Gesetzesänderungen der letzten Jahre die Möglichkeit gehabt hätte, eine ausdrückliche Regelung zur Haftung aufzunehmen. Wollte man also das Vorliegen einer planwidrigen Regelungslücke noch bejahen, so besteht jedoch kein vergleichbarer Sachverhalt zwischen der Haftung der Vorstände von Aktiengesellschaften und der Haftung des Vorstands bzw. des Verbandsvorstehers eines Sparkassen- und Giroverbandes. Als Begründung für die analoge Anwendung des § 93 AktG auf die Vorstände von Sparkassen war ua angeführt worden, die Struktur von Sparkassen und Aktiengesellschaften sei vergleichbar (*Dietlein* in: Engau/Dietlein/Josten, § 19, 8.2.1). In beiden Fällen handele es sich um rechtlich verselbständigte Korporationen, die in ihrer Organisation und Unabhängigkeit ihrer Organe vergleichbar seien (Engau/Dietlein/Josten, § 19, 8.2.1). Im Geschäftsverkehr werde der Vorstand einer Sparkasse in gleicher Weise tätig wie der Vorstand einer Aktiengesellschaft (Engau/Dietlein/Josten, § 19, 8.2.1). Die Sparkasse erfülle ihre Aufgabe mit erwerbswirtschaftlichen Mitteln (Engau/Dietlein/Josten, § 19, 8.2.1). Schließlich seien Organstruktur und Zusammenspiel zwischen Vorstand und Verwaltungsrat am „Leitbild einer erwerbswirtschaftlichen Aktiengesellschaft" orientiert (Engau/Dietlein/Josten, § 19, 8.2.1). Diese Argumente treffen auf die Sparkassen- und Giroverbände gerade nicht zu. Beide Verbände sind nicht im Geschäftsverkehr tätig. Eine Orientierung am Leitbild einer erwerbswirtschaftlichen Aktiengesellschaft besteht nicht, da die Sparkassen- und Giroverbände nicht erwerbswirtschaftlich tätig sind. Aufgabe der Sparkassen- und Giroverbände in Nordrhein-Westfalen ist es, die Mitgliedssparkassen bei der Erfüllung ihres öffentlichen Auftrags zu unterstützen und der Förderung des Sparkassenwesens und der Wettbewerbsfähigkeit der Mitgliedssparkassen zu dienen. Dies schlägt sich auch in den Aufgaben des Verbandsvorstands bzw. des Verbandsvorstehers nieder. Die Mitglieder des Verbandsvorstands bzw. der Verbandsvorsteher sind nicht angestellt, um ein am Markt tätiges Unternehmen zu leiten. Vielmehr stehen sie einer Interessenvertretung vor. Dass die Vergleichbarkeit nicht gegeben ist, zeigt sich im Übrigen daran, dass das Sparkassengesetz neben der Vorstandsverfassung nach wie vor die Leitung des Verbandes durch einen Verbandsvorsteher vorsieht. Wären die Verbände mit Aktiengesellschaften vergleichbar, würde das Gesetz für die Leitung ein Vier-Augen-Prinzip fordern. Damit verbleibt es bei einer vertraglichen Haftung. Anspruchsgrundlage ist dabei jedoch nicht der Dienstvertrag des Vorstandsmitglieds bzw. des Verbandsvorstehers mit dem jeweiligen Sparkassen- und Giroverband selbst. Diese Verträge enthalten keine eigene Haftungsregelung. Vielmehr gibt sich die Haftung aus § 280 BGB in Verbindung mit dem jeweiligen Dienstvertrag. Voraussetzung für eine Haftung ist die Verletzung von dienstvertraglichen Pflichten sowie das Vertretenmüssen dieser Pflichtverletzung. Eine Verletzung dienstvertraglicher Pflichten kann in den Varianten Nichterfüllung, Schlechterfüllung und Verletzung von Nebenpflichten verwirklicht werden (vgl. *Grüneberg* in: Palandt, § 280). Die Nichterfüllung dienstvertraglicher Pflichten dürfte bei den Vorstandsmitgliedern bzw. dem Verbandsvorsteher in der Regel nicht einschlägig sein. Dies würde voraussetzen, dass die Organmitglieder ihrer dienstvertraglichen Pflicht zur Leitung des jeweiligen Verbandes überhaupt nicht nachkommen. Dies dürfte in der Regel ausgeschlossen sein. Hinsichtlich einer Pflichtverletzung durch Schlechterfüllung ist zu berücksichtigen, dass die Mitglieder des Verbandsvorstands sowie der Verbandsvorsteher ihre Entscheidungen unter Unsicherheit treffen, da die künftige Entwicklung nicht vorhergesehen werden kann. Damit liegt in jeder Entscheidung auch ein Risiko (*Lutter*, Pflichten/Haftung von Spk-Organen, § 4 VIII, S. 37). Man wird sich folglich die Frage stellen müssen, „ob im jeweiligen Zeitpunkt des Zustandekommens der Entscheidung diese bei sorgfältiger Prüfung und Abwägung aller Aspekte objektiv als zumindest vertretbar anzusehen ist" (*Dietlein* in: Engau/Dietlein/Josten, § 19, 8.2.3.1). Eine Pflichtwidrigkeit wird man daraus folgend wohl nur annehmen können, wenn die Mitglieder des Vorstands bzw. der Verbandsvorsteher übermäßig riskante Geschäfte tätigen (vgl. auch *Zöllner/Noack* in: Baumbauch/Hueck, GmbHG, § 43 Rd. 22–22a; *Lutter*, Pflichten/Haftung von Spk-Organen, § 4 Abs. 8, S. 37). Im Hinblick auf die Definition des übermäßig riskanten Geschäfts formulierte der Bundesgerichtshof: „Im Zweifel wird es darauf ankommen, ob bei wirtschaftlich vernünftiger, alle bekannten äußeren Umstände berücksichtigender Gefahrbetrachtung die Gefahr eines Verlustgeschäftes wahrscheinlicher ist als die Aussicht auf Gewinnzuwachs." (BGH, Urt. v. 27.2.1975, NJW 1975, 1234, 1236). Bedeutsam für eine Haftung des Verbandsvorstands bzw. des Verbandsvorstehers ist jedoch auch in diesem Zusammenhang, dass die Sparkassen- und Giroverbände nicht wirtschaftlich tätig sind. Anders als die Vorstände von Aktiengesellschaften und die Geschäftsführer von GmbHs führen sie keine auf eine Gewinnerzielung ausgerichteten Unternehmen. Darin unterscheiden sie sich auch von den Vorständen der Sparkassen. Auch wenn Sparkassen nach dem SpkG NRW einen öffentlichen Auftrag verfolgen, so sind ihre Interessen

B. Sparkassen- und Giroverbände, Sparkassenzentralbank § 35

zumindest auch darauf gerichtet, für die Sparkasse positive Geschäfte zu initiieren. Damit bedienen sie sich zur Erfüllung ihres öffentlichen Auftrags marktwirtschaftlicher Mittel (*Lutter*, Pflichten/Haftung von Spk-Organen, § 2 Abs. 3, S. 10). All dies trifft auf die Sparkassen- und Giroverbände nicht zu. Ihre Aufgaben umfassen insbesondere die Unterstützung der Mitgliedssparkassen und die Förderung des Sparkassenwesens. Hinzukommt, dass Geschäfte, die möglicherweise als riskant wahrgenommen werden könnten, wie zB die Eingehung, Aufgabe und Veränderung von Beteiligungen, der Entscheidung der Verbandsversammlung vorbehalten sind. Damit dürfte auch eine Haftung der Mitglieder des Verbandsvorstands bzw. des Verbandsvorstehers wegen einer Schlechterfüllung regelmäßig ausscheiden. Denkbar bleibt damit ein Schadenersatzanspruch wegen der Verletzung vertraglicher Nebenpflichten. Neben einer Pflichtverletzung setzt ein Schadenersatzanspruch ein Vertretenmüssen voraus. Nach § 276 Abs. 1 BGB hat der Schuldner regelmäßig Vorsatz und Fahrlässigkeit zu vertreten. Im Einzelfall kann sich aus Regelungen oder Rechtsfortbildungen ein anderer Verschuldensmaßstab ergeben. Demnach haben die Vorstandsmitglieder von Aktiengesellschaften bei ihrer Geschäftsführung gem. § 93 Abs. 1 AktG die Sorgfalt eines ordentlichen und gewissenhaften Geschäftsleiters anzuwenden. Das SpkG NRW schreibt in § 15 Abs. 8 als Verschuldensmaßstab für die Mitglieder der Verwaltungsräte der Sparkassen Vorsatz und grobe Fahrlässigkeit vor. Die arbeitsrechtlichen Grundsätze wiederum sehen eine abgestufte Haftung nach dem Verschuldensgrad vor. Eben diese Haftungserleichterungen und auch die Regelung des § 15 Abs. 8 SpkG NRW können auf die Mitglieder des Verbandsvorstands bzw. den Verbandsvorsteher nicht analog angewandt werden, da es an einem vergleichbaren Sachverhalt fehlt. Die Mitglieder des Verbandsvorstands und der Verbandsvorsteher sind gerade keine Arbeitnehmer. Sie sind Organ des jeweiligen Sparkassen- und Giroverbandes und auf Basis eines Dienstvertrags für eine befristete Zeit tätig. Ihre Vergütung entspricht diesen Rahmenbedingungen. Eine Berufung auf die Grundsätze der Arbeitnehmerhaftung scheidet aus. Als hauptamtlich tätiges Organ des jeweiligen Sparkassen- und Giroverbandes sind die Mitglieder des Verbandsvorstands sowie der Verbandsvorsteher auch nicht mit den Mitgliedern des Verwaltungsrats einer Sparkasse vergleichbar. Diese üben ihr Amt nicht auf Basis eines Vertrages mit einer entsprechenden Vergütung aus. Denkbar ist damit allenfalls eine analoge Anwendung der Haftungsregelung des § 93 AktG. Da allerdings die analoge Anwendung der Norm grundsätzlich wegen Fehlens eines vergleichbaren Sachverhalts abgelehnt wurde, muss dies konsequenterweise auch für die Haftungsregelung gelten. Damit verbleibt es bei den allgemeinen Regelungen des BGB. Schließlich ist eine Haftung nach § 823 Abs. 2 BGB in Verbindung mit einem Schutzgesetz denkbar. Eine Haftung gem. § 823 Abs. 1 BGB wird in der Regel nicht einschlägig sein, da § 823 Abs. 1 BGB nur absolute Rechte schützt und das Vermögen nicht zu den absoluten Rechten zählt.

III. Offenlegungspflichten

1. Einleitung

a) Offenlegungspflichten

Der Landesgesetzgeber hat mit dem Transparenzgesetz 2009 das Sparkassengesetz um Regelungen zur Offenlegung der Vergütung von Organmitgliedern im Hinblick 25 auf die Sparkassen- und Giroverbände ergänzt. Das Gesetz wurde am 16.12.2009 nahezu einstimmig verabschiedet (vgl. *Pommer*, NWVBl. 2010, 459). Bereits zuvor waren das Gesetz zur individualisierten Offenlegung der Gehälter von Vorstandsmitgliedern vom 3.8.2005 (BGBl. 2005 I S. 2267) und das Gesetz zur Angemessenheit der Vorstandsvergütung vom 31.7.2009 (BGBl. 2009 I S. 2509) in Kraft getreten. Diese Vorschriften zur individualisierten Offenlegung von Vorstandsvergütungen gelten jedoch nur für börsennotierte Aktiengesellschaften. Für die Sparkassen in Nordrhein-Westfalen war 2008 eine Vorschrift in § 19 SpkG NRW eingefügt worden, die Veröffentlichungspflichten der Sparkasse im Hinblick auf die Vergütung der Vorstandsmitglieder vorsah. Artikel 1 des Gesetzes zur Änderung aufsichtsrechtlicher, insbesondere sparkassenrechtlicher Vorschriften vom 18.11.2008 (GV. NRW 2008 S. 696) regelte ua, dass die Bezüge der einzelnen Vorstandsmitglieder im Geschäftsbericht individualisiert auszuweisen sind. Lediglich die Vertretung des Trägers konnte einstimmig beschließen, auf eine individualisierte Ausweisung zu verzichten. Seitens einzelner Vorstandsmitglieder wurden schnell Bedenken an der Rechtmäßigkeit der Regelung angemeldet. Daran anknüpfende zivilgerichtliche Prozesse führten schließlich zum Urteil des OLG Köln vom 9.6.2009 – 15 U 29/09 – und zum Beschluss des LG Bielefeld vom 22.5.2009 – 1 O 136/09. Zusammengefasst kamen beide Gerichte zu dem Ergebnis, der Bundesgesetzgeber habe die Veröffentlichungspflichten in § 285 Nr. 9 HGB abschließend geregelt (LG Bielefeld, 22.5.2009 – 1 O 136/09). Daneben sei für eine individualisierte Offenlegung von nicht börsennotierten Unternehmen kein Raum (aaO). Mit dem Transparenzgesetz 2009 wurde § 19 Abs. 5 SpkG NRW geändert. Zugleich wurden die Regelungen zur Offenlegung bezogen auf die Sparkassen- und Giroverbände eingeführt. Ziel des Gesetzgebers war es, dem besonderen Informationsanspruch der Öffentlichkeit bei öffentlichen Unternehmen Rechnung zu tragen (LT-Drs. 14/10027, S. 23). Dazu vertritt der Gesetzgeber laut Gesetzesbegründung die Auffassung, den Informationsrechten der Öffentlichkeit komme insbesondere bei solchen Unternehmen ein hoher Stellenwert zu, bei denen letztlich die Allgemeinheit mit finanziellen Mitteln wesentlich zur Unternehmensexistenz beiträgt bzw. die öffentliche Hand das Risiko unternehmerischen Handelns trägt (aaO). Die Öffentlichkeit habe einen berechtigten Anspruch darauf, über die Verwendung öffentlicher Gelder gerade im Bereich der Personalkosten informiert zu werden. Weiter ist der Gesetzgeber der Auffassung, der damit verbundene Eingriff in das informelle Selbstbestimmungsrecht des einzelnen Mitglieds des Vorstands oder des Aufsichtsorgans sei hinzunehmen (aaO). Er werde letztendlich gerechtfertigt durch den mit dem Gesetz verfolgten Zweck der Schaffung von Transparenz im öffentlichen Bereich (aaO). Eine Schutzbedürftigkeit der Mitglieder des Leitungs- und Kontrollorgans entsprechend der Schutzbedürftigkeit von Mitarbeiterinnen und Mitarbeitern wird verneint (aaO). Ob diese Argumentation auch für den Vorstand bzw. den Verbandsvorsteher eines Sparkassen- und Giroverbandes bzw. die Mitglieder des entsprechenden Aufsichtsorgans passt, ist zumindest fraglich. Die entsprechenden Gehälter und Vergütungen werden ua aus der von den Sparkassen getragenen Umlage finanziert. Die Sparkassen wiederum erwirtschaften ihre Gewinne. Umlagezahlungen können damit allenfalls eine denkbare Ausschüttung an den Träger mindern. Zumindest eine Finanzierung aus Steuergeldern dürfte wohl ausgeschlossen sein. Dennoch ist der Gesetzgeber der Auffassung, auch bei den Sparkassen- und Giroverbänden bestehe ein Informationsinteresse der Öffentlichkeit im Hinblick auf Gehälter und Vergütungen die die Verbandsleitung bzw. die Mitglieder des Aufsichtsorgans erhalten (LT-Drs. 14/10027, S. 33). Die zwei Sparkassenverbände könnten nicht isoliert von den sie finanzierenden Sparkassen betrachtet werden (aaO). Diese seien wiederum Wirtschaftsunternehmen der Gemeinden und Gemeindeverbände (aaO). Die für die Sparkassen- und Giroverbände geltende Regelung entspricht im Wesentlichen der mit Gesetzesänderung vom 18.11.2008 eingefügten ursprünglichen Offenlegungspflicht der Sparkassen bezogen auf die Vorstandsmitglieder. Die gegen diese Regelung vorgebrachten Argumente, insbesondere der Verstoß im Hinblick auf vorrangiges Bundesrecht, dürfte hinsichtlich der Sparkassen- und Giroverbände jedoch nicht greifen, denn die §§ 340 ff. HGB betreffen Kreditinstitute.

b) Hinwirkungspflichten

Die Offenlegungspflichten in § 35 SpkG NRW gelten nicht nur für die Sparkassen- und Giroverbände bezogen auf ihre Organe. Vielmehr bestehen darüber hinaus auch Hinwirkungspflichten im Hinblick auf Unternehmen an denen die Sparkassen- und Giroverbände mittelbar oder unmittelbar mehrheitlich beteiligt sind oder gemeinsam mit dem Land, Gemeinden oder Gemeindeverbänden, einem Unternehmen in der Rechtsform des privaten Rechts im Sinne des § 65a der Landeshaushaltsordnung, einem Unternehmen des privaten oder öffentlichen Rechts im Sinne von § 3 Abs. 1 des Vergütungsoffenlegungsgesetzes oder mit einem anderen Sparkassen- und Giroverband unmittelbar oder mittelbar mehrheitlich beteiligt sind. In diesem Zusammenhang bedeutet die Hinwirkungspflicht, dass sich die Vertreter der Sparkassen- und Giroverbände in den oben genannten Unternehmen für eine Offenlegung der Vergütung und anderer materieller Leistungen, die an das geschäftsführende Organ dieser Unternehmen gezahlt werden, einsetzen müssen. Dieser Einsatz bedeutet insbesondere, bei den Entscheidungen zur Gestaltung der Anstellungsbedingungen für eine Verpflichtung zur Offenlegung zu stimmen und ggf. Anstellungsbedingungen, die eine solche Verpflichtung nicht enthalten, abzulehnen. Eine dezidierte Begründung, warum hinsichtlich der Beteiligungen eine Hinwirkungspflicht statuiert wird, liefert der Gesetzentwurf nicht.

2. Offenlegungspflichten im Einzelnen

a) Verbandsvorstand bzw. Verbandsvorsteher

Zu veröffentlichen sind zunächst die für die Tätigkeit im Geschäftsjahr gewährten Bezüge des Verbandsvorstehers und jedes einzelnen Mitglieds des Vorstands unter Namensnennung, aufgeteilt nach erfolgsunabhängigen und erfolgsbezogenen Komponenten sowie Komponenten mit langfristiger Anreizwirkung. Die Veröffentlichung hat an geeigneter Stelle zu erfolgen. Darüber hinaus gilt § 19 Abs. 6 S. 2 SpkG NRW entsprechend. Durch diesen Verweis sind auch Leistungen für den Fall einer vorzeitigen Beendigung, Leistungen für den Fall der regulären Beendigung mit ihrem Barwert sowie den hierfür aufgewandten oder zurückgestellten Betrag, Änderungen der Zusagen sowie Leistungen, die einem früheren Mitglied, das seine Tätigkeit im Laufe des Geschäftsjahres beendet hat, in diesem Zusammenhang zugesagt und im Laufe des Geschäftsjahres gewährt worden sind. Die Offenlegungspflichten beziehen sich damit zunächst auf das im Geschäftsjahr gezahlte fixe Gehalt. Darüber hinaus ist eine ggf. gezahlte Leistungszulage anzugeben. Durch den Verweis auf die Regelung in § 19 Abs. 6 S. 2 SpkG NRW sind darüber

§ 35 B. Sparkassen- und Giroverbände, Sparkassenzentralbank

hinaus für den Fall der Beendigung bereits mit dem Anstellungsvertrag zugesagte Abfindungen und Ruhegeldzusagen anzugeben. Die Offenlegungspflicht erschöpft sich jedoch nicht in der Nennung der Rahmenparameter, zB einen Prozentsatz der ruhegeldfähigen Vergütung bezogen auf die Ruhegeldzusage. Vielmehr sind die jährlichen Zuführungen zu den Pensionsrückstellungen und der insgesamt für die Zusage zurückzustellende Betrag zu nennen. Die Nennung kann zB im Anhang zum Jahresabschluss des jeweiligen Sparkassen- und Giroverbandes erfolgen, der im Bundesanzeiger veröffentlicht wird.

b) Mitglieder des Aufsichtsorgans

28   Offenzulegen sind auch die an die Mitglieder des Aufsichtsorgans, Verbandsverwaltungsrat bzw. Verbandsvorstand, gewährten Bezüge. Dabei ist zu berücksichtigen, dass nur der Verbandsvorsteher bzw. die Mitglieder des Verbandsvorstands hauptamtlich angestellt werden. Die Mitglieder des Verbandsverwaltungsrats bzw. des Verbandsvorstands üben ihre Tätigkeit ehrenamtlich aus. Sie erhalten ein Sitzungsgeld. Der Verbandsvorstand bzw. der Verbandsverwaltungsrat setzen sich aus Vorstandsvorsitzenden der Mitgliedssparkassen und Hauptverwaltungsbeamten der Träger zusammen. Für die Vorstandsvorsitzenden handelt es sich bei der Tätigkeit im Verbandsvorstand bzw. im Verbandsverwaltungsrat um eine Nebentätigkeit. Die dafür seitens des jeweiligen Sparkassen- und Giroverbandes gewährten Bezüge werde nicht auf die seitens der Sparkasse gezahlte Vergütung angerechnet. Sie können einbehalten werden und unterliegen lediglich der Versteuerung. Demgegenüber gelten für Hauptverwaltungsbeamte im Hinblick auf Einkünfte aus Nebentätigkeiten verschiedene landesrechtliche Vorschriften, die ua ab einem gewissen Betrag auch Abführungspflichten an die Kommune vorsehen. Hinsichtlich der Bezüge für die Tätigkeit im Aufsichtsorgan des jeweiligen Sparkassen- und Giroverbandes gilt, dass es sich um eine ehrenamtliche Tätigkeit handelt, die nicht Teil des Hauptamtes ist. Daher besteht hinsichtlich der gewährten Bezüge keine Abführungspflicht.

c) Organe in Beteiligungsunternehmen

29   Im Hinblick auf Unternehmen, an denen die nordrhein-westfälischen Sparkassen- und Giroverbände beteiligt sind, statuiert das Gesetz hinsichtlich der Offenlegung der Bezüge eine Hinwirkungspflicht. Wie oben bereits gesagt ist diese Hinwirkungspflicht insbesondere darauf gerichtet, bei einer Beschlussfassung zu den Anstellungsbedingungen der Vorstandsmitglieder des jeweiligen Unternehmens nur solchen Dienstverträgen zuzustimmen, die ausdrücklich eine Offenlegungspflicht enthalten. In diesem Fall soll sich die Pflicht zur Offenlegung auf die im SpkG NRW unter § 35 Abs. 5 genannten Informationen erstrecken. Dies bedeutet, dass zunächst die Vergütung zu veröffentlichen ist und zwar sowohl die fixe als auch die variable leistungsabhängige Vergütung. Des Weiteren enthält die Regelung in § 35 Abs. 5 SpkG NRW einen Verweis auf § 19 Abs. 6 S. 2 SpkG NRW. Daher müssen auch alle weiteren Informationen wie Leistungen für die vorzeitige Beendigung, Leistungen im Falle der regulären Beendigung sowie Änderungen von Zusagen veröffentlicht werden. Schließlich wird hinsichtlich der Unternehmen, an denen die Sparkassen- und Giroverbände wie oben genannt beteiligt sind, auch auf § 35 Abs. 6 SpkG NRW verwiesen, der Offenlegungspflichten auch für die Mitglieder des Verbandsvorstands (RSGV) bzw. des Verbandsverwaltungsrats (SVWL) statuiert.

B. Sparkassen- und Giroverbände, Sparkassenzentralbank § 36

Daraus folgt, dass die Offenlegungspflichten auch auf die Mitglieder des Aufsichtsorgans angewandt werden sollen. In der Regel sind die Mitglieder von Aufsichtsorganen ehrenamtlich tätig. Vertragliche Beziehungen bestehen nicht. Für die Mitgliedschaft im Aufsichtsorgan wird ein Sitzungsgeld gezahlt. Da keine vertraglichen Beziehungen bestehen, kann der jeweilige Sparkassen- und Giroverband nicht fordern, dass Offenlegungspflichten ausdrücklich geregelt werden. Die Hinwirkungspflicht bedeutet in diesem Fall, dass im Aufsichtsorgan ein Beschluss zu einer entsprechenden Selbstverpflichtung gefasst wird.

§ 36 Zusammenschluss der Sparkassen- und Giroverbände

(1) Der Rheinische Sparkassen- und Giroverband und der Westfälisch-Lippische Sparkassen- und Giroverband können sich durch übereinstimmende Beschlüsse ihrer Verbandsversammlung in der Weise zu einer Körperschaft des öffentlichen Rechts vereinigen, dass alle Rechte und Pflichten beider Verbände sowie die nach diesem Gesetz übertragenen Aufgaben ohne Abwicklung auf den neugebildeten Verband als Gesamtrechtsnachfolger übergehen. Die näheren Einzelheiten der Vereinigung sind in einer öffentlich-rechtlichen Vereinbarung zu regeln. Diese bedarf der Genehmigung der Aufsichtsbehörde.

(2) Ist eine Vereinigung aus Gründen des öffentlichen Wohls geboten, so kann die Aufsichtsbehörde eine angemessene Frist zum Abschluss einer Vereinbarung nach Absatz 1 setzen. Die Verbände sind vorher zu hören.

(3) Kommt die Vereinbarung innerhalb der gesetzten Frist nicht zustande, so kann die Aufsichtsbehörde die für eine Vereinigung der Verbände erforderlichen Anordnungen nach Anhörung der Verbände durch Rechtsverordnung treffen. Die Rechtsverordnung bedarf der Zustimmung des Landtags.

(4) Die Verbände können zur gemeinsamen Erfüllung ihrer Aufgaben nach § 34 rechtsfähige Anstalten des öffentlichen Rechts in gemeinsamer Trägerschaft errichten oder bestehende Einrichtungen im Wege der Gesamtrechtsnachfolge in rechtsfähige Anstalten des öffentlichen Rechts in gemeinsamer Trägerschaft umwandeln. Die Verbände können der Anstalt einzelne oder alle mit einem bestimmten Zweck zusammenhängende Aufgaben ganz oder teilweise übertragen. Errichtung und Umwandlung bedürfen der Genehmigung der Aufsichtsbehörde.

(5) Die Rechtsverhältnisse und Aufgaben der Anstalt des öffentlichen Rechts werden durch Satzung geregelt. Die Satzung und deren Änderung bedürfen der Genehmigung der Aufsichtsbehörde.

(6) Orange der Anstalt des öffentlichen Rechts sind die Trägerversammlung, der Verwaltungsrat und der Vorstand. Die Zusammensetzung und Befugnisse der Organe regelt die Satzung.

(7) Die Satzung muss Bestimmungen über den Sitz und den Namen der Anstalt des öffentlichen Rechts sowie über die Zusammensetzung und Befugnisse der Organe einschließlich der Sitz- und Stimmverteilung in Trägerversammlung und Verwaltungsrat enthalten.

(8) Die Anstalt des öffentlichen Rechts finanziert sich durch Entgelte und sonstige Erträge.

(9) Die Anstalt des öffentlichen Rechts haftet für ihre Verbindlichkeiten mit ihrem gesamten Vermögen. Soweit die Erträge der Anstalt des öffentlichen Rechts zur Deckung der Aufwendungen nicht ausreichen, wird von den Verbänden eine Umlage erhoben.

(10) Die Anstalt des öffentlichen Rechts unterliegt der Rechtsaufsicht des Landes. Aufsichtsbehörde ist das Finanzministerium.

(11) Die Anstalt des öffentlichen Rechts tritt als Gesamtrechtsnachfolgerin in die Rechte und Pflichten aus den im Zeitpunkt der Errichtung bestehenden Arbeits- und Ausbildungsverhältnissen mit den in den Verbänden tätigen und in die Anstalt des öffentlichen Rechts übernommenen Beschäftigen ein.

(12) Die Sparkassenverbände sind verpflichtet, der Aufsichtsbehörde jährlich zum 30. April einen Bericht über die Möglichkeit zur Fusion der Prüfungsstellen oder ihrer weitestgehenden Kooperation und über die Zusammenlegung der Rechtsabteilungen und der Personalberatung vorzulegen und dabei insbesondere Synergieeffekte darzulegen. Die Aufsichtsbehörde legt dem Landtag den Bericht vor.

(13) Rechtshandlungen, die aus Anlass der Vereinigung der Sparkassen- und Giroverbände oder der Errichtung der Anstalt des öffentlichen Rechts erforderlich werden, sind frei von landesrechtlich geregelten Gebühren. Das Gleiche gilt für die Beurkundungs- und Beglaubigungsgebühren.

Änderungen der Vorschrift: Regelung in das Gesetz aufgenommen mit Gesetz vom 18.11.2008 (GV. NRW 2008 S. 704); Abs. 1 geändert durch Gesetz vom 17.4.2013 (GV. NRW 2013 S. 491); Abs. 2 geändert durch Gesetz vom 17.4.2013 (GV. NRW 2013 S. 491); Abs. 3 geändert durch Gesetz vom 17.4.2013 (GV. NRW 2013 S. 491); Abs. 4 geändert durch Gesetz vom 17.4.2013 (GV. NRW 2013 S. 491); Abs. 5 geändert durch Gesetz vom 17.4.2013 (GV. NRW 2013 S. 491); Abs. 6 eingefügt durch Gesetz vom 17.4.2013 (GV. NRW 2013 S. 491); Abs. 7 eingefügt durch Gesetz vom 17.4.2013 (GV. NRW 2013 S. 491); Abs. 8 eingefügt durch Gesetz vom 17.4.2013 (GV. NRW 2013 S. 491); Abs. 9 eingefügt durch Gesetz vom 17.4.2013 (GV. NRW 2013 S. 491); Abs. 10 eingefügt durch Gesetz vom 17.4.2013 (GV. NRW 2013 S. 491); Abs. 11 eingefügt durch Gesetz vom 17.4.2013 (GV. NRW 2013 S. 491); Abs. 12 eingefügt durch Gesetz vom 17.4.2013 (GV. NRW 2013 S. 491); Abs. 13 eingefügt durch Gesetz vom 17.4.2013 (GV. NRW 2013 S. 491).

Übersicht

	Rn.		Rn.
I. Einleitung	1	b) Öffentlich-rechtliche Vereinbarung	6
1. Ausgangspunkt	1	2. Vereinigung aus Gründen des öffentlichen Wohls	7
2. Gesetz über den Zusammenschluss der Sparkassen- und Giroverbände	2	a) Gründe des öffentlichen Wohls	7
3. „Angeordnete" Fusion	3	b) Verfahren	8
4. Aktuelle Regelung	4	c) Öffentlich-rechtlicher Vertrag	9
II. Fusion der Sparkassen-Giroverbände	5	III. Errichtung von Anstalten des öffentlichen Rechts in gemeinsamer Trägerschaft	10
1. Freiwillige Fusion	5		
a) Übereinstimmende Beschlüsse der Verbandsversammlungen	5	IV. Kooperation der Verbände	11

B. Sparkassen- und Giroverbände, Sparkassenzentralbank § 36

I. Einleitung

1. Ausgangspunkt

Seit den 1930er Jahren gibt es in Nordrhein-Westfalen zwei Sparkassen- und Gi- 1
roverbände, den Sparkassenverband Westfalen-Lippe mit Sitz in Münster und den
Rheinischen Sparkassen- und Giroverband mit Sitz in Düsseldorf. Ursprünglich regelte das SpkG NRW nur die Rechtsnatur der Sparkassen- und Giroverbände, die
Satzung, die Aufgaben, die Organe und die Aufsicht. Regelungen zur Vereinigung
der zwei Sparkassen- und Giroverbände zu einem Verband enthielt das Gesetz nicht.

2. Gesetz über den Zusammenschluss der Sparkassen- und Giroverbände

Mit Wirkung zum 1.1.1995 trat das Gesetz zur Änderung des Sparkassengesetzes 2
und über den Zusammenschluss der Sparkassen- und Giroverbände in Kraft. Dessen Artikel 2 regelte den Zusammenschluss der Sparkassen- und Giroverbände. Der
Gesetzentwurf wurde am 27.9.1993 von der Landesregierung eingebracht. Er sah
im Wesentlichen vor, dass sich der RSGV und der SVWL durch übereinstimmende
Beschlüsse ihrer Verbandsversammlungen in der Weise zu einer Körperschaft des
öffentlichen Rechts vereinigen können, dass alle Rechte und Pflichten beider Verbände ohne Abwicklung auf den neu gebildeten Verband als Gesamtrechtsnachfolger übergehen (LT-Drs. 11/6047 S. 79). Die näheren Einzelheiten einer solchen
Vereinigung sollten in einer öffentliche-rechtlichen Vereinbarung geregelt werden,
die der Genehmigung des Finanzministeriums im Einvernehmen mit dem Innenministerium bedurfte. Neben dieser freiwilligen Vereinigung der zwei Verbände sah
das Gesetz die Vereinigung aus Gründen des öffentlichen Wohls vor. In diesem Fall
konnte das Finanzministerium im Einvernehmen mit dem Innenministerium eine
angemessene Frist zum Abschluss einer öffentlich-rechtlichen Vereinbarung setzen.
Nur für den Fall, dass binnen der gesetzten Frist keine Vereinbarung zustände käme,
war die Möglichkeit einer entsprechenden Anordnung nach Anhörung der Verbände durch Rechtsverordnung eröffnet. Damit entsprach die Regelung aus dem Jahr
1995 wesentlich der aktuellen Regelung im SpkG NRW. Grund für die Fusionsregelung war laut Gesetzesbegründung, dass sich fast alle Bundesländer dafür entschieden hätten, die wichtigen Aufgaben eines Sparkassen- und Giroverbandes
durch jeweils einen Verband pro Bundesland, teilweise sogar durch einen Verband
für mehrere Bundesländer erledigen zu lassen (LT-Drs. 11/6047, S. 54). Aufgrund
einer fehlenden Regelung sei es in Nordrhein-Westfalen jedoch nicht möglich, die
zwei Sparkassen- und Giroverbände zusammenzuschließen, selbst wenn sie es wollten (LT-Drs. 11/6047, S. 54). „Eine Bündelung der Kräfte (böte) den Vorteil landeseinheitlicher Aufgabenerfüllung und darüber hinaus zumindest die Chance, die
gesetzlichen und satzungsrechtlichen Aufgaben noch effizienter und mit größerem
Gewicht wahrzunehmen" (LT-Drs. 11/6047, S. 54). In der Gesetzesbegründung
wurde klargestellt, dass das Gesetz in erster Linie die Möglichkeit einer freiwilligen
Fusion der zwei Sparkassen- und Giroverbände eröffnen möchte. Eine staatlich angeordnete Fusion sollte es nur im Ausnahmefall geben, nämlich dann, wenn aus
Gründen des öffentlichen Wohls ein Zusammenschluss geboten ist und Bemühungen um eine freiwillige Fusion erfolglos bleiben (LT-Drs. 11/6047, S. 79).

3. „Angeordnete" Fusion

3 Mit der Novelle des SpkG NRW aus dem Jahr 2008 wurden die Regelungen zur Fusion der Sparkassen- und Giroverbände abgeändert und erstmals ein Zeitpunkt für einen Zusammenschluss in das Gesetz aufgenommen. Diese Regelung geht zurück auf den Koalitionsvertrag von CDU und FDP nach den Landtagswahlen 2005. Laut Gesetzesbegründung sei die Organisation der Sparkassen in ihren zwei Verbänden nicht mehr zeitgemäß und müsse effektiver gestaltet werden (LT-Drs. 14/6831, S. 28). Ein großer, einheitlicher Verband sei darüber hinaus besser in der Lage, die kommenden Aufgaben mit ihren ständig wachsenden Anforderungen auf Landes- und Bundesebene besser zu bewältigen (LT-Drs. 14/6831, S. 28). Der damalige § 36 SpkG NRW sah vor, dass der rheinische Sparkassen- und Giroverband und der westfälisch-lippische Sparkassen- und Giroverband bis zum 1.3.2009 eine unwiderrufliche öffentliche Vereinbarung abschließen, in der das Verfahren zur Vereinigung beider Verbände auf einen neu gebildeten Verband als Gesamtrechtsnachfolger bis spätestens zum 31.12.2012 geregelt wird. Bis zum 31.12.2012 waren die zwei Verbände durch übereinstimmende Beschlüsse ihrer Verbandsversammlungen in der Weise zu einer Körperschaft des öffentlichen Rechts zu vereinigen, dass alle Rechte und Pflichten beider Verbände ohne Abwicklung auf den neu gebildeten Verband als Gesamtrechtsnachfolger übergehen. Die Vereinigung sollte auf der Grundlage einer öffentlich-rechtlichen Vereinbarung erfolgen, die der Genehmigung der Aufsichtsbehörde bedurfte. Laut Gesetzesbegründung wurde den zwei Verbänden ein Handlungs- und Gestaltungsspielraum eingeräumt. Dadurch sollte gewährleistet werden, dass ein angemessener und sachgerechter Interessenausgleich zwischen den bestehenden Standorten erzielt werden könne (LT-Drs. 14/6831, S. 46). Für den Fall, dass eine Vereinbarung zur Vereinigung der Sparkassen- und Giroverbände nicht bis zum 31.5.2012 vorgelegt würde, sah das Gesetz die Ermächtigung der Aufsichtsbehörde vor, die für eine Vereinigung erforderlichen Anordnungen nach Anhörung der Verbände durch Rechtsverordnung zu treffen. Die Regelung war in der anschließenden Diskussion nicht unumstritten. So wiesen die zwei Sparkassen- und Giroverbände gemeinsam mit den kommunalen Spitzenverbänden darauf hin, dass in letzter Konsequenz eine zwangsweise Fusion vorgesehen sei (Stellungnahme LT-Drs. 14/2064, S. 47). Dabei würde das Gemeinwohl keine Rolle spielen, vielmehr würde die Fusion mit der Durchsetzung des politischen Willens begründet (Stellungnahme LT-Drs. 14/2064, S. 47). Tatsächlich sei jedoch eine Fusion auf freiwilliger Basis am ehesten geeignet eine funktionierende Struktur des Sparkassenwesens vorzuhalten (aaO). Schließlich würde eine erzwungene Vereinigung den unterschiedlichen Sparkassenstrukturen im Rheinland und in Westfalen-Lippe nicht gerecht (Stellungnahme LT-Drs. 14/2064, S. 47). Nach Abschluss der politischen Diskussion wurde nur das Datum für die Vorlage einer unwiderruflichen Vereinbarung angepasst und auf den 1.6.2009 festgelegt. Im Übrigen trat die Regelung im Vergleich zum Gesetzentwurf unverändert in Kraft.

4. Aktuelle Regelung

4 Vor der zwangsweisen Fusion durch Rechtsverordnung legte die Landesregierung den Entwurf eines Gesetzes zur Änderung sparkassenrechtlicher Vorschriften vom 17.4.2013 vor. Dieser Gesetzentwurf fußte in der Änderung der

B. Sparkassen- und Giroverbände, Sparkassenzentralbank § 36

politischen Situation auf Landesebene. Nach den Landtagswahlen 2010 war die Regierungskoalition aus CDU und FDP durch eine Koalition von SPD und Bündnis90/DIE GRÜNEN abgelöst worden. Der oben genannte Gesetzentwurf führte die Regelung zur Fusion der zwei Sparkassen- und Giroverbände in Nordrhein-Westfalen auf die Regelung zur freiwilligen Fusion auf Basis einer öffentlich-rechtlichen Vereinbarung aus dem Jahr 1994 zurück. Darüber hinaus wurde die Möglichkeit eingeräumt, dass die Verbände zur Erfüllung ihrer Aufgaben gemeinsam Anstalten des öffentlichen Rechts errichten oder bestehende Einrichtungen in Anstalten des öffentlichen Rechts umwandeln können. Schließlich sah der Entwurf die Vorlage eines jährlichen Kooperationsberichts vor. Die Regelungen traten nach den Beratungen weitgehend unverändert mit Wirkung zum 17.7.2013 in Kraft.

II. Fusion der Sparkassen- und Giroverbände

1. Freiwillige Fusion

a) Übereinstimmende Beschlüsse der Verbandsversammlungen

Erste Voraussetzung für eine freiwillige Fusion sind übereinstimmende Beschlüsse 5 der Verbandsversammlung des SVWL und der Verbandsversammlung des RSGV. Für die Beschlussfassung gelten die Regelungen der jeweiligen Satzung im Hinblick auf die Sitzungen der Verbandsversammlung. Beide Satzungen sehen keine ausdrückliche Zuständigkeit der jeweiligen Verbandsversammlung für die Entscheidung über die Fusion der zwei Sparkassen- und Giroverbände vor. Dies ist auch nicht erforderlich, da die Zuständigkeit im Gesetz ausdrücklich geregelt ist. Einer weiteren Regelung auch in der Satzung bedarf es nicht zwingend. Gegenstand des Beschlusses ist die Vereinigung zu einer Körperschaft des öffentlichen Rechts in der Weise, dass alle Rechte und Pflichten beider Verbände sowie die ihnen nach diesem Gesetz übertragenen Aufgaben ohne Abwicklung auf den neu gebildeten Verband als Gesamtrechtsnachfolger übergehen. Der Beschluss über die Fusion der Sparkassen- und Giroverbände ist mit einer Stimmenmehrheit von zwei Dritteln zu treffen. Zwar sehen die Satzungen des RSGV und SVWL übereinstimmend vor, dass Beschlüsse grundsätzlich mit der einfachen Stimmenmehrheit zu fassen sind. Eine Stimmenmehrheit von zwei Dritteln gilt nur in den ausdrücklich in den Satzungen genannten Fällen. Dies sind nach der Satzung des SVWL ua die Änderung der Satzung des Verbandes und die Auflösung des Verbandes. Auch nach der Satzung des RSGV gilt bei Satzungsänderungen eine zwei Drittel Mehrheit. Die Fusion der zwei Sparkassen- und Giroverbände mit der Konsequenz, dass alle Rechte und Pflichten des jeweiligen Verbandes auf den neu gebildeten Verband übergehen, kommt in der Wichtigkeit und Bedeutung einer Satzungsänderung gleich. Darüber hinaus entspricht die Entscheidung über die Fusion des Verbandes einer Auflösung, da der bisherige Verband in der neu gegründeten Körperschaft aufgeht. Daher ist es gerechtfertigt, für die Fusion der zwei Verbände dieselbe Mehrheit an Stimmen für erforderlich zu halten, wie im Falle der Satzungsänderung bzw. der Auflösung des Verbandes. Dem Beschluss über die Fusion sind der öffentlich-rechtliche Vertrag zur Fusion sowie die Satzung des fusionierten Verbandes beizufügen. Im öffentlich-rechtlichen Vertrag werden insbesondere der Sitz des fusionierten Verbandes, der

Name und die Höhe des Stammkapitals geregelt. Die Satzung enthält die Governance des fusionierten Verbandes. Diese Informationen sind Teil der Basis für die Entscheidung über einen Zusammenschluss. Daher können sie den Mitgliedern der jeweiligen Trägerversammlung nicht vorenthalten werden.

b) Öffentlich-rechtliche Vereinbarung

6   Neben den übereinstimmenden Beschlüssen der Verbandsversammlungen bedarf die Fusion gem. § 36 Abs. 1 S. 3 SpkG NRW einer öffentlich-rechtlichen Vereinbarung. Zuständig für Unterzeichnung der öffentlich-rechtlichen Vereinbarung sind der Verbandsvorstand des SVWL sowie der Verbandsvorsteher des RSGV, die gem. § 15 Abs. 1 der Satzung des SVWL bzw. § 14 Abs. 3 der Satzung des RSGV den jeweiligen Verband vertreten. Sie werden seitens der jeweiligen Verbandsversammlung mit dem Beschluss über den Zusammenschluss der zwei Sparkassen- und Giroverbände ermächtigt, den dem Beschuss beigefügten öffentlich-rechtlichen Vertrag zu unterschreiben. Zum Inhalt des öffentlich-rechtlichen Vertrages regelt das SpkG NRW nichts. Daraus folgt, dass kein Mindestinhalt gesetzlich vorgegeben ist und die zwei Sparkassen- und Giroverbände bei der inhaltlichen Gestaltung des öffentlich-rechtlichen Vertrages frei agieren können. Eine solche Vereinbarung sollte Regelungen zum Sitz und zur Governance enthalten.

2. Vereinbarung aus Gründen des öffentlichen Wohls

a) Gründe des öffentlichen Wohls

7   Neben der freiwilligen Fusion der zwei Sparkassen- und Giroverbände sieht das Gesetz die Vereinigung aus Gründen des öffentlichen Wohls vor. Diese Regelung wurde erstmals 1994 in das SpkG NRW aufgenommen und im Rahmen der Gesetzesänderung 2013 fast gleichlautend erneut eingefügt. In der Gesetzesbegründung aus dem Jahr 1994 heißt es, eine nicht freiwillige Fusion sei nur aus gewichtigen Gründen des öffentlichen Wohls möglich (LT-Drs. 11/6027, S. 54). Eine nähere Definition der gewichtigen Gründe des öffentlichen Wohls enthält weder die Gesetzesbegründung aus dem Jahr 1994 noch die Begründung des Jahres 2013. Grundsätzlich wird man die gewichtigen Gründe des öffentlichen Wohls aus den Aufgaben der Sparkassen- und Giroverbände ableiten müssen. Aufgabe der Sparkassen- und Giroverbände ist es insbesondere, dem Sparkassenwesen zu dienen und die Mitgliedssparkassen bei der Erfüllung ihres öffentlichen Auftrags zu unterstützen. Gewichtige Gründe des öffentlichen Wohls wären dann zu bejahen, wenn diese Aufgaben durch einen gemeinsamen Verband besser als durch zwei Sparkassen- und Giroverbände in Nordrhein-Westfalen wahrgenommen werden könnten. Aktuell hätte die Fusion der zwei Sparkassen- und Giroverbände zur Konsequenz, dass die nordrhein-westfälischen Sparkassen auf Bundesebene in den Gremien des DSGV nur noch eine Stimme statt bisher zwei Stimmen hätten (LT-Drs. 16/2652, S. 22). Auch die Präsenz in den Verbundunternehmen würde sich reduzieren (LT-Drs. 16/2652, S. 22). Darüber hinaus würde sich die Position der nordrhein-westfälischen Sparkassen im Haftungsverbund verschlechtern (LT-Drs. 16/2652, S. 22). Gewichtige Gründe des öffentlichen Wohls wären daher zu bejahen, wenn sich die Position der nordrhein-westfälischen Sparkassen durch einen Zusammenschluss der Verbände verbessern würde. Diese Verbesserung müsste die zuvor genannten Nachteile ausgleichen.

B. Sparkassen- und Giroverbände, Sparkassenzentralbank § 36

b) Verfahren

Das Verfahren sieht vor, dass den Verbänden durch die Aufsichtsbehörde zunächst eine angemessene Frist gesetzt wird, um eine öffentlich-rechtliche Vereinbarung zum Zusammenschluss abzuschließen. Zwingendes Erfordernis ist, die zwei Verbände vorher anzuhören. Die Regelung unterstreicht, dass auch im Falle einer nicht freiwilligen Fusion hinsichtlich aller Fragen zu dem künftigen Verband eine freiwillige Lösung bevorzugt wird (vgl. LT-Drs. 11/5047, S. 79). Nur wenn ein öffentlich-rechtlicher Vertrag nicht binnen der gesetzten Frist zustande kommt, kann die Aufsichtsbehörde die für eine Vereinigung erforderlichen Anordnungen durch Rechtsverordnung treffen. Eine solche Rechtsverordnung bedarf wegen der Bedeutung der Sache der Zustimmung des Landtags (vgl. LT-Drs. 11/6047, S. 79).

8

c) Öffentlich-rechtlicher Vertrag

Wie bei einer freiwilligen Fusion bedarf es grundsätzlich eines öffentlich-rechtlichen Vertrags zur Verbändefusion. Dieser wird wie bereits beschrieben durch den Vorstand des SVWL und der Verbandsvorsteher des RSGV unterzeichnet. Der übereinstimmenden Beschlüsse der zwei Trägerversammlungen bedarf es nicht, da die Entscheidung über den Zusammenschluss seitens der Aufsichtsbehörde vor dem Hintergrund des öffentlichen Wohls getroffen wurde und die übereinstimmenden Beschlüsse quasi ersetzt. Allerdings muss die jeweilige Trägerversammlung dem ausgehandelten öffentlich-rechtlichen Vertrag, dem die Satzung für den künftigen Verband beizufügen ist, zustimmen und die Mitglieder des Verbandsvorstands bzw. den Verbandsvorsteher ermächtigen, den öffentlich-rechtlichen Vertrag zu unterzeichnen. Auch im Falle einer nicht freiwilligen Fusion gehen die zwei Sparkassen- und Giroverbände in dem neuen Verband auf. Die Mitgliedschaften gehen über. Daher muss den Mitgliedern der Verbände die Möglichkeit eingeräumt werden, die Struktur ihrer künftigen Mitgliedschaft zu bestimmen.

9

III. Errichtung von Anstalten des öffentlichen Rechts in gemeinsamer Trägerschaft

Neben einem Zusammenschluss der zwei Sparkassen- und Giroverbände besteht seit 2013 die Möglichkeit, dass die zwei Verbände zur gemeinsamen Erfüllung ihrer Aufgaben rechtsfähige Anstalten des öffentliche Rechts in gemeinsamer Trägerschaft errichten oder bestehende Einrichtungen im Wege der Gesamtrechtsnachfolge in rechtsfähige Anstalten des öffentlichen Rechts in gemeinsamer Trägerschaft umwandeln. Hintergrund dieser Regelung ist, dass es den Verbänden ermöglicht werden soll, unterhalb der Ebene der Vollfusion bislang unselbständige Aufgabenbereiche rechtlich zu verselbstständigen, um Synergien zu heben (LT-Drs. 16/2652, S. 23). Dazu ist gesetzlich geregelt, dass sowohl die Errichtung als auch die Umwandlung der Genehmigung der Aufsichtsbehörde bedürfen. Die Rechtsverhältnisse und Aufgaben einer solchen Anstalt werden in einer Satzung geregelt, die ebenfalls der Genehmigung der Aufsichtsbehörde bedarf. Bereits im Gesetz sind die Organe einer solchen Anstalt – Trägerversammlung, Verwaltungsrat, Vorstand – geregelt. Deren Aufgaben und Befugnisse sollen sich aus der Satzung ergeben. Des Weiteren muss die Satzung Regelungen zum Sitz und zum Namen enthalten so-

10

wie zur Sitz- und Stimmenverteilung in Trägerversammlung und Verwaltungsrat. Der Sitz der „neuen" Anstalt öffentlichen Rechts muss weder in Münster noch in Düsseldorf sein. Vielmehr können die Verbände diesen Sitz unter Berücksichtigung der ausgelagerten Aufgaben wählen (LT-Drs. 16/2652, S. 52). Die Anstalt des öffentlichen Rechts finanziert sich laut Gesetz über Entgelte und sonstige Erträge. Für den Fall, dass eine Selbstfinanzierung nicht ausreicht, um die Verbindlichkeiten zu begleichen, wird von den Verbänden bei den Sparkassen eine Umlage erhoben. Ebenfalls ist gesetzlich geregelt, dass die Anstalt als Gesamtrechtsnachfolgerin in die Rechte und Pflichten der zum Zeitpunkt der Errichtung bestehen Arbeits- und Ausbildungsverhältnisse eintritt. Der Übergang der Arbeits- und Ausbildungsverhältnisse erfolgt also nicht durch Rechtsgeschäft, sondern aufgrund eines Gesetzes. Damit handelt es sich bei der Errichtung nicht um einen Betriebsübergang im Sinne des § 613a BGB, so dass diese Regelungen keine Anwendung finden. Die Rechtsaufsicht über die Anstalt des öffentlichen Rechts führt das Finanzministerium. Das Gesetz gibt keine Auskunft zum Verfahren einer Errichtung einer Anstalt des öffentlichen Rechts oder einer Umwandlung bestehender Einrichtungen in eine Anstalt des öffentlichen Rechts. Vor dem Hintergrund des Satzungsrechts dürften jedoch sowohl die Errichtung als auch die Umwandlung der Zustimmung der Trägerversammlung mit einer Mehrheit von zwei Dritteln der anwesenden Stimmen bedürfen. Beides erfolgt zur gemeinsamen Erfüllung der Aufgaben der Sparkassen- und Giroverbände. Damit gehen mit der Errichtung oder Umwandlung Aufgaben auf die „neue" Anstalt des öffentlichen Rechts über. Zugleich stehen die Verbände und damit in letzter Konsequenz die Sparkassen für die Verbindlichkeiten der neu errichteten Anstalt ein. Die Übertragung von Aufgaben wird in der Regel satzungsrechtliche Konsequenzen haben. Daher müssen für die Errichtung dieselben Voraussetzungen wie für eine Satzungsänderung gelten. Dem Beschluss der jeweiligen Trägerversammlung ist der Entwurf der Satzung für die Anstalt des öffentlichen Rechts beizufügen.

IV. Kooperation der Verbände

11   Im Jahr 2012 haben die zwei Sparkassen- und Giroverbände dem Finanzministerium keine öffentlich-rechtliche Vereinbarung zur Vereinigung vorgelegt, sondern vielmehr eine öffentlich-rechtliche Kooperationsvereinbarung. Mit der Regelung in Absatz 12 werden die Verbände verpflichtet, die Möglichkeit weiterer Fusions- und Kooperationsmöglichkeiten zu prüfen. Ein entsprechender Bericht ist jährlich bis zum 30.4 vorzulegen. Der Bericht soll insbesondere die Fusion der Prüfungsstellen sowie die Zusammenlegung der Rechts- und der Personalberatung beleuchten. Neben dem jährlichen Bericht können in Einzelfällen Zwischenberichte durch das Finanzministerium als Aufsichtsbehörde angefordert werden (LT-Drs. 16/2652, S. 24). Die Berichte sind dem Landtag vorzulegen. Im Rahmen der Kooperation finden sogenannte Überkreuzprüfungen der Prüfungsstelle und regelmäßige Kooperationstreffen der Rechtsabteilungen statt.

§ 37 Sparkassenzentralbank, Girozentrale

(1) Die Aufsichtsbehörde ist ermächtigt, die Aufgaben einer Sparkassenzentralbank und Girozentrale einer juristischen Person des öffentli-

chen Rechts zu übertragen oder eine juristische Person des privaten Rechts, an der juristische Personen des öffentlichen Rechts mehrheitlich beteiligt sind, mit der Wahrnehmung zu beleihen. Die Übertragung bzw. Beleihung erfolgt auf Antrag der Sparkassen- und Giroverbände und der jeweiligen juristischen Person. Diese muss hinreichende Gewähr für die Erfüllung dieser Aufgaben bieten.

(2) Die Sparkassenzentralbank und Girozentrale hat die Sparkassen in ihrer Aufgabenerfüllung zu unterstützen. Ihr obliegt in Zusammenarbeit mit den Sparkassen und den anderen Verbundunternehmen die Durchführung oder Umsetzung der sich aus dem Verbund ergebenden Aufgaben und Geschäfte.

(3) Die Aufgabe ist zu entziehen beziehungsweise die Beleihung zu widerrufen, sofern die jeweilige juristische Person die in Abs. 2 genannten Aufgaben nachhaltig nicht mehr erfüllt oder erfüllen kann.

Änderungen der Vorschrift: Regelung in das Gesetz aufgenommen mit Gesetz vom 18.11.2008 (GV. NRW 2008 S. 704); Abs. 1 geändert durch Gesetz vom 17.4.2013 (GV. NRW 2013 S. 491); Abs. 2 geändert durch Gesetz vom 17.4.2013 (GV. NRW 2013 S. 491); Abs. 3 geändert durch Gesetz vom 17.4.2013 (GV. NRW 2013 S. 491)

Literatur: *Bader/Ronellenfitsch*, Verwaltungsverfahrensgesetz, 45. Ed., Stand 1.10.2019

Übersicht

	Rn.		Rn.
I. Einleitung	1	II. Übertragung der Aufgabe Sparkassenzentralbank, Girozentrale	8
1. Hintergrund	1	1. Einleitung	8
2. Entwicklung	2	2. Möglicher Adressat einer Übertragung	9
a) Sparkassengesetz 1958	2	3. Antrag auf Übertragung	10
b) Zusammenschluss zu einem Kreditinstitut	3	III. Beleihung mit den Aufgaben Sparkassenzentralbank, Girozentrale	11
c) Beteiligung anderer Gewährträger	4		
d) Umwandlung in AG	5	IV. Aufgaben Sparkassenzentralbank, Girozentrale	12
e) Beleihung mit den Aufgaben einer Sparkassenzentrale	6	V. Entzug/Widerruf der Aufgaben	13
f) Ende der Beleihung der WestLB AG	7		

I. Einleitung

1. Hintergrund

Spätestens mit der Einführung des bargeldlosen Zahlungsverkehrs 1907 sahen sich die Sparkassen gezwungen, sogenannte Girozentralen zu gründen. Zur Abwicklung des bargeldlosen Zahlungsverkehrs bedurfte es gegenseitiger Verrechnungskonten, wenn Zahlungspflichtiger und Zahlungsempfänger ihr Konto nicht bei demselben Kreditinstitut unterhielten. Die zahlreichen regionalen Sparkassen sahen sich nicht in der Lage, mit allen anderen Sparkassen und weiteren Kreditinstituten diese Verrechnungskonten zu unterhalten. Daher erfolgte die Abwicklung über die sogenannten Girozentralen, in denen der Giroverkehr gebündelt wurde. Damit ist eine Girozentrale grundsätzlich ein Kreditinstitut, das als Verrechnungs- 1 stelle den bargeldlosen Zahlungsverkehr zwischen allen an diese Girozentrale angeschlossenen Sparkassen sowie weiteren Girozentralen und Kreditinstituten sicherstellt. Der Begriff „Giroverkehr" steht dabei für den bargeldlosen Zahlungsverkehr, der heute im Wesentlichen (Echtzeit-)Überweisungen, Lastschriften und Abbuchungsaufträge umfasst. Die oftmals analog verwendeten Begriffe Landesbank, Girozentrale und Sparkassenzentralbank sind zu differenzieren. Landesbanken weisen heute im Rahmen ihrer Satzungen üblicherweise den Charakter von am Markt agierenden Finanzintermediären auf, hiervon zu trennen ist weiterhin ihre Girozentralfunktion und die damit verbundenen Aufgaben als Verrechnungsstelle für die angeschlossenen Sparkassen.

2. Entwicklung

a) Sparkassengesetz 1958

2 Vor diesem Hintergrund enthielt auch das erste nach dem 2. Weltkrieg in Kraft getretene Sparkassengesetz aus dem Jahr 1958 Regelungen zu den Girozentralen. Es sah die Rheinische Girozentrale und Provinzialbank in Düsseldorf und die Landesbank für Westfalen in Münster als Girozentralen vor. Bei den Kreditinstituten handelte es sich jeweils um Anstalten des öffentlichen Rechts. Ihre Aufgabe war es ua, den Spargiroverkehr zu pflegen und als Sparkassenzentralbank die Liquiditätsreserven der Sparkassen zu verwalten. In ihren jeweiligen Satzungen konnten ihnen weitere Aufgaben übertragen werden.

b) (Eigen-)Kapitalausstattung der Sparkassen/Sicherheitsrücklage

3 Die zwei Girozentralen wurden zum 1.1.1969 zu einem Kreditinstitut in der Rechtsform einer Anstalt des öffentlichen Rechts zusammengelegt. Das „neue" Institut trug den Namen Rheinisch-Westfälische Landesbank und hatte einen Sitz in Münster und in Düsseldorf. Ihr oblagen die Aufgaben einer Staats- und Kommunalbank sowie einer Sparkassenzentralbank. Sie verwaltete Einlagen der Sparkassen und pflegte den Giroverkehr. Der Gesetzgeber führte als Begründung an, mit einer Vereinigung würde sich das Kreditpotential vergrößern (LT-Drs. 6/863, S. 7). Für das Land gäbe es nur noch eine Staatsbank und die Finanzierung großer Geschäfte würde erleichtert (LT-Drs. 6/863, S. 7). Zudem würde die Stellung der Bank im Wertpapier und im Auslandsgeschäft gestärkt (LT-Drs. 6/863, S. 7). Mit dem Gesetz zur Änderung des Sparkassengesetzes vom 16.6.1970 wurde der Name Westdeutsche Landesbank Girozentrale (WestLB) begründet.

c) Beteiligung anderer Gewährträger

4 Im Jahr 1993 konstatiert der Gesetzgeber eine Verschärfung des Wettbewerbs im Bereich der Finanzwirtschaft auf Grund des EG Binnenmarkts. Als Reaktion darauf hatten andere Bundesländer die Regelungen für ihre Landesbanken angepasst oder zumindest entsprechende Gesetzentwürfe verabschiedet. Gemeinsamkeit über alle Bundesländer hinweg sei, eine Flexibilisierung im Sinne einer verbesserten Handlungsfähigkeit der Landesbank sicherzustellen. Zugleich sollen die neuen Regelungen eine verbesserte Zusammenarbeit der Landesbanken untereinander ermöglichen. Mit den angedachten Gesetzesänderungen sollte auch die WestLB gestärkt werden. Zu diesen zählte insbesondere, die Beteiligung anderer Gewährträger an

B. Sparkassen- und Giroverbände, Sparkassenzentralbank § 37

der WestLB zu ermöglichen und zugleich den Weg dafür zu ebnen, dass sich die WestLB an anderen Unternehmen in der Rechtsform einer juristischen Person des öffentlichen Rechts beteiligen kann (vgl. LT-Drs. 11/6047, S. 52). Erforderlich sowohl für aktive als auch für passive Beteiligungen war die Genehmigung der Staatsaufsicht. Im Falle der Beteiligung einer juristischen Person des öffentlichen Rechts an der WestLB als Gewährträger musste der Anteil der nordrhein-westfälischen Gewährträger mindestens 51 vH betragen. Eine Fusion von Landesbanken sollte durch die Änderungen des Sparkassengesetzes nicht ermöglicht werden. Eine solche Entscheidung sollte wegen ihrer Bedeutung und Tragweite stets einer parlamentarischen Entscheidung im Einzelfall vorbehalten bleiben (LT-Drs. 11/6047, S. 53). Die Regelungen traten zum 1.1.1995 in Kraft.

d) Umwandlung in AG

Zum 1.8.2002 erfolgte die Aufspaltung der WestLB in die Landesbank NRW 5 und die WestLB AG, die weiterhin die Aufgaben einer Zentralbank der Sparkassen wahrnahm. Der Aufspaltung vorausgegangen war ein jahrelanger Streit mit der EU Kommission um Anstaltslast und Gewährträgerhaftung. Hintergrund war, dass ua nach dem SpkG NRW der jeweilige Gewährträger unbeschränkt für die Verbindlichkeiten „seines" Instituts haftete. Dies wurde als eine nicht mit dem EG-Vertrag vereinbare Beihilfe angesehen. Am 17.7.2001 einigten sich die EU-Kommission, die Bundesregierung, Landesregierungen sowie Vertreter der Sparkassen Finanzgruppe auf die „Verständigung über Anstaltslast und Gewährträgerhaftung". Mit dieser Einigung wurde der Grundstein für die Abschaffung von Anstaltslast und Gewährträgerhaftung gelegt. Man hatte sich ausdrücklich zu Gesetzesänderungen verpflichtet, die zum 31.12.2002 verabschiedet sein mussten. Die Neustrukturierung der WestLB ging vollumfänglich auf die Verständigung vom 17.7.2001 zurück (vgl. LT-Drs. 13/2124, S. 102). Mit der Etablierung eines Mutter-Tochter-Modells bestehend aus der Landesbank Nordrhein-Westfalen und der WestLB AG als Tochter erfolgte eine konsequente Trennung des Wettbewerbsgeschäfts und des öffentlichen Auftrags- und Pfandbriefgeschäfts. Das Wettbewerbsgeschäft wurde in der WestLB AG gebündelt, womit durch die Rechtsform der WestLB AG als Aktiengesellschaft sichergestellt war, dass eine Beihilfenproblematik nicht entstehen konnte. Zugleich war in der Satzung der WestLB AG deren Sparkassenzentralbankfunktion dokumentiert.

e) Beleihung mit den Aufgaben einer Sparkassenzentralbank

Mit dem Gesetz zur Änderung aufsichtsrechtlicher, insbesondere sparkassenrecht- 6 licher Vorschriften vom 18.11.2008 erfolgte eine Beleihung der WestLB AG mit den Aufgaben einer Sparkassenzentralbank und Girozentrale unmittelbar durch das Gesetz. In diesem Zusammenhang war es insbesondere Aufgabe der WestLB AG die Sparkassen bei ihrer Aufgabenerfüllung zu unterstützen. Des Weiteren oblag ihr in Zusammenarbeit mit den Sparkassen und den anderen Verbundunternehmen die Durchführung oder Umsetzung der sich aus dem Verbund ergebenden Aufgaben und Geschäfte. Das Gesetz sah vor, dass die Beleihung endete, wenn die WestLB AG ihre Aufgaben nachhaltig nicht mehr erfüllte oder erfüllen konnte oder juristische Personen nicht mehr mehrheitlich an der WestLB beteiligt waren. Auch die Konsequenzen für den Fall, dass die Beleihung der WestLB AG endete, waren gesetzlich bereits festgelegt. Für diesen Fall wurde die Aufsichtsbehörde ermächtigt, die Aufgaben einer Sparkassenzentralbank und Girozentrale auf eine juristische Person des öffentlichen Rechts zu übertragen oder eine juristische Person des Privatrechts, an der juristische Personen des öffentlichen Rechts mehrheitlich beteiligt sind, zu beleihen.

f) Ende der Beleihung der WestLB AG

7   Die Regelung erfuhr 2013 eine weitere Änderung. Zuvor hatte die Beleihung der WestLB mit den Aufgaben einer Sparkassenzentralbank zum 30.6.2012 geendet. Vorausgegangen war die Entscheidung der EU-Kommission, dass die WestLB AG kein aktives Geschäft mehr betreibt. Daher konnte sie die Aufgaben einer Sparkassenzentralbank nicht mehr erfüllen. Zum 1.7.2012 wurden die Aufgaben einer Sparkassenzentralbank auf die Landesbank Hessen-Thüringen Girozentrale übertragen. Entsprechend der bereits bekannten Regelung für den Fall, dass die Beleihung der WestLB AG endete, wird die Aufsichtsbehörde auch nach der derzeit geltenden Regelung zur Übertragung der Aufgaben einer Sparkassenzentralbank auf eine juristische Person des öffentlichen Rechts oder zur Beleihung einer juristischen Person des privaten Rechts mit entsprechender Beteiligung der öffentlichen Hand ermächtigt.

II. Übertragung der Aufgaben Sparkassenzentralbank, Girozentrale

1. Einleitung

8   Wie bereits dargestellt bedürfen die Sparkassen zur Abwicklung des Giroverkehrs einer Girozentrale. Darüber hinaus müssen ein Liquiditätsausgleich und eine effiziente Nutzung von Liquidität im Verbund sichergestellt sein. Daraus ergibt sich, dass die Sparkassen in Nordrhein-Westfalen auch nach der Abwicklung der WestLB AG eines Instituts, das die Aufgaben einer Sparkassenzentralbank und einer Girozentrale wahrnahm, bedürfen. Daher ermächtigt das Gesetz die Aufsicht, einer juristischen Person des öffentlichen Rechts die Aufgaben einer Sparkassenzentralbank und Girozentrale zu übertragen. Laut Gesetzesbegründung wird von einer namentlichen Benennung abgesehen, um künftig auf Änderungen und weitere Entwicklungen bei der Sparkassenzentralbank und Girozentrale unabhängig reagieren zu können (LT-Drs. 16/2652, S. 24). Der Gesetzgeber hatte dabei auch bereits weitere Landesbankenkonsolidierungen im Blick.

2. Möglicher Adressat einer Übertragung

9   Die Möglichkeit der Übertragung von Aufgaben ist an die Rechtsform des Übertragungsempfängers gebunden. Bei diesem muss es sich um eine juristische Person des öffentlichen Rechts, also insbesondere um eine Anstalt des öffentlichen Rechts handeln.

3. Antrag auf Übertragung

10   Die Übertragung der Aufgaben hat zur Voraussetzung, dass die Sparkassen- und Giroverbände und die juristische Person, der die Aufgabe übertragen werden soll, dies beantragen. Die Regelung im SpkG NRW vom 18.11.2008 sah noch vor, dass

B. Sparkassen- und Giroverbände, Sparkassenzentralbank   § 37

im Falle der Beendigung der Beleihung der WestLB AG mit der Funktion einer Sparkassenzentralbank und darauffolgend der Übertragung der Funktion auf eine andere juristische Person die Sparkassen- und Giroverbände sowie die juristische Person dieser Aufgabenübertragung lediglich zustimmen mussten. Mit dem jetzt geregelten Antragserfordernis wird die Stellung der Sparkassen- und Giroverbände und der juristischen Person gestärkt. Ihnen obliegt das Initiativrecht im Hinblick auf die Übertragung der Sparkassenzentralbankfunktion. Die Modalitäten der Aufgabenübertragung müssen vorab zwischen den Sparkassen- und Giroverbänden und der juristischen Person, die die Aufgaben künftig wahrnehmen soll, abgestimmt werden. Eine zwangsweise Übertragung der Aufgabe auf ein Kreditinstitut ist nicht denkbar. Der gesamte Prozess kann daher von den Sparkassen- und Giroverbänden gesteuert werden, während die Aufsicht schließlich „nur" über den Antrag entscheidet. Im Hinblick auf Form- und Fristvoraussetzungen verhält sich das Gesetz nicht. Auch der Gesetzesbegründung ist dazu nichts zu entnehmen. Daraus folgt, dass der Antrag grundsätzlich weder Form- noch Fristerfordernissen unterliegt. Allerdings wird man sagen müssen, dass er sinnvollerweise in Schriftform zu stellen ist. Dies bedeutet, dass der Antrag schriftlich abgefasst und eigenhändig durch den Antragsteller unterzeichnet wird. Im Anschluss muss der Antrag dem Finanzministerium zugehen. Die Beweislast für den Zugang des Antrags trägt grundsätzlich derjenige, der sich auf den Zugang beruft (vgl. *Ellenberger* in: Grüneberg, § 130 Rn. 21). In der Regel wird sie in diesem Fall den Antragsteller treffen. Dem Gesetz ist nicht zu entnehmen, ob die Sparkassen- und Giroverbände und die juristische Person einen gemeinsamen Antrag abzugeben haben, oder auch zwei Anträge gerichtet auf das gleiche Ziel denkbar sind. Mangels einer gesetzlichen Regelung dürften auch zwei Anträge möglich sein. Diese sollten sich inhaltlich entsprechen. Die Übertragung der Aufgaben erfolgt laut Gesetzesbegründung durch Verwaltungsakt (LT-Drs. 16/2652, S. 24).

III. Beleihung mit den Aufgaben Sparkassenzentralbank, Girozentrale

Neben der Übertragung der Aufgaben an eine juristische Person des öffentlichen Rechts ist auch die Beleihung einer juristischen Person des privaten Rechts möglich. Bei der Beleihung handelt es sich um die Übertragung bestimmter Verwaltungsaufgaben auf private Personen (*M. Ronellenfitsch* in: BeckOK VwVfG, § 1 Rn. 70; vgl. auch *Schmitz* in: Stelkens/Bonk/Sachs, VwVfG, § 1 Rn. 246). Sie erfolgt unmittelbar durch ein Gesetz oder aufgrund eines Gesetzes (*M. Ronellenfitsch* in: BeckOK VwVfG, § 1 Rn. 73). Erfolgt die Beleihung aufgrund eines Gesetzes, bedarf es ergänzend einer Rechtsverordnung, eines mitwirkungsbedürftigen Verwaltungsakts oder eines öffentlich-rechtlichen Beleihungsvertrags (*M. Ronellenfitsch* in: BeckOK VwVfG, § 1 Rn. 70). Während der Gesetzentwurf noch vorsah, dass jede Person des privaten Rechts mit den Aufgaben einer Sparkassenzentralbank beliehen werden konnte, stand nach den Beratungen fest, dass sich die zu beleihende juristische Person des privaten Rechts mehrheitlich in öffentlicher Hand befinden musste. Zur Begründung wurde angeführt, dass es Aufgabe der Sparkassenzentralbank sei, die öffentlich-rechtlichen Sparkassen in ihrer Aufgabenerfüllung zu unterstützen. Vor diesem Hintergrund solle die Funktion einer Sparkassenzentralbank

11

nur von einem Institut wahrgenommen werden, das selbst öffentlich-rechtlich ist oder hinter dem eine oder mehrere Personen des öffentlichen Rechts stehen (LT-Drs. 16/3462, S. 18). Für eine weitere Flexibilisierung bestehe kein Anlass (LT-Drs. 16/3462, S. 18). Im Übrigen entsprechen die Voraussetzung für eine Beleihung den oben dargestellten Voraussetzungen für eine Übertragung der Aufgaben an eine juristische Person des öffentlichen Rechts. Es bedarf folglich eines Antrags der zwei Sparkassen- und Giroverbände sowie der zu beleihenden juristischen Person an die Aufsichtsbehörde. Da die Möglichkeit der Beleihung im Gesetz bereits geregelt ist, handelt es sich um den Fall der Beleihung aufgrund eines Gesetzes.

IV. Aufgaben Sparkassenzentralbank, Girozentrale

12   Die Aufgaben der Sparkassenzentralbank und Girozentrale sind in Abs. 2 genannt. Danach hat die Sparkassenzentralbank und Girozentrale die Sparkassen in ihrer Aufgabenerfüllung zu unterstützen. Darüber hinaus obliegt ihr in Zusammenarbeit mit den Sparkassen und den anderen Verbundunternehmen die Durchführung oder Umsetzung der sich aus dem Verbund ergebenden Aufgaben und Geschäfte. Diese Regelung blieb bei der Novellierung des SpkG NRW 2013 unverändert. Bereits das Gesetz vom 18.11.2008 sah sie vor. Der dem Gesetz zugrundeliegende Entwurf vom 26.5.2008 enthielt zunächst noch eine andere, ausführlichere Formulierung. Dort hieß es, die Sparkassenzentralbank und Girozentrale koordiniere den Liquiditätsausgleich zwischen den Mitgliedern des Verbandes zur Sicherstellung einer effizienten Liquiditätsnutzung im Verbund, pflege den Spargiroverkehr und stelle die Entwicklung und Bereitstellung wettbewerbsgerechter Produkte für die Sparkassen sicher (LT-Drs. 14/6831, S. 21). Der Änderungsantrag von CDU und FDP vom 31.10.2008 sah dann die schließlich endgültige Fassung vor (LT-Drs. 14/7844, S. 12). Zur Begründung wurde angeführt, die Begrifflichkeit „Sparkassenzentralbank und Girozentrale" bringe zum Ausdruck, dass es sich um ein zentrales Kreditinstitut handle (aaO). Als Zentralbank der Sparkassen sei es insbesondere die zentrale Verrechnungsstelle für den bargeldlosen Zahlungsverkehr und ua für die Verwaltung von Liquiditätsreserven angeschlossener Sparkassen und die Refinanzierung zuständig (aaO). Dies würde durch die Formulierung, dass die Sparkassenzentralbank und Girozentrale die Sparkassen in ihrer Aufgabenerfüllung unterstütze, bereits hinreichend zum Ausdruck kommen (aaO). Damit ist dokumentiert, dass mit der Änderung des Textes zwischen dem ersten Entwurf und dem endgültigen Gesetz keine Änderung der Aufgaben verbunden ist. Vielmehr soll die nun im SpkG NRW aufgeführte Formulierung die zuvor ausdrücklich genannten Aufgaben zusammenfassen. Darüber hinaus lassen sich aus der Formulierung „Sparkassen in ihrer Aufgabenerfüllung" zu unterstützen auch jederzeit weitere Aufgaben ableiten, zB die Unterstützung im Auslandsgeschäft.

V. Entzug/Widerruf der Aufgaben

13   In Absatz 3 sind sowohl der Entzug der Aufgaben im Falle der Übertragung an eine juristische Person des öffentlichen Rechts als auch der Widerruf der Be-

B. Sparkassen- und Giroverbände, Sparkassenzentralbank § 38

leihung geregelt. Beides ist nicht grundlos möglich. Vielmehr ist als Voraussetzung genannt, dass die jeweilige juristische Person die Aufgaben einer Sparkassenzentralbank und Girozentrale nicht mehr erfüllt oder erfüllen kann. Der Entzug der Aufgaben bzw. der Widerruf der Beleihung erfolgt ebenfalls durch einen Verwaltungsakt.

§ 38 Sparkasse in Trägerschaft des Sparkassen- und Giroverbandes

(1) Der Träger einer Sparkasse kann nach Anhörung des Verwaltungsrates der Sparkasse durch öffentlich-rechtlichen Vertrag seine Trägerschaft auf den Sparkassen- und Giroverband auf Zeit übertragen. Durch die Übertragung bleibt das Geschäftsgebiet der Sparkasse unverändert. In dem öffentlich-rechtlichen Vertrag ist auch der Zeitpunkt festzulegen, zudem die Trägerschaft übergeht. Der Vertrag bedarf der Genehmigung der Aufsichtsbehörde.

(2) Die Übernahme der Trägerschaft durch den Sparkassen- und Giroverband ist ausschließlich aus Gründen des öffentlichen Wohls zulässig. Der Sparkassen- und Giroverband hat zu prüfen, ob die nachhaltige Erfüllung des öffentlichen Auftrags der Sparkasse gefährdet ist und diese nicht durch andere Maßnahmen sichergestellt werden kann. Eine wirtschaftliche Bewertung der Prüfungsstelle des Verbandes ist dazu schriftlich einzuholen.

(3) Nach Anhörung des Verwaltungsrates der Sparkasse kann die Trägerschaft vom Sparkassen- und Giroverband wieder auf den früheren Träger zurück übertragen werden. Die Übertragung bedarf der Genehmigung der Aufsichtsbehörde.

(4) Über die Zusammensetzung des Verwaltungsrates entscheidet der jeweilige Träger der Sparkasse. Einzelheiten regelt die Satzung des Trägers. Die Vorschrift des § 12 Abs. 1 gilt entsprechend. Mitglieder des Vorstandes einer räumlich direkt angrenzenden Sparkasse und deren Stellvertreter dürfen nicht zu weiteren Mitgliedern des Verwaltungsrates bestellt werden. Dem Verwaltungsrat müssen Vertreter aus dem Gebiet des bisherigen Trägers angehören. In begründeten Fällen kann davon abgewichen werden. Mit der Übertragung der Trägerschaft endet die Amtszeit der bisherigen Mitglieder des Verwaltungsrates der Sparkassen und ihrer Stellvertreter. Im Übrigen gelten die Vorschriften dieses Gesetzes und die aufgrund dieses Gesetzes erlassenen Rechtsvorschriften.

Änderungen der Vorschrift: Regelung in das Gesetz aufgenommen mit Gesetz vom 18.11.2008 (GV. NRW 2008 S. 704); Abs. 1 geändert durch Gesetz vom 17.4.2013 (GV. NRW 2013 S. 491); Abs. 2 geändert durch Gesetz vom 17.4.2013 (GV. NRW 2013 S. 491); Abs. 3 aufgehoben durch Gesetz vom 17.4.2013 (GV. NRW 2013 S. 491); bisheriger Abs. 4 wird Abs. 3 und geändert durch Gesetz vom 17.4.2013 (GV. NRW 2013 S. 491); bisheriger Abs. 5 wird Abs. 4 durch Gesetz vom 17.4.2013 (GV. NRW 2013 S. 491).

§ 38 B. Sparkassen- und Giroverbände, Sparkassenzentralbank

Übersicht

	Rn.		Rn.
I. Einleitung	1	6. Genehmigung durch die Aufsichtsbehörde	8
II. Verfahren zur Übertragung der Trägerschaft	2	7. Unterzeichnung des öffentlich-rechtlichen Vertrags	9
1. Initiator	2	8. Geschäftsgebiet	10
2. Einbindung des Verwaltungsrates	3	III. Gründe für die Übertragung	11
3. Entscheidung der Trägervertretung	4	IV. Rückübertragung auf den kommunalen Träger	12
4. Entscheidung des Sparkassen- und Giroverbandes	5	V. Gremienstruktur während der Trägerschaft eines Sparkassen- und Giroverbandes	13
a) Satzung des RSGV	5		
b) Satzung des SVWL	6		
5. Inhalt des öffentlich-rechtlichen Vertrags	7		

I. Einleitung

1 Die Vorschrift zur Übertragung der Trägerschaft an Sparkassen auf einen der zwei Sparkassen- und Giroverbände und zunächst auch auf die Sparkassenzentralbank wurde mit dem Gesetz vom 18.11.2008 in das SpkG aufgenommen. Die Zuständigkeit des jeweiligen Sparkassen- und Giroverbandes richtete sich nach der Mitgliedschaft der betroffenen Sparkasse. Damit wurde der denkbare Kreis der Träger von Sparkassen erweitert. Der Gesetzgeber stellte sich vor, dass in Notfällen die Trägerschaft an der Sparkasse für eine begrenzte Zeit auf einen der beiden Sparkassen- und Giroverbände oder die Sparkassenzentralbank mit dem Ziel übertragen werden konnte, die Sparkasse während dieser Trägerschaft „soweit zu sanieren, dass sie dem ursprünglichen Träger wieder zurück übertragen werden kann" (LT-Drs. 14/6831, S. 48). Gründe für einen Entzug der kommunalen Trägerschaft konnte insbesondere die wirtschaftliche Schieflagen einer Sparkasse, die mit einer Gefährdung der Erfüllung des öffentlichen Auftrags einhergeht (aaO), sein. Die Regelung aus dem Jahr 2008 sah in erster Linie einen der beiden Sparkassen- und Giroverbände als Träger an (aaO). Die Sparkassenzentralbank sollte lediglich sekundär einspringen, da die Sparkassen- und Giroverbände den Sparkassen näherstünden (LT-Drs. 14/6831, S. 48). Da die Sparkassenzentralbankfunktion zu dieser Zeit von der WestLB, einer juristischen Person des privaten Rechts, ausgeübt wurde, bedurfte die Übertragung der Trägerschaft einer Beleihung durch die Aufsichtsbehörde (LT-Drs. 14/6831, S. 49). Im Rahmen des Gesetzgebungsverfahrens des Gesetzes zur Änderung sparkassenrechtlicher Vorschriften im Jahr 2013 erfolgte eine Novellierung der Regelung. Während der Gesetzentwurf der Landesregierung vom 17.4.2014 noch keine Anpassungen des § 38 SpkG NRW vorsahen, wurden mit der Beschlussempfehlung des Haushalts- und Finanzausschusses vom 8.7.2013 dergestalt Änderungen eingefügt, dass heute lediglich die Übertragung der Trägerschaft an einer Sparkasse auf einen der beiden Sparkassen- und Giroverbände möglich ist. Hintergrund der Änderung war die Abwicklung der WestLB, die nicht mehr als Sparkassenzentralbank zur Verfügung stand. Weitere Änderungen an der Regelung wurden nicht vorgenommen.

II. Verfahren zur Übertragung der Trägerschaft

1. Initiator

Initiator des Verfahrens zur Übertragung der Trägerschaft einer Sparkasse auf einen der zwei Sparkassen- und Giroverbände ist der Träger der Sparkasse. Dies wäre im Fall einer Stadtsparkasse die Kommune, bei Zweckverbandssparkassen die Zweckverbandsversammlung.

2. Einbindung des Verwaltungsrats

Die Übertragung erfolgt durch öffentlich-rechtlichen Vertrag zwischen dem Träger der Sparkasse und dem jeweiligen Sparkassen- und Giroverband. Vor Abschluss des öffentlich-rechtlichen Vertrags ist der Verwaltungsrat der Sparkasse anzuhören. Dies bedeutet, dass er eine Empfehlung zur Übertragung der Trägerschaft abzugeben hat. Ein solcher Beschluss wird entsprechend der Reglung in § 16 Abs. 3 S. 2 SpkG NRW mit Stimmenmehrheit der anwesenden Mitglieder gefasst. Abweichungen von der einfachen Stimmenmehrheit sind sparkassengesetzlich stets ausdrücklich geregelt, zB im Hinblick auf die Abberufung der Mitglieder des Vorstands in § 15 Abs. 2 Buchst. a) SpkG NRW. Da hinsichtlich der Beschlussempfehlung zur Übertragung der Trägerschaft an der Sparkasse keine ausdrückliche Regelung zur Beschlussfassung im Gesetz aufgeführt ist, bleibt es bei den grundsätzlichen Vorschriften. Der Beschlussfassung zur Empfehlung im Verwaltungsrat ist der Entwurf des öffentlich-rechtlichen Vertrages beizufügen. Anderenfalls entbehrt die Beschlussfassung einer belastbaren Grundlage. Ebenfalls beizufügen ist die nach Abs. 2 einzuholende wirtschaftliche Bewertung der Prüfungsstelle.

3. Entscheidung der Trägervertretung

Die Trägervertretung entscheidet auf Basis der Empfehlung des Verwaltungsrats. Für das Abstimmungsverfahren und die erforderlichen Mehrheitsverhältnisse gelten bei Zweckverbandssparkassen die Satzung des Zweckverbandes sowie ergänzend das GKG sowie die GO. Bei Stadtsparkassen gilt ausschließlich die GO. Daraus folgt grundsätzlich, dass die Entscheidung der einfachen Mehrheit im Rat bzw. in der Zweckverbandsversammlung bedarf. Sowohl der Entwurf des öffentlich-rechtlichen Vertrages als auch die wirtschaftliche Bewertung der Prüfungsstelle sind der Trägervertretung zur Kenntnis zu geben. Anderenfalls ist eine fundierte Entscheidung nicht denkbar. Der Beschluss in der Trägervertretung umfasst auch die Ermächtigung des Hauptverwaltungsbeamten bei Stadtsparkassen bzw. des Verbandsvorstehers bei Zweckverbandssparkassen, den öffentlich-rechtlichen Vertrag zu unterzeichnen.

4. Entscheidung des Sparkassen- und Giroverbandes

a) Satzung des RSGV

Die Satzung des RSGV sieht in § 6 Abs. 3 Buchst. d) ausdrücklich vor, dass die Verbandsversammlung über die Übernahme der Trägerschaft einer Sparkasse bestimmt. Die Entscheidung wird gem. § 9 Abs. 2 der Satzung des RSGV vom Ver-

§ 38 B. Sparkassen- und Giroverbände, Sparkassenzentralbank

bandsverwaltungsrat vorbereitet. Die Regelungen zur Abstimmung in der Verbandsversammlung ergeben sich aus § 7 Abs. 9 der Satzung. Mangels besonderer Regelung gilt, dass dieser Beschluss mit einfacher Stimmenmehrheit gefasst wird. Der Beschluss umfasst die Entscheidung, den Verbandsvorsteher zur Unterzeichnung des öffentlichen-rechtlichen Vertrags zu ermächtigen.

b) Satzung des SVWL

6   Eine vergleichbare Regelung fehlt in der Satzung des SVWL. Daher könnte man davon ausgehen, die Entscheidung liege allein beim Verbandsvorstand als geschäftsführendem Organ. Allerdings entscheidet der Verbandsverwaltungsrat in allen Angelegenheiten, die ihm vom Verbandsvorstand zur Entscheidung vorgelegt werden. Die Verbandsversammlung wiederum entscheidet in allen Angelegenheiten, die ihr vom Verbandverwaltungsrat zur Entscheidung vorgelegt werden. Vor diesem Hintergrund sollte der Verbandsverwaltungsrat eine Empfehlung an die Verbandsversammlung beschließen, die dann endgültig über die Trägerschaft entscheidet. Mangels einer besonderen Regelung wird der Beschluss in der Verbandsversammlung mit einfacher Stimmenmehrheit gefasst. Der Beschluss umfasst auch die Ermächtigung des Verbandsvorstands zur Unterzeichnung des öffentlich-rechtlichen Vertrags.

5. Inhalt des öffentlich-rechtlichen Vertrags

7   Hinsichtlich des Inhalts des öffentlich-rechtlichen Vertrags regelt Abs. 1 ausschließlich, dass auch der Zeitpunkt festzulegen ist, zu dem die Trägerschaft übergeht. Die Formulierung „auch" lässt darauf schließen, dass neben dem Zeitpunkt des Übergangs der Trägerschaft weitere Regelungen zu treffen sind. Dazu kann man sich am Inhalt eines öffentlich-rechtlichen Vertrags zum Zusammenschluss zweier Sparkassen orientieren mit Ausnahme sämtlicher Regelungen zur Anteilsverteilung, da die Sparkasse künftig lediglich einen Träger hat.

6. Genehmigung durch die Aufsichtsbehörde

8   Der öffentlich-rechtliche Vertrag bedarf der Genehmigung durch die Aufsichtsbehörde.

7. Unterzeichnung des öffentlich-rechtlichen Vertrags

9   Der öffentlich-rechtliche Vertrag wird auf Seiten des kommunalen Trägers durch diejenigen Personen unterzeichnet, die den kommunalen Träger gesetzlich vertreten bzw. verpflichten. Dies sind nach § 62 Abs. 1 GO der Hauptverwaltungsbeamten bzw. nach § 16 Abs. 4 S. 2 GkG der Verbandsvorsteher des Zweckverbandes und sein Stellvertreter. Für den SVWL unterzeichnet der Vorstand, für den RSGV der Verbandsvorsteher.

8. Geschäftsgebiet

10   Das Geschäftsgebiet der Sparkasse bleibt gem. Abs. 1 S. 2 unverändert.

III. Gründe für die Übertragung

Die Übertragung der Trägerschaft an einer Sparkasse von einer Kommune auf einen der zwei Sparkassen- und Giroverbände bricht mit dem grundsätzlichen System der Sparkassen in kommunaler Trägerschaft. Daraus folgt, dass die Übertragung stets ultima ratio ist. Laut Abs. 2 S. 2 darf die Übertragung ausschließlich auf Gründe des öffentlichen Wohls gestützt werden. Daher hat zunächst der jeweilige Sparkassen- und Giroverband zu prüfen, ob die nachhaltige Erfüllung des öffentlichen Auftrags der Sparkasse gefährdet ist. Das heißt, er muss prüfen, ob nicht auch auf einem anderen Weg die Erfüllung des öffentlichen Auftrags sichergestellt werden kann. Als andere denkbare Maßnahmen kommen zB Leistungen des Stützungsfonds, eine stille Beteiligung, Nachrangkapital oder die Vereinigung mit einer anderen Sparkasse in Betracht (LT-Drs. 14/6831, S. 48). Frist- oder Formvorschriften für diese Prüfung enthält das Gesetz nicht. Allerdings ist gemäß Abs. 2 S. 3 auch die Bewertung der Prüfungsstelle schriftlich einzuholen. An dieser Stelle gibt das Gesetz ausdrücklich die Schriftlichkeit als Formvorschrift vor. Damit ist die schriftliche Bewertung der Prüfungsstelle Teil der Prüfung des Sparkassen- und Giroverbandes. Da die Bewertung der Prüfungsstelle schriftlich zu erfolgen hat, lässt dies darauf schließen, dass insgesamt ein schriftliches Prüfungsergebnis vorzulegen ist. Dies Ergebnis korrespondiert mit der Verpflichtung, Unterlagen für die Entscheidung der Trägervertretung und der Verbandsversammlung des jeweiligen Sparkassen- und Girobandes vorzulegen.

11

IV. Rückübertragung auf den kommunalen Träger

Eine Rückübertragung der Trägerschaft auf den kommunalen Träger ist nach Anhörung des Verwaltungsrats der Sparkasse möglich. Dies ist konsequent, da die Übertragung der Trägerschaft auf Zeit erfolgt. Hinsichtlich des weiteren Verfahrens gilt das zur Übertragung gesagte entsprechend. Der Verwaltungsrat der Sparkasse bereitet die Entscheidung der ursprünglichen Trägervertretung durch eine Empfehlung vor. Ebenso ist die Verbandsversammlung des jeweiligen Sparkassen- und Giroverbandes einzubinden. Eines öffentlich-rechtlichen Vertrages dazu bedarf es nicht. Vielmehr ist die Rückübertragung ein rein tatsächlicher Akt. Jedoch muss der öffentlich-rechtliche Vertrag zur Übertragung der Trägerschaft aufgehoben werden. Hinsichtlich der Unterzeichnung dieses „Aufhebungsvertrags" gilt das zum Abschluss des öffentlich-rechtlichen Vertrags Gesagte entsprechend. Insgesamt ist die Genehmigung der Aufsichtsbehörde erforderlich. Voraussetzung für die Rückübertragung ist, dass die Erfüllung des öffentlichen Auftrags nicht mehr gefährdet erscheint, dass der Sanierungsprozess entsprechend weit vorgeschritten ist (LT-Drs. 14/6831, S. 49).

12

V. Gremienstruktur während der Trägerschaft eines Sparkassen- und Giroverbands

Mit der Übertragung der Trägerschaft auf einen der Sparkassen- und Giroverbände endet die Amtszeit der bisherigen Mitglieder des Verwaltungsrats der Spar-

13

kasse und ihrer Stellvertreter. Daraus folgt, dass während der Zeit der Trägerschaft eines der Sparkassen- und Giroverbände ein neuer Verwaltungsrat gewählt werden muss. Über die Zusammensetzung dieses neuen Verwaltungsrats entscheidet der jeweilige Träger.

C. Aufsicht, Verwaltungsvorschriften

§ 39 Aufsichtszuständigkeit

(1) Die Sparkassen und die Sparkassen- und Giroverbände in Nordrhein-Westfalen unterliegen der Aufsicht des Landes.
(2) Aufsichtsbehörde ist das Finanzministerium.

Literatur: Becker, Die Vernetzung der Landesbanken, 1998; Europäische Zentralbank, Leitfaden zur Bankenaufsicht, 2014; *Hoffmann-Riem/Schmidt-Aßmann/Voßkuhle,* Grundlagen des Verwaltungsrechts, Band 3, 2. Aufl., 2013; *Keßler,* Aufsichtskonkurrenz im Sparkassenwesen – Eine Untersuchung der verschiedenen Aufsichtsarten über die Sparkassen auf ihre möglichen Überschneidungen, 1987; *Perdelwitz/Fabricius/Kleiner,* Das Preußische Sparkassenrecht, 2. Aufl., 1937, unveränderter Nachdruck, 1955; *Schimansky/Bunte/Lwowski,* Bankrechts-Handbuch, Bd. II, 5. Aufl., 2017; *Stähler,* Landesorganisationsgesetz, Nordrhein-Westfalen, Kommentar, 2004; *von Münch/Kunig,* Grundgesetz Kommentar, Bd. 1, 6. Aufl., 2012; *Wagener,* Organisationsrecht der Landesbanken und öffentlich-rechtlichen Versicherungsanstalten, 1999

Übersicht

	Rn.		Rn.
I. Staatliche Aufsicht über Sparkassen und Sparkassen- und Giroverbände	1	2. Staatliche Bankenaufsicht durch EZB, BaFin und Deutsche Bundesbank	16
1. Regelungsinhalt	1	a) Allgemeines zur Bankenaufsicht	16
2. Entwicklung der Sparkassenaufsicht aus der Kommunalaufsicht	3	b) Kompetenzverteilung zwischen der EZB und der nationalen Aufsichtsbehörde SSM	19
3. Sparkassenaufsicht als Anstaltsaufsicht	6	c) Aufgabe der BaFin und der Deutschen Bundesbank	23
4. Auftrag der Sparkassenaufsicht	8	d) Verhältnis Bankenaufsicht zur Sparkassenaufsicht	25
5. Sparkassenaufsicht als Bindeglied und Korrelat der Selbstverwaltung	10	aa) Unterschiedliche Zielsetzungen von Bankenaufsicht und Sparkassenaufsicht	25
6. Demokratische Legitimierung und Sicherstellung der Gesetzesbindung	11	bb) Überschneidung im Bereich Aufsichtsmaterie	27
II. Finanzministerium als zuständige Aufsichtsbehörde	13	cc) Maßnahmen im Bereich der Aufsichtskonkurrenz	29
III. Abgrenzung der Sparkassenaufsicht zu anderen Aufsichtsbehörden	14	dd) Kooperation von Bankenaufsicht und Sparkassenaufsicht in der Praxis	36
1. Sparkassenaufsicht im Verhältnis zur Kommunalaufsicht	14		

I. Staatliche Aufsicht über Sparkassen und Sparkassen- und Giroverbände (SGVe)

1. Regelungsinhalt

§ 39 Abs. 1 SpkG NRW stellt die Sparkassen und die SGVe unter die **staatliche** **Aufsicht** des Landes. Mit Gesetzesänderung vom 18.11.2008 (GV. NRW 2008 1

S. 696) wurden die bis dahin in Einzelvorschriften geregelte Aufsicht über die Sparkassen und die Aufsicht über die SGVe „zur Vermeidung unnötiger Wiederholungen zu einer einheitlichen Vorschrift über die Aufsicht zusammengeführt" (Reg.-Entw., LT-Drs. 14/6831, S. 50). Sparkassen sind gem. § 1 Abs. 1 SpkG NRW in der Rechtsform einer landesrechtlichen Anstalt des öffentlichen Rechts zu errichten. SGVe sind gem. § 32 SpkG NRW Körperschaften des öffentlichen Rechts. Als Verwaltungsträger mit eigener Rechtspersönlichkeit ausgestattet (§ 18 Abs. 1 LOG NRW) wirken sie bei der Landesverwaltung nach Maßgabe der für sie geltenden gesetzlichen Vorschriften mit (§ 19 Abs. 1 LOG). Sie unterstehen deshalb gem. §§ 20, 21 LOG NRW der staatlichen Aufsicht durch das Land, die sich darauf erstreckt, dass sie ihre Aufgaben im Einklang mit dem geltenden Recht erfüllen (s. *Heinevetter* [2. Aufl.], § 29 Anm. 1, § 45 Anm. 2).

2 Zuständige Aufsichtsbehörde ist gem. Abs. 2 für beide Aufsichtssubjekte das **Finanzministerium** (gem. Organisationserl. des Ministerpräsidenten des Landes NRW vom 13.7.2017 führt das für Finanzen zuständige Ressort die Bezeichnung „Ministerium der Finanzen"; die Kommentierung verwendet gleichwohl die im SpkG NRW verwendete Bezeichnung „Finanzministerium").

2. Entwicklung der Sparkassenaufsicht aus der Kommunalaufsicht

3 Eine eigenständige, von der Kommunalaufsicht getrennte Sparkassenaufsicht entstand, nachdem 1931 durch staatliche Organisationseingriffe in das Sparkassenwesen die Sparkassen rechtlich verselbständigt wurden (*Keßler*, Aufsichtskonkurrenz, S. 12). Anfang des 19. Jahrhunderts waren die ersten kommunalen Sparkassen als unselbständige Gemeindeeinrichtungen (*Frick*, Staatsaufsicht, S. 97; *Keßler*, Aufsichtskonkurrenz, S. 10) bzw. Teil der Kommunalverwaltung mit dem Charakter von Sondervermögen (VerfGH NRW, OVGE 39, 292, 296 = NVwZ 1987, 211, 212) – zunächst ohne regulierende Einflussnahme des Staates – entstanden (zur Entwicklung des öffentlich-rechtlichen Sparkassenwesens: *Frick*, Staatsaufsicht, S. 97 ff., *Haller*, Entwicklung der Staatsaufsicht, S. 8 ff., *Keßler*, Aufsichtskonkurrenz, S. 6 f. Nach Ziffer 19 des Preußischen Sparkassenreglements von 1838 (abgedruckt bei *Perdelwitz/Fabricius/Kleiner*, 1937, S. 60) waren die Sparkassen der allgemeinen Kommunalaufsicht unterstellt. Die Regierungen und der Oberpräsident waren verpflichtet, „diesen Instituten eine fortwährende besondere Aufmerksamkeit zu widmen". Die mit besonderen Befugnissen ausgestattete, besondere Sparkassenaufsicht entwickelte sich in der Folgezeit zu einer Aufsicht eigener Art, blieb aber Teil der Kommunalaufsicht (*Frick*, Staatsaufsicht, S. 127; *Haller*, Entwicklung der Staatsaufsicht, S. 50). Die Wirtschaftskrise 1931 führte zu einer Zerrüttung der Gemeindefinanzen (*Hübner*, Befugnisse der Fachaufsicht, S. 73). Um zu verhindern, dass finanzschwache Gemeinden zur Abdeckung von Gemeindeschulden auf das Sparkassenvermögen zugriffen, verpflichtete die Dritte Notverordnung des Reichspräsidenten vom 6.10.1931 (RGBl. I S. 537 (554)) die Landesregierungen, die Sparkassen in rechtlich selbständige Anstalten zu überführen. Die rechtliche Verselbständigung der Sparkassen führte zu einer **Loslösung der Sparkassenaufsicht** von der allgemeinen Kommunalaufsicht (*Frick*, Staatsaufsicht, S. 132). Es entstand eine von der Kommunalaufsicht getrennte, unterschiedliche Aufsichtsform (*Hübner*, Befugnisse der Fachaufsicht, S. 74; *Perdelwitz/Fabricius/Kleiner*, 1937, S. 157). Durch die Übertragung der obersten Aufsicht Ende 1932 vom preußischen

C. Aufsicht, Verwaltungsvorschriften　　　　　　　　　　　　　　　　§ 39

Innenministerium zunächst auf das preußische Wirtschaftsministerium und die anschließende Errichtung einer einheitlichen Aufsicht durch die Regierungspräsidenten im April 1933 durch § 28 Abs. 1 Sparkassenverordnung (abgedruckt bei *Perdelwitz/Fabricius/Kleiner*, 1937, S. 150) wurde die Trennung der Sparkassenaufsicht auch organisatorisch vollzogen (*Frick*, Staatsaufsicht, S. 136). Die SGVe (und die Girozentralen) wurden in § 29 der Sparkassenverordnung demgegenüber der Aufsicht des Oberpräsidenten unterstellt. Die Befugnisse der Aufsichtsbehörde ergaben sich aus deren Satzungen (*Perdelwitz/Fabricius/Kleiner*, 1937, S. 160).

Das Anfang 1958 in Kraft getretene SpkG NRW (GV. NRW 1958 S. 5) behielt die **organisatorische Zuordnung** der Sparkassenaufsicht zu den Regierungspräsidenten bei. Oberste Aufsichtsbehörde für Sparkassen war der Minister für Wirtschaft und Verkehr, der sich bei Maßnahmen und Entscheidungen zur Organisation der Sparkassen mit dem Innenminister abzustimmen hatte. Dienstrechtliche Angelegenheiten fielen dagegen originär in die Zuständigkeit des Innenministers als oberste Kommunalaufsichtsbehörde. Die Aufsicht über die SGVe war schon damals eingliedrig ausgestaltet. Aufsichtsbehörde war der Minister für Wirtschaft und Verkehr. **4**

Seit 1994 bestimmt das SpkG NRW (Gesetz v. 8.3.1994, GV. NRW 1994 S. 92) das **Finanzministerium** als oberste Aufsichtsbehörde, nachdem die Zuständigkeit für das Sparkassenrecht 1991 im Zuge einer Änderung der Ressortzuschnitte innerhalb der Landesregierung vom Ministerium für Wirtschaft, Mittelstand und Technologie auf das Finanzministerium übergegangen war (*Heinevetter* [2. Aufl.], Vorbem. SpkG NRW, Anm. 7.1). Zu diesem Zeitpunkt war noch eine zweistufige Aufsichtsstruktur eingerichtet. Erstinstanzliche Aufsichtsbehörde war die Bezirksregierung (s. § 30 Abs. 2 SpkG NRW idF der Neubekanntmachung v. 25.1.1995, GV. NRW 1995 S. 92). Im Rahmen der folgenden Änderungen des SpkG NRW kam es zu einer Entflechtung der Sparkassenaufsicht mit den Innenbehörden: Mit der Änderung des SpkG NRW 2002 (GV. NRW 2002 S. 283), mit dem auch der Wegfall von Anstaltslast und Gewährträgerhaftung der kommunalen Träger nach dem 18.7.2005 geregelt wurde, fielen die Bezirksregierungen als Folge der Deregulierung des Sparkassenaufsichtsrechts als Aufsichtsstufe weg (Reg.-Entw., LT-Drs. 13/2124, S. 123, Begr. zu Art. 3, § 30). Bei der Ausübung der Sparkassenaufsicht vorgesehene Mitwirkungs- und Beteiligungsrechte des Innenministers wurden mit In-Kraft-Treten des Sparkassengesetzes 2008 (Gesetz v. 18.11.2008, GV. NRW 2008 S. 696) gänzlich aufgehoben. **5**

3. Sparkassenaufsicht als Anstaltsaufsicht

Auch wenn die staatliche Aufsicht aus der allgemeinen Kommunalaufsicht hervorgegangen ist, handelt es sich bei der Sparkassenaufsicht um eine Form der **Anstaltsaufsicht** (s. *Berger*, § 25, Rn. 2; *Frick*, Staatsaufsicht, S. 135; *Haller*, Entwicklung der Staatsaufsicht, S. 54; *Keßler*, Aufsichtskonkurrenz, S. 124; *Rothe*, § 28, Anm. 2.1; *Schlierbach/Püttner*, S. 279, nach *Oebbecke*, ZBB 2016, 336 handelt es sich um einen „spezialgesetzlich geregelten Sonderfall der sog Körperschafts- und Anstaltsaufsicht"). Die Anstaltsaufsicht folgt dem Prinzip, dass jede staatliche Tätigkeit einschließlich der durch selbständige Anstalten und Körperschaften ausgeübten mittelbaren Staatsverwaltung einer staatlichen Aufsicht unterliegt (vgl. *Fischer/Boegl* in: Schimansky/Bunte/Lwowski, BankR-HdB, § 125, Rn. 14). **6**

§ 39   C. Aufsicht, Verwaltungsvorschriften

7   Zum Teil wird allerdings vertreten, dass es sich bei der Sparkassenaufsicht um eine **Sonder-Kommunalaufsicht** handele, da die Sparkasse auch nach der Ausgliederung aus den Gemeinden noch organisatorisch und in der Willensbildung ein Teil dieser seien (*Hübner*, Befugnisse der Fachaufsicht, S. 101; *Knemeyer*, BayVBl. 1986, 33, 35; diesen zitierend: VerfGH NRW, OVGE 39, 292, 296 = NVwZ 1987, 211, 212). Diese Einordnung begegnet bereits vor dem Hintergrund der bewussten Ausgliederung des Sparkassenrechts aus dem Kommunalrecht (s. *Weides*, DÖV, 1984, 41, 44), der vom gemeindlichen Träger emanzipierten Stellung der Sparkasse sowie den abschließenden Sonderregelungen der §§ 39 ff. SpkG NRW zum Aufsichtsmaßstab und zu den Aufsichtsmitteln Zweifeln. Nach Übergang der Personalhoheit auf die Sparkassen 1970 (Gesetz v. 16.6.1970, GV. NRW 1970 S. 482), Abschaffung der sparkassenaufsichtsrechtlichen Zuständigkeit der Bezirksregierungen 2002 (Gesetz v. 2.7.2002, GV. NRW 2008 S. 284, 289) und Streichung aller Mitwirkungsbefugnisse des Innenministers als oberster Kommunalaufsichtsbehörde im Sparkassengesetz 2008 (Gesetz v. 18.11.2008, GV. NRW 2008 S. 696) sind Sparkassenaufsicht und Kommunalaufsicht auch organisatorisch entkoppelt (s. auch *Berger*, § 25, Rn. 2 für die „Abkoppelung" der nds. Sparkassenaufsicht von der Kommunalaufsicht), so dass in NRW von einer reinen Anstaltsaufsicht auszugehen ist.

4. Auftrag der Sparkassenaufsicht

8   Nach § 40 Abs. 1 SpkG NRW erstreckt sich die Sparkassenaufsicht darauf, dass Verwaltung und Geschäftsführung der Sparkasse den Gesetzen und der Satzung entsprechen. Die Sparkassenaufsicht ist somit von Gesetzes wegen prinzipiell auf eine Rechtskontrolle beschränkt. Dass es sich bei der Sparkassenaufsicht um eine **Rechtsaufsicht** und nicht um eine Fachaufsicht handelt, ist allgemein anerkannt (*Berger*, § 25, Rn. 3; *Frick*, Staatsaufsicht, S. 164; *Haller*, Entwicklung der Staatsaufsicht, S. 57; *Heinevetter* [2. Aufl.], Anm. zu § 28 und § 29 passim; *Knemeyer*, BayVBl. 1986, 33, 35; *Oebbecke*, ZBB 2016, 336, 338; *Keßler*, Aufsichtskonkurrenz, S. 126; *Klüpfel/Gaberdiel/Höppel/Ebinger*, § 48 Anm. II.1; *Rothe*, § 29, Anm. I. 1.; aA *Hübner*, Befugnisse der Fachaufsicht, S. 106: „begrenzte Zweckmäßigkeitsaufsicht"). Einzelne Mitwirkungsbefugnisse der Aufsichtsbehörde bspw. bei Genehmigungen mit staatlichen Zweckmäßigkeitskompetenzen stellen das Prinzip der Rechtsaufsicht nicht in Frage (zum Maßstab der Sparkassenaufsicht bei Mitwirkungstatbeständen → § 40 Rn. 71 ff.).

9   Daneben hat die Sparkassenaufsicht den Auftrag, die Erfüllung der öffentlichen Aufgaben der Sparkassen sicherzustellen (*Oebbecke*, ZBB 2016, 336; *Albert* in: Reischauer/Kleinhans, KWG § 52 Rn. 2; *Schwennicke/Anders* in: Schwennicke/Auerbach, KWG, § 52, Rn. 12). Sie soll nicht nur kontrollieren und durch repressives Einschreiten reagieren, sondern gerichtet auf das Wohlergehen der einzelnen Sparkasse **schützend und fördernd** tätig werden (*Frick*, Staatsaufsicht, S. 45 und 219; s. auch *Knemeyer*, BayVBl. 1986, 33, 35; *Krebs/Dülp/Schröer*, Art. 13, Anm. III E).

5. Sparkassenaufsicht als Bindeglied und Korrelat der Selbstverwaltung

10 Die staatliche Aufsicht über die Sparkassen ist eine Folge des öffentlich-rechtlichen Anstaltscharakters der sich im Rahmen des Sparkassenrechts selbstverwaltenden Sparkasse (*Keßler*, Aufsichtskonkurrenz, S. 125; *Schlierbach/Püttner*, S. 279). Nach

C. Aufsicht, Verwaltungsvorschriften § 39

§§ 19 Abs. 1, 21 LOG NRW wirken Anstalten des öffentlichen Rechts bei der Landesverwaltung nach Maßgabe der hierfür geltenden gesetzlichen Vorschriften mit. Unbeschadet ihrer Eigenschaft als selbständige Verwaltungsträger bleiben rechtsfähige Anstalten Bestandteil der Verwaltung des Landes (*Stähler*, LOG NRW, § 20, Anm. 1). Die Sparkassenaufsicht fungiert dabei als Bindeglied zwischen Sparkassen und dem Gemeinwesen; als staatliche Aufsicht sorgt sie für eine Integration der Sparkassen in den staatlichen Verwaltungsorganismus und sichert die Einheit der gesamten staatlichen Verwaltung (*Haller*, Entwicklung der Staatsaufsicht, S. 41; *Rothe*, § 29 Anm. I. 1.). Die staatliche Aufsicht ist deshalb notwendiges **Korrelat der Selbstverwaltung** (*Frick*, Staatsaufsicht, S. 37; *Rothe*, § 29 Anm. 1.; *Berger*, § 25, Rn. 3; *Keßler*, Aufsichtskonkurrenz, S. 13; *Krebs/Dülp/Schröer*, § 13 SpkG, Anm. I 1; *Lohr*, Satzungsgewalt, S. 78).

6. Demokratische Legitimierung und Sicherstellung der Gesetzesbindung

Die Sparkassen sind dem verfassungsrechtlich vorgegebenen **Demokratieprinzip** unterworfen (VerfGH NRW, OVGE 39, 292, 296 = NVwZ 1987, 211, 212). Als rechtlich verselbständigte Verwaltungseinheit ohne demokratische Rechtfertigung muss jede Anstalt der Kontrolle der demokratisch legitimierten Staatsverwaltung unterliegen (*Wagener*, Organisationsrecht, S. 55). Jede Selbstverwaltung, die staatliche Aufgaben zu erfüllen hat, ist verfassungs- und gesetzesgebunden und unterfällt der Staatsaufsicht (*Frick*, Staatsaufsicht, S. 37; *Wolff/Bachhof/Stober/Kluth*, § 18 Rn. 35, S. 170). Die in den §§ 39 ff. SpkG NRW gesetzlich bestimmte staatliche Aufsicht verknüpft die Sparkassen und die SGVe mit der unmittelbar demokratisch legitimierten staatlichen Verwaltung. Im Sinne einer sachlich-inhaltlichen Legitimation ist die Staatsaufsicht wesentlicher Bestandteil der nach Art. 20 Abs. 2 GG gebotenen Rückführbarkeit staatlicher Gewaltausübung durch die Selbstverwaltungsträger auf das Volk. Sie sichert zudem als mit Aufsichtsmitteln ausgestattete Rechtsaufsicht die Gesetzesbindung der Sparkassen als öffentliche Verwaltungsträger und ist damit Gewährträger für die Durchsetzung des Rechtsstaatsprinzips (Art. 20 Abs. 3 GG). 11

Nach *Oebbecke* (ZBB 2016, 336, 340 f.) kommt der Staatsaufsicht für die demokratische Legitimation der Sparkassen allerdings nur eine relative Bedeutung zu, da – anders als bei Mitentscheidung Privater in Organen öffentlich-rechtlicher Organisationen der funktionalen Selbstverwaltung – durch das Vorhandensein personell legitimierter Verwaltungsräte und Vorstände bei Sparkassen ein höheres **Legitimationsniveau** bestehe. Ferner gebe es gute Gründe dafür anzunehmen, dass es dem Gesetzgeber freistehe, wie er die Gesetzesbindung durch eine effektive Kontrolle ggf. auch ohne Rechtsaufsicht sicherstelle (*Oebbecke*, ZBB 2016, 336, 342). 12

II. Finanzministerium als zuständige Aufsichtsbehörde

Die Sparkassenaufsicht in NRW ist als **einstufige Aufsicht** organisiert. Sie ist durch Abs. 2 ausschließlich einer obersten Landesbehörde, dem Finanzministerium, zugewiesen. Anders als in anderen Ländern, in denen oftmals die (Bezirks-)Regierung die überwiegend zuständige Aufsichtsbehörde ist, gibt es in NRW keinen behördlichen Instanzenzug mehr. Eine Delegation von Aufgaben der Sparkassenauf- 13 sicht an eine nachgeordnete Behörde im Geschäftsbereich des Finanzministeriums ist mangels gesetzlicher Ermächtigung nicht zulässig. Dies ergibt sich aus § 5 Abs. 2 LOG NRW, der zwar als „Delegationsapell" ausgestaltet ist, aber eine Ermächtigungsnorm voraussetzt (*Stähler*, Landesorganisationsgesetz, § 5, Anm. 3).

III. Abgrenzung der Sparkassenaufsicht zu anderen Aufsichtsbehörden

1. Sparkassenaufsicht im Verhältnis zur Kommunalaufsicht

14 Die allgemeine Aufsicht des Landes über die Gemeinden ist in § 11 und §§ 119 Abs. 1, 120 ff. der GO NRW geregelt. Die Sparkassenaufsicht steht als gesetzlich besonders geregelte **Spezialaufsicht** grundsätzlich neben der Kommunalaufsicht. Als Sonderaufsicht geht sie der allgemeinen Kommunalaufsicht vor (*Lohr*, Satzungsgewalt, S. 79). Aufgrund des spezialgesetzlichen Charakters der Regelungen im SpkG NRW bleibt für die Anwendung kommunalverfassungsrechtlicher Vorschriften kein Raum (*Weides*, DÖV 1984, 41, 45). Andererseits wird die Kompetenz der Kommunalaufsicht gegenüber den gemeindlichen Trägern der Sparkassen durch die Sparkassenaufsicht nicht beschränkt. Der bis zum In-Kraft-Treten des SpK-ÄndG v. 18.11.2008 (GV. NRW 2008 S. 696) in der damaligen Kompetenznorm (§ 30 Abs. 2 Satz 2 SpkG NRW aF) enthaltene Hinweis „Die Befugnisse der Kommunalaufsichtsbehörden bleiben unberührt" wurde vor dem Hintergrund des bereits 2002 erfolgten Wegfalls der Bezirksregierungen „als Sparkassenaufsicht vor Ort" und der nicht mehr erforderlichen Kompetenzabgrenzungen innerhalb der Bezirksregierungen in Bezug auf „Kommunal-" und „Sparkassenaufsicht" für entbehrlich gehalten (s. Reg.-Entw. v. 26.5.2008, LT-Drs. 14/6831, S. 51).

15 Die Gemeinden als Träger der Sparkassen unterliegen nicht der Sparkassenaufsicht und zwar auch dann nicht, wenn sie als Träger Aufgaben nach dem Sparkassengesetz wahrnehmen (*Heinevetter* [2. Aufl.], § 28 Anm. 6; *Keßler*, Aufsichtskonkurrenz, S. 125). Besteht auf der Ebene der Träger der Sparkassen Anlass für ein Tätigwerden der Staatsaufsicht, ist prinzipiell nur die nach § 120 GO NRW zuständige **Kommunalaufsichtsbehörde** zum Handeln befugt. Die Sparkassenaufsicht hat gegenüber den Trägern nur dann Befugnisse, wenn sie sich unmittelbar aus dem SpkG NRW ergeben (*Schlierbach/Püttner*, S. 287). Dies betrifft insbesondere die Mitwirkungsbefugnisse der Aufsichtsbehörde bei Errichtung (§ 1 Abs. 1 SpkG NRW) und Auflösung (§ 31 Abs. 1 S. 2 SpkG NRW), der Genehmigung der Satzung (§ 6 Abs. 2 S. 2 SpkG NRW) sowie bei den Entscheidungen und Vereinbarungen der Träger in den §§ 27, 29, 30, 38 SpkG NRW bestimmten Fällen.

2. Staatliche Bankenaufsicht durch EZB, BaFin und Deutsche Bundesbank

a) Allgemeines zur Bankenaufsicht

16 Neben der Sparkassenaufsicht als besonderer Form der Anstaltsaufsicht gibt es die **Bankenaufsicht des Bundes** über die Kreditinstitute nach dem KWG. Sparkassen sind Unternehmen, die Bankgeschäfte gewerbsmäßig oder in einem Umfang betreiben, der einen in kaufmännischer Weise eingerichteten Geschäftsbetrieb erfordert. Sie sind damit Kreditinstitute im Sinne der Legaldefinition des § 1 Abs. 1

C. Aufsicht, Verwaltungsvorschriften §39

Satz 1 KWG und fallen somit unter den Anwendungsbereich des KWG (s. auch Schutz der Bezeichnung „Sparkasse" in § 40 Abs. 1 KWG).

Nach § 6 Abs. 2 KWG hat die BaFin **Missständen** im Kredit- und Finanzdienstleistungswesen entgegenzuwirken, welche die Sicherheit der den Instituten anvertrauten Vermögenswerte gefährden, die ordnungsmäßige Durchführung der Bankgeschäfte oder Finanzdienstleistungen beeinträchtigen oder erhebliche Nachteile für die Gesamtwirtschaft herbeiführen können. 17

Bei der Aufsicht nach dem KWG handelt es sich um eine Gewerbeaufsicht, die im Rahmen der **Gefahrenabwehr** zum Schutz der Institutsgläubiger in ihrer Allgemeinheit und damit zum Schutz der Öffentlichkeit in die Funktionsfähigkeit der Kreditwirtschaft errichtet ist (*Schäfer* in: Boos/Fischer/Schulte-Mattler, KWG, § 6 Rn. 2). Diese Aufsicht ist dem Bereich der sog Wirtschaftsaufsicht zuzuordnen, deren Regelungen sich auf die konkurrierende Gesetzgebungskompetenz nach Art. 74 Nr. 11 GG stützt (*Becker*, Landesbanken, S. 114). Die Aufsicht nach dem KWG ist als Fachaufsicht ausgestaltet (*Becker*, Landesbanken, S. 114; *Wagener*, Organisationsrecht, S. 59; *Hübner*, Befugnisse der Fachaufsicht, passim, bezeichnet die Bankenaufsicht durchgängig als Fachaufsicht, aber nur aus terminologischen Gründen und gerade nicht zur verwaltungsrechtlichen Einordnung, s. dort S. 15). Sie dient – insofern der Sparkassenaufsicht vergleichbar – nicht dem Schutz des einzelnen Gläubigers, sondern nimmt ihre Aufgaben und Befugnisse nur im öffentlichen Interesse wahr (*Schäfer* in: Boos/Fischer/Schulte-Mattler, KWG, § 6 Rn. 2; *Reischauer/Kleinhans*, KWG, § 6, Rn. 2). Nach § 4 Abs. 1a FinDAG ist die BaFin allerdings im Rahmen ihres gesetzlichen Auftrags auch dem Schutz der kollektiven Verbraucherinteressen verpflichtet und kann Anordnungen bei verbraucherschutzrelevanten Missständen treffen, wenn eine generelle Klärung geboten erscheint. Zudem ist durch § 4b FinDAG ein förmliches Verbraucherbeschwerdeverfahren für Kunden überwachter Institute eingerichtet worden. Die BaFin kann im Rahmen ihres Informationsrechts das von der Kundenbeschwerde betroffene Institut zur Stellungnahme auffordern; ihr kommt jedoch im Beschwerdeverfahren keine Entscheidungskompetenz im engeren Sinne zu (*Fischer/Boegl* in: Schimansky/Bunte/Lwowski, BankR-HdB, § 125 Rn. 36). 18

b) Kompetenzverteilung zwischen der EZB und der nationalen Aufsichtsbehörden im SSM

Im Rahmen der Aufgabenverteilung zwischen der EZB und den nationalen Aufsichtsbehörden im europäischen Einheitlichen Abwicklungsmechanismus (Single Supervisory Mechanism – SSM) sind gemäß § 6 Abs. 1 KWG in Verbindung mit Art. 4 Abs. 1 der VO (EU) 1024/2013 (SSM-VO) die BaFin und die Bundesbank für die Sparkassen in NRW die zuständigen **nationalen Bankenaufsichtsbehörden**. 19

Als Konsequenz aus der Finanzkrise 2008 wurde der **Einheitliche Aufsichtsmechanismus** (Single Supervisory Mechanism – SSM) als System der Bankenaufsicht in Europa etabliert. Der SSM ist neben dem Einheitlichen Abwicklungsmechanismus (Single Resolution Mechanism – SRM) und einem gemeinsamen Einlagensicherungssystem eine der drei Komponenten der Bankenunion (EZB, Leitfaden zur Bankenaufsicht, S. 22). Durch die SSM-Verordnung zur Übertragung besonderer Aufgaben im Zusammenhang mit der Aufsicht über Kreditinstitute auf die EZB (VO (EU) Nr. 1024/2013) wurden die wesentlichen bankaufsichtlichen 20

Befugnisse von den nationalen Bankaufsichtsbehörden der teilnehmenden Mitgliedstaaten auf den SSM übertragen. Die EZB arbeitet innerhalb des SSM mit den nationalen Aufsichtsbehörden zusammen (Art. 4 Abs. 1 Buchst. f der VO (EU) 10/2413). Die EZB ist für das effektive und einheitliche Funktionieren des SSM verantwortlich und überwacht, dass die Aufsichtsaktivitäten der nationalen Aufsichtsbehörden den hohen Aufsichtsstandards genügen und die aufsichtlichen Anforderungen an alle Kreditinstitute im SSM konsequent eingehalten werden. Grundlage für die Zusammenarbeit der EZB mit den nationalen Aufsichtsbehörden ist Art. 6 der SSM-VO. Detailregelungen zur Zusammenarbeit der EZB und den nationalen Behörden finden sich in der SSM-Rahmenverordnung der EZB (VO (EZB) Nr. 468/2014, ABl. L.: 141 v. 14.5.2014).

21 Die jeweiligen Aufsichtsaufgaben werden der EZB und den nationalen Aufsichtsbehörden differenziert nach der Bedeutung der beaufsichtigten Unternehmen zugewiesen (EZB, Leitfaden zur Bankenaufsicht, S. 9): Die EZB beaufsichtigt die bedeutenden, die nationalen Aufsichtsbehörden die weniger bedeutenden Unternehmen. Die EZB ist auch im Rahmen der Aufsicht über die weniger bedeutenden Institute weisungsbefugt und kann die Aufsicht unmittelbar gegenüber diesen ausüben (*Schäfer* in: Boos/Fischer/Schulte-Mattler, KWG, § 6, Rn. 5). Die Unterscheidung zwischen bedeutenden und weniger bedeutenden Unternehmen erfolgt anhand von Kriterien zu Größe, wirtschaftlicher Relevanz und Bedeutung der grenzüberschreitenden Tätigkeiten (Art. 6 Abs. 4 der VO (EU) 10/2413). Für die Sparkassen relevant ist der **Größenschwellenwert**: Ein beaufsichtigtes Institut wird als bedeutend eingestuft, wenn der Gesamtwert seiner Aktiva 30 Mrd. EUR übersteigt (Art. 50 Abs. 1 SSM-Rahmenverordnung). Da die Aktiva der nordrhein-westfälischen Sparkassen derzeit (Stand: 1.10.2018) sämtlich unter dem Größenschwellenwert liegen, sind sie in der von der EZB elektronisch zu veröffentlichenden Liste (s. Art. 49 SSM-Rahmenverordnung) als weniger bedeutende Institute unter Teil B („List of less significant institutions") aufgeführt (s. EZB, list of supervised entities, Stand 1.9.2023, S. 27 ff., abrufbar unter *www.bankingsupervision.europa.eu/banking/list*).

22 Die Regelungen der aufsichtsrechtlichen Befugnisse durch die SSM-Verordnung (VO (EU) 1024/213) lassen die Existenz und die Befugnisse der **Sparkassenaufsicht unberührt**. Ziel der Verordnung ist die Integration der Bankenaufsicht in den SSM und nicht die Ausgrenzung parallel bestehender Aufsichtsmechanismen (*Oebbecke*, ZBB 2016, 336, 338).

c) Aufgaben der BaFin und der Deutschen Bundesbank

23 Die BaFin wacht über die Einhaltung des KWG, der CRR, der CRD und über weitere in § 6 Abs. 1 KWG aufgeführte EU-Vorschriften. Die Bankenaufsicht auf Bundesebene erstreckt sich im Sinne einer **Fachaufsicht** auf die in diesen Vorschriften normierten Fragen des Banken- und Kreditwesens (vgl. *Becker*, Landesbanken, S. 114; *Rothe*, § 28, Anm. I. 1.2). Die Aufsichtstätigkeit umfasst auch das Handels- und Gesellschaftsrecht, das mit dem Aufsichtsrecht im Zusammenhang steht (*Schäfer* in: Boos/Fischer/Schulte-Mattler, KWG, § 6 Rn. 4; *Reischauer/Kleinhans*, KWG, § 6 Rn. 20), sowie Spezialgesetze, die der BaFin Aufsichtsbefugnisse einräumen (Aufzählung s. *Schäfer* in: Boos/Fischer/Schulte-Mattler, KWG, § 6 Rn. 4; *Reischauer/Kleinhans*, KWG, § 6 Rn. 19). Die BaFin hat indes nicht den Auftrag, für die Einhaltung sämtlicher Gesetze und Rechtsnormen zu sorgen (*Rei-*

C. Aufsicht, Verwaltungsvorschriften § 39

schauer/Kleinhans, KWG, § 6 Rn. 20). Die Überwachung der Einhaltung der landesrechtlichen Sparkassenvorschriften gehört nicht zu den Aufgaben der BaFin (*Berger*, § 25, Rn. 13; *Keßler*, Aufsichtskonkurrenz, S. 150). Die wesentlichen Aufgaben der Bankenaufsicht liegen auf den Gebieten der Erlaubniserteilung und -versagung (§ 32ff. KWG), Beurteilung der Qualifikation der Geschäftsleiter und der Aufsichtsorgane (§ 25c und d KWG), Überwachung der Eigenmittelanforderungen (§ 10ff. KWG), ausreichender Liquidität (§ 11 KWG), der Kreditgrenzen, Einhaltung organisatorischer Pflichten insbesondere bzgl. eines angemessen und wirksamen Risikomanagement (§ 25a KWG). Die BaFin hat umfangreiche Auskunfts- und Prüfungsbefugnisse (§§ 44ff. KWG). Kommt es zu krisenhaften Situationen bei Instituten, hat sie tiefgreifende Eingriffsbefugnisse, um hierauf zu reagieren (§§ 45ff. KWG). Der BaFin sind bei der Ausübung ihrer Befugnisse dabei auch Zweckmäßigkeitserwägung gestattet, um in bankwirtschaftlicher Hinsicht bestimmten Gefahren zu begegnen (*Keßler*, Aufsichtskonkurrenz, S. 154).

24 Auch wenn die BaFin gemäß § 6 Abs. 1 KWG die zuständige Behörde ist, die die Aufsicht über die Institute nach Maßgabe des KWG und des europäischen Aufsichtsrecht ausübt, wirken BaFin und Deutsche Bundesbank bei der Aufsicht über die Kreditinstitute zusammen: Nach § 7 Abs. 1 KWG obliegt der **Deutschen Bundesbank** die laufende Überwachung der Institute. Sie wertet unter anderem die von Instituten regelmäßig einzureichenden Berichte und Meldungen (zB zu Großkrediten nach § 13 KWG, Millionenkredit nach § 15 KWG und Finanzinformationen gemäß § 25 KWG) aus und prüft, ob die Eigenkapitalausstattung und die Risikosteuerungsverfahren der Institute angemessen sind. Die BaFin bedient sich regelmäßig der Bundesbank bei der Durchführung der Sonderprüfungen nach § 44 Abs. 1 S. 2 KWG. Weitere Konkretisierungen der Zusammenarbeit sind der BaFin-Aufsichtsrichtlinie zu entnehmen (RL zur Durchführung und Qualitätssicherung der laufenden Überwachung der Kredit- und Finanzdienstleistungsinstitute durch die Deutsche Bundesbank v. 21.5.2013, veröff. auf www.bundesbank.de).

d) Verhältnis Bankenaufsicht zur Sparkassenaufsicht

25 **aa) Unterschiedliche Zielsetzungen von Banken- und Sparkassenaufsicht.** Bankenaufsicht und Sparkassenaufsicht unterscheiden sich durch ihre jeweiligen Zielsetzungen (*Frick*, Staatsaufsicht, S. 223). Die Aufsicht der BaFin konzentriert sich auf die Einhaltung der Vorschriften des KWG und anderer kreditwirtschaftlicher Regulierungsvorschriften durch die Kreditinstitute. Durch präventive Überwachung und repressives Eingreifen in krisenhaften Situationen soll sie die **Stabilität des Finanzsystems** sicherstellen und Schäden für die Gesamtwirtschaft verhindern. Sparkassen unterliegen dabei grundsätzlich keiner Sonderbehandlung gegenüber privaten oder genossenschaftlichen Instituten. Anders als die Sparkassenaufsicht ist die BaFin vom Aufsichtsmaßstab her nicht auf eine reine Rechtskontrolle beschränkt.

26 Aufgabe der Sparkassenaufsicht ist es demgegenüber, als Anstaltsaufsicht darauf zu achten, dass die Sparkassen ihrem **öffentlichen Auftrag** aus § 2 SpkG NRW nachkommen und sich als Teil der öffentlichen Verwaltung im Rahmen ihres Handelns an die Gesetze und die Satzung halten (vgl. *Heinevetter* [2. Aufl.], § 29 Anm. 5). Dazu gehört es, dass die Sparkassenaufsicht auf die ihr unterstellten Sparkassen fördernd einwirkt, um sicherzustellen, dass diese ihren öffentlichen Aufgaben dienen, zu deren Erfüllung sie errichtet wurden (*Albert* in: Reischauer/Kleinhans, KWG, § 52 Rn. 2; *Schwennicke/Anders* in: Schwennicke/Auerbach, KWG, § 52 Rn. 12).

27   bb) **Überschneidung im Bereich der Aufsichtsmaterie.** Trotz unterschiedlicher Zielsetzungen bestehen Zuständigkeitsüberschneidungen zwischen der Bankenaufsicht und der Sparkassenaufsicht (*Fischer/Boegl* in: Schimansky/Bunte/Lwowski, BankR-HdB, § 125, Rn. 14). Die Aufsichtsbereiche überschneiden sich nicht nur hinsichtlich der Aufsichtssubjekte, sondern auch hinsichtlich des bei der Rechtsaufsicht anzuwenden Maßstabs. Der von der Bankenaufsicht anzuwendende Kontrollmaßstab beschränkt sich auf das KWG und andere kreditwirtschaftliche Sondervorschriften. Die Rechtsaufsicht der Sparkassenaufsicht ist demgegenüber umfassend. Sie hat die Beachtung des gesamten Rechts zu kontrollieren (*Oebbecke*, ZBB 2016, 336; *Schlierbach/Püttner*, S. 281). Somit gehört die Überwachung der Normen des KWG und anderer zum Auftragsgebiet der BaFin gehörenden Vorschriften auch zur Aufsichtsmaterie der Sparkassenaufsicht. Für eine generelle Ausgrenzung von Rechtsbereichen mit dem Argument, dass sie einer besonderen Fachaufsicht durch andere Aufsichtsbehörden obliegen (so *Krebs/Dülp/Schröer*, Art. 13, Anm. I 3; *Berger*, § 25, Rn. 6 und 13), lässt sich im KWG, im Sparkassenrecht oder im sonstigen Recht keine Grundlage finden. Nach § 52 KWG bleibt eine anderweitige staatliche Aufsicht über ein Institut – hierzu gehört unstreitig die Sparkassenaufsicht (*Lindemann* in: Boos/Fischer/Schulte-Mattler, KWG, § 52, Rn. 3; *Albert* in: Reischauer/Kleinhans, KWG, § 52 Rn. 7; *Schwennicke/Anders* in: Schwennicke/Auerbach, KWG, § 52, Rn. 7) – neben der Aufsicht durch die BaFin bestehen. Im Bereich der überlappenden Rechtsaufsichtsmaterie existiert eine **Aufsichtsdoppelung**, die vom Bundesrecht ausdrücklich hingenommen wurde (vgl. *Oebbecke*, ZBB 2016, 336, 338). Aufgrund der Dichotomie von Staatsaufsicht und Wirtschaftsaufsicht (*Kahl* in: Hoffmann-Riem/Schmidt-Aßmann/Voßkuhle, Grundlagen des Verwaltungsrechts, Band III, § 47 Rn. 113) liegt kein Fall einer nach den Kompetenzregeln der Art. 83 ff. GG unzulässigen Mischverwaltung vor. Die Sparkassenaufsichtsbehörde vollzieht nicht das KWG anstelle der BaFin, wenn sie aufgrund einer Verletzung von KWG-Vorschriften Maßnahmen ergreift, die auf dem Sparkassenrecht und der speziellen Zielsetzung der Sparkassenaufsicht beruhen (*Keßler*, Aufsichtskonkurrenz, S. 148).

28   Nach *Oebbecke* (Sparkassenaufsicht und Bankenaufsicht, ZBB 2016, 336, 342) wäre es zulässig, durch eine gesetzliche Bestimmung im SpkG NRW den Aufsichtsmaßstab der Sparkassenaufsicht zu modifizieren. Vorschriften, die Gegenstand der Aufsicht über Kreditinstitute nach dem KWG sind, könnten von der Sparkassenaufsicht ausgenommen werden. Einer solchen gesetzlichen **Modifizierung des Aufsichtsmaßstabs** der Sparkassenaufsicht stünden weder Vorgaben aus Art. 78 Abs. 4 S. 1 LVerf NRW, noch das Demokratieprinzip (Art. 20 Abs. 2 Satz 1 GG) oder das Rechtsstaatsprinzip (Art. 20 Abs. 2 Satz 1 GG) entgegen.

29   cc) **Maßnahmen im Bereich der Aufsichtskonkurrenz.** Durch die Aufsichtsdoppelung sind im Bereich der sich überschneidenden Aufsichtsmaterie bei der Ausübung der jeweiligen Befugnisse der Bankenaufsicht und der Sparkassenaufsicht **Konkurrenzsituationen** nicht auszuschließen.

30   Keine echten Kollisionsfälle entstehen, wenn aufgrund desselben Tatbestands sowohl die Bankenaufsicht als auch die Sparkassenaufsicht gleich gerichtete Maßnahmen treffen. Das kann bspw. im Rahmen der Ausübung der jeweiligen Infor-

C. Aufsicht, Verwaltungsvorschriften § 39

mationsrechte der Aufsichtsbehörden häufiger vorkommen. Die Sparkasse ist verpflichtet, der Anordnung gegenüber der jeweiligen Behörde in der jeweils gesetzten Frist nachzukommen. Im Prinzip gilt das Gleiche, wenn die gleichgerichteten Maßnahmen auf die Beseitigung eines rechtswidrigen Zustands gerichtet sind. Die Sparkasse muss dem **Beseitigungsverlangen** nachkommen, bei unterschiedlichen Fristsetzungen innerhalb der kürzer gesetzten Frist. Bei gleichgerichteten Maßnahmen, bei denen eine Aufsichtsbehörde eine weitergehende Anordnung trifft, ist die milder wirkende Anordnung der anderen Behörde als Minus enthalten. Kein echter Kollisionsfall liegt überdies bei unterschiedlichen Maßnahmen der Aufsichtsbehörden vor, die aufgrund der Aufgabenverschiedenheit von Staats- und Wirtschaftsaufsicht mit unterschiedlichen, sich nicht widersprechenden Zielsetzungen durch die Aufsichtsbehörden erlassen werden und unabhängig voneinander durch die Sparkasse umsetzbar sind. Die jeweilige Aufsichtsbehörde muss jedoch die – ggf. nur reflexhafte – Wechselwirkung durch die jeweils andere Maßnahme bei der Prüfung der Verhältnismäßigkeit der eigenen Maßnahme berücksichtigen. Sieht eine Aufsichtsbehörde im Rahmen ihres Erschließungsermessens von einem Tätigwerden ab, ist die andere Aufsichtsbehörde hieran nicht gebunden. Entschließt sich die Sparkassenaufsichtsbehörde aus sparkassenrechtlichen Gründen zum Eingreifen, kann ihr die Sparkasse ein Untätigbleiben der BaFin, auch sofern es bewusst erfolgt, nicht entgegenhalten.

Wird der Sparkassenaufsichtsbehörde ein Verstoß der Sparkasse gegen Bestimmungen des KWG bekannt, so ist sie berechtigt, die BaFin einzuschalten (*Oebbecke*, ZBB 2016, 336, 338; weitergehend *Berger*, § 25 Rn. 6, der die Sparkassenaufsicht für verpflichtet hält, die BaFin zu informieren). Die Mitteilung an die BaFin stellt keinen Eingriff in die Rechte der Sparkassen dar und bedarf daher keiner Rechtfertigung. Erfährt die Sparkassenaufsicht in Eilfällen von Verstößen gegen bankaufsichtsrechtliche Vorschriften im Rahmen der Ausübung ihres Informationsrechts nach § 40 Abs. 2 SpkG NRW, muss sie die gebotenen **Sofortmaßnahmen** im Rahmen der ihr nach dem SpkG NRW zustehenden Aufsichtsmittel treffen und ist berechtigt, anschließend die BaFin zu informieren (*Oebbecke*, ZBB 2016, 336, 338). Es handelt sich allerdings in beiden Fällen nicht um Beistandsleistungen im Rahmen der Amtshilfe nach Art. 35 Abs. 1 GG. Tätigwerden im Rahmen der Amtshilfe nach Art. 35 Abs. 1 GG setzt ein Ersuchen an die helfende Behörde voraus (*Gubelt* in: von Münch/Kunig, GG, Art. 35 Rn. 7). 31

Kollisionsfälle im Sinne sich **widersprechender Aufsichtsmaßnahmen** lassen sich weder durch die Anwendung verfassungsrechtlicher Kompetenzregelungen noch durch verwaltungsrechtliche Grundsätze auflösen. 32

Da die Bankenaufsicht und die Anstaltsaufsicht mit unterschiedlichen Zielsetzungen nebeneinander bestehen (→ Rn. 25), existiert kein institutionelles Konkurrenzverhältnis zwischen der Sparkassenaufsicht und der Aufsicht durch die BaFin und die Bundesbank, aufgrund dessen die eine Aufsicht nachrangig hinter der anderen zurücktritt (vgl. *Biesok*, SpkG-Kommentar, § 31, Rn. 724, S. 269). Die BaFin kann der Sparkassenaufsichtsbehörde keine Weisungen erteilen (vgl. *Hübner*, Befugnisse der Fachaufsicht, S. 149). Umgekehrt ist die BaFin aber nicht auf ein Einvernehmen oder Benehmen der Sparkassenaufsichtsbehörde im Überschneidungsbereich der Aufsichtsmaterie angewiesen. Eine Regelung zu einem Mitwirkungsakt oder die Übertragung von Zuständigkeiten auf die staatliche (Anstalts-)Aufsicht hätten zu einer vom Gesetzgeber nicht gewünschten Zustim- 33

§ 39   C. Aufsicht, Verwaltungsvorschriften

mungspflicht des Bundesrats geführt (*Albert* in: Reischauer/Kleinhans, KWG, § 52, Rn. 3).

34 Solange das Sparkassenrecht zum Bankenaufsichtsrecht des Bundes widerspruchsfrei ist, erlangt der Geltungsvorrang des Bundesrechts nach Art. 31 GG keine Bedeutung (*Oebbecke*, ZBB 2016, S. 336, 338). Sparkassenrecht und Kreditwirtschaftsrecht können grundsätzlich nebeneinander Geltung beanspruchen. Bei Überschneidungen von KWG und Sparkassenrecht gelten jeweils die schärferen Rechtsanforderungen (*Albert* in: Reischauer/Kleinhans, KWG, § 52 Rn. 7). Der Bund hat durch das In-Kraft-Setzen des KWG 1962 von seiner **Gesetzgebungskompetenz** durch auch für Sparkassen geltende kreditwirtschaftsrechtliche Regelungen nach Art. 74 Nr. 11 GG Gebrauch gemacht. Für die Regelung des Sparkassenorganisationsrechts hat der Bund demgegenüber keine Kompetenz: Regelungen der Organisation der Wahrnehmung staatlicher und kommunaler Aufgaben durch die hierzu berufenen Stellen fallen in die ausschließliche Gesetzgebungszuständigkeit der Länder (BVerwGE 69, 11, 21 = NVwZ 1987, 221, 223; *Berger*, § 25, Rn. 12).

35 Es verbleibt daher allein die Möglichkeit widersprechende Maßnahmen in der Praxis durch eine **Kooperation** von BaFin und Sparkassenaufsichtsbehörde zu vermeiden. Diese kann eher förmlich durch Amtshilfe nach Art. 35 GG im Einzelfall erfolgen. Die nach § 52 KWG zugelassene Parallelität der beiden Aufsichten lässt die jeweilige Pflicht von BaFin und Sparkassenaufsichtsbehörde nach Art. 35 Abs. 1 GG zur gegenseitigen Amtshilfe unberührt (*Schwennicke/Anders* in: Schwennicke/Auerbach, KWG, § 52, Rn. 16). Generalisierende Regelungen der Zusammenarbeit könnten überdies durch Verwaltungsabkommen erfolgen. Praxistauglicher sind indes individuelles Abstimmen und tatsächliches Zusammenwirken in aufsichtsrelevanten Fällen (eingehender zu den Kooperationsformen *Hübner*, Befugnisse der Fachaufsicht, S. 153 ff.; *Keßler*, Aufsichtskonkurrenz, S. 197 ff.).

36 **dd) Kooperation von Bankenaufsicht und Sparkassenaufsicht in der heutigen Praxis.** Tatsächliche Konfliktfälle mögen unmittelbar, nachdem der Bund 1962 die Aufsichtsbefugnisse aus dem KWG an sich gezogen hatte, vorgekommen sein (s. *Hübner*, Befugnisse der Fachaufsicht, S. 148). Bankaufsicht und oberste Sparkassenaufsicht lagen bis dahin in vielen Bundesländern oftmals beim Wirtschaftsministerium – so auch in NRW – in einer Hand (s. *Frick*, Staatsaufsicht, S. 222); ein Auseinanderfallen der Behördenzuständigkeit und sogar der Verwaltungsträgerschaft war somit eine Zäsur. In der heutigen Verwaltungspraxis entstehen aus dem Nebeneinander der Aufsichtsbehörden des Bundes und der Sparkassenaufsicht in NRW keine Probleme (s. auch *Heinevetter* [2. Aufl.], § 29 Anm. 5). BaFin, Bundesbank und Sparkassenaufsicht informieren sich bei für beide Aufsichten relevanten Fällen gegenseitig. Widersprechende Anordnungen werden durch eine vorherige Abstimmung der Aufsichtsbehörden vermieden (s. auch *Biesok*, SpkG-Kommentar, § 31, Rn. 724, S. 269). In regionalen Aufsichtsgesprächen bei den Prüfungsstellen der SGVe (§ 33 Satz 2 SpkG NRW) tauschen sich die Bankenaufsichtsbehörden und die Sparkassenaufsichtsbehörde regelmäßig zu regulatorischen Neuerungen, Entwicklungen im Aufsichts- und Sparkassenwesen, der Risiko- und Ertragslage der regionalen Sparkassen im Allgemeinen sowie zu einzelnen Sparkassen aus. Übergreifende Themen werden zudem im „Länderarbeitskreis Sparkassen" erörtert, zu dem sich die Vertreter aus den für die Überwachung von Sparkassen und Lan-

C. Aufsicht, Verwaltungsvorschriften § 40

desbanken zuständigen obersten Aufsichtsbehörden der Länder, von BaFin und Deutscher Bundesbank sowie aus den Bundesverbänden der Sparkassen und öffentlichen Banken zusammenfinden (s. auch *Lindemann* in: Boos/Fischer/Schulte-Mattler, KWG, § 52, Rn. 4).

§ 40 Befugnisse der Sparkassenaufsicht

(1) Die Sparkassenaufsicht erstreckt sich darauf, dass Verwaltung und Geschäftsführung der Sparkasse den Gesetzen und der Satzung entsprechen.

(2) Die Aufsichtsbehörde kann sich jederzeit über die Angelegenheiten der Sparkasse unterrichten, insbesondere sämtliche Geschäfts- und Verwaltungsvorgänge nachprüfen sowie Berichte und Akten anfordern. Hierbei kann sie sich der Prüfungseinrichtung des zuständigen Sparkassen- und Giroverbandes bedienen. Im Rahmen ihrer Befugnisse können die Aufsichtsbehörde und die Prüfungsstelle des zuständigen Sparkassen- und Giroverbandes auch an den Sitzungen des Verwaltungsrates und seiner Ausschüsse teilnehmen.

(3) Die Aufsichtsbehörde kann verlangen, dass die Organe der Sparkasse zur Behandlung einer bestimmten Angelegenheit einberufen werden. Sie kann Beschlüsse und Anordnungen der Organe der Sparkasse, die das geltende Recht verletzen, aufheben und verlangen, dass Maßnahmen, die aufgrund derartiger Beschlüsse oder Anordnungen getroffen worden sind, rückgängig gemacht werden.

(4) Erfüllt eine Sparkasse die ihr gesetzlich obliegenden Pflichten nicht oder kommt sie dem Verlangen der Aufsichtsbehörde nach Absatz 2 nicht nach, so kann die Aufsichtsbehörde die Sparkasse anweisen, innerhalb einer angemessenen Frist das Erforderlich zu veranlassen. Kommt die Sparkasse der Anweisung nicht innerhalb der ihr gesetzten Frist nach, so kann die Aufsichtsbehörde an Stelle der Sparkasse das Erforderliche anordnen und auf deren Kosten selbst durchführen oder durch einen Beauftragten durchführen lassen.

Literatur: *Held/Winkel/Wansleben*, Kommunalverfassungsrecht Nordrhein-Westfalen, Kommentare, Texte, Loseblattsammlung, Stand: September 2017; *Iwers*, Reichweite der Sparkassen – im Verhältnis zur Bankenaufsicht, LT Bbg., Parlamentarischer Beratungsdienst, www.parlamentsdokumentation.brandenburg.de; *Kopp/Schenke;* Verwaltungsgerichtsordnung Kommentar, 24. Aufl., 2018; *Oebbecke*, Sparkassen und Verbraucherschutz – Möglichkeiten der Stärkung des Verbraucherschutzes im Sparkassenrecht der Länder, Rechtsgutachten erstattet im Auftrag der Verbraucherzentralen Bay., Bbg. und Hess., www.verbraucherzentrale-hessen.de; Parlamentarischer Beratungs- und Gutachtendienstes des Landtags NRW, Gutachten zu „Interpellationsrecht und Geheimhaltungspflichten" vom 23.6.2015, LT-Information 16/297; *Salzwedel*, Staatsaufsicht in der Verwaltung, VVDStRL, Heft 22 (1965), S. 206 ff.; *Schlegel/Voelzke;* juris PraxisKommentar SGB, Bd. III, 1. Aufl., 2014; *Schwerin*, Amtspflichten der Rechtsaufsichtsbehörde – Staatliche Fürsorge statt Selbstverantwortung?, NVwZ 2003, 818; *Weißauer/Lenders:* Gebührengesetz für das Land Nordrhein-Westfalen (GebG NRW), Stand: September 2013; *Wolff/Bachof/Stober/Kluth*, Verwaltungsrecht, Bd. II, 7. Aufl., 2010

§ 40 C. Aufsicht, Verwaltungsvorschriften

Übersicht

	Rn.		Rn.
I. Ausgestaltung der Sparkassenaufsicht als Rechtsaufsicht	1	ii) Spezielle Unterrichtungspflichten aus dem SpkG NRW	43
1. Zentrale Kompetenznorm und Beschränkung der Aufsicht	1	b) Einberufung der Sparkassenorgane	45
2. Aufsichtsgegenstand und Aufsichtsmaterie	2	aa) Allgemeines	45
3. Grenzen der Sparkassenaufsicht	3	bb) Einberufung zur Herstellung der Rechtmäßigkeit	46
a) Beschränkung auf Rechtsaufsicht	3	cc) Einberufung eines Organs zur Informationsgewinnung	47
b) Zweckmäßigkeits- und Ermessensentscheidungen der Sparkasse	6	dd) Form und Frist	48
c) Handeln der Aufsichtsbehörde nur im öffentlichen Interesse	11	c) Aufhebung von Beschlüssen und Rückgängigmachen von Maßnahmen	49
4. Ermessen der Aufsichtsbehörde	15	d) Anweisungsrecht und Ersatzvornahme	55
a) Entschließungsermessen	15	e) Ersatzvornahme	61
b) Auswahlermessen	21	f) Bestellung eines Beauftragten	65
aa) Kategorien der Aufsichtsmittel	22	2. Sonstige Befugnisse der Aufsichtsbehörde	70
bb) Verhältnismäßigkeitsgrundsatz	25	a) Allgemeines	70
II. Die einzelnen Aufsichtsmittel	28	b) Staatliches Mitverwaltungsrecht oder rechtliche Unbedenklichkeitsbescheinigung	71
1. Aufsichtsmittel der Sparkassenaufsicht nach § 40 SpkG NRW	28	c) Aufzählung der Genehmigungs- und Erlaubnisvorbehalte	73
a) Informations- und Prüfungsrechte (Abs. 2)	29	III. Verfahrensfragen	74
aa) Allgemeines	29	1. Form und Verfahren nach dem VwVfG NRW	74
bb) Erforderlichkeit	30	2. Rechtsbefehle	77
cc) Umfang des Informationsrechts	32	3. Kosten und Gebühren	84
dd) Auskunftspflicht der Sparkasse	33	a) Allgemeines	84
ee) Auskunftspflicht und Geheimnisschutz	36	b) Kostenerstattung für Ersatzaufnahme und Beauftragten	85
ff) Informationsmittel	37	c) Keine Gebührenpflicht	87
gg) Unterstützung durch Prüfungsstellen	39		
hh) Teilnahme an Sitzungen des Verwaltungsrats	41		

I. Ausgestaltung der Sparkassenaufsicht als Rechtsaufsicht

1. Zentrale Kernkompetenzen und Beschränkung der Aufsicht

1 Nach Abs. 1 erstreckt sich die Sparkassenaufsicht darauf, dass Verwaltung und Geschäftsführung der Sparkassen den Gesetzen und der Satzung entsprechen. Die Vorschrift gibt damit den Rahmen der aufsichtlichen Befugnisse in gegenständlicher (Verwaltung und Geschäftsführung) und in materieller (Gesetze und Satzung) Hinsicht vor. § 40 SpkG NRW ist die **zentrale Kompetenznorm** für die Sparkassenaufsicht. Auf der anderen Seite begrenzt die Vorschrift die Ausübung der

C. Aufsicht, Verwaltungsvorschriften § 40

staatlichen Aufsicht durch die materielle Ausgestaltung der Sparkassenaufsicht als Rechtsaufsicht und die abschließende Aufzählung der repressiven Aufsichtsmittel.

2. Aufsichtsgegenstand und Aufsichtsmaterie

Sparkassen gehören als Anstalten des öffentlichen Rechts zur mittelbaren Landesverwaltung (*Heinevetter* [2. Aufl.], § 29 Anm. 1.1). Sie sind damit Teil der vollziehenden Gewalt im Sinne des Art. 20 Abs. 3 GG und als solche strikt an Gesetz und Recht gebunden. Aus der Ableitung der Staatsaufsicht aus dem Rechtsstaatsprinzip folgt eine weitreichende Interpretation des für die Rechtsaufsicht auszufüllenden Rahmens. Gegenstand der Aufsicht ist die gesamte Tätigkeit der Sparkasse und aller ihrer Organe, nicht nur die Geschäftsführung des Vorstands (*Klüpfel/Gaberdiel/ Höppel/Ebinger*, § 48 Anm. II. 2). Die Rechtsaufsichtkontrolle ist nicht allein auf die Einhaltung des Sparkassenrechts und die Satzung beschränkt. Nach wohl überwiegender Auffassung im Schrifttum ist Aufsichtsmaßstab das gesamte Recht (*Oebbecke*, ZBB 2016, 336; *Schlierbach/Püttner*, Sparkassenrecht, S. 281; *Heinevetter*, SpkG NRW, § 28, Anm. 2.12; *Geisler*, Gewinnausschüttungen der kommunalen Sparkassen, S. 18; a.A. *Biesok*, Sparkassenrecht, Rn. 1148: nur das formelle Sparkassenrecht; ähnlich *Iwers*, Reichweite der Sparkassen – im Verhältnis zur Bankenaufsicht, S. 23: nur spezifisch sparkassen-rechtliche Normen). Gegenteiliges vermag auch die SSM-VO (→ § 39 Rn. 20) nicht zu rechtfertigen, die es den Mitgliedstaaten, soweit die Effektivität der Aufsicht nach der SSM-VO sichergestellt ist, nicht verwehrt, einen höheren Standard der Rechtsaufsicht festzusetzen (*Oebbecke*, Rechtsgutachten zu Sparkassen und Verbraucherschutz, S. 18; a.A. *Biesok*, Sparkassenrecht, Rn. 1148).

Zu den „Gesetzen" i.S.d. § 40 Abs. 1 gehören unmittelbar geltende EU-Rechtsetzungsakte, Bundes- und Landesgesetze im formellen und materiellen Sinne, Rechtsverordnungen des Bundes, Satzungen und Gewohnheitsrecht (*Berger*, § 25, Rn. 4; *Heinevetter* [2. Aufl.], § 28 Anm. 2.12; für das Kommunalaufsichtsrecht *Rehn/Cronauge/v. Lennep/Knirsch*, § 119 Anm. III. 1). Nicht zum materiellen Recht gehören die Verwaltungsvorschriften, weil ihnen die Außenwirkung fehlt und sie die Sparkassen somit nicht rechtlich verbindlich verpflichten können (*Berger*, § 25 Rn. 4; *Heinevetter* [2. Aufl.], § 29 Anm. 2.3 und 6). Gleichwohl kann die Nichtbeachtung von Verwaltungsvorschriften Anlass für ein Tätigwerden der Aufsichtsbehörde sein, um eine einheitliche Handhabung der Rechtsaufsicht zu erreichen (*Berger*, § 25 Rn. 4). Um eine verbindliche Rechtswirkung nach außen zu erzeugen, bedarf es einer Konkretisierung der Regelung in der Verwaltungsvorschrift durch einen Verwaltungsakt (§ 35 VwVfG NRW) gegenüber der Sparkasse (→ § 42, Rn. 6 ff.).

3. Grenzen der Sparkassenaufsicht

a) Beschränkung auf Rechtsaufsicht

Grenzen der Sparkassenaufsicht ergeben sich bereits aus ihrer Funktion als Rechtsaufsicht über rechtlich selbständige Selbstverwaltungseinrichtungen. Die prinzipielle Beschränkung der Staatsaufsicht auf eine **Rechtsaufsicht** folgt aus dem Wesen der Selbstverwaltung und der Eigenverantwortlichkeit der kommunalen Träger (vgl. *Berger*, § 25 Rn. 4). Für die Kommunalaufsicht ergibt sich bereits unmittelbar aus der Landesverfassung eine Beschränkung der Kontrolle staatlicher Aufsicht über die Sparkasse auf die Rechtmäßigkeit der Verwaltung aus dem Wortlaut des Art. 78 Abs. 4 S. 1 LVerf NRW. Auch der Schutz der Eigenverantwortlichkeit kommunaler Verwaltungsausübung durch Art. 28 Abs. 2 GG beschränkt den Aufsichtsmaßstab prinzipiell zwingend auf die Rechtskontrolle (*Löwer* in: Münch/Kunig, GG, Art. 28 Rn. 70). Die Aufsicht ist so zu führen, dass die bundes- und landesverfassungsrechtliche abgesicherte Selbstverwaltung nicht beeinträchtigt wird (für die Kommunalaufsicht vgl. *Rehn/Cronauge/v. Lennep/Knirsch*, § 119 Anm. I. 2).

4 Auch für die hier vertretene Auffassung, die die Sparkassenaufsicht nicht als Sonderkommunalaufsicht, sondern als Anstaltsaufsicht begreift (→ § 39 Rn. 6), führt die gebotene funktionelle Betrachtungsweise (vgl. *Oebbecke*, ZBB 2016, 336, 340) dazu, dass das Betreiben von Sparkassen zu den durch Art. 28 Abs. 2 GG und Art. 78 Abs. 1 und 2 LVerf NRW garantierten Betätigungen der Gemeinden im wirtschaftlichen Bereich gehört und damit vom kommunalen Selbstverwaltungsrecht mitumfasst ist (vgl. BVerfG NVwZ 1995, 370, 371; VerfGH NRW NJW 1980, 2699; *Mehde* in: Maunz/Dürig, GG, Art. 28 Rn. 93). Trotz der rechtlichen Verselbständigung sind die Sparkassen aufgrund der organisatorischen Verflechtung mit ihren Trägern kommunale Einrichtungen geblieben (BVerfG NVwZ 1995, 370, 371). Aufgrund ihrer engen Verbundenheit mit den Trägern sind sie von der **Selbstverwaltungsgarantie** des Art. 28 Abs. 2 GG erfasst. Auch wenn die Sparkassen nicht die unmittelbare Geltung der institutionellen Garantie aus Art. 28 Abs. 2 GG für sich beanspruchen können, sind sie trotz ihrer rechtlichen Verselbständigung im Hinblick auf den zulässigen Umfang der Staatsaufsicht so zu behandeln, als wären sie Teile der Gemeindeverwaltung (*Haller*, Entwicklung der Staatsaufsicht, S. 165). Die Gemeinden und Gemeindeverbände müssen in dem durch Art. 28 Abs. 2 GG verfassungsrechtlich abgesicherten Bereich Korrekturen der Staatsaufsicht nur bei Gesetzesverstößen und nur im Rahmen gesetzlich festgelegter Maßnahmen auf der Grundlage einer gesetzlichen Regelung hinnehmen (vgl. für die Kommunalaufsicht: *Wolff/Bachof/Stober/Kluth*, § 96 Rn. 134).

5 Zugleich ergibt sich aus dem Gesetzesvorbehalt des Art. 28 Abs. 2 GG und Art. 78 Abs. 2 LVerfG die Grenze des Selbstverwaltungsrechts auch für die Sparkassen. Das Sparkassengesetz beschränkt in verfassungsrechtlich zulässiger Weise sowohl das Recht auf Selbstverwaltung der Sparkasse als auch das kommunale Recht zur Ausübung wirtschaftlicher Betätigung. Gleichwohl muss die Aufsichtsbehörde ihre Maßnahmen im Einzelfall darauf überprüfen, ob sie beeinträchtigende Wirkung auf den **Wesensgehalt** der gemeindlichen Selbstverwaltung hat (vgl. *Haller*, Entwicklung der Staatsaufsicht, S. 168; s. auch *Hübner*, Befugnisse der Fachaufsicht, S. 105). Maßnahmen dürfen auch zusammengenommen den Entscheidungsspielraum der Sparkasse und ihrer Entscheidungsorgane nicht in einem Maße einengen, der mit ihrer Eigenständigkeit als selbständiges gemeindliches Wirtschaftsunternehmen nicht vereinbar wäre (OVG NRW, WM 2009, 2080, 2085). Abgrenzungsfragen dürften jedoch weniger bei der Anwendung der Aufsichtsmittel nach § 40 SpkG NRW im Bereich der Rechtsaufsicht über die Verwaltung und Geschäftsführung der Sparkasse anfallen, sondern sind eher im Bereich der Zustimmungstatbestände bspw. bei der Erweiterung des Satzungsgebietes nach § 3 Abs. 5 SpkG NRW oder einer Satzungsänderung nach § 6 Abs. 2 S. 2 SpkG NRW relevant.

C. Aufsicht, Verwaltungsvorschriften   § 40

b) Zweckmäßigkeits- und Ermessensentscheidungen der Sparkasse

Hinsichtlich des anzuwendenden Kontrollmaßstabs ist die Rechtsaufsicht von **6**
der **Fachaufsicht abzugrenzen:** Der Umfang der Fachaufsicht geht über die auf
eine Kontrolle der Rechtmäßigkeit beschränkte Rechtsaufsicht hinaus, indem er
den Maßstab der Kontrolle und Steuerung auch auf Zweckmäßigkeitsaspekte ausweitet (*Wolff/Bachof/Stober/Kluth*, § 96 Rn. 160).

Mit der Selbstverwaltung der Sparkasse ist notwendigerweise die Freiheit ver- **7**
bunden, bei mehreren rechtlich zulässigen Möglichkeiten diejenige zu wählen, die
die Sparkasse für zweckmäßig erachtet (vgl. für die Kommunalaufsicht: *Rehn/Cronauge/v. Lennep/Knirsch*, § 119 Anm. III. 1). Deshalb kommt eine allgemeine Prüfung
von Angelegenheiten, die sich im Rahmen pflichtgemäßen freien Ermessens halten,
insbesondere eine Prüfung der **Zweckmäßigkeit** der Geschäftsführung und Verwaltung der Sparkassen, durch die Aufsichtsbehörde nicht in Betracht (*Schlierbach/Püttner*, S. 282). Die Aufsichtsbehörde hat kein generelles Eingriffsermessen
und darf deshalb keine Ermessensentscheidung anstelle der Sparkasse treffen. Sie
darf keine Aufsichtsmittel einsetzen, weil sie ein bestimmtes Verhalten der Sparkasse
für unzweckmäßig hält (*Krebs/Dülp/Schröer*, Art. 13 Anm. II. 1). Eine Zweckmäßigkeitsprüfung kommt allenfalls im Einzelfall bei gesetzlichen eingeräumten Zustimmungsvorbehalten in Betracht (→ Rn. 71; vgl. *Frick*, Staatsaufsicht, S. 164;
Klüpfel/Gaberdiel/Gnamm/Ebinger, § 48 Anm. II. 2). Im Übrigen gilt der Grundsatz:
Was nicht gegen Recht verstößt, kann die Aufsichtsbehörde nicht verbieten (vgl.
Salzwedel, VVDStRL, Heft 22, 206, 221), was nicht aufgrund einer rechtlichen
Pflicht geschuldet wird, kann sie nicht verlangen.

Aspekte der Zweckmäßigkeit unternehmerischer Entscheidungen der Sparkasse **8**
sind daher der förmlichen Einwirkung entzogen. Es bleibt der Aufsichtsbehörde im
Rahmen der informellen, kooperativen, **fördernden Aufsichtsführung** aber unbenommen, die Entwicklung der Sparkasse auf der Grundlage der Jahresabschlüsse,
der Lageberichte oder anderer Quellen zu beobachten, sich hierzu zu äußern sowie
den Vorstand auf erkannte Risiken und Gefahren für den wirtschaftlichen Erfolg
der Sparkasse hinzuweisen und Problemlösungen hierzu anzufordern (*Fischer*, WM
2007, 1005, 1007).

Die rechtsaufsichtlich relevante Grenze der aufsichtsfreien Ermessensausübung **9**
durch die Sparkasse ist erreicht, wenn sie von ihrem Ermessen objektiv fehlerhaft
Gebrauch macht. Bei einem **Ermessensfehler** handelt es sich um eine Rechtsverletzung, die Gegenstand der Sparkassenaufsicht ist (*Schlierbach/Püttner*, S. 283).
Die Sparkassen haben entsprechend § 40 VwVfG ihr Ermessen entsprechend dem
Zweck der gesetzlichen Ermächtigung auszuüben und die gesetzlichen Grenzen
des Ermessens einzuhalten. Typische Ermessensfehler sind Ermessensüberschreitung, Ermessensunterschreitung (einschließlich Ermessensnichtgebrauch als Unterfall) und Ermessensmissbrauch (*Wolff/Bachof/Stober/Kluth*, § 31 Rn. 57 ff.).

Ermessensfehlerhaft handelt der Vorstand einer Sparkasse bspw., wenn er bei der **10**
Dotierung des „Fonds für allgemeine Bankrisiken" nach § 340g HGB die geschützten Interessen des Verwaltungsrates und des Trägers der Sparkasse unberücksichtigt lässt. Vertritt er die Auffassung, der nach § 340g HGB eingeräumte Ermessensspielraum sei nur durch eine Willkürkontrolle begrenzt, überschreitet er sein
Ermessen bei der Bildung des Jahresüberschusses. Der Vorstand muss erkennen, dass
diese Form der **Rücklagenbildung**, die vorab durch ihn vorgenommen wird, die

Fischer-Appelt

gesetzlich eingeräumte Möglichkeit und Zuständigkeit des Verwaltungsrates und des Trägers berührt, über die Verwendung des erwirtschafteten Gewinns zu entscheiden (s. Bericht des Finanzministers an den Haushalts- und Finanzausschuss des Landtags NRW zur Aufhebung eines Beschlusses des Verwaltungsrats der Stadtsparkasse Düsseldorf v. 9.6.2016, Vorlage 16/4046 – A 7, abrufbar auf www.landtag.nrw.de/portal).

c) Handeln der Aufsichtsbehörde nur im öffentlichen Interesse

11   Die Aufsichtsbehörde handelt ausschließlich im öffentlichen Interesse. Die staatliche Aufsicht dient lediglich der objektiven Rechtskontrolle (vgl. *Berger*, § 25 Rn. 8), die sich auf die Beachtung der Gesetze und der abgeleiteten Normen der Sparkasse erstreckt, nicht jedoch auf die Sicherung der aus deren Anwendung entstehenden Rechtsansprüche Dritter (vgl. *Heinevetter* [2. Aufl.], § 28 Anm. 2.12). Ein Eingriff gegen eine Sparkasse darf daher nicht allein im Interesse Dritter liegen, sondern muss stets dem **öffentlichen Wohl** dienen. Die Aufsichtsbehörde darf nicht mit dem Ziel eingreifen, dem Einzelnen zu seinem Recht gegen die Sparkasse zu verhelfen, wenn dieser seine Rechte im Zivilprozess geltend machen kann (vgl. *Biesok*, SpkG-Kommentar, § 31 Rn. 735, S. 272; *Heinevetter* [2. Aufl.], § 29 Anm. 2.4; *Schlierbach/Püttner*, S. 282). Es ist nicht Aufgabe der Rechtsaufsicht, die Erfüllung vertraglicher Verpflichtungen zu überwachen. Sie darf sich daher nicht in zivilrechtliche Auseinandersetzungen einschalten, um für eine Partei Tatsachenaufklärung zu betreiben (*Klüpfel/Gaberdiel/Gnamm/Ebinger*, § 48 Anm. II 2.).

12   Die Vorschriften über die Sparkassenaufsicht haben **keinen drittschützenden Charakter** (vgl. *Biesok*, SpkG-Kommentar, § 31 Rn. 735, S. 272). Weder Sparkassenkunden, noch Bürger der Trägergemeinden haben einen Anspruch auf Tätigwerden der Aufsichtsbehörde (vgl. *Biesok*, SpkG-Kommentar, § 31 Rn. 735, S. 272). Entsprechendes gilt für die Organe der Träger der Sparkasse, deren Mitglieder sowie für die Organe oder Organmitglieder der Sparkasse. Auch wenn diese eine Verletzung von Gesetzen oder Satzung geltend machen, hat die Aufsichtsbehörde zu entscheiden, ob ein Einschreiten im öffentlichen Interesse liegt (vgl. *Biesok*, SpkG-Kommentar, § 31 Rn. 735, S. 272). Auch andere Sparkassen sowie private und genossenschaftliche Mitbewerber haben wegen eigener Klagemöglichkeiten keinen Anspruch gegen die Aufsichtsbehörde auf Einschreiten gegen eine Sparkasse, auch wenn diese zu deren Lasten gegen das Regionalprinzip verstößt oder wettbewerbswidrig handelt (aA *Hübner*, Befugnisse der Fachaufsicht, S. 130 f.).

13   Dritte können Maßnahmen der Sparkassenaufsicht nur anregen, nicht aber verlangen (*Klüpfel/Gaberdiel/Gnamm/Ebinger*, § 48 Anm. II 2.). Unberührt bleibt das Recht der Aufsichtsbehörde, Eingaben und Beschwerden zum Anlass zu nehmen, sich in der Sache zu informieren und deshalb die Sparkasse um Stellungnahme zum vorgetragenen Sachverhalt zu bitten. Die Sparkasse kann nicht einwenden, die erbetenen Auskünfte beträfen eine privatrechtliche Kundenbeziehung und seien deshalb vom **Informationsrecht** der Sparkassenaufsicht nicht mitumfasst. Eingaben Dritter können Hinweise auf strukturelle Mängel bei der Beachtung von zivilrechtlichen Vorschriften geben, deren Bestätigung die Aufsichtsbehörde zu einem Einschreiten im öffentlichen Interesse ermächtigt.

14   Wenn der Sparkasse hohe **Schadenersatzverpflichtungen** aus einer Kundenbeziehung drohen, die negative Auswirkungen auf die künftige Aufgabenerfüllung der Sparkasse haben, kann im Einzelfall ein Einschreiten der Aufsichtsbehörde ge-

C. Aufsicht, Verwaltungsvorschriften   § 40

boten sein (vgl. *Berger*, § 25 Rn. 8; für die Kommunalaufsicht vgl. *Rehn/Cronauge/ v. Lennep/Knirsch*, § 119 Anm. III. 3.).

4. Ermessen der Aufsichtsbehörde

a) Entschließungsermessen

Die Ausübung der Rechtsaufsicht über die Sparkassen unterliegt dem **Opportunitätsprinzip** (*Rothe*, § 29 Anm. I. 2.; *Schlierbach/Püttner*, S. 281; einschränkend: *Hübner*, Befugnisse der Fachaufsicht, S. 127 ff.). Entsprechend dem Opportunitätsermessen der Kommunalaufsicht im Rahmen der Rechtsaufsicht über die Gemeinden (s. *Becker/Winkel* in: PdK NW B-1, GO NRW, § 119 Anm. 6; *Rehn/ Cronauge/v. Lennep/Knirsch*, § 119 Anm. III. 2; *Schwerin*, NVwZ 2003, 818, 819) ergibt sich dies bereits aus dem Wortlaut der „Kann-Vorschriften" des § 40 SpkG NRW. Nach dem Opportunitätsprinzip besteht im Gegensatz zum Legalitätsprinzip grundsätzlich keine Verpflichtung der Aufsichtsbehörde, gegen Rechtsverstöße vorzugehen. Vielmehr entscheidet die Aufsichtsbehörde nach pflichtgemäßem Ermessen, ob sie gegen eine Rechtsverletzung einschreitet (sog Entschließungsermessen, vgl. *Biesok*, SpkG-Kommentar, § 31 Rn. 733, S. 271; *Hübner*, Befugnisse der Fachaufsicht, S. 128; *Becker/Winkel* in: PdK NW B-1, GO NRW, § 119 Anm. 6; *Schwerin*, NVwZ 2003, 818, 819). Allerdings muss die Ermessensentscheidung zum Nichteingreifen fehlerfrei sein. Das kann zweifelhaft sein, wenn es sich um einen Sachverhalt handelt, der nach Gegenstand und Zeitdauer über einen Bagatellfall hinausgeht (*Schlierbach/Püttner*, S. 281). Es muss in jedem Einzelfall sorgfältig zwischen den Selbstverwaltungsinteressen der Sparkasse und dem Interesse der Allgemeinheit an einer Beseitigung der Rechtsverletzung abgewogen werden (vgl. *Becker/Winkel* in: PdK NW B-1, GO NRW, § 119 Anm. 6). Die Aufsichtsbehörde muss stets das Gesamtverhalten der Sparkasse betrachten (*Salzwedel*, VVDStRL, Heft 22, 206, 222). Von einem Einschreiten kann abgesehen werden, wenn dies nach Abwägung aller Umstände geboten erscheint, etwa in Anbetracht eines unerheblichen, abgeschlossenen Rechtsverstoßes, sowie wenn der Verwaltungsträger über eigene wirksame Kontrollmechanismen wie zB die Innenrevision verfügt, die eine Ermittlung und ein Abstellen der Rechtsverstöße im Rahmen der Selbstberichtigung sicherstellen (vgl. *Weckmann* in: Schlegel/Voelzke, SGB III, § 393 Rn. 33). 15

Eine Pflicht zum Eingreifen besteht auch nicht generell bei der Zuwiderhandlung gegen zwingende gesetzliche, sog **„Muss-Vorschriften"** (aA *Schlierbach/ Püttner*, S. 281). Auch wenn einer Sparkasse insoweit Rechtsverstöße unterlaufen, kann ihre Selbstverwaltung insgesamt funktionieren und ein staatliches Eingreifen mehr schaden als nützen (*Salzwedel*, VVDStRL, Heft 22, 206, 222). Eine ausnahmsweise Hinnahme rechtswidrigen Handelns durch die Aufsichtsbehörde kann deshalb Ausdruck der Verhältnismäßigkeit sein (*Wolff/Bachof/Stober/Kluth*, § 57 Rn. 32). Weder legalisiert allerdings die Untätigkeit der Aufsichtsbehörde rechtswidriges Handeln noch lässt sich darauf Vertrauensschutz gründen (*Wolff/Bachof/ Stober/Kluth*, § 57 Rn. 32). Duldungen von Zuwiderhandlungen gegen ausdrückliche gesetzliche Verbote sind der Aufsichtsbehörde jedoch nicht gestattet (BVerwGE 79, 118, 119 = NJW 1988, 2254). 16

Da die Sparkassenaufsicht lediglich der objektiven Rechtskontrolle im öffentlichen Interesse dient (vgl. *Berger*, § 25 Rn. 8) und die Vorschriften der § 39 ff. SpkG 17

§ 40   C. Aufsicht, Verwaltungsvorschriften

NRW keinen drittschützenden Charakter haben, besteht keine Pflicht zum Einschreiten, wenn durch das Handeln oder Unterlassen einer Sparkasse geschützte **Rechtspositionen Dritter** verletzt werden (differenzierend: *Hübner,* Befugnisse der Fachaufsicht, S. 129 f.).

18 Vor dem Hintergrund der Vollumfänglichkeit der Rechtsaufsicht ist die Aufsichtsbehörde berechtigt, bei der Ausübung der Aufsicht **Schwerpunkte** zu setzen. Die Aufsichtsbehörde ist im Rahmen ihres Verwaltungshandelns an die Grundsätze der Wirtschaftlichkeit und Sparsamkeit gebunden (s. § 7 Abs. 1 LHO iVm Nr. 1 der VV zu § 7 LHO NRW, (MBl. NRW 2003 S. 178)). Sie kann im Rahmen ihrer Ermessensausübung berücksichtigen, dass die für die Bankenaufsicht zuständigen Behörden (EZB, BaFin, Deutsche Bundesbank) auf die Überwachung der Einhaltung von nationalem und unionsrechtlichem Bankenaufsichtsrecht spezialisiert sind und die Kreditinstitute einschließlich der Sparkassen eng und effektiv überwachen (*Oebbecke,* ZBB 2016, 336, 338). Es ist daher im Regelfall nicht zu beanstanden, wenn die Aufsichtsbehörde unter dem Gesichtspunkt verwaltungseffektiven und -ökonomischen Handelns ihr Augenmerk nicht auf die Beachtung von bankaufsichtsrechtlichen Vorschriften richtet und von einer eigenen Aufsichtstätigkeit in diesem Bereich absieht, sofern sich nicht im Einzelfall ein Tätigwerden aufdrängt (*Oebbecke,* ZBB 2016, 336, 338). Wird der Sparkassenaufsichtsbehörde allerdings ein Verstoß der Sparkasse gegen Bestimmungen des KWG vor der BaFin bekannt, so muss sie sofort gebotene Maßnahmen ergreifen und kann anschließend die BaFin informieren (vgl. *Oebbecke,* ZBB 2016, 336, 338).

19 Die Feststellungen der **Prüfungsstellen** der Sparkassen- und Giroverbände betreffend die Nichtbeachtung von und Verstöße gegen regulatorische Melde- und Dokumentationsbestimmungen in den Berichten über Prüfungen des Jahresabschlusses und nach dem WpHG (§ 24 Abs. 3 und 5 SpkG NRW) gebieten in nicht gravierenden Fällen regelmäßig kein Tätigwerden der Aufsichtsbehörde, weil sie davon ausgehen kann, dass bestehende Mängel von der betroffenen Sparkasse behoben, die verletzten Vorschriften in Zukunft beachtet werden und die Prüfungsstelle im folgenden Prüfungsbericht über die Abarbeitung der Mängel berichtet, so dass die Aufsichtsbehörde hiervon Kenntnis erlangt (zu weitgehend, daher *Schlierbach/Püttner,* S. 281, die einen Eingriff der Rechtsaufsicht für erforderlich halten, wenn die Sparkasse zwingenden gesetzlichen sog „Muss-Vorschriften" zuwiderhandelt, → Rn. 16). Dies gilt für die im Auftrag der BaFin von der Deutschen Bundesbank durchgeführten Prüfungen entsprechend (gem. Ziff. 2.3 des RdErl. d. Finanzministeriums v. 18.2.2009 gelten alle von der BaFin nach § 44 Abs. 1 KWG angeordneten Prüfungen als auch im Rahmen der staatlichen Aufsicht nach § 52 KWG angeordnet).

20 Die Sparkassenaufsicht kann sich allerdings nicht gänzlich von der Beaufsichtigung der Sparkassen vor dem Hintergrund zurückziehen, dass die SGVe durch ihre mit Expertise ausgestatteten Beratungs- und Prüfungsdienste im Rahmen ihrer öffentlichen Aufgaben nach § 34 SpkG NRW die Sparkassen eng begleiten. Der gesetzliche Auftrag nach § 34 S. 1 SpkG NRW, Prüfungen bei den Mitgliedssparkassen durchzuführen und die Aufsichtsbehörde gutachtlich zu beraten, macht die SGVe nicht zum Teil der staatlichen Aufsicht. Darüber hinaus haben die SGVe auch die Interessen ihrer Mitgliedssparkassen zu wahren (vgl. *Oebbecke,* ZBB 2016, 336, 338), die nicht in jedem Fall mit den Interessen der staatlichen Aufsicht an einem effektiven und normgerechten Vollzug der gesetzlichen Aufgaben deckungsgleich sind.

C. Aufsicht, Verwaltungsvorschriften   § 40

b) Auswahlermessen

Der Aufsichtsbehörde stehen verschiedene **Instrumente** zur Verfügung, um auf 21
die Sparkassen einzuwirken. Die Aufsichtsmittel lassen sich in präventiv wirkende
und repressive wirkende Aufsichtsmittel, sowie in formelle und informelle Aufsichtsmittel kategorisieren.

aa) Kategorien der Aufsichtsmittel. Vom Zeitpunkt des Aufsichtshandelns 22
ausgehend wird zwischen **präventiven und repressiven** Aufsichtsmitteln unterschieden (vgl. *Biesok*, SpkG-Kommentar, § 31 Rn. 731; *Wolff/Bachof/Stober/Kluth*, § 85 Rn. 82). Zu den präventiven Aufsichtsmitteln zählen das Informationsrecht (§ 40 Abs. 2 S. 1 und 2 SpkG NRW), das Recht zur Teilnahme an Sitzungen (Abs. 2 S. 3), die informelle Beratung und das Einfordern von Anzeige- und Mitwirkungstätigkeiten der Sparkassen gegenüber der Aufsichtsbehörde. Das Verlangen, die Organe zur Behandlung einer bestimmten Angelegenheit einzuberufen (Abs. 3 S. 1), kann zwar auch in Einzelfällen präventiv zur Erlangung von Informationen eingesetzt werden (→ Rn. 47), dürfte aber schon unter dem Blickwinkel der Verhältnismäßigkeit überwiegend als repressives Mittel zur Wiederherstellung der Rechtmäßigkeit der Verwaltung und Geschäftsführung in Betracht kommen. Repressive Mittel sind jedenfalls die Aufhebung rechtswidriger Beschlüsse und Anordnungen der Organe der Sparkasse, ggf. verbunden mit dem Verlangen, die Folgen solcher Entscheidungen rückgängig zu machen (Abs. 3 S. 2), Anordnungen bei unterlassener Erfüllung gesetzlicher Pflichten (Abs. 4 S. 1), sowie Ersatzvornahme und Bestellung eines Beauftragten als Instrumente zur Durchsetzung der Entscheidungen der Aufsichtsbehörde (Abs. 4 S. 2).

Formelle Aufsichtsmittel sind die im Sparkassengesetz ausdrücklich geregelten 23
Aufsichtsmittel. Die Aufzählung ist im Hinblick auf die repressiven Maßnahmen abschließend (s. *Salzwedel*, VVDStRL, Heft 22, 206, 254f.). Aus anderen Gesetzen ergeben sich keine weiteren Befugnisse für die Aufsichtsbehörde. Das gilt auch für die Vorschriften im LOG über die Befugnisse der staatlichen Aufsicht über Körperschaften, Anstalten und Stiftungen des öffentlichen Rechts. § 20 Abs. 1 LOG findet nur Anwendung, soweit speziellere Vorschriften keine abschließende Regelung enthalten (*Stähler*, Landesorganisationsrecht, Kommentar, § 20 Anm. 2). Rechte und Pflichten von Aufsichtsbehörden und Sparkassen sind im Sparkassengesetz speziell und erschöpfend geregelt (vgl. *Schlierbach/Püttner*, S. 286), so dass für einen Rückgriff auf die Vorschriften der Kommunalaufsicht §§ 118 bis 122 und § 124 GO NRW, deren entsprechende Anwendbarkeit § 21 iVm § 20 Abs. 1 LOG für die allgemeine Anstaltsaufsicht vorsieht, kein Raum bleibt.

Informelle Aufsichtsmittel bestehen im Bereich der präventiven Aufsicht. Bera- 24
tung, Konsultation, bilaterale Kommunikation jeder Art fördern den erwünschten vertrauensvollen Kontakt zwischen Aufsichtsbehörde und Sparkasse (vgl. *Heinevetter* [2. Aufl.], Art. 29 Anm. 3). Sie sind als kooperative Aufsicht im beiderseitigen Interesse zielführend und auch ohne ausdrückliche Erwähnung im Sparkassengesetz als informelles Verwaltungshandeln erlaubt (*Fischer*, WM 2007, 1005, 1007). Die Grenze zwischen informellem Handeln der Rechtsaufsicht im allgemeinen öffentlichen Interesse der Rechtswahrung und der Schutz- und Förderfunktion der Sparkassenaufsicht als Anstaltsaufsicht ist fließend. Eine exakte Zuordnung zu dem einen oder dem anderen Funktionsbereich staatlicher Aufgabenwahrnehmung ist jedoch ent-

behrlich. Sowohl die Ausübung informeller Aufsichtsmittel als auch die Förderung der Sparkassen durch die Sparkassenaufsicht lösen keine Rechte oder Pflichten für die Sparkassen aus, können keinen Eingriffscharakter haben und sind deshalb auch verwaltungsgerichtlich nicht überprüfbar.

25 **bb) Verhältnismäßigkeitsgrundsatz.** Bei der Anwendung der Aufsichtsmittel hat die Aufsichtsbehörde den Grundsatz der **Verhältnismäßigkeit** zu beachten (*Klüpfel/Gaberdiel/Gnamm/Ebinger*, § 48 Anm. II. 1.). Das bedeutet, dass die Aufsichtsbehörde bei der Erfüllung ihrer Aufgaben unter mehreren möglichen Maßnahmen nur diejenigen treffen darf, die geeignet sind, den angestrebten Zweck zu erreichen, und die sich möglichst wenig nachteilig auswirken (*Wolff/Bachof/Stober/Kluth*, § 30 Rn. 13). Von der Aufsichtsbehörde angewandte Zwangsmittel müssen in einem angemessenen Verhältnis zum angestrebten Erfolg stehen (vgl. *Krebs/Dülp/Schröer*, Art. 13 Anm. I. 4.). Ist der Zweck erreicht, sind die Beschränkungen wieder aufzuheben (*Wolff/Bachof/Stober/Kluth*, § 30 Rn. 13).

26 Für die Wahl der Maßnahmen der Aufsichtsbehörde gilt der das gesamte Verwaltungsrecht beherrschende Grundsatz des **geringstmöglichen Eingriffs**. Er gibt die Reihenfolge der zur Auswahl stehenden Aufsichtsmittel vor (*Heinevetter* [2. Aufl.], § 29 Anm. 3; *Biesok*, SpkG-Kommentar, § 31 Rn. 737; *Frick*, Staatsaufsicht, S. 173; s. noch differenzierter zur Stufenabfolge der Aufsichtsmittel: *Salzwedel*, VVDStRL, Heft 22, 206, 254 f.). Das bedeutet jedoch nicht in jedem Fall, dass zuerst das mildeste zur Verfügung stehende Aufsichtsmittel eingesetzt werden muss. Bei schwerwiegenden Rechtsverletzungen, die mit erheblichen Folgen für die Sparkasse verbunden sind, kann auch sofort ein weiterreichendes Aufsichtsmittel von der Aufsichtsbehörde eingesetzt werden (*Biesok*, SpkG-Kommentar, § 31 Rn. 737).

27 Allgemein sollte die Aufsicht so ausgeübt werden, dass weder die positive Weiterentwicklung der Sparkassen verhindert wird noch die Sparkassen in ihrer **Entschlusskraft und Verantwortungsfreude** gehemmt werden (*Frick*, Staatsaufsicht, S. 166; *Klüpfel/Gaberdiel/Gnamm/Ebinger*, § 48 Anm. II. 1.; für die Kommunalaufsicht *Rehn/Cronauge/v. Lennep/Knirsch*, § 121 Anm. II. 2.). Die Aufsicht sollte sich auf die Ahndung schwerwiegender Rechtsverstöße beschränken (*Heinevetter* [2. Aufl.], § 29 Anm. 3; *Haller*, Entwicklung der Staatsaufsicht, S. 62). Präventive Aufsichtsmittel sind repressiven vorzuziehen. Mildestes präventives Aufsichtsmittel ist die Raterteilung durch die Aufsichtsbehörde, die als solches im SpkG NRW keine Erwähnung findet, aber in der Regel von Sparkassen befolgt werden dürfte (vgl. *Frick*, Staatsaufsicht, S. 178). Solange Rat und Hinweis Erfolg versprechen, wird auf förmliche Maßnahmen zu verzichten sein (vgl. *Hübner*, Befugnisse der Fachaufsicht, S. 64; *Klüpfel/Gaberdiel/Gnamm/Ebinger*, § 48 Anm. II. 1; vgl. für die Kommunalaufsicht *Rehn/Cronauge/v. Lennep/Knirsch*, § 119 Anm. I. 3.).

II. Die einzelnen Aufsichtsmittel

1. Aufsichtsmittel der Sparkassenaufsicht nach § 40 SpkG NRW

28 Die der Aufsichtsbehörde durch § 40 SpkG NRW verliehenen **Befugnisse** haben das Ziel, die Beachtung der gesetzlichen Vorschriften durch die Sparkasse zu überwachen und im Fall von gesetzeswidrigem Handeln oder Unterlassen die Rechtmäßigkeit der Verwaltung und Geschäftsführung wiederherzustellen.

C. Aufsicht, Verwaltungsvorschriften §40

a) Informations- und Prüfungsrechte (Abs. 2)

aa) Allgemeines. § 40 Abs. 2 Satz 1 SpkG NRW regelt das **Informationsrecht** der Sparkassenaufsicht gegenüber der Sparkasse. Die Sparkassenaufsicht kann eine Rechtsaufsicht notwendigerweise nur durchführen, wenn sie Kenntnisse über deren Verwaltung und Geschäftsführung erlangen kann. Dem Informationsrecht der Sparkassenaufsicht steht die Auskunftspflicht der Sparkasse korrespondierend gegenüber (vgl. *Krebs/Dülp/Schröer*, Art. 13 Anm. II. 2 b).

29

bb) Erforderlichkeit. Da auch eine Maßnahme gegenüber einer Sparkasse im Rahmen der Informationsausübung nach § 40 Abs. 2 S. 1 SpkG NRW einen **Eingriff** darstellt, muss sie erforderlich sein, um die Aufgabe der Sparkassenaufsicht wahrnehmen zu können (*Biesok*, SpkG-Kommentar, § 31 Rn. 738). Angesichts der geringen Eingriffsintensität und der hohen Bedeutung der Informationsgewinnung für die Aufgabenerfüllung der Sparkassenaufsicht sind an die Erforderlichkeit keine hohen Anforderungen zu stellen. Die Aufsichtsbehörde muss in der Lage sein können, sich ein zutreffendes Bild von der Sparkasse zu verschaffen (*Biesok*, SpkG-Kommentar, § 31 Rn. 738). Das Vorliegen eines Verstoßes gegen Gesetze oder gegen die Satzung oder Hinweise hierauf ist keine Voraussetzung für die Informationsausübung der Sparkassenaufsicht.

30

Die Ausübung des Informationsrechts, darf nur dem **Interesse der Aufgabenerfüllung** durch die Sparkassenaufsicht dienen. Abfragen bei der Sparkasse im ausschließlichen Informationsinteresse eines Dritten sind grundsätzlich nicht zulässig. Dritte sind insoweit auch die Trägerkommune oder das Mitglied eines Organs der betroffenen Sparkasse. Zweck des Informationsverlangens darf nicht die Sanktionierung oder Disziplinierung der Sparkasse durch den mit der Informationsbeschaffung verursachten Aufwand sein. Unzulässig sind deshalb willkürliche Ausforschungen und zur Demonstration von Machtbefugnissen motivierte Auskunftsverlangen (vgl. *Biesok*, SpkG-Kommentar, § 31 Rn. 738) sowie ohne Grund angeordnete Erhebungen der Prüfungsstellen. Zur Erlangung von Kenntnissen für ein aufsichtsfremdes Verwaltungsverfahren zB zum Zweck der Steuerfestsetzung oder -erhebung oder zur Vollstreckung von Verwaltungsforderung darf das Informationsrecht der Sparkassenaufsicht nicht genutzt werden. Die Sparkasse ist insoweit nur unmittelbar der zuständigen Behörde gegenüber verpflichtet, sofern die Voraussetzungen für ein Auskunftsverlangen gegeben sind (vgl. *Biesok*, SpkG-Kommentar, § 31 Rn. 738).

31

cc) Umfang des Informationsrechts. Nach § 40 Abs. 2 S. 1 SpkG NRW darf die Sparkassenaufsicht „insbesondere sämtliche Geschäfts- und Verwaltungsvorgänge" nachprüfen. Aus der Vorschrift folgt, dass es grundsätzlich **keine aufsichtsfreien Räume** im Bereich der Geschäfts- und Verwaltungsvorgänge gibt. Das Informationsrecht der Sparkassenaufsicht ist zeitlich und gegenständlich unbegrenzt. Es umfasst grundsätzlich alle inneren und äußeren Angelegenheiten der Sparkasse als Träger öffentlicher Verwaltung und als Wirtschaftsunternehmen (*Heinevetter* [2. Aufl.], § 29 Anm. 3.1). Die unbeschränkte Nachprüfbarkeit bedeutet allerdings nicht, dass sich die Aufsichtsbehörde ohne Anlass dauerhaft alle Geschäftsvorfälle oder Sitzungsprotokolle einer Sparkasse vorlegen lassen darf (vgl. auch für die Kommunalaufsicht *Becker/Winkel* in: PdK NW B-1, GO NRW, § 121 Anm. 5; *Rehn/Cronauge/v. Lennep/Knirsch*, § 121 Anm. II. 1.). Insbesondere bei negativen Entwicklungen bei

32

Fischer-Appelt

§ 40 C. Aufsicht, Verwaltungsvorschriften

einer Sparkasse kann die Aufsichtsbehörde allerdings eine laufende Berichterstattung bspw. über aufsichtsrechtlich relevante Kennzahlen über die Geschäftsentwicklung und die Risikolage sowie die regelmäßige Übersendung von Unterlagen und Protokollen zu Organsitzungen verlangen (deutlich zu eng insoweit: *Biesok*, SpkG-Kommentar, § 31 Rn. 740, S. 273 der nur bei Bestandsgefährdung ein regelmäßiges Reporting an die Aufsichtsbehörde für zulässig hält).

33   **dd) Auskunftspflicht der Sparkasse.** Die Sparkasse ist **verpflichtet**, dem Informationsbegehren der Sparkassenaufsicht vollumfänglich nachzukommen, ihr jede Auskunft zu erteilen und sie über alle wesentlichen Angelegenheiten zu informieren (*Heinevetter* [2. Aufl.], § 29 Anm. 3.1). Zur aufschiebenden Wirkung einer Anfechtungsklage s. § 80 VwGO. Sie ist nicht berechtigt, die Sparkassenaufsicht auf ggf. vorhandene andere Informationsquellen zu verweisen.

34   Die Ausübung des Informationsrechts setzt grundsätzlich eine entsprechende **Aufforderung** an die betroffene Sparkasse voraus (vgl. *Biesok*, Sparkassenrecht, Rn. 739). Aus dem Informationsrecht der Sparkassenaufsicht an sich ergibt sich keine vorauseilende Pflicht der Sparkasse zur unaufgeforderten Informationsweitergabe, auch wenn sie Kenntnis von einem Gesetzes- oder Satzungsverstoß hat oder sie einen solchen für möglich hält (vgl. *Biesok*, SpkG-Kommentar, § 31 Rn. 739, S. 273). Die Sparkassenaufsichtsbehörde hat in AVV nach § 42 SpkG NRW Anzeige-, Vorlage- und Meldepflichten der Sparkassen definiert (RdErl. d. Finanzministeriums vom 27.10.2009, MBl. NRW 2009 S. 520). Danach haben die Sparkassen ua ihren Schriftverkehr mit BaFin und Bundesbank vorzulegen. Ferner haben die Sparkassen über wesentliche Unregelmäßigkeiten, vor allem über Unredlichkeiten von Dienstkräften, die Sparkassenaufsichtsbehörde zu unterrichten. Bei schwerwiegenden Vorkommnissen, insbesondere bei Verstößen der Sparkassenorgane gegen Rechtsvorschriften hat die Meldung unverzüglich, gegebenenfalls fernmündlich oder elektronisch zu erfolgen.

35   Formelle Auskunftsersuchen der Aufsichtsbehörde sind Verwaltungsakte im Sinne des § 35 VwVfG NRW. Sie sind an den **Vorstand** der Sparkasse zu adressieren (vgl. *Berger*, § 26 Rn. 1; *Biesok*, SpkG-Kommentar, § 31 Rn. 763, S. 278). Das gilt auch dann, wenn sich das Informationsbegehren auf eine Maßnahme des Verwaltungsrats bezieht. Der Vorstand hat ein Auskunftsverlangen in eigener Zuständigkeit als gesetzlicher Vertreter der Sparkasse zu beantworten. Er kann die Aufsichtsbehörde nicht gegen deren Willen an Beschäftigte verweisen (vgl. *Biesok*, SpkG-Kommentar, § 31 Rn. 763, S. 278). Einem unmittelbar an einen Mitarbeiter gerichteten formellen Auskunftsersuchen der Aufsichtsbehörde braucht dieser nicht nachzukommen (vgl. *Biesok*, SpkG-Kommentar, § 31 Rn. 763, S. 278).

36   **ee) Auskunftspflicht und Geheimnisschutz.** Mit Berufung auf das **Steuergeheimnis** (§ 30 AO) oder das Bankgeheimnis kann die Sparkasse eine Auskunft gegenüber der Sparkassenaufsicht nicht verweigern (*Heinevetter* [2. Aufl.], § 29 Anm. 3.1). Die Sparkasse hat kein Recht, mit Blick auf eine mögliche Offenlegung im parlamentarischen Auskunftsverfahren, Auskünfte gegenüber der Aufsichtsbehörde nicht zur erteilen. Aufgrund des nach Art. 30 Abs. 2 LV NRW verfassungsrechtlich gewährleisteten Auskunftsrechts der Abgeordneten ist der für die Sparkassenaufsicht verantwortliche Ressortminister verpflichtet, auf **parlamentarische Anfragen** auch über Informationen zu berichten, die die Sparkassenaufsicht durch Ausübung des Informationsausübungsrechts nach § 40 Abs. 2 SpkG NRW oder auf

C. Aufsicht, Verwaltungsvorschriften § 40

andere Weise erlangt hat (vgl. grundlegend zum parl. Auskunftsrecht: BVerfG, NVwZ 2018, 51 ff.; VerfGH NRW, OVGE MüLü 43, 274–287 = NVwZ 1994, 678 ff.; Gutachten zu „Interpellationsrecht und Geheimhaltungspflichten" des Parlamentarischen Beratungs- und Gutachtendienstes des Landtags NRW, LT-Information 16/297). Mangels Grundrechtsfähigkeit der Sparkassen (BVerfGE 75, 192 = NVwZ 1987, 879) ist der Schutzbereich von Art. 2 Abs. 1 oder Art. 14 Abs. 1 GG durch die Offenbarung der Sparkassendaten als Grenze des parlamentarischen Auskunftsrechtes nicht eröffnet. Zum Schutz von Betriebs- und Geschäftsgeheimnissen oder von schützenswerten Daten und Interessen Dritter (Bankgeheimnis), hat die Sparkassenaufsicht durch Herstellung der Vertraulichkeit, zB vertrauliche Vorlagen, Vortrag in nicht öffentlicher Sitzung (s. § 96 Abs. 1 GO LT), ggf. Vorsorge vor Offenbarung in der Öffentlichkeit zu treffen.

ff) Informationsmittel. Der Sparkassenaufsicht stehen verschiedene Möglichkeiten zur Verfügung, wie sie an die Informationen gelangt. Neben den in § 40 Abs. 2 SpkG NRW genannten förmlichen Methoden der Informationsgewinnung durch Berichte, Aktenbeiziehung, Erhebung über die Prüfungsstellen und Teilnahme an Gremiensitzungen der Sparkasse, kommen auch **informelle Informationsmittel** wie zB Gespräche in Betracht. Diese sind in der Regel mit dem Vorstand der Sparkasse zu führen, da er die Sparkasse nach außen vertritt (§ 20 Abs. 1 S. 2 SpkG NRW). Von der Aufsichtsbehörde initiierte Gespräche mit Beschäftigten der Sparkasse sind aufgrund der arbeitsrechtlichen Loyalitätsverpflichtung der Arbeitnehmer gegenüber der Sparkasse und dem sie vertretenden Vorstand nur im Ausnahmefall als geeignet anzusehen. Sind Angelegenheiten des Verwaltungsrats betroffen, ist die Aufsichtsbehörde in diesem Rahmen auch befugt, Gespräche mit dem Vorsitzenden und anderen Mitgliedern des Verwaltungsrats zu führen. Formelle Auskunftsersuchen können jedoch nicht an den Verwaltungsrat unmittelbar, sondern nur über den Vorstand gestellt werden (→ Rn. 35). 37

Die Aufsichtsbehörde hat grundsätzlich ein **Auswahlermessen** bzgl. der Art und Weise der Informationsübermittlung durch die Sparkasse. In Betracht kommen bspw. Telefonat, Besprechung, elektronische Übermittlung, Postversand. Sie hat aber bei der Ausübung ihres Ermessens den Verhältnismäßigkeitsgrundsatz zu beachten. Es gilt das Prinzip des geringstmöglichen Eingriffs (*Heinevetter* [2. Aufl.], § 29 Anm. 3.1; *Krebs/Dülp/Schröer*, Art. 13 Anm. II. 2 a); für die Kommunalaufsicht vgl. *Rehn/Cronauge/v. Lennep/Knirsch*, § 121 Anm. II. 1). Der mit dem Auskunftsbegehren für die Sparkasse verbundene Arbeitsaufwand darf nicht in einem unangemessenen Verhältnis zu dem in Rede stehenden Rechtsverstoß stehen (vgl. *Biesok*, SpkG-Kommentar, § 31 Rn. 741). Die Übersendung von Akten darf nicht zu einer unzumutbaren Störung der Geschäftsabläufe führen. Ggf. müssen deshalb Unterlagen durch Bedienstete der Sparkassenaufsicht ausnahmsweise in den Geschäftsräumen eingesehen werden (*Heinevetter* [2. Aufl.], § 29 Anm. 3.1). In der Regel reicht die Übersendung von Kopien aus (vgl. *Biesok*, SpkG-Kommentar, § 31 Rn. 744). 38

gg) Unterstützung durch Prüfungsstellen. Nach § 40 Abs. 2 Satz 2 SpkG NRW kann die Aufsichtsbehörde sich der Prüfungseinrichtung des zuständigen SGV bedienen. In Betracht kommt insbesondere die Durchführung einer Prüfung zur Ermittlung von Tatsachen und deren Bewertung durch die **Prüfungsstellen** der SGVe aus gegebenem Anlass im Auftrag der Aufsichtsbehörde. Die SGVe sind 39

Fischer-Appelt

jeweils gemäß § 33 Satz 2 SpkG NRW zur Einrichtung von weisungsunabhängigen Prüfungsstellen verpflichtet. Zuständig ist die Prüfungsstelle des jeweiligen Sparkassen- und Giroverbandes, dem die betroffene Sparkasse angehört. Eine sog Überkreuzprüfung durch die Prüfungsstelle des jeweils anderen Verbandes ist ausschließlich der Prüfung des Jahresabschlusses und des Lageberichts sowie den Prüfungen nach dem Wertpapierhandelsgesetz vorbehalten (§ 24 Abs. 3 Satz 2 und Abs. 6 SpkG NRW). Näheres über die Prüfung der Sparkassen durch die Prüfungsstellen ist in einem RdErl. des Finanzministeriums (Prüfungserlass, RdErl. d. Finanzministeriums v. 18.2.2009, MBl. NRW 2009 S. 104) geregelt. Danach ist mit den Prüfungen festzustellen, ob die Geschäfte der Sparkassen im Rahmen der geltenden Rechtsvorschriften abgewickelt werden. Die Prüfungen sind nicht nur auf die Feststellung von Mängeln gerichtet, sondern sollen auch vorbeugend wirken, der Beratung dienen und dabei ggf. aus betriebswirtschaftlicher Sicht Anregungen für die Fortentwicklung der Sparkasse geben (Tz. 2.2 d. RdErl. d. Finanzministeriums v. 29.11.2018, MBl. NRW 2018 S. 686).

40 Die Aufsichtsbehörde ist an die Bewertungen der Prüfungsstellen nicht gebunden. Bei ggf. aus der Auswertung der Prüfungsstellenberichte zu ziehenden Konsequenzen muss sich die Aufsichtsbehörde jedoch strikt an die Maßstäbe einer **Rechtsaufsicht** halten. Sie darf daher nur bei Feststellungen zu einer Verletzung von Gesetz und Satzung korrigierend eingreifen (vgl. *Krebs/Dülp/Schröer*, Art. 13 Anm. II. 1.; oder wenn sich ergibt, dass eine solche Verletzung droht. Sie darf keine rechtsaufsichtsrechtlichen Maßnahmen einleiten, weil sie ein bestimmtes Verhalten der Sparkasse für unzweckmäßig hält (*Krebs/Dülp/Schröer*, Art. 13 Anm. II 1.).

41 **hh) Teilnahme an Sitzungen des Verwaltungsrats.** Die Informationsgewinnung kann auch vor Ort durch **Teilnahme an Sitzungen** des Verwaltungsrats erfolgen. § 40 Abs. 2 S. 3 SpkG NRW weist klarstellend (s. Gesetzesbegründung der Landesregierung, LT-Drs. 14/6831, S. 51) darauf hin, dass Aufsichtsbehörde und Prüfungsstelle im Rahmen ihrer Befugnisse an den Sitzungen des Verwaltungsrats und seiner Ausschüsse teilnehmen können. Beschäftigte der Aufsichtsbehörde und der Prüfungsstellen können sich in den Sitzungen zu Angelegenheiten, die ihre Aufgaben nach dem SpkG NRW berühren, jederzeit zu Wort melden (vgl. *Berger*, § 26 Rn. 3), um Fragen zu stellen, Auskünfte zu erteilen und Einschätzungen abzugeben. Wortbeiträge müssen sich nicht allein auf die Informationsgewinnung beziehen, ein konkreter Anlass reicht aus (*Heinevetter* [2. Aufl.], § 29 Anm. 3.1; aA *Biesok*, SpkG-Kommentar, § 31 Rn. 743, S. 274, der nur eine Wortergreifung zur Ausübung des Informationsrechts zulässt; enger auch für die Kommunalaufsicht *Rehn/Cronauge/v. Lennep/Knirsch*, § 121 Anm. II. 1), sondern können vor dem Hintergrund des Auftrags, die Sparkassen bei der Erfüllung ihrer Aufgaben verständnisvoll zu beraten und zu fördern (s. *Haller*, Entwicklung der Staatsaufsicht, S. 62; *Krebs/Dülp/Schröer*, Art. 13 Anm. E), auch Äußerungen tätigen, die der Vorbeugung dienen und Anregungen für die Fortentwicklung der Sparkasse geben. Dies ergibt sich aus der Schutz- und Förderungsfunktion als weiteres Element der staatlichen Anstaltsaufsicht neben der Rechtsaufsicht (→ § 39 Rn. 9 und 26) und entspricht den Prinzipien einer kooperativen Aufsicht (*Fischer*, WM 2007, 1005, 1007).

42 Teilnehmer der Aufsichtsbehörde oder der Prüfungsaufsicht dürfen jedoch bei Angelegenheiten, die in das **Entscheidungsermessen** des Verwaltungsrats bzw. seiner Ausschüsse gestellt sind, nicht durch ihre Wortbeiträge die Diskussion oder

C. Aufsicht, Verwaltungsvorschriften § 40

die freie Entscheidungsfindung in eine bestimmte Richtung drängen. Erkennen die anwesenden Vertreter der Aufsichtsbehörde oder der Prüfungsstelle, dass die Fassung eines rechtswidrigen Beschlusses bevorsteht, können sie auf diesen Umstand hinweisen. Fasst der Verwaltungsrat rechtswidrige Beschlüsse kann der anwesenden Vertreter der Aufsichtsbehörde den Hauptverwaltungsbeamten auf sein Beanstandungsrecht nach § 17 SpkG NRW hinweisen und so auf eine Nichtausführung des rechtswidrigen Beschlusses hinwirken (vgl. *Heinevetter* [2. Aufl.], § 29 Anm. 3.1). Die Rechte der Aufsichtsbehörde aus § 40 Abs. 3 S. 2 SpkG NRW bleiben unberührt.

ii) Spezielle Unterrichtungspflichten aus dem SpkG NRW. An wenigen 43
Stellen ist das Informationsrecht der Aufsichtsbehörde im SpkG NRW **speziell geregelt**: Nach § 24 Abs. 5 SpkG NRW sind der Jahresabschluss, der Lagebericht und die Beschlüsse der Trägervertretung über die Verwendung des Jahresüberschusses unverzüglich der Aufsichtsbehörde vorzulegen. Ist ein Verwaltungsratsmitglied aufgrund eines Dienst- oder Werkvertrags gegenüber einem durch die Sparkasse beherrschten Unternehmen zu einer Tätigkeit „höherer Art" verpflichtet, muss das Verwaltungsratsmitglied dies der Aufsichtsbehörde nach § 15 Abs. 10 SpkG NRW anzeigen.

Darüber hinaus befinden sich im 3. Teil der AVV zum SpkG NRW (RdErl. d. 44
Finanzministeriums v. 27.10.2009, MBl. NRW 2009, S. 520) allgemeine Anzeige-, Vorlage- und Melderegelungen, die das Informationsbedürfnis der Aufsichtsbehörde gegenüber den Sparkassen konkretisieren.

b) Einberufung der Sparkassenorgane (Abs. 3 S. 1)

aa) Allgemeines. Die Ausübung des Rechts der Aufsichtsbehörde nach Abs. 3 45
S. 1, die **Einberufung** der Organe der Sparkasse zu verlangen, dient insbesondere der Hinwirkung auf die Wiederherstellung eines rechtmäßigen Zustands. Ferner kann sie auch im Zusammenhang mit dem Informations- und Nachprüfungsrecht nach § 40 Abs. 2 SpkG NRW in Betracht kommen (vgl. *Berger*, § 26 Rn. 3). Organe der Sparkasse sind Verwaltungsrat und Vorstand (§ 9 SpkG NRW). Vertreter der Aufsichtsbehörde und der Prüfungsstellen können an der Sitzung des einberufenen Organs teilnehmen und sich in der Sitzung jederzeit zu Wort melden (vgl. *Berger*, § 26 Rn. 3). Die Sitzungsleitung obliegt jedoch dem vorsitzenden Mitglied des einberufenen Organs.

bb) Einberufung zur Herstellung der Rechtmäßigkeit. Das Einberu- 46
fungsverlangen kann die Staatsaufsicht auch einsetzen, um **beratend** darauf hinzuwirken, dass ein Organ seinen durch die Aufsichtsbehörde als rechtswidrig erkannten Beschluss wieder aufhebt (vgl. *Biesok*, SpkG-Kommentar, § 31 Rn. 751). Gleiches gilt für eine aus rechtlichen Gründen gebotene, bislang unterlassene Beschlussfassung. Gegenüber der Aufhebung von Beschlüssen durch die Staatsaufsicht gem. Abs. 3 S. 2 oder einer Anordnung nach Abs. 4 S. 1 ist sie daher das mildere Aufsichtsmittel.

cc) Einberufung eines Organs zur Informationsgewinnung. Das Einberu- 47
fungsverlangen zur Informationsgewinnung durch die Aufsichtsbehörde ist sinnvollerweise mit der **Teilnahme** eines Vertreters der Behörde und ggf. der Prüfungsstelle an der Sitzung des Organs verbunden. Da sie ein stärker einschneidendes Mittel ge-

genüber den in Abs. 2 genannten Arten der Informationsausübung ist, ist sie erst dann zulässig, wenn die milderen Mittel der Informationsgewinnung ausscheiden oder nicht zum Erfolg geführt haben. Das Interesse an der Informationsgewinnung in der Organsitzung darf nicht in einem gravierenden Missverhältnis zu dem Aufwand stehen, der den Sparkassenorganen durch die Einberufung und Durchführung der begehrten Sitzung entsteht.

48   **dd) Form und Frist.** Für die Einberufung und die Durchführung der Organsitzung gelten die Regelungen über Frist und Form, die Gesetz, Satzung und Geschäftsordnungen allgemein für Sitzungen der Organe der betroffenen Sparkasse vorsehen. Dies gilt auch für den Umgang mit den Beratungsunterlagen. **Einladender** ist das vorsitzende Mitglied des jeweiligen Organs (für den Verwaltungsrat s. § 16 Abs. 2 S. 2 SpkG NRW), nicht die Aufsichtsbehörde. Nach § 16 Abs. 2 S. 2 SpkG NRW ist der Verwaltungsrat auf Verlangen der Aufsichtsbehörde binnen einer Woche einzuberufen. Für die Einberufung einer Sitzung des Vorstands kommt bei Eilbedürftigkeit grundsätzlich auch eine noch kürzere Frist in Betracht, da die Mitglieder des Vorstands hauptamtliche Mitglieder des Organs Vorstand sind und deshalb der Sparkasse sowie der Aufsichtsbehörde besonders verpflichtet sind.

c) Aufhebung von Beschlüssen und Rückgängigmachen von Maßnahmen

49   Stellt die Aufsichtsbehörde fest, dass ein Beschluss oder eine Anordnung eines Organs der Sparkasse das Recht verletzt, hat sie nach Abs. 3 S. 2 das Recht, den Beschluss oder die Anordnung aufzuheben. Da die Aufhebung in die **Entscheidungskompetenz** des jeweiligen Organs und in das Selbstverwaltungsrecht der Sparkasse eingreift, handelt es sich um einen deutlich stärker wirkenden Eingriff als die Ausübung des Informationsrechts nach Abs. 2 und das Einberufungsverlangen nach Abs. 3 S. 1. Räumt die Sparkasse im Rahmen der Beratung durch die Aufsichtsbehörde den Gesetzesverstoß ein und sichert sie der Aufsichtsbehörde die Rücknahme des rechtswidrigen Beschlusses oder der rechtswidrigen Anordnung sowie die Beseitigung des daraus folgenden rechtswidrigen Zustands alsbald zu, ist der Sparkasse hierfür eine angemessene Zeit zur Reparatur zu gewähren und solange für eine Aufhebung durch die Aufsichtsbehörde kein Raum.

50   Das Recht, nach § 40 Abs. 3 S. 2 SpkG NRW die Beschlüsse und Anordnungen der Organe der Sparkasse aufzuheben, die das geltende Recht verletzen, steht der Aufsichtsbehörde unabhängig vom gestuften **Beanstandungsverfahren** nach § 17 SpkG NRW zu, da die Aufsicht eine eigenständige umfassende Prüfung der Rechtmäßigkeit jedes Handelns der Sparkasse und ihrer Organe vornehmen kann, ohne dass insoweit feste Fristen bestünden oder eine Beanstandung durch den Hauptverwaltungsbeamten notwendige Voraussetzung wäre. Das Beanstandungsverfahren dient der Selbstkontrolle der Sparkassenorgane und ist daher zwar aus Verhältnismäßigkeitsgründen von der Aufsicht regelmäßig abzuwarten. Eine Beschränkung des umfassenden Auftrages der Aufsichtsbehörde zur Sicherung objektivrechtmäßigen Handelns der Sparkasse ist indes damit nicht verbunden.

51   Gegenstand der Aufhebung können **Anordnungen oder Beschlüsse** der Organe (§ 9 SpkG NRW) sein, die das geltende Recht verletzen. Als Anordnungen sind interne oder externe, einen oder mehrere Sachverhalte betreffende Weisungen zu verstehen; Beschlüsse sind Willensentscheidungen der Sparkassenorgane, die für die Sparkasse eine Rechtsfolge auslösen (vgl. *Heinevetter* [2. Aufl.], § 29 Anm. 3.3).

C. Aufsicht, Verwaltungsvorschriften § 40

Die Aufsichtsbehörde kann von der Sparkasse nur dann ein Rückgängigmachen 52
von Maßnahmen verlangen, die aufgrund rechtswidriger Beschlüsse und Anordnungen getroffen wurden, wenn die Sparkasse **in der Lage** ist, den rechtmäßigen Zustand wiederherzustellen. Letzteres kann ausgeschlossen sein, wenn irreversible Tatsachen geschaffen worden sind oder die Sparkasse aus rechtlichen Gründen dauerhaft gebunden ist, zB aufgrund eines Vertrags ohne Anfechtungs-, Widerrufs-, oder Kündigungsmöglichkeiten (vgl. *Berger*, § 26 Rn. 4).

Die Aufforderung zur Rückgängigmachung von Maßnahmen der auf rechtswid- 53
rigen Beschlüssen oder Anordnungen fußenden Maßnahmen ist nicht zwingende Folge der Aufhebung rechtswidriger Beschlüsse und von Anordnungen. Die Aufsichtsbehörde hat diesbezüglich ein eigenständiges **Entschließungsermessen**.

Die Aufhebung eines Beschlusses oder einer Anordnung ist ein **Verwaltungsakt** 54
nach § 35 VwVfG NRW.

d) Anweisungsrecht

Als Pendant zu den Reaktionsmöglichkeiten der Aufsichtsbehörde bei rechts- 55
widrigem Handeln regelt § 40 Abs. 4 SpkG NRW die Eingriffsbefugnisse bei **rechtswidrigem Unterlassen**. Unterlässt es eine Sparkasse einer gesetzlichen Pflicht oder einer Aufforderung im Rahmen der Informationsausübung der Aufsichtsbehörde nach Abs. 2 nachzukommen, kann die Aufsichtsbehörde die Sparkasse anweisen, die notwendigen Maßnahmen zu veranlassen. Das Anweisungsrecht bezieht sich auf alle Angelegenheiten einer Sparkasse, die zum materiell-rechtlichen Pflichtenkreis der Sparkasse gehören (vgl. *Berger*, § 26 Rn. 5). Gesetzliche Pflichten, deren Erfüllung die Staatsaufsicht anordnen kann, können sich aus formellen Gesetzen, Rechtsverordnungen, Satzungen und Gewohnheitsrecht ergeben (*Heinevetter* [2. Aufl.], § 29 Anm., 3.4). Gesetzlich obliegende Pflichten sind nicht nur diejenigen, die sich unmittelbar aus einer Rechtsnorm ergeben, sondern auch solche, die der Sparkasse von einer Behörde kraft einer aus einem Gesetz fließenden Befugnis auferlegt wurden (vgl. für das Kommunalrecht *Rehn/Cronauge/v. Lennep/Knirsch*, § 123 Anm. II. 1.), bspw. die Pflicht zur Abberufung von Mitgliedern des Vorstands aufgrund eines vollziehbaren Abberufungsverlangens der BaFin nach § 36 KWG.

Eine gesetzliche Pflicht ergibt sich auch aus der **Folgenbeseitigung** rechtswid- 56
rig durch die Organe der Sparkasse gefasster Anordnungen oder Beschlüsse.

Grundsätzlich können nicht nur Verstöße öffentlich-rechtlicher Pflichten, son- 57
dern auch auf privatem Recht beruhenden Pflichtverletzungen Auslöser einer Anweisung sein. Voraussetzung ist jedoch, dass mit der Maßnahme der Aufsichtsbehörde ein öffentlicher Zweck verfolgt wird (vgl. *Berger*, § 26 Rn. 5). Da die Aufsichtsbehörde ihre Aufsicht im öffentlichen Interesse ausübt, hat eine Privatperson **keinen Anspruch** auf Tätigwerden gegen die Sparkasse (→ Rn. 12). Das gilt auch, wenn diese durch die Nichtbeachtung von privatrechtlichen Vorschriften in ihren Rechten verletzt ist. Zur Durchsetzung ihrer Rechte ist sie auf das zumutbare Beschreiten des Zivilrechtswegs zu verweisen.

Kommt die Sparkasse ihrer Unterrichtungspflicht nach § 40 Abs. 2 SpkG NRW 58
nicht nach, kann sie ebenfalls angewiesen werden. Voraussetzung ist, dass die Unterrichtungspflicht durch eine **bestimmte Aufforderung** durch die Aufsichtsbehörde konkretisiert ist. Dies betrifft ebenfalls die Melde- und Anzeigeverpflichtungen der Sparkasse aus der AVV aufgrund § 42 SpkG NRW, da sich diese durch Verwal-

tungsvorschriften ausgeformten Verpflichtungen nicht aus einer Außenrechtsnorm (→ § 42 Rn. 6 ff.) ergeben. Die Aufsichtsbehörde hat erst nach einer fruchtlos gebliebener Aufforderung an die Sparkasse, Meldungen und Anzeigen zu übersenden, die Möglichkeit die Sparkasse anzuweisen. Zwischen Informationsverlangen und Anweisung muss eine angemessene Frist liegen. Die Anweisung selbst ist mit einer angemessenen Frist zu versehen.

59 Auch bei schweren Pflichtverstößen ist der Sparkasse die Gelegenheit zu geben, den rechtmäßigen Zustand durch eigenes Handeln **wiederherzustellen** (*Biesok*, SpkG-Kommentar, § 31 Rn. 756, S. 277). Welche Frist angemessen ist, hängt von den Umständen des Einzelfalls ab. Kriterien sind etwa Schwere des Pflichtverstoßes, Risiken für die Sparkasse oder Dritte durch das Unterlassen und die Gefahr des Eintretens einer irreversiblen Sach- oder Rechtslage. Die Pflichterfüllung muss für die Sparkasse innerhalb der Frist möglich sein.

60 Die Anweisung der Aufsichtsbehörde muss genau bezeichnen, was von der Sparkasse **konkret** verlangt wird. Auf die Vorschrift des § 40 Abs. 4 SpkG NRW und die Möglichkeit einer Ersatzvornahme ist ausdrücklich Bezug zu nehmen (für das Kommunalaufsichtsrecht vgl. *Rehn/Cronauge/v. Lennep/Knirsch*, § 123 Anm. II 3.).

e) Ersatzvornahme

61 Kommt die Sparkasse der Anweisung innerhalb der gesetzten Pflicht nicht nach, kann die Aufsichtsbehörde anstelle der Sparkasse handeln und das Erforderliche veranlassen (Ersatzvornahme). Gegenstand der Ersatzvornahme können rechtserhebliche Erklärungen oder tatsächliches Handeln sein (*Heinevetter* [2. Aufl.], § 29 Anm. 3.4). Die Aufsichtsbehörde kann anstelle der Organe der Sparkasse (§ 9 SpkG NRW) Anordnungen und Beschlüsse treffen. Mit der Ersatzvornahme kann die Sparkasse nur das veranlassen, was die Sparkasse selbst hätte vornehmen können (*Krebs/Dülp/Schröer*, § 13 Anm. II. 4). Trifft sie im Rahmen ihres Selbsteintrittsrechts Beschlüsse oder Anordnungen anstelle von Organen, muss sie den **Kompetenzrahmen** des jeweils betroffenen Organs beachten. Sie ist in gleicher Weise an Recht und Gesetz gebunden, wie es das Organ wäre, für das sie handelt (*Krebs/Dülp/Schröer*, § 13 Anm. II. 4). Die von der Aufsichtsbehörde getroffenen Maßnahmen lösen dieselben Rechtsfolgen aus, als wenn sie von dem originär zuständigen Organ getroffen worden wären. Die Maßnahme wird nur im Verhältnis zur Sparkasse vom Staat getroffen (vgl. *Salzwedel*, VVDStRL, Heft 22, 206, 251). Einer erneuten Beschlussfassung oder Bestätigung durch das betroffene Organ bedarf es nicht (vgl. *Biesok*, SpkG-Kommentar, § 31 Rn. 757, S. 277). Die Notwendigkeit einer durch die Sparkasse bei der Aufsichtsbehörde einzuholenden Genehmigung entfällt (vgl. *Krebs/Dülp/Schröer*, Art. 13 Anm. II. 4), weil die Aufsichtsbehörde aufgrund der Einheitlichkeit der Willensbildung in einem Genehmigungsverfahren keine abweichende Entscheidung treffen könnte.

62 Voraussetzung ist, dass die mit der Anweisung nach Abs. 4 S. 1 gesetzte Frist, innerhalb der die verlangte Pflicht zu erfüllen war, abgelaufen ist. Nach **fruchtlosem Fristablauf** kann die Aufsichtsbehörde das Erforderliche veranlassen. Durch den Selbsteintritt suspendiert die Aufsichtsbehörde die Entscheidungskompetenzen der Organe und das Recht auf Selbstverwaltung der Sparkasse. Die Ersatzvornahme bedeutet deshalb einen tiefgehenden Eingriff für die Sparkasse. Die Maßnahmen haben sich daher nach dem Verhältnismäßigkeitsgrundsatz auf das Minimum dessen zu beschränken, was erforderlich ist, um den rechtmäßigen Zustand wiederherzu-

C. Aufsicht, Verwaltungsvorschriften §40

stellen. Sind mit der Ersatzvornahme notwendigerweise Erwägungen zur Zweckmäßigkeit verbunden, ist die Aufsichtsbehörde trotz ihres beschränkten Auftrags als Rechtsaufsicht (§ 40 Abs. 1 SpkG NRW) nicht an einer Entscheidung gehindert. Aufgrund ihres limitierenden Auftrags als Rechtsaufsicht muss sich die Aufsichtsbehörde jedoch bei Zweckmäßigkeitserwägungen am recht verstandenen objektiven Eigeninteresse der Sparkasse orientieren (vgl. *Salzwedel*, VVDStRL, Heft 22, 206, 251). Das SpkG NRW sieht keine vorherige Androhung oder eine förmliche Zustellung der Ersatzvornahme vor (vgl. *Biesok*, SpkG-Kommentar, § 31 Rn. 759). Auf die Ersatzvornahme nach Abs. 4 S. 2 finden die verwaltungsvollstreckungsrechtlichen Vorschriften über die Zustellung der Zwangsmittelandrohung (§ 63 Abs. 6 S.1 VwVG NRW), die Angabe der voraussichtlichen Kosten der Ersatzvornahme (§ 63 Abs. 4 VwVG NRW) und die Festsetzung der Zwangsmittel (§ 63 Abs. 6 S. 1 VwVG NRW) keine Anwendung (vgl. zum Kommunalrecht *Rehn/Cronauge/v. Lennep/Knirsch*, § 123 Anm. III 1.). Die §§ 57 ff. VwVG gelten für die Verwaltungsvollstreckung im Verhältnis im allgemeinen Über- und Unterordnungsverhältnis zwischen Bürger und Staat, nicht jedoch für die speziell sparkassenaufsichtsrechtliche Variante des aufsichtsrechtlichen Eintritts zwischen Aufsichtsbehörde und beaufsichtigter Anstalt (vgl. zur Kommunalaufsicht OVG NRW, NVwZ-RR 2008, 50).

Weitere Voraussetzung für die Ersatzvornahme ist, dass die Anweisung nach 63 Abs. 4 S. 1 **vollziehbar** ist. Das ist grundsätzlich dann der Fall, wenn der die Anweisung regelnde Verwaltungsakt (§ 35 VwVfG NRW) nach Ablauf der Rechtsbehelfsfrist bestandskräftig geworden ist oder die sofortige Vollziehung durch die Aufsichtsbehörde angeordnet wurde. Hat die Sparkasse die Anweisung fristgemäß angefochten, ist die Anweisung nicht vollziehbar. Statthafter Rechtsbehelf gegen die Anweisung ist die Anfechtungsklage (§ 42 Abs. 1 VwGO). Da es sich um einen Verwaltungsakt einer obersten Landesbehörde handelt, für den das Gesetz keine Nachprüfung vorschreibt, findet ein Vorverfahren nicht statt (§ 68 Abs. 1 S. 2 Nr. 1 VwGO). Ein Widerspruch der Sparkasse ist unstatthaft und hemmt die Vollziehbarkeit nicht.

Ist die Anweisung unanfechtbar geworden, wird die Rechtmäßigkeit der Anwei- 64 sung im Rahmen einer Anfechtungsklage gegen die Ersatzvornahme vom Verwaltungsgericht nicht mehr geprüft. Relevante Mängel der Anweisung als Grundverwaltungsakt können sich lediglich darauf beziehen, dass die Anweisung nicht mehr wirksam ist, weil sie sich erledigt hat (§ 43 Abs. 2 VwVfG NRW) oder unter einem offenkundigen, besonders schweren Fehler leidet und deshalb nichtig ist (§§ 43 Abs. 3, 44 VwVfG NRW). Im Übrigen können sich die Einwendungen gegen die Ersatzvornahme nur auf die **Art und Weise** der Durchführung der Ersatzvornahme richten.

f) Bestellung eines Beauftragten

Als weitere Variante der Durchsetzung von Anordnungen der Aufsichtsbehörde 65 kommt nach § 40 Abs. 4 S. 2 SpkG NRW die Einsetzung eines **staatlich Beauftragten** in Betracht. Die Durchführung von erforderlichen Maßnahmen ist neben dem Selbsteintritt der Aufsichtsbehörde durch eigenes Handeln eine Variante bei der Durchführung der Ersatzvornahme. Die Aufsichtsbehörde hat jedoch im Rahmen ihres Auswahlermessens zu beachten, dass die beiden Varianten hinsichtlich der Eingriffsintensität in einem klaren Rangverhältnis stehen. Die Bestellung eines Be-

§ 40   C. Aufsicht, Verwaltungsvorschriften

auftragten ist das schärfste, letzte und für die Sparkasse einschneidendste Aufsichtsmittel (*Heinevetter* [2. Aufl.], § 29, Anm. 3.4; vgl. *Biesok*, SpkG-Kommentar, § 31 Rn. 760, S. 278; *Berger*, § 26 Rn. 8; *Klüpfel/Gaberdiel/Gnamm/Ebinger*, § 48 Anm. III.2.d). Der Einsatz dieses Aufsichtsmittels ist somit Ultima Ratio. Die Einsetzung eines Beauftragten kommt nur dann in Betracht, wenn andere Mittel wie Beanstandung, Anweisung und eine andere Form der Ersatzvornahme durch die Sparkassenaufsicht zu keinem Erfolg geführt haben, um die gesetzmäßige Geschäftsführung und Verwaltung der Sparkasse aufrecht zu erhalten oder wiederherzustellen. Im Einzelfall kann auf das erfolglose Durchführen von Beanstandung und anderen Durchsetzungsvarianten verzichtet werden, wenn zu erwarten ist, dass allein die Beauftragung des Dritten zu einem Erfolg führen kann und schnelles Handeln erforderlich ist (vgl. *Biesok*, SpkG-Kommentar, § 31 Rn. 760, S. 278; *Berger*, § 26 Rn. 8; *Klüpfel/Gaberdiel/Gnamm/Ebinger*, § 48 Anm. III.2.d). Der Auftrag durch die Aufsichtsbehörde ist hinsichtlich Umfang und Dauer auf das erforderliche Maß zu begrenzen.

66   Eine vorwerfbare Verletzung von Vorschriften durch Sparkassenorgane oder ihrer Mitglieder ist keine Voraussetzung für die Bestellung eines Beauftragten. Bspw. ist die Bestellung eines Beauftragten in Betracht zu ziehen, wenn die **Handlungsfähigkeit** eines Organs aus rechtlichen oder tatsächlichen Gründen bis zur Wahl oder Bestellung neuer Organe nicht gegeben ist (vgl. *Heinevetter* [2. Aufl.], § 29 Anm. 3.4).

67   Die Sparkassenaufsicht hat den Beauftragten bei der Durchführung seines Auftrags zu **überwachen**. Der Beauftragte ist bei seinen Entscheidungen und Maßnahmen an Weisungen der Aufsichtsbehörde gebunden (*Heinevetter* [2. Aufl.], § 29 Anm. 3.4). Eine Begrenzung des Auftrags durch die Sparkassenaufsicht gilt nur im Innenverhältnis. Für die Rechtswirksamkeit seines Handelns nach außen ist es ohne Belang, wenn der Beauftragte die Grenzen seines Auftrags überschreitet.

68   Die Sparkassenaufsicht hat in regelmäßigen Abständen zu überprüfen, ob die Bestellung des Beauftragten **noch notwendig** ist (vgl. *Biesok*, SpkG-Kommentar, § 31 Rn. 761, S. 278).

69   Aufgrund seiner Stellung als Sparkassenorgan, kann der Beauftragte alle Maßnahmen und Entscheidungen im Rahmen der Kompetenz des Organs, an dessen Stelle er tritt, mit **verbindlicher Wirkung** für und gegen die Sparkasse treffen. Der Beauftragte ist an alle Gesetze, Satzungsvorschriften und Anweisungen gebunden, die für das Organ gelten, an dessen Stelle er tritt (vgl. *Heinevetter* [2. Aufl.], § 29 Anm. 3.4).

2. Sonstige Befugnisse der Aufsichtsbehörde

a) Allgemeines

70   Neben der Regelung der Befugnisse der allgemeinen Rechtsaufsicht in § 40 SpkG NRW gibt es im Sparkassengesetz eine Reihe von **speziell geregelten** Anordnungs- und Zustimmungsbefugnissen zugunsten der Aufsichtsbehörde.

b) Staatliches Mitverwaltungsrecht oder rechtliche Unbedenklichkeitsbescheinigung

71   Die besonderen Befugnisse werden als eine über die Rechtsaufsicht hinausgehende **Zweckmäßigkeitsaufsicht** interpretiert (*Heinevetter* [2. Aufl.], § 29 Anm. 6; *Klüpfel/Gaberdiel/Gnamm/Ebinger*, § 48 Anm. II. 4, s. auch *Lohr*, Satzungsgewalt und

C. Aufsicht, Verwaltungsvorschriften § 40

Staatsaufsicht, S. 94, wonach ein gesetzlich nicht an Maßstäbe gebundener Genehmigungsvorbehalt auch Zweckmäßigkeitsüberprüfungen beinhaltet). Teilweise wird in diesem Zusammenhang von Fachaufsicht (*Schlierbach/Püttner*, S. 284) oder der Einräumung eines staatlichen Mitverwaltungsrechts (*Krebs/Dülp/Schröer*, Art. 13 Anm. III. D) gesprochen. Genehmigungen könnten sowohl „bestätigende, u. U. ändernde, mit eigenverantwortliche Selbstentscheidung(en)" sein (*Schlierbach/Püttner*, S. 284). Nach anderer Ansicht sind auch die Entscheidungen der Aufsichtsbehörde bei Genehmigungstatbeständen regelmäßig nur an den Maßstäben einer Rechtskontrolle auszurichten (vgl. *Berger*, § 25 Rn. 3, eigene Ermessensentscheidungen der Aufsichtsbehörde seien nur zulässig bei Genehmigungen von Aktivitäten der Sparkasse, „die von dem sparkassenrechtlich vorgegebenen Handlungsrahmen abweichen"). Eine staatliche Mitwirkung in der Form eines Kondominiums sei im vom geschützten Selbstverwaltungsrecht betroffenen Wirkungskreis der Sparkassenträger aus verfassungsrechtlichen Gründen nicht zulässig (vgl. *Berger*, § 25 Rn. 3; für die Kommunalaufsicht: *Wolff/Bachof/Stober/Kluth*, § 96 Rn. 139). Die Genehmigung durch die Aufsichtsbehörde hätte deshalb in diesen Fällen den Charakter einer rechtlichen Unbedenklichkeitserklärung (vgl. für die Kommunalaufsicht: *Wolff/Bachof/Stober/Kluth*, § 96 Rn. 139).

Im Ergebnis ist ein **differenzierter Ansatz** hinsichtlich der Befugnisse bei den Zustimmungs- und Genehmigungstatbeständen im SpkG NRW angebracht. Wie im Kommunalrecht löst das Wort Genehmigung entweder die bloße Rechtskontrolle der Aufsichtsbehörde oder aber Mitwirkungsrechte des Staates aus, mit denen er eigene, nur ihm zugewiesene Verwaltungsziele verfolgt. Solche Mitwirkungsrechte sind mit der Verfassung vereinbar (OVG NRW, OVGE MüLü 19, 192 = DVBl. 1964, 678; s. auch *Rehn/Cronauge/v. Lennep/Knirsch*, § 11 Anm. IV. 2.) und lassen sich auch speziell mit der gemeindlichen Selbstverwaltungsgarantie Art. 28 Abs. 2 GG in Einklang bringen (*Lohr*, Satzungsgewalt und Staatsaufsicht, S. 95 f.). Es hängt deshalb vom Zweck einer Vorschrift mit Zustimmungs- oder Genehmigungsbefugnissen ab, ob die Aufsichtsbehörde eine reine Rechtskontrolle zur Entscheidung über eine Unbedenklichkeitserklärung vornimmt oder ob ein Fall der Mitwirkung vorliegt, bei der sie eigene Ermessensüberlegungen anstellen darf (vgl. *Knemeyer*, BayVBl. 1986, 33, 35 f.). Dabei spricht eine Vermutung für die Rechtskontrolle als geringer scharfe Form der Eingriffsbefugnis (*Heinevetter* [2. Aufl.], § 29 Anm. 6). Generell muss sich die Aufsichtsbehörde auch bei Mitwirkungsakten mit eigenen Ermessensüberlegungen mit Rücksicht auf das Selbstverwaltungsrecht der Sparkassen und der Rückwirkungen auf verfassungsrechtliche Garantien in Art. 28 Abs. 2 GG und Art. 78 Abs. 1 und Abs. 4 S. 1 LVerf NRW zugunsten ihrer Träger in Zurückhaltung üben. Die Aufsichtsbehörde kann dabei aber auch eigene Verwaltungsziele verfolgen, hat sich aber dabei stets im Rahmen der Erwägungen zu halten, derentwegen der Zustimmungs- oder Genehmigungsvorbehalt geschaffen wurde (für die Kommunalaufsicht *Rehn/Cronauge/v. Lennep/Knirsch*, § 11 Anm. IV 2). Sind die Entscheidungen der Sparkassen oder ihrer Träger nach Abwägung aller relevanten Gesichtspunkte unter Berücksichtigung der Interessen aller Beteiligten – einschließlich des staatlichen Interesses der Aufsichtsbehörde – vertretbar, sind sie von der Aufsichtsbehörde im Regelfall zu respektieren (vgl. *Heinevetter* [2. Aufl.], § 29 Anm. 6).

c) Aufzählung der Genehmigungs- und Erlaubnisvorbehalte

73 1. Gemeinden oder Gemeindeverbände können mit Genehmigung der Aufsichtsbehörde Sparkassen errichten (§ 1 Abs. 1 S. 1 SpkG NRW).
2. Bei Vorliegen besonderer Umstände kann die Aufsichtsbehörde Ausnahmen bei der Errichtung von Haupt- und Zweigstellen zulassen (§ 1 Abs. 2 S. 3 SpkG NRW).
3. Erweiterungen des Satzungsgebiets bedürfen der Genehmigung der Aufsichtsbehörde (§ 3 Abs. 5 S. 2 SpkG NRW).
4. Die Satzung und deren Änderungen bedürfen der Genehmigung der Aufsichtsbehörde (§ 6 Abs. 2 S. 2 SpkG NRW).
5. Stille Vermögenseinlagen nach § 26 Abs. 1 S. 2 Buchstaben b und c SpkG NRW bedürfen der Zustimmung der Aufsichtsbehörde (§ 26 Abs. 1 S. 3 SpkG NRW).
6. Die Aufsichtsbehörde kann Vereinigungen von Sparkassen, welche nicht direkt benachbart sind, zulassen (§ 27 Abs. 2 SpkG NRW).
7. Die Vereinigung von Sparkassen bedarf der Genehmigung der Aufsichtsbehörde (§ 27 Abs. 4 SpkG NRW).
8. Die Aufsichtsbehörde kann aus Gründen des öffentlichen Wohls den beteiligten Gemeinden und Gemeindeverbänden eine angemessene Frist zum Abschluss von Vereinbarungen über die Bildung eines Sparkassenzweckverbandes setzen. Diese Vereinbarungen bedürfen der Genehmigung der Aufsichtsbehörde (§ 27 Abs. 5 S. 1 und 3 SpkG NRW). Kommt die Vereinbarung nicht zustande, so kann die Aufsichtsbehörde die erforderlichen Anordnungen durch Rechtsverordnung treffen (§ 27 Abs. 6 S. 1 SpkG NRW).
9. Aus Anlass der Vereinigung von Sparkassen kann die Aufsichtsbehörde Sonderregelungen über die Zusammensetzung von Sparkassenorganen zulassen (§ 28 Abs. 1 S. 1 SpkG NRW).
10. Neuordnungen der Sparkassen bei Gebietsänderungen der Träger bedürfen der Genehmigung der Aufsichtsbehörde (§ 29 Abs. 1 S. 3 SpkG NRW).
Kommt die Neuordnung nicht zu Stande, so kann die Aufsichtsbehörde durch Rechtsverordnung die erforderlichen Anordnungen treffen (§ 29 Abs. 2 S. 1 SpkG NRW).
Die Übertragung von Zweigstellen einer Sparkasse, infolge von Gebietsänderungen bedürfen der Genehmigung der Aufsichtsbehörde und die Aufsichtsbehörde regelt eventuelle Auseinandersetzungen (§ 30 Abs. 2 S. 1 und 2 SpkG NRW).
11. Die Auflösung einer Sparkasse bedarf der Genehmigung der Aufsichtsbehörde, die auch die weiteren Verfahrensschritte bestimmt (§ 31 Abs. 1 S. 3 SpkG NRW).
12. Erlass und Änderungen der Satzung bedürfen der Genehmigung der Aufsichtsbehörde (§ 33 S. 2 SpkG NRW).
13. Zusammenschluss der Sparkassen- und Giroverbände (§ 36 Abs. 1 bis 5 SpkG NRW).
14. Verträge der Träger einer Sparkasse zur Übertragung der Trägerschaft auf den Sparkassen- und Giroverband bedürfen der Genehmigung der Aufsichtsbehörde (§ 38 Abs. 1 S. 4 SpkG NRW). Die Rückübertragung bedarf ebenfalls der Genehmigung der Aufsichtsbehörde (§ 38 Abs. 3 S. 2 SpkG NRW).

C. Aufsicht, Verwaltungsvorschriften § 40

III. Verfahrensfragen

1. Form und Verfahren nach dem VwVfG NRW

Gemäß § 1 Abs. 1 VwVfG NRW gilt für die Verwaltungstätigkeit der Aufsichtsbehörde das VwVfG NRW. Die auf der Grundlage des § 40 SpkG NRW gegenüber den Sparkassen ergangenen förmlichen Aufsichtsmaßnahmen sind **Verwaltungsakte** im Sinne des § 35 VwVfG NRW (*Heinevetter* [2. Aufl.], § 29 Anm. 4). Mangels rechtserheblichen Regelungscharakters sind die Raterteilung, Hinweise, die Teilnahme und die Wortergreifung in Sitzungen durch Vertreter der Aufsichtsbehörde keine Verwaltungsakte (*Frick*, Staatsaufsicht, S. 193). Verfügungen, Entscheidungen und andere Maßnahmen der Aufsichtsbehörde können schriftlich, elektronisch, mündlich oder in anderer Weise erlassen werden; ein mündlicher Verwaltungsakt ist auf Verlangen ggf. schriftlich oder elektronisch zu bestätigen (§ 37 Abs. 2 VwVfG NRW). Da die Entscheidungen und Verfügungen der Aufsichtsbehörde regelmäßig in die Rechte der Sparkassen eingreifen, ist die Aufsichtsbehörde verpflichtet, der Sparkasse vor dem Erlass einer Aufsichtsmaßnahme, Gelegenheit zu geben, sich zu den für die Entscheidung erheblichen Tatsachen zu äußern. Das gilt nicht, wenn die Ausnahmetatbestände des § 28 Abs. 2 VwVfG NRW vorliegen. Damit die Anhörung als ordnungsgemäße Anhörung iSd § 28 VwVfG NRW anzusehen ist, muss die Aufsichtsbehörde den beabsichtigten Verwaltungsakt nach Art und Inhalt mit der geforderten Handlung, Duldung oder Unterlassung so konkret umschreiben, dass für den Beteiligten hinreichend klar erkennbar ist, weshalb und wozu er sich äußern soll und mit welcher Entscheidung er zu welchem ungefähren Zeitpunkt zu rechnen hat (vgl. *Kallerhoff/Mayen* in: Stelkens/Bonk/Sachs, § 28 Rn. 35). 74

Aus § 37 VwVfG NRW ergeben sich weitere **Formanforderungen**. Ua ist einem schriftlichen oder elektronischen Verwaltungsakt eine Rechtsbehelfsbelehrung beizufügen. Schriftliche oder elektronisch erlassene Verfügungen sind zu begründen (§ 39 Abs. 1 VwVfG NRW). In der Begründung sind die wesentlichen tatsächlichen und rechtlichen Gründe mitzuteilen, die die Behörde zu ihrer Entscheidung bewogen haben. Die Begründung von Ermessensentscheidungen soll auch die Gesichtspunkte erkennen lassen, von denen die Behörde bei der Ausübung ihres Ermessens ausgegangen ist. 75

Verwaltungsakte sind an die Sparkasse, vertreten durch den **Vorstand**, zu adressieren (vgl. *Berger*, § 26 Rn. 1; *Biesok*, SpkG-Kommentar, § 31 Rn. 763). Beaufsichtigte sind nach §§ 39, 40 SpkG NRW die Sparkassen und nicht die Organe oder Teile der Sparkassen. Der Vorstand vertritt die Sparkasse gem. § 20 Abs. 1 S. 2 SpkG NRW gerichtlich und außergerichtlich. Ihm ist der Verwaltungsakt gemäß § 41 Abs. 1 S. 1 VwVfG bekanntzugeben. Das gilt auch, wenn die Aufsichtsbehörde Beschlüsse des Verwaltungsrats zB zu Dienstverträgen mit dem Vorstand beanstandet oder aufhebt (*Schlierbach/Püttner*, S. 287). Der Verwaltungsrat ist im Verhältnis zur Aufsichtsbehörde nicht mit eigenen Rechten und Pflichten ausgestattet (vgl. HessVGH, WM 1986, 1048, 1050). Der Verwaltungsrat vertritt die Sparkasse auch nicht in Aufsichtsangelegenheiten mit Vorstandsbezug gegenüber der Aufsichtsbehörde (vgl. *Biesok*, SpkG-Kommentar, § 31 Rn. 764). Da es an einer Außenrechtsbeziehung gegenüber der Aufsichtsbehörde fehlt, ist der Verwaltungsratsvorsitzende auch nicht notwendig als Beteiligter gem. § 13 Abs. 2 S. 2 VwVfG zum Verfahren hinzuziehen. 76

2. Rechtsbefehle

77 Gegen Maßnahmen der Aufsichtsbehörde nach § 40 SpkG NRW kann sich die Sparkasse vor dem Verwaltungsgericht zur Wehr setzen. Es handelt sich um eine öffentlich-rechtliche Streitigkeit nichtverfassungsrechtlicher Art, für die § 40 Abs. 1 VwGO den **Verwaltungsrechtsweg** eröffnet. Gegen informelle Maßnahmen zB schlichte Ermahnungen oder Äußerungen einer abweichenden Rechtsauffassung durch die Aufsichtsbehörden kann grundsätzlich kein Rechtsbehelf eingelegt werden. Eine Klage vor dem Verwaltungsgericht wäre unzulässig (vgl. zu BaFin/Bundesbank *Schäfer* in: Boos/Fischer/Schulte-Mattler, KWG § 6 Rn. 24). Dasselbe gilt für die Beratung durch die Aufsichtsbehörde (vgl. *Weckmann* in: Schlegel/Voelzke, SGB III, § 393 Rn. 45).

78 Statthafte Klageart bei belastenden Verwaltungsakten ist die **Anfechtungsklage** gem. § 42 Abs. 1 1. Alt. VwGO. Im Rahmen der Klagebefugnis muss die Sparkasse geltend machen, durch einen an sie gerichteten belastenden rechtswidrigen Bescheid in ihren Rechten verletzt zu sein (§ 42 Abs. 2 VwGO). Vor dem Hintergrund ihres Selbstverwaltungsrechts haben die Sparkassen nur rechtmäßige Aufsichtsakte hinzunehmen (für die Aufsicht über die Gemeinden vgl. *Wolf/Bachof/Stober/Kluth*, § 96 Rn. 134). Rechtswidrige Aufsichtsmittel verletzen ihre Rechte.

79 Da die Bescheide der Aufsichtsbehörde von einer obersten Landesbehörde erlassen werden (Finanzministerium, s. § 39 Abs. 2 SpkG NRW) und keine gesetzliche Regelung für eine Nachprüfung der Bescheide der Aufsichtsbehörde in einem Vorverfahren besteht, ist die Durchführung eines **Widerspruchsverfahrens** weder Zulässigkeitsvoraussetzung für eine Anfechtungsklage gem. § 68 Abs. 1 S. 2 Nr. 1 VwGO, noch ist ein Widerspruch statthaft.

80 Die Klage muss innerhalb eines Monats nach Bekanntgabe des Verwaltungsakts erhoben werden (§ 74 Abs. 1 S. 2 VwGO). Bei Klagen gegen Maßnahmen der Aufsichtsbehörden besitzt allein die Sparkasse die **Beteiligtenfähigkeit** gem. § 61 Nr. 1 VwGO und nicht die Organe der Sparkasse. Das gilt auch, wenn die Verfügung der Aufsichtsbehörde einen Beschluss des Verwaltungsrats betrifft (vgl. HessVGH, WM 1986, 1048, 1050; *Schlierbach/Püttner*, S. 287). Aufsichtsrechtliche Streitigkeiten betreffen das Außenverhältnis zwischen Sparkasse und Land (vgl. HessVGH, WM 1986, 1048, 1050.; *Schlierbach/Püttner*, S. 287). Verwaltungsrat und Vorstand sind im Verhältnis zur Aufsichtsbehörde nicht mit eigenen Rechten ausgestattet. Klagen kann daher nur die Sparkasse, vertreten gem. § 20 Abs. 1 S. 2 SpkG NRW durch ihren Vorstand. Richtiger Klagegegner ist gem. § 78 Abs. 1 Nr. 1 VwGO das Land NRW, vertreten durch das Finanzministerium (s. Ziff. 1.1 der Vertretungsordnung FM NRW, RdErl. d. Finanzministeriums v. 9.5.2012, MBl. NRW 2012 S. 452; § 5 AG VWGO NRW, der eine Beteiligungsfähigkeit von Behörden in NRW vorsah, wurde zum 1.1.2011 aufgehoben durch Art. 2 Nr. 28 d. G. v. 26.1.2010 (GV. NRW 2011 S. 30)).

81 Die Anfechtungsklage hat aufschiebende Wirkung (§ 80 Abs. 1 VwGO). Das gilt nicht, wenn die Aufsichtsbehörde die **sofortige Vollziehung** im öffentlichen Interesse nach § 80 Abs. 2 Nr. 4 VwGO angeordnet hat. Die Anordnung der sofortigen Vollziehung muss nicht mit der Anweisung verbunden sein; sie kann auch nachträglich gesondert ergehen (*Schenke* in: Kopp/Schenke, VWGO, § 80 Rn. 8). Nach § 80 Abs. 3 S. 1 VwGO ist das besondere Interesse an der sofortigen Vollziehung der Anweisung durch die Aufsichtsbehörde schriftlich zu begründen. Eine fehlende

C. Aufsicht, Verwaltungsvorschriften § 40

Begründung kann noch im gerichtlichen Aussetzungsverfahren mit heilender Wirkung nachgeschoben werden (OVG NRW, NVwZ 1986, 654, str., zum Streitstand s. *Schenke* in: Kopp/Schenke, VwGO, § 80 Rn. 87). Gemäß § 80 Abs. 5 VwGO kann das Gericht der Hauptsache die aufschiebende Wirkung ganz oder teilweise wiederherstellen. Der Antrag ist schon vor Erhebung der Anfechtungsklage zulässig. Ist der Verwaltungsakt im Zeitpunkt der Entscheidung schon vollzogen, so kann das Gericht die Aufhebung der Vollziehung anordnen.

Bei Ablehnung eines von der Sparkasse begehrten Genehmigungs- oder Zustimmungsaktes kann die Sparkasse **Verpflichtungsklage** nach § 42 Abs. 1 2. Alt. VwGO erheben. Die Ausführungen zum Verfahren bei der Anfechtungsklage gelten sinngemäß. Im einstweiligen Rechtsschutz kann die Sparkasse beim Verwaltungsgericht eine einstweilige Anordnung nach § 123 VwGO beantragen. 82

Steht der Aufsichtsbehörde bei ihren Entscheidungen über Aufsichtsmittel oder über den Erlass von Zustimmungsakten **Ermessen** zu, prüft das Verwaltungsgericht § 114 S. 1 VwGO insoweit nur, ob die Aufsichtsbehörde von ihrem Ermessen fehlerhaft Gebrauch gemacht hat. Die Verwaltungsbehörde kann ihre Ermessenserwägungen hinsichtlich des Verwaltungsaktes auch noch im verwaltungsgerichtlichen Verfahren ergänzen (§ 114 S. 2 VwGO). 83

3. Kosten und Gebühren

a) Allgemeines

Grundsätzlich tragen die Sparkasse und die Aufsichtsbehörde im förmlichen Aufsichtsverfahren ihre **Kosten** selbst; mit Ausnahme der Kostenpflichtigkeit der Ersatzvornahme für die Sparkasse bestehen keine Erstattungsansprüche gegeneinander. 84

b) Kostenerstattung für Ersatzaufnahme und Beauftragten

Die Verwaltung kann Kosten nur aufgrund eines Gesetzes oder einer Rechtsvorschrift auf der Grundlage einer gesetzlichen Ermächtigung erheben (*Susenberger/Weißauer/Lenders* in: PdK NW E-4, GebG NRW, § 1 Anm. 16). Ausdrücklich angeordnet ist die Kostenübernahme nur im Falle der Ersatzvornahme: Nach § 40 Abs. 4 S. 2 SpkG NRW erfolgen die Ersatzvornahme und die Bestellung eines Beauftragten auf Kosten der Sparkasse. Die Sparkasse hat die ihr **unmittelbar** entstandenen Kosten zu tragen. Entstehen aus dem Handeln der Aufsichtsbehörde Ersatzansprüche Dritter, hat die Sparkasse hierfür einzutreten, als wenn sie selbst gehandelt hätte (für das Kommunalaufsichtsrecht: vgl. *Rehn/Cronauge/v. Lennep/Knirsch*, § 123 Anm. III. 2.). Ferner sind die Aufwendungen der Aufsichtsbehörde zu erstatten, die ihr durch die Vornahme der Ersatzvornahme entstanden sind. Es handelt sich nur um die durch die Ersatzvornahme unmittelbar ausgelösten Kosten der Aufsichtsbehörde. Anteilige Personal- und Gemeinkosten für das Tätigwerden der Bediensteten der Aufsichtsbehörde können nicht in Ansatz gebracht werden. Die Aufsichtsbehörde ist aufgrund der gesetzlichen Regelungen verpflichtet, die Sparkasse mit den Kosten der Ersatzvornahme zu belasten (vgl. *Susenberger/Weißauer/Lenders* in: PdK NW E-4, GebG NRW, § 1 Anm. 16). Der im Rahmen der Ersatzvornahme durch die Aufsichtsbehörde Beauftragte hat einen unmittelbaren Erstattungsanspruch gegen die Sparkasse (*Heinevetter* [2. Aufl.], § 29 Anm. 3.4). 85

86 Die Aufsichtsbehörde hat in Bezug auf die der Sparkasse durch eine die Anwendung einer Aufsichtsmaßnahme entstehenden Kosten im Rahmen der Ermessensausübung das **Übermaßverbot** zu beachten. Die Belastung der Sparkasse mit Kosten durch die Maßnahmen der Aufsichtsbehörde darf nicht in einem gravierenden Missverhältnis zu dem mit dem Einsatz des Aufsichtsmittels bezweckten Informationsnutzen oder der Schwere eines Rechtsverstoßes stehen.

c) Keine Gebührenpflicht

87 Das Tätigwerden der Aufsichtsbehörde ist **gebührenfrei**. Das GebG NRW enthält keine Generalklausel, nach der alle Amtshandlungen gebührenpflichtig sind (*Susenberger/Weißauer/Lenders* in: PdK NW E-4, GebG NRW, § 2 Anm. 6). Die Landesregierung NRW hat von der Ermächtigung nach § 2 Abs. 2 GebG NRW keinen Gebrauch gemacht, eine spezielle Gebührenordnung für Amtshandlungen der Aufsichtsbehörde zu erlassen. Eine Ermächtigung zur Erhebung von Gebühren ergibt sich auch nicht aus der Allgemeinen Verwaltungsgebührenordnung NRW (AVerwGebO NRW v. 3.7.2001 (GV NRW 2001 S. 262), zuletzt geändert durch VO v. 25.4.2017 (GV NRW 2017 S. 484)), die im Allgemeinen Gebührentarif (AGT) regelt, für welche Amtshandlungen Gebühren erhoben werden (§ 1 Abs. 1 AVerwGebO NRW). Der AGT enthält keine Tarifstelle, der sich speziell mit der Verwaltungstätigkeit der Aufsichtsbehörde befasst. Auch die Auffangtarifstelle 30.5 kommt als Erhebungsgrundlage nicht in Betracht. Nach OVG NRW (NWVBl. 2008, 230) ist die AGT 30.5 aufgrund des Bestimmtheitsgebots restriktiv auszulegen und darf nur Fallgestaltungen erfassen, die nicht konkret vorhersehbar waren und nur deshalb nicht rechtzeitig genauer geregelt werden konnten.

§ 41 Befugnisse der Verbandsaufsicht

(1) Die allgemeinen Befugnisse der Aufsicht nach § 40 finden auf die Verbandsaufsicht entsprechende Anwendung:

(2) Die staatliche Aufsicht über die Prüfungsstellen der Sparkassen- und Giroverbände erstreckt sich auch auf die Einhaltung der in der Satzung (§ 33) festgelegten Vorgaben. Die Aufsicht wird ihre Maßnahmen auf diesem Gebiet planmäßig offen legen.

(3) Die Aufsichtsbehörde kann bei Bedarf Sonderprüfungen durchführen und geeignete Maßnahmen einleiten. Sie kann dabei externe Stellen auf Kosten des Sparkassen- und Giroverbandes beauftragen.

(4) Die Kosten für die Aufsicht über die Prüfungsstellen der Sparkassen- und Giroverbände trägt der Sparkassen- und Giroverband. Die entsprechende Kostenumlage wird bei diesem jährlich erhoben. Das Nähere über die Erhebung der Umlage, insbesondere den Verteilungsschlüssel und das Umlageverfahren, bestimmt das Finanzministerium durch Rechtsverordnung.

Literatur: *Hense/Ulrich*, WPO Kommentar, Kommentar zum Berufsrecht der Wirtschaftsprüfer und vereidigten Buchprüfer – Wirtschaftsprüferordnung (WPO), 4. Aufl., 2022; *Jungkamp*, Das Recht der regionalen Sparkassen- und Giroverbände – Eine systematische Darstellung, 2011

C. Aufsicht, Verwaltungsvorschriften   § 41

Übersicht

	Rn.		Rn.
I. Verbandsaufsicht	1	2. Aufgaben der Aufsicht über die Prüfungsstellen	11
1. Allgemeines	1	3. Befugnisse im Rahmen der Qualitätskontrolle	17
2. Rechtsaufsicht als Maßstab der Verbandsaufsicht	3	4. Offenlegung	18
3. Aufsichtsmittel	5	5. Durchführung von Sonderprüfungen und geeigneten Maßnahmen (Abs. 3)	19
4. Besondere Beratungs- und Informationspflichten der SGVe gegenüber der Verbandsaufsicht	9	6. Kostentragung durch die SGVe (Abs. 4)	23
II. Verbandsaufsicht über die Prüfungsstellen	10		
1. Allgemeines	10		

I. Verbandsaufsicht

1. Allgemeines

Die SGVe sind Körperschaften des öffentlichen Rechts. Sie haben die im SpkG 1
NRW insbesondere in § 34 SpkG NRW näher beschriebenen öffentlichen Aufgaben. Als landesunmittelbare Personen des öffentlichen Rechts sind sie Teil der mittelbaren Staatsverwaltung und unterliegen der staatlichen Aufsicht. Nach § 39 SpkG NRW unterstehen die SGVe parallel zu den Sparkassen der Aufsicht des Landes; zuständige Aufsichtsbehörde ist ebenfalls das Finanzministerium (zur Ressortbezeichnung → § 39 Rn. 2). Die Aufsicht über die SGVe ist eine spezielle Form der Körperschaftsaufsicht nach § 20 Abs. 1 S. 2 LOG. In Abgrenzung zur Sparkassenaufsicht in § 40 SpkG NRW wird sie durch § 41 SpkG NRW als **Verbandsaufsicht** bezeichnet. Der Analogieverweisung des Abs. 1 auf die Regelungen der allgemeinen Befugnisse der Sparkassenaufsicht in § 40 SpkG NRW folgen speziell geregelte Befugnisse in § 41 Abs. 2 bis 4 SpkG NRW bezüglich der Prüfungsstellen. Letztere dienen größtenteils der Umsetzung von Vorgaben aus der EU-Abschlussprüferrichtlinie (RL (EU) 2006/43/EG).

Erst seit In-Kraft-Treten der Gesetzesänderungen vom 8.3.1994 (GV. NRW 1994 2
S. 92) entsprechen die Befugnisse der Verbandsaufsicht über die SGVe durch Verweisung im SpkG NRW den **spezialgesetzlichen** Befugnissen der Sparkassenaufsicht. Bis dahin beschränkte sich die Regelung über die Verbandsaufsicht im SpkG NRW auf die Anordnung einer durch den Minister für Wirtschaft, Mittelstand und Verkehr im Einvernehmen mit dem Innenminister auszuübenden staatlichen Aufsicht über die SGVe. Es galten mithin der Aufsichtsmaßstab des § 20 Abs. 1 S. 1 LOG NRW sowie die entsprechende Anwendung der Befugnisse der Kommunalaufsichtsbehörden aus der GO NRW und nicht die der Sparkassenaufsicht für die staatliche Aufsicht über die SGVe (vgl. *Heinevetter* [2. Aufl.], § 49 Anm. 1).

2. Rechtsaufsicht als Maßstab der Verbandsaufsicht

§ 41 Abs. 1 SpkG NRW verweist hinsichtlich der allgemeinen Befugnisse der 3
Aufsicht auf die Befugnisse der Sparkassenaufsichtsbehörde nach § 40 SpkG NRW. Die Verbandsaufsicht erstreckt sich mithin darauf, dass Verwaltung und Geschäftsführung der SGVe den Gesetzen und den Satzungen entsprechen (§ 40 Abs. 1 SpkG NRW). Die Verbandsaufsicht ist vom Prinzip her wie die Sparkassenaufsicht

Fischer-Appelt   573

Rechtsaufsicht, die eine Überprüfung der Verbandstätigkeit auf ihre Rechtmäßigkeit zum Gegenstand hat (*Jungkamp*, Recht der SGVe, S. 81; vgl. auch *Berger*, § 28 Rn. 28; *Krebs/Dülp/Schröer*, Art. 23 SpkG, Anm. I. 1.). Gegenstand der Aufsicht ist die gesamte Tätigkeit der SGVe und aller ihrer Organe; Aufsichtsmaßstab ist das gesamte Recht (→ § 40 Rn. 2).

4   Als Körperschaften des öffentlichen Rechts haben die SGVe ihre Aufgaben in selbständiger Willensbildung und unter eigener Verantwortung zu erfüllen (vgl. *Krebs/Dülp/Schröer*, Art. 23 SpkG, Anm. I. 1). Aus ihrem Recht auf Selbstverwaltung ist daher abzuleiten, dass **Zweckmäßigkeitsentscheidungen** der SGVe der Verbandsaufsicht entzogen sind. Die Aufsichtsbehörde kann ihr Ermessen nicht an die Stelle des Ermessens der SGVe stellen. So kann die Aufsichtsbehörde bspw. Empfehlungen der SGVe zur Höhe des Sitzungsgeldes der Mitglieder des Verwaltungsrats von Sparkassen und der Hauptverwaltungsbeamten in beratender Funktion (§ 18 S. 2 SpkG NRW) oder zu den Anstellungsbedingungen von Vorständen (§ 19 Abs. 2 S. 2 SpkG NRW) nicht aufheben und ersetzen, wenn sie die dort vorgesehene Vergütung für unangemessen erachtet.

3. Aufsichtsmittel

5   Der Verbandsaufsicht stehen die gleichen **Aufsichtsmittel** wie der Sparkassenaufsicht nach § 40 Abs. 2 bis 4 SpkG NRW zur Verfügung. Die dortige Aufzählung der Aufsichtsmittel ist abschließend. Weitere Eingriffsmittel ergeben sich auch nicht aus den Vorschriften des LOG über die Befugnisse der staatlichen Aufsicht über Körperschaften, Anstalten und Stiftungen des öffentlichen Rechts. § 20 Abs. 1 LOG findet nur Anwendung, soweit speziellere Vorschriften keine abschließende Regelung enthalten (*Stähler*, LOG NRW, § 20 Anm. 2).

6   Bei der Anwendung der Aufsichtsmittel hat die Aufsichtsbehörde den Grundsatz der **Verhältnismäßigkeit** zu beachten (*Klüpfel/Gaberdiel/Höppel/Ebinger*, § 48 Anm. II. 1.). Das bedeutet, dass die Aufsichtsbehörde bei der Erfüllung ihrer Aufgaben unter mehreren möglichen Maßnahmen nur diejenigen treffen darf, die geeignet sind, den angestrebten Zweck zu erreichen und die sich möglichst wenig nachteilig auswirken (*Wolff/Bachof/Stober/Kluth*, § 30 Rn. 13). Die von der Aufsichtsbehörde angewandten Zwangsmittel müssen in einem angemessenen Verhältnis zum angestrebten Erfolg stehen (Übermaßverbot) (*Krebs/Dülp/Schröer*, SpkG, Art. 13 Anm. 4). Ist der Zweck erreicht, sind die Beschränkungen wieder aufzuheben (*Wolff/Bachof/Stober/Kluth*, § 30 Rn. 13).

7   Siehe zu der Anwendung der einzelnen Aufsichtsmittel durch die Aufsichtsbehörde sowie zu Rechtsmitteln gegen diese → § 40, Rn. 28 ff. sowie *Jungkamp*, Recht der SGVe, S. 84 ff.

8   Anordnungen der Verbandsaufsicht sind, – auch soweit sie die Sonderaufsicht nach § 40 Abs. 2 und 3 SpkG NRW über die Prüfungsstelle betreffen – an den Verbandsvorsteher (RSGV) bzw. an den Verbandsvorstand (SVWL) als das zur Vertretung des jeweiligen SGV satzungsmäßig berufene Organ zu adressieren.

4. Besondere Beratungs- und Informationspflichten der SGVe gegenüber der Verbandsaufsicht

9   Nach § 34 Abs. 1 SpkG NRW gehört es zu den Aufgaben der SGVe, die Aufsichtsbehörde gutachtlich zu beraten. Das SpkG NRW verpflichtet die SGVe ferner

C. Aufsicht, Verwaltungsvorschriften　　　　　　　　　　　　　　**§ 41**

über bestimmte Sachverhalte die Verbandsaufsicht in Kenntnis zu setzen: Der Aufsichtsbehörde sind Prüfungsberichte zuzuleiten (§ 24 Abs. 3 Satz 3 SpkG NRW), sie ist über das mögliche Vorliegen eines Stützungsfalles rechtzeitig zu unterrichten (§ 34 Satz 1 und 2 SpkG NRW). Ihr ist jährlich ein **Kooperationsbericht** (§ 36 Abs. 12 SpkG NRW) sowie in regelmäßigen Abständen ein Bericht über die zur Einhaltung der Grundsätze des Landesgleichstellungsgesetzes (LGG) ergriffenen Maßnahmen (§ 19 Abs. 3 Satz 3 SpkG NRW) vorzulegen.

II. Verbandsaufsicht über die Prüfungsstellen

1. Allgemeines

Zur Verbandsaufsicht gehört insbes. auch die Aufsicht über die zwar rechtlich in 10 den Verband integrierte, dort aber weisungsunabhängige Prüfungsstelle (s. Begr. zu § 42 SpkG NRW im GE der LReg vom 26.5.2008, LT-Drs. 14/6831, S. 51). Die besonderen Regelungen in den Abs. 2 bis 4 dienen dazu, Art. 32 der EU-Abschlussprüferrichtlinie (RL (EU) 2006/43/EG) zur öffentlichen Aufsicht über Abschlussprüfer und Prüfungsgesellschaften umzusetzen. Nach § 340k Abs. 3 HGB dürfen die Prüfungsstellen abweichend von § 319 Abs. 1 S. 1 HGB Abschlussprüfer für die Sparkassen sein. Als Einrichtungen der SGVe erfüllen sie Aufgaben innerhalb der mittelbaren Landesverwaltung (*Völtz* in: Hense/Ulrich, WPO Kommentar, § 57h Rn. 5). Anders als Wirtschaftsprüfungsgesellschaften unterliegen die Prüfungsstellen deshalb nicht dem Berufsrecht der WPO und unterstehen nicht der Berufsaufsicht durch die Wirtschaftsprüferkammer, sondern der nach § 40 Abs. 2 SpkG NRW zuständigen **Sonderaufsicht** der Verbandsaufsicht (*Völtz* in: Hense/Ulrich, WPO Kommentar, § 57h Rn. 4, *Jungkamp*, Recht der SGVe, S. 159). Dies gilt nicht für die bei der Prüfungsstelle tätigen Wirtschaftsprüfer. Diese unterliegen der Berufsaufsicht durch die Wirtschaftsprüferkammern nach § 61a ff. WPO (*Völtz* in: Hense/Ulrich, WPO Kommentar, aaO).

2. Aufgaben der Aufsicht über die Prüfungsstellen

Die Rechte und Pflichten der Sonderaufsicht über die Prüfungsstellen gehen 11 über den Rahmen und die Befugnisse der Sparkassenaufsicht und der Verbandsaufsicht als Rechtsaufsicht hinaus (vgl. *Klüpfel/Gaberdiel/Höppel/Ebinger*, § 36b Anm. 1; Begr. zu § 42 SpkG NRW im GE der LReg., LT-Drs. 14/6831, S. 51). Abs. 2 enthält besondere Regelungen über die Aufsicht über die Prüfungsstellen. Nach § 33 S. 2 SpkG NRW muss die Satzung der SGVe auch die Einrichtung einer **weisungsunabhängigen** Prüfungsstelle vorsehen, die an die für Wirtschaftsprüfungsgesellschaften geltenden Vorschriften und Berufsgrundsätze gebunden ist und ihre Prüfungen nach den für Wirtschaftsprüfungsgesellschaften geltenden Prüfungsstandards in eigener Verantwortung durchführt (s. § 17 Satzung d. RSGV idF vom 2.5.2018, MBl. NRW 2018 S. 428; § 19 Satzung d. SVWL idF vom 9.4.2014, MBl. NRW 2014 S. 320). Die Aufsichtsbehörde hat zu überwachen, dass die Prüfungsstellen nach diesen Bestimmungen bei den SGVen eingerichtet sind und sich ihre Tätigkeit im rechtlich und fachlich vorgegebenen Rahmen bewegt.

Zur Konkretisierung dieses Rahmens hat die Aufsichtsbehörde in einem **Rund-** 12 **erlass** Regelungen für die Durchführung von Prüfungen bei Sparkassen getroffen

Fischer-Appelt

(Prüfung der öffentlich-rechtlichen Sparkassen, RdErl. des Finanzministeriums v. 29.11.2018, MBl. NRW 2018 S. 686). Der Runderlass regelt die Organisation der Leitung der Prüfungsstellen, die Durchführung der Prüfung des Jahresabschlusses und anderer gesetzlich vorgeschriebener und aufsichtsbehördlich angeordneter Prüfungen sowie das Verfahren insbesondere in Bezug auf die Prüfungsberichte.

13 Die Aufsichtsbehörde ist gegenüber den Prüfungsstellen nur für den Bereich der von ihr angeordneten Prüfungen **weisungsbefugt**. Dies betrifft bspw. die nach § 40 Abs. 2 S. 2 SpkG NRW bestimmten Prüfungen. Das Recht zur Prüfung des Jahresabschlusses und des Lageberichts steht den SGVen gemäß § 24 Abs. 3 S. 1 SpkG NRW originär zu und ist nicht von der Aufsichtsbehörde abgeleitet (in anderen Bundesländern wird die Prüfungsstelle insoweit im Auftrag der Rechtsaufsichtsbehörde tätig, s. § 30 Abs. 2 S. 1 SpkG BW und § 23 Abs. 2 S. 1 SpkG Nds.). Deshalb hat es insoweit bei der Rechtsaufsicht durch die Aufsichtsbehörde sein Bewenden. Das Gleiche gilt für die Prüfungen nach § 24 Abs. 6 SpkG NRW sowie für die Aufgaben, die die Prüfungsstelle im ausschließlichen Interesse des SGV oder seiner Mitgliedssparkassen wahrnimmt. Die nach § 33 S. 2 SpkG NRW gesetzlich geforderte Weisungsunabhängigkeit der Prüfungsstelle gilt gegenüber Weisungen der Organe des SGV, in den die Prüfungsstelle eingliedert ist (s. § 340k Abs. 3 S. 4 HGB), und der zu prüfenden Sparkassen (s. Art. 22 Abs. 1 AbschlussprüferRL (EU) 2006/43/EG), nimmt aber nicht die Aufsichtsbehörde in den Blick.

14 Bei der Anordnung von Prüfungen muss die Aufsichtsbehörde die Grenzen einer Rechtsaufsicht über die Sparkassen beachten. Einzelne oder generelle Anweisungen an die Prüfungsstellen zur Durchführung oder im Rahmen von Prüfungen müssen daher einen Bezug auf die Prüfung der Einhaltung der Gesetze und der Satzung durch die Verwaltung und Geschäftsführung der zu prüfenden Sparkasse haben (vgl. *Klüpfel/Gaberdiel/Höppel/Ebinger*, § 30 Anm. II. 3.). Die Aufsichtsbehörde darf sich der Prüfungsstelle nicht bedienen, um den ihr als Rechtsaufsicht über die Sparkassen verwehrten Durchgriff auf Zweckmäßigkeitsentscheidungen der Sparkasse zu erhalten. Die Aufsichtsbehörde darf deshalb keine Prüfungen anordnen, die sich auf **Ermessensentscheidungen** der Sparkasse beziehen, die sich innerhalb Grenzen geltenden Rechts bewegen (vgl. *Klüpfel/Gaberdiel/Höppel/Ebinger*, § 30 Anm. II. 3.).

15 Die Aufsichtsbehörde hat die Einhaltung des gesetzlichen und satzungsmäßig vorgegebenen Rahmens sowie die Beachtung und Umsetzung aktueller Entwicklungen bei den gesetzlichen Anforderungen an die Prüfungen sowie bei den für Wirtschaftsprüfungsgesellschaften geltenden Berufsgrundsätzen und Prüfungsstandards zu überwachen. Zu ihren Aufgaben gehört es auch, die **Funktionsfähigkeit** der Prüfungsstellen zu überwachen. Sie hat daher auch ihr Augenmerk auf eine angemessene Besetzung und Ausstattung der Prüfungseinrichtungen, ausreichende Qualifikation des prüfenden Personals sowie auf Aufrechterhaltung und Verbesserung des Qualifikationsniveaus durch regelmäßige Teilnahme an Fortbildungsmaßnahmen für Prüfer zu richten. Die Aufsichtsbehörde sollte die Prüfungsgeschäftsplanung auf Konsistenz sowie angemessene Prüfungsdichte und -frequenz prüfen. Bedeutsame Anhaltspunkte können der Aufsichtsbehörde der nach Art. 13 Abs. 1 der VO (EU) Nr. 537/2014 durch die Prüfungsstelle zu erstellende Transparenzbericht und die nach § 51c WPO aufzustellende Auftragsdatei liefern.

16 Nach § 24 Abs. 3 S. 2 SpkG NRW kann die Aufsichtsbehörde anordnen, dass Jahresabschlüsse und Lageberichte von einzelnen Sparkassen vom jeweils anderen

C. Aufsicht, Verwaltungsvorschriften § 41

SGV geprüft werden (**Überkreuzprüfungen**). Dies gilt für Prüfungen nach dem Wertpapierhandelsgesetz entsprechend (§ 24 Abs. 6 SpkG NRW).

3. Befugnisse im Rahmen der Qualitätskontrolle

Die Prüfungsstellen der SGVe sind gem. § 57h Abs. 1 S. 1 WPO zur Durchführung von regelmäßigen **Qualitätskontrollen** verpflichtet. Bei der Durchführung der Qualitätskontrolle nach § 57a ff. WPO kommt der Verbandsaufsicht eine maßgebende Rolle zu. Sie ist gemäß § 57h Abs. 1 WPO die nach Landesrecht zuständige Aufsichtsbehörde, die Maßstab, Reichweite und Zeitpunkt der Qualitätskontrolle bestimmt. Die Aufsichtsbehörde und nicht die Kommission für Qualitätskontrolle bei der Wirtschaftsprüferkammer entscheidet über belastende Maßnahmen in Folge durch die Kommission festgestellter Mängel oder Versäumnisse im Sinne des § 57e Abs. 2 S. 1 WPO (*Hense/Ulrich*, WPO Kommentar, § 57h Rn. 6). Dies schließt nach § 57h Abs. 1 S. 3 WPO die Letztentscheidung über die Löschung einer Eintragung der Prüfungsstelle als gesetzlicher Abschlussprüfer im Berufsregister der Wirtschaftsprüferkammer ein. Die Kommission für Qualitätssicherung hat der Aufsichtsbehörde Tatsachen und Schlussfolgerungen mitzuteilen, die Grundlage von Maßnahmen sein können. 17

4. Offenlegung

Abs. 2 S. 2 verpflichtet die Aufsichtsbehörde, ihre Maßnahmen auf dem Gebiet der Aufsicht über die Prüfungsstellen planmäßig **offenzulegen**. Die Vorschrift setzt eine Vorgabe des Art. 32 Abs. 6 der EU-Abschlussprüferrichtlinie (RL (EU) 2006/43/EG) um. Danach haben die Aufsichtsbehörden transparent zu sein und hierzu insbesondere jährlich Tätigkeitsberichte und Arbeitsprogramme zu veröffentlichen. Entsprechende jährliche Berichte sind auf der Website des Finanzministeriums zu finden (https://www.finanzverwaltung.nrw.de/). 18

5. Durchführung von Sonderprüfungen und geeigneten Maßnahmen (Abs. 3)

Die Regelung dient der Umsetzung von Art. 32 Abs. 5 S. 1 der EU-Abschlussprüferrichtlinie (RL (EU) 2006/43/EG), wonach der Aufsichtsbehörde das Recht eingeräumt sein muss, bei Bedarf Untersuchungen zu Abschlussprüfern und Prüfungsgesellschaften zu veranlassen und geeignete Maßnahmen einzuleiten. Die Vorschrift hat wegen der bereits bestehenden allgemeinen Befugnisse der Verbandsaufsicht nach Abs. 1 nur **klarstellende** Bedeutung (s. GE d. LReg. LT-Drs. 14/6831, S. 52). 19

Wann ein Bedarf für die Einleitung einer Sonderprüfung oder von geeigneten Maßnahmen gemäß Satz 1 gegeben ist, unterliegt dem gerichtlich nachprüfbaren **Beurteilungsspielraum** der Aufsichtsbehörde. Bezüglich Art, Umfang und Intensität der Sonderprüfungen und sonstigen Maßnahmen hat sie im Rahmen der Verhältnismäßigkeit Auswahlermessen. 20

Satz 2 stellt klar, dass die Prüfungen und Maßnahmen auch durch **externe Stellen** durchgeführt werden können. Als solche kommen insbesondere Wirtschaftsprüfungsunternehmen und Rechtsanwaltskanzleien in Betracht, aber auch Prüfungsstellen anderer SGVe. Voraussetzung ist, dass der Beauftragte hinreichend 21

§ 42 qualifiziert ist und keine Interessenkonflikte bzgl. der beaufsichtigten Prüfungsstelle bestehen (s. Art. 32 Abs. 5 S. 2 und 3 RL (EU) 2006/43/EG).

22 Die durch die Beauftragung externer Stellen entstehenden **Kosten** sind von dem jeweils betroffenen SGV zu tragen. Die Aufsichtsbehörde kann vom SGV Freistellung von Ansprüchen der Beauftragten verlangen. Abweichend von der allgemeinen Kostentragungsregelung in Abs. 4 sind die Kosten für den Beauftragten nicht einmal jährlich zu erheben, sondern werden einzelfallbezogen abgerechnet (s. § 3 S. 2 der PrüfungsstellenaufsichtskostenVO vom 26.11.2009, (SGV. NRW 2009 S. 753), geändert durch Art. 13 der VO vom 2.12.2014 (GV. NRW 2014 S. 870)).

6. Kostentragung durch die SGVe (Abs. 4)

23 Während die Kosten der allgemeinen Verbandsaufsicht die Allgemeinheit trägt, sieht Abs. 4 die Erstattung der Kosten für die Aufsicht über die Prüfungsstellen der SGVe durch den jeweiligen SGV vor. Die Regelung zur Kostentragung durch die SGVe dient nach der Gesetzesbegründung (s. GE der LReg. LT-Drs. 14/7844 S. 15) dazu, Art. 32 Abs. 7 der EU-Abschlussprüferrichtlinie (2006/43/EG) umzusetzen, die eine angemessene finanzielle Ausstattung des öffentlichen Aufsichtssystems, nicht aber eine Kostenüberwälzung zwingend vorschreibt. Das Gesetz sieht eine **jährliche Kostenumlage** bei den SGVen vor, überlässt die verfahrenstechnischen Details über die Erhebung der Umlage, insbesondere den Verteilungsschlüssel und das Umlageverfahren einer durch das Finanzministerium zu erlassenden RVO (s. PrüfungsstellenaufsichtskostenVO vom 26.11.2009, SGV. NRW 2009 S. 753, geändert durch Art. 13 der Verordnung vom 2.12.2014 (GV. NRW 2014 S. 870)). Danach beträgt die jährlich nachträglich erhobene und von den beiden SGVen hälftig zu tragende Kostenumlage 20% der Gesamtkosten der Sparkassenaufsicht.

§ 42 Verwaltungsvorschriften

Die Aufsichtsbehörde erlässt die zur Durchführung dieses Gesetzes erforderlichen Verwaltungsvorschriften (Allgemeine Verwaltungsvorschriften – AVV).

Literatur: *Isensee/Kirchhof*, Handbuch des Staatsrechts, Bd. 5, 1988; *Löwer/Tettinger*, Kommentar zur Verfassung des Landes Nordrhein-Westfalen, 2002

I. Ermächtigungsnorm

1. Regelungsinhalt

1 § 42 SpkG NRW ist die spezielle Ermächtigungsvorschrift zum Erlass von Allgemeinen Verwaltungsvorschriften. Zuständige Aufsichtsbehörde ist das Finanzministerium (§ 39 Abs. 2 SpkG NRW, zur Ressortbezeichnung → § 39 Rn. 2). Mit der Zuweisung der Ermächtigung zum Erlass der für die Durchführung des SpkG NRW erforderlichen Verwaltungsvorschriften an das Finanzministerium hat der Gesetzgeber von der Delegationsoption aus Art. 56 Abs. 2 LVerf NRW Gebrauch gemacht. Die in Art. 56 Abs. 2 LVerf NRW gewählte Bezeichnung Verwaltungsverordnung ist mit dem Terminus Verwaltungsvorschriften identisch (*Tettinger* in: Lö-

C. Aufsicht, Verwaltungsvorschriften § 42

wer/Tettinger, Art. 56 Rn. 6). Auch ohne Betrauung durch Gesetz ist der zuständige Ressortminister prinzipiell nicht daran gehindert, ergänzende oder die Einheitlichkeit der Verwaltungsführung innerhalb seines Geschäftsbetriebs betreffende Verwaltungsvorschriften zu erlassen (*Tettinger* in: Löwer/Tettinger, Art. 56 Rn. 7f.).

2. Aufhebung der VO-Ermächtigung durch SpkG 2008

Die Ermächtigung zum Erlass untergesetzlicher Normen wurde im Zuge der 2 Novellierung des SpkG NRW 2008, die sich zur Stärkung der Wettbewerbsfähigkeit der Sparkassen eine deutliche Deregulierung im Geschäftsrecht der Sparkassen zum Ziel gesetzt hatte, deutlich modifiziert (s. Reg.-Entw., LT-Drs. 14/6831, S. 28). Mit dem Gesetz (GV. NRW 2008 S. 696) wurde die SparkassenVO als eigenständige Regelungsebene aufgehoben und die entspr. VO-Ermächtigung der obersten Aufsichtsbehörde abgeschafft. Für die Geschäftstätigkeit der Sparkassen bedeutende Regelungen aus der SparkassenVO wurden in das Sparkassengesetz aufgenommen, s. bspw. Einzelregelungen zum Regionalprinzip (§ 3 SpkG NRW) oder die Kontrahierungspflichten (§ 5 SpkG NRW). Weniger bedeutende Regelungen, wie etwa die Kraftloserklärung von Sparurkunden sollten in die AVV aufgenommen werden (s. Reg.-Entw., LT-Drs. 14/6831, S. 28, 53), für deren Erlass das Finanzministerium durch die Norm in der heutigen Fassung ermächtigt blieb.

II. Voraussetzungen für den Erlass von Durchführungsvorschriften

1. Begriff

Unter Verwaltungsvorschriften versteht man allgemein generell-abstrakte Weisungen einer Behörde an nachgeordnete Behörden oder einer Behördenleitung an die ihr unterstellten Verwaltungsbediensteten im verwaltungsinternen Bereich (*Maurer/Waldhoff*, § 24, Rn. 1). Inhaltlich können Sie die ganze Breite der Organisation und Funktion der Verwaltung umfassen (*Ossenbühl* in: Isensee/Kirchhof, § 65 Rn. 4). Allgemeine Verwaltungsvorschriften gem. § 42 SpkG NRW sind keine Rechtsvorschriften ieS, sondern interne Richtlinien, die der Durchführung des Sparkassengesetzes dienen. Sie sind Begleitvorschriften zum Sparkassengesetz. Rechtsnormen, dh Außenrechtssätze können aufgrund der in § 42 SpkG NRW enthaltenen gesetzlichen Ermächtigung nicht erlassen werden.

Das Adjektiv „allgemeine" betont lediglich den generell-abstrakten Charakter 4 der Verwaltungsvorschriften; ihm kommt keine weitere differenzierende Bedeutung zu (vgl. zu Art. 84 Abs. 2 GG: *Ossenbühl* in: Maunz/Dürig, GG, Art. 84 Rn. 182).

2. Erforderlichkeit

Die Verwaltungsvorschriften müssen zur Durchführung des Sparkassengesetzes 5 erforderlich sein (sa Art. 56 Abs. 2 LVerf. NRW). Die Erforderlichkeit bezieht sich auf die Gesamtheit der Verwaltungsvorschriften. Ausreichend ist, dass deren Erlass aus Sicht der Aufsichtsbehörde zur Auslegung, zur Ermessenslenkung, zur Regelung von Organisationsfragen oder anderer Motive im Interesse eines sachgerechten, effizienten Vollzugs des SpkG NRW geboten ist.

Fischer-Appelt

III. Wirkung von Verwaltungsvorschriften

6   Aufgrund der fehlenden Außenwirkung können Allgemeine Verwaltungsvorschriften die Sparkassen nicht rechtlich verbindlich verpflichten (*Berger*, § 25, Rn. 4; *Heinevetter* [2. Aufl.], § 29 Anm. 2.3 und 6). Denn Verwaltungsvorschriften entfalten prinzipiell nur Innenwirkung (*Maurer/Waldhoff*, § 24 Rn. 22). Sie dienen der Aufsicht als Maßstab, etwa um die einheitliche Durchführung der den Verwaltungsvorschriften zugrundeliegenden Rechtsvorschriften sicherzustellen (*Wolff/Bachof/Stober/Kluth*, § 24 Rn. 20; *Berger*, § 25 Rn. 4; *Heinevetter* [2. Aufl.], § 52 Anm. 1.2).

7   Da Verwaltungsvorschriften lediglich verwaltungsintern verbindlich sind, können diese für juristische Personen des öffentlichen Rechts lediglich insoweit verbindlich sein, als diese gegenüber der erlassenden Behörde weisungsgebunden sind (*Heinevetter* [2. Aufl.], § 52 Anm. 1.2). Eine verwaltungsinterne Verbindlichkeit für die Sparkassen kann den von der Aufsichtsbehörde erlassenen AVV damit nicht zukommen, weil die Sparkassen grundsätzlich im Verhältnis zum Finanzministerium keine nachgeordneten Behörden sind (vgl. für die Kommunalaufsicht: *Rehn/Cronauge/v. Lennep/Knirsch*, § 133 Anm. IV). Die Sparkassen unterliegen als Selbstverwaltungsträger der Anstaltsaufsicht, die als Rechtsaufsicht ausgeübt wird (→ § 40 Rn. 3). Die gesetzliche Implementierung der staatlichen Aufsicht über die Sparkassen stellt zwar die Integration der Sparkassen in die staatliche Verwaltungsorganisation sicher (→ § 39 Rn. 9), stellt die Sparkassen aber nicht unter einen generellen staatlichen Weisungsvorbehalt. Eine Ermächtigung der Aufsichtsbehörde zur Erstreckung der verwaltungsinternen Weisungsbefugnis auf die Sparkassen über sog. übergreifende Verwaltungsvorschriften (vgl. *Maurer/Waldhoff*, § 24 Rn. 24) vermittelt § 42 SpkG NRW deshalb nicht. Die Nichtbeachtung von in den AVV geregelten „Pflichten" können daher für sich genommen keine Sanktionen gegenüber den Sparkassen zur Folge haben (vgl. zur MaRisk der BaFin: *Bitterwolf* in: Reischauer/Kleinhans; KWG, § 25a Rn. 8a). Um eine verbindliche Rechtswirkung nach außen zu erzeugen, bedarf es daher einer Konkretisierung der Regelung in der Verwaltungsvorschrift durch einen Verwaltungsakt (§ 35 VwVfG NRW) gegenüber der Sparkasse auf der Grundlage einer gesetzlichen Ermächtigung (zB § 40 Abs. 2 SpkG NRW).

8   Eine mittelbare Außenwirkung kommt ermessensbindenden Verwaltungsvorschriften jedenfalls über das Willkürverbot als äußerster Verfahrensgrenze (s. *Wolff/Bachof/Stober/Kluth*, § 59 Rn. 4) zu. Aufgrund des aus der erklärten Selbstbindung der Verwaltung folgenden Gebotes der Rechtsanwendungsgleichheit soll eine Sparkasse grundsätzlich darauf vertrauen können, dass die Sparkassenaufsicht nicht ohne sachlichen Grund von der bisherigen Verwaltungspraxis abweichen wird (vgl. *Berger*, § 25 Rn. 4). Allerdings ist bei einer Abweichung von der in den Verwaltungsvorschriften antizipierten Verwaltungspraxis für einen Rechtsvorstoß aus Art. 3 Abs. 1 GG neben dem Wortlaut der Verwaltungsvorschriften insbesondere die tatsächliche Verwaltungspraxis von Bedeutung (OVG Saarlouis, NVwZ-RR 2012, 749; OVG Lüneburg, GewArch 2013, 33).

C. Aufsicht, Verwaltungsvorschriften § 42

IV. Geltende Verwaltungsvorschriften

Da die Bezeichnung Verwaltungsvorschrift nicht einheitlich verwendet wird, 9
können dem Begriff verschiedene Vorschriften des Innenrechts unterfallen
(*Wolff/Bachof/Stober/Kluth*, § 24 Rn. 19; *Maurer/Waldhoff,* § 24 Rn. 1). Hierzu zählen beispielsweise Richtlinien, Erlasse, Rundverfügungen und Rundschreiben
(*Wolff/Bachof/Stober/Kluth*, § 24 Rn. 19), wobei die unterschiedlichen Begrifflichkeiten keine Auswirkungen auf die Rechtsform der Verwaltungsvorschrift als Innenrecht haben (*Maurer/Waldhoff*, § 24 Rn. 1). Es gelten derzeit die folgenden Verwaltungsvorschriften:
– Neufassung der Allgemeinen Verwaltungsvorschriften – AVV – zum Sparkassengesetz (SpkG NRW); RdErl. d. Finanzministeriums v. 27.10.2009, MBl. NRW 2009 S. 520
Die AVV zum SpkG NRW enthalten neben konkretisierenden Vorschriften zum Ordnungsrecht der Sparkassen (Errichtung von Sparkassen und Zweigstellen, § 1 SpkG NRW, Vereinigung von Sparkassen, §§ 27 ff. SpkG NRW) insbesondere Vorschriften zum Geschäftsrecht der Sparkassen sowie Allgemeine Anzeige-, Vorlage- und Melderegelungen. Danach haben die Sparkassen ua ihren Schriftverkehr mit BaFin und Bundesbank vorzulegen. Ferner ist über wesentliche Unregelmäßigkeiten, beispielsweise über Unredlichkeiten von Dienstkräften, die Sparkassenaufsichtsbehörde zu unterrichten. Bei schwerwiegenden Vorkommnissen, insbesondere bei Verstößen der Sparkassenorgane gegen Rechtsvorschriften hat die Meldung unverzüglich, gegebenenfalls fernmündlich oder elektronisch zu erfolgen.
– Prüfung der öffentlich-rechtlichen Sparkassen; RdErl. d. Finanzministeriums v. 29.11.2018, MBl. NRW 2018 S. 686
Nach dem Runderlass des Finanzministeriums ist mit den Prüfungen festzustellen, ob die Geschäfte der Sparkassen im Rahmen der geltenden Rechtsvorschriften abgewickelt werden. Die Prüfungen sind daher nicht nur auf die Feststellung von Mängeln gerichtet, sondern sollen auch vorbeugend wirken, der Beratung dienen und dabei ggf. aus betriebswirtschaftlicher Sicht Anregungen für die Fortentwicklung der Sparkasse geben.
– Konditionen im Einlagen- und Kreditgeschäft für die Mitglieder der Sparkassenorgane und die Dienstkräfte der Sparkassen; RdErl. d. Finanzministeriums – SK 10-05-2.8 – III B 2 v. 12.2.1996, MBl. NRW 1996 S. 415
Nach den vom Finanzministerium im Einvernehmen mit dem Innenministerium erlassenen Konditionen im Einlagen- und Kreditgeschäft dürfen den Mitgliedern des Verwaltungsrates und des Kreditausschusses sowie den Hauptverwaltungsbeamten im Einlagen- und Kreditgeschäft keine günstigeren als die sonst marktüblichen Konditionen eingeräumt werden. Lediglich auf der Grundlage von Richtlinien der Sparkassen- und Giroverbände dürfen den Vorstandsmitgliedern und Dienstkräften Sonderkonditionen gewährt werden.
– Beleihungsgrundsätze für andere Kreditsicherheiten RdErl. d. Finanzministeriums v. 16.11.1995 – SK 10-05-2.2.3 – III B 2, MBl. NRW 1995 S. 1693
Der Runderlass des Finanzministeriums regelt mit Ausnahme von Grundstücken und Schiffen die Bewertung von Kreditsicherheiten im In- und Ausland.
– Schiffsbeleihungsgrundsätze RdErl. d. Ministers für Wirtschaft, Mittelstand und Technologie v. 23.5.1989 – 421-2125 – 5/89, MBl. NRW 1989 S. 796

§ 42

Geregelt werden Voraussetzungen und Beschränkungen der Beleihung von in einem öffentlichen Register eingetragenen Schiffen, Schiffsbauwerken und Schwimmdocks.

D. Übergangs- und Schlussvorschriften

§ 43 Versorgungslasten

Die Sparkasse trägt die Versorgungslasten für die ehemaligen Dienstkräfte des Trägers, die bei Eintritt des Versorgungsfalles bei der Sparkasse tätig gewesen sind, sowie die Versorgungslasten für ihre versorgungsrechtlichen Hinterbliebenen.

(nicht kommentiert)

§ 44 Übergangsregelung für die Haftung ab dem 19. Juli 2005 bis zum 31. Dezember 2015

Die Träger der Sparkassen am 8. Juli 2005 haften für die Erfüllung sämtlicher zu diesem Zeitpunkt bestehenden Verbindlichkeiten des jeweiligen Instituts. Für solche Verbindlichkeiten, die bis zum 18. Juli 2001 vereinbart waren, gilt dies zeitlich unbegrenzt, für danach bis zum 18. Juli 2005 vereinbarte Verbindlichkeiten nur, wenn deren Laufzeit nicht über den 31. Dezember 2015 hinausgeht. Die Träger werden ihren Verpflichtungen aus der Gewährleistungshaftung gegenüber den Gläubigern der bis zum 18. Juli 2005 vereinbarten Verbindlichkeiten umgehend nachkommen, sobald sie bei deren Fälligkeit ordnungsgemäß und schriftlich festgestellt haben, dass die Gläubiger dieser Verbindlichkeiten aus dem Vermögen des jeweiligen Instituts nicht befriedigt werden können. Verpflichtungen der Sparkassen aufgrund eigener Gewährleistungshaftung oder vergleichbarer Haftungszusagen oder einer durch die Mitgliedschaft in einem Sparkassenverband als Gewährleistungsträger vermittelten Haftung sind vereinbart und fällig im Sinne von Satz 1 bis 3 in dem gleichen Zeitpunkt wie die durch eine solche Haftung gesicherte Verbindlichkeit. Mehrere Träger haften als Gesamtschuldner, im Innenverhältnis entsprechend ihren Anteilen am Stammkapital des jeweiligen Instituts.

(nicht kommentiert)

§ 45 Übergangsregelung für Jahres- und Konzernabschlüsse

§ 19 und § 35 in der Fassung von Artikel 3 des Gesetzes zur Schaffung von mehr Transparenz in öffentlichen Unternehmen im Lande Nordrhein-Westfalen vom 17. Dezember 2009 (GV. NRW. S. 950) sind erstmals auf Jahres- und Konzernabschlüsse für das nach dem 31. Dezember 2009 beginnende Geschäftsjahr anzuwenden.

(nicht kommentiert)

§ 46 Inkrafttreten

Dieses Gesetz tritt am Tag nach der Verkündung in Kraft. Gleichzeitig treten außer Kraft
- das Gesetz über die Sparkassen sowie über die Sparkassen- und Giroverbände (Sparkassengesetz – SpkG –) in der Fassung der Bekanntmachung vom 10. September 2004 (GV.NRW. S. 521)
- die Artikel 2 und 3 des Gesetzes zur Änderung des Sparkassengesetzes und über den Zusammenschluss der Sparkassen- und Giroverbände vom 8. März 1994 (GV.NRW. S. 92)
- die Verordnung zur Regelung des Geschäftsrechts und des Betriebes der Sparkassen in Nordrhein-Westfalen (Sparkassenverordnung – SpkVO – vom 15. Dezember 1995 (GV.NRW. S. 1255)

(nicht kommentiert)

Stichwortverzeichnis

Die fetten Zahlen verweisen auf die Paragraphen, die mageren Zahlen auf die Randnummern

Abberufungsmöglichkeiten **22** 34
Abführungspflicht **18** 23
Abstimmungen **16** 3
Akquisition **3** 82 f.
Alimentationsgrundsatz **18** 20
– Verbot der Doppelalimentation **18** 21
Altverträge **15** 170
Änderung der Satzung **6** 1 ff.
Angehörige des öffentlichen Dienstes **23** 11
Anknüpfungsgrundsatz **3** 25
Anstalt des öffentlichen Rechts **2** 1, 8, 49, **7** 11, → Rechtsform
Anstaltslast **1** 33–36, **7** 1 ff., **37** 5
Anstellungsvertrag **8** 16
Arbeitnehmer **23** 1, 3, 5 f.
– Bewerbung **23** 11
Aufhebungsverfügung **17** 24
Auflösung **1** 60 f.
– Anhörung **15** 117
– Gläubigerschutz **31** 24–27
– Restvermögen **31** 6, 28
– Verfahren **31** 16–2
– Voraussetzung **31** 1, 6, 8
– – Auflösungsbeschluss **31** 12, 15
– – Genehmigung **31** 15
– Zeitweise Übertragung **31** 11, 13
– Zulässigkeit **31** 5 f., 10
– Zweck **31** 9
Aufsicht
– Aufsichtsbehörde
– – Aufgaben **1** 53 f., 57, 61, 65, 73, **6** 3, **28** 1, 5 f., **31** 15, 21, **37** 6 f., **38** 1, **39** 8 f., 15
– – Finanzministerium **33** 2, **34** 2, 10, **37** 10, **39** 2, 5, 13, **42** 1
– Aufsichtpflicht **20** 4
– Banken-/Sparkassenaufsicht **39** 25–36
– – Aufsichtsdopplung **39** 27–30, 34–36
– – Zielsetzungen **39** 25 f., 33
– – Zuständigkeiten **39** 27
– Kommunalaufsicht **39** 3, 7, 14 f.
– Sparkassenaufsicht → Sparkassenaufsicht
– Staatliche **1** 26, **39** 1, 11
– Verbandsaufsicht → Verbandsaufsicht
Auftrag, öffentlicher **1** 7, 11 f., 24, 27, 75, **2** 2, 7, 12, 48, 50, **3** 1 ff., **8** 1, **15** 11, **25** 30, **32** Rn. 3, **38** 1
Aufwendungsersatz **18** 7, 13

Auskunfteien **13** 8
Auskunfts-
– anspruch **1** 43 f., **8** 8–10, **24** 18
– – Adressat **8** 11
– pflicht **1** 41–44, **40** 29, 33–36
Auslagen **18** 7
Aussagegenehmigung **23** 29 ff.
Auszubildende **23** 9

BaFin **1** 55, **8** 7, **16** 17, **19** 19, **21** 1, **31** 14, 23, **39** 17–19, 23–27, 31, 35, **40** 18 f., 34
Bankenaufsicht **1** 13
Bankgeheimnis **23** 21
Banküblichte Geschäfte **2** 39 ff.
Basiskonto **5** 26 ff.
Beamte **23** 6 ff.
Beanstandungsbeamter **16** 16, 90, **17** 4 f., 11 f., 14 ff., 22 f., 25 ff., **18** 18
Beanstandungspflicht **17** 14 ff.
– Formalia **17** 17 ff.
– Gegenstand **17** 6
– Verfahren **17** 21 ff.
Befangenheit **15** 175, **16** 59 ff., **21** 2 ff.
– Voraussetzungen **21** 7 ff.
– Typisierte Interessenkollisionen **21** 13 ff.
Behörde **16** 98
Beschluss (des Verwaltungsrates) **17** 6, 15
– Auslegung **16** 64
– Beschluss(un-)fähigkeit **16** 43 f., 47
– Bildung des Organwillens **16** 1 f.
– Ermessen **17** 11
– Mängel **16** 66 ff., 71 ff.
– Rechtswidrigkeit **17** 8 ff.
– Vollzug **16** 65
Beteiligtenfähigkeit **1** 29
Beteiligungen **3** 8, 34, **39** ff., 59 ff.
Bilanzierung **1** 58–62
Brüsseler Verständigung **7** 4
Buchführung, doppelte **1** 58
Business Judgement Rule **20** 23, 27–29

Corporate Governance Kodex **8** 7, **9** 5 f., **10** 19, **15** 17
CSR-Richtlinie-Umsetzungsgesetz **9** 7 f.

Daseinsvorsorge **2** 2, 4, 7 f., **3** 3, **5** 1
Delegation (von Vertretungsmacht) **20** 3, 5, **23** 17

585

Stichwortverzeichnis

Demokratieprinzip **39** 11
Derivate **3** 30 f.
Deutsche Bundesbank **39** 24
Dienstherrenfähigkeit **1** 30
Dienstkräfte **23** 3, 6
- des öffentlichen Dienstes **12** 5
- des Trägers **12** 6
- -vertreter
- – Ausscheiden, vorzeitiges **12** 34 f., **13** 1 f.
- – Wählbarkeit **12** 25
- – Wahlvoraussetzungen **12** 26 f.
- – Wahlverfahren **12** 28–31
Dienstvorgesetzteneigenschaft **23** 14, 18
Dispositionsbefugnis **1** 22, 60, 75
Doppelmandat **8** 7
Doppik → Buchführung, doppelte
Drei-Säulen-Struktur **2** 5, 20

EBA (Europäische Bankenaufsichtsbehörde) **8** 7
Ehrenamt **18** 4 ff.
Eigenkapital **25** 3 f., **26** 1 f.
Eigenmittel **26** 3–6
- Generierung **26** 7–18
- – Genussrechte **26** 12–15
- – Verbindlichkeiten **26** 16–18
- – Vermögenseinlagen **26** 8–11
- Kernkapital **26** 4 f.
- Mitwirkungsrecht **26** 19
Eigentümerstellung **1** 60
Einberufung der Verwaltungsratssitzung **16**
- Einberufungskompetenz **16** 20 ff.
- Einberufungsverlangen **16** 9
- Form **16** 23 ff.
- Frist **16** 27
Einrichtung, mündelsichere **1** 14
Einsichtsrecht **16** 88 ff.
Entlastung **8** 9
- Abstimmende **8** 29
- Gegenstand **8** 17
- Gesamt-/Einzel-/Teilentlastung **8** 19
Enumerationsprinzip **2** 11
Erlaubnisvorbehalt **1** 71
Errichtungs- **1**
- beschluss **1** 50
- genehmigung **1** 27, 51–54
Ersatzvornahme **40** 61–64
Euregio **3** 52 ff.
Expansionsverbot **3** 72
EZB (Europäische Zentralbank) **8** 7, **39** 19–21

Fahrauslagenerstattung **18** 11
Finanzinstrumente **3** 30
Finanzversorgungsauftrag **1** 11, 61, **8** 6
Firmenname **1** 45–48, **31** 22
Förderfunktion **2** 23 ff.
- Financial Education **2** 24 ff., 29 ff.
- Kreditwirtschaftliche Versorgung **2** 27 f.

Freie Mitarbeiter **23** 8
Freigiebigkeitsleistungen **2** 45 ff.
Fusion **1** 47, 50, **6** 2, **10** 6, **19** 65, **27**, **32** Rn. 3, **37** 4

Gebäude, sparkasseneigene **15** 107 ff.
Geheimhaltungsbedürfnis, Geheimnisschutz **16** 28 f.
Gemeindeverband **1** 16–18, 30
Gemeinnützigkeit, soziale **2** 32 f., 36
Gemeinwohl **25** 39 f.
- -verpflichtung **1** 11
- -zweck **1** 60
Genehmigungsvorbehalt
- Aufsichtsbehörde **6** 3
- Trägervertretung **8** 12, 16
Geschäftsführung **20** 1
- -saufgaben **20** 1, 3
- -sbefugnis **25** 16
Geschäftsjahr **24** 5
Geschäftsleiterverantwortung **15** 4
Geschäftsordnung, interne **15** 84 f., **16** 10 ff., 87
Geschäftspolitik, Ziele **9** 9
Geschäftsverkehr **22** 13 ff.
Gewährleistungs-/Garantiefunktion **2** 13
Gewinnerzielungsabsicht **1** 11, **2** 32, 34, 37, 48
Gewinnverwendungsbeschluss **24** 30
Giroverkehr **37** 1, 8
Girozentrale **37** 1, 2, 8, 12 f.
Grundbuchverkehr **20** 13
Grundrechtsbindung **1** 7, 32, **2** 8
Grundsatz der Bestenauslese **23** 11
Grundsatz der Nichtöffentlichkeit **16** 14, 19
Gutachten **21** 28
Guthabenbasis **5** 12

Haftung **7** 6, 22 ff., **17** 25 ff.
- des Beanstandungsbeamten **17** 26 f.
- Gewährträgerhaftung **1** 33–36, **3** 1, **7** 1 ff., 23
- Durchgriffshaftung **7** 25
- Verstoß gegen Amtsverschwiegenheitspflicht **22** 31 ff.
Handels-
- gewerbe **1** 8
- registereintrag **1** 56
Handlungsfähigkeit **14** 1
Hauptstelle **1** 66, 68, 71
Hauptverwaltungsbeamter **8** 5, 11, 20, **10** 11 f., 20 f., **11** 1, 4, 7, 9–13, 15, **12** 4, 6, **13** 1, 17, **38** 9
- Aufgaben **16** 15 f., **17** 4 f., 11, **18** 18
Hausbankfunktion **2** 16
Hinwirkungspflicht **19** 22, 90, 95 f.

In-Sich-Geschäft **20** 7
Industrie- und Handelskammer → Pflichtmitgliedschaft

Stichwortverzeichnis

Informationsanspruch **15** 24 ff., **16** 28 ff.
Insolvenz **1** 36 f., **31** 23
Interessenkonflikt
8 7, **10** 19, **12** 5 f., **13** 1, **19** 80, 87
Internetauftritt und -Banking **3** 89 ff.
Irreführungsverbot **1** 47

Jahresabschluss **8** 17, 21, **25** 23
– Inhalte **24** 10 f.
– Feststellung **9** 2, **24** 26 f.
– Prüfung **24** 14–24, 32
– Prüfungsbericht **24** 19 f., 22
– Verantwortliche **24** 9
– Vorlage **24** 6–8, 29, 31
Jahresüberschuss **8** 9, 21
– Ausschüttung **25** 24–42
– – Ausschüttungsbeschränkung **25** 32, 41
– – Höchstbetrag **25** 24–30
– – Höchstbetrag, Ermittlung **25** 31–35
– – Verwendung **25** 38–42
– – Zweckbindung **25** 36 f.
– Ermittlung **25** 9–16
– Verwendung **8** 22–24, **24** 25, **25** 1, 4, 18, 22 f.
– – Teilverwendungsbeschluss **25** 18–20
– – Vorwegzuführungen **25** 7, 15

Kollegialprinzip **19** 3, 41
Kommunalvertreter **22** 8
Kompetenzordnung **17** 10
Konkurrenzunternehmen **13** 3–6
Kontrahierungspflicht/-zwang **5** 1 f., 12 ff., 31 ff.
Kredit **3** 10
Kreditvergabe **3** 8 ff.
– Zulässigkeit, Sitz bzw. Niederlassung **3** 11 ff.
– Einschränkungsfreiheit **3** 15 ff.
– im Inland **3** 19 ff.
– in der EU/Schweiz **3** 21 ff.

Lagebericht **8** 9, 17, 21, **9** 7 f.
– Billigung **24** 28
– Inhalte **24** 6, 12
– Prüfung **24** 14–24, 32
– Prüfungsbericht **24** 19 f., 22
– Vorlage **24** 6–8, 29, 31
Landesgleichstellungsgesetz **12** 32, 37, **19** 81
Leitungskompetenz **20** 1, 4

MaRisk **19** 8, 10
Minderheitsbeteiligungen **3** 70
Mitwirkungsverbot **21** 2 f., 31 ff.
– Ergebnisrelevanz **21** 42 f.
– Verstoß **21** 41 ff.
– Zweifelsfrage **21** 38
Mutter-Tochter-Prinzip **3** 67 ff.

Nachhaltigkeit **9** 7 f., 9
Nebentätigkeitsrecht, beamtenrechtliches **18** 20 ff.

Offenlegungspflicht **21** 34 ff.
Opportunitätsprinzip **40** 15
Organe **9** 1, 10
– Entlastung → Entlastung
– Verwaltungsrat → Verwaltungsrat
– Vorstand → Vorstand
Organisationsakt **8** 15
Organstreitverfahren **16** 65, 77 f.
Organwalter **21** 4 f., 13 f., 18 f.

Passivgeschäft **3** 80 f., 92
Pensionsanspruch **31** 25
Personalhoheit **23** 4, 16
Personalkompetenz **15** 40 ff.
Personalrat **23** 13
Persönliche Angelegenheiten **23** 15, 18
Pflichtmitgliedschaft **1** 39 f.
Prüfungsrecht **1** 52–54

Quorum **6** 2

Rechtmäßigkeitskontrolle **17** 2, 7
Rechtsfähigkeit **1** 29
Rechtsform **1** 7, 23–28, 30, **37** 2 f.
– -wechsel **1** 25
Regelungskompetenz **6** 1
Regionalprinzip **1** 12, 52, 67, 71–75, **2** 3, 11, 41, **3** 1 ff., **4** 2, 34 **4**, **42** 2
– Anwendungsbereich **3** 8 ff.
– Rechtliche Einordnung **3** 3
– Rechtsschutzmöglichkeiten **3** 93 ff.
Reserven
– Stille Reserven **25** 12
– Vorsorgereserven **25** 13
Richtlinien der Geschäftspolitik **15** 5 ff.
– Richtlinienkompetenz **9** 3 f., **15** 5 ff.
Risikoausschuss **9** 2
Rückgewähranspruch **15** 179 ff.
Rücklagen **25** 4–7, 11, 14, **26** 5
– Freie Rücklagen **25** 4 f.
– Sicherheitsrücklage **25** 6, 18
Runderlass **41** 12

Sachkunde **12** 8, 10–12, 26 f.
– Anforderungen **12** 9
– Prüfung **12** 13, **13** 17
Satzung
– Muster **6** 4
– -sänderung **1** 48. **8** 14, **10** 6
Satzungsgebiet **3** 15, 17, 72 ff.
Selbstverwaltungs-
– aufgabe **1** 22
– recht (auch -garantie) **1** 1, 6, 12, 51, 54, 73, 75, **8** 6, **31** 5, 15, **33** 2, **40** 4, 72

587

Stichwortverzeichnis

Sicherungssysteme **1** 37, **7** 26 f.
Sitz **1** 63–65, 68, **27** 52 f.
– Doppel-/Mehrfach- **1** 65, **27** 53
– Hauptverwaltungs- **1** 64 f.
Sitzung **16** 4 ff., **18** 10
Sitzungsgeld **18** 9 f.
– Bestimmung der Höhe **18** 26 f.
Sitzungsniederschrift, Protokoll **16** 79 ff., **21** 33
Sitzungszwang **16** 4 ff.
– Ausnahme **16** 5
Sollstellenplan **10** 5
Sonderrechtsbeziehung **8** 1
Spareinlagen **5** 3 ff.
Sparkassen-Finanzgruppe **4** 4
Sparkassenaufsicht
– Anfechtung **40** 77–83
– Aufgaben **40** 7 f., 12 f., 45
– Ermessensentscheidung **40** 15–18
– Genehmigungs-/Erlaubnisvorbehalte **40** 73
– Grenzen **40** 3
– Instrumente **40** 21
– – Aufsichtsmittel **40** 22–24, 28–69
– – Zweckmäßigkeitsaufsicht **40** 71
– Kosten **40** 85–87
– Verwaltungsakt **40** 74
Sparkassenaufsichtsbehörde **3** 93
Sparkassenhoheit **1** 1
Sparkasseninterne Kompetenzordnung **17** 10
Sparkassenorganisationsrecht **1** 2
Sparkassenzweckverband **1** 19
Sparkassen- und Giroverband **1** 21, 39, 72, **8** 21, **31** 13, **32** 3 f., **33** 1 f., **37** 9–11, **40** 39
– Aufgaben 34
– Körperschaften **33** 2
– Satzung **33, 38** 5 f.
– – Inhalte **33** 1
– – Genehmigung **33** 2
– – Prüfungsstelle **33** 3
Sparkassenvermögen **8** 1
Sparkassenzentralbank **37** 1, 3, 7–9, 11–13, **38** 1
Sparvertrag **5** 8
Spenden **8** 24, **25** 8, 10, 21
SSM (Single Supervisory Mechanism) **39** 20–22
Steuerbehörde **13** 7
Steuerpflicht **1** 38
Stiftungserrichtung **15** 100 ff.
Subsidiaritätsprinzip **2** 21, 48
Suspensiveffekt **17** 21, 23
Subsidiaritätsprinzip **1** 52, 69, 71–75

Tochterunternehmen **15** 183 ff.
Trägerentscheidung **15** 115 ff.
Trägergebiet **3** 16
Trägerkapital bzw. Stammkapital **7** 7 ff.
– Bildung **7** 9 ff.

– Einlagen und Sicherheitsrücklagen **7** 13
Trägerschaft **1** 6, 15–21, 27, 45, 50, 59 f., 72, **6** 2, **8** 2
– Aufgaben **6** 1, **8** 6, 12, 15 f., 21 f., 25–27, **13** 17, **19** 16
– Aufsicht **8** 13
– Informationsrecht **8** 8
– Mitglieder **8** 4 f.
– Übertragung **15** 117, **38** 1–3, 11 f.
– Vorsitz **8** 5
Treuepflicht **21** 3

Umgehungsverbot **3** 8
Umlaufverfahren/-beschluss **16** 5 ff.
Unbefugte Verwertung von Informationen **22** 27 ff.
Uneigennützigkeitsgebot **21** 3
Universalprinzip **2** 3, 5, 11, **38** ff., **4** 1
Unternehmenszweck und -gegenstand **2** 1
Unterstützungslast **7** 20 f.
Unvereinbarkeit **13** 14
– -dauer **13** 12 f.
– Prüfung **13** 17
– Rechtsfolge **13** 18
– -gründe **13** 11
Urkunde **20** 13

Verbandaufsicht
– Aufsichtsmittel **41** 5–8
– Aufgaben/Befugnisse **41** 2–4, 9–17
– Kostentragung **41** 22 f.
– Offenlegungspflicht **41** 18
Verbandsempfehlung **19** 19–26
Verbandsversammlung **31** 12 f.
Verbund(-partner) **4** 5
– Kooperationsvarianten **4** 8 ff.
– Kooperationsvoraussetzung **4** 6
– Vorrang der Zusammenarbeit mit dem Verbundpartner **4** 11 f.
Verbundprinzip **2** 41, 48 f., **4** 1 ff.
Vereinigung **31** 10
– Ausnahmeregelung **28** 5
– – Genehmigung **28** 6
– – Verfahren **28** 7–9
– Zahl Beschäftigter/Zusammensetzung **28** 2
Vergütung **18**
– Rechtliche Rahmenbedingungen **18** 7 f.
Verhinderungsvertreter **19** 6, 9, 13, **20** 10
– Haftung **19** 14
– Qualifizierung **19** 15
Vernehmungsverbot **23** 33 f.
Verschwiegenheitspflicht **8** 9, **22, 23** 1, 19
– Anwendungsbereich **22** 4 ff.
– Ausnahmen **22** 24 ff., **23** 18, 28 f.
– Kenntniserlangung **22** 21 ff.
– Rechtsfolgen **22** 30 ff.

Stichwortverzeichnis

- Tarifvertragliche Verschwiegenheitspflicht **23** 20 ff., **25** ff.
- Vertrauliche Angelegenheiten **22** 13 ff.

Versorgungsauftrag **2** 13, **4** 2
- Adressatenkreis **2** 14

Vertretungsmacht **11** 6

Verwaltungsrat **1** 60, **3** 65 f., **7** 18, **9** 10, **15**, **16**, **17** 1, 6, **18** 17, **21** 38, **27** 66–68, **38** 13
- Abberufung **8** 25 f.
- Abstimmung **16** 55 ff.
- Aufgaben **8** 17, 21 f., **9** 1 f., 8, **10** 1; **15** 16 ff.; **19** 83 f., **38** 3
- Ausschuss **9** 11, **15** 80 f., **16** 59 ff.
- Dritte **10** 15–17
- Gestaltungskompetenzen **15** 39 ff.
- Mehrheitserfordernis **16** 49 ff.
- Mitglieder →Verwaltungsratsmitglieder
- Ordentliche Mitglieder **16** 14
- Organrecht **16** 88
- Organwille **16** 1 ff.
- Regelsitzungen **16** 8
- Sitzungsteilnahme **10** 10–19, **11** 9–11
- Stellvertretende Mitglieder **16** 15
- Überwachungsaufgabe **15** 16 ff.
- Vertretung **10** 10, 12, 19
- Wahl **8** 12, 25
- Zahl und Zusammensetzung **10** 3–5, **28** 3 f., 6, **27** 68

Verwaltungsratsmitglied **10** 14, **12** 1, **16** 1, 5, 45, 62, 80, 88, 92 ff., **18** 18, **19** 5
- Abberufung **13** 16
- Anzeigepflicht **12** 15
- Ausscheiden, vorzeitiges **12** 34 f., **13** 1
- Ausgeschlossene Personengruppen **13** 1–6, 10
- Ausschlussgründe **13** 14 f.
- Dienstkräftevertreter → Dienstkräfte
- Fortbildung **15** 136 ff.
- Innenhaftung **15** 143 ff.
- Mandatshöchstgrenze **12** 14
- Stellvertretung **12** 33
- Tätigkeitsdauer **14** 1
- Wählbarkeit **12** 4–7
- Wahlvoraussetzungen **12** 3, 8, 14
- Wahlverfahren **12** 16–23, 30

Verwaltungsratsvorsitz **8** 12, **9** 10, **10** 16, **16** 1, 9, 20 ff., 41, 46, 79 f., **18** 18, **23** 1, 18
- Amtszeit **11** 14
- Aufgaben **11** 6, **20** 16
- Stellvertretung **11** 7 f., 17 f., **20** 8 f.
- Wahl **11** 2 f., 5, 16, **12** 7

Verwaltungsvorschriften **42**

Vetorecht **15** 98 f.

Vorstand **1** 29, **3** 88, **9** 10, **16** 40 ff., **23** 1, 4, 7, **27** 63–65
- Abberufung **15** 62 ff.
- Anstellungsbedingungen **19** 22, →Verbandsempfehlung

- Aufgaben/Entscheidungen **8** 24, **9** 8, **19** 1, **20** 1–4, 18, **23** 4
- Berichtspflicht **15** 21 ff.; **20** 14–18
- Beschlussfassung **20** 10–12
- Bestellung und Abberufung **8** 15 f., **9** 3
- Bestellung und Anstellung **19** 16, **23** 7
- Dienstvertrag **19** 24
- Gleichstellung **19** 81 f.
- Haftung **20** 19–38
- – Akteneinsichtsrecht **20** 30
- – Anspruchsgrundlage **20** 20 f., 26
- – Dokumentation **20** 29, 31
- – Ermessensspielraum **20** 27 f.
- – Innen-/Außenhaftung **20** 22
- – Pflichtverletzung **20** 23–26
- – Tatbestand **20** 19, 30
- – Verjährung **20** 38
- – Versicherungslösungen **20** 32–37
- Hauptausschuss **19** 18
- Offenlegung **19** 91, 94
- Rechtsstellung **19** 5 f.
- Vorstandsdienstvertrag **19** 20 ff., **23** 7
- Vorstandsvorschlag **15** 97 ff.
- Zusammensetzung **19** 2, 4, **28** 3

Vorstandsdienstvertrag **19** 24, 26–79
- Altersversorgung **19** 67–76
- Abfindung **19** 69
- Anrechnung weiterer Leistungen **19** 72–74
- – Hinterbliebenenruhegeld **19** 71
- – Ruhegeldhöhe **19** 69
- Angaben, Veröffentlichung **19** 37
- Aufhebung **19** 30
- Beendigung **19** 55–64
- – Dienstunfähigkeit **19** 58
- – Kündigung **19** 59–62, 66
- Fusion **19** 65 f.
- Höchstalter **19** 28 f., 35, 57
- Laufzeit **19** 27–30
- Sozialveicherung **19** 38
- Treueverhältnis **19** 78
- Vergütung **19** 39–54
- – Dienstwagen **19** 46–48
- – Jahresfestgehalt **19** 41–43
- – Lineare Veränderungen **19** 45
- – Nebenleistungen **19** 49 f.
- – Nebentätigkeiten **19** 51–54
- – Verschwiegenheitsverpflichtung **19** 79 f.
- Wettbewerbsverbot **19** 77 f.
- Wiederanstellung **19** 31–36

Vorstandsmitglieder
- Abberufung **19** 17
- Bestellung und Anstellung **19** 16 f., 19, 83
- Dezernate **19** 10
- Fortbildung **15** 133
- Ordentliche **19** 10
- Pflichten **15** 119 ff.
- Qualifikation **19** 19

589

Stichwortverzeichnis

- Stellvertretende **19** 11, 13
- Tätigkeitsverbot **19** 87–89
- Verhinderungsfall **19** 12 f. s. auch:
  →Verhinderungsvertreter
- Wiederbestellung/-anstellung **19** 83–86

Vorstandsvorsitz
- Aufgabe **19** 7 f.
- Berufung **19** 7
- Stellvertretung **19** 9

Wahlrecht, passives **12** 2
Weisungsgebundenheit **20** 1
Weiterbildungspflicht **12** 11
Werbung **3** 82 ff.
Wertpapiere **3** 75 ff.
Wertpapierhandelsgesetz **24** 32

West LB (AG) **37** 4–8, **38** 1
Wettbewerbsfunktion **2** 20
Wiederbestellung **15** 59 f., **19** 83 ff.
Wirksamkeitsvorbehalt **15** 159 ff.
Wirtschaftsregion, gemeinsame **3** 52 ff.
Wirtschaftsunternehmen, kommunales **1** 8, 13

Zeugnisverweigerungsrecht **23** 42 ff.
Zuverlässigkeitsanforderung **12** 14
Zweckverband **1** 16–18, 70, **6** 2
- -ssparkasse **1** 57, 68, **11** , 3, 13, 15, **12** 17, **38** 4
- Weisungsgebundenheit **8** 3 ff.

Zweckvermögen → Sparkassenvermögen
Zweigstelle **1** 66, 68–71, 75, **15** 112 f.